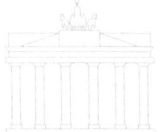

Siedler

Peter Gay

Kult der Gewalt
Aggression im bürgerlichen Zeitalter

Aus dem Englischen von Ulrich Enderwitz,
Monika Noll und Rolf Schubert

Siedler

Die Originalausgabe erschien unter dem Titel The Cultivation of
Hatred (Band 3 von The Bourgeois Experience) 1993 bei W. W.
Norton & Company, New York/London. © 1993 by Peter Gay

Umwelthinweis:
Alle bedruckten Materialien dieses Taschenbuches
sind chlorfrei und umweltschonend.

Siedler Taschenbücher erscheinen im Goldmann Verlag,
einem Unternehmen der Verlagsgruppe Bertelsmann.

1. Auflage
Vollständige Taschenbuchausgabe April 2000
Copyright der deutschen Ausgabe
© 1996 C. H. Beck'sche Verlagsbuchhandlung
(Oskar Beck) München
Umschlaggestaltung: Design Team München
Umschlagabbildung: Jean Victor Schuetz, Straßenschlacht
vor dem Rathaus in Paris (AKG)
Made in Germany 2000
ISBN 3-442-75554-9

Inhalt

Anhang

Was ist das, was in uns lügt, mordet, stiehlt? Ich mag dem Gedanken nicht weiter nachgehen.
Georg Büchner an seine Verlobte Minna Jaegle, ca. 1834

Le sentiment de la destruction inné dans l'homme: on dirait que c'est un animal mal doué et homocide de la nature.
Edmond und Jules de Goncourt, Journal; mémoires de la vie littéraire, 16. November 1859

The joy of killing! The joy of seeing killing done – these are the traits of the human race at large.
Mark Twain, Following the Equator, 1897

Für Janet Malcolm und Gardner Botsford

Einleitung

Auf dem Antlitz der Vergangenheit hat der Aggressionstrieb bleibende Narben hinterlassen. Kriege und Kriegsgerüchte, Klassenkämpfe, Zusammenstöße zwischen Religionsgemeinschaften oder rassischen beziehungsweise ethnischen Gruppen, Streitereien um Rang und Macht in Politik oder Geschäft, die von Nationalismus und Imperialismus geschürten Haßgefühle, die verheerenden Folgen des Verbrechens, die Konflikte im Privatleben vom Ehekrach bis zur Familienfehde – all dies (und anderes mehr) legt beredtes Zeugnis davon ab, daß Aggressionen die stärkste Triebkraft geschichtlichen Handelns und historischer Veränderung bilden. Von jeher war die Suche nach Ursachen, Bedeutung und Folgen der – mal bedrohlichen, mal adaptiven – Aggressivität eine vordringliche Aufgabe für lokale Verwaltungsbeamte, für Sozialreformer, Militärplaner und Theoretiker der Politik – und muß es auch stets sein. Im viktorianischen Bürgertum aber, so soll dieses Buch zeigen, hat die Aggression eine unvergleichliche Sonderstellung erhalten, die ebenso peinigend für die unmittelbar Beteiligten wie in der Folge rätselhaft für den Historiker war.[1]

Die Beobachter im – frühen und späten – 19. Jahrhundert hatten kaum einen Zweifel daran, daß der Mensch ein aggressives Lebewesen sei. «Was ist das», so die rhetorische Frage des deutschen Dramatikers Georg Büchner in einem Brief von 1834, «was in uns lügt, mordet, stiehlt?» Beantworten will er sie gar nicht erst: «Ich mag dem Gedanken nicht weiter nachgehen.»[2] Und zwar einfach deshalb nicht, weil die niederschmetternde Auskunft – «Das liegt eben in der Natur des Menschen» – ihm leider nur allzu klar vor Augen steht. Ein Vierteljahrhundert nach Büchner sagen es die Brüder Goncourt, diese experimentierfreudigen Romanciers, vollendeten Snobs und verbitterten Chronisten ihrer Zeit, noch einmal lapidar: «Der Destruktionstrieb ist dem Menschen angeboren.»[3]

Den meisten braven Christen des 19. Jahrhunderts war die Überzeugung, daß der Mensch von Natur aus böse – habsüchtig, wollüstig, verlogen, aggressiv – ist, ganz geläufig. Und die Nichtchristen fanden in den damals beherrschenden – freilich häufiger mißverstandenen als verstandenen – Ideen von Herbert Spencer und Charles Darwin scheinbar unwiderlegliche philosophische und wissenschaftliche Erklärungen für die wesensgemäße, unausrottbare Aggressivität des Menschen. Um die Jahrhundertwende faßt William James die nach-darwinsche Auffassung in der Feststellung zusammen, daß «die Entwicklungsgeschichte unserer Vorfahren uns alle zu potentiellen Kriegern gemacht hat». Nach seiner Ansicht zeugen Fanatismus, Dogmatismus und Machtgier, zeugen «die Verfolgung der Juden, die Jagd auf Albigenser und Waldenser, das Steinigen der Quäker und Ertränken der Methodisten, die Ermordung der Mormonen und Niedermetzelung der Armenier» von «jener primären Abwehr des Menschen gegen das Neue, jenem Kampftrieb, von dem wir alle noch etwas in uns haben».[4] Wenige Jahre später bekräftigt der scharfsinnige deutsche Soziologe Georg Simmel diesen breiten Konsensus noch einmal: In seinem Hauptwerk *Soziologie* schreibt er, im Innern des Menschen stecke ein «Kampfinstinkt», ein «autochthones Bedürfnis zu hassen und zu kämpfen».[5] Mit Skepsis begegnete diesem gängigen Urteil damals nur eine kleine Minderheit.

Die Mehrheit hingegen hatte ein Hauptargument: Gleichgültig ob Aggression eine natürliche Anlage des Menschen, ein erworbener Charakterzug oder die spontane Augenblicksreaktion auf eine Provokation ist – jedenfalls scheint sie noch für den zurückhaltendsten Menschen in irgendeiner Form unverzichtbar zu sein.[6] Fast sprichwörtlich ist der subalterne Untergebene, der gegen seinesgleichen – und mehr noch gegen seinen Vorgesetzten – nie die Stimme erhebt, aber seine Frau mißhandelt oder, wenn gar nichts anderes übrigbleibt, seinen Hund tritt. Jedem (oder jeder) seine (oder ihre) spezielle Aggression. Verläßt man jedoch diesen sicheren Boden, so gerät man in das grenzenlose, bei weitem nicht kartographisch erschlossene Reich der Rätsel. Zunächst einmal erschöpfen sich keineswegs alle aggressiven Akte in urtümlichem Faustrecht, brutaler Quälerei oder routinemäßigem Morden. Sie umfassen ein breites Spektrum sprachlicher und körperlicher Äußerungen und reichen von forschem Selbstlob bis zu erlaubter schwerer Körperverletzung, von listiger Heimtücke bis zu sadistischer Folter. Sie äußern sich durchaus in Worten und Gebärden – die im Vergleich zu körperlicher Gewalt zwar weniger tödlich, aber kaum weniger unmißverständlich sind. Wer mit seinem Eigentum protzt oder seine Konkurrenten in der Liebe aussticht, ist nicht weniger aggressiv als jemand, der ein Duell provoziert oder ein Nachbarland überfällt. All das gehässige soziale Vergleichen steckt voller aggressiver Impulse. Nicht anders das genüßliche Tratschen und, mehr noch, die Konkurrenz in Sport, Politik, Beruf oder der Kampf um Auszeichnungen in Kunst, Literatur und Wissenschaft. Welche Sorte von Aggressivität eine Kultur honoriert oder ablehnt, legalisiert oder ächtet, hängt im übrigen, wie wir sehen werden, von Zeitpunkt und Umständen, von vermeintlichen Risiken und Vorteilen, von der jeweiligen gesellschaftlichen Auflehnungs- oder Anpassungsbereitschaft ab.

Darüber hinaus sind viele aggressive Akte eigentlich Reaktionsbildungen; eine angesehene sozialwissenschaftliche Schule vertritt die These, häufigster Auslöser dieser aggressiven Akte sei die Frustration.[7] Und die Theoretiker liefern überzeugendes Anschauungsmaterial: Nicht selten dient die Aggression ja nur der Notwehr. Die fraglos oft überzogenen Reaktionen amerikanischer Moralprediger und Leitartikler auf das moderate politische Programm, das die Frauenrechtlerinnen im Jahr 1848 bei ihrem Kongreß in Seneca Falls (New York) verabschiedeten – wobei die Delegierten nur mit Mühe dazu gebracht werden konnten, auch das Wahlrecht zu fordern –, waren nichts anderes als ein hektischer Versuch, eingefahrene Gedankengänge vor – wie es diesen angsterfüllten Kritikern schien – drohender radikaler Subversion zu bewahren. Dieselbe Hektik herrschte gegen Ende des 19. Jahrhunderts in der nicht minder überzogenen Reaktion der akademischen Kunstkritiker auf die impressionistischen Bilder. Hinzu kommt, daß aggressive Regungen und aggressive Handlungen nicht unbedingt übereinstimmen; die ersteren sind häufig unbewußt und bleiben – sowohl als Ursache wie als Folge verschütteter innerer Konflikte – unterhalb der Bewußtseinsschwelle. Die Äußerung anderer, weniger gut verdrängter Gefühle kann durch Angst, Vorsicht, einstudierte Anstandsregeln oder die hartnäckige Zensur des Über-Ichs abgeschwächt werden: Dann führen sie vielleicht nur zu einem Stirnrunzeln oder einer leisen spöttischen Bemerkung – oder auch einem neurotischen Symptom. Der Aggressionstrieb äußert sich – wenn überhaupt – oftmals in entstellter und verhüllter Gestalt und wird nur von jemandem erkannt, der um die Umwege der menschlichen Psyche weiß.

Schon Jahrzehnte, bevor Freud die theoretischen Erklärungen lieferte, hatte das 19. Jahrhundert intuitiv begriffen, daß die Kultur zwar den Aggressionstrieb ebenso energisch unter Kontrolle bringen muß wie die Sexualität, gleichwohl aber Bereiche läßt, in denen man sich ungehindert, ja unter allgemeinem Beifall, Geltung verschaffen darf. Wo genau aber und in welchen Grenzen Aggression am Platze ist, blieb die gesamte Epoche hindurch umstritten. Immer wieder haben viele viktorianische Bürger bestimmte aggressive Äußerungen als hart erkämpftes Privileg begriffen, dessen man sich ungeniert erfreuen soll; noch häufiger aber sahen noch mehr Bürger in ihnen eine akute Gefahr, die man ängstlich abwehren muß. In einer Zeit, da es in praktisch jedem Lebensbereich – vom Finanz- bis zum Transportwesen, von der Moral bis zur Politik, von der Kunst bis zur Architektur – Umwälzungen gab, erwies sich das Problem der Aggression nur als ein weiterer, wenn auch unvergleichlich wichtiger Grund zu Verwirrung, Bedenklichkeit – und Streit.

Ebenso nämlich wie die Mitglieder anderer Gesellschaften mit einem bestimmten Bildungsniveau (und sogar mehr als die meisten von ihnen) stürzten sich die Bürger des 19. Jahrhunderts in anhaltende, oftmals erbitterte Diskussionen über moralische Natur und adaptive Eigenschaften des Aggressionsbedürfnisses. Am wildesten wurden die Auseinandersetzungen zwangsläufig immer dann, wenn es um Zusammenstöße zwischen Nationen, Klassen oder Interessengruppen ging; aber bei differenzierteren Problemen – so zeigte sich – stritt man kaum weniger vehement. Diese Debatten zeugen davon, daß viele Viktorianer die Aggressivität in ihren zahlreichen Varianten sehr wohl sahen und immer bereit waren, zur Kritik oder Verteidigung der einen oder anderen ihrer Äußerungsformen anzutreten. Aber neben den bewußten und offen umstrittenen Einstellungen zur Aggressivität gab es, wie das vorliegende Buch zeigen wird, auch aggressive Gedanken und Handlungen, die nicht als solche erkannt wurden. In diesen Fällen – und sie waren häufig – muß der nachträgliche Blick des Historikers helfen, all das ans Licht zu heben, was seinerzeit im Dunkeln lag.

Im Zuge dieser leidenschaftlichen Dispute entwickelte die bürgerliche Gesellschaft ihre – wie ich es nenne – Alibis für den Aggressionstrieb: Glaubenssätze, Prinzipien oder Phrasen, die das verbale bzw. physische Kampfbedürfnis mit religiösen, politischen oder bestenfalls wissenschaftlichen Gründen rechtfertigten. Und das wiederum schafft neue Komplikationen. Mit den Rechtfertigungen wollte man der Kritik die Spitze nehmen, indem man zeigte, daß die Übergriffe der bürgerlichen Kultur auf die ganze Welt nichts als Lob verdienen. War denn die Durchsetzung der Kontrollgewalt über Rohstoffe und Hochfinanz, Geschäftsleben und Gesundheitsrisiken, über weitgespannte Kommunikationsnetze und die Geheimnisse der Wissenschaft nicht ein rein konstruktives Tun? In der Tat: Aggressiv nennen wir die Bürger im 19. Jahrhundert zu Recht nicht bloß deswegen, weil sie auf ihrer Jagd nach Profit und Macht mit ausgebeuteten Lohnarbeitern, überforderten Angestellten, anachronistischen Handwerkern oder malträtierten Eingeborenen schwerwiegende soziale Kosten verursachten, sondern auch deswegen, weil sie mit beispielloser Energie daran gingen, Zeit, Raum und knappe Mittel – sowie sich selber – in den Griff zu bekommen. Einige dieser aggressiven Akte erwiesen sich ungeachtet all ihrer Not- bzw. Abwehrfunktion als durch und durch nutzbringend. Allerdings darf man nicht übersehen – und viele viktorianische Kulturkritiker übersahen es nicht –, daß jene zähen und oft skrupellosen Bemächtigungsunternehmen, in denen das ingeniöse und zielbewußte 19. Jahrhundert besonders perfekt war, sich über allen Widerstand hinwegsetzten, auf althergebrachten Lebensformen herumtrampelten und damit die Spannungen zwischen Mächtigen und Machtlosen, Reichen und Armen verschärften. Sie bestätigen die alte Regel: daß Aggressivität, mag sie noch so gute Absichten und Ergebnisse haben, immer übel zugerichtete Opfer zurückläßt.

Trotz allem diente das Insistieren auf der Positivität zumindest mancher Aggression nicht allein der eigenen Rechtfertigung. Wie wir mittlerweile wissen, kann man bei Kindern nicht bloß in der Entwicklung der sexuellen Kräfte ein Stück Erziehung zum Leben, sondern auch in den Aggressionen die Einübung ihrer Fähigkeiten und die Abgrenzung gegen andere sehen. Nein sagen, Hilfe verweigern, Ellbogen benutzen – das alles dient gleichermaßen dazu, notwendige Grenzen zu ziehen und – nicht selten – sie hinauszuschieben. Das Kind, das sich zum Anführer im Sandkasten aufschwingt, erprobt damit womöglich in gesunder Weise die eigenen Kräfte und buhlt nicht unbedingt nur ängstlich um Beachtung. Auch Erwachsene können durchaus aggressiv handeln, ohne andere zu beleidigen, zum Krüppel zu machen oder umzubringen. Die Frauenbewegung des 19. Jahrhunderts – mit ihrem aggressiven Humor und ihren energischen Versuchen, sich des Selbst und der Natur zu bemächtigen – zeigt, daß zweckentsprechend sublimierte Aggressivität helfen kann, eine Welt zu erobern, ohne sie mit brutaler Gewalt zu überziehen. Ob eine Handlung konstruktiv oder destruktiv ist, läßt sich jedoch nie definitiv sagen. Was das Objekt der Aggression vielleicht als ungerechtfertigten Schlag empfindet, das begründet der Angreifer womöglich in aller Aufrichtigkeit als etwas, das unverzichtbar fürs Überleben ist. Ein Akt der Aggression hat immer zwei Beteiligte, und von deren Perspektive hängt sichtlich das Urteil über ihn ab. Wer soll da entscheiden? Es reicht nicht zu fragen, wer der Leidtragende ist.

Diese Probleme aber ergeben sich nicht bloß deswegen, weil Aggressor und Opfer fast zwangsläufig eine andere Sicht der Dinge haben. Viele Angreifer können gar nicht wirklich wissen, ob sie aus konstruktiven oder destruktiven Beweggründen handeln. Beide sind nämlich so eng miteinander verquickt, daß sie – aller Wahrscheinlichkeit nach – das Handeln gemeinsam verursacht haben. Die Abwehrmechanismen, die – wie die Psychoanalytiker gezeigt haben – grundsätzlich zur psychischen Ausrüstung hinzugehören, bringen ja psychische Abkömmlinge hervor, in denen die Motive sich mischen. Der Wunsch, anderen wehzutun, kann zu ästhetischer oder wissenschaftlicher Produktivität sublimiert werden; der Abscheu gegenüber den eigenen mörderischen Wünschen kann – nach dem Mechanismus der Reaktionsbildung – eine leidenschaftliche

Liebe zu allen Lebewesen wecken. Freud bemerkt einmal trocken, Pazifisten hätten als Kinder vermutlich gern Tiere gequält. Das ist kein Zynismus, sondern schuldiger Respekt vor der Komplexität des Menschen. Auf den folgenden Seiten werde ich diesen diffizilen Verhältnissen nachgehen.

Unbedingt festhalten will ich hier noch, daß ich bei aller Konzentration auf die diversen Formen der Aggressivität in der Mittelklassenkultur des 19. Jahrhunderts doch die Kollaboration – und Konfrontation – zwischen Sexualität und Aggression im Hinterkopf behalte. Beide sind sowohl Triebverbündete wie Triebgegner. Beispiele reiner Aggression gibt es so wenig wie Beispiele reiner Liebe. Für die Romantiker war das kein Geheimnis; nicht nur Heinrich Heine schwelgt in kühnen Oxymora wie «grauenhaftes Vergnügen», «heilige Wollust» und «Anfall von grausamer Zärtlichkeit». Und William James notiert: «In der innigsten menschlichen Liebe liegt der Keim zu Entfremdung und Haß.»[8] Wie seine Vorgänger erkennt er, daß die dynamische Konfrontation von Liebe und Haß zugleich Widerspruch und Wechselwirkung bedeutet. Das Sexualgeprotze eines Don Juan; die krude Eifersucht, die Neid, Wut und Verlustangst zu wechselnder Mixtur zusammenmischt; der Ödipuskomplex mit seinem heiklen, labilen Amalgam von Sehnsucht und Abweisung, – all dies zeugt vom permanenten Wechselspiel von Liebe und Haß.

Dieses Wechselspiel ist für Erfahrung und Erleben der Menschen von fundamentaler Bedeutung. Ist doch die Zivilisation selber, mit ihren hohen Anforderungen an den einzelnen und dessen Versuchen, seinen Triebwünschen Erfüllung zu verschaffen, nichts anderes als ein endloser und nur zeitweise friedlicher Wettstreit zwischen Eros und seinem großen Gegenspieler, dem Aggressionstrieb. Ein spontanes Zeugnis für diesen innigen Zusammenhang legt Freud selbst mit seinen Arbeitsgewohnheiten ab: So arbeitete er nach dem Erscheinen der *Traumdeutung* Ende 1899 abwechselnd an einem Buch über den Witz und einem anderen über Sexualität, wobei er beide Manuskripte auf dem Tisch liegen hatte und sich je nach Laune mal das eine, mal das andere vornahm.[9] Auf diese Weise führt er anschaulich vor, wie sehr die Bedürfnisse, die er später als die interessantesten angeborenen Bedürfnisse des Menschen betrachtet, miteinander verquickt sind und wie leicht das eine die Vorherrschaft über das andere gewinnen – und verlieren – kann.

Als Studie über den Aggressionstrieb im bürgerlichen Zeitalter ist dieses Buch zwar etwas in sich Geschlossenes. Da aber die Wechselwirkung zwischen Aggression und Eros eine Grundtatsache des menschlichen Lebens bildet, kann es zugleich als Teil einer umfassenderen Arbeit gelesen werden, nämlich als der dritte Band einer breit angelegten Untersuchung der damaligen bürgerlichen Kultur. In den beiden vorangegangenen Bänden habe ich gezeigt, daß uns die erotischen Empfindungen und Betätigungen des viktorianischen Bürgertums durchaus faszinierende und knifflige Rätsel aufgeben.[10] Sie aber sind gar nichts gegen die Rätselfragen, die den Historiker erwarten, wenn er die bezeichnenden Merkmale und charakteristischen Auswirkungen der Aggression in den Jahrzehnten von Viktoria bis Freud herauszuarbeiten sucht. Dieses Buch möchte wenigstens einige der Türen aufschließen, die uns den Zugang zu unserer aggressiven Vorgeschichte im 19. Jahrhundert versperren.

Mensur – die geliebte Narbe

Um das Jahr 1900 macht der englische Schauspieler, Dramatiker und Verleger Jerome K. Jerome aus seinen Erinnerungen an eine gemütliche Fahrradtour durch das wilhelminische Deutschland einen Reisebericht mit dem Titel *Three Men on the Bummel,* in dem er auch beredtes Zeugnis für das Grundthema dieses Buches, die Kultivierung des Hasses, ablegt. In der von mir gewählten Formulierung steckt natürlich ein Wortspiel, aber gerade darin erweist sie ihre Ernsthaftigkeit. Die Menschen kultivieren als kampfbereite Lebewesen ihre Haßgefühle, weil der Einsatz ihrer aggressiven Fähigkeiten ihnen Lust bereitet. Die Gesellschaft hingegen, in der sie leben, kultiviert den Haß im genau entgegengesetzten Sinn, indem sie die meisten Formen von kruder Aggression einer strengen Kontrolle unterwirft; sie legt der Gewalt Zügel an, ehe sie alles kaputtschlägt. Bei dieser zweiten Kultivierung geht es buchstäblich um Leben und Tod. Und wie es ist, wenn beide Bedeutungen des Kultivierens zusammentreffen, zeigt schlagend die Mensur, das Duell der deutschen Studenten: Sie ist die Einübung einer durch anerkannte Regeln in Schach gehaltenen Aggression.

Wenige Jahre vor der Veröffentlichung seines Buches über den Deutschland-*Bummel* hatte sich der bemüht heitere Essayist Jerome mit seinem Buch *Three Men in a Boat* auf nationaler, ja internationaler Ebene bereits den Ruf eines nachsichtigen Beobachters der menschlichen Natur erworben. Dort hatte er von einem Ausflug berichtet, den er halb aus Sentimentalität, halb aus Spaß mit zwei Freunden und einem Hund von London aus die Themse aufwärts unternommen hatte.[1] Im Nachfolgeband über Deutschland, in dem (mit Ausnahme des Hundes) dieselben Personen vorkommen, verzichtet Jerome nun ganz auf die Sentimentalität und verleiht seinem normalerweise eher harmlosen und sogar leicht süßlichen Humor etwas Bitteres. Hier wirft er ja als Engländer einen Blick auf die Deutschen, einen Blick voll herber Heiterkeit und echtem Gefühl, aber nicht ohne Schärfe.

In ein paar unfairen, wenn auch vergleichsweise harmlosen Vergleichen, die er sich nicht verkneifen kann, schildert er die Deutschen als arbeitsame, pedantische, autoritätshörige und auf fast schon komische Weise gesetzestreue Leute. Selbst deutsche Vögel und Hunde kennen ihren angestammten Platz: Die Vögel nisten in keinem Vogelhäuschen, das nicht von der Regierung aufgestellt worden ist; die Hunde richten sich nach den Verbotsschildern, die sie vom Rasen fernhalten, und schleichen mit eingeklemmtem Schwanz aus dem Sperrbezirk. All dies soll eher heiter klingen. Dann aber, bei der planvollen, fast bedächtigen Beobachtung eines Studentenduells, vergißt Jerome seinen ganzen Humor und gibt seine Reaktionen mit einer Mischung aus klinischer Distanz, moralischer Strenge und bekenntnishafter Vertraulichkeit wieder.

Es überrascht nicht, daß Jeromes Urteil über diesen blutigen teutonischen Sport so unnachsichtig ausfällt. Als Engländer neigte er zu demselben Widerwillen, den damals auch die *Saturday Review* zum Ausdruck brachte. «Das Duell», so heißt es dort im Jahr 1858, «paßt nur zu einem rohen und barbarischen Gesellschaftszustand» oder kann zumindest als ernsthaftes Symptom für «eine tiefgreifende gesellschaftliche Störung» gelten. Daß das Duell bei den ansonsten so kultivierten Franzosen fortlebt, liegt nach Ansicht des Wochenblattes am Druck, den das despotische Regime von Napoleon III. auf das Land ausübt: «Wenn Menschen sich nicht aussprechen und strittige Probleme durch Argumentation und freie Rede lösen können, nehmen sie ihre Zuflucht zur primitiven Beweisführung per Degen und Pistole.» Auch in den Vereinigten Staaten sei das Duell noch immer verbreitet, weil dieser Staat sich nur oberflächlich von Frankreich unterscheide; im Grunde herrsche dort genau so eine Tyrannei, eine «demagogische» Despotie.[2] Wenige Monate später kommt die Zeitschrift noch einmal – und mit demselben verächtlichen Naserümpfen – auf das Duell in Frankreich zurück: nach ihrer Darstellung stürzen sich dort Autoren «minderen Ranges», vor allem Bühnenautoren und Theaterkritiker, in widerwärtige «literarische Duelle», bei denen sie zuerst in wütenden Wortfehden aufeinander einschlagen und ihren Streit dann mit tödlicheren Waffen beilegen.[3]

Vor Augen hatte die *Saturday Review* natürlich jene Duelle, bei denen zwei erwachsene Männer aufeinander schießen mit dem Ziel, den andern zu töten. Jerome aber dachte keinen Deut besser über die mit dem Degen fechtenden Studenten, obgleich ihre rituellen Exerzitien vergleichsweise harmlos endeten. Die Deutschen, so schreibt er, haben sich eingeredet, die Mensur trage außerordentlich zur Charakterbildung bei: «Sie gilt als gar nicht brutal – als frei von jeder Beleidigung oder Erniedrigung. Sie machen geltend, die deutschen Jugendlichen würden dabei zu Kaltblütigkeit und Tapferkeit erzogen.» Jerome will keine dieser durchsichtigen Rationalisierungen anerkennen. Der Student – so seine These, mit der er sich den deutschen Kritikern dieses Brauches anschließt – bringt mehr Mut auf, wenn er eine Duellforderung ablehnt, als wenn er ihr nachkommt; schließlich «kämpft er gar nicht sich selbst zuliebe, sondern um es einer Öffentlichkeit rechtzumachen, die zweihundert Jahre hinter der Zeit zurück ist». Dabei gewinnt er nicht etwa Mannestugend; «durch die Mensur kann er nur verrohen». Mag sein, daß an Universitäten wie im «aristokratischen» Bonn oder kosmopolitischen Heidelberg die studentischen Duelle nach festen Regeln und strengem Zeremoniell ablaufen, ja sogar etwas Pittoreskes haben. Überall sonst aber «bieten sie eine Mixtur aus Lächerlichem und Unerfreulichem». Tatsächlich ist die «gepriesene» deutsche Mensur so abstoßend, daß Jerome den besonders «empfindsamen Leser» bittet, «sich selbst die hier gegebene Beschreibung zu ersparen».[4] Nichts anderes in seinem Buch komme auch nur entfernt an die Scheußlichkeiten heran, die er nun enthüllen werde.

Nachdem sich Jerome durch seine abschreckende Ankündigung das Interesse der Leser gesichert hat, beginnt er seinen Bericht. Wie sehr er zutrifft, bestätigen die Lebenserinnerungen von Zeitzeugen und die Romane des Realismus. «Der Raum ist kahl und schmutzig; an den Wänden sieht man Bier-, Blut- und Ölflecken; die Decke ist rauchgeschwärzt, der Fußboden mit Sägespänen bedeckt. Überall herrscht ein Gedränge von lachenden, rauchenden, sich unterhaltenden Studenten, einige sitzen auf dem Boden, andere hocken auf Stühlen und Bänken.» Die Kombattanten mit ihren Schutzbrillen und -polstern stellen sich voreinander auf und wirken ausgesprochen unbeholfen. «Der Schiedsrichter nimmt seinen Platz ein und gibt den Startbefehl, und sofort klirren die langen geraden Degen fünfmal schnell gegeneinander.» Jerome persönlich findet den Fechtkampf «ohne Wendigkeit, Kunstfertigkeit oder Eleganz». Übrig bleibt nur dies: «Es gewinnt der Stärkere; derjenige nämlich, der mit seinem schwer gepolsterten Arm und ständig in unnatürlicher Stellung den riesigen schweren Degen am längsten zu halten vermag, ohne vor lauter Schwäche nicht mehr parieren oder zuschlagen zu können.»[5]

Das Duell selbst ist ohne Spannung oder Reiz; dafür «gilt alles Interesse den Verwundungen. Regelmäßig werden sie an zwei Stellen beigebracht: entweder oben auf dem Kopf oder an der linken Gesichtshälfte.» Und sie bieten einen entsetzlichen Anblick. «Manchmal fliegt ein Stück behaarter Skalp oder ein Stück Backe durch die Luft und wird dann von seinem stolzen Besitzer (oder, genauer gesagt, seinem stolzen Exbesitzer) sorgfältig in einem Umschlag aufbewahrt und später beim Kommers herumgezeigt.» Wie zu erwarten, strömt aus jeder Wunde «reichlich Blut. Es spritzt auf die Ärzte, Sekundanten und Zuschauer; es hinterläßt Flecken auf Zimmerdecke und Wänden; es läuft an den Kämpfern herunter und bildet Pfützen im Sägemehl. Nach jeder Runde springen die Ärzte auf, drücken die klaffenden Wunden mit ihren blutverschmierten Händen zusammen und tupfen sie mit einem kleinen feuchten Wattebausch ab»; sobald aber die Duellanten in die nächste Runde gehen, «spritzt das Blut wieder hervor, nimmt ihnen fast die Sicht und macht den Fußboden glitschig». Nach und nach sehen die Kombattanten immer grotesker aus. «Hier und da werden einem die Zähne fast bis zum Ohr bloßgelegt, so daß es für den Rest des Duelles scheint, als grinse er der einen Hälfte der Zuschauer zu, während die andere Gesichtshälfte ernst bleibt; manchmal wird einem die Nase gespalten, was ihm beim Kämpfen einen seltsam hochmütigen Ausdruck verleiht.»[6]

Aber gerade um die Wunde, die geliebte Narbe, geht es ja. Der Zweck der ganzen Übung besteht darin, «die Universität mit so viel Narben wie möglich zu verlassen»; das nämlich sichert dem Duellanten den Neid seiner Kommilitonen, die Bewunderung begehrenswerter Mädchen und schließlich «eine Ehefrau mit einer mindestens fünfstelligen Mitgift». Aus diesem Grunde ist «der eigentliche Kampf nur der Anfang des Vergnügens. Der zweite Akt des Stückes spielt im Ankleidezimmer.» Die sogenannten Ärzte, die dem Ganzen beiwohnen, sind zumeist Medizinstudenten, «grobschlächtige Männer», die «ihre Tätigkeit eher zu genießen» scheinen und ihre Opfer mit fröhlicher Miene quälen, soviel sie nur können. Das ist ein Kernstück des ganzen Rituals. «Wie der Student die Versorgung seiner Wunden erträgt, zählt nicht weniger, als wie er sie empfängt. Jeder medizinische Handgriff muß so brutal wie irgend möglich gemacht werden, und dabei beobachten seine Gefährten, ob er sie äußerlich ungerührt und genußvoll durchsteht. Besonders begehrt ist bei allen Beteiligten eine glatte, weit aufklaffende Wunde. Absichtlich wird sie nur grob vernäht, in der Hoffnung, daß die Narbe dann ein Leben lang sichtbar bleibt.»[7] Nur eine bleibende Narbe verschafft bleibende Vorteile.

Jerome bezweifelt, daß sich irgend etwas zugunsten dieser Zeremonie vorbringen läßt. Mit Sicherheit «kann sie auf die Zuschauer nur einen schlimmen Einfluß haben – und hat ihn nach meiner Überzeugung auch». Zum Beweis präsentiert er seine eigenen Reaktionen. «Ich kenne mich gut genug, um zu wissen, daß ich von Natur aus nicht gerade ungewöhnlich blutrünstig bin.» Zu Beginn, «vor dem eigentlichen Geschehen, empfand ich eine Mischung aus Neugier und Angst, weil ich nicht wußte, wie weit der Anblick mich außer Fassung bringen werde»; dann, «als das erste Blut floß und Nerven und Muskeln bloßgelegt wurden, fühlte ich zugleich Abscheu und Mitleid. Beim zweiten Duell aber, so muß ich gestehen, verschwanden meine zarteren Gefühle allmählich; und als das dritte in vollem Gange war und der seltsame warme Blutgeruch den Raum schwängerte», drängten sich barbarischere Regungen vor. «Mich verlangte nach mehr.»[8] Ein außergewöhnliches Bekenntnis. Da Jerome hier freimütig schildert, wie er nach und nach zum Komplizen wird, blickt er in ungeahnte Tiefen jener üblicherweise verschütteten aggressiven Triebregungen, die hier durch die Aussicht auf Befriedigung in der fremden Kulturform aus ihrem Schlupfwinkel im Unbewußten hervorgelockt werden. Für den Uneingeweihten ist – so Jerome – die Mensur einfach brutal, abstoßend, sinnlos, in einem Maße kindisch und irrational, mitunter gar von grausamer Komik, daß man entgeistert davorsteht. Für den Beobachter, der alle Heuchelei abgelegt hat, hat sie nur deshalb Wert, weil sie ihn daran erinnert, daß «unter unseren gestärkten Hemden der Wilde lauert, der Barbar mit all seinen unberührten barbarischen Instinkten».[9] Dies war gewiß keine brandneue Erkenntnis. Aber Jerome versah die im 19. Jahrhundert verbreiteten Gemeinplätze über die Natur des Menschen fast im Wortsinn mit dem Fleisch und Blut konkreter Erfahrung.

All ihrer unappetitlichen, eher schmutzigen Dramatik zum Trotz ist nicht unmittelbar einsichtig, was der bürgerliche Student des 19. Jahrhunderts mit der Mensur eigentlich beweisen wollte; wir müssen deshalb ein wenig darüber nachdenken. Sie war eine groteske Institution. Natürlich waren seit langem in ganz Europa – und in den USA zumal in der ersten Hälfte des 19. Jahrhunderts – noch barbarischere Spielarten des Duells, Kämpfe auf Leben und Tod, gang und gäbe. Man denke nur an Alexander Hamilton, der im Jahr 1804 von Aaron Burr erschossen wurde; oder an das bewegende Schicksal von Alexander Puschkin, dessen großer Versroman *Eugen Onegin* sich um eine solche tödliche Begegnung dreht und der selbst wenige Jahre nach diesem Werk in einem Duell zu Tode kam. Neben weiteren talentierten jungen Opfern gab es damals auch glückliche Überlebende: So wurde der russische Dichter und Romancier Michael Lermontow 1841, vier Jahre nach Puschkin, im Duell getötet; Heinrich Heine hingegen, provoziert durch beleidigende Blicke und antisemitische Bemerkungen, focht als Student eine Reihe von Duellen durch und erzählte im späteren Leben davon. Im amerikanischen Vorkriegssüden, wo Eltern ihren Söhnen beibrachten, zur Verteidigung ihrer so eifersüchtig gehüteten und so schnell gekränkten Gentleman-Ehre notfalls dem Tod ins Auge zu blicken, waren die oftmals tödlichen Duelle der übliche Weg zur Beilegung von Streitereien, die die eigene Männlichkeit betrafen.

Offiziere und ihre Nachahmer hatten überdies keinerlei Monopol auf das Spiel mit der Duellforderung. Der charismatische deutsche sozialistische Theoretiker und Politiker Ferdinand Lassalle starb 1864 in einem – wie man es damals nannte – Ehrenhandel, einem Streit um eine Frau. Wenige Jahre zuvor überlebte der radikale französische Journalist und Romancier Jules Vallès, damals ein mittelloser junger Schriftsteller, ein solches Gefecht, bei dem er seinen Gegner, einen engen Freund, schwer verwundete. Ohne Frage waren für die Romanliteratur der Zeit Pistolen mit dreißig Schuß ein willkommenes dramatisches Mittel, zumal wenn es sich bei den Protagonisten um Militärs handelte. Als in Jane Austens Roman *Sense and Sensibility* Colonel Brandon der empfindsamen Elinor Dashwood erzählt, daß er sich mit dem unwürdigen Charmeur und lasterhaften Verführer Willoughby duelliert hat, «seufzte sie über die vermeintliche Notwendigkeit dieses Unternehmens; aber gegenüber einem Mann und Soldaten wagte sie es nicht zu kritisieren».[10] In *Nicholas Nickleby* wird Dickens eine seiner zweifelhaftesten Romanfiguren, Lord Frederick Verisopht, durch ein Duell wieder los. Noch Arthur Fletcher, der Held von Trollopes *The Prime Minister*, äußert sein Bedauern darüber, daß er Ferdinand Lopez, den geheimnisvollen, von der geliebten Frau scheinbar bevorzugten Mann, nicht einfach erschießen kann – aber Duelle waren in Großbritannien bereits um die Jahrhundertmitte verboten worden.

Auf dem Kontinent freilich lieferten sie weiterhin Nachrichten – und Geschichten. Ein Duell gibt es in Maupassants Roman *Bel-Ami*. Theodor Fontane macht in seinem bekanntesten Roman *Effi Briest* ein Duell zum tragischen Höhepunkt. In *Drei Schwestern* setzt Tschechow in seiner unvergleichlichen Stegreifmanier ein Duell mit tödlichem Ausgang ein. Einige von Schnitzlers sarkastischsten Erzählungen ranken sich um – seien es bestandene, seien es vermiedene – Duelle: Der mit Recht berühmte innere Monolog des «Leutnant Gustl» präsentiert uns einen österreichischen Offizier, der, von panischer Angst vor seinem drohenden und so sinnlosen Tod im Duell gepackt, im letzten Augenblick durch das Ableben seines Gegners gerettet wird. Zwar waren die meisten kontinentalen Schriftsteller keineswegs Anhänger jener Duelle, die sie in ihre Geschichten einbauten. Aber sie behandelten sie als etwas, das – zumindest in bestimmten Kreisen – gang und gäbe war.

Als vergleichsweise harmlose Variante derartiger Waffengänge bildete die Mensur so etwas wie das gezähmte, auf eine fast lächerliche Pflichtübung reduzierte Duell. Sie zu tolerieren fiel daher – auch den Außenstehenden – leichter. Die Mensur war zwar vor allem auf Deutschland begrenzt, aber die erregte Reaktion ausländischer Besucher verrät, daß sie eine allgemeine, wenngleich weitgehend verborgene Anziehungskraft besaß. Mehr als ein halbes Jahrhundert vor Jeromes Entdeckung, daß man geradezu süchtig danach werden kann, Blut fließen zu sehen, äußerte ein anderer englischer Deutschlandreisender, nämlich William Howitt, die Überzeugung, bei der Betrachtung des deutschen Studentenlebens würden seine Landsleute zweifellos zwei Dinge besonders abstoßend finden:

«das Bierduell und das Säbelduell». Derselbe Beobachter aber kam, obgleich er Quäker war, zu dem Urteil, die Mensur sei im Grunde ein zivilisatorischer Sport, eines jener großartigen Kulturgebrechen, mit denen weit schlimmere Übel ausgetrieben werden sollen, «eine Disziplin, die die Studenten untereinander wahren, um jeden primitiveren und nicht selten gefährlicheren Ausbruch der Leidenschaft zu verhindern».[11] Trotz der verbreiteten und wachsenden Opposition gegen Offiziere und Journalisten, die das Gesetz in die eigenen Hände nahmen, fand das studentische Duell, jene spezifisch deutsche Pflichtübung, gleichwohl vielerorts ein positives Echo.

Kam dieses Echo aber von den Bürgern? Die aggressive Haltung der studentischen Duellanten, ihr peinlich genau geregeltes militärisches Auftreten und ihr ausgeklügelter Ehrenkodex, – all das war ein deutlicher Hinweis auf die aristokratische Herkunft ihres Sports. Dennoch blieb dieser nicht das persönliche Privileg preußischer Junker oder süddeutscher Duodezfürsten. Als aristokratisches Relikt war er in eine sich verbürgerlichende Gesellschaft übernommen worden. Im 19. Jahrhundert bestanden ja auch die Bürger auf ihrer Ehre. Als Heinrich Heine, voll Zorn über eine kränkende Bemerkung, den Bankier Salomon Strauss (der Herkunft nach Jude wie er) zum Duell forderte, bestärkte sein Verleger Julius Campe ihn noch in seinem gefährlichen Kurs. «Lieber todt, als entehrt», schrieb er an seinen Lieblingsautor.[12]

Diese mit Ehrbegriffen vollgepfropften jungen deutschen Bürger drängten in die Universitäten. Die Sprößlinge der Adelshäuser waren dort zwar proportional zahlreicher vertreten als andere junge Deutsche, aber selbst an den von ihnen bevorzugten Modestudienorten wie etwa Heidelberg und Bonn machten sie selten mehr als ein Sechstel aller Studenten aus. Zumal in den Jahren, in denen die Zahl der Immatrikulationen rasch anstieg, lag ihr Anteil nur etwa bei einem Zehntel, an einigen Universitäten sogar bei einem Zwanzigstel. Die große Masse der deutschen Studenten kam aus den wohlhabenden und mehr noch den gebildeten Mittelschichten, aus dem Besitz- und dem Bildungsbürgertum; in aller Regel konnten Hochschulabsolventen damit rechnen, daß ihre Söhne in ihre Fußstapfen treten würden. Überrepräsentiert waren die Adligen natürlich in den exklusiven Korps und faktisch auch in den etwas «demokratischeren» Burschenschaften. Selten aber übertraf ihr Anteil den ihrer bürgerlichen Kommilitonen, selbst in den erlesensten unter diesen Vereinen. Einige der besonders renommierten Korps wie etwa Saxoborussia in Heidelberg und Borussia in Bonn waren zwar Tummelplatz junger Adliger, aber auch sie nahmen eine nicht unbeträchtliche Anzahl reputierlicher Nichtadliger auf.[13]

Die Bürgersöhne, die sich da in inniger Gemeinschaft mit ihren aristokratischen Kameraden gegenseitig das Gesicht aufschlitzten, kamen nicht
aus dem normalen, fest etablierten mittleren Bürgertum; sie repräsentierten die unternehmenden, erfolgreichen, strebsamen sozialen Aufsteiger.
Andererseits gaben sie in den deutschen Mittelschichten, die sich noch
heftiger als die englischen nach einem Herrn sehnten, den Ton an. Ungeachtet ihrer Faszination durch die Technik hielten die modernen
Deutschen beharrlich an befremdlichen Stücken einer fernen Vergangenheit fest und erweckten sie zu neuem Leben. Der Snob, der Parvenü, der
Verunsicherte, sie alle fanden ihre trinkenden, aufmarschierenden und
kämpfenden adligen Kameraden, die sich zu jovialen Bekundungen
ostentativer Gleichheit herabließen, irgendwie unwiderstehlich. Die Ver-
zückung dieser jungen Männer, die da verlockende neue soziale Möglichkeiten vor sich hatten und in aller Regel von ihren stolzen, besorgten und
ehrgeizigen Eltern angestachelt wurden, war völlig überzogen und keineswegs schön anzusehen. Der geborgte Hochmut war durchaus ebenso
brutal – und ebenso komisch – wie der echte.

Dies alles pfiffen die Spatzen von den Dächern, und niemanden konnte
es mehr überraschen. Im Jahr 1914 entwirft der sozialdemokratische Abgeordnete Hermann Wendel, der immer sehr witzig war und nie ein Blatt
vor den Mund nahm, unter dem Beifall seiner Genossen und unter allgemeinem Gelächter vor dem Reichstag ein vernichtendes Bild vom deutschen Bürger als Edelmann. Darin stellt er fest, daß es dem deutschen
Bürgertum im Gegensatz zu ihrem englischen Pendant nicht gelungen
sei, Lebensanschauungen, Sitten und Gebräuche mit bürgerlichem Geist
zu durchsetzen. Statt dessen sei «die bürgerliche Klasse feudalisiert und
militarisiert worden». Das vom Bürger offenbar besonders hochgehaltene
Ideal des Deutschen sei nicht «der ehrenwerte Bürger», sondern «der
schneidige Herr ‹von› mit dem aufgedrehten Schnurrbart». Automatisch
dachten die Abgeordneten an den martialischen Schnurrbart Kaiser Wilhelms II. und lachten aus vollem Halse.[14]

In Deutschland, so Wendel weiter, will «ein junger Kaufmann ... nicht
aussehen wie ein junger Kaufmann, sondern womöglich wie ein Leutnant
in Zivil». Der junge Mann allerbürgerlichster Herkunft schaffe sich erst
ein Monokel und dann den königlich preußischen Schnarrton an. «Da ist
es gar kein Wunder, daß die bürgerliche Klasse dem Duell keinen energischen Widerstand entgegensetzt, sondern daß sie bei ihrem krankhaften
zurückgebliebenen Klassenbewußtsein sich der Unsitte anbequemt, eben
weil sie feudal ist.» Er erinnert daran, daß etwa zehn Jahre zuvor eine
Antiduelliga gegründet, bei ihrem Kongreß jedoch ein Antrag abgelehnt
worden war, in dem alle Mitglieder aufgefordert wurden, sich nicht zum

Zweikampf provozieren zu lassen. Selbst prinzipielle Gegner des Duells wollten also ihr Recht aufs Duellieren nicht preisgeben.[15] Die «Heiterkeit», die – wie das Protokoll vermerkt – Wendels sarkastische Charakterskizze immer wieder unterbrach, zeigt an, daß seine Kritik am feudalisierten deutschen Bürgertum ins Schwarze traf, ohne jemanden auf die Palme zu bringen. Sie sprach eine Wahrheit über die deutsche Mittelklasse aus, die jeder mehr oder minder zur Kenntnis nehmen und akzeptieren konnte.

Zyniker trieben diese Beschimpfungen noch weiter. Nach ihrer Ansicht boten die studentischen Verbindungen den aufstrebenden Bürgern einzig und allein die Möglichkeit, Beziehungen zu knüpfen, die später im Geschäfts- bzw. Berufsleben oder auf dem Heiratsmarkt von Nutzen sein konnten. Sozialprestige, Aufstieg in höhere politische Ämter, rascher Geschäftserfolg – das sei es, was man sich von der organisierten, in bierseliger Umarmung bekräftigten und mit den ins Gesicht eingeritzten Zeichen besiegelten Kameradschaft erwarte. Max Weber, der als Student in Heidelberg mit den Besten der Besten gekneipt und gepaukt hatte – sein aufgedunsenes und narbenübersätes Jungmännergesicht sagt genug über das damalige ausschweifende Leben –, tat später das Verbindungsleben mit einem einzigen Schimpfnamen ab. Die schlagenden Verbindungen, so schrieb er, seien nichts anderes als eine Karriereversicherung ihrer Mitglieder: «Avancementsversicherungsanstalten».[16]

Von den drei Gruppen, in die man die Studenten traditionell einteilte – Scholaren, Brotstudenten und Kavaliere –, verfügte hauptsächlich die letztere (die großspurigen Kavaliere) über die finanziellen Mittel und das Naturell für den Beitritt zu jenen Verbindungen, die ihren Stolz dareinsetzten, sich für ihre Ehre zu schlagen. Die meisten Scholaren waren zu sehr mit Studieren beschäftigt und zu erhaben über diesen ihrer Ansicht nach unzivilisierten Schwachsinn, um geistlose Bierkneipen, schicke Uniformen und blutiges Gemetzel irgendwie reizvoll zu finden. Und die recht zahlreichen, als Brotstudenten bespöttelten Studierenden, die im Interesse des späteren Broterwerbs emsig fürs Staatsexamen büffelten, waren für das kostspielige und ausschweifende Verbindungsleben zu arm, zu sehr unter Druck und ohnehin aus sozialen Gründen nicht geeignet. Die Mensur focht also nur eine dünkelhafte Minderheit aus, Studenten, die Macht an der Universität hatten und ganz selbstverständlich (und korrekterweise) damit rechneten, daß sie über dieselbe Macht auch im späteren Leben verfügen würden. Daß die adligen Studenten in der Lage waren, der Verbindung und damit auch der Universität ihren Stempel aufzudrücken, zeugt vom Sieg des sozialen Status über die Statistik.

Das landläufige Bild der deutschen Universitäten im 19. Jahrhundert, das man – mit kleinen Abweichungen – auf bunten Postkarten, in sentimentaler Schlagermusik, in altmodischen Lokalen, rührseligen Romanen und den Sensationsberichten bestrafter oder – in seltenen, schockierenden Fällen – tödlich verwundeter Duellanten unermüdlich gepflegt hat, stellt also ein totales Zerrbild der Universitäten dar. Hier jedoch muß noch einmal an die wichtige Tatsache erinnert werden, daß die meisten Mitglieder der besonders ins Auge fallenden Studentenaristokratie, die die Vorlage für diese trüben Huldigungen abgeben, Söhne von Akademikern oder Wissenschaftlern, von Finanzmagnaten oder Studienräten (zumal von Studienräten an den Eliteschulen, den humanistischen Gymnasien) waren. Satirische Zeitschriften wie der *Simplicissimus* und politische Außenseiter wie die Wortführer der Sozialdemokratischen Partei machten sich gern über den Korpsstudenten und den Burschenschaftler her. Aufgedunsen vom Bier und fast magersüchtig in seiner dekadenten Schlankheit, blasiert, dumm, ängstlich darauf bedacht, daß niemand ihn nüchtern oder mit einem Buch sieht, heillos ungebildet, immer jedoch herausgeputzt mit seiner Verbindungskluft – so haben sie ihn gezeichnet. Es war eine kollektive Karikatur, aber – unbestreitbar – ebenso komisch wie aufschlußreich.

Der Korpsstudent war freilich mehr als nur unfreiwilliger und lächerlicher Anlaß für wenig schmeichelhafte Witzbilder; er und seine Kumpane bildeten das Reservoir, aus dem Deutschland – schon Jahrzehnte vor Jeromes Besuch bei einer Mensur – nicht allein Generäle und Minister, sondern auch Bankiers, Beamte, Professoren, Mediziner und Anwälte bezog. In einer Rede vor dem Bonner Korps äußerte Kaiser Wilhelm II. 1891 die Hoffnung, «daß dereinst viele Beamte und Offiziere aus Ihrem Kreise hervorgehen. Wie viele bedeutende Herren», rief er aus, «haben wir hier unter uns sitzen: Gelehrte, Beamte, Offiziere und Kaufleute.»[17] Es war eine jener für den Kaiser typischen, überschwenglichen und undiplomatischen Reden, da sie die Korps einseitig, auf Kosten der Burschenschaften, herausstellte. Doch selbst dieser Kaiser mußte in seine gepriesene Elite neben den heißgeliebten Offizieren auch Bürokraten, ja sogar Akademiker und Geschäftsleute aufnehmen.

Damals waren unter den Studenten, die einer schlagenden Verbindung angehörten, auffallend viele Bürgersöhne. Als der große, durch seine Dogmengeschichte bekannt gewordene Theologe Adolf von Harnack an der Universität Dorpat studierte, trat er einer «progressiven Landsmannschaft» bei: «Die Mitglieder setzten sich aus den Söhnen der Ritterschaft, aus den Kreisen der sogenannten Literaten (Angehörige der freien Berufe) und aus Kaufmannskreisen zusammen. Wenn auch die Aristokratie den Lebensstil weitgehend bestimmte, so herrschte doch durchaus keine adlige Beschränktheit, sondern echte Liberalität.» Zuvor schon, in den 40er Jahren des 19. Jahrhunderts, hatte der bedeutende Arzt und Physiologe Adolf Kußmaul sich in Heidelberg, nachdem er im Schwabenkorps Suevia die Vollmitgliedschaft erhalten hatte, gefühlt wie einer von der «studentischen Ritterschaft, worin Prinzen und Barone, Beamten- und Bauernsöhne einander als freie und gleiche Burschen ehrten».[18] Diese enthusiastischen Rückblicke mögen zwar etwas dubios sein, tatsächlich aber erwarben sich etliche dieser bürgerlichen Ritter zu guter Letzt – über Geld, eine günstige Heirat oder gar Verdienste – ein adliges *von* in ihrem Namen. Auch die meisten übrigen, die wie ihre Väter brave, mit dem geliebten Schmiß dekorierte Bürger blieben, kamen in der deutschen Gesellschaft zu Ansehen und Macht.

Die heftigen Kontroversen, die in der Presse, in politischen Pamphleten und vor deutschen Gerichten um die Mensur ausgetragen wurden, weisen sie nur um so deutlicher als einen integralen Bestandteil der bürgerlichen Erfahrenswelt des 19. Jahrhunderts aus. Natürlich zogen die jungen Adligen, die mit dem Ehrenkodex ihres Standes aufgewachsen waren, den Wert der Mensur und ihre bleibende Gültigkeit kaum in Zweifel. Selbst als das Duell zum offenkundigen Anachronismus geworden war und gegen Ende des Jahrhunderts die Überzeugungskraft einer lebendigen Tradition einbüßte, behielt es doch die Unentrinnbarkeit einer zum Zwang gewordenen Gewohnheit. In *Effi Briest* gibt Fontane noch etwas vom versteinerten Charakter dieses kulturellen Relikts wieder: Der Protagonist des Romans, Baron von Instetten, tötet den früheren Liebhaber seiner Frau in einem Duell, zu dem ihn nicht etwa Wut oder Eifersucht – die erbärmlich kurze Affäre liegt lang zurück –, sondern ein nicht weiter hinterfragtes ererbtes Pflichtgefühl bewegt. Manche ausländischen Beobachter wie etwa William Howitt sahen in der Mensur wohl ein außerordentliches erzieherisches Erlebnis, und aus- wie inländische Apologeten schilderten sie gern als Schule des Lebens. Aber viele deutsche Bürger – darunter Studenten und Professoren – dachten längst nicht so optimistisch über die zivilisatorische Leistung des studentischen Duells. Zwar hatte es fanatische, hartnäckige und überaus mächtige Befürworter, doch seine Kritiker, alles andere als Außenseiter oder Radikale, gaben nicht auf.

Im ausgehenden 18. Jahrhundert, als die deutsche Universität auf dem Höhepunkt ihrer imposanten Laufbahn stand, hatte sich eine Studentengruppe in Jena unter dem Eindruck aufklärerischer Ideen vehement dafür eingesetzt, daß alle, die vom Duell nicht lassen, suspendiert oder relegiert werden. Und 1782 nannte der Dichter August Niemann die Mensur eine

Entweihung des Patriotismus; der wahre Held, so seine Behauptung, greife nur zum Schwert, um sein gedemütigtes Vaterland zu verteidigen. Sympathien genossen vorübergehend auch die *Schokoladisten,* eine Studentengruppe, die ihren Namen der Überzeugung verdankte, alle Streitereien könnten doch freundschaftlich bei einer Tasse heißer Schokolade beigelegt werden. Nicht nur Goethe applaudierte ihnen. Aber obgleich die Bewegung sogar in anderen Universitäten Unterstützung gewinnen konnte, schlug die Kampagne gegen das Duell – wie zu erwarten – letzten Endes fehl. Studenten, die sich unbedingt duellieren wollten, haben niemals darauf verzichtet. Noch 1882 berichtete die amerikanische Wissenschaftlerin und Frauenrechtlerin M. Carey Thomas, die damals in Zürich ihr Doktorexamen abschloß, in einem Brief an ihre Mutter, daß die Schweizer Studenten, die den strengstens verbotenen schlagenden Verbindungen angehörten und mit Geld- und Gefängnisstrafen rechnen mußten, wenn sie mit dem Säbel in der Hand erwischt wurden, für ihre Paukerei eigens nach Deutschland reisten.[19]

Allerdings waren pazifistische Ansichten in den studentischen Debatten immer vertreten. Eine gewisse Verbreitung fand im Laufe des 19. Jahrhunderts das sogenannte Ehrengericht als gewaltlose, unaggressive Alternative zur Beilegung von Streitereien, in denen es um die Ehre eines Studenten ging. Religiöse Studentenvereinigungen (wie etwa kirchennahe katholische und protestantische Verbindungen) sowie Wandervogelgruppen oder politische Klubs ließen ausdrücklich und prinzipiell die Mensur nicht bei sich zu; andere Organisationen – so die Reform-Burschenschaften in den 80er Jahren des 19. Jahrhunderts – verurteilten zwar die Duellsucht, mochten aber in ihren Satzungen nicht auf die Institutionen der Duellforderung und der Satisfaktion verzichten. Ende des Jahrhunderts forderte der Historiker Georg von Below, ein bekannter Gegner des Duells, in einer Kontroverse über die Mensur ihre Abschaffung. Er sprach nur für eine Minderheit. So meinte der Rechtsprofessor Heinrich Geffcken, zwar könne wohl die «innere Ehre» von einer anderen Person gar nicht gekränkt werden, die «äußere Ehre» aber sei «das Bewußtsein der uns umgebenden Außenwelt von unserem Werte» und daher ein schutzwürdiges Gut. Das studentische Duell wird ihm zufolge erst verschwinden, wenn sich die gekränkte Ehre auf andere Weise wiederherstellen läßt; denn nicht anders als die alten Germanen wolle man nun mal für den Ehrenschutz Garantieen haben.[20] Denselben Standpunkt vertrat auch ein reformerisch gesonnener Professor wie Adolf von Harnack, der die Burschenschaften von innen her zivilisieren wollte.

Als sich Harnack gegen Ende des Jahrhunderts für die Reform engagierte, waren seine Argumente schon ganz und gar vertraut. Auch die

Argumente derjenigen, die sich für die Abschaffung stark machten. Die Schokoladisten gehören ja ins späte 18. Jahrhundert, und bereits 1828 hatte Johann Nepomuk Ringseis, Obermedizinalrat und Professor in München, vor Zuhörern seiner Universität geäußert, die Mensur sei mehr als irrational; sie sei eine Perversion der Ehre, ein Affront gegen jeden gesetzestreuen Bürger und ein nachgerade schändlicher Zeitvertreib für Studenten der Medizin, Theologie und Jurisprudenz, die von Berufs wegen doch heilen, versöhnen und zum Gehorsam gegenüber der rechtmäßigen Obrigkeit anhalten sollen. Ganz besonders abstoßend seien die Duelle, so Ringseis, wegen ihrer Anlässe: «Trunk- und Streitsucht und Beleidigung». Da er freilich wußte, wie unpopulär seine Ansichten waren, kleidete er sie in schöne patriotische Worte: «Im Wissen, in der Sittlichkeit, im Gehorsam, in der glühenden Liebe für König und Vaterland – darin möge jeder einzelne den anderen, jede Vereinigung die andere und unsere Universität alle anderen zu übertreffen suchen. Zu einem solchen edlen Wettstreit rufe ich Sie, meine Freunde, auf.» Und dann appellierte er an die «Ehre» seiner Zuhörer und beschwor «den Ruhm unserer Universität, den Ruhm des Vaterlands und unseres Königs».[21]

Eine aufrüttelnde Rede und ein rührender Versuch, im friedlicheren Wettstreit ein moralisches Äquivalent für das Duell zu finden. Aber obgleich Ringseis das Gesetz auf seiner Seite hatte, konnten seine Argumente nur wenige überzeugen. Die Universitätsleitung war geneigt, das Recht der Studenten auf ihr eigenes freies Leben besonders großzügig auszulegen; im geheimen Einvernehmen mit ihnen schaute sie einfach weg. Bisweilen, zumal nach Ausschreitungen oder einem tödlichen Duell, sah sie sich genötigt, irgendwelche Antiduell-Anordnungen aus ihrem Vorschriftenkatalog durchzusetzen. In der Regel aber hieben die Anhänger der Mensur weiterhin ungestört aufeinander ein, und die Autoren der Trivialromane, nicht nur deutsche, sondern auch englische, französische und italienische, siedelten das Abenteuer des Duells einfach in anderen Ländern an.

Der anhaltende Reiz der Mensur beruhte nicht zuletzt darauf, daß die Fürsprecher deren lange und ehrenvolle Vorgeschichte gebührend anzupreisen wußten. Die imposante feudale Ahnentafel indessen war äußerst zweifelhaft. Von allen Debatten, die die Mensur auslöste, waren die hitzigsten die Streitereien um ihre Geschichte. Nach Darstellung eines Historikers, dessen Treue zu den schlagenden Verbindungen außer Frage steht, kam die ehrwürdige Gepflogenheit, seinen Gegner zum ernsten Gefecht zu fordern, zuerst in den Städten des mittelalterlichen Deutschlands auf, wurde dann vom Adel und später von den Studenten übernommen. Kurz, die Mensur sei vermutlich als bürgerliche Institution entstanden. Georg von Below hingegen, der auf die Abschaffung des Duells zielte, hatte in den 90er Jahren des letzten Jahrhunderts einen anderen Stammbaum zu bieten: Die Mensur, so wollte er wissen, sei ursprünglich gar nichts Deutsches gewesen, sondern am korrupten und dekadenten Hof des französischen Königs Heinrich III. aus der Taufe gehoben und dann in diejenigen deutschen Fürstentümer exportiert worden, die sich an Frankreich orientierten. Was immer die ungreifbare Wahrheit sein mag (und noch nach eifrigstem Forschen bleibt sie ungreifbar) – die hochverehrten adligen und echt deutschen Referenzen, die der Mensur bei den Erben großer Handels- oder Industrievermögen zu solchem Ansehen verhalf, waren bestenfalls ungewissen Ursprungs. Womöglich auch gefälscht.[22]

Unbestreitbar scheint nur soviel: Wie so viele auf Tradition erpichte Institutionen waren die schlagenden Verbindungen im Deutschland des 19. Jahrhunderts recht eigentlich neueren Ursprungs, nämlich fast unkenntlich gewordene Nachfahren der mittelalterlichen Zünfte. Auch der Komment, der zwanghaft detaillierte Vorschriftenkatalog, der Kleidung, Auftreten, Kneipen, Werbung um Frauen und ehrkränkende Anlässe festlegte, hatte seine vergangene Vorform in dem weit weniger ausgetüftelten Regelkanon des spätmittelalterlichen Studentenlebens.[23] Ob aber neu geprägt, geschickt angepaßt oder wirklich alt, in jedem Fall wurde das Brauchtum der – adligen wie bürgerlichen – Studenten zwangsläufig von der Geschichte erobert. Die meisten Landsmannschaften, regionale Studentenverbindungen in den Provinzen des alten Deutschen Reiches, wurden um 1800 zu Korps umgebildet, die sich ihrerseits – sowohl auf Universitätsebene wie auch über die einzelne Universität hinaus – zu Kartellen zusammenschlossen. Ihre Mitglieder hielten sich für eine besonders auserlesene Elite und strengten ihre ganze Phantasie an, um sich eine möglichst herausragende Stellung zu verschaffen. Neue Mitglieder kooptierten sie mit Bedacht und geheimniskrämerischem Zeremoniell, entwickelten komplizierte Regelwerke für ihre Geselligkeit und schufen besondere Uniformen, insbesondere die auffällige bunte Mütze und die soldatisch wirkende Schärpe. Sie gaben so viel Geld aus, daß es das Bankkonto der meisten Väter überstieg. Jeder Korpsstudent mußte feierlich geloben, seiner Verbindung lebenslange Treue zu bewahren, gewissenhaft in allen Punkten – Auftreten, Kleidung, Trinken – dem Komment zu folgen und die gemeinsame Ehre hochzuhalten, das heißt bereitwillig Duelle durchzufechten, die die Freundschaft festigen, von Tapferkeit zeugen und Beleidigungen rächen sollen.

Diese strikte Regelung jedes einzelnen Verhaltens sollte nach dem Willen der Korps, die sich einfach zum Sprecher aller Studenten aufschwangen, im 19. Jahrhundert das ethische, soziale und gelegentlich sogar intellektuelle Niveau der deutschen Studenten heben. An diesem Punkt erweist die Kultivierung des Hasses ihre ganze Paradoxie: Mit der Aufstellung strenger, unverletzlicher Kampf- und das heißt Aggressionsregeln meinten diese studentischen Verbindungen, den nackten Aggressionstrieb zivilisieren zu können – und taten es in gewisser Weise auch wirklich. Verächtlich blickten die Korps herab auf die notorischen Säufer, Raufbolde, Lebemänner und Taugenichtse, die das deutsche Universitätsleben im 18. Jahrhundert in Verruf gebracht hatten, und versuchten, die ungezügelten Exzesse in neue Formen zu bringen. Es ist eine Ironie der Geschichte – aber vielleicht konnte es nicht ausbleiben –, daß die anfänglich kritisierten Verhaltensformen mit der Zeit zu nachahmenswerten Vorbildern wurden; sie galten als besonders schneidig und brutal, als Bestandstücke eines löblichen antiintellektuellen Auftretens – immer vorausgesetzt, daß man sie unter der Ägide einer studentischen Verbindung ausbildete.

Was immer die akademischen Korps zum Duellieren drängte, sie achteten gewissenhaft darauf, daß sie unpolitisch waren. Alles, was sie verlangten und gestatteten, war ein primitiver Patriotismus sowie eine ebenso primitive Treue zur herrschenden Dynastie. Gewiß entwickelten sich die Korps aufgrund der gesellschaftlichen Stellung oder der gesellschaftlichen Aspirationen ihrer Mitglieder quasi zwangsläufig zu militant konservativen Schutz- und Trutz-Institutionen. Schließlich wollten die Adligen ihre privilegierte Stellung behalten und die bürgerlichen Korpsmitglieder in ihren Besitz gelangen. Aber selbst ein prominenter sozialistischer Politiker wie Wilhelm Liebknecht blieb bis ans Lebensende genauso Mitglied seines Korps wie Otto von Bismarck.[24] Zwar spricht nichts dafür, daß Karl Marx den «Treviranern», einer trinkfreudigen und schlagenden Trierer Landsmannschaft, der er in Bonn beitrat, später auch nur eine Träne nachweinte; doch daß er sich wie viele andere Bürger duelliert und eine Narbe über dem linken Auge davongetragen hat, ist schon eine komische Vorstellung.[25] Jeder Korpsstudent – gleichgültig ob er im späteren Leben eher friedlich oder kämpferisch, konformistisch oder rebellisch gesonnen war, ob er Rechte, Medizin oder Theologie studierte – war durch die geheiligten Statuten seiner Verbindung verpflichtet, sich auf dem Paukboden zum Kampf zu stellen. Die Politik hatte damit gar nichts zu tun.

Die Burschenschaften hingegen wurden im 19. Jahrhundert direkt in die Geschichte der politischen Aggression hineingeboren. Die erste entstand im Gefolge von und als unmittelbare Reaktion auf Napoleons Niederlage, nachdem dieser ein Jahrzehnt lang deutsche Fürsten einge-

schüchtert, deutsche Armeen gedemütigt und deutsche Territorien aufgeteilt hatte, wie es ihm gerade paßte. Die Burschenschaften verdankten
sich einem Gemisch von Hochstimmung und Verzweiflung: Hochstimmung über den alliierten Feldzug gegen Frankreich, in dem Studenten
sich durch beachtlichen Mut hervorgetan hatten; Verzweiflung über die
Vereinbarungen, mit denen der Wiener Kongreß nach Napoleons Sturz
von 1815 entschlossen die Restaurierung des Ancien Régime betrieb und
das Geisterpaar Nationalismus und Demokratie in die Flasche vorrevolutionärer Institutionen zurückdrängte. Schon 1811 hatte Friedrich Ludwig
Jahn, als «Turnvater Jahn» der demagogische Begründer der organisierten
Körperkultur, körperliche Gesundheit und patriotische Sprachreform zu
einem Programm der nationalen Einheit zusammengeschweißt und eine
Organisation konzipiert, die das studentische Leben läutern, die provinziellen Korps verdrängen und ihre Mitglieder aus breiteren Bevölkerungskreisen rekrutieren sollte.

Nach einigen Fehlstarts setzten im Spätfrühjahr 1815 Studenten der
Universität Jena die Ideen Jahns und seiner Mitideologen in die Tat um.
Die von ihnen gegründete Verbindung übernahm zwar das Regelwerk der
nunmehr weitgehend aufgelösten Verbände des 18. Jahrhunderts, mit
ihrem ethischen und politischen Programm aber entsprachen die begeisterten jungen Männer den romantisch-radikalen Strömungen ihrer Zeit.
Der Wahlspruch der Jenaer Burschenschaft war so prägnant wie aufschlußreich: «Freiheit, Ehre, Vaterland». Diese drei klangvollen Substantive sagten in nuce, was die Studenten als ihren Auftrag ansahen: die
rigorose Ausweitung der politischen Öffentlichkeit und Freisetzung neuer
Ideen, die Erziehung zu ehrenhaftem Verhalten in allen privaten und
öffentlichen Angelegenheiten sowie die Propagierung eines deutschen
Nationalstaates. Wer als Historiker nach einem «aufstrebenden Bürgertum» Ausschau hält, braucht nicht weiter zu suchen. Die Burschenschaft
kam sichtlich im rechten Augenblick: Studenten anderer Städte taten es
alsbald ihren Jenenser Kommilitonen gleich, und wenig später waren die
deutschen Universitäten zu Brutstätten hochpolitisierter, zutiefst aggressiver und tatendurstiger Studentenverbindungen geworden.

Von den drei Bestandteilen ihres Wahlspruchs war die Ehre von Beginn
an der heikelste. Die Verbindungen wollten nicht, daß das Duell mit
seinen angeblich aristokratischen Ursprüngen der Demokratisierung des
studentischen Lebens im Wege stand: Alle – ausgenommen strenggläubige Juden – sollten willkommen sein. Nicht einmal diese eine Einschränkung wurde überall strikt durchgesetzt: Im Wintersemester 1818/19
wurde Heine, sechs Jahre vor seiner Taufe, in eine Bonner Burschenschaft
aufgenommen. Wie die Korps lehnten auch die Burschenschaften die

traditionelle Brutalität der studentischen Fechtkämpfe ab, die nur allzu oft mit dem Tod eines der Duellanten geendet hatten; sie galten als unhaltbare Auslegung, ja nachgerade als Perversion der Ehre. Nach ihren Statuten war Ehre eine Geistesverfassung, ein hehres Selbstbild, das nicht in unverantwortlicher Weise zur Aufwertung betrunkener Streithähne oder zur Sicherung einer «Satisfaktion» für bloß eingebildete Provokationen mißbraucht werden durfte. Zugleich aber hielten die ersten Burschenschafter das streng geregelte Duell für einen unverzichtbaren Bestandteil ihrer sittlichen Bildung; es galt ihnen als männlich und besaß daher eine unwiderstehliche Anziehungskraft für romantische junge Männer, die den Kopf voll hatten von Ideen aus dem mittelalterlichen Rittertum und undeutlich fühlten, was ihnen gebührte. So forderten sie eher die Läuterung des Studentenduells als seine Abschaffung. Verbindungen, die die Mensur ablehnten, brachten es nie zu demselben Einfluß wie ihre kampfbereiteren Konkurrenten.

Während die Ehre mit ihren Anforderungen die Burschenschaften selber vor Schwierigkeiten stellte, entpuppten sich Freiheit und Vaterland als heikel für die Politiker. Die unter Metternichs geschickter und besorgter Aufsicht stehende Obrigkeit im nachnapoleonischen Europa sah in der radikal-nationalistischen Rhetorik der organisierten Studenten eine Bedrohung, die man nicht einfach ignorieren konnte. Dann wurden die Burschenschaften unter dem Druck der Ereignisse aufs Schlachtfeld des wirklichen Lebens geworfen. Aus dem von schwärmerischen Universitätslehrern bereitgestellten finsteren Arsenal philosophischer Begriffe bezogen sie nun männlich klingende politische Vorstellungen, in denen es eine gerade und kurze Verbindung zwischen Denken und Handeln gab. Eins der verlockendsten Alibis für Aggressivität war die von den professoralen Fürsprechern übernommene Überzeugung, ein anständiger Rebell mit festen Grundsätzen habe das Recht, das Gesetz in die eigenen Hände zu nehmen und die Feinde der Freiheit zu strafen. Die Argumente, die derlei Aufwiegler für die Freisetzung aggressiver Impulse anführten, klangen oftmals ganz sachlich; in grober Vereinfachung aber richteten sie in den jugendlichen Wirrköpfen verheerende Schäden an.

Zunächst gaben sich die Eiferer unter den Studenten und einige professorale Bundesgenossen noch mit Reden und Aufmärschen zufrieden. Im Oktober 1817 (dreihundert Jahre nach Luthers Thesenanschlag an der Wittenberger Kirchentür und vier Jahre nach dem endgültigen Sieg der Ententemächte über Napoleon bei Leipzig) veranstalteten etwa fünfhundert Burschenschaftler das sattsam bekannte Wartburgfest. Es war eine wahre Orgie aus Gedichtvorträgen, patriotischen Reden, nationalistischen Losungen, inbrünstigen germanischen Gebeten und Bücherver-

brennungen, eine berauschende kollektive Initiation in die Politik, wie
man sie in den zersplitterten deutschen Fürstentümern noch nicht erlebt
hatte.[26] Heraus kam vor allem der Plan zu einem nationalen und nationalistischen Dachverband der studentischen Verbindungen. Genau ein Jahr
später wurde er in Jena aus der Taufe gehoben.

Die Vertreter der bestehenden Ordnung fanden das alles sehr bedrohlich und sahen darin eine «demagogische» Verschwörung zum Sturz der
nach zwei Jahrzehnten revolutionärer Unruhen so mühselig wieder eingesetzten rechtmäßigen Obrigkeit. Ein vereinzelter Mord, der ein ab-
schreckendes Beispiel für die von den Anarchisten später so genannte
Propaganda der Tat lieferte, gab neuen, verstärkten Anlaß zur Sorge. Im
März 1819 erstach der Theologiestudent Karl Ludwig Sand den Dramatiker und Verleger August Friedrich von Kotzebue und prangerte ihn
melodramatisch als «Vaterlandsverräter» an. Es war kein Geheimnis, daß
Kotzebue, bekannt für seine Schmähreden gegen nationalistische und
demokratische Ideen, die russische Regierung mit Informationen über
radikale Studenten versorgt hatte; er war das perfekte Opfer, an dem
man die Überzeugung, der Zweck heilige die Mittel, in die Tat umsetzen konnte. Nicht zufällig trug die Burschenschaft, mit deren Zielen
Sand sich identifizierte, den Namen «Die Unbedingten». Ein solches
Bekenntnis bedeutete – fast buchstäblich – den Tod von Mitgefühl oder
Kompromiß. Vor den Augen einer mit ihm sympathisierenden und
geradezu hysterischen Menge wurde Sand enthauptet und alsbald zum
Märtyrer für die Sache erhoben, der er sein Leben geopfert hatte. Sein
mörderisches Tun verschwand hinter seinen zu Frömmigkeit und Gerechtigkeit verklärten Absichten.[27] Die Reinheit seiner Überzeugung, so
ein Theologe zu Sands Mutter, tilge das Verbrechen. Der Sektenglaube
der Antinomisten, diese Lieblingsideologie einiger Journalisten und ihrer
enthusiastischen jugendlichen Anbeter, erwies sich als ansteckende
Krankheit.

Die repressiven Karlsbader Beschlüsse, die der Deutsche Bund Ende
1819 auf Drängen von Metternich verabschiedete, enthalten in nuce die
Reaktion der verängstigten Fürsten, die zu bewahren suchten, was hemmungslose Idealisten allem Anschein nach zerstören wollten. Mit einem
strengen Pressegesetz wurde sowohl politische Kritik als auch jede Äußerung verfänglicher Ansichten unterdrückt; ein Untersuchungsausschuß
für subversive Aktivitäten trat in Aktion; Professoren, die im Verdacht
standen, verunsicherte Studenten aufzuwiegeln und neue, nicht genehme
Vorstellungen heranzuzüchten, wurden entlassen oder versetzt. Die Burschenschaften wurden aufgelöst, ebenso die Korps. Die Revolte der jungen Generation hatte den wütenden Gegenschlag der alten provoziert;

jede Aggression, ja die Andeutung einer Aggression, wurde – wiederum per Aggression – vehement unterdrückt. Mehr als zwei Jahrzehnte lang, mindestens aber bis 1840, als Friedrich Wilhelm IV. den preußischen Thron bestieg, vegetierten die Studentenverbindungen jeglicher Couleur als mehr oder minder harmlose Kneipvereine dahin oder setzten manche ihrer alten politischen Debatten, ihre Kneipabende – und ihre Duelle – in geheimen Schlupfwinkeln und unter beständiger, durchaus realistischer Angst vor Entdeckung und deren möglichen Folgen fort.

Ein Beispiel dafür ist etwa die Universität Göttingen in den 2oer Jahren des letzten Jahrhunderts, als Heine dort studierte. Sie konnte ganze siebzehn dieser geheimen «Kränzchen» vorweisen, in denen man sich duellierte, als habe es die Karlsbader Beschlüsse nie gegeben. Hin und wieder nahm die Universitätsleitung davon Notiz: Heine selbst wurde 1821 wegen eines Duells für ein halbes Jahr relegiert. In seiner *Harzreise*, einer witzigen Mixtur aus Reisebericht und wehmütiger Erinnerung, schildert er eine zufällige Begegnung mit ein paar Göttinger Studenten; ihre Unterhaltung beim Essen beginnt als «gewöhnliches Universitätsgespräch: Duelle, Duelle und wieder Duelle».[28]

Der spätere liberale Anwalt und Politiker Eduard Wedekind war in den Göttinger Jahren eng mit Heine befreundet. Sein Tagebuch füllte er mit beiläufigen Berichten über Kneipexzesse, heimtückische Duellforderungen und kollektive Paukereien. «Das vorige Semester», schreibt er im April 1824, «ist hier äußerst stürmisch gewesen; es waren nicht allein viele Duelle, wie nie vorher, sondern auch sehr gefährliche.» Einem Paukanten «wurde sogar die Nase abgehauen». Eine Reihe dieser Mensuren wurde mit dem gefährlichen Krummsäbel und ohne Schutzausrüstung ausgefochten, auch wenn gar keine Forderung vorlag. Als die Universitätsleitung ausdrücklich drohte, jeden, den man bei solchen Kämpfen erwischte, zu suspendieren, schlug man sich – so Wedekind – eben unter größeren Vorsichtsmaßnahmen und mit harmloseren Waffen weiter. Obgleich er ein empfindsamer Dichter und eifriger Leser war, scheint Wedekind hauptsächlich Interesse an jenen «Skandälern» gehabt zu haben, die per Mensur an verborgenem Ort, fern von dem wachsamen Auge des Pedells, ausgetragen werden mußten. Gegen den Sport selbst hatte er gar nichts einzuwenden: «Unsere Paukanten sind alle höllisch couragös.» Einer seiner Bekannten hatte in Jena studiert, wo er das «Unglück» hatte, einen wackeren Kämpen aus Heidelberg zu töten, «was er sich sehr zu Herzen genommen haben soll». Harmlos fügt Wedekind hinzu, der Mörder «ist übrigens ein sehr netter Kerl». Manchmal zeigt er Anwandlungen von Angst, doch was ihn mehr beunruhigt als die möglichen Verwundungen oder tödlichen Ausgänge der Mensur, sind die Kosten – die Geldstrafe, die man bei einer Verurteilung zum Karzer (jenem mehr oder minder komfortablen Studentengefängnis) zahlen mußte, und die Rechnung des Arztes, der die Kombattanten wieder zusammenflickte und dem offensichtlich ein Honorar zustand, das die Bezahlung eines einfachen Medizinstudenten überstieg.[29]

In einigen deutschen Staaten, zumal Bayern, konnten noch die militantesten unter den schlagenden Verbindungen auf die Protektion durch den Landesfürsten rechnen; andere Staaten hingegen, insbesondere das mächtige und starke Preußen, setzten die Karlsbader Beschlüsse mit pedantischer, bisweilen sogar ingeniöser Gewissenhaftigkeit durch. Die wenigen donquichottesken, beherzten, aber gänzlich sinnlosen Ausbrüche von politischem Aktivismus auf seiten der Studenten und Professoren brachten stets prompte Verfolgung und drakonische Strafen ein. Polizeispitzel, Universitätsleitung und Regierungsbeamte stellten sich jeder auch nur irgend von Studenten gehegten politischen Absicht erfolgreich in den Weg. Doch selbst ihnen gelang es nicht, das Duell bis ins letzte unter Kontrolle zu bringen. Die Wagemutigsten fanden weiterhin Mittel und Wege zu kämpfen, denn entweder hielten sie ihre Verbindungen für eine Schule des Patriotismus, oder sie waren einfach nicht in der Lage, ihren Überschwang zu bremsen. Problemlos überstand ihre kämpferische Lebensart auch den Sturmangriff progressiver Studenten, die Mitte der 40er Jahre für ihre Forderung nach vollständiger Abschaffung des Duells eine gewisse Anhängerschaft fanden. Die Mensur war einfach nicht kleinzukriegen.

Sie überlebte noch Jahrzehnte einer wechselvollen Geschichte in den deutschen Staaten. Im März 1848 kam es im Gefolge der französischen Februarrevolution in vielen dieser Staaten zu revolutionären Ausbrüchen, auch in Preußen: Mindestens ein Jahr lang diskutierte man ernsthaft über einen deutschen Einheitsstaat unter einem konstitutionellen Herrscher, aber schließlich scheiterte die Debatte kläglich. In all den folgenden Jahrzehnten der politischen Vorsicht und der siegreichen Reaktion blühten die alten Verbindungen auf, und neue wurden gegründet. Verbindungen und Mensur überlebten auch die Reichsgründung 1871. Gleichwohl bot das deutsche Studentenleben zwischen 1848 und dem Beginn des Ersten Weltkriegs ein immer komplizierteres und rasch wechselndes Schauspiel. Die traditionellen Korps und Burschenschaften mußten mit ganz neuen Vereinigungen konkurrieren. Finanzkrisen und ideologische Debatten, in denen sich die kulturellen Erfordernisse und politischen Imperative spiegelten, brachten das studentische Verbindungsleben in Bedrängnis.

Nach der Reichsgründung war das umstrittenste Thema der Antisemitismus; das frühere antijüdische Vorurteil der Deutschen hatte bis dahin nur selten den Rang eines Glaubenssatzes oder einer rassistischen Gewißheit beansprucht. Allmählich aber fanden die besonders fanatischen Verbindungsmitglieder in immer größerer Zahl, es sei unter ihrer Würde, Ehrenhändel mit Juden im Duell auszutragen; sie betrachteten sie als satisfaktionsunfähig. Einige Verbindungen hingegen nahmen Juden als Mitglieder auf: Als restlos assimilierter und noch nicht zionistischer Jude verbrachte Theodor Herzl vier Stunden täglich, auch beim Duell, in der Wiener Burschenschaft Albia, bis schließlich ein antisemitischer Vorfall ihn zum Austritt bewegte. Andere jüdische Studenten reagierten auf den gesellschaftlichen Antisemitismus mit der Gründung eigener Verbindungen. Genau wie ihre nichtjüdischen Gegenspieler stritten sie sich über Grundsatzfragen; mit der Entstehung des Zionismus gegen Ende des Jahrhunderts wurden diese Spaltungen unaufhebbar. Und viele – ausnahmslos bürgerliche – jüdische Verbindungen eiferten gerade jenen Kommilitonen nach, die ihnen am meisten zuwider waren, und sprachen sich für die Mensur aus.[30]

Einige jüdische Studenten forderten – und erhielten – denn auch Satisfaktion. 1898 macht sich eine Karikatur im *Simplicissimus* im typisch bissigen Stil des satirischen Wochenblattes über deutsche Juden lustig, die sich in peinlicher Weise an die Paukkultur anpassen. Die Karikatur zeigt das Wohnzimmer einer sichtlich wohlhabenden Familie. Die Bewohner – Vater, Mutter und Sohn – sind unverkennbar Juden; unsportlicher Körper und Hakennase bezeugen es. Über dem Sofa geben gekreuzte Degen mit Bändern stumm darüber Auskunft, daß der Sohn des Hauses einer schlagenden Verbindung angehört. Der jämmerliche Besitzer der Waffen sitzt schlaff auf dem Sofa und hält die Hand seiner Mutter. Der Kopf ist verbunden, die Nase bepflastert; offenbar hat er ein paar kräftige Hiebe abgekriegt. In jiddisch eingefärbtem Deutsch versucht die Mutter, das wütend auf und ab gehende Familienoberhaupt zu besänftigen: «Jetzt hör amal auf zu schimpfen und zu räsonniercn, Löb Baruch, a so a Mensur is a Ehrenhandel, und davon verstehst du nix, das ist nicht dei Branche.»[31]

Tatsächlich aber sahen die jüdischen Studenten – um ihren Mut zu beweisen, den die Antisemiten ihnen beharrlich abstritten – sich genötigt, mit besonderer Überzeugung für die Mensur einzutreten; derselbe Druck brachte auch eine beachtliche Anzahl starker jüdischer Boxer hervor.[32] In einem Manifest an ihre Kommilitonen der Universität Breslau forderte 1886 eine Gruppe jüdischer Medizinstudenten ausdrücklich zu «Leibesübungen» auf, damit die Juden sich als wackere Männer beweisen können: «Wir müssen das Odium der Feigheit und Weichlichkeit, das auf uns lastet, mit aller Energie zurückweisen, indem wir zeigen, daß jedes Mitglied unseres Vereins sich mit jedem christlichen Commilitonen in jeglicher ritterlicher Übung messen kann.» Im Jahr 1904 war ein jüdischer Student tendenziell viermal so häufig in ein Duell verwickelt wie sein nichtjüdischer Gegenspieler.[33] Ein Schmiß auf dem Gesicht eines jüdischen Studenten hatte etwas besonders Offensives: Die Narbe war ein Zeichen für Wehrhaftigkeit, bewies Unerschrockenheit und machte gleichen Rang und männliche Selbstachtung geltend.

Kurz, trotz der langen Liste von Antiduell-Verordnungen und all der aufrichtigen Polemiken gegen das Duellieren blieb die Mensur eine beliebte und immer die imposanteste Form studentischer Aggressivität. Ihre Gebräuche und Rituale änderten sich, aber um die Mitte des Jahrhunderts war ihr Regelkanon komplett. Im disziplinierten modernen Deutschland lebte die feudale Gewalt fort; brave deutsche Bürger, zumindest viele Großbürger, hatten sich aus freien Stücken ein aristokratisches Alibi für Aggressionen zugelegt. Dabei störte gar nicht, daß dessen feudale Prätentionen im höchsten Grade unglaubwürdig waren und es weit mehr um die Formen als um den Inhalt des ritterlichen Anstands ging.[34] Die Schmisse, für die angeblich wohlerzogene junge Männer Nächte voll schweißtreibender Erwartung, Qualen der Angst vor eventuellen Angstsymptomen und schmerzhafte, oftmals entstellende Kämpfe in Kauf nahmen, waren fast das ganze 19. Jahrhundert hindurch nichts als äußere Abzeichen, um äußerlich Eindruck zu schinden. Was immer sonst sie noch sein mochten, sie waren Embleme der enthemmten, miterlebten, erlittenen Aggression. Nur wozu eigentlich?

Wie üblich läßt sich das Problem mit bloßem Zynismus à la Max Weber nur stückweise aufklären. Adolf Kußmaul, hier stellvertretend zitiert für die vielen Deutschen, die sich an ihre «studentische Ritterlichkeit» erinnern, nennt überall in seiner Autobiographie die Namen guter Freunde, die er an der Universität kennengelernt hat; fast alle kommen aus dem Bürgertum, werden später Ärzte, Wissenschaftler und Regierungsbeamte und erweisen sich als Männer mit wirklichen Meriten, die den hohen sozialen Rang auch verdient haben. In ihren Korps und Burschenschaften kämpften sich die Bürgersöhne gegen adlige Grundbesitzersöhne nach oben und bekamen dabei – wenigstens manche von ihnen – das Gefühl, auf vertraulichem und gleichem Fuße mit ihnen zu verkehren.

Aus (veröffentlichten und unveröffentlichten) Erinnerungen und aus den zwar sentimental klingenden, aber photographisch genauen Studentenromanen geht nämlich hervor, daß als Hauptattraktion der Studentenverbände die Verbrüderung im weitesten, recht eigentlich affektiven Sinn galt. Mit ihrem Kameradschaftsgeist und den Möglichkeiten gemeinschaftlicher Regression lieferten die Korps und Burschenschaften ein Gegenmittel gegen Adoleszenzängste, Einsamkeit und oftmals bange Isolation sowie Erholung von einem Studium, das als steriler und immergleicher Drill empfunden wurde. Der bedeutende Philosoph und Pädagoge Friedrich Paulsen erinnert sich, daß er zu Beginn der 6oer Jahre einer Erlanger Burschenschaft aus den verschiedensten, eher undeutlichen Beweggründen beitrat: Ihn trieb «eine unbestimmte Vorstellung, daß die Burschenschaft für Deutschlands Einheit und Größe eintrete, verbunden mit dem Gefühl der Leere des Daseins». Das Burschenleben war eher ungebunden und unprätentiös; Kneipabende mit schwerer Betrunkenheit gab es nicht allzu häufig, man legte Wert aufs Studieren – «man war stolz auf Leute, die sich eine Stellung schufen» –, ansonsten herrschte eine harmlos fröhliche und etwas inhaltsleere Gemütlichkeit. Pflichtbewußt absolvierte Paulsen seine tägliche Fechtstunde und empfand die wöchentlichen Mensuren als «erregende Abwechslung». Er schlug sich nur dreimal, ohne es zu besonderen Leistungen zu bringen, aber auch – wie später Jerome – «nicht ohne einige Empfänglichkeit für den Reiz des blutigen Spiels».[35] Für Paulsen war das Duell kein Abenteuer, das man um seiner selbst willen genießt und erinnert; vielmehr diente es seinem dringenden Bedürfnis nach Kameradschaft. Wie viele andere sah er im Burschenleben etwas wie eine Notlösung, einen Ersatz für das verlorene Zuhause.

Im goldenen Licht der Erinnerung verwandelte sich die Studentenzeit – und durchaus inklusive Mensur – in eine unwiederbringliche, durch und durch ruhmreiche Zeit, wurde zum eigentlichen Höhepunkt des Lebens. Diese Idealisierung war keineswegs gekünstelt. Davon zeugt die generöse Unterstützung, mit der die «Alten Herren» ihren Söhnen dasselbe Erlebnis ermöglichten. Begeistert verschlangen sie Historisches über ihre Verbindung, waren treue Abonnenten ihres Vereinsblattes, trugen ihre Farben bei schier endlosen Ehemaligentreffen und umgaben sich daheim mit Stichen und Denkwürdigkeiten zur Erinnerung an ihre Kneipabende, Fackelzüge – und Paukerfolge. Auf dem Nostalgiemarkt waren diese Alten Herren die arglosesten Kunden.

Doch all ihre aufrichtigen Huldigungen an die längst entschwundenen Jahre, die sie nunmehr in der ruhigen, bisweilen tränenreichen Rückschau genossen, verdankten sich weitgehend der Verdrängungsarbeit. In glaubwürdigeren Berichten und den wenigen freimütigen Autobiographien sieht man Studenten, die mit nervösem Nägelkauen oder zitternder Bravour ihre regelmäßig wiederkehrenden Krisen bewältigen. Sorgen hatten sie genug: die Abschlußexamen, die Wut der Eltern, denen exorbitante Rechnungen von Schuhmachern oder Getränkehändlern ins Haus flatterten, und die allgegenwärtige Gefahr, von der betrogenen Ortsschönheit mit einer Vaterschaftsklage überzogen zu werden. Auch die Mensur war keineswegs das unzweideutige Vergnügen, als das sie hinterm Nebelschleier der Erinnerung erschien. Nur den Stärksten, Geschicktesten oder Selbstmörderischsten machte die Paukerei durch die Bank richtigen Spaß. Stilpe, der Held eines satirischen Romans von Otto Julius Bierbaum, sagt über seine Universitätszeit: «Zuweilen gibt es Mensuren. Ich leugne nicht, daß diese kleine Aufregung mich amüsiert. Trinkt man vorher fünf Kognaks, so ist man erstaunlich wacker und ließe sich mit Heroismus den Schädel spalten.» Nach einigen weiteren Erfahrungen macht sich Stilpe gewissenhaft an die Verfeinerung seines Rezepts: «Meine Säbelmensur», gesteht er, «war nicht eigentlich prima nota. Ich hatte den Kognak überschätzt. Man muß entschieden Porter dabei zur Hand haben.» In Bierbaums typischem lockeren Stil hören wir hier von einem gängigen Verfahren zum – vorübergehenden – Erwerb des erforderlichen Schneids.[36]

Sogar Romane, die ungeniert ein Loblied auf das Verbindungsleben singen, wissen um die Ängste. In Walter Bloems *Der krasse Fuchs* sehen wir den Helden Werner Achenbach, der seine erste Nervenprobe mit neugieriger, fast voyeuristischer Freude im Herzen erwartet. Bei der Mensur selbst allerdings wird ihm schwarz vor den Augen, und er muß sich zwingen, sich nicht zu erbrechen.[37] Derlei literarische Berichte sind originalgetreue Darstellungen jener nur allzu vertrauten Erfahrungen, die man im tiefsten Innern erlebt und dann in aller Regel schnell verdrängt hat. Sie erklären, warum der Alkohol so häufig mithelfen mußte. Selbst in Gregor Samarows *Die Saxoborussen* – einem Roman über das exklusivste Heidelberger Korps, der die Erinnerung wohl in noch rosigeres Licht taucht als Bloems Elaborat – verschreibt der engste Freund des Helden den Alkohol als Hilfsmittel. «Trink ein Glas Wasser mit Kognak», bittet er ihn ruhig, als er den Arm des Freundes für die Mensur bandagiert und sieht, daß er blaß wird, «es stärkt und wärmt dich.»[38] Zu guter Letzt beschließt der Held zwar, sich nur auf seine Willenskraft zu verlassen, aber tatsächlich stand der Alkohol all denen zur freien Verfügung, die sich nicht ganz zutrauten, mit dem erforderlichen flotten Stoizismus den Gegenpart zur entfesselten Aggressivität zu spielen.

Offizielle Geschichtsbücher ebenso wie Apologeten und Studentenromane blicken mit demonstrativer Kaltblütigkeit auf Duelle, bei denen Lippen aufgeschlitzt und Wangen zentimetertief gespalten werden, Ohrläppchen auf den sandbedeckten Paukboden fallen und das Blut strömt, bis der glücklos-glückliche Duellant praktisch ganz davon bedeckt ist. Doch hinter diesem kultivierten, sorgfältig erlernten savoir-faire lauert eine rauschhafte Seligkeit, ein der Verdrängung entgangenes, mit nackter

Angst gemischtes sadistisches Triebbedürfnis. Vielleicht gewöhnte man sich, wie Bierbaum lapidar sagt, an dieses Schauspiel wie der Pudel ans Baden.[39] Bei vielen schlagenden Studenten indessen wurde – zumal wenn ihnen das Blutbad noch nicht zur Routine geworden war – die Gier nach kernigen Taten schon von der schieren Barbarei des Verfahrens, um so mehr aber von der Angst vor Schmerzen und den Verstümmelungsphantasien gedämpft, ja überwältigt. Gerade das machte die warme Brüderlichkeit so unverzichtbar: Dem jungen Duellanten mit seinem Degen in der Hand gab sie das Gefühl, nicht allein zu sein, und die Gewißheit, daß andere die Probe überstanden hatten.

Kein Wunder, daß diese innigen Bande zwischen gleichgesinnten jungen Männern, die denkwürdige Augenblicke der Erregung und Erschütterung gemeinsam durchlebten, ein handfestes Fundament für lebenslange Freundschaften und kritiklose Rückblicke bilden. Die jugendliche Zuneigung war nie ein Geheimnis: Verbandsblätter, Korpstreffen und die uns schon vertrauten Romane über das Studentenleben haben diese Männerbindungen immer hochgehalten. Man nehme noch einmal Werner Achenbach. Er empfindet Mitleid mit seinem von vielen bewunderten Korpsbruder Klauser, der, obgleich er sich stets tapfer und untadelig geschlagen hat, nach einer verunglückten Mensur zwei Wochen lang von allen Ehrenämtern seiner Verbindung ausgeschlossen wird. Bei einem Besuch bei dem zutiefst gedemütigten Klauser entdeckt Achenbach, daß er sich in sein Schicksal ergeben hat, obgleich er achtbare Gründe für seine Verfehlung vorbringen kann; in der Nacht hatte er seiner Angebeteten die Ehe versprochen, und seine Gedanken waren nicht beim Fechtkampf. Mit der Ironie von Klausers Lage beschäftigt sich Bloem nicht weiter: Gehörte es doch zu den stärksten Motiven für heldenhaftes Duellieren, die Frau seiner Träume zu gewinnen; aber ausgerechnet durch seine Liebesträume verwirkt Klauser, wenn auch nur vorübergehend, seine Ehre. Als willfähriges, unterwürfiges Opfer beharrt er darauf, daß es keine Entschuldigung für ihn gibt; das Urteil der Gefährten muß man hinnehmen wie ein Gerichtsurteil.

Kurz, Klauser ist kein Rebell; er legt sich nicht mit dem System an, obgleich er das Ungerechte und Grausame an ihm erkennt. Aber seine Resignation macht Achenbachs Hochachtung vor ihm nur noch größer. Mit zunehmender Vertraulichkeit unterhalten sich beide Studenten über das Verbindungsleben und ihre Jugendträume, und dabei entwickelt sich ihre Freundschaft. «Und als die Jünglinge sich zum Abschied in die Augen sahen, da löste sich für einen Augenblick die glatte Rinde korpsstudentischer Gemessenheit um ihre jungjungen Herzen. Sie lagen sich plötzlich in den Armen.» Diese momentane Sentimentalität verwirrt sie,

aber nur leicht. Beide Männer, so schreibt Bloem ganz ungeniert, verspüren ein warmes und starkes Gefühl füreinander. «Sie waren noch
etwas Besseres als Korpsbrüder geworden in dieser Stunde. Sie waren
Brüder geworden.»[40]

Wie verbreitet offene Homosexualität unter deutschen Studenten war,
läßt sich nicht beurteilen, und ein Versuch ist sinnlos; aber ganz gewiß
hat die wechselseitige leidenschaftliche Identifikation, wie Bloem sie mit
soviel blauäugigem Pathos schildert, im Leben vieler Männer Spuren
hinterlassen. In der Erlebniswelt des paukenden Studenten figurierten die
Frauen nur als liebevolle und blasse, beständig sich ängstigende Mimosen
und als ungreifbare Belohnung, als Objekte sehnsüchtiger Phantasien.
Das Ideal vorehelicher Keuschheit, dem sich etliche Verbindungen ausdrücklich verschrieben hatten, machte das leidenschaftliche Band zwischen den heranwachsenden Männern nur noch fester. Schwärmerische
Verliebtheit, so betonen Romanciers und Psychologen der damaligen
Zeit, sei nur etwas für Mädchen. Nicht wenig davon aber steckte auch in
der schüchternen, unausgesprochenen Verehrung manches jungen Fuch-
ses für den Burschen, dem er nur allzu freudig diente, – für jenen kraftvollen Menschenführer, der bei dem Kommers so gekonnt die Komman-
dos herbetete, bei der Mensur so geschickt mit der Waffe umging und den
entgeisterten Fuchs so wunderbar barsch abkanzelte, wenn er voll Eifer
seine Botengänge machte, ihm den Degen zum Paukboden trug und nur
einen Wunsch hatte: eines fernen Tages zu werden wie sein Ideal.

Zwar war die Sexualökonomie des Duellanten zutiefst geprägt von
pubertärer Männlichkeitsphantasie, vom Männlichkeitsgehabe miteinander kämpfender junger Tiere im Beisein und zur Freude der Gleich-
altrigen, aber in der Ferne winkte eine erwachsenere Liebe. Gegen Ende
des Jahrhunderts vertraten wenige, aber unüberhörbare Autoren die
These, die Mensur sei eigentlich etwas Biologisches, nämlich eine entwik-
kelte Form der Balz, bei der das geschlechtsreife Männchen sich auf der
erregten Suche nach einem Weibchen mächtig herausputzt. Nach dieser
Auffassung kämpfen die Frauen indirekt mit; sie stehen voll hinter ihren
Männern, wenn diese ihre Ehrenhändel mit der Waffe austragen. Wenn
William James meint, daß «die Frau den Mann gerade dann liebt, wenn er
besonders stürmisch ist»,[41] gibt er nur einen damaligen Gemeinplatz wieder. In den Romanen über die Mensur – aus dem wirklichen Leben gibt
es da herzlich wenig Belegmaterial – wimmelt es von jungen Frauen, die
daheim sitzen, ein tränendurchnäßtes Taschentuch wringen und für ihren
wacker und ehrenhaft kämpfenden Freier beten.

Einige ‹teutonische Jungfrauen› scheinen ausgesprochen Gefallen an
dieser geregelten Körperverletzung gehabt und ihre Liebe ausschließlich

denjenigen vorbehalten zu haben, die sich dabei besonders hervortaten. Jerome berichtet ganz nüchtern, wie beliebt der Mann mit einem Schmiß bei heiratsfähigen jungen Damen war. Mit ironischem Unterton bestätigt auch Bierbaum in seinem Roman *Stilpe* den Zusammenhang zwischen Verstümmelung und Liebe. «Kürzlich focht ein Jüngling auf unsre Waffen», sagt Stilpe, «der entsetzliche Angst hatte, sich aber doch nicht eher umdrehen ließ, als bis er einen ausgewachsenen Durchzieher hatte. Später gestand er mir, daß er ‹aus Liebe› gefochten hätte.» Ob der Gegner, so fragt Stilpe höflich, sich etwa erfrecht habe, seine Braut anzutasten? «‹Ach nein,› sagte er, ‹meine Braut wünscht nur, daß ich einen schönen Schmiß habe.›» Bierbaum kommentiert unter Anspielung auf germanische Heldinnen und romantische deutsche Wälder: «So heroisch sind die Töchter Thusneldas angelegt. Hörst du nicht den Eichwald rauschen?». Das Schönste an der Mensur, so läßt Bierbaum Stilpe sagen, «ist der Geruch, diese allerliebste Mischung von Jodoform, Karbol, Kognak und ein bißchen Schweiß. Es wirkt wie ein Aphrodisiakum auf mich. Aber es ist möglich, daß ich ein bißchen pervers bin. Blutdurst und Wollust! Gib mir dein Herz zu saufen, Laura: Ich liebe dich!»[42] Bei der Mensur waren die elementarsten Triebe in menschlich-allzumenschlichem Widerspruch unlösbar miteinander verquickt: Die Narbe, sonst stets ein Zeichen für Versagen, wurde zum Schlüssel des Erfolgs; die Aggression diente als Stimulans der Liebe und die Liebe als Stimulans der Aggression.

Diese Mixtur ist typisch für die Adoleszenz. Und selbst die Apologeten des Verbindungslebens räumten ein, die Mensur sei ein edler, wenngleich schmerzlicher, Teil der Vorbereitung des Studenten auf eine größere Welt. Kein Geringerer als Kaiser Wilhelm II. war überzeugt, das Korpsleben gebe jedem seinen Geist mit, «durch den Kraft und Mut gestählt werden». Das Duell, so meint er, sei von vielen mißverstanden worden; es sei das moderne Gegenstück zum mittelalterlichen Turnier, denn damit werde «der Grad von Festigkeit erworben, der später im großen Leben notwendig ist». Auch in der sehr viel erbitterter und gehässiger klingenden Streitliteratur taucht diese Behauptung immer wieder auf. Er sei in seinem Leben bei vielen Studentenduellen dabeigewesen – entrüstet sich einer der Streithähne, Heinrich Rosenberg, in einem Pamphlet gegen Franz Josef Egenter, der sich erdreistet hatte, ihren pädagogischen und sittlichen Wert in Frage zu stellen –, aber die von Herrn Egenter beschriebenen Duellanten habe er bei einer Mensur nie gesehen. Was er gesehen habe, seien glückliche, gesunde, anständige junge Menschen, die sich in der Waffenkunst messen, ohne irgendeinen weiteren Groll gegeneinander zu hegen. Sie stünden sich nicht mit Morddurst und Blutrünstigkeit im Blick gegenüber; mit einem Scherz auf den Lippen nähmen sie ihre Plätze ein, und wenn alles vorüber sei, sei es auch schon vergessen.[43] Die *Akademischen Monatshefte,* das offizielle Organ der Korps, waren natürlich gleichfalls der Meinung, daß die schlagenden Korporationen den jungen Männern die wahre Richtung weisen und die beste Erziehung fürs Leben zuteil werden lassen. Aus dieser Quelle hätte man wohl auch kaum etwas anderes erwartet, aber ihr Eigenlob stieß auf breite Zustimmung. Außerdem war es nicht gänzlich abwegig. Es muß ja verunsicherte und furchtsame junge Männer gegeben haben, denen es gelang, über lähmende Ängste hinwegzukommen, weil sie sich den realen, aber begrenzten Gefahren der Mensur aussetzten. Sie stellten sich ihrer Angst, indem sie die Situation suchten, vor der sie sich am meisten fürchteten, und dabei entdeckten sie, daß unter den richtigen Umständen kontraphobisches Verhalten eine Menge einbringen kann. Jahrhundertelang hatten Männer sich duelliert, um eine Kränkung ihrer Ehre wettzumachen, doch die Kränkung, die der Mensur voraufging, war nicht selten ein reiner Vorwand. Die Studenten schlugen sich nicht, um eine Beleidigung zu rächen; vielmehr suchten sie nach einer Beleidigung – oder bastelten sich eine zurecht –, um sich schlagen zu können. Offenbar verhalf die Mensur dem noch unerprobten jungen Mann zu Reputation unter seinen Kommilitonen; nicht anders als Schuljungen, die wettpinkeln oder, wenn sie älter sind, um die Wette onanieren, fanden viele Studenten das Fechten unverzichtbar, um sich als richtiger Mann, als Stoiker, als Draufgänger zu beweisen. So sagt Klauser zu Achenbach: «Also sieh mal, bei uns Korpsstudenten ist die Mensur nicht ein einfacher Sport, ein Waffenspiel», sondern ein «Erziehungsmittel». Mit dem Degen in der Hand soll der Student «beweisen, daß ihm körperlicher Schmerz, Entstellung, selbst schwere Wunden und Tod ... daß ihm das alles gleichgültig ist». Und mit Anstand und ohne Aufschneiderei zeigt Klauser, was er meint, bei der Mensur, mit der er im Beisein seiner engsten Freunde seinen guten Ruf wiederherstellt.[44] Das Schändlichste, was ein Duellant machen konnte, war zu kneifen; wer Reißaus nahm, wurde ausnahmslos mit allgemeiner Verachtung gestraft. Nichts ist typischer für die Adoleszenz als dieses Bemühen um die Identität mit den Kameraden, die den Königsweg zu Anerkennung und Größe bildet.

Die Adoleszenz ist – mit Sicherheit in der Welt des modernen Bürgertums – eine stürmische Zeit, aufregend und aufgeregt zugleich. In dieser Zeit wird probiert und experimentiert, werden die Kindheitsdramen erneut durchgespielt und die infantilen Leidenschaften wieder zum Leben erweckt. Die sexuellen und aggressiven Regungen, die das Kind als schmutzig und schlecht anzusehen gelernt und aus dem Bewußtsein verdrängt hat, kehren nunmehr mit Macht zurück. Die unbeholfenen, unbeherrschten, oft irrationalen, gegen alle und jeden (inklusive die eigene Person) gerichteten Äußerungen zeugen offenbar weniger von freier Entscheidung als vielmehr von Schicksal. Dank der körperlichen Reife sind die Phantasien vom sexuellen Triumph nun keine aussichtslosen und diffusen Träume mehr, sondern werden zu fest umrissenen und greifbaren Möglichkeiten. Dasselbe gilt für den Aggressionstrieb: Die Rebellion gegen die elterliche Autorität, die in den frühen Lebensjahren unmöglich, ja fast undenkbar war, gelangt bei den Heranwachsenden durchaus in den Bereich des Möglichen. Aber die hehren Visionen von Allmacht und Bemächtigung sind überschattet vom schauerlichen Alptraum des Mißerfolgs. Daher führen die neuen Potenzen des Jugendlichen zu Konflikten und Ängsten, in denen sich zwei Wünsche – einerseits hartnäckig an den infantilen Liebesobjekten festzuhalten, andererseits sie ad acta zu legen – gegenübertreten und der Aggressionstrieb aufs engste mit den aufbrechenden Sexualphantasien verquickt ist. Die homoerotischen Bindungen, die sattsam bekannten Schwärmereien, für die der pubertierende Jugendliche anfällig ist, verschaffen nicht nur erotische Lust; sie dienen zugleich als sicherer Zufluchtsort vor den Zwängen und Risiken der erwachsenen Liebe zur Frau.[45]

Der Heranwachsende verstrickt sich also in beunruhigende Konflikte. Daher die überspannten Stimmungsschwankungen und die nicht weniger überspannte Mischung aus Mißtrauen und Anpassung, die das Verhalten dieser Altersstufe über weite Strecken prägen. Das nunmehr neu und dringlicher sich äußernde Verlangen nach dem Sieg im ödipalen Kampf ist für den Jugendlichen nicht weniger gefährlich – ja vielleicht sogar gefährlicher – als die Niederlage. Oftmals wird daher das Suchen nach Erfahrung erschwert durch das Suchen nach Bestrafung, das im Extremfall in verhülltem oder offenem Selbstmord enden kann.

So gesehen erweist sich die Mensur als ein ingeniöses Mittel gegen die verheerenden Auswirkungen der Pubertät. Natürlich mußten sich, selbst in Deutschland, bei weitem die meisten jungen Männer und Frauen ohne die Hilfe eines rituellen Zweikampfs durch das Minenfeld der Adoleszenz schlagen. Auf sie aber warteten andere *rites de passage,* in der Schule, in der Familie, auf der Straße. Und auch bei diesen Riten – gleichgültig ob es genial ausgedachte Mutproben oder gemeine Schikanen waren – bestanden viele in Akten ausgesuchter Grausamkeit, die dem Anwärter auf den Erwachsenenstatus als Exerzitien auferlegt wurden und in den Augen derer, die sie als notwendige Schritte über die Schwelle zur Reife vorschrieben, völlig legitim waren. Die Mensur hingegen war eine besonders gelungene Kombination von Verboten und Lizenzen, Strafen und Belohnungen, Leiden und Lust. Sie bot ein Zeremoniell für die

Entfaltung der Männlichkeit, ein Versuchsfeld und Ersatzobjekt für die Sexualcourage sowie mit ihren zwanghaft detaillierten Verfahrensregeln einen objektiven Rahmen, in dem die Jugendlichen mit dem Ansturm aggressiver Regungen fertig werden konnten. Mehr noch, die Mensur verursachte genügend Schmerzen, um noch das anspruchsvollste Über-Ich zufriedenzustellen.

Kurz, als ein Schauplatz, auf dem man sowohl Autonomie wie auch Abhängigkeit beweisen konnte, gab die Mensur den Söhnen, die sich für ihre Farben schlugen, die Möglichkeit, ihren Vätern ineins Freude zu machen und die Stirn zu bieten. Der Burschenschaftler, der auf eine solide Laufbahn zusteuerte und patriotische, den Gepflogenheiten und Idealen des Vaters abgeschaute Gefühle von sich gab, erwies sich als höchst gefügiger, unorigineller Rebell. Er war die Inkarnation des Bürgers, der sich ordnungsgemäß die Hörner abstößt und nach späterer Sicherheit schielt. Es ist denn auch kein Zufall, daß Sozialdemokraten, die den deutschen Bürger kritisierten, ihn als zurückgeblieben schilderten und die Mensur – mit vollem Recht – für eine politische Institution (oder besser: für 'ie Einweisung in eine politische Position) hielten, durch die man sich in einer zunehmend demokratischen Zeit aristokratische Prätentionen leisten konnte. Die Mensur war die Kodifizierung der Adoleszenz; für bestimmte Bürger des 19. Jahrhunderts war sie ein Mittel – nicht das einzige oder das beste –, ihre Aggressionen zu kanalisieren. Wohl kaum war sie eine Anleitung zu persönlicher oder politischer Reife. Mehr als die meisten übrigen gesellschaftlichen Konventionen zur Disziplinierung des Kampftriebs war die Mensur ein lebendiges Paradox, und zwar eines, das wertvolle Auskunft darüber gibt, in welch widersprüchlichen Formen die Kultivierung des Hasses vor sich gehen kann. Gedacht als Barriere gegen den Geist der Aggression, züchtete sie diesen Geist doch auch heran: Sie brachte die Gewalt unter Kontrolle und sanktionierte sie.

I. Alibis

Jede Kultur, jede Klasse, jedes Jahrhundert bastelt sich eigene Alibis für den Aggressionstrieb zusammen. Und alle diese Verteidigungsversuche haben ihre Geschichte. Die meisten sind nichts als eine Reproduktion – oder unmerkliche Variation – altbewährter Rationalisierungen; nur ganz wenige bringen es überhaupt zu wirklicher Innovation. Auch für die Bürger im 19. Jahrhundert, die nach glaubwürdigen Entschuldigungen für die von ihnen in Wort und Tat ausgeteilten Schläge suchten, gilt: sie übernahmen viel und schufen wenig neu; von den Hauptargumenten, mit denen sie ihre Freiheit rechtfertigten, sich keinerlei Zwang anzutun, hatten etliche eine lange – wenngleich nicht immer gewürdigte – Vorgeschichte. Dennoch macht das, was das Bürgertum des 19. Jahrhunderts den traditionellen Gründen für die Richtigkeit, moralische Legitimität, ja Naturnotwendigkeit von Angriffshandlungen hinzufügte bzw. an ihnen veränderte, zusammengenommen einen unverwechselbaren Kulturstil aus. Die von ihm mit Vorliebe bemühten Alibis für Aggressivität haben daher etwas Doppeltes an sich: sie atmen Altbekanntes und Neues zugleich.

Jede der vom 19. Jahrhundert aufgebotenen Erklärungen hat eigentlich ihre ganz eigene Vorgeschichte. Von den dreien, die ich hier herausgreife (natürlich gibt es noch andere), stammte die erste, der Konkurrenzkampf, ursprünglich aus der Theorie eines modernen Biologen, prägte dann aber das gesamte ökonomische, politische, literarische, ja sogar private Leben der bürgerlichen Ära; die zweite, die Konstruktion des passenden Anderen, setzte sich aus neueren pseudowissenschaftlichen „Entdeckungen" und den gewohnten bequemen Vorurteilen zusammen; die dritte, der Männlichkeitskult, war eine aufs 19. Jahrhundert zugeschnittene Neufassung des aristokratischen Tapferkeitsideals. So reich die Auswahl an Selbstrechtfertigungen auf dieser Speisekarte war, so verschaffte doch alles gleichermaßen kollektive Identifikation und wirkte integrierend – und damit zugleich ausgrenzend. Jede schuf Gemeinschaften, Ingroups, und förderte dergestalt (und nur allzu häufig allein in der Phantasie) eine hinter den Grenzen gelegene Welt von Fremden zutage: Einzelpersonen und Klassen, Rassen und Nationen, die man mit gutem Grund ablehnen, von oben herab behandeln, lächerlich machen, einschüchtern, ausbeuten oder vernichten konnte. Alle drei Erklärungsmuster haben dasselbe

Resultat: Sie kultivieren den Haß, und zwar im Doppelsinn, das heißt sie nähren und zügeln ihn, indem sie einerseits glaubwürdige Vorwände für seine ungenierte Umsetzung in die Tat fanden, ihn andererseits aber in die sorgsam abgegrenzten Bahnen des Zulässigen hineinzwangen.

Die Gemeinschaften, die durch diese Alibis für Aggressivität ausgebildet und zusammengeschweißt werden, wechseln natürlich je nach Zeitpunkt, Ort, Umständen und dem Druck konkurrierender Sonderinteressen. Auch die Zielrichtung der Alibis ist nicht immer dieselbe; besonders wenn soziale oder internationale Spannungen zunehmen, wächst die Wahrscheinlichkeit, daß das eine oder andere von ihnen in Widerspruch zu seinen Konkurrenten gerät oder sich nur schwer mit ihnen verträgt. Welches sich durchsetzt, hängt davon ab, welche Identifikation – die religiöse, rassische, regionale, ökonomische oder kulturelle – aus der Schlacht zwischen den gegensätzlichen Loyalitäten als Sieger hervorgeht. Im Ensemble der vom 19. Jahrhundert herangezogenen Alibis für aggressives Verhalten gab es nahezu ununterbrochen innere Zwistigkeiten und häufig genug offene Zweifel.

Auch unumstößlich waren die Erklärungsmuster nicht. Ein Patriot kann im Kriege den Pazifismus entdecken, ein Antisemit zu seiner eigenen Überraschung die Juden schätzen lernen, die er kennt. Gerade ihre Verschiebbarkeit macht aus den Alibis wertvolle Hinweise auf den in Dunkel getauchten, weitgehend unbewußten Bereich, in dem die geheimsten Bedürfnisse und Ängste der Menschen angesiedelt sind. Zwar waren alle ein Freibrief für diejenigen, die den aggressiven Gefühlen freien Lauf lassen wollten; erzeugt und gespeist aber wurden sie von weit auseinanderliegenden verborgenen Kraftquellen, und sie verschafften sich vielerlei gesellschaftlichen Ausdruck. Einige traten als Propaganda einer Herrschaftselite oder als eigennützige Ideologie zur Legitimierung von Habsucht, Sadismus oder Rassenfanatismus auf den Plan. Andere stützten sich auf das, was man damals für den Gipfel wissenschaftlicher Fundierung hielt. Noch andere bestanden in adaptiven Überzeugungen; die alte Maxime, daß nicht unbedingt sämtliche Feinde des paranoiden Menschen pure Einbildung sind, traf im 19. Jahrhundert zu. Bei aller Überheblichkeit waren doch mindestens einige der Lizenzen, die sich die Bürger für ihren Kampftrieb selbst erteilten, rationale Reaktionen auf soziale Unruhen, religiöse Engstirnigkeit oder politische Schikane. Als gültige, aus der Erfahrung abgeleitete Allgemeinurteile konnten sie im Gerichtshof der Kultur noch dem scharfsichtigsten und skeptischsten Prüferblick standhalten. Ob vernunft- oder zweckgebunden, sie waren durchaus etwas Besseres als ein zynischer Freibrief für egoistische oder niederträchtige Handlungen, von denen man sich eben Nutzen verspricht.

Das Verständnis der bürgerlichen Kultur des 19. Jahrhunderts wird durch all diese Unterschiede nur erschwert. Noch schwieriger wird es dadurch, daß die Alibis, die den Menschen helfen sollten, sich wohl zu fühlen, zugleich dafür sorgten, daß viele von ihnen sich bisweilen mehr als unwohl fühlten. Gerade in ihrem Jahrhundert, in dem das anspruchsvolle bürgerliche Gewissen ein beeindruckendes Aufgebot an Gewaltversuchungen in Schach hielt, brachten manche Alibis nicht Selbstzufriedenheit, sondern Selbstzerfleischung mit sich. Unter den tatkräftigsten Bürgern sahen viele – vielleicht weder John D. Rockefeller noch Andrew Carnegie, aber andere – ihren Willen zu freier Betätigung von ihrem zensierenden Über-Ich beeinträchtigt (und mitunter sogar lahmgelegt). Die Menschen der viktorianischen Epoche wußten das: Um die Jahrhundertwende war es eine Binsenweisheit, daß Aggression gegen andere offenbar in Aggression gegen das eigene Selbst umschlägt. Beatrice Webb stellte damals fest, sie lebe in einer Zeit, in der die «Männer des Geistes und des Besitzes ... ein neues Sündenbewußtsein» entwickelt hätten, ein «Kollektiv- oder Klassenbewußtsein» davon, daß sie Verpflichtungen gegenüber den weniger vom Glück Begünstigten haben. Im Jahr 1912 wendete George Bernard Shaw den Blick zurück und erinnerte – fraglos mit jener Überspitzung, die sein Markenzeichen ist – daran, daß «die großen Konversionen des XIX. Jahrhunderts nicht dem individuellen, sondern dem gesellschaftlichen Sündenbewußtsein entsprangen. Die erste Hälfte des XIX. Jahrhunderts hielt sich für das größte aller Jahrhunderte. Die zweite entdeckte, daß sie das verruchteste aller Jahrhunderte sei.»[1] In Wirklichkeit war der Gegensatz nicht so krass; schon von der Renaissance an war der Freiraum zum Ausagieren aggressiver Impulse immer mehr eingeengt worden. Sicherlich galt um 1800 der gebieterische Ruf nach Selbstbeherrschung – zumal den honorigen Mittelschichten der Gesellschaft – als regelrechtes Muß. Noch 1858, mehr als fünfzig Jahre vor Shaws Urteil, konnte der brillante englische Kritiker Walter Bagehot schreiben, daß «die gefühllose Gleichgültigkeit des Jahrhundertbeginns in den anschließenden Jahren durch ein extremes, vielleicht übertriebenes Feingefühl für menschliches Leiden wettgemacht werden sollte».[2] Tatsache war aber, daß viele unter Bagehots Zeitgenossen ihr Feingefühl überhaupt nicht übertrieben fanden und die aufkeimenden Selbstvorwürfe in private Philanthropie, Initiativen zur Organisierung sozialer Dienste oder in Kreuzzüge für politische Reformen umsetzten.

Man braucht den Gefühlsüberschwang, der im bürgerlichen Innenleben des 19. Jahrhunderts regierte, gar nicht zu verklären. Die damalige Epoche war, wie ihre Kritiker an reichlichem Anschauungsmaterial demonstriert haben, durchaus eine Heimat für kaltblütige Geschäftemacher, herzlose Fabrikherren, unempfindliche Bürokraten, korrupte Politiker und unbarmherzige Vorsteher von Wohltätigkeitseinrichtungen. Aber aufmerksame, ungeduldige Bürger wurden im vergangenen Jahrhundert zunehmend von der Frage verfolgt, ob es denn in Ordnung sei, wenn man diejenigen, die mit den Händen arbeiten, gefügig und unwissend hält, nur um leichter zu Profiten zu kommen, und ob es in Ordnung sei, wenn man Kleineigentümer oder rechtschaffene Arbeiter noch länger vom Genuß der Bürgerrechte ausschließt. Die gläubigen Christen, die die Alphabetisierung vorantreiben wollten, damit jeder die Bibel lesen kann, fanden ihre – nicht ganz passenden – Verbündeten unter den weltlichen Reformern, die dasselbe Programm mit dem gänzlich anderen Ziel verfolgten, den Angehörigen der zwar mit Pflichten, aber nicht mit Rechten ausgestatteten sozialen Klassen den Zugang zur politischen Öffentlichkeit zu ermöglichen.

Angesichts einer turbulenten Gegenwart und einer ungewissen Zukunft stürzten sich die Bürger des 19. Jahrhunderts überall in langwierige, hitzige, in der Regel folgenlose und oftmals faszinierende Kontroversen über alles, was nur irgendwie mit dem Thema Aggression zu tun hatte. Wie die kämpferische Sprache der Auseinandersetzungen zeigt, nahm die Epoche ihre Konflikte ernst, und einige der interessantesten Debatten galten der Frage, ob die mit diesem oder jenem Alibi gerechtfertigte Kampflust wirklich notwendig oder legitimierbar sei. Schon die Titel der polemischen Schriften, zumal auf dem hochsensiblen Gebiet der Religion, weisen darauf hin, daß es Kämpfe auf Leben und Tod waren: so etwa Andrew Dickson Whites kompromißlose *History of the Warfare between Religion and Science* und John William Drapers nicht minder kompromißlose *History of the Conflict between Religion and Science.* Und diejenigen, die im 19. Jahrhundert am erregtesten über Religion oder andere strittige Themen diskutierten, waren überzeugt, sie dürften ihre Gegner behandeln, als seien sie Schlimmeres als bloß verlorene Schafe: So kämpften Dissenter gegen Anglikaner, Protestanten gegen Katholiken, orthodoxe Juden gegen Reformjuden, Ungläubige gegen Gläubige jeglicher Provenienz, indem sie sich bedenkenlos auf ihre Lieblingsalibis für Aggressivität beriefen. Allerdings mußten sie auch gegen friedlicher Gesonnene antreten, gegen Vermittler und Skeptiker und Kompromißbereite, denen bei all dieser Hektik unwohl wurde und denen schwante, daß die meisten Rechtfertigungen für den Haß bloß eigennützige Rationalisierungen sind.

Tatsächlich wurden alle Lieblingserklärungen, die das 19. Jahrhundert für aggressives Verhalten bereithielt, auch von irgend jemandem denunziert; Versuche, die Konflikte in jedem der streitenden Lager zu lösen, brachten nur neue Konflikte, neue Akte der Aggression hervor. Bei allen Streitereien unter den Bürgern des 19. Jahrhunderts kam es zur Parteienbildung: gleichgültig ob es um die Berechtigung der Prügel- oder Todesstrafe ging oder um die in einem Jahrhundert der Demokratisierung zulässigen politischen Taktiken, um das Recht der Frauen, sich zu Hause und im öffentlichen Leben wirklich Geltung zu verschaffen, um gesetzliche Einschränkungen der zum bloßen Spaß veranstalteten Messerstechereien oder um die wirksamste Methode, mit der sich der frei flottierende Boxtrieb in gesellschaftlich nützliche Energie umwandeln läßt. Selbst Pazifisten erwiesen sich als aggressiv, wenn es um den Frieden ging, und gehörten so ebenfalls zur explosiven Mischung einer mit sich selbst in Fehde liegenden Gesellschaft. Natürlich gaben bestimmte Standpunkte in der bürgerlichen Kultur des 19. Jahrhunderts den Ton an, aber jeder war umkämpft; alles – oder sagen wir: fast alles – war offen.

1. Die Apotheose des Konflikts

Zu den auffallenden Charakteristika der Kultur des 19. Jahrhunderts gehört, daß die maßgeblichen Rechtfertigungen sich – wie ihre Vertreter anpriesen – auf wissenschaftliche Beweise beriefen. Erheblich profitieren konnte davon zum Beispiel das Alibi von der Notwendigkeit und dem Nutzen des Konflikts. Seine Apologeten behaupteten voll Stolz, für den uneingeschränkten Konkurrenzkampf – gleichgültig ob im ökonomischen, sozialen oder militärischen Bereich – ließen sich durchaus Beweise finden. Natürlich beriefen sich auch die Anwälte des Rassismus auf die Naturwissenschaft. Ebenso, mit weniger Überzeugungskraft, die Vertreter des Männlichkeitsideals – trotz des ihm anhaftenden Duftes von mittelalterlichem Ritterroman und Triebhaftigkeit. Aber die Anwälte des Konflikts hatten schwerwiegende wissenschaftliche Beweise auf ihrer Seite, zumal nach dem Erscheinen von Charles Darwins *The Origin of Species* im Jahr 1859. Dieses Meisterwerk stiftete mehr Unruhe, als sein Autor erwartet hatte, und zwar nicht zuletzt dank der Unterstützung durch begeisterte Anhänger. Diese verstiegenen und bisweilen skrupellosen Polemiker, die Darwins biologische Theorie partout für ihre politischen Patentrezepte zweckentfremden wollten, ritten gleichsam Huckepack auf dem gefeiertsten und umstrittensten Wissenschaftler, den das bürgerliche Jahrhundert hervorgebracht hat. In den 80er Jahren waren sie unter dem dehnbaren und grob vereinfachenden Titel «Sozialdarwinisten» allgemein bekannt.

Die angeblich wissenschaftlichen Argumente, die man für den Konflikt geltend machte, waren nur Teil einer Gesamtstrategie. Die Gegner der Frauenrechtlerinnen, die öffentliche Aggression nur den Männern zugestehen und Frauen von Hochschulen und Universitäten fernhalten wollten, beteuerten, sie sprächen gar nicht im Eigeninteresse für althergebrachte männliche Privilegien, sondern im Einklang mit den medizinischen Daten. Das weibliche Gehirn sei nun mal nachweislich kleiner als das der Männer; erwachsene Frauen hätten einmal im Monat eine Blutung und disqualifizierten sich damit für anstrengende geistige Arbeit.

Natürlich wußte man die Rivalität im Leben der Menschen – ob als positive Kraft oder unentrinnbares Schicksal – bereits in der Antike zu schätzen. All die Vorwände für egoistische Selbstbehauptung fanden zwar im ausgehenden 19. Jahrhundert bei Darwin besonders energischen Rückhalt; neu aber war die These, daß Leben ein unaufhörlicher Kampf auf Leben und Tod ist, in dem nur die Stärksten und Besten überleben, keineswegs. Der vielzitierte schaurige Vers aus Tennysons Gedicht *In Memoriam* – «Die Natur mit blutroten Zähnen und Klauen» – hatte schon allerhand Anklang gefunden. Das Gedicht erschien im Jahr 1850. Zwei Jahre zuvor hatten Karl Marx und Friedrich Engels im *Kommunistischen Manifest* kurz und knapp verkündet, daß alle bisherigen – vergangenen wie gegenwärtigen – menschlichen Gesellschaften vom Konflikt geprägt sind. Alle Geschichte, so proklamierten sie lauthals, ist eine Geschichte von Klassenkämpfen.[1]

Jahrhundertelang galt es nämlich, völlig unbeeinträchtigt vom Buche Salomon, als Binsenweisheit, daß im Wettlauf der Schnellste und im Kampf der Stärkste gewinnt. Gewiß läßt das barbarische Bild, in dem Thomas Hobbes das Leben im Naturzustand als einsam, armselig, niederträchtig, brutal und kurz dargestellt hat, an Schonungslosigkeit nichts zu wünschen übrig; aber so subversiv sein politisches Denken auch gewesen sein mag, die These, der Mensch sei von Natur aus des anderen Menschen Feind, hat im 17. Jahrhundert nur wenige überrascht oder provoziert. Als Adam Smith mehr als hundert Jahre später versucht, die merkantilistische Bevormundung durch den Staat abzubauen, spricht er sich für die Konkurrenz als außerordentlich konstruktive gesellschaftliche Kraft aus. Sie «kann» – so behauptet er forsch – «weder dem Konsumenten noch dem Produzenten schaden».[2] Seine vielzitierte Metapher der unsichtbaren Hand, mit der er belegen wollte, daß selbstsüchtiges Tun gesellschaftlich nützlich ist, ließ sich so verstehen, daß er den skrupellosen Kampf um einen Platz an der ökonomischen Sonne vom Ruch des Unmoralischen befreien wollte. Wer freilich Smith' Klassiker *Wealth of Nations* sorgfältig liest, wird feststellen, daß er dem Staat darin unverzichtbare regulative Funktionen überträgt; die Ideologen des 19. Jahrhunderts indessen machten ihn zum Symbol der freien Konkurrenz und drängten sein humanistisches Denken in den Hintergrund.

Als Thomas Malthus an der Schwelle zum 19. Jahrhundert seine erschreckenden Prognosen auftischte, fanden seine Leser sie vor allem deswegen schockierend, weil er sie in eine mathematische Form gekleidet hatte. Der unwiderstehliche Sexualtrieb – so Malthus' Überlegung – zwingt die Völker, sich in geometrischer Reihe zu vermehren, und da die Nahrungsmittelvorräte nur in arithmetischer Reihe mehr werden können, bleiben sie zwangsläufig hinter der Zahl der Menschen zurück. Den hochfliegenden Fortschrittstheorien, wie sie enthusiastische Aufklärer à la Condorcet aufgestellt hatten, diametral entgegengesetzt, wirken Malthus' düstere Visionen wie eine verantwortungsvolle Wende zur Hoffnungslosigkeit nach einer kurzen Zeit irrationaler Hoffnung. Sein Pessimismus war nichts Neues. «Daß der erste Wunsch des Menschen seinem Essen, der zweite seinem Mädchen gilt», notiert John Adams 1814 bissig, «war für jeden Demokraten und Aristokraten eine altbekannte Wahrheit, lange bevor der große Philosoph Malthus aufstand und meinte, er bringe mit seiner Entdeckung endlich das Licht der Aufklärung in die Welt.»[3] Neu war nicht Malthus' finstere Perspektive, sondern seine Pseudowissenschaft.

In späteren Auflagen seines *Essay on the Principle of Population* schwächt Malthus seine ursprüngliche Vorhersage ab und räumt ein, daß sich mit «sittlicher Zucht» – später Eheschließung und sexueller Mäßigung – die Bevölkerungsmasse vielleicht auf das Niveau der vorhandenen Nahrungsmittel drücken ließe. Das Gespenst der Überbevölkerung samt ihren schrecklichen Folgen aber hält er am Leben und verschafft ihm einen fast das ganze 19. Jahrhundert überdauernden unheilvollen Einfluß. Hätte er recht, müßte ja jeder Versuch des Staates oder privater Philanthropen zur Verringerung des Elends – und damit zur Eindämmung potentieller Aggressivität – vergeblich sein. Alles spräche dafür, daß die Menschen sich weiterhin um knappe Ressourcen schlagen und zu guter Letzt von Armut, Krankheit und Krieg dezimiert sein werden.

Optimistisch gesonnene Sozialreformer wiesen derlei trostlose Prognosen natürlich zurück oder nahmen ihnen doch wenigstens ihre Schärfe. Herbert Spencer, weithin bekannt als Prophet der erbarmungslosen Evolution, legte sich ausdrücklich mit Hobbes an, weil er die Schlechtigkeit und den Egoismus des Menschen übertrieben habe.[4] Als jedoch mit dem Fortgang des 19. Jahrhunderts immer mehr Zweifel an der beschwichtigenden und versöhnlerischen Botschaft des Christentums laut wurden, sah es tatsächlich so aus, als bleibe nun nichts mehr außer einer dem Menschen feindlichen oder doch zumindest höchst gleichgültigen Natur. Die Welt als Schlachtfeld, als eine nur für Gladiatoren gemachte, blutbespritzte Arena, – dieses Bild war bereits gang und gäbe, als Darwin und seine Anhänger noch keine Zeile geschrieben hatten. James Fitzjames Stephen, Publizist, Richter, Historiker des englischen Rechts und Konservativer mit hohen Grundsätzen, erkannte schon um 1840, als er noch ein Junge war, daß der Mensch ein kampflustiges Lebewesen ist. Die Gewalttätigkeit, die er in Eton miterlebt hat, «lehrte mich fürs Leben, daß der Schwache unglücklich, der Naturzustand ein Kriegszustand und *Vae Victis* das große Naturgesetz ist».[5] Für diese Lektion brauchte er Darwin nicht. Der Unterschied war nur, daß dank der Ausbreitung des sozialdarwinistischen Denkens die Gewaltapostel solche Anschauungen mit unerschütterlicher Zuversicht vortragen konnten.

Nicht erst bei Darwin also fand das Jahrhundert seine Wissenschaft des Kampfes. Herbert Spencer, der am leidenschaftlichsten gelesene Anwalt des Konkurrenzkampfes, war ja überhaupt kein Darwinist. Sein erstes Buch *Social Statics* erschien 1850, fast zehn Jahre bevor Darwin sich mit der Veröffentlichung seiner Evolutionstheorie einverstanden erklärte; es enthielt die wesentlichen Bestandstücke dessen, was eine spätere Generation ungerechterweise Sozialdarwinismus genannt hat. «Überall in der Natur», so Spencer, «können wir das Wirken eines ehernen Gesetzes beobachten, das mit wenig Grausamkeit sehr viel Hilfreiches vollbringt.» Dieser «allgemeine Kriegszustand in der gesamten niederen Schöpfung ist – zur großen Bestürzung vieler wackerer Leute – unter den gegebenen Umständen im Grunde die barmherzigste Vorsorge». Die Vernichtung der Gebrechlichen und Kranken setze ihrem Leben ein Ende, noch ehe es zur Last wird, und schaffe Platz für eine jüngere Generation.[6]

Ohne mit der Wimper zu zucken, sieht Spencer den adaptiven «Reinigungsprozeß» des Tierreichs, der «die Kränklichen, Mißgebildeten sowie die Langsamsten oder Schwächsten» ausschaltet, auch bei den Menschen am Werk. Gewiß gehe es einem gegen den Strich, wenn man einen auskonkurrierten Handwerker hungern, einen kranken Arbeiter notleiden, Witwen und Waisen um ihr nacktes Leben kämpfen sieht. Aber er läßt sich nicht abschrecken: «Betrachtet man sie nicht als einzelne, sondern im Zusammenhang der Interessen aller Menschen, dann sieht man, daß diese harten Schicksale eigentlich denselben Sinn haben, wie wenn die Kinder kranker Eltern früh ins Grab gehen und wenn vor allem die Trunksüchtigen und Schwachen Opfer einer Epidemie werden.» Menschen, die diesen Tatsachen nicht ins Auge sehen können, sind nach Spencers Urteil «Pseudophilanthropen».[7]

Welchen Spielraum ein solches Denken den selbstsüchtigen, aggressiven Gefühlen und Handlungen verschafft, braucht eigentlich gar nicht erwähnt zu werden. Es ist eine unmißverständliche Einladung zur Gleichgültigkeit gegenüber Entbehrungen und zum Widerstand gegen alle Versuche, sie zu mildern. Prägnante Form gibt Spencer dieser Lehre mit der 1862 von ihm geprägten glatten Formel vom «Überleben der Tauglichsten», die praktisch dem ganzen Debattieren zuvorkommt. Tatsächlich galt Spencer mehrere Jahrzehnte lang überall in Europa und weit mehr noch in den Vereinigten Staaten als «überragender Kopf» unter den Zeitgenossen. Manche hielten ihn für den größten lebenden Philosophen, vielleicht gar den größten aller Zeiten, mindestens aber für gleich groß wie Newton.[8] Sogar Darwin, der Spencers Egozentrismus ablehnte und seinen deduktiven Argumentationsstil als nutzlos für die eigene Arbeit verschmähte, empfand aufrichtige Bewunderung für seine Geistesgaben.[9] Spencers zahlreiche und berühmte Anhänger meinten mit leidenschaftlicher Gewißheit, Darwin schwimme nur in seinem Kielwasser.

Bezeichnet man Spencer also als Sozialdarwinist, so bestreitet man ihm jegliches Verdienst an der Popularisierung eines im 19. Jahrhundert überaus beliebten Alibis für Aggressivität. Die falsche Etikettierung taugt wohl eher als Ironie. Spencer war ein Philosoph, der wenig las, ein geschworener Positivist, der sich prinzipiell weigerte, die andere Seite eines Problems in Augenschein zu nehmen. Obgleich er sich zum Propheten für das Überleben der Tauglichsten machte, blieb er sein Leben lang Junggeselle und tat nichts für die Fortpflanzung der Menschheit. Die traurigste Ironie überhaupt aber bestand darin, daß noch vor seinem Tode im Jahr 1903 und trotz seiner scheinbar ungebrochenen Vorrangstellung sein Ruhm allmählich verblaßte, und er schließlich zu einem historischen Kuriosum wurde. Von den Vereinigten Staaten einmal abgesehen, erwies Spencer sich auf dem Kampfplatz der konkurrierenden Ideen als untauglich.

Was ihn dennoch zu einem hochinteressanten und typischen Vertreter des bürgerlichen Zeitalters macht, ist der Umstand, daß er sich keiner Lehre sklavisch unterworfen hat, auch nicht der eigenen. So sehr er an die Segnungen des Konkurrenzkampfes glaubte, so wenig leugnete er doch die Notwendigkeit, den Haß zu zivilisieren. Dieser junge Mann, der mit der Religion nichts anfangen konnte und vom Glauben an die Naturwissenschaften beseelt war, schuf ein allgemeines, auf wenigen, im Kern nie veränderten Lehrsätzen ruhendes System. Die Gesellschaft, so Spencer, sei ein Organismus, ein zusammenhängendes Netz von Institutionen, und ihre Bewegung bestehe in einer immer höheren Differenzierung; die Grundrichtung der Evolution verlaufe vom Einfachen zum Komplexen, vom Homogenen zum Heterogenen und – so der bezeichnende Zusatz –

vom Egoismus zum Altruismus. Unwiderstehliches Agens dieses permanenten Wandels sei die natürliche Auslese, die das Überleben der Tauglichsten sicherstelle.

Trotz seiner Begeisterung für die von ihm entdeckten unerbittlichen Gesetze betrachtet Spencer die Welt mit heiterem Optimismus. Aus den Zeichen der Zeit schließt er, man nähere sich einer Ära, in der die Menschheit die Fesseln des Vorurteils abwerfen und sich nicht mehr von Gefühl und Autoritätshörigkeit, sondern von Vernunft und Wahrheit leiten lassen werde. Nicht ohne Eigendünkel vertraut Spencer darauf, daß seine Gesetze letztlich realistische Maßstäbe für das Verhalten der Menschen liefern werden, so daß es sich den Erfordernissen der Kultur immer reibungsloser anpassen könne. Die Industriegesellschaft, die Spencer mit eigenen Augen entstehen sieht, werde die Vollendung des Individualismus bringen und die wahre, mit der Freiheit aller vereinbare persönliche Freiheit begründen. Mit zunehmendem Alter geht ihm diese optimistische Sicht zwar teilweise verloren, aber durch viele Jahre seines Lebens setzt Spencer Evolution mit Höherentwicklung gleich. «Fortschritt», schreibt er in *Social Statics*, sei «nicht Zufall, sondern Notwendigkeit».[10]

Das in einer so radikalen Theorie unausgesprochen enthaltene Programm ist naturgemäß eher negativ und empfiehlt im wesentlichen aufmerksame Passivität: Regieren soll Aufgabe der aktiv sich einmischenden Politiker bleiben. Kluge Gesetzgeber müssen auf die Aufhebung aller pseudohumanitären Gesetze und die Auflösung aller pseudohumanitären Institutionen hinarbeiten. Sie müssen ja mit Grausamkeit Hilfreiches vollbringen. Als Nachfolger der Naturrechtstheoretiker früherer Generationen trägt Spencer sein Anliegen nirgendwo so unmißverständlich vor wie in *Social Statics*. Wer die einen hindere, Bier zu kaufen, um die andern davor zu bewahren, sich zu betrinken, in der Annahme, ein solcher Eingriff habe mehr gute als schlechte Auswirkungen, fälle ein eklatantes Fehlurteil. Desgleichen derjenige, der Steuern auf die Einkommen der vielen erhebt, um den Transport von Kriegsversehrten in die Kolonien zu bezahlen, wo sie noch einmal eine Chance haben sollen. Unter keinen Umständen sollte der Staat sich regulierend in den Handel mit dem Ausland, das Bankensystem, das Wohnungswesen oder das Gesundheitswesen einmischen. Auch sollte er, so die drohende Empfehlung, nicht den Versuch machen, die Lage der Armen zu verbessern. Der Verstoß gegen die Naturgesetze (i. e. Spencers Gesetze) im Namen des Mitleids bringe später zwangsläufig nur um so größeres Elend hervor.

Dies ist der von allen zitierte Spencer, aber es ist nicht der ganze Spencer. Ausdrücklich und vehement wehrt er sich gegen die undifferenzierte Anwendung seiner ehernen Evolutionsgesetze auf Gebiete, in denen sie nichts zu suchen haben. Wie er wohl weiß, macht ihn sein Grundsatz, daß der Unterlegene vom Überlegenen ausgeschaltet werden muß, dem Anschein nach zum Verbündeten, ja Sprachrohr herz- und skrupelloser Kapitalisten. Gleichwohl will er moralisierende Anklagen weder einfach ignorieren noch akzeptieren. Er hat nämlich eine Antwort parat: In entwickelten Kulturen führe der Kampf ums Dasein gerade zu immer mehr Mildtätigkeit. Hatte er in seinem ersten Buch nicht betont, daß «der Wunsch zu befehlen seinem Wesen nach ein Wunsch von Barbaren ist»?[11] Obgleich er sich selbst als Deterministen bezeichnet, sieht Spencer keinen Widerspruch darin, sich für den Nutzen privater Wohlfahrtseinrichtungen stark zu machen; in modernen Industriegesellschaften bildet ihm zufolge das Helfen aus Mitleid eine legitime Seite des Sozialverhaltens. Was die Menschen brauchen, sei Realismus ohne Grausamkeit, eine gelungene Verbindung zwischen der Tatkraft des Philanthropen und der Ruhe des Philosophen.

Diese Humanität, die Spencers berühmtem Alibi für den aggressiven Konkurrenzkampf strikte Grenzen setzt, findet sich durch die Jahrzehnte hindurch in allen seinen Schriften. Schon in *Social Statics* und noch in *Facts and Comments*, einer 1902, im Jahr vor seinem Tode publizierten Sammlung von Gedankensplittern und Betrachtungen, erhält die Wohltätigkeit ihre Chance. In diesen letzten Worten distanziert er sich entschieden vom kruden Utilitarismus seiner raffgierigen Zeitgenossen: «Ich verabscheue jene Auffassung vom gesellschaftlichen Fortschritt, die dessen Ziel im Wachstum der Bevölkerung, in der Vermehrung des Reichtums und der Ausweitung des Handels gewahrt»; sie vernachlässige die Qualität zugunsten der Quantität.[12] Wohlstand allein genüge nicht. Kurz, der bekannteste, beliebteste Anwalt individueller Freiheit und ökonomischer Konkurrenz sieht durchaus ein paar Nutzanwendungen für das großmütige Verschwinden des Selbst im Dienst am andern Menschen.

Gewiß, mit seiner Abwehr gegen ein staatliches Erziehungswesen bleibt Spencer seiner alten Liebe zum Gesetz von Angebot und Nachfrage treu. Die niederen Stände sollten «nur soviel Bildung für ihre Kinder erhalten, wie sie sich leisten können, genauso wie sie sich selbst um Nahrung und Kleidung kümmern müssen»; das nämlich «begünstigt die Kinder der Höherstehenden, der sparsamen Eltern, der Tatkräftigen und der Menschen mit großem Verantwortungsgefühl».[13] Doch in einem langen, gefühlvollen Essay mit dem Titel «Re-Barbarization» – und dieser Spencer ist nicht minder bezeichnend als der uns vertraute – macht er sich besorgte Gedanken über eine neue Primitivität, die quersteht zu einer gesellschaftlichen Evolution, in der kriegerische Gefühle und militärische Organisation zurückgedrängt werden und ein willkommener Zuwachs an

Freiheit zu verzeichnen ist. Für diese neue Entwicklung sieht er unbestreitbare Beweise: die widerliche Aggressivität der zeitgenössischen Politik und den Aufstand der Amtskirchen gegen den bürgerlichen Staat.

Da Spencer mitten im Burenkrieg schreibt, macht er sich Gedanken über die unerwartete Kampfbegeisterung unter patriotischen Dichtern, Geistlichen, Sportlern, Journalisten und Mitgliedern von Schützenvereinen. Besonders abstoßend findet er diesen Eifer bei jenem seltsamen religiösen Gebilde, das den Namen Heilsarmee trägt. Schon mit ihrem Namen, ihren Offiziersrängen, ihren Wahlsprüchen verbreite sie «militärisches Gedankengut, militärisches Empfinden, militärische Organisation, militärische Disziplin». Das Ergebnis stehe täglich in der Zeitung: die unrechtmäßige und haßerfüllte Gewalt, die von den Gesetzeshütern nicht unterdrückt werde, fordere unter den Gegnern des Burenkrieges ihre Opfer. England sei zur «richtigen Heimat der Rowdys» geworden. Die weiteren Aussichten findet Spencer beängstigend: «Allenthalben beobachten wir, wie die für ein friedliches Leben gemachten Gedanken, Gefühle und Institutionen durch die für ein kriegerisches Leben gemachten ersetzt werden.» Besonders deplorabel erscheint ihm die chauvinistische Hektik, weil die Engländer daraus ihren Traum von der abscheulichen Unterwerfung feindlicher Ausländer beziehen. Im Grunde beruhe der Imperialismus auf einer Selbsttäuschung. «Die Ausübung der Herrschaft bringt auch für den Herrn selber unweigerlich eine – mehr oder weniger ausgeprägte – Form der Versklavung.» Dieses unübersehbare Paradox rechtfertigt er als die schlichte Wahrheit.[14]

Derlei pazifistische Einstellungen waren keineswegs die sentimentalen Ausbrüche eines abgehalfterten Pedanten. Spencer hielt sich häufig unter Reformern auf; man vergißt oft, daß sein Buch *Social Statics,* in dem er sein Denken exemplarisch formuliert hat, ein eloquentes Plädoyer für die Rechte der Frauen enthält. Als er 1882 endlich den dringenden Einladungen aus den Vereinigten Staaten Folge leistete, verblüffte er einen Bahnbeamten, indem er ihm «das Evangelium der Entspannung» predigte. Und seine Zuhörer bei einem Dinner in New York, wo er die Hauptrede hielt, verblüffte er nicht minder, weil er – nach ein paar Höflichkeitsfloskeln – seine Gastgeber wegen ihres «übermäßigen Arbeitseifers» kritisierte. Schließlich sei doch «das Leben nicht für Lernen und Arbeiten da, sondern umgekehrt Lernen und Arbeiten für das Leben».[15] Er wollte nicht, daß aus dem Alibi des Konkurrenzkampfs ein Fetisch gemacht werde. Eigentlich hätten seine Zuhörer damit rechnen müssen; hatte er doch solche Ansichten schon lange vertreten.[16]

Dies ist bester Spencer, aber leider blieb er hinter den vielen Schlagworten verborgen. Kennzeichnend für ihn ist ja, daß er unbeirrbar einen «höheren Standard der internationalen Gerechtigkeit» forderte. Hatte er den Wunsch zu befehlen nicht als einen Wunsch von Barbaren gebrandmarkt? Den Chauvinismus kanzelte er ebenso ab wie die Vorherrschaft des Mannes und wollte sich partout nicht als Patrioten bezeichnen: «Den Schlachtruf ‹Our country, right or wrong!› finde ich abscheulich.»[17] Als 1885 der belgische Soziologe Emile de Laveley ihm vorwarf, er habe es «darauf abgesehen, daß das Gesetz vom Überleben der Tauglichsten und von der natürlichen Auslese auf die menschliche Gesellschaft übertragen wird», erhob Spencer vehement Einspruch. Um jedes Mißverständnis auszuschließen, betonte er noch einmal: «Jegliche Aggression ist mir zuwider.»[18] Dieses entschiedene Dementi steht im Widerspruch zum Kern seiner Lehre, aber es zeigt noch einmal überdeutlich, wie sich in Spencers Person die Spannungen widerspiegeln, die das mit seinem Namen verbundene Alibi für den Aggressionstrieb im 19. Jahrhundert durchziehen.

Dieselben faszinierenden Schwierigkeiten machten sich auch in Darwins Denken (und mehr noch dessen Rezeption) bemerkbar. Selbstverständlich setzte ein nach wie vor am Kirchgang hängendes Mittelschichtmilieu im Jahr 1859 der von Darwin vermeintlich vorgelegten Sanktionierung des gottlosen Konkurrenzkampfs vehementen Widerstand entgegen. Nach dem Erscheinen von *The Origin of Species* publizierte die *Saturday Review* einen ungewöhnlich langen Kommentar, in dem sie die Besorgnisse der Gläubigen einerseits anerkannte, andererseits aber zu verscheuchen suchte: «Mr. Darwins Ansichten werden vielen, die in ihnen einen Angriff auf die Wahrheiten der Offenbarung sehen, mit Sicherheit schreckliche Angst machen, aber wir können diese Angst nicht teilen.» Schließlich habe, «mit Ausnahme eines einzigen kurzen und etwas unklaren Absatzes, Mr. Darwin jeden Hinweis auf die Entstehung des Menschengeschlechts vermieden»; allerdings werde er «in seinem künftigen Werk kaum darum herumkommen, sich unumwunden zu diesem Punkt zu äußern».[19] Der Rezensent hatte richtig geahnt: In *The Descent of Man* hat Darwin 1871 die auffällige Lücke geschlossen.

Doch die Assimilierung der Darwinschen Ideen – samt einiger geschickter, bibeltreuer Auslegungen – konnte die Angst der frommen Christen bald erheblich dämpfen. Schon 1867 vermerkte Walter Bagehot, ein scharfsinniger Leser, den Darwin zustimmend zitiert hat, daß «zu Beginn religiös begründete Einwände gegen das Prinzip der ‹natürlichen Auslese› in der Naturwissenschaft laut wurden», die dann aber «aufhörten; immer deutlicher wird, daß das neue Prinzip nur für die äußeren Bollwerke der Religion, nicht für die Religion selbst verhängnisvoll ist».[20]

Tatsächlich gewannen Darwins subversive Thesen mit beeindruckendem Tempo neue Anhänger; der Gedanke der Evolution lag ja, wenn auch in gottgefälligerer Gestalt, seit einem Jahrhundert in der Luft. Im Rückblick auf die späten 6oer Jahre schildert Henry Adams den praktisch unantastbaren Ruf dieser Thesen so: «Kontinuierliche Evolution unter konstanten Bedingungen, das konnte jedem gefallen – mit Ausnahme nur der Vikare und Bischöfe.» Er hätte hinzufügen können, daß selbst Vikare und Bischöfe schließlich ihren Frieden mit den neuen, gefährlichen Lehren schlossen. «Die natürliche Auslese», so Adams, sei zu einer Ersatzreligion geworden, «zu einem Dogma, das an die Stelle des athanasianischen Glaubensbekenntnisses treten konnte». Die «Evolution vom Niederen zum Höheren», so erinnert er sich, «griff um sich wie eine Epidemie. Darwin war der größte aller Propheten in der evolutionärsten aller Welten.» Adams übertreibt kaum. Der bedeutende Botaniker Asa Gray, der Darwin unermüdlich gegen den Atheismusvorwurf verteidigte, übernahm die Theorie der natürlichen Auslese problemlos als einen erneuten Beweis dafür, daß Gott mit der Menschheit etwas Bestimmtes vorhabe. Ein paar andere gelehrte Geistliche und gottesfürchtige Wissenschaftler bauten diesen bequemen Eklektizismus noch aus. Im katholischen Frankreich hielten sich die Einwände gegen den gottlosen Darwinismus zwar weitaus hartnäckiger, aber 1882, in Darwins Todesjahr, konnten sich sogar dort einige strenggläubige Autoren dazu bekennen, daß *The Origin of Species* nichts enthält, was «im Widerspruch zur Idee einer höheren Ordnung und eines höchsten Willens steht».[21]

Zu diesem Zeitpunkt hatten sich zahlreiche Christen mit dem Feind arrangiert. Schon 1873 zog der fromme Geologe und Ingenieur George St. Clair in seinem Buch *Darwinism and Design* Darwins Theorien als Beweis dafür heran, daß der Allmächtige die Welt nicht nur weise, sondern wohltätig eingerichtet habe. Und Freud, der Mitte der 70er Jahre an der Wiener Universität bei dem einflußreichen deutschen Philosophen Franz Brentano studierte, bemerkte damals, sein Lehrer glaube gleichermaßen an Gott und Darwin.[22] Es war daher überhaupt nichts Neues mehr, als der schottische Theologe Henry Drummond 1893 in seinen Lowell Lectures zu den Zuhörern sagte: «Die Evolution gilt heute schlicht und einfach als Schöpfungsgeschichte, erzählt von denen, die sie am besten kennen»; sie sei «der Weg der Schöpfung».[23]

Doch diese ökumenischen Auslegungen der Darwinschen Lehre blieben nicht unwidersprochen. Die Nichtchristen wandten ein, damit breche man Darwins einzigartiger Theorie die Spitze ab; denn gerade wegen ihrer skandalösen antichristlichen Stoßrichtung fanden sie die Evolutionstheorie so unwiderstehlich. Sie begrüßten sie als Sieg der Vernunft, als Träger des Fortschritts, als einen Aufruf zum Widerstand gegen Aberglaube und reaktionären Klerikalismus. Der außerordentlich produktive Zoologe Ernst Haeckel, Darwins eifrigster und einflußreichster deutscher Schüler, schätzte seinen Lehrer vor allem deswegen, weil dessen Evolutionsthese nach seiner Ansicht die christliche Religion endgültig diskreditiert habe. In seinem meistgelesenen, 1899 erschienenen und fast umgehend ins Englische übersetzten Buch *Die Welträthsel* huldigt Haeckel Darwin – wie schon oftmals zuvor – als dem überzeugendsten Naturwissenschaftler des Jahrhunderts. Auch sieht er mit Wohlgefallen, wie er schreibt, dieses scheidende Jahrhundert durch einen zunehmend scharfen Gegensatz zwischen Naturwissenschaft und Christentum gekennzeichnet.[24] Für die Religion bleibt in einer solchen Sprache kein Platz mehr, ausgenommen die Religion der Evolution.[25] Andere nichtreligiöse Schüler Darwins waren zwar zurückhaltender, schlossen sich aber freudig dieser Einschätzung an. Auch erzkonservative Gläubige teilten sie, wenn auch sichtlich mit weitaus weniger Vergnügen.

Trotz aller Befriedungsversuche führten die philosophischen und theologischen Konsequenzen des Darwinismus aber doch zu hartnäckigen Auseinandersetzungen. Noch mehr gestritten wurde um seine möglichen politischen und sozialen Konsequenzen. Verehrer der Darwinschen Schriften meinten, sie könnten sie für ihren Versuch, seine Theorie von der Entwicklung der Arten zur universalen Erklärung – und zum allgemeinen Programm – menschlicher Geschichte aufzublähen, einfach ausschlachten. Geschickt beriefen sie sich auf Darwins – wie sie es nannten – schlüssige Beweisführung, die zeige, daß der Fortschritt aus dem skrupellosen Kampf aller gegen alle hervorgehe. Wer es auf Textstellen abgesehen hatte, die die Aggressionsthese untermauern, konnte in den Schriften des Meisters leicht fündig werden. «Da von jeder Art», so etwa seine These, «viel mehr Exemplare geboren werden, als voraussichtlich überleben können, und da es folglich immer wieder zu einem Kampf ums Dasein kommt, ergibt sich logisch, daß ein Lebewesen, das eine wie immer geringe, ihm zum Vorteil gereichende Besonderheit aufweist, unter den komplizierten und mitunter wechselnden Bedingungen des Lebens eine bessere Überlebenschance hat und daher unter die *natürliche Auslese* fällt.»[26] Den Gesellschaftstheoretikern, die nach einer Autorität zur Absicherung ihrer Ideen suchten, kam diese allgemeine Aussage natürlich sehr zupaß.

Nach dem Erscheinen von *The Descent of Man* fühlten sich diese Theoretiker noch zusätzlich bestätigt. In dieser Schrift kritisiert Darwin die «zivilisierten Menschen», weil sie «alles nur Mögliche tun, um den Ausscheidungskampf zu verhindern», indem sie «Anstalten für Schwach-

sinnige, Krüppel und Kranke» errichten, Armengesetze erlassen und
Ärzte beauftragen, «mit dem Äußersten an Können das Leben jedes einzelnen bis zum letzten Moment zu erhalten». Folglich «pflanzen sich die
schwachen Mitglieder der zivilisierten Gesellschaft fort» und erweisen
der Menschheit damit, so Darwins Ansicht, einen schlechten Dienst:
«Niemand, der die Aufzucht der Jungen bei Haustieren miterlebt hat,
wird bezweifeln können, daß das dem Menschengeschlecht schweren
Schaden zufügen muß.» Daher seine Empfehlung: «offener Konkurrenzkampf unter allen Menschen» und Vorsicht gegenüber dem Versuch, die
«Tüchtigsten» durch «Gesetze oder Sitten davon abzuhalten, sich am
erfolgreichsten durchzusetzen und die meisten Nachkommen zu hinterlassen».[27] Darwin hat diese Vorstellung von den um Nahrung, Frauen
oder auch ideellere Belohnungen kämpfenden Menschen nie aufgegeben.
Und nichts spricht dafür, daß er über diese gefühllosen und bemerkenswert oberflächlichen Spekulationen jemals ins Grübeln geraten wäre.[28]

Derlei heftige und haltlose Ausfälle waren jedoch selten, und Darwin
hat sie mit weniger aggressiven Aussagen reichlich wettgemacht. Die
unter den Bürgern des 19. Jahrhunderts, wie wir wissen, allenthalben
geführten Diskussionen über Alibis waren zwar auch in Darwins Werk
präsent, generell aber zog er aus seinen historischen Entdeckungen über
die Mechanismen der Evolution nur ungern sozialpolitische Schlüsse.
Zum Schaden der intellektuellen Redlichkeit – und der Gesellschaft –
übersahen oder übergingen seine Schüler dieses Widerstreben einfach mit
souveräner Ungeniertheit. Vom Ende der 60er Jahre an waren Darwins
Lesern die Erklärungen, die die natürliche Auslese nach ihrer Ansicht für
die unerbittliche Selbstbehauptung liefert, faktisch schon selbstverständlich geworden. Zum mindesten bot sie willkommene Gründe für bewuß-
tes Nichtstun auf dem Gebiet der Wohlfahrt. Der heftige, oftmals tödliche Konkurrenzkampf galt als das Instrument, das die Natur für den
Fortschritt ausersehen hat; Widerstand dagegen als sinnlos. Darwin selber dachte freilich weniger primitiv.

Trotz der Auseinandersetzungen um Darwins Ideen lebt sein – zeitweilig sogar umstrittener – Ruhm auch im 20. Jahrhundert unvermindert
fort, in Großbritannien ebenso wie in anderen Ländern. Darwin war die
seltene Ausnahme: der Prophet, der im eigenen Land etwas gilt. Anfangs
war die Aufmerksamkeit, mit der man ihn bedachte, wenig schmeichel-
haft; als seine Ideen in der gebildeten britischen Öffentlichkeit erstmals
Verbreitung fanden, machten Autoren mit viel Phantasie sich ein diebi-
sches Vergnügen daraus, sie zu karikieren. Der schlichte Gedanke, daß
der Mensch vom Affen abstammt und daß es zwischen Menschen und
Tieren ein geheimnisvolles «missing link», ein fehlendes Kettenglied gibt,

das seiner Entdeckung harrt, schien von unwiderstehlicher Komik zu sein. Und nicht bloß das: Romanciers wie Benjamin Disraeli, Charles Reade und Wilkie Collins sowie unzählige weniger wichtige Autoren ersannen Vertreter des Darwinismus, die alles andere als liebenswert waren. Mit sich selbst entzweit über den Sinn des Lebens, werden diese Figuren entweder zum Selbstmord getrieben oder blamieren sich doch wenigstens bei Abendgesellschaften, indem sie irgendeinen Schwachsinn über die niedere Herkunft des Menschen von sich geben und sich damit von seiten ihrer sprachgewandten gottesfürchtigen Gegner vernichtende Rügen zuziehen.[29]

In diesen Romanen werden die Darwin-Jünger als eingebildet, pedantisch und abstoßend dargestellt; und wenn sie nicht lasterhaft sind, dann sind sie wenigstens langweilig und lächerlich. Als sich aber der Darwinismus im intellektuellen Klima Englands einnistete und die immergleichen Schmähschriften vermutlich uninteressant wurden, schlugen die Romanciers einen etwas konzilianteren Kurs ein. Fast von Beginn an hatten gläubige Autoren mit einem Sinn für Biologie, wie etwa Charles Kingsley, zu bedenken gegeben, die Verhöhnung der Evolutionstheorie sei, wenn man sie gar nicht kenne, sowohl unwürdig wie auch unproduktiv; gemeinsam mit gleichgesinnten Kollegen suchte Kingsley nach einem Kompromiß und forschte nach Wegen zu einem eventuellen Bündnis zwischen Gott und Darwin. Seine Bemühungen erwiesen sich als unzureichend: Einige Jahrzehnte später verkündet H. G. Wells, christliche Religion und Darwinsche Naturlehre seien unvereinbar, und bekennt sich zu Darwin.

Wollten Autoren, die sich eher mit Tatsachen als mit Fiktionen befassen, nicht abgehängt werden, so hielten sie der Öffentlichkeit den Namen Darwin vor die Nase. Einige Jahrzehnte lang hatten britische Gesellschaftstheoretiker, die sich seine Ideen klauten, nicht weniger Erfolg als der Meister selbst. Als 1894 der fleißige Autodidakt Benjamin Kidd in seinem Modebuch *Social Evolution* einen veritablen Abenteuerroman um die «harten Tatsachen des menschlichen Lebens und Fortschritts» flocht, sprach er für eine ganze Generation britischer Sozialdarwinisten. Nach seiner Überzeugung lebt die moderne Industriegesellschaft von psychischen Fähigkeiten wie der Liebe zur Tat, und der Trieb zu harter Arbeit hängt zusammen mit der Sucht nach Erfolg. Kidd glaubt fest, daß der Konkurrenzkampf in den fortgeschrittenen Gesellschaften nicht nachgelassen habe und höchstwahrscheinlich auch in Zukunft nicht nachlassen werde. Nach seiner Ansicht zahlen progressive Nationen für ihre überbordende Kraft einen Preis, sie zahlen vor allem mit großen nervlichen Friktionen und starkem Druck – aber die Sache sei es wert.[30]

Derlei Überzeugungen waren keine Spezialität der britischen Autoren. Auch Frankreich brachte seine Darwin-Anhänger hervor, allen voran Clémence-Auguste Royer, die talentierte und eigenwillige Darwin-Übersetzerin. Ihre Übersetzung von *The Origin of Species* spickt sie mit eigenen Bemerkungen gegen die Kirche und für den Freihandel. «Die soziale Frage», schreibt sie, «ist bei jedem lebenden Organismus im Grunde nur ein anderer Name für den Kampf aller gegen alle, den Darwinschen *Kampf ums Dasein.*»[31] Darwin bereiteten die tendenziösen Freiheiten, die Royer sich mit seinem Text herausnahm, einige Bauchschmerzen, und dabei bereitete er selbst den französischen Lesern schon Bauchschmerzen genug. Und während französische Ökonomen und Philosophen mit großem Ernst für und gegen Darwin plädierten, verschafften Romanciers und Bühnenautoren dem Disput breitere Publizität. Wie ihre britischen Kollegen schlachteten etliche Autoren, die damals Mode waren und heute nahezu vergessen sind, die dramatischen Seiten des Darwinismus aus, indem sie sich Protagonisten ausdachten, die sich gegen die konventionelle – und lobenswerte – bürgerliche Rechtschaffenheit stellen. Auf dem Wege über die Gleichsetzung von Sozialdarwinismus und Wissenschaft, Wissenschaft und Materialismus, Materialismus und Unsittlichkeit bekamen sie ein ganzes Album mit imposanten, von allen Fesseln der christlichen Ethik befreiten Verbrechern zusammen. Diese Sünder, die andere oder sich selbst mit ihren Predigten von der Torheit der Religion und der Allmacht *de la lutte pour l'existence* drangsalieren, machen, was sie wollen, einfach weil sie es machen wollen. Voller Verzweiflung nehmen sie sich das Leben oder – was noch schlimmer ist – ermorden ihre Ehefrauen, um mit attraktiveren Sexualpartnerinnen anzubändeln.

Unter diesen Literaten verdient Alphonse Daudet besondere Beachtung. In seinem Roman *L'Immortel* von 1888 und seinem Theaterstück *La lutte pour la vie* von 1889 macht er Darwins englischen Hauptbegriff in Frankreich heimisch und nennt einen seiner fiktiven Schurken einen *«struggle for lifeur»*. In einer positiven Kritik des Daudetschen Stücks schrieb der Theaterkritiker Gustave Geffroy: «Zur öffentlichen Gefahr wurde die Darwinsche Formel mit dem Tage, da sie in den Mittelschichten als wissenschaftliche Legitimation für das lange Zeit verpönte Axiom ‹Macht schafft Recht› Verbreitung fand.» In Paul Bourgets vieldiskutiertem, im selben Jahr erschienenen Roman *Le Disciple*, einem Schlüsseldokument der erstarkenden französischen Konterrevolution gegen *struggleforlifeurs* und Wissenschaft überhaupt, kommen eine Verführung, ein Selbstmord und ein Mord vor, und alle diese schrecklichen Ereignisse werden ausgelöst durch die Lehren eines darwinistischen Philosophen. Ein Jahr später, 1890, führt der neue Ergänzungsband zum *Grand dictionnaire du dix-neuvième siècle* von Larousse zum ersten Mal den *struggleforlifeur* samt mehreren Schreibvarianten auf.[32] Der Begriff und die um ihn sich rankenden Vorstellungen waren in Frankreich angekommen. Doch liberale Romanciers wie Anatole France und Philosophen wie Ernest Renan verwahrten sich gegen die bequeme Verdrehung wissenschaftlicher Theorien im Interesse religiöser Propaganda. Die durch ihre Einwände angeheizte Diskussion trug nur zur weiteren Verbreitung der sozialdarwinistischen Vorstellungen in der französischen Öffentlichkeit bei.[33]

Auch Emile Zolas obsessives Interesse an der Naturwissenschaft und die eher mechanische Übertragung des deterministischen Kredos auf sein Werk gaben der Debatte Auftrieb. Dieser unglaublich produktive und zwischen Flaubert und Proust berühmteste und interessanteste französische Romancier schuf Romanfiguren, die sich hilflos im Netz der ererbten Anlagen verfangen und ein ihnen von den Vorvätern bereitetes Schicksal ausagieren. Dennoch sind sie nicht bloß Marionetten, die gehorsam die vom physiologischen Schicksal für sie geschriebenen Verse deklamieren; sie finden sich auch auf einem Kampfplatz mit konkurrierenden Kräften wieder, auf dem sie um ihr Überleben und wenn möglich ihr Wohlergehen kämpfen. Genau wie er selbst sind einige seiner sprachgewaltigsten Romanfiguren Darwin-Leser und betrachten das Leben als einen bis zum bitteren Ende geführten Kampf. In seinem zwanzigbändigen Romanzyklus *Les Rougon-Macquart*, der ein drastisches Bild vom Leben im zweiten französischen Kaiserreich zeichnet, hat er diese in der Gesellschaft allgegenwärtige Schlacht geschildert – blutige Streiks, barbarische Kleinbauern, verführerische Kurtisanen, ehebrecherische Bürger. Besser als jeder andere hat Zola das Argument, der Aggressionstrieb sei eine unwiderstehliche Naturgewalt, in Szene gesetzt. Die Menschen sind aggressiv, weil ihre eigene Natur sie dazu zwingt.

In *Au Bonheur des dames* ruft Zola sogar das Warenhaus als die damals aufstrebende Macht im Warenhandel als Zeugen für den tödlichen Konflikt im Innern aller Dinge an. Der Roman war das Zolasche «Hohelied des modernen Tätigseins».[34] Octave Mouret, der tatkräftige, skrupellose, aber attraktive Eigentümer eines neuen Pariser Warenhauses, weckt die erotische Begehrlichkeit seiner Kundinnen mit einer Kombination aus modernen Werbekünsten und unwiderstehlichen Preisschlagern und ruiniert damit das kleine anachronistische Geschäft auf der anderen Straßenseite. Mouret ist ein Darwinscher Kämpfer und genießt jeden Augenblick des Handelskrieges. «Die Tat», sagt er, «enthält ihren Lohn in sich. Handeln, schaffen, gegen die Fakten kämpfen, sie besiegen oder von ihnen besiegt werden, darin liegt alles Glück und alle Gesundheit des Menschen!»[35] Der gänzlich ungleiche Wettkampf mit seinem längst angeschlagenen, unterfinanzierten Konkurrenten ist für Mouret eine Art Krieg, und Zola steht darin offen auf seiner Seite. Über das Sterben der kleinen Einzelhandelsläden empfindet er kein Bedauern. «Ich werde ihnen keine Träne nachweinen», schreibt er in einer privaten Notiz, «im Gegenteil; denn ich möchte den Sieg des modernen Tätigseins demonstrieren.» Um die alten, oftmals interessanten kleinen Läden sei es «zu schade», aber sie seien dem Untergang geweiht und würden «vom Koloß erdrückt».[36] Wenn sogar die Konkurrenz unter Bekleidungsgeschäften im Zeichen des allseitigen Daseinskampfes stand, dann hatten viele französische Männer und Frauen, gleichgültig ob sie positiv oder negativ darüber dachten, mit großer Wahrscheinlichkeit sozialdarwinistische Bilder im Kopf.

Auch vielgelesene Autoren im deutschen und österreichischen Kaiserreich zeigten sich empfänglich für die große Debatte. In der deutschen Gesellschaft allerdings, wo selbst erklärte Liberale entschieden für Staatsinterventionen eintraten, brachte es die Darwinsche oder Spencersche Theorie vom Überleben der Tauglichsten nie zu demselben beherrschenden Einfluß wie in den Vereinigten Staaten. Aber trotz der gegenläufigen Ideologie von der staatlichen Bevormundung konnte eine Schar von Anhängern dem gebildeten Publikum ihre Version von Darwins Ideen offerieren. Haeckel, der in seinem Feldzug für die allgemeine Aufklärung als Oberbefehlshaber fungierte, fand einen tüchtigen Sekundanten in Gestalt seines Schülers Wilhelm Bölsche, Autor eines überschwenglichen Werks über das «Liebesleben in der Natur». Seltsamerweise verknüpft Haeckel die Sprache des Sozialdarwinismus mit progressiven politischen Ideen, selbst dort, wo er seine Loyalität gegenüber der Philosophie des unbeugsamen Kämpfens dadurch unter Beweis stellt, daß er den Sozialdemokraten allen Ernstes ihre verrückten Phantasien über allgemeine Brüderlichkeit und Gleichheit vorhält.[37]

Haeckel hatte zahlreiche Mitstreiter, von denen viele allerdings erheblich konservativer waren als er. Besonders nach der deutschen Reichsgründung im Jahr 1871 brachten ambitionierte Kulturhistoriker dicke Schinken zur Einführung in die menschliche Geschichte auf den Markt. Sie zeichneten den Daseinskampf von der Frühzeit bis zur Gegenwart nach und delektierten sich sichtlich an den geräuschvollen Konflikten, die sie allenthalben entdeckten. In seiner 1875 erschienenen zweibändigen *Culturgeschichte in ihrer natürlichen Entwicklung bis zur Gegenwart* legt Friedrich von Hellwald Seite um Seite seine Überzeugung nieder, daß es den Kampf ums Dasein, ob in Gestalt der vergleichsweise milden ökonomischen Konkurrenz oder als regelrechten Krieg, immer und überall gegeben hat. Selbst in den höchststehenden Kulturen gehört der Sieg dem Stärkeren, und selbst «in der gesitteten Gesellschaft ist der Bessere in der

Regel auch der Stärkere». Und Julius Lippert, der sich mit seiner ebenso umfangreichen Kulturgeschichte der Menschheit eine gewisse Anhängerschaft sichern konnte, spürt die frühesten Ausdrucksformen des Daseinskampfes schon in prähistorischer Zeit auf und hält ihn noch in der Gegenwart für unvermindert nützlich.[38]

Bereitwillig übernahmen also deutsche und österreichische Autoren das Universalgesetz des Kampfes und zogen über die Sentimentalität der Reformer her, die den aggressiven Menschen nur entwaffnen wollten. Doch herrschte nicht bei allen diese wilde Zielstrebigkeit; manche gerieten überraschend ins Stocken und Nachdenken. Der interessanteste unter ihnen ist vielleicht der Anthropologe Otto Ammon, der mit zweierlei Stimme sprach. Wie andere seines Jahrgangs hämmert er besonders gern mit sozialdarwinistischen Argumenten auf die Sozialdemokraten ein. Und in seinem ehrgeizigsten Projekt, einer Abhandlung über die Gesellschaftsordnung und ihre natürlichen Grundlagen, müht er sich redlich, die These zu untermauern, daß die Gesellschaft Naturgesetzen gehorcht, gegen die die Reformer zum Schaden aller verstoßen. Mit der Auslese einzelner für Vorrang- und Machtstellung müsse die Gesellschaft die Untüchtigen am Aufstieg hindern und die Tüchtigen auf den ihnen zustehenden Platz befördern. Zu den Möglichkeiten, diese Ziele durchzusetzen, gehöre die Aufrichtung von Hürden wie etwa Lehrjahre und strenge Prüfungen. Nutzen für die Menschheit bringe sogar der Konkurrenzkampf, der bis zum Blutvergießen geht, denn «der Krieg ist die höchste und majestätischste Form des Daseinskampfes und kann nicht entbehrt, daher auch nicht abgeschafft werden». Aber Ammon hatte auch seine Zweifel: Werden doch bisweilen im Lebenskampf die Fähigsten, sittlich Höchststehenden und Intelligentesten von den Raffinierten und Skrupellosen ausgetrickst. Oft ist das Unkraut stärker als die Pflanze, die es verdrängt.[39] Was für ein herber Tribut an die von der Evolutionstheorie aufgeworfenen komplizierten Probleme, wenn ein sozialdarwinistischer Extremist wie Ammon dann doch entdecken muß, daß ihre Gesetze unerwartete – und unerwünschte – Folgen haben.

Während diese studierten, weitschweifigen Gelehrten nur ein begrenztes Publikum erreichten, führte Friedrich Nietzsche weit mehr seiner Landsleute in die kämpferische Philosophie des Lebens ein. Der Boden war ihm bereitet worden; als Georg von Gisycki 1885 in einem eher umständlichen Beitrag über Darwinismus und Ethik feststellt, daß seit Erscheinen von *The Origin of Species* ein Vierteljahrhundert vergangen sei, sagt er kategorisch: «Die große Mehrzahl der wissenschaftlichen Forscher zweifelt jetzt nicht mehr an der Richtigkeit» der von Darwin «durch ein imponirendes inductives Beweismaterial begründeten, biolo-

gischen Entwicklungslehre». Die Zeit sei nicht mehr fern, wo man die
Evolutionstheorie «wie die heliocentrische Theorie des Copernicus,
überhaupt als einen Bestandtheil des modernen Denkens wird anzuerkennen haben».[40] Er hatte recht, und es war Nietzsche, der den Deutschen bewies, daß er recht hatte.

Nietzsche war kein Biologe; eher ein Kulturaristokrat, von dem die
Leser das ersehnte Gegenmittel gegen die damals verbreiteten Übel –
Konformismus, Bedachtsamkeit, Mittelmaß und Materialismus – erwarte-
ten. Dieser Denker, der mit dem Hammer philosophierte, den Willen zur
Macht feierte und den Übermenschen besang, war für seine ekstatischen
Verehrer, in der Mehrzahl selbst gestandene Bürger, der antibürgerliche
Kämpe par excellence. In einer vielzitierten Passage aus *Jenseits von Gut
und Böse*, von deren Sorte es viele gibt, bringt Nietzsche die Sache auf den
Punkt: Wer auf Aggression verzichte, spreche sich grundsätzlich für die
Verneinung des Lebens, für seinen Verfall und seine Auflösung aus:
«Leben selbst ist *wesentlich* Aneignung, Verletzung, Überwältigung des
Fremden und Schwächeren, Unterdrückung, Härte, Aufzwängung eige-
ner Formen, Einverleibung und mindestens, mildestens, Ausbeutung.»
Ausbeutung komme nicht nur in verderbten oder primitiven Gesellschaf-
ten vor. Vielmehr gehöre sie «ins *Wesen* des Lebendigen, als organische
Grundfunktion, sie ist eine Folge des eigentlichen Willens zur Macht, der
eben der Wille des Lebens ist.»[41] Das war keine Philosophie für mittel-
mäßige Kaufleute oder bedachtsame Bürokraten.

Leser, die Nietzsche schätzen, werden vielleicht geltend machen, dieser
Gedanke sei alles andere als eine Aufforderung zu brutaler Gewalt oder
rassistischer Unterdrückung, obwohl einzelne, aus dem Kontext gelöste
Passagen in seinem Werk durchaus grimmig klingen. Aber ob nun Nietzsches Philosophie von aufmerksamen Lesern richtig verstanden oder von
flüchtigen Lesern mißdeutet worden ist – jedenfalls war sie ein weithin
sichtbarer Beitrag zu der Auffassung, daß das Leben ein wilder Kampf ums
Dasein ist – und zwar ohne jede Garantie für das Überleben der Tauglichsten. Mit seiner Gabe für aphoristische und poetische Sprache – und
seinem tragischen persönlichen Schicksal – verschaffte Nietzsche sich
Gehör: Anfang der 90er Jahre, kurz nachdem er geisteskrank geworden
und verstummt war, schlug seine Philosophie in Deutschland ein wie eine
Bombe und löste einen höchst unphilosophischen Tumult aus. Was aber
Nietzsches Originalität vor allem begründet, ist seine revolutionäre und
psychologisch scharfsichtige Verwerfung der unheroischen christlichen
Moral. Den «Kampf ums Dasein» hatte man immerhin als gängige Formel
schon 1871, im Erscheinungsjahr von *The Descent of Man*, in die Neuauflage von Büchmanns *Geflügelte Worte* aufgenommen.[42]

Nichts wäre leichter, als hier unendlich viele – von Land zu Land nur unwesentlich differenzierende – Plädoyers aufzuführen, in denen die Vorzüge der Aggressivität und des unvermeidlichen Konflikts gepriesen wurden. Nichts aber wäre schwieriger, als ihre besonders explizite Variante, den Sozialdarwinismus, auf einen in sich konsistenten Gedankengang zu reduzieren; die Begriffsverwirrungen, die dieser Lehre als einer kulturellen Rationalisierung immanent sind, lassen sich nicht einfach beseitigen. Die Einhelligkeit – oder doch zumindest der breite Konsens – unter seinen Hauptvertretern ist ein Trugbild, das ein paar schlagfertige, auf marktschreierische und eingängige Sprüche spezialisierte Anhänger erzeugt haben. Die Differenzen übertünchten sie mit wenigen klangvollen, endlos hergebeteten und immer schön vage bleibenden Maximen, die sich deshalb so gut machten, weil sie kurz waren und tiefsinnig wirkten; ihre Prägnanz ersparte einem das Denken. Die sogenannten Männer der Praxis – Industriemagnaten wie Andrew Carnegie, John D. Rockefeller und James J. Hill – benutzten sie mit lockerer Ungezwungenheit, wobei sie sich mitunter auch gegenseitig oder selbst plagiierten.[43] Wie der Komtur in Shaws *Man and Superman* so schön sagt: «Gut gebrüllt ist halb gewonnen.»

Aber eben nur halb gewonnen! Die Risse zwischen den Sozialdarwinisten waren nicht zu kitten. Die einen bezogen ihre Beispiele für natürliche Auslese aus dem Marktgeschehen mit seiner barbarischen Konkurrenz. Andere sahen die Gesellschaft insgesamt als Schauplatz eines grausamen Kampfes zwischen gesunden, begabten und kranken, minderwertigen Exemplaren der Gattung. Wieder andere trieben die Logik des unausweichlichen Kriegszustands bis zum Äußersten und entwarfen eine von tödlichen Auseinandersetzungen zwischen aufsteigenden und niedergehenden Zivilisationen oder Herren- und Sklavenrassen zerrissene Welt. Nicht weniger breit war das Spektrum der von den Sozialdarwinisten vorgeschlagenen sozial- und wirtschaftspolitischen Maßnahmen. Die einen begnügten sich mit dem Plädoyer für Freihandel und der Absage an die – wie sie es ausdrückten – sich selbst in den Schwanz beißende private Philanthropie; andere, härter Gesonnene, lehnten grundsätzlich jede Regierungshilfe für Arme und Benachteiligte ab; wieder andere warben für drakonische Bevölkerungspolitik mit dem Ziel, nützliche menschliche Eigenschaften zu erhalten, indem man Kranke hinderte, Nachkommen zu haben; und ein paar Extremisten spielten mit der erfreulichen Aussicht auf apokalyptische Kriege.

Während viele also bereit waren, die Sortierung der Überlebensfähigen von den zum Untergang Bestimmten dem Lauf der Ereignisse zu überlassen, fanden andere, weniger Zuversichtliche, man müsse der Geschichte

unbedingt nachhelfen. Ihre Schwarzseherei fügte dem sogenannten Sozialdarwinismus noch eine Nuance hinzu; von ihren Anfängen an wurde
die mit dem Spencerschen Plädoyer für den Konkurrenzkampf verbundene, wesentlich optimistische Sicht überschattet – und auf sonderbare
Weise bekräftigt – von einer pessimistischen Version. Nach Ansicht der
modernen Kassandras geht die Natur in ihrer eisigen Gleichgültigkeit
sogar bis zur Zerstörung dessen, was bewahrt zu werden verdient. Diesen
von jeder Hoffnung abgeschnittenen Ideologen spricht der französische
Anthropologe Georges Vacher de Lapouge aus dem Herzen, als er die
düstere Prognose stellt, die «Chimäre» des Fortschritts werde sich bald in
Nichts auflösen: Wer den Prozeß der natürlichen Auslese analysiere,
müsse zum rückhaltlosen Pessimisten werden. Denn die Zukunft werde –
günstigstenfalls – den Mittelmäßigen gehören.[44]

Mit ihrer sonderbaren Mischung aus Optimismus und Schwarzseherei
konnten die Sozialdarwinisten nie die ganze Öffentlichkeit für sich gewinnen. Eine lautstarke Opposition, die zwar weniger Geschick beim
Erfinden eingängiger Sprüche bewies, aber intellektuell nicht zu verachten war, ließ kein gutes Haar an ihnen. Das permanente Diskutieren
über die sozialdarwinistischen Alibis für Aggressivität mobilisierte,
grosso modo, drei verschiedene Parteien: die Fundamentalisten, die sich
redlich mühten, die Lehre vom Daseinskampf mehr oder minder buch-
stabengetreu anzuwenden; die Liberalen, die das furchtbare Gesetz der
natürlichen Auslese als Aufforderung verstanden, etwas dagegen oder
zumindest etwas zur Abschwächung seiner Folgen zu tun; und die Skeptiker, die daran festhielten, daß die Sozialdarwinisten gleich welcher
Couleur die Evolutionstheorie mißverstünden oder völlig ungerechtfer-
tigte Schlüsse daraus zögen.

Dieser Aufriß krankt an allzu großer Übersichtlichkeit. In ihm fehlen
die überraschenden Bündnisse zwischen Gegnern und die gegenläufigen
Empfindungen bei denen, die differenzierter dachten. Immerhin schlug
selbst Darwin sich, als diverse Sozialdarwinisten Einzelpassagen aus seinen Schriften herausklaubten, auf die Seite ihrer Kritiker. Anfang der
6oer Jahre, unmittelbar nach Erscheinen seines *Origin of Species*, berichtet er dem großen Geologen Charles Lyell: «Eine Zeitung in Manchester
hat eher eine gute Satire auf mich gemacht, behauptet sie doch, ich hätte
bewiesen, daß die Maxime ‹Macht gleich Recht› zutrifft, daß also Napoleon recht hat und jeder unehrliche Geschäftsmann auch.»[45] Wenn Marx
von sich sagen konnte, er sei kein Marxist, dann konnte auch Darwin von
sich sagen, er sei kein Darwinist und schon gar nicht – oder jedenfalls fast
nie – Sozialdarwinist.

Darwin war nicht der einzige, der gegen die tendenziösen Auslegungen seines Denkens Vorbehalte geltend machte. Es gab eine ansehnliche und bunt zusammengewürfelte Schar von Zweiflern; zu ihr gehörten unversöhnte Christen, argwöhnische Soziologen, streitsüchtige Sozialisten und – was besonders aufschlußreich ist – diejenigen, die Darwins Schriften sorgfältig studiert hatten. Schon bald nach Erscheinen von *The Origin of Species* wurden ernsthafte Versuche gemacht herauszufinden, wie sich Darwins Denken sinnvoll auf die Gesellschaft übertragen lasse. Besonders markant sind die geistsprühenden spekulativen Essays, die Walter Bagehot 1872 unter dem Titel *Physics and Politics* publizierte. Die mit dem Etikett «natürliche Auslese» belegten und ursprünglich zur Erklärung der tierischen Evolution gedachten Ideen gelten vielleicht, so sein Gedanke, nicht minder für die menschliche Geschichte. Große Teile dieser Geschichte lagen zwar noch im Dunkel, aber Bagehot traute sich doch bereits folgende These zu: «Die stärksten Nationen erringen in aller Regel die Vorherrschaft über die anderen; und in bestimmten auffälligen Eigenschaften sind die stärksten in der Regel auch die besten.» Auch in jeder einzelnen Nation «erringen die Attraktivsten in aller Regel die Vorherrschaft», und zumeist seien die Attraktiven auch die Besten. Der Sieg der stärkeren über die schwächeren Nationen werde nicht immer im friedlichen Wettstreit errungen. In früheren Zeiten, im «Kampfzeitalter», fungierte als Hauptmotor des Fortschritts denn auch der Krieg, und «die schlechtesten Nationen wurden einfach von den besten erobert; dank des einen oder anderen Vorteils konnte der beste unter den Konkurrenten über den weniger guten siegen.»[46]

Dies liest sich wie eine frühe Spielart des erbarmungslosen Sozialdarwinismus. Aber Bagehot macht schon selbst Einwände geltend: Er sehe keinen Grund dafür, daß der Kampf ums Dasein, so grundlegend er für den Fortschritt sein möge, partout in gewaltsame Auseinandersetzungen ausarten müsse. Zwar habe der Krieg früher einmal dem Fortschritt gedient, aber das 19. Jahrhundert sei ein Zeitalter der Diskussion; glücklicherweise sei der Krieg dem konstruktiven Debattieren und rationalen Entscheiden gewichen. Für den aggressiven Menschen jedenfalls schwärmt Bagehot nie ganz rückhaltlos: Gewiß, «der Krieg benötigt und erzeugt bestimmte Tugenden», aber nicht unbedingt die höchsten; vielmehr sind es «Tugenden auf der Vorstufe wie etwa Tapferkeit, Wahrhaftigkeit, Bereitschaft zum Gehorsam, Gewöhnung an Disziplin». Am fortschrittlichsten seien nämlich jene Länder, in denen die Diskussion sich am meisten entfalten könne. Das Kampfzeitalter habe den Menschen die Zügel des Gesetzes angelegt und ihre Lebensweise in einer festen «Gewohnheitskruste» zum Erstarren gebracht; «wenn erst das Regieren

sich der freien Diskussion bedient, dann wird zugleich das Joch der ein
für allemal feststehenden Gewohnheit abgeworfen.»[47]

Zu den heilsamen Folgen, die sich aus dem Abbröckeln der «Gewohnheitskruste» (diese Wendung sollte berühmt werden) ergeben, so Bagehot
weiter, gehöre das Verschwinden des religiösen Fanatismus; ferner die
Aufgeschlossenheit gegenüber neuen Ideen; und schließlich die Schaffung eines neuen, ineins temperamentvollen und beherrschten, vitalen
und vernünftigen Menschen, eines Wesens von «schwungvoller Mäßigung». Mögen andere wie etwa Carlyle diese Entwicklung als Nachlassen
der Lebenskraft interpretieren; Bagehot sieht in ihr ein willkommenes
Zeichen für «das Nachlassen und Absterben des ererbten barbarischen
Triebs».[48] Zwar beunruhigen ihn die demokratischen Tendenzen seiner
Epoche, aber er ist ein Mann der Hoffnung: Nach seiner Ansicht bewegt
sich die Menschheit vorwärts, vom Konflikt zur Kooperation, von der
Triebhaftigkeit zur Rationalität; kurz, der Aggressionstrieb kann – und in
zivilisierten Zeiten sollte er auch – sublimiert werden.

Bagehot starb 1877, mit 51 Jahren. Hätte er noch weitere 16 Jahre
gelebt, so wäre ihm das imposanteste Plädoyer des Jahrhunderts gegen
die politische Auslegung des Darwinschen Werks – Thomas Henry Huxleys berühmte Vorlesung über das Verhältnis von Evolution und Ethik –
mit Sicherheit gerade recht gekommen. Mit Huxley, Darwins treuestem
und erfolgreichstem Statthalter, hatten die Gegner des Sozialdarwinismus
einen sensationellen Fang getan. Er verfügte über eine beneidenswerte
Autorität; von Beginn an hatte er für Darwin gesprochen und sowohl
Kirchenfürsten wie auch renitente Biologen in Grund und Boden gere-
det. Und die Überzeugungen besonders tendenziöser Darwininterpreten
hatte er nie geteilt. Nunmehr, im Jahr 1893, trägt Huxley nach reiflichem
Nachdenken der gebildeten Öffentlichkeit seinen Einwand gegen den
Sozialdarwinismus vor. «Wir sollten uns ein für allemal klarmachen»,
sagt er frei heraus, «daß der moralische Fortschritt der Gesellschaft nicht
darin besteht, daß wir den kosmischen Prozeß nachahmen oder gar vor
ihm davonlaufen, sondern darin, daß wir gegen ihn kämpfen.» Die Natur
sei weder Lehrer noch Freund, sondern mit eiserner Konsequenz «die
Kommandozentrale, von der aus der Feind der moralischen Natur operiert». Bei den Menschen stehe der Daseinskampf keineswegs im Dienst
der Adaption; die natürliche Auslese kann den Verbrecher ebenso begün-
stigen wie den guten Staatsbürger. «Der Natur folgen Dieb und Mörder
genauso wie die Philanthropen.» Daher sei es kontraproduktiv, sich beim
Vergleich zwischen moralischen oder politischen Entscheidungen bei der
Natur Rat zu holen. Mit vollem Recht bemerkt Huxley, die Diskussion
um die Anwendung des Darwinschen Denkens auf die Gesellschaft habe

einen schwerwiegenden Mangel gehabt: die allzu leichtgläubig hingenommene Mißdeutung der unseligen Formel vom Überleben der Tauglichsten; mitnichten sei damit das Überleben der Besten gemeint. Die
evolutionäre Moral, so folgert er, sei nichts weiter als eine Täuschung.[49]
Jedem, der es hören will, sagt Huxley also, daß das von den Sozialdarwinisten erdachte Alibi für den Aggressionstrieb schlicht und einfach un-
haltbar ist.

Auch in den Vereinigten Staaten, wo Spencer und Darwin von einer
breiten Öffentlichkeit als extreme Befürworter des Kampfes aufgefaßt
wurden, waren die Gegner nicht auf den Mund gefallen. Von den 80er
Jahren an machte sich der unangepaßte amerikanische Soziologe Lester
Frank Ward gegen die Anwendung der sozialdarwinistischen Vorstellungen auf die Gesellschaftstheorie und die politische Praxis stark. Ihm zufolge sind die in der Natur virulenten blinden Kräfte der Evolution unterschieden von jenen Evolutionsprozessen, die der vernunftgeleitete
Mensch seinen Zielen dienstbar macht. «Die Schule des *laissez-faire* hat
sich hinter den Festungsmauern der Naturwissenschaft verschanzt» und
mit einer Mischung aus Wahrheiten und Irrtümern gearbeitet. Ihre Anhänger machen zwar zu Recht geltend, daß «gesellschaftliche Phänomene
genau wie Naturphänomene konstant sind und Gesetzen gehorchen»; zu
Unrecht aber – und ganz unlogischerweise – behaupten sie, daher könne
«der Mensch weder die natürlichen noch die gesellschaftlichen Phänomene in den Griff bekommen». In Wirklichkeit «resultieren sämtliche
praktischen Vorteile der Wissenschaft daraus, daß der Mensch Natur-
kräfte und -phänomene beherrscht, die andernfalls nur brachliegen oder
dem Fortschritt der Menschheit schaden würden». Sich selbst überlassen,
sei die Natur extrem verschwenderisch und unverantwortlich; zum Fortschritt führe daher nur eine klug geplante Sozialgesetzgebung.[50] Dies war
eine ernstzunehmende Attacke gegen die Befürworter des Konkurrenzkampfes. Mit seiner Berufung auf die der Natur entgegengesetzte Vernunft zielte Ward auf den Kern des Sozialdarwinismus, der – in welcher
Gestalt auch immer er auftrat – stets die Natur zum Entscheidenden
erklärte.

Doch nicht nur die Gegner des Sozialdarwinismus fragten nach dem
legitimen Geltungsbereich dieses Alibis. Zwar war kaum zu erwarten,
daß jemand wie William Graham Sumner, Spencers bekanntester und
scharfsinnigster amerikanischer Schüler, Wards Bedenken gegenüber der
Aggressivität teilen würde. In der Nachfolge seines britischen Lehrers
aber unterschied er sorgfältig zwischen zulässigen und unzulässigen Aggressionen. Die Bedeutung des Daseinskampfes hat Sumner freilich niemals in Zweifel gezogen. Geboren 1840 als Sohn einer ehrbaren Arbeiter-

familie, hat er das Ideal harter Arbeit und zäher Aufopferung, das er als Kind mitbekommen hatte, niemals verleugnet. Nach seinem Studienabschluß in Yale war er für kurze Zeit Geistlicher der Episkopalkirche, wechselte 1872 zur Soziologie über und wurde an seiner Alma mater auf einen neuen Lehrstuhl für politische und soziale Wissenschaften berufen. Schnell gewann er dort beachtlichen – und konstanten – Einfluß auf die Studenten, vor denen er mit schnarrender Stimme verkündet: «Die Welt schuldet niemandem einen Lebensunterhalt.»[51]

Bald schon reichte sein Einfluß über Yale hinaus. Sumner, der seine Überzeugungsgabe auf der Kanzel und am Lesepult gelernt hatte, blieb sein Leben lang – im Seminarraum, im Hörsaal, in Artikeln und Büchern – ein Prediger. Der Text seiner Predigten war immer derselbe: Der Kampf ums Dasein beherrscht alle Beziehungen zwischen den Menschen, gleichgültig ob in den unbesiedelten Weiten Amerikas oder den übervölkerten Gebieten Europas; der Konkurrenzkampf, in dem der Mensch sich mit der Natur mißt, ist erbarmungslos; die Rede von Naturrechten ist dummes Gewäsch, edle Gefühle sind nichts als lächerliche Ergüsse; die Hauptlehre der Soziologie lautet, daß der Eingriff des Staates in evolutionäre Prozesse fast immer in die Katastrophe führt.

Die Soziologie, wie Sumner sie versteht, muß sich stets an die selbstverständliche Wahrheit halten, daß die Natur des Menschen genau wie die äußere Natur vom Konflikt beherrscht ist. Angetrieben wird das menschliche Lebewesen von vier elementaren Handlungsmotiven, als da sind: Hunger, Sexualtrieb, Eitelkeit und Gespensterglauben.[52] Unübersehbar ist, daß unter den Beweggründen der Menschen für die Gesellschaftsbildung einer, nämlich der Altruismus, in Sumners Auflistung fehlt. Fundamental ist nach seinem Dafürhalten eher die Selbsterhaltung; Selbsterhaltung sei der eigentliche Grund allen Kämpfens. Die von jeder Rührseligkeit weit entfernte Natur stehe nicht im Dienste des Menschen. Vor ihrem Richterstuhl «hat ein Mensch nicht mehr Lebensrecht als eine Klapperschlange; er hat nicht mehr Freiheitsrechte als ein wildes Tier; sein Recht auf Glücksstreben ist nichts als die Lizenz zur Teilnahme am Daseinskampf, sofern er in sich die Kräfte dafür findet.» Aus dieser Weltsicht könne ein Gesetzgeber nur düstere Konsequenzen ziehen: «In der zivilisierten Gesellschaft wird aus dem Recht auf Leben die Garantie, daß man von seinen Mitmenschen nicht getötet wird.» Anders als Ward, für den die Natur verschwenderisch ist, findet Sumner sie hochgradig knauserig: «Vielleicht besteht die Grundtatsache, die diese Welt zu einer Welt der Mühsal und Aufopferung macht, einfach darin, daß zwei Menschen nicht denselben Laib Brot essen können.» Verantwortlich für den permanenten Kampf ist die Knappheit der Ressourcen. «Wenn uns das

Überleben der Tauglichsten nicht gefällt», so Sumner 1879 vor einem verständnisvollen Publikum, dem Free Trade Club, «dann haben wir nur noch eine Alternative, und das ist das Überleben der Untauglichsten.» Kein Wunder, daß Sumner bekennen konnte, er sei «gegen Staatseingriffe extrem voreingenommen».[53]

All das klingt vollkommen geradlinig. Sumners Zeitgenossen, Verehrer wie Kritiker, interpretierten seine Gedanken als Plädoyer für unregulierten Kapitalismus, als einen Jagdschein für aggressive Geschäftemacher. Immerhin machte Sumner kein Hehl aus seinem Bekenntnis zum Privateigentum und seiner Vorliebe für die Reichsten der Reichen, die er als Produkt der natürlichen Auslese bejubelte. Es stimme, räumt er ein, daß Millionäre im Luxus leben, aber ihr Dasein nütze der Gesellschaft. Seine Liebe zu den Reichen, so beteuert er, stehe im Dienst seiner weitaus größeren Liebe zur bürgerlichen Mittelschicht: «Für die Millionen des Millionärs trete ich ja nicht ein aus Liebe zum Millionär, sondern weil ich meine Frau und meine Kinder liebe und nicht weiß, wie ich den Schutz der Gesellschaft für meine Hunderter bekommen soll, wenn ich als Mitglied der Gesellschaft nicht dabei helfe, seine Millionen zu schützen.»[54]

Nützlich sind die Reichen auch als Gegengewicht gegen die Sozialreformer, für die Sumner nur vollkommene Verachtung übrig hat. In seiner konservativen Kritik an den rationalistischen Reformern klingt die berühmte Kritik von Burke nach. Ideale «sind zwangsläufig Phantasmen. Sie gründen nicht in den Tatsachen.» Einem seiner meistzitierten Essays gibt er 1894 den provozierenden Titel «The Absurd Effort to Make the World Over». Er schließt mit dem verächtlichen Blick auf den Mann, der sich «mit Tafel und Griffel» hinsetzt, «um eine neue soziale Welt zu entwerfen» – zweifellos «die größte Torheit, derer ein Mensch fähig ist».[55] Freiheit, Sumners großes Ideal, sei unvereinbar mit Gleichheit. Wer Arbeiter und Unternehmer zum Frieden zwinge, bringe daher eher zweifelhaften Segen; langfristig werden die sozialen Antagonismen zwar dem harmonischen Zusammenwirken Platz machen, aber nicht auf dem Wege über bewußte Planung.[56]

Und dennoch machte Sumner, wie vor ihm schon Spencer, der Gedanke an einen möglichen Mißbrauch seiner Lehre ausgesprochen zu schaffen. Auf internationale Beziehungen, gar auf Krieg oder Imperialismus, wollte er sie nicht ausgedehnt wissen. Nicht weil er ein Wolf im Schafspelz war. Seine Begeisterung für den Konkurrenzkampf und seine Hochachtung vor den im Kampf gewonnenen Privilegien hat er stets rückhaltlos und unverhohlen geäußert. Sein wahrer Held aber war der hart arbeitende, von der Steuerlast gedrückte Durchschnittsbürger, den er mit einer eher rührenden Formulierung den «Vergessenen Mann» nannte – ein geduldiges Opfer der Philanthropen und Menschenfreunde, die aus den Armen und Schwachen nur die «Hätschelkinder der Gesellschaft» machen wollen und ihn daher zwingen, für ihre gefühlsduseligen und verrückten Programme zu bezahlen. Sumners Vergessener Mann und – last not least – die Vergessene Frau sind gewissenhafte Bürger, die ihr ganzes Leben lang arbeiten und zur Wahl gehen und sparen und vor allen Dingen zahlen. Für Sumner haben sie einen unendlich wertvolleren Charakter und überhaupt eine unendlich größere Bedeutung als der Plutokrat, dieser Auswuchs der Moderne, der geprägt ist von einer borniertet Vorliebe für Geldscheffeln und ekelhafte politische Machenschaften.

Kurzum, Sumner war alles andere als ein Apologet des kruden Kampftriebes. Amerikas imperialistische Anschläge auf seine Nachbarn verurteilte er als «einen Fall echten politischen Landhungers», eine «Sache der schieren Vergewaltigung, Grausamkeit und Aggression». Im Landhunger sieht er eine besonders primitive Regung, «das unbändigste Verlangen der modernen Staaten», das im Dienst sowohl der nationalen Eitelkeit wie auch des ökonomischen Expansionismus steht. Der von solchen Gelüsten angeheizte Imperialismus ist nur die Jagd nach «dem alten Kinderspielzeug: Ruhm, Eitelkeit und Leidenschaft». Wer nach ihnen trachtet, schafft lediglich «einen weiteren unter den zahllosen Fällen, in denen die Menschheit auf der Jagd nach den größten Torheiten die größten Segnungen geopfert hat». Vernünftige Politik wäre möglich, wenn man sich dazu bekennt, daß die Staaten der Erde «eine große, durch immer mehr internationale Gesetze vereinigte Familie der Nationen» bilden.[57]

In einem bitter klingenden Essay verfolgt Sumner 1898 diesen Gedanken weiter und erhebt den Vorwurf, die amerikanische Öffentlichkeit sehe in ihrer blinden Begeisterung für den spanisch-amerikanischen Krieg überhaupt nicht dessen verderbliche Folgen – nämlich die Ersetzung amerikanischer durch jene spanischen Ideale, gegen die die Vereinigten Staaten bei ihrer Gründung doch gerade angetreten seien. Außerdem sei dieser Krieg kein fairer Kampf: «Der Gedanke, die Vereinigten Staaten würden erst dann zur großen Nation, wenn sie in einem kleinen Dreimonatsfeldzug einen verarmten, hinfälligen, bankrotten alten Staat wie Spanien in Stücke schlagen, ist für den Patriotismus, den ich meine, eine Beleidigung.»[58] Zwar macht sich Sumner hier ein hochherzig-sportliches Bild von internationalen Konflikten, aber dem Krieg zieht er unmißverständlich den friedlichen Wettstreit zwischen Staaten vor. Für ihn ist das Eroberungsgelüst ebenso unzivilisiert wie töricht. Sein Plädoyer für Aggressivität gilt nur bis an die Grenzen des ökonomischen Konkurrenzkampfes.

Zwar räumt Sumner ein, daß Menschen sich wohl auch aus niederen Beweggründen wie etwa Feigheit dem Krieg zu entziehen suchen, aber den Kriegsmotiven bestreitet er grundsätzlich jede Größe oder Würde. Obgleich er kein Liebhaber von «Philanthropie oder weichlicher Rührseligkeit» ist, verabscheut er doch Politiker, die den Krieg als «bequemes Heilmittel» gegen die angeblichen «Laster der großen Industrie und die Übel des Friedens» verschreiben. Wer unter Berufung auf ein Grundgesetz der menschlichen Natur Vorbereitungen zum Krieg treffe, der fordere ihn geradezu heraus – und beweise damit ein weiteres Mal, wie abstrakte Ideen die Politik zugrunde richten: «Willst du Krieg, dann zieh dir ein Dogma heran. Dogmen sind die schrecklichsten Tyrannen, denen Menschen je unterworfen waren, weil Dogmen sich in der Vernunft des Menschen einnisten und ihn gegen seine Interessen verführen. Zivilisierte Menschen haben sich auf grausamste Weise für Dogmen geschlagen», und alle diese – religiösen oder politischen – Dogmen sind «nichts als Phrasen und Phantasmen».[59] Aggressivität müsse entlarvt werden und nicht gepäppelt; das meiste Gerede über Männlichkeit sei ein leicht durchschaubarer Schwindel. Diese eisern festgehaltenen und konsequent vertretenen Ansichten dokumentieren noch einmal, welche Nuancen es bei den bürgerlichen Alibis für den Aggressionstrieb im bürgerlichen Zeitalter gegeben hat. Der entschiedenste Kritiker hätte den Sozialdarwinismus nicht wirksamer angreifen können, als Sumner es tat.[60]

Wie wir sahen, war die internationale Diskussion über den Sozialdarwinismus alles andere als eine akademische Übung. Französische Romanciers und Bühnenautoren, die seine Wahlsprüche übernahmen, sowie wortgewaltige Autoren von Nietzsche bis Sumner verhalfen ihm zu großer Verbreitung. Ganz zu Recht bemerkt der französische Kritiker Gustave Geoffroy 1889, die Lehre sei im Bürgertum heimisch geworden. Kein Wunder: Erfolgreiche Vermittler brachten sie unter die Leute. Zu ihnen gehörten auch diejenigen, die vor einem Bevölkerungsrückgang warnten und deren Streitschriften sich nach dem französisch-preußischen Krieg über Frankreich und Deutschland ergossen. Nach der ebenso unerwarteten wie verheerenden Niederlage, die die preußischen Truppen den Franzosen im September 1870 bereitet hatten, nahmen in Frankreich viele, die nach den Ursachen des politischen Niedergangs fragten, darunter auch Amateurdemographen, den zunehmenden Gebrauch von Verhütungsmethoden bei ihren Mitbürgern aufs Korn. Geburtenkontrolle – so die Argumentation dieser Weltuntergangspropheten – verhindere, daß gestandene Bürgerfamilien die körperlich leistungsfähigen Soldaten großziehen, die allein die Schande von Sedan rächen und den militaristischen Hunnen jenseits des Rheins die verlorenen Ostprovinzen – Elsaß und fast ganz Lothringen – wieder entreißen könnten.[61] Die deutschen Schwarzseher wiederum fanden die Panikmache der Franzosen nicht gerade beruhigend. Sie mußten zwar einräumen, daß ihre Geburtenrate noch weit über der ihres jüngsten Kriegsgegners lag; die notorische französische Zwei-Kinder- oder gar Ein-Kind-Familie hatte, selbst unter den wohlhabenden Deutschen, noch nicht viele Anhänger gefunden. Gleichwohl nahm das Bevölkerungswachstum in Deutschland ab, während die vielen Russen hinter den Ostgrenzen in unerfreulichen Mengen Babys produzierten. Die Bedrohung Deutschlands auf den zukünftigen Schlachtfeldern schien so augenfällig, daß man sie nicht ignorieren konnte. War doch der Daseinskampf ein elementarer und allgegenwärtiger Kampf per Quantität, so daß künftige Kriege im Bett gewonnen und verloren wurden – und zwar jetzt. Außerdem machten sich die – französischen wie deutschen – Propheten der Katastrophe nicht bloß Sorgen wegen der Bevölkerungsstatistik. Wie stand es denn um die körperliche Verfassung der potentiellen Kämpfer, unter denen sich mehr Haltungsgeschädigte mit vorfallenden Schultern und eingesunkener Brust und mehr Kurzsichtige befanden, als es einem mit der Rekrutierung beauftragten Sergeanten lieb sein konnte?

Diese Jahre der Angst waren zugleich die heroischen Jahre der – ebenso selbstsicher klingenden wie schlampig arbeitenden – eugenischen Forschung. Sie führte zu einer erhitzten Debatte über die Fortpflanzung mit wissenschaftlichen Mitteln; von vielen gelesene und mißverstandene Berichte wie etwa Richard Dugdales Studie über die Familie Juke lösten unnötige Panik aus. Allem Anschein nach belegten sie, daß Menschen mit niedrigem Intelligenzquotienten und mehr noch Schwachsinnige sich in beängstigender Zahl fortpflanzten, während anständige Männer und Frauen von guter Herkunft weit mehr mit ihren selbstsüchtigen Genüssen, ihrer jugendlichen Figur oder ihren Auslandsferien beschäftigt waren als mit patriotischer Kinderproduktion für die Streitkräfte ihres Landes. In der Luft lag die Angst vor dem – wie Theodore Roosevelt es später nannte – «Rassenselbstmord».

Ein paar amerikanische Bestseller-Autoren, deren unbestrittener Spitzenreiter Jack London war, übermittelten dieselbe Botschaft. Londons Erzählungen – unwiderstehliche, kaum verschleierte Dramatisierungen seines dürren evolutionären Determinismus – ließen den brutalen Naturalismus seines Meisters Zola im Vergleich fast harmlos erscheinen. Die Helden und Opfer seiner Abenteuergeschichten, Menschen wie Tiere, agieren seine brutale Auffassung – Philosophie kann man sie wohl kaum nennen – aus, Leben sei erbarmungsloser Krieg bis auf den Tod. In diesen Geschichten hat das Alibi für einen im Wortsinn tödlichen Konkurrenzkampf konkrete Gestalt angenommen.

Der ebenso unersättliche wie wahllose Leser Jack London erkor sich Spencer zu einer seiner Inspirationsquellen. Aber die Bibliotheken, die er auf der Suche nach einer Wahrheit, an die er glauben konnte, verschlang, brauchte er eigentlich gar nicht. Als unerschrockener Seemann, verwegener Kriegsberichterstatter, sozialistischer Redner und zugleich Rassist, der das Loblied auf den blonden teutonischen Übermenschen sang, als Opfer des Alaska-Goldfiebers und der Trunksucht, lebte er ja selber frohgemut auf jenen Darwinschen Schlachtfeldern, die er wie besessen – mit tausend Worten und mehr pro Tag – in seinen Werken erkundete. Zivilisation, so sein Urteil, sei nur ein dünner Firnis, und gleich darunter pulsiere die Blutgier. Menschen und Hunde in Extremsituationen auf See, im Krieg oder im eisigen Norden begreifen ihr Schicksal erst, wenn sie gelernt haben zu töten. Kein Autor hat je in so unerfreulicher Art nach Männlichkeit geschrien; dennoch hatte er mehrere Jahre lang eine riesige Anhängerschaft. Als er 1916, vom ausschweifenden Leben aufgedunsen und ausgelaugt, an einer Überdosis Morphium starb, hatte er seine Geschichten vom ungehemmten Aggressionstrieb in Millionen Exemplaren unter die Leute gebracht.

Dasselbe gilt für Frank Norris, einen weitaus interessanteren Schriftsteller, der aber wie London zahlreiche Anleihen bei Zola machte und viel für den pseudoromantischen Kult des Krieges aller gegen alle übrig hatte. Die Botschaft, die er seinen Protagonisten in den Mund legte, besteht in dem Wahlspruch: Jeder für sich selbst. Diese tief in der menschlichen Natur verwurzelte Selbstsucht treibe «die Schwächsten an die Wand, die Stärksten an die Front».[62] Das Bedürfnis nach Aggression ist sich hier selbst Alibi genug. Nicht zufällig aber verbirgt sich, kaum verhohlen, hinter dem ganzen Getöse eine allgegenwärtige Angst, das gräßliche Gespenst des Zusammenbruchs. Norris zufolge ist das Leben jene «große geheimnisvolle Kraft, die die Räder der Natur dreht» und «die endlose Menschenherde» vor sich hertreibt, «sie in atemlosem Tempo in alle Ewigkeit weitertreibt, niemand weiß wohin, die unerbittlich jeden, der mit der Herde nicht mitkommt und vor Erschöpfung umfällt, zertritt, ja zu Staub zermahlt».[63] Die zwanghafte Wiederholung von Schlüsselwörtern und kurzen Formeln, die zu seinem stilistischen Markenzeichen wurde, sollte dem tödlichen Kampf als elementarem Bestandteil allen Lebens konkreten Ausdruck verleihen. In Wirklichkeit war Norris' Weltansicht komplizierter, aber mit diesen Betrachtungen und mit seinen Charakteren vermittelte er den Romanlesern eine besonders trübsinnige und vereinfachende Form des Sozialdarwinismus.

Derlei Vorstellungen waren auch bei denen verbreitet, die zu viel zu tun hatten, um Romane lesen zu können. Recht vertraut waren sie bekanntlich Großindustriellen wie Carnegie und Rockefeller, die das Alibi der erbarmungslosen Konkurrenz ja in der eigenen Karriere ausagierten. Ihr Metier freilich führte bei aller Geradlinigkeit doch unweigerlich zu einem interessanten Paradox. In seiner Geschäftspraxis hatte Carnegie nämlich eine deutliche Vorliebe für Fusionen und Monopole, die er der, wie er und seine Mitstreiter gern sagten, «mörderischen Konkurrenz» vorzog. Dasselbe gilt für Rockefeller; ihm zufolge ist Konkurrenz Verschwendung und muß dem modernen Industriekomplex weichen. Freimütig notiert er in seinen Erinnerungen, daß «im großen Geschäft die Tage der Konkurrenz zwischen einzelnen endgültig gezählt sind». Ohne Zweifel «stammen die Hauptvorteile der industriellen Zusammenschlüsse aus der Kooperation von Personen und der Ansammlung von Kapital».[64] Diese mächtigen Repräsentanten des Darwinschen Konkurrenzkampfes hätten sich wohl nicht träumen lassen, daß dabei nicht zuletzt dessen eigenes Ende herauskommen könnte und daß sie dieses Ende mit herbeiführen würden.

Und noch einen weiteren Widerspruch brachten Carnegie und Rockefeller in das Alibi des aggressiven Konflikts ein. Nachdem sie in den großen Wirtschaftskriegen ihre Befähigung zur Aggressivität hinreichend unter Beweis gestellt hatten, wendeten sie auf das Verschenken des angehäuften Reichtums nicht weniger Zeit und Scharfsinn als dereinst auf seine Anhäufung. Dabei hatten sie ihre Ansicht von den Segnungen der Aggression nicht die Bohne geändert; beide Männer, die doch die großzügigsten Schenkungen des späten 19. und frühen 20. Jahrhunderts vollzogen haben, sahen keinerlei Widerspruch zwischen ihrer philanthropischen Betätigung und ihrer Lebensphilosophie, dank derer sie zu vielfachen Millionären geworden waren. Als sie Bibliotheken stifteten, die medizinische Forschung unterstützten, Universitäten gründeten, nie ohne sich bei Fachleuten Rat geholt zu haben, agierten sie stolzgeschwellt als wissenschaftliche Philanthropen – als kluge und verständige Investoren, die in die Zukunft der Menschheit investieren.

Ihre privaten Beweggründe waren mit Sicherheit erheblich verwickelter, weniger logisch als es dieses simple, gefällige Bild nahelegt. Im Jahr 1868 bemerkt Carnegie, damals mit 33 Jahren schon ein reicher Mann, in einer vielzitierten privaten Aufzeichnung, daß «kein Götzendienst unwürdiger ist als die Anbetung des Geldes». Und er nimmt sich vor, die Jagd nach Geld binnen zwei Jahren aufzugeben, sonst werde er so verderbt sein, daß ihm «keine Hoffnung auf dauerhafte Genesung» mehr bleibe.[65] Zwar hält er dieses Versprechen nicht, aber als er 1891 erklärt, er und seinesgleichen müßten ihren Reichtum für würdige Zwecke ausgeben, macht er geltend, die Superreichen, denen man ihren üppigen

Lebenswandel vorhalte, könnten vielleicht «vor ihren Selbstzweifeln Zuflucht in dem Gedanken finden, daß ein weitaus größerer Teil ihres Vermögens für andere ausgegeben wird».[66] Sein eigener Wahlspruch laute: Wer als reicher Mann stirbt, stirbt in Schande. Nur mit Mühe kann man sich ausmalen, wie Andrew Carnegie dasitzt und sich mit schweren Schuldgefühlen herumquält; aber seine philanthropischen Unternehmungen waren fraglos geprägt von einem beharrlichen und gewissenhaft gepflegten Gefühl der Verpflichtung – von dem nur seine Konkurrenten ausgenommen waren. Gewiß treffen seine Kritiker etwas Richtiges, wenn sie hinter der Stiftung von mehr als tausend öffentlichen Bibliotheken alles andere als ehrenwerte Motive vermuten. Die meisten der Bibliotheken tragen ja auch demonstrativ Carnegies Namen und mußten sicher seinen Durst nach Anerkennung stillen. Aber eitel oder nicht, Carnegie wollte mit seinen exzessiven Investitionen in die organisierte Wohltätigkeit ausdrücklich nur denen helfen, die sich selbst helfen wollen. So lautete nämlich die Erklärung dafür, daß er zwar die Mittel für die Bibliotheksgebäude stiftete, es aber stets der betreffenden Kommune, die sich mit Erfolg an ihn gewandt hatte, überließ, selbst Bücher anzuschaffen und für Betrieb und Instandhaltung zu sorgen.

Die beiden berühmten, unter dem Obertitel «The Gospel of Wealth» erschienenen Artikel,[67] in denen er sein Schenkungskredo formuliert, schwelgen denn auch in all den sozialdarwinistischen Gemeinplätzen, die seinen Aufstieg zum konkurrenzlosen amerikanischen Stahlbaron geleitet (oder rationalisiert) haben. Zum x-ten Mal lesen wir dort, die Gesellschaft habe für die Entwicklung der großen Industrie einen gepfefferten, aber durch die Sache gerechtfertigten Preis zu zahlen und dem Gesetz der Konkurrenz könne man sich nicht entziehen. Anarchisten und Sozialisten seien Feinde der Zivilisation, während «Individualismus, Privateigentum, das Gesetz der Reichtumsbildung und das Gesetz der Konkurrenz» schlicht und einfach «das Höchste sind, was die menschliche Erfahrung hervorgebracht hat», und der Mensch, der ihnen Geltung verschafft, für «die höchste Ausformung des Menschen» steht, für «das Beste und Wertvollste, was die Menschheit bisher geleistet hat». Wer Almosen gibt, belohnt das Laster, ohne die Tugend zu fördern. Ehrbare Arme sind eines, Schmarotzer ein anderes. Ein einziger Bettler, der es sich bequem macht, ist denn auch «eine größere Gefahr für die Gesellschaft und ein größeres Hindernis für den Fortschritt der Menschheit als zwanzig geschwätzige Sozialisten». In der wahllosen Wohltätigkeit, für die sich manche Millionäre hergeben, sieht Carnegie daher ein folgenreicheres Verbrechen als im Geiz.[68] Dieses Programm paßt bestens zu Carnegies starrer Praxis. Als vernünftiger Millionär kann er große Universitäten, freie Bibliotheken, moderne Krankenhäuser und Laboratorien, prächtige Parks, nützliche Tagungsräume, gesundheitsfördernde Schwimmbäder und schließlich auch (last *und* least) Kirchen stiften. Alle anderen philanthropischen Methoden sind einfach töricht.[69]

Die Institutionen, die in den Vereinigten Staaten, Schottland und anderswo seinen Namen tragen, zeugen von seiner Treue zu Spencers Grundsätzen. Wie Spencer (und folglich wie Sumner) will auch Carnegie den Beifall für den Konkurrenzkampf nicht bis zur Apotheose treiben. In der Tat war er ein leidenschaftlicher Friedensstifter und der festen Überzeugung, daß der Tag, an dem «man einen Internationalen Gerichtshof einrichtet, zu einem der denkwürdigsten Tage der Weltgeschichte werden wird».[70] Die Konkurrenten, die Carnegie auf seinem Weg zum Gipfel ruiniert hat, die Gewerkschafter, die er ausgetrickst und ausgeschaltet hat, die Beschäftigten, die er im Interesse wachsender Effizienz und steigender Profite gegeneinander ausgespielt hat – alle könnten sie sein freundliches Selbstbildnis als gütiger und wohltätiger Autokrat mit bitterer Miene um einige dunkle Pinselstriche ergänzen. Aber dank seiner philanthropischen Unternehmungen und seiner Abneigung gegen den Krieg hat Carnegie in dem zufriedenen Glauben gelebt, es sei ihm gelungen, sein sozialdarwinistisches Alibi für Aggressivität in vernünftigen Grenzen zu halten.

Vergleichbar kompliziert ist auch alles, was John D. Rockefeller getan hat. Seinen Kampftrieb zeigt er, wenn er beschreibt, wie er sich den richtigen Geschäftspartner oder den richtigen Untergebenen vorstellt. So bevorzugt er Mitarbeiter, die nicht bloß «interessante und aufgeweckte Menschen», sondern zugleich «voller Vitalität und Tatkraft» sind. Aber auch er ist kein reiner Sozialdarwinist: Ähnlich wie Carnegie, der sein Leben lang Spuren des schottischen Radikalismus seiner Jugend bewahrt, besinnt sich Rockefeller immer wieder auf seine baptistischen Ursprünge. Jahre bevor er seine Karriere als Philanthrop antritt, um Carnegie ebenbürtig zu sein, zieht er sich schon den Kirchenzehnten ab. Reichtum allein, so sagt er einmal, macht nicht glücklich. «Was die meisten Menschen suchen, kann nicht mit Geld gekauft werden.» Gleichwohl hatten die Dogmen des aggressiven Geschäftemachens ihn sicher im Griff. Zwar bestritt er, seinen Konkurrenzkampf jemals «skrupellos» geführt und «mit Dumpingpreisen oder Spionage ruinösen Wettbewerb betrieben» zu haben,[71] aber die historischen Quellen sprechen gegen ihn. Nicht nur arbeitete er mit Dumpingpreisen und Industriespionage, er brachte auch gefügige Parlamentarier mit Bestechungsgeldern dazu, die Reglementierung der Ölindustrie zu hintertreiben, gründete Trusts, um das gesetzliche Verbot der Monopolbildung zu umgehen, und kaufte in aller

Ruhe kritisch eingestellte Zeitschriften auf, um sie in ein Sprachrohr der Standard Oil zu verwandeln; kurz, er machte all das, was er energisch bestritt. Wie jeder skrupellose Kapitalist handelte er, als sei ökonomische Ungleichheit gottgewollt und kaltblütigste Bereicherung daher völlig legitim.

Zu rationalisieren wußte er sein Vorgehen als zwangsläufige Folge der Spencerschen Konkurrenzgesetze. Apologeten der Standard Oil sekundierten ihm tatkräftig; ihre – gekauften und nicht gekauften – Stimmen waren unüberhörbar. Die Konkurrenten der Gesellschaft, so ihr Argument, greifen ja bei jeder sich bietenden Gelegenheit auf dieselben zwielichtigen Taktiken zurück – aber diese Schutzbehauptung gibt nur denen recht, die den Skandal aufgedeckt und die Anklage erhoben haben, daß John D. Rockefeller in dem undurchsichtigen Dschungel, den das Amerika der Industrie und Hochfinanz Ende des 19. Jahrhunderts darstellte, zu den zwei oder drei besonders unersättlichen Raubtieren gehörte. Rockefeller selbst konnte – weil er immer an der theologischen und wissenschaftlichen Rechtfertigung für eine Geschäftemacherei ‹mit blutroten Zähnen und Klauen› festhielt – mehr als einmal in aller Ehrlichkeit behaupten, seine immensen Reichtümer seien so etwas wie eine Leihgabe des Allmächtigen.[72]

Dies war die allseits bekannte Seite des aggressiven Rockefeller. Die andere Seite, die im späteren Leben immer deutlicher zutage trat, lenkte sein Interesse auf etwas ganz anderes: die Geißeln der Unwissenheit und der Krankheit.[73] Er gewann nämlich die Überzeugung, er müsse, wo immer es geht, den größten Teil des von ihm angehäuften Reichtums generös, aber mit Bedacht wieder ausgeben. «Niemand scheint mir so verächtlich und erbärmlich wie ein Mensch, der seine gesamten wachen Stunden darauf verwendet, Geld zu scheffeln um des Geldes willen», schreibt er ganz im Ton Carnegies, und er meint es tatsächlich so. Was ihn treibt, ist ein schlaues Amalgam aus religiösen und weltlichen Motiven: In seinem Denken treten der Gott der Baptisten und Spencers Natur zu einer vorteilhaften Einheit zusammen. Vernünftiges Helfen, so sein Schluß, kommt gleichermaßen dem Geber und dem Empfänger zugute. Auf dem «Feld der wissenschaftlichen Philanthropie», sagt er abschließend, und es klingt ganz, als habe er Carnegie mit Gewinn gelesen, habe sich die folgende Erkenntnis bestätigt: «Das einzige, was einem Menschen zum bleibenden Segen gereicht, ist das, was er von sich aus tut. Geld, das er ohne jede Anstrengung bekommt, ist selten ein Segen und oftmals ein Fluch.»[74]

Rockefellers spektakuläre Rettungsaktion für die damals unbekannte und mittellose University of Chicago demonstriert ganz ebenso wie seine

Gründung einer großzügig ausgestatteten Stiftung, daß Philanthropie für ihn ein Wirtschaften für nicht-wirtschaftliche Zwecke war. Mit seinen Schenkungen wollte er andere Millionäre – und ganze Gesellschaften – animieren, sich an den guten Werken zu beteiligen. Stolz verkündet die Rockefeller Foundation, ihr Ziel sei es, «das Wohlergehen der Menschheit in aller Welt» zu mehren: und zwar mit Hilfen für medizinische Forschung, höheres Bildungswesen und landwirtschaftliche Produktivität. Von den Empfängern wurde Rockefeller mit Beweisen ihrer Dankbarkeit überschüttet; es gab aber auch Kritiker, vor allem unter den Sozialisten, die die Frage stellten, ob es nicht weniger Kosten gemacht und weniger Schaden angerichtet hätte, zu allererst ihn und seinesgleichen am Reichwerden zu hindern und den aus ihren Klauen geretteten Reichtum durch staatliche Stellen zu verteilen.

Kritik an den skrupellosen Kapitalisten kam aber nicht nur von den Sozialisten. Zu Beginn des Jahres 1907 zählte Präsident Theodore Roosevelt Rockefeller zu den «großen und mächtigen Übeltätern», die er für die Panik verantwortlich machte, die damals den Wertpapiermarkt ergriff und wichtige Kreditinstitute in Gefahr brachte. Und mehr als einmal übte er, hier und da sogar mit Namensnennung, Kritik an Carnegie, weil er zu den nichtswürdigen Idealisten gehöre, die nur «Frieden um jeden Preis und universelles Schlichten» kennen.[75] Es ist ja kein Wunder, wenn die eifrigsten Anhänger der Alibis für den Aggressionstrieb bei Gelegenheit mit wüsten Beschimpfungen übereinander herfallen.

Um den angemessenen Geltungsbereich des Konflikts stritt man sich besonders gern in den Vereinigten Staaten. William Graham Sumner, Jack London, John D. Rockefeller – das sind selbstverständlich alles Amerikaner; Andrew Carnegie erwirbt seinen gewaltigen Reichtum in den Vereinigten Staaten; und Herbert Spencer verkauft sich dort weit besser als in irgendeinem anderen Land. Daß sich an der Exploration des sozialdarwinistischen Alibis für die aggressive Konkurrenz so auffallend viele Amerikaner beteiligt haben, ist denn auch so etwas wie ausgleichende Gerechtigkeit. Immerhin standen – wie Tocqueville schon in den 30er Jahren erkannt hatte – die Vereinigten Staaten im 19. Jahrhundert für die Zukunft. Dieser junge, expansive Koloß, gesegnet mit riesigen unbesiedelten Landstrichen, scheinbar unerschöpflichen Rohstoffen, Strömen von ausgehungerten, abenteuerlustigen Einwanderern und einer vergleichsweise dünnen Hülle traditioneller Beschränkungen, war ein unvergleichliches Experimentierfeld für den sozialen Kampf. Geradezu gigantische Ausmaße erreichte dieser Kampf in den westlichen Gebieten, wo man mit Faustrecht und Lynchjustiz rasch bei der Hand war. Kaum weniger heftig aber war er auf dem restlichen Kontinent, da die heranwachsende Nation überall damit zu tun hatte, die schwindelerregende Entwicklung von Banken und Eisenbahn, Industrie und Handel zu verkraften und vielleicht gar in den Griff zu bekommen. Berstend vor Energie und lockenden Belohnungen, boten die Vereinigten Staaten den Verwegenen und Skrupellosen eine nie dagewesene Chance. Wenn Carlyles militaristischer Spitzname «Industriekapitäne» auf irgend jemanden zutrifft, dann auf diese stahlharten Konquistadoren, die allenthalben, von Neu-England bis zum kaum besiedelten Westen, gigantische Kapitalgesellschaften aufbauten: Pennsylvania Railroad, United States Steel, Standard Oil. Diese Männer entdeckten ökonomisches Neuland und eigneten es sich furchtlos an.

Gleichgültig ob sie sich auf die Wahlsprüche des Sozialdarwinismus beriefen oder nicht, seine Schwärmerei für den Kampfgeist kam ihnen außerordentlich zupaß. Waren sie doch wild entschlossen, mit allen Mitteln und um jeden Preis – das heißt auf Kosten anderer – zu Reichtum und Macht zu kommen. Daher konnten sie kaum damit rechnen, daß niemand protestieren würde, wenn sie ein Monopol auf hemmungslose Aggressivität geltend machten. Sie häuften Reichtum, aber auch Opfer, und die Opfer – Scharen kleiner Geschäftsleute und Bauern, hilflose Konsumenten, ganz zu schweigen von den lohnarbeitenden Männern, Frauen und Kindern – suchten nach einem Fürsprecher, der mächtig genug war, um für sie die Stimme zu erheben und zu handeln. Solange es noch keine erprobte Gewerkschaftsbewegung mit großen Finanzreserven gab, konnte dieser Fürsprecher niemand anders sein als der Staat. Jahrzehntelang war es ein ungleicher Kampf. Manche amerikanischen (einzel- oder bundesstaatlichen) Parlamentarier – einmal abgesehen von denjenigen, die sich aus echter, oder erkaufter, Interessenidentität im Lager der Carnegies befanden – sahen sich in einem Wettrennen mit Männern, die skrupellose Tatkraft, gigantische Ressourcen und die besten und teuersten Anwälte aufbieten konnten. Was Wunder, daß diejenigen, die restriktive Gesetzentwürfe vorlegten, hinter denen herhinkten, die diese Gesetze erforderlich machten. Erst die weitere Entwicklung, die Skandale, die so eklatant waren, daß man sie nicht mehr ignorieren konnte, die lange Rezession der 70er und 80er Jahre und der immer lautstärkere Druck der Öffentlichkeit zwangen die Regierung schließlich, reichlich spät, zum Handeln.

In jenen Jahrzehnten, so schreibt Lester Frank Ward sarkastisch, bereiteten die entwickelten Industriegesellschaften der Herrschaft des *laissez-faire* nach und nach ein unrühmliches Ende. Während sich die Propagandisten des Freihandels redlich mühten, ihre Dogmen am Leben zu erhalten, verstaatlichte Deutschland die Eisenbahnen und erhob Schutzzölle, rächte sich Frankreich mit eigenen Schutzzöllen und subventionierte die Reedereien, übernahm Großbritannien den Telegraphen und führte die gesetzliche Schulpflicht ein – und über einige dieser begehrenswerten Heilmittel gegen das Wirtschaftschaos dachten nun auch die Vereinigten Staaten nach. Die Vorstellung, der freie Markt, auf dessen Bühne sich die allseitige Aggression ausleben soll, reguliere sich von allein, war als eigennütziger Aberglaube entlarvt. «Die Seuche geht um die ganze Welt», schreibt Ward, «und alle Staaten ergreifen gesetzliche Maßnahmen.»[76]

Was Europa betraf, so hatte er nicht unrecht. Bismarck-Deutschland führte in den 8oer Jahren eine bahnbrechende Sozialversicherung ein, und andere Länder machten es genauso. Mehrere Jahrzehnte zuvor, in der Blütezeit des ökonomischen Liberalismus und der Ausbeutung in Bergwerken und Fabriken, hatte Großbritannien immerhin schon ein paar Gesetze zum Schutz der Arbeiter erlassen; gegen Ende des Jahrhunderts dehnte sich das Netz dieser Gesetze weiter aus, und sie konnten eingeklagt werden. Aber Ward hatte sich in seinem schadenfrohen Urteil über die amerikanischen Zustände zu früh gefreut. Es gab zwar – in den Amtszeiten Steven Grover Clevelands – einige Anzeichen dafür, daß das aggressive Vorgehen der Industriemagnaten auch die andere Seite zu aggressivem Vorgehen provozieren konnte – und beispielsweise gesetzliche Regelungen und Untersuchungsausschüsse auf den Plan rief –, aber die Reaktionen blieben unentschlossen und unzureichend. Gereizt durch diese maßvollen Steuerungsversuche, wollten die großen Unternehmer nun mit aller Macht einen Grund finden, um die Unantastbarkeit ihrer Souveränität zu wahren.

Sie fanden sie an einem unerwarteten Ort, nämlich in der vierzehnten Verfassungsänderung der Vereinigten Staaten. Diese Verfassungsänderung wurde 1868, in der Rekonstruktionsphase nach dem Bürgerkrieg, ratifiziert und war ursprünglich zum Schutz der Schwarzen vor diskriminierender Behandlung gedacht. In den 8oer Jahren aber legten sich die Anwälte der Unternehmen im Verein mit willfährigen Bundesrichtern die hochtönenden und vagen Klauseln, die den Einzelstaaten untersagten, gegen die «ordentliche Rechtsprechung» zu verstoßen, als einen Schutzschild gegen Gesetze aus, mit denen unternehmerische Praktiken wie etwa die Einstellung von Arbeitskräften oder Festsetzung von Löhnen und Arbeitszeiten geregelt werden sollten. Die gesetzliche Regelung solcher Probleme, so behaupteten sie, sei ein Eingriff in die «Vertragsfreiheit» und daher verfassungswidrig. Der Oberste Gerichtshof, eine Bastion des Sozialkonservatismus und des Wirtschaftsliberalismus, stellte sich bereitwillig auf ihre Seite. Im *Lochner*-Prozeß von 1905 hob der Oberste Gerichtshof mit fünf zu vier Stimmen ein Gesetz des Staates

New York auf, das die wöchentliche Arbeitszeit in Bäckereien auf 60 Stunden begrenzte. In einem berühmten Minderheitsvotum kritisierte Justice Holmes die Mehrheitsentscheidung: Sie argumentiere «vom Standpunkt einer Wirtschaftstheorie, die in einem Großteil des Landes gar nicht maßgebend ist». Er verwahre sich gegen diese Bemäntelung ökonomischer Präferenzen mit Verfassungsrhetorik. «Die vierzehnte Verfassungsänderung», schreibt er in einem denkwürdigen Satz, «ist nicht die gesetzliche Fassung von Spencers *Social Statics*.»

Holmes' prägnanter Ausspruch zeigt vor allem, daß der Sozialdarwinismus mit seiner den Tatsachen spottenden These, daß Unternehmer und Beschäftigte einander als Gleiche gegenübertreten, nichts anderes ist als eine interessierte Rationalisierung. Aber führende Amerikaner in hohen Positionen verwarfen Holmes' Argumentation – sie war ja nur ein Minderheitsvotum. Obgleich sich also immer mehr zeigte, wie grobgestrickt der Sozialdarwinismus im Grunde war, und obgleich er gegen Ende des 19. Jahrhunderts zunehmend unter Beschuß geriet, sammelten seine Anhänger doch weiterhin spitzfindige Argumente zu seiner Verteidigung. Daß er weiterhin Einfluß hatte, läßt sich freilich nicht allein mit ihrer fast schon juristischen Wendigkeit erklären. Sein zähes Fortleben lag einfach daran, daß er ein uraltes psychisches Bedürfnis befriedigte: den Urdrang, die Welt in Helden und Schurken, in total gute und total schlechte Personen (oder politische Maßnahmen) aufzuspalten. Nur der Rassismus konnte es mit ihm aufnehmen.

2. Der passende andere

Nichts scheint natürlicher als die Ungeniertheit, mit der Menschen Anspruch auf die Vorrangstellung gegenüber einem kollektiven anderen erheben. Dieser Anspruch ist ein immens leistungsfähiges Alibi für aggressives Verhalten, weil er den erfrischenden Glauben an eigene Meriten stärkt – oder die heimliche Furcht vor eigenen Mängeln beschwichtigt. Die Entdeckung, daß ein Außenseiter mit schwerwiegenden, womöglich abstoßenden Defekten behaftet ist, verschafft gleichsam die Lizenz, finstere Gedanken zu hegen oder feindselige Akte zu begehen. Ungeachtet schlagender Gegenbeweise hielten die französischen Antisemiten vom Ende des letzten Jahrhunderts an ihrer Meinung fest, der Hauptmann Alfred Dreyfus müsse, einfach weil er Jude sei, auch deutscher Agent sein. Unabsichtlich demonstrierten sie damit, welchen psychischen Gewinn die beruhigende Spaltung zwischen Freund und Feind fast noch den hellsten Köpfen einbringt.

Neu ausgedacht haben sie sich nichts; die Dreyfus-Verleumder spielten ihre Rolle in der modernen Fassung eines uralten Dramas. Schon die Hebräer aus den Zeiten des Alten Testaments waren der Ansicht, Abrahams Bund mit dem Herrn stelle sie über andere Sterbliche. Die Ägypter des Alten Reichs sahen in ihrem fruchtbaren Land den Beweis dafür, daß der Schöpfergott Re sie vor den in Armut lebenden Asiaten ausgezeichnet hatte. Die Griechen hielten sich für besser als die Barbaren. Auch galten derlei eigennützige Vergleiche nicht nur ethnischen oder nationalen Gemeinschaften; in seiner Rede auf dem Totenbett hat Perikles die Athener wegen ihrer beispielhaften politischen Lebensform und ihres Strebens nach Weisheit und Schönheit rühmend über die Spartaner gestellt. Die Zielrichtung war immer dieselbe: Ob Nation, Provinz oder Stadt, ob Religion, Klasse oder Kultur – je mehr man die eigene liebt, desto mehr hat man das Recht, die andere zu hassen.

Im Laufe der Jahrhunderte hatten die Politiker gelernt, sich diesen Wesenszug des Menschen zunutze zu machen. Im Wissen, daß der Haß zielstrebig kultiviert werden kann, bauten sie Feinde auf, um den Frieden im Lande zu stabilisieren.[1] Wie sehr es hilft, wenn man einen hassenswerten anderen zur Hand hat, begriff 1861 auch der Staatssekretär William Seward und schlug Präsident Lincoln vor, die vom inneren Krieg zerrissene Nation durch einen äußeren Krieg zusammenzuschweißen.[2]

Derartige Komplotte waren früheren Drahtziehern abgeschaut, und altgediente Alibis wie etwa religiöser Fanatismus, den doch die *philosophes* schon im 18. Jahrhundert mit Schadenfreude entlarvt hatten, waren nach wie vor besonders beliebt.

Ein anderes Erbe aus früheren Zeiten war das dringende Gefühl, man habe die Mission, die unaufgeklärten heidnischen Stämme jenseits des Ozeans oder die ungewaschenen heidnischen Armen im eigenen Lande zu zivilisieren – und das heißt: zum Christentum zu bekehren. Wenn die Bürger des 19. Jahrhunderts ebenso altklug wie selbstsicher verkündeten, sie hätten eine Verpflichtung gegenüber der Welt, so hatte das komplizierte affektive Ursachen und nicht weniger komplizierte politische Folgen. Solche Erkärungen dienten als Vorwand für die militärischen oder wirtschaftlichen Ziele des Imperialismus, zugleich aber hatten die Menschen im bürgerlichen Zeitalter auch gegen private Dämonen zu kämpfen, die sich nur mit selbstmörderischen Abenteuern in anderen Ländern, mit mustergültiger Mildtätigkeit, mit tätiger Reue über die eigene privilegierte Situation – oder mit einer Mischung aus allen – austreiben ließen.[3] Jahrhundertelang waren die Gläubigen, die Kreuzzüge unternahmen und Gebete, Geld, ja Leben dafür gaben, beseelt gewesen von dem Glauben, die Christen hätten den göttlichen Auftrag, die Welt zu bekehren; im

19. Jahrhundert, als immer mehr Missionare in alle Welt zogen, erhielt dieser Glaube neue Nahrung. Die interessantesten Begründungen jedoch, mit denen das 19. Jahrhundert den kollektiven Narzißmus nährte, stammten aus der Moderne selbst. Für Haß oder Verachtung gegenüber gesellschaftlichen Außenseitern brachte sie die – wie sie es anpries – wissenschaftlichen Rechtfertigungen ein. Zum vorherrschenden Argument wurde dabei die Berufung auf die Rasse.

In ihrer harmlosesten Form waren die rassistischen Theorien, die in der bürgerlichen Ära des 19. Jahrhunderts so viel gesellschaftlich tragbare Aggressivität freisetzten, nichts weiter als eine Anhäufung aus widersprüchlichen Begriffen und biologischen oder historischen Spekulationen. Aber ungeachtet ihrer zweifelhaften Machart waren diese bombastischen Plädoyers für die Vorrangstellung der «arischen» oder keltischen Rasse praktisch unwiderstehlich. Erklärungen für den Erfolg der rassistischen Argumentation finden sich in der von Freud erstmals in den 90er Jahren vorgetragenen Analyse der zwangsläufigen Koexistenz von zärtlichen und feindseligen Regungen. Aus ihr geht hervor, daß Rassendünkel und Rassenhaß nur den Sonderfall eines über die ganze Welt verbreiteten psychischen Tricks darstellen: nämlich der Projektion. Für Freud stand außer Frage, daß eine Religion der Liebe immer auch eine Religion des Hasses ist. Aber er hatte mehr zu bieten als diese Binsenwahrheit der Aufklärung. In einer längeren klinischen Notiz von Anfang 1895 legt er dar, daß die Menschen, soweit sie sich nicht auf reale Ausbeutung oder Verfolgung stützen können, für ihr Feindbild den psychischen Mechanismus der Projektion zu Hilfe nehmen. Sie schützen sich vor ihren unerträglichen Gedanken oder Wünschen, indem sie sie aus ihrem Innern in die Außenwelt verbannen und auf einen passenden anderen verschieben. Dieser Mechanismus verschafft einem die Möglichkeit, in äußerst erträglicher Weise mit den eigenen Mängeln zu leben; man kann verleugnen, daß man in erster Linie selbst für diese Mängel verantwortlich ist, und macht sie, was einem sehr gelegen kommt, bei – wirklichen oder eingebildeten – Fremden bzw. Gegnern auffindig: bei Studenten einer konkurrierenden Universität, bei Mitgliedern einer Gang, die einem das eigene Revier streitig macht, bei ausländischen Immigranten, die für niedrigen Lohn arbeiten, bei Protestanten in einem katholischen Land, bei verschwörerischen Freimaurern, bei stinkreichen kapitalistischen Verbrechern oder Zigeunern, die die Brunnen vergiften.

In seiner ärztlichen Praxis entdeckte Freud den ebenso findigen wie wendigen Projektionsmechanismus bei paranoischen Patienten, anderen Neurotikern und bei «normalen» Menschen. Als Beispiel führt er einen Alkoholiker an; er werde «sich nie eingestehen, daß er durch Trinken impotent geworden ist. Soviel Alkohol er verträgt, diese Einsicht verträgt er nicht. Also ist die Frau die Schuldige – Eifersuchtswahn u. dgl.» Nach Freuds Beobachtung funktioniert dieser Trick – genauso wie andere – nicht minder bei der Masse als beim einzelnen.[4] Später fügt er den provozierenden Gedanken hinzu, das Band, welches die Massen zusammenhält, sei erotischer Natur; die Liebe hat er immer ernst genommen. In ihren wesentlichen Umrissen aber ist die Projektion, mit der man sich so liebend gern entlastet und zu aggressivem Handeln anstachelt, schon in seiner psychoanalytischen Theoriebildung der ersten Jahre präsent.

Der Trick mit der Projektion funktioniert nicht zuletzt deshalb so gut, weil er weitgehend unbewußt bleibt; wer darauf besteht, sich den «streitsüchtigen Iren» oder «krämerhaften Engländern» oder «sexuell enthemmten Romanen» deutlich überlegen zu fühlen, muß – zu Unrecht, aber in aller Aufrichtigkeit – leugnen, daß er selber Streitsucht oder Habgier oder Wollust, also ebenso erregende wie anstößige Wünsche in sich trägt. Hat man erst mal sich selbst gegen andere ausgetauscht, dann bringt die Suche nach dem Bösewicht unweigerlich die bequeme Ablenkung von den Selbstvorwürfen. Die nächsten Akte der Aggression sind in aller Regel besonders heftig, weil es sein kann, daß sich aus dem eigenen Unbewußten ein gewisses Unbehagen meldet. Wäre es möglich, daß man selbst gar nicht besser ist als die Opfer, die man sich erkoren hat? Ein schrecklicher Gedanke, den man fernhalten muß.

Einige haben diesen Mechanismus im 19. Jahrhundert noch vor der Psychoanalyse erkannt. Anton Tschechow, der die Weltbühne so scharf beobachtet hat, hatte ihn voll im Blick. In einem prophetischen Brief an seinen Freund, den Schriftsteller und Verleger Alexej Suvorin, diagnostizierte er – ohne das Wort selbst zu verwenden – die Kampagne der Anti-Dreyfusards als ein Beispiel für Projektion. «Dreyfus ist Offizier, das rief die Militärs auf den Plan; Dreyfus ist Jude, das rief die Juden auf den Plan.» Folglich «kam die Rede auf den Militarismus, auf die Juden. Solche zutiefst verachteten Leute wie Drumont» (ein lautstarker französischer Antisemit) «trugen auf einmal den Kopf hoch erhoben; und nach und nach wurde auf der Grundlage des Antisemitismus eine Suppe eingebrockt, auf einer Grundlage, die nach Blutbad riecht. Wenn in uns irgend etwas nicht in Ordnung ist, so suchen wir die Ursachen dafür außerhalb unserer selbst und finden sie schnell: ‹dahinter steckt der Franzose, dahinter die Juden, dahinter Wilhelm›.» Kurz, «das Kapital, Pech und Schwefel, die Freimaurer, das Syndikat, die Jesuiten – das sind Gespenster, aber wie sehr sie unsere Unruhe doch besänftigen!»[5]

Natürlich war die unbewußte Projektion nicht die einzige Taktik, mit der sich Sündenböcke produzieren ließen. Wie Marxisten, Gegner des

Sklavenhandels und liberale Antiimperialisten damals nicht ganz ohne Recht geltend machten, diente manche empörte Aggressivität einfach nur der zynischen Tarnung des Eigeninteresses. Die Projektion aber war die wichtigste. Rassendünkel und Rassenangst ließen sich bei vielen gar nicht unterscheiden. Trotz ihres Anspruchs auf die Vorrangstellung empfanden die Weißen Neid auf die Schwarzen und deren angebliche sexuelle Potenz; die «Arier» beneideten die Juden um ihre angebliche Gerissenheit; die Europäer beneideten die Amerikaner um ihren legendären Unternehmergeist. Der Gedankenablauf war so einfach wie wirkungsvoll: «Ich bin schlecht / Ich bin nicht schlecht / *Du* bist schlecht» oder «Ich bin minderwertig / Ich bin nicht minderwertig / *Du* bist minderwertig».

Dieses Drama des psychischen Selbstschutzes war dafür verantwortlich, daß rassistisches Gedankengut und rassistische Sprache im bürgerlichen Zeitalter – und zumal nach 1850 – zu einer besonders beliebten Waffe wurden. So viel aber das 19. Jahrhundert zur rassistischen Argumentation beitrug, so sehr hatte diese bereits in ihrer frühesten Gestalt – als die bei den Spaniern des 16. und 17. Jahrhunderts herrschende Zwangsidee vom reinen Blut (*limpieza de sangre*) – die Phantasien, die ihr durch ihre gesamte erfolgreiche Karriere hindurch anhaften, zu erkennen gegeben. Jene Reinheitsmanie der Spanier, die das Land um die Leistungen fähiger, aber mit «jüdischem Blut» verseuchter Männer gebracht hat, schuf nicht bloß eine vom Argwohn vergiftete Atmosphäre, sondern war auch der Beginn der Fiktion vom Blut als dem Träger rassischer Eigenschaften.[6] Die Engländer, die im selben Zeitraum die Schwarzen in Afrika entdeckten, waren kaum weniger leichtgläubig als die Spanier, obgleich eine weltbürgerliche Minderheit unter ihnen lernte, zwischen den Bewohnern Nord- und Westafrikas zu unterscheiden und sogar die Eingeborenen an ihren eigenen Maßstäben zu messen.[7]

Dieser Anflug von vernünftigem Relativismus verschwand bald unter den Fluten der Klassifizierungsmanie. Ende der 30er Jahre des 18. Jahrhunderts versuchte der gefeierte schwedische Naturforscher Carl von Linné, System in das Chaos des menschlichen Formenreichtums zu bringen; er setzte vier verschiedene, durch die Hautfarbe getrennte Rassen fest. Sein vielleicht noch heftiger gefeierter französischer Zeitgenosse, der Comte de Buffon, entdeckte sechs Rassen und widersprach Linné auch mit der These, Rassenmerkmale seien durch Umweltfaktoren beeinflußbar. Damit war die Debatte über Rassenunterschiede – deren Zahl und Beschaffenheit – schon in Gang und weitete sich sehr bald aus. Als der deutsche Anatom Johann Friedrich Blumenbach sich 1775 seine bahnbrechende Aufstellung der menschlichen Rassen ausdachte, siedelte er zwar jede der fünf von ihm entdeckten Rassen – Kaukasier, Mongolen, Äthiopier, Amerikaner und Malaien – in ihrer je eigenen Region an. Die Menschheit aber betrachtete er als Einheit; durch aufrechten Gang und Denkvermögen von den Tieren unterschieden, könne der Mensch sich verändern. Die Theorien über Rassen waren noch nicht zum Rassismus geworden. Genau darin bestand dann der Beitrag der spekulativen Denker und der Sozialwissenschaftler (was nicht selten ein und dasselbe war) des 19. Jahrhunderts.

Die Propagandisten der Rassenlehren hatten allerdings keine leichte Aufgabe; jeder mußte gegen die gleichermaßen dogmatischen Theorien seiner Konkurrenten antreten. Die Monogenisten, ob gottesfürchtig oder nicht, betrachteten alle Rassen als verschiedene Zweige aus einem einheitlichen Stamm; ihre Gegner, die Polygenisten, vertraten die These, jede Rasse sei in einem besonderen Schöpfungsakt geschaffen worden. Um 1800 führte Georges Cuvier, der französische Vorreiter der Paläontologie, die Rassen auf Ham, Sem und Japhet zurück; seine Nachfolger, von denen die meisten solche alttestamentarischen Frömmeleien verschmähten, klassifizierten die Rassen lieber nach Kopfform oder – mehr im traditionellen Fahrwasser – Hautfarbe. Wie immer ihre Vorstellungen aussahen, sie brachten folgenreiche moralische und soziale Werturteile mit sich. Die extremistischen Politiker des 19. Jahrhunderts, diese großen Vereinfacher, haben die ihnen jeweils genehme Rassentheorie benutzt, als gäbe es nichts an ihr zu deuteln und in Frage zu stellen. Sie waren ihrer Sache sicherer als die Theoretiker, bei denen sie sich bedienten.

Aber trotz der wissenschaftlich klingenden Referenzen konnte sich diese bequeme Aufteilung der Menschenwelt in der Öffentlichkeit gar nicht so schnell – oder so unbestritten – durchsetzen. Jahrzehntelang wurden die Rassisten von den scharfsichtigen Einwänden der aufgeklärt und human Denkenden gebremst. Schon 1813 hatte Benjamin Constant ganz klar aufgezeigt, welche aggressive Absicht hinter den Verweisen auf eine Geschichte der Rassen steckt. «Unsere fanatischen Reformer», so sein Vorwurf, «bringen, um Haßgefühle wieder zum Leben zu erwecken oder am Leben zu erhalten, die Chronologie durcheinander.» In der Vergangenheit sei man «für die Sanktionierung der auf Unterdrückung zielenden Unterschiede bis zu den Franken und Goten zurückgegangen»; heutzutage zeichne man geschäftig dieselbe Pseudogeschichte nach, um neue «Vorwände für Unterdrückung» zu finden.[8] Tatsächlich kleidete sich das Selbstlob noch etliche Jahre in altmodische Gewänder; zur Begründung des eigenen Dünkels mobilisierte man den nebulösen Begriff des Nationalcharakters. Um 1830 äußert sich François Guizot in einem imposanten Vorlesungszyklus zur Geschichte der Zivilisation (womit er hauptsächlich die Geschichte Frankreichs meint) ziemlich ungehalten über deutsche Historiker und deren französische Schüler. Sie hätten den Einfluß der barbarischen Germanen – das heißt ihrer Rassenmerkmale – auf Frankreichs Nationalcharakter einfach überschätzt. In diesem Charakter sieht Guizot nämlich eine gelungene, in langsamer Entwicklung befindliche Mischung römischer, christlicher und germanischer Elemente und mag sich daher bei den «Kindereien des wissenschaftlichen Patriotismus» nicht länger aufhalten.[9] Doch so sehr er den infantilen Mystizismus des rassistischen Denkens anprangert, so sehr frönt er selbst dem glühendsten Chauvinismus. Mögen andere Länder Frankreich auch mal überrunden, sein eigenes Land ist für ihn unbestreitbar Mittel- und Brennpunkt europäischer Zivilisation.[10]

Noch nach der Jahrhundertmitte wurden manche, die später durchaus zum Wortschatz – wenn auch nicht zum haßerfüllten Ton – des Rassismus übergingen, von geziemenden Zweifeln geplagt. In den frühen 60er Jahren gab Hippolyte Taine, der einflußreiche Literaturwissenschaftler und konservative Historiker der Französischen Revolution, in seiner richtungweisenden *Histoire de la littérature anglaise* zu Protokoll, Kultur sei durch dreierlei Faktoren geprägt: *race, milieu* und *moment*. Das verpflichte ihn aber keineswegs zu der Aussage, die rassischen «angeborenen und erblichen Anlagen» des Menschen seien endgültig oder unveränderlich. Er spreche deshalb lieber von Nationalcharakter, weil dieser etwas Flexibleres sei als die Rasse.[11] Trotzdem setzte Taine, als der Rassismus unter Gebildeten und Journalisten an Boden gewonnen hatte und er in die Auseinandersetzung einstieg, vieles unbefragt voraus. Über die gesamte Geschichte verteilt er jene anschaulichen Schilderungen, die die Spezialität der Rassentheoretiker waren. Außerdem hielt er rassische Merkmale zwar für veränderbar, aber doch für hartnäckig; ihre Zukunft sei nahezu gänzlich determiniert durch die «Hauptumrisse des ursprünglichen Gepräges». So sind die Sachsen bei ihm robust, gefühllos, trunksüchtig, brutal, nur langsam zum Lieben zu bringen und vor allem «widerstandsfähig, unternehmungslustig».[12] Dies ist das Vokabular – und in Ansätzen auch das Denkschema –, dessen sich Biologen, Anthropologen und Historiker um die Jahrhundertmitte bedienten, um abgedroschenen Vorurteilen zu formgerechtem Zuschnitt zu verhelfen. Spätere Rassendogmatiker schoben dann die von Taine noch angemeldeten Bedenken beiseite und machten aus der fremden Rasse den immer wieder bemühten Buhmann der Epoche.

Um die Jahrhundertmitte sah man überall nur Rasse. In seiner langen Laufbahn als politischer Romancier und Kulturbetrachter verkündete Benjamin Disraeli unbeirrt deren entscheidende Rolle.[13] Im Rückblick auf seinen Roman *Coningsby* schrieb er 1870, zu seiner Zeit «bekenne man sich allenthalben dazu, daß der Schlüssel zur Geschichte im generellen Einfluß der Rasse auf das menschliche Handeln zu finden ist».[14] Ganz ähnlich ließ sich der schottische Anatom und einflußreiche Theroetiker Robert Knox vernehmen: «In der menschlichen Geschichte ist die Rasse alles.» Er meinte es ernst: «Rasse – oder Vererbung – ist alles; sie drückt dem Menschen ihren Stempel auf.»[15] Geradezu bergeweise schafften die Rassentheoretiker Beweismaterial heran, vom Gewicht des Gehirns bis zur Form der Nase, von sagenhaften Völkerwanderungen bis zur Zuschreibung von Stammesmerkmalen. Sie maßten sich an, aus den in Meßreihen gesammelten Schädelmaßen weitreichende Schlüsse zu ziehen und einen Gegensatz zwischen dolichozephalen oder langköpfigen und brachyzephalen oder rundköpfigen Rassen zu konstruieren. Ihre anthropologischen Vorstellungen verbreiteten sie, indem sie ihnen überwältigende, aber im wesentlichen nichtssagende Datenmassen zusetzten. Gebannt von den spektakulären Erfolgen der Physiker, Chemiker und Astronomen brachten die damals eng mit den Sozialdarwinisten verbündeten Anthropologen im Namen der Wissenschaft mehr Absurditäten unter die Leute als jemals ihre Kollegen vor oder nach ihnen. Profitieren davon konnte der Aggressionstrieb.

Dessen erfolgreichster Propagandist war der Comte Arthur de Gobineau. Sein in den frühen 5oer Jahren erschienener *Essai sur l'inégalité des races humaines* fand viele Bewunderer. Er baute die pauschale Knoxsche These zu einer ausführlichen Theorie aus, und zwar ausgehend von der festen Überzeugung, daß alle Zivilisation von der Rasse abhängt. Beim Studium der Ursprünge dieser «bewegten modernen Welt» war Gobineau darauf gestoßen, daß es auf die «ethnische Frage» allein ankomme. In der Ungleichheit der Rassen liege der Schlüssel zum Verständnis der Geschichte. Da die Rasse eine grundlegendere Determinante der menschlichen Identität sei als Geographie, Klasse oder Religion, erkläre sie alles.[16]

Ungeachtet all der von Land zu Land verschiedenen kulturellen Traditionen und all der Veränderungen von einem Jahrzehnt zum nächsten war das rassistische Denken des 19. Jahrhunderts auffallend gleichförmig. Zweifellos haben besondere historische Erfahrungen – wie etwa die Einwanderung der osteuropäischen Juden ins habsburgische Kaiserreich oder die Emanzipation der Sklaven in den Vereinigten Staaten – diesem Denken auch je eigene nationale Schattierungen verliehen. Gleichwohl breiteten sich die rassistischen Kernvorstellungen mit der Heftigkeit und Schnelligkeit eines Buschfeuers über die westlichen Gesellschaften aus; wichtiger als das Trennende war das, was die Rassisten einte. Für die – bis in die Wortwahl hinein – starken Affinitäten sorgte die Überzeugung, daß das rassistische Denken sich auf die Wissenschaft stützen kann.

Paul Broca, der 1859 die Pariser Anthropologische Gesellschaft gründete, repräsentiert mit seinen Methoden auch seine internationale Anhängerschaft. Seine Profession war die Medizin und seine Obsession das Schädelvermessen, und er hatte die Wahrheit schon, bevor er sich daranmachte, sie zu beweisen. Er *wußte* einfach, daß Frauen weniger wert sind als Männer und – mit noch mehr Gewißheit – daß Schwarze weniger wert sind als Weiße. Er wußte auch, daß sich diese Rangordnung am zuverlässigsten durch Hirnmessungen beweisen läßt, denn ganz bestimmt entspricht doch die Intelligenz der Größe des Gehirns. Jahrelang füllten er und seine Schüler Bleikügelchen in unermeßlich viele Hirnschalen, um ihr Fassungsvermögen festzustellen, und wogen das Gehirn illustrer Persönlichkeiten, die es für die gute Sache zur Verfügung gestellt hatten. Die Ergebnisse dieser emsigen (und redlich protokollierten) Arbeit drohten die Forscher oftmals in Verlegenheit zu bringen. Das Hirn des großen Cuvier wog zwar eindrucksvolle 1830 Gramm und das des Romanciers Iwan Turgenjew kam sogar auf über 2000 Gramm, aber andere hervorragende Männer hatten ihr Werk ganz offensichtlich mit weitaus leichterem Hirnapparat vollbracht: Der Begründer der Phrenologie, Franz Josef Gall, war beispielsweise mit nur 1198 Gramm zurechtgekommen. Ja schlimmer noch, wie sich herausstellte, war das Gehirn mancher Professoren kleiner als das von verurteilten Verbrechern.[17]

Doch diese Befunde, auch wenn sie störten, schreckten die Schädelvermesser nicht ab. Ihre Theorie war Glaubenssache; paßten ihnen die Meßergebnisse nicht, zogen sie sich zumeist auf hastig improvisierte Verteidigungsstellungen zurück und ließen ihre Schlüsse unangetastet, indem sie ihre Kriterien komplizierter machten. Sie verhielten sich wie jene Astronomen zu Beginn der Neuzeit, denen es gelang, an der immer unglaubwürdigeren ptolemäischen These festzuhalten, indem sie weitere epizyklische Planetenbahnen in ihre Karten vom Sonnensystem einfügten. Nicht das Gewicht des Gehirns allein – so mußte Broca samt seiner Schule zu guter Letzt einräumen – entscheidet über die intellektuelle Fähigkeit; Einfluß darauf haben wohl auch die Form des Gehirns, die Zahl seiner Windungen und andere Variablen. Doch sonnenklar blieb, was von Beginn an sonnenklar war, und zumindest Broca war es zufrieden: Unter den Rassen muß es eine Rangordnung geben. Und er wunderte sich gar nicht, daß er seine eigene Rasse in sicherer Position an der Spitze der Stufenleiter wiederfand. Mehr als einmal warnte er – voller Stolz auf seine wissenschaftliche Differenziertheit und voller Verachtung für bloße Dogmatiker – vor der Gefahr, in der diffizilen Frage der Klassifizierung der Rassen eigennützige Schlüsse zu ziehen: «Die Menschen, selbst die vorurteilsfreiesten, neigen von Natur aus dazu, die Hauptmerk-

male ihrer Rasse für höherwertig zu halten.»[18] Auf die eigene Methode
wandte er diese scharfsinnige Beobachtung nicht an. Er wußte und wußte
nicht; ganz sichtlich stand allerhand auf dem Spiel.

Im Rückblick läßt sich also sagen, daß die Rassentheorie der Anthropologen bei aller vermeintlichen Hingabe an nüchternes Quantifizieren
nichts anderes als die systematische Rationalisierung von Vorurteilen
war. Sie beruhte auf flüchtigen Beobachtungen, bequemen Vermutungen,
abwegigen Hypothesen und auf selbstaffirmativen Phantasien. Während
der Sozialdarwinismus in ein paar weitgehend illegitimen Schlußfolgerungen aus einer legitimen wissenschaftlichen Theorie besteht, besteht
der Rassismus in ein paar ausnahmslos illegitimen Schlußfolgerungen aus
gleichfalls illegitimen pseudowissenschaftlichen Behauptungen. Natürlich sahen die Rassisten das ganz anders. Hatten sie nicht jahrzehntelang
geduldig an ihrer Theorie gearbeitet? In den Anfängen des Jahrhunderts
hatten renommierte Anthropologen herablassende Phrasen über rassische
Eigenschaften in den Rang von sogenannten Gesetzen der menschlichen
Natur erhoben, und bald gerieten die Stammesklischees, um die man sich
in früheren Epochen geschart hatte, gegenüber der neuen Zwangsidee der
Rasse ins Hintertreffen.

Trotz allen Eifers und gegenseitiger Hilfe gelang es den Anthropologen
des 19. Jahrhunderts indessen zu keinem Zeitpunkt, eine Definition der
Rasse aufzustellen, die alle akzeptieren konnten. Die einen wollten den
Begriff auf die ganz äußerlichen körperlichen Unterschiede zwischen den
Menschen beschränkt sehen; andere, die die Rasse in der Kultur begründeten, scheuten sich nicht, von einer englischen Rasse oder auch der
Rasse der Journalisten oder Anwälte zu sprechen.[19] Aber obgleich sie mit
der Kennzeichnung «Rasse» so hemmungslos um sich warfen, daß es den
Lexikographen die Schamröte hätte ins Gesicht treiben müssen, waren
sich doch alle in einer Kernaussage einig: Individuen mit gemeinsamen
Vorfahren tragen angeborene und untilgbare Merkmale und Fähigkeiten
im Blut, die sie mit anderen, demselben Stammbaum entsprungenen Individuen verbinden. Noch die neutralste Verwendung des Wortes «Rasse»
konnte nicht über dessen bösen Unterton hinwegtäuschen; fast unwiderstehlich war die stillschweigende Folgerung, daß ein bestimmtes Ensemble von Eigenschaften der einen Rasse einen Vorteil vor der anderen
verschafft. Und wie der moderne Antisemitismus zeigt, ist sie kaum zu
widerlegen: Finden sich nämlich bestimmte mißliebige Wesenszüge bei
einem Juden, dann gelten sie als Beweis für eine unverbesserliche rassische Anlage; gelingt es aber noch bei intensivstem Nachforschen nicht,
auch nur eine Spur solcher Wesenszüge ausfindig zu machen, dann beweist das, daß der gerissene Besitzer sie versteckt – wobei die Gerissen-

heit selbst als typisches Merkmal der jüdischen Rasse gilt. Mit Gewinn spielten die rassistischen Phrasendrescher ein altes Sprachspiel: Du bist immer der Geleimte.

Im Streit lagen Rassentheoretiker nicht nur mit ihresgleichen, sondern – oftmals in peinlicher Weise – auch mit sich selbst; ihre Ansichten änderten sich im Rhythmus ihrer blühenden Phantasie oder ihrer immer ausgedehnteren Forschungen. Zu Beginn des Jahrhunderts entwarf der französische Naturforscher Isidore Geoffroy Saint-Hilaire, der dem Ideal der Einfachheit folgen und zugleich den Ansprüchen der Komplexität Genüge tun wollte, eine doppelte Rangordnung der Rassen mit Klassen und Unterklassen. Darin folgte ihm später, nach einigen Bedenken, der Engländer Thomas Henry Huxley. Im Jahr 1873 stellte er elf Menschenrassen auf, fünf Jahre danach ein noch komplizierteres Ensemble aus fünf Hauptrassen und vierzehn Nebenrassen. Der Zoologe Ernst Haeckel, den wir bereits als den wichtigsten deutschen Darwin-Propagandisten kennengelernt haben, kam 1873 auf zwölf Rassen; 1879 indessen genügte ihm dieser allzu gefällige Entwurf nicht mehr, und er erhöhte die Zahl auf vierunddreißig.

Ein drastisches Beispiel für derartige Selbstkorrekturen war die geistige Odyssee des bekannten deutschen Orientalisten und Oxfordprofessors Friedrich Max Müller. Mehr als jeder andere Wissenschaftler machte Müller um 1860 in seinen überlaufenen Vorlesungen die «arische Rasse» bekannt. Gegen Ende der 80er Jahre aber distanzierte er sich reumütig von dem früher Verfochtenen und erklärte, das Merkmal «arisch» könne nur für etwas Sprachliches gelten. Es war ihm nun nachgerade lästig: «Nach meinem Dafürhalten frevelt ein Ethnologe, der von arischer Rasse, arischem Blut oder arischen Augen und arischem Haar redet, ebensosehr wie ein Sprachwissenschaftler, der von dolichokephalem Wörterbuch oder brachykephaler Grammatik spricht.»[20]

Zu spät; das wertende Rassen-Epitheton «arisch» hatte seine eigenständige Karriere schon angetreten. Gemeint war damit eine großgewachsene, blonde, blauäugige, standfeste, familienliebende, aber kriegerische Rasse, deren Angehörige – echte Männer und echte Frauen – sich aufs deutlichste von den Semiten unterscheiden, die die Zivilisation mit ihren kränklichen Nachkommen, ihrem Krämerdenken und ihrem dekadenten Modernismus zu zerstören drohen. Zu Müllers Lebzeiten wurde unübersehbar, daß das rassistische Denken ein Gelüst befriedigt, das mit dem Bedürfnis nach wissenschaftlicher Genauigkeit nichts mehr zu tun hat. Es stellt einen Freibrief für Aggression aus.

Natürlich waren nicht alle Forscher annähernd so gewissenhaft – oder auch zwanghaft – wie Huxley und Müller. Viele entdeckten – in ihrer

Begeisterung für den alles erklärenden Begriff – selber Rassen und schrieben unbekümmert ihre Geschichte, auch wenn ihre Belege noch so zusammengestoppelt, kurzlebig oder schlichtweg phantastisch waren. Wer sich ernsthaft mit Sprachgeschichte oder Volkskunde befaßte, wurde überrannt von Schwärmern, die wahlweise die Vortrefflichkeit der Angelsachsen oder ihrer keltischen Konkurrenten propagierten. Die Diskussionen zwischen diesen Schwärmern waren alles andere als manierliche akademische Debatten, sie waren Übungen in unverfrorener Selbstbeweihräucherung – oder bisweilen auch perverser Selbsterniedrigung. Die britischen und in ihrem Gefolge amerikanischen Anthropologen und vergleichenden Philologen – ganz zu schweigen von den Kulturhistorikern – entwickelten den Mythos von der robusten, freiheitsliebenden, tatkräftigen Rasse der Angelsachsen, aus dem sie das Recht ableiteten, Menschen mit «gemischter» oder «niederer» Abstammung zu verachten. Die Anhänger der Kelten wiederum fanden den Abglanz ihrer eigenen bewundernswerten Rasse in Ländern wie Frankreich, Wales, Schottland und – obgleich das problematischer war – Irland und verwiesen voller Stolz auf den poetischen Genius, von dem diese Rasse so wunderbar Zeugnis ablege. Nach ihrer Niederlage im Krieg gegen Preußen begannen manche Franzosen, über ihr keltisches Erbe zu jammern und es mit pathetischem Gestus an der vitalen Kraft der germanischen Teutonen und Angelsachsen zu messen. Es war ein tödliches Spiel, das jeder auf seine Weise spielen konnte, so oder anders herum.

Die Parteigänger der Angelsachsen machten viel Aufhebens um wenig, die der Kelten noch mehr Aufhebens um noch weniger. Das Lieblingsbuch der ersteren war die rund achtzehn Jahrhunderte zuvor geschriebene *Germania* des Tacitus, ein unverzichtbarer Quellentext für alle Polemiker, die nach Gründen suchten, um die Nordeuropäer auf Kosten geringerer – kleinerer, dunkelhäutigerer, unkriegerischerer und enthaltsamerer – Sterblicher in den Himmel zu heben. Sie machten auch Anleihen bei der kuriosen vergleichenden Soziologie von Montesquieu, der Mitte des 18. Jahrhunderts die Ursprünge der freien englischen Institutionen in den Wäldern der Germanen aufgespürt hatte. Gestützt auf derlei Referenzen, lieferten die Vertreter der Angelsachsen ihre weitschweifigen Darstellungen der frühen englischen Geschichte. Ihrer Ansicht nach belegt sie den Sieg der teutonischen Stämme – Jüten, Angeln und Sachsen –, die in dunstig ferner Vergangenheit den Briten die Segnungen der Autonomie gebracht und ihre beispiellosen Werte unversehrt über die Jahrhunderte hinweg weiter vererbt haben. Diese wechselseitig sich bestärkenden historischen Phantasiegebilde sorgten für den tröstlichen Gedanken, daß die angelsächsischen Tugenden den Engländern und Amerikanern der

Neuzeit einen entscheidenden Vorsprung gegenüber ihren Nachbarn und potentiellen Feinden verschaffen. Die Vertreter der Kelten wiederum bauten auf vage Andeutungen über die Stämme des Nordens, die sie sich bei den Historikern des Alten Rom herausgepickt hatten, und stellten ihre eigenen Verzeichnisse erwünschter Rassenmerkmale zusammen, in der Hoffnung, auf diese Weise der Großtuerei ihrer pro-angelsächsischen Konkurrenten etwas entgegensetzen zu können.

Das ganze Jahrhundert ging praktisch jeder, der sich mit Sprachgeschichte, Knochenfunden oder Kopfformen beschäftigte, von der Maxime aus, die reinste Rasse sei auch die beste. Wer freilich noch einen Funken Verstand hatte, konnte kaum bestreiten, daß die Weltgeschichte eine Geschichte von Invasionen und folglich von Mischehen ist. Mit wenigen Ausnahmen zogen die Rassentheoretiker daraus den Schluß, daß solche Vermischung – außer sie findet zwischen rassisch identischen Sippen statt – die Zivilisation auf der schiefen Ebene der Dekadenz langsam hinunterrutschen lassen würde. In seiner einflußreichen Abhandlung stellt Gobineau ausdrücklich – und in tautologischem Zirkelschluß – fest: «Eine Nation geht an gesellschaftlichen Plagen zugrunde, weil sie entartet ist, und ist entartet, weil sie zugrunde geht.» Zwar unterschätzt er keineswegs, daß auch andere soziale Übel wie Fanatismus, Ausschweifung, Sittenlosigkeit und Gottlosigkeit für den Niedergang der Gesellschaft verantwortlich sind, aber gleichwohl hält er die Vermischung der höherwertigen weißen Rasse mit der minderwertigen gelben oder schwarzen Rasse für das dringlichste Problem seiner Zeit. Die Liberalen mit ihrem Dogma der Brüderlichkeit – so seine These – stünden im Widerspruch zu einer der ältesten und vernünftigsten Gewißheiten des Menschen: daß die Rassen ihrem Wesen nach ungleich sind. Wer behaupte, er sei wahrhaft frei vom heimlichen Widerwillen gegen die Rassenmischung, sei ein Heuchler.[21] In den Händen von Gobineau und seinen Jüngern war aus dem Überleben der Tauglichsten irgendwie das Überleben der Untauglichsten geworden. Das rassistische Alibi für Aggressivität wechselte auf die Seite des Pessimismus; stand Aggression früher für den siegreichen Eroberer, so verwandelte sie sich nun in eine Selbstschutzmaßnahme der in Bedrängnis geratenen hochstehenden Rassen.[22]

Die zunehmende Schwarzseherei der Rassentheoretiker weist darauf hin, daß das Dynamische an dieser als theoretisches Denken getarnten Projektion, dieser Verleumdung im Namen der Wissenschaft, eine fast übermächtige Angst angesichts der Entwicklung der modernen Zivilisation war. Genährt wurde diese Angst durch allenthalben aufbrechende Konflikte in einer Zeit der Unbeständigkeit. Die Franzosen befürchteten, daß ihre niedrige Geburtenrate Auswirkungen auf die Rekrutierung künftiger Armeen für den Kampf gegen die Deutschen haben werde; die Amerikaner blickten besorgt auf die gewaltigen Einwandererströme, die ihnen gegenüber einer bis dahin relativ homogenen Bevölkerung wenig erwünscht schienen; der Adel konnte sich nicht abfinden mit dem beeindruckenden Vormarsch der Demokratie; die großen Männer der sich auflösenden Eliten haßten die Parvenüs, die sich verschworen hatten, um sie von den Gipfeln der Macht zu vertreiben; die Engländer wurden angesichts der Invasion von irischen Arbeitern in ihre immer größer werdenden Industriestädte von Unruhe gepackt; die Mitglieder der eben erst gegründeten Arbeiterorganisationen wetterten gegen die, die ihre Aktivitäten einzuschränken suchten; die Konservativen waren entsetzt über die weitverbreitete Attraktivität der sozialistischen Ideen, die im Fall ihres Sieges todsicher das Ende der Zivilisation bedeuten würden.

Kurz, eine Gruppe nach der anderen verstand es, überall Feinde zu entdecken. Einige darunter entstammten durchaus der Wirklichkeit, doch der Lieblingsfeind war die andere Rasse. Jeremiahs hielt einen Rassenkrieg auf Leben und Tod für möglich, allerdings mit wechselndem Szenario: Angelsachsen gegen Kelten, Arier gegen Semiten, Europäer gegen Asiaten, Weiße gegen Schwarze. Herman Melville schrieb 1857 in *The Confidence-Man*: «Den Indianerhaß gibt es noch immer; und mit Sicherheit wird es ihn geben, solange es Indianer gibt.»[23] Zu Melvilles Zeit waren die Indianer schon weitgehend unfähig, sich zu rächen. Aber andere verachtete «Rassen» – die Iren in England oder die Juden in Rußland – lebten noch, um eines späteren Tages zu kämpfen – und zu leiden. Als Königin Viktorias Regierungszeit zu Ende ging, hatten sich diese massiven Projektionen bereits in schockierender Weise ausgewirkt.

Einer der instruktivsten Rassenangst-Lieferanten am Ende des 19. Jahrhunderts ist der antisemitische französische Sozialwissenschaftler Georges Vacher de Lapouge. Als Professor an der Universität Montpellier und selbsternannter «Anthroposoziologe» trat er vehement für die überragenden Qualitäten der «langköpfig blonden Arierrasse» ein, machte sich Sorgen über ihren schweren Kampf in der polyglotten modernen Welt, stellte die «Semiten» an den Pranger und prophezeite ein fürchterliches Blutbad. Als er in den 90er Jahren zu schreiben begann, lebten in Frankreich rund sechzigtausend Juden, zwei Drittel davon in Paris – also gerade mal 0,2 Prozent der französischen Bevölkerung. Nach den russischen Pogromen von 1881 hatte eine größere Anzahl von Flüchtlingen diesen Anteil erhöht, aber die große Masse der in Frankreich lebenden Juden betrachtete sich mittlerweile selbst als Franzosen. Ganz entgegen der antisemitischen Propaganda waren sie in Handel und Bankenwesen weder besonders häufig vertreten noch von beherrschendem

Einfluß, sondern über alle freien Berufe und Gewerbe verteilt. Ungeach-tet seiner Ansprüche auf Wissenschaftlichkeit hatte Lapouge keinerlei Interesse an Zahlen, die seiner These widersprachen, und traute den assi-milierten Juden nicht. Sein Rassismus war ungeschminkt: «Das Blut, das man bei der Geburt in den Adern mitbringt, behält man sein ganzes Leben hindurch.» Für ihn gilt: «Rasse und Nation sind alles.» Daß Kaiser Wilhelm Lapouge für «den einzigen großen Franzosen» gehalten haben soll, beweist nur, welches Ansehen er in den Kreisen der Mächtigen genoß und wie unvergleichlich symptomatisch er für seine Zeit ist.[24]

In seiner bekanntesten Abhandlung *L'Aryen: Son rôle social* singt La-pouge ein Loblied auf den *homo Europaeus*, den Arier, und bestimmt den Juden zu dessen «einzigem gefährlichem Rivalen». Ausgeschmückt ist das Buch mit sämtlichen Fetischen des Rassentheoretikers: mit Gehirn-indizes, Schädelaufrissen, Diagrammen und Zahlen. Einen zuverlässigen Beweis für seine rassistische Theorie sieht er darin, daß sich die Juden trotz ihrer jahrhundertelangen Wanderungen über die ganze Erde nie verändert hätten. Heute, im modernen Frankreich, in Polen oder Ungarn seien sie noch genauso wie im alten Babylon und Ägypten. Ihr Äußeres mag wechseln, aber «überall sind sie sich gleichgeblieben, hochmütig im Erfolg, unterwürfig im Unglück, gerissen, äußerst betrügerisch, bedeu-tende Schatzbildner, von beachtlicher Intelligenz, aber zugleich unfähig zu schöpferischem Tun» – und durch die Bank «hassenswert».[25] Und zur Beruhigung schreibt er, alle Verfolgungen, die die Juden erlebt hätten, hätten sie selbst heraufbeschworen. In dieser unverblümten Karikatur ist die Zuschreibung unveränderlicher Rassenmerkmale mit dem Alibi für Aggressivität unmittelbar verknüpft.

Zum Glück, so tröstet sich Lapouge, hat das «heftige Kampfbedürfnis» des Ariers ihn nicht nur zum «militärischen und industriellen Eroberer, sondern auch zum freien Mann» gemacht: er ist ineins «aggressiv» und ein «vorbildlicher Soldat».[26] Doch dieser Optimismus hat etwas vom Pfeifen im Dunkeln: die Zukunft sieht eher trübe aus. Zwar fehlen – so Lapouge – den Juden alle militärischen Tugenden, aber ihr «erstaunliches Talent» für Spekulation und krumme Geschäfte sowie ihre hohe Gebur-tenrate machen ihre Herrschaft über Frankreich und womöglich über ganz Europa im höchsten Grade wahrscheinlich. Eine schlechte Rasse, fürchte er, werde sich gegen die bessere durchsetzen. Aber Lapouge will nicht alle Hoffnung aufgeben: Der große Kampf um die Weltherrschaft stehe bevor, und mit Sicherheit würden die großen Nationen mit ihren immensen Mitteln den Sieg davontragen. Doch es würde eine blutige Auseinandersetzung. «Man schaudert beim Gedanken an die Hekatom-ben, die uns noch bevorstehen.»[27]

Mit ihren Rassenkriegsprognosen machten sich Lapouge und seinesgleichen zu Vorkämpfern für mehr oder weniger nackte Aggression. Mitunter auch für nackte Aggression tout court. Der Liberale Sir Charles
Dilke prophezeite 1890 in *Problems of Greater Britain*, einem hoch-
geschätzten Wälzer über das britische Empire, eine entscheidende Ras-
senauseinandersetzung zwischen Russen und Briten. Glücklicherweise
werde, so Dilke, das zu großen Teilen angelsächsische British Empire
daraus als Sieger hervorgehen, weil es sich die bei weitem besten rassischen Eigenschaften bewahrt habe: «Mut, nationale Einheit, unbeirrbaren gesunden Menschenverstand und Arbeitsenergie, wie sie wohl
anderswo unbekannt sind.»[28] Es gebe Augenblicke in der Geschichte –
und natürlich meint Dilke, ein solcher sei gekommen –, in denen die
Aggressivität auf seiten der guten Bataillone steht.

Seine Äußerungen sind noch vergleichsweise zahm. E. A. Freeman, der
einflußreichste unter den pro-teutonischen Historikern in England,
klingt weitaus schriller. Mit einer Freimütigkeit, die zum Zitieren geradezu einlädt, trug er seine – wie er sie offen nannte – «arischen Vorurteile» vor sich her. Eine erfolgreiche Vortragsreise in den Jahren 1881
und 1882 durch die Vereinigten Staaten, die ihm reichlich Gelegenheit
zum Studium der Rassenbeziehungen bot, verschaffte seinen bereits ausgesprochen rassistischen Einstellungen noch neue Nahrung. «Dies
könnte ein großartiges Land sein», schreibt er aus New Haven an einen
Freund, «wenn jeder Ire einen Neger umbringen und dafür gehängt
würde.» Diese Haltung werde, so meint er (nicht ohne Grund), eigentlich
«allgemein geteilt», obgleich wenige es so hart aussprechen würden. In
Freemans Augen sehen «Nigger» aus wie «große, zum Spaß kostümierte
Affen», wie «Halbmenschen: Halbmänner und – mehr noch – Halb-
frauen» oder wie «scheußliche Menschenaffen, die Darwin offensichtlich
nicht fertig gemacht hat». Die Juden, so Freeman, seien zwar äußerlich
menschenähnlicher, verdienten aber kaum mehr Bewunderung: «In der
halben Welt kontrollieren sie die Presse», und in ihren Geschäften seien
sie nur allzu raffiniert. Ausgestattet mit derlei freundlichen Gewißheiten,
konnte Freeman einen unbeschwerten Blick auf die Pogrome werfen, die
damals alle human Denkenden in der westlichen Welt schockierten: «Die
Russen haben vorschriftswidrig auf ein paar Judenköpfe eingedro-
schen.»[29] Solche Sätze waren keineswegs ungewöhnlich, und Freeman
war weder ein Spinner noch ein Außenseiter. Seine Gönner an den amerikanischen Universitäten waren berühmte Männer, und daß er 1884 die
Regius-Professur für Moderne Geschichte in Oxford erhielt, muß jeden
Zweifel an seiner Reputierlichkeit zum Schweigen bringen. Sogar unter
denjenigen, denen Freemans Rassismus ein Greuel war, konnten sich

manche durchaus für seine inbrünstige Verherrlichung der Angelsachsen erwärmen.

In Großbritannien und den Vereinigten Staaten, in Deutschland, Italien und anderswo waren die Rassentheoretiker also dutzendweise – die einen etwas hektischer als die andern – damit beschäftigt, gegen ganz bestimmte Widersacher zu sticheln. Die Rassenklischees verschoben sich je nach Bedarf, aber sie hielten sich hartnäckig und wurden immer tückischer. In den 5oer Jahren hatten die politischen Karikaturisten in England den Iren noch als versoffenen, kindhaften, eher harmlosen «Paddy» gezeichnet. Nachdem die irische Geheimorganisation Fenian-Brotherhood mit vereinzelten Terrorakten Angst und Schrecken in der englischen Bevölkerung verbreitet hatte, entwarfen die Karikaturisten ein neues Bild von ihm, und an die Stelle des herablassenden Humors trat scharfe Diffamierung. In einer 1882 von John Tenniel für den *Punch* gezeichneten Karikatur erscheint der Ire als wildes Frankenstein-Monster, als ein Gorilla-ähnliches, mit Reißzähnen ausgestattetes Wesen, als maskierter Unhold mit heimtückischem Messer.[30] Wie Beobachter der Gesellschaft damals erkannten (natürlich ohne das Vokabular der Psychoanalyse), reduziert die Projektion in ihrer barbarischsten Form den anderen auf einen Untermenschen. Schließt man ihn aber aus der Menschheit aus, dann darf man auch hemmungslos aggressiv gegen ihn sein. Während Freeman im «Nigger» nichts als einen Affen sieht, reduzieren die seit den 7oer Jahren immer rassistischer werdenden antisemitischen Hetzer den Juden auf Ungeziefer. Diese Verunglimpfung kam ihnen sehr zupaß; braucht doch die Vernichtung einer niederen Spezies keine Schuldgefühle zu wecken. Schon 1846 hatte der amerikanische Diplomat und Literat James Russell Lowell in seinen berühmten *Biglow Papers* diesen psychischen Trick entlarvt und lächerlich gemacht. Über die Haltung der Amerikaner gegenüber den damals von ihnen bekriegten Mexikanern schreibt er dort:

> Bevor ich von daheim kam, war ich noch im festen Glauben,
> Die Mexikaner wär'n nicht Menschen, sondern Orang Utans,
> Man könnte sie ermorden, ohne nachher schlecht zu träumen,
> Wie niemand von den Schweinen träumt, die er hat schlachten
> müssen.[31]

Mehr als ein halbes Jahrhundert später, im Jahr 1901, zitiert der radikale Ökonom J. A. Hobson diese Verse in einer brillanten Entlarvung der britischen Kriegspropaganda gegen die Buren, um vorzuführen, in welcher Weise die Skandalpresse ihre Leser gegen die südafrikanischen Gegner aufhetzt.[32]

Die rassistischen Beschimpfungen konnten auf erstaunlich tiefes Niveau absinken. Im Jahr 1913 bezeichnet Vladan Djordjevič, serbischer Politiker und Fachmann auf dem Gebiet des öffentlichen Gesundheitswesens, die Albaner als blutrünstig, verkümmert, animalisch und so heillos ungebildet, daß sie Zucker nicht von Schnee unterscheiden können. Diese «neuzeitlichen Troglodyten» erinnern ihn an «die vormenschlichen Lebewesen, die auf Bäumen schliefen und sich mit dem Schwanz daran festhielten». Zwar sei der Schwanz beim Menschen im Laufe der Jahrtausende verschwunden, aber bei den Albanern scheine es noch im 19. Jahrhundert Menschen mit Schwanz gegeben zu haben.[33] Schon jahrzehntelang hatten Rassisten ihre Phantasie in solche Richtungen schweifen lassen.

Zugegeben, Tenniel und Djordjevič waren Extreme. Aber in der rassistischen Sprache des ausgehenden 19. Jahrhunderts war das Extrem oftmals das Normale. Und es zog Millionen von Menschen in Mitleidenschaft; nie ging es nur um die abgelegenen Reservate von weltfremden Gelehrten oder perversen Stümpern, von Anthropologen, die in ihr Schädelmessen vernarrt waren, oder Bürokraten, die etwas Unentschuldbares entschuldigten. Die von den Intellektuellen verbreiteten Theorien fanden Anklang in der Öffentlichkeit einschließlich des Bürgertums, weil sie genau zu ihrem Eigeninteresse und mehr noch zu ihren Ängsten paßten. Vom Rassismus angezogen wurden kleine Händler und Arbeiter bzw. Handwerker, die sich durch Fremde bedroht fühlten, sowie Siedler in Kolonien mit überwiegend schwarzer Bevölkerung.

Mitunter – wie etwa in der berühmt-berüchtigten Eyre-Affäre – konnte das Reden auch in Handeln umschlagen. Diese Affäre, die die britische Öffentlichkeit Mitte der 60er Jahre unbarmherzig in zwei Lager spaltete, hatte eine verwickelte Vorgeschichte. Nach der Abschaffung der Sklaverei durch das britische Empire im Jahr 1833 und nach jahrelangen Umstellungsversuchen kamen für die Zuckerpflanzer in Jamaika harte Zeiten. Für ihre Verluste aus der Emanzipation der Sklaven hatten sie keine großzügige Entschädigung erhalten, und viele waren überschuldet. Trotz abnehmender Märkte, verheerender Dürrezeiten und erdrückender Konkurrenz von seiten anderer zuckerproduzierender Kolonien hatten sie sich hartnäckig geweigert, ihren Anbau zu diversifizieren. Am nachteiligsten wirkte sich aus, daß sie die schwarzen Freigelassenen nicht halten konnten, denn diese zogen es vor, ihren eigenen Anbau auf eigenen Pflanzungen zu betreiben. Im Dezember 1849 schaltete sich Thomas Carlyle mit seiner Hetzschrift «Occasional Discourse on the Negro Question» ein, in der er die Situation der Pflanzer erörterte. Zwei Jahrzehnte lang hatte er die gedanken- und herzlose Industriegesellschaft gegeißelt, aber nun kam das Verschrobene an ihm zum Vorschein. Die Pflanzer, so schreibt er, litten an bedauerlichem Arbeitskräftemangel; und (im gewohnten schrillen Ton) fügt er hinzu, mehrere Millionen von ihnen seien dem Hungertod nahe. Mit Abscheu müsse er aber feststellen, daß seine «PHILANTHROPISCHEN FREUNDE» sich für ihr hartes Los überhaupt nicht interessierten, sondern nur über die Misere «unserer interessanten schwarzen Bevölkerung» erschüttert seien.[34]

Nach Carlyles Überzeugung ist die heuchlerische Mildtätigkeit, die dem englischen Philanthropen, diesem «traurigen Produkt eines skeptischen 18. Jahrhunderts», soviel Befriedigung verschafft, nichts als Verschwendung. Schwarze sind ihm zufolge unverbesserlich faule, trunksüchtige Rüpel, die viel lieber ihren Rum runterkippen und den weißen Siedlern höhere Löhne abpressen, als auf den Zuckerplantagen zu arbeiten. Im typisch paradoxen Zirkel meint Carlyle, die Schwarzen hätten volles Recht darauf, zu qualifizierter Arbeit gezwungen zu werden. Sonst wären sie nämlich einfach untätig. «Da sitzen sie rum, graben ihre niedlichen Mäuler bis zu den Ohren in einen Kürbis, schlürfen süßes Fruchtfleisch und Saft; und die Backen- und Schneidezähne sind allzeit bereit zu neuer Arbeit» – auf diesem Niveau bewegt sich Carlyles Analyse, in der er dem Rassismus die zweifelhafte Unterstützung seiner erregten und gerissenen Eloquenz zuteil werden ließ.[35]

Nach seiner Invektive gegen den «Philanthropismus» durfte Carlyle die Schmeichelei der Nachahmung genießen. Seine wilden Schimpfkanonaden an die Adresse englischer Liberaler oder Missionare – mit ihrer «rosaroten Gefühlsduselei» und ihrer anmaßenden Gleichgültigkeit gegenüber dem Elend der britischen Armen, denen sie die in weiter Ferne lebenden «Brüder» vorzogen – wurden von entschlossenen Konservativen freudig aufgegriffen. Es waren dieselben Männer, die an den erzieherischen Wert des Auspeitschens, an unerbittliche Strenge gegenüber unwürdigen Schmarotzern und an die Ungleichheit der Rassen glaubten.[36] Doch Carlyles Ausbruch fand nicht nur Bewunderer; er provozierte eine erregte Widerlegung durch den gewaltigen liberalen Redner John Stuart Mill. Mill hatte den Propheten Carlyle seit langem bewundert, aber diesen widerlichen Erguß konnte er nicht mit Stillschweigen übergehen. Carlyle, so betont er, verfechte hier das brutale Recht des Stärkeren und das überaus «verwerfliche» Dogma, «die eine Sorte Menschen werde als Diener einer anderen geboren.»[37] Natürlich waren in Jamaika – auch nach der Abschaffung der Sklaverei – die meisten Weißen mit diesem Dogma einverstanden und enttäuscht darüber, daß sie es nicht durchsetzen konnten, während ihre «freien» Arbeiter sich immer noch wie Sklaven vorkamen.

Auf dieses Jamaika-Minenfeld begab sich 1862 Edward Eyre. Er hatte als Schafzüchter und Verwalter in Australien, Neuseeland und an anderen britischen Vorposten allerhand Erfahrung mit dunkelhäutigen Rassen gesammelt. Aber als Gouverneur von Jamaika, zu dem er offiziell im Jahr 1864 ernannt wurde, erwies er sich als unflexibel, autoritär und despotisch. Als es im Oktober 1865 unter den Schwarzen der Insel zu einem Aufstand kam, hatte er weder seine Reaktionen noch seine Truppen unter Kontrolle und unterdrückte den Aufstand mit hemmungsloser Grausamkeit. Annähernd 450 Eingeborene wurden ohne Gerichtsverfahren erschossen oder nach einem Scheinprozeß vor dem Kriegsgericht gehängt; etwa 600 wurden ausgepeitscht und rund tausend Häuser, darunter viele baufällige Hütten, vollständig niedergebrannt.[38] Der größte Skandal war, daß ein prominenter, redseliger, unbotmäßiger Verwaltungsbeamter, ein gebildeter Mulatte namens William Gordon, den Eyre für die Revolte verantwortlich machte, nach einem rechtswidrigen Verfahren exekutiert wurde.

Diese Nachrichten, insbesondere die Umstände von Gordons Tod, trafen die Briten an einer empfindlichen Stelle. Während eine offizielle Kommission Eyre für seine Behandlung des Aufstandes eine schwere Rüge erteilte, war die gespannt zuschauende Öffentlichkeit geteilter Meinung. Dem Jamaika-Komitee, hinter dem der feste Entschluß John Stuart Mills stand, den Gouverneur unter Mordanklage zu stellen, stand ein gut organisiertes Eyre-Unterstützungskomitee gegenüber, das nicht minder entschlossen war zu beweisen, daß er unschuldig sei, ja daß sein Verhalten Anerkennung verdiene. Jedes Lager holte sich prominente Persönlichkeiten heran, berühmte Namen, die Wunder wirken sollten: Eyres wütende Ankläger mobilisierten Darwin, Huxley, Spencer, den Philosophen T. H. Green und den Rechtswissenschaftler A. V. Dicey; seine empörten Verteidiger konnten Namen wie Ruskin, Dickens, Tennyson und Carlyle anführen. Freunde, die sonst zumeist Schulter an Schulter kämpften, wurden durch den Streit getrennt; Politiker, Schriftsteller, Künstler, Zeitungen und Zeitschriften ergriffen Partei, und viele waren entschlossen, Fakten und Motive der anderen Seite in Frage zu stellen. Die Opfer wurden nur durch Worte verletzt, aber an allen nagte die Verbitterung.

Verlierer in diesem gehässigen Streit war das Jamaika-Komitee: Eyre kam ohne Anklage davon. Eine noch größere Niederlage aber erlitt das Anliegen, dem rassistischen Alibi auf die Schliche zu kommen. Manche von Eyres kompromißlosesten Verfolgern entschuldigten sich praktisch für ihre Haltung. Der positivistische Jurist Frederic Harrison räumte ein: «Ich mag Schwarze genauso wenig wie Baptisten.» Und E. S. Beesly, radikaler Geschichtsprofessor an der Universität London, meinte klarstellen zu müssen, daß er «kein Neger-Anbeter» sei: «Für mich ist ein Schwarzer nichts Schönes.» Gewiß mögen manche Schwarze Fähigkeiten und einen guten Charakter besitzen, «aber unzweifelhaft gehören sie einem Menschentyp an, der unter uns steht». Selbst Huxley sah sich zu der Erklärung genötigt, er sei dem Jamaika-Komitee nicht beigetreten, weil er «eine besondere Liebe zum oder etwa Bewunderung für den Neger» hege, sondern weil er nach sorgfältiger Lektüre des Berichts zu der Überzeugung gelangt sei, daß Eyre gegen geltendes Recht verstoßen habe.[39] Mochten beide streitenden Lager also über die angemessenen Grenzen der Aggression entschieden anderer Meinung sein, sie hatten doch mehr gemein, als sie dachten.

Mit dem Fall Eyre rückt jener Kampfplatz in den Blick, auf dem ein Großteil des im ausgehenden 19. Jahrhundert virulenten rassistischen Diskurses in die Tat umgesetzt wurde: die Kolonien. Mit jedem Jahrzehnt wurden die Gegenstimmen, die Stimmen der aus weltlichen oder religiösen Gründen wahrhaften Antiimperialisten, immer zaghafter. In den 80er Jahren war es bereits gängige Überzeugung, daß die höheren Rassen dazu bestimmt seien, zu expandieren und auf den Kontinenten, die vom Westen noch immer nicht ganz erschlossen waren, über die niederen Rassen zu herrschen.[40] Selbst die neuen Großmächte, darunter die Vereinigten Staaten, begeisterten sich heftig für diese in aller Aufrichtigkeit geglaubte Propaganda. Als den Amerikanern klar wurde, daß sie in der Weltpolitik mit anderen ernstzunehmenden Beteiligten durchaus konkurrieren konnten, kreierten sie zur Rechtfertigung ihres Expansionismus berauschende Schlagworte à la Manifest Destiny [offenbares Schicksal]. Danach ist der Imperialismus nichts anderes als eine den höheren Rassen auferlegte Pflicht. Genau diese Lektion zog man aus Kiplings überstrapazierten Versen in «The White Man's Burden», die Tausende nur deshalb behielten, weil sie den Weißen Mann mahnen, sein schweres Schicksal auf sich zu nehmen und die Besten seiner Rasse ins «Exil» zu schicken, wo sie «dem Bedürfnis ihrer Gefangenen» dienen sollen. Dieses Bedürfnis ist offenbar gebieterisch: «In schwerem Harnisch» muß der Weiße Mann für seine «frisch eingefangenen, dumpfen Völker,/ Halb Teufel und halb Kind» sorgen. Nicht gerade ein schmeichelhaftes Porträt der Glücklichen, die der Weiße Mann auf eine höhere Kulturstufe zu heben hat!

Der Appell an die Pflicht kehrte während all dieser Jahrzehnte in der imperialistischen Rhetorik gebetsmühlenartig wieder. In seinem 1885 erschienenen Erfolgsbuch *Our Country* rühmte der äußerst produktive amerikanische Theologe Josiah Strong die Angelsachsen als eine Rasse von genialen Kolonisatoren und vertrat die These, ihre wertvollen Qualitäten versetzten sie in die Lage, ihre Segnungen auch niederen, unqualifizierteren Rassen aufzuzwingen. Tatsächlich prophezeite Strong einen *«Ausscheidungskampf zwischen den Rassen, für den der Angelsachse geschult werden muß»*. Das «Ergebnis dieses Rassenwettkampfs werde das ‹Überleben der Tauglichsten› sein».[41] Die Hervorhebung stammt ausdrücklich von Strong selber, und seine Anleihe bei Spencer zeigt deutlich, wie berauschend die Mixtur aus Sozialdarwinismus und Rassismus sein konnte.

Vieles sprach dafür, daß der von Strong und anderen vorausgesagte Ausscheidungskampf in jenen Weltreichen ausgetragen werden würde, die Briten und Franzosen, Belgier und Deutsche, Portugiesen und Amerikaner damals in Afrika, Asien und Westindien aufbauten bzw. festigten. Aber obgleich es zwischen den Großmächten zu harten Auseinandersetzungen um die umstrittenen Territorien kam, gab es das furchtbarste Blutvergießen doch unter den Eingeborenen, die die Kolonisatoren sich unterwerfen wollten. Grausamkeit und Brutalität sind eine alte Geschichte und Greueltaten keine Erfindung des 19. Jahrhunderts. Im Gegenteil, in nicht wenigen Punkten schneidet es mit seinem Sündenregister sowohl gegenüber seinen Vorgängern wie auch gegenüber unserem eigenen Jahrhundert noch günstig ab. Aber es war eine Zeit verbissener Kolonisierung, bei der zwischen Großmächten und Möchtegern-Großmächten ein Wettlauf um die wegen ihrer Bodenschätze oder strategischen Lage heiß begehrten Gebiete stattfand. Abenteurer aller Art, gleichgültig ob sie in offizieller Mission oder auf eigene Verantwortung handelten, konnten relativ ungestraft vorgehen. In abgelegenen, kaum bekannten und kaum besuchten Gegenden frönten sie hemmungslos ihren aggressiven Bedürfnissen. Mehr noch, Missionare und Forschungsreisende mischten ihrer nackten Aggressivität oftmals noch die sexuelle Erregung bei. Homoerotische Reisende bewunderten die Körper der männlichen, geile Heterosexuelle die Körper der weiblichen Einheimischen und berichteten zu Hause von nackten Brüsten, Beinen und Gesäßbacken, die jeden Künstler begeistern würden.

Das – bestenfalls überhebliche, nicht selten aber schlichtweg sadistische – Verhalten dieser kolonialen Eroberer war aus ihrer Sicht nichts als Adaption. Männer, die bereit waren, im harten Tropenklima zu vegetieren, mit fremden und häufig feindlich gesonnenen Völkern umzugehen und tödlichen Krankheiten zu trotzen, sahen sich aufgrund ihres Tuns als besondere Auslese. Im Busch, im Dschungel, in der Eingeborenensiedlung war kein Platz für den ängstlichen Krämer, den häuslichen Bürger. Gebraucht wurden athletische, nicht selten auch selbstmörderische, Pendants zu den Industriekapitänen, skrupellose Männer mit überdimensionalem Selbstbewußtsein, gleichgültig ob es angeboren oder mit Bedacht anerzogen war. Zu den berüchtigtsten gehört Carl Peters; rastlos, ehrgeizig, maßlos selbstgefällig und abnorm egozentrisch, war er in den 80er Jahren der lautstärkste, unermüdlichste Vorkämpfer für ein deutsches Kolonialreich. Im Jahr 1884 gründete er die Gesellschaft für Deutsche Kolonisation zur Propagierung seines leidenschaftlichen Programms, das die Regierung mit eher ambivalenten Gefühlen beäugte. Dadurch freilich ließ er sich in seinen Zielen, die er in bester sozialdarwinistischer Sprache publik machte, nicht im mindesten beirren. Kolonialpolitik, schrieb er 1886, «ist und bleibt aber ausschließlich die rücksichtslose und entschlossene Bereicherung des eigenen Volkes auf anderer schwächerer Völker Unkosten».[42]

Die Geschichte der Aggressivität im 19. Jahrhundert ist zum Teil auch eine Geschichte der Pathologie, und unter den fanatischen rassistischen Kolonisatoren trifft man nicht wenig krankhaftes Verhalten an. Was manche dieser Freibeuter interessanterweise am meisten erboste, war die «Frechheit» der einheimischen Stämme. Peters zum Beispiel wurde geplagt von dem Gedanken, die Eingeborenen könnten sich irgendwie über ihn lustig machen. In den späten 80er Jahren leitete er zwei Expeditionen nach Ostafrika und schloß Annexionsverträge mit den einheimischen Häuptlingen. Er fand die Verhandlungen irritierend, fast im Wortsinn zum Verrücktwerden. Die einzig akzeptable Haltung sei äußerste selbstherrliche Strenge: er habe gelernt, daß man bei den Eingeborenen nur weiterkommt, wenn man zur körperlichen Züchtigung greift. Allein mit eiserner Härte könne man die schwarzen Eingeborenen davon abbringen, den Weißen Mann zu bestehlen und zu betrügen; jeden Anflug von Güte verachteten sie als Zeichen der Schwäche. «Gebe ich einem schwarzen Häuptling einen Ochsen, so wird er sofort geneigt sein, mir meine ganze Herde wegzunehmen; gebe ich ihm aber einen Hieb mit der Peitsche, so wird er geneigt sein, umgekehrt mir Ochsen zum Geschenk zu machen.»[43]

Da sie jeden Gesichtsverlust persönlich nahmen, erlebten Peters und seinesgleichen die «Frechheit» der Eingeborenen als scheußliche narzißtische Kränkung. Wenn die Kolonisatoren die strengsten Maßnahmen ergriffen, so taten sie es zur Verteidigung ihrer eigenen Integrität. «Ich habe gefunden», schreibt Peters, «daß diesen Völkern nur die männliche Energie und, gegebenen Falles, rücksichtslose Gewalt imponiert.»[44] Mit der Ostentation von Männlichkeit wollen die Abenteurer also angeblich Eindruck auf *andere* machen; in Wirklichkeit zeigen sie nur, wie bitter nötig sie sie hatten, um Eindruck auf sich *selber* zu machen.

Nicht ohne Grund hat man Peters einen Psychopathen genannt. Aber die Empfindlichkeit gegenüber der Kränkung durch die Eingeborenen war ein Charakterzug, den er mit weniger verrückten Kolonisatoren teilte. Als Charles Roundell 1867 als Sekretär der Untersuchungskommission die Reaktion der Jamaika-Pflanzer auf den zwei Jahre zurückliegenden Aufstand analysiert, stellt er mit Scharfblick fest, sie hätten die Erhebung «übelgenommen» wie «eine persönliche Beleidigung». Da ist ferner Sir Leander Starr Jameson, Vertrauter von Cecil Rhodes und Verantwortlicher für den donquichottesken Überfall auf die Burenkolonie Transvaal, der dem Rhodesschen Anspruch auf die Macht über ganz Südafrika Nachdruck verleihen sollte. Seine drakonischen Maßnahmen gegen die widerspenstigen Eingeborenen Südafrikas – deren Dörfer er niederbrennen und die er reihenweise umbringen ließ – begründete Jameson mit ihrer «Unverschämtheit und drohenden Haltung».[45]

Wie die Mutterländer diese in weiter Ferne begangenen Greueltaten rechtfertigten, ist für den Historiker ein nicht minder wichtiger Gegenstand als die Greueltaten selber – und ein komplizierterer. Die betulichen belgischen, britischen und deutschen Bourgeois, die in den Tropen völlig fehl am Platze gewesen wären, erlebten natürlich die «Disziplin», die ihre Landsleute in jenen exotischen Gefilden durchsetzten, nicht persönlich mit, aber wer wollte, konnte sich in Zeitungen oder radikalen Enthüllungsschriften darüber informieren. Doch viele waren durch den beruhigenden Nebeneffekt der Rassenlehren zu Gleichgültigkeit, zu stillschweigender Komplizenschaft erzogen worden. Ihr Einverständnis verdankte sich dem Analgetikum namens Eigeninteresse, aber nicht ihm allein. Die Abenteurer hatten es auf Ruhm, die Politiker auf Nationalprestige und die Militärstrategen auf Flottenstützpunkte abgesehen; die Unternehmer wünschten sich gewinnträchtige Konzessionen und die Missionare neu bekehrte Christen. Und außerdem war alles so weit weg.[46]

Daher fanden sich in den frühen 80er Jahren die meisten Belgier, einmal abgesehen von ein paar aufgebrachten Sozialisten, leichten Herzens mit der Bildung des Freistaats Kongo ab, jenes privaten Kolonialreichs, das Leopold II. sich in Zentralafrika zusammengestückelt hatte, indem er zwischen den Großmächten, die damals gerade den «dunklen» Kontinent unter sich aufteilten, geschickt taktierte. Solange ihr König die volle Verantwortung übernahm und alle Rechnungen bezahlte, konnten seine Untertanen sich mit dem bequemen psychischen Mechanismus der Verleugnung behelfen; sie konnten leben, als wüßten sie nichts von den Elfenbein- und Kautschukmonopolen, die der königliche Besitzer des Kongostaates eingeführt hatte. Ebenso unwissend konnten sie sich fühlen, wenn es um die Greueltaten gegenüber den Eingeborenen ging, die für seinen persönlichen Gewinn schufteten – und oftmals starben. In den frühen 90er Jahren sickerten so langsam schlimme Berichte nach Europa durch, in denen belgischen Beamten und den mit der Aufsicht über die einheimischen Arbeiter betrauten «Wachen» vorgeworfen wurde, sie peitschten ihre Untergebenen (mitunter sogar zu Tode), führten Strafexekutionen durch und brächten ihnen raffinierte Verstümmelungen bei. Doch diese Gerüchte konnten die öffentliche Meinung nicht wachrütteln. Das beste war eben, nichts zu wissen.

Manche dieser von Leopolds Männern veranstalteten Bestrafungsorgien müssen an sich selber Lust verschafft haben. Ihre eigentliche Ursache jedoch lag weniger im Sadismus einiger im Rausch absoluter Macht handelnder Soldaten und Verwalter als vielmehr in der unersättlichen Gier des Königs nach blankem Geld. Wie in anderen von Bergwerken und Plantagen abhängigen Kolonien war auch im Kongo das Dauerproblem die Produktivität oder besser: ihr Ausbleiben.[47] Leopold balancierte beständig am Rande des Bankrotts, und die Anweisung, die er seinen Beauftragten gab – nämlich Profitmaximierung – ließ wenig Spielraum für Nachlässigkeit oder menschenfreundliche Bedenken. Der König hatte ein beneidenswertes Talent zum Selbstbetrug. Als er zum ersten Mal von den Mißhandlungen erfuhr, war er entsetzt und befahl, sie müßten sofort aufhören, aber seine Wirtschaftspolitik nahm er nicht zurück. Und genau diese Politik führte die Greueltaten geradezu zwangsläufig herbei.

Als 1904 im Freistaat des Königs immer häufiger peinliche Ermittlungen angestellt wurden, fand ein britischer Konsul die Anschuldigungen ohne Zögern glaubhaft.[48] Dennoch zog die belgische Regierung sein Spielzeug erst vier Jahre später ein, nachdem amtliche Berichte bestätigt hatten, daß noch die schrecklichsten Vorwürfe keineswegs der Phantasie von linken Spinnern oder zartbesaiteten Philanthropen entstammten und die unterrichtete Öffentlichkeit anderer Länder Leopolds Regime in Afrika lautstark angeprangert hatte.

Das Imperialistengemüt, das solches Verhalten mit heimlichem Einverständnis betrachtete und sogar einsichtige Gründe dafür zu finden meinte, war um die Jahrhundertwende auch in der politischen Öffentlichkeit Deutschlands vorherrschend. Deutschland war erst spät und zögernd zur Gattung der Kolonisatoren hinzugestoßen. Aber als es sich die deutschen Siedler erst einmal in den verstreuten, von Briten und Franzosen verschmähten afrikanischen Gebieten bequem gemacht hatten, gingen sie mit Erfolg dazu über, die in ihrem neuen Herrschaftsbereich lebenden Stämme zu nützlichen Instrumenten ihrer Interessen herabzuwürdigen. In Deutsch-Südwestafrika führte diese Politik im Jahr 1904 zu einer Explosion, deren Erschütterungen noch in Berlin zu spüren waren. Die Herero – ein Ackerbau treibendes Volk, das bis zur Ankunft der Deutschen sein Land selbst besessen hatte – machten einen bewaffneten

Aufstand. Einer der am meisten involvierten Offiziere, natürlich ein emsiger Apologet der Kolonialpolitik seines Landes, beschrieb die Gründe für den Aufstand mit bewußter Indifferenz, als Hauptursache nannte er den Haß der Herero auf die deutsche Fremdherrschaft und dieser Haß sei naturgemäß immer größer geworden, je mehr der deutsche Einfluß sich ausgeweitet habe und die Eingeborenen zurückgedrängt worden seien.[49]

Was dieser Offizier so aalglatt die Ausweitung des deutschen Einflusses nennt, lief darauf hinaus, daß man den Herero ein besonders kostbares Gut, nämlich ihr Vieh, wegnahm, indem man die Menschen von ihrem Weideland vertrieb und sie mit betrügerischen Tauschabkommen übers Ohr haute. Als die Herero, am Ende ihrer Geduld, sich gegen ihre deutschen Herren erhoben, töteten sie über hundert Siedler, wobei sie Frauen, Kinder und andere Ausländer ritterlich schonten. Die Deutschen schlugen gnadenlos zurück. Mit Hilfe von modernen Feuerwaffen, Nachschubkräften aus dem Mutterland und einem neuen Oberbefehlshaber, General von Trotha, löschten sie den Stamm praktisch aus. Nach der Niederschlagung des Aufstandes gratulierte der offizielle Bericht dem deutschen Oberkommando zu seiner Skrupellosigkeit. Die Truppen hatten die Herero gejagt wie verwundete Tiere und von Trothas Ziel erreicht, «die aufständischen Stämme mit Strömen von Blut und Strömen von Geld»[50] zu vernichten. Die Verlustzahlen zeigen, daß es ihm prächtig gelungen war; im Jahr 1906 waren von ehemals 80 000 Herero drei Viertel tot – erschossen, gehängt oder verhungert – oder im Exil, und die Überlebenden, einst Besitzer großer Herden, waren zu armseligen Bettlern gemacht worden.

Daß General von Trotha ganz offen auf Terror setzte – was gut zu einem Mann seines Charakters paßte und nach seinem bisherigen Werdegang vorhersehbar war –, zeigt erneut, wie enthemmend das rassistische Alibi wirkte. In einem Erlaß verkündete er, daß die deutschen Truppen keine Gefangenen machen würden, und unterzeichnete mit «Der große General des mächtigen Kaisers».[51] Seine Sprache sollte berühmt-berüchtigt werden, aber von Trotha wußte, daß der mächtige Kaiser Wilhelm II. die Entwicklung in Südwestafrika überaus aufmerksam verfolgte und mit seiner Grausamkeit völlig einverstanden war. Einige deutsche Politiker hingegen fanden sie widerwärtig oder jedenfalls zu kostspielig. Abgeordnete der Opposition – des katholischen Zentrums, der Freisinnigen (ehemalige Fortschrittspartei) und der Sozialdemokratie – brachten Anfragen im Reichstag ein, nörgelten an der schlechten Durchführung der Strafexpedition herum und machten Andeutungen über mögliche Korruption. Aber die öffentliche Meinung konnten sie nicht für sich gewinnen.

Zwar wurde von Trotha im Jahr 1905 – zu spät für die Herero – abberufen, und die Debatte um das Vorgehen der Deutschen in Südwestafrika brodelte weiter. Doch zwei Jahre später endete sie in der sinnfälligen Rechtfertigung der Regierung durch Wahlen, die ihre Position stärkten und die Zahl der sozialdemokratischen Reichstagsabgeordneten fast halbierten. Im Wahlkampf war die Kolonialpolitik der Regierung eines der Hauptthemen im Parteienstreit. Die üblichen Kritiker kritisierten sie, die üblichen Unterstützer unterstützten sie; Liberale und Sozialisten standen wie so oft gegen die konservativen Bürger und die politisch lautstärksten Adligen. Bei den Wahlveranstaltungen bedienten sich die Fürsprecher der offiziell sanktionierten Aggressivität stärker als sonst der chauvinistischen Appelle. Zweifel am guten Ruf der arbeitsamen deutschen Siedler oder der heldenhaften deutschen Truppen, die sie vor den Wilden gerettet hatten, seien unpatriotisch. Unbequeme Fragen nach dem Vorgehen von Trothas zeigten, daß man die Herero mehr liebte als die eigenen deutschen Landsleute. Dagegen bedeute die Zustimmung zu Deutschlands Expansionismus einen Beitrag zum Bemühen des Landes, aufrechten Ganges unter die großen Nationen zu treten. Der koloniale Gedanke, so meinte der sozialdemokratische Taktiker Karl Kautsky bedauernd, nachdem sich seine Partei bei den Wahlen eine Abfuhr geholt hatte, bringe leider sehr viel mehr Stimmen, als seine Partei gedacht habe. Männlichkeit im Verein mit Rassismus war ein Gespann, gegen das man nur schwer ankam.[52]

Man muß aber immer wieder daran erinnern, daß auch die weithin anerkannte rassistische Pseudowissenschaft nicht sicher war vor jenem bohrenden Fragen, das zum Kennzeichen des bürgerlichen Jahrhunderts wurde. Unverbesserliche Skeptiker – ob Politiker der Linken, ob versierte Anthropologen oder auch eigenständig denkende Philosophen – hatten ein scharfes Auge auf Opportunismus und Irrationalität, die in den narzißtischen Selbstdefinitionen lauerten. Dasselbe Zeitalter, in dem die Krankheit des wissenschaftlichen Rassismus ausbrach, unternahm auch beharrliche Anstrengungen zur Entdeckung eines Heilmittels; und gegen Ende des Jahrhunderts stellten die Empiristen und Liberalen ihre skeptischen Fragen, die nie ganz verstummt waren, wieder eindringlicher.

Im Jahr 1872 warnte Walter Bagehot in einem Buch, das Biologie und Politik zu verknüpfen suchte, scharfsichtig vor den unzähligen abstrakten Prinzipien, die «optimistische Männer begierig aufgeschnappt und dann in Büchern und Theorien, die die ganze Welt erklären sollten, sorgfältig ausgesponnen hatten». Eine realistische Perspektive steht im Widerspruch zu derlei Abstraktionen. Auf junge und unüberlegte Menschen machen solche Systeme vielleicht Eindruck, «Gebildete hingegen sind äußerst skeptisch».[53] Ja, manche waren es in der Tat. Im Jahr 1878 weist der deutsche Anthropologe und Afrikaforscher Robert Hartmann seine Kollegen warnend darauf hin, mit welch wenig dienlichen Karikaturen von den Schwarzen manche schwärmerischen, aber ungeschulten Reisenden den lesenden Laien in die Irre leiten. Richard Burtons Zerrbilder etwa müssen – so Hartmanns Tadel – mit ihren abscheulichen «Niggerfratzen» zwangsläufig «in halbgebildeten und unklaren Köpfen eine wahre Verwüstung» anrichten. Schon zwei Jahre zuvor hatte Hartmann in seiner Monographie über die «Nigritier» die gesamte rassistische Argumentation als schieren Unsinn abgetan und einen Kollegen zitiert, der in den «sogenannten Ariern» nichts als «eine Erfindung der Studirstube» sah. Der angesehene französische Anthropologe Gabriel de Mortillet lieferte 1886 im prachtvollen *Bulletin* der französischen Anthropologischen Gesellschaft eine Neuauflage dieses polemischen Agnostizismus. Was die Arier betreffe, schreibt er dort, «so weiß ich gar nicht, was das ist».[54]

Nach der Jahrhundertwende, im Jahr 1902, stimmte auch William James in den Chor der Zweifler ein. Er beschreibt das Sendungsbewußtsein, von dem die Imperialisten der Angelsachsen- oder Keltenfraktion beseelt sind, als – ganz und gar nicht empfehlenswerte – Quasireligion: «Wenn man sieht, wie bedenken- und vernunftlos wir unsere Kultur den ‹niederen› Rassen mit Hotchkiss-Gewehren und ähnlichem meinen aufzwingen zu müssen, muß man unweigerlich an den Geist des frühen Islam denken, der seine Religion mit Feuer und Schwert verbreitete.» Vier Jahre später stellt der zusammen mit James in Harvard lehrende Philosoph Josiah Royce einen klaren Zusammenhang zwischen Rassentheorien und der Aggressivität her, zu der sie gehören: «Unsere sogenannten Rassenprobleme sind nichts anderes als die Probleme, die uns unsere eigenen Abneigungen bereiten.»[55]

Der vielleicht maßgeblichste unter den Rassismuskritikern des ausgehenden Jahrhunderts war der produktive französische Archäologe, klassische Philologe und Religions- und Kunstgeschichtler Salomon Reinach, der sich in der Literatur auskannte wie keiner sonst. Als Rationalist im Sinn der jüdischen Aufklärung verachtete er seine frommen Glaubensbrüder, aber er verleugnete sein Erbe nie. Deshalb hatte der Rassismus eine besondere Bedeutung für ihn. Doch nicht Abwehrmanie, sondern Forscherdrang führt ihm die Feder. 1892 erkennt er in einem ebenso anschaulichen wie ausführlichen Überblick über die modernen Spekulationen in Sachen Arier, daß für die Wissenschaft die Erforschung ihrer Ursprünge nach wie vor auf der «Tagesordnung» steht. Eine faszinierte Öffentlichkeit verfolge das Thema «mit Inbrunst». Dennoch hätten sich –

so müsse er feststellen – Sprachwissenschaftler und Anthropologen seit Beginn des Jahrhunderts weder über das physische Äußere der vorgeschichtlichen Arier noch über ihr Herkunftsland einigen können. Die meisten stellten sie sich groß und blond vor; nach der festen Überzeugung anderer sollten sie dunkelhaarig und untersetzt gewesen sein. Die meisten sähen ihre Ursprünge in Asien; andere eher in Skandinavien oder im deutschen Osten. Einige hätten die Bezeichnung «arisch» für eine bestimmte Sprachfamilie reserviert; die meisten Wissenschaftler aber meinten damit im weiteren Sinne eine Rasse. Eine Handvoll dieser leidenschaftlichen Propagandisten lobt Reinach als gebildet und nüchtern, die überwältigende Mehrzahl aber schilt er überspannt und dogmatisch. Ungeachtet ihrer hochtrabenden akademischen Diplome seien sie bloße Amateure, und ihre Ergebnisse zeigten es: Daher rühre dann die «wissenschaftliche Stümperei», an der nahezu alle Beiträge krankten. Selbst über den «gebildeten Professor» Paul Broca erlaubt Reinach sich sarkastische Bemerkungen. Und Broca ist nicht sein einziges Opfer. Den einen Autor lehnt Reinach ab, weil er einen «kleinen prähistorischen Roman» veröffentlicht habe, den anderen, weil er den «Chauvinismus» in den wissenschaftlichen Diskurs hineintrage. Das Ärgerliche ist nach Reinachs Worten, daß man im Grunde überhaupt nichts über die Rasse weiß – was die Katzenmusik all der einander ausschließenden, aber ausnahmslos mit beneidenswerter Dreistigkeit vorgebrachten Theorien deutlich zeigt –, aber dennoch der Überzeugung ist, man wisse eigentlich allerhand. Kurz, schon die Rede von «einer arischen Rasse» ist eine «haltlose Hypothese».[56]

Sogar William Graham Sumner kam trotz seines hartnäckigen Sozialdarwinismus dem antirassistischen Lager zu Hilfe. Im Jahr 1903 analysiert er das Phänomen der unfairen Vergleiche in einem Essay, der durch seinen psychologischen Scharfblick besticht. Jahrhundertelang seien, so Sumner, die wilden Indianerstämme nicht weniger ethnozentrisch gewesen als nunmehr die gebildeten Bürger. Jeder Stamm sah sich als die von den Göttern begünstigte Rasse. Aus dieser ethnographischen Beobachtung leitet Sumner eine allgemeine Aussage über das Wechselspiel von Liebe und Haß ab: Der innere Zusammenhalt einer Gruppe findet stets seine Ergänzung in feindseligen Regungen gegenüber dem anderen. «Eine Gruppe muß, wenn sie gegen den äußeren Feind stark sein will, im Innern diszipliniert, einträchtig und friedlich sein; mit anderen Worten, weil Zwietracht im Innern zur Niederlage im Kampf gegen andere Gruppen führt.»[57] Freud hätte es kaum besser sagen können.

Man mag Sumners Beweisführung, mit der er den Nutzen gemischter Gefühle dartun will, als reinen darwinistischen Funktionalismus abtun.

Aber so stümperhaft seine Schlußverfahren, so haltbar sind seine Beobachtungen: «Es gibt zwei Moral- und zwei Sittenkodizes; der eine gilt gegenüber den Gefährten im Innern, der andere gegenüber den Fremden draußen, und beide entspringen demselben Interesse. Gegenüber Außenseitern ist es verdienstvoll, zu töten, zu plündern, Blutrache zu üben sowie Frauen und Sklaven zu stehlen.» Ohne Zögern erkennt Sumner in der Religion ein Hauptingrediens dieser Doppelmoral; erlaube die Religion doch den Krieg gegen Fremde. Sie habe «den Ethnozentrismus immer bestärkt; die Anhänger einer Religion halten sich stets für das auserwählte Volk, oder sie meinen, ihr Gott sei mehr wert als alle anderen, was auf dasselbe hinausläuft».[58] Sumner selbst war gewiß kein religiöser Mensch. Aber seine Erkenntnis, daß die Religion eine Quelle des Hasses ist, fand auch bei Gläubigen Anklang. William Gladstone, wohl einer der gottesfürchtigsten Christen des viktorianischen Zeitalters, muß 1877 mit Betrübnis erkennen: «Das Allerschlimmste, was Menschen jemals getan haben, taten sie, wenn sie im Namen der Religion Gewalt ausübten.»[59]

Nicht anders äußert sich Jean Finot, Herausgeber einer französischen Zeitschrift und humanitär gesonnener Autor, 1905 in einer mit Herzblut geschriebenen Abhandlung gegen die gefährliche Ausbreitung des rassistischen Denkens. Dieses Denken, so stellt er fest, habe harmlos begonnen, aber es sei zu einer wahren Geißel geworden. Auf der internationalen Bühne stelle die sogenannte Wissenschaft von der Rasse unfaire Vergleiche zwischen Nationen an; im eigenen Land «predigt sie Haß und Zwietracht», was vielleicht noch schlimmer sei. Die unberechtigten Berufungen der Rassisten auf die Wissenschaft verurteilt er, weil diese den destruktiven Impulsen nur zu Reputierlichkeit verhelfen soll. Da sie die Notwendigkeit des Hasses predige, lasse sie unserer heimlichen Blutrünstigkeit freien Lauf. Sie sei, mit einem Wort, ein Alibi für den schlimmsten Aggressionstrieb. «Im Namen der Wissenschaft redet man heute von der Vernichtung bestimmter Völker und Rassen sowie bestimmter Klassen.» Die weißen Amerikaner, so Finot, prahlen damit, daß sie mehr wert sind als die Schwarzen; die Deutschen wollen die Polen ausrotten; die Russen hetzen gegen die Gelbe Gefahr; die Türken massakrieren die Armenier. «Zahllos geworden sind die Vorwände, um sich gegenseitig in Stücke zu reißen.» Und alles im Namen der Wissenschaft. «Von 1000 gebildeten Europäern sind» leider «999 überzeugt von der Echtheit ihrer arischen Herkunft», obgleich noch nie jemand diese Abstammung habe nachweisen können. Die Rassentheorien seien hingeschludert, voll innerer Widersprüche und unvereinbar miteinander; mit schonungsloser Offenheit verspottet Finot das ganze Getue um die Arier als schlichte Lüge.[60]

Kurz, sowohl vor wie nach der Jahrhundertwende zogen nicht wenig lautstarke Opponenten jede rassistische Behauptung in Zweifel. Indem sie die psychischen Ursprünge des pseudowissenschaftlichen Fanatismus analysierten, gewannen sie Distanz gegenüber der selbstgefälligen Prämisse einer rassischen Höherwertigkeit. Viktorianische Romanciers, Philosophen und Humanwissenschaftler – oder doch manche von ihnen – setzten das Werk der Aufklärung mit neuen, differenzierten diagnostischen Mitteln fort. In seinem 1903 erschienenen Roman *Sur la pierre blanche* macht Anatole France sich zum Sprachrohr dieses Lagers: «Die Antisemiten schüren den Haß der christlichen Völker gegen die jüdische Rasse, und dabei gibt es die jüdische Rasse gar nicht.»[61] Er steht also im Einklang mit jenen Soziologen und Psychologen, die sich damals dem Zwang zur Legitimierung des Hasses entzogen und zu einer adäquateren und gehaltvolleren Auffassung von den Eigenheiten der Masse gelangten. Daß diese Kritiker Jahrzehnte brauchten, um auch Männer und Frauen, die sich für nachdenklich hielten, zu ihren Ansichten zu bekehren, und bei vielen von ihnen schlichtweg scheiterten, liegt an der unbestreitbaren psychologischen Tatsache, daß rassistisches Denken Lust verschafft. Und nur sehr widerstrebend, so hat Freud mehr als einmal festgehalten, geben die Menschen etwas auf, was ihnen Lust bereitet.

Die Flut von interessierten Spekulationen über die ruhmreiche «arische Rasse» war daher auch von noch so gebildeten und tatkräftigen Spöttern nicht aufzuhalten. Selbst Reinachs Kritik an der Sucht nach rassischen Erklärungsmustern – unterhaltsam geschrieben, moderat im Ton und vernichtend, ja man könnte meinen unwiderleglich, mit seinem Aufgebot an Beweismaterial – hatte etwa so viel Wirkung, wie wenn man mit einem Kindergewehr auf einen Panzer schießt. Auch nüchterne Abhandlungen machten auf eine vom Rassengedanken berauschte Öffentlichkeit nicht mehr Eindruck. Die Rassentheoretiker hatten heißgeliebte und krampfhaft festgehaltene Überzeugungen auf ihrer Seite.

Daß Franz Boas' eindrucksvolle Widerlegungen des Rassismus nur so zögerlich Akzeptanz gefunden haben, beweist, wie schwierig es war, die Begeisterung für Rassenkonflikte, ja Rassenkriege zu bremsen. Mit seinen akribischen Untersuchungen zur Rasse beginnt Boas in den 90er Jahren des letzten Jahrhunderts. An die Fachkollegen wie auch an ein gebildetes Laienpublikum gewendet, zieht er gegen die Lieblingsvorstellung zu Felde, daß Rassenmerkmale ihrem Wesen nach unveränderlich sind. Für dieses Hauptargument des rassistischen Denkens kann er keinerlei haltbaren Beweis finden. Boas ist streng in der Methode und zurückhaltend in den Feststellungen: ein Sozialwissenschaftler, der den empirischen Belegen folgt, wo immer sie hinführen mögen. Weiß er doch,

daß «ein vermutetes Resultat Einfluß auf die Beobachtung haben kann».[62]
Dasselbe hatte auch Broca gesagt, aber anders als bei ihm haben bei Broas
die Beobachtungen Einfluß auf die Resultate. In einer bahnbrechenden
kleinen Schrift voller Diagramme und Tabellen, die 1912 in endgültiger
Fassung erschien, berichtet er, daß die Kinder der in die Vereinigten
Staaten Eingewanderten sich in Größe, Gewicht und sogar Kopfform
merklich von ihren Eltern unterscheiden. Dabei ist für Boas zumal der
Schädelindex ein hochempfindlicher Indikator, denn er war damals am
meisten in Mode. Seine Forschungen betreibt er in unterschiedlichen,
nach wissenschaftlichen Kriterien ausgewählten Populationen, und so
gelangt er zunehmend zur Berücksichtigung der Umweltfaktoren und
ihres Einflusses auf die Eigenschaften der Menschen. Obgleich er den
Anteil der Vererbung an der Entstehung des Charakters eigentlich nie
ausschließt, spielt die Erziehung in seinem Denken eine immer größere
Rolle. Während seiner rund vierzigjährigen Lehrtätigkeit – 1899 wurde er
zum Professor für Anthropologie an der Columbia University ernannt –
übt Boas beherrschenden und weitgehend formenden Einfluß auf die
amerikanische Anthropologie aus, und seine Schüler verbreiten sein gesundes agnostisches Denken zum Thema Rasse in der gesamten Welt der
Wissenschaft.

Und dennoch: obgleich Boas unter Fachleuten nachhaltig gewirkt hat,
konnten seine Entdeckungen auf Gebieten wie Wohnungs- oder Arbeits-
markt, Ausbildung oder Freizeitgestaltung, ganz zu schweigen von der
Wahl eines Ehepartners, die Rassendiskriminierung nicht spürbar verringern. Will man die ganze Stärke und Zähigkeit der rassistischen Vorstellungen ermessen, braucht man nur einen Blick auf den amerikanischen
Süden nach dem Bürgerkrieg zu werfen.[63] In den Jahren vor dem Bürgerkrieg hatten sichtlich nur wenige Weiße – und wenige Schwarze – daran
gezweifelt, daß Gott die weiße Rasse zum Herrn bestimmt habe. Gleichwohl hatte der Süden, abgesehen von ein paar bemerkenswerten Ausnahmen in den Kleinstädten, keine Rassentrennung gekannt. Die schwarzen
Hausangestellten lebten und arbeiteten als – freilich ehrerbietige – Vertraute im Hause ihrer Herrschaft. Zum Teil war diese intime Nähe auch
wirklich intim; das zeigte sich an der Zahl der Mulatten, die in den
Städten stärker ins Auge fielen als auf den Plantagen. Kurz, aus triftigen
und praktischen Gründen war die strikte Rassentrennung quasi undenkbar. Man könnte sagen: Vor dem Bürgerkrieg waren Weiße und Schwarze
zusammen, aber nicht gleich.

Jim Crow, die Politik der Rassendiskriminierung, mit der die Vorherrschaft der Weißen herausgestrichen und die Rassentrennung in öffentlichen Verkehrsmitteln und Einrichtungen, in Schulen, Wohngebieten

und Vergnügungsstätten gesetzlich verankert wurde, war im Grunde eine Erfindung der Yankees. Schon früh hatte Tocqueville mit einigem Erstaunen festgestellt: «Das Rassenvorurteil scheint in den Staaten, die die Sklaverei abgeschafft haben, stärker zu sein als in denen, wo es sie noch immer gibt; und nirgendwo ist es so unduldsam wie in den Staaten, die die Knechtschaft nie gekannt haben.»[64] Als sich nach der Freilassung der Sklaven die Rassengesetze über die (zwischen Nord- und Südstaaten verlaufende) Mason-Dixon-Linie ausbreiteten, lief das den eingewurzelten Gewohnheiten des Südens durchaus zuwider. Daß man die Schwarzen in den hinteren Teil des Busses und in gesonderte Warteräume verbannt, daß man einen Schwarzen vor Gericht eine andere Bibel küssen läßt, und was dergleichen demütigende Gesetze mehr sind, kam vielen Südstaatlern, auch lupenreinen Konservativen, einfach lächerlich vor.

Einige beherzte Südstaaten-Liberale forderten denn auch nichts weniger als die totale Abschaffung der Rassendiskriminierung. In seinem 1885 erschienenen Roman *The Silent South* betont der Schriftsteller George Washington Cable, der auf der Seite der Konföderierten gekämpft hatte, daß die Südstaaten erst dann mit einer freien und rechtschaffenen Regierung rechnen könnten, wenn sie das Ideal vollständiger Rassengleichheit im Beruf, in der Politik und der Rechtspflege verwirklicht hätten.[65] Und Lewis H. Blair, Geschäftsmann aus Virginia, Reformpolitiker und ebenso untadeliger Südstaatler wie Cable, vertritt 1889 in einem scharfzüngigen, leidenschaftlichen Büchlein die These, der Süden sei nur deshalb arm, weil die Schwarzen unterdrückt würden. Es entspreche einfach dem gesunden Menschenverstand, den Schwarzen zum Partner bei der erfolgreichen Produktion von Reichtum zu erheben; dagegen sei es ebenso kurzsichtig wie unmoralisch, ihn zu unterdrücken und zu unterwürfiger Bescheidung mit seinem Los zu erziehen. Doch dem Schwarzen zu geben, was ihm zusteht, bedeutet den Verzicht auf die Rassentrennung. «Der Neger muß freien Zugang zu allen Hotels und anderen Vergnügungsstatten haben; er muß freien Einlaß in alle Theater und andere Veranstaltungsorte bekommen; er muß freien Zutritt zu allen Kirchen sowie zu allen öffentlichen und offiziellen Empfängen des Präsidenten, des Gouverneurs, des Bürgermeisters etc. haben und darf durch kein feindseliges Kastenbewußtsein ausgeschlossen werden.» Kategorisch fordert Blair: «In all diesen Dingen und an all diesen Orten muß er, wollen wir seine Hoffnungen nicht schmälern und seine Selbstachtung nicht zerbrechen, genauso behandelt werden wie die Weißen, nicht besser, aber auch nicht schlechter.»[66]

Blairs Ansichten waren, nicht anders als Cables Überzeugungen, eingestandenermaßen radikal und erhielten wenig Unterstützung. Aber sie

standen auch nicht völlig im Widerspruch zum Empfinden der Südstaatler. Ein so mustergültiger Südstaat wie South Carolina trennte
Schwarze und Weiße in Eisenbahnen und Autobussen erst ganz am Ende
des Jahrhunderts. Und erst um diese Zeit gaben die Südstaatler Jim Crow
ihre volle Zustimmung. «Gott der Allmächtige zog die Grenze zwischen
den Hautfarben», heißt es 1900 in der *Times* von Richmond, die die
rigorose Rassentrennung forderte, «und sie läßt sich nicht wieder aus-
radieren.»[67] Das waren ziemlich neue Töne. Was C. Vann Woodward die
«Kapitulation vor dem Rassismus» genannt hat, vollzog sich in einem
langwierigen Prozeß, schrittweise, und wurde begünstigt – ja beschleunigt – durch Nordstaatler, die der Rassenlehre anhingen.[68] Als sich der
Oberste Gerichtshof der Vereinigten Staaten 1896 in seinem berühmten
Urteil zum Fall *Plessy* vs. *Ferguson* dem Grundsatz «Getrennt, aber
gleich» anschloß, hatte die Rassentrennung bereits den Segen der untade-
ligsten Vertreter der gesamten Nation – aus dem Norden nicht weniger
als aus dem Süden.

Auch hier hatte die Wissenschaft – oder was man Wissenschaft nannte
– im Dienste des Rassismus ihre Pflicht und Schuldigkeit getan. Die
unzähligen ernstgemeinten, angeblich von Verantwortungsgefühl getragenen Schriften zur Verteidigung der Rassendiskriminierung weisen darauf hin, wie verbreitet und reputierlich Rassenklischees geworden waren.
«Auf ganzer Linie», so Woodward, «gingen nun Signale hoch, die den
Neger als Objekt der Aggression freigaben.» Diese Signale waren «Frei-
briefe für den Haß».[69] Ebenso starke Unterstützung in der breiten Öffentlichkeit erzielten ihre Gegenstücke in Europa. Seine Verführungskraft
und Gefährlichkeit für das bürgerliche Jahrhundert verdankte das rassistische Alibi (nicht anders als seine Pendants: Konkurrenzkampf und
Männlichkeit) dem von der Wissenschaft erteilten dreisten Plazet zur
Aggression.

3. Männlichkeit: Ideal und Trauma

Anders als die übrigen Rationalisierungen, die man im 19. Jahrhundert
für die Kultivierung des Hasses vorbrachte, berief sich der Kult der
Männlichkeit weniger auf die Wissenschaft als vielmehr auf die Tradition.
Er war alles andere als eine moderne Erfindung und zeugte von der
Unverwüstlichkeit der aristokratischen Ideale. Als sich Edmund Burke
1790 gegen die Französische Revolution zu Wort meldet, trauert er wohl
in aller Aufrichtigkeit um den Tod der Ritterlichkeit, aber in Wirklichkeit
ist sie noch außerordentlich lebendig. Die Menschen im bürgerlichen

Zeitalter hingegen haben das höfische Tapferkeitsideal demokratisiert und die glänzende Eigenschaft, die sich unter den wenigen Auserwählten von selbst verstand, abgeschwächt zu einem Attribut, das bei bürgerlichen Männern höchstes Lob verdiente. In einer Zeit, in der die Anlässe für großmütiges Heldentum immer seltener wurden, brauchte man offenbar ein bürgerliches Äquivalent. Diejenigen, die Baudelaire (nur mit einem halben Lächeln) die Helden des modernen Lebens nennt, bewiesen ja Tapferkeit nicht auf dem Schlachtfeld, sondern im Kontor, in den heftigen, aber unblutigen Turnieren von Handel, Gewerbe und Politik.

Will man bestimmen, was Männlichkeit in der Moderne heißt, so kann man sie beispielsweise mit der konkurrierenden Tugend der Weiblichkeit vergleichen. Ohne den in der bürgerlichen Kultur des 19. Jahrhunderts zentralen Kult der Weiblichkeit ist das Alibi für männliche Aggressivität nämlich nicht vollständig. Wie wir allerdings im vierten Kapitel sehen werden, wurde im Laufe des Jahrhunderts die präzise Bedeutung auch dieser Tugend zunehmend strittig. Das Alibi der Männlichkeit erwies sich als bestenfalls ungewisser Mechanismus zur Freisetzung aggressiver Impulse. Natürlich feierten manche Propagandisten die Männlichkeit ganz ungeschminkt als reinen kraftstrotzenden Exhibitionismus. Kurz nach der Jahrhundertmitte fragt sich der kampflustige englische Geistliche und Anführer der christlichen Muskelanbeter, Charles Kingsley, in einer Schrift über den Heroismus öffentlich, «ob der Polizist nicht eigentlich unsere Kampfmoral untergräbt; und zwar gerade dann, wenn er seine Pflicht tut». Er hält es für möglich, daß «die Perfektion des Rechtswesens» sowie «der dem Körper und dem Eigentum gewährte Schutz (...) die gebildeten und wohlhabenden Schichten in die Lage eines Schoßhündchens bringen, in der weniger das Gewissen als vielmehr die Bequemlichkeit uns alle zu Feiglingen» und das Leben der meisten «belanglos und banal, weibisch und fade» macht.[1] Nach seiner Überzeugung brauchen Männer eine Umwelt, die sie energischer fordert als die viktorianische Behaglichkeit.

Daß die gebildeten Männer weibisch werden (oder bereits sein) könnten – diese Sorge macht durch die gesamte Epoche hindurch vielen Beobachtern in ganz Europa und in den Vereinigten Staaten zu schaffen. Schon 1831, ein Jahr vor seinem Tode, hatte der alte Goethe, der weder ein guter Christ noch eine ausgeprägte Kämpfernatur war, den Niedergang der Männlichkeit beklagt. Als er sich zusammen mit Johann Peter Eckermann ein paar moderne Stiche anschaut, weist er darauf hin, daß er in allen eines spürbar vermisse: die «Männlichkeit». Er bittet Eckermann, sich das Wort besonders zu merken.[2] Etwa 70 Jahre später äußert sich William James nicht anders als Goethe. Voll Sorge über die – wie er meint

– schwindenden Kräfte der bürgerlichen Mittelschichten, vergleicht er sie zur Veranschaulichung seines Gedankens mit der klassischen Antike. «Die Griechen hatten noch nicht herausgefunden, daß man das Jammern idealisieren und als eine höhere Form des Empfindens ausgeben kann. Ihr ganzes Denken war im Kern noch so männlich, daß sie keinen Pessimismus kultivieren oder sich des längeren bei ihm aufhalten mochten.» Sicher hätten die Griechen, die die «Weinerlichkeit» in Grenzen hielten, «ein ganz in Moll gehaltenes Leben von sich gewiesen». Die modernen Menschen seien «komplizierter und (sozusagen) weiblicher als die Hellenen» des klassischen Altertums.[3]

Dieser interessierte Vergleich erinnert an die berühmte heftige Tirade, die William James' Bruder Henry dem männlichen – ja mehr als männlichen – Protagonisten seines Romans *The Bostonians*, dem Südstaatler Basil Ransom, in den Mund legt. Als zorniger und in seiner schroffen Art attraktiver Held gibt Ransom wohl kaum die geheimsten Gefühle seines Autors wieder, der ja wie keiner sonst ein Ausbund an Empfindsamkeit war. Was er aber wiedergibt, ist die männliche Ideologie, und zwar in überspitzten Adjektiven, mit denen er seine «nervöse, hysterische, geschwätzige, frömmelnde Zeit» als «weiblich» anprangert, «eine Zeit der hohlen Phrasen und falschen Rücksichten und übertriebenen Besorgnisse und gehätschelten Empfindlichkeiten», alles Todfeinde für «den männlichen Charakter, das heißt die Fähigkeit, zu wagen und zu ertragen, Bescheid zu wissen und doch die Wirklichkeit nicht zu fürchten, der Welt ins Auge zu blicken und sie zu nehmen, wie sie ist».[4]

The Bostonians ist ein Roman, keine soziologische Abhandlung; Ransom ist eine literarische Figur und kein distanzierter Beobachter der bürgerlichen Gesellschaft. Aber seine Schmährede hat diagnostischen Wert: Mit Eloquenz und sparsamen Mitteln und mit dem Lästerton, den das 19. Jahrhundert so mochte, gibt sie in nuce das Plädoyer für die Männlichkeit wieder. Andere besorgte Betrachter der zeitgenössischen Gesellschaft machten sich Ransoms Klage ohne Umschweife zu eigen. In seiner 1895 gehaltenen Antrittsrede vor der Académie Française teilt der Romancier und Essayist Paul Bourget den übrigen Unsterblichen mit, der moderne Geist leide an Willenskrankheit, Nihilismus und Pessimismus. Melancholie – die unmännlichste aller Krankheiten – sei die *maladie du siècle*.[5]

Um die Jahrhundertwende war diese mannhafte Verachtung für den rückgratlosen Bourgeois zu einer internationalen Bewegung geworden. Otto Julius Bierbaum, der gemäßigte deutsche Satiriker, der so Boshaftes zur Mensur sagt, war nur einer von vielen, die sich damals über den Bürger hermachten, und spottete nicht als einziger über den «Philister, dem alles Besondere, Ausgeprägte, Bunte zuwider ist». Für den Bürger gelte, daß er «nur die Verkörperung alles Mittelmäßigen ist, aus lauter Gewöhnlichkeit, Abgeschliffenheit und Gräue besteht». Was dieses jämmerliche Geschöpf, dem die Erkenntnis, «Gefahr ist die Würze des Lebens», verschlossen bleibt, unter allen Umständen meide, seien Einsatz und Genuß der Gewalt. Der Philister des 19. Jahrhunderts scheue das Bekenntnis zu der großen Darwinschen Wahrheit des Lebens: «Kampf ist sein Element».[6]

Kurze Zeit nach der Jahrhundertwende schlägt der amerikanische Psychologe G. Stanley Hall in einem dicken Wälzer über die Adoleszenz denselben Kurs ein. Nach seiner Überzeugung müssen Knaben ihre Fähigkeiten heranbilden, indem sie «Ring-, Fecht- und Boxkämpfe, Duelle und in gewissem Maße auch Jagden» veranstalten, sich also die Tierwelt zum Vorbild nehmen, in der «überall der Kampf ums Überleben herrscht». Den Unterricht im «Mann-werden» begrüßt er als Schutzmaßnahme gegen «die Entartung, die sich im wesentlichen durch ein Nachlassen der Willenskraft und den Verlust der Ehre auszeichnet. Wahrhafte Tapferkeit braucht Feinde; Frauen sowie effeminierte und alte Männer wollen ruhigen, behaglichen Frieden, während ein echter Mann sich am edlen Kampf erfreut, der alle großen Zwecke heiligt, die Ängste vertreibt und die wichtigste Schule der Tapferkeit ist.» Nur wenige Jahre später, 1906, äußert sich der Franzose Georges Sorel in seiner politischen Theorie, die damals noch in der revolutionären syndikalistischen Phase steckt, verzweifelt über die lasche Haltung der «ängstlichen, humanitär gesonnenen Bourgeoisie»; als Gegenmittel empfiehlt er, die Radikalen sollten den bürgerlichen Kampfgeist wieder anheizen; andernfalls werde der Klassenkampf alle Schärfe verlieren und die reinigende proletarische Gewalt zur nutzlosen Übung verkommen. In einer im Jahr darauf posthum erschienenen Schrift zieht der österreichische Militärrichter und Politikwissenschaftler Gustav Ratzenhofer über «die von Weibern beiderlei Geschlechts propagierte Friedensidee» her und warnt vor den «traurigen, zivilisationsschädlichen Folgen» der «Unfähigkeit, Gewalt anzuwenden, wo Gewalt am Platze ist».[7] Die sexuelle Anspielung auf den effeminierten Bürger, dieser schon alte rhetorische Kunstgriff, hatte nichts von ihrem Reiz verloren.

Einigkeit herrschte auch darüber, daß männliche Männer fest damit rechnen können, daß die Frauen sie unwiderstehlich finden. In einem seiner letzten Romane, *The Duke's Children*, schildert Anthony Trollope seine Figur Francis Oliphant Tregear, einen jugendlichen Liebhaber, der das Pech hat, jüngster Sohn in einer Familie mit frischen aristokratischen Ambitionen zu sein, als intelligent, selbstbewußt und außerordentlich gut aussehend: «Er war dunkelhäutig, sein Haar fast schwarz, aber doch

nicht ganz schwarz; er hatte klare braune Augen, eine Nase, so eben-
mäßig wie die des Apoll, und einen Mund, um den immer jener Ausdruck
von Männlichkeit spielte, die die Frauen unter allen Eigenschaften am
meisten lieben.» Lady Mary Palliser, die Tochter des Herzogs von
Omnium, liebt dieses Muster von einem Mann und verteidigt ihn als den
geeigneten Gatten, ungeachtet seiner Armut und seiner vergleichsweise
bescheidenen Verwandtschaft: «Er ist ein Gentleman, hochgebildet, sehr
intelligent, aus alter Familie – älter als Papas Familie, glaube ich. Und er
ist männlich und schön; genau wie ein junger Mann sein sollte. Er ist nur
nicht reich.»[8] Was ist schon Geldmangel gegen blendendes Aussehen und
mannhaftes Betragen?

In dieser Zeit, die verzweifelt versuchte, die Leidenschaften unter Kontrolle zu bringen, war der unheilvolle Mätressensammler Don Juan ganz
fehl am Platze. Romanciers wie Trollope offerierten eine sichere, gezähmte
Version des Don – einen stattlichen, attraktiven, kurz männlichen Freier.
Romanfiguren à la Tregear ließen zwar kaum Zweifel daran, daß Trollopes
Jahrhundert von einem männlichen Mann träumte, waren aber doch harmlose bürgerliche Ausgaben dieses Mannes, Liebhaber, mit denen anständige Männer sich identifizieren und die ehrbare Frauen begehren konnten.
Noch in den Anfängen des Jahrhunderts hatte E. T. A. Hoffmann in seiner
sonderbar traumhaften Erzählung über Don Giovanni, einer eigenartigen
Mischung aus Phantasie und Realität, etwas von der dämonischen Macht
angedeutet, die man Don Juan in Musik und Literatur traditionell vindi-
ziert hatte. In der Erzählung ist der Sänger, der die Titelrolle spielt, «eine
kräftige, herrliche Gestalt: das Gesicht ist männlich schön; eine erhabene
Nase, durchbohrende Augen, weich geformte Lippen».[9] Bei späteren
Autoren haben es die männlichen Protagonisten dann weniger auf die
Verführung als auf die Ehe abgesehen.

Natürlich wußten die Bürger auch andere Qualitäten zu schätzen, die
einen Mann für Frauen attraktiv machen: die richtige Verwandtschaft,
eine gute Pfründe in der Kirche, vielversprechende Geschäftsaussichten,
vielleicht ein akademischer Grad. Aber gutes Aussehen war keineswegs
nebensächlich. Als die amerikanische Reiseschriftstellerin Grace Greenwood 1852 mit dem Vergnügungsdampfer *Atlantic* nach Europa fuhr, saß
sie mit Otto Goldschmidt, dem bekannten Pianisten und Ehemann der
gefeierten Sängerin Jenny Lind am selben Tisch. Er fasziniert sie «nicht
nur als Mann von Geist, sondern als Mann von seltener Feinheit und
Vornehmheit des Charakters». Kaum zufällig aber hält sie sich nicht bei
diesen Eigenschaften, sondern bei seinem Äußeren auf. «Er hat blondes
Haar mit einer dunkelgoldenen Schattierung, weiche, braune Augen, die
nachdenklich, ja fast traurig blicken. Nie habe ich einen reineren und

vergeistigteren Gesichtsausdruck gesehen. Doch bei aller Weichheit und Jugendlichkeit läßt Mr. Goldschmidts Gesicht nirgendwo Würde und Männlichkeit vermissen.»[10]

Greenwoods einfühlsame und differenzierte Schilderung von Jenny Linds attraktivem Ehemann, der an Hoffmanns Don Giovanni mit seinen weich geformten Lippen erinnert, ist ein Indiz dafür, daß die Bedeutung des Wortes «Männlichkeit» heillos ungenau und ziemlich umstritten war. Die Alibis für Aggressivität waren alles andere als eindeutig; ein einzelnes, scheinbar unkompliziertes Wort stand für die unterschiedlichsten Phantasien, bedeutete für viele Männer – und Frauen – etwas ganz Verschiedenes. Daher kann es eigentlich nicht überraschen, daß der eine Betrachter Oscar Wilde «männlich» nennt, während ein anderer ihn «unmännlich» findet.[11] Wie die Wolke, mit der Hamlet den Höfling Polonius zu komischer Verzweiflung treibt, sieht auch die Männlichkeit mal wie ein Wiesel, mal wie ein Walfisch aus.

Im gesamten bürgerlichen Zeitalter gibt es Unmengen von Beispielen, in denen das Wort «männlich» in positiver, mehr oder weniger ungezielt zustimmender Bedeutung gebraucht wird. Aus der Vielzahl der Beispiele hier nur einige wenige. Im Jahr 1811 spendet Samuel Rogers – in Anspielung auf einen Streit zwischen Lord Byron und seinem Freund Thomas Moore, der fast bis zum Duell geführt hätte, hätte Byron ihn nicht bewußt beendet – diesem letzteren Beifall, weil er sich «aufrichtig und männlich» verhalten habe. Byron nimmt diese Bemerkung als Kompliment sowohl für seine Entschlossenheit, der Gefahr entgegenzutreten, wie auch seine Bereitschaft, sie abzuwenden.[12] Um die Jahrhundertmitte spricht Theodor Mommsen in seinem großen Werk *Römische Geschichte* mit Bewunderung von der «männlichen Beredsamkeit» und der «männlich schönen Erscheinung» seines heißgeliebten Julius Caesar. Genau damals entdeckt auch der französische Journalist Louis François Veuillot dieselbe Qualität in den politischen Streitschriften des Journalisten und Bühnenautors Auguste Romieu, der sich mit Louis Napoléon angelegt hatte: «Mehr kann man kaum auf weniger Seiten sagen, und nicht mit männlicherer Beredsamkeit.»[13] Thomas Babington Macaulay rühmt den bäuerlichen Mittelstand im England des späten 17. Jahrhunderts als «überaus männlichen und aufrichtigen Menschenschlag», während Walter Bagehot in *Physics and Politics* feststellt, daß alle Nationen, die «viel harte Männlichkeit» für «ein bißchen Fortschrittlichkeit» hergeben, sich unter den Wracks der Geschichte wiederfinden.[14] Hier spricht er nur die einhellige Meinung vieler aus: Auf die Männlichkeit zu verzichten ist ziemlich riskant.

Die Romanciers, zumal die englischen, gebrauchten das Attribut
männlich mit fast wahnwitziger Hingabe. In *Martin Chuzzlewit* (um nur
ein Beispiel zu nennen) taucht das Wort «männlich» mindestens zehnmal
auf. Vom Naturell her ist der junge Martin Chuzzlewit «frei und männlich», und die Rechtschaffenen, die gegen den Schurken, den aalglatten
Betrüger Pecksniff antreten, wirken neben ihm «so ritterlich und so
männlich»; später dann fordert John Westlock von Tom Pinch «eine
männliche und aufrichtige Antwort» auf eine heikle Frage.[15] Trotz ihres
eher impressionistischen Umgangs mit dieser bewundernswerten Eigenschaft wußten Dickens und seine literarischen Kollegen genau, was ihre
Leser wünschten – einen männlichen Helden, der eine weibliche Heldin
heiratet. Auch Humoristen und Philosophen machte freizügigen Gebrauch von dem Wort. In den frühen 60er Jahren beschwört W. S. Gilbert
irgendwo in seinen *Bab Ballads* die Schatten, die ihn verfolgen:

Die Geister um das Grab all dessen,
was männlich, frei und tapfer ist.[16]

Fast vierzig Jahre später trauert William James, als er vom Tod seines
Freundes John Ropes erfährt, um den «alten J. C. R.» mit «seiner Männlichkeit, Kameradschaft und Heiterkeit und seinem Idealismus der richtigen Art».[17] Ganz sichtlich gab es im bürgerlichen Jahrhundert Männlichkeit in Hülle und Fülle.

In all diesen Textbeispielen – und vielen ähnlichen – zählen die Schriftsteller darauf, daß man sie auch dann versteht, wenn sie dem Epitheton
keine fest umrissene Bedeutung geben – oder letztlich nicht geben können. Nicht selten fungierte «männlich» einfach als freundliche Floskel, als
vager Ausdruck der Zustimmung, und nicht als plastisches Charakteristikum. Wenn Hurell Foude als Jugendlicher seinen jüngeren Bruder James
quält, indem er ihn an den Fersen packt und mit seinem Kopf das schlam-
mige Wasser eines Baches aufwühlt, «um ihn männlicher zu machen»,
dann begreift man genau (auch wenn man es nicht gutheißt), worin sein
Erziehungsziel besteht. Aber wenn das Objekt dieser drastischen Erziehung zur Mannhaftigkeit sein ganzes Leben nach «einer positiven, männlichen und für den Verstand glaubhaften Erklärung der Welt» sucht, dann
ist nicht unmittelbar deutlich, was für eine Weltanschauung er eigentlich
meint.[18] Vielleicht ahnt man, warum Henry James sich über den Mangel
an Männlichkeit in Burne-Jones' Gemälden beklagt, wenn man sich die
grazilen, oftmals fast knochenlosen männlichen Gestalten auf seinen Bildern vor Augen hält.[19] Schwer zu ergründen ist aber, was Thackeray
vorschwebt, wenn er in Robert Fleurys Salonmalerei «die *Männlichkeit*
des Künstlers» bewundert.[20] Da Thackeray kein Freund von Helden-

pathos war, kann man nur vermuten, daß er mit dem Vokabular der Männlichkeitsideologen, das ihm sonst überhaupt nicht zusagt, den besonderen Schwung in der Fleuryschen Maltechnik und sein unbeirrtes menschliches Mitgefühl zum Ausdruck bringen will.

Die freizügige Übertragung des Wortes auf Werke der Kunst und Literatur läßt kaum einen Zweifel daran, daß «Männlichkeit» im 19. Jahrhundert zumindest zum Teil eine ästhetische Kategorie war. Nicht zufällig rühmt der große romantische Kritiker Friedrich Schlegel kurz vor Beginn des 19. Jahrhunderts eine Schrift von Friedrich Schiller, weil sie «bestimmt, gedrängt, schmucklos und männlich» sei.[21] Schlegels Lob gilt vor allem dem prägnanten und selbstsicheren Stil, und sein Kompliment macht in der gesamten bürgerlichen Epoche Schule. In einem frühen Essay hebt Macaulay Macchiavellis «kluges und freimütiges Denken» hervor, das «sich in seiner brillanten, männlichen und geschliffenen Sprache manifestiert».[22] Später, an der Wende zum 20. Jahrhundert, schreibt der bedeutende österreichische Altphilologe und -historiker Theodor Gomperz an einen Freund, er habe gerade mit großer Freude Gustav Frenssens neuen Roman *Jörn Uhl* gelesen, «ein männliches, echt deutsches Buch».[23] Für Gomperz meint «männlich» hier die Hartnäckigkeit und Entschlossenheit des bäuerlichen Helden gegenüber den ihn umgebenden ausschweifenden, unduldsamen Kleinbauern.

Als wäre solche Sprachgymnastik nicht schon verwirrend genug, übertrugen die Viktorianer die «Männlichkeit» auch noch auf die Frauen. In einem Brief an seine 13jährige Tochter Margaret, die weit weg von zu Hause einsam und deprimiert an einer englischen Schule sitzt, will William James ihr Mut machen, indem er ihren Entschluß lobt: «Ich glaube, Du hast unter schwierigen Umständen versucht, etwas Männliches zu tun.»[24] Samuel Smiles, der Apostel der Selbsthilfe (der «Self-Help»), meint der wackeren antifeministischen Journalistin Eliza Lynn Linton ein Kompliment zu machen, als er sie mit «meine Männlichste Ihres Geschlechts» anredet. Die Sache wird auch nicht klarer dadurch, daß die Viktorianer der «Männlichkeit» mitunter eine ironische, spöttische Schärfe verleihen. Als Dickens in *Martin Chuzzlewit* sarkastisch über den großsprecherischen amerikanischen General Fladdock herzieht, mokiert er sich über seine «männliche Brust».[25] In seinem Roman *Sybil* schreibt Disraeli, daß «sich ein Schuljunge damals» – vor Verabschiedung des Reformgesetzes von 1832 – «die Kirche als fette Pfründe, den Staat als korrupte Boroughs vorstellte. Nichts tun und doch etwas bekommen – so sah im Kopf eines Jungen das Ideal einer männlichen Karriere aus».[26] Trotz der Ernsthaftigkeit, die die mit Männlichkeit Begabten gern an den Tag legten, hatten sie doch auch für die komische Seite des Wortes etwas übrig.

Mit Hilfe der «Männlichkeit» zieht denn auch Heinrich Heine über die Deutschen her, die sich 1813 untertänigst «befreiten»: «Als Gott, der Schnee und die Kosaken die besten Kräfte des Napoleon zerstört hatten, erhielten wir Deutschen den allerhöchsten Befehl, uns vom fremden Joche zu befreien, und wir loderten auf in männlichem Zorn ob der allzu lang ertragenen Knechtschaft, und wir begeisterten uns durch die guten Melodien und schlechten Verse der Körner'schen Lieder, und wir erkämpften die Freiheit, denn wir thun Alles, was uns von unseren Fürsten befohlen wird.»[27] Hier bestätigt sich noch einmal das bereits Gesagte: Wenn eine Frau männlich sein und ein wirklicher Mann sich über «Männlichkeit» lustig machen kann, dann hat das Ideal einen so weiten Bedeutungsspielraum, daß es kein unbedingt zuverlässiges Alibi für den Aggressionstrieb sein kann.

Natürlich machten die Autoren des 19. Jahrhunderts kühne Versuche, diesem schwer faßbaren Ideal etwas Substanz zu verleihen, aber die eine Verwendung vertrug sich nicht mit der anderen. Im Jahr 1848, während der Präsidentschaftswahl in Frankreich, empfahl der liberale Politiker A. J. S. Dufaure einen der Kandidaten, nämlich General Cavaignac, weil er so männlich – *mâle* – sei: «Bei der Wahl, die die Nation zu treffen hat, muß sie sich einer untadeligen Vergangenheit, einem unangefochtenen Patriotismus, einer männlichen, kraftvollen, im Dienst an der Republik erprobten Entschlossenheit und nicht etwa aussichtslosen und trügerischen Versprechungen anvertrauen.» Hier ist Männlichkeit unlöslich verbunden mit Kraft.[28] William Morris hingegen, der einem Freund klagt, er fühle sich gegenüber der Drepression und der Angst vor künstlerischer Unproduktivität so hilflos, gesteht ein: «Es wirkt so unmännlich.»[29] Welche Männlichkeit Morris bei sich vermißt, ist leicht herauszufinden: Er schämt sich, daß er bei psychischer Belastung nicht einfach jenes stoische Zähne-Zusammenbeißen fertigbringt, das so viele seiner Zeitgenossen als spezielle Gabe eines Mannes rühmen. Und der äußerst produktive französische Publizist Charles Wagner setzt in einer Artikelserie über die Tapferkeit die «männliche Ehre» mit der standhaften Weigerung gleich, vor der Wollust zu kapitulieren oder «die Liebe eines reinen Mädchens auszunutzen». Hier meint Männlichkeit soviel wie Jungfräulichkeit.[30] Dies waren die wackeren, aber weitgehend nutzlosen Versuche zur Konkretisierung.

Es gab auch eine ziemlich umstrittene Seite des Epithetons: seine Anwendung auf den Charakter. Thomas Carlyle schildert, wie Cromwell 1647 die Stadt London mit seiner «edelmütigen mannhaften *Einfachheit*» für sich gewann.[31] Georg Ebers wiederum, der deutsche Ägyptologe und Autor unterhaltsamer historischer Romane, erinnert sich, daß der Direktor seines Gymnasiums «ernst, durchaus natürlich, tüchtig, stark, zuverlässig, streng gerecht, frei von jeder Laune» und «in jedem Zoll ... ein Mann» gewesen sei.[32] Als Woodrow Wilson 1877 in Princeton studierte und zu einem Rednerwettbewerb nicht zugelassen wurde, versuchte sein Vater ihn mit Verweis auf seine Charakterstärke zu trösten. Er freue sich über den Mißerfolg seines Sohnes, schreibt er, weil er zeigen werde, «aus welchem Stoff Du gemacht bist». Nach einigen Tagen der Entmutigung werde Woodrow «sich mit neuer Entschlossenheit wieder aufrichten», mit größerer Entschlußkraft, «in der sich eine erhabene und ehrenhafte Männlichkeit ankündigt». Das war eine klangvolle, wenngleich etwas klägliche Ermahnung, reines Wunschdenken: «Ich kenne Dich. Du bist fähig zu harter geistiger Arbeit und Ausdauer auch bei Fehlschlägen. Du bist männlich. Du bist wahrhaftig. Du bist strebsam.»[33] Männlich sein war schon schwierig; noch schwieriger war es, Vater – oder Sohn – eines männlichen Mannes zu sein.

Das Männlichkeitsdenken des Bürgertums war nicht nur zweideutig, sondern bisweilen auch besonnen und differenziert. Vielen diente die männliche Haltung dazu, sich die ergebene Duldung der Frauen zu sichern, und die viktorianische Gesellschaft tat ihr Mögliches, um aus dieser Ideologie eine self-fulfilling prophecy zu machen.[34] Viele andere hingegen erklärten die Männlichkeit ganz ausdrücklich zu einem gelungenen Gleichgewicht zwischen Aggressivität und Disziplin. In einem 1907 erschienenen Buch über die Erziehung zur Männlichkeit definiert der deutsche Pädagoge Ludwig Gurlitt sie zunächst als «Inbegriff all der Tugenden, die das Wesen eines echten Mannes ausmachen, als da sind: Wahrhaftigkeit, Tapferkeit, Ausdauer, Treue, Edelmut», macht aber sogleich einen Rückzieher mit dem Hinweis darauf, daß eine solche Vollkommenheit nicht realistisch sei. Die wirklichen Männer seien kompliziert, menschlich-allzumenschlich und nicht etwa ausnahmslos Generäle oder aggressive Staatsmänner. Bismarck sei nicht männlicher als Goethe und Schiller, Beethoven und Wagner. Zwei Jahre später spricht der deutsche Pädagoge Friedrich Wilhelm Foerster von «Festigkeit, verbunden mit Güte und Selbstbeherrschung – das ist die wahre Blüte kraftvoller Männlichkeit». Festigkeit nämlich werde «nicht durch Brutalität und Härte erzeugt: im Gegenteil; übertriebene äußere Schneidigkeit ist immer ein Zeichen mangelnder innerer Festigkeit, verrät eine verborgene Furcht und Unsicherheit». Eine derartige Ansicht war weit verbreitet. Selbst G. Stanley Hall, der die Männlichkeit in höchsten Tönen besingt, hat ja etwas gegen «übertriebenen Kampfgeist». Genau dies meint auch Thackeray ein halbes Jahrhundert zuvor in seiner berühmten Vorrede zu

Pendennis. Sein Held habe die sexuelle Versuchung durchgemacht und sich über sie erhoben: «Er hatte die Leidenschaften, um zu empfinden, aber auch die Männlichkeit und den Edelmut, um ihrer Herr zu werden.»[35] Der echte männliche Mann kann sich nach seiner Ansicht gleichermaßen Geltung verschaffen und beherrschen. Zu keinem Zeitpunkt hatten in der Debatte diejenigen das Sagen, die dem brutalen Reden über den männlichen Mann Beifall klatschten; in der Partei der männlichen Aggressivität bildeten sie nur den extremistischen Flügel.

Viele Propagandisten der Männlichkeit gaben also durchaus zärtlichen Gefühlen Raum, und zwar nicht als Korrelat zur Beschützerrolle des Mannes gegenüber den weltabgewandten, ängstlichen Frauen, sondern um der Zärtlichkeit selbst willen. Nichts auszusetzen hatten sie an ausdrucksvollen emotionalen Gesten, die selbst in den nördlichen Breiten der Protestanten mit ihren sprichwörtlich zusammengekniffenen Lippen keineswegs tabu waren. Im Leben wie im Roman war eine männliche Träne – oder auch zwei – durchaus erlaubt, wenn es darum ging, einen unwiederbringlichen Verlust kundzutun oder ein lang ersehntes Wiedersehen zu feiern. Ehemänner haben im entscheidenden Augenblick der Geburt oder bei einer Erkrankung der Ehefrau ohne jeden Rechtfertigungsdruck häusliche Arbeiten verrichtet, vielleicht mit einem leichten Anflug von Befangenheit, aber ohne peinliche Gefühle. Ein Mann galt nicht zwangsläufig als weibisch, wenn er sein Schwert ablegte, mit Freude Poesie las oder bei einem Konzert weinte. Selbst Francis Galton, der Begründer der Eugenik, konnte trotz all seiner unbeugsamen Ansichten über das menschliche Tier der Komplexität seinen Tribut entrichten. In einem Vortrag vor der Soziologischen Gesellschaft führte er erwünschte männliche Eigenschaften wie etwa «Gesundheit, Kraft, Tüchtigkeit» und «Männlichkeit» auf, fügte aber rasch auch «Gesittung» hinzu.[36] Die Frauen wiederum haben durchaus ihren Einfluß in der Öffentlichkeit geltend gemacht und unbeirrt an ihren mildtätigen Anstrengungen festgehalten, auch wenn sie dabei auf entsetzliche Armut oder entstellende Krankheiten stießen. Sie haben die gängigen Phrasen von der Frau als einem biegsamen Püppchen widerlegt, ohne deswegen als nicht mehr weiblich zu gelten. Ruskins häufig kopiertes Bild, in dem die Frau als gefügige Königin sich mit der Herrschaft über den Herd begnügt, während ihr Gemahl von den Kampfstätten des Finanzwesens, der Industrie oder Politik blutige Trophäen heimbringt, war eher Wunsch als Wirklichkeit.

Bisweilen war es nicht einmal mehr ein Wunsch. Besonders deutlich zeigt sich das in den Büchern von Thomas Hughes, um die Jahrhundertmitte vermutlich der unwiderstehlichste Fürsprecher der Männlichkeit. Sein Buch *Tom Brown's Schooldays*, ein vergnügtes und gefühlvolles Porträt von Rugby, der Privatschule, die Hughes besucht hat und der er nie ganz entwachsen ist, bringt die harmlose Mittelschichtvariante des männlichen Prototyps perfekt zur Darstellung. Beim lesenden Publikum rief es enthusiastische Reaktionen hervor; fast alle – und nicht nur erinnerungsselige Privatschulabsolventen – fanden in seinem gutmütigen, spießbürgerlichen Stil Unterhaltung und Bestätigung. *Tom Brown's Schooldays* machte den Anwalt, radikalen Abgeordneten, Broad-Church-Anglikaner und christlichen Propagandisten Hughes fast über Nacht zur nationalen Berühmtheit. Nach seinem ersten Erscheinen 1857 erlebte das Buch eine Neuauflage nach der anderen, Dutzende von Auflagen in Großbritannien und den Vereinigten Staaten sowie Übersetzungen in die wichtigsten europäischen Sprachen.[37] Tom Browns Männlichkeit – so warnt Hughes seine Leser gleich auf den ersten Seiten – ist eine wertvolle ererbte Eigenschaft. «Die Browns sind eine Familie von Kämpfern. Ihre Klugheit, ihren Witz oder ihre Schönheit mag man in Zweifel ziehen. Über ihren Kampfgeist aber kann es keinen Zweifel geben.» In grimmiger Treue stehen sie zueinander, sind dogmatisch in ihren Anschauungen, unerschütterlich in ihrer Gegnerschaft und frei von jedem Snobismus. Der junge Tom, in diesem Punkt wie in allen übrigen ein guter Brown, ist ein «kräftiger und rauflustiger Lausbub» und von Kindheit an umjubelter Sportler. Er macht Ringkämpfe, geht angeln und spielt Football; besonders hervortun kann er sich auch beim «back-swording», einer auf dem englischen Dorf verbreiteten Variante der Mensur, die mit Stöcken ausgefochten wird, ein blutiger Sport, der schmerzhafte Striemen hinterläßt. Bezeichnend für die Faustrechtatmosphäre des Buches ist, daß im Mittelpunkt des Kapitels über Toms Einführung in Rugby ein liebevoll geschildertes Gedränge, ein zäh umkämpftes Football-Spiel steht.[38]

Tom Browns Welt ist eine Welt der Anständigkeit, Unabhängigkeit, Zwanglosigkeit, der Aufopferung und des echten innerlich-religiösen Glaubens, der hart durchgefochtenen und ehrenhaft gewonnenen Wettspiele. Eine Welt ohne Frauen, mit Ausnahme natürlich der «lieben Mama», die stets in Toms Herzen weilt, auch wenn – ja besonders wenn – er weit von zu Hause weg ist. In einem entscheidenden Augenblick, als er nämlich von brutalen Schulkameraden bis zur Bewußtlosigkeit gefoltert worden ist und wieder zu Bewußtsein kommt, ist sein erstes Wort «Mutter»![39] Dies ist die Ausnahme, die keine ist; Toms Liebe zur Mutter – sie bleibt die einzige Frau in seinem Leben, bis er sich sehr viel später in eine gleichartige Frau verliebt – ist geradezu Garant seiner Männlichkeit.

Kein Wunder, daß sich Thomas Hughes' – und Tom Browns – Gedanken ständig um die Männlichkeit drehen. Die Dorfjungen und Kameraden des kleinen Tom, bevor er zur Schule geht, sind «männlich und

anständig». Und in einer eindrucksvollen Rede vor seinen Mitschülern in
Rugby mahnt der hochverehrte Old Brooke, daß – was immer sie darüber
hören mögen – «die Trunksucht weder schön noch männlich ist». Als
Autor schaltet sich Hughes häufig – und immer mit kleinen Moralpredigten – ein, um männliche Überzeugungen und Verhaltensweisen unter die
Leute zu bringen. «Spielt eure Wettspiele und macht eure Arbeit wie ein
Mann», so mahnt er seine Leser, «verhaltet euch also wie Männer; sprecht
mit lauter Stimme und wenn nötig schlagt euch für alles, was wahrhaftig
und männlich und liebenswert und gut angesehen ist.» Hughes selbst sah
den unübertroffenen Vertreter menschlicher Vortrefflichkeit, ein Vorbild
für seine Schüler und die ganze Welt, in Rugbys berühmtem Schulleiter,
Dr. Thomas Arnold. Seine «männliche Frömmigkeit» habe die Schule
verwandelt, und in seinen wöchentlichen Predigten habe jene christliche
Männlichkeit, die Hughes nun auch anderen einprägen wolle, Gestalt
angenommen. Seinen Jungen hatte Arnold immer geraten, «gegen alles
Gemeine und Unmännliche und Unrechte« zu kämpfen; für diejenigen
seiner Schüler, die noch zu jung und unerfahren gewesen seien, um seine
Botschaft voll zu erfassen, hatte er sogar einen Unterschied bei der Moralpredigt gemacht. Von derlei anfeuernden Ereignissen kommt Tom Brown
denn auch immer voll der guten Vorsätze.[40]

Dies ist schon fast ein Abschied vom unverfälschten Dogma christlicher Männlichkeit, mit dem Hughes' Freund Charles Kingsley berühmt
geworden ist; bleibt doch hier beeindruckend viel Spielraum für das im
Charakter des männlichen Mannes enthaltene «Weibliche». In *Tom
Brown's Schooldays* äußert Hughes vorsichtig Zweifel an der einfältigen
Bewunderung des muskulösen männlichen Tiers, in dem er eher die for-
cierte und billige Karikatur der rechtschaffenen Männlichkeit sieht. Nicht
umsonst hat er das Männliche mit dem «Liebenswerten» verknüpft. Die
meisten seiner Leser waren es zufrieden; zu seiner Zeit wurden ja viele
nachdenkliche Viktorianer mißtrauisch gegenüber der automatischen
Assoziierung der Männlichkeit mit Aktivität und der Weiblichkeit mit
Passivität.[41]

In *Tom Brown at Oxford,* das vier Jahre nach seiner klassischen
Hymne auf Arnolds Rugby erschien, setzte Hughes die kaum merkliche
Distanzierung von seinen muskelprotzenden Christenfreunden fort. Seinen Beifall findet noch die «Bruderschaft», die seit den 5oer Jahren des
Jahrhunderts dem religiösen Leben in England kräftigen Aufschwung
verschafft hatte. Seinem Lob zufolge sind das ritterliche und christliche
Männer, ein deutlicher Fortschritt gegenüber den, wie er sie nun nennt,
christlichen «Muskelmännern». Der gedankenlose Athlet wisse leider
überhaupt nichts von den wirklichen Zwecken seines Körpers, «er hat

nur die nebulöse Idee im Kopf, daß er mit ihm in der Welt herumspazieren und zu seinem Vorteil oder Vergnügen Männer verprügeln und
Frauen faszinieren muß, wobei er sich gleichermaßen als Knecht und
Antreiber jener grausamen und brutalen Leidenschaften betätigt, denen
man, wie er meint, unbedingt frönen und nachgeben muß – nicht zuletzt
weil es schöner ist, als wenn man es nicht tut.» Gewiß, junge Männer
«haben Kampfanfälle oder werden befallen vom Wunsch, mit ihren ärmeren Brüdern zu kämpfen, wie Kinder von den Masern. Aber je kürzer der
Anfall, desto besser für den Patienten.»[42] Weitgehend unausgesprochen
geht Hughes hier auf Distanz zu seinen Brownschen Kämpfernaturen,
die gleichsam ihr Leben lang in der Adoleszenz steckenbleiben.[43]

Die Erkenntnis, daß die Kampfanfälle ihrem Wesen nach mit der Pubertät zusammenhängen, zeugt von Scharfblick. Am Ende heißt echte Männlichkeit für Hughes und andere, daß man über die Heldentaten des Knaben, über die Adoleszenz hinausgelangt. In seinem 1879 erschienenen
Buch *The Manliness of Christ,* wo er sich in der Bibelexegese für ein breites
Publikum versucht, läutert er sein Männlichkeitsideal noch mehr und
sucht das Irdische auf die Ebene des Göttlichen zu heben. Dieser Versuch
hatte damals nichts Außergewöhnliches: Für die Bürger des 19. Jahrhunderts war der religiöse Glaube – und für manche der religiöse Zweifel – ein
emotionales und soziales Kernerlebnis. Wie Hughes in der Einleitung
mitteilt, war das Büchlein aus den Lesungen hervorgegangen, die er Sonn-
tag nachmittags an dem von ihm mitbegründeten Londoner Arbeiter-
Kolleg abgehalten hatte. Mit großer Sorge hatte er erfahren, daß der
Christliche Verein Junger Männer (Y.M.C.A.) die ungehobelten, wegen
ihrer Gottlosigkeit und Ausschweifungen berüchtigten jungen Arbeiter
nicht zu erreichen vermochte, weil seiner «Ausdrucksweise und Einfluß-
nahme» offenbar «die Männlichkeit fehlt». Diejenigen, die den Y.M.C.A.
verachteten, sahen die Ursache für diese vermeintliche Schwäche in seiner
blutleeren Vorstellung vom Christentum, in seinem beständigen Appell an
«die Ängste der Menschen – an Zaghaftigkeit und Verschrecktheit, statt an
Tapferkeit und Offenherzigkeit».[44] Hughes selber hatte eine weitaus
freundlichere Meinung von der Londoner Organisation für junge Christen, aber er mußte sich eingestehen, daß die wie immer unberechtigte
Ansicht, sie trichtere nur «Schwäche» ein, um sich griff und ihre missiona-
rische Arbeit behinderte. Daher schien es ihm dringend erforderlich, daß
die Menschen in der «Männlichkeit die höchste Form des menschlichen
Charakters» – und in Charakter und Leben von Jesus Christus die Inkarnation dieser höchsten Form – erkennen lernen.[45]

In Hughes' revisionistischem Christusleben betritt der Erlöser die
Bühne als breitbeinig dahinschreitender Krieger, der mannhaft gegen ein

ganzes Arsenal von Übeln kämpft: gegen priesterliche Überheblichkeit, teuflische Versuchungen, die ihn von seiner Berufung weglocken sollen, Mißtrauen und gemeinen Spott, schmutzigen Verrat und grausamen Tod. Es ist eine grob gestrickte Erzählung; wie in *Tom Brown's Schooldays* stehen Gut und Böse einander in krasser Polarität gegenüber. Daher kann Hughes problemlos Kriegsmetaphern auffahren: «Wir werden in einen Kriegszustand hineingeboren; Falschheit und Krankheit und Unrecht und Elend belagern uns in tausend Gestalten, während die innere Stimme uns aufruft, in der ewigen Schlacht gegen dies alles unseren Mann zu stehen.» Genau das habe Christus im Vertrauen auf die innere Wahrheit getan. Als unmännlich verschrieen sei er wegen seiner sprichwörtlichen Sanftmut und wegen seines unerhörten Zusammenbruchs im Garten Gethsemane. Beide aber verblassen vor seiner erhabenen Stärke, und am Ende erweise er sich «als das wahre Haupt der Menschheit, das vollendete Idealbild nicht nur der Weisheit, Sanftheit und Liebe, sondern auch der Tapferkeit».[46] Seine Männlichkeit sei im Wortsinn unvergleichlich.

Hughes' Christus, das perfekte Wesen, ist mit mehr als nur Kriegermut ausgestattet; er verkörpert auch Weisheit, Liebe – und Empfindsamkeit. In einem Einleitungskapitel zu *The Manliness of Christ* unterscheidet Hughes sorgfältig zwischen Männlichkeit und Tapferkeit und stellt die erste über die zweite. Zur Tapferkeit, einer Eigenschaft, die manche Tiere mit dem Menschen teilen, gehören Standhaftigkeit und Geringschätzung von Sicherheit oder Bequemlichkeit. Die Männlichkeit ist umfassender; sie meint auch Zärtlichkeit und Nachdenklichkeit. «Ein großer Athlet kann ein Rohling oder Feigling sein, der wahrhaft männliche Mann hingegen keines von beiden.»[47] Die Tapferkeit des Tiers erfahre ihre Läuterung durch das hehre Motiv der Aufopferung, wie etwa beim bewundernswerten selbstmörderischen Heroismus der im Kugelhagel kämpfenden Soldaten. Aber im Kern sei Männlichkeit eher eine geistige als eine körperliche Eigenschaft und ihr oberster Prüfstein die unerschütterliche, noch gegen den entschiedensten und mächtigsten Feind bewahrte Treue zur Wahrheit.[48]

All dies ist zweifellos ziemlich grobe Kost und zielt mehr auf Ermahnung und Wiederholung als auf Analyse. Vorrang haben nach wie vor die – wenn auch näher bestimmten – soldatischen Tugenden: Christus ist nichts anderes als der perfekte Schuldirektor auf dem holprigen Schulhof einer noch nicht verbesserten Welt. Gleichwohl, mit Hilfe dieser Nuancierungen schlägt Hughes die Brücke zu einer Gegentradition, die sich in einigen seiner Zeitgenossen regt. Paradoxerweise taucht das – zartfühlende, ästhetische, recht eigentlich «weibliche» – Denken sogar bei dem aggressivsten (und vermutlich verstörtesten) unter Hughes' Bundesgenossen, nämlich bei Charles Kingsley persönlich auf. In der Öffentlichkeit blieb Kingsley natürlich unerschütterlich. Mit seiner Militanz und seiner Entlarvung all derer, die nicht so dachten wie er, als Feinde des wahren Christentums, rechtfertigte er seine Freude am Kämpfen und verschaffte sich ein Alibi für praktisch unsublimierte Aggression.[49] Zugleich aber verschloß er sich der Ahnung nicht, daß sich hinter diesem Beharren auf der Männlichkeit vielleicht nur deren Gegenteil verbirgt. Selbst wo er den persönlichen Versuchungen, dem öffentlichen Verfall und dem religiösen Irrtum den rastlosen Kampf ansagte, machten ihm die «weiblichen» Gefühle zu schaffen. In seiner Invektive gegen die – spöttisch von ihm so genannte – Effeminierung der Geistlichen in der High Church und der Römisch-Katholischen Kirche äußert sich eigentlich nur seine eigene geheime Angst vor möglichen Symptomen der Effeminierung bei sich selber.[50] Und nur dank seiner zarten Seite kann Kingsley seine Definition des Heldentums differenzieren, indem er neben den athletischen Eigenschaften auch Gerechtigkeit, Mäßigung, Bescheidenheit und die Bereitschaft zur Aufopferung dazuzählt.[51]

Interessanterweise war Elizabeth Barrett Browning gerade deshalb so von Kingsley eingenommen, weil sie diese zarte Seite an ihm beobachtete. «Wenige Männer haben einen so angenehmen Eindruck auf mich gemacht», schreibt sie 1852, nachdem sie ihm zum ersten Mal begegnet ist, «er ist originell und ernsthaft und besitzt eine freundliche, fast zärtliche Güte, die mich entzückt.» Seine Ideen mögen «in mancher Hinsicht wüst und theoretisch» sein, aber als Mann findet sie ihn «gut und edelmütig». Und später einmal gesteht sie ihrer Busenfreundin, der Dichterin und Dramatikerin Mary Russell Mitford, daß sie Kingsley fast bewundere. «‹Männlich›, sagst Du? Ich rühme Männer nicht gern, indem ich sie *männlich* nenne. Ich hasse und verabscheue männliche Männer.» Wenn sie Kingsley weder hassenswert noch abscheulich findet, dann wohl deshalb, weil sie Eigenschaften an ihm sieht, die die Welt nicht sieht. «*Menschlich* unerschrocken, wahrhaftig und ehrlich, das ist Mr. Kingsley – in ihm verbinden sich innere Herzensgüte und origineller Verstand.»[52] Ganz offensichtlich war Kingsley gewinnender, gesitteter – und friedfertiger–, wenn er sich in einem Salon unterhielt, als wenn er an seinem Schreibpult Streitschriften verfaßte oder seinen Zuhörern von der Kanzel ins Gewissen redete. Solche Anwälte der Männlichkeitsideologie waren für deren Gegner ein gefundenes Fressen.

Dieselbe Ideologie bot ihnen auch einen Anhaltspunkt für eine hämische Diagnose. Diejenigen Gegner der Männlichkeit, die die meisten ihrer Bedeutungen ablehnten, hielten sie nicht nur für eine Drohgebärde,

sondern für eine Maske. Um die Jahrhundertmitte interpretierten sie sie
als schlagendes Beispiel für eine in gesellschaftliche Regeln umgesetzte
persönliche Pathologie. Verfechter dieser Regeln wie etwa Kingsley verkauften offenbar psychische Probleme als ein Gesetz der menschlichen
Natur. Vielleicht waren die wildesten Vorkämpfer der Männlichkeit ja
nur deshalb so heftig, weil sie etwas zu verbergen hatten: einen körperlichen Defekt, eine erotische Hysterie oder eine infantile Hilflosigkeit in
der von furchterregenden Frauen heimgesuchten Erwachsenenwelt. Mit
Sicherheit war dies Thackerays Vermutung. Im Jahr 1848, noch bevor der
Männlichkeitskult in England seinen Höhepunkt erreicht hatte, machte
er in *Vanity Fair* die treffende Bemerkung, die Ostentation der Stärke, die
in den Proklamationen der Männlichkeit so verbreitet ist, könnte durchaus ein Symptom der Schwäche sein. Warum sind denn «seit undenk-
lichen Zeiten Stärke und Tapferkeit die Hauptthemen der Sänger und
Erzähler gewesen»? Seit der *Ilias* habe «sich die Dichtung immer einen
Krieger als Helden ausgesucht». Wohl nur «weil Männer im Grunde ihres
Herzens feige sind, empfinden sie so viel Bewunderung für den Wagemut
und setzen soldatische Tapferkeit weit über jede andere rühmliche und
verehrungswürdige Eigenschaft?»[53] Ein gute Frage.

Auch andere stellten sie. In einem Brief von 1860 an einen engen
Freund gesteht der von Zweifeln geplagte österreichische Dichter und
Romancier Adalbert Stifter: «Weil die gegenwärtige Weltlage Schwäche
ist, flüchte ich zur Stärke, und dichte starke Menschen, und dies stärkt
mich selber.»[54] Wenige Jahre später schrieb die *Westminster Review,* ein
für seine Unterstützung radikaler Standpunkte bekanntes Blatt, die Definition der Frau, in der der Mann sie zur Göttin von Haus und Herd
erklärt, verdanke sich allein dem panischen Schrecken der Männer: «Die
Möglichkeit, daß die Frauen bei richtiger Erziehung Fähigkeiten entwickeln könnten, die für die von Männern monopolisierten Berufe erforderlich sind, hat dazu geführt, daß man die weibliche Zerbrechlichkeit
und Unfähigkeit zur Arbeit mit etwas verdächtiger Eifersucht hütet: Haben doch die Männer, auch wenn Frauen eine noch so harte ‹entwürdi-
gende› Tätigkeit aufnahmen, immer nur dann aufgeschrieen, wenn sie
dort mit den Männern konkurrierten!»[55] Scharfsinnige Viktorianer haben
die Männlichkeit also gleichsam von innen her zersetzt. Gehört – so ihre
Frage – das Alibi nicht in die männliche Abwehr gegen weibliche Aggressivität? Ist es nicht unübersehbar egoistisch? Erdacht haben die Männer
es vermutlich in dem frommen Wunsch, sie seien die Herren der Schöpfung, – hinter dem nur die Angst steckt, daß sie es nicht sind.

Das 19. Jahrhundert legte nicht nur die eigennützige Herkunft des
Männlichkeitsdogmas offen und würdigte die «weiblichen» Eigenschaf-

ten der Männer, es entwickelte auch ausdrücklich ein antiheroisches Weltbild, in dem das kosmopolitische und pazifistische Programm der Aufklärung in die eigene Zeit hinübergerettet wurde. Im Rückgriff auf gefeierte Kritiker des soldatischen Ideals wie etwa Voltaire machte es das Berufsheldentum zum Gegenstand offenen Gespöttes. In Scharen ließen die Bürger das altehrwürdige aristokratische Banner männlicher Tapferkeit wie Fahnenflüchtige im Stich, verbannten den Heldenkult in die Oper oder ins Sportstadion und richteten an seiner Stelle ein neues Ideal auf. Dieses Ideal konkretisierte sich im undramatischen bürgerlichen Leben der gewöhnlichen Sterblichen, im beruhigenden Rückzug auf Alltagsthemen, in der Rationalität temperierter Gefühle. Sicherheit und Vernunft, so fanden sie, sind unendlich besser als die Kampfbereitschaft des Kriegers, verstandesgeleitete und friedliebende Bürger besser als kriegerische Edelleute.

Federführend bei dieser historischen Umwertung der Werte waren Romanciers wie Thackeray und Trollope. Aufgeblasene Männer von Rang mit phantastischen Uniformen und aggressivem Vokabular wurden zur beliebten Zielscheibe des Gespöttes. Natürlich hatten die Satiriker zu allen Zeiten dem Heldentum die Luft abgelassen. Seit den alten Griechen hatte ihr Geschäft darin bestanden, großspurige Sterbliche auf ihr Normalformat zurückzustutzen, geheuchelte Größe und falschen Glanz zu entlarven. Sie stehen für das Realitätsprinzip in Aktion, sie führen vor, wie es in die kindische Anbetung der Omnipotenz hineinpiekt. In den Operetten von Jacques Offenbach, von Gilbert und Sullivan – *La Grande Duchesse de Gérolstein, La Belle Hélène, Iolanthe –*, die in heiterer Form mit der Heldenideologie aufräumten, defilieren einfältige Generäle, eingebildete Beamte, bestechliche Helden und wollüstige Götter.[56] In einer späten Predigt-Persiflage liefert Thackeray noch einmal eine psychologische Erklärung der Heldenverehrung, die sie weiter zersetzt. Der Text seiner Exegese ist eine «alte Maxime», die er mit den Professoren von Oxford assoziiert: «ALL CLARET *would be port if it could!*» [Jeder Rotwein wäre Port, wenn er könnte.] Sie besagt, daß löblicher Ehrgeiz nur allzu oft in Eitelkeit, Anmaßung und Selbstsucht ausartet.[57]

Kein Wunder, daß Thackeray einen – wie er es nannte – Roman ohne einen Helden, *A Novel without a Hero*, schreiben konnte. Vielleicht ist dieser Untertitel zu *Vanity Fair* als boshafter Kommentar zu seinen mit Schwächen behafteten Romanfiguren – Becky Sharp, die schlimmste von allen, schlägt sich ohne jede Reue bis zum Ende erfolgreich durch –, vielleicht auch als Seufzer der Erleichterung über eine ach so menschliche Welt gedacht. In beiden Fällen betreibt Thackeray den Ausverkauf der Männlichkeitsideologie. Gewiß, dem Protagonisten von *Pendennis* gibt er ein «männliches Herz», aber Pendennis ist nicht frei von sonderbar gemixten, durchaus «weiblichen» Beigaben: Er ist ebenso «liebenswürdig, inbrünstig und optimistisch» wie «hochherzig und männlich und selbstverleugnend»; ein Mann eben «mit all seinen Fehlern und Unzulänglichkeiten, der kein Held sein will, sondern nichts als ein Mann und Bruder».[58] Wenn Thackeray dann doch einen Helden hat (wie etwa Henry Esmond), tun sich dessen heroische Eigenschaften in der Überwindung der sexuellen Versuchungen und im «Festhalten an Ehre, Pflicht und Tugend» kund.[59]

Am Krankenbett der Gesellschaft steht Thackeray als boshaft lächelnder Arzt. Aber sowohl Trollopes wie auch Flauberts und Fontanes unheldische Helden beweisen, daß man kein Satiriker sein muß, um den Männlichkeitskult zu verabscheuen. Kurz, die – christlichen oder sonstigen – bürgerlichen Muskelanbeter mochten sich im 19. Jahrhundert noch so sehr abmühen, sie konnten doch nicht jeden davon überzeugen, daß das komplizierte Männlichkeitsideal tatsächlich etwas ganz Elementares ist. Wenn selbst Thomas Hughes erkannte, daß «ein großer Athlet ein Rohling oder Feigling sein kann«, dann war gebildeteren Köpfen durchaus noch mehr Komplexität zugänglich. Davon zeugt etwa die psychologische Skizze, die Leslie Stephen von Macaulay angefertigt hat: «Der Leser von Macaulays Werken wird sich nicht wundern über die Männlichkeit, die ebenso unverkennbar diese Werke wie auch sein gesamtes Leben prägt. Aber nur wenige von denen, die nie mal hinter die Kulissen schauen konnten, wären gefaßt auf die nicht minder unübersehbare zarte Wesensart.»[60] Nach Stephens Überzeugung hat Macaulays gut versteckte Empfindsamkeit und Verletzlichkeit, die nur seine engsten Freunde kannten, seinem festen, beeindruckenden, männlichen Auftreten nicht etwa Abbruch getan, sondern hat es bereichert.

Dieselbe Auffassung äußert Hans von Bülow, der große Dirigent und Klaviervirtuose, geistreiche Kopf und Neurotiker. Ein junger Musiker namens Eduard von Welz, dessen Karriere er mit väterlicher Fürsorge gefördert hatte, war bei einem Studentenkonzert in München in einen peinlichen Vorfall verwickelt worden. Einer der Zuhörer hatte die im Konzertsaal anwesenden Musikstudenten schwer beleidigt, worauf sie «Genugthuung» gefordert und erhalten hatten – ob eine Entschuldigung oder ein Duell, ist nicht klar. Jedenfalls gratuliert Bülow Welz zu seinem Verhalten und stimmt dann ein exaltiertes Loblied auf die Würde seines Berufes an. «Die Zeiten des Lakaienthums, des Waschlappenthums, des Kaninchenthums, des Molluskenthums für den Künstler und den leider bisher auch unter ihnen – den Künstlern – am meisten nachhinkenden, am stärksten durch Charakterlosigkeit hervorragenden Musiker – sind vorüber. Als Diener eines weihevollen Berufes hat er das Recht, ja die Pflicht, sich auch in seiner Person respektiren zu machen.» In seiner edlen Begeisterung gerät Bülow ins Schwärmen: «Die Religion Bach's, Beethoven's und Wagner's verlangt von ihren Aposteln in erster Instanz ‹Männlichkeit›.»[61] Aber Bülow, als deutscher Adliger durchaus mit dem Duell vertraut, ist keineswegs blutrünstig. An die Mutter des jungen Welz, Louise von Welz, schreibt er: «He who knows to bridle his tongue and to overcome his passions, is stronger than he who takes cities by assault.»[62] [Wer seine Zunge im Zaum zu halten und seine Leidenschaften zu überwinden weiß, ist stärker als einer, der Städte im Sturm nimmt.] Für Hans von Bülow ist also, genau wie für Leslie Stephen und natürlich Thomas Hughes, die Männlichkeit eine janusköpfige, den beiden Extremen der menschlichen Natur zugewandte Gottheit. In ihrer vergleichsweise zivilisierten und auf ihre Art auch zivilisierenden Gestalt ist die Männlichkeit nur noch sehr begrenzt eine Stütze des nackten Kampftriebs.

Die eher harmlosen Lesarten der Männlichkeit schaffen eine aufschlußreiche Distanz gegenüber der Kultivierung des Hasses in jenen Gesellschaften, die zielstrebig dem Kult der Ehre anhingen – aufschlußreich deshalb, weil der Gegensatz Aufschluß über die bürgerlichen Einstellungen gibt. Dieser – vor allem in aristokratischen und primitiven Gesellschaften beheimatete – Kult lebte bis ins 19. Jahrhundert fort, und zwar insbesondere im amerikanischen Vorkriegssüden, in den Mittelmeerländern und natürlich in der auf ihre Duelle so stolzen akademischen Subkultur Deutschlands. In diesen Kulturen gab es eine extreme Empfindlichkeit in der großen Sache der Ehre. Alle wichtigen Bereiche des Lebens – *rites de passage,* gesellschaftlicher Verkehr, Partnerwahl, Standes- und Rangordnungen, ja sogar Geschäftsbeziehungen – waren bis ins kleinste geregelt und unterlagen einer zwanghaft oktroyierten Ritualisierung. Beleidigungen – gleichgültig, ob sie wirklich oder nur erfunden waren mußten mit allen nur verfügbaren Mitteln gerächt werden: mit sozialer Ächtung, mit dem Duell, mit Lynchjustiz und Blutrache. Schon als junge Burschen sahen sich die Männer gezwungen, ihre Männlichkeit zu demonstrieren und pausenlos zu reaffirmieren, ihre Verwegenheit, ihre reine physische Kraft, ihre Standhaftigkeit gegenüber den körperlichen Leiden, die ihr gefahrensüchtiges Leben unweigerlich mit sich brachte, unter Beweis zu stellen. Für die nach dem Heldenkodex lebenden Gesellschaften war Ansehen das hehre Ziel, Schmerz der notwendige Prüfstein, Schande eine permanente Drohung; die Autonomie wurde der Anerkennung durch andere zum Opfer gebracht. In diesen Kulturen war die Gesellschaft das Über-Ich.

Männlichkeit hatte bei ihnen einen überdimensionalen Wert. Als im Juni 1861 der amerikanische Bürgerkrieg hitziger wurde, rechtfertigte der bekannte Sezessionist Lucius Quintus Cincinnatus Lamar den Konflikt unter Berufung auf die *Ilias* und – wie zu erwarten – auf den Wesensunterschied zwischen Männlichem und Weiblichem: «Der Kampf mußte kommen. Wir sind Männer, nicht Frauen. Das Herumstreiten hatte sich schon lange hingezogen. Wir hassen einander so sehr – der Kampf mußte kommen. Selbst Homers Helden haben, nachdem sie genug gewütet und gekeift hatten, wie wackere Männer gekämpft, ausdauernd und anständig.» Noch in seinem Bedauern bezieht er sich auf die Imperative des Heldentums: Leider habe es gerade ein Mangel an Männlichkeit notwendig gemacht, sie nun besonders nachdrücklich unter Beweis zu stellen. Er erinnert an die skandalöse Szene, die sich 1856 auf dem Flur des Senatsgebäudes abspielte, als der Kongreßabgeordnete Preston Brooks aus South Carolina den Senator Charles Sumner aus Massachusetts bewußtlos schlug, weil er seinen Onkel beleidigt hatte. Hätte – so Lamar sarkastisch – «der athletische Sumner auf seine Männlichkeit und Erziehung gepocht und bei Preston Brooks' Angriff zurückgeschlagen, dann hätten die Schläge des letzteren nicht zum ersten Gefecht des Krieges werden müssen. Sumners Land kämpfte, weil er es nicht tat.»[63]

Ein merkwürdiges Argument. Natürlich hat kein vereinzelter gewalttätiger Zwischenfall den Bürgerkrieg ausgelöst. Psychologisch aber ist es aufschlußreich, weil es den übriggebliebenen Einfluß des klassischen (oder primitiven) aristokratischen Verhaltenskodex im 19. Jahrhundert dokumentiert. Tatsächlich war dieser Kodex so tief verwurzelt, daß viele Frauen, besonders im amerikanischen Süden, sich ihm mit Leib und Seele verschrieben und ihn von einer Generation zur nächsten weitergaben, obgleich sie selbst häufig seine Opfer waren. Mit ihrem Appell an die Söhne, immer an ihre Ehre zu denken und lieber im Kampf zu sterben als durch den Rückzug zu überleben, waren sie die moderne Variante der legendären spartanischen Mutter, die sich gefreut haben soll, daß ihre Söhne nie mit Verletzungen auf dem Rücken erwischt wurden.[64]

Gewiß haben diese Frauen des amerikanischen Südens genau wie andere Mütter und Ehefrauen, die den kostbaren Regelkanon der Männlichkeit weitergaben, den unüberlegten Rekurs auf Gewalt verworfen. Er galt ja als Zeichen von Unreife und nicht von Tapferkeit und verstieß gegen die hochgesteckten Ideale, nach denen man zu leben suchte. Aber sie waren bereit, gefährliche Situationen, in denen das Leben ihrer Männer auf dem Spiel stand, zu dulden, ja sie schienen fast entschlossen, sie zu provozieren. Wie andere Heldenmütter erhoben diese Frauen Forderungen, mit denen sie ihren Söhnen beinahe unerträgliche Strapazen auferlegten, da diese angstvoll darauf bedacht gewesen sein müssen, die mütterliche Anerkennung nicht zu verlieren. Um die Versagensängste zu beschwichtigen, mußten diese jungen Männer, die sich permanent zu beweisen hatten, zwangsläufig eine feindliche Haltung gegenüber möglichen Rivalen oder Gegnern entwickeln und die banalsten Bemerkungen und zufälligsten Gesten zum Anlaß nehmen, sich voll Ingrimm Geltung zu verschaffen.

Im Mittelpunkt dieser ritterlichen Kampfbereitschaft stand die Frau. Ihrem Bewußtsein prägten die Helden das Bild der Mutter oder der Ehefrau und, stärker als sie ahnten, ihrem Unbewußten ein bei weitem ambivalenteres Bild von beiden ein. Die Verpflichtungen waren wechselseitig. Mit all ihren stillschweigenden Ängsten und Haßgefühlen konnten die Männer keinen Zweifel daran dulden, daß nicht bloß sie selbst ihre Frauen nicht enttäuschen dürfen, sondern auch die von ihnen geliebten Frauen nach den höchstmöglichen Maßstäben leben müssen. Bei aller Sanftmut mußten ihre Frauen stark sein, anbetungswürdig, immer bereit zur Anerkennung der männlichen Vorrangstellung und willens, ihren Männern Zeit, Kraft und die eigenen (Trieb-)Wünsche zu opfern. Bezeichnender-, aber kaum überraschenderweise galten in diesem Sittenkodex als schwerste Verbrechen die Unkeuschheit eines Mädchens und die Untreue einer Ehefrau. Die Schande einer Frau befleckte den Ruf des Mannes, dem sie gehörte, also des Sohnes, Ehemannes oder Bruders, so lange, bis der Schandfleck – durch Aggression – getilgt war.

Doch gerade beim Sexualverhalten, mithin am heikelsten Punkt der männlichen Ehre, sah dieses Kredo inoffiziell, aber gebieterisch, seine eigene Überschreitung vor. Verstöße gegen das sexuelle Ideal waren ebenso gewissenhaft geregelt wie die Vorkehrungen, die für seine Einhaltung getroffen wurden. Zu den höchsten Beweisen der Männlichkeit gehörte ja neben der Fähigkeit, Schmerzen zu ertragen, ohne mit der Wimper zu zucken, auch der erotische Exhibitionismus.[65] Ein junger Mann, so hieß es, demonstriert seine Männlichkeit, indem er säuft, flucht, sich schlägt und hurt. Sexuelle Siege waren Trophäen, die der Jugendliche auf dem Weg zum Mannesalter sammelt; jede seiner Großtaten war ein Beleg seiner Männlichkeit, auf die er und seine Kumpanen so viel Wert legten – vermutlich weil sie einen solchen Beleg immer wieder brauchten. Entfliehen konnte man diesen konfligierenden Anforderungen, der Vereidigung sowohl auf sexuelle Reinheit wie auch sexuelle Unreinheit, nur dann, wenn man seine Befriedigung bei Außenseitern suchte, bei denen, die zu fremd oder zu gering sind, um als Ehepartner in Frage zu kommen.

Daneben wirkt die augenzwinkernde bürgerliche Phrase von den jungen Männern, die sich die Hörner abstoßen sollen, nachgerade blaß. Das

Privatleben der männlichen Bürger zeigt diese Phrase in Aktion: die
Pennäler gingen in Bordelle, die Junggesellen hatten verbotene Roman-
zen mit Verkäuferinnen oder, wenn sie unkonventionell und wohlhabend
genug waren, mit Damen vom Ballett. Das rührende und zum Scheitern
verurteilte Liebesverhältnis, das Thomas Manns junger Thomas Budden-
brook mit einer bezaubernden, orientalisch aussehenden Blumenverkäu-
ferin unterhält, bis er sie unter dem Druck der Familie aufgibt, ist eine
beredte literarische Repräsentanz für ungezählte Liebesaffären im wirklichen Leben der Bürger.[66] Gleichwohl wirken die Kämpfe der männlichen Bürger um Trophäen in Sport, Politik, Krieg und Liebe entschieden zivilisiert im Vergleich zu den verzweifelten Siegesanstrengungen in
Kulturen, in denen die Vereidigung auf die Ehre unumstritten war.

Immer wenn das 19. Jahrhundert dafür warb, die Männlichkeit zu differenzieren und zu zivilisieren, reagierten deren erzkonservative Vorkämpfer angewidert und wütend. Sie schlugen zurück; etwas anderes konnten
sie kaum tun. Diejenigen, die da pietätlos über veraltete männliche
Tugenden herzogen, machten nach ihrer Überzeugung nichts anderes, als
am Lebensnerv ihrer Welt zu nagen. Allenthalben Zeichen des Verfalls:
Der spürbare Schwund des religiösen Glaubens, das ungenierte Eintreten
für die freie Liebe, die Agitation, mit der die Frauen vom Hausfrauen-
schicksal weggelockt werden sollten, die sinkende Geburtenrate in bürgerlichen Familien. Die Gegenangriffe setzten also unweigerlich manche
bedenklichen Gefühle frei und regten zu manchen bedenklichen politischen Maßnahmen an. In aggressivsten Tönen machten sich Vertreter der
Männlichkeit wie etwa Theodore Roosevelt in einer Zeit der Entkräftung
zum Anwalt der Männlichkeit. Aber selbst bei den weniger dezidierten
und weniger reizbaren Polemikern geriet die Ehrenrettung der aggressiven Männlichkeit gefährlich nah an den Rand des Antiintellektualismus,
ja der Roheit heran. Eine fast panische Angst vor Dekadenz und ihr
Gegenstück, die – gegen Ende des Jahrhunderts immer lärmendere und
trostlosere – Verhimmelung der Kriegertugenden, provozierten den Ruf
nach schier verzweifelten Gegenmaßnahmen. Im Hintergrund (und nicht
selten auch im Vordergrund) solcher Verteufelung und Verhimmelung
lauerte der wahre Feind, der geschmäht, gezüchtigt, besiegt werden
mußte: der materialistische unmännliche Bürger.

Als sich Kingsley gegen Ende des Jahres 1868 bei Sir Henry Taylor für
dessen «tüchtige Streitschrift» *Crime and Its Punishment* bedankt, prophezeit er, daß Taylors Plädoyer für eine «gerechte und rationale Behandlung des Verbrechens» auf lautstarke Opposition stoßen werde, und zwar
hauptsächlich wegen der «Effeminierung der Bürger, die ja nie in ihrem

Leben körperlichen Schmerz empfunden haben (außer bei Zahnschmerzen) und deshalb in solchem Schmerz das schlimmste aller Übel sehen. Meine Erfahrung mit kleinen Geschäftsleuten (aus deren Reihen die Geschworenen kommen) hat kaum etwas mit der Ihren gemeinsam. Sie halten sie offenbar für abgehärteter und weniger zartfühlend als unsereinen. Ich aber finde, selbst in der Blüte der Jugend schrecken sie vor Strapazen, Gefahren, Schmerzen zurück, die der Durchschnittsschüler einer Privatschule als reinen Sport ansehen würde, und sind ihnen auch oftmals wegen ihrer Vernachlässigung des Körpers und ihrer Erziehung gar nicht gewachsen.»[67]

Ein aufschlußreicher Text. Nach Kingsleys Auffassung ist das Bürgertum – und vornehmlich das Kleinbürgertum – des 19. Jahrhunderts, das mit so viel Freude heldenhafte Abenteuergeschichten liest, nicht in der Lage, den Preis zu zahlen, den anstrengende Ideale fordern. Das spöttische Epitheton «zartfühlend» bringt seine mannhafte Verachtung für die zartbesaiteten kleinen Geschäftsleute noch besonders krass zum Ausdruck. Der scharfsichtige liberale Herausgeber und Kommentator W. R. Greg hat diese Haltung gut beschrieben. Ganz ähnlich wie Carlyle, so stellt er fest, sei Kingsley gegenüber «seinen Gegnern weit über die Grenze des Geschmacks, des Anstands und des für einen Gentleman üblichen Verhaltens hinaus ... überheblich und beleidigend».[68] Man fragt sich – und manche ihrer Zeitgenossen fragten sich tatsächlich –, warum sie es nötig hatten, so hart zu kämpfen.

Der Kampf gegen den geistigen Niedergang des einst mit so viel Selbstachtung gesegneten Bürgertums wurde aber nicht nur mit besorgten Warnungen geführt. Bei jeder passenden Gelegenheit versuchten Redner die Mittelklasse zu ihren männlichen Gepflogenheiten zurückzurufen, indem sie ein Loblied auf jene Helden sangen, deren Opfer das undankbare Jahrhundert zu vergessen geneigt war. In einer Rede zum Memorial Day, dem Bürgerkriegsgedenktag, wendet sich 1884 Oliver Wendell Holmes jr. an die anwesenden Veteranen, beklagt den Eigennutz und die Niedertracht seiner Zeit und schlägt noch einmal männlichen Alarm: «Hohe Erziehung, romantische Ritterlichkeit – wir, die wir diese Männer sahen, werden niemals glauben können, daß die Macht des Geldes oder die Entkräftung der Sinnenlust ihnen ein Ende bereitet hat.» Zum Glück «ist Neu-England noch nicht tot. Immer noch ist es die Mutter des Eroberergeschlechts – der harten Männer.»[69] Dergleichen Rhetorik, die zum Gedenken an den Tod von Soldaten paßt, war immerhin so attraktiv, daß sie über den unmittelbaren Anlaß hinaus auch die Einstellungen der Öffentlichkeit formte. Holmes' Deklamationen konnten zu Grundlagen der Politik werden; die Angst vor weiblichen Eigenschaften – den eigenen

oder denen der eigenen Kultur, wobei der Unterschied oftmals hoffnungslos verwischt wurde – wirkte als ständige Aufforderung zu politischer und militärischer Großmannssucht.

Im Rückblick also erweist sich die Männlichkeit als ein potentiell
flüchtiges Kompositum aus verzweifelten Einschränkungen und unbändigen, nur mit Mühe gebändigten Triebwünschen, und dieses Ganze
drohte jederzeit – immer in der Kombination mit anderen Alibis für
Aggressivität – in Flammen aufzugehen. Von Jahrzehnt zu Jahrzehnt
klang die Selbstschutz-Propaganda für den männlichen Mann spürbar
schriller. Die Männlichkeitsideologie des 19. Jahrhunderts hatte ihre
eigene Geschichte, eine Geschichte zunehmender Abwehrhaltung und
Vulgarisierung, eine Geschichte der Regression auf hemmungslosere verbale Brutalität und militanteres Auftreten. In Dienst genommen wurde
sie für politische Drohgebärden, imperialistische Abenteuer und den unbekümmerten Griff zu den Waffen. Freilich nicht ohne Kampf: Fast die
ganze Epoche über, auch noch nach Königin Viktorias Tod, war die
Männlichkeit, wie wir sahen, ein umstrittenes Ideal.

4. T. R.: der Extremist der Mitte

Die Alibis für Aggressivität sind etwas Kollektiv-Kulturelles; sie blühen
und verwelken im öffentlichen Raum. Bisweilen aber verkörpern sie sich
in einer einzelnen beherrschenden Persönlichkeit. Vielleicht hat kein
Mensch, dessen Lebenszeit die Jahrzehnte von Viktoria bis Freud um-
spannt, diese Alibis des 19. Jahrhunderts so instruktiv und unterhaltsam ausagiert wie Theodore Roosevelt. «Nie zuvor», schreibt H. G.
Wells, «war ein Präsident in solchem Maße ein Spiegelbild seiner Zeit.»[1]
Weil er die Gier nach dem Konkurrenzkampf, den rassistischen Zeitgeist
und das Männlichkeitsideal – quasi in persona – vorführt, zeigt er in
klassisch-symptomatischer Weise, wie die bürgerliche Aggression funktioniert, und zugleich modellhaft, wie man diese Aggressivität in Zaum
hält und sie in ein akzeptables Instrument demokratischer Politik verwandelt.

So repräsentativ T. R. aber sein mag, er war in allem doch außergewöhnlich – und unwiderstehlich. Ewig jungenhaft, attraktiv und un-
gehörig, mitunter albern, aber stets sehenswert, ernannte er sich selbst
zum Streiter für die Rechtschaffenheit. Er jammerte über seine unmännliche und allzu friedfertige Zeit und bot sich damit bereitwillig als Rück-
blende in eine Zeit an, da Männer noch Männer waren und Frauen sie
deswegen anbeteten.

Dieses Selbstbild ist der Grund, warum er sich zuzeiten von der Klasse, in die er hineingeboren war, absonderte. In den 80er Jahren weckten seine wohlhabenden Freunde mit ihrem Widerstand gegen ein Auftreten in der politischen Arena seine ganze männliche Verachtung. «Die Reicheren oder – wie sie sich selbst wohl lieber nennen – die ‹Ober›schichten haben einen ausgeprägten Hang zum Bürgerlichen, und ein Individuum bürgerlichen Stils ist zwar aufrecht, fleißig und tugendhaft, kann aber durchaus auch ein Wunder an ängstlichem und kurzsichtigem Egoismus sein.» Die «Handeltreibenden», als deren Gönner Roosevelt auftrat, waren seiner Ansicht nach «zu egoistisch, als daß sie sich bereit finden könnten, um der abstrakten Pflicht willen irgendwelchen Verdruß in Kauf zu nehmen». Ihre Sprößlinge seien eher noch schlimmer, «zu sehr in Anspruch genommen von ihren diversen gesellschaftlichen Vergnügungen, als daß sie bereit wären, ihre Zeit für etwas anderes zu verwenden.»[2]

Theodore Roosevelt, der seine Faustrechtideologie nicht nur predigte, sondern bisweilen auch in die Tat umsetzte, brachte die bitteren Traumen seiner Kindheit mit ins Weiße Haus. Doch er entwickelte sich zu einer so beachtlichen Persönlichkeit, daß man ihn nicht bloß als Opfer seiner Neurosen beurteilen kann. Damit soll nicht unterschätzt werden, wie sehr T. R.s frühe Kindheit ihn verfolgt hat. Geboren 1858 als Sohn einer wohlhabenden New Yorker Familie, litt er als Kind an häufigen, schweren und furchterregenden Asthmaanfällen.[3] Die Opfer dieses Leidens fühlen sich völlig hilflos und ringen nach Atem, als wären sie am Ertrinken. Theodore Roosevelts sinnfällige und überschäumende Vitalität, sein faustisches Ungenügen an den von ihm eroberten Welten, sein unermüdliches, schließlich nur noch monotones Beharren auf der Männlichkeit und der Pflicht des Mannes, an den Fronten des Lebens zu stehen, sind zutreffend analysiert worden. Sie wirken wie ein verzweifelter Kampf mit einem nur allzu vertrauten Gefühl der Ohnmacht, wie eine endlos wiederholte (weil nie ganz überzeugende) Proklamation der körperlichen Ertuchtigung, die es ihm, dem Asthmatiker, möglich macht, den nächsten Anfall zu überleben. Denn T. R. hat auf Drängen seines Vaters mannhaft alles getan, um gegen seine gefährdete Gesundheit anzukämpfen. Daß T. R.s Persönlichkeit nach wie vor so viele fasziniert, liegt nicht zuletzt daran, daß er ein permanentes Paradox war: ein kränklicher Junge, der sich zwang, ein passabler Sportler zu werden, ein heißhungriger Leser, der lieber an der frischen Luft war, als im Polstersessel zu sitzen, ein Autor, der eher boxte als schrieb, ein Großbürger, der in die Gosse der Politik hinabstieg, ein selbsternannter Reformer, dessen Leistungen eher bescheiden waren, ein fanatischer Anhänger der gesunden körperlichen Bewegung, der ziemlich früh, mit sechzig Jahren, an einer Embolie der

Herzkranzgefäße starb. Und, wie wir sahen, von seiner Herkunft und Moral her ein Bürger reinsten Wassers, der sich ein Vergnügen daraus machte, als Plagegeist seiner Klasse aufzutreten.

Seine exhibitionistische Körperkraft, die beständig unter Beweis gestellt werden wollte (ein durch das unerläßliche Brillentragen noch verstärktes Wollen), weckte – und steigerte – bei ihm das menschlich-allzumenschliche Streben nach «Macht und noch mehr Macht», das, wie Hobbes sagt, erst mit dem Tod endet. «Das tätige Leben», eine Floskel und mehr als bloß eine Floskel, auf die T. R. quasi ein Patent angemeldet hatte – das war sein Lösungswort für die herben Rätselfragen, die das Dasein ihm vorlegte. Pausenlos tätig sein, das hält die Angst und – was vielleicht noch wichtiger ist – die Depression in Schach. Unter Rückgriff auf das berühmte Epigramm des Horaz über die schwarze Sorge schreibt er einmal: «Die schwarze Sorge sitzt kaum jemals hinter einem Reiter, der schnell genug reitet.»[4] Angespornt durch das Lob seines Vaters, das er internalisierte, zog er sich am eigenen emotionalen Schopf in die Höhe und setzte gewissenhaft in die Tat um, was die Psychoanalyse kontraphobisches Verhalten nennt: Im klaren Wissen, was er am meisten fürchtet, verhält er sich, als habe er keine Angst, und stellt fest, daß die Furcht verschwindet – zumindest aus seiner bewußten Wahrnehmung.[5]

Wie immer seine verschütteten Motive aussahen, ein Großteil der Ideologie, die Theodore Roosevelt vertrat – und auslebte–, war bewußte Intention und Eigenerzeugnis. In seiner Autobiographie, die von ebenso ungewollter Offenherzigkeit wie liebenswürdigem Egoismus ist, schildert er sich freimütig als einen «nervösen und ängstlichen» Jungen, der in herbeiphantasierten unerschrockenen Heldentaten Trost suchte. Mit fast vierzehn Jahren hatte er ein Erlebnis, das nach seinem eigenen Bekunden sein Leben veränderte. Nach einem seiner Asthmaanfälle wurde er alleine zur Erholung in ein Ferienheim geschickt. In der Postkutsche, die ihn dorthin brachte, traf er zwei etwa gleichaltrige Jungen, die aber viel lebhafter und ausgelassener waren als er. Da sie seinen Schwachpunkt schnell herausgefunden hatten, piesackten sie ihn gnadenlos; schließlich, so berichtet T. R., versuchte er, «sich mit ihnen zu prügeln, und entdeckte, daß nicht nur jeder einzeln lässig mit mir fertig wurde, sondern mir dabei auch nicht sehr wehtat und mich doch daran hinderte, ihm meinerseits irgend etwas anzutun.»[6] Dieses Erlebnis bewegte ihn, sich die Körperkraft nicht mehr nur kläglich herbeizuwünschen, sondern sie heranzubilden: So nahm er Boxunterricht, und zwar mit Erfolg. Dieser Rückblick liest sich wie eine Deckerinnerung, die die ganze Kette von Demütigungen, die sein Kinderleben überschatteten, in einem einzigen auffallenden Gedächtnisinhalt verdichtet.

Das unstillbare Bedürfnis, Passivität in Aktivität zu verkehren, wurde zur organisierenden Kraft in Theodore Roosevelts Charakter. Etliche seiner Biographen haben beobachtet, daß er sich zu allem freiwillig meldete.[7] Aber in dieser Freiwilligkeit war etwas Zwanghaftes, etwas Triebhaftes, das ihn in Risiken und Gefahren hineintrieb. Er war impulsiv und bisweilen, wie manche befürchteten, etwas verrückt. Genau deshalb zittert Henry Adams, der wohl zynischste Augenzeuge der Washingtoner Szene, sowohl um seinen Freund wie auch um sein Land, als nach dem Mord an Präsident William McKinley im Herbst 1901 Vizepräsident Theodore Roosevelt ins Präsidentenamt katapultiert wird. Der neue Präsident, wie Adams später erinnert, brachte eine Atmosphäre «reiner Erregtheit» in sein Amt ein. Es war beunruhigend: «Wird Macht mit einer abnormen Energie ausgeübt, so ist das überaus bedenklich, und alle Freunde Roosevelts wissen, daß seine rastlose und kämpferische Energie mehr als abnorm war. Mehr als jeder andere Mann von Rang und Namen wies Roosevelt das eine Grundmerkmal der absoluten Substanz auf – das die mittelalterliche Theologie Gott zuschrieb –, er war reine Tat.»[8] Doch als T. R. im März 1909 das Weiße Haus verließ, schüttelte Adams ihm die Hand und sagte mit ungewohnter Rührung: «Ich werde Sie sehr vermissen.»[9]

Zum Glück für Theodore Roosevelt und – obgleich das strittiger ist – für die Vereinigten Staaten ist diese Charakterskizze eine Übertreibung im Gewand der Analyse; Adams legte stets mehr Wert auf witzige als auf richtige Äußerungen. Die reine Tat entpuppte sich zum Großteil als reines Wort. Als routinierter Politiker, der sich parteiinternen Kämpfen und ökonomischen Zwängen zu stellen hatte, gab er sich nicht selten mit der Erscheinung – anstelle der Substanz – zufrieden. Im September 1902, während des Bergarbeiterstreiks, der das ganze Land lähmte und in die Knie zu zwingen drohte, fragte ihn sein enger Freund Henry Cabot Lodge (damals Senator von Massachusetts), im Wissen, daß die Exekutive wenig legale Machtmittel hatte, um eine Katastrophe abzuwenden: «Gibt es nichts, was wir dem Anschein nach tun können?» Roosevelt, der erkannt hatte, wie dringlich es für ihn war, sein Image als entschlossener Mann der Tat zu wahren, muß sich das mehr als einmal selber gefragt haben. Als er während seiner Präsidentenzeit seinem Lieblingshobby, der Jagd, frönte, fragte er sich ängstlich, wie sehr er seiner Publicity schaden könnte, wenn es ihm nicht gelinge, sein Jagdwild zu erlegen.[10] Bei allem Insistieren auf der Männlichkeit hat er seine eigene berühmte Maxime oftmals ins Gegenteil verkehrt: dann sprach er laut und hielt einen kleinen Stock in der Hand.

Zu Theodore Roosevelt paßt also, daß er seinen ersten Versuch (etwa 1880), sich ins öffentliche Leben hinauszuwagen, als eine Probe auf seine Männlichkeit betrachtete. Damals hatte man im Kreis seiner Freunde und Bekannten für die Politik nur Verachtung übrig. «Am besten kannte ich», so erinnert er sich, «die Männer in den sozial ambitionierten Klubs und die Männer mit gehobenem Geschmack und behaglichem Leben. Als ich wissen wollte, wo man die örtlichen Republikaner findet und wie man sich ihnen anschließen kann, lachten mich diese Männer – und die großen Geschäftsleute und Juristen auch – nur aus und sagten, Politik sei etwas ‹Niederes›; in den Organisationen hätten nicht die ‹Gentlemen› das Sagen; geleitet würden sie von Kneipenbesitzern, Fuhrleuten und ähnlichen Leuten, also nicht von Männern, mit denen ich auch außerhalb verkehren könnte; alle, die ich dort träfe, seien – so versicherten sie mir – ungehobelt und roh und wenig umgänglich.»[11] Seine Freunde wollten nicht sehen, daß dieser ehemalige Schwächling mit den schlechten Augen, dieser Amateurboxer, der gerade von der Harvard-Universität kam, ihre hochnäsigen Warnungen nur als berauschenden Ansporn, geradezu als Aphrodisiakum begreifen konnte.

Politik, so der versierte Henry Adams, ist ein hartes Geschäft; «ihre Methoden sind rauh und ihre Urteile noch rauher». Aber genau das zog Theodore Roosevelt unwiderstehlich an. Er beschloß, er werde zwar die Finger davon lassen, wenn der Versuch sich als Illusion erweisen sollte, aber er «würde mit Sicherheit nicht aufgeben, ehe ich mir nicht die Mühe gemacht und herausgefunden hätte, ob ich tatsächlich zu schwach war, um mich in einer rauhen und chaotischen Umwelt zu behaupten». Der Beitritt zu einem politischen Klub war wie der Gang in den Boxring, eine Kraftprobe. Ja noch mehr: ein Griff nach der Herrschaft. Seinen Freunden sagte er, wenn sie und die Politiker nichts miteinander gemein hätten, «dann hieße das bloß, daß die Leute, die ich kenne, nicht zur regierenden Klasse gehörten, die anderen aber wohl – und daß ich gedächte, zur regierenden Klasse zu gehören».[12] Er wollte – und mußte – den Befehl übernehmen, an den Schalthebeln der Macht sitzen. In seiner sensationellen Karriere, die sich liest, als habe er im Klettern auf der Stufenleiter zur Macht Weltmeister werden wollen, gibt es reichlich Belege für seinen Kampftrieb. Mit 23 Jahren wurde er ins Parlament des Staates New York gewählt und machte sich schnell einen Namen, weil er immer wieder gegen jene *laissez-faire*-Orthodoxie antrat, die er sich in Harvard noch zu eigen gemacht hatte. Von Volkswirtschaftslehre verstand er nie sehr viel, aber er mißtraute dem bequemen republikanischen Dogma, eine protektionistische Sozialgesetzgebung verstoße gegen die geheiligten Naturgesetze. Der Gewerkschaftsführer Samuel Gompers, mit dem T. R. durch die dreckigen, unhygienischen Bruchbuden der New Yorker Tabakarbeiter zog, fand seine «Aggressivität und offenkundige Aufrichtigkeit» beeindruckend.[13] Nach einer überwältigenden Doppeltragödie – in einem Zeitraum von nur elf Stunden starben seine Mutter und seine Frau – suchte er, so gut er konnte, Trost im Tätigsein. Ab 1884 arbeitete er drei Jahre als Rancher im amerikanischen Westen, genoß sein freies und verwegenes Leben, ritt Pferde zu wie ein richtiger Cowboy, erlegte Büffel und Grizzlybären und stählte dabei seinen Körper. Er kehrte zurück, um wieder zu heiraten, und war dann nacheinander Mitglied der Civil Service Commission, Ministerialdirektor bei der Marine, Oberst der «Rough Riders» im spanisch-amerikanischen Krieg, Gouverneur des Staates New York, kurze Zeit Vizepräsident und schließlich Präsident der Vereinigten Staaten. Als er ins Weiße Haus einzog, war er gerade mal 43 Jahre alt.

In all diesen Rollen war er immer er selbst: mit seinem Hyperaktivismus und seiner extremen öffentlichen Präsenz, überall sichtbar – und hörbar. Als Ministerialdirektor bei der Marine erreichte er unter Umgehung seines friedfertigeren Vorgesetzten, des Verteidigungsministers John D. Long, daß der nach Schlachten gierende Kommodore George Dewey zum Oberfehlshaber der amerikanischen Seestreitmacht im Pazifik ernannt wurde; danach ebnete er Dewey den Weg zur Konfrontation mit der spanischen Flotte bei den Philippinen. Lautstark forderte er den Krieg mit Spanien und faßte die Tatsache, daß weder Präsident McKinley noch andere friedensorientierte Politiker in seinen Hurrapatriotismus einstimmen mochten, beinahe als persönliche Beleidigung auf. Als im Februar 1898 im Hafen von Havanna das Schlachtschiff *Maine* in die Luft ging und die amerikanische Kriegserklärung nicht auf dem Fuße folgte, erklärte er öffentlich, er fühle sich «gedemütigt und beschämt». Aus Angst, die militärische Aktion könne ihm entgleiten, erzählte er jedem, er müsse aus Washington weg; er wolle nicht unter den «Sofa- und Salon-Nationalisten» bleiben.[14] In seiner Begeisterung stellte er, als der Krieg endlich erklärt war, ein Kavallerie-Regiment, die «Rough Riders», zusammen und ging mit ihm nach Kuba. Dort zog er von Sieg zu Sieg; die in seiner Sicht schönsten Augenblicke kamen beim Sturmangriff seiner Leute auf San Juan Hill, bei dem er, wie er sich später brüstete, mit eigenen Händen einen Spanier getötet habe.

Natürlich waren T. R.s Mordaktionen in aller Regel nicht physischer Natur; vielmehr brachte er sie überall in den Millionen von Worten unter, die er schrieb, veröffentlichte, in Reden von sich gab – und die nichts waren als eine einzige Kette von Aggressionsakten. Er verfaßte und diktierte zahllose Briefe, darunter förmliche kleine Abhandlungen, die entweder dem Angriff oder der Selbstrechtfertigung dienten – oder auch beidem zugleich. Er schrieb unzählige Artikel, ließ seine Vorträge und mehr als ein Dutzend Bücher drucken, die allesamt unverkennbar seinen Stempel tragen. Sein erstes Buch *The Naval War of 1812*, das er schon als Harvard-Student begonnen hatte, war eine revisionistische Attacke auf einen Autor, der dasselbe Thema behandelt hatte. Gewiß sind derartige Angriffe typisch für Neuanfänger, die sich ihre Sporen verdienen wollen, aber in seinem Fall waren sie zumal typisch für ihn. Wenn er verletzen wollte, dann schlug er ohne Rücksicht auf irgendwelche Regeln des Anstands – per Post oder Publikation – einfach wild um sich. Nach dem Bruch mit seinem langjährigen politischen Verbündeten Amos Pinchot von der Fortschrittspartei schrieb er ihm: «Mein Herr: Als ich gesagt habe, in der Fortschrittspartei gebe es besonders Besessene, habe ich vor allem an Sie gedacht. Ginge ich davon aus, daß Sie im Vollbesitz Ihrer geistigen Kräfte sind, müßte ich Sie einen Lumpen und Lügner nennen. Ich wähle daher lieber die erstgenannte Alternative. Hochachtungsvoll.»[15] Was die *New York Times* über ihn schreibt, sei ihm (wie er betont) gleichgültig, weil solche Blätter «sowohl in den Leitartikeln wie auch in der Berichterstattung – je nach den Forderungen der großen Konzerne – Lügen verbreiten» und «sich damit ihre Brötchen verdienen».[16]

Die private Korrespondenz war ein besonders beliebtes Ventil für derlei Beschimpfungen. An F. S. Oliver, einen britischen Autor, den er nie gesehen hatte, schrieb er, für William Graham Sumner habe er keine Verwendung, «weil er Professor ist – ein gefühlloses Geschöpf mit viel Verstand, aber ohne jede Kämpferqualitäten, ohne den großen Patriotismus – und meint, er könne Staatsmännern und Politikern beibringen, was sie zu tun haben.» Die mächtigen Industriellen, die gegen seine Pläne zur Festsetzung der Eisenbahntarife intrigieren, seien «gewissenlose Spekulanten», die «alberne und hysterische Reden» halten, korrupte Männer, die mal hochnäsig, mal «förmlich von Panik ergriffen» sind. Die Kritiker seiner Flottenpolitik nennt er «böswillige Feinde der Marine» und «Angsthasen» und «gewissenlose Gauner». Gegner wie Harriman oder Rockefeller sind ihm zufolge «mehr als fahrlässig». Sogar ein selten benutztes Wort kramt T. R. hervor, um seinen Haß auf diese Millionäre zum Ausdruck zu bringen: «Gaunertum».[17]

Ein Mann, der so schreibt, verschafft sich einen über die Lust am logischen Argumentieren hinausgehenden affektiven Gewinn – auch wenn er in aller Aufrichtigkeit erklärt, er genieße offenes Diskutieren. Elihu Root, politischer Berater und Kabinettsmitglied, der T. R. gut kannte und mochte, nannte ihn einen Kämpfer, «der total vom Wunsch beherrscht ist, seinen Gegner zu zerstören».[18] Beschimpfungen fand er erfrischend. Ganz offensichtlich merkte er gar nicht, wie komisch er wirkte,

als er monierte, radikale Reformer, die reale Mißhandlungen in grellen
Farben schilderten, machten sich der «Übertreibung» schuldig.[19]

Das also war der Mann, der die im 19. Jahrhundert vorherrschenden
Alibis für Aggressivität in die Forderung nach dem tätigen Leben um-
münzte. Was er da zusammenbraute, war nie besonders raffiniert; durch
ständige Wiederholung – zum Beleg kann man getrost Texte aus jedem
Jahrzehnt seines Lebens anführen – wurde es berechenbar. Dennoch hatte
jede Zutat für ihn eine ganz persönliche Bedeutungsnuance. Man nehme
nur die Männlichkeit, sein Markenzeichen. Wie andere Anhänger dieser
problematischen Eigenschaft hielt auch er sie für ein Kernstück des rechtschaffenen Charakters und fürchtete, die verzärtelte moderne Lebensweise müsse ihr unweigerlich Schaden zufügen. «Eine der Hauptgefahren
der Zivilisation», sagte er 1910 zu seinen Zuhörern an der Universität
Berlin, «bestand immer darin, daß sie zum Verlust der männlichen Kämp-
fertugenden, der Kampfkraft führt. Wenn Männer zu bequem werden und
allzu genüßlich leben, besteht immer die Gefahr, daß sich die Erschlaffung
wie eine Säure in ihre Manneskraft hineinfrißt.»[20]

Nicht zuletzt aus diesem Grund machte er sich so heftig für den Jagd-
sport stark, zumal für die Jagd auf wilde Tiere, bei der der Jäger in
Lebensgefahr geraten kann. Sie zwingt ihn, «Selbstvertrauen, Findigkeit
in Notsituationen, freiwilliges Ertragen von Strapazen und Hunger sowie
ein Bedürfnis nach Gefahr zu beweisen» – eben jene Charakterzüge, die
nach Theodore Roosevelts Ansicht in der bürgerlichen Gesellschaft seiner Zeit leider dahinschwanden.[21] Das Gespenst der «Unmännlichkeit»
verfolgte ihn. Unmännlichkeit hieß, den harten, beschwerlichen, gefährlichen Pflichten aus dem Weg zu gehen. Genau deshalb stürzte sich der
junge T. R. in die Politik, wo er die Mannestugenden in die Tat umsetzen
und allen seine – moralische und körperliche – Tapferkeit beweisen
konnte. Ist doch das Leben, so schreibt er dem englischen Historiker und
Staatsbeamten George Otto Trevelyan, ein Krieg, «ein permanenter Feld
zug, in dem jeder Sieg nur Raum schafft für die nächste Schlacht».[22]

Doch die männliche Hingabe an diesen Krieg muß nach Roosevelts
Überzeugung weder Liebe noch Güte noch die Freude am Lernen ausschließen; in diesem wichtigen Vorbehalt war er sich einig mit Thomas
Hughes. Im Oktober 1903 schrieb er in einem Brief (den Hughes in
seinen späteren Lebensjahren geschrieben haben könnte) an seinen Sohn
Kermit, er freue sich, daß er Football spiele. Aber, so setzte er gleich
hinzu, «ich wäre sehr traurig, wenn Ihr beide, Du oder Ted, Euch vorwiegend dem Sport widmen würdet, und ich setze keinen besonderen
Ehrgeiz darein, daß Ihr Euch am College übermäßig viel im Sport her-
vortut». Sporttreiben koste nicht zuletzt zuviel Zeit. «Mit Freude aber

merke ich, daß Du männlich bist und Dich in rauhen, harten Sportarten behaupten kannst. Lieber hätte ich, daß mein Junge im Studium oben steht als im Sport, aber noch viel lieber, daß er wahrhaft männlichen Charakter beweist statt geistiger oder körperlicher Spitzenleistung.» Dies sei, so gesteht er, ein «schauerlicher Predigerbrief». Aber ganz sichtlich ging ihm das Thema im Kopf herum, denn zwei Tage danach schrieb der liebende Vater seinem Sohn Ted, es freue ihn, daß er sich traue, Football zu spielen, aber er mache sich ein wenig Sorgen wegen der Verletzungsgefahr. «Ich glaube an rauhe, männliche Sportarten», schrieb er, warnte dann aber: «Ich glaube nicht an sie, wenn sie zum einzigen Daseinszweck verkommen.» Überhaupt sei er gar nicht für «übermäßiges Sporttreiben», und dann schloß er seine kleine Gardinenpredigt mit einem zündenden Bonmot: «Sportliches Können ist ein verdammt guter Gehilfe, aber wie so viele andere gute Gehilfen ein verdammt schlechter Meister.»[23]

Als Ted klein war, machte sich T. R. ein ausgesprochenes Vergnügen daraus, mit dem «warmen, zärtlichen, liebevollen kleinen Herzen» seines Sohnes zu prahlen. Immer aber fügte er schnell hinzu, als müsse er jedes Mißverständnis ausschließen, Ted sei «auch ein mannhafter kleiner Kerl.»[24] In der Haltung gegenüber seinen Söhnen spiegelt sich seine Haltung zu sich selbst. Sein ganzes Leben lang wollte T. R. unbedingt ein Boxer sein, aber einer mit goldenem Herzen; «ein Kämpfer bin ich nicht von Natur aus», gesteht er einmal.[25] Nach eigenem Bekunden verabscheut er brutale Schlägertypen, und das meint er ganz ehrlich. Dennoch, die warme sinnliche Glut aggressiver Gefühle, die Lust der blinden Wut, – das ließ ihn nie ganz los. «Jeder Mann, der richtige Freude an einer Schlacht empfinden kann, weiß wohl, daß er spürt, wenn der Wolf in seinem Innern erwacht; weder schreckt er dann vor Blut und Schweiß zurück, noch meint er, daß sie dem Kämpfen Abbruch tun; vielmehr schwelgt er darin, in der Mühsal, dem Schmerz und der Gefahr, weil sie den Triumph nur um so größer machen.» Lebenswert sei das Leben doch durch den «männlichen, den Kampfinstinkt».[26] Es ist, als höre man Jack London. Diesen Instinkt aber, so seine Sorge, gebe es im degenerierten Bürgertum seiner Zeit kaum noch. Beim Blick auf diese Degeneriertheit vergaß er auch die Anspielung auf das Geschlecht nicht: «Eine hohe geistige Entwicklungsstufe verbindet sich oftmals mit einer gewissen Weibischkeit des Charakters.» Alle, die in der Lage sind, «sich ein hohes Ideal zu setzen», so betonte er, bewundern «Männlichkeit und Weiblichkeit» – zwei Eigenschaften, die ihm zufolge klar voneinander unterschieden sind.[27]

Wo immer Roosevelt die kämpferische Männlichkeit als entscheidenden Beitrag zum Überleben rühmt, erweist er sich als Verbündeter der

Sozialdarwinisten. Wie andere Vertreter dieser Denkrichtung spricht er nur mit Hohn von der «albernen Gefühlsduselei der Stubenhocker mit ihren paar Patentrezepten und jenen vorgefertigten Theorien vom politischen Kindergarten, die dort, wo die Elementarkräfte aufeinander prallen, nur so begrenzt anwendbar sind.»[28] Nie hat T. R. Zweifel daran, daß «Gefühlsduselei, pseudohumanitäres Getue und Heuchelei» genau so ein ruinöses Heilmittel gegen die Krankheiten der Gesellschaft sind wie der gefühllose Egoismus.[29] Es ist, als zitiere er den ihm so verhaßten Professor William Graham Sumner. Als er in seiner zweiten Amtszeit als Präsident auf die linke Seite seines früheren Gesetzgebungsvorhabens rückt und für eine staatliche Regulierung von Industrie, Handel und Bankwesen eintritt, rationalisiert er seinen «Radikalismus» als Kreuzzug gegen Privilegien und Plutokratie. Raffgierige Industrie- und Eisenbahnmagnaten verhinderten wirkliche Demokratie, und nur wenn die Bundesregierung ihre Machtmittel gegen sie einsetze, könne das nötige Gleichgewicht wieder hergestellt werden. Aber gleichgültig, welchen Kurs Theodore Roosevelt gerade für richtig hält, immer hat er das Bild vom mörderischen Kampf vor Augen.

Dasselbe Bild beherrschte sein Plädoyer für den Krieg als etwas Unumgängliches im Leben. Da er kein fanatischer Militarist war, unterschied er der Einfachheit halber zwischen gerechten und ungerechten Kriegen. Die letzteren sind furchtbar und müssen geächtet werden; die ersteren sind notwendig und müssen um jeden Preis durchgefochten werden: «Immer wieder haben Tyrannen und Unterdrücker eine Wüste geschaffen und sie Frieden genannt. Immer wieder haben Völker, weil sie träge, furchtsam und kurzsichtig, weil sie durch Bequemlichkeit und Wohlleben entkräftet oder durch falsche Erziehung in die Irre geführt waren, sich in unmännlichem Schrecken geweigert, eine Pflicht zu tun, die hart war und Aufopferung verlangte.»[30] So viel zu Andrew Carnegie und seinem Friedensstiften! Als T. R. in den späten 90er Jahren auf Krieg mit Spanien drang und dann als Freiwilliger seinen Teil übernahm, beteuerte er, daß es ihm todernst sei. «Ich handele nicht fahrlässig oder leichtfertig oder bloß um meinen privaten Spaß zu haben», ereiferte er sich im April 1898, kurz bevor er mit seinen «Rough Riders» nach Kuba ging.[31] Gewiß, Roosevelt hatte ein forderndes Gewissen. Aber wie soll man seine Freude vergessen, wenn er fühlt, wie der Wolf in seinem Innern erwacht.

Trotz allem kann kaum geleugnet werden, daß T. R. wiederholt Anfälle von gesundem Menschenverstand hatte. Er war zu belesen, zu selbständig, als daß er die sozialdarwinistischen Dogmen einfach unkritisch übernommen hätte; er war zu klug, als daß er in den biologischen Metaphern,

mit denen die Gesellschaftstheoretiker Eindruck zu schinden suchten
(Geburt, Reifestadium und Tod der Kulturen zum Beispiel), mehr als
Vergleiche gesehen hätte.[32] In einer Rezension von Benjamin Kidds dog-
matischem Machwerk *Social Evolution* bezeichnet er es als «anregendes,
aber sehr primitives Buch», das viel zu starr an den Vorzügen des Konkurrenzkampfes und am Überleben der Tauglichsten festhalte. «In zivilisierten Gesellschaften arbeitet die Rivalität der natürlichen Auslese dem
Fortschritt entgegen.»[33] T. R.s Variante des Sozialdarwinismus, die er weit
mehr gedacht als ausgesprochen hat, war in ihrer Exzentrik so differenziert, wie es diese Lehre überhaupt nur sein konnte. Es kann als ironischer Akt ausgleichender Gerechtigkeit gelten, daß dieser standhafte
Krieger im Jahr 1906 für seinen Beitrag zur Beendigung des russisch-
japanischen Krieges den Friedensnobelpreis erhielt.

Daß Theodore Roosevelt auch das dritte Lieblingsalibi für Aggressivität,
nämlich den passenden anderen, zu schätzen wußte, rückt ihn ganz in
die Nähe der meisten seiner Zeitgenossen. Seinen Nationalismus äußerte
er, indem er lauthals verkündete, wie stolz er sei, ein Amerikaner zu sein;
sein voluminöses Geschichtswerk über *The Winning of the West*, mit dem
er gleich nach dem Abschluß seines Harvard-Studiums begonnen hatte,
zeugt von seiner Liebe zu den rauhbeinigen Pionieren, die Amerikas
Grenze mutig gegen grausame Indianer, gerissene Franzosen und englische Siedler verteidigten und sie sogar verwegen weiter hinaus geschoben
haben. Erst in seinen letzten Lebensjahren mochte er sich dazu bekennen,
daß zwischen seinem Land und Großbritannien ein besonderer Zusammenhang bestehe; heftigen und lautstarken Ausdruck gab er seinem Abscheu gegen die Ehen über den Atlantik hinweg, in denen amerikanische
Erbinnen mit britischen Adligen verkuppelt würden. Aber sein Chauvinismus war für jemanden, der so fest an die Männlichkeit glaubte, schon
extrem moderat.

Auch war er nicht rassistischer als die meisten seiner amerikanischen
Landsleute; im Grunde sogar weniger als viele. Die Lateinamerikaner, die
ihn wegen ihrer harten Verhandlungen über den Panama-Kanal verärger-
ten, tat er hochnäsig (mit dem bekannten Schimpfnamen) als «Dagos» ab
und behandelte sie, als wäre er ein wohlmeinender, aber strenger Lehrer,
der einer Klasse ungebärdiger Schüler Benimm beibringen muß. Für ihn
waren sie «nichtswürdige kleine Kreaturen» und «Karnickel», denen man
eine Lektion erteilen muß. Noch ausdrücklicher äußerte er, er habe nie
den geringsten Zweifel daran gehabt, daß Schwarze «als Rasse und in der
Masse ... alles in allem unter den Weißen stehen». Über Süd- und Ost-
europäer dachte er kaum besser. Wenn es etwas gab, über das er ein

besonders strenges Urteil fällte – und strenge Urteile fällte er in vielen Punkten –, dann war es die verderbliche Praxis der Geburtenkontrolle, die nach seiner Ansicht die höherwertigen Rassen in ihrem Wettstreit mit den minderwertigen Rassen lähmt, weil sie sie praktisch der nächsten Generation beraubt. Sich gegen Kinderkriegen zu schützen, fand er kriminell. Das bedenkliche Wort «Rassenselbstmord» kam ihm oft von den Lippen und aus der Feder. Hoffnung schöpfte er, wenn er kinderreiche Familien sah – im Jahr 1899 begegnete er zu seinem Entzücken einem Ehepaar namens Tower und dessen siebzehn Kindern. Aber immer wieder machte er sich Sorgen über «die sinkende Geburtenrate unter den echten alteingesessenen Amerikanern».[34] Vermehrten sich nach seiner Ansicht die niederen Rassen doch wie die Karnickel. Zusammen mit seiner zweiten Frau Edith tat er seine Pflicht: Sie hatten sechs Kinder.

Zugleich aber galt diesem Vorkämpfer für die höherwertigen angelsächsischen Rassen der amerikanische *melting pot* als wahre Kraftquelle, und er wandte sich energisch gegen die schlechte Behandlung japanischer Immigranten in Kalifornien. Mehr noch, er lud einen schwarzen Pädagogen, Booker T. Washington, zum Essen ins Weiße Haus ein. Das kostete ihn wertvolle Wählerstimmen im Süden, und er machte den Faux-pas nicht noch einmal. Als Präsident protestierte er auch heftig gegen die – mal gerissenen, mal heimtückischen – Taktiken, mit denen die Schwarzen in den Südstaaten am Wählen gehindert wurden. Zwischen seinen rassistischen und seinen präsidialen Auffassungen sah er keinen Widerspruch: Seine oberste Aufgabe als der Große Schiedsrichter bestand nach seiner Überzeugung ja darin, auch niederen Menschen Gerechtigkeit zu verschaffen. Ferner fiel ihm nicht auf, daß sein Protest nicht gerade uneigennützig war; konnten die Schwarzen nämlich wählen, so wählten sie meistens die Republikaner. Daß seine parteipolitischen Schachzüge Parteipolitik waren, mochte sich T.R. nie wirklich eingestehen: Die Demokraten, so seine Logik, sind ein Schaden für das Land, und deshalb ist es, wie er häufig feststellte, eine patriotische Pflicht, die Republikaner an der Macht zu halten.

In Theodore Roosevelts Leben gab es also viel laute und heftige Bewegung. Während seiner Präsidentschaft erwarb er sich rasch den Ruf eines wackeren Trustbändigers. Der sensationelle – und erfolgreiche – Rechtsstreit seiner Administration gegen die Northern Securities Company, eine gigantische Holdinggesellschaft, trug natürlich dazu bei, ein Klima staatlicher Regulierung zu schaffen, von dem spätere Präsidenten profitieren konnten. Aber T.R. führte weit weniger Prozesse gegen die Trusts als sein weniger extravaganter Nachfolger William Howard Taft. Immer wieder wetterte er – in privaten Briefen und öffentlichen Äußerungen – gegen die gewissenlosen Millionäre, aber solche Übeltäter kamen nicht etwa ins Gefängnis oder verloren ihr Vermögen, sondern blieben so mächtig und reich wie eh und je.

Dann wiederum präsentierte sich T. R. – trotz seiner Weigerung, mit den Gewerkschaftsführern, die ihm zufolge nur auf Gewalt aus waren, zu einem Kompromiß zu kommen – als unerschrockener Fürsprecher des Arbeiters. In seinem Idealbild, das er nach seiner Überzeugung auf bewundernswerte Weise in die Tat umsetzte, schwebt der gerechte Schutzherr des Volkes hoch über dem Kampfgetümmel der egoistischen Sonderinteressen. In seiner letzten Jahresbotschaft an den Kongreß trug er sein Streben nach höchster Unparteilichkeit noch einmal stolz vor sich her: «Sowohl diejenigen, die hemmungslosen Individualismus predigen, wie auch diejenigen, die einer Unterdrückung das Wort reden, mit der man tüchtigen Geschäftsleuten die gerechte Belohnung für ihre Initiative und geschäftliche Klugheit verweigert, plädieren für eine Politik, die schweren Schaden über das ganze Land bringen würde. Erlaubten wir jedem gesetzlosen Kapitalisten, jeder das Gesetz umgehenden Kapitalgesellschaft, alles – auch Schändliches – zu tun, um sich einen unrechten Profit zu sichern und Privilegien aufzurichten, so wäre das verheerend für die Republik und bedeutete das Ende aller Bemühungen, in der industriellen Welt den Geist demokratischer Fairness hochzuhalten. Auf der anderen Seite» – bei Präsident Theodore Roosevelt gab es immer eine andere Seite – «ist es falsch, gegen dieses Unrecht vorzugehen wie jene Demagogen, die Unrecht nur wahrnehmen, wenn es von Reichen begangen wird, und sich gegen das den Besitzenden angetane und von Nichtsbesitzenden begangene Unrecht taub und blind machen, denn das ist genauso schlimm wie die korrupte Verteidigung des Unrechts, das die Reichen tun.»[35] Wie immer theatralisch seine Reden, wie immer fest seine angekündigten Vorsätze waren, er war der vollendete Extremist der Mitte.

Als dieser Extremist mußte T. R. permanent einen Zweifrontenkrieg führen: gegen die stinkreichen Missetäter und gegen Radikale, die den Umsturz predigten; gegen die von ihm so genannten Pazifisten, die die Marine schwächen, und gegen die Chauvinisten, die die Welt in ungerechte Kriege stürzen; gegen die Empfindsamen, die sich um die von der Natur festgelegte Rassenhierarchie nicht kümmern, und gegen Fanatiker, die Schwarze und Japaner verfolgen. Zwar war an ihm mehr als nur ein Hauch von Demagogie, aber während seiner zweiten Präsidentschaft erklärte er ganz im Ernst: «Ich verabscheue den Demagogen genauso wie den Bestechlichen.» Und typischerweise fand er die Französische Revolution ineins gerecht und ungerecht. Die Unterdrückung des Volkes sei

zwar extrem gewesen, übertrieben aber auch die Reaktion der Revolutionäre.[36] Kein Wunder, daß die Radikalen ihn für einen Konservativen und
die Konservativen ihn für einen Radikalen hielten.

Wer freilich feststellt, T. R. habe sich in einem permanenten Zweifrontenkrieg befunden, übersieht leicht, daß er einen entscheidenden Krieg an
einer einzigen Front ausfocht – den Kampf gegen die losgelassene Begierde. Theodore Roosevelt, dieser kraftvolle und impulsive Mann, war
ein defensiver Rationalist. Mit zwanghafter Regelmäßigkeit, besonders
während seiner zweiten Präsidentschaft, wetterte er gegen «die dunklen
und bösen Leidenschaften der Menschen», die «bösen Leidenschaften
wie Neid und Eifersucht und Haß», die «niedrigsten Leidenschaften der
menschlichen Seele».[37] Männer, die diese Leidenschaften aufstacheln,
müßten die ganze Härte staatlichen Zwanges zu spüren bekommen. Gegen Aggression führte er Aggression ins Feld.

Das hört sich an wie ein Rezept zur Selbstlähmung oder – allenfalls –
zum bloß reaktiven Gebrauch der Macht, mit dem man auf die von
anderen angedrohten oder begangenen Gewalttaten antwortet. Aber zur
öffentlichen Karriere Roosevelts gehört doch viel mehr. Seine Präsidentschaft ging weit über bloßes Getöse hinaus. Der ehrliche Makler konnte
mehr als nur einige bescheidene Erfolge vorweisen; ein Teil des von T. R.
geplanten Gesetzgebungsvorhabens zur Abschaffung der Mißstände
beim Fleischwarengroßhandel, bei den Eisenbahnen und in der Stahlindustrie sowie zum Schutz der Bodenschätze des Landes wurde positives Gesetz. Seine Administration hat die Bundesregierung zum ersten
Mal in einen Arbeitskampf eingeschaltet. Und er hat Sozialgesetze vorgelegt, die so weitsichtig waren, daß sie abgelehnt wurden und erst mit dem
New Deal wieder auf die Tagesordnung kamen. Mehrere Male hat er
sogar den aufrührerischen Gedanken gehabt, daß den Frauen das Wahlrecht zustehe. Sein Freund Henry Adams hielt ihn wie gesagt fast für
verrückt, und tatsächlich redete und handelte er bisweilen, als wäre er
von heimlichen krankhaften Bedürfnissen getrieben. Alles in allem jedoch zeichnet sich sein Leben eher durch den vorsichtigen als den unbesonnenen Einsatz des Aggressionstriebs, eher durch die Nutzung als die
Entfesselung vitaler Energien aus.

II. Pathologisches

Mitte April 1865 schreibt Charles Holmes, kurz nachdem er vom Mord an Präsident Lincoln erfahren hat, einen Brief an seine geliebte, damals von ihm umworbene Annie. Ganz untypischerweise schreibt er wutentbrannt, und seine ohnehin etwas unsichere englische Rechtschreibung und Interpunktion wird durch die unbezähmbaren Gefühlswallungen nicht gerade besser. «Ich weiß gar nicht recht, wie ich mich heute an die erfreuliche Aufgabe machen soll, Dir zu schreiben», so beginnt er. Sein Rachedurst lasse in seinem Innern gar keinen Platz mehr für das Wirken des Eros. «Der schreckliche Alpdruck, der so plötzlich auf unserem unglückseligen Land lastet, hat mein ganzes Denken so sehr mit Beschlag belegt, daß ich für den süßen Verkehr der Liebe ganz untauglich geworden bin. Meine Seele ist voll Schmerz und Verbitterung und Haß und Rachsucht.»[1]

Nicht einmal der Bürgerkrieg habe ihn in solchen Aufruhr versetzt. Und dabei kann er sich über diesen Krieg durchaus glaubwürdig äußern; als erfolgreicher Fabrikant aus den Staaten des Nordostens hat er nämlich, im Rang eines Oberst, freiwillig Kriegsdienst geleistet. «Während dieses langen und politisch wie militärisch erbitterten Kämpfens habe ich, wenn ich mich über mein Herz nicht täusche, nicht ein einziges Gefühl des Hasses oder der Rache gegen jene irregeführten Männer gehegt, die der Nation nach dem Leben trachteten – wenn ich mich über mein innerstes Selbst nicht täusche, haben dort die ganze Zeit über nur die Engel des Mitgefühls und der Barmherzigkeit gewohnt.»[2]

Nach allem, was wir von Holmes wissen, ist das eine faire Selbsteinschätzung; sein Briefton ist vorzugsweise zärtlich und lyrisch. Aber jetzt hatte er die Engel des Mitgefühls und der Barmherzigkeit beiseite geschoben, «und nun ist ein Fremder da, ein finsterer, strenger, schonungsloser und unversöhnlicher Fremder, und ich begrüße ihn mit der ganzen Inbrunst, ja mit der Zuneigung, mit der ein Liebender seine Auserwählte begrüßt, und seiner Führung überlasse ich meine Seele und mein Herz und meine Kraft, solange bis der Tag gekommen ist, da niemand aus dieser Schlangenbrut mehr das Haupt zu erheben wagt.» Da seine Liebe vorübergehend im Haß versunken ist, läßt er seine Bestrafungsphantasien Überstunden machen.[3]

Bescheiden verzichtet Holmes darauf, sich «als Vorkämpfer für die Sache meines Landes» anzupreisen oder «mich als David zu sehen, der diesen Goliath eigenhändig erschlägt»; aber «wo ich geschwiegen habe, will ich sprechen, und zwar sprechen, wie es mir der Fremde in meinem Herzen eingibt – wo ich Nachsicht empfohlen und geübt habe, will ich schonungslose Verfolgung empfehlen und betreiben – wo ich mitfühlend war, will ich ohne Mitgefühl sein – wo ich in meinem begrenzten Rahmen und Wirkungskreis Erbarmen empfohlen und gezeigt habe, will ich den rachelüsternen und kompromißlosen Krieg empfehlen und führen – zwischen Verrätern daheim und im Felde will ich keinen Unterschied machen – auf Verderben und Ruin beider will ich hinarbeiten – keine Gelegenheit will ich auslassen, um ihnen zu schaden – wenn sie ins Unglück stürzen, will ich mich freuen – wenn sie keinen Kummer haben, will ich klagen – ihren Tod will ich herbeisehnen und über ihren Gräbern frohlocken.» Da er den Tod seines Präsidenten dem Mörder (und, wie er dunkel andeutet, seinen vielen Komplizen) nicht unmittelbar, körperlich, heimzahlen kann, lädt er den an der Befriedigung gehinderten Rachedurst bei Annie ab.[4]

Dann, als der Ausbruch vorüber ist, sucht Holmes einen Augenblick Abstand zu bekommen. «Vielleicht denkst Du jetzt, Du hast etwas ganz Neues entdeckt», schreibt er seiner Ehefrau in spe, «und Einblick in Charakterzüge bekommen, die ich bisher vor Dir verborgen habe. Nun, auch ich habe eine Entdeckung gemacht – noch vor Tagen hätte ich ebenso wenig geglaubt, ich könnte ein Mörder sein, wie ich mir Gefühle gegenüber anderen Menschen zugetraut hätte, wie ich sie jetzt habe, aber dieser Anlaß ist auch mit keinem früheren zu vergleichen – und die Gefühle, die bei diesem Anlaß geweckt werden und eng an ihn geknüpft sind, können nicht der Maßstab für den allgemeinen Charakter eines Menschen sein.» Dann aber stellt er den «gemeinen Mord» an Lincoln in den größeren, weniger privaten Rahmen der Geschichte. Er gleiche in vielem, so schreibt er, jenem «vergeblichen und ohnmächtigen» Versuch, schon achtzehn Jahrhunderte zuvor «die Stimme der Wahrheit und des Fortschritts zu ersticken» mit dem «Ruf: Kreuziget ihn, kreuziget ihn». Und am Ende, fast als schäme er sich seines brieflichen Anfalls – allerdings schämt er sich nicht so sehr, daß er das Geschriebene nicht abschickt –, greift Holmes nach einem neuen Blatt «für etwas Vergnüglicheres und Angenehmeres» und beginnt einen neuen Brief, richtig mit der gewohnten Anrede «Meine liebe Annie».[5] Er hat sich in seine normale Haltung zurückgezwungen.

Die Nachricht von der Ermordung seines Präsidenten beschert Charles Holmes eigentlich eher zwei Schocks als nur einen: den Schmerz des Verlustes und die Grausamkeit der Reaktion. Mit unbefangener Selbstwahrnehmung registriert er, daß er zwar trauert, aber ohne Melancholie:

mit einer Heftigkeit, die ihn überrascht, empfindet er Wut. Mehr als andere Menschen hielt Holmes für gewöhnlich seine destruktiven Impulse in Schach und aus dem Blickfeld heraus – auch aus seinem eigenen. Aber diese historische Katastrophe setzte ein Bedürfnis frei, sich für den Schaden, den er als tiefe persönliche Beleidigung auffaßte, zu rächen. Zutritt zum Bewußtsein konnte er dem unbändigen feindseligen Impuls deshalb gewähren, weil er die Gewißheit hatte, im Recht zu sein, und eben diese Gewißheit stellt hier den Freibrief für ein Strafbedürfnis dar, das so extrem, so unkontrolliert ist, daß es schon einen Anflug von Verrücktheit hat.

1. Auf der Suche nach zivilisierten Rechtfertigungsgründen

Charles Holmes, dieser unbekannte Bürger des 19. Jahrhunderts, der hier seine ganze Wut von sich gibt, gewährt einen seltenen und willkommenen Einblick in die Bedingungen, unter denen aggressive Gefühle sich von den Einschränkungen der Zivilisation freimachen konnten. Natürlich bleibt seine Rachsucht strikt auf das Papier begrenzt. Und wohlgemerkt kann er sich noch mitten in der manischen Rachelitanei gegen die verschwörerischen Mörder seines Präsidenten von seiner ungewohnten Heftigkeit distanzieren. Wie anderen vernunftgeleiteten Bürgern des 19. Jahrhunderts ist ihm undeutlich bewußt, daß Haß, auch unleugbar legitimer Haß, ins Pathologische ausarten kann. Seine Bedenken zeigen, wie sehr sich die wohlanständige Gesellschaft des 19. Jahrhunderts mit der Frage herumplagte, wieviel strafende Aggressivität eigentlich erlaubt sei. Und um strafende Aggressivität ging es ja fast immer, ob in Familie und Schule oder bei der Arbeit, der Armee, auf der Straße und vor Gericht. Wie in anderen Bereichen auch war das Jahrhundert hier auf seiner Suche nach Klarheit beständig in zwei Lager gespalten.

Speziell diese Suche interessierte natürlich das Bürgertum, insbesondere die Besitzbürger. «Dem Staate», so stellt Goethe schon im beginnenden Jahrhundert nüchtern fest, «liegt nur daran, daß der Besitz gewiß und sicher sei; ob man mit Recht besitze, kann ihn weniger kümmern.»[1] Die meisten Delikte – kindische Diebereien, gelegentliches Stehlen, kleinere Betrügereien, geplanter Raub – waren seit langem vertraut: als Vergehen derer, die haben wollten, gegen diejenigen, die bereits hatten. Gerade damals stand die Handelsnation Großbritannien im Ruf, mit ganz besonders drakonischen Strafen gegen jene vorzugehen, die sich anderer Leute Eigentum aneigneten. Gegen Ende des 17. Jahrhunderts hatte die Liste der Kapitalverbrechen etwa sechzig Beispiele umfaßt; rund 70 Jahre später, als Sir William Blackstone sie durchzählte, waren es alles in allem schon 160; im Jahr 1820 hatte sich die Zahl auf annähernd 220 erhöht. Fast alle zusätzlichen Eintragungen auf der tödlichen Liste galten der Bekämpfung der verschiedenartigsten Stehlereien, Fälschungen und schwere Diebstähle – wobei man von den letzteren schon sprach, wenn das Gestohlene mehr als zwölf Pence wert war. Human gesonnene Richter mögen die Geschworenen so beeinflußt haben, daß sie kein Todesurteil fällten, und human gesonnene Geschworene haben oftmals eine Verurteilung abgelehnt – doch die Botschaft des Gesetzes war unmißverständlich.

Niemand konnte daran zweifeln, daß die im Affekt begangenen Verbrechen – begangen in der Erregung der Trunkenheit oder in der Raserei der Rache – viel häufiger von den Armen als von den Begüterten verübt wurden. Diejenigen, die ernsthaft versuchten, die Anwendungsbereiche der Strafen festzulegen, konnten deshalb die Klassenzugehörigkeit der Täter kaum unberücksichtigt lassen. Der Pariser Berufungsrichter Ernest Bertrand veröffentlichte 1872 eine umfangreiche vergleichende statistische Studie über die sittlichen Werte der einzelnen sozialen Klassen in Frankreich. In der Landbevölkerung, so sein Ergebnis, entspringen Verbrechen in aller Regel nicht der Habgier, sondern gewalttätigen Leidenschaften – «Wutausbrüchen, Rachedurst, Familienzwist, Kneipenschlägereien». Die städtischen Arbeiter seien weniger gewalttätig als ihre Vettern vom Lande, sie konzentrierten sich auf Verstöße gegen die öffentliche Ordnung (wie etwa Aufruhr) und Eigentumsdelikte.[2] Die von ihm gesammelten Daten dienten nur als Bestätigung der selbstgerechten bürgerlichen Auffassung; die hämischen Unterscheidungen, die er zwischen verbrecherischen Unterschichten und unbescholtenen Bürgern machte, waren jedermann vertraut. Dennoch beherrschte das Eigeninteresse nicht einfach alles, was die Bürger über Verbrechen und Strafe dachten. Gewiß, aus den Mittelschichten stammten die Anwälte oder Anhänger der Todesstrafe (und zwar noch für geringfügige Eigentumsdelikte), von dort aber kamen auch die Geschworenen, die sich weigerten, eindeutig überführte Diebe zu verurteilen. Die braven Bürger waren nicht bloß besonders hartnäckige Befürworter, sondern auch besonders vehemente Kritiker einer unnachsichtigen Verbrechensbekämpfung.

Das Problem bestand darin, wie man beim Feldzug gegen das Verbrechen die pathologischen Exzesse abgrenzen und von der vertretbaren, ja notwendigen Zufügung von Schmerzen unterscheiden sollte. Reformer forderten die Abschaffung der Prügel- oder auch der Todesstrafe; andere wiederum setzten sich verbissen für beides ein. Einmal abgesehen vom jeweiligen Wortgeklingel hatte keine der beiden Parteien – und nicht einmal ihre Opfer – ernsthafte Zweifel daran, daß das Zufügen von Schmerz lustvoll ist, insbesondere für den Aggressor. Diese gesunde psychologische Intuition stellte zwar eine Reihe gängiger Bestrafungen in Frage, konnte jedoch den eigentlichen Strafgrundsatz nicht diskreditieren. Niemals hatten die humanitär gesonnenen Reformer im Sinn, sich von der kollektiv geregelten Bekämpfung der Straftäter zu verabschieden; ihnen schien selbstverständlich, daß die Gesellschaft sich gegen die Agenten von Chaos und Subversion zur Wehr setzen müsse. Sogar der sanftmütige libertär-anarchistische Fürst Kropotkin fand, in der kommunistischen Gesellschaft müßten unverbesserliche Faulenzer unbedingt mit Absonderung von ihresgleichen bestraft werden.[3] Auch Louis Günther, ein ambitionierter deutscher Hochschullehrer und Verfasser einer Geschichte des Vergeltungsprinzips, machte sich darin (1889) zwar den «neueren» – das heißt humanen – Gesichtspunkt zueigen, setzte jedoch rasch hinzu: «Andererseits glauben wir, daß es eine Grenze giebt, die zu überschreiten», die Philanthropen «sich hüten müssen. Es ist das Rechtsbewußtsein des Volkes.» Gerieten sie in Konflikt mit diesem Bewußtsein, würden sie sich leider «genötigt sehen, das voreilig Geschaffene alsbald wieder umzustoßen».[4] Kurz, selbst das Eingeständnis, daß die Bestrafung nicht selten als Alibi für unzulässige, ja krankhafte Rachsucht herhalten muß, konnte ihren Legitimitätsanspruch zwar eingrenzen, aber nicht gänzlich aus der Welt schaffen.

Dieser Anspruch zehrte von erstklassigen, altehrwürdigen Referenzen. Das ganze 19. Jahrhundert hindurch hatte die in der Schöpfungsgeschichte niedergelegte Sage vom Sündenfall des Menschen erheblichen Einfluß, und die Furcht vor der Hölle war nach wie vor lebendig. Viele Viktorianer lasen die biblische Geschichte noch genauso wie ihre Vorfahren als Schreckenssaga von Ungehorsam und Bestrafung: Für die unverzeihliche Übertretung des Gebotes – unverzeihlich in den Augen ihres Schöpfers – müssen Adam und Eva sowie alle ihre Nachkommen mit dem Verlust der sexuellen Unschuld und einem Leben in Arbeit, Mühsal und Sterblichkeit büßen. Die Welt, in die Gott den Menschen geworfen hat, erschien vielen Bürgern des 19. Jahrhunderts als ein Reich der Strafe. Die Geschichten von Kains Schicksal oder von Sodom und Gomorrha bekräftigten sie in dieser nackten Auffassung der conditio humana. Der Gott der Juden, der Gott von Augustinus, Calvin – und Gladstone – galt ihnen als rächender Gott, als gestrenger Herr, der Gnade nur ganz spärlich walten läßt. In den Texten der Heiligen Schrift, so wie die Strenggläubigen sie nach wie vor lasen, figurierte die Gottheit als harter, strafender Richter, auch wenn aufgeklärte Unitarier, gemäßigte Anglikaner und liberale Juden den Versuch machten, ihm das neue Outfit eines noblen Bewährungshelfers zu verleihen.

Ähnlich wie ihre biblischen Pendants waren die griechischen Mythen, mit denen die Menschen im 19. Jahrhundert als Schüler großgezogen wurden, Geschichten von mörderischen Verbrechen und schrecklicher Vergeltung. Die göttlichen, titanischen und königlichen Täter, die Homer und die griechischen Tragödiendichter so einprägsam dargestellt haben, bringen es ja zu einem beachtlichen Sündenregister mit eindrucksvollen Delikten: nicht bloß Diebstahl und Ehebruch, sondern Inzest, Kastration, heimtückische Ermordung des Ehegatten und grausiger Kannibalismus. Durch Generationen von Epikern, Dramatikern und Philosophen der Nachwelt überliefert, leben diese Mythen im 19. Jahrhundert in Theater und Dichtung, Malerei, Bildhauerei und Alltagssprache fort und geben die trostlose Lektion weiter, daß die Strafe, wie immer die Menschen sich drehen und winden mögen, integraler Bestandteil ihres Lebens ist. Ob in biblischer oder klassisch-antiker Gestalt, sie kennen nur einen einzigen erhabenen Kreislauf: Verstoß gegen die Ordnung, Strafzumessung, Wiederherstellung der Ordnung. Die Strafe fungiert dabei als unumgängliches Mittel zur Ausbesserung des Risses, den das Verbrechen im sozialen Gewebe hinterlassen hat. Nur in der Komödie kommt der Böse nach dem Mord ungestraft davon.

Im Endeffekt lautet die Aussage dieser Gründungsmythen, daß die Vergeltung sich zwar als unverzichtbar für das Fortleben der menschlichen Gesellschaft erwiesen, aber auch zu radikalen Umbrüchen geführt hat. In seinem Buch *Totem und Tabu*, einem kurz vor dem Ersten Weltkrieg erschienenen, höchst umstrittenen Stück spekulativer Prähistorie, bekräftigt Freud jene Botschaft, die Griechen und Christen in der westlichen Welt heimisch gemacht hatten. In dieser für eine bürgerliche Epoche geschriebenen, schockierenden Sage rekonstruiert Freud das seiner Ansicht nach entscheidende Ereignis der Geschichte der Menschheit und vertritt die These, in ferner Urvergangenheit hätten sich die Söhne zusammengeschlossen, um ihren übermächtigen, sexuell verschlingenden Vater, den von ihnen gleichermaßen gehaßten und geliebten Vater, zu stürzen. Damals hätten sie den Stammvater getötet und verzehrt, danach aber die Entdeckung machen müssen, daß er im Tod nur noch mächtiger war als im Leben und daß ihr spontaner Akt der Selbstbefreiung ihnen eine irreversible Veränderung ihres Daseins beschert hatte. Befreit hätten sie sich von den Fesseln vorgeschichtlicher Abhängigkeit und Hörigkeit, nur um sich qua Vatermord und rituellem Verzehr des Vaters in ein selbstgebasteltes psychisches Gefängnis einzuschließen. Von Reue gepackt, müssen sie nämlich die Last der Schuldgefühle und damit zugleich der sexuellen Entsagung auf sich nehmen. Dies ist die Geburtsstunde des Über-Ichs und seines Sprößlings, der Kultur. Von nun an werden die im tiefsten Inneren gehüteten Triebwünsche des Menschen, insbesondere der Tötungs- und der Inzestwunsch, durch gesellschaftliche Institutionen an der Befriedigung gehindert. Kurz, nach Freuds Auffassung verdankt die menschliche Kultur ihre Entstehung einem ungeheuerlichen Verbrechen. Seine moderne Version des Gründungsmythos läuft auf ein verblüffendes Paradoxon hinaus: Mit den von ihr auferlegten Beschränkungen ist die Kultur ineins eine Bestrafung der Tat und die conditio sine qua non ihres Fortbestehens.

Selbst diejenigen Prähistoriker, die Freuds ausgefallene Konstruktion verworfen haben, räumen ein, daß die Gesellschaft im Laufe ihrer Geschichte rituelle Wiederholungen eines Urverbrechens veranstaltet, bei denen in aller Regel ein Tier oder ein anderes symbolisches Ersatzobjekt an die Stelle des ursprünglichen Opfers tritt.[5] So hat man den unglücklichen Verbrecher oftmals buchstäblich zum Opfertier gemacht; nach dem Gesetzbuch der Römischen Republik war die Strafe, wie Theodor Mommsen in seiner großen Geschichte des römischen Strafrechts festgestellt hat, eine sakrale Handlung: «Das personale Strafurtheil ist Uebereignung des Verurtheilten an eine Gottheit.»[6] Solche rituellen Opfer – ob es sich um das gemeinsame Mahl in einer urtümlichen religiösen Orgie oder um die hochstilisierte Darstellungsform der katholischen Messe handelt – waren stets die feierliche Neufassung des alten Handlungsmodells: Verbrechen, Strafe – und Überleben. Von diesem Kreislauf hat sich das 19. Jahrhundert niemals ganz losgemacht.

Wie in den vorangegangenen Jahrhunderten haben auch im bürgerlichen Zeitalter Gesetzgeber, Juristen und Philosophen, wenn auch mit leichten Abweichungen, die Rechtfertigungsgründe für das Bestrafen unter die drei Oberbegriffe Vergeltung, Abschreckung und Resozialisierung gebracht. Als der krudeste von ihnen zeigt die Vergeltung besonders deutlich, welchen psychischen Gewinn die Ahndung von Missetaten allen außer dem Täter (und bisweilen sogar dem Täter) bringt – auch wenn viele Vertreter dieser Legitimation (mitunter höchst beleidigt) bestreiten, daß es sich bei ihr um nichts anderes als eine Rechtfertigung für Rachegelüste handelt.

Gegen Ende des 18. Jahrhunderts spricht Immanuel Kant, ein unbeirrter Anhänger des Vergeltungsprinzips, dessen Funktion ganz offen aus: «Eine jede das Recht eines Menschen kränkende Tat verdient Strafe; wodurch das Verbrechen an dem Täter *gerächet* (nicht bloß der zugefügte Schade ersetzt) wird.» Gewiß habe Gott allein das Recht, Rache zu üben;

es sei Pflicht des Menschen, weder die Feindseligkeit anderer mit Haß zu erwidern noch den «Weltrichter» zur Rache aufzufordern, weil «der Mensch von eigener Schuld genug auf sich sitzen hat, um der Verzeihung selbst sehr zu bedürfen». Aber obgleich keine Strafe «aus Haß verhängt» werden darf, muß sie doch verhängt werden; wer immer einem Mörder hilft, der Hinrichtung zu entgehen, wird zu seinem Komplizen und lädt Blutschuld auf sich.[7] Dieser Gedankengang ist fraglos eine ehrliche Deduktion aus Kants kategorischer Tugendlehre – bestraft werden muß der Verbrecher nicht im Interesse der Gesellschaft und auch nicht zu seiner eigenen Besserung, sondern weil er es verdient. Doch während Kant noch sagen konnte, wenn er sehe, daß Verbrecher ihren wohlverdienten Lohn bekommen, empfinde er keinen wohligen Schauder, waren andere, die sich an seine Gedanken hielten, durchaus weniger asketisch und hatten unverhohlenere Lustgefühle beim Anblick der leidenden Bösewichter.

Auch hinter den anderen Rechtfertigungsgründen – Abschreckung und Resozialisierung – steckt oftmals, wenn auch etwas weniger sichtbar, das aggressive Verlangen nach Vergeltungsmaßnahmen; die verborgenen oder unbewußten Motive für die Bestrafung waren weit komplizierter und häufig weit weniger wohlmeinend als die für biedere Gemüter allein sichtbaren Legitimationen. Abschreckungsmaßnahmen, die die Philanthropen als unfehlbar human priesen, entpuppten sich oftmals noch in ihrem eigenen Jahrhundert als verhüllte Befriedigung der Strafgelüste. Auch die von vielen redegewandten Reformern vertretenen Resozialisierungsmaßnahmen wurden mit Recht scharf kritisiert. Bei manchen erwiesen sie sich als bloße Alibis für das Ausleben des Vergeltungsbedürfnisses.

Was das 19. Jahrhundert – trotz der zweideutigen Motive seiner professionellen Racheengel – von anderen unterscheidet, ist sein ausgesprochenes Bemühen, vernünftige und karitative Gründe für die Strafe ausfindig zu machen. Historiker, Juristen und Leitartikler, die ihr Zeitalter des Fortschritts mit soviel Stolz betrachteten, führten zum Beleg gern die Einschränkung erlaubter Rachsucht an. In einem 1860 erschienenen, preisgekrönten dicken Wälzer geht Claude-Joseph Tissot, ein äußerst produktiver französischer Psychologe und Philosophiehistoriker, den kulturellen Einstellungen gegenüber der Strafe bis in die Antike nach und schließt dann in überschwenglichem Ton, sie hätten eine Entwicklung zum Höheren, nämlich zu Rationalität und Gesittung durchgemacht. Nach seinem Dafürhalten ist die Geschichte der Strafe eine Geschichte der zunehmenden Bereitschaft zum Verzicht auf den emotionalen Gewinn, den die Rache einbringt. Zwar sei in ferner Vergangenheit die Strafe erst durch das Rachebedürfnis, dann durch das Vergeltungsprinzip –

Auge um Auge – motiviert gewesen. Doch unter dem Einfluß des Christentums und der segensreichen aufklärerischen Ideen des 18. Jahrhunderts sei die Idee der Strafe auf ein immer höheres Niveau gehoben worden, und nun, im ausgehenden 19. Jahrhundert, sei die Gesellschaft bei einer «durch Mitgefühl und Güte gemilderten Gerechtigkeit» angelangt.[8] Ein tröstliches Bild, das dazu einlädt, sich selbst auf die Schulter zu klopfen.

Schon einige Jahre vor Tissot hatte Thomas Barbington Macaulay der von seiner kultivierten Epoche geleisteten Einschränkung der Rachegelüste ausführlich und mit der Emphase des Whig Tribut gezollt. «Es tut gut, wenn man bedenkt», so schreibt er in seiner *History of England*, wo er die Nation seiner Zeit voll Stolz mit dem England von 1685 vergleicht, «daß das öffentliche Bewußtsein in England mit zunehmender Reife auch weicher geworden ist und wir uns im Laufe der Jahrhunderte nicht bloß zu einem klügeren, sondern auch zu einem liebenswürdigeren Volk entwickelt haben. Es gibt kaum eine Seite in der Geschichtsschreibung oder der Unterhaltungsliteratur des 17. Jahrhunderts, aus der nicht klar hervorgeht, daß unsere Vorfahren weniger human waren als ihre Nachfahren. Die Disziplin in Werkstatt, Schule und Familie war zwar keineswegs effizienter als heute, aber unendlich härter. Meister pflegten ungeachtet ihrer guten Herkunft und Erziehung ihre Gehilfen zu schlagen. Lehrer sahen kein anderes Mittel, ihr Wissen weiterzugeben, als Schläge für die Schüler. Ehemänner von Rang und Stand schämten sich nicht, ihre Frauen zu schlagen.» Noch die liebenswürdigsten Gentlemen legten weite Strecken zurück, um mitzuerleben, wie Gefangene ausgepeitscht und Verbrecher exekutiert werden. Mag sein, daß – so hält Macaulay sich gleichsam den Rücken frei – im 19. Jahrhundert übertriebenes Mitleid hier und da «manch lächerliche und bedauerliche Erscheinungen hervorgebracht» hat. Aber «je mehr wir die Annalen der Vergangenheit studieren, desto glücklicher werden wir sein, daß wir in einem Zeitalter der Barmherzigkeit leben, in einer Epoche, in der man Grausamkeit verabscheut und Schmerz, auch den verdienten Schmerz, nur widerwillig und aus reinem Pflichtbewußtsein zufügt».[9]

Hier geht Macaulays sattsam bekannte Begeisterung für den Gang des Fortschritts wohl einfach mit seiner kritischen Wahrnehmung der aktuellen Wirklichkeit durch. Doch zu seiner Zeit hätten nur wenige abgestritten, daß die zivilisierten Gesellschaften nach und nach eine spürbare Abnahme der zulässigen Grausamkeiten durchsetzen konnten. Ein paar Jahrzehnte hindurch hatten human gesonnene Reformer – oder solche, die sich einredeten, sie seien human – in der praktischen Politik die Oberhand gehabt. Aber sie riefen eine ebenso verschreckte wie verärgerte

Opposition auf den Plan, die geltend machte, die sogenannte Humanität sei entschieden zu weit gegangen. Selbst den über jeden Verdacht erhabenen Liberalen Macaulay plagten Zweifel gegenüber dem ungehemmten philanthropischen Impuls. Im März 1846, als er im House of Commons über Gnadengesuche zugunsten von Aufrührern sprach, die zu lebenslänglicher Deportation verurteilt waren, beschrieb er zwar diese Gesuche als «naturwüchsige Gegenreaktion gegen das barbarische Strafgesetzbuch, das im letzten Jahrhundert in England in Kraft war», doch im Gefolge der Gegenreaktion entdeckte er «in unserem Land ein dermaßen weibisches Empfinden, daß es wohl beim geringsten Zeichen der Zustimmung aus diesem Hause kaum einen Fall von Grausamkeit gäbe, bei dem nicht Tausende von Menschen ein Gnadengesuch einreichten». Die übrigen Parlamentarier nahmen seinen Ausfall mit laut vernehmlichem «Hört, hört» auf.[10] Fast unwiderstehlich war die Versuchung, in der Öffentlichkeit aufzutreten wie ein ganzer Mann.

«Weibisch» – mit diesem Hieb gegen das weibliche Geschlecht fand sich Macaulay in unerwarteter Gesellschaft mit Thomas Carlyle, dem notorischen Unglückspropheten der modernen Industriegesellschaft. Genau in der Mitte des Jahrhunderts kritisiert Carlyle in einem seiner schwächsten Texte mit dem Titel «Model Prisons» die neu erbauten englischen Gefängnisse als symptomatisch für eine untergehende Kultur. Besorgt blickt er auf die sentimentalen Philanthropen, die «das Leid einer ganzen Welt mit Gefühlsduselei kurieren» wollen. Carlyle galt damals zunehmend als Exzentriker, aber mit seinem geballten Gespött gegen schwächliche Reformer sprach er für empörte Konservative – und, wie wir sahen, für ein paar aggressive Liberale.

Unabhängig von der jeweiligen Haltung zu diesem heiklen Thema kamen doch alle darin überein, daß der Umgang einer Gesellschaft mit ihren Straftätern den Prüfstein für das von ihr erreichte Zivilisationsniveau darstellt. Diese Maxime, die selbst schon von einer neuen Sensibilität gegenüber dem Leiden und einem neuen Interesse für Verbrechen und Strafe zeugt, galt in allen Nationen gleichermaßen. «Will man ein fundiertes Urteil über den sittlichen Zustand eines Volkes fällen», so der französische Generalinspekteur Louis-Mathurin Moreau-Christophe 1837, «dann muß die Geschichtsschreibung sich in die Gefängnisse hineinbegeben.»[11] Carlyle fand nichts an der Maxime auszusetzen, benutzte sie aber nicht zur Belobigung, sondern zur Verurteilung der Reformer: Der Umgang seiner Epoche mit Verbrechern gebe Anlaß zu größter Besorgnis; auf Kosten ihrer Opfer würden sie gepäppelt. Im Jahr 1850 besucht Carlyle, um seine hartnäckige Diagnose der zeitgenössischen Gesellschaft zu vervollständigen, eines der «Muster- oder Modell»-

Gefängnisse – und zwar das alles andere als mustergültige Millbank Penitentiary – und bescheinigt ihm mit höhnischem Grinsen, es sei «hervorragend». Was er sieht, ist ein sauberes Gebäude, unübertreffliches Essen, produktive Arbeit, gesunde Leibesübungen und ein von der «Methode der Liebe» erfüllter Gefängnisdirektor – und es entsetzt ihn: «Für immer und ewig hoffnungslos, ein solches Vorhaben. Diese verworfenen, affen-, wolfs-, ochsen-, kobold- oder sonstwie teuflisch tierähnlichen Exemplare des Menschen – selbst von den Göttern hätte keiner ihnen mit Liebe gebieten können.» Diese Gefängnisse seien Paläste: «In ganz England wird kein Herzog – mit auch nur einem einzigen der Vernunftgründe, denen ein Mensch folgen kann oder sollte – derart perfekt untergebracht, ernährt, bedient oder versorgt.»[12]

Gegen Ende desselben Jahres hält sich Dickens in der letzten Lieferung seines *David Copperfield* eng an seinen hochverehrten Carlyle, indem er Hohn und Spott über die neuen Gefängnisse ausschüttet, die nur ein Sieg der Heuchelei und der Wirkungslosigkeit seien. Beim Besuch einer Muster-Anstalt trifft der Held unter den Insassen die zwei Hauptschurken des Romans wieder; sie sind verderbt wie eh und je, aber große Günstlinge der Verwaltung und der Inspektoren, weil sie so fromme Phrasen dreschen und so demütig an der Küche herummäkeln. Als Copperfield das Essen sieht, das den Häftlingen gerade serviert werden soll, wundert er sich über «den krassen Gegensatz zwischen diesen üppigen erlesenen Speisen und dem Essen nicht etwa der Armen, sondern der Soldaten, Matrosen, Arbeiter, der großen Masse der achtbaren, arbeitenden Bevölkerung; von denen nicht einer unter fünfhundert jemals nur halb so gut gegessen hat».[13] Das war zwar unzutreffend berichtet und herzlos karikiert, aber die bissigen Leitartikel und «humorvollen» Kommentare im *Punch* bezeugen, daß der Standpunkt, von dem aus Carlyle und Dickens sprachen, keinesfalls zu vernachlässigen war. Ein spöttischer Nachklang dieses Standpunkts ist bei W. S. Gilbert zu hören, der sich 1885 mit seinem human gesonnenen Mikado in die Debatte einschaltet: dieser «wahrhafte Philanthrop» will doch partout, daß «die Strafe zum Verbrechen paßt», und macht

> in gewissem Maß
> aus jedem Bösen
> ein sprudelndes Wesen
> von harmlosem Spaß.[14]

In Anbetracht seines bärbeißigen Temperaments verspottet Gilbert hier unzweifelhaft eher die humanitär Gesonnenen als die Rigoristen. Jedenfalls fand er starken Rückhalt in der Öffentlichkeit.

Diese Mißbilligung der unmännlichen Menschenfreunde beschränkte sich keineswegs auf Großbritannien. Ein ganzes Sperrfeuer der Kritik schießt der bekannte Jurist Gustav Geib in seinem Anfang der 60er Jahre erschienenen Lehrbuch des deutschen Strafrechts gegen den aufklärerischen Geist der Reformbestrebungen im Strafrecht ab: Charakterisiert seien sie durch Verachtung gegen alles historisch Überlieferte, grundloses Selbstvertrauen, «philanthropisch-cosmopolitische Schwärmerei», Humanitätseifer gepaart mit rücksichtsloser Härte in der praktischen Umsetzung desselben, unkritische Begeisterung für alles Große und Schöne, zugleich aber Scheu vor jeder gründlichen Forschung, und alles in allem «Aufgehen in leerer Phraseologie und vagem Gefühlsraisonnement». So viel zum moralischen und intellektuellen Habitus der Philanthropen im 19. Jahrhundert, der Erben der Aufklärung! Der Prager Rechtsprofessor Zucker, der diese provozierenden Worte 1891 zitiert, äußert die Befürchtung, dieselben Vorwürfe könnten eines Tages auch den Strafrechtlern der bürgerlichen Ära gemacht werden; auch sie seien ja so zartfühlend und zugleich aggressiv, so unhistorisch und rücksichtslos gegenüber dem Überlieferten.[15]

Zucker hatte allen Anlaß zur Besorgnis; die Vorkämpfer des Überlieferten verschafften sich ebenso ungehindert wie wütend Gehör. Unter den deutschen Politikern, die Geibs ironische Diagnose bereits nachbeteten, war Bismarck nur der Wortführer. Im Jahr 1870 ergreift er in einer hitzigen Debatte des Norddeutschen Reichstags über die Todesstrafe mehrfach in seiner bekannten aggressiven Art das Wort. Da er sein Plädoyer für das Beil des Scharfrichters nicht allein auf pragmatische oder ethische Gründe stützen mag, brandmarkt er die Gegner der Todesstrafe als Schönfärber und unterstellt ihnen eine «krankhafte Neigung». Offensichtlich hätten sie es mehr auf die Schonung des Verbrechers als auf den Schutz seines Opfers abgesehen. Diese philanthropischen Juristen, die zu schwach seien, ihre schreckliche Verantwortung auf sich zu nehmen, erschienen ihm symptomatisch für die «Krankheiten unserer Zeit». Ihre Argumentation sei – und hier hört man seine ganze männliche Verachtung – «ein Wust falscher Sentimentalität».[16]

Die Reformer ließen sich durch derlei Beschimpfungen nicht abschrekken, schöpften sie doch das Vertrauen in ihre psychologischen und juristischen Analysen aus durchaus ehrwürdigen historischen Quellen. Wieder einmal können wir die Ideen des 19. Jahrhunderts nur verstehen, wenn wir auf ihre Ursprünge im 18. Jahrhundert zurückblicken. In der ersten Hälfte des 18. Jahrhunderts hatte Montesquieu ein Rechtssystem entworfen, das für ein «gerechtes Verhältnis zwischen Strafe und Verbrechen» sorgen werde, und in den 6oer Jahren hatte Cesare Beccaria, der wohl berühmteste Jurist der Epoche, Montesquieus Forderung wieder aufgegriffen und dafür plädiert, daß «Verbrechen und Strafen im richtigen Verhältnis zueinander stehen».[17] Wie diese Namen bezeugen, ist das Bemühen, sich vom Prinzip der Vergeltung ab- und der Abschreckung und Resozialisierung der Straftäter zuzuwenden, letztlich eine Hinterlassenschaft des radikalen Flügels der freidenkenden Aufklärung des 18. Jahrhunderts.

Das Plädoyer für Humanität und Zurückhaltung beim Bestrafen war natürlich kein Monopol der Nichtgläubigen, wie es die *philosophes* behauptet hatten. Schon frühzeitig hatten auch gottesfürchtige Christen an der Spitze der Gefängnisreform und für eine Neubestimmung der noch vertretbaren, von Amts wegen ausgeübten Aggression gestritten, und im 19. Jahrhundert waren sie noch aktiver geworden. In einem 1833 erschienenen historischen Abriß der Entwicklungen im Strafvollzugssystem betonen Gustave de Beaumont und Alexis de Tocqueville, welches hohe Verdienst sich die Quäker in Pennsylvania zur Zeit der Aufklärung erworben haben, als sie konsequent gegen die «barbarischen Gesetze, die die Kolonien vom Mutterland übernommen hatten», protestieren und in ihrem Staat die Abschaffung von «Todesstrafe, Verstümmeln und Auspeitschen» erkämpfen.[18] Sie hätten noch John Howard nennen können, einen spartanisch lebenden, allein seinem Gewissen verpflichteten Dissidenten, der mit seinen Kampagnen gegen die schockierend unhygienischen Verhältnisse in den – britischen und nichtbritischen – Gefängnissen seiner Zeit immerhin erreichte, daß man beschämt versuchte, Abhilfe zu schaffen.[19] Religiöse wie nichtreligiöse Reformer bedienten sich der aufklärerischen Programme für soziale Verbesserungen und drückten ihnen ihren eigenen Stempel auf.

Ihr besonders verehrtes Vorbild war Beccaria. Seine 1764 erschienene Schrift *Dei delitti e delle pene* wurde alsbald in mehrere große Sprachen übersetzt; ein Jahrhundert lang hatte sie großen Einfluß. «Seine Waffen», so Jeremy Bentham, «hat ihm der Himmel selber gemacht.»[20] Die Bestrafung, so konzediert Beccaria, ist als soziale Sanktion unverzichtbar, da der Mensch von Natur aus aggressiv ist. Die Gesetze müssen den in jedem Menschen steckenden «Geist der Despotie» zurückdrängen. Doch die einzige vernünftige und wirksame Sicherung der sozialen Ordnung besteht nicht in der Bestrafung, sondern in der Vorbeugung gegen das Verbrechen und, wo Strafen nun einmal nicht zu vermeiden ist, in der größtmöglichen Zurückhaltung bei der notwendigen Zufügung von Schmerzen. Alles, was darüber hinausgeht, ist «tyrannisch». Folter ist ein der zivilisierten Gesellschaft unwürdiges Relikt aus den Zeiten der Barbarei, ebenso die Todesstrafe. Siegessicher faßt Beccaria schließlich sein Anliegen auf hundert Seiten zusammen und kommt zu dem Schluß, daß jede Strafe, die mit seinem Grundsatz in Konflikt gerät, nichts ist als nackte Gewalt.[21] In seinen Verurteilungen und Empfehlungen steckt das gesamte Programm der liberalen viktorianischen Strafrechtsreform. Die Reformer des 19. Jahrhunderts waren Beccarias legitime, dankbare und wankelmütige Erben.

Im Programm der Aufklärung verbinden sich zwei Reformimpulse: humanitäres Denken und Social engineering. Der Wunsch nach Erklärung der conditio humana wird hier recht eigentlich identisch mit dem Wunsch nach ihrer Verbesserung. Tugendlehrer von hoher Gesinnung und dezidierter Zwanglosigkeit wie etwa Addison und Steele im *Spectator* bzw. *Tatler* sowie deren Nachahmer auf dem Kontinent weckten Selbstachtung bei ihren bürgerlichen Lesern und erzogen sie zu höflicher Pietät, zur Großherzigkeit gegenüber Untergebenen und zum zivilisierten Umgang mit Frauen, Kindern, Dienern und Verbrechern. Die Politik der Gesittung konnte unerschrockene und einflußreiche Anhänger gewinnen.

Sie hatte sie nötig. In Frankreich war das nach wie vor gültige Strafgesetzbuch die *Ordonnance criminelle* von 1670, eine halbherzige Neufassung der Gesetze aus dem Spätmittelalter und der frühen Neuzeit. Das meiste davon war, Voltaires bündigem Urteil zufolge, «einzig auf die Vernichtung des Angeklagten gerichtet».[22] Sie behandelte Sünden als Verbrechen und Verbrechen als Sünden, schützte das Eigentum mit erbarmungsloser Härte gegen Diebe und Aufrührer, behielt die Folter als Mittel der Auskunftsbeschaffung und als Rache für die Beleidigung der Gottheit bei und verordnete grausame Strafen für eine ansehnliche Zahl von Delikten. Die Gerichtsverfahren waren ritualisierte Gefechte, in denen der Ankläger alle Waffen in der Hand hatte. In anderen Ländern gab es nur wenige Strafgesetzbücher, die von mehr Nachsicht oder Vernunft zeugten. In diesem Klima starteten die *philosophes* ihre Angriffe auf eingewurzelte Gepflogenheiten und Normen und forderten unausgesprochen – und oftmals auch expressis verbis – die Eindämmung des Hasses im Namen der Vernunft. Montesquieu plädierte für die Verkleinerung des Verbrechensregisters; Lessing machte sich für die Abschaffung von Gesetzen stark, die den Juden den Zugang zur bürgerlichen Gesellschaft verwehrten; Helvétius entwickelte die subversive ethische Maxime vom größtmöglichen Glück für die größtmögliche Zahl; Voltaire kämpfte jahrelang um die Rehabilitierung der Opfer von Justizmorden; Rousseau hielt den Erwachsenen die Forderungen der Kinder vor Augen; Kant entwarf einen Plan für den Weltfrieden; Bentham demonstrierte, wie vorteilhaft es sein könnte, alle Gesellschaftspolitik an der höchst unkonventionellen Lust-Unlust-Bilanz zu messen.

Was der Besserung des Menschen Grenzen setzt, so die These der *philosophes*, ist im wesentlichen die Unwissenheit. Gewiß, Begreifen heißt noch nicht automatisch Reformieren; zu viele «finstere Interessen», wie Bentham sie nennt, behindern den Vormarsch der Ratio. Aber Reformieren setzt Begreifen voraus. In diesem Gedankengang kommt der zweite Impuls für radikale Veränderungen ins Spiel, nämlich das Social engineering. Die meisten *philosophes* sahen im rationalen Studium des menschlichen Lebewesens den ersten Schritt in Richtung auf die von David Hume so genannte «Wissenschaft vom Menschen».[23] Ehrgeizige Newtons des Seelenlebens arbeiteten an einer objektiven Psychologie, die reformbereite Staatsmänner in die Lage versetzen würde, Mißstände aufzudecken, gegen Aberglauben vorzugehen, Ungerechtigkeit zu beseitigen – und Missetätern gegenüber sowohl Milde wie auch Vernunft walten zu lassen. Im 19. Jahrhundert brachten diese zukunftsweisenden Untersuchungen zahlreiche neue Berufe hervor, Fachleute, die man Soziologen, Politologen, Ökonomen und Kriminologen nannte. Bekannt wurde die letztgenannte Bezeichnung in den späten 70er Jahren durch den berühmten französischen Kriminalanthropologen Paul Topinard, der nach Broca als Generalsekretär der Pariser Anthropologischen Gesellschaft fungierte.[24] Auch die aggressive Rachsucht sollte dem wissenschaftlichen Begreifen und Behandeln weichen.

Jahrzehntelang forderten Philanthropen des 19. Jahrhunderts, die ein breites Spektrum religiöser und politischer Meinungen repräsentierten, dieses wissenschaftliche Begreifen, weil sie entschlossen waren, die damalige alttestamentarische Strenge des Gesetzes als pathologisch zu entlarven. Daß Aggressivität ein Grundzug des Menschen ist, sollte die Gesellschaft, so ihre These, nicht davon abhalten, sie an der Umsetzung in die Tat zu hindern und sie auf ganz akute Notfälle zu beschränken. Zur selben Zeit, als W. S. Gilbert sich über den Versuch lustig machte, für jedes Verbrechen die passende Strafe zu finden, hatten die sehr viel gesetzteren Gesellschaftstheoretiker schon seit langem die Verhältnismäßigkeit der Strafe gefordert und ihr Anliegen ebenso mit Nützlichkeitserwägungen wie mit Barmherzigkeit begründet.

Zu den Hinterlassenschaften der Aufklärung an die bürgerliche Welt des 19. Jahrhunderts gehört auch die Debatte über die Natur des Menschen. Eine tragende Rolle spielte sie im großen Streit um die Rechtfertigungsgründe für die Strafe, wo die Reformer sich mit der heiklen Frage herumschlagen mußten, ob Rache ein Alibi für Aggressivität sei. Fast alle

Experten für Verbrechen und Strafe – deren Zahl im 19. Jahrhundert rapide zunahm – waren sich einig darin, daß es der Rachedurst selber ist, welcher den Versuchen, die menschliche Natur vor den Folgen des angeborenen Kampftriebs zu bewahren, die meisten Steine in den Weg legt. Scharfe Meinungsunterschiede gab es hingegen über die psychologischen und rechtlichen Auswirkungen dieser offenbar unausrottbaren Eigenschaft.

Selbst jene Juristen, die die zivilisierte Gesellschaft des 19. Jahrhunderts zum Widerstand gegen die Aggressionsneigung drängten, sahen sich also in ihrem gepriesenen Realismus genötigt, das menschliche Rachegelüst – wie immer widerstrebend – zur Kenntnis zu nehmen. Als Sprachrohr der Reformer behauptet Tissot, das Bedürfnis nach Vergeltung sei «ein lebendiges und echtes Gefühl» und der «Rachedurst» ein elementares psychisches Bedürfnis, Kränkung mit Kränkung zu erwidern. Auch Louis Günther, der moderne und in seiner Sicht progressive Erforscher des Vergeltungsprinzips, kann wohl nicht anders, als diese menschlich-allzumenschliche Veranlagung anzuerkennen: Wie immer wir «in unserer heutigen aufgeklärten und humanen Zeit» über den wahren Zweck der Strafe urteilen mögen, soviel müssen wir alle zugeben: «Der erste Antrieb, begangenes Unrecht zu ahnden, liegt in der Eigentümlichkeit der menschlichen Natur, für das erlittene Leid, für die zugefügte Kränkung vergeltende Rache zu üben.» Georg Jellinek, der das Verbrechen im soziologischen Jargon der Zeit als *sociales Produkt* und *chronische Krankheit des socialen Körpers* beschreibt, räumt gleichwohl ein: «Unter den sittlichen Ideen der Völker hat vielleicht keine eine grössere Rolle gespielt, als die der Vergeltung. Eben weil sie tief zusammenhängt mit unserer sinnlichen Natur, lag die Versuchung nahe, in ihr ein ewig waltendes Gesetz der Gottheit und der Welt zu erblicken», und besonders die großen Religionen hätten dieser Versuchung nicht widerstanden.[25]

Obgleich die meisten, die sich im 19. Jahrhundert mit dem Seelenleben und der Rechtsprechung befaßten, Strafen zum Zweck der Rache ablehnten, lieferten ihre psychologischen Theorien ihren Gegnern willkommene Munition. Bei den Anhängern der altgedienten Rationalisierungen für Strafe sah die Diagnose ziemlich genauso aus wie bei ihren Gegenspielern; die Therapie allerdings war radikal unterschieden. James Fitzjames Stephen, für den die Gesellschaft kaum mehr ist als ein Dschungel, in dem die Menschen einander auf ewig an die Gurgel gehen, sieht in der Vergeltung das wesentliche Prinzip des Rechtssystems. Er teilt die Überzeugung des Philanthropen, daß das Rachegelüst eine tief im Menschen verwurzelte Gefühlsregung ist, aber diese Lebenswahrheit gesteht er nicht etwa nolens volens ein – er begrüßt sie. Als der unverhohlenste und entschiedenste Gegner der Demokratisierungstendenzen, mit denen, wie er befürchtet, sich das damalige Großbritannien infiziert hat, ist Stephen überzeugt, daß «es in Ethik wie in Religion Krieg und Kampf zwischen den Menschen geben muß». Die Konsequenzen für die Bestrafung von Verbrechern verstehen sich nach seiner Meinung von selbst: Das britische Recht mag vielleicht übertrieben hart sein, aber so wie es funktioniert, muß es dem unerbittlichen Rachegelüst Befriedigung verschaffen. Verbrechen werden nicht bloß bestraft, weil sie eine Gefährdung der Gesellschaft darstellen, sondern auch weil damit «das Haßgefühl – man nenne es Rache, Ressentiment oder wie man will –, das der Anblick solchen Verhaltens in einem gesunden Gemüt weckt», befriedigt wird. Verbrecher müßten gehaßt werden, und ihre Bestrafung sollte diesen Haß zum Ausdruck bringen.[26] Eine unverhülltere Rechtfertigung der legalisierten Aggression gegen Straftäter hat das Jahrhundert wohl kaum hervorgebracht.

Stephen befand sich in guter Gesellschaft. Schon Kant hatte, wie wir sahen, die Forderung vertreten, die Gesellschaft habe die Pflicht, den Übeltätern die verdiente Strafe zuzumessen. Mitte der 40er Jahre protestiert Moreau-Christophe vehement gegen die Aktivitäten des rührigen Gefängnisleiters und Reformers Charles Lucas: «Es ist *kriminelle* Ketzerei zu behaupten, eine Strafe stelle nicht *Rache* dar, die Bestrafung solle keine *Leiden* bereiten.» Ist doch «*Rache* in diesem Fall gleichbedeutend mit *Gerechtigkeit*». Und in den frühen 80er Jahren verwahrt sich der vielgelesene deutsche Philosoph und Psychologe Hermann Lotze gegen das ganze hochtrabende Gerede vom göttlichen Strafauftrag oder von der Pflicht zur Negation der Negation des Rechtes oder gar der Aufgabe, den Straftäter zu resozialisieren. Die Strafe bessere nicht den Verbrecher, sie helfe nur uns, den Opfern und den Zuschauern, indem sie die «lebhafte Empörung» befriedigt, die wir empfinden, solange dem Missetäter keine Vergeltung zuteil geworden ist. Allein das Rachebedürfnis gebe dem Staat das Recht, Schmerzen zuzufügen.[27] Die menschliche Natur, so haben Stephen, Moreau-Christophe, Lotze und ihre Bundesgenossen in allen westlichen Gesellschaften beharrlich zu verstehen gegeben, ist so durchdrungen von ihren aggressiven Bedürfnissen, daß man die legitimen Rachegelüste nicht unbefriedigt bleiben lassen darf. Diese Sicht konnten die Reformer nicht rundweg verwerfen; widerstrebend stimmten sie ihren finsteren Gegnern darin zu, daß der Mensch ein aggressives Lebewesen sei. Die von den Konservativen gezogene Schlußfolgerung aber mochten sie nicht akzeptieren. Nach ihrer Überzeugung muß das Gesetz diesen urwüchsigen Haß, statt ihn zu verherrlichen, vielmehr zu kontrollieren und meistern suchen.

2. Zwischen Gefängnis und Gefühl

Die Anwendung der Aufklärungslehren des 18. Jahrhunderts auf das 19. Jahrhundert hat sich als bruchstückhaft erwiesen: Oft zeugte sie zwar von Einfallsreichtum und Mitgefühl, noch öfter aber war sie ziellos, ja kontraproduktiv. Die aggressive Repression gegen Straftäter änderte sich nur im Schneckentempo. Die hehre Kampagne, die ursprünglich das Ziel hatte, den anachronistischen Praktiken der unsanfteren Vergangenheit ein Ende zu setzen, die offiziell zugelassene Aggression gegen Straftäter zu bändigen und im besten Sinne zu rationalisieren, erzielte zwar einige beeindruckende Erfolge. Aber im Kampf gegen die barbarische und willkürliche Behandlung verurteilter Verbrecher führte die moralische Empörung der Bürger, die sich beim transatlantischen Kreuzzug gegen die Sklaverei so bewährt hatte, erst mit betrüblicher Verspätung einen Umschwung herbei. Die verarmten Jugendlichen in Großbritannien und anderswo, die unter Brücken schliefen und den Nachwuchs in Diebesbanden stellten – Dickens' *Oliver Twist* war keineswegs nur Fiktion –, profitierten besonders langsam vom Humanitätsdenken der Viktorianer, obgleich ihr Schicksal vom Beginn des Jahrhunderts an gequältes Mitgefühl ausgelöst hatte. Gleichsam als Vorläufer der regierungsamtlichen Untersuchungskommission hatten sozial engagierte Bürger das erbarmungswürdige Leben der Kinder, die aus schierem Hunger zu stehlen gezwungen waren, wiederholt und ungeschminkt geschildert – mit wenig Effekt.

Tatsächlich war, wenn man dem verstörten Artikel glauben kann, den W. R. Greg 1855 in der *Edinburgh Review* veröffentlichte, mehr als ein halbes Jahrhundert lang wenig geschehen, um die erschreckende Situation zu verbessern – außer daß heftige Gefühlswallungen erzeugt wurden. Zwar erwähnt er, daß die tatkräftige und human denkende Erzieherin Mary Carpenter, Begründerin der berühmten «ragged schools» (Armenschulen) für mittellose Kinder, sich für sie eingesetzt habe, sogar mit einigem Erfolg. Aber nach der Lektüre behördlicher und privater Berichte über jugendliche Straftäter notiert Greg düster: «Mehr als zwei Generationen lang – seit man überhaupt das Augenmerk auf diese Materie gerichtet hat und darüber nachdenkt – ist kein höherer Richter von einiger Empfindsamkeit je Vorsitzender eines Geschworenengerichts, kein niederer Richter von normaler Barmherzigkeit und Rechtschaffenheit je Mitglied eines Kriminalgerichts gewesen, der nicht Urteile gefällt hätte, die gegen sein menschliches Empfinden verstießen und schwer auf seinem Gewissen lasteten. Wiederholt wurden Kinder von zwölf, zehn, ja *sieben* Jahren vor Gericht gezerrt; Kinder, die so klein sind, daß der

Gefängniswärter sie erst hochheben muß, damit die Geschworenen oder die Richter sie sehen können; Kinder, die so jung sind, daß niemand in ihnen sittlich verantwortliche Täter oder geeignete Opfer des Gesetzes zu sehen vermag; Kinder, die zwar wissen, daß sie mit der Gesellschaft als ganzer verfeindet sind, aber kaum, daß sie damit Schuld auf sich laden; Kinder, von denen bekannt ist, daß sie zum Plündern abgerichtet werden und unter elterlicher Aufsicht, ja häufig unter elterlicher Gewaltandrohung handeln.»[1]

Der Schreiber räumt ein, daß «ihre Schuld nicht zu leugnen ist; daß sie unbestreitbar auch gehindert werden müssen, weiter Schuld auf sich zu laden; daß es ferner unzweifelhaft richtig ist, sie gemäß den geltenden Normen für ihre Schuld zu bestrafen». Falsch aber sind die geltenden Normen. «Wie jeder der Richter sehr wohl wußte, fügt derjenige, der diese elenden Kinder auspeitschen läßt und dann nach Hause zurückschickt, gänzlich sinnlose und nutzlose Leiden zu, schickt er sie doch schlicht und einfach auf den Weg unvermeidlicher Verbrechen zurück, die schon am folgenden Tag – vielleicht mit größerer Vorsicht, aber zusätzlichem Geschick – wiederaufgenommen werden.» Sie ins Gefängnis zu stecken ist, wie jedermann weiß, noch schlimmer. «Und dennoch haben Jahr für Jahr, Sitzung für Sitzung, höhere und niedere Richter, selber Väter, mit Tränen in den Augen und einem Alptraum in der Seele, im Bewußtsein, daß sie falsch handeln, im Wissen, daß sie Schaden anrichten, diese jungen Vagabunden weiterhin zu Gefängnishaft verurteilt, nur weil es ihre Pflicht oder wenigstens ihre Funktion war und weil Gesetz und Wirklichkeit ihnen keine Wahl ließen.»[2]

Dieses erschütternde Plädoyer für Barmherzigkeit vermittelt einen Eindruck vom maximalen Reformimpuls der Viktorianer. Doch angesichts der rigiden Strafen, die die Richter beharrlich gegen Kinder verhängten, die etwas Essen oder Brennholz gestohlen hatten, fragt man sich, wieviele zu Tränen gerührte und vom Alp gedrückte Richter der Schreiber wirklich gesehen hat. Fast alle scheinen wohl eher trockene Augen und einen gesunden Schlaf gehabt zu haben. Desgleichen offenbar die Richter in Frankreich. Entsetzt darüber, wie frühzeitig die Kinder zu stehlen anfingen, hielten sie zwar Moralpredigten, schickten aber die kleinen Verurteilten nach La Roquette; das war eine 1838 in Paris eröffnete Versuchsanstalt für Knaben, deren Insassen in winzigen Zellen in Einzelhaft gehalten wurden und in erschreckend hoher Zahl starben. Verstärkt wurde derlei Gefühllosigkeit mit Sicherheit durch einen eingewurzelten Klassendünkel. Die jungen Straftäter, in ihrer Mehrzahl Knaben, stammten fast ausnahmslos aus der ländlichen und städtischen Arbeiterklasse; sie gehörten zu den Unterschichten, denen, wie außer besonders fanatischen Philanthropen alle zweifelsfrei wußten, jedes zartere Gefühl fremd war. Dennoch rechneten aufgebrachte bürgerliche Reformer damit, daß ihre sittliche Verfehlung die traditionellen Rechtsgepflogenheiten zwingen würde, früher oder später zu weichen. In souveräner Mißachtung humanistischer Gefühlsausbrüche wich das Recht eher später als früher. Zwar konnten die Reformer auch hin und wieder Siege verbuchen. Einen der erregendsten Triumphe feierten sie 1832; beseelt von den letzten Überresten der Reformbegeisterung, die das Regime Louis Philippes noch nicht hatte ersticken können, räumte die Chambre des Députés den französischen Schwurgerichten die Möglichkeit ein, mildernde Umstände zu berücksichtigen, machte erhebliche Abstriche an der Liste der Kapitalverbrechen und ächtete «Brandmarken und Verstümmeln» mit eher großer Geste als «hassenswerte Relikte der Barbarei».[3] Aber in den ganzen 5oer Jahren und noch Jahrzehnte später wurden französische Kinder ins Gefängnis gesteckt, und zwölf- oder vierzehnjährige britische Kinder wurden wegen Bagatelldelikten, zumeist kleineren Diebstählen, wie Erwachsene verurteilt. In Oxfordshire wurde 1851 Daniel P., 14 Jahre, Analphabet, zu sechs Monaten Zwangsarbeit in einem Arbeitshaus und zu Peitschenhieben einmal im ersten und einmal im fünften Monat verurteilt. Sein Delikt bestand im Taschendiebstahl eines Baumwolltaschentuchs im Wert von sechs Pence. In den frühen 7oer Jahren stahlen zwei Brüder – der eine war 15, der andere 12 Jahre alt – einen Beutel mit Brot und Butter im Wert von sechs Pence; beide wurden zu einem Monat Gefängnis mit Zwangsarbeit sowie anschließend vier Jahren Besserungsanstalt verurteilt. Manchmal wiesen die Richter den Kindern, statt sie in eine Strafanstalt zu überstellen, Peitschenhiebe zu, wobei sie deren Zahl peinlich genau festlegten.[4] Das Alibi für derartige Akte der Aggression gegen unglückliche Kinder muß ihnen unanfechtbar erschienen sein.

Immerhin, in den 5oer Jahren trafen die Parlamentarier einige Vorkehrungen für Straftäter unter sechzehn Jahren. 1854 richteten sie Besserungsanstalten für erstmals straffällig Gewordene ein, daneben auch Gewerbeschulen für Kinder, die in Gefahr standen, kriminell zu werden. Im Jahr 1857 hatte England 34 Besserungsanstalten mit insgesamt nahezu 1900 Insassen aufzuweisen, von denen, wie die *Saturday Review* sichtlich angewidert berichtete, etwa 500 «kleine Papisten» waren. Von den römisch-katholischen Besserungsanstalten nahm das Wochenblatt nur deshalb besondere Notiz, weil sie sie als Zentren für «Sektierertum und Proselytenmacherei» fürchtete.[5] Es waren strenge Anstalten, in denen die Verurteilten schlecht ernährt wurden und hart arbeiteten. Erst 1887 wurde mit der Probation of First Offenders Act den Richtern gestattet, jugendliche Kleinstkriminelle auf Bewährung freizulassen; und erst 1908 verbot die Children Act endlich die Inhaftierung aller Kinder, die jünger als vierzehn Jahre waren. Es hatte lang gedauert.

Fast das ganze Jahrhundert hindurch brachten die großen Reformbewegungen eigentlich nichts anderes hervor als die Ersetzung primitiver Gewaltanwendung durch raffiniertere. Wie so oft marschierten die Vereinigten Staaten auch hier an der Spitze: und zwar gleichermaßen bei den Neuerungen und bei den Verwirrungen. Von 1820 an schuf man dort zwei unterschiedliche Inhaftierungsformen. Das sogenannte «Einzel»-System in Pennsylvania verordnete die totale und permanente Isolation aller Insassen voneinander. Das sogenannte «Schweige»-System von Auburn hingegen, das man zuerst im Staate New York ausprobierte und dann an vielen anderen Orten übernahm, erlaubte den Strafgefangenen zwar, tagsüber gemeinsam zu arbeiten, untersagte ihnen jedoch, miteinander zu sprechen und einander anzuschauen, und erzwang das Stillschweigen wenn nötig auch mit der Peitsche. Beide Systeme waren erbitterte Konkurrenten, wo immer es um öffentliche Aufmerksamkeit und Finanzmittel ging. Die Befürworter des Pennsylvania-Systems warfen ihren Rivalen Unmenschlichkeit und Inkonsequenz vor; die Befürworter des Auburn-Systems gaben, bewaffnet mit glaubwürdigen Statistiken, das Kompliment zurück und prangerten ihrerseits die Unmenschlichkeit und Inkonsequenz ihrer Rivalen an. In den 40er Jahren hatten sich beide Systeme auch in Europa durchgesetzt. Dieser transatlantische Sieg indessen vermochte den Streit über den Strafvollzug nicht etwa beizulegen, sondern heizte ihn nur noch an, brachte aber niemandem endgültige Genugtuung. Im Jahr 1856, nach mehr als drei Jahrzehnten chaotischen und pausenlosen Streitens quer über die gesamte westliche Welt hinweg, konnte die *Saturday Review* feststellen, «das gesamte Problem der Anpassung der Strafe an das Verbrechen» sei zumindest in Großbritannien nur «bruchstückhaft, inkonsequent und empirisch begrenzt» behandelt worden. Was man brauche, sei Grundsätzliches und Theoretisches.[6]

Ein sonderbares Urteil. Gerade an Spekulationen über die Strafe gab es im Land mit Sicherheit keinen Mangel; wenn überhaupt, dann krankte es an übertriebenem Theoretisieren. In den Vereinigten Staaten und Frankreich hatten sich, mehr noch als in Großbritannien, die Vorstellungen der Theoretiker in Gesetzes- und Bauwerken (den neuen Mustergefängnissen) niedergeschlagen. Von etwa 1820 an errichteten die Staaten der alten und der neuen Welt drei Jahrzehnte lang gewaltige Festungen zur Unterbringung ihrer Kriminellen, Bollwerke, deren Bau und Unterhaltung große Summen verschlang und die allesamt den modernen Grundsätzen Tribut zollten. Die meisten Reformer hatten es offenbar eher zu eilig, aus zufälligen Eindrücken dogmatische Allgemeinurteile abzuleiten und Spekulationen über die menschliche Natur in den Rang pseudowissenschaftlicher Aussagen zu erheben. Die neue Strafvollzugslehre, die nach dem Willen ihrer Begründer der Verbreitung vernünftiger Humanität dienen sollte, erwies sich als weder restlos vernünftig noch konsequent human.

Wie problematisch sie tatsächlich war, geht aus den Äußerungen sowohl von Verantwortlichen im Strafvollzug wie auch von Laienreformern hervor. Als Tocqueville und Beaumont 1831 durch die Vereinigten Staaten reisen, um sich ein Bild von den vielgepriesenen Haftanstalten des Landes zu machen, sprechen sie auch mit Elam Lynds, dem Begründer von Sing Sing. Lynds gilt recht eigentlich als der Vater des «Schweige»-Systems. Dieser hartgesottene alte Soldat, der als wahrer Zuchtmeister bekannt war, erzählt seinen – überaus beeindruckten – französischen Besuchern in aller Ruhe, er halte Auspeitschen, die einzige Strafe, die er aufsässigen Häftlingen zumessen ließ, für «die effektivste und zugleich humanste Strafe, denn sie fügt der Gesundheit des Gefangenen niemals Schaden zu und zwingt ihn zu einer im Kern gesunden Lebensweise». Eugène Sue wiederum, bekannt geworden durch seine politischen Sympathien für die Enterbten und Unglücklichen, macht in seinem Fortsetzungsroman und Bestseller *Les Mystères de Paris* die Ablehnung der Todesstrafe durch den Vorschlag wett, man sollte Mörder blenden und für den Rest ihrer Tage zu Einzelhaft verdonnern. Und 1864 besichtigt ein deutscher Journalist das 30 Jahre zuvor in Paris von Reformern eingerichtete Gefängnis für Knaben zwischen sechs und zwanzig Jahren. Er ist entsetzt über das Einzelhaftsystem, das hinter diesen feuchten und düsteren Mauern noch weitgehend in Kraft ist, während es andernorts bereits wieder abgeschafft wird. Nicht weniger entsetzt ist er angesichts der Begeisterung, mit der der ihn begleitende Gefängnisaufseher sein Revier verteidigt. Es gelingt ihm nicht, den Mann von der «raffinirten Grausamkeit» der Einrichtung zu überzeugen. Der deutsche Besucher findet auch den Grund für seinen Widerstand. «Da hatte ich die Erklärung, weshalb meinem Begleiter sein Gefängniß gefiel. Er war aus einem denkenden und fühlenden Wesen eben eine Maschine geworden.»[7] Derlei abstoßende Einstellungen waren unter den Progressiven der ersten Jahrhunderthälfte alles andere als unbekannt.

Zwar konnten die Maßnahmen der Reformer durchaus drakonisch sein, ihre humanitären Absichten aber waren über jeden Verdacht erhaben und ihre Motive – jedenfalls ihre bewußten Motive – von ungetrübter Reinheit. Am deutlichsten zeigt sich dieses Paradox vielleicht bei dem englischen Philosophen Jeremy Bentham und dem amerikanischen Überzeugungstäter Samuel Gridley Howe. Im Laufe seines langen Lebens

(von 1748 bis 1832) nimmt Bentham die aufklärerische Auffassung vom
Menschen und das entsprechende radikale Programm mit ins bürgerliche
Jahrhundert hinüber. Bereitwillig bekennt er, was er anderen verdankt,
zimmert sich sein utilitaristisches System aus der hedonistischen Psychologie von Helvétius und der rationalistischen Kriminalkunde von Beccaria zusammen und gibt dem Ganzen hier und da seinen eigenen Anstrich.
Er beginnt als unbeirrbarer Kritiker des englischen Rechts und verwandelt sich in der Mitte seines Lebens in einen Demokraten, obgleich er sich
immer einen Hang zur staatlichen Autorität bewahrt; zitieren kann man
ihn ebenso als Propheten des *laissez-faire* wie als Propheten der Staats-
intervention. Die Auseinandersetzungen um Wirtschafts- und Sozialpolitik, die Großbritannien in den viktorianischen Jahrzehnten kennzeichnen, wirken noch Jahre nach seinem Tod mitunter wie Kämpfe zwischen
Bentham und Bentham.

Benthams gesamtes Rechtsdenken ist durchwaltet von dieser Ambiguität. Als respektloser junger Gelehrter legt er mit rasch wachsender Geringschätzung eine Karte des – wie er es höhnisch nennt – Labyrinths der
englischen Jurisprudenz an. Voller Verachtung für seine historischen Vorgänger kanzelt er Blackstones 1765–69 erschienenes, monumentales und
einflußreiches Werk *Commentaries on the Laws of England* als Meisterstück der Vernebelung und Apologie der herrschenden Mißstände ab.[8]
Alles, was der Gesetzgeber ihm zufolge wissen muß, ist dies, daß die
Menschen unter der Herrschaft zweier souveräner Meister – Lust und
Schmerz – stehen und stehen sollten und daß sie das eine suchen, während
sie das andere fliehen. Mit diesem Wissen ausgerüstet, kann er die Gesellschaft auf dem Weg zum größten Glück der größten Zahl voranbringen.

Als aufgeklärter Humanwissenschaftler hat Bentham sich dafür eingesetzt, daß man das menschliche Strafbedürfnis unbedingt auf ein vernünftiges Maß zurückschrauben müsse. Seine Aphorismen über die
Rachsucht gehören zu den bahnbrechenden Versuchen der Neuzeit, den
Aggressionstrieb zu analysieren und zu bezwingen. «Menschen strafen,
weil sie hassen; Verbrechen, so sagt man ihnen, müssen gehaßt werden.»[9]
Der Wunsch nach Rache mag seinen Nutzen haben; sorgt er doch für den
Impetus zur Verfolgung des Verbrechers. Aber die derzeit üblichen Strafen, so Bentham, machen den Schmerz des Opfers größer als die Lust, die
die Gesellschaft aus seinem Leiden zieht. «Woher kam die unbändige
Wut, mit der die Todesstrafe verhängt worden ist?» fragt er und gibt
selbst die Antwort: «Verantwortlich für die extreme Strenge ist erst einmal der Groll; dann auch die Einfältigkeit des Gemüts, welches in der
raschen Vernichtung der Verurteilten den großen Vorteil sieht, daß man
sich nicht mehr weiter mit ihnen zu befassen braucht.»[10]

Bentham lehnte die Todesstrafe und andere schwere Bestrafungen nicht grundsätzlich ab, wandte sich aber im Einzelfall gegen ihre Anwendung. Eines sei es, die Macht der Leidenschaften anzuerkennen, ja zu schätzen; etwas ganz anderes sei es für den Gesetzgeber, sich ihr zu unterwerfen. Der Mensch, so seine Warnung, habe nun mal einen natürlichen Hang zum brutalen Bestrafen.[11] Dies sei die eine Begründung für die Humanisierung des Strafrechts. Die andere, nicht weniger gewichtige, bestehe darin, daß das englische Recht, das unberechenbar und daher willkürlich sei, gegen die Vernunft verstoße. Der Gesetzgeber bzw. der Richter, der Strick oder Rohrstock anordnet, weiß buchstäblich nicht, was er tut – und das verdient bei Bentham immer eine scharfe Rüge. Sein Gedankengang strahlt die Wärme eines Logikers aus, der einen Syllogismus analysiert; preist er doch seine Vorschläge für eine radikale Rechts- und Verfassungsreform weit mehr mit Verweis auf die Ökonomie als auf die Barmherzigkeit an. Dennoch hat er, wie es einer seiner Bewunderer im 19. Jahrhundert, nähmlich James Stuart Mill, formuliert, Vorstellungen entwickelt, dank derer «das Joch der Obrigkeit abgeworfen werden konnte».[12]

Das Leben von Samuel Gridley Howe ist ein anschauliches Beispiel für die Verbreitung dieser Sorte Reformismus jenseits des Atlantiks. Howe ist ein Sammler der «guten Sache», wie andere, frivolere Sterbliche Briefmarkensammler sind. Geboren 1801 in Boston, absolviert er ein Medizinstudium an der Medizinischen Fakultät in Harvard, bevor er, inspiriert durch Byron, nach Griechenland segelt, um den Griechen in ihrem Aufstand gegen die türkische Herrschaft beizustehen. Er nimmt am Kampf teil, organisiert Hilfe und bleibt sechs Jahre dort, wobei er immer einmal wieder in die Heimat zurückkehrt und Tausende von Dollars für die hungernden griechischen Patrioten sammelt. Bei seiner Rückkehr nach Boston entdeckt er eine ganz andere gute Sache, nämlich die Blinden, für die er eine völlig neuartige Schule gründet. Später versucht er, die erbärmliche Situation der Schwachsinnigen zu verbessern, denen bis dahin niemand zu helfen wußte. Als erfolgreicher Lobbyist schafft er es sogar, dem Staat Massachusetts die Bewilligung von Geldern für seine Sache abzuringen. Man braucht kaum hinzuzufügen, daß er sich auch emsig als öffentlicher Streiter für die Abschaffung der Todesstrafe betätigt.

Am Gefängnis jedoch hatte Howe ein besonders persönliches Interesse. Anfang 1832 hatte er in einer Berliner Strafanstalt etwa sechs Wochen in Einzelhaft verbracht; geschnappt worden war er bezeichnenderweise, weil er sich für die Fortsetzung des polnischen Widerstands gegen den Zaren einsetzte, der ein Jahr zuvor die Aufstandsbewegung nahezu zerschlagen hatte. Lange Jahre hindurch war er ein getreues Mitglied der

Bostoner Prison Disciplinary Society (Gesellschaft für Gefängnisdisziplin), Mitte der 40er Jahre jedoch kam es zwischen ihm und dem Vorstand wegen dessen enthusiastischer Unterstützung des Auburn-Systems
zum Bruch. Howes aggressive Reaktion ist typisch für ihn. Als er sich
überstimmt sieht und seinen Minderheitenstandpunkt auch nicht im Jahresbericht der Gesellschaft unterbringen darf, geht er mit einem voluminösen Pamphlet an die Öffentlichkeit, um für seine, wie er nun kritisch
sagt, frühere blinde Gefolgstreue zu büßen. Punkt für Punkt vergleicht er
das Auburn-System mit dem Pennsylvania-System, wobei er das erste in
den Dreck zieht und das zweite über den grünen Klee lobt. Die nach dem
Pennsylvania-Muster betriebenen Gefängnisse findet er, was die Abschreckung vom Verbrechen betrifft, weitaus konsequenter und effekti-
ver als ihre Konkurrenten. Das «Einzel»-System trage den falschen Namen, da es keineswegs ein System der Isolation sei: Es «behindert keinen
sozialen Impuls; es ermuntert den Häftling zum Sprechen – allerdings
sorgt es dafür, daß er nicht mit schlechten Menschen spricht; es lädt ihn
ein, Vertrauen zu schenken und Zuneigung zu empfinden, aber es läßt
nur solche Menschen zu ihm, die einen guten Einfluß auf ihn haben.»[13] In
diesem Punkt hört sich Howe, der gestandene Progressive, ziemlich genauso an wie Carlyle, der gestandene Reaktionär. In Howes Argumentation stecken heillos viele Fehler. Die Zahlen und Anekdoten, mit deren
Hilfe er das Schicksal der Häftlinge in beiden amerikanischen Gefängnis-
systemen vergleicht, gehen über bloße Eindrücke nicht hinaus und sind
vermutlich weniger fundiert als die von seinen Gegnern angeführten
Daten.[14] Noch schlimmer ist, daß dieser konsequente Menschenfreund
sich überhaupt nicht vorstellen kann, welche Greuel in seinem Lieblings-
gefängnis herrschen; und daß er sich kein weniger gräßliches System, das
wirksam vom Verbrechen abschreckt und den Verbrecher bessert, auszu-
denken vermag. Getadelt wurde Howe, wenn überhaupt, nur von wenigen. Er war und blieb der große humanitär Gesonnene. Als Franklin B.
Sanborn 1891 die erste vollständige Howe-Biographie veröffentlichte,
erschien sein Buch in einer Reihe über amerikanische Reformer und trug
den für das Jahrhundert typischen Untertitel: *The Philanthropist*.

Dies also war das kulturelle Klima, in dem man einen professionellen
Gefängnisverwalter wie Lynds beurteilen muß. Er war nur einer von
vielen, die in den Vereinigten Staaten und in Europa auf die im 18. Jahrhundert vorherrschenden Methoden des Strafvollzugs reagierten: auf
willkürliche und daher unberechenbare Maßnahmen wie etwa die freizügig verhängte Todesstrafe und Deportationen in tropische Kolonien,
die nur eine andere Form des Todesurteils darstellten, ferner Brandmarken und öffentliches Auspeitschen. Als unannehmbar galten auch andere

altgediente Strafen, einige davon wegen ihrer ungewissen Auswirkungen auf den Straftäter. Wenn man – so erkennt Bentham – einen, der beim Volk beliebt ist, an den Pranger stellt, kann er in dem Moment zum Helden werden; ein anderer hingegen – ein Spitzel der Regierung oder ein Homosexueller – wird vielleicht vom wütenden, betrunkenen Mob mit Dreck beworfen oder zu Tode geprügelt.

Nicht im mindesten besser waren die Haftanstalten des 18. Jahrhunderts. Ohne Unterschied wurden hier Arme, Alte und Irre, Untersuchungshäftlinge und rechtskräftig Verurteilte zusammengepfercht; verwaltet wurden sie von korrupten Gefängniswärtern und ausgebeutet von profitgierigen Unternehmern; überfüllt und dreckig, wie sie waren, gaben sie Fieber und Hunger reichlich Gelegenheit für ihr tödliches Geschäft. Mit einer abgedroschenen, wenn auch praktisch unvermeidlichen Metapher pflegte man das Gefängnis als Schule des Verbrechens oder – eine Idee feiner – als Lehranstalt des Lasters zu bezeichnen. Sie waren, wie Samuel Gridley Howe 1845 im Rückblick schreibt, «widerliche Jauchegruben, in die man alles warf, was faul und verdorben war».[15] Kein Wunder, daß die Reformer des frühen 19. Jahrhunderts etwas Selbstgefälligkeit empfanden, als sie auf humanere Strafprozesse, vernünftigere Strafen und hygienischere Gefängnisse pochten.

Bei derlei unfairen Vergleichen mit der Vergangenheit konnten die unbeirrbaren Amerikaner und ihre europäischen Anhänger also gut und gerne überzeugt sein, daß die Experimente mit der Isolation von Häftlingen durchaus bessere Alternativen darstellten, selbst wenn man den Insassen hier die Peitsche androhte – und oft nicht bloß androhte. Diese Grausamkeit muß den Reformern wie eine Freundlichkeit erschienen sein. Selbst diejenigen – wie etwa die französischen Strafvollzugsexperten–, die die körperliche Züchtigung der Häftlinge ablehnten, sahen in ihrer Absonderung voneinander eine gewaltige Verbesserung gegenüber dem früheren gefühllosen und willkürlichen Umgang mit ihnen. Bis zu einem gewissen Grade war sie das sicher auch. Aber das erbarmungslose Gefängnisreglement, der Zwang zu Stillschweigen und Sich-Fügen, die monotone Abfolge der immer gleichen Mahlzeiten, die routinemäßigen Leibesübungen, das Zwangsbeten und die öde, schlecht bezahlte Arbeit trieben die Strafgefangenen in Rebellion, Wahnsinn und Selbstmord. Die Gefängnisse wurden zu Werkzeugen der gesellschaftlichen Rachsucht, Schauplätze beinahe nackter Aggression. Irgendwo war etwas mißlungen.

Das Mißlingen war zurückzuführen auf die sture Anwendung einer mechanischen Milieutheorie, den unwissenschaftlichen Rückgriff auf eine Wissenschaft vom Menschen, gepaart mit einem untergründigen ängst-

lichen Pessimismus in bezug auf das Animalische im Menschen. Das
Etikett «oberflächliche Optimisten», das die Gegner den humanitär Gesonnenen gerne anhefteten, war alles andere als zutreffend. Viele waren
vielleicht oberflächlich, aber nur wenige optimistisch. Im Grunde erwies
sich der Umgang des 19. Jahrhunderts mit dem Vermächtnis der aufklärerischen Ideen als so etwas wie ein Umweg. Die *philosophes*, das wird
häufig vergessen und muß unbedingt in Erinnerung gerufen werden,
waren, was die Zukunftsaussichten der Menschheit angeht, keineswegs
blauäugig; die meisten, wenngleich nicht alle, bewahrten sich in der
Frage, ob die Unterschichten in der Lage seien, ohne Aberglauben zu
leben und ihre unbändigen Triebwünsche im Zaum zu halten, eine handfeste, mitunter hochnäsige, Skepsis. Allerdings fürchteten sie sich weniger als später die Viktorianer vor dem brodelnden Kessel mit den in allen
Männern und Frauen versteckten egoistischen, bisweilen mörderischen
Leidenschaften, die gebändigt werden müssen, damit sie nicht in destruk-
tives Handeln ausbrechen.

Der viktorianische Konservative James Fitzjames Stephen fällt daher
überhaupt nicht aus dem Rahmen, wenn er die Menschen mit einem
Rudel aggressiver und selbstsüchtiger Jagdhunde vergleicht. Das aber
heißt, der kollektiven Diagnose zufolge, die den Reformern des frühen
19. Jahrhunderts fast selbstverständlich schien, daß die Gefängnisse alten
Stils zwangsläufig an der Aufgabe scheitern müssen, den Schuldigen für
die Gesellschaft zurückzugewinnen. Wenn sie sämtliche Strafgefangenen
zusammenwerfen, laden sie die Verbrecher ja förmlich ein, in ihrem ver-
ruchten Tun fortzufahren. Der einzige Weg zur Resozialisierung besteht
also darin, die Übeltäter so vollständig voneinander zu isolieren, wie es
die menschliche Erfindungsgabe erlaubt: Kontakt führt zur Ansteckung,
und da es weitaus leichter ist, schlechte Gewohnheiten beizubehalten, als
sich neue anzueignen, ist die Einzelhaft notwendige Vorbedingung für die
Ausrottung der ersteren und die Heranzüchtung der letzteren. Beaumont
und Tocqueville formulieren diese von vielen geteilte Anschauung mit
beeindruckend knappen Worten: «Zwei verderbte Menschen, die man an
denselben Ort sperrt, müssen einander zum Schlechten verleiten: also
werden sie voneinander getrennt. Die Stimme der Leidenschaften oder
das Getümmel der Welt haben sie verwirrt und vom rechten Wege abge-
bracht: also werden sie isoliert und wieder zum Nachdenken angehalten.
Ihre Kontakte mit Bösewichtern haben sie pervertiert: also verurteilt man
sie zum Schweigen. Faulheit hat sie verdorben: also läßt man sie arbeiten.
Armut hat sie dem Verbrechen zugeführt: also bringt man ihnen ein
Gewerbe bei. Sie haben gegen die Gesetze ihres Landes verstoßen: also
verhängt man eine Strafe gegen sie. Ihr Leben wird geschützt, ihr Körper

gesund und unversehrt gehalten, aber nichts kommt ihrem seelischen Leiden gleich. Sie sind unglücklich; sie verdienen es nicht anders. Wenn sie sich erst gebessert haben, werden sie glücklich sein in der Gesellschaft, deren Gesetze sie achten.» Dies «ist das ganze System des amerikanischen Gefängnisses».[16] Binnen kurzem war es auch das der meisten europäischen Gefängnisse.

In den haßerfüllten Pamphletschlachten zwischen Befürwortern des Pennsylvania-Systems und denen des Auburn-Systems ging es eher um marginale als um fundamentale Differenzen; waren sich beide Seiten doch einig darin, daß sich in schlechter Gesellschaft zwangsläufig auch jene anstecken, die noch letzte Reste des Guten in sich tragen. Aus dieser von beiden Seiten anerkannten Psychologie folgt, daß die strenge Gefängnisdisziplin eine doppelte Funktion hat: Sie dient ineins als Schutz- und Erziehungsmaßnahme. Sie schützt den Häftling – und die Haftanstalt – gegen Faulheit, Auflehnung und Aufruhr und erteilt eine lebendige Lektion in fester Arbeitshaltung und Selbstbeherrschung. Mit gleichbleibender und verläßlicher Reglementierung sollen den Inhaftierten Tugenden eingeimpft werden, die sie zu Hause oder auf der Straße nicht erworben haben. Die Gefängnisroutine ist also ein der Gesundung dienendes Über-Ich; schaffen oder stärken soll sie ein Gewissen, das Schuldgefühle verschafft und die soziale Anpassung gewährleistet.

Der Arbeitsplan, auf dem fast alle Gefängnisdirektoren bestanden, war ein unverzichtbarer Bestandteil des Systems; er zwang die Häftlinge, für die Haftanstalt etwas Geld zu verdienen, das immer willkommen war, wenn die Inspektoren der Regierung kamen, und er verhinderte, daß sie vor lauter Langeweile verrückt wurden oder – buchstäblich – starben. Am besten fand man, daß die Arbeit Produktionsgewohnheiten eintrichterte, die den Entlassenen gut zustatten kommen würden, wenn sie wieder mit der Außenwelt fertigwerden mußten. Es ist oft vermerkt worden, daß die Wertvorstellungen, die die Mustergefängnisse heranbilden sollten, nichts anderes waren als bürgerliche Werte: Sparsamkeit, Ernst, Regelmäßigkeit, Arbeitsfleiß, Selbstdisziplin – vor allem Selbstdisziplin. Alles Leben, so war die einhellige Meinung der Reformer, auch das Leben außerhalb des Gefängnisses, ist ein Kampf zwischen dem immer gefährdeten Guten und dem mächtigen Bösen; alles Leben ist eine harte Schule des Charakters.

Zwar gaben die Gefängnisreformer ihrem abstoßenden Bild der menschlichen Natur zur Linderung die Hoffnung bei, sie könnten die Strafanstalt vielleicht in einen Ort der Wiedergutmachung verwandeln, doch viele fragten sich zweifelnd, ob das eigentlich eine realistische Zielsetzung sei. Als Beaumont und Tocqueville den Gefängnisleiter Lynds

fragen, ob er wirklich mit der «Besserung einer großen Anzahl von Häftlingen» rechne, erklärt er ganz lakonisch, er rechne nicht damit. «Nach
meiner Ansicht ist nichts so selten wie ein Strafgefangener im reiferen
Alter, der sich in einen religiösen und tugendhaften Menschen verwandelt.» Er habe wenig Vertrauen in die «Ratschläge des Anstaltsgeistlichen
oder die Meditationen der Häftlinge». Gleichermaßen begrenzt ist sein
Zutrauen in das Verhalten mustergültiger Häftlinge: «Die schlimmsten
Subjekte können exzellente Gefangene abgeben.» Die einzige Wendung
zum Besseren, auf die man Lynds zufolge mit Recht hoffen kann, besteht
darin, daß «eine große Anzahl ehemaliger Strafgefangener keine neuen
Verbrechen begeht». Zu anständigen Bürgern werden sie einfach deshalb,
weil sie in der Haft ein «nützliches Handwerk» gelernt «und sich regel-
mäßiges Arbeiten angewöhnt haben».[17]

Selbst ein so fortschrittsgläubiger Mann wie Samuel Gridley Howe sah
sich nach vielen Arbeitsjahren im Weinberg der Gefängnisreform bisweilen zu der Feststellung veranlaßt, die Resozialisierung der Strafgefangenen, also das «wichtigste Ziel der Inhaftierung», sei «in keiner Haftanstalt und unter keinem Gefängnissystem je in befriedigendem Maße
erreicht worden». Bitter setzt er hinzu, Skepsis grassiere und sei leider
nur allzu angebracht. Deshalb wirft er sich auf die Zukunft, auf die «fast
unbegrenzte Macht des menschlichen Verstandes, wenn die Liebe zum
Mitmenschen ihn leitet».[18] Er weiß wohl, daß das nur dünne Strohhalme
sind, aber an sie zu glauben ist typisch für seine Zeit.

Um die Mitte des Jahrhunderts war auch noch diese bescheidene Hoffnung auf neue Wege im Strafvollzug dahingeschwunden. Empirische Forscher, in der Mehrzahl Sachverständige aus Regierungs-Kommissionen,
die mit zunehmend glaubwürdigen Zahlen und Fakten aufwarteten,
zogen die Selbstrechtfertigung der dogmatischen Reformer in Zweifel.
Auf hochgesteckte Erwartungen folgte tiefe Enttäuschung. Politiker und
Kriminologen sorgten sich, weil die Population der Kriminellen größer
zu werden schien und hartnäckige Straftäter durch die meisten modernen
Haftmethoden nichts von ihrer Hartnäckigkeit verloren. Ständig war die
Rede von Berufsverbrechern, die überhaupt durch keine vom Staat erdachte Strafe abzuschrecken seien. «Strafen, welcher Art immer sie sein
mögen», so die *Saturday Review*, «richten bei dieser Klasse von Menschen, die ihrem Gewerbe einfach weiter nachgehen oder ihren früheren
Lebenswandel wieder aufnehmen, nur minimal etwas aus.»[19] Das verhängnisvolle Wort «Rückfallquote» wurde zum vertrauten Drohbegriff
in Leitartikeln und statistischen Erhebungen zum Thema Kriminalität.
Offenkundig absolvierten allzu viele Verbrecher das Gefängnis nur,
um erneut Verbrechen zu begehen. Nicht zufällig empfahlen ein paar

wagemutige Kriminalkundler Alternativen zur Inhaftierung, die die Regierungen prompt ausprobierten: Sie setzten Strafen zur Bewährung aus und gewährten Strafgefangenen eine bedingte Entlassung. Und zu guter Letzt richteten sie ihr Augenmerk auch auf jenes besonders erbarmungswürdige Phänomen, den jugendlichen Straftäter. Als die ersten Experimente mit der Gefängnisreform gerade endgültig zu scheitern schienen, drängten sich neue strafrechtliche Experimente in den Mittelpunkt des Interesses.

Ihre Chance erhielten sie in der zweiten Hälfte des Jahrhunderts mit der fruchtbaren, allerdings auch noch spannungsreichen Zusammenarbeit zwischen Rechtsexperten und Medizinern. Eine Gruppe französischer Wissenschaftler warb für diese Allianz mit der Gründung der *Archives d'anthropologie criminelle*, die die gemeinsame Arbeit von «Ärzten, Juristen, Strafrechtsprofessoren und Richtern» erleichtern sollte. Ein solches Bündnis war nicht ohne Vorbild; zwar war von den 60er Jahren an die Zusammenarbeit zwischen diesen Fachrichtungen enger geworden, aber ihre Anfänge gingen den Darwinschen Entdeckungen und der hart erkämpften Anerkennung der medizinischen Sachverständigen um einige Jahrzehnte voraus. Das Bindemittel, das sie zusammenhielt, war die heiß umstrittene Frage nach dem Geisteszustand eines Beklagten zum Zeitpunkt der Tat. Im ausgehenden 18. Jahrhundert hatten die Angeklagten in England scharenweise geltend gemacht, sie seien geistesgestört, und in mehreren Fällen waren Ärzte als Zeugen hinzugezogen worden. Dann, im frühen 19. Jahrhundert, stellten ein paar wagemutige Fachärzte und Richter ausdrücklich den Zusammenhang zwischen Psychiatrie und Gerichtsverfahren her, und nun konnte sich das Bündnis zwischen den beiden uralten Berufen voll entfalten. Medizinische Fakultäten zeigten merkliches Interesse an der Gerichtsmedizin, und im Jahr 1811 wies ein Napoleonischer Erlaß dem psychiatrischen Sachverständigen einen Platz bei der Feststellung der strafrechtlichen Verantwortlichkeit zu. Mitte der 20er Jahre machten ambitionierte französische Ärzte, die sich auf Geisteskrankheiten spezialisiert hatten, vor Gericht in besonders interessanten Mordfällen ihre Diagnose «Monomanie» geltend.[20] Und 1838 publizierte Isaac Ray, der renommierteste Gerichtspsychiater im viktorianischen Amerika, seinen berühmten *Treatise on the Medical Jurisprudence of Insanity*, den er dann im Laufe seines Lebens immer wieder überarbeitet hat.

Den Umschwung brachte allerdings eher ein Prozeß als ein Traktat. Nach einem aufsehenerregenden Mord im Jahr 1843 legten englische Richter die vielgepriesenen, vielkritisierten – und vielkopierten –

M'Naghten-Grundsätze nieder. Von nun an galt allen, die sich mit dem Gebiet befaßten, dieses Datum als der entscheidende Markstein. Mit den nach dem Täter M'Naghten benannten Rechtsgrundsätzen und ihren Auslegungen wurde eine erstmals von Plato skizzierte Auffassung von der Natur des Menschen in die moderne Rechtsprechung eingeführt. Danach ist das Seelenleben ein hochanfälliges System von gebieterischen Leidenschaften, in dem die rationalen Kontrollen, denen jene unterworfen sind, hin und wieder zusammenbrechen und den destruktiven Strebungen die Herrschaft über das Verhalten abtreten.

M'Naghten, der an Verfolgungswahn litt und sich einbildete, daß ihm Spitzel nachstellten, hatte Edward Drummond, den Privatsekretär von Sir Robert Peel, umgebracht, weil er sein Opfer fälschlicherweise für den Premierminister gehalten hatte. Trotz all seines krankhaften Argwohns – heute würde man ihn als Paranoid-Schizophrenen diagnostizieren – war M'Naghten nicht offenkundig verrückt; in Beruf und Privatsphäre hatte er sich ganz normal verhalten. Doch sein Anwalt, ein «fähiger und engagierter Rechtsbeistand» beeindruckte das Gericht mit «den aus der modernen Forschung hervorgegangenen, vernünftigeren und humaneren Auffassungen von der Geisteskrankheit».[21] Überzeugt und von den richterlichen Belehrungen behutsam gelenkt, entschieden die Geschworenen, M'Naghtens Wahn sei ein Entlastungsgrund und befanden ihn wegen seiner Geisteskrankheit für nicht schuldig.

Das ganze Land, einschließlich Königin Viktoria, reagierte mit extremem Unbehagen auf das problematische Urteil; schien es doch den wüstesten Verbrechern einen rechtlichen Unterschlupf zu gewähren. Deshalb lud der Lord Chancellor eine Reihe von Richtern vor das House of Lords, die in der gezielten Befragung durch die Abgeordneten Klarheit in die Sache bringen sollten. Ihre Antworten bilden die sogenannten M'Naghten-Grundsätze, in denen die Geisteskrankheit als Unfähigkeit definiert wird, Recht und Unrecht zu unterscheiden, als ein Fall, in dem die Vernunft vom Wege abgekommen ist. Obgleich sich diese Grundsätze bald schon als unzureichend erwiesen, hielten sie sich beharrlich; viele Jahrzehnte lang beherrschten sie unangefochten die amerikanischen nicht weniger als die britischen Strafprozesse. Die einzige Ergänzung dazu war der wenig später aufgestellte Grundsatz des «unwiderstehlichen Impulses». Mit seiner Anerkennung emotionaler Ausfälle als Entlastungsgrund stellte dieser Grundsatz eine geeignete Erweiterung zu den rationalistischen M'Naghten-Kriterien dar und erlaubte den Geschworenen, einen Mörder, der zwar nicht unbedingt um den Verstand gebracht, aber in entscheidenden Momenten seinen aggressiven Bedürfnissen hilflos ausgeliefert ist, von seiner Schuld freizusprechen.

In den mittleren Jahrzehnten des 19. Jahrhunderts schwoll das dünne Rinnsal des rechtstheoretischen Umdenkens zu einer wahren Flut an. Als Isaac Ray 1871 seinen nunmehr 33 Jahre alten Klassiker in fünfter Auflage publiziert, stellt er mit unübersehbarer Befriedigung im Vorwort fest, daß seit dem ersten Erscheinen des Buches «die Gerichtspsychiatrie in bisher unbekanntem Maße die Aufmerksamkeit auf sich gezogen hat und dadurch ihre Situation erheblich verbessern konnte. Immer mehr Schriften über sie sind erschienen, die ihr gewidmeten Kapitel der allgemeineren rechtsmedizinischen Werke zeugen von einem besseren Verständnis der Materie, und in medizinischen Zeitschriften sind die von ihr aufgeworfenen Fragen freimütig und häufig erörtert worden.» Noch mehr Genugtuung verschaffe die Tatsache, daß nicht nur die Ärzte sich zum Umdenken bereit finden. «Sowohl Richter wie Anwälte haben sich dem Fortschritt der Ideen mehr oder weniger unterworfen, und trotz einiger Versuche, alte Stellungen zu halten, haben sie im großen und ganzen aufgeschlossen auf die Forderungen der Wissenschaft reagiert.» Das Beste sei, daß «auch die Gesellschaft den Veränderungen an der eingefahrenen Philosophie des Verbrechens toleranter gegenübersteht und eher bereit ist, die Schlußfolgerungen der Wissenschaft zu akzeptieren.»[22] Nach Rays Einschätzung der Situation in den frühen 70er Jahren war das Programm der Aufklärung dank der fundierten Erkenntnisse der Spezialisten für psychische Funktionsabläufe – und Funktionsstörungen – modernisiert worden. Mitfühlende und mit eindrucksvollen, neu erworbenen wissenschaftlichen Erkenntnissen ausgerüstete Sachverständige machten Reklame für die gute Sache und brachten die breite Öffentlichkeit dazu, ihre Vorurteile über die grundsätzlich bösen Gesetzesbrecher aufzugeben oder wenigstens zu modifizieren.

So sachkundig Rays Rückblick, so verfrüht war sein sonniger Optimismus. Das Auftreten des Sachverständigen traf zwar häufig auf einvernehmliche Zustimmung, führte jedoch auch zu heftigen Zusammenstößen. Nach wie vor wurden die Reformer von Konservativen, die sich mit der humanitären Strafrechtstheorie nicht abfinden konnten, aus dem Hinterhalt angegriffen, doch nicht minder beschäftigt waren sie damit, sich untereinander zu bekämpfen. Es kommt einem wie Ironie vor, daß die Angriffe äußerer Instanzen gegen die Kriminologie den Streit über die Strafrechtspraxis angeheizt haben soll, statt ihn beizulegen, aber überraschend ist diese Ironie nicht. Immerhin ist die zweite Hälfte der viktorianischen Ära die Zeit des lautstarken Sozialdarwinismus und der anmaßenden Rassentheorie, die Zeit der Versuche, Schädel zu messen und Gehirne zu wiegen – kurz die Zeit des dreisten, bodenlosen Theoretisierens über das menschliche Lebewesen. Wie wir sahen, haben die statistischen Daten, die

unermüdliche Forscher stapelweise zum Beleg angeblicher Rassenmerkmale zusammentrugen, alles und nichts bewiesen. Die Menge dessen, was
Sozialwissenschaftler und Mediziner über Geist und Körper mit Sicherheit
zu wissen meinten, überstieg bei weitem das, was sie wirklich wußten, und
beim Aufstellen ihrer Theorien verstießen sie regelmäßig gegen die elementarsten Kriterien der Wissenschaftlichkeit. Daher war auch die moderne Disziplin der forensischen Psychiatrie – trotz ihrer zivilisierten Ziele
und (in der Regel) Ergebnisse – eher ein als Wissenschaft verkleidetes
Ratespiel, und die von ihr ausgelösten Debatten wirkten nur allzuoft wie
Gespräche zwischen Taubstummen.

Dennoch waren gegen Ende des Jahrhunderts die Gerichte zunehmend
bereit, das Sachverständigen-Gutachten eines Arztes mit zu berücksichtigen. In Einzelfällen kam es zu unvermeidlichen Grenzstreitigkeiten zwischen der uralten Rechtswissenschaft und der jungen, um Anerkennung
ringenden Psychiatrie. Sie verblassen allerdings neben der auf beiden
Seiten bestehenden Bereitschaft zu einvernehmlichem Handeln. Gefestigt
wurde ihre Zusammenarbeit durch den klaren Konsensus, daß die Rechtswissenschaft ihre alte Stellung eines Seniorpartners beibehält. Die Richter
hatten ihre Domäne fest unter Kontrolle. Das Problem lag anderswo: Die
Ergebnisse der diversen Wissenschaften standen in ernsthaftem, bisweilen
unauflöslichem Widerspruch zueinander. Als Kriminologen die Darwinschen Ideen heranzogen und neu interpretierten, entdeckten sie, daß die an
sie geknüpften anthropologischen Lehren auf total unsicherem Boden
standen. Um etwas Kompliziertes vereinfacht auszudrücken: Gestritten
wurde um die Rolle von Natur und Kultur.

Angesichts der entmutigenden Statistiken über Verbrechen und Verbrecher bestand für die Reformer die größte Hoffnung – sofern sie sich
überhaupt Hoffnung erlaubten – in der Berufung auf die milieutheore-
tische Psychologie, also auf jene Psychologie, die eine so unverzichtbare
Stütze für das aufklärerische Programm der Besserung des Menschen
abgegeben hatte. Wie immer vage die Gesellschaftswissenschaftler des
19. Jahrhunderts von den Mechanismen der Vererbung sprachen, an
ihrem Einfluß auf das Seelenleben hielten sie doch entschieden – und im
Laufe der Jahrzehnte immer entschiedener – fest. Irrenärzte, Psychiater,
Nervenärzte (und wie sich die Seelenärzte in diesem Jahrhundert sonst
noch nennen mochten) hatten ein offenes Ohr für jede Information über
den syphilitischen Vater oder die trunksüchtige Tante eines Patienten und
räumten ihr in den Fallgeschichten einen hervorragenden Platz ein. In
den 60er Jahren «wußten» die meisten von ihnen, daß man eine Geisteskrankheit, eine Anlage zur Degeneration und einen Hang zur Kriminalität erbt, wie man die Hautfarbe erbt. Die Progressiven konnten dieser

Beweisführung nicht ernsthaft widersprechen, sei's weil sie sich einen Restglauben an die biblische Lehre von der Erbsünde bewahrt, sei's weil sie sich der nüchternen Erkenntnis gebeugt hatten, daß die angeborenen menschlichen Leidenschaften tatsächlich unerbittlich, unbeherrschbar zu sein schienen. Doch fanden sie Trost in dem Gedanken, daß die Vererbung womöglich nur begrenzte Macht hat, da das Schicksal jedes Sterblichen nicht zuletzt determiniert ist von dem, was die Gesellschaft – Familie, Schule, Arbeitsplatz – über die Jahre hinweg der *tabula* seiner Seele einschreibt.

Ist das aber so, dann werden die Bösen nicht böse geboren, und die Versuche, Gesetzesbrecher für die Gesellschaft zurückzugewinnen, sind mitnichten bloße Zeitverschwendung, was immer hartgesottene, zynische Gefängnisdirektoren dagegen einwenden mögen. Aufheitern konnten sich die humanitär Gesonnenen mit der Feststellung, daß gemäßigte – sowohl gläubige wie nichtgläubige – Deterministen dem Einfluß der Umwelt und der Möglichkeit der Veränderung zumindest etwas Spielraum ließen. Selbst manche Sozialdarwinisten hegten überraschend reformistische Gedanken, und ein paar Kriminologen des 19. Jahrhunderts brachten es fertig, ineins Deterministen und politische Radikale zu sein. Der imposanteste Vertreter einer solchen heillos zerrissenen Ideologie war ohne Zweifel der gut gewappnete italienische Kriminologe Cesare Lombroso. Er verdient unsere Aufmerksamkeit, weil er noch einmal aufs schönste zeigt, wie schwer sich sein Jahrhundert mit dem Umdenken in puncto legitimer Aggression gegen Gesetzesbrecher getan hat. Lombrosos Kriminologie war ebenso wie die anderer Theoretiker tief in die Politik verstrickt. Geboren wurde er 1835, machte eine Ausbildung als Arzt, Chirurg und Psychiater und wurde zu einer heftig umstrittenen Autorität in Sachen forensischer Medizin. Seine letzte Auszeichnung erhielt er 1906, drei Jahre vor seinem Tod: Die Universität Turin, an der er dreißig Jahre lang gelehrt hatte, berief ihn auf einen – ihm sichtlich auf den Leib geschneiderten – Lehrstuhl für Kriminalanthropologie. Ruhm und Auseinandersetzung aber hatte er bereits erheblich früher kennengelernt, nämlich seit dem Erscheinen (1878) seiner umfangreichen, heiß debattierten Hauptschrift, die sich unter dem Titel *L'uomo delinquente studiato in rapporto alla antropologia, alla medicina legale ed alle discipline carcerie* aus verschiedener Sicht mit dem Gesetzesbrecher befaßt. Seine denkwürdige Innovation, der Schlüsselgedanke, dem Lombroso seinen Nachruhm verdankt, ist dort in einer knappen Formel zusammengefaßt: «geborene Verbrecher».[23] In überspitzter Anwendung der Evolutionslehren vertritt Lombroso die These, Verbrecher seien von Geburt an Verbrecher und erkennbar an atavistischen Körpermerkmalen, am Rückfall auf ursprünglichere Stadien der menschlichen Entwicklung oder gar der animalischen Natur.

Lombrosos typische Verbrecher sind stigmatisiert durch ein asymmetrisches Gesicht, vorstehende Backenknochen, affenartig lange Arme, zusätzliche Finger oder Zehen, die Unfähigkeit, rot zu werden, sowie Hirn-Anomalien; die aufdringliche Tätowierung, die viele von ihnen am Körper tragen, faßt Lombroso als beredtes Zeugnis ihrer Regression auf. Die schockierende Erkenntnis, daß Kriminalität angeboren ist, überfiel ihn im Jahre 1870, als er einen berüchtigten italienischen Banditen obduzierte und auf eine verräterische Absonderlichkeit seiner Hirnschale stieß. Ein Augenblick blendender Offenbarung.[24] Alles übrige war dann nur noch Erläutern – und partielles Zurückweichen.

Als selbsternannter Empiriker weigerte sich Lombroso, seine weitreichende These lediglich auf ein einziges Beispiel oder auf metaphysische Spekulation zu stützen; in jahrelanger Forschungsarbeit beobachtete und obduzierte er Unmengen von Verbrechern, sammelte begierig die Kunstwerke von Delinquenten und leitete als Verantwortlicher die Untersuchungen seiner getreuen Anhänger. Zu niemandes Überraschung, am wenigsten zu seiner eigenen, fand er, was er suchte. Aber er war zu schlau – zu sehr Wissenschaftler, wie seine Verehrer sagen würden –, um die universelle Anwendbarkeit der ihm offenbarten Erkenntnis zu behaupten. Straftäter, die die verräterischen Stigmata des geborenen Verbrechers an sich trugen, galten als Beleg für seine Theorie; Straftäter, denen sie fehlten, mußten eben in andere Rubriken einsortiert werden: Einfachheitshalber nannte Lombroso sie Gewohnheits- oder Gelegenheitsverbrecher oder auch Leidenschaftsverbrecher. In den zahlreichen Auflagen seines *L'uomo delinquente* und in Zusatzpublikationen nahm er den von ihm angesetzten prozentualen Anteil der «geborenen» an der Gesamtzahl der Verbrecher immer weiter zurück.

Andererseits legte er in einer 1899 erschienenen Untersuchung über Ursachen und Bekämpfung des Verbrechens einen detaillierten, ausführlichen Katalog der physikalischen bzw. physischen und sozialen Ursachen des Verbrechens vor: Klima, Geographie, Rasse, Bevölkerungsdichte, Alkoholismus, Bildungsstand, Religion, Reichtum und Armut und vieles andere mehr. Kurz, seine Theorie war unfehlbar und wurde allen Anforderungen gerecht.

Vom biologischen Determinismus hat Lombroso sich nie gänzlich getrennt; sein Leben lang hielt er daran fest, daß es für geborene Verbrecher keinerlei Hilfe gäbe. Bei den anderen indessen sah er durchaus Möglichkeiten der Resozialisierung. Ungeachtet des energischen Widerspruchs seiner französischen Kritiker, die ihm vorwarfen, mit seinem Determinismus lähme er jegliches Reformbemühen, war Lombroso ein fanatischer Antiklerikaler, ein braver Demokrat, ein Befürworter der Landreform zugunsten der verarmten italienischen Bauern, ja ein Sozialist. In enger Anlehnung an human gesonnene Reformer bis zurück zu Beccaria plädierte er für die Beschränkung der Strafe auf das zur Abschreckung notwendige Minimum, für eine liberale Bewährungspraxis, für individuelle, auf den einzelnen Verbrecher zugeschnittene Strafen (etwas, worauf er ständig zu sprechen kam), für verkürzte Haftzeiten bei sogenannten «Leidenschaftsverbrechern» und Bemühungen, die Straftäter wieder für die Gesellschaft zurückzugewinnen. Einzige Ausnahme waren natürlich seine Lieblinge, die geborenen Verbrecher, die sich ihm zufolge allen Besserungsversuchen widersetzen. Wenn diese Unheilbaren nach Gefängnis, Deportation und Zwangsarbeit ein drittes oder viertes Mal blutige Verbrechen begehen, «so bleibt alsdann nur noch die äusserste traurige, aber sichere Selektion übrig, die Todesstrafe».[25] Solche Übeltäter strapazieren die Geduld dieses beharrlichen Vorkämpfers für den Fortschritt in einfach unerträglicher Weise.

Es überrascht nicht, daß ein derart wendiger Theoretiker bei seinen Zeitgenossen ebenso extreme Hochachtung wie extreme Verachtung weckt. Havelock Ellis etwa beruft sich respektvoll auf Lombroso und seine «sogenannte italienische Schule», in denen er die führenden Experten sieht. In noch unkritischerer Bewunderung stattet Hippolyte Taine, Lombrosos berühmtester französischer Verehrer, ihm in einem persönlichen Schreiben seinen Dank ab, weil er «uns geile, reissende Affenmenschen vorgeführt» habe; klar sei, «dass sie als solche nicht anders handeln können, als sie es eben thun; wenn sie vergewaltigen, rauben, töten, so geschieht dies kraft ihrer Vergangenheit». Andere französische Sozialwissenschaftler opponieren scharf. Der Sozialpsychologe Gabriel Tarde kritisiert Lombrosos Schule mit der bildhaften Formulierung, sie sei «geistig berauscht vom Wein der Naturwissenschaften». Wenn sie die Exzesse des «philosophischen Alkoholismus» vermeiden wolle, müsse sie «erst das trockene, nahrhafte Brot der Geschichts- und Gesellschaftswissenschaft essen».[26] Der deutsche Psychiater Paul Näcke, Autor zahlreicher Artikel über Geisteskrankheiten und andere heikle Probleme, wirft Lombroso vor, er betreibe die Jagd auf Entartung fast sportsmäßig.[27]

Die Kritiker hatten ein handfestes Argument. Lombroso und seine Anhänger ernannten sich zwar selbst zu Positivisten, um ihre Loyalität gegenüber nüchterner Wissenschaftlichkeit zu unterstreichen und sich von den von ihnen attackierten «klassischen» Kriminologen abzusetzen. Doch ihre Treueschwüre auf die wissenschaftliche Methode waren hohl, und ihr Prozedere diente der Selbstaffirmation. Den Kriminologen, die auf die Rettung von Lombrosos Ruf bedacht waren, blieb daher nur die Feststellung, er habe zwar unakzeptable Antworten geliefert, aber verdienstvollerweise doch die richtigen Fragen gestellt.

Das ist auch so etwa alles, was sich zu Lombrosos Gunsten vorbringen läßt. Seine Kriminologie war eher ein Symptom als eine Lösung, symptomatisch für eine Zeit (ich kann es nicht oft genug wiederholen), in der die im 19. Jahrhundert tätigen Schüler der Aufklärung althergebrachte Einstellungen gegenüber dem Verbrechen endgültig ins Wanken gebracht hatten. Das Problem war, daß keiner der Versuche mit rational durchorganisierten Gefängnissen, keines der Plädoyers für verminderte Schuldfähigkeit, keine der Alternativstrafen zur Hinrichtung sich als zufriedenstellend erwiesen hatte. «Warum sind unsere Strafvollzugsmethoden so hilflos und so wehrlos gegenüber den Verbrechern», fragt 1895 W. Douglas Morrison von der Strafvollzugsanstalt Ihrer Majestät in Wandsworth, «warum zeitigen die vereinten Bemühungen von Gesetzgeber, Richtern, Polizei und Gefängnissen so wenig praktische Ergebnisse? Liegt es daran, daß die soziale Krankheit, mit der sich diese Institutionen herumschlagen, dem Zugriff des Menschen entzogen ist und mit ungebremster Virulenz weiterwüten wird, solange es gesellschaftliches Leben gibt?» Morrison selbst ist nicht dieser Meinung. «Alles, was mit dem Versagen unserer derzeitigen Methoden bewiesen wird, ist die unmittelbare und gebieterische Notwendigkeit, unser gesamtes Strafrechtssystem auf eine rationale Grundlage zu stellen.» Die Welt steht nicht vor «einer unheilbaren Krankheit des Staatskörpers».[28]

Eine aufschlußreiche Metapher; sie deutet an, daß die Auffassung vom Verbrechen als einer sozialen Krankheit immer mehr Anhänger gewinnen konnte. Dies zeigt auch Morrisons Argument, Rückschläge in der modernen Strafvollzugspraxis seien lediglich Symptome für eine falsche Beweisführung: Das Versagen der Wissenschaft muß mit mehr Wissenschaft kuriert werden. Die humane Bedeutung dieser intellektuellen Gemütsverfassung liegt auf der Hand: Das Verbrechen soll nicht gerächt, sondern behandelt werden.

Kein Wunder, daß Traditionalisten, auch die gemäßigten, derlei Erklärungen mit besorgter Skepsis aufnahmen. Als erster protestiert im Jahr 1890 Louis Proal, ein französischer Kriminologe, Statistiker, Richter und Autor scharfer Artikel über das Verbrechen: «Wenn die Strafe durch Behandlung ersetzt wird und das Gefängnis durch die Irrenanstalt, dann wird die Sicherheit der Gesellschaft aufs Spiel gesetzt, und die ehrbaren Leute werden den Missetätern ausgeliefert.»[29] Seine Argumente waren total abgedroschen: Der Staat muß Menschen, die sich selbst nicht kontrollieren können, unter Kontrolle halten; geht er aber davon aus, daß brutale Täter in Wirklichkeit bejammernswerte Opfer seien, dann kann er dieser hohen Pflicht nicht nachkommen. In seiner Abhandlung über Leidenschaftsverbrechen verkündet Proal: der «arme Teil der Menschheit setzt sich hauptsächlich aus schwachen und labilen Geschöpfen, aus Sklaven von Leidenschaft und Trieb, zusammen».[30] Menschen aber, die anfällig für die Tyrannei von Leidenschaft und Trieb seien, brauchten ein erhabenes Vorbild – und Gefängnisse.

Proal sprach für eine Partei, die sich auf dem Rückzug befand. Zwar konnte ein Sozialwissenschaftler wie Lombroso einen Sozialwissenschaftler wie Tarde zu verächtlicher Kritik provozieren, aber die erbitterten Fachkonkurrenten versuchten Seite an Seite, das Rechtswesen zu zivilisieren, indem sie die Vernunft zur Lenkung der fehlbaren menschlichen Natur einsetzten. Diese Kriminologen stritten über die Mittel, nicht über die Zwecke. Die 8oer und 9oer Jahre bescherten ein eindrucksvolles Aufgebot an Nachschubkräften für die gute Sache; die meisten bauten auf früheren Ansätzen auf: Zeitschriften, die sich an Anwälte und Psychiater wandten, internationale Kongresse, die die neuesten Erkenntnisse diskutierten, Übersetzungsprojekte, die den Klassikern der Kriminologie ein neues Leserpublikum erschlossen, Organisationen (wie etwa die Deutsche Gesellschaft für Sozialreform), die sich besonders für jugendliche Straftäter und ihre Resozialisierung interessierten. Alle hatten zum Ziel, den aggressiven Impulsen, insbesondere aber dem Rachebedürfnis, in den Köpfen von Parlamentariern, Staatsanwälten, Richtern und Geschworenen – und von Zeitungslesern – Zügel anzulegen. Mochte eine undankbare Nachwelt die Leistungen dieses Kreuzzugs als ungesichert, ja fragwürdig verspotten – die Kreuzzügler selbst jedenfalls waren voll Eifer, fleißig und in ihrer Sicht – und nicht selten auch in unserer – human.

Unter diesen spätviktorianischen Versuchen, der Aggression zu Leibe zu rücken, stellt die von Hanns Gross gegründete Zeitschrift *Archiv für Kriminal-Anthropologie und Kriminalistik* – mit ihrer Emphase für das wissenschaftliche Studium des Menschen im Dienst der Reform – ein typisches Beispiel für die Zivilisierungsanstrengungen der Zeit dar. Eine erfrischende Ausnahme aber war die Zeitschrift deshalb, weil ihr Herausgeber die Emphase durch einen ernstgemeinten Verzicht auf Gewißheit dämpfte. Die Kriminologen, so wendet sich Gross in der ersten Nummer vom September 1898 an seine Abonnenten, wissen einfach nicht genug und müssen mit zu vielen Sachgebieten fertig werden, als daß sie sich den Luxus jenes Dogmatismus leisten könnten, wie er Lombroso und seine unkritischen Verehrer kennzeichnet.[31]

Gross, österreichischer Staatsanwalt, Richter und Strafrechtsprofessor, der bis zu seinem Tode im Jahr 1915 Chefredakteur des *Archiv* blieb, machte sich 1883 erstmals einen Namen mit seinem ebenso klar wie umfassend dargestellten *Handbuch für Untersuchungsrichter*, in dem er seine lange und reichhaltige Strafprozeßerfahrung all denen zur Verfügung stellte, die ebenfalls mit gerichtlichen Ermittlungen befaßt sind. Mit seinem beeindruckenden Repertoire an Spezialwissen – von Chemie und Mikroskopie bis zur Ballistik und zumal Psychologie – liefert das Handbuch ein anschauliches Beispiel für Gross' Überzeugung, daß die «Kriminalistik» – der Begriff stammt von ihm – eine interdisziplinäre Wissenschaft sein wird – oder gar nichts. Das *Archiv* war das ideale Produkt eines solchen Denkens. Schon sein Name, der Kriminal-Anthropologie und Kriminalistik eng miteinander verknüpft, gibt Auskunft über das Ziel des Herausgebers, die Wissenschaft vom Menschen mit dem Studium von Verbrechen und Strafe zu vermählen. Was seine eklektische Mixtur zusammenhält, ist das Interesse an der psychologischen Analyse gesellschaftlicher Außenseiter und Straftäter und – mit wenigen auffälligen Ausnahmen – die mitfühlende Haltung gegenüber den in aller Regel aus den Unterschichten kommenden Straftätern. Für Gross und die meisten seiner fast ausnahmslos den bürgerlich-akademischen Berufen angehörenden Autoren hieß viel verstehen tatsächlich viel verzeihen.

Im allgemeinen behält Gross seine Meinung für sich, aber hin und wieder kann er nicht umhin, sich einzuschalten. Doch selbst wo er sich genötigt sieht, Einwände zu formulieren, ringt sein Herausgeber-Gewissen die moralischen Bedenken nieder. Obgleich ihn Paul Näckes bedenkenloser Vorschlag, die schlimmsten «Degenerirten» müßten kastriert werden, zutiefst verärgert, veröffentlicht er den Text und fügt ihm in höflicher Form seine abweichende Meinung bei.[32] Und einige Jahre später, als er mit einem Artikel, der den Verzicht auf die Strafbarkeit homosexueller Betätigung empfiehlt, wieder großenteils nicht einverstanden ist, veröffentlicht er ihn abermals und formuliert in einer Vorbemerkung seinen liberalen Grundsatz: «Ich glaube, daß die interessanten Darstellungen veröffentlicht werden sollten.»[33] Gross und seine Mitarbeiter waren allesamt Suchende.

Sie sprachen im Namen einer Kultur, die sich damals durchzusetzen begann, obgleich sie nach wie vor auf Skepsis stieß und traditionelle Härten noch nicht hatte beseitigen können. Immer noch gab es reichlich Anlässe für die moralische Empörung der Bürger. Waren doch nach wie vor – wie seit Urzeiten – viele nicht bereit, ihre aggressiven Rachegelüste beim Anblick (oder gar nur bei der Schilderung) eines Verbrechens in Zaum zu halten – Gelüste, die nur die Schilderung (oder viel besser noch: der Anblick) der Vergeltungsmaßnahme zum Schweigen bringen konnte. Noch immer sahen sie in dem nüchternen, unparteiischen Vergeltungsprinzip, das der Herr an Moses weitergegeben hatte und das – obgleich oder gerade weil es so primitiv ist – die Kinder Israels leiten sollte, etwas ungemein Befriedigendes. Aber immer mehr Parlamentarier und Geistliche, Sozialwissenschaftler und Leitartikler fragten sich, ob die alten Argumente für die Vergeltung nicht einfach eine egoistische Schutzbehauptung für verbotene, weitgehend uneingestandene Lüste sind. So engten die Viktorianer das Feld der noch vertretbaren Aggression immer mehr ein. Symptomatisch für den freiwilligen Verzicht ist es, wenn Soziologen in den 80er Jahren mit souveräner Neutralität vom Verbrechen als von einem sozialen Phänomen sprechen können. Der große französische Soziologe Emile Durkheim – der Lombroso nur zitiert, um ihn zu widerlegen – definiert das Verbrechen als völlig normalen, im Grunde unvermeidlichen Bruch im sozialen Gemeinsinn, während der bahnbrechende deutsche Soziologe Ferdinand Tönnies den soziologischen Begriff des Verbrechens ausdrücklich von ethischen Betrachtungen freihält. Symptomatischer noch ist es, wenn die *Freie Bühne*, eine deutsche Zeitschrift, die sich für den Naturalismus in Theater und Roman stark macht, schon 1890, in ihrem ersten Band, Artikel über die «sociale» – und damit die «neue» – Rechtswissenschaft aufnimmt. In einem dieser Artikel heißt es, die Vorstellung vom Verbrechen als «socialer Erscheinung» sei selbstverständlich geworden: sie sei modern und eminent praxisbezogen. Die Menschen hätten eingesehen, daß «der Kampf gegen das Verbrechen unser Ziel (ist), und die Entfernung seiner Voraussetzungen».[34]

Als diese Sätze publiziert wurden, gab es also bereits erheblichen Rückhalt für die Auffassung, die Gerichte sollten, wenn der Psychiater ein Versagen der psychischen Kontrollmechanismen bescheinigt, diesen Standpunkt berücksichtigen. Den Angriff eines oder einer Geisteskranken auf einen anderen Menschen mit dem gesetzlichen Gegenangriff der strengen Bestrafung – oder überhaupt einer Bestrafung – kontern, galt als lieblos, womöglich auch irrational, ja pathologisch. Immer mehr Menschen leuchtete ein, daß Lügner, Diebe, Fälscher, ja Vergewaltiger und Mörder vielleicht nur Opfer hoffnungsloser Armut, elterlicher Vernachlässigung oder psychischer Störungen sind. Daß Regelverletzung und Gesetzesbruch womöglich soziale und psychische Gründe haben, die Straftäter von einem Teil der Verantwortung – oder auch von aller Verantwortung – für ihre Taten entlasten. In dieser neuartigen Gemütsverfassung verzichteten viele Bürger auf die wilde Erregung, die das Ausagieren der Rache-Impulse verschafft, zugunsten weniger intensiver, aber kultivierterer Lüste.

3. Das bürgerliche Gewissen bei der Arbeit

Einige der beherztesten Versuche des 19. Jahrhunderts, die Freuden primitiver Rachsucht als etwas Pathologisches aufzuschlüsseln, stammen aus
der Debatte über das trostlose Ritual der Todesstrafe. Im Laufe der Jahrzehnte fand nämlich das Plädoyer für die Abschaffung der Todesstrafe
zunehmend Rückhalt bei wohlanständigen Bürgern. 1888 vergleicht der
englische Journalist Alexander Shand die Kultur seiner Zeit mit der fünfzig Jahre zurückliegenden und merkt an, daß «die Gesellschaft keine
Befriedigung mehr darin findet, ihre wilden Tiere einzusperren oder sie
kurzerhand aufzuknüpfen».[1] Damit meint er zwar England, aber seine
Beobachtung trifft – von lokalen Abweichungen abgesehen – auch für die
übrige westliche Welt zu. Tatsache ist, daß die spätviktorianische Gesellschaft ihre «wilden Tiere» zwar nach wie vor aufknüpfen oder guilloti-
nieren ließ, aber doch seltener und zögerlicher als in früheren Zeiten.
Beccarias Plädoyer für die Abschaffung der Todesstrafe, mit dem er 1764
die Gesellschaft aufgerüttelt hatte, stieß bei den Ewiggestrigen noch immer auf Kritik, doch die Stimmen, die sich ihm anschlossen, wurden nach
und nach lauter.

Ein paar Jahrzehnte lang operierten die Gegner der Todesstrafe noch
am Rande des sozialen Protests und konnten sich nur auf eine kleine,
wenngleich entschlossene Gruppe von Anhängern stützen. Die große
Mehrheit teilte nach wie vor den Standpunkt von Kant und Goethe; diese
zwei exemplarischen Vorkämpfer für Menschenwürde und Selbstverwirklichung hielten an der Todesstrafe als an etwas für die Gesellschaftsordnung Unverzichtbarem fest. «Hat er aber gemordet», so Kant über
den überführten Verbrecher, «so muß er *sterben*.» Goethe seinerseits
meint in einem etwas verschrobenen Gedankengang, er habe nichts gegen
die Abschaffung der Todesstrafe, ihre Aufhebung aber werde nicht von
Dauer sein, denn dann «tritt die Selbsthülfe unmittelbar wieder hervor:
die Blutrache klopft an die Türe».[2] Nichtsdestotrotz konnten sich die
Gegner der Todesstrafe schon 1837, als Königin Viktoria den Thron
bestieg, mehr Gehör verschaffen. Nachdem sie die Todesstrafe zu einem
Hauptmißstand erhoben hatten, gründeten sie Zeitungen und Gesellschaften, hielten Versammlungen ab und nahmen Einfluß auf Abgeordnete. Im Laufe der Jahre überzogen sie die gesamte westliche Welt mit
einem Netz ihrer Organisationen. Die erste war vermutlich die Society
for the Diffusion of Knowledge Respecting the Punishment of Death and
the Improvement of Prison Discipline (Gesellschaft für die Aufklärung
über die Todesstrafe und die Verbesserung der Gefängnisordnung); ge-

gründet wurde sie 1809 in England von einem Quäker namens William Allen, einem angesehenen Apotheker und sozial gesonnenen Bürger. Es war ein hochaktiver Verband; als 1831 das Thema auf der Tagesordnung des Parlaments stand, brachte seine Londoner Zweigstelle, das sogenannte Committee for the Diffusion of Information on the Subject of Capital Punishments (Komitee für die Verbreitung von Informationen über Todesstrafen), nacheinander fünf überzeugende Broschüren heraus, in denen die aufrüttelnden Reden von Abolitionisten innerhalb und außerhalb des Parlaments für die Nachwelt festgehalten wurden. Eine dieser Publikationen bestand in einem ernüchternden Vergleich. Sie zählte all die in England festgelegten Kapitalverbrechen auf, für die amerikanische Gerichte den Straftätern lediglich Geldbußen oder kurze Haftstrafen aufbrummten, wobei sie das Wort «Tod» immer in fetten gotischen Lettern schrieb.

Allens Gesellschaft sah sich alsbald inmitten gleichgesinnter Interessenverbände. In den 70er Jahren hatte Belgien seine Association pour l'abolition de la peine de mort, Italien sein informatives Blatt *Giornale per l'abolizione della penna di morte*, London seine Howard Association. Massachusetts, New York und Philadelphia hatten je eine Society for the Abolition of Capital Punishment. Und es gab andere mehr: Alle tauschten Informationen aus, warben wichtige Persönlichkeiten als Mitglieder oder sprachen anderen Mitstreitern und – nach Niederlagen – auch sich selber Mut zu.

Der Streit um die Todesstrafe beschäftigte Juristen, Politiker, Journalisten, Geistliche, Psychiater, ganz zu schweigen von den beträchtlichen Scharen der mit gezückter Feder bereitstehenden Laien. Sie publizierten ihre Reden, Predigten, statistischen Erhebungen, gesammelten Leserbriefe. Sie machten sich einen Namen (ober brachten ihn in Erinnerung), indem sie bemerkenswerte Vorschläge in die Diskussion einbrachten: François Guizot etwa sorgte 1822, als er schon ein bekannter Historiker war, für eine kleinere Sensation, als er in seiner Schrift *De la peine de mort en matière politique* die Abschaffung der Todesstrafe bei politischen Verbrechen forderte. Viele Gegner der Todesstrafe waren durchaus uneigennützig und nicht am persönlichen Prestige, sondern an der Sache selbst interessiert; manche schrieben anonym, so etwa «A Barrister of the Middle Temple», der 1831 versuchte, Einfluß auf die Parlamentsdebatte über die Verkürzung der Liste der Kapitalverbrechen zu nehmen, indem er ein dringendes Gesuch mit dem Titel *Anti-Draco; or, Reasons for Abolishing the Punishment of Death, in Cases of Forgery* publizierte. Das 19. Jahrhundert war eine Zeit, in der Tausende kleiner lokaler Drucker schlichtweg alles in Satz gaben, was man ihnen in die Hand drückte, und

die endlosen öffentlichen Debatten über die Todesstrafe verschafften
ihnen beinahe ebenso viel Arbeit wie die erhitzten Streitereien über Alko-
holabstinenz, Sklaverei, Stimmrecht und das in allen Staaten erbittert
umkämpfte Verhältnis von staatlichen und kirchlichen Schulen. Die gewaltige Masse dieser Schriften zeugt davon, welche stürmischen Gefühle das
Ritual der Hinrichtung von Verbrechern in den Bürgern des 19. Jahrhunderts hervorrief – und zwar im einen wie im anderen Lager. Die Gegner der
Todesstrafe führten ihren leidenschaftlichen Kampf gegen nicht minder
leidenschaftlichen Widerstand, und nicht jeder ihrer Siege war gesichert
oder von Dauer. Im Jahr 1847 schaffte der Staat Michigan nach jahrelangen
exaltierten Debatten im Parlament und anderen öffentlichen Foren die
Todesstrafe ab, aber die siegreichen Abolitionisten mußten sich mehr als
ein Jahrzehnt lang gegen starke, fast erfolgreiche Versuche der Wiedereinführung zur Wehr setzen. Der Staat Maine trennte sich 1876 von der
Todesstrafe, führte sie 1883 wieder ein, bekräftigte jedoch vier Jahre später
seinen ursprünglichen Beschluß. Rhode Island, das sich 1852 dem Staat
Michigan angeschlossen hatte, setzte dreißig Jahre danach die Todesstrafe
wieder ein, allerdings nur noch für den bereits zu lebenslänglicher Haft
verurteilten Mörder. Als gleichermaßen empfänglich für beide auf diese
diffizile Sache gerichteten gegensätzlichen Gefühlsbewegungen erwies
sich die Schweiz. Im Jahr 1874 schaffte die Schweizer Bundesregierung die
Todesstrafe ab. Doch als es zu einer Welle von Morden und Protesten kam,
veranstaltete sie eine Volksbefragung zu dem Thema und ließ, je nach den
Ergebnissen, einzelnen Kantonen die Möglichkeit der Wiedereinführung
der Todesstrafe – ein zweifelhaftes Privileg, das sich sieben der 22 Kantone
des Landes sicherten.

Ganz offenkundig also hatten die Befürworter der Hinrichtung keinerlei Grund, kampflos aufzugeben. Allenthalben konnten sie bei den von
Skepsis, Gefühlsambivalenz und Ängsten heimgesuchten Bürgern Unterstützung finden und die Gegner der Todesstrafe bremsen oder zu Kom-
promissen zwingen. Hier und da bescherten sie ihnen auch schlicht und
einfach eine Niederlage. Ein Jahr nach seiner Gründung nahm das Deutsche Reich 1872 – mit ausdrücklicher und vehementer Unterstützung
Bismarcks – die Todesstrafe für Anschläge auf das Leben des Kaisers und
für vorsätzlichen Mord in die Strafrechtsbestimmungen auf. Dies war ein
Rückschlag für die Gegner der Todesstrafe in einer Reihe kleinerer deutscher Staaten, die – wie etwa Baden und Sachsen – die Hinrichtung aus
dem Arsenal ihrer gesetzlichen Strafmaßnahmen verbannt hatten. Wie
eine englische Quäker-Broschüre 1883 feststellt, hatten die Attentate auf
mehrere prominente Persönlichkeiten und Staatsoberhäupter «in den
letzten Jahren sowohl in Europa wie in Amerika unzweifelhaft zu einer

erheblichen Stärkung des reaktionären Standpunktes – zugunsten der Todesstrafe – geführt».[3]

Bestätigt wird die Warnung der Quäker nicht zuletzt durch das Schicksal von Charles Julius Guiteau, der nur deswegen berühmt wurde, weil er 1881 Präsident James A. Garfield umgebracht hat. Es ist eine ebenso verblüffende wie aufschlußreiche Geschichte, in der wir beobachten, wie eine zivilisierte Gesellschaft nach einem Opfertier sucht. Guiteau, dieser selbsternannte Patriot, erschoß den Präsidenten auf «Befehl Gottes». Er war ein manischer Verfasser von politischen Manifesten und Briefen an Persönlichkeiten des öffentlichen Lebens, ein extravaganter Versager mit einem ansehnlichen Register an kleineren Betrügereien, abstrusen Projekten und heftigen Stimmungsschwankungen. Ohne Zweifel war er geisteskrank; sein gepeinigter Vater bezeichnete ihn als jemanden, der nur fürs Irrenhaus tauge. Die forensischen Psychiater, darunter der berühmte George M. Beard, Autor des Buches *American Nervousness* und anderer Schriften über Neurasthenie, dachten dasselbe; und ohne sich um die unersättliche Rachsucht der Öffentlichkeit zu kümmern, sprachen sie es auch aus. Ob sie ihn nun mit dem sogenannten gesunden Menschenverstand zu einem typischen Fall von Erbschädigung erklärten oder eher Symptome von Gemütserkrankung diagnostizierten – in jedem Fall befanden sie, Guiteau sei strafrechtlich nicht verantwortlich für seine Tat.

Guiteau, der sich schon bei allem übrigen als wenig treffsicher erwiesen hatte, hatte trotz geringer Entfernung den Präsidenten nur verwundet, und eine Weile lang bestand die Hoffnung, daß Garfield sich wieder erholen werde. Sein langer Todeskampf, der vom 2. Juli, dem Tag des Attentats, bis zu seinem Todestag am 19. September dauerte, trug zur Zementierung der gängigen kompromißlosen Ansicht bei, Guiteau müsse mit dem Leben bezahlen. Der Prozeß war eine endlose Abfolge von Rededuellen zwischen Anwälten und Sachverständigen beider Seiten; Guiteau und seine Verteidiger erhielten reichlich Gelegenheit, ihre Sache vorzutragen und – ganz nebenbei – Belege für seinen Geisteszustand zu liefern. Denn seine häufigen lautstarken, von der Sache abweichenden, wenngleich nicht zusammenhanglosen Störungen des Prozesses (sowie die kindischen Gedichte, die er nach seiner Verurteilung schrieb), zeigten jedem, der ihn nicht partout an den Galgen bringen wollte, ohne Wenn und Aber, daß er ein hoffnungsloser Psychotiker war. Aber nur die freiberuflichen Psychiater, die das konservative medizinische Establishment ihrer Zeit in Frage stellten, plädierten für Freispruch aufgrund von Geisteskrankheit.

Guiteaus Verteidiger wußten, daß sie auf verlorenem Posten kämpften; kein Beweis für seine Geisteskrankheit konnte etwas am Ausgang des Prozesses ändern. Pfarrer predigten feierlich von der Todsünde, die nur durch den Henker gesühnt werden könne; Leitartikler und Politiker warnten vor dem «sentimentalen Gewäsch», mit dem man diesem Ungeheuer das Leben schenken wolle, damit es weiterhin die Erde verpestet und andere zum Ausleben ihrer mörderischen Triebe ermutigt. Guiteau erhielt Todesdrohungen, und einer seiner Gefängniswärter schoß mit einem Revolver auf ihn. Nicht zufällig brauchten die Geschworenen, von den Belehrungen des Vorsitzenden Richters mit Bedacht geleitet, nur eine Stunde und fünf Minuten zu seiner Verurteilung.

Nicht einmal das unwiderstehliche Dogma des Impulses konnte für das Plädoyer auf Geisteskrankheit so recht genutzt werden; Guiteau verkündete zwar im Prozeß, sein «freier Wille» sei zerstört gewesen und er selbst sei «überwältigt» worden, doch gab es Beweise dafür, daß er sein Vorgehen sorgfältig überlegt hatte. Zum Verhängnis aber wurden Guiteau nicht prozeßtaktische Probleme, und nicht Präzedenzfälle sorgten dafür, daß die Appelle zum Verzicht auf die Todesstrafe, denen sich sogar Präsident Arthur anschloß, vergebliche Liebesmüh blieben. Die Garantie für Guiteaus Tod war Garfields Tod; das Dogma «Leben um Leben» erwies seine erstaunliche Vitalität. Zeitgenössische Kommentatoren haben die These vertreten, Guiteau wäre, wenn der Präsident überlebt hätte oder das Opfer ein unbedeutender Mitbürger gewesen wäre, mit Sicherheit in eine Irrenanstalt eingewiesen worden. Der öffentliche Vatermord indessen, der natürlich ungemein komplizierte Gefühlsregungen wachrief, konnte nicht ungesühnt bleiben – noch nicht.[4]

In den Jahren vor dem Ersten Weltkrieg zeigen zwei Debatten, von denen die eine im französischen Parlament, die andere in einer deutschen Zeitschrift stattfand, wie ungesichert die Erfolge waren, die die Gegner der Todesstrafe errungen hatten. In der Chambre des Députés wurden 1908 mehrere Monate lang die wohlvertrauten Argumente für und wider die Guillotine rekapituliert. Aufgeschreckt worden war die Öffentlichkeit durch etliche spektakuläre Mordfälle sowie durch die weidlich ausgeschlachtete und von den Gegnern der Todesstrafe zerknirscht anerkannte Tatsache, daß ein Jahrzehnt lang Morddelikte ständig zugenommen hatten. Zusätzlich aufgepeitscht wurde sie von der konservativen Presse – und zwar nicht nur von den Skandalblättern – mit ihren greulichen Details und exaltierten Leitartikeln, in denen im Gegenzug zur weichherzigen, irregeleiteten Humanitätsduselei die Beibehaltung der Todesstrafe gefordert wurde. Mehr als ein Jahr lang waren die Leser mit sarkastischen Karikaturen gegen die Abschaffung der Todesstrafe unterhalten und verängstigt worden. Eine von ihnen stellte einen Mörder dar, der bequem in seiner Zelle sitzt, bestens versorgt inklusive Weinflaschen und einem väterlichen Gefängniswärter; eine andere zeigte einen Attentäter, der mit dem Messer in der Hand ganz in der Nähe seines Opfers geschnappt wird und dem Polizisten, der ihn festnehmen will, entgegenhält, er werde sich bei seinem Abgeordneten beschweren.[5]

In den Kontroversen der Parlamentarier ging es gleichermaßen um die hehrsten Prinzipien und um die handgreiflichsten Probleme; die Linken schwangen erhabene Reden, in denen sie die Abgeordneten an die der zivilisierten Menschheit auferlegte Verpflichtung erinnerten, die Rechten hingegen konterten mit der Warnung, die gesellschaftliche Ordnung sei in höchster Gefahr. Man stritt sich um Statistiken, die nach Ansicht der einen bewiesen, daß die Todesstrafe sich als Abschreckungsmittel gegen weitere Verbrechen bewährt, nach Meinung der anderen hingegen, daß sie nichts dergleichen tut. Im Dezember wurden die Gegner der Todesstrafe mit 334 gegen 210 Stimmen haushoch geschlagen; die Guillotine sollte ihr unwiderrufliches Werk fortsetzen.[6]

Währenddessen lagen sich im Deutschen Reich die Autoren des *Archiv für Kriminal-Anthropologie und Kriminalistik* wegen der Todesstrafe in den Haaren. Nicht alle Bürger des Kaiserreichs, die sich Gehör zu verschaffen wußten, hatten sich mit dem Beschluß der Regierung zufriedengegeben, die Todesstrafe in das Arsenal ihrer gesellschaftlichen Schutzmaßnahmen aufzunehmen. Hanns Gross, der Herausgeber des *Archiv*, forderte für politische Verbrechen unbeirrbar den Verzicht auf die Hinrichtung durch das Beil. Im Jahr 1902 ging er noch weiter, verurteilte «das Ungerechte, Unmoderne und Gefährliche» der Todesstrafe und empfahl ihre völlige Abschaffung nach einem Übergangsstadium. Diesen Vorschlag macht er in seiner «Anmerkung des Herausgebers» zu einem Artikel von Ernst Lohsing aus Prag, der sich für dasselbe Ziel einsetzt mit der Begründung, daß durch die Todesstrafe womöglich Unschuldige hingerichtet würden – und leider schon waren. Noch im selben Jahr stellt der unermüdliche Paul Näcke in seiner Antwort diesen Standpunkt in Frage. Dabei beruft er sich zwar nicht darauf, daß die Todesstrafe vom Verbrechen abschreckt, tritt aber doch mit sozialdarwinistischer Begründung für ihre Beibehaltung *«nur in grossen Ausnahmefällen»* ein. Der sentimentale «Humanitätsdusel» seiner Zeit, so seine Warnung, halte recht eigentlich Unmenschen am Leben, förmliche Tiere, Scheusale wie den Sexualverbrecher Jack the Ripper, die die Gesellschaft unschädlich machen müsse. Zwar sei der «Justizmord» immer bedrückend und beschämend, aber er treffe nur auf einen lächerlich geringen Anteil der Hinrichtungen zu und sei kein Argument für ihre Abschaffung.[7]

Lohsing, nicht faul, antwortet Näcke natürlich umgehend – dem *Archiv* waren solche erbitterten Kontroversen gerade recht. Noch einmal

betont er seinen Abscheu gegenüber einem Rechtssystem, das zu Unrecht
Verurteilte dem Beil des Scharfrichters überläßt, und wendet sich gegen
Näckes Behauptung, es gebe sichere Mittel, um das Scheusal, das unfehlbar den Tod verdient habe, mit Sicherheit zu erkennen.[8] 1911 meldet er
sich erneut zu Wort, kurz nachdem der deutsche Juristentag sich mehr-
heitlich für die Todesstrafe ausgesprochen und damit die Erklärung eines
früheren Juristentages (von 1863), in der einstimmig die Streichung der
Todesstrafe aus allen künftigen Strafgesetzbüchern gefordert worden
war, aufgehoben hat.

Für Lohsing sind diese nachträglichen Überlegungen der Juristen
nichts anderes als ein tragischer emotionaler Rückfall in grausamsten
Anachronismus. Seine Argumentation untermauert er mit dem herz-
ergreifenden Bericht von einer Hinrichtung durch den Strang, bei der
kein Auge trocken blieb, als der wegen brutalen Mordes zum Tode Verurteilte den Pfarrer und den Staatsanwalt umarmte, seinen Frieden mit Gott
machte und dann, als der Henker die Schlinge festzog, seine Mutter
anrief. Diese mitleiderregende Darstellung bleibt selbstredend nicht ohne
Erwiderung, und die liefert im folgenden Jahr ein Dr. Schüle, Gerichts-
mediziner an der Universität Freiburg, der sich gegen Lohsings Geschmacklosigkeit wendet, für die Todesstrafe eintritt und vermehrte statistische Untersuchungen fordert. «Die Argumente von Lohsing aber», so
schließt er, «werden wohl wenige Anhänger der Todesstrafe zu bekehren
imstande sein.» Er hatte recht. Lohsing antwortete ihm zwar, rechtfertigte seinen Bericht und wiederholte die schon vorgebrachten Gründe.[9]
Aber die Todesstrafe blieb im Strafkatalog.

Trotz allem zeigt die bloße Aufzählung der Länder, die sich von der
Todesstrafe trennten, daß die Gegner der Todesstrafe mehr Siege als
Niederlagen verbuchen konnten. Selbst in jenen Schweizer Kantonen,
die die Todesstrafe wieder eingeführt hatten, wurde sie nicht vollstreckt.
In Großbritannien – das ja früher einmal mit seinem grausamen Strafgesetzbuch an der Spitze stand – schrumpfte nach langwieriger, oftmals
peinlicher Stümperei die Liste der Kapitalverbrechen beständig. Im Jahr
1914 wurden nur noch Mord, Hochverrat, schwere Seeräuberei sowie
Zerstörung staatlicher Munitionsdepots und Werften mit dem Tod bestraft. Die beiden letzteren Delikte waren eher kuriose Überbleibsel aus
einer rachsüchtigen Zeit; Mord blieb denn auch praktisch die einzige
Straftat, für die englische Gerichte das Schreckgespenst des Strangs beschworen. Tatsächlich vollstreckt wurden dann vielleicht die Hälfte, mitunter sogar weniger als die Hälfte, der Todesurteile.[10] Der Trend zum
Verzicht auf den Mord am Mörder war dem Buchstaben des Gesetzes
voraus.

Vergleichbare Verschiebungen in geltendem Recht und öffentlicher Meinung gab es auch in anderen Ländern; in ihnen spiegelt sich eine zaghafte, ja fast experimentierfreudige Tendenz zur Abschwächung oder Abschaffung der Todesstrafe. Plastisch vor Augen geführt werden die ungelösten Konflikte durch die schachbrettartige Verteilung des Strafrechts in den Vereinigten Staaten. In den 90er Jahren hatte neben Michigan und Maine nur noch Wisconsin die Todesstrafe abgeschafft. Die anderen Staaten behielten die Todesstrafe in ihrem Strafgesetzbuch bei, aber manche hatten sie jahrzehntelang nicht vollstreckt, und viele räumten den Geschworenen die Möglichkeit ein, mildere Urteile zu fällen. Wie in Großbritannien zog auch in den Vereinigten Staaten ein Todesurteil nicht zwangsläufig die Hinrichtung nach sich. In Übereinstimmung mit dem internationalen Trend hatten die meisten amerikanischen Staaten ihren Katalog der Kapitalverbrechen drastisch gekürzt; es wurden weit weniger Menschen erhängt oder auf dem elektrischen Stuhl hingerichtet als in Lynchjustiz umgebracht. 1892 wurden in Kalifornien zwar zwölf Personen wegen Mordes verurteilt, aber es kam zu keiner Hinrichtung; in Massachusetts hingegen wurde von zwei Verurteilten einer gehängt.[11]

In Europa sah es nicht anders aus. Österreich-Ungarn hatte 1906 noch zwei Kapitalverbrechen in seinem Strafgesetzbuch: Hochverrat gegen den Kaiser und besonders abscheulicher Mord. Schon früher war die Todesstrafe hier fast ausschließlich auf Mörder beschränkt worden. Auch Frankreich, das die Todesstrafe für sieben Delikte beibehielt, war im Gesetz selbst grausamer als in der Wirklichkeit; 1887 beispielsweise wurden von 240 Personen, denen man ein Kapitalverbrechen nachgewiesen hatte, 210 nicht zum Tode verurteilt, und nur sechs von den restlichen 30 mußten zur Guillotine. Andere Länder – wie Schweden, Dänemark und Belgien – beschränkten die Todesstrafe auf Mord und Hochverrat und ließen von den Verurteilten faktisch nur wenige hinrichten. Die humanitär Gesonnenen hatten allen Grund, sich über solche humanen Kompromisse zu freuen, aber noch mehr freuten sie sich natürlich über die völlige Abschaffung der Todesstrafe. 1864 kam es dazu in Rumänien und Venezuela, 1867 in Portugal, 1870 in den Niederlanden und 1880 in Italien.[12] Die Sucht nach Bestrafung, nach Befriedigung des leidenschaftlichen Bedürfnisses, die eigenen Rachegefühle gegenüber dem Rechtsbrecher auszuleben, schien in der bürgerlichen Gesellschaft geringer zu werden.

Im Laufe der Jahrzehnte wurde das von den Gegnern der Todesstrafe produzierte Schrifttum ebenso monoton wie umfangreich. Mitte der 60er Jahre bezeichnete der schwedische Rechtsprofessor und Reformer Karl d'Olivecrona die Abschaffung der Todesstrafe als eines jener Themen, die «nicht totzukriegen sind». Aber der Mangel an origineller Argumentation müsse durch Gefühlsstärke ausgeglichen werden. Etwa 15 Jahre später eröffnete Francis Bishop, ein englischer Vorkämpfer für die Abschaffung der Todesstrafe, seine Erörterung des Satzes «Du sollst nicht töten» mit dem deprimierten Eingeständnis, daß «die Kontroverse über die Todesstrafe nicht zu denen gehört, die Anspruch auf besondere Originalität haben können». Das freilich hielt ihn nicht davon ab, sein Anliegen vorzutragen. Solange die Schlacht nur halb gewonnen war – und ganz wurde sie nie gewonnen –, wurden weitere Schriften publiziert, auch wenn sie sich wiederholten. Im Jahr 1902 merkt Paul Näcke nachdenklich an, daß *«seit vielen Jahren bez. der Todesstrafe weder pro noch contra ein neues Argument in's Feld geführt ward».*[13] Aber selbst er fand, es lohne die Mühe, ein paar Worte zu diesem gründlich durchdiskutierten Thema zu sagen. Erst die psychoanalytische Theorie der unbewußten Schuldgefühle warf endlich neues Licht auf die Motive der Verbrecher – und derer, die es für ihre Pflicht hielten, sie mit dem Tode zu bestrafen.

Man kann den Verfassern der vielen Streitschriften kaum einen Vorwurf machen; gab es doch gar nicht mehr Argumente, als die Gegner der Todesstrafe zusammentrommeln konnten. Überdies hatten die Gründungsväter der Bewegung sie alle längst mit Beschlag belegt. Schon der Titel, den Benjamin Rush 1792 seiner bahnbrechenden Schrift *Considerations on the Injustice and Impolity of Punishing Murder by Death* gibt, nennt beide Rechtfertigungsgründe für die Abschaffung der Todesstrafe, die den Streit dann mehr als ein Jahrhundert lang praktisch beherrschten: Diese Strafe ist inhuman und ineffizient. Ein typisches Beispiel liefert die Druckschrift eines gewissen John Howard von 1844: *Capital Punishment, Unjust and Inexpedient.* Von einigen wenigen Differenzierungen abgesehen, boten die am Ende des Jahrhunderts sich häufenden Polemiken nichts als Wiederholung. Auch die Befürworter der Todesstrafe brachten keinerlei Abwechslung in die Debatte; machten sie doch kaum mehr, als den Vorwurf der Unmenschlichkeit und der Ineffizienz zurückzuweisen.

Den ersten der beiden Abschaffungsgründe, nämlich das ethische Argument, fand das moralisierende 19. Jahrhundert natürlich im höchsten Grade diskussionswürdig. Ebenso natürlich trat dieses Argument häufig in religiöser Verkleidung auf; wie wir sahen, hatte bei vielen aufrechten Bürgern das Bibelzitat in der Zeit zwischen der Epoche Samuel Johnsons und der Ära Königin Viktorias nichts von seiner Autorität eingebüßt. Allerdings konnte sich aus der Bibel, diesem wohlgefüllten und reichhaltigen Schatzhaus, leider jede Seite gleichermaßen bedienen. Doch die frommen Christen hielten zu große Stücke auf die Heilige Schrift, um ohne sie auskommen zu können. Buchstäblich Hunderte von Geistlichen aus einem breiten konfessionellen Spektrum trugen ihre Predigten für oder gegen die Todesstrafe zum Drucker, in der Hoffnung, ein breiteres Publikum als ihre eigene Gemeinde zu erreichen und womöglich zu überzeugen.[14] Und alle haben – genau wie im Krieg – auch in Sachen Todesstrafe voll Zuversicht nur für die eigene Partei um Gottes Segen gebeten.

Gesagt haben sie eigentlich nichts anderes als die weniger frommen Streithähne, nur in erhabenerem Ton und mit Zitaten aus der Heiligen Schrift. Im Jahr 1842 befaßt sich Reverend William Patton mit dem sechsten Gebot und läßt bei seiner paradoxen Auslegung der Worte «Du sollst nicht töten» geeignete und bewährte Bibeltexte als gebieterisches Alibi für die Todesstrafe aufmarschieren. So zitiert Patton etwa die Textstelle «Wer irgend einen Menschen erschlägt, der soll des Todes sterben» (3. Buch Mose, Kap. 24, Vers 17) und fügt hinzu, es sei «unmöglich, Gottes Willen in dieser Sache mit deutlicheren Worten auszudrücken». Den Menschen bleibe nur, zu lesen und zu gehorchen. Noch im selben Jahr schließt sich auch Reverend John N. McLeod, Pfarrer der Reformed Presbyterian Church in New York und sichtlich einer von Pattons Verehrern, dieser Lesart an. Unter Aufbietung all seiner dialektischen und philologischen Fähigkeiten beweist er zu seiner eigenen Genugtuung, daß das Neue Testament, das die Gegner der Todesstrafe so gern für ihre verfehlten Zwecke ausschlachten, nicht im Widerspruch stehe zum Gebot des Alten Testaments, man solle Blutvergießen mit Blutvergießen vergelten. «Am Beginn ihres neuen Daseins erhielt die Welt das Gesetz der Todesstrafe», das nie wieder aufgehoben wurde. Die Todesstrafe sei «von Gott angeordnet».[15] Was konnte man dem noch hinzufügen?

Sehr wenig. Vier Jahre später begründet Joseph F. Berg, ein Mitstreiter aus dem Lager von Patton und McLeod, Gottes Mißfallen am Mord mit dem Argument, er habe mit seinem Gebot «Du sollst nicht töten» nur den Mörder, nicht aber die Staatsdiener gemeint, die ihn verfolgen und hinrichten. Er zitiert eine Stelle aus dem Vierten Buch Mose, auf die sich auch Patton berufen hatte – das Angebot an griffigen Textstellen war sichtlich begrenzt–, und behauptet, daß «die Bibel als ganze gegen die totale Abschaffung der Todesstrafe spricht».[16] Berg gibt sich aber nicht mit der bloßen Untermauerung seines Standpunkts durch Bibelzitate zufrieden, sondern greift seine Gegenspieler auf ihrem eigenen Terrain an. Die christlichen Gegner der Todesstrafe verfolgten nämlich seit längerem besonders gern die Taktik, der anderen Seite ihre Berufung auf das grausame, in Verruf geratene jüdische Gesetz des «Auge um Auge» vorzuwerfen, das doch mit dem Erscheinen des liebenden Erlösers außer Kraft gesetzt worden sei. Berg zitiert sowohl den Apostel Paulus wie auch das Zweite Buch Mose und meint, mit der ganzen kleinlichen Kritik kurzen Prozeß machen zu können: «Es genügt, den Leser daran zu erinnern», ruft er den Lesern zu, daß die vielzitierten Sätze, in denen Jesus dazu ermahnt, auch seine Feinde zu lieben, nur auf «die Beilegung persönlicher Injurien» gemünzt sind.[17] Etwa 1870 publiziert ein halsstarriger Pamphletist mit Namen Moritz Müller eine heftige Polemik, die schon im Titel mit der These aufwartet: «Der unbedingte Ausspruch, dass die Todesstrafe eine Sünde vor Gott und Menschen sei, ist weiter nichts als ein leeres Gerede.»[18] Die Anwälte der Todesstrafe bestritten einfach, daß das von Jesus verkündete Evangelium der Liebe sich als Alibi für die Gefühle der Gegner der Todesstrafe deuten lasse.

Dieses aggressive Vorgehen war außerordentlich beliebt bei jenen zornigen Männern, die – wie etwa der spätere Charles Dickens – nichts für die Verwöhnung von Häftlingen und die Tränen übrig hatten, die die «Humanitätsdusel» über die letzten Stunden eines Mörders vergossen, während sie sein Opfer aus ihrem ethischen Denken verbannten.[19] In der berühmten Drei-Tages-Debatte, die der eifernde presbyterianische Pfarrer George B. Cheever 1843 mit dem Gegner der Todesstrafe J. L. O'Sullivan in New York ausficht, schlägt er schon den entsprechenden Ton an: «Wenn der Heiland sagt ‹Liebet eure Feinde›, dann spricht derselbe gütige Gott ‹Der Mörder soll unbedingt hingerichtet werden›. Wenn Gott sagt ‹Widerstrebe nicht dem Übel›, ‹Zahle niemandem Böses mit Bösem heim›, dann halte ich dagegen ‹Die Rache ist mein, spricht der Herr›.»[20] Cheever scheint ehrlich erstaunt, ja empört, über die Begriffsstutzigkeit – oder scholastische Gerissenheit – seiner Gegner.

Daß die Gegner der Todesstrafe ihrerseits die Heilige Schrift nach Stellen durchforsteten, mit denen sie genau den entgegengesetzten Schluß stützen wollten, ist nur der lebendige Beweis für den abgedroschenen Satz: Wenn zwei dasselbe Buch lesen, lesen sie nicht dasselbe Buch. Besonders gern zitierten sie einen schlagkräftigen Absatz aus der Bergpredigt: «Ihr habt gehört, daß da gesagt ist: Auge um Auge, Zahn um Zahn. Ich aber sage euch, daß ihr nicht widerstreben sollt dem Uebel; sondern so dir Jemand einen Streich gibt auf deinen rechten Backen, dem biete den andern auch dar.» Zur Bekräftigung des wichtigen Unterschieds, den Jesus in diesem Satz macht, durchstreifte A. D. Mayo das Neue Testament auf der Suche nach einschlägigen Zitaten und fand sie mühelos. Selbst das Alte Testament konnte seiner taktischen Erörterung nicht widerstehen.[21] Dennoch vertraten diese Geistlichen des 19. Jahrhunderts, die sich da einerseits für, andererseits gegen die Todesstrafe aussprachen, ihren Standpunkt nicht zufällig. Es überrascht kaum, daß

die theologisch konservativen Protestanten – Presbyterianer und Baptisten, Lutheraner und Anglikaner – eher als Befürworter, liberalere Sekten
hingegen – Unitarier und natürlich Quäker – fast zwangsläufig als Gegner der Todesstrafe auftraten. In einer aufbrausenden Polemik gegen die
Vertreter der Todesstrafe prangerte der amerikanische Arzt Henry S.
Patterson «die Geistlichen» als «geschworene Vorkämpfer für den Galgen» an und hielt «den christlichen Geist», das von Jesus gepredigte
glorreiche «Gesetz der Liebe», gegen das «Priestertum», das «die Gemüter der Abergläubischen, Schwachen und Priestertreuen beeinflußt»
habe.[22] Pattersons überspannte Kritik war nicht unbegründet, doch wäre
sie wohl überzeugender gewesen, hätte er differenzierter argumentiert
und die eine oder andere Sekte mit seinem Tadel verschont.

Die nicht-gläubigen Polemiker waren, wie sich herausstellte, kaum
flexibler als die Prediger. Nahezu alle Gegner der Todesstrafe, die ihre
Sache auf philosophische und nicht theologische Argumente gründeten,
beriefen sich auf die Ideale der Aufklärung und verurteilten die Todesstrafe als Verletzung der Menschenwürde. Manche begannen ihre Schriften mit einer feierlichen Berufung auf ihren Schutzheiligen Beccaria, der
in seinem Plädoyer für die humane Behandlung von Menschen mit dem
religiösen Vokabular gebrochen hatte. Nicht zufällig räumte Charles
Lucas, der prominenteste und beharrlichste unter den französischen Gegnern der Todesstrafe im 19. Jahrhundert, dem Prinzip der «Unantastbarkeit menschlichen Lebens» allerhöchste Priorität ein. Ein halbes Jahrhundert lang wetterte er gegen die Todesstrafe und blieb seiner Überzeugung
und seiner Sprache treu. In einem 1827 erschienenen, preisgekrönten
Werk über das Strafrechtssystem und die Todesstrafe vertritt er die These,
daß «wir als Menschen aus der Hand des Schöpfers allesamt die Pflicht
haben, das Leben unserer Mitmenschen zu achten». Und 1873 kritisiert
er, noch immer als bewußter Vorkämpfer für das sakrosankte Leben, den
Vorschlag, auf einem internationalen Kongreß zum Strafvollzug über die
Todesstrafe zu debattieren; beide Probleme stünden zwar in Zusammenhang miteinander, doch wenn man jedem gerecht werden wolle, müsse
man sie getrennt behandeln.[23]

Die meisten Autoren, die sich auf Menschenwürde und Unantastbarkeit menschlichen Lebens beriefen, verurteilten die Todesstrafe als etwas,
das der zivilisierten Gesellschaft unwürdig sei. Die viktorianischen Bürger, die bereit waren, auf die Befriedigung der – wie es bei Kant heißt –
«Rachbegierde» zu verzichten, versuchten ihre Zeitgenossen zu demselben Verzicht zu bewegen. Nach ihrer Überzeugung ist die Todesstrafe
nur ein trostloser Reflex des Charakters und spiegelt die Psyche derer, die
sie fordern, und mehr noch derer, die sie ohne sichtbare Gewissensnöte

verhängen und vollstrecken. In einer affektgeladenen Attacke gegen diese Traditionalisten ruft Charles Neate, Rechtsanwalt und Abgeordneter der Stadt Oxford, seinen Lesern im Jahr 1857 ins Gedächtnis, daß sich in Englands Strafgesetzbüchern noch immer viel Barbarisches findet. Der Richter, der einem «armseligen, von Entsetzen geschüttelten und von zwei Gefängniswärtern gestützten Angeklagten mit silberheller und stahlharter Stimme» verkündet, daß er am nächsten Morgen bei Sonnenaufgang tot sein wird – wobei Neate in spitzem Ton anmerkt, er habe diese Szene selbst miterlebt –, sei nichts anderes als ein «rhetorischer Schlächter». Kein Wunder, daß Neate sich der sadistischen Seite dieses rechtmäßigen Mordes wohl bewußt war: Im britischen Rechtswesen gebe es Richter, «für die der Schmerz, den die Verhängung der Todesstrafe bereitet, nicht ohne Lust gewesen ist».[24] Die psychologisch Versierten unter den Gegnern der Todesstrafe wiesen immer wieder auf jene schändliche Befriedigung hin, die die Menschen empfinden, wenn sie andere quälen.

Sie hatten aber noch eine weitere eindrucksvolle Begründung, mit der sie die Todesstrafe als Sonderform einer sozialen und nicht selten auch persönlichen Krankheit diagnostizierten: nämlich die Tatsache, daß sie hartnäckig verteidigt wird, obgleich erschreckend klar ist, daß man mehr als einmal den Falschen gehängt hat. Beliebt bei den Gegnern der Todesstrafe waren Berichte von tödlichen Justizirrtümern, die sie von Generation zu Generation weitergaben. In einem Mitte der 50er Jahre erschienenen, vielgelesenen und wiederholt überarbeiteten Buch führt Charles Phillips, englischer Anwalt und Beamter, eine schauerliche Liste solcher irreparabler Irrtümer auf. Daraufhin beklagt sich die *Saturday Review* in ihrer arroganten Manier, Phillips wiederhole nur sattsam Bekanntes, das längst definitiv widerlegt sei. Ganz unbeeindruckt zeigt sie sich auch von seinem Argument, human denkende Christen dürften keinen Mörder ermorden, und von seiner These, die Statistik beweise die Ineffizienz der Todesstrafe. Diese Strafe habe «sich bewährt», und zwar nicht bloß als Mittel der Abschreckung, «sondern auch als bewährter Protest gegen eine ganze Ansammlung von ebenso haltlosen wie gefährlichen Unwahrheiten».[25]

Aber weder konnten die Gegner der Todesstrafe die Konservativen bekehren, noch die Konservativen die Gegner der Todesstrafe entmutigen. Im Gefolge von Phillips, auf den er sich als Autorität beruft, führt der deutsche Jurist Karl Josef Mittermaier, ein international angesehener Strafrechtsexperte, ganz lapidar die Fälle auf, in denen in Italien, Irland, Frankreich und Großbritannien Menschen irrtümlich gehängt worden waren. «Am meisten ist in Bezug auf die Todesstrafe die Erfahrung wichtig, daß immer häufiger die Fälle vorkommen, in welchen Unschuldige zum Tode verurtheilt und selbst hingerichtet wurden, so daß ihre Unschuld erst zu spät nachgewiesen wurde.» Wenige Jahre später zitiert d'Olivecrona den englischen Juristen Sir Fitzroy Kelly mit der Feststellung, bis dato seien im England des 19. Jahrhunderts 17 Unschuldige zum Tode verurteilt und acht von ihnen gehängt worden. Und gegen Ende des Jahrhunderts vermerkt die Howard Association, es sei «in einigen Fällen *bewiesen* worden, daß *Unschuldige* der Unwiderruflichkeit der Todesstrafe zum Opfer gefallen sind». Eines dieser Ereignisse habe sich 1874 zugetragen, als «ein Mann in Pennsylvania auf dem Totenbett gestand, er selbst habe den Mord begangen, für den ein Unschuldiger, R. Lewis, zuvor in Merthyr Tydfil hingerichtet worden war». Leider sind «Geschworene wie Richter sehr fehlbar»; ja in vielen Fällen gebe es «schwerwiegende Gründe zu *befürchten,* daß Unschuldige auf Grund eines Justizirrtums hingerichtet worden sind».[26] In den Augen ihrer Gegner ist die Todesstrafe nicht bloß willkürlich und barbarisch; sie zeugt auch von unverzeihlicher Dummheit.

Der schwere Vorwurf, die moderne Rechtsprechung, die mit der Todesstrafe arbeitet, habe mit peinlicher Häufigkeit tödliche Irrtümer begangen, bildet gleichsam die Brücke zwischen dem Verweis auf die Inhumanität und dem Verweis auf die Ineffizienz der Todesstrafe. Deren Verteidiger hatten zwar von Beginn an argumentiert wie der deutsche Pamphletist Moritz Müller, daß nämlich nur der Tod völlige Sicherheit verschaffe, da man aus dem Gefängnis oder der Verbannung ausbrechen könne. Und auch Lombroso wollte die Angst vor der Hinrichtung wie ein «Schwert des Damokles» über den hartgesottenen Verbrechern schweben sehen.[27] Aber die Skeptiker hielten das Gegenargument schon bereit; wie die Tatsachen unüberhörbar bezeugten, trage die Todesstrafe, statt vom Verbrechen abzuschrecken, vielmehr zu seiner Verbreitung bei, denn der Anblick öffentlicher Hinrichtungen rufe nur mörderische Instinkte wach. Franz von Holtzendorff, ein liberaler preußischer Aristokrat und Rechtsprofessor an der Universität München, sagte es klipp und klar: Jedes Verbrechen, das bekannt werde, wecke den menschlich-allzumenschlichen Nachahmungstrieb, so daß die Todesstrafe «*beispielgebend wird für neue Verbrechen der Tödtung*».[28] Oft und gern zitierten die Gegner der Todesstrafe Statistiken mit Angaben darüber, wieviele rechtskräftig verurteilte Mörder vor ihrer Tat bei Hinrichtungen zugeschaut hatten.

Ein reichliches Angebot an Kapitalverbrechen wirkte aber offenbar noch auf anderem Wege als paradoxe Ermutigung zur Straftat: Es bewahrte nämlich unbestreitbar schuldige Verbrecher vor der Verurteilung – etwa im England des frühen 19. Jahrhunderts. Schon einige Jahrzehnte

zuvor hatte Blackstone den Einwand vorgebracht, barmherzige Opfer
würden dann nicht Anklage erheben, barmherzige Geschworene würden
den Angeklagten nicht schuldig sprechen, barmherzige Richter würden
den überführten Straftäter nicht mit der ganzen Härte des Gesetzes bestrafen. Als sich Peel 1830 als britischer Innenminister an die Fundierung
und Humanisierung der Strafrechtsbestimmungen machte, baten ihn
mehr als tausend englische und schottische Bankiers in einer Petition,
sich bei diversen Spielarten des Fälschens für die Aufhebung der Todesstrafe zu verwenden. «Ein milderes Gesetz», so flehten sie allen Ernstes,
werde ihnen den nötigen «Schutz» verschaffen, der ironischerweise durch
die geltenden drakonischen Strafbestimmungen nicht gewährleistet war.[29]
Dabei waren die Unterzeichner der Petition gar nicht nur an ihrer finanziellen Sicherheit interessiert; etliche von ihnen sympathisierten durchaus
mit den Zielen der Todesstrafengegner. Auch stand ihr Anliegen gar nicht
unbedingt im Widerspruch zu deren Sache. War es doch ein Hauptthema
der gegen die Todesstrafe gerichteten Propaganda, daß mehr Humanität
im Strafgesetz und mehr Sicherheit bei der Verurteilung die Zahl der
Gefängnisinsassen eher vergrößern als verringern werde. Kurz, die Unterzeichner der Petition gingen bei aller Humanität doch mit sehr zweideutigen Motiven an das heikle Problem des Bestrafens heran. Als 1854 in
England eine Kindesmörderin in einem besonders aufsehenerregenden
Prozeß freigesprochen worden war, notierte ein zeitgenössischer Kommentator: «Der Abscheu gegen die Todesstrafe verbreitet sich unter jenen
Menschen, die die Geschworenen stellen, immer mehr; und früher oder
später wird sich die Exekutive etwas einfallen lassen müssen, damit man
eine harte Ersatzstrafe verhängen kann.»[30]

Diese Verschiebung war nicht das einzige Überraschungsmoment in
der großen Debatte. Seltsam war auch, daß die Konservativen, die auf der
Todesstrafe als Mittel der Abschreckung bestanden, sich – ohne es zu
wissen – optimistischer über die Natur des Menschen äußerten als die
Reformer, die auf die Streichung der Todesstrafe aus dem Strafgesetzbuch
drängten. Sie gingen nämlich davon aus, daß die potentiellen Verbrecher
die Folgen ihres Handelns rational kalkulieren; die Gegner der Todesstrafe hingegen warnten vor dem blutrünstigen wilden Tier, das im Innern jedes Menschen nur notdürftig eingesperrt sei. Im allerbesten Fall –
so betonten die Reformer und verwiesen zum Beleg auf einzelne Berichte
– seien die Vertreter der Abschreckung blind gegenüber der mächtigen
irrationalen Seite des menschlichen Verhaltens. «Frohgemut marschieren
Soldaten in die Schlacht, obgleich sie gewiß sein können, daß viele von
ihnen fallen werden», schreibt der berühmte amerikanische Gegner der
Todesstrafe Edward Livingston in den 40er Jahren, «alle, die ein Ver-

brechen begehen, das mit dem Tode bestraft wird, handeln in der Hoffnung, daß sie nicht entdeckt werden.»[31]

Zusätzlich zur psychologischen Analyse warteten die Gegner der Todesstrafe mit trockenen statistischen Erhebungen auf, um zu beweisen, daß die Todesstrafe niemanden abschreckt. Im Jahr 1894 arbeitete der Kongreßabgeordnete N. M. Curtis für den Rechtsausschuß des Hauses einen Bericht aus, der in Zahlen und Tabellen förmlich ertrank. Als scharfer Kritiker des amerikanischen Strafrechts, «des blutigsten Strafgesetzbuches der Welt», konnte Curtis sich nicht enthalten, seinen Argumenten mit Zahlen aufzuhelfen. Gewiß, die Abschaffung der Todesstrafe in Kolumbien und Ecuador habe zu einem Anstieg der Morddelikte geführt, doch abgesehen von dieser Handvoll Ausnahmen, finde er das Datenmaterial ausgesprochen ermutigend. «In Belgien ist die Todesstrafe zwar nicht abgeschafft», schreibt er, «aber seit 1866 nicht mehr vollstreckt worden», und dennoch weise die Statistik in diesem Land eine Abnahme der Schwerverbrechen aus. Dasselbe gelte für die Niederlande, wo die Abschaffung der Todesstrafe zu keiner Zunahme der Verbrechen geführt habe. Auch in Portugal, das die Todesstrafe 1867 abgeschafft hatte, sei die Zahl der Mordfälle zurückgegangen.[32] Wie sich an diesen Ländern belegen lasse, sei die Todesstrafe kein notwendiges Mittel der Abschreckung – womit die Vereinigten Staaten doch gewiß allen Grund hätten, es ihnen gleichzutun.

Zu der Zeit, als Curtis seinen Bericht abfaßte, hieß die Alternative nicht mehr einfach Beibehaltung oder Abschaffung der Todesstrafe. Der Protest der Reformer gegen die öffentlichen Hinrichtungen als eine Schule des Verbrechens hatte ein heftig umstrittenes Nebenproblem hervorgebracht, das sich für sie als akutes Ärgernis erwies. Schon in den Anfängen des Jahrhunderts hatten sich ein paar folgerichtig denkende und empfindsame Gemüter erstaunt gefragt, ob es nicht vielleicht vernünftig wäre, diese blutigen Festivitäten zu unterbinden und die verurteilten Verbrecher nicht mehr in der Öffentlichkeit hinzurichten. In den 20er Jahren schilderten einige amerikanische Autoren die öffentliche Vergeltungsaktion als ineffizient, demoralisierend und wirkungslos, dazu bestimmt, «hundert Menschen» schlechter zu machen, während nur «einer durch eine öffentliche Hinrichtung gebessert wird. Aufruhr, Trunkenheit und alle möglichen gesetzwidrigen Handlungen bestimmen das Bild».[33]

Der Vorschlag, die Hinrichtungen fern von der Volksmenge durchzuführen, kam den geschickteren Fürsprechern der Todesstrafe sehr gelegen; die Verbannung der Zeremonie in die düstere Abgeschiedenheit des Gefängnishofes würde sie von ihren orgiastischen Erscheinungsformen befreien, die Todesstrafe selbst jedoch unangetastet lassen. Kurz, die Aggression des Staates gegen Übeltäter würde von der öffentlichen Bühne verschwinden, aber bestehen bleiben. Dies war ein Kompromiß mit einer immer heikleren Öffentlichkeit, den die unermüdlichen Vorkämpfer für die Todesstrafe sich meinten leisten zu können. Doch die Gegner der Todesstrafe fanden trotz ihres Abscheus gegenüber dem herzlosen Schauspiel der öffentlichen Hinrichtung die nicht-öffentliche Hinrichtung keineswegs besser. Schon 1835 argumentiert der eloquente amerikanische Reformer Robert Rantoul jr., daß «sich unwiderlegliche Einwände bei jeder Form der Hinrichtung finden lassen. Alle Seiten sind sich einig, daß öffentliche Hinrichtungen etwas Demoralisierendes haben. Nicht-öffentliche Hinrichtungen aber verdienen ganz ebenso viel, vielleicht sogar mehr Kritik, weil sie so abstoßend und unrepublikanisch sind und weil sie unter bestimmten Umständen zu furchtbarem Mißbrauch verleiten und ihm Vorschub leisten könnten.»[34] Nur die totale Abschaffung sei ein Dienst an der Gerechtigkeit. In Frankreich schloß sich Charles Lucas diesem Standpunkt an. Wie er 1848 feststellt, habe es eine ansehnliche Minderheit nicht vermocht, das preußische Parlament zur Abschaffung der Todesstrafe zu überreden; dennoch hätten die Abgeordneten fast einstimmig für die nicht-öffentliche Hinrichtung votiert, ganz als ob sie sich ihrer eigenen Maßnahme schämten. «Was für eine Zukunft kann aber einer Strafe beschert sein, wenn das menschliche Recht ihretwegen vor Scham erröten und sich – nicht anders als der von ihm bestrafte Mörder – mit seiner Mordtat verstecken muß?»[35]

Genauso ablehnend und weitaus argwöhnischer waren die englischen Gegner der Todesstrafe, die den Vorschlag, die Hinrichtungen an einen unzugänglichen Ort zu verlegen, als schäbigen Trick erzkonservativer Anhänger des legalisierten Tötens anprangerten. Das Ganze war, wie Richard Cobden Ende 1849 seinen gleichgesinnten Zuhörern eröffnete, nur ein «neuer Kniff». Nicht zufällig entdeckte auch sein Mitstreiter John Bright die alte Rachsucht hinter dem demonstrativen neuen Zartgefühl; seine Vertreter seien getrieben von «dem schieren Verlangen, jemanden hinzurichten». Und William Ewart, vehementester Streiter für die Abschaffung der Todesstrafe im House of Commons, warnte seine wohlwollenden Zuhörer, die nicht-öffentliche Hinrichtung sei nichts anderes als eine «Flucht vor dem Hauptprinzip, für das sie beständig kämpften».[36] Nach seiner und seiner Mitstreiter Überzeugung war das Entscheidende, diesen angeblich humanen Vorschlag zu entlarven und weiter für die völlige Abschaffung der Todesstrafe einzutreten.

Begreiflicherweise fand die Idee der nicht-öffentlichen Hinrichtung Rückhalt in einem breit gefächerten Meinungsspektrum, auch wenn viele

Konservative sich unbeeindruckt zeigten. Wie zu erwarten, plädierte die *Saturday Review* 1856 für die Beibehaltung der öffentlichen Hinrichtung, weil sie dem Volk Gelegenheit gebe, «nicht bloß einem Tod, sondern einem schändlichen Tod» beizuwohnen. Gewiß, die Menge, die sich dabei versammelt, «die untersten Schichten der Gesellschaft», beweise «krankhafte Neugierde» und «unziemliches Verhalten». Aber das sei ein beiläufiger Nebeneffekt, dem man abhelfen könne. Als 1870, mehr als ein Jahrzehnt später, ein republikanischer Abgeordneter in Frankreich ein Gesetz einbrachte, mit dem die Hinrichtung von Straftätern zu einer nicht-öffentlichen Veranstaltung gemacht werden sollte, wurde ihm entgegengehalten, in unzulässiger Weise übersehe er «die heilsame Furcht und die Befriedigung des öffentlichen Rachebedürfnisses».[37] Dies ist ein Paradebeispiel für die Reaktion der Konservativen auf die Bedrohung durch jene Neuerer, die sie als effeminierte Gefühlsdusel verachteten.

Dabei führten nach und nach immer mehr männliche Bürger Klage darüber, daß öffentliche Hinrichtungen zu fröhlichen Volksfesten (gelegentlich auch zu Aufruhr) verkamen, bei denen der eigentliche Zweck in Vergessenheit geriet. Hinrichtungen sollten ja als schreckliche Warnung und, was noch wichtiger war, als feierliches Ritual dienen, mit dem das Kollektiv seine Unversehrtheit wiederherstellt, indem es sich von einem Rechtsbrecher befreit. In einem seiner phantastischen Einfälle bezeichnet Dickens den Henker als «Finishing Schoolmaster», sozusagen als Sitten- und Anstandslehrer, der den letzten Schliff gibt. In Wirklichkeit aber war eine Hinrichtung schon längst alles andere als eine didaktische Veranstaltung. Massen von Zuschauern, manchmal Tausende, vom Alkohol nicht minder berauscht als von dem Anlaß, ließen den verurteilten Verbrecher hochleben oder verhöhnten ihn und verfielen in wilde Prügeleien. Kleine Straßenhändler verkauften primitiv gedruckte Gedichte, fast alles schamlose Erfindungen, in denen das zu sühnende Verbrechen geschildert oder die letzten Worte des Verbrechers wiedergegeben wurden. Taschendiebe gingen unter den Augen der Polizei ihrem Gewerbe nach.

Nicht nur Müßiggänger und Verrufene fanden Gefallen an dem Schauspiel; zwar liebten die Armen Hinrichtungen als unterhaltsame Abwechslung und zählten sie zu ihren verfassungsmäßigen Rechten, aber unter den Zuschauern war auch eine ansehnliche Zahl von braven Bürgern und kultivierten Aristokraten. Unter den Pöbel brauchten sich die Reichen freilich nicht zu mischen; sie kamen in Kutschen und mieteten zu einem gepfefferten Preis ein Fenster, von dem aus sie alles überschauen konnten. Das Geschehen selbst genossen sie nicht weniger – wenn auch weniger lautstark – als all jene, die die *Saturday Review* herablassend als die untersten Schichten der Gesellschaft bezeichnet hatte.

Nach der Reaktion jener Augenzeugen zu urteilen, die von ihren Empfindungen Rechenschaft ablegen und sie im plastischen Detail wiedergeben können, waren die unmittelbaren Auswirkungen öffentlicher Vergeltungsaktionen eher ungewiß und unberechenbar. Was diese Augenzeugen berichten, belegt einmal mehr, wie explosiv die Vermischung erotischer Regungen mit aggressivem Verhalten war. Etwa um 1815 erlebt der deutsche Bühnenautor, Schauspieler und Romancier Karl von Holtei als Jugendlicher die Hinrichtung zweier wegen Mordes verurteilter Frauen mit. Er hat diese Szene nie vergessen und beschreibt sie in seiner Autobiographie in jeder grauenvollen Einzelheit, als wollte er sie endgültig aus dem Gedächtnis austreiben. Hinrichtungen, schreibt er mit bitterem Sarkasmus und einem Seitenhieb gegen seine ehrbaren «Vaterstädter», die sich an etwas so Perversem delektieren konnten, waren ein «Volksschauspiel», das die braven Leute für «eines der ergötzlichsten» hielten. Den beiden Angeklagten, so Holtei, sei es gelungen, ihr Schicksal durch Leugnen, falsche Geständnisse und Schwangerschaften im Gefängnis immer wieder aufzuschieben; aber diese Verzögerung habe seine Mitbürger «förmlich lüstern und gierig nach ihrem Blute gemacht». Um «gute» Plätze zu finden, begaben sich «sanftfühlende» Frauen, «begleitet von ihrer zarten Nachkommenschaft», schon am Abend zuvor zur Hinrichtungsstätte, und zwar «in Schaaren».[38] Der junge Holtei durfte die Folterwerkzeuge besichtigen, «die Gerechtigkeitsutensilien..., vom Rade bis zum ‹Dämpfer›», jenem Strick, der fest um den Hals des «Delinquenten» geschlungen wird und sein Schreien verhindern soll. Die Mörderinnen sollten aufs Rad geflochten werden, das ihnen die Knochen bricht; dann sollten sie stranguliert werden. Er betrachtete diese «Gegenstände», notiert Holtei mit ungeminderten Schuldgefühlen, «mit einer Seelenruhe und Theilnahmslosigkeit, daß ich heute noch davor erschrecke». Von der Hinrichtung selbst hat er nur «einzelne Bilder... aus dem Taumel, in den Neugier, Grauen und Abscheu mich in jenen Morgenstunden tauchten», bewahrt – «aber diese auch für die Ewigkeit». Gleichwohl konnte er beobachten – und erinnern –, daß die jüngere Mörderin «üppig-schön» war. Als sie zur Hinrichtungsstätte gekarrt wurde, wendete sie sich schreiend an den Pöbel, beteuerte ihre Unschuld und schlug nach dem Kapuzinermönch, der ihr geduldig vorbetete; «das Kleid riß sie sich von den Schultern, und der Anblick ihrer unzüchtigen Reize erfüllte mich mit knabenhafter Furcht». Hoch auf den Schultern eines Freundes sitzend, sah er alles, hörte die Knochen brechen und knirschen und wurde ohnmächtig. Erst nach einem Jahr «war der Eindruck dieser Mordschlächterei in so weit erloschen, daß ich wieder schlafen konnte». Was freilich nie erlischt, «und niemals wird er erlöschen», ist der Anblick einer vor ihm stehenden, sanft aussehenden Frau, die er «während das Rad Schlag auf Schlag fiel, ruhig eine große Brotbutterschnitte verzehren sah».³⁹ Diese schauerliche Mischung von visueller und oraler Lust war, zusammen mit seiner pubertären sexuellen Erregung und Angst, zuviel für ihn. Als Byron wenige Jahre später in Rom die Hinrichtung von drei Raubmördern unter der Guillotine miterlebte, machte ihn der Anblick solange zittern, bis er abgestumpft genug war, allerdings nicht gänzlich: «Ich hätte sie gerettet, wenn ich gekonnt hätte.»⁴⁰

Er hätte sie gerettet, wenn er gekonnt hätte – genau diese menschliche Regung, die den vom Anblick des Blutvergießens freigesetzten Aggressionstrieb niederringt, beseelte die wachsende Oppositionsbewegung gegen die öffentliche Hinrichtung. Zusätzliche Stoßkraft erhielt diese Bewegung durch zwei vielzitierte journalistische Berichte (von Thackeray und von Dickens) über eine 1840 in Newgate stattfindende Hinrichtung am Galgen, da beide ein breiteres Publikum erreichten als Byrons Brief und Holteis Autobiographie. Die Romanciers wohnten damals der Hinrichtung des Schweizer Butlers François Courvoisier bei, der seinen Herrn, Lord William Russell, ermordet hatte. Thackeray war schockiert über die Strumpfkappe, die man Courvoisier übers Gesicht zog. Eine Zeitlang lag die Szene schwer auf seiner Seele, «wie kalter Pudding auf dem Magen». Der Artikel, den er dazu schrieb, war – wie immer bei ihm – ein akribisches und schonungsloses Meisterstück der Beobachtungsgabe – bis hin zum «wilden, flehenden Blick» und «erbärmlichen Lächeln» des Verbrechers sowie dem Geschick, mit dem der Henker Courvoisiers Körper in die richtige Stellung dreht. Auch sich selbst beobachtete er mit großer Aufrichtigkeit: «Ich schäme mich nicht zu sagen, daß ich nicht länger hinschauen konnte, ich schloß die Augen, als das letzte grauenhafte Tun vor sich ging und diese armselige, schuldbeladene Seele zu Gott geschickt wurde.» Ebenso wie Holtei schämt er sich seiner Indifferenz: «Heute ist der 20. Juli, und ich für meinen Teil darf wohl sagen: Der Eindruck dieser Schlächterei war so heilsam, daß mir das Gesicht des Mannes beständig vor Augen steht.» Auch den Henker bei der Arbeit sieht er noch vor sich, «wie er mit heiterer Miene den Strick aus seiner Tasche nimmt», bekennt ferner, er fühle sich «verderbt angesichts der brutalen Neugierde, die mich zu diesem brutalen Anblick hingezogen hat», und betet zu «Gott, er möge dafür sorgen, daß dieser schändliche Frevel aus unserer Mitte verschwindet, und unser Land vom Blut reinigen». Die Szene hat ihn zwar traumatisiert, aber nicht stumm gemacht.⁴¹

Dickens, der früh erschienen war, um sich den Aufbau des Gerüsts und die Ankunft des Pöbels anzuschauen, richtet seinen Abscheu ganz auf die Zuschauer. «Nicht einen sah ich in der riesigen Menge, der ein der Situation angemessenes Gefühl gezeigt hätte. Kein Kummer, kein heilsamer Schrecken, kein Abscheu, kein Ernst, nichts als Zotenreißen, Ausschweifung, Leichtsinn, Trunkenheit und demonstratives Laster in fünfzig weiteren Erscheinungsformen.» Er ist entsetzt über seine Mitmenschen; nie habe er gedacht, sie könnten «so hassenswert» sein.[42] Niedergeschrieben wurde dies sechs Jahre nach dem Ereignis, als Dickens noch standhaft gegen die Todesstrafe war; drei Jahre später zog er sich auf den bequemen Kompromiß zurück, nur die öffentliche Hinrichtung abzulehnen; dieser Standpunkt brachte ihm natürlich die lautstarke Feindschaft der Todesstrafengegner ein, die enttäuscht waren, daß sie einen so berühmten und sprachgewaltigen Verbündeten verloren.[43] Aber Dickens' Rückzug auf die erlaubte Vergeltung macht ihn zum lebendigen Vertreter eines Jahrhunderts, das desorientiert zwischen widersprüchlichen Signalen und nicht minder widersprüchlichen Triebwünschen hin und herschwankt, das gleichermaßen auf neue Humanität bedacht und unwillens ist, auf alte Strenge und alte Genüsse zu verzichten.

Die Regelungen, die damals ein Land nach dem anderen traf, zeugen von dieser Ambivalenz. Großbritannien schaffte die öffentliche Hinrichtung 1868 ab. Frankreich ließ immer weniger Verbrecher hinrichten, blieb aber bei der öffentlichen Aufstellung der Guillotine, die Tausende Schaulustiger und Blutrünstiger anzog; etwa um 1900 allerdings verlegte die Regierung das tödliche Fallbeil von den Volksmassen weg in ein abgelegeneres Viertel von Paris. Im Deutschen Reich wurde der Verurteilte in einem Gefängnishof in Gegenwart weniger ausgewählter Zeugen enthauptet. Hier «waltet bei Tagesanbruch, wenn Berlin noch im Schlummer liegt», so die Schilderung in der *Gartenlaube*, dem beliebten Familienblatt, «der Henker seines blutigen furchtbaren Amtes, und nur der schwache Klang des Armsünderglöckchens kündet der nächsten Umgebung an, daß ein Mensch zum Tode geführt wird! Wenige Stunden später, und die Riesenstadt hat bei ihrem Erwachen schon Kenntniß erhalten von der Vollstreckung des Urtheils, denn grellrothe amtliche Plakate verkünden an den Anschlagsäulen die Enthauptung des Mörders, und durch alle Straßen und Gassen, in die entferntesten Ecken und Winkel dringt die Kunde von der blutigen Sühne der blutigen That. Auch durch die Verbrecherkreise fliegt die Kunde, sie findet ihren Weg durch die stärksten Gefängniß- und Zuchthausmauern in die entlegensten Zellen hinein, überall Schrecken und Entsetzen verbreitend und eine eindringliche Saat aussäend.»[44] Diese äußerst bildhafte Schilderung ist durchdrungen von dem Gedanken, daß nicht-öffentliche Hinrichtungen abschreckend wirken, und genau deshalb mißtrauten die Gegner der Todesstrafe derlei Berichten.

Die Anschaulichkeit der Darstellung deutet ferner darauf hin, daß das Todesurteil, ob öffentlich oder nicht-öffentlich vollstreckt, die Phantasie der Menschen aufs lebhafteste beschäftigt hat. Nach der Entstehung der Massenpresse erfreuten sich aufsehenerregende Prozesse und ihre Folgen ausgiebiger journalistischer Aufmerksamkeit. Mordfälle geben etwas her; desgleichen Hinrichtungen. Auch große Schriftsteller – Dichter und Romanciers – ließen sich von dem Thema gefangennehmen. 1839 und 1840 dichtete William Wordsworth, der damals schon längst von der revolutionären Leidenschaft seiner Jugend geheilt war, einen Zyklus von vierzehn Sonetten zur Verteidigung der Todesstrafe. Etwa 200 Kapitalverbrechen hatte man 1837 aus dem englischen Strafgesetzbuch gestrichen, und die Reformer, die sich damit noch nicht zufriedengeben wollten, nutzten den Stimmungswandel, um auf die völlige Abschaffung der Todesstrafe zu dringen. Wordsworth hingegen bestand auf der Verpflichtung des Gesetzgebers, die soziale Struktur zu schützen und «well-measured terrors in the road/Of wrongful acts» – also Rechtsbrüchen wohlüberlegte Schrecken in den Weg – zu legen. In einer lebendigen Schilderung zeigt Wordsworth den Häftling in seinen letzten Erdentagen, von Reue zerfressen und, in Tränen aufgelöst, seinen Tod herbeiwünschend.[45]

Die Gegner der Todesstrafe hingegen hatten weniger süßliche, eloquentere Sprecher; der berühmteste von ihnen war Victor Hugo. Heimgesucht von dunklen persönlichen Alpträumen, auf die er mit zwanghafter Regelmäßigkeit zu sprechen kam, machte er die Abschaffung der Todesstrafe zu seinem großen Anliegen. Es war, als müsse er damit seine eigenen Todeswünsche und Todesängste bannen.[46] Im Rückblick sah er die Ursache für seine leidenschaftliche Kampagne in der beängstigenden Erinnerung an einen Vorfall, den er als Jugendlicher in Paris miterlebt hatte. Zu einem einzigen unvergeßlichen Augenblick verdichtet diese Erinnerung frühe schockierende Eindrücke: die Leichen erhängter Verbrecher, die er auf den Reisen seiner Kindheit sah, Gefangene in Ketten, die Guillotine auf der Place de Grève.

In einem mehr als vierzig Jahre später geschriebenen Brief erinnert er sich, daß er an einem schönen Sommertag des Jahres 1818 oder 1819, als er den Platz des Palais de Justice überquerte, auf eine Menschenmenge aufmerksam wurde, die sich um einen Pfahl gesammelt hatte. Eine sehr junge Frau, fast noch ein Mädchen, war daran festgebunden, um den Hals einen Eisenring und über dem Kopf ein Schild, das sie als kleine Diebin auswies. Dann trat der Henker mit einem rotglühenden Eisen auf sie zu und brannte ihr das Brandmal auf die nackte Schulter ein. «Noch immer, nach über vierzig Jahren, habe ich den entsetzlichen Schrei dieser leidenden Kreatur im Ohr und werde ihn für immer im Herzen haben.» Ihr

Leiden gab seinem latenten Haß auf Grausamkeit ein festes Ziel und sublimierte ihn zu einem Entschluß. «Für mich war sie eine Diebin, eine Märtyrerin. Ich verließ den Platz – damals war ich sechzehn – mit dem festen Entschluß, gegen die Frevel des Gesetzes zu kämpfen.»[47] Mehr als ein halbes Jahrhundert lang, fast bis zu seinem Todestag 1885, attackierte er die Todesstrafe, machte sich 1848 in der Konstituante für ihre Abschaffung stark, schickte Gnadenappelle an Richter und Parlamentarier in England, der Schweiz und Mexiko und spornte gleichgesinnte Mitstreiter an, sobald er von ihren Bemühungen Kenntnis erhielt.

Hugos erster und vielleicht gewaltigster Schlag gegen die Guillotine war der 1829 verfaßte kurze Roman *Le dernier jour d'un condamné*. Weit über Frankreich hinaus wurde er von vielen gelobt, von Dichtern, Romanciers und Pamphletisten zitiert und paraphrasiert und alsbald auch ins Englische übersetzt. Jahrzehntelang hoben die Gegner der Todesstrafe ihn als das in der damaligen Zeit überzeugendste Plädoyer für ihre Sache hervor. Dostojewski ließ er nicht los, und zwar vor wie nach seinem Scharmützel mit der Hinrichtung; auf Zola machte er tiefen Eindruck und half ihm, die moralische Mission der Literatur zu entdecken.[48]

Hugos früher Roman war eine literarische Tour de force, ein Wunder an fiktiver Identifizierung mit den Grübeleien und peinigenden Angstvorstellungen eines Verurteilten, dem am Folgetag die Guillotine bevorsteht. Er transportierte genau jene philanthropische Botschaft, die Leute à la Carlyle so jämmerlich fanden; auf diesen packenden Seiten wurde man zu mitmenschlichen Gefühlen für Verbrecher aufgefordert, während die Opfer leer ausgingen. Die Welt des Opfers, in der der Verurteilte einmal gelebt, gearbeitet, geheiratet und gefehlt hat, scheint denn auch in weiter Ferne zu liegen; mit Bedacht schweigt sich Hugo über das Verbrechen seines Protagonisten aus und nennt nirgendwo seinen Namen. Statt dessen schildert er quälende Gedanken, entsetzliche Halluzinationen, unrealistische Sehnsüchte nach dem Leben, Rachephantasien und herzergreifende Begegnungen. Als seine Zeit fast um ist, bringt man dem Verurteilten seine dreijährige Tochter, die ihn ein Jahr lang nicht gesehen hat, zu einem letzten Besuch. Sie ist «lebhaft, rosig, mit großen Augen, sie ist schön». Aber sie erkennt ihn nicht, nennt ihn «monsieur» und erzählt ihm, ihr Vater sei tot – «er ist unter der Erde und im Himmel». Als er sie fragt, ob sie ihn als Vater wolle, weist sie sein verzweifeltes Angebot zurück: «Nein. Mein Vater war viel stattlicher.» Und als sie ihm vorführt, daß sie lesen kann, entziffert sie langsam sein Todesurteil, das ihre – in einem Winkel der Zelle vor sich hin weinende – Kinderfrau für ein paar Sous gekauft hatte.[49]

In diesem formvollendeten Stück Literatur mit seinen genau kalkulierten Effekten kommt das Erhabene dem Trivialen bedenklich nahe. Aber der Boden ist sorgfältig bereitet. Hugos verurteilter Protagonist kann sich ausdrücken und aufmerksam beobachten und verfügt sogar über einen morbiden Witz; was er von seinen Stimmungen und Eindrücken, seinen Tagträumen und förmlichen Alpträumen berichtet, verrät einen gebildeten und empfindsamen Mann. Deshalb wirkt auch seine Qual, als seine kleine Tochter ihn wie einen Fremden behandelt, sein Schmerz über die Entfremdung von allem, was er liebt, durchaus glaubwürdig. Auf jeden Fall wollte Hugo nicht bloß ein Stück Literatur schreiben; gedacht war sein stark subjektiv gefärbter Text als politische Aussage. «Es ist das seltsamste Buch, das man überhaupt lesen kann», so urteilt Zola 1860 in einem «langen und breiten» Kommentar zu Hugos Roman, «von der ersten Zeile an spürt man einen Schauder des Entsetzens: Man macht die ganzen Qualen dieses elenden Geschöpfes durch, man steigt zusammen mit ihm auf das Schafott.» Dafür, daß Hugo den Leser derart «zerrüttet», mochte er ihn nicht kritisieren: «Er hatte nur ein Ziel: die Todesstrafe hassenswert zu machen. Sollte er da eine Idylle schreiben? Er hat den kürzesten Weg gewählt und sich direkt an unser Herz, unsere Nerven gewandt, damit uns die Haare zu Berge stehen und wir von Mitleid gepackt werden» – und von Entsetzen. «Will man den Zweck, muß man auch die Mittel wollen.»[50] Hätte Hugo diesen Brief gelesen, er hätte zustimmend mit dem Kopf genickt.

Tatsächlich hat Hugo in dem 1832 dem Roman hinzugefügten Vorwort solche Absichten geäußert: «Heute kann sich der Autor zu der politischen Idee, der sozialen Idee, die er in der harmlosen und offenherzigen literarischen Verkleidung verbreiten wollte, bekennen, ja öffentlich zu ihr stehen.» *Le dernier jour d'un condamné* ist «nichts anderes als ein – je nach Geschmack direktes oder indirektes – Plädoyer für die Abschaffung der Todesstrafe». Diese einschneidende Reform stellt Hugo in einen Zusammenhang mit dem historischen Aufstand gegen das Ancien Régime, von dem noch immer Spuren geblieben seien. «Das gesellschaftliche Gebäude der Vergangenheit ruhte auf drei Säulen: Priester, König und Henker. Einst sagte eine Stimme: Die Götter haben sich verabschiedet! Unlängst erhob sich eine Stimme und rief: Die Könige verabschieden sich! Es ist nun Zeit, daß eine Stimme sich erhebt und sagt: Der Henker verabschiedet sich!»[51] Hugo blieb diesem Ruf treu. Eine der eindrucksvollsten unter seinen vorzüglichen bekenntnishaften Zeichnungen – allesamt Botschaften aus dem Untergrund – zeigt einen Leichnam, der an einem Galgen baumelt und dessen Gesicht nur in einem undefinierbaren Klecks besteht. Am unteren Bildrand hat Hugo ein Wort geschrieben, das die Erinnerung an das Leiden Christi wachruft: *Ecce* – «Sehet!». Bis der Henker sich verabschiedet, ist Christus der Jedermann als Opfer.[52]

Hundert Jahre endloser Debatten über die Todesstrafe brachten keine Lösung für die beunruhigende Spannung, die dem viktorianischen Bürgertum von Beginn an zu schaffen gemacht hatte. Gestützt auf mehr als zwei Jahrhunderte Staatsaufbau, hatten die Regierungen des 19. Jahrhunderts ihr Gewaltmonopol, zu dem auch das ausschließliche Recht auf Verfolgung, Verurteilung und Bestrafung der Gesetzesbrecher zählte, gefestigt. Privatarmeen gehörten der Vergangenheit an, und die Blutrache war geächtet. Die wenigen Überbleibsel aus aristokratischen Zeiten – die den preußischen Junkern noch verbliebene Polizeigewalt über ihre Bauern, die Duelle, mit denen in Militärkreisen Ehrenhändel beigelegt wurden, die illegalen Todesurteile, die der Lynchmob vollstreckte – taten der obersten Staatsautorität keinen entscheidenden Abbruch. All dies waren Anachronismen, die gestandene Bürger ablehnten, auch wenn sie sie mitunter förderten. Bei seiner Aufgabe, Leben zu schützen und Eigentum zu sichern, erhielt der Staat Unterstützung durch die unverkennbare Entfaltung eines kulturellen Über-Ichs in den Mittelschichten. Die zunehmende Verinnerlichung der Schuldgefühle konnte den Auftrag des Staates, die Ordnung aufrechtzuerhalten, nur erleichtern. Hilfe erhielt er auch durch die radikale Neueinschätzung des kriminellen Verhaltens, die soziale und familiale Probleme für die gesetzwidrigen Handlungen verantwortlich machte. Die Verbrechen, die die Reformer da auf die Anklagebank brachten, waren der Verlust der Religion, die Lieblosigkeit der Familien und mehr noch Arbeitslosigkeit, Armut, Analphabetismus – kurz, die soziale Frage.

Dieser sozialen Frage aber war, wie sich zeigte, nicht beizukommen. Hätten die Regierungen des 19. Jahrhunderts darauf vertraut, daß die Ordnung gesichert ist, dann hätten sie mit ihrer nie dagewesenen Strafautorität Milde walten lassen und sich ohne Frage die Abschaffung der Todesstrafe leisten können. Aber sie vertrauten nicht darauf. Seit der Französischen Revolution war in immer mehr Staaten mit der atemberaubend und unwiderruflich zunehmenden Verstädterung und Industrialisierung eher Aufruhr als Ruhe zur Regel geworden. So jedenfalls erschien es den von Unruhe gepackten Beobachtern; die vorherrschende Stimmung bei Politikern, Parlamentariern und Richtern war Furcht vor einer bösen Zukunft. Eine eingefleischte Angst vor den revolutionären Massen nagte an den Herzen der ehrbaren Bürger; die bedrohlichen Umstürzler erschienen ihnen mal als die von englischen Fabriken angeheuerten irischen Arbeiter, mal als die in Paris nach Arbeit suchenden französischen Provinzler, mal als die in die schnell wachsenden Industriestädte der deutschen Staaten strömenden derb-muskulösen Bauern. Der Mythos von den «gefährlichen Klassen», jenen ihrem Wesen nach aufrührerischen

Männern und Frauen, die am liebsten streiken, plündern, rauben und morden, ist wohl in den 30er Jahren im Frankreich der Julimonarchie entstanden. Er erwies sich als erfolgreiche Legende, wurde von vielen für wahr gehalten und brachte die ohnehin schon repressiv gestimmten Behörden dazu, gegen die Presse vorzugehen, die Versammlungen der Sozialisten und anderer gefährlicher Elemente nicht nur zu bespitzeln, sondern aufs schärfste zu überwachen und natürlich – für alle Fälle einmal – die Beibehaltung oder Wiedereinführung drakonischer Strafen zu fordern. Die kollektive Angstneurose konnte dem Henker nur nützen.

Aber die Selbstschutzorgie wurde konterkariert – und eben diese Gegenreaktion brachte die Spannung hervor – von der Neigung der Bürger zu moralischer Empfindsamkeit und mitmenschlichem Gefühl, die sich sowohl aus christlicher Duldsamkeit wie aus aufklärerischem Rationalismus speiste. Immer wenn die auf Ruhe und Ordnung bedachten Staatsbeamten und Journalisten von Bismarck bis zu den Autoren der *Saturday Review* für die Todesstrafe als unverzichtbaren Garanten der staatlichen Sicherheit eintraten, hielten die Gegner der Todesstrafe statistische und moralische Argumente dagegen. Aus den Zahlen bezogen sie die Rechtfertigungsgründe, aus der moralischen Empörung die Emphase. Wie sonst – abgesehen von der Sklaverei – kaum ein Problem des 19. Jahrhunderts verschaffte die Todesstrafe, die mehr das Gefühl als den Verstand beschäftigte, dem bürgerlichen Gewissen Arbeit.

4. Die Lust am Schmerz

Kaum weniger beschäftigt war das arbeitsame, vom Problem der Todesstrafe schon heftig mit Beschlag belegte bürgerliche Gewissen mit der Prügelstrafe, einer der beliebtesten «Ersatz»strafen des 19. Jahrhunderts. Immer deutlicher erwiesen sich beide als pathologische Erscheinungsformen des Ausagierens aggressiver Bedürfnisse. In einem 1891 erschienenen, vielzitierten Traktat über die häusliche Erziehung im Deutschland des 18. Jahrhunderts erzählt Gustav Stephan mit sichtlichem Mißfallen Gruselgeschichten über Gruselgeschichten von Vätern – und Müttern –, die ihre Kinder wegen banalster Verstöße oder letztlich nur deshalb schlagen, um ihrem ohnehin schon eingeschüchterten Nachwuchs ordentlich den Herrn zu zeigen. «Zärtliche, ihren Kindern allen Willen lassende Väter mögen selten gewesen sein.»[1] Zärtliche, ihre Kinder nie verprügelnde Väter wohl noch seltener.

Stephans Text belegt deutlich, daß die Zeiten sich änderten. Allerdings nur widerstrebend: Die deutsche humoristische Zeitschrift *Fliegende*

Blätter, die den politischen Kommentar mit dem Kulturkommentar würzte, veröffentlichte bis ins frühe 20. Jahrhundert hinein Karikaturen, die die körperliche Züchtigung durchaus positiv darstellten, besonders wenn sie daheim verabreicht wurde.[2] Und in den Possen von Wilhelm Busch, die dieser Lieblingshumorist der damaligen Zeit mit heiteren Illustrationen versah, ist der Rohrstock praktisch allgegenwärtig. Busch erwähnt eine einzige bemerkenswerte Ausnahme, einen Vater mit sanfteren Sitten, der das Prinzip vertritt, Stockhiebe seien oberflächlich: «Nur des Geistes Kraft allein/Schneidet in die Seele ein.»[3] Aber dieses naive, nachsichtige Gemüt ist für seinen Sohn wie für Buschs Leser sichtlich eine komische Figur. Die anderen Personen in seinen Werken tun, was gewöhnliche Väter und Lehrer überall taten: Sie schlagen ihre Kinder oder Schüler ohne Gnade, ohne Zögern und mit Lust.

Eine kurze Beispielsammlung aus Buschs humoristischen Verserzählungen mag als Kostprobe dienen: Ein Vater erteilt seinem Sohn die «eindringlichsten moralischen Ermahnungen» auf das Hinterteil, weil er aus Nachlässigkeit seine teure neue Hose ruiniert hat. Ein betrunkener Mann, der von der Wirtschaft nach Hause torkelt und in einen Graben fällt, verdrischt seinen Hund, weil er ihn allzu eifrig vor einem Retter geschützt hat. Ein Bauer, der alles versucht hat, um sein Kalb auf der Straße zum Vorwärtsgehen zu bewegen, verprügelt es wegen seines hartnäckigen Widerstands. Ein Onkel rückt ohne Zögern seinem vierzehnjährigen Neffen mit dem Stock zu Leibe, weil der frühreife Bub es wagte, einer Dame, die der Onkel selber umwirbt, einen Kuß zu stehlen. Ein Lehrer verprügelt einen ihm anvertrauten siebenjährigen Knaben, weil er seine Pfeife mit übelschmeckenden Haaren gestopft hat. Ein Bauer geht mit der Peitsche auf zwei Buben los, die ihm Äpfel gestohlen haben, und zwar mit Lust und Liebe – Busch betont, daß er «grausam heiter» wird, als er die Missetäter entdeckt. Selbst ein sanftmütiger Papa verliert die Geduld mit seinen beiden Söhnen und hebt den Stock, um sie in altbewährter Manier zu bestrafen.[4]

Der Beste unter Buschs Prügelautomaten – nicht minder absurd als der nachsichtige Vater, der nicht den kleinen Finger gegen seinen Sohn erheben würde – ist ein gewisser Meister Druff, der nach der Regel verfährt, die Kinder zu verprügeln, noch bevor sie irgend etwas verbrochen haben; das mache sie frisch und munter. Allein die eintönige Wiederholung dieser Skizzen, in denen die Pädagogen auf ihr beliebtestes – im Grunde ihr einziges – Mittel gegen die Streiche der Jugendlichen zurückgreifen, weist ihnen einen sicheren Platz in der bürgerlichen Kultur des 19. Jahrhunderts zu. Und dem Berufspessimisten Busch fällt es nicht schwer, einen Rechtfertigungsgrund für das Verprügeln von Kindern (natürlich

Jungen) aufzutreiben. Da die menschliche Natur mangelhaft, die Tugend lästig und das Gute nichts anderes ist als das nicht getane Böse, brauchen und verdienen die Menschen Strafe. Sie verdienen sie voll und ganz, wie sein Meister Druff sagen würde, auch wenn sie gar nichts Schlimmes gemacht haben: Sie machen es schon noch. Irgendwann erinnert sich Busch, daß er als Junge einmal Hiebe kriegte, und zwar zu Unrecht. Aber, so erzählt er – und bezeichnenderweise ohne ein Wort des Protestes –, diejenigen, die ihn züchtigten, hatten gleich ein Alibi bei der Hand: «Kann nicht schaden! hieß es. Die sind für das, was man nicht weiß!» Nach Buschs Überzeugung, die charakteristisch für seine Zeit ist, erzeugt Gewalt Gegengewalt und sollte es auch. Widerstand gegen die Autorität muß unterdrückt werden, indem man ihr entschieden und eindrucksvoll Geltung verschafft.[5] Als Strafe besonders geläufig – zumal in der Familie – waren und blieben die Hiebe mit dem Rohrstock, die man als ebenso unschädliches wie unverzichtbares Mittel empfahl, die eigene Machtposition zu wahren oder wieder herzustellen.

Diese Auffassung war beileibe kein deutsches Monopol. Auch die Zeitschrift *Punch* tauchte, wenn sie gelegentlich Karikaturen zum Thema Prügelstrafe brachte, diese durchaus in freundliches Licht. In den 60er Jahren konnte der Bostoner Lehrer H. H. Lincoln behaupten, daß «körperlicher Schmerz, der von einem gutherzigen Lehrer zugefügt wird, einen Akt der Selbstaufopferung darstellt». Die uralte Phrase der Prügler: «Das tut mir mehr weh als dir», war der komprimierte Ausdruck eines sozial vertretbaren Gefühls. Lincoln sah in den Stockhieben für die Schüler «eine unangenehme Pflicht», die sich bei aller Widerwärtigkeit «in ihren Auswirkungen auf die sittliche Natur als erbaulich» erweist.[6]

Lincolns Alibi ist – ganz ebenso wie Buschs Prügelszenen – völlig frei von der bürgerlichen Ambivalenz gegenüber diesem Thema und enthält keinen der Vorbehalte, die die Mitfühlenden gegen das Schlagen von Lehrlingen und Rekruten, Dienern und Sklaven und sogar von Kindern äußerten. Aber seine unapologetische Apologie – immerhin war er so anständig, die Prügelpflicht unangenehm zu nennen – ist ein unabsichtlicher Hinweis darauf, daß die Proteste allmählich ihre Wirkung taten. Schon vor ihm, im Jahr 1847, hatte Lyman Cobb, ein bekannter amerikanischer Schulbuchautor und beharrlicher Gegner der körperlichen Züchtigung, festgestellt, es gebe vielleicht «keine Frage, die in den letzten acht oder zehn Jahren die Öffentlichkeit so sehr bewegt hat wie das Thema körperliche Strafe».[7] Damit übertreibt er zwar, aber als er diesen Satz schreibt, steht das Problem doch unübersehbar auf der Tagesordnung der Reformer.

Im Laufe der Zeit wurden die Gegner der Prügelstrafe zuversichtlicher und äußerten sich freimütiger. Nicht lange vor dem Ersten Weltkrieg bezeichnet der Engländer Henry Salt, ein konsequenter Vegetarier, Satiriker, humanitär Gesonnener und erklärter Modeliebhaber, die strengen Zuchtmeister als «Flagellomanen».[8] Nur wenige Kritiker der Prügelstrafe äußerten sich so radikal, aber immer mehr Eltern und Lehrern kam der Gedanke, er könnte recht haben. Immerhin stand Salt in einer vortrefflichen – wenngleich eher untergründig wirksamen – Tradition: Schon im 16. Jahrhundert hatte Montaigne eindrucksvoll dargelegt, daß Knaben zwar so erzogen werden sollten, daß sie «gesund und kräftig» werden, aber als Allheilmittel dafür empfehle sich mitnichten die Prügelstrafe. Ganz im Gegenteil, es wäre besser, ihre Klassenräume wären «mit Blüten und Blättern übersät als mit den blutigen Stücken der Weidenrute»! Montaigne geht sogar über die moralische Empörung hinaus bis zur psychologischen Analyse und erkennt, daß «die Mutter der Grausamkeit die Feigheit ist».[9] Die Demonstration der Stärke ist, wie er sehr wohl sieht, nicht selten ein Symptom der Schwäche.

Salt, der mehr Scharfblick hat als die meisten seiner Zeitgenossen, schließt sich der von Montaigne gestellten Diagnose an. Er durchschaut die überkommenen Rationalisierungen und nennt in schonungslosen Briefen und sarkastischen Gedichten überzeugende Gründe dafür, daß die Prügelpädagogen etwas Krankhaftes an sich haben. «Wie der Geizhals nach dem Schatz», so beginnt seine «Hymn of the Flagellomaniacs», seine Hymne der Flagellomanen,

wie der Säufer nach dem Grog,
so fiebern wir nach kranker Lust –
nach fühlenden Wesen zum Verprügeln!

Her mit dem jungen Missetäter,
der sich vor Schule und Kirche drückt,
aber noch nicht in den Kerker kommt:
damit wir ihn mit der Rute strafen!

Er treibt seine höhnische Würdigung sogar noch weiter. Der Prügelpädagoge empfindet größeren Genuß beim Anblick der blutigen Striemen am Körper des Opfers als bei allen sonstigen Formen der Aggression, die er gegen den Wehrlosen aufbieten könnte:

Alle Folter – Hängen, Brennen,
Daumenschraube, Streckbank, Rad –
verblaßt vor unserm fiebernden Wunsch
nach dem nackten, blutigen Rücken.[10]

Nach Salts Ansicht zeugt also die körperliche Züchtigung in all ihren Formen ganz unverkennbar von der Lust, die Menschen empfinden, wenn sie anderen Schmerz zufügen. Mag Lyman Cobb in frommer Einfalt daran festhalten, daß «es für Eltern oder Lehrer kein Vergnügen sein *kann*, das Schreien und Flehen anzuhören und zu sehen, wie die Ausgepeitschten sich krümmen».[11] Salt weiß es besser. Die anhaltende Beliebtheit der Prügel und die bombastischen pädagogischen und theologischen Begründungen, mit denen sie gerechtfertigt werden, machen sie in seinen Augen zu einem Paradebeispiel für die Pathologie des Alltagslebens.

Heftigen Widerstand gegen deren Heilung leistete nicht zuletzt der Berufsstand der Lehrer, besonders in England, den Vereinigten Staaten und Deutschland. Im Laufe des 19. Jahrhunderts haben die professionellen Pädagogen dieser Länder sich mehr als einmal gegen die Forderungen von entrüsteten Eltern, besorgten Ärzten oder reformfreudigen Schulinspektoren nach Verzicht auf das Verprügeln ihrer Schützlinge durchgesetzt. Aufgebracht durch derlei Übergriffe auf ihre angestammte Domäne und fest entschlossen, ihr Prestige als Mitglieder einer angesehenen Zunft zu wahren, erteilten die Lehrer allen Bitten eine höhnische Absage und verdrehten den Streit zu einer Auseinandersetzung um ihr Revier. Wüßten sie doch besser als diese Stümper, was für Kinder gut ist; und gereizt verteidigten sie ihr Recht, weiterhin zu tun, was sie schon immer getan hatten.

Zu einem dieser Konflikte kam es Mitte der 40er Jahre in Boston. Sieben Jahre lang hatte der ebenso faszinierende wie umstrittene Bildungsreformer Horace Mann, Bildungsminister des Bundesstaates Massachusetts, im ernsthaften, ja verzweifelten Bemühen, das Schulsystem an die neue demokratische Ära anzupassen, die ihm unterstellten Pädagogen mit einer Flut voluminöser, einschüchternder Jahresberichte und alarmierender Neuerungen in Aufregung versetzt. An Parlamentarier, Eltern und Erzieher appellierte er, für die Verbesserung des Schulbesuchs, der Bücherbestände – und der Lehrerkompetenz zu sorgen. Wer immer Kinder und Jugendliche unterrichtet, müsse eine «aufgeklärte Vorstellung» von Wesen und Pflichten seines Amtes haben.[12]

Was er meinte, konnte Mann in allen – nach Ansicht der Lehrer: beleidigenden – Einzelheiten darlegen. Im Jahr 1844 holten sie zum Gegenschlag aus und machten das Thema körperliche Strafe zu einem der Probleme, mit denen sie gegen ihren unbequemen Chef Stellung beziehen konnten. Mehrere Bostoner Pädagogen publizierten hemmungslose Pamphlete, in denen sie die Züchtigung verteidigten; Diener des Evangeliums, die sich partout nicht aus dem Kampf heraushalten mochten, beschuldigten Mann, obgleich es gar nichts mit der Sache zu tun hatte, des schändlichsten Antiklerikalismus. Ein Wort gab das andere; Antwort und Gegenantwort überschlugen sich fast. Die aggressivste Selbstverteidigung brachten 31 Bostoner Lehrer in gemeinsamer Anstrengung zustande; sie publizierten ihre *Remarks on the Seventh Annual Report of Hon. Horace Mann*, eine erregte Rechtfertigung der Strafe «in der handgreiflichen Form der wirklichen Rute» zur Aufrechterhaltung der Schuldisziplin. In seiner Erwiderung sagte Mann, der sich nie zierte, Zweifel nicht bloß an den Vorstellungen der Lehrer, sondern auch an ihrem Charakter zu äußern, sie seien Männer, die nur ein einziges Programm hätten: «AUTORITÄT, ZWANG, FURCHT, SCHMERZ!» Als eher altmodischer Rhetoriker intoniert Mann dieses unheilige Quartett in endloser Variation und nennt weitere großgeschriebene Anklagepunkte. «Nicht PFLICHT, ZUNEIGUNG, WISSENSDURST und WAHRHEITS-LIEBE» seien die Markenzeichen dieser Lehrer, «sondern MACHT, GEWALTTÄTIGKEIT, SCHRECKEN, LEIDEN»! Als einziges Mittel kennen sie «Ochsenziemer und Birkenrute» und «den starken Arm, der sie schwingt»![13] Hier haben wir schon sechzig Jahre vor Salt dessen Diagnose vor uns: Prügelpädagogen sind Menschen, die perverse Lüste mit erhabenen Rechtfertigungen bemänteln.

Weder in Boston noch anderswo war der Streit zu einem Ende zu bringen. In den späten 60er Jahren wandten sich mehr als 300 Bürger in einer Petition an den Bostoner Schulausschuß, mit der Bitte, die körperliche Züchtigung in staatlichen Schulen abzuschaffen. Mobilisiert worden waren sie durch die Auspeitschung einer Sechzehnjährigen in Cambridge, und sie ließen sich auch durch den Schulausschuß, der die Strafe als völlig ordnungsgemäß verteidigt hatte, nicht beschwichtigen. Unter den Unterzeichnern befanden sich der Präsident der Harvard University, Thomas Hill, der renommierte Dichter Henry Wadsworth Longfellow, der nicht minder renommierte Botaniker Asa Gray und eine stattliche Schar anderer Pädagogen und Leute vom Fach. Die Lehrer von Groß-Boston blieben völlig unbeeindruckt und nahmen die Einmischung in ihre Angelegenheiten sehr übel. In öffentlichen Versammlungen und Publikationen taten sie ihre unbeugsame Haltung lauthals kund und machten die Petition als «eigentümliche Darbietung eines Präsumtionsmodus» lächerlich. Fragen der Schuldisziplin sollte man dort lassen, wo sie hingehörten, bei «der *Klasse* der Lehrer und der *Klasse* der Ausschußmitglieder». Der Schulausschuß seinerseits, der einen solchen Aufmarsch berühmter Opponenten nicht einfach ignorieren konnte, schlug einen etwas diplomatischeren Weg ein: Er erwiderte, die Petition habe «ihre angemessene Wirkung auf unser Denken getan». Im Nu aber machte er dieses Eingeständnis wieder zunichte: Was der Sache der Petenten Abbruch getan habe, sei «das Wissen, daß diese Bewegung eher aus momentaner Erregung und gerechter, durchaus angebrachter Empörung als aus besonnener, gelassener Überzeugung hervorgegangen ist».[14] Der Schulausschuß hingegen war selbstverständlich besonnen und gelassen.

Die Gegner der körperlichen Züchtigung mochten dieses halbherzige Eingeständnis vielleicht als willkommenen Beleg für den Fortschritt deuten, doch was herauskam, sah 1867 nicht anders aus als 1844. Der Schulausschuß teilte den Unterzeichnern der Petition in gewählten Benthamschen Worten mit, er sehe sich «widerstrebend» zu dem Beschluß gezwungen, «um ‹des größten Glücks der größten Zahl› willen sollte das Ministerium auch weiterhin die Durchführung [der körperlichen Strafe] mit angemessenen Einschränkungen gestatten». Natürlich müßten Lehrer, die mit der Rute zu schnell bei der Hand seien, gerügt oder wenn nötig nach sorgfältiger Untersuchung des Falles von ihren Verpflichtungen entbunden werden. Das Ministerium werde die Kinder zwar gegen Vorurteil oder Grausamkeit in Schutz nehmen, halte es aber für unangebracht, die Tatsachen der kindlichen Wesensnatur zu ignorieren: «Die Schüler in unseren Schulen sind nicht alle Engel.» Ungezogene Knaben müssen dazu gebracht werden, der Autorität Achtung zu erweisen; andernfalls würden sie «zu einer Geißel der Gesellschaft heranwachsen». Ja, «aus unbeherrschten, hemmungslosen, eigensinnigen Knaben werden aufrührerische, gewalttätige und lasterhafte Männer». Daher sei körperliche Züchtigung nützlich und notwendig. Ihre «Abschaffung würde großes und beklagenswertes Unglück für sie selbst und für das Gemeinwohl bedeuten».[15] Die Angst, kleine Halunken, die man nicht in ihre Schranken weist, könnten zu großen Verbrechern heranwachsen, verfolgte die Pädagogen genauso wie alle übrigen Bürger.

Nicht minder verfolgte sie die Deutschen. Beim ersten allgemeinen deutschen Lehrertag 1876 hielt einer von ihnen, Julius Beeger aus Leipzig, unter frenetischem Beifall des Plenums einen Vortrag über das Thema Schuldisziplin. Beeger distanzierte sich entschieden von allen unerbittlichen Zuchtmeistern, sah sich jedoch genötigt, seine Zuhörer vor den unübersehbaren Fehlern der ihnen anvertrauten Generation zu warnen: vor «*Roheit* und *Wildheit*, *Arbeitsscheu* und *Genußsucht* sowie *Unbotmäßigkeit*», allesamt besorgniserregende «Krebsschäden an dem Körper der Gesellschaft». Ihre unmittelbaren Ursachen, so Beeger, liegen auf der Hand: die Kriege der 60er Jahre und das mit der Reichsgründung geweckte ungehörige Streben, möglichst mühelos zu Wohlstand und Reichtum zu gelangen. Doch könne man auch den Pädagogen einen Tadel nicht ersparen, hätten sie doch selber der Unbotmäßigkeit und Frühreife Vorschub geleistet. Beides im Verein mit der von nachsichtigen Eltern gewährten übertriebenen Freiheit habe die Schüler faul, ungezogen, gottlos und aufsässig gemacht.[16]

Zu den Opfern der schwächlichen Erziehung, so Beeger, gehöre auch das hehre Ideal der Männlichkeit. «Mißverstandene humanistische Grundsätze» führten nur zum Sittenverfall. Seine Attacke gegen die Gefühlsdusel belohnten die Zuhörer mit «Bravo»-Rufen. Ohne Frage seien diese «Verirrungen» das Werk wohlmeinender Lehrer und pädagogischer Autoren, liberaler Politiker und fortschrittlicher Regierungen – eben jener Personen und Institutionen, die das bürgerliche Gewissen in erster Linie gegen harte Strafen aufgehetzt hatten. Die Humanitätsdusel hätten die Prügelstrafe als ein Relikt aus barbarischen Zeiten in Verruf gebracht und der Pädagogik damit fatale Irrtümer aufgehalst. Die Bestrafung mit der Rute sei der sicherste Weg, um schlimme Veranlagungen der Jugend mit Stumpf und Stiel auszurotten. Das Mitleid mit dem armen geprügelten Schüler sei völlig verfehlt.[17]

Beeger zitiert auch eine Autorität, die ihm die Zustimmung seines Publikums unter Garantie sichert, und erinnert an das, was Bismarck den Kritikern der Todesstrafe entgegengehalten habe: daß sie nämlich großes Mitgefühl mit dem Mörder zeigen, aber kein einziges Wort über die unaussprechlichen Qualen seines unglücklichen Opfers verlieren. Für Beeger war das Ringen um die Beibehaltung der Prügelstrafe ein Kampf für liebgewordene Traditionen und seine Rede eine leidenschaftliche Verteidigung des Territoriums, das die Lehrer seit langem als ihre ureigene Domäne beanspruchten. Er sprach genau jene Ängste an, die (mit den Worten anderer deutscher Pädagogen) ein «seidenes» Jahrhundert, ein für «moderne Verzärtelung und Verweichlichung» verantwortlicher Zeitgeist sowie eine «moralische Bleichsucht», die «den Ernst der Gerechtigkeit und den obrigkeitlichen Arm» lähmt, geweckt hatten.[18] Die Männlichkeit verlangte nach männlicheren Maßnahmen.

Nicht von allen erhielt Beeger Beifall. Zwei Jahre nach seinem triumphalen Auftritt veröffentlichte der Publizist Eduard Sack eine grimmige Erwiderung auf ihn und seine Anhänger. Als engagierter Demokrat und streitbarer antiklerikaler Polemiker war Sack der rabiate Ton bestens vertraut. Er war stolz darauf, daß eine seiner Attacken auf das Bildungswesen im Herzogtum Braunschweig-Lüneburg verboten worden war. In seiner Kritik an den «Prügel-Pädagogen» schildert er Beeger als einen «der kenntnißreichsten Lehrer Deutschlands»; gerade wegen seiner herausragenden Stellung, so Sack, sei eine heftige Reaktion um so dringlicher. Beeger selbst und denen, die ihm Beifall geklatscht haben, wirft er vor, sie hätten es nicht verstanden, von Generationen epochemachender Pädagogen – allen voran Rousseau und Basedow – zu profitieren, und seien leider nur daran interessiert, daß der Wille des Kindes «gebrochen» wird – «ein furchtbares Wort»![19] In der bei den Reformern besonders beliebten rhetorischen Manier sucht Sack seine Leser mit schockierenden Berichten von typischen Prügelpädagogen zu beeindrucken, wobei er besonders die frommen Religionslehrer hervorhebt, die ihren Schützlingen die geheiligten Wahrheiten mit Hilfe von Stock und Rohr, Ohrfeigen und Maulschellen einbleuen. Fast schadenfroh legt er bedrückende Beweise dafür vor, daß Religionslehrer häufigere und schmerzhaftere Prügel austeilen als Lehrer in weltlichen Fächern.[20]

Sack deckt auch eine verbreitete Ironie der körperlichen Züchtigung im 19. Jahrhundert auf. Natürlich ist, wie er weiß, das Gesetz des Rohrstocks durchaus klassengebunden. Straftäter, die den «höheren Klassen» angehören wie etwa Offiziere oder Großgrundbesitzer sind ausdrücklich von der Prügelstrafe ausgenommen.[21] In der Tat führen die Gesetze und Verordnungen, die Preußen nach der Verabschiedung seines neuen Strafgesetzbuches im Jahr 1794 erprobte, diese Einseitigkeit anschaulich vor Augen. Der «Haushaltungsvorstand» hatte das Recht, seine Frau zu züchtigen, Eltern durften ihre Kinder, Herren ihre Diener, Landjunker ihre Bauern, Unternehmer ihre Lehrlinge, Lehrer ihre Schüler züchtigen – und zwar mit der Rute. Gewiß, daß Gesetzbuch bestimmte, daß die Schläge «maßvoll» sein müssen, und im Laufe der Jahrzehnte bemühte sich der preußische Staat auch um Einschränkungen des Rechts, mit Rohrstock oder Peitsche Schmerz zuzufügen. Aber diese Maßnahmen blieben halbherzig und zeugen vom starken Druck, den die Klasseninteressen auf angeblich allgemeingültige Gesetze ausübten.

Kein Wunder: nahezu alle einflußreichen deutschen Staatsdiener und Parlamentsmitglieder stammten aus sozialen Schichten, die wild entschlossen waren, ihre Privilegien zu wahren. In der Schule indessen wurde – und das ist recht eigentlich die Ironie, die Sack meint – sowohl der Rücken des Reichen wie auch der Rücken des Armen mit Striemen geziert. Jahrzehnte zuvor hatte sich Heine trübsinnig daran erinnert, wie ihm Französisch und Latein buchstäblich eingebleut worden waren; und sarkastisch hatte er dem Egalitarismus des Rohrstocks gehuldigt: «Der stolze Herr der Erde, der hohe Geist, der das Meer beherrscht und die Gesetze der Sterne erforscht, wird gewiß durch Nichts so sehr gedemüthigt als durch körperliche Strafe. Die Götter, um den lodernden Hochmuth der Menschen herabzudämpfen, erschufen sie die Prügel.»[22] Sack seinerseits kommentiert, nur bei diesem barbarischen Brauch könne er in Deutschland überhaupt Demokratie ausfindig machen.

Natürlich verwirft Sack kategorisch jede Prügelstrafe als entwürdigend und sinnlos. Nicht alle humanitär Gesonnenen aber waren so kompromißlos. Um die Jahrhundertwende empfiehlt der deutsche Philosoph Bartholomäus von Carneri, selbst kein Anhänger der Grausamkeit, die Nervosität der Kinder bis zwei Jahre könne man durch «ein im richtigen Moment kaltblütig applicirtes Kläppschen... im Keim ersticken». Im 19. Jahrhundert wimmelt es aber auch von Berichten, die belegen, daß Prügel selbst in bürgerlichen Familien, in denen man sie nur verabreichte, wenn die Geduld allzusehr strapaziert wurde, Zweifel wachriefen. Genau wie der Bostoner Pädagoge H. H. Lincoln sah man hier im Prügeln allenfalls eine widerwärtige Pflicht. Im September 1847 berichtet Gladstone in seinem Tagebuch, er sei gerade «einer schmerzlichen Verpflichtung nachgekommen – ich mußte Willy [sein ältestes Kind] mit der Peitsche strafen». Aber sofort «nach der Bestrafung sagte ich zu ihm, er habe nun seine Missetat gebüßt, & schickte ihn fort mit dem Auftrag, er solle nachdenken & beten & dann zu mir kommen & mir einen Kuß geben». Fast ist es, als brauche der Vater die Verzeihung des Sohnes. Der Knabe verstand die unausgesprochene Botschaft: «Selbst *während* der Bestrafung schien er nicht den geringsten Zorn oder Groll gegen mich zu hegen, und das zeigt, was für ein gutes Naturell er hat.»[23] Viele Väter und Mütter seines Jahrhunderts dachten genauso wie er. Eltern, die derart zögernd zum Rohrstock griffen, waren reif für den Feldzug der Reformer.

Dieser Feldzug vermochte zwar nach und nach bedeutende Anhänger zu finden, aber nicht anders als der Kampf gegen die Todesstrafe konnte er nur begrenzt Erfolge verbuchen. Und genau wie bei diesem Kampf retteten sich auch in Sachen Prügelstrafe manche Länder aus dem Abgrund der Reform, über dessen Rand sie in Zeiten des politischen Aufbruchs gerutscht waren, wieder heraus. Im Revolutionsjahr 1848 schaffte das Habsburgerreich die körperliche Züchtigung von Straftätern ab, die es zuvor in seinen Gesetzen – bis hin zur passenden Zahl von Hieben – genau geregelt hatte. Doch nur vier Jahre später, in einer demonstrativen Rückkehr zur alten Ordnung, führte Österreich die Strafe wieder ein: dreißig Hiebe für rückfällige Straftäter, zwanzig für bestimmte Delikte bei Bediensteten, Lehrlingen und Tagelöhnern. Anderswo allerdings hielten sich die Reformen etwas länger. «Die körperliche Züchtigung», schreibt Morrill Wyman aus Cambridge/Mass. 1867, «ist ständig auf dem Rückzug vor der Zivilisation und wird heutzutage nur noch in Schule und Familie ausgeübt.»[24] Diese Behauptung war mehr eine Hoffnung als eine Tatsachenfeststellung, eine List, mit der er sein Land, das weit hinter der auf dem Wege des Fortschritts befindlichen Menschheit herhinkte, anspornen wollte, den Rückstand gegenüber anderen zivilisierten Gesellschaften aufzuholen.

Für seinen Fortschrittsbericht hatte Wyman fleißig Belege gesammelt. Er hatte in Washington europäische Diplomaten nach dem Stand der Dinge in ihren Ländern befragt und druckte ihre Antworten vollständig ab. In den Niederlanden, so deren Botschafter, war diese Strafe verboten. «Wenn dennoch ganz ausnahmsweise einmal ein Fall vorkommt, schreiten die Behörden unverzüglich ein.» Die Franzosen waren sicher, er werde in ihrem Staat keine öffentliche Schule finden, in der ein Lehrer einen Schüler schlagen dürfe. Die Österreicher, so erfuhr er, griffen nie zum Stock, sondern pflegten die aufsässigsten Schüler für kurze Zeit ins Gefängnis zu sperren und die, die sich nicht fügten, von der Schule zu verweisen. Und der Vertreter Preußens in Washington teilte Wyman mit, daß «es weder ein Gesetz noch die Praxis erlaubt, Schüler der staatlichen Schulen in Preußen einer körperlichen Züchtigung zu unterziehen», außer auf ausdrücklichen Wunsch der Eltern. Die Amerikaner, so Wyman mit erhobenem Zeigefinger, sollten sich das merken.[25]

Es gibt allen Grund, diesen optimistischen Mitteilungen zu mißtrauen. Die Hauptbeschwerde, die Julius Beeger vorbrachte, lautete ja nicht, daß körperliche Züchtigung in den deutschen Schulen geächtet war, sondern daß liberale Beamte und engagierte Eltern sich beständig einmischten und mit ihren Maßregelungen oder gerichtlichen Klagen der Bestrafung der Schüler unsinnige Grenzen setzten. Gewiß haben deutsche Staaten wie Preußen und Bayern – im Deutschen Reich lag die Schulaufsicht in ihrer Verantwortlichkeit – diese Grenzen konsequent durchgesetzt und zunehmend enger gezogen. In den meisten Klauseln wurde übertriebenes Strafen als Mißhandlung definiert, die bleibende Schäden hinterlassen könnte. In Sachsen durfte der Lehrer laut Vorschrift erst dann zum Rohrstock greifen, wenn Warnungen und mildere Strafen nichts gefruchtet hatten und der Schüler sich jeder Bestrafung frech widersetzte. Selbst dann war nur maßvolle körperliche Züchtigung gestattet, die außerdem in einer angemessenen und schicklichen Weise verabreicht werden mußte, so daß der Gesundheit kein Schaden zugefügt wurde.[26]

Zu Beginn des 20. Jahrhunderts definierten mehrere deutsche Staaten die angemessene körperliche Strafe neu und brachten die Hand des Prügelpädagogen fast völlig zum Stillstand. In Bayern warnte ein Erlaß aus dem Jahre 1909 die Volksschullehrer nachdrücklich vor jeder Übertreibung des Rechts auf Züchtigung. In Preußen beschränkte eine entsprechende Verfügung die körperliche Züchtigung auf Schüler der drei unteren Klassen und gestattete sie nur mit Wissen des Ordinarius oder des Direktors. In den Schulen, so schreibt 1910 ein preußischer Kommentator, sind «die Grenzen also eng gezogen».[27] Zwar wurden in Deutschland nach wie vor Gesichter geohrfeigt und viele Rücken wund geschlagen, wenn die – selbsterzeugte oder provozierte – Wut eines Lehrers durch die Maschen des schützenden bürokratischen Vorschriftennetzes schlüpfen konnte. Aber gegen Ende des bürgerlichen Zeitalters mußten die meisten deutschen Lehrer bei der Aufrechterhaltung der Disziplin mit aufmerksamen Beobachtern rechnen, die ihnen von außerhalb der Schule über die Schulter schauten. Die Prügelpädagogen konnten nicht länger tun und lassen, was sie wollten.

Einen Großteil ihres Einflusses verloren sie sogar in Englands berühmten Privatschulen, den Public Schools. Die *Saturday Review* hatte als unermüdliche Vorkämpferin für die Prügelstrafe noch 1859 mit Freude festgestellt: «Wenn diese Strafe an den Public Schools nach wie vor Mode ist, so beweist das unbestreitbar, daß die meisten Angehörigen der Ober- und Mittelklasse nicht geneigt sind, sie zu verbieten.»[28] Und auch die königliche Kommission, die 1861 die Arbeit von Eton, Harrow, Rugby und anderer gleichartiger Erziehungsanstalten gründlich untersuchte, ließ die Prügelstrafe unangetastet. Dennoch machte sich ein allgemeines Zartgefühl breit, sogar bei der englischen Oberschicht; ohne viel Tamtam teilten Direktoren und Lehrer nunmehr, inmitten der Rufe nach den gestandenen Männern, die das Britische Weltreich regieren sollten, ihre Schläge sparsamer und heimlicher aus als vor den 60er Jahren. Noch stand Henry Salt, selbst Eton-Schüler und von Ende der 60er Jahre an mehr als ein Jahrzehnt Lehrer an seiner Schule, mit der Weigerung, einen seiner Schüler auf Bitten der Mutter, die «ihren Sohn nach Eton geschickt hatte, damit er verprügelt wird», zu verdreschen, als Außenseiter da.[29] Aber zur Zeit dieser historischen Weigerung erschien seine Abneigung gegen die Stockhiebe schon nicht mehr als skandalöser Verstoß gegen männliche Moral.

In den englischen Public Schools und den kleinen Vorbereitungsschulen, die ihre Absolventen dorthin schickten, wurde die englische Elite herangezogen. Sie bildeten Geistliche, Professoren, Unternehmer, Regierungsbeamte aus. Nur mit einer einzigen Ausnahme waren alle Mitglieder der königlichen Kommission von 1861 Schüler an eben den Anstalten gewesen, die sie zu untersuchen hatten. Aber für Außenstehende waren diese Schulen ein Rätsel. Pädagogen aus dem Ausland, und zwar selbst die – oder vielleicht gerade die–, die sie aus erster Hand kannten, äußerten sich verwirrt und ziemlich abgeschreckt. Zwei renommierte französische Fachleute, Jacques Claude Demogeot und Henri Montucci, vertreten 1867 in einem Bericht über die höhere Schulbildung in England die These, die Unverwüstlichkeit des «alten und erniedrigenden Brauchs» der Prügelstrafe liege einfach daran, daß sie dort eine uralte Tradition sei. Als Vertreter eines Landes, das die körperliche Züchtigung strikt aus der Schule verbannt habe, sähen sie in diesem ehrwürdigen Alter freilich keine Rechtfertigung für ihr weiteres Bestehen. «*Flogging*», so schreiben sie mit dem englischen Wort für die Prügelstrafe, «ist kaum angemessen und kaum schicklich.» Dieselbe Abneigung äußert auch Hippolyte Taine in seinem berühmten Englandbericht. An den Public Schools lobt er zwar, daß sie gut ausgebildete und sogar geistsprühende Absolventen hervorbringen, findet aber die Beliebtheit der Prügelstrafe unter Schülern kaum erklärlich und die Rolle der die Strafe selbst vollstreckenden Direktoren schockierend. «In Frankreich gibt es wohl kaum einen Schulleiter, der sich um diesen Preis ein Gehalt von hundert oder hundertfünfzig Francs zahlen ließe.»[30]

In der Tat war es ein Rätsel, und seine Lösung muß in der geheimen Gefühlswelt der Public Schools verborgen liegen. Harrow, Rugby, Winchester und die übrigen Schulen waren ineins anarchische und autoritäre Demokratien. Zumal in Rugby, unter dem Reformer Dr. Arnold, lag ein Großteil der Disziplin, einschließlich der körperlichen Züchtigung, in den Händen der Schüler. Die Jungen lebten in einem Beinahe-Kriegszustand mit ihren Lehrern und wurden durch altehrwürdige Pflichten und durch Liebe bei der Stange gehalten. Jede Privatschule hielt sich etwas auf ihre unverwechselbaren Gepflogenheiten zugute, befolgte geheimnisvolle Rituale oder hielt sich an einen ausgetüftelten Verhaltenskodex, der die Neuen zu niedrigen Sklavendiensten für die Älteren zwang und nicht nur phantasievolle Streiche, sondern auch wilde, fast tägliche Kämpfe duldete, ja förderte. Der Schlüssel zu dem Ganzen war der Schulleiter, gleichermaßen unnachahmliches Ideal, gerechter Richter und oberster Zwangsherr. Seine Tätigkeit blieb ein entscheidender Bestandteil in den aus Ressentiment und Begeisterung gemischten Erinnerungen, die die «Old Boys», die Ehemaligen, durchs Leben begleiteten und ihnen oftmals im Erwachsenenalter die Form ihrer sexuellen Genüsse diktierten.[31] Wenn diese Erinnerungen verblaßten, verbargen sie sich häufig im Unbewußten.

Das Urteil, damals sei der geschickte Umgang mit dem Rohrstock unerläßlich gewesen, wenn man einer englischen Public School vorstehen wollte, ist nur eine geringfügige Übertreibung. Die Direktoren prügelten ihre Schüler für wirkliche und eingebildete, schwere und leichte Vergehen: für Dummejungenstreiche, für Ringkämpfe, für respektlose Witze, für Biertrinken, für demonstrativen Widerstand gegen die Obrigkeit, für die Unfähigkeit, einen griechischen Passus zu analysieren, ja für die schiere Tatsache, daß sie irgendwie verdächtig aussahen. John Keate, der beliebte Eton-Direktor zu Beginn des Jahrhunderts, griff auch dann nach der Rute,

wenn er – wie er gern sagte – einem Verdächtigen die Schuld an den Augen
ablas. Wie viele Anhänger des Prügelns war er in der Frage der Züchtigung
ein wahrhafter Demokrat; einer seiner Ex-Schüler erinnert sich, daß er
«keine Lieblinge hatte und völlig unparteiisch den Sohn eines Herzogs
ebenso verprügelte wie den Sohn eines Lebensmittelhändlers».[32] Er war
zwar winzig – Gladstone, der unter Keate in Eton war, gab ihm maximal
ein Meter fünfundfünfzig –, aber eine unübertroffene Autorität. «Keate,
der Herr über unser Dasein», ereifert sich Gladstone, «der Tyrann unseres
Alltags!»[33] Doch die überall kursierenden Geschichten über seine prompten Strafaktionen ignorierten die bleibende jugendliche Zuneigung, die die
Erinnerung an die «gesunde Lektion», die man aus seiner Hand erhalten
hatte, nicht nur überlebte, von der vielmehr manche Männer sogar zehrten.[34] Und sie verschweigen, daß viele von Keates Kollegen nicht nur ihre
Schützlinge häufiger prügelten als er, sondern auch unberechenbarer waren und eine buchstäblich härtere Hand hatten.

Aufschlußreich ist, wie wenige Eltern gegen diese Kindesmißhandlung
protestierten oder ihre Söhne zu weniger barbarischen Anstalten schickten. Irgendwie muß die Praxis ihren Wünschen, die nur notdürftig eine
seltsame Mischung aus Gleichgültigkeit, unbeugsamer Erziehungsideolo-
gie und mitunter auch unbewußtem Haß kaschieren, entsprochen haben.
In den seltenen Fällen, in denen ein Schulleiter oder Lehrer einen Schüler
zu Tode oder, was häufiger geschah, für den Rest seines Lebens zum
Krüppel geschlagen hatte, gab es einen momentanen Skandal. Aber die
meisten Familien – man denke an die Mutter von Salts Schüler – schickten
ihre kleinen Wilden unter anderem gerade deshalb in die Schule, damit
dort ihr Wille gebrochen und zu disziplinierter Fügsamkeit umgebildet
wurde.

In einer stark religiös geprägten Kultur war es eine echte Hilfe, daß die
Bibel zitable Sätze beisteuern konnte, die die körperliche Züchtigung
absegneten. Das tat auch das endlos strapazierte Prügelalibi aus Samuel
Butlers *Hudibras*: «Schone den Stock und vernichte das Kind». Handelten Direktoren und Lehrer in der Schule doch nur, wie die meisten Väter
– und seltener die Mütter – in vollem Vertrauen auf die Wohltaten der
Rute auch zu Hause handelten. Nicht nur die Flagellomanen erinnerten
sich wehmütig an die Prügel ihrer Kindheit, die ihnen nach eigener Überzeugung nicht geschadet und vermutlich sogar sehr genützt hatten. Wer
sein Kind vom Fachmann prügeln ließ, wählte damit nur eines der möglichen Mittel, elterliche Passivität – zumindest vertretungsweise – in
Aktivität zu verkehren.

Obgleich Thomas Carlyle viel von Stockhieben hielt, äußerte er Vorbehalte gegen diese Strafe; Teufelsdröckhs pedantischer Lehrer in *Sartor*

Resartus «wußte von der menschlichen Seele gerade so viel: daß sie ein Vermögen besitzt, genannt Erinnerung, und daß man durch die Muskelhülle hindurch mit Hilfe von Birkenruten auf sie einwirken kann». Noch typischer war James Fitzjames Stephens Ansicht, manche Menschen hätten «den Galgen, den Kerker oder die Peitsche» einfach verdient.[35] Solange sich diese Einstellung nicht änderte, wurde «alle Erziehung», so die Anklage, die der Verleger C. Kegan Paul in seinen Memoiren formuliert, «mit dem Stock eingebleut». Aus der Distanz des hohen Alters erinnert er sich mit unvermindertem Ekel und verzeihlicher Übertreibung an die ignoranten, inkompetenten und jähzornigen Lehrer seiner Schule Ilminster. Das einzige Fach, von dem sie etwas verstanden, war «rabiates Prügeln für die meisten» im Verein mit «krassester Bevorzugung einiger weniger».[36]

Die Stellen, an denen sich die Prügelstrafe im englischen Roman von Austen bis Meredith erwähnt findet, belegen eindeutig, daß Kegan Pauls Vorwurf in der Wirklichkeit verankert war.[37] Denken wir nur an die Internatszöglinge in Kiplings *Stalky & Co.*, die mit Regelmäßigkeit dem Auspeitschen entgehen oder nicht entgehen. Tatsächlich gab es in jener mit dem Stock bewaffneten Welt, die auch willens war, ihn zu benutzen, Zuchtmeister, neben denen die Ausgeburten aus Wilhelm Buschs und Rudyard Kiplings blühender Phantasie ziemlich blaß aussehen. Ein bemerkenswerter Repräsentant dieser Tyrannen war Reverend H. W. Sneyd-Kynnersley, Direktor der St. George's School in Ascot, einer von ihm selbst gegründeten teuren und exklusiven Vorbereitungsschule. Unter allen englischen und kontinentalen Virtuosen mit der Rute steht er unangefochten an der Spitze. In seiner kurzen Karriere als Prügelpädagoge – er starb 1886, mit 38 Jahren – muß er manche Gerte verbogen haben. An seiner Schule lebten etwa vierzig Schüler, vor allem Söhne reicher bürgerlicher Eltern; einige seiner Schützlinge gelangten später zu Ruhm, wie etwa Roger Fry, der äußerst produktive Kunsthistoriker, Kritiker und Maler, der in England eine Lanze für die Postimpressionisten brach.[38] 1883 und 1884 durchlitt auch Winston Churchill zwei elende Jahre in St. George's School, wo er mit sieben Jahren eingeschult und Sneyd-Kynnerleys zärtlicher Fürsorge erst wieder entzogen wurde, als das liebevolle Kindermädchen des Knaben die Striemen an seinem Körper bemerkte und nicht nachließ, bis seine Eltern ihn an eine andere Schule schickten.

Als eigenwilliges Kind mit Wutausbrüchen und eindrucksvollen Tobsuchtsanfällen stahl Churchill hin und wieder Zucker aus der Vorratskammer, und einmal – ein ihm unvergessenes Erlebnis – nahm er den Strohhut seines Direktors und spielte solange damit Fußball, bis er sich in

Fetzen auflöste. Für diese Akte kindischer Aggression, die allesamt wie
eine verzweifelte Bitte um jene Beachtung wirken, die seine Eltern ihm
nicht schenkten, war ihm ein Übermaß an Gegenaggression sicher; er
erhielt häufig Prügel. Die Hiebe des Direktors galten als Teil des Alltags,
mit dem man rechnete und den alle – außer ein paar ungebrochenen
Gemütern – auch akzeptierten. Ein besonders widerspenstiger Junge, ein
echter Rebell, wurde so oft verprügelt, daß seine Klassenkameraden, die
immer wieder die Muster auf seinem Rücken bestaunten, ihm den Spitz-
namen «Stars and Stripes» gaben.[39]

Roger Fry, der jahrelang das zweifelhafte Privileg genoß (wenn man so
sagen kann), Spitzenschüler zu sein, war bei vielen dieser «Exekutionen»
dabei und vergaß sie nie.[40] In seiner Erinnerung war Sneyd-Kynnersley
«so etwas wie ein Dandy» mit «Adlernase und kantigen Gesichtszügen»
sowie rotblonden Koteletten. Mit seiner eher «mageren geistigen Bildung» fühlte sich dieser «fanatische und ignorante High-Church-Tory» –
mit gutem Grund – allen auch nur einigermaßen intelligenten Lehrern
unterlegen und ersetzte sie in der Regel durch «Dummköpfe». Trotz
seiner Handikaps – oder gerade deswegen – war er eingebildet, stolz auf
den sozialen Einfluß, den ihm seine «Beziehungen zum Adel» verschafften, und machte «ganz auf Gentleman». Sein Snobismus hinderte nicht,
daß er «Knaben ehrlich liebte»; im Winter nahm er sie zum Eislaufen, im
Sommer nach Eton mit und versüßte diese Anlässe mit willkommenen
Genüssen wie «Tee und Kuchen und Erdbeeren und Schlagsahne». Sonn-
tag nachmittags las er aus Klassikern wie Wilkie Collins' *The Moonstone*
und Dickens' *Pickwick Papers* vor, bei deren Wahl er sich nie vergriff.
Kein Wunder, daß selbst aufsässige Schüler ihm nachrühmten, er habe sie
durch ihre Phantasie gepackt, «auf der er wie ein Künstler auf einer
Klaviatur spielte».[41] Er konnte ein sehr verführerischer Mann sein.

Aber Sneyd-Kynnersley, der Jungen so gern hatte, gab ihnen auch –
wie sollte es uns wundern – gern Schläge. Morgens am ersten Schultag, so
Frys Erinnerung, «erklärte er uns mit feierlicher Emphase», daß er «sich
das Recht vorbehalte, uns ordentliche, kräftige Hiebe mit der Birkenrute
zu verpassen». Jeder Montagmorgen, wenn man sich versammelte, um
den Bericht der Tutoren zu hören, lieferte regelmäßig neues Futter für
Sneyd-Kynnersleys Gelüste. Nach «einem Augenblick schrecklichen
Schweigens» trug er die Namen der Bösewichter der Woche vor. Dann
führten die zwei Spitzenschüler sie zum Arbeitszimmer des Direktors.
«In der Mitte des Raumes stand ein großer mit schwarzem Stoff drapier-
ter Kasten, und in strengem Ton wurde dem Übeltäter aufgetragen, die
Hosen herunterzulassen und vor dem Block niederzuknien, auf dem ich
und der andere Junge ihn dann festhielten. Die Hiebe vollführte der

Direktor mit aller Kraft, und schon nach zwei oder drei Streichen waren überall Blutstropfen zu sehen; nach 15 oder 20 Schlägen war das Hinterteil des Unglücklichen nur noch eine blutige Masse.» Die meisten Opfer ertrugen die Prügel mit «Fassung», aber manche schlugen um sich und brüllten vor Schmerzen, daß es Fry «fast schlecht vor Ekel» wurde. Er verrät nicht, was ihn mehr anekelte – die Blutgier des Vollstreckers oder der Verrat des Opfers am Schüler-Stoizismus.⁴²

Eine Strafvollstreckung hat sich Fry besonders eingeprägt. Sie betraf «einen wilden rothaarigen irischen Jungen, selbst eher ein grausamer Barbar, der – vielleicht absichtlich, vielleicht in Reaktion auf den Schmerz, vielleicht auch wegen Durchfall – sich dabei entleerte. Statt nun innezuhalten, hieb der jähzornige Geistliche mit nur vergrößerter Wut auf ihn ein, bis Decke und Wände seines Arbeitszimmers mit Kot bespritzt waren.» Fry vermutet, daß Sneyd-Kynnersley dieses eine Mal ernsthaft verlegen war, denn zusammen mit einem seiner Lieblingsschüler machte er sich höchstpersönlich an die Säuberung des Zimmers.⁴³ Außerdem fragt er sich, ob sein Anstaltsleiter, der sich so frei zu dem Vergnügen bekannte, das ihm die Mißhandlung der von ihm geliebten Schüler bereitete, in seinen Gepflogenheiten nicht pervers gewesen ist. Obgleich Fry Sneyd-Kynnersley nicht für homosexuell halten mag, ist er der Ansicht, daß die «heftige» Lust des Direktors an diesen Prügelorgien vom «Benehmen des unglücklichen Opfers noch angestachelt» wurde.⁴⁴ Als Sneyd-Kynnersley 1886 starb, verfügten die gebildeten Bürger bereits über Begriffe für das Verhalten sowohl der Folterknechte wie auch derer, denen das Gequältwerden Lust bereitete: Sadismus und Masochismus.

Beide Fachausdrücke gestatten einen Blick auf die literarische Kultur der gebildeten Bürger: Denn Richard von Krafft-Ebing, der berühmte österreichische Psychiater, der dem «Sadismus» zur Verbreitung verhalf und den Begriff «Masochismus» prägte, bezog sich damit auf die Namen zweier Schriftsteller. Die Wahl war gut; der Marquis de Sade war wirklich ein Sadist und Leopold von Sacher-Masoch wirklich ein Masochist. Beide probierten im Leben aus, was sie später aufs Papier brachten, beide praktizierten, bevor sie predigten. Und wohlgemerkt, keiner von beiden war ein Bürger.

Hier hört ihre Ähnlichkeit auch schon auf. Sade war eher der Protokollant seiner Phantasien und Orgien als ein überzeugender Stilist. Diejenigen, die versucht haben, ihn von seinem Ruf als Pornographenfürst zu befreien, haben in seinem Werk eine Philosophie entdeckt; die aber erschöpft sich in einem zusammenhanglosen, schlecht verschmolzenen Amalgam aus Atheismus und Satanismus. Sade fordert die Menschen auf, der im Grunde ihres Wesens lasterhaften Natur sowohl zu gehorchen wie auch gegen sie zu rebellieren und ihr Gewalt anzutun.[45] Ausschweifende Jugend, Geldheirat, riesige, von anderen bestrittene Ausgaben für die zügellosen Freuden, nach denen es ihn gelüstete, außereheliche Liebesverhältnisse – für den Adelsstand, aus dem er kam, war all dies nicht gerade ein durchschnittliches, aber doch auch kein ganz außergewöhnliches Leben. Was Sade indessen zum Außenseiter machte, waren die sexuellen Eskapaden, die er protokolliert und in seinen Romanen dann noch weit überbietet. Ein Skandal folgte dem anderen. Berüchtigt wurde er, weil er eine Prostituierte mit nach Hause nahm und sie erbarmungslos prügelte. Später ging er noch weiter und veranstaltete obszöne Bacchanalien mit gemieteten Huren, die er nicht nur selbst auspeitschte, sondern die auch ihn auspeitschen mußten und ihm als Zuschauer bei allen möglichen homosexuellen Geschlechtsakten dienten.

Sade verbrachte viele Jahre im Gefängnis, und die verhaßte unfreiwillige Muße nutzte er, um jene Romane zu schreiben, die ihm posthumen Ruhm und schließlich einen Namen im Wörterbuch der Psychiatrie sicherten. Es sind überspannte Elaborate, in denen einerseits seine sexuellen Träume völlig aus den Fugen geraten, andererseits alle nur vorstellbaren und manche nicht vorstellbaren Laster verherrlicht werden: gigantische lesbische, homosexuelle und inzestuöse Orgien, Massenvergiftungen und -verbrennungen, unmenschlicher Kannibalismus, Fütterungen von Raubtieren mit Jungfrauen, Mordmaschinen, die auf Befehl Unmassen von Opfern töten, ausgeklügelte Folterkammern, Lüste, die den Anforderungen noch der hartgesottensten Kopro- und Nekrophilen genügen könnten – alles im Dienst des Orgasmus.

Am bekanntesten von seinen zahlreichen Werken ist nach wie vor das in den 90er Jahren des 18. Jahrhunderts erschienene und überarbeitete Romanpaar *Justine ou Les malheurs de la vertu* und *Histoire de Juliette, sa sœur.* Zielsicher hämmert Sade seine Botschaft Seite um Seite, Band um Band ein. Justine wird für jede gute Tat, die sie vollbringt, bestraft – aber da sie nicht glauben kann, daß das Leben so herzlos und ungerecht ist, hört sie nie auf, das Gute zu tun. Deshalb wird sie immer wieder vergewaltigt, den gräßlichsten sexuellen Erniedrigungen unterworfen, als Diebin gebrandmarkt und fast zu Tode gepeitscht. Im eklatantesten Gegensatz zu ihr hat ihre Schwester Juliette, Prostituierte, Giftmischerin, Massenmörderin und vielleicht die lasterhafteste junge Frau in der gesamten Romanliteratur, in allem, was sie tut, Erfolg und an allen Lastern, die sie ausprobiert, ihren größten Spaß. Am Ende treiben Juliette und ihre Freunde Justine während eines Gewitters aus dem Haus und sehen mit Vergnügen, wie sie vom Blitz erschlagen wird. Selbst die Natur ist dem Laster wohlgesonnen.

Aus fast selbstverständlichen Gründen wurden Sades Schriften verboten und aus den Buchhandlungen verbannt, so daß er im 19. Jahrhundert nur eine kleine Anzahl Nachfolger hatte; meist waren es berufsmäßige Pornographen, die sich schamlos in seinem Werk bedienten, und eine Handvoll rebellischer Geister wie Flaubert und Baudelaire in Frankreich, Swinburne und Monckton Milnes in England. Im bürgerlichen Jahrhundert war Sade fast völlig unbekannt. Nicht jedoch der Sadismus, und auch nicht der Masochismus.

Beide sind aufs engste miteinander verknüpft. Wenn Sneyd-Kynnersley Schmerz bereitete, bereitete er auch Lust: Als Sadist, der er war, machte er Masochisten.[46] In einem eindrucksvollen Passus seiner *Confessions*, die vielen Lesern des Jahrhunderts vertraut waren, hat Rousseau anschaulich geschildert, wie im Alter von sieben Jahren seine sexuelle Erregung geweckt wird, als eine mütterliche Frau, die ihn betreut, zur wohlverdienten körperlichen Züchtigung schreitet. Die Zeit kam, als Rousseau danach verlangte.[47] Unzählige seiner englischen Bewunderer durchlebten gleichfalls – und bestätigten – die Wirkungen dieser berühmten sexuellen Initiation; die Hiebe mit dem Rohrstock hörten auf, eine Züchtigung zu sein, die man fürchten muß, und wurden zu einem Stimulans, das man ersehnte. Swinburne, ein Eton-Schüler, der seine masochistischen Neigungen in freimütigen Romanen und Gedichten unsterblich machte, war nur der berühmteste unter den vielen Zöglingen der Public Schools, die als Erwachsene nach körperlicher Züchtigung gierten und sie in ihrem Sexualleben brauchten wie der Drogenabhängige die tägliche Dosis. Gegen Ende des Jahrhunderts nannten französische Schriftsteller dieses Verlangen nach der Rute «das englische Laster». Doch wie schon der Blick auf Proust beweist (falls es überhaupt eines Beweises bedarf), war diese Form, sich sexuelle Erleichterung zu verschaffen, keineswegs das Monopol der englischen Oberklasse oder der Engländer insgesamt. Masochismus ist eine allen Menschen zugängliche Perversion.

Wie der Sadismus hatte er ein lebendes Vorbild. Aber anders als Sade mußte Leopold von Sacher-Masoch, der österreichische Adelige, der (sehr zu seinem Ärger) dem Masochismus den Namen gegeben hat, sich nie verstecken. Selbst nachdem gegen Ende seines Lebens sein Stern zu sinken begann, ließen ihn seine ineins schockierten und faszinierten Leser nicht sofort im Stich. Von den 50er bis in die 80er Jahre war er ein produktiver, geschätzter Romancier und Bühnenautor und hatte einige Nachfolger in den Reihen der naturalistischen Schriftsteller seiner Zeit. Solange seine Obsession ihn noch nicht zur Bevorzugung masochistischer Szenarios zwang, bezog er seine Sujets aus der Geschichte Österreichs und der Landschaft Galiziens, wo er einen Großteil seiner Jugend

verbracht hatte. Seine bekannteste «Dichtung» aber ist der 1869 erschienene Roman *Venus im Pelz*, die erste zusammenhängende und die schok-
kierendste Aufzeichnung seiner sexuellen Phantasien. In der Folge wich
er zwar manchmal von seinem Lieblingsthema ab, ließ sich aber nie allzu
weit vom einseitigen Krieg zwischen Frau und Mann weglocken.

In Sacher-Masochs nur spärlich verkleidetem Bericht spiegeln sich
seine eigenen erotischen Vorlieben. Ein weltgewandter junger Mann findet Lust darin, von einer sinnlichen, unbarmherzigen und majestätischen
Frau versklavt und tüchtig ausgepeitscht zu werden; diese bittet einen
männlicheren Liebhaber, dem Melodram zusätzlich Würze zu verleihen
und ihr beim Fesseln, Erniedrigen und Prügeln des Erzählers zu helfen.
Die Moral, die Sacher-Masoch mit seiner Erzählung nahebringen will,
lautet, daß «das Weib, wie es die Natur geschaffen und wie es der Mann
gegenwärtig heranzieht, sein Feind ist und nur seine Sklavin oder seine
Despotin sein kann, *nie aber seine Gefährtin*».[48] Nachdem der Erzähler
sein bißchen Weisheit losgeworden ist, erklärt er, er sei nun von seiner
selbsterniedrigenden Perversion geheilt.

Mag dies die Lehre gewesen sein, die der Protagonist aus seiner passiven Liebesgeschichte zieht; die Lehre des Autors war es nicht. Sacher-
Masoch schloß komplizierte Verträge mit den Frauen, um deren Despotismus er warb, und sagte darin seine tiefste Unterwerfung unter sie zu,
solange er nicht gegen seine aristokratische Ehre verstoßen mußte. In
sichtlicher Wiederholung irgendwelcher der frühen Kindheit entrissener
sexueller Eindrücke verlangte er, im Roman wie im Leben, daß die Frau,
die ihn beherrschen und mißhandeln sollte, Pelze trägt. Wie ein moderner
Rousseau führt er in einer Erinnerung seine fetischistische Obsession auf
unvergessene Erlebnisse mit einer herrschsüchtigen, grausamen, wollüsti-
gen Tante zurück; sie habe ihn verführt und geschlagen und damit beides
auf ewig zu einer einzigen Quelle sexueller Ekstase verbunden. Doch der
Lesestoff seiner Kinderjahre läßt vermuten, daß seine übermächtige Tante
nur den bereits fest installierten Phantasien entgegenkam; als Knabe war
Sacher-Masoch über der Lektüre der vielfältigen und grauenerregenden
Qualen, die die christlichen Märtyrer erdulden mußten, vor sinnlicher
Lust in Ohnmacht gefallen. Passiv erlebte Grausamkeit und triebhafte
Lust verschmolzen zu einem einzigen Ganzen. Ein bürgerliches Liebes-
ideal war das wohl kaum, aber die Opfer von Sneyd-Kynnersley und
seinesgleichen bewiesen, daß es einigen von ihnen gute Dienste leistete.

Unter den Beispielen für die auf Abwege geratene menschliche Aggressivität sind Sadismus und Masochismus interessante Krankheitsbilder,
weil sie das äußerste Paradox im Sexualleben bezeichnen: eine Beziehung,
in der Schmerz Lust bereitet – höchste erotische Lust.[49] Bei beiden wird

der Aggressionstrieb sexualisiert und die Sexualität dem Aggressionstrieb überantwortet, der sich beim Sadisten gegen andere, beim Masochisten gegen das eigene Selbst kehrt. Beide Perversionen gibt es fast nie völlig voneinander getrennt. «Ein Sadist», so Freud, der in der Erforschung dieser Krankheit zu den Pionieren gehört, im Jahr 1905, «ist immer auch gleichzeitig ein Masochist.» Billigerweise fügt er hinzu, daß «die aktive oder passive Seite der Perversion bei ihm stärker ausgebildet sein und seine vorwiegend sexuelle Betätigung darstellen kann». Im Sadisten wie im Masochisten verbirgt sich eine unbewußte Gegentendenz. Wer sich den Orgasmus verschafft, indem er andere schlägt, kann durchaus ein Verlangen entwickeln, sich zu demselben Zweck selbst schlagen zu lassen, aber eine der beiden Trieborientierungen hat bei seiner Suche nach Befriedigung mit großer Wahrscheinlichkeit die Oberhand.[50]

Das unbehagliche Gefühl, daß Liebe eine unheilige Verbindung mit Haß eingehen kann (wenn auch meistens in eher abgeschwächter Form), hatte Dichter und Moralisten schon jahrhundertelang nicht losgelassen. Im ausgehenden 17. Jahrhundert äußert sich La Rochefoucauld in einem berühmten Aphorismus etwa in dem Sinne, daß wir im Unglück unserer besten Freunde etwas finden, das uns nicht unbedingt mißfällt. Etwa zweihundert Jahre nach ihm formuliert Dostojewski, in dessen Romanen uns eine erschreckende Menge von Sadisten und Masochisten begegnet, diesen Gedanken noch einmal, als er von dem «eigentümlichen Gefühl der Befriedigung» spricht, «das sich stets, sogar bei den Allernächsten, bemerkbar macht, wenn einen ihrer Mitmenschen ein Unglück trifft».[51] Schon Jahre bevor die Psychoanalytiker die Ambivalenz als etwas für das Seelenleben Fundamentales in den Blick nahmen, war es kein Geheimnis, daß man die Menschen, die man am meisten liebt, zugleich beneiden und hassen kann.[52]

Einige nachdenkliche Menschen waren bereit, in dieser widersinnigen Verbindung ein allgemeines Phänomen zu sehen. Mit Sicherheit motiviert durch seine eigene Neigung zur Selbstbestrafung, fragt sich Gladstone 1843 in seinem Tagebuch: «Hat man schon genug darüber nachgedacht, in welchem Maße Schmerz zum Genuß führen kann, in welchem Maße die Befriedigung und auch die Handlung, die sich am Schmerz ergötzt, eine wirkliche Erfahrungstatsache des menschlichen Seelenlebens sein könnte.»[53] Eine begründete Vermutung. Selbst die *Saturday Review*, alles andere als ein introspektives Meinungsorgan, macht sich wenige Jahre später Gedanken über diese rätselhafte Seite der menschlichen Natur. Bei der Betrachtung einiger kurz zuvor geschehener, interessanter Mordfälle stellt sie fest, daß «gerade der Anblick körperlichen Schmerzes den Folterer aufstachelt und in Rage bringt, so daß eine Grausamkeit die nächste nach sich zieht». Unzweifelhaft «bereitet das Zufügen von Schmerz an sich selber ein gewisses körperliches Lustgefühl, und das derart entstellte und verrohte Gemüt sucht nun nach Ganzheitlichkeit und Vollständigkeit, indem es die entsetzlich vielfältigen Leiden des anderen bis zur Neige auszuschöpfen sucht.»[54] Offenkundig weiß die *Saturday Review* noch nicht, daß diese körperliche Lust im wesentlichen sexueller Natur ist; die Psychiater hingegen, die sich in den 8oer Jahren für die Perversionen zu interessieren begannen, gingen der Sache mehr auf den Grund.

Der einflußreichste von ihnen war der österreichische Gerichtspsychiater und Professor für Psychiatrie Richard von Krafft-Ebing. Seine 1886 erschienene klassische Schrift *Psychopathia Sexualis*, mit der die wissenschaftliche Erforschung von Sadismus und Masochismus eingeleitet wurde, war ein beachtlicher Erfolg auf dem Büchermarkt. Weder die Fachsprache noch die dezenten Ausflüge ins Schülerlatein bei besonders fesselnden Skizzen des sexuellen Fehlverhaltens schreckten Leser ab. Die Schrift wurde alsbald ins Englische übersetzt, ständig überarbeitet und erweitert und erlebte 1901, nur 15 Jahre nach ihrem ersten Erscheinen, ihre elfte Auflage. Zu diesem Zeitpunkt hatte sich das Werk einen festen Platz erworben und galt als Autorität in Sachen sexuelle Perversionen. Havelock Ellis berief sich darauf, ebenso Freud.[55] Freuds Beitrag in seinen bahnbrechenden *Abhandlungen zur Sexualtheorie* von 1905 bestand darin, daß er das Problem komplizierte. Er bestand darauf, daß Sadisten und Masochisten als leidende Menschen behandelt werden müßten; sie seien alles andere als eine eigene Spezies, sondern Neurotiker, die in ihrem zugespitzten Verhalten nur die sexuellen Konflikte vor Augen führen, die alle «normalen» Menschen in ihrem Unbewußten verbergen. Ein ernüchternder Gedanke, auf den selbst die psychologisch versierten Dichter und Romanciers die bürgerlichen Leser nicht recht vorbereitet hatten. Wie virulent aber zur damaligen Zeit Sadismus und Masochismus in der einen oder anderen Form waren, bezeugen zwei kulturelle Symptome des pathologischen Aggressionstriebs, nämlich Gewalt gegen Frauen und Gewalt gegen die eigene Person.

Virulent waren sie auch bei den gutbürgerlichen Schichten. Im 19. Jahrhundert sahen viele Bürger es als erwiesen an, daß Gewalttaten gegen Frauen – Vergewaltigung, Verprügeln der Ehefrau, Sexualmord – bei übersättigten Aristokraten und (mehr noch) ungehobelten Arbeitern bzw. ungebildeten Bauern vorkommen. «Männer von Bildung und Manieren», befindet 1856 der Essayist und Historiker J. W. Kaye kategorisch, «schlagen keine Frauen.»[56] Andererseits wurden die Bürger gar nicht müde, darauf hinzuweisen, daß Männer ohne Bildung und Manieren eben Frauen schlagen. In *Maud* entwirft Tennyson einen animalischen, sexuell verrohten Unterklassen-Burschen:

> Und der ätzende Wahnsinn schäumt auf im Kopf des Rohlings,
> Bis die schmutzige Gasse widerhallt vom gellenden Schrei
> der geschundenen Frau.

In seinen naturalistischen Romanen zeichnete Zola für seine Leser ähnliche Porträts, sogar ausführlicher und in erregterer Sprache; seine primitiven, hemmungslosen Arbeiter und Bauern stillen ihren sexuellen Hunger, wann immer, wo immer und wie immer es ihnen gefällt. Eine derartige, in ihrem Realismus vermeintlich neutrale Sozialreportage lief darauf hinaus, ganzen Klassen die sexuellen Schandtaten zuzuschieben. Sie bediente nicht nur die voyeuristischen Bedürfnisse der bürgerlichen Leser, sondern konnte ihnen auch noch das behagliche Gefühl kollektiver Unschuld verschaffen. Das für «Rohlinge» typische animalische Verhalten war, so hofften viele, eine Krankheit, die nur die neurotischsten Vertreter der zivilisierten Klassen befällt.

In Wirklichkeit hatten, wie sich aus Berichten und Statistiken ersehen läßt, die Bürger in Sachen Gewalt gegen Frauen keinerlei Grund zur Selbstzufriedenheit. Wer sie einfach pauschal davon freisprechen wollte, mußte über einige unbequeme Tatsachen hinwegsehen. Von 1837 bis 1901, also in der Regierungszeit Königin Viktorias, wurden in England etwa 480 Mörder hingerichtet; unter ihnen waren 127 Männer, die ihre Ehefrauen ermordet, und 30 weitere, die eine Mätresse umgebracht hatten; zu diesen Verurteilten gehörten kleine Unternehmer ebenso wie reiche Müßiggänger und (zu niemandes Überraschung) Ärzte.[57] Während nur wenige ihrer Mordtaten unter die Rubrik Sexualverbrechen fallen – in aller Regel stellten sie Schnellverfahren dar, um eine lästige Gattin loszuwerden oder ihr Geld zu erben –, war der sensationellste Mörder des Jahrhunderts, bekannt geworden unter dem Namen Jack the Ripper, ein Sexualmörder reinsten Wassers. Im Jahr 1888 hat er fünf oder gar sechs Londoner Prostituierte getötet und bestialisch verstümmelt. Er kam nie vor Gericht, und seine Identität wurde nie aufgedeckt, aber die Vermutung, daß er ein Mann von Bildung – und womöglich Manieren – war, paßt zu den wenigen zuverlässigen Daten, die man noch besitzt.

Die Mittelschichten waren also alles andere als harmlos. Bürgerliche Ehemänner schlugen ihre Frauen auch während der Schwangerschaft, zwangen sie gleich nach der Geburt zum Sexualverkehr, vergewaltigten sie vaginal oder anal.[58] Ein deutscher Arzt, der im Gefängnis von Waldheim gearbeitet hatte, untersuchte dort die Akten von 53 wegen Sexualdelikten (Vergewaltigung, Unzucht mit Minderjährigen, Inzest) verurteilten Männern und entdeckte neben den die Mehrheit stellenden Tätern aus der Unterschicht auch einen Lehrer, zwei Bäckereibesitzer und einen Molkereibesitzer, die 7,5 Prozent der Gesamtzahl ausmachten.[59] Die Beherrschung der destruktiv-aggressiven Leidenschaften, auf die sich die Selbstdefinition des Bürgertums im 19. Jahrhundert hauptsächlich gründete, verzeichnete häufigere und verhängnisvollere Einbrüche, als die braven Bürger gern glauben wollten.

Eine weitere Schwierigkeit für die Menschen des 19. Jahrhunderts und ihre Chronisten bestand darin, daß bis in die 60er Jahre – und in einigen Gesellschaften sogar später – eine ungesicherte Grauzone in Recht und öffentlicher Meinung allen Männern, die zu Härte, ja Bösartigkeit gegenüber Frauen neigten, erheblichen Spielraum für die Abreaktion ihrer aggressiven Impulse zubilligte. Die Frauenrechtlerinnen kritisierten denn auch, daß eine männerdominierte Kultur den Ehemännern freie Hand zu finanzieller Anspruchshaltung, sexueller Tyrannei, ja körperlicher Mißhandlung ließ. Die anerkannten moralischen Autoritäten – Geistliche und Richter – rieten den gequälten Ehefrauen in aller Regel, es mit guten Worten, Beten und vor allem Geduld zu versuchen. Doch in etlichen Ländern geriet diese herrschende Verhaltensform zunehmend unter Beschuß; Gerichtsentscheidungen schränkten nach und nach das Recht des Ehemannes zur Einschüchterung oder gar Mißhandlung der Ehefrau ein. Zögernd setzten bürgerliche Ehepaare das Ideal der Frau als einer kompetenten Partnerin aus den feministischen Flugblättern in die Alltagspraxis um. In England wurden die in aller Regel vom Ehemann angezettelten gewalttätigen Auseinandersetzungen oder auch seine irrationalen Forderungen nach häuslicher Bedienung zum hinreichenden gesetzlichen Scheidungsgrund.[60] Wie anderswo wurde die Mißhandlung einer Frau weniger lohnend, ja sogar riskant.

Vergewaltigung galt zwar im Vergleich zum Verprügeln als die verwerflichere, aber auch als die schwerer beweisbare Mißhandlung der Frau. Gewiß, allenthalben brandmarkten die Gesetzbücher sie als abscheuliche Straftat. «Die heimtückische Feigheit dieses Verbrechens», so 1835 der Parlamentarier Robert Rantoul jr. aus Massachusetts, «das sich gegen eben jene richtet, die einen natürlichen Anspruch auf den Schutz durch das stärkere Geschlecht haben, die abgrundtiefe Verderbtheit, die es anzeigt, und seine Scheußlichkeit, da es grausamer gegen die Geschädigten ist als Mord, machen es in der schwarzen Liste der Schandtaten zu etwas besonders Bösem.»[61] Ebenso entsetzt äußerten sich die amerikanischen Südstaatler, die maßgeblich motiviert waren von der eigennützigen Ansicht, Vergewaltigung werde beinahe per definitionem von männlichen Schwarzen an weißen Frauen begangen. Doch wie die Empörung des

Nordstaaten-Reformers bezeugt, waren Rassenvorurteile nicht das einzige bewußte Motiv, um Vergewaltigung für ein schlimmeres Verbrechen zu halten als Mord.

Das Problem lag im Schuldnachweis. Dostojewskis ruchloser Swidrigailoff in *Schuld und Sühne* spricht für seine Zeit, wenn er höhnisch zu einem potentiellen Opfer sagt: «Vergewaltigung ist nämlich sehr schwer zu beweisen.»[62] Aus leider offenkundigen Gründen gingen die Vergewaltigungsopfer nicht gern an die Öffentlichkeit. Sie wollten ihr Martyrium nicht in einem brechend vollen Gerichtssaal noch einmal durchmachen, wollten ihren ruinierten Ruf – den Verlust ihrer Jungfräulichkeit – nicht an die große Glocke hängen und sich keinen obszönen Witzen aussetzen. Ihr Vergewaltiger, so fürchteten sie, würde geltend machen, sie hätten seine sexuellen Annäherungsversuche gutgeheißen, ja leidenschaftlich begrüßt, und sie hatten keine Lust, nur mit ungläubigem, wenn nicht gar verächtlichem Lächeln angehört zu werden. Wie sich herausgestellt hat, waren ihre Ängste zwar übertrieben, aber nicht irrational. Mancher Richter und Geschworene – wir dürfen nicht vergessen, daß es in dieser bürgerlichen Epoche ausnahmslos Männer waren – wußte doch instinktiv, daß Frauen provozieren, ausnutzen und lügen: Sie sagen Nein, meinen aber Ja, heucheln Widerstand, um sich verführerischer zu machen, zeigen ihre Reize, um die sexuelle Begehrlichkeit des Mannes zu wecken. Es wimmelte von wenig schmeichelhaften Geschichten über die Rachsucht und die blühende Phantasie von Frauen.[63]

Wäre Vergewaltigung nur die unaufschiebbare, explosionsartige Befriedigung imperativer sexueller Bedürfnisse, müßte man sich fragen, warum die Bürger des 19. Jahrhunderts überhaupt auf sie rekurrierten. Sie hatten ja bequeme, weniger erniedrigende Möglichkeiten der Triebbefriedigung. Die Reichen konnten sich eine Mätresse halten oder ein teures Bordell besuchen. Sie konnten sich mit Dienstboten zu Hause, mit Angestellten im Büro, mit Arbeiterinnen in der Fabrik einlassen. In den Kolonien, die der Imperialismus der westlichen Zivilisation erschlossen hatte, konnten Geschäftsleute, Regierungsbeamte und Militärs ihren Liebeshunger bei den Eingeborenen stillen. Mit Geld und Geschenken, Heiratsversprechen oder Entlassungsdrohungen hielten die an der Macht befindlichen bürgerlichen Don Juans im Liebesspiel alle Trümpfe in der Hand. Aber Vergewaltigung ist keine Verbeugung vor Eros; wenn einer Frau Gewalt angetan wird, ist der Sexualtrieb nicht gleichrangiger Partner des Aggressionstriebs, sondern sein Diener. Vergewaltigung ist im wesentlichen eine fanatische Demonstration nackter Gewalt und rasender Wut; nur der wirkliche Sadist, der den Zwang braucht, um zum Orgasmus zu kommen, vergewaltigt aus sexuellen Gründen. Unter den Motiven, die

Männer dazu treiben, einer Frau sexuelle Gewalt anzutun, rangiert das unbefriedigende Eheleben, dieses bequeme und einleuchtende Alibi, an letzter Stelle. Und so hatte das bürgerliche Jahrhundert seine gutbürgerlichen Vergewaltiger, die aus oftmals ihnen selbst verborgenen Gründen Frauen – und Kinder – in barbarischer Entfaltung krankhafter Aggressivität vergewaltigten.[64]

Manche Beobachter waren geschockt. In einer 1841 erschienenen Studie über französische Strafgefangene auf den Gefängnisschiffen in Toulon gelangt Hubert Lauvergne zu dem Urteil, daß «die Vergewaltigung – daran kann es keinen Zweifel geben – alle Teile des Gesellschaftskörpers infiziert hat». Die Schiffe «beherbergen nur die unmoralischsten und brutalsten Delinquenten». Hier spricht nicht etwa der neutrale Soziologe; als fanatischer Phrenologe, der der Maxime anhängt, allein der Glaube könne die schmutzigen Leidenschaften zuverlässig im Zaum halten, will Lauvergne zeigen, daß derart schreckliche Verbrechen nur in einer vom «Untergang der religiösen, sittlichen und politischen Ordnung» heimgesuchten Gesellschaft gedeihen. Mit unverhülltem Entsetzen zitiert er einen Juden, der seine Tochter vergewaltigt und ihren Widerstand mit Messerstichen gebrochen hatte: «Die Vergewaltigungen im Schoße der Familie werden immer häufiger.»[65]

Beweise für oder gegen diese schwarzseherische Kritik an der gottlosen Gesellschaft des 19. Jahrhunderts gibt es nicht. Viele Vergewaltigungen wurden nie erfaßt, und ohnehin waren die Kriminalstatistiken des 19. Jahrhunderts zu undifferenziert, um wirklich fundierte Hypothesen aufstellen zu können; nie machten sie eine klare Trennung zwischen bürgerlichen Straftätern und kriminellen Vagabunden oder zügellosen Bauern. Den «Sittenstatistikern» (wie sich seriöse Forscher auf dem Gebiet des Verbrechens, der Prostitution und des Bevölkerungswachstums damals nannten) reichten ihre Daten, um zu dem Schluß zu kommen, daß Sexualverbrechen unter denen, die eine Schule besucht hatten, häufiger waren als unter den Analphabeten. Und sie tadelten die Zunahme der «Bildung», die nur fachliches Wissen beibringe: Ein gähnender Abgrund tue sich auf zwischen ihr und der «Erziehung», die den Schülern sittliche Ideale vermittelt. «Unglückseligerweise», schreibt 1884 Dr. Albert Bournet in einer umfangreichen vergleichenden Studie über Verbrechen in Frankreich und Italien, «scheint mit zunehmender Ausbreitung der Bildung das sittliche Empfinden abzunehmen.» Leider «werden die sexuellen Leidenschaften» – er meint die bei Frauen und Kindern – «gerade durch ihre Befriedigung übermäßig erregt».[66] Derlei pauschale Erhebungen mochten die Bürger wohl beruhigen, zeigten sie doch, daß Männer mit Volksschulbildung zwar häufiger Sexualverbrechen begingen als

Männer ohne Schulbildung, aber auch weit häufiger als solche mit höherer Schulbildung. Gleichwohl konnten die Bürger des 19. Jahrhunderts nicht leugnen, daß mitten unter ihnen die Stützen der Gesellschaft sich der Notzucht an jungen, oft unberührten Frauen schuldig machten.

Obgleich sie das alles durchaus anstößig fanden, machten sie doch wenig Versuche, diese unglückselige Tatsache des zeitgenössischen Lebens zu verdrängen. Zugegeben, die medizinische und soziologische Fachliteratur über Vergewaltigung war dürftig; die hohen Gelehrten schreckten in der Regel davor zurück.[67] Doch selbst wenn die Bürger eine Verschwörung des Schweigens angezettelt hätten, so hätten doch Romanciers und Reporter ihnen das Thema wieder ins Gedächtnis gerufen. Gewiß, in den Romanen waren einige Vergewaltigungsopfer von niederem Stand, wie etwa die ebenso hübsche wie willensstarke, von ihrem brutalen Schwager Buteau vergewaltigte Bäuerin Françoise in Zolas *La Terre*. Aber auch die Heldinnen aus den höheren Ständen waren nicht gegen das Unglück gefeit. In Heinrich von Kleists erstaunlicher Novelle *Die Marquise von O...* wird eine adelige Dame und ehrbare Witwe unerklärlicherweie schwanger. Per Anzeige teilt sie dem Kindesvater mit, daß sie ihn vielleicht heiraten wird, und macht die Entdeckung, daß sie von einem tapferen, attraktiven russischen Offizier vergewaltigt wurde, und zwar ironischerweise, nachdem dieser sie vor eben diesem Schicksal bewahrt und aus den Händen marodierender Truppen befreit hatte. Gegen alle Wahrscheinlichkeit läßt Kleist das Paar am Ende glücklich heiraten.

Andere Romane blieben bewußt zweideutiger. Die Szene, in der Thomas Hardys Protagonistin Tess ihre Jungfräulichkeit verliert, ist zwar weniger outriert als Kleists erstaunliches Melodram, bleibt aber harte Lektüre. Der reiche und ausschweifende Alec d'Urberville, der die unerfahrene Tess bedrängt, überrumpelt sie, als sie sich nach ihrem Nachtritt durch die Wälder ausruht.[68] Hardy provoziert seine prüden Leser und beschwichtigt sie zugleich; seine ausweichenden Formulierungen lassen den entscheidenden Moment in dunstiger Ungewißheit – tat Alec es mit drohenden Worten oder mit kruder Gewalt? Doch wie immer man den Passus liest, in jedem Fall deutet er an, daß das Ende im höchsten Grade anstößig ist.

Die österreichische Schriftstellerin Marie von Ebner-Eschenbach hingegen, zu ihrer Zeit eine berühmte Erzählerin, deren Realismus man schätzte, spricht in einer 1890 erschienenen düsteren Novelle das leidenschaftliche Einverständnis des Opfers offen aus. Ihre Erzählung *Unsühnbar* ist eine herzzerreißende Geschichte von unverzeihlichem Ehebruch und tödlicher Reue. Die junge, zwangsverheiratete Gräfin Maria Wolfsberg sehnt sich nach einem ehemaligen Freier, Felix Tessin, der ein nicht minder unwiderstehlicher Verführer ist wie Hardys Alec d'Urberville. Nach langer Abwesenheit kommt Tessin zurück und erneuert seine verbalen Angriffe auf Marias Tugend, und schließlich gesteht sie ihre Gefühle für ihn. Außer sich vor Wonne schließt Tessin sie in die Arme, und sie wehrt sich nicht. «Zwei trunkene Menschen hatten kein Bewußtsein mehr von Ehre, Pflicht und Treue, ihnen versank die Welt und jegliches Erinnern.»[69] *Unsühnbar* wird das Verbrechen durch ihren Anteil an dieser sexuellen Ausschweifung.

Beide, Ebner-Eschenbach und Hardy, laden dem Verführer zwar letztlich die Schuld auf, weil er die Frau, die er zu lieben vorgibt, zum Opfer macht; den eigentlichen Sexualakt aber umgeben sie mit einer Aura moralischer Unbestimmtheit. Unklar bleibt, ob die von ihnen porträtierten Frauen ihre Pflicht zum Widerstand gegen männliche Aggression verletzt haben oder nicht. John Galsworthys 1906 erschienener Roman *The Man of Property* hingegen läßt trotz seines zurückhaltenden Tons keine rettende Ungewißheit mehr übrig. Soames Forsyte, der Protagonist dieses ersten Bandes im Forsyte-Zyklus, ist Anwalt und in Kunst und Gesellschaft ein Mann von ausgesuchtem Geschmack. Aber zu seinem wachsenden Kummer ist seine Ehe mit der geheimnisvollen Irene unglücklich; sie ist wunderschön, aber völlig unnahbar. Sie verlegt sich darauf, in einem eigenen Schlafzimmer zu schlafen und die Tür abzuschließen. Eines Nachts, in nicht mehr erträglicher Verwirrung über ihren Rückzug, in ungestilltem Hunger nach ihrer Liebe und (begründeter) Eifersucht auf einen anderen Mann, dringt Soames in Irenes Schlafzimmer ein, das ausnahmsweise nicht verschlossen ist, und vergewaltigt sie.

Galsworthy vermeidet das häßliche Wort, er erzählt dem Leser nur, was geschieht: «Am Morgen nach einer Nacht, in der Soames schließlich seine Rechte durchsetzte und wie ein Mann handelte, frühstückte er allein.» Als er so sitzt, erinnert er sich «an das übermächtige Verlangen der letzten Nacht» und fragt sich, ob er recht hatte, ihm nachzugeben. Ein «unerträgliches Gefühl der Reue und Scham» überkommt ihn, und dennoch, ist diese Frau, die ihn so lieblos behandelt hat, nicht «seine rechtmäßige und ihm feierlich angetraute Ehegefährtin»?[70] Gleichwohl ist sein Vergehen, wie bei Ebner-Eschenbachs Maria, unsühnbar. Galsworthys Roman beschwört die Nachtseite einer Bourgeoisie, die ihre aggressiven Phantasien mitunter in wirklichem Verbrechen explodieren läßt.

Das bürgerliche Publikum, das keine Romane las, hatte die Tageszeitungen. Und dort konnten die Leser erfahren, daß – entgegen der verbreiteten Annahme – ein Vergewaltiger keineswegs immer ungestraft davonkam. Eine rasch anwachsende Massenpresse brachte Nachrichten von Vergewaltigungsprozessen, die sie sorgfältig mit prickelnden Details ausschmückte. Diese Berichterstattung, die vieles, aber nicht alles der Phantasie des Lesers überließ, galt nicht wenigen als Ärgernis. In Deutschland, wo die Gerichte unbefugte Zuschauer von derlei Verhandlungen ausschlossen, schrieb denn auch ein Kulturkritiker tiefbesorgt, Hinweise in der Presse auf unbeschreibliche Verbrechen könnten nur die Phantasie des Lesers anregen. Die Londoner *Times* hingegen verteilte die Artikel über sexuelle Gewalt in ihrer Prozeßberichterstattung zwischen banalen Straftaten wie Verprügeln der Ehefrau oder Raub. Allein im Jahr 1850 berichtete sie über mindestens ein Dutzend Vergewaltigungen oder Vergewaltigungsversuche. Die meisten Beschuldigten waren Männer, die einen Ruf zu verteidigen hatten: ein Schiffsmakler, ein Kürschnersohn, ein erfolgreicher Schneider, ein Handlungsreisender, ein reicher Bauer und sogar ein Geistlicher. Stand ein besonders spannender Vergewaltigungsprozeß auf dem Terminkalender, dann war der Gerichtssaal zum Bersten voll, und der Ortsklatsch blühte. In Leamington «weckte», wie die *Times* berichtete, ein Prozeß mit reichlich Lokalkolorit «sehr großes Interesse im Ort» und «in der gesamten Nachbarschaft». Auch vom Verfahren gegen einen unter derselben Anklage stehenden Geistlichen heißt es, es habe «den ganzen Tag über eine Menge Aufregung in der Stadt geherrscht».[71] Vergewaltigungsprozesse dienten – zumal wenn ein Reicher oder ein Mann von Ruf auf der Anklagebank saß – als Volksbelustigung, und waren fast so gut wie eine Hinrichtung.

Die meisten Zeitungsberichte über Vergewaltigungen bestanden aus einem zwischen ein bis vier oder fünf Zoll langen Artikel; wenn andere Verbrechen die Aufmerksamkeit der Journalisten mit Beschlag belegten, wurde die Berichterstattung wieder weniger. Bisweilen gelang es den Zeitungen nicht, die ursprüngliche Meldung weiter zu verfolgen als bis zu dem Punkt, wo man den Angeklagten wieder in Untersuchungshaft geschickt oder gegen Kaution freigelassen hatte. Hatte aber ein Prozeß ungewöhnliche Eigenheiten oder umstrittene Zeugenaussagen aufzuweisen, dann konnte er sich über Tage, ja Wochen hinziehen, und die Presse verfolgte ihn mit Wonne und leckte sich förmlich die Lippen. In einem dieser Gerichtsverfahren ging es um die Vergewaltigungsklage gegen Joseph Solomons, Sohn des Londoner Kürschners Moses Solomons. Begonnen hatte das Drama, als man das Opfer, «ein junges unschuldigaussehendes 17jähriges Mädchen namens *Fanny Harnsworth*», beschuldigte, sie habe eine Viktorine, eine Art Pelzschal im Wert von etwa drei Schilling, gestohlen. Die Angeklagte, offenkundig eine temperamentvolle junge Frau, bestand darauf, diese absurde Anschuldigung wäre nie erhoben worden, «wenn nicht Master Joseph gewesen wäre». Sie sagte aus, er sei «nachts in ihre Kammer gekommen, hätte sich unschickliche Dinge mit ihr erlaubt und wäre auch zum Ziel gelangt». Als sie sich bei Master Josephs Mutter beschwerte, hätte sie ihr ungerührt geantwortet: «Er hat dich ja wohl nicht umgebracht.» Nach Abschluß der Ermittlungen fand der Untersuchungsrichter die von der Familie Solomons vorgebrachten Aussagen widersprüchlich und unglaubwürdig und wies die Klage gegen Fanny Harnsworth ab.[72]

Hier sah nun ihr Anwalt seine Chance; er verklagte Joseph Solomons wegen Vergewaltigung. Allem Anschein nach hatte Master Joseph Fanny mehr als einmal seinen Willen aufgezwungen und sie mit Gewalt zum Schweigen gebracht. Natürlich «war der Gerichtssaal voll besetzt mit Leuten, die ganz begierig auf die Verhandlung waren», als der Prozeß fortgesetzt wurde. Der junge Solomons wurde gegen eine Kaution von insgesamt zweihundert Pfund auf freien Fuß gesetzt, eine Summe, die der sichtlich argwöhnische Richter umgehend verdoppelte. Er hatte recht; nachdem Master Joseph ein paar durchsichtige Tricks ausprobiert hatte – er suchte Fanny zu bestechen und schob eine Krankheit vor, um nicht zu erscheinen–, verschwand er wenige Tage vor einer Schwurgerichtsverhandlung außer Landes und ließ seine Kaution sausen. Während der Richter Haftbefehl gegen den Beklagten erließ, «war der Prozeß selbst zu einem plötzlichen Ende gekommen, zum argen Verdruß eines proppenvollen Gerichtssaals».[73] Dies war einer der Wege, auf denen Gerechtigkeit verhindert werden konnte.

Was mit Fanny Harnsworth weiter geschah, wissen wir nicht. Aber während der ganzen Verhandlung machten die Richter kein Hehl aus ihren Sympathien mit dem jungen Dienstmädchen. Einer von ihnen wiederholte die Aussage des Opfers über Frau Solomons gefühllose Reaktion und bemerkte dazu: »Eine empörendere Antwort, als die, die die Mutter des Häftlings gegeben hat, kann ich mir nicht vorstellen.» Auch sonst waren die Gerichte nicht besonders zartfühlend gegenüber den Angeklagten, selbst wenn es um Geistliche ging. Der «beklagte Reverend» Robert Abercrombie Johnstone, Rektor von West Horndon in Essex, beschuldigt, seine junge Hausangestellte vergewaltigt zu haben, wurde in Untersuchungshaft gehalten, bis die Polizei die flüchtige Klägerin gefunden hatte. Er wurde freigesprochen, nachdem man ihr Meineid nachgewiesen hatte, aber wäre ihre belastende Aussage wahr gewesen, wäre Johnston verurteilt und bestraft worden.[74]

Job Lawrence, einem verheirateten Hausierer, der ein Vermögen von etwa 1500 Pfund angehäuft hatte, erging es weniger gut. Beschuldigt, ein 19jähriges Dienstmädchen von tadellosem Ruf «verbrecherisch vergewaltigt» zu haben, führte er zu seiner Verteidigung an, er sei zu betrunken gewesen, um zu wissen, was er tat. Doch nach mehrstündiger Beratung befand ihn das Geschworenengericht für schuldig, allerdings unter geringerer Anklage, die auf «Körperverletzung mit dem Vorsatz der Vergewaltigung» lautete. Dies ersparte Lawrence die Deportation in eine Strafkolonie, die ihm praktisch sicher gewesen wäre, wenn man ihn wegen vollendeter Vergewaltigung verurteilt hätte; aber es brachte ihm doch zwei Jahre Zwangsarbeit ein.[75]

Zum Vorteil einiger Beklagter, die mit fast hundertprozentiger Sicherheit schuldig im Sinne der Anklage waren, wirkte sich das englische Rechtssystem mit seiner Unschuldsvermutung und seinem Prinzip, daß die Anklagevertretung die Beweislast zu tragen habe, aus. Ein Schneider namens Henry Digby wurde beschuldigt, er habe «sich zwei kleinen Mädchen im Alter von 14 bis 15 resp. 12 bis 13 Jahren unsittlich genähert». Der Ratsherr, der die Klage hörte, ließ sich weder von den reichlich fließenden Tränen des Häftlings noch von seiner Einlassung, er sei Opfer einer von Familie und Freunden beider Mädchen angezettelten Verschwörung, beeindrucken. Im Gegenteil war er überzeugt, der «Bursche» habe «seit langem versucht, das Gemüt der Kinder zu vergiften, und verdiene Bestrafung». Da aber «die Klage Umstände enthalte, die nach seiner Überzeugung ein Schwurgericht von der Verurteilung abhalten werde», könne er dem Beklagten zu seinem Bedauern nur eine Kaution von vierzig Pfund auferlegen, um sein korrektes Betragen im kommenden Jahr sicherzustellen. War allerdings der Vergewaltiger zweifelsfrei schuldig, wurde er hart und umgehend bestraft. In einer knappen Notiz berichtete die *Times* im Oktober 1850, ein gewisser David Harrington, dreißig Jahre alt, «durch unmittelbaren Beweis der verbrecherischen Körperverletzung» an einem achtjährigen Mädchen überführt, sei «zu lebenslänglicher Deportation verurteilt» worden.[76]

Ein letztes Stichwort soll die Palette der pathologischen Aggressivität abrunden: der Suizid. Seinen Platz im Rahmen dieser Studie hat der Selbstmord vollauf verdient, weil die ernstgemeinten Versuche der viktorianischen Bürger, das Spektrum des erlaubten Hasses zu erweitern, indem sie alles, was man lange Zeit für Übertretungen göttlicher Gesetze und Vergehen gegen den Staat gehalten hatte, zu etwas Pathologischem umdefinierten, besonders dramatisch vor Augen führt. Unter dem Eindruck neuer Denkweisen und neuer Handlungsmöglichkeiten machten sie die Selbsttötung genau wie andere schwerwiegende Probleme zum Gegenstand ihrer Debatten über ethische Urteile, wissenschaftliches Begreifen und sozialpolitische Maßnahmen.

Anderthalb Jahrtausende lang hatte die Kirche den Selbstmord als Sünde verdammt, und in ihrem Gefolge setzten die Staaten der frühen Neuzeit ihn mit auf die Liste der Verbrechen. Die frühesten christlichen Theologen hatten, veranlaßt durch den Heroismus der Märtyrer, die sich lieber das Leben nahmen, als vergewaltigt oder zum Verzicht auf ihren Glauben gezwungen zu werden, noch gezögert, ob sie die stoische und epikuräische Lehre vom Selbstmord als einem durchaus würdigen Abschied vom Leben einfach beiseite schieben sollten. Augustinus jedoch machte dieser Zweideutigkeit ein Ende, indem er den menschlichen Körper für heilig erklärte und befand: «So ist auch ohne Frage, wer sich selber umbringt, ein Mörder.»[77] In den nachfolgenden Jahrhunderten legten die christlichen Konzile nur fest, was die kategorische Verdammung des Selbstmords durch Augustinus für die Gläubigen bedeutet. Auch die anglikanische Kirche und die protestantischen Sekten rückten nach der Reformation nicht von diesem strengen Urteil ab; der Drang nach Selbstzerstörung galt ihnen als Versuchung des Teufels. Deshalb versagten sie einem Selbstmörder alle religiösen Riten sowie das christliche Begräbnis, auf das gewöhnliche Sterbliche, die nicht so große Sünder waren, Anspruch hatten. Das französische Gesetzbuch von 1670 bestimmte, der Selbstmörder solle einem demütigenden Schauprozeß unterzogen, sein Vermögen dem Staat überantwortet und sein Leib mit dem Gesicht nach unten nackt durch die Straßen gezerrt und schließlich gehängt werden wie ein schändlicher Verbrecher. Was da im gesamten 18. Jahrhundert auf der Tagesordnung blieb, war ein primitives Gesetz der Vergeltung. Gewalt gegen das eigene Selbst wurde bestraft mit Gegengewalt von seiten des Staates.

Die *philosophes*, die sich neben vielem anderen auch in diesem Punkt ans römische Denken hielten, opponierten heftig und pochten auf das Recht jedes Menschen, seine Todesart und seinen Todesmoment selber zu bestimmen.[78] Da das 19. Jahrhundert aber ungeachtet all seiner erklärten Gottlosen zu einem Großteil im Schatten der Frömmigkeit verblieb, brachten es viele Bürger nie bis zu diesen stoischen Gefühlen. Daß die bösen französischen Revolutionäre den Selbstmord aus dem Strafgesetzbuch gestrichen hatten, machte den Parlamentariern und Journalisten im bürgerlichen Jahrhundert, ganz zu schweigen von den Pastoren, eine solche heidnische Auffassung nicht gerade lieber. Trotz allem erlebte das Jahrhundert eine erstaunliche, konfliktreiche Entwicklung der Gedanken über den Selbstmord. Nach den vielen Selbstmorden in den damaligen Romanen zu urteilen, blieben strafende Urteile durchaus lebendig. Mr. Merdle in Dickens' *Little Dorrit* ist ein ausgemachter Schwindler, der seinem Leben ein Ende setzt, als sein Finanzimperium zusammenzubre-

chen droht; wir werden ihn nicht vermissen. Andere Dickenssche Selbstmörder wie etwa Ralph Nickleby und Jonas Chuzzlewit sind Schurken,
deren Tod der Leser gut und gern mit Erleichterung aufnehmen kann.
Aber selbst das schmerzliche Ende der Emma Bovary, an deren Abstieg
in Ehebruch und Katastrophe der Leser eher ein mitfühlendes, wenn
auch klinisches Interesse nimmt, ist die vorhersehbare Strafe für die Hingabe an ihre blühende Phantasie. Und Anna Karenina, die Ehebrecherin,
ist zwar eine Figur von großem Format und Opfer einer kalten Ehe, muß
aber – allerdings auf tragische Weise – für ihr Vergehen büßen.

Gleichwohl wird der Selbstmord, den man jahrhundertelang als Sünde
und Verbrechen verurteilt hat, im 19. Jahrhundert zweimal umdefiniert
und für viele vom moralischen Stigma befreit. Nachdem man den Selbstmord als das jämmerliche Ende einer seelischen Störung klassifiziert hat,
profitiert er zunächst mehrere Jahrzehnte lang von dieser Diagnose. Später dann tritt er als soziales Problem neben Jugendkriminalität, Prostitution und Eigentumsdelikte. Beide Veränderungen vollziehen sich
natürlich nicht überall im gleichen Rhythmus oder zeitigen die gleichen
Resultate. Nicht unähnlich den Auseinandersetzungen über die Todesstrafe nehmen die theologischen und juristischen Debatten über den
Selbstmord gegen Ende des Jahrhunderts an Heftigkeit zu, als nämlich
die Kirchen ihre Gegenangriffe gegen den gottlosen Liberalismus starten.
Übrigens eher vergeblich: Obgleich die Umdefinitionen unfertig und
widersprüchlich sind, wirken sie sich spürbar auf die öffentliche Meinung aus.

Die Diagnose des Selbstmords als letztes verzweifeltes Mittel des Geisteskranken kam um die Jahrhundertmitte in Mode und gab den Weg frei
für humanitäre Präventionsbemühungen. In ihrem Licht erschien die gesetzliche Bestrafung des Selbstmords nun herzlos, ja barbarisch. Das
wiederum verstärkte eine erheblich ältere Tendenz zur Barmherzigkeit;
mitfühlende Geistliche und Richter hatten ja schon seit längerem nach
jedem auf unheilbare Melancholie oder momentane geistige Umnachtung
abhebenden Urteil gegriffen, um Selbstmörder von moralischer Verantwortung und damit von der Todsünde freizusprechen. Die bürgerliche
Epoche wurde nun zum klassischen Zeitalter der Verteidigung von
Selbstmördern – parallel zur Entlastung von Mördern – mit dem Verweis
auf die Geisteskrankheit.[79] Der Gerichtspsychiater Jean-Pierre Falret
machte, obgleich er anders als die meisten seiner Arztkollegen ein religiöser Mensch war, im Jahr 1822 geltend, Selbstvernichtung sei häufig die
Folge einer erblichen Geisteskrankheit. Im Jahr 1838 schloß sich der
berühmte Etienne Esquirol, der bahnbrechend für das Studium der «Monomanie» gewesen ist, dieser Sicht in einem gehaltvollen Kapitel seines

epochemachenden Buches *Des maladies mentales* an: «Der Selbstmord weist alle Merkmale der Geisteskrankheit auf und ist im Grunde nichts anderes als ihr Symptom»; er resultiert aus dem «Delirium der Leidenschaften oder dem Wahnsinn».[80] Jahrzehntelang nahm diese Diagnose die Ärzteschaft gefangen.[81] Das Argument, der Selbstmord als solcher sei ein zuverlässiger Beweis für Irrationalität, wurde zur Lieblingswaffe im Arsenal einer – wie es den frommen Christen in ihrer Angst erschien – Armee von gottlosen Ärzten auf dem Vormarsch.

Während sich Geistliche und Laien noch um die Zurechnungsfähigkeit von Selbstmördern zankten, mischten sich die Sozialwissenschaftler, die Expertengeneration der Moderne, in die Debatte ein und führten eine radikale Veränderung ihrer Rahmenbedingungen herbei. Ließ die Umbenennung des Selbstmords zur Geistesstörung die gesetzliche Strafe als grausame Härte erscheinen, so ließ seine Umbenennung zum sozialen Problem diese Strafe belanglos werden. Beim Studium des Selbstmords stießen die Soziologen auf gewaltige Hindernisse: fehlerhafte und unvollständige Statistiken, unzureichende Kriterien zur Unterscheidung zwischen gewolltem und zufälligem Tod, permanenter Mangel an Berichten, weil der gute Name reicher Selbstmörder geschützt werden sollte, unsachgemäße polizeiliche Ermittlungen, unklare Klassifizierung der Motive.[82] Doch unverzagt suchten die Soziologen nach allgemeinen Gesetzen des Handelns und setzten sich ein hartes wissenschaftliches Pensum. In seiner 1897 erschienenen, einem einzelnen Gegenstand gewidmeten klassischen Schrift *Le Suicide* erklärt Emile Durkheim im Vorwort, daß «man wirkliche Gesetze ausfindig machen kann, die besser als jede dialektische Argumentation die Möglichkeit der Soziologie belegen» und «den landläufigen Theorien der Moralisten» vorzuziehen sind.[83]

Das Programm der Soziologen bestand darin, dem Studium der Gesellschaft einen Platz unter den exakten Wissenschaften zu verschaffen. Und da sie den Selbstmord als eine allgemeinen Gesetzen gehorchende Sozialpathologie und nicht mehr als religiöses oder moralisches Versagen analysierten, brachten sie auch gängige Alibis für Aggressivität ins Wanken. Doch die Hindernisse, die sich der naturwissenschaftlichen Neutralität entgegenstellten, waren größer, als Durkheim und seine Kollegen sich eingestanden haben.

Ihrem Ideal nach wird die Ausübung der Wissenschaft, und zwar der Soziologie ebenso wie der Physik oder Biologie, durch keinerlei moralisches oder gar religiöses Engagement beeinträchtigt. Sie ist per definitionem und im besten Sinne des zweideutigen Begriffs wertfrei. Doch leider hat der unwiderstehliche Hang der Soziologen zu Sozialkritik und Sozialreform, der ebenso wie die Begeisterung für die Humanwissenschaften ein Erbstück der Aufklärung ist, die Verwirklichung des Ideals oftmals gestört. Wo immer sie in ihre Analyse des Selbstmords noch ein Programm für die zeitgenössische Gesellschaft hineinschmuggelten, mußten sie sich den Vorwurf gefallen lassen, ihre Arbeit sei nicht tendenzfrei. Öfter als ihnen lieb sein konnte, drohten die Zahlen, von denen es in ihren Darstellungen nur so wimmelt, zum bloßen Ornament ihrer selbstsicheren Allgemeinurteile zu verkommen, statt deren Fundament abzugeben. Trotz aller Statistikkurse und methodologischen Raffinements taten sie sich schwer damit, jene Ideologien abzuschütteln, die sie animierten, ihre de facto aus politischen oder religiösen Gründen erzielten Schlußfolgerungen zu unterbreiten.[84] Die humanen Impulse, aus denen ihre Forschungsarbeit die Kraft bezog, hinderten sie häufig an der gleichbleibenden und zusammenhängenden Wahrnehmung ihres Sachgebiets.

Die meisten Sozialwissenschaftler des 19. Jahrhunderts konnten sich nämlich nicht enthalten, der Industriegesellschaft Rezepte zu verschreiben. Sie sahen in dieser Gesellschaft die verhängnisvolle Brutstätte jener Auflösung der Person, für die der Selbstmord nur ein besonders drastisches Symptom bildet. Die Schuld finden sie bei einer Epoche, die die Säkularisierung gefördert und damit die Bollwerke gegen Sittenverfall und tödliche Geisteszustände zerstört hat. Ihre durch die zunehmenden Selbstmorde hervorgerufene panische Angst vereinigte sich mit anderen, von fallender Geburtenrate, Gewohnheitsverbrechern oder ehelicher Unmoral geweckten Ängsten. Und diese Vereinigung wiederum nährte nur ihre Unruhe. In seiner 1881 erschienenen Studie über den Selbstmord schreibt der Sozialwissenschaftler, Kulturhistoriker und tschechische Nationalist Thomas Masaryk, die jährliche Gesamtzahl der in ganz Europa registrierten Selbstmorde liege bei mindestens 22000. Schlimmer noch: Diese Zahl repräsentiere vermutlich weniger als die Hälfte der tatsächlich begangenen Selbstmorde. Mit Entsetzen projiziert Masaryk diese Daten in die Zukunft: «Man denke sich die Zahlen eines Decenniums oder gar eines halben Jahrhunderts!»[85]

Diejenigen, die sich vom Standpunkt einer Konfession mit dem Selbstmord befaßten, allen voran die römisch-katholischen Autoren, hatten keinerlei Zweifel an seinen Ursachen. «Gar oft wird versäumt, in das kindliche Herz den Sinn wahrhafter Religiosität, echter Menschenliebe und Gerechtigkeit zu pflanzen», schreibt der Berliner Arzt Abraham Baer in einer «social-hygienischen Studie» über den Selbstmord bei Kindern. Wahre Frömmigkeit «gewährt... dem Verzweifelten und Verzagten eine feste Stütze. Der weihevolle Hauch gesunden religiösen Lebens geht von den Eltern auf das Kind über und durchweht sein ganzes Fühlen und

Denken.» In einer statistischen Erhebung über den Selbstmord dehnt Hans Rost diese fromme Analyse auf die ganze Gesellschaft aus und fügt dem Ganzen noch das dem Zeitgeist entsprechende antisemitische Kolorit hinzu: Die Sozialdemokratie, die liberale und nicht zuletzt die moderne jüdische Weltanschauung hätten den Schwerpunkt des Daseins ins Diesseits verlegt. Das habe zahlreiche Menschen anfällig für selbstzerstörerische Ängste gemacht. Das beste Mittel dagegen sei der Glaube und jeder Beichtstuhl der Katholischen Kirche ein Antiselbstmord-Büro.»[86] Genauso wie die Konterrevolutionäre nach 1800 die subversive Aufklärung für die Französische Revolution verantwortlich machten, so machen sie ein Jahrhundert später die Positivisten und Atheisten für die von ihnen beklagte Demoralisierung der zeitgenössischen Gesellschaft verantwortlich.

Der überzeugendste unter den Kritikern, die sich auf diese Weise mit der bürgerlichen Gesellschaft des 19. Jahrhunderts anlegten, war vielleicht Thomas Masaryk. Seine weithin gerühmte Monographie über den Suizid mit dem Titel *Der Selbstmord als sociale Massenerscheinung der modernen Civilisation* ist auch ein indirektes Zeugnis des tief in seinem Innern herrschenden Aufruhrs. Als Katholik von eher unabhängiger Denkart geriet er zwischen der Fertigstellung und der Veröffentlichung seiner Selbstmordstudie in qualvolle religiöse Konflikte. 1880 war er bereits zum Protestantismus übergetreten. Trotz seiner neu erworbenen religiösen Überzeugungen aber überarbeitete er sein Buch nicht, sondern blieb standfest bei seiner Kritik, die die Zeit nach der Reformation härter traf als das Mittelalter. Wie immer sich die seelischen Konflikte in seinem Denken niedergeschlagen haben mögen, der Masaryk jedenfalls, der mit der Kultur seiner Zeit ins Gericht ging, versuchte die Situation als ein an Massenphänomenen interessierter Soziologe zu sehen. Da die Menschen, so seine These, im Grunde ihres Wesens gleich bleiben, muß es an den kulturellen Einflüssen liegen, die einige Epochen mit geringer Selbstmordziffer segnen, andere hingegen mit einer hohen Rate heimsuchen. Deshalb kann nur «die krankhafte Selbstmordneigung der Gegenwart» für die ständig ansteigenden Zahlen verantwortlich sein. Erklären läßt sich das soziale Phänomen des Selbstmords einfach als tragisches Resultat der «allgemein einreissende(n) Irreligiosität». Kurz, «*die Selbstmörder sind die blutigen Opfer der Civilisirung.*»[87]

Emile Durkheims Schrift *Le Suicide* zeigt, daß Nichtgläubige zu gleichermaßen düsteren Schlüssen gelangen konnten. Sie zeigt außerdem, daß der Denker Durkheim sich einer Einordnung im höchsten Grade entzieht. Obgleich er ein kompromißloser Säkularisierer und überzeugter Antiklerikaler war, widmete er sich in vielen seiner besten Schriften der gesellschaftlichen Macht der Religion; obgleich er ein treuer Anhänger der Dritten Republik in Frankreich war, überließ er die politische Auseinandersetzung weitgehend anderen; obgleich er ein echter professioneller Sozialwissenschaftler war, brachte er in seine Schriften feste Überzeugungen ein; obgleich er ein gestandener Liberaler war, war er doch so angetan vom Ideal des engen gesellschaftlichen Zusammenhalts, daß er seinem Liberalismus hier und da durchaus einen Stich ins Autoritäre gab. In Le Suicide spiegeln sich diese Spannungen wider, ohne gelöst zu werden. Ineins Diagnose und Rezeptur, will das Buch das – wie Durkheim es nennt – «allgemeine Unbehagen» begreifen, welches das Europa seiner Zeit heimsucht. Er lebt in einer «kritischen Phase».[88] Und er ist überzeugt, daß er nützliche Vorschläge zu machen hat, auf welchem Wege man sie gefahrlos durchschiffen kann.

Den Gesundbeter freilich mochte Durkheim ganz und gar nicht spielen. Abhilfe erwartete er – wie ein Jahrhundert vor ihm die philosophes – nicht von Dogma oder Tradition. In einem kraftvollen Glaubensbekenntnis zur exakten Wissenschaft erklärte er, daß «die Wissenschaft nicht etwa die Quelle des Übels ist, sondern vielmehr das Mittel dagegen, und zwar das einzige, das wir haben». Seine Leser mahnte er, sie sollten «sich hüten, sie als Feindin zu behandeln!»[89] Nur mit rein soziologischen Methoden kann ihm zufolge derjenige, der die Gesellschaft studiert, den einen Hauptumstand erkennen, der das Leben der Gegenwart verunstaltet: die Korrosion des sozialen Zusammenhalts durch den modernen Individualismus. Der Selbstmord ist die äußerste Denunziation jener unersetzlichen Solidarität. Geäußert wird sie, wenn die Gesellschaft in den einzelnen keine adäquate Repräsentanz hat, weil sie ihnen entweder zu sehr oder zu wenig die Zügel anlegt oder es in zerstörerischer Weise macht. All diese Fehler verraten, daß die Regelungen, die die Gesellschaft trifft, und die Bedürfnisse ihrer Mitglieder nicht im Einklang miteinander stehen.[90]

Nicht einmal die hingebungsvollsten Leser von Durkheims brillanter und umstrittener Abhandlung über den Selbstmord leugnen, daß seine Analyse wichtige Probleme der Selbsttötung ungelöst läßt, allen voran das Verhältnis zwischen den psychischen Ursachen des Handelns und den gesellschaftlichen Kräften, die auf jedes Individuum einwirken. Wichtig in unserem Zusammenhang ist der Stellenwert von Durkheims Werk für das historische Verständnis der Aggressivität im 19. Jahrhundert. Mit eiserner Konsequenz hat Durkheim die Überzeugung der Aufklärer vertreten, daß Wissen oberste Voraussetzung des Handelns, ja an sich schon eine Form des Handelns ist. Marx hat einmal in einem allseits bekannten Satz den Philosophen vorgeworfen, sie wollten die Welt nur interpretieren, während es doch darauf ankomme, sie zu verändern. Durkheim gehört nicht zu den von Marx verspotteten traditionellen Philosophen. Obgleich er keine endgültigen Antworten liefert, bietet er eine nachhaltigere Neubestimmung von Wesen und Grenzen des Pathologischen als irgend jemand sonst im 19. Jahrhundert. Und bei seinen Bemühungen herauszufinden, welche und wieviel Unterdrückung im Dienst der gesellschaftlichen Gesundheit angemessen ist, bietet er auch eine Neubestimmung der Aggression.

III. Demagogen und Demokraten

1. Neubestimmungen

Es dürfte mittlerweile klar geworden sein, daß die bürgerliche Epoche eine Zeit der Neubestimmungen war. Der Wettbewerb wurde säkularisiert, die Rassenzugehörigkeit dramatisiert, die Mannhaftigkeit demokratisiert. Aus Sünden wurden Verbrechen, aus Verbrechen Krankheiten, aus Krankheiten Sozialprobleme. Der hervorstechendste Nutznießer dieses radikalen Umdenkens war vermutlich die Politik. Die Teilnahme am Wettstreit um Rang und Macht, der einst das eifersüchtig gehütete Privileg rivalisierender adliger Gruppierungen war, wurde vom bürgerlichen Mittelstand – jedenfalls soweit er männlichen Geschlechts war – zuerst ersehnt und dann ernsthaft in Anspruch genommen. Diese Entwicklungen warfen wichtige Fragen auf, was das Wesen der Aggressivität, ihre angemessenen Schranken sowie die Anzahl (und erforderlichen Eigenschaften) der Mitspieler betraf, die zur Teilnahme an politischen Aktivitäten zugelassen waren.

Politik ist ein todernster Wettstreit, der nach Regeln ausgetragen wird, die von einer Gesellschaft zur anderen verschieden sind, die aber unabhängig davon, welche Form sie annehmen, zu den entscheidendsten Fiktionen gehören, von denen das moderne öffentliche Leben beherrscht wird. Im besten Fall handelt es sich dabei um eine Aggressivität, die in Bahnen gelenkt und in den Dienst rationaler Eigeninteressen oder realistischer öffentlicher Ideale gestellt wird. Der Aggressionstrieb ist, wie wir wissen, nicht gleichbedeutend mit Feindseligkeit. Wenn er angemessen sublimiert wird, kann er – wie in der Politik tatsächlich oft der Fall – die nötige Energie für eine friedliche Selbstbehauptung liefern und einen Schutz gegen die Verlockungen destruktiver Impulse bieten. Ein Pogrom kann Politikern zupaß kommen, aber es ist keine Politik. Und als eine zentrale menschliche Erfahrung, die sich halb aus Eigenwerbung und Massenunterhaltung, halb aus ökonomischem Kalkül und echter Staatskunst zusammensetzt, ist Politik etwas durch und durch Modernes.

Das soll nicht heißen, daß dieses Spiel im 19. Jahrhundert erfunden wurde; seine Ursprünge reichen weit zurück bis hinter die ältesten historischen Aufzeichnungen. Freud zitiert einen nicht namentlich genannten Engländer mit der Bemerkung, wer als erster «dem Feinde statt des Pfeiles ein Schimpfwort entgegenschleuderte», sei der wahre «Begründer der Zivilisation» gewesen.[1] Er hätte mit gleichem Recht diesen vorzeitlichen Kulturstifter als den wahren Begründer der Politik bezeichnen können. Die aber entwickelte sich nur langsam. Gewiß, propagandistische Äußerungen von Parteigängern und taktische Manöver von Amtsinhabern haben eine lange Tradition. Sie spielen in den Klassenkämpfen eine Rolle, die das Römische Reich zerrissen, in den mittelalterlichen Machtkämpfen zwischen Kaiser und Papst, im Aufbegehren des englischen Parlaments gegen die Stuarts im frühen 16. Jahrhundert. Shakespeares Historienstücke bilden eine einzige lange Reihe von Illustrationen für diese Art von Auseinandersetzung. Aber in allen Fällen war die Ähnlichkeit mit einem Krieg weit größer als mit dem gewaltlosen Streit, den wir Politik nennen: der Kampf war von Schlächtereien begleitet, und das entsprach auch mehr oder weniger den Erwartungen. Im 17. und 18. Jahrhundert erlebten ein paar Staaten – unter denen England vielleicht das eindrucksvollste Beispiel ist – die Entstehung einer politischen Kultur, aber die hervorstechendsten Charakteristika der Politik – eine als gesetzmäßig anerkannte Opposition gegen die Regierenden, eine wirksame Presse- und Versammlungsfreiheit, ein umfassendes Recht zur Teilnahme an freien Wahlen – waren Folge der Französischen Revolution und der Umwälzungen des Industriezeitalters. Politik setzt nämlich eine ziemlich hoch entwickelte Kommunikations- und Transporttechnik, ein gehobenes Bildungsniveau und die recht wohlmeinende Annahme voraus, daß die Menschen über ein angeborenes Vermögen verfügen, sich verantwortungsbewußt zu betragen. Bei all ihren haßerfüllten Auseinandersetzungen, all ihren entschiedenen Bemühungen, abweichende Meinungen zu manipulieren oder zu verhindern, daß sie geäußert wurden, war das 19. Jahrhundert das politische Zeitalter in Reinkultur.

Es war sich seiner Vorzüge bewußt. Schon zu Anfang des Jahrhunderts, im Jahr 1819, verwahrte sich Benjamin Constant gegen die gängige Idealisierung der antiken Politik. Constant, der in Lausanne zur Welt gekommen war und seine Erziehung in England und Frankreich genossen hatte, war gerade dabei, sich als der brillanteste, wenngleich manchmal unberechenbare, liberale Politiker und politische Theoretiker Frankreichs zu profilieren. In einem scharfsinnigen Vortrag stellte er antike und moderne Freiheitsvorstellungen einander gegenüber und forderte seine Zuhörer auf, die Ahnenverehrung über Bord zu werfen. Bei den Griechen habe der einzelne vielleicht in öffentlichen Angelegenheiten die Stellung des Souveräns innegehabt und über Krieg und Frieden entschieden, aber als Privatperson sei er praktisch ein Sklave gewesen, von Zwängen eingeengt, beobachtet, in allen seinen Bewegungen überwacht. Selbst Athen, unter allen griechischen Gemeinwesen die freieste Republik, habe das Scherbengericht gekannt, jene gefährlichste und willkürlichste aller Verfahrensweisen. Sämtliche Gesellschaften der Antike seien grausam gewesen, hätten fast ständig Krieg geführt, und man habe in ihnen mit repressiven Einrichtungen leben müssen. Die vielgerühmte Freiheit der alten Griechen sei auf das Recht hinausgelaufen, «ihre Magistrate und Oberen zu verhören, aus dem Amt zu jagen, zu verurteilen, auszuplündern, in die Verbannung zu schicken und zu töten».[2] Die Politik der Antike habe demnach weit mehr im Ausagieren von Aggressivität als in deren Sublimierung bestanden. Constant hatte die Sache gut getroffen. Interessengemeinschaften ehrgeiziger Männer, primitive Vorformen unserer politischen Parteien, kämpften im alten Athen um die Macht; aber wie das berüchtigte Todesurteil zeigt, das über Sokrates verhängt wurde, resultierten diese Machtkämpfe im Zweifelsfall in unpolitischen Entscheidungen. Und das galt auch danach noch viele Jahrhunderte lang für solche Auseinandersetzungen. Das letzte Wort behielt das Blutvergießen.

Basis dafür war das altersgraue, aber unverwüstlich überzeugungskräftige Argument, daß allein die staatlichen Behörden die wahren Bedürfnisse einer Gesellschaft beurteilen und durch entsprechendes Handeln befriedigen könnten. Daß Könige – oder in Republiken die Magistrate – ihrem Staatswesen dienen, Parteigruppen hingegen nur sich selbst, kam fast schon einem tautologischen Urteil gleich. Bis ins 18. Jahrhundert – und noch ins 19. hinein – war mit dem Begriff der Opposition die Vorstellung von Intrigen, Verschwörungen, ja sogar drohendem Aufruhr verknüpft. Solange der altehrwürdige Grundsatz, nach dem ein Herrscher niemals Unrecht tun kann, fraglose Geltung behauptete, war das auch gar nicht anders möglich. Welchen guten Grund für Unzufriedenheit konnte ein loyaler Untertan jemals haben? Durch die Frage wurden abweichende Meinungen in das düstere Licht des Egoismus oder des Verrats getaucht. Kaufleute mochten demütig darum ersuchen, von finanziellen Lasten befreit zu werden, und Geistliche, die mit der Feder umzugehen verstanden, mochten der Gefahr trotzen und Flugschriften verfassen, in denen sie den Staat zur politischen Kursänderung mahnten. Aber abgesehen von solch harmlosen Einsprüchen blieb Aggressivität im öffentlichen Bereich das unbedingte Monopol der Herrschenden.

Zwangsläufig ging mit dieser Fiktion der Unfehlbarkeit die ergänzende Fiktion der schlechten Ratgeber einher – ein klassischer Fall von Abwehrmechanismus, der inakzeptable feindselige Regungen dadurch akzeptabel macht, daß er sie auf weniger ehrfurchtgebietende Ersatzobjekte verschiebt. Im Schutze seines Gottesgnadentums schwebte der Herrscher als ein fehlloser Gesalbter hoch über den fehlbaren Sterblichen. Allerdings konnte er den Ränken seiner Minister erliegen oder durch üble Machenschaften hinters Licht geführt werden. Wenn sein Verstand dann getrübt war, mochte es passieren, daß sein Urteil dem Einfluß korrupter Höflinge erlag. Eine Konsequenz dieser bequemen psychologischen Fiktion bestand darin, daß bei den internen Machtkämpfen, die vor der Französischen Revolution Begleiterscheinung praktisch aller Regierungssysteme, der konstitutionellen ebenso wie der absolutistischen, waren, die politischen Kontrahenten einander eher als Feinde betrachteten, die bestraft werden mußten, denn als ehrenwerte Staatsdiener, die sich für irrige politische Strategien einsetzten. So erklärt sich das Verhalten, das eine politische Figur wie Richelieu gegenüber seinen weniger glücklichen Konkurrenten an den Tag legte: Nachdem er als Erster Minister Ludwigs XIII. in den 20er Jahren des 17. Jahrhunderts an die Macht gekommen war, schickte er seine Gegner in die Verbannung oder ließ sie hinrichten und bewies eine Grausamkeit, die seinem kalten Kalkül zufolge menschenfreundlicher war als eine fehlgeleitete Milde, dank deren der Staatskörper von der Plage der Anarchie befallen würde. Richelieu ließ seinen Haßgefühlen freien Lauf, aber in einer Form, die akzeptabel war.

Bevor sich die moderne Politik durchsetzte, pflegte die Öffentlichkeit – und nicht etwa nur die ungebildete, zügellose Volksmasse – an Ministern, die in Mißkredit geraten oder einfach nur unterlegen waren, erbarmungslos ihre Wut abzureagieren. Wer politische Fehler beging oder schlicht beim König in Ungnade fiel, büßte das oft mit dem Ende nicht nur seiner Karriere, sondern auch seines Lebens. Im 17. Jahrhundert und auch noch danach ahndeten die Staaten politisches Versagen mit äußerster Rachsucht und ließen nicht nur zu, sondern unterstützten sogar, daß die Sieger ungehemmt ihren Zorn an den Besiegten ausließen. Anfang der 40er Jahre des 17. Jahrhunderts führte das Lange Parlament einen Schlag gegen Karl I. und schickte durch parlamentarischen Strafbeschluß seine zwei Hauptberater, den Earl of Strafford und William Laud, den Erzbischof von Canterbury, die für unpopuläre politische Maßnahmen verantwortlich waren, aufs Schafott. Am Anfang der friedfertigen Demokratien, die in den Jahrzehnten der bürgerlichen Epoche nur noch die Muskeln spielen ließen, standen Blutvergießen und Aufbegehren.

Zu Beginn des 18. Jahrhunderts kam die altvertraute Gewohnheit, die Sphäre der Macht in Helden und Schurken zu unterteilen, ganz allmählich aus der Mode. In Großbritannien wurden gestürzte Minister immer noch geächtet und flüchteten häufig ins Exil. Aber durch Bestechung oder einfach dadurch, daß sie Zeit verstreichen ließen, konnten sie ihre Bürgerrechte zurückgewinnen. In Frankreich war ein entlassener Minister ein Minister «in Ungnade», aber normalerweise bedeutete das lediglich, daß er zu einem langweiligen Leben auf seinen Landgütern in der Provinz und im Kreise seiner Familie verurteilt war. Dennoch bietet das Jahrhundert anschauliche Belege dafür, daß sich das alte Bedürfnis, Rachegelüsten zu frönen, noch nicht völlig verloren hatte. Im Jahr 1719, kurz nach dem Tode König Karls XII. von Schweden, kam Baron Görtz, sein ungeheuer einflußreicher und allgemein verhaßter Hauptberater, vor ein Femegericht, das entschlossen war, ihn zu verurteilen; er wurde ohne viel Umstände enthauptet. R. N. Bain, ein Fachmann für schwedische Geschichte, der in der Spätzeit des 19. Jahrhunderts schrieb, räumte zwar ein, daß Görtz skrupellos und anmaßend gewesen sei, sah aber in seiner Hinrichtung «ohne Frage einen Justizmord».[3] Damit gab er zugleich zu verstehen, daß seine eigene Zeit, das aufgeklärte 19. Jahrhundert, so etwas nicht mehr nötig hatte. Das stimmte auch. Zu Bains Zeit wurden unbequeme Politiker nicht mehr hingerichtet und auch nicht mehr ins Exil geschickt; in Großbritannien ließen sie sich durch die Erhebung ins Oberhaus aus dem Weg schaffen. Aller rhetorischen Streitsucht ungeachtet, entwickelte die Politik Einrichtungen, die es den Konkurrenten um die Macht erlaubte, einen Kampf auszufechten, den alle überlebten und aus dem die meisten früher oder später persönlichen Vorteil ziehen konnten.

Diese große Neubestimmung dessen, was als legitime öffentliche Aggression galt, wurde vom Bürgertum wachsam verfolgt und oft auch aktiv befördert – was, wie zu sehen sein wird, nicht ohne Hauen und Stechen abging. In den Niederlanden und den freien Städten, die im Heiligen Römischen Reich verstreut lagen, waren städtische Patrizier und Oligarchen seit etlichen Jahrhunderten an der Macht beziehungsweise konkurrierten ernstlich um sie mit Aristokratie und Klerus. Und in parlamentarischen Systemen wie dem britischen genossen bürgerliche Führungsschichten, zumal nachdem sie die schmutzigen Handelsgeschäfte aufgegeben und sich den Reihen der landbesitzenden Gentry beigesellt hatten, schon lange den Status politisch handelnder Subjekte. Nach der Französischen Revolution aber wurden die Forderungen des Bürgertums nach politischen Rechten allgemeiner und unüberhörbarer. Paul Royer-Collard, ein gemäßigter liberaler Philosoph und Politiker, sprach nicht nur für die französische Bourgeoisie des beginnenden 19. Jahrhunderts, sondern auch für seine Standesgenossen anderswo, wenn er versicherte, daß im Mittelstand «alle Interessen ihre natürliche Vertretung finden»; die Oberschicht sei «herrschsüchtig», während die unteren Schichten aus «Unwissenheit, Gewohnheit und Mangel an Selbständigkeit» für das öffentliche Leben nicht taugten.[4] Nach 1815 wurden solche Forderungen durch Metternichs

System unterdrückt; aber das bürgerliche Verlangen nach politischer Betätigung konnte dies nur verstärken.

Die Beobachter waren sich sehr wohl bewußt, daß es sich hier um ein klassenspezifisches Verlangen handelte. Eine kleine Schar belesener Reisender verzeichnete die feinen sozialen Unterschiede, die damals die politische Aggressivität bestimmten. Alexis de Tocqueville war nicht der einzige, der seine Zivilisation von einer «großen Revolution» erfaßt sah, die «den bürgerlichen Klassen und dem industriellen Element die Übermacht über die aristokratischen Klassen und den Grundbesitz» sichern würde. Für die Besucher der Vereinigten Staaten von Amerika schien dieser junge Riese die große Revolution zu verkörpern, jenes demokratische Endziel, auf das sich auch die europäischen Gesellschaften, wenngleich zögernder, zubewegten. In einem Brief an einen Freund, den Tocqueville im Juni 1831 aus dem Norden des Bundesstaates New York schrieb, betonte er, die «demokratische Tendenz», der er nachforsche, sei überall unwiderstehlich. Die Vereinigten Staaten bildeten zweifellos die Vorhut, aber andere Länder, sein Frankreich eingeschlossen, seien ebenfalls dazu verurteilt, einer «schrankenlosen Demokratie» entgegenzustreben.[5]

Der progressive deutsche Historiker und Literarhistoriker Georg Gottfried Gervinus schloß sich in seinen Überlegungen zur neueren Geschichte diesem Urteil an: «Die Bewegungen der Zeit sind von den Massen getragen.» Die Massen sind es, «welche die Politik zu machen beginnen». Im Gegensatz zu Tocqueville war er allerdings nicht geneigt, sich wegen dieser Entwicklung Sorgen zu machen; an seiner Einschätzung läßt sich ermessen, wie weit die wagemutigeren unter den bürgerlichen Intellektuellen es um die Mitte des Jahrhunderts schon gebracht hatten: «Der Individualismus, das Selbstgefühl der Persönlichkeit, ist zu stark in den Menschen geworden, als daß er die Staatsbegriffe und Ordnungen nicht lockern, die geschlossenen Körperschaften, die Staaten im Staate, nicht auflösen, allen Kasten- und Standesunterschied nicht ausgleichen sollte.» Später, im Jahr 1869, bestätigte der deutsche Historiker und liberalnationale Politiker Heinrich von Sybel, was damals bereits gängige Münze war. «In unserem alten Europa geht der Zug der Zeit unwiderstehlich in den demokratischen Bahnen vorwärts», schrieb er an einen Freund. «Aufzuhalten ist er nicht, und welcher Mensch, der seine Mitmenschen für vervollkommnungsfähig hält, möchte sich seiner Tendenz in den Weg stellen?»[6]

Der laute Ruf nach der Demokratie blieb, wie nicht anders möglich, äußerst vielgestaltig. Je nach den unterschiedlichen kulturellen Stilen und politischen Chancen variierte er in seiner Heftigkeit, seiner Wirklichkeitsnähe und seinem Programm. Die Beobachter glaubten, an den jewei-

ligen gesellschaftlichen Umständen des Bürgertums einen Vergleichsmaß-
stab für diese Unterschiede zu haben. Die Vereinigten Staaten waren mit
einem ansehnlichen und machtvollen Mittelstand aus Freiberuflern, Geschäftsleuten und Rentiers ausgestattet, aber die Massen – das fiel den
lernbegierigen Touristen, die über den Ozean kamen, immer wieder besonders auf – hatten sich bereits patrizischer Kontrolle entzogen und
waren Anhänger einer volksnahen Politik. Frankreich dagegen schien fest
in der Hand seiner Bourgeoisie. «Im Jahr 1830», nachdem die Juli-Revolution den «Bürgerkönig» Louis Philippe auf den Thron gebracht hatte,
vermerkte Tocqueville in seinen Erinnerungen, «war der Sieg des Mittelstands so endgültig und vollständig, daß alle politische Macht, alle Vorrechte, der ganze Staat sich in die engen Grenzen dieser einen Klasse
eingefaßt und in ihnen gewissermaßen zusammengedrängt fanden.»[7]

Die Mittelschicht in Großbritannien, obwohl doch alles andere als
schüchtern, ließ demgegenüber zu, daß der Adel fast alle seine altehrwürdigen Privilegien behielt. Und das Bürgertum in den deutschen Staaten
zeigte sich in der politischen Sphäre relativ anspruchslos oder, wenn es
denn Ansprüche erhob, erfolglos. Der Weg des Bürgertums zur Macht
war ganz und gar nicht geradlinig und niemals leicht zu gehen. Deutschland gelang es, den Machtantritt des Bürgertums bis ins 20. Jahrhundert
hinein aufzuschieben, während Großbritannien die Welt durch die Unverwüstlichkeit seiner Aristokratie in Erstaunen versetzte. Im Jahr 1845
war der junge Friedrich Engels noch der Ansicht, die «herrschende
Klasse» sei «in England wie in allen andern zivilisierten Ländern die
Bourgeoisie». Aber ein halbes Jahrhundert später korrigierte er diese
grobe Verallgemeinerung und wunderte sich über die «Unterwürfigkeit» der englischen Bourgeoisie, die dafür gesorgt habe, daß «selbst der
Sieg von 1832... die Aristokratie im fast ausschließlichen Besitz aller
hohen Regierungsämter (ließ)».[8] Zur Geschichte des mittelständischen
Anspruchs auf politische Geltung im 19. Jahrhundert gehören demnach
Verzögerungen und Niederlagen; aber zu ihr gehört auch, daß mittelständische Politiker oder jedenfalls mittelständische Interessen in Machtpositionen vordrangen.

Für den Mittelstand war die Aussicht auf Macht verführerischer als die
Aussicht auf Demokratie. Ihre ambivalente Haltung gegenüber dem drohenden Triumph einer volksnahen Politik, dem überragenden Thema der
damaligen Zeit, war durchaus verständlich; dieser Triumph barg ebenso
viel Gefahren wie Chancen. Was überwog, ob es für einen Bürger vernünftiger war, sich den Demokraten anzuschließen oder zu widersetzen,
lag nicht immer klar auf der Hand. Die Entscheidung darüber hing von
seiner Einschätzung, seinen politischen Überzeugungen ab, ganz zu

schweigen von der Stellung, die er selbst in den Reihen des Mittelstands einnahm. Schließlich umfaßt der Begriff Bürger ein weites Spektrum; was im Interesse eines Bankiers oder Rentiers lag, mußte deshalb noch nicht dem Interesse eines kleinen Kaufmanns oder eines Freiberuflers entsprechen.[9] Außerdem fanden es die Beobachter schwierig, vorauszusehen, welche Form die zukünftige Demokratie letztlich annehmen würde. Tocqueville etwa konnte sich nicht zu einer Voraussage darüber verstehen, ob die politische Hauptströmung seiner Zeit sich als ein hohes Gut oder ein gewaltiges Übel erweisen werde. «Nichts ist offensichtlicher», schrieb er Ende 1831 an seinen Bruder, «als daß wir in einer Zeit des Übergangs leben, aber ob wir uns auf die Freiheit zubewegen oder auf dem Marsch in den Despotismus sind, das weiß nur Gott allein.»[10] Er hatte recht mit seiner Vorsicht, denn wie sich zeigen sollte, war das Resultat nur selten eindeutig. Das Zeitalter erlebte den Aufstieg neuer Cäsaren – politischer Führer, die manchmal im Bund mit dem Bürgertum, häufiger aber mit dessen Gegnern standen und die im Namen der Freiheit despotisch herrschten.

Kaum jemand im 19. Jahrhundert hatte Zweifel daran, daß die Politik voller Gefahren steckte, aber die meisten sahen in ihr einen Weg zu großen Lösungen, die das Leben der Menschen zu ihrem Vorteil verändern konnten. «Vergebliches Hoffen», notierte Thomas Carlyle im Oktober 1831 in sein Tagebuch, «die Menschheit durch Politik glücklich zu machen!» Aber wenn er sich durch die Politik, die in seinen Augen nur ein weiterer Fall von «mechanistischer Einstellung» war, desillusioniert zeigte, so vertrat er damit den Standpunkt einer Minderheit.[11] Die Mittelschichten, ob sie nun über Politik in ihren Zeitungen lasen, in ihren Clubs politisierten oder nach einem Amt strebten, in dem sie sich politisch betätigen konnten, sahen der heraufkommenden Demokratie, jenem höchsten Ziel, auf das die Neubestimmung öffentlicher Aggressivität gerichtet war, mit einer komplexen Mischung aus Freude und Entrüstung, Hoffnung und Unruhe entgegen.

2. Die schwere Geburt der politischen Kultur

Das Phänomen der rechtmäßigen Opposition gab es in der europäischen Politik schon über ein Jahrhundert, ehe der Begriff selbst in den Sprachgebrauch übernommen wurde. In einer Rede vor dem britischen Unterhaus im Jahr 1826 erregte der radikale Whig Sir John Cam Hobhouse bei seinen Kollegen Heiterkeit, weil er den Ausdruck «Seiner Majestät Opposition» prägte. Der Ausdruck fand weite Verbreitung, und in dem

Maß, wie man ihn als bündige Formulierung einer grundlegenden politischen Idee schätzen lernte, vergaß man seine scherzhafte Herkunft.[1] Anfang 1845 konnte Disraeli bereits vor dem Unterhaus die «gesunde» und «heilsame Kontrolle durch eine verfassungsmäßige Opposition» loben. Er beklagte nicht etwa, daß die Opposition von Parteigeist beherrscht sei, sondern im Gegenteil, daß die Bedingungen für eine gesunde Oppositionsarbeit nicht günstig genug seien. Auch Lord Palmerston rief nach einer heftigen Debatte im November 1852 den Abgeordneten des Unterhauses mahnend in Erinnerung, daß sie eine Versammlung von Gentlemen seien und daß «wir als Gentlemen auf dieser Seite des Hohen Hauses nicht vergessen dürfen, daß wir es auch auf der anderen Seite mit Gentlemen zu tun haben».[2] Palmerstons hochherzige Beobachtung steht beispielhaft für das Prinzip der Politik als sublimierter Aggressivität.

Der politische Prozeß, den Disraeli und seine Parlamentskollegen für Länder, die sich freier Institutionen rühmten, als etwas Selbstverständliches ansahen, unterschied sich demnach wesentlich von dem Intrigenspiel, das jahrhundertelang die politische Bühne beherrscht hatte; Kronprinzen, die gegen ihre gesalbten Väter Verschwörungen anzettelten, weil sie nach dem Thron gierten, militante Adlige mit ihrer bewaffneten Gefolgschaft, die gegenüber ihren Fürsten auf tatsächliche oder erdichtete Souveränitätsrechte pochten, ein Minister, der beim Herrscher in Gunst stand und ebenso lautstark wie bösartig mit anderen Günstlingen um den Einfluß bei Hof konkurrierte. Diese Auseinandersetzungen waren mehr oder minder unverhüllte Kämpfe um die Macht oder (was so ziemlich auf dasselbe hinauslief) um Einfluß auf die Mächtigen; sie gehorchten keinen zuverlässig etablierten Spielregeln, die einen friedlichen Wechsel im Amt oder eine problemlose Kursänderung hätten gewährleisten können.

Selbst wenn die Machthaber nicht beweisen konnten, daß ihre Kritiker Hochverrat begangen hatten, konnten sie ihnen doch immer vorwerfen, Zwietracht zu säen. Anfang des 18. Jahrhunderts, als der Grund für die moderne Politik gelegt wurde, entwickelte sich der Vorwurf der Parteibildung zu einer beliebten Methode, Gegner anzuschwärzen. In seinem Bestreben, die Whig-Oligarchie, die damals in England an der Macht war, in Mißkredit zu bringen, brachte Viscount Bolingbroke das seinen Interessen nützliche Heilmittel eines väterlichen patriotischen Königs in Vorschlag, der über den Parteien schwebte – als Partei, die der Parteilichkeit den Garaus machte.[3] Bolingbrokes politische Phantasien waren wichtig, weil sie sich bei den Vätern der amerikanischen Verfassung beträchtlicher Beliebtheit erfreuten; in *The Federalist* bekundeten James Madison und Alexander Hamilton eine wortgewaltige Abneigung gegen Parteibildung, in der sie ein Laster oder Gebrechen sahen, das die Freiheit fast zwangsläufig zerstören mußte.[4] In den Augen der Gründungsväter beschwor starker Parteienzwist das Gespenst des Chaos herauf.

Sosehr *The Federalist* ein Musterbeispiel für brillante politische Interessenvertretung darstellt, sosehr war er in diesem Punkte vergangenheitsorientiert, nicht aufs 19. Jahrhundert vorausblickend. Währenddessen aber verhalfen einige Zeitgenossen der Autoren dem Parteiwesen allmählich zu Ansehen. David Hume beklagte zwar noch die Leidenschaften, die das Parteiwesen hervorrufe, begrüßte aber die allmähliche Abkühlung und Ernüchterung der politischen Rhetorik in Großbritannien und räumte ein, daß Parteien für eine parlamentarische Regierungsform vielleicht nötig seien, vorausgesetzt, ein Grundkonsens verbinde sie.[5] Edmund Burke vollendete die von David Hume begonnene Revolution in der politischen Optik. Als der Parteigänger und aktive Mitstreiter in laufenden Disputen, der er zugegebenermaßen war, erhob er sich über das gängige Gewäsch zu umfassenderen Wahrheiten. Im Bemühen, den alten Fluch zu heben, der auf der Parteibildung lag, fand er die berühmt gewordene Formel, derzufolge eine Partei «eine Gruppierung von Männern ist, die sich zusammengetan haben, um durch gemeinsame Anstrengungen nach einem besonderen Grundsatz das Wohl des Landes zu befördern». Zwar könne, räumte er ein, das Parteiwesen zu etwas Engstirnigem und Bigottem verkommen, aber auch wenn eine Partei mit aller Macht ihren Vorteil verfolge, werde sie das doch jedenfalls tun, ohne zum Mittel der Ächtung und Verfolgung zu greifen.[6] Keine Ächtungen: das war der entscheidende Punkt. Für Burke war der politische Prozeß ein friedlicher Wettstreit zwischen Gruppen, die sich allesamt dem allgemeinen Wohl verschrieben hatten.[7] Dies sind fast schon viktorianische Akzente.

Das Rezept, die Aggression durch ihre Überführung in die Form von Debatten und Wahlen zu sublimieren, wurde zuerst im britischen Parlament und im Kongreß der gerade erst gegründeten Vereinigten Staaten von Amerika ausprobiert. Paradoxerweise aber spielte bei der Erfindung der modernen Politik die Französische Revolution, der Ächtungen und Verfolgungen alles andere als fremd waren, eine epochemachende, wenngleich zutiefst zweideutige Rolle. Dieses Buch handelt zwar vom 19. Jahrhundert, aber dessen Geschichte, zumal seine politische, bleibt ohne einen genaueren Blick auf die Französische Revolution, jene Erhebung des 18. Jahrhunderts, unverständlich. Mehrere Generationen von Staatsmännern, Schriftstellern und Sozialreformern im 19. Jahrhundert bezeugen mit ihren zumeist von Angst geprägten Äußerungen, welchen Nachhall das Ereignis auslöste. «Die Antwort auf jeden demokratischen Vorschlag», schrieb Henry Adams über die Vereinigten Staaten unter Jefferson, «bestand in dem stereotypen Satz ‹Schaut euch Frankreich an!»»[8] Das galt für Europa ganz ebenso. Im Jahr 1848, als Marx und Engels im *Kommunistischen Manifest* erklärten, ein Gespenst gehe um in Europa, meinten sie das unruhige Proletariat. Sie hätten größere Wirkung erzielt, wenn sie dieses Gespenst als den Schatten der Französischen Revolution identifiziert hätten. Die politische und kulturelle Geschichte des langen 19. Jahrhunderts fängt nicht mit Königin Viktoria und nicht mit Napoleon an, sondern mit Mirabeau und Robespierre.

Das Ancien régime in Frankreich hatte ansatzweise eine politische Kultur entwickelt, deren Nährboden Provinzakademien, Lesezirkel, subversive Literatur und eine Clique von Berufsanwälten bildeten; alles wirkte zusammen, um den Eindruck eines tiefernsten, grüblerischen Diskussionsklimas zu erzeugen. Aber in Abständen unterbrochen von Hungerrevolten, blieb die Politik in Frankreich auf den mit Worten ausgetragenen Bürgerkrieg zwischen Privilegierten beschränkt, auf den Machtkampf zwischen einem in die Defensive gedrängten Adel und anmaßenden königlichen Beamten. Die Revolution brachte den normalen Bürger auf die politische Bühne oder erlaubte ihm, besser gesagt, sich selbst als politisch Handelnder wahrzunehmen, beziehungsweise nötigte ihn oft sogar dazu. Ganz ungeplant lief die immer rasantere Abfolge denkwürdiger Tage – revolutionärer *journées* – auf die Freisetzung brachliegender politischer Energien und auf einen beispiellosen politischen Erziehungsprozeß hinaus.

Die Machtkämpfe zwischen den aufeinanderfolgenden revolutionären Versammlungen und der königlichen Regierung wie auch die internen Auseinandersetzungen unter den Revolutionären machten deutlich, welche ungeahnte Kraft jener unbestimmten, zunehmend aktiveren Gewalt eignete, die man als öffentliche Meinung bezeichnete. Abgeordnete der Versammlungen und königliche Minister entdeckten gleichermaßen, welchen Reiz die Popularität hatte, und pflegten sie, womit sie den Einfluß der Öffentlichkeit noch vergrößerten. Weitere, sogar noch instruktivere Lehrstunden in Politik ergaben sich aus dem unentschlossenen Widerstand der Krone gegen die Volkssouveränität, aus der publizistisch ausgeschlachteten Ablehnung, mit der ausländische Regierungen der Revolution begegneten, und später aus der Einziehung Tausender junger Franzosen, aus denen eine schlagkräftige Streitmacht gebildet wurde.

Zugegeben, die politische Erziehung war bestenfalls chaotisch zu nennen. Täglich fanden sich die Franzosen aufgerufen, schwere Entscheidungen zu treffen, bei denen es um neue Bedrohungen und neue Möglichkeiten ging – Entscheidungen darüber, wie man auf Dekrete reagieren, welche Politik man unterstützen, welche Politiker man auf die schwarze Liste setzen, wen man am meisten hassen sollte. Sturzbäche von Pamphleten und Flugschriften, die so zahlreich waren, daß nicht einmal der emsigste Leser sie verschlingen, geschweige denn verdauen konnte, ergossen sich über das Land; sie alle versicherten die allgemeine Öffentlichkeit ihres Rechts auf ein gewisses Maß an Aggressivität. Diese Propaganda überflutete die politischen Zeitungen, politischen Klubs und politischen Demonstrationen; mit ihren widersprüchlichen Rezepten sorgten sie mehr für Verwirrung als für Aufklärung. Dies war es, was Tocqueville provokativ als neue Religion, als Religion des Politischen, bezeichnete.

Keine Frage, daß die Rhetorik der Revolution, die in säkularen Emblemen und in sorgfältig arrangierten Feierlichkeiten ihre Dramatisierung fand, die Politik ins Zentrum aller Dinge rückte. Ende August 1789 erging mit der Erklärung der Menschen- und Bürgerrechte eine förmliche Aufforderung, sich politisch zu engagieren, an all jene, die noch nie dazu eingeladen worden waren. Die Einladung schloß in die «natürlichen, unveräußerlichen und heiligen Menschenrechte» das Recht aller ein, «persönlich oder durch ihre Vertreter» an der Gesetzgebung mitzuwirken. «Da alle Bürger» vor dem Gesetz «gleich sind, sind sie gleicherweise zu allen Würden, Stellungen und Beamtungen nach ihrer Fähigkeit zugelassen ohne einen anderen Unterschied als den ihrer Tugenden und ihrer Talente».[9] Selbst wenn offen blieb, wie die politische Öffentlichkeit genau aussehen sollte, waren das verführerische Worte.

Ähnlich verführerisch war der Prozeß gegen Ludwig XVI., bei dem «das französische Volk» zum Ankläger gegen den König wurde und ihn des Verrats am «französischen Volk» bezichtigte. Das galt auch für die Proklamation, die der Konvent am 23. Januar 1793, zwei Tage nach der Hinrichtung des Königs, an «das französische Volk» richtete; sie bediente sich mit Bedacht der gleichen Rhetorik, um zu unterstreichen, daß alle französischen Bürger am Akt des Königsmordes teilhatten – alle waren Nutznießer, alle waren Komplizen.[10] Auch wenn die Paulinische Lehre von der Gottgesandtheit der herrschenden Mächte schon viel von ihrem Glanz verloren hatte und auch wenn den Revolutionären alle Schuldgefühle genommen wurden, die sie wegen des Sturzes einer altehrwürdigen Obrigkeit hegen mochten, ging doch vielen auf, daß sie sich mit *dieser* Art von Aggression eine furchtbare Verantwortung aufluden. Bezeichnenderweise rationalisierten die Befürworter eines so radikalen Heilmittels für die Gebrechen ihres Landes ihr Vorgehen durch das revolutionäre Argument, das Volk allein sei der wahre Souverän. Deshalb habe auch das Volk allein die Macht, historisch oder religiös begründete Ansprüche, die von der herrschenden Dynastie erhoben würden, vom Tisch zu wischen. Durch alle Wechselfälle der Revolution hindurch bestanden die Redner auf dem Recht der Bürger Frankreichs, ihre Ansichten ungehindert zu äußern und sie in der französischen Politik wirksam werden zu sehen. Im April 1793 schlug Robespierre eine neue Menschenrechtserklärung vor, die das Recht, sich friedlich zu versammeln und die Pressefreiheit garantierte.[11] Solch einen Ton hatte das Ancien régime nicht einmal in seinen wohlmeinendsten Momenten angeschlagen.

Das unablässige Reden vom Neuen Mann, vom politischen Menschen, war Gerede, aber auch mehr als Gerede.[12] Beweise dafür, daß Politik jetzt jedermanns Sache geworden war, konnte man allenthalben sehen; vor der Hinrichtung des Königs ebenso wie danach war man angestrengt bemüht, einen emotional befriedigenden Ersatz für die gestürzte väterliche Autorität zu finden. Marianne, die Jedermannsfrau, geschmückt oder gekrönt mit der phrygischen Freiheitsmütze, wurde zum Wahrzeichen des neuen Frankreich, eines politischen Frankreich.[13] Und wie die neuen Figuren in Machtpositionen bezeugten, war die Demokratisierung, die diese majestätische Bürgerliche verkörperte, mehr als bloße Symbolik. Der Adel, der vor der Revolution praktisch ein Monopol auf die führenden Positionen hatte, verschwand nahezu von der Bildfläche. Die Provinzbehörden machten einen Wandlungsprozeß durch, bei dem an die Stelle geadelter Richter und Adliger aus altem Geschlecht gebildete Bürgerliche, Anwälte und wohlhabende Kaufleute traten; da der Revolutionsprozeß mit dem Austausch der Eliten fortfuhr, kamen später die Bürger der unteren Mittelschicht an die Reihe. Gewiß, auch zahlreiche Bürger fielen der Revolution zum Opfer. Einige Bankleute kamen unter die Guillotine; manche akademischen Freiberufler erlitten ernsthaften Schaden durch die Abschaffung der Korporationen und Hochschulen, die ihnen einst das Monopol auf ihr einträgliches Gewerbe gesichert hatten. Dennoch bleibt es dabei, daß es sich bei der Revolution zwar um keine Verschwörung des Bürgertums handelte, daß es aber im großen und ganzen bürgerliche Persönlichkeiten waren, die bei der Besorgung der öffentlichen Angelegenheiten an die Stelle der Adligen traten.

Und doch waren die Signale, die von der Revolution in Sachen Politik ausgesandt wurden, massiv widersprüchlich. Hauptagentin der politischen Erziehung, die sie war, sabotierte die Revolution gleichzeitig diese Erziehung auf drastische Weise. Der Widerspruch zwischen liberalen Verfassungen und repressiven Praktiken, zwischen humanen Bekenntnissen und inhumanen Handlungen stach so sehr ins Auge, daß man schon ein fanatischer Anhänger sein mußte, um nicht ins Grübeln zu kommen. Die Geschicke der europäischen Ernüchterung angesichts der anfangs so begeisternden Ereignisse in Frankreich muß hier nicht noch einmal erzählt werden; Kants unbeirrte Unterstützung der Revolution in all ihren Erscheinungsformen bildet die Ausnahme.[14]

Im Jahr 1789 hatten viele Nicht-Franzosen, zumal Engländer, haargenauso geklungen wie Kant. Mit Wordsworth waren sie der Meinung, daß es höchste Seligkeit sei, in dieser Morgendämmerung leben zu dürfen. Wie das Nachbarland die absolute Monarchie abschüttelte, mit dem Aberglauben Schluß machte, sich der Freiheit verschrieb – kurz, danach strebte, englischer zu werden –, war ein fesselnder Anblick, tief bewegend und großartig. Wie Burke im November 1789 feststellte, bot Frankreich der Welt ein «erstaunliches Schauspiel». Aber blutigere Vorgänge wie die «zweite» Revolution vom 10. August 1792, die der königlichen Macht erfolgreich Paroli boten, die Massaker an Gefangenen einen Monat später in Paris und mehr noch die Hinrichtung von Ludwig XVI. ließ aus den Sympathisanten Gegner der neuen Unterdrücker werden.[15]

Die Revolutionäre gaben ihren enttäuschten Anhängern reichlich Grund, entsetzt zu sein; sie begingen grundlegende Verstöße gegen die politischen Ideale, die sie so stolz verkündet, tatsächlich sogar in die Welt gesetzt hatten. Kaum hatten sie die Gesamtbürgerschaft bewogen, die politische Bühne zu betreten, verstießen sie gegen deren eine unabdingbare Grundregel und behandelten Gegner als Feinde, abweichende Meinungen als Verrat. Die gleichen vom Parteigeist beseelten Politiker, die versprochen hatten, das Recht auf politische Aggressivität breiteren Schichten zugänglich zu machen, monopolisierten es nun. Im Zuge der übertriebenen Politisierung, die für die Revolution durchgängig kennzeichnend war, stellten die Eiferer das Alltagsleben in den Dienst der staatsbürgerlichen Erziehung. Erscheinung und Betragen wurden in allen Einzelheiten zum beredten Zeugnis, das den guten Bürger vom bösen Konterrevolutionär unterschied – welche Zeitung man las, welche Kleider man trug, welchen Namen man annahm, bei welchem Theaterstück man Beifall klatschte.[16]

Wie selbst Unangepaßtheit in Geschmacksfragen zum Beweis politischer Heimtücke wurde, so wurde auch Mißerfolg zum Symptom nicht des Pechs oder einfacher Unfähigkeit, sondern verräterischer Gesinnung. Es gab unzählig viele Möglichkeiten, die Revolution zu verraten, ob man nun Lebensmittelrationen ungerecht verteilte, königliche Wahrzeichen von öffentlichen Gebäuden ungeschickt entfernte oder sich bei militärischen Unternehmungen als unfähig erwies. Der andere war jemand, der Getreide hortete, ein «Aristokrat», ein Verschwörer, der insgeheim im Dienste des Papstes oder der im Exil befindlichen Konterrevolutionäre stand. Einer von Benjamin Constants herausforderndsten Beiträgen zum liberalen Denken des 19. Jahrhunderts war die Beobachtung, daß Freiheit in der Politik Freiheit von der Politik mitumfassen müsse; er erkannte, daß der freie Bürger eine geschützte Privatsphäre braucht, in die der Staat oder der Mob kein Recht hat einzudringen.

Die selbsternannten Hüter der politischen Tugend erhoben die Denunziation zur patriotischen Pflicht. Von 1789 an machte sich der geistesgestörte Jakobiner Jean Paul Marat fortwährend dafür stark, die drastischsten Mittel gegen die «frevlerischen Verschwörer» anzuwenden, die danach lechzten, das Werk der Revolution zu zerstören. Aber auch Führer der Gironde, denen sich mehr Rationalität unterstellen ließ, führten sich nicht gemäßigter auf. Und auch der anfangs besonnenere Robespierre benutzte mit Hingabe das Wort «Partei» als ein Schimpfwort, das den anderen aus dem Kreis der vernünftigen und anständigen Bürger ausschloß.[17] Offenbar war Patriotismus beim einen gleichbedeutend mit Parteigeist beim anderen. Die Vorwürfe, die ein Politiker gegen seine Rivalen erhob, konnten gegen ihn selbst gekehrt werden, und das geschah auch häufig. Fast alles konnte zum Anlaß werden, jemanden zu verdächtigen, zu verhaften und unter Umständen auf die Guillotine zu bringen: der Betreffende mochte sich für Preiskontrollen oder für deren Abschaffung aussprechen, er mochte dagegen wettern, daß Paris zuviel Macht über Frankreich ausübe, oder diese Tatsache verteidigen, er mochte für die Verbannung Ludwigs XVI. oder für seine Hinrichtung stimmen. So kam es, daß die Stabilität, die ein echtes politisches Milieu anstrebt und befördert, den Revolutionären unerreichbar blieb. «Die Feinde derer, die im Augenblick regieren», stellte Gouverneur Morris Ende 1792 fest, «verfahren mit ihnen, wie diese mit ihren Vorgängern, und wie man künftig mit ihnen selbst verfahren wird.»[18] Die Revolution fraß nicht nur ihre Kinder, sondern auch ihre Väter.

Nicht alles revolutionäre Blutvergießen war durch schiere Paranoia entfesselte Barbarei. Die Versammlungen und Ausschüsse, die Frankreich seit 1789 regierten, standen unter zunehmendem Druck durch die mobilisierte Pariser Bevölkerung, die ihren politischen Wünschen den angemessenen Nachdruck zu verleihen lernte. Fast alle denkwürdigen *journées* der Revolution gehorchten der Logik einer Politik der Straße. «Es spricht alles dafür, daß diejenigen, die Paris unter Kontrolle haben, den anderen gebieten können», schrieb Gouverneur Morris.[19] Der Druck, den der städtische Mob ausübte, wurde durch hartnäckige ökonomische und militärische Probleme zum Teil überhaupt verursacht, auf jeden Fall aber verschärft: Seit dem Frühjahr 1792 befand sich Frankreich mit dem größten Teil Europas im Kriegszustand und stieß im Inneren mit seinen Verfügungen und Forderungen auf bewaffneten Widerstand; im Bemühen, alles neu zu machen, hatte die Regierung den Zusammenbruch von Märkten bewirkt und traditionelle Körperschaften zertrümmert, die seit alters erzieherische und karitative Aufgaben erfüllt und der Rechtspflege gedient hatten. Und den neuen Führern Frankreichs blieb auch nicht genug Zeit – oder es fehlte ihnen an Ingenium –, das Vakuum zu füllen, das sie geschaffen hatten. Aufgeregtes Improvisieren zusammen mit mangelnder Erfahrung und Anfällen von Panik angesichts schlechter Nachrichten von der heimatlichen Front und den Kriegsschauplätzen draußen leisteten einer Haltung kampflustiger, geballter Empörung Vorschub, die den Machthabern häufig zupaß kam und die extreme Maßnahmen nicht zur letzten, sondern zur ersten Zuflucht werden ließen. Nicht von ungefähr wurden diejenigen, die während der Terrorherrschaft die Guillotine bestiegen, in Kampfgebieten zum Tode verurteilt – im Nordosten, wo alliierte Truppen versuchten, sich den Weg nach Paris freizukämpfen, und in der Vendée, dem Zentrum der Konterrevolution.

Dennoch waren nicht alle Guillotinierten Opfer der militärischen Wirren; die tödliche Angewohnheit, Fehler oder Meinungsdifferenzen mit Kapitalverbrechen gleichzusetzen, forderte ihren Blutzoll. Daß in dieser vergifteten Atmosphäre das politische Ideal, den politischen Gegner als Mitmenschen gelten zu lassen, gedieh, war schwerlich zu erwarten. Und auch nach jenem Sommertag des Jahres 1894, an dem Robespierre und seine Mitstreiter auf die gleiche Weise beseitigt wurden, wie sie sich ihrer Gegner entledigt hatten, nämlich mittels Guillotine, kam das Ideal nicht so schnell wieder zu Kräften. Der Terror hörte nicht auf; der rote Terror wurde vom weißen abgelöst und oft übertrumpft. Auch wenn das Direktorium, das sich seit 1795 mit der Regierung Frankreichs abstrampelte, vorübergehende Erfolge zu verzeichnen hatte, es steuerte einen unsteten Kurs zwischen korruptem Kompromiß, zynischer Manipulation und massiver Repression. So kam es, daß die Machtergreifung Napoleon Bonapartes an jenem historischen Tag im November 1799 – dem 18. Brumaire – viele Franzosen mit Befriedigung erfüllte. Viele mißtrauten dem ehrgeizigen General und hofften, er werde bloß die Rolle einer Übergangsfigur spielen. Aber er hatte auch begeisterte Anhänger, die ihm zujubelten. «Er erschien als Retter», erinnerte sich der Philosoph und liberale Politiker Charles de Rémusat im Jahr 1818.[20]

Daß die politische Öffentlichkeit Frankreichs, die in den Tagen der Revolution soviel Aktivität und Lebendigkeit bewies, dem Staatsstreich Napoleons höchstens noch pro forma Widerstand leistete, war dabei gewiß kein Gradmesser für dessen tatsächliche Popularität. Die repressiven Maßnahmen der von ihm gestürzten Regierung hatten praktisch allen Widerstand zerschmettert, und die Ausschweifungen des revolutionären Jahrzehnts zusammen mit den beispiellosen Übergriffen der Politik auf den Alltag hatten dafür gesorgt, daß die Menschen sich nach Stabilität sehnten. Bonaparte, der triumphierende Befreier, der sich selber krönte und der den Überdruß der Öffentlichkeit geschickt zu nutzen wußte, war allerdings zu klug, um sich allein auf das Gefühl der Erleichterung zu verlassen. Er wußte, daß die Volksgunst ebenso leicht, wie sie geschenkt wurde, auch wieder entzogen werden konnte. Nach der Machtergreifung ging er deshalb auch kein Risiko ein. Er verkündete, daß sich zulässige politische Betätigung fortan auf Aktivitäten beschränke, die von ihm gefördert wurden oder kontrolliert werden konnten, daß die einzige öffentliche Stimme, auf die es ankam, seine eigene sei. Um seine Herrschaft gegen alle Konkurrenz zu sichern, erstickte Bonaparte die politische Äußerung, statt sie zu pflegen. Während der anderthalb Jahrzehnte, die er an der Spitze des französischen Staatswesens stand, benutzte und erfand er ein einfallsreiches Repertoire von Taktiken: Konzessionen, Diplomatie, Schmeicheleien, Zensur, Bestechung, Unterdrückung und Mord. Wenn Napoleon, was selten genug geschah, die politische Opposition erwähnte, denunzierte er sie. Sie war, erklärte er seinen Brüdern, nur dazu gut, «die Obrigkeit in den Augen des Volkes herabzusetzen». Was ihn betraf, so lehnte er es ab, «Parteigänger zu sein».[21]

Napoleon Bonapartes Herrschaft war natürlich mehr als bloß eine Sammlung politischer – oder vielmehr antipolitischer – Techniken. Sie drückte Frankreich ihren unauslöschlichen Stempel auf, ganz zu schweigen vom übrigen Europa. Napoleon besiegelte die Französische Revolution durch das neue bürgerliche Gesetzbuch, den Code civile, der unter seiner Aufsicht entstand, auch wenn er in der internen Gesetzgebung davon abrückte. Er verbesserte per Dekret die Lage der Juden. Er stärkte die zentrale Verwaltung. Er propagierte die Ideologie vom Talent als Maßstab der Karriere. Und er exportierte seine Ideen und seine Verfügungen in die Länder, die von seinen Armeen erobert wurden, und hinterließ einen Mythos und ein Vermächtnis, womit sich die Politiker Europas ein halbes Jahrhundert lang herumschlugen. Aber im Blick auf die schwere Geburt der politischen Kultur war seine Herrschaft ein fünfzehnjähriges Intermezzo, eine Abschweifung von der Marschroute dessen, was Tocqueville später als demokratische Revolution bezeichnete. Denn die politische Triebkraft überlebte sogar den radikalen Eingriff Napoleons. Einmal geweckt, erwies sich das Verlangen nach politischen Rechten, nach Teilhabe an der Souveränität, als unausrottbar.

Unausrottbar, aber verschlungen und widersprüchlich. Der Platz reicht nicht, um all die Meilensteine in der politischen Entwicklung des 19. Jahrhunderts aufzuzählen, aber von besonderem Interesse ist das Auf und Ab dieser Entwicklung in den Ländern, die sich rechtmäßiger Parteien rühmten – vor allem in den Vereinigten Staaten, in Großbritannien und in Frankreich. Die Widersprüche der Parteipolitik waren am augenfälligsten in den Vereinigten Staaten, wo die Spannung zwischen Dogma und Empirie sich langsam und mühsam zugunsten der Empirie auflöste. Die führenden Köpfe in Amerika taten sich außerordentlich schwer, die Vorstellung zu akzeptieren, daß Parteien unversöhnliche, aber gleichermaßen achtenswerte Ansichten vertreten konnten. Mit ihrer Überzeugung, daß es durchweg für jedes Problem, dem sich der Staatsmann stellen muß, nur eine gute Lösung gibt, waren die Gründungsväter echte Männer des 18. Jahrhunderts. Weil sie von Natur aus zum Parteigeist neigten, kämen Männer nicht umhin, sich über Alternativen zu streiten, aber ihre verbalen Auseinandersetzungen müßten sich in einer Politik niederschlagen, die auf die loyale Unterstützung aller vernünftigen Bürger rechnen konnte. Die Reden und Schriften von George Washington bis hin zu seiner Abschiedsansprache bilden eine Anthologie von Stellungnahmen wider den Parteigeist. Als erster Präsident des Landes sah er sich über den Parteien stehen und forderte andere auf, seinem Beispiel zu folgen.

Aber während Washington sich bemühte, die politische Kultur seiner amerikanischen Landsleute dem Ideal der Einmütigkeit näherzubringen, wurde sie von den Realitäten des öffentlichen Lebens in die entgegengesetzte Richtung gedrängt. Während die Politiker in der neugegründeten Republik darum kämpften, der inneren und äußeren Politik Gestalt zu verleihen, und sich über so umstrittene Fragen wie die der Finanzen, der Macht der Zentralregierung oder der Haltung gegenüber dem revolutionären Frankreich in die Haare gerieten, griffen sie ständig zum psychologischen Mittel der Aufspaltung: Ich bin ein gestandener Patriot, du bist ein parteiischer Politiker. Mit nie erlahmendem Eifer warfen die Föderalisten Hamiltons den Republikanern Jeffersons vor, aufrührerische Agenten Frankreichs zu sein, während sich die republikanische Minderheit mit ähnlich gesalzenen Komplimenten revanchierte. Die demagogischen Gesetze gegen ausländische Aktivitäten und Volksverhetzung, die 1789 unter dem Präsidenten John Adams verabschiedet wurden, zeigen, daß sich die politischen Feindseligkeiten zu einer kollektiven Paranoia ausgewachsen hatten. Diese willkürlichen, unverhältnismäßig harten und schrill patriotischen Verfügungen ermächtigten zu einem drastischen Vorgehen gegen verdächtige Ausländer und Amerikaner, die mit ihnen gemeinsame Sache machten. Mehr noch machten sie den Weg frei für die Verfolgung von Schriftstellern, Verlegern und normalen Bürgern, wenn diese Ansichten vertraten (oder auch nur hegten), die den Vorstellungen der Föderalisten von staatstreuem Verhalten nicht entsprachen.

Die Vereinigten Staaten waren nicht Frankreich. Kein Ausländer wurde auf Grund dieser Gesetze deportiert, und auch wenn eine kleine Zahl von

Druckern und Verlegern – allesamt Anhänger Jeffersons – verhaftet und verurteilt wurden, setzten die republikanischen Zeitungen ihre Parteikampagnen fast unbehindert fort und sorgten mit dafür, daß Jefferson im Jahr 1800 zum Präsidenten gewählt wurde. Das war auch kaum anders denkbar: Die politische Öffentlichkeit Amerikas mochte noch so sehr von Forderungen widerhallen, alle Verräter auszumerzen – sie war durch eine Schule gegangen, die keine Bastille und keinen Terreur kannte. Im Jahre 1791, nachdem die Ergänzung der Verfassung durch die Bill of Rights Abhilfe für ein krasses Versehen geschaffen und den Weg für einen freien Ideenaustausch freigemacht hatte, waren praktisch alle Skeptiker umgeschwenkt. In dieser Atmosphäre mochten amerikanisch denkende Politiker – einschließlich Jefferson – noch so sehr das Übel des Parteigeists beklagen, daß sich moderne politische Parteien bildeten, war nurmehr eine Frage der Zeit.[22]

Ihr Wachstum vollzog sich unter den Augen von Kritikern, deren erhabene Gegenpositionen, die ihnen ihr Heckenschützendasein ermöglichten, an Überzeugungen des 18. Jahrhunderts erinnerten. Im Jahr 1838, mitten in der Ära Präsident Jacksons, bejammerte der beliebte Autor von Grenzlandromanen und politische Gelegenheitstheoretiker James Fenimore Cooper, ein emphatischer Libertärer, noch immer, daß es überhaupt Parteien gab und daß sie in solch gutem Ansehen standen. Weit entfernt davon, daß politische Parteien zur Freiheit wesentlich dazugehörten, seien sie vielmehr Vehikel der Verirrung, die eine «bösartige, korrupte und unzuträgliche Gesetzgebung» zur Folge hätten und korrupte und unfähige Männer an die Macht brächten.[23] Die Sehnsucht nach den Tagen der Gründungsväter, als die Präsidenten über den Parteien standen – oder jedenfalls zu stehen versuchten – bewies eine erstaunliche Zählebigkeit. Trotz dieses Unbehagens waren zu der Zeit, als Cooper seine von Herzen kommenden Verleumdungen äußerte, die politischen Parteien bereits anerkannte Akteure auf der politischen Bühne Amerikas. Und das nicht unerwartet: Der Boden dafür war seit den Gründertagen bereitet! Als William James etwa sechzig Jahre später an einen Freund schrieb: «Die einzige ernstzunehmende dauerhaft korrumpierende Kraft in Amerika ist der Parteigeist», stand er längst auf verlorenem Posten.[24]

In Großbritannien verlief die Einführung des oppositionellen Elements in den politischen Prozeß, wie nicht anders zu erwarten, chaotischer. Allem Anschein nach zog sich Großbritannien das Zweiparteiensystem in einem Moment von Geistesabwesenheit zu. Die Politiker warfen weiter mit den alten Namen «Whig» und «Tory» um sich; welche Attribute den Namen beigelegt wurden, lag im Belieben des Benutzers. Jedenfalls galt Uneinigkeit nicht mehr als fatal; Parteigeist stellte keine Gefahr mehr

dar. Parteidisziplin, Parteiorganisation, Parteizuständigkeit waren noch
Zukunftsmusik. Aber Großbritannien war auf dies alles auch vor dem
Reformgesetz des Jahres 1832 schon vorbereitet.

In Großbritannien und in den Vereinigten Staaten erweiterte sich der
Freiheitsrahmen allmählich – von einem Präzedenzfall zum anderen.
Frankreich durchlief eine wechselvollere politische Geschichte. Das Land
mußte sich durch das Trauma der Revolution und das Gegentrauma
Napoleons hindurcharbeiten: die Ansprüche auf das Recht zur politischen
Betätigung, zu dem die erstere allen Ernstes den Grund gelegt hatte, war
letzterer bestrebt gewesen, wieder aus der Welt zu schaffen.

Während Napoleon sich auf dem Gipfelpunkt seiner Macht befand,
analysierte Benjamin Constant prägnant die verheerenden Folgen, die
seine Herrschaft für das politische Leben in Frankreich hatte: «Wenn ein
freies Land weder Pressefreiheit noch politische Rechte genießt, kehrt das
Volk den öffentlichen Angelegenheiten vollständig den Rücken zu. Alle
Verbindung zwischen den Regierenden und den Regierten bricht ab.»
Keine Frage, daß «dies den Behörden und ihrem Anhang als vorteilhaft
erscheinen kann. Die Regierung kann ungehindert schalten und walten.
Sie stößt auf keinen Widerspruch.» Und was sind die Folgen? «Sie handelt frei – aber sie allein ist lebendig, und die Nation ist tot.»[25] Eine
historische, wenn auch weitgehend unbeabsichtigte Auswirkung der
Restauration, die auf Napoleons Sturz folgte, war die Wiederbelebung
der politischen Triebkraft der Nation.

Allerdings war das eine Wiederbelebung in den denkbar engsten Grenzen. Ludwig XVIII., der Bruder des zum Märtyrer gewordenen Ludwig XVI., den die siegreichen Verbündeten an Napoleons Stelle auf den
französischen Thron gesetzt hatten, war weit erpichter darauf, die französische Öffentlichkeit im Griff zu haben, als ihre politische Kultur zu
entfalten. «Die Anwendung der Ideen der Billigkeit, Mäßigung, ja,
Humanität auf die Politik stecken gewissermaßen noch in den Kinder-
schuhen», so kennzeichnete Rémusat die Restauration.[26] Die durch die
Charta von 1814 eingerichtete Monarchie war ein unausgewogenes Gemisch aus Nostalgie und Realismus, wobei die Nostalgie zunehmend die
Oberhand gewann, zumal nach 1824, als der ebenso unversöhnliche wie
fromme jüngere Bruder des Königs als Karl X. den Thron bestieg. Die
Ablehnung einer aufs Volk gestützten Politik, ganz zu schweigen von
Volkssouveränität, war eine Selbstverständlichkeit für diesen König, der
den Tatsachen des modernen Lebens nicht viel aufgeschlossener gegenüberstand als der Rest seiner Sippe. Aber die sechsjährige Herrschaft
Karls X. bewies eindeutig, wie vergeblich der Versuch war, das 18. Jahrhundert wiedererstehen zu lassen. Allein das leidenschaftliche Bedürfnis

nach Machtsicherung, das die Restauration trotz aller relativen Ruhe und finanziellen Stabilität an den Tag legte, zeugt davon, wie tief ihre Angst vor Instabilität saß und wie wenig ausgebildet ihr politisches Selbstbewußtsein war.

Machtsicherung hieß, daß man starre Besitzstandsbedingungen festlegte, kraft deren die wahlberechtigte Öffentlichkeit sich auf die steuerpflichtigen, wohlhabenden, hauptsächlich landbesitzenden Franzosen beschränkte, und daß man ein kompliziertes indirektes Wahlsystem einführte, durch das die Vormachtstellung der Besitzenden und Vornehmen noch mehr abgesichert wurde. Durch diese wahlpolitische Strategie erhielten etwa 72 000 Franzosen das Stimmrecht und eine ausgesuchte Schar von 16 000 «zuverlässigen» Personen das Recht, sich um einen Sitz in der Abgeordnetenkammer zu bewerben. Und das Regime war auch ebensowenig bereit, der Jugend ein Stimmrecht zuzubilligen: für das aktive Wahlrecht mußte man mindestens dreißig Jahre alt sein und für das passive mindestens vierzig. Machtsicherung hieß außerdem, daß des Königs Diener auch wirklich seine Diener waren und allein ihm Rechenschaft schuldeten. Und Machtsicherung bedeutete schließlich, daß man die Presse durch Zensur und Polizei mit Argusaugen überwachen ließ und daß man durch strikte Gesetze gegen Verleumdung Zeitungen und Zeitschriften davon abzuhalten suchte, sich in Kritteleien zu ergehen oder gar in echte Opposition zu verfallen. Den Überdruß an der Politik auszunutzen und dem Eigennutz Vorschub zu leisten, war ein todsicheres Rezept, um die Spannungen des politischen Lebens soweit herunterzuschrauben, daß man sich sicher fühlen konnte.[27]

Aber ein Schlafmittel ist kein Gift. So beschränkt der Kreis der politischen Öffentlichkeit blieb und so eifrig die Diener des Königs ihrer Aufgabe nachkamen, die Wählerschaft durch Verführung oder Einschüchterung bei der Stange zu halten, die durch die Restauration arg kompromittierte Freiheit des Denkens und Handelns war dennoch für einige Überraschungen gut. Die Wahlen vom August 1815 brachten eine Mehrheit von nostalgischen Ultraroyalisten in die Abgeordnetenkammer, Reaktionäre, auf die nicht einmal ein gestandener Bourbone wie Ludwig XVIII. bauen konnte. In der Kammer selbst sortierten sich die Abgeordneten – Ultras, Königstreue, Liberale, ein paar Bonapartisten – zu einzelnen Gruppen, die zwar noch unorganisiert und alles andere als kohärent waren, die aber doch an Parteien in der Entstehungsphase erinnerten.

Ziemlich stockend kam demnach der politische Erziehungsprozeß wieder in Gang. «Frankreich hat sich auf den Weg der Freiheit begeben», erklärte der Journalist, Historiker und Politiker François Guizot, der damals am Anfang seiner politischen Karriere stand, in einer Flugschrift aus dem Jahr 1821, in der er für das Recht auf Opposition in Frankreich eintrat. «Man kann ihm Steine in den Weg legen, aber am Denken kann man es nicht hindern.» Das Erbe, mit dem die restaurierte Bourbonen- herrschaft lernen müsse zu leben, sei der «Sieg der Revolution» über das Ancien régime.[28] Guizot war kein Demokrat. Er forderte die Befreiung des politischen Lebens und war gleichzeitig ein entschiedener Anhänger der konstitutionellen Monarchie; eine Opposition zuzulassen bedeutete für ihn nicht, der Meinungsäußerung freien Lauf zu lassen.

Guizot war nicht der einzige, der die Revolution akzeptierte. Aber er sprach nicht für alle, die das taten; weil sie aus ihren politischen Er- fahrungen unterschiedliche Lehren zogen, waren die Liberalen in der Restaurationszeit alles andere als einer Meinung und unentschlossen in ihren Bündnissen. Während Guizot den Staat vor der Verunglimpfung durch die äußerste Linke und mehr noch durch die unversöhnlichen Ultraroyalisten schützen wollte, benutzte Benjamin Constant seine pro- duktive Feder, um die scheinbar paradoxe Ansicht zu propagieren, daß eine unbehinderte Presse der beste Weg zum öffentlichen Frieden sei. Gleichzeitig beklagte er ganz im Stil des 18. Jahrhunderts den «Geist der Parteilichkeit», der nach seiner Befürchtung der Leidenschaft auf Kosten der Vernunft Vorschub leistete. Ähnlich wie Constant erklärte auch Charles de Rémusat im Rückblick auf die endlosen Debatten über die Pressefreiheit dieses Thema zur großen Frage des Jahrhunderts; er, dem der Parteigeist weniger Sorgen machte, empfahl als besten Schutz für den Bürger eine ungehinderte politische Betätigung.[29] Und auch wenn der großartige Parlamentsredner Pierre Paul Royer-Collard mit seinem ge- mäßigten Royalismus konservativer war als seine Bundesgenossen, räumte er immerhin ein, daß die demokratischen Kräfte es verdienten, mit Verständnis behandelt zu werden. Kurz, bei ihrer tastenden Suche nach einer stabilen und vernünftigen politischen Ordnung blieb den fran- zösischen Liberalen strikte Einmütigkeit versagt.

In einer Überzeugung allerdings stimmten sie alle überein: Das Recht auf Opposition war für eine vernünftige staatsbürgerliche Ordnung grundlegend. In ihren Augen bestand Napoleons unverzeihliches Verbre- chen darin, daß er Opposition zertrümmert hatte, wo immer er auf sie stieß oder sie vermutete, und daß er eine Herrschaft der Lügen, der Heuchelei und des Schweigens errichtet hatte. Karl X. fanden sie kaum erträglicher, und 1827, drei Jahre nach seiner Thronbesteigung, bildeten Guizot, Rémusat, der alternde Lafayette und andere Liberale ein Komi- tee, um der royalistischen Wahlpropaganda und Einschüchterungstaktik etwas entgegenzusetzen. Sorgfältig darauf bedacht, sich im Rahmen der Gesetze zu halten, brachte dieses Komitee Broschüren und Handbücher heraus, in denen die Wähler über ihre Rechte aufgeklärt und über das Verfahren bei der Eintragung in die Wählerlisten informiert wurden. Dank des Einsatzes der Mitstreiter, die das Komitee in sechsundfünfzig *départements* Frankreichs fand, erweiterte es die Liste der wahlberechtigten Personen um etwa 15 000 – ein Erfolg, der sich sehen lassen konnte. Der Name dieser Organisation, die eher ein politisches Aktionskomitee als eine politische Partei darstellte, war eine regelrechte Eingebung: *Aide-toi, le Ciel t'aidera* – «hilf dir selbst, dann hilft dir Gott». Indem sie dieses alte Sprichwort entlehnte, um ihren in den Anfängen steckenden politischen Apparat zu kennzeichnen, tat die Organisation ihre Entschlossenheit kund, politisch initiativ zu werden; die Liberalen Frankreichs meldeten ihren Anspruch auf gesetzlich anerkannte Aggressivität im Kampf um politische Macht an.

Tatsächlich zollte Karl X. mit dem erbärmlichen Ende seiner Regierung der Lebendigkeit des hartgeprüften politischen Geistes der Franzosen Tribut – und seinem eigenen Stumpfsinn. Der König und seine bevorzugten Berater glaubten, sie könnten regieren, als hätten die letzten fünfunddreißig Jahre gar nicht stattgefunden. Er gewährte früheren Emigranten Entschädigungen, die nicht üppig genug waren, um die Empfänger zufriedenzustellen, während sie für den Geschmack seiner liberalen und radikalen Untertanen allzu üppig ausfielen. Er kümmerte sich um das Wohl der Kirche und weckte damit stets gegenwärtige antiklerikale Empfindungen. Sein Ohr gehörte Höflingen, die sich hauptsächlich durch ihren Haß auf die Revolution und deren sämtliche Errungenschaften auszeichneten. Welche Auswirkungen hohe Brotpreise hatten, war ihm schlicht gleichgültig. Dann, im Jahr 1829, ernannte er Leute zu Ministern, die von den meisten Franzosen verabscheut wurden. Er hätte gut daran getan, dem unheilkündenden Kommentar im *Journal des débats* Beachtung zu schenken: «So ist also wieder einmal das Band der Liebe und des Vertrauens zerrissen, welches das Volk mit dem Monarchen verknüpfte.»[30] Durch die diplomatischen und militärischen Erfolge verführt, versäumte er, wahrzunehmen, daß ohne dieses Band Politik zum Dschungelkrieg werden mußte.

Begierig, seine Phantasie von einer absoluten Monarchie in die Tat umzusetzen, war er so unklug, die politische Opposition zum Handeln zu zwingen. Im März 1830 setzten 221 Abgeordnete gegen die Stimmen von 181 Königstreuen eine Botschaft an den König durch, in der sie ihn in aller Schärfe darauf hinwiesen, daß nachgerade das nötige Vertrauen zwischen Krone und Volk nicht mehr gegeben sei. Hinter der höflichen Rhetorik verbarg sich ein Angriff auf das Privileg des Königs, seine eigenen Minister auszusuchen. Der gereizte König löste die Kammer auf und beraumte für den Juli Neuwahlen an. Das Wahlergebnis war eine umwerfende Schlappe für ihn; die Opposition triumphierte über die üblichen Schikanen bei der Wahl und eroberte dreiundfünfzig neue Sitze. Hier fand sich der Kommentar des *Journal des débats* ins Abstimmungsergebnis übersetzt. Die Reaktion des Königs lief praktisch auf einen Staatsstreich hinaus; er beschloß, die Wahlergebnisse zu annullieren. Am 25. Juli verkündete seine Regierung die berüchtigten vier Erlasse, durch die der Presse ein Knebel angelegt, der Kreis der Wahlberechtigten weiter verkleinert, die Kammer aufgelöst und abermals Neuwahlen angesetzt wurden. Das war Karls organisiertester Angriff auf die Politik, und es war auch sein letzter.

Die Opposition war vorbereitet. Andere ließen sich von ihrer Entschlossenheit anstecken, und die Politik griff von der parlamentarischen Ebene auf die Kommentarseiten der Zeter und Mordio schreienden Oppositionsblätter und auf die Straßen von Paris über. In drei Glorreichen Tagen – Les trois Glorieuses – war alles erledigt. Karl X. dankte ab; der Herzog von Orléans, Louis Philippe, wurde auf den Thron gesetzt. Der Aufstand war ebenso blutig wie rasant verlaufen: rund achthundert der Pariser Demonstranten und Barrikadenbauer und rund zweihundert königliche Soldaten waren umgekommen. Aber die Sieger feierten das Ereignis als einen Triumph der Politik und erhofften sich einen gewichtigen Lohn: die Wiederherstellung des politischen Lebens.

Die Wiederherstellung erwies sich als unvollkommen, der Lohn als enttäuschend. Im Prozeß der Entstehung einer modernen politischen Kultur in Frankreich spielte die Juli-Monarchie eine zweifelhafte Rolle. Sie weckte große Erwartungen, die sie aber im Laufe ihres achtzehnjährigen Bestehens kaum erfüllte. Zu Beginn war alles rosige Verheißung: Die Verfassung ließ es sich angelegen sein, im Vorgriff auf eine ferne Volkssouveränität Louis Philippe als «König der Franzosen» zu bezeichnen; sie bekannte sich zu dem Geist von 1789, indem sie die Trikolore als Nationalflagge übernahm und damit ostentativ die bourbonische Lilie auf den Müllhaufen der Geschichte warf; sie schränkte die Beteiligung des Königs an der Gesetzgebung ein; durch Abschaffung der Zensur sorgte sie für eine Befreiung der Presse und des Verlagswesens; schließlich nahm sie der römisch-katholischen Kirche ihre Stellung als offizielle Landeskirche, die sie unter der Restauration zurückerhalten hatte, und sprach statt dessen taktvoll von dem Glauben, zu dem sich die Mehrheit der Franzosen bekenne. Auf den ersten Blick schien also die Regierung des «Bürgerkönigs» die bürgerlichen Ideale zu verkörpern oder jedenfalls annäherungsweise zu repräsentieren, die ein liberaler Journalist und Historiker wie François Auguste Mignet als unabdingbar für einen guten Staat betrachtete: sie erschien als eine Regierung, «in der Rechte respektiert werden, Gesetze auf Konsens beruhen, Meinungsfreiheit herrscht und die Öffentlichkeit zu Rate gezogen wird», kurz, in der Politik keine Farce, sondern Wirklichkeit war.[31]

Aber der Triumph der Liberalen in der Juli-Monarchie war für ein gesundes politisches Klima fast ebenso verderblich, wie es ihr Scheitern unter der Restauration gewesen war. Vielversprechende und ehrgeizige junge Intellektuelle wie Guizot und Adolphe Thiers, die in den zwanziger Jahren in der vordersten Front der liberalen Opposition gestanden hatten, begriffen die Revolution von 1830 als Gelegenheit, den Staat als Pfründe zu übernehmen, statt ihn sich als Aufgabe vorzunehmen. Nachdem sie mehr oder weniger bekommen hatten, was sie wollten, waren sie entschlossen, es auch zu behalten. Ganz unabsichtlich legten sie Zeugnis ab von einem der wichtigsten Wechselfälle im politischen Leben: Liberale im Amt, die etwas zu verlieren haben, kehren eindeutig konservative Züge hervor. Diese jungen Liberalen repräsentierten ein breites Zentrum, das sich nicht ohne Selbstzufriedenheit als *juste milieu* oder «goldene Mitte» sah, und teilten von dort Schläge gegen Feinde auf der Rechten und der Linken aus, gegen unversöhnliche Legitimisten ebenso wie gegen unzufriedene Republikaner. Rémusat, der die Juli-Monarchie von innen beobachtete, beklagte immer wieder deprimiert den «furchtsamen Geist, der die Männer von 1830 beseelt». Besonders in den ersten Jahren des Regimes hätten die Liberalen große Vorhaben auf den Weg bringen und verwirklichen können, aber «wir waren so froh, so begierig, eine Regierung bilden zu können, daß wir unseren ganzen Ehrgeiz in ihre Erhaltung und in das Bemühen legten, ihr mit aller uns zu Gebote stehenden Klugheit Dauer zu verleihen».[32] Für diese Liberalen bedeutete die Sublimierung der Aggressivität eine Lähmung der kritischen Willenskraft.

Obwohl die Juli-Monarchie anerkennenswerte, wenn auch begrenzte Erfolge bei der Entwicklung des Erziehungswesens, des Transportwesens und des Wirtschaftslebens zu verzeichnen hatte, erschöpfte sich ihre Politik demnach in einer beständigen Abfolge von Selbstschutzgesten. Sie schlug rücksichtslos Arbeiteraufstände in Lyon und Paris nieder. Sie führte Gesetze zur erneuten Knebelung der Presse ein; unter den bekanntesten Opfern waren Daumier und sein Verleger Philipon. Sie gab sich damit zufrieden, den winzigen Kreis von Wahlberechtigten aus der Restaurationszeit ungefähr zu verdoppeln und auf rund 166 000 Personen anzuheben – nicht gerade eine großzügige Erweiterung der politischen Öffentlichkeit, wenn man bedenkt, daß dies immer noch bloßen 3 Prozent aller Franzosen über einundzwanzig entsprach. Diese Strategien sorgten dafür, daß die politische Führungsschicht homogen und das

Frankreich der Juli-Monarchie «eine Kombination aus Bürokratie und Plutokratie» blieb.[33] Ihre Exklusivität und ihr defensiver Charakter trugen wenig zur Stützung, geschweige denn zur Förderung, einer politischen Kultur bei.

Ohne daß dies in ihrer Absicht gelegen hätte, leistete sie allerdings einen Beitrag zur politischen Erziehung der Mittelschicht Frankreichs, hauptsächlich dadurch, daß sie für einen Schauplatz sorgte, auf dem vorzugsweise diese Mittelschicht interne Kämpfe austragen konnte. Der bürgerliche Charakter der Juli-Monarchie ist übertrieben worden; die karikaturistische Darstellung, die Louis Philippe mit seinem unauffälligen Auftreten, seiner Musterfamilie und seinem Schirm als den Inbegriff des Bürgerkönigs darstellte, erwies sich als unwiderstehlich. Gewiß, nach der Revolution von 1830 zog sich der französische Adel, der in dem günstigen Klima der Restauration teilweise erneut zentrale Machtpositionen beansprucht hatte, auf seine Landgüter oder in den Strudel des Pariser Gesellschaftslebens zurück. In dem Maß, wie immer weniger Adlige Sitze im Parlament und Posten in der Präfektur und in der Stadtverwaltung besetzt hielten, stärkten bürgerliche Amtsinhaber ihre Stellung. Dennoch blieb das Regime eine personell beschränkte Oligarchie der Honoratioren und schloß das Gros der Mittelschicht von öffentlichen Ämtern aus – eine von wenigen gebildete Regierung der wenigen für wenige. Zum großen Teil beschränkte sich die politische Aktivität auf vorsichtiges Murren und gelegentliche unbesonnene Wutausbrüche. «Die *kleine Bourgeoisie* in allen ihren Abstufungen, ebenso wie die Bauernklasse, war vollständig von der politischen Macht ausgeschlossen», notierte Karl Marx im Jahr 1850.[34]

Marx' Beobachtung war nur allzu begründet, ja, geradezu evident. Etwas weniger evident waren die subtileren Trennlinien, durch die er die bürgerliche Mittelschicht in der Zeit der Juli-Revolution gespalten sah, auch wenn er ihren politischen Einfluß als Klasse überbewertete: «Nicht die französische Bourgeoisie herrschte unter Louis Philipp, sondern *Eine Fraktion* derselben, Bankiers, Börsenkönige, Eisenbahnkönige, Besitzer von Kohlen- und Eisenbergwerken und Waldungen, ein Teil des mit ihnen ralliierten Grundeigentums – die sogenannte *Finanzaristokratie*. Sie saß auf dem Throne, sie diktierte in den Kammern Gesetze, sie vergab die Staatsstellen von Ministerien bis zum Tabacksbureau.» Dagegen bildete «die eigentliche *industrielle Bourgeoisie* ... einen Teil der offiziellen Opposition ... Ihre Opposition trat um so entschiedener hervor, je reiner sich die Alleinherrschaft der Finanzaristokratie entwickelte.» Journalisten, Fabrikanten, Winzer, Intellektuelle, die ja allesamt Bürger waren, standen vereint gegen die herrschende Oligarchie.[35]

Man könnte hinzufügen, daß es bei den internen Kabbeleien der Mittelschicht nicht nur um eigennützige Interessen, sondern auch um Einstellungen ging. Angesichts der verheerenden Auswirkungen der industriellen Revolution auf der anderen Seite des englischen Kanals, deren mögliche Segnungen sie nicht würdigten, widersetzten sich viele französische Bankiers und Geschäftsleute aufs heftigste einer Beschleunigung der Industrialisierung im eigenen Land. Andere Bürger hingegen waren nur zu gern bereit, die Bedingungen für Investitionen zu erleichtern; sie sahen mit Vergnügen, wie sich in raschem Tempo ein Eisenbahnnetz ausbreitete und eine Großindustrie entwickelte. In den vierziger Jahren lief so mancher Unternehmer von der Partei der Vorsichtigen zur Partei der Risikofreudigen über. Während der Juli-Monarchie trieb das französische Bürgertum Politik in gesteckten Grenzen, soviel es sich eben traute – im Parlament und in den Salons ebenso wie in der Presse und in der Wirtschaftspolitik.

Die Regierung Louis Philippes war immerhin keine Diktatur: Ungeachtet der Hindernisse, die Gesetz und Polizei der Opposition in den Weg legten, verschaffte diese sich Gehör. Aber insgesamt wirkte sich die staatliche Bremstätigkeit lähmend auf eine ernsthafte politische Diskussion aus. In der Abgeordnetenkammer wurden heftige Kämpfe ausgetragen, und es wurde häufig gewählt, aber die Atmosphäre erinnerte mehr als nur einen Beobachter an das Schweigen, das für die Restaurationszeit typisch gewesen war. Manche sprachen beschönigend von politischer Ruhe. Andere waren weniger freundlich. Im März 1846 vermerkte Léon Faucher, damals oppositioneller Journalist: «In diesem Land ist der politische Geist tot, und das schon seit etlichen Jahren; alles, woran die Leute denken, ist, sich zu bereichern und Eisenbahnen zu bauen.»[36] Das Regime Louis Philippes beweist, falls es eines solchen Beweises überhaupt noch bedarf, daß politische Kultur weit mehr erfordert als die Kultivierung verbaler Ringkämpfe und manipulierter Wahlen.

Auch diesmal kam der Nachruf zu früh. Fast genau zwei Jahre, nachdem Faucher den Tod der Politik beklagt hatte, brach Frankreich in einen explosionsartigen Aktivismus aus, der dem Land selbst und dem übrigen Europa den Atem verschlug. Im schwindelerregenden Zeitraum von vier Jahren war es Monarchie, Republik und Kaiserreich. Im Februar 1848 wurde Louis Philippe ins Exil geschickt, und die zweite Republik einschließlich allgemeinem Wahlrecht wurde ausgerufen; in vier blutigen Tagen im Juni wurden die Volksmassen, die auf den Barrikaden der Februarrevolution zum Erfolg verholfen hatten, niedergemäht. Im Dezember wurde Louis Napoleon Bonaparte, der einst verfemte Neffe des Kaisers, ins Amt des Präsidenten der Republik gewählt. Dieses Amt, das er bei seiner Vereidigung zu schützen schwur, untergrub er in den folgenden Monaten bedenkenlos und machte ihm am 2. Dezember 1851 unbarmherzig den Garaus. Sein Staatsstreich setzte dem politischen Höhenflug Frankreichs und zugleich damit der politischen Freiheit ein Ende. In seinem Kaiserreich, das er genau ein Jahr danach begründete, konnte man mit größerem Fug und Recht vom Tod der Politik oder jedenfalls von ihrer völligen Lähmung reden als unter Louis Philippe.

Die Franzosen standen mittlerweile im Ruf politischer Instabilität, für dessen Bestätigung sie in Abständen Sorge trugen. Innerhalb der kurzen Zeitspanne von sechzig Jahren hatten sie unter einem Dutzend Verfassungen, zwei Republiken, zwei Monarchien und zwei Kaiserreichen gelebt. Ihr beherztes Bestehen auf Politik endete wieder und wieder mit deren Abschaffung.[37] Das Zeitalter der Parteien war sogar in Frankreich nicht mehr fern; aber angesichts der Hindernisse, die dem Parteiwesen im Wege standen, und dies nicht allein in Frankreich, wird deutlich, daß die Zukunft einer verantwortlichen politischen Kultur nach wie vor im ungewissen lag.

3. Moderne Cäsaren

Im Laufe des 19. Jahrhunderts sah sich die demokratische Politik auf ihrem Vormarsch einigen gewaltigen Hindernissen gegenüber, von denen keines gewaltiger war als der florierende Personenkult. Seit 1800 spielten zwei selbsternannte Kaiser, Napoleon I. und Napoleon III., das politische Spiel nach Regeln, die es zu einem schlechten Witz werden ließen. Und Mitte des Jahrhunderts begann der preußische Politiker Otto von Bismarck, seine Muskeln spielen zu lassen. Daß diese überdimensionalen Gestalten ins Kraut schossen, ist eine Ironie der Geschichte des 19. Jahrhunderts. Sie warfen sich just in dem Augenblick zu Herren auf, da massive soziale und ökonomische Wandlungsprozesse im Gange waren, in deren Dienst sie hätten stehen sollen und zum großen Teil auch standen. Selbst Bismarck, der wie kein anderer Staatsmann die Ereignisse zu lenken verstand, bekannte, er sei nur ein Werkzeug überlegener Mächte. Und doch schienen er und die beiden Napoleons die alte These zu bestätigen, derzufolge Geschichte von überragenden Individuen gemacht wird. In den Augen von Gesellschaftstheoretikern wie Tocqueville und Marx, die sich bemühten, die Kräfte hinter den historischen Veränderungen aufzuspüren, war der Heroenkult, den ein Carlyle in seinen Vorlesungen und Biographien propagierte, hoffnungslos anachronistisch. Aber auf eine Art und Weise, wie Carlyle das nicht voraussah, drückten

Heroen – oder, wie manche meinten, große Schurken – dem Zeitalter ihren unauslöschlichen Stempel auf.

Einige der Cäsaren, die auf der Bühne des 19. Jahrhunderts paradierten, insbesondere Napoleon I. und Napoleon III., schrieben ihre Ideologie mehrere Jahrzehnte hindurch fort. Oberflächlich gesehen, wirkte sie zutiefst widersprüchlich. Einerseits strebten diese Cäsaren die absolute Macht an; andererseits übten sie ihre Macht – so behaupteten sie jedenfalls! – nicht nur zum Wohle des Volkes, sondern auch in seinem Namen und unter seinen wachsamen Augen aus. Sie erklärten sich von aufrichtigster Achtung für die kleinen Leute als alleinige Quelle legitimer Machtausübung erfüllt und posierten als höchste Diener, die treuhänderisch die Macht verwalteten und von ihrem Herrn, der politischen Nation, mit einem Federstrich abgesetzt werden konnten.[1] Soviel zu den rhetorischen Behauptungen; im nüchternen Licht der politischen Realität erwies sich diese Positur als Alibi für ein autokratisches Monopol auf öffentliche Aggressivität. Und doch war da im Grunde gar kein Widerspruch. Der Cäsarismus bildete ein logisches, wenn auch problematisches, Element im Demokratisierungsprozeß der Politik.

Wie die cäsaristischen Regime aussahen und welches Schicksal sie hatten, variierte natürlich abhängig von den politischen Traditionen und den historischen Vorgängen in der jeweiligen Nation und abhängig ebensosehr vom Charakter des Cäsars. Daß auch die Zeitgenossen über das Phänomen unterschiedlich urteilten, ist nicht weniger natürlich. Manche hielten den Cäsarismus für einen bloßen Umweg, eine vorübergehende Phase im Zuge der Neubestimmung politischer Aggressivität. Andere sahen darin einen wesentlichen Bestandteil der modernen Demokratie, eingewirkt in deren innerste Struktur. Soviel scheint unstrittig: Der Cäsarismus war ein zu auffälliges politisches Phänomen und zu eng verkoppelt mit seismischen Veränderungen in den öffentlichen Machtverhältnissen, um als bloße Erkrankung des Staatskörpers abgetan werden zu können. Wenn er eine pathologische Form der Volkssouveränität darstellte, war er zugleich mehr als das; das Programm, das er verkörpert, präsentiert sich als ein in sich unstimmiges, aber lebensfähiges Amalgam aus Aggressionsformen mit erotischen Untertönen.

Die Wirksamkeit jenes Alibis hing nicht davon ab, welche Vorteile der Cäsar seinen Anhängern verschaffte. Seine glühendsten Anhänger waren erhaben über berechnendes Verhalten. Sie bildeten eine verschworene Bruderschaft und waren ihrem Führer in blinder und liebevoller Treue ergeben. Dieses zweifache erotische Band hilft, den Widerspruch zu überwinden, der in der cäsaristischen Form der Herrschaft steckt: Es handelt sich um eine erotische Demokratie, die ihre Macht aus einem nicht minder erotischen Heroenkult schöpft. Der gläubige Anhänger begibt sich aller Aggressivität gegen seine Genossen und selbstverständlich auch gegen seinen Führer und erlangt dafür einen befriedigenden emotionalen Intimverkehr und die Erlaubnis, seine aggressiven Impulse an denen auszuleben, die diese glückliche politische Familie ablehnen oder von ihr ausgeschlossen werden. So breitete sich der cäsaristische Virus aus. In den 80er Jahren, als die französischen Cäsaren die Bühne geräumt hatten und Bismarck vor seinem Rücktritt stand, schienen mehr und mehr beherrschende politische Figuren – Georges Boulanger in Frankreich, Joseph Chamberlain in England, Francesco Crispi in Italien – vom Virus angesteckt. Das Paradox absolutistischer Bestrebungen in einem Zeitalter der Demokratisierung durchgeisterte die Politik des ausgehenden 19. Jahrhunderts.

Die eigennützigen Verlautbarungen der modernen Cäsaren und ihrer dienstfertigen publizistischen Agenten fanden bei den zeitgenössischen Historikern ein zustimmendes Echo. Dieser Berufsstand spielte in der damaligen Kultur eine wichtige Rolle, denn in jener bürgerlichen Epoche sprachen Historiker ein breites gebildetes Publikum an, das bereitwillig zuhörte. Jetzt bemühten sie sich, den ersten der Cäsaren zu rehabilitieren und ihm seinen rechtmäßigen Platz in der Geschichte zu verschaffen. Ihre Urteile über die Legitimität seiner aggressiven Karriere hatten politische Konsequenzen.

Gewiß, frühere Jahrhunderte hatten Cäsar heroische Größe zugebilligt, ihn fast zum Mythos werden lassen. Brutus war der treulose Vatermörder; Dante, wie man weiß, hatte ihn als ruchlosen Verräter ins innerste Zentrum der eisigen Hölle verbannt und für ebenso unrettbar verloren erklärt wie Cassius und Judas. Aber Shakespeare zeichnete bereits ein komplexeres, zweifelhafteres Bild von ihm, und mit der Französischen Revolution war Brutus' Zeit gekommen – die Zeit des Freundes der Freiheit, der seine persönlichen Neigungen zurückstellt und nicht zögert, den Tyrannen niederzustrecken. Vatermörder waren damals aus leicht ersichtlichen Gründen in Mode. Sogar schon früher im 18. Jahrhundert erschien in Beschreibungen vom Leben Ciceros und in Geschichten der römischen Republik Cäsar als ehrgeiziger Diktator, als Zerstörer republikanischer Einrichtungen. Im 19. Jahrhundert, das mehr an Ordnung als an Revolution interessiert war, änderte sich diese Sichtweise drastisch. Im Jahr 1907 erinnerte sich George Bernard Shaw im Blick auf sein Stück *Cäsar und Kleopatra* daran, daß Mitte des 19. Jahrhunderts und sogar noch danach Brutus der Held und Cäsar die zweifelhafte Figur war. Aber Anfang der 70er Jahre, nachdem die Debatte einige Jahrzehnte lang die gebildeten Kreise beschäftigt hatte, stellte der bedeutende französische

Erzieher und Historiker Victor Duruy fest, daß zwar die Tradition, die in Brutus den Tugendhaften sah, immer noch ihre Anhänger finde, daß aber der Glaube an diese Tradition «im cäsarischen Deutschland und im freien England stark erschüttert» sei.[2]

Zu den Historikern, die diese Erschütterung bewirkten, gehörte Duruy selbst. In seiner *Histoire des Romains et des peuples soumis à leur domination* aus dem Jahr 1843 schlug er einen revisionistischen Kurs ein und verteidigte Cäsar gegen seine Verunglimpfer. Nur drei Jahre vorher war unter der begeisterten Anteilnahme einer erregten Öffentlichkeit die Asche Napoleons von St. Helena nach Frankreich überführt worden. Cäsars Parteigänger ließen sich vernehmen. Einige waren Duruy schon vorausgegangen: Im Jahr 1832 hatte Thomas De Quincey, der intuitivste Essayist, den es je gab, in einer Artikelreihe über die römischen Kaiser ein eigentümliches, höchst beunruhigendes Plädoyer zur Verteidigung Cäsars vorgetragen. Er entdeckte nicht nur vielsagende Parallelen zwischen Cäsar und Napoleon I., sondern stellte auch mit einem schockierenden Bild die erotische Dimension der cäsaristischen Faszination heraus. Julius Cäsar hatte Roms Größe nicht zerstört: «Still, hohle Phrasendrescher! Ehe Cäsar kam, war Rom noch minderjährig; er machte sie zur Frau.» Cäsar hatte die Stadt zu ihrem eigenen Wohl vergewaltigt. Die Kritiker behaupteten, Cäsar habe «die jungfräuliche Reinheit ihrer bürgerlichen Freiheiten besudelt». Aber damit habe er nur bewirkt, daß die Stadt «ihre natürliche Bestimmung erfüllte», und habe sie aus dem «unvollkommenen und halbfertigen Zustand» eines unbestimmt weiblichen Wesens herausgeführt und zur «vollendeten» Frau werden lassen. So habe dieser «göttergleiche Mann» eine Nation reifen lassen.[3] Weit entfernt davon, gegen seine Vergewaltigung aufzubegehren, hatte die Stadt, überwältigt von Cäsars potenter Männlichkeit, sich gefügt und Nutzen daraus gezogen – ihr Glück darin gefunden. Führertum ist dieser Darstellung zufolge die brutalste, fast unsublimierte Ausübung männlicher Geschlechtskraft.

Das war starker Tobak, und kaum jemand oder niemand ging in seiner Polemik so weit, in De Quinceys Fußstapfen zu treten und politisches Führertum als gewalttätiges sexuelles Melodram zu verherrlichen. Wofür manch einer allerdings eine Wertschätzung entwickelte, war die konstruktive Ordnung, die nach ihrer Ansicht Cäsar über Rom verhängt und durch die er jahrzehntelange innere Unruhen beendet hatte. In seiner *Histoire des Romains* erwähnt Duruy beiläufig Napoleon I., jenen modernen Cäsar, gibt aber dem Original den Vorzug vor der Kopie. «Sein Geist und seine Umgangsformen übten eine Faszination aus, die auch von einem anderen großen Menschenbeherrscher ausstrahlte; aber bei Cäsar war dies mit einer natürlichen Eleganz verknüpft, die Napoleon nie zu erreichen vermochte.» Für Duruy war «Cäsar der vollkommenste Mann, den Rom je hervorbrachte».[4] Und Mitte der 5oer Jahre des letzten Jahrhunderts wurde dieses ehrfurchtsvolle Urteil durch den großen Gelehrten Theodor Mommsen bekräftigt. In seiner glänzend geschriebenen *Römischen Geschichte* würdigte Mommsen Cäsar als genialen Patrioten, «großen Redner», «durchaus Realist und Verstandesmensch», «vollendeten Staatsmann», «Demokrat auch als Monarch». Vor allem diese letzte Formulierung bedeutete die denkbar größte Verklärung des Cäsarismus, weil sie ihn als eine gelungene Mischung zweier scheinbar miteinander unvereinbarer politischer Systeme präsentierte.[5]

Mommsen überragte alle. Einige, die sich mit Cäsar beschäftigten, wie etwa J. A. Froude, paraphrasierten kurzerhand den Meister.[6] Dennoch hatte das 19. Jahrhundert, dem Einmütigkeit grundsätzlich fremd war, auch seine Abweichler von dem zunehmenden Konsens, der in Cäsar den Retter Roms sah. Zu den beredtsten gehörte Goldwin Smith, der bald schon auf den Regius-Lehrstuhl für Geschichte in Oxford berufen wurde. Im Jahr 1856 schrieb er eine ablehnende Rezension zu Vorlesungen, in denen der positivistische Philosoph Richard Congreve Cäsar als den Begründer eines menschenfreundlichen «kaiserlichen Despotismus» pries. Congreve, der die Attacken des 18. Jahrhunderts gegen den Parteigeist wieder aufgriff, sah in Cäsars Herrschaft eine Befreiung vom Parteienstreit. Dadurch unbeeindruckt, ordnete Smith Congreve «einer modernen und leicht terroristischen Schule von Philanthropen zu», die mit «den Kontrollmechanismen und Verantwortlichkeiten eines konstitutionellen Systems» nichts mehr anfangen könnten. Congreve, so sein Vorwurf, sympathisiere mit einer «künftigen Despotie der Volksverführer» und schreibe die Vergangenheit entsprechend um. Das von Cäsar ins Leben gerufene Kaiserreich «bleibt in unseren Augen, was es war – eine Despotie, die Rom möglicherweise verdient hatte». Smith äußerte die Hoffnung, «daß die Menschheit etwas Ähnliches nie mehr erleben wird».[7]

Das Frankreich um die Mitte des 19. Jahrhunderts, das schließlich zwei Cäsaren aus nächster Nähe hatte beobachten können, bildete eine durchaus vergleichbare heilsame Skepsis aus. Im Jahr 1867 warnte Henri de Ferron, ein Fachmann für die Staatsverhältnisse in Frankreich, vor dem Cäsarismus als einer Gefahr für die Zivilisation. Die Kapitalisten riefen aus Angst um ihr Eigentum nach dem Despoten; weil sie Ruhe wollten, suchten Menschen «Zuflucht in den Armen der Despotie». In Vorwegnahme des meistzitierten Aphorismus von Lord Acton warnte Ferron, alle Menschen trügen «einen Despoten in sich, Staatsoberhäupter ebenso wie normale Sterbliche. Aus den letzten drei Jahrtausenden lassen sich kaum zwei Männer anführen, die, sobald sie im Besitz wirklicher Macht waren, diese nicht mißbrauchten. Was absolute Macht notwendig zu einem Übel werden läßt.»[8]

Smith und Ferron fehlte es nicht an achtbarer Gesellschaft, aber der Meinungstrend im 19. Jahrhundert begünstigte Cäsar – wenn auch nicht immer den Cäsarismus. Einige Bewunderer Cäsars hielten immerhin Politik in der Vergangenheit und Gegenwartspolitik auseinander. Seit Mitte des Jahrhunderts fiel das allerdings zunehmend schwerer. Die Geschichte des alten Rom, die der Erzwissenschaftler unter den Historikern, Mommsen, schrieb, steckt voller Anspielungen auf die zeitgenössischen Verhältnisse. Und es war praktisch unvermeidlich geworden, daß man an Napoleon III. dachte, wenn man über Cäsar schrieb oder las. Louis Napoleon wurde damals als der typische Vertreter dieser Gattung gehandelt; und das ist bis heute so geblieben.[9] Aber zu ihm gab es neben dem älteren auch ein neueres Vorbild: seinen Onkel Napoleon I. Bei allen originalen Zügen, die er seiner kaiserlichen Herrschaft verlieh, blieb Napoleon III. doch immer ein Neffe.

Was auch immer Louis Napoleon Bonaparte von seinem Onkel sonst noch übernommen haben mag, besonders spannend ist das Interesse für Julius Cäsar, das er mit dem Onkel teilte. Am deutlichsten wird dieses Interesse in der zweibändigen *Histoire de Jules César,* die unter seinem Namen 1865 herauskam – wobei der Anspruch auf die Autorschaft keine Spur glaubwürdiger ist als die anderen Ansprüche, die er im Laufe seiner politischen Karriere erhob. Bis zum katastrophalen Ende seines Imperiums sollten nur noch fünf Jahre vergehen, aber *Jules César* läßt keine Zeichen von Unruhe, geschweige denn Panik erkennen. Das Buch ist ein schwülstiger Tribut an den inspirierenden demokratischen Diktator der Antike und ebensosehr eine artige Verbeugung vor Napoleon I., der, wie dem Neffen wohlbekannt war, dem Lobpreis Cäsars kostbare Zeit geopfert hatte.[10] Kurz nachdem jener moderne Cäsar im November 1799 die Macht ergriffen hatte, feierte bereits Louis de Fontanes, ein mediokrer Dichter und umtriebiger Politiker, den neuen Herrn seines Landes in einem schmeichlerischen Pamphlet, das ihn praktisch vergötterte und ihn sogar über den größten Führer der Antike erhob: «Alle Hoffnung heftet sich an seinen Ruhm und sein Leben. Welch Glück für die Republik, *wäre er unsterblich!*»[11]

Die Schwärmerei, die so ihren Anfang nahm, überdauerte Napoleons Herrschaft. Im öden Exil, das ihn zum Müßiggang verurteilte, weilten seine trübsinnigen Gedanken bei Julius Cäsar. Für den Ex-Kaiser, dem außer Worten keine Waffe mehr geblieben war, verschwammen biographische und autobiographische Obsessionen zu einer einzigen größenwahnsinnigen Phantasie. Im Jahr 1808 hatte er in einem berühmt gewordenen Gespräch mit Goethe in Erfurt erklärt, Cäsar würde die Menschheit glücklich gemacht haben, hätte man ihm nur Zeit gelassen, seine großartigen Pläne in die Tat umzusetzen. Während er jetzt auf St. Helena fortwährend an der Legende herumpolierte, die er von der Nachwelt tradiert wissen wollte, münzte er dieses Urteil auf sich selbst und entdeckte wohltuende Ähnlichkeiten zwischen sich und «jenem großen Mann». Wie Cäsar hatte er das Gesetzbuch reformiert, seine Hauptstadt durch großartige Bauvorhaben verschönert, einen neuen, verdienstvollen Adel geschaffen, seine Feinde mit Großmut behandelt. Und wie Cäsar war seine Herrschaft vorzeitig beendet worden, was einer Katastrophe für die Welt gleichkam. Marcus Brutus, der mit einer strikten griechischen Abneigung gegen Despoten aufgewachsen war, hatte die Legitimität von Cäsars Macht – daß diese den Volkswillen verkörperte – nicht erkannt. Hier rührte Napoleon an den Kern der cäsaristischen Überzeugung. Hatte er nicht als ein Cäsar des 19. Jahrhunderts den besten Teil des Revolutionsprogramms verwirklicht? War er nicht ein Mann des Friedens, der dem versklavten Europa Hoffnung eröffnete und frei von den Verbrechen war, die seine Feinde ihm zur Last legten? Auf diese rhetorischen Fragen antwortete Napoleon damit, daß er zu Cäsars Schriften einen wortreichen Kommentar diktierte.[12] Indem er seinen Vorgänger von Schuld freisprach, sprach er sich selbst frei und hinterließ seinem Neffen ein verführerisches Erbe.

Für den Neffen war Cäsar «ein bedeutendes Genie», einer jener Ausnahmemenschen, die «wie Leuchtfeuer von Zeit zu Zeit in der Geschichte auftauchen». Seine Formulierungen ließen keinen Zweifel daran, daß er, auch wenn er zu bescheiden – oder zu raffiniert – war, um den eigenen Namen ins Spiel zu bringen, sich doch für würdig hielt, der erlesenen Schar historischer Leuchtfeuer zugezählt zu werden. Napoleon III. redete in eigener Sache, als er bekannte, wie sehr ihn jene Historiker ärgerten, die derart eifrig damit beschäftigt seien, große Männer anzuschwärzen, daß sie versäumten, deren Beweggründe, Leistungen und gewaltige Entwürfe zu würdigen. Waren sie nicht folgerichtig damit befaßt, auch *ihn* herabzusetzen? Er übernahm die Argumentation des Onkels und bestritt, daß Cäsar hinter der höchsten Gewalt hergewesen sei, als er nach Gallien marschierte, oder daß er je den Königsmantel angestrebt habe. Kleinkarierte, wadenbeißende Historiker hätten stets aufs beträublichste falsch über ihn geurteilt. Weit entfernt davon, Unordnung in der römischen Gesellschaft zu stiften, habe Cäsar sich vielmehr zu deren «unentbehrlichem Lotsen» gemacht.[13] Die Parallelen, die Napoleon III. dem Leser suggerierte, waren nur zu klar.

Aber während er Cäsar idealisierte, identifizierte sich Louis Napoleon weit stärker noch mit dem Nachfolger, den Cäsar Anfang des 19. Jahrhunderts gefunden hatte. Auf dem bekanntesten offiziellen Porträt, das von Jean Hippolyte Flandrin stammt, steht Napoleon III. inmitten vielsagender Attribute: deutlich sichtbar zu seiner Rechten eine Büste des lorbeerbekränzten Napoleon I. und im Hintergrund der napoleonische Adler. Wieweit Louis Napoleon bei seiner Identifizierung mit dem Onkel aus Berechnung handelte und die Magie der verwandtschaftlichen Beziehung nutzbar machte und wieweit diese Identifizierung einem ungesteuerten, unbewußten Bedürfnis entsprang, sind wir außerstande zu entscheiden; die beiden Motive gingen eine unauflösliche Verbindung ein. Wie seine Zeitgenossen klagten, blieb Napoleon III. für sie ein Rätsel. Im Jahr 1865 bezeichnete ihn Pierre Vésinier, ein scharfzüngiger Journalist, der kein Blatt vor den Mund nahm und den Kaiser von Herzen verabscheute, als «moderne Sphinx», und dieser Beiname ist haften geblieben.[14] Louis Napoleon hat ziemlich viel geschrieben, aber über sein Innenleben sehr wenig verraten. Seine Schriften umfassen technische Abhandlungen und aktuelle Pamphlete: ein Artilleriehandbuch und ein Plädoyer für Schutzzölle zur Stützung des heimischen Rübenzuckers, ein Projekt für einen Verbindungskanal zwischen Atlantischem und Pazifischem Ozean in Nicaragua und verstreute, dem eigenen Interesse dienliche Reflexionen über Politik und Geschichte. Auch eine beachtliche Ausbeute von ebenso banalen wie kurzen Reden und Briefen gehört dazu. Über sich selbst gab er sehr wenig preis.

Was er hingegen unbedingt publik machen wollte, und zwar so publik wie möglich, war die Zuneigung, die er für den unsterblichen Onkel empfand; sie diente ihm als ein unvergleichliches Alibi für Aggressivität. Diese Empfindung wurzelte in Kindheitseindrücken und wurde von ihm in den Jahren des Exils genährt. Im Jahr 1808 als Sohn von Napoleons Bruder Louis und Hortense de Beauharnais, der Tochter Josephines, Napoleons erster Frau, zur Welt gekommen, war Louis Napoleon Bonaparte im kaiserlichen Milieu zu Hause. Als er mit dreizehn von seinem Lehrer erfuhr, daß der Kaiser auf St. Helena gestorben war, spielte er frühreif die Rolle dessen, der einen großen Namen und schwere Verantwortung trägt. «Wenn ich unrecht handele», schrieb er an seine Mutter, «und an *diesen großen Mann* denke, dann ist mir, als fühlte ich seinen Geist in mir, der mir befiehlt, mich des Namens *Napoleon* würdig zu erweisen.»[15] Ob die Äußerung nun spontan, kalkuliert oder von seinem Lehrer angeregt war – der Brief deutet darauf hin, daß ihm die Brauchbarkeit des klangvollen Namens, den er trug, nicht entgangen war.

In dramatischer Zurschaustellung seines Familiensinns unternahm er eine Wallfahrt nach Waterloo, dem Ort der Schlacht, die das Schicksal seines Onkels besiegelt hatte: ganz im gleichen Geiste machte er acht Jahre zuvor eine andere Wallfahrt, die nicht weniger von Gefühlsseligkeit troff. Am Ufer des Rubikon, des Flusses, den Julius Cäsar widerrechtlich überschritten hatte, um in die Unsterblichkeit zu marschieren, kniete Louis Napoleon nieder und füllte mit dem Flußwasser eine Flasche, die er umsichtig mitgebracht hatte.[16] Von Jugend an verknüpfte Louis Napoleon selbstbewußt sein Schicksal mit zwei Cäsaren.

Er wucherte mit seinem Kapital auf Teufel komm raus, aber in einem Teil seiner Person war es ihm ernst mit der Sache – Napoleon I. war sein Ichideal. Bewunderung und Berechnung gingen Hand in Hand. In einem närrischen Putschversuch, der binnen zwei Stunden scheiterte, wollte er im Jahr 1836 mit Hilfe des charismatischen Namens seines Onkels Truppen bewegen, auf Paris zu marschieren. Drei Jahre später veröffentlichte er seinen ersten Versuch auf dem Gebiet der politischen Polemik, die *Idées napoléoniennes,* einen Lobgesang auf die Person, das Werk und das Vermächtnis des Kaisers. Das kleine Buch, das ein großer publizistischer Erfolg wurde, der seinen Namen vielen Tausenden überall in Europa bekannt machte, war eine klug angelegte Werbeschrift, mit der er sich um öffentliche Anerkennung bemühte. Sie liest sich wie ein verbalisierter Staatsstreich, als ob ihrem Verfasser die vage Möglichkeit vorschwebte, auf den Schultern des großen Napoleon, dessen außergewöhnliche Leistungen er pries, verklärte und zum Teil erfand, an die Macht zu gelangen. Der Kult um Napoleon I., den Guizot 1821 als «das Joch einer Erinnerung» bezeichnet hatte, war für seinen Neffen keineswegs ein Joch, sondern eine Plattform für die eigene Erhöhung.[17]

Die *Idées,* ein Jahr später ergänzt um die einleitende Verlautbarung *L'Idée napoléonienne,* legten den Grund für eine Neuauflage des modernen Cäsarismus, eine höchst subtile Form der Kultivierung von Haß im Dienste politischer Ambitionen. Louis Napoleon verglich voll Ranküne den moralischen und zivilisatorischen Fortschritt unter dem Kaiser mit der Instabilität der Restaurationszeit und der Juli-Monarchie. Beiden sei es nicht gelungen, die Errungenschaften der Revolution zu sichern. In bedrückendem Gegensatz zu den Tagen des Kaiserreichs «Korruption auf der einen Seite, Lügen auf der anderen, und überall Haß – das ist unser Zustand!» Napoleon I. hatte, als er die turbulente Szene betrat, erkannt, daß ihm die historische Rolle eines «Testamentsvollstreckers der Revolution» zufiel. So mühsam die Aufgabe war, er hatte seine Mission erfüllt, indem er Ordnung und Freiheit miteinander versöhnt hatte.[18]

In der Absicht, die nostalgische Erinnerung an jenen modernen Cäsaren zu wecken, legte Louis Napoleon besonderes Gewicht auf den unmittelbaren Draht, den dieser zum Mann von der Straße gehabt habe. Napoleon I., der immer aufgeschlossen für das Volk gewesen sei, habe seine Dynastie auf der Interessengleichheit von Herrscher und Beherrschten errichtet. Diese großartige Idee habe ihm mit Fug und Recht die Sympathie der Massen gesichert. Allen neidentsprungenen Verunglimpfungen zum Trotz sei Napoleon ein Mann des Friedens gewesen; er habe das Finanzwesen und die Gesetze seines Landes reformiert, Industrie und Landwirtschaft gefördert, das Erziehungswesen und den Außenhandel gestärkt. Sein höchstes Ziel sei die Freiheit gewesen; durch den Pulverdampf, der über seiner Herrschaft liege, solle sich niemand irreführen lassen. «Den Lobpreis des Kaisers singen die Tatsachen.» Und für den Fall, daß dem Leser die Botschaft zwischen den Zeilen entgangen war, wies Louis Napoleon sanft auf seinen eigenen Anspruch hin, in die Fußstapfen dieses Riesen zu treten. Es gehe nicht darum, seine Taten zu kopieren, sondern in seinem Geiste zu herrschen. In Aufmerksamkeit heischenden Großbuchstaben wandte er sich an den Riesen, der auf St. Helena im Schlafe lag: «UEBERALL SIND FREIE MENSCHEN AUS DEM VOLK DABEI, DEIN WERK NEU ZU BEGINNEN.»[19] Das demokratische Schlüsselwort «Volk» hätte nicht auffälliger plaziert sein können.

Louis Napoleon war sorgsam darauf bedacht, nicht zur Sprache kommen zu lassen, wie einseitig die Liebesbeziehung zwischen seinem Onkel und dem einfachen Volk gewesen war, welch gewaltiges Täuschungsmanöver sie von seiner Seite dargestellt hatte. Für Napoleon, der im Blick auf den Menschen ein Zyniker und überzeugt davon war, daß der Mensch von Furcht und Eigennutz motiviert und von seiner Eitelkeit regiert werde, war die erotische Pose, die er gegenüber seinen Untertanen einnahm, eine ganz bewußte Strategie. «Solange ich meinen Platz in den Herzen der Volksmassen behalte», äußerte er, «brauche ich mir um die Führenden keine Gedanken zu machen; und wenn ich nur die Führenden auf meiner Seite hätte, was würden sie mir dann gegen den reißenden Strom der Volksmassen nutzen?»[20] Für ihn war Demagogie hohe Politik. Goethe, ein begeistertes Mitglied der Napoleon-Sekte, stand nicht allein, wenn er diesem populistischen Element in Napoleons Regierungsrezept naiv Anerkennung zollte und äußerte, «Popularität» habe «bei aller Größe selbst Napoleon nicht verschmäht».[21] Goethe erkannte nicht – und Louis Napoleon erwähnte nicht –, daß die Pose des Kaisers wesentlich nur eine Pose war.

In ihren Auslassungen ebenso wie in ihren Bekundungen stellten die *Idées napoléoniennes* ein erregendes Stück Eigenwerbung dar. Aber 1840, ein Jahr nach ihrem Erscheinen, unternahm der Verfasser einen zweiten Putschversuch, der nicht weniger phantastisch war als der erste. Um ihn zu rechtfertigen, beschwor er den Schatten des Kaisers; blumig, aber nicht ohne eine Spur von psychologischer Plausibilität präsentierte er sich selbst als Vehikel und Sprachrohr jenes Schattens. Der Schatten hätte ihm besser geraten, sich auf Attacken mit der Feder zu beschränken; er wurde gefangengenommen und vor Gericht gestellt. Vor den Schranken des Gerichts nutzte er die unschätzbare Gelegenheit, sich öffentlich zu produzieren, für ein neuerliches Bekenntnis zur Volksmacht: «Ich stehe vor Ihnen als Repräsentant eines Prinzips, eines Anliegens, einer Niederlage. Das Prinzip ist die Souveränität des Volkes, das Anliegen ist das Kaiserreich, die Niederlage ist Waterloo.»[22] Die unbeeindruckten Richter verurteilten ihn zu lebenslanger Gefangenschaft in der Festung Ham. Dort vegetierte er fast sechs Jahre komfortabel vor sich hin, bis er nach England entkam. Das Leben in der Festung war langweilig, aber nicht einsam; er schrieb Artikel für die Presse, korrespondierte mit seinen Bewunderern, zeugte mit einer ortsansässigen Geliebten zwei Kinder und brütete über der glorreichen Zukunft, die einen Napoleon mit Sicherheit erwartete.

Seine Chance kam schneller, als er oder seine Getreuen es für möglich gehalten hätten. Im September 1848 – er hielt sich immer noch in England auf – wurde er in die Versammlung gewählt, die für die nach der Februar-Revolution ausgerufene Republik eine Verfassung ausarbeiten sollte. Im Vertrauen auf seine Mission kehrte er nach Frankreich zurück, wo Popularität, politische Auseinandersetzungen und gelegentlich auch Spott und Hohn seiner harrten. Im Dezember wurde er zum Präsidenten der zweiten Republik gewählt, wobei er einen triumphalen Sieg errang und 5,5 Millionen Stimmen erhielt, dreimal soviel wie alle Mitbewerber zusammen.[23] Und während des Wahlkampfs um die Präsidentschaft – wie tatsächlich während seiner ganzen Karriere als Redner und Pamphletist, ob im Exil, in der Gefangenschaft, in der verfassunggebenden Versammlung, im Präsidentenamt oder auf dem Kaiserthron – bekannte er sich eifriger zu seiner Schuld gegenüber dem Volk, als sein Onkel das jemals getan hatte. Sein Cäsarismus legte die populistische Maske nie ab. Während der Wahlkämpfe im Sommer und Frühherbst des Jahres 1848 umwarb er seine Herren, die Wähler, mit honigsüßen Worten. Auch als er dann in der gesetzgebenden Versammlung saß, versicherte er seinen Kollegen, daß er nichts weiter wolle als dienen. «Wie wenig wissen jene, die mir Ehrgeiz vorwerfen, wie es in meinem Herzen aussieht!» Nur der gute Wille seiner «Mitbürger» könne ihn über die boshaften Angriffe gegen seine Person hinwegtrösten. Das waren ausgeklügelte forensische Auftritte, die ihn als Präsidentschaftskandidaten nur um so unwiderstehlicher machten.[24]

So ausgeklügelt die Auftritte waren, so zahlreich waren sie auch. Anfang Dezember 1848 während der Schlußphase des landesweiten Wahlkampfes versprach er seinen «lieben Mitbürgern» in einem Manifest, in dem er seine Wahlplattform umriß, daß er sich, gleichgültig, wie die Wahl ausging, «vor dem Willen des Volkes verneigen» werde.[25] Und auch, nachdem er zum Präsidenten gewählt worden war, hielt er getreulich an seiner Linie fest. Er versicherte die Millionen, die ihn gewählt hatten, überschwenglich seiner Dankbarkeit und flehte sie an, allen Parteigeist fahren zu lassen. Solch ein Appell war gewiß ein typisches Politikerklischee. Aber für Louis Napoleon hatte es einen theoretischen Gehalt: Als Präsident aller Franzosen war er entschlossen, über den Parteien zu schweben. Demgemäß konnten Abweichler des «Spaltertums» geziehen werden; dieses Schimpfwort war einfach nicht totzukriegen.

Gerade das Nebulöse der Napoleonischen Rhetorik machte, daß er viele verschiedene Gruppen ansprach. Einem Wahlmanifest zufolge, das typisch dafür ist, wie seine Anhänger Gebrauch von seinem unbestimmten, aber mitreißenden Appell machten, «wird uns der Neffe des großen Mannes mit seinem zauberkräftigen Namen Geborgenheit bieten und uns vom Elend erretten«. Wie Marx auf seine arrogante, scharfsichtige Art schreibt: «Eben weil er nichts war, konnte er alles bedeuten, nur nicht sich selbst.»[26] Tausende von Wählern begeisterte seine krude Karikatur eines Programms; Tausende unter der Landbevölkerung konnten Napoleon I. und seinen Neffen nicht auseinanderhalten.[27] Und so schlidderte der Neffe von Profession, ein Geächteter, Rebell und Verschwörer, der alles andere als sympathisch und ein mäßig begabter Redner war, allein dank seines Namens ins Präsidentenamt. Es war eine Ironie des Schicksals, daß er Nutznießer des allgemeinen Männerwahlrechts wurde, das die zweite Republik mit soviel Stolz eingeführt hatte. Millionen französischer Männer, weit mehr, als je zuvor an einer politischen Handlung teilgenommen hatten, erklärten sich für den neuen Cäsar.

Zugegeben, ein paar Kassandren warnten vor einem Bonaparte an der Macht und einer neuen autoritären Ordnung in seinem Gefolge. Aber in einem Ausbruch nostalgischer Begeisterung für den Napoleon-Mythos, die durch Lobredner wie Victor Hugo und indirekt durch die geringe Popularität der Konkurrenten Louis Napoleons genährt wurde, schob man dessen Vergangenheit wie auch die Gerüchte über seine Ambitionen beiseite. Er war der erklärte Liebling nicht des Bürgertums, sondern der Kirche, der ungebildeten und unpolitischen Landbevölkerung, derjenigen, die seine populistische Rhetorik als politisches Versprechen auffaßten. Nach seiner Wahl zum Präsidenten behielt Louis Napoleon genau diese Rhetorik bei und suchte dem Land einzureden, daß die Führung seine Sache und energische Kritik Illoyalität war. Nachdem er im Juni 1848 einige friedliche, fast schüchterne Demonstrationen und ein bißchen aggressiv-rebellisches Gerede überstanden hatte, veröffentlichte er eine schallende Proklamation gegen die «paar spalterischen Männer», die gewagt hatten, «die Fahne des Aufruhrs gegen eine legitime Regierung zu hissen, weil diese das Resultat des allgemeinen Wahlrechts ist».[28] Erfolglose Aufstände in Paris und Lyon verschafften ihm eine weitere Gelegenheit, als Retter der Nation zu posieren, der das Leben und Eigentum seines Volkes verteidigte.

Während seiner sorgfältig inszenierten Reisen durchs Land verbreitete er sich über die volkstümliche Basis seiner Herrschaft. Ob er Truppen besichtigte oder Ausstellungen besuchte, bei Festessen Toasts auf die Städte ausbrachte, in denen er weilte, oder einen neuen Abschnitt des rasch wachsenden französischen Eisenbahnnetzes einweihte – diese Anlässe schätzte er besonders –, stets wiederholte er seine schlichte Botschaft. Er bezeichnete sich gern als den «anerkannten Führer dieser großen Nation» und erinnerte seine Zuhörer daran, daß sie es waren, die ihm «die Macht verliehen» und jene «schwere Last» aufgebürdet hatten.[29] Er stellte sich gern als der natürliche Gegner des rechten und linken Extremismus dar und sprach so oft wie möglich im Namen seines Volkes. Daß im Dezember 1849 «sein Volk» sich durch seine Wahl praktisch gegen das Wahlrecht entschieden hatte, lag noch in der Zukunft verborgen.

Allerdings nicht mehr lange. Louis Napoleon nahm Anstoß an der Bestimmung, die seine Präsidentschaft auf eine Amtsperiode beschränkte. Leute, die ihn gut kannten, wie Tocqueville hatten von Anfang an zu Recht den Verdacht, er werde versuchen, diese verfassungsmäßige Hürde zu umgehen.[30] Geschickt, manchmal schon krampfhaft, arbeitete Louis Napoleon darauf hin, das Land um das Banner seines Onkels zu scharen. Ende Oktober 1849 machte er vor der gesetzgebenden Versammlung die folgende typische Ausführung: «Der Name Napoleon ist selbst bereits ein ganzes Programm. Es besagt: im Inneren Ordnung, Autorität, Religion, Wohlstand fürs Volk; nach außen nationale Würde. Dies ist die Politik, die durch meine Wahl auf die Tagesordnung gesetzt ist und die ich mit Hilfe der Versammlung und des Volkes triumphieren sehen möchte.»[31]

Dementsprechend machte sich Louis Napoleon in den ersten Monaten daran, das öffentliche Leben in Frankreich fester in den Griff zu bekommen. Er führte einen zentralen Angriff gegen das politische Leben und ging insbesondere gegen die radikalen Republikaner oder Jakobiner vor, die seine Präfekten aufspüren und seine Gendarmen terrorisieren konnten. Eine ganze Batterie von Gesetzen diente der Unterdrückung linker politischer Klubs und unbequemer Zeitungen. Das waren keine völlig

unpopulären Maßnahmen; die Angst der Legislative vor staatsgefährden-
den Umtrieben übertraf gelegentlich sogar noch die des Präsidenten.

In dieser Atmosphäre führte Louis Napoleon einen Angriff nach dem
anderen gegen das Erbe von 1789 und verdarb dabei die politische Erziehung der Franzosen. Im Mai 1850 akzeptierte er ein neues Wahlgesetz,
das eine massive Einschränkung des allgemeinen Wahlrechts bedeutete;
mittels ausgeklügelter Klauseln wurden dadurch 30 Prozent der Wahlberechtigten – Thiers bezeichnete sie als «wertlosen Haufen» – aus den
Listen gestrichen. Das Gesetz gehörte nicht zu seinem Programm, aber es
paßte ihm ins Konzept. Und wie um seine Abkehr von der Revolution zu
unterstreichen, arbeitete er auf eine politische Annäherung zwischen
Staat und Kirche hin, womit er abermals seinem Onkel nacheiferte. Dank
der segensreichen Unterstützung durch den bonapartistischen Schutzpa-
tron gewannen die traditionellen religiösen Orden Tausende von neuen
Mitgliedern, schossen neue Orden aus dem Boden, fanden Kirchenmän-
ner, die bis dahin verstummt waren, ihre Stimme wieder. Das Fallouxsche
Unterrichtsgesetz aus dem Jahre 1850, das der Geistlichkeit das Privileg
einräumte, weiterführende Schulen aufzumachen, verstärkte den Einfluß
der katholischen Kirche noch weiter. Die Klerikalen und Legitimisten auf
der äußersten Rechten waren immer noch unzufrieden, aber viel Grund
für ihre Unzufriedenheit gab es nicht mehr.

Während der Präsident durch seine Amtsperiode hindurchlavierte, be-
gann die Aussicht auf den Mai 1852 – den Zeitpunkt für die Neuwahl des
Präsidenten und der gesetzgebenden Versammlung – jene Bürger, die
Angst vor einer Revolution hatten, zu bedrücken. In den Anfällen von
Panik, die sie befielen, wenn sie sich das Schreckgespenst eines blutigen
jakobinischen Regimes ausmalten, erschien ihnen die Gefahr einer legiti-
mistischen Konterrevolution weit harmloser. Ende 1851 schlachtete der
Gift und Galle sprühende Publizist Auguste Romieu, der sich ein paar
Monate vorher mit dem pamphletistischen Ruf nach einem neuen Cäsar
einen Namen gemacht hatte, diese Besorgnisse geschickt aus, indem er
eine Broschüre mit dem zündenden Titel *Le Spectre rouge de 1852* herausbrachte. Louis Napoleon, der sich nach Kräften bemühte, die öffentliche Angst zu schüren, konnte solche publizistischen Bemühungen nur
begrüßen. Er warnte vor einer «Verschwörung der Demagogen» und vor
Geheimgesellschaften, die daran arbeiteten, «sich bis in die kleinsten Ge-
meinden hinein zu verzweigen». «Wahnsinnige, gewalttätige, unbelehr-
bare» Parteikräfte hätten «sich für 1852 verabredet, nicht zum Aufbau,
sondern zum Umsturz».[32] Diese Unkenrufe waren Prognosen der eigenen Absichten; indem er die Situation schwärzer malte, als sie tatsächlich
war, stachelte der Präsident die politische Paranoia an.

Von daher war Louis Napoleons Staatsstreich vom 2. Dezember 1851, der die Drohung, die vom Mai 1852 ausging, kurzerhand bannte, eine logische Konsequenz. Er war nicht Folge einer unberechenbaren Laune und auch keine Reaktion auf einen Notstand; Louis Napoleon hatte etliche Monate damit verbracht, die Verschwörergruppe um sich zu sammeln. Am frühen Morgen des 2. Dezember vollendete er, was die Unterdrückungspolitik der vorangegangenen drei Jahre bestens vorbereitet hatte. Diesmal war keine Spur von Dilettantismus zu erkennen; der Präsident und seine Komplizen mobilisierten geschickt die Kräfte, die ihnen zur Verfügung standen; sie stießen praktisch auf keinen Widerstand. Die Proklamation, mit der sie in ganz Paris die Mauern bepflasterten, war ein Meisterstück cäsaristischer Propaganda. «IM NAMEN DES FRANZÖSISCHEN VOLKES» wurde die Auflösung der gesetzgebenden Versammlung und die Wiederherstellung des allgemeinen Wahlrechts verkündet. Und das französische Volk wurde zu den Urnen gerufen, um Louis Napoleons Vorgehen gutzuheißen oder zu verwerfen.

Wie nicht anders zu erwarten, strotzte die Erklärung, die der Usurpator bei dieser schicksalsschweren Gelegenheit an das «Volk von Frankreich» richtete, von der üblichen populistischen Rhetorik. Im Privatgespräch zeigte sich sein vollkommener Zynismus: drei Tage danach äußerte er gegenüber dem reaktionären spanischen Theologen Donoso Cortès, er mache einen Unterschied zwischen dem allgemeinen Wahlrecht als «Quelle der Macht» und als «ständiger Basis» der Regierung. «Ich habe nichts dagegen, getauft zu sein, aber das ist kein Grund, im Wasser zu leben.»[33] In der Öffentlichkeit tönte er selbstverständlich völlig anders. Er erhob den Vorwurf, kriminelle Ränke gegen «die Macht, die mir direkt vom Volke verliehen ist», reichten bis in die gesetzgebende Versammlung hinein. Und er versprach für den Fall, daß ihm die Stimmenmehrheit versagt blieb, eine neue Versammlung einzuberufen und an sie das Mandat zurückzugeben, das ihm vom Volk übertragen worden sei. Die im Januar 1852 vorgestellte neue Verfassung enthielt explizit die Bestimmung, daß «der Präsident der Republik dem Volk, das er stets anzurufen das Recht hat, rechenschaftspflichtig ist».[34] Wie so oft versteckte sich die Aggressivität des Cäsars hinter der Maske des Gehorsams gegenüber dem Wahlvolk.

Am Morgen des Staatsstreichs hatten die Gruppen des Präsidenten unbequeme Politiker noch in zivilisierter Manier, sogar mit einem gewissen Sinn für Humor, festgenommen. Aber zwei Tage später, als die Armeekommandeure erfuhren, daß in Paris Barrikaden errichtet wurden, beschlossen sie, dem Kader von Aktivisten die einzige Lektion zu erteilen, auf die sie sich ihrer Ausbildung nach verstanden. Hunderte von

Menschen, Barrikadenbauer und unselige Gaffer, darunter Dutzende von
Bürgerlichen, – die genaue Zahl wird niemals ermittelt werden –, kamen
in Paris ums Leben. Und in den Provinzen, wo sich prinzipientreue
Demokraten erhoben und einen tapferen, aber vergeblichen Versuch
unternahmen, das Unwiderrufliche rückgängig zu machen, erschoß man
ohne viel Umstände noch weitere Hunderte und nahm fast 27 000 politische Gefangene in Haft, von denen etwa 10 000 anschließend in die Kolonien deportiert wurden.

Die Überreaktion paßte nicht zu den besonnenen Aktionen, die für
den Putsch selbst typisch waren. Aber bei diesem neuesten Angriff auf
die politische Kultur Frankreichs ging nicht alles rational zu; Louis
Napoleon bemühte zu seiner Unterstützung magisches Denken. Schon
das bloße Datum beschwor den Oheim. Exakt siebenundvierzig Jahre
zuvor, am 2. Dezember 1804, hatte Napoleon Bonaparte sich selbst zum
Kaiser gekrönt – und genau ein Jahr danach hatte er – was den Tag noch
reizvoller machte – in der entscheidenden Schlacht bei Austerlitz gesiegt.
In Napoleon Bonapartes Wahl des Termins mischten sich Effekthascherei
und Aberglaube, der seinerseits nun zum Alibi für aggressive Handlungen wurde. Als im Jahr 1852 Louis Napoleon sein frischgebackenes zehn-
jähriges Präsidialamt mit der Kaiserwürde vertauschte, ließ sich gewissermaßen vorhersehen, daß der Krönungstag wieder ein 2. Dezember sein
mußte.

Beträchtliche Teile des Bürgertums verhielten sich reserviert gegenüber
dieser pietätvollen Farce oder gingen in die Opposition. «Im Augenblick», schrieb eine Woche nach dem Staatsstreich der katholische Publizist und Verleger Graf von Montalembert, ein politischer Verbündeter
Louis Napoleons, «hat Bonaparte zu Gegnern all die Redner, all die
Sophisten, all die Anwälte, all die Bürger, all die Handlungsreisenden,
kurz, all die Vertreter des Voltaireianismus und der Demokratie. Auf
seiner Seite sind alle Gesunden, die Disziplinierten oder *Disziplinier-
baren* in der Nation, die Armee und die Bauern.»[35]

Kein Zweifel, daß «all die Bürger» eine Übertreibung war. Aber die
antiklerikale Stimmung in der Mittelschicht und ein Rest von Treue gegenüber den Idealen der Revolution, besonders unter Akademikern, ließ
so manchen Bürger innehalten. Auch Ausländer, die mit den Verhältnissen im Land vertraut waren, insbesondere Engländer, lehnten die Ereignisse des 2. Dezembers ab: sie sahen in dem Angriff auf freie politische
Betätigung das Werk eines typischen Tyrannen.

Die systematischen Methoden, mit denen der Diktator politische Äußerungen erstickte und politische Organisationen unterdrückte, erhoben
die Repression zu einer Kunst. Sein Regime verurteilte Verleger, Schrift-

steller und Drucker zu Bußgeldern und Haftstrafen; es verbot Zeitungen und schloß Verlage, wenn es fand, daß diese dem französischen Leser mehr zumuteten, als ihm zuträglich war; es setzte radikale Flugschriften, Lieder, Polemiken und Almanache auf die schwarze Liste. Unter den gnädigen Augen des Kaisers schränkte der Staat die Tätigkeit politischer Klubs rigoros ein und ermächtigte die lokalen Behörden, sie zu verbieten; der Polizist, der den Treffen als unbewegter, aber aufmerksamer Zuhörer beiwohnte, wurde zu einer regelmäßigen Begleiterscheinung ihres prekären Bestehens. Bei jeder Gelegenheit, die unabhängige Geister zum Anlaß für politische Bekundungen nehmen konnten – ein Begräbnis, ein Festessen, eine Messe, das Pflanzen eines Freiheitsbaumes –, mischte die Polizei sich ein. Und die ganze Zeit nahm die Belästigung politischer Gegner, die Deportation verdächtig wirkender Ausländer und die Säuberung des Staatsapparats von unzuverlässigen Elementen kein Ende.[36]

Natürlich war dafür gesorgt, daß alles einen perfekt gesetzlichen Eindruck machte. Louis Napoleon hielt sein Versprechen und erlaubte dem französischen Wahlvolk – nötigte es geradezu –, seine Zustimmung zum Staatsstreich zu Protokoll zu geben. Auch diese Technik hatte der Neffe vom Onkel gelernt. Im Repertoire der Verführungsstrategie, die der erste Napoleon im Interesse des Selbstschutzes und um der Eigenwerbung willen anwandte, nahm die «Anrufung des Volkes» – das Plebiszit – eine herausragende Stellung ein; es war bezeichnend für die Neudefinition politischen Handelns, die damals im Gange war. Zwischen 1800 und 1804 machte Napoleon I. von diesem Mittel dreimal Gebrauch, um seine Kontrolle über das Land zu verstärken. Niemand war überrascht, daß er jede dieser Abstimmungen mit überwältigenden, geradezu unglaublichen Mehrheiten gewann, nachdem er durch gutes Zureden, Manipulation, Einschüchterung und, um ganz sicher zu gehen, massive Bestechung für den Erfolg gesorgt hatte.[37]

Louis Napoleon erwies sich als gelehriger Schüler. Die Wortführer der katholischen Kirche empfahlen dringend, mit Ja zu stimmen; der Innenminister wies die Präfekten überall im Lande an, mit ihrem Einfluß dafür zu sorgen, daß die erwünschten Resultate zustande kamen; die Offiziere in der Armee taten ihre Pflicht und kündeten ihren Untergebenen in flammenden Worten von den Segnungen des 2. Dezember. Da oppositionelle Stimmen weitgehend zum Schweigen gebracht worden waren und die Angst vor Repressalien im Raum stand, war der Ausgang der Wahl sichergestellt. Aber eine völlig freie und ehrliche Wahl hätte ähnliche Ergebnisse erbracht und von den 7,5 Millionen Stimmen, die Louis Napoleon bei etwa 650 000 Gegenstimmen erhielt, höchstens Bruchteile abgezogen. «Es wurde Terror geübt», schrieb George Sand an Mazzini, «aber auch ohne dies hätte das Volk ebenso gewählt.»[38] Louis Napoleon war fraglos der Mann des Volkes. Einige seiner Feinde blieben unversöhnlich. Victor Hugo, der bis zum Staatsstreich ein Anhänger Napoleons war, verwandelte sich in seinen bissigen Kritiker und überhäufte ihn aus der sicheren Entfernung des Exils mit einer Flut von Schmähungen. Hugos Louis Napoleon war eine erbärmliche Gestalt, *Napoléon le petit*. Aber auch wenn Hugos Satiren viele amüsierten – überzeugen konnten sie nur wenige.

Das Plebiszit war Louis Napoleons emphatischste cäsaristische Handlung. Indem er das Volk aufforderte, seine absolute Macht kraft allgemeinen Wahlrechts zu ratifizieren, wischte er altehrwürdige Ansprüche göttlichen Rechts, dynastischen Herkommens und historischer Privilegierung vom Tisch. Und auch nachdem er den Kaisertitel angenommen hatte, wechselte er nicht im geringsten die demokratische Tonart. Im Jahr 1858, als er anläßlich der Einweihung eines Reiterstandbilds Napoleons I. in Cherbourg eine Ansprache hielt, versicherte er erneut, die von ihm geleitete Regierung basiere «auf dem Willen der Volksmassen» und sei deshalb «keiner Partei untertan».[39] Und in seinem Testament von 1865 schaffte er es, in einen einzigen Satz die beiden entscheidenden Ideen hineinzupressen, die seine Karriere geprägt hatten – den Napoleonismus und den Populismus. «Er möge niemals», mahnte er im Blick auf seinen einzigen Sohn, «das Motto des Hauptes unserer Familie vergessen: Alles für das französische Volk.»[40]

Diese ewigen Wiederholungen klingen nicht nur monoton, sie waren es auch – und das war mehr oder minder Absicht. Louis Napoleon gehörte zu den ersten Politikern des 19. Jahrhunderts, die begriffen, welche propagandistischen Möglichkeiten die schiere Wiederholung barg, und die dieses Potential nutzbar machten. Er suchte und fand die Schlagworte, die den Menschen im Gedächtnis hafteten. Wie schon Voltaire ein Jahrhundert zuvor wußte er, wie unaufmerksam die Menschen lesen und zuhören und wie oft man Argumente vortragen muß, ehe sie sich festsetzen. Kraft der immer gleichen Beschwörungsformeln, mit denen er seinen Glauben an die Volkssouveränität bekannte und sich als Wahrer des Vermächtnisses seines illustren Onkels anpries, annoncierte Louis Napoleon, was ihn von anderen führenden Politikern wesentlich unterschied. Diese Selbstinszenierung erwies sich bei einem großen Teil der vielfach politisch naiven Wählerschaft als ein großartiger Aktivposten.

Das Charisma, das Napoleon III. von Napoleon I. entlehnte, war um so wirksamer, als die Überzeugungen, zu denen er sich bekannte, keine völlig hohlen oder rein taktisch motivierten Phrasen waren. In seiner Jugend hatte er eine Reihe progressiver Vorstellungen vom Nutzen der

Technik aufgeschnappt, vor allem Ideen der gesellschaftstheoretischen Schule Saint-Simons, und zum Teil schenkte er seiner eigenen Propaganda Glauben. Er zerrte ängstliche Fabrikanten und Bankiers mit Gewalt ins Industriezeitalter und förderte das Wirtschaftswachstum, indem er bei der Bildung eines flexiblen Bankensystems Pate stand, für drastische Zollsenkungen sorgte und die Erweiterung des französischen Eisenbahnnetzes unterstützte. Der volkstümliche Schemen, der einer sorgfältigen Imagepflege entsprang, war also nicht bar jeder Substanz.

Die haltbarste seiner innenpolitischen Initiativen galt der Schaffung des modernen Paris. Im Jahr 1853 ernannte er Georges Eugène Haussmann zum Präfekten des Departement Seine. Der fähige und zupackende Haussmann, der sich auf die Rückendeckung seines Kaisers verlassen konnte, erneuerte einen Großteil der Altstadt, die aus einem Kaninchenbau zusammenhangloser Kieze, aus baufälligen Häusern und unhygienischen sanitären Anlagen bestand. In nahezu zwei Jahrzehnten unablässigen Abrisses und Wiederaufbaus entstand eine neue Hauptstadt, ein buchstäblich nicht wiederzuerkennendes Schmuckstück, das sich herrlicher Parks, schöner Boulevards und eines sauberen Kanalsystems rühmen konnte. Immer wieder schilderte Daumier in seinen Drucken die Verblüffung von Paaren, die nach kurzer Abwesenheit ihre Häuser nicht mehr vorfanden; er nahm sich dabei nur eine bescheidene künstlerische Freiheit heraus.

Die Gründe, die den Kaiser bewogen, sich in ein so gewaltiges öffentliches Bauprogramm zu stürzen, waren wie gewöhnlich überdeterminiert. Die Straßenerweiterungen und der Abriß störender Behausungen mochten als Vorkehrung gegen den Bau von Barrikaden dienen und der Regierung den Einsatz von Truppen erleichtern. Dadurch wurde aber auch viel für die Verschönerung der Stadt getan; nach den Plänen zu urteilen, die Louis Napoleon zeichnete, als er von der Macht nur erst träumen konnte, war der ästhetische Trieb sehr lebendig in ihm. All diese Neuentwürfe waren auch ein wichtiges Mittel, um den Personen- und Fahrzeugverkehr zu beleben; im neuen Paris funktionierte der Verkehrsfluß zwischen den Stadtteilen viel besser als vorher. Und natürlich verschaffte dieser fieberhafte, ruinös teure Zirkus Massen von Parisern Brot; in den 50er und 60er Jahren des 19. Jahrhunderts war ungefähr jeder fünfte Pariser Arbeiter im Baugewerbe tätig. Als Anfang der 70er Jahre Haussmann entlassen wurde und das Projekt, das mittlerweile zu großen Teilen verwirklicht war, ins Stocken geriet, bedeutete dies für die unmutige Pariser Arbeiterschaft das Ende einer goldenen Ära.[41]

Als Diktator und als Kaiser verließ sich der vorsichtig gewordene Napoleon III. zur Sicherung seiner Herrschaft nicht mehr nur aufs Redenhalten oder auch auf volkstümliche politische Maßnahmen. Die Pressegesetze, die strenger waren als unter Louis Philippe, wurden Ende 1852 ergänzt durch eine Zensur der Bühnen. Sogar noch selbstherrlicher waren die Maßnahmen, durch die das allgemeine Wahlrecht, das die männliche Bevölkerung genoß, zur Bedeutungslosigkeit verurteilt wurde. Ungeachtet der heiligen Schwüre des Kaisers, daß seine Herrschaft mit der Zustimmung des Volkes stehe und falle, beeinflußten seine Beamten die Wahlen auf schamloseste Art und trieben ihnen in zufriedenstellendem – die Regierung zufriedenstellendem – Maße jedes Moment von Ungewißheit aus. Die Verwaltung stellte «amtliche» Kandidaten auf, die jede gesetzliche und ungesetzliche Unterstützung erhielten, die den regionalen Behörden irgend in den Sinn kam. Wahlbezirksgrenzen wurden manipuliert und Wahlurnen mit gefälschten Stimmzetteln gefüttert. Die Politiker der Restaurationszeit hatten ähnliche Methoden angewandt, aber sie huldigten auch nicht dem demokratischen Fetisch Volkssouveränität.

Schiere Aggressivität trat an die Stelle der schmutzigen Tricks. Verhaftungen, Drohungen, Gewalt mußten helfen, wo es nicht ausreichte, Druck auszuüben.[42] Karrieren konnten davon abhängen, wie man wählte. Die verstohlene Art und Weise, wie der Kaiser seine diplomatischen und militärischen Unternehmungen – in Rußland, in Italien, in Mexiko, in Afrika – startete, verbreiterte noch weiter die Kluft zwischen Herrschenden und Beherrschten, die die Unterdrückung und Manipulation bereits aufgerissen hatten. Alle Regierenden, nicht bloß Autokraten, nehmen die Außenpolitik als ihren privilegierten Bereich in Anspruch, aber Napoleon III. verheimlichte seine Pläne keineswegs nur der Öffentlichkeit und der gesetzgebenden Versammlung, sondern sogar seinen eigenen Ministern. In der Innenpolitik war er nicht weniger geheimniskrämerisch.

Dennoch führte Napoleon III. gegen Ende des ersten Jahrzehnts des Kaiserreichs Spuren parlamentarischer Verfahrensweisen in seine autokratische Herrschaft ein. Dieses eine Mal weigerte er sich, dem Vorbild seines verehrten Oheims zu folgen, der im Laufe der Jahre die politische Repression nur immer verstärkt hatte.[43] Trotz aller Todesopfer, die seine Truppen im Dezember 1851 hinterlassen hatten, trotz aller Einschränkungen der Meinungsfreiheit, die er offen unterstützt oder stillschweigend gutgeheißen hatte – Napoleon III. war zu menschlich, um ein konsequenter Cäsar zu sein. Und er hatte ein Versprechen einzulösen: In der Anfangszeit hatte er feierlich verkündet, daß Freiheit folgen werde, sobald das autoritäre Regime seine Arbeit verrichtet habe. Jetzt fing er an, etwas anzustreben, was wohlmeinende Beobachter mit unverkennbarer Erleichterung und in verständlicher Übertreibung als «liberales Kaisereich» bezeichneten. Es war aber kein Kaiserreich für das liberale Bürgertum; die Kirche und seine konservativen Anhänger behielten ihren maßgebenden Einfluß, und der Kaiser bewegte sich mit der Gemächlichkeit eines Eiszeitgletschers in Richtung Freiheit. Im Jahr 1859 amnestierte er die aus politischen Gründen Verurteilten; die meisten Exilierten kehrten daraufhin zurück – nicht allerdings Victor Hugo. Im Jahr 1860 gestattete er der gesetzgebenden Versammlung, über die kaiserliche Ansprache in Anwesenheit seiner Minister zu debattieren. Und im Jahr 1860 legte er zur allgemeinen Überraschung der gesetzgebenden Versammlung seinen Haushalt vor und ließ sie Punkt für Punkt darüber abstimmen.

Verständlicherweise trauten Napoleons Kritiker dieser seiner schrittweisen Bekehrung zur konstitutionellen Monarchie nicht.[44] Aber zum Erstaunen der Skeptiker dehnte er seine Zugeständnisse noch aus. Indem er einige seiner lautstärksten Gegenspieler in die Regierungsverantwortung einbezog, nahm er Abstand von seinem bisherigen Monopol auf politische Aggressivität und machte sich beherzt daran, den politischen Prozeß, dem er soviel Schaden zugefügt hatte, wieder in Gang zu bringen. Im Januar 1870 forderte er den leidenschaftlichen Republikaner und feurigen Redner Emile Ollivier auf, ein Kabinett zu bilden. Das kam einer Neubelebung praktizierter Politik gleich, einer schließlichen Anerkennung des Prinzips ungestörter politischer Opposition. Der Anwalt Ollivier, der sich selbst als Realisten bezeichnete, hatte bereits mehrere Jahre lang innerhalb des Systems, innerhalb des «liberalen Kaiserreichs», mitgewirkt; jetzt trug er wie ein englischer Politiker, der nach einem Wahlsieg das Amt übernimmt, politische Verantwortung. Im Mai griff Napoleon III. wieder einmal auf sein geliebtes populistisches Strategem, das Plebiszit, zurück und appellierte an die politische Öffentlichkeit, seine Experimente abzusegnen. Das Ergebnis fiel nach seiner Zufriedenheit aus: Gut über 7 Millionen stimmten zu, gegenüber bloßen 1,5 Millionen, die sich unzufrieden zeigten.

Und doch gehörte binnen weniger als einem halben Jahr das Kaiserreich der Vergangenheit an. Eine unselige Kombination aus überstürzten außenpolitischen Initiativen von seiten Napoleons III. und deutschem Vereinigungsdruck katapultierte ihn in einen verheerenden Krieg.[45] Entgegen den zuversichtlichen Erwartungen des Kaisers und seines Landes demonstrierte Preußen kurz und bündig, wie überlegen es auf dem Schlachtfeld war. Während der katastrophalen Niederlage bei Sedan am 2. September geriet der kränkelnde Kaiser in Gefangenschaft, und zwei Tage später wurde eine neue französische Republik ausgerufen. Es war die dritte innerhalb von achtzig Jahren. Obwohl der Cäsarismus des Neffen im Vergleich mit dem des Onkels größere Flexibilität an den Tag legte, genoß er weder genug Popularität, noch war er hinlänglich autoritär, um von Dauer zu sein. Und der Hauptakteur beim Sturz von Napoleon III., der Kanzler des Norddeutschen Bundes und Ministerpräsident Preußens, Otto von Bismarck, zeigte sich in dem bonapartistischen Spiel dem alternden Politiker, nach dem es benannt war, weit überlegen.

Dem Historiker, der sich mit der Aggressivität im 19. Jahrhundert beschäftigt, der offenen ebenso wie der unterdrückten, bietet Otto von Bismarck Material, das seinesgleichen sucht. Seine lange Regierungszeit verhalf seinen psychischen Symptomen zu historischer Größe. Er war zu kämpferisch, um seine aggressiven Impulse brachliegen, und zu schlau, um ihnen die Zügel schießen zu lassen. Spät in Gang gekommen, aber rasch im Lernen, war Bismarck kein Primitivling, der Politik mit brutaler Gewalt gleichsetzte. Wir haben bereits gesehen und werden immer wieder beobachten, welch unterschiedliche Stile der Aggressivität möglich sind. Bismarck machte sich mit fast allen von ihnen vertraut, den polternden wie den verbindlichen, den jähen Ausbrüchen wie den berechnenden Taktiken. Und da er auf der denkbar umfassendsten Bühne agierte – Preußen, Deutschland, Europa – und historisch etwas bewegte, war seine Angriffslust ein öffentliches Ereignis. Und das ist nicht der einzige Nutzen, den Bismarck für den Historiker der Aggressivität hat. Seine eingestandene «natürliche Kampfeslust» bereitete ihm reichlich Vergnügen, schuf ihm aber auch, obwohl ihm das kaum bewußt war, viel Unbehagen.[46] Bismarcks innere Konflikte werfen ein Licht auf die Art und Weise, wie Menschen lernen – beziehungsweise nicht lernen –, ihre Kampflust im Zaum zu halten.

Bismarcks politische Aggressivität bereitete seinem Mentor, dem erzkonservativen Leopold von Gerlach, Sorgen. War sein Schüler am Ende ein Bewunderer, vielleicht sogar so etwas wie ein Lehrling Louis Napoleons, jener Ausgeburt eines illegitimem Machthabers? In einem Brief an Gerlach, der das Ohr Friedrich Wilhelms IV. hatte, wies Bismarck 1857 diesen Verdacht gelassen von sich.[47] Er war damals zweiundvierzig und der Gesandte Preußens bei der Bundesversammlung in Frankfurt. Sein Gewissen war rein: ganz gewiß identifiziere er sich nicht mit Cäsaren, egal, ob alten oder neuen. Er sah sich als nüchternen Diener der preußischen Monarchie, der mit unerbittlicher Konsequenz deren Interessen vertrat.

Mit seinem Dementi sprach Bismarck die gewichtigste Frage an, mit der sich ein preußischer Diplomat nach 1848 auseinandersetzen konnte: welchen Kurs Preußen zwischen seinen beiden großen Rivalen auf dem Kontinent, Frankreich und Österreich, steuern sollte. Das Dementi bietet zugleich Einblick in Bismarcks vieldiskutierten Realismus, der als politische Haltung beispielhaft ist für eine Aggressivität, die diszipliniert und in den Dienst klar erkannter, wenn auch nicht unbedingt anerkennenswerter strategischer Ziele gestellt wird. Er versicherte Gerlach, er sei ebensowenig ein Fürsprecher der Franzosen wie der Österreicher, und wies ihn behutsam zurecht, weil er in der Außenpolitik eine Auffassung vertrete, «der ich im allgemeinen den Vorwurf mache, daß sie *die Realitäten ignoriert*». Was er vorschlage, sei kein Fehler. Er räumte ein: «Das Prinzip des Kampfes gegen die Revolution erkenne auch ich als das meinige an»; aber «die Interessen des Vaterlandes» werde er keinen persönlichen «Sympathien und Antipathien» unterordnen.[48] Bismarck befreite sich von den Fesseln einer starren Ideologie, um zwischen Freund und Feind drinnen und draußen ungehindert manövrieren zu können. Er blieb gern Herr seiner Entscheidungen. Dabei waren es *seine* Entscheidungen: Wenn die beiden Herren, denen er diente, Realismus und Monarchismus, gelegentlich nicht miteinander vereinbar waren, fand er für Spannungen, die durch den Zusammenprall beider entstanden, einen genehmen Ausweg; er betrachtete einfach die von ihm bevorzugte Politik als das Rationalste, was er seinem König vorschlagen konnte. Seinem eigenen Gestirn zu folgen war der äußerste Beweis von Treue gegenüber dem König.

Und doch litt er nicht unter Allmachtsphantasien. Bismarck war sich sehr wohl bewußt, daß er über die Entwicklung Deutschlands im 19. Jahrhundert nicht im Alleingang entscheiden konnte; das war der Grund, warum er der Politik beharrlich den Status einer wissenschaftlichen Disziplin absprach. In den Anfängen von Bismarcks Karriere deutet zweifellos nichts auf cäsaristische Neigungen hin. Er war schon immer ein Parteigänger der herrschenden Mächte. Als Junge hatte er mit dem aufmüpfigen Gedanken gespielt, ob nicht die Republik die beste Regierungsform sei, aber «meine geschichtlichen Sympathien blieben auf seiten der Autorität». Bezeichnenderweise war sogar damals schon Brutus «für mein kindliches Rechtsgefühl Verbrecher».[49]

Nur zur Hälfte Junker – seine Mutter kam aus einer angesehenen, nicht-adligen Beamtenfamilie –, gab er sich beim Eintritt ins öffentliche Leben aristokratischer als die Aristokraten selbst. Für ihn gab es keinen Kompromiß mit dem 19. Jahrhundert; bei seinem Debut im Jahr 1847 als Abgeordneter im preußischen Landtag gesellte er sich, ohne zu zögern, den Reihen derer zu, die für das unveränderte alte Regime eintraten, und sprach sich für die Beibehaltung rechtlicher und finanzieller Privilegien aus, die seine flexibleren Standesgenossen bereit waren fahrenzulassen. Er verwarf jeden leisesten Vorstoß in Richtung parlamentarische Regierung,

Steuerreform oder Säkularismus. Er widersetzte sich in einer langen Rede, in der er «viel Bittres» äußerte, heftig der Aufnahme von Juden in den Staatsdienst und gab als Grund an, Preußen sei schließlich ein christlicher Staat. Die Berichte, die er seiner Verlobten von diesen Auftritten schickt, zeigen ihn durchweg als forschen, selbstsicheren Menschen. In den fünfundzwanzig Sprechern, die für die Emanzipation der Juden eingetreten waren, sah er «langweilige Humanitäts-Faseler», «die immer wieder dieselben sentimentalen Salbadereien vorbrachten».[50] Er, der weder sentimental noch langweilig war, nutzte die Gelegenheit, die ihm die Rede bot, und ließ seiner Aggressivität freien Lauf.

Bismarcks Verhalten während der März-Tage des Jahres 1848 war typisch für einen aufstrebenden jungen Reaktionär. Die Liberalen in Preußen, die sich von den revolutionären Stimmungen in Frankreich und Italien hatten anstecken lassen, verlangten nach einer konstitutionellen Monarchie. Nachdem es in Berlin zu einem blutigen Zusammenstoß zwischen Truppen und Demonstranten gekommen war, gab Friedrich Wilhelm IV., um schlimmere Vorfälle zu verhindern, den Forderungen der Liberalen nach. Entsetzt über diesen feigen Verrat an den Prinzipien der Monarchie brütete Bismarck über einem abenteuerlichen Komplott zur Wiederherstellung der Autorität der preußischen Krone. Der König sollte gezwungen werden, zugunsten seines jungen Neffen zurückzutreten, damit dieser dann als Marionette von einer ultrakonservativen Hofclique gelenkt werden konnte. Bismarck plante auch, den Aufständischen eine blutige Lektion zu erteilen. Das war nicht das letzte Mal, daß er Gewalt als ein Mittel der Politik empfahl. «Blut und Eisen» geisterte schon Jahre, bevor er sein grimmiges Motto prägte, in seinem Kopf herum.

Allein schon seine Wortwahl lohnt das Studium. Bismarcks streitlustige, bildhafte Sprache ist gespickt mit Metaphern, die der Jagd und den tödlichen Auseinandersetzungen des Krieges entlehnt sind. Heftige politische Konkurrenten wie Gladstone und Disraeli faßten sich gewiß auch nicht mit Samthandschuhen an, jedenfalls nicht im privaten Verkehr. Aber in der Öffentlichkeit wahrten sie eine Fasson, von der Bismarck nichts wissen wollte. Seiner Rhetorik eignete eine besondere Streitbarkeit, und häufig entsprachen die Pläne, die er schmiedete, seinen Worten; es gab Zeiten, in denen ihm extreme Maßnahmen angemessen erschienen. Im März 1852 bedrohte er die Bevölkerung ganzer großer Städte mit der Ausrottung. In einem seiner typischen Ausbrüche erklärte er ihnen mit rücksichtsloser Offenheit, sie ließen sich von «ehrgeizigen und lügenhaften Demagogen leiten». Sollten die Städte sich erneut erheben, wie sie das vor vier Jahren getan hatten, werde das «wahre Preußische Volk...

sie zum Gehorsam zu bringen wissen, und sollte es sie vom Erdboden vertilgen».[51]

Später, im Jahr 1874, in seinem vierten Jahr als Reichskanzler, richtete er ähnlich deutliche Worte an die katholische Zentrumspartei. Er machte sich Sorgen, daß die Partei sich mit den Sozialdemokraten verbünden könnte, und sah in dieser vermuteten Absicht das Verlangen zum Ausdruck kommen, «den deutschen Kadaver zu verzehren», eine kannibalische Gier, die hoffentlich keine Erfüllung finden werde: «er hoffe aber, Deutschland werde vorher beide Tiger erschießen».[52] Vier Jahre danach erklärte er gegenüber dem Reichstagsabgeordneten Robert von Benda, einem führenden Nationalliberalen, daß es ihm gleichgültig sei, was die politischen Parteien dachten oder taten: «... er gehe seinen Weg; wer mit ihm gehe, sei sein Freund, wer wider ihn gehe, sein Feind – bis zur Vernichtung.» Dieser aufschlußreiche Ausbruch unterstrich, was er über sich selbst geäußert hatte: «Wenn ich einen Feind in der Gewalt habe, muß ich ihn vernichten.»[53] Damit war es ihm ernst, auch wenn die halbkonstitutionelle politische Bühne, auf die ihn das Schicksal verschlagen hatte, seinem tiefsten Sehnen die volle Befriedigung versagte.

Er sehnte sich nach Kampf. Mit entwaffnendem Freimut bekannte er sich zu einem kriegerischen Charakter, seiner «natürlichen Kampfeslust». Von einem Beobachter wurde der junge Abgeordnete des Jahres 1848 scharfsichtig geschildert: «eine lange, straffe, etwas feiste Gestalt, mit blondem Bart und spärlichem Haupthaar, er spricht nicht fließend, sondern stößt die Worte heraus, wie mit verhaltener Wut über die Revolution und die revolutionäre Versammlung.» Abgesehen von ein paar reuevollen Bemerkungen gegenüber seiner Frau gibt es wenig Hinweise darauf, daß seine Wutausbrüche, denen er oft genug freien Lauf ließ, ihm ein schlechtes Gewissen machten. Etliche Jahre vor der Veröffentlichung von Darwins *Ursprung der Arten* lieferte er eine Art von sozialdarwinistischer Rationalisierung für politisches Berserkertum: «Die großen Krisen bilden das Wetter, welches Preußens Wachstum fördert, indem sie furchtlos, vielleicht auch sehr rücksichtslos von uns benutzt werden.»[54]

Rücksichtslosigkeit war für ihn das Prinzip des Lebens. Nach seinem Ausscheiden aus dem Amt philosophierte er vor einer Akademikerversammlung, als «Forstmann» erkenne er den Kampf als alle Lebewesen beherrschende Macht, angefangen von den Insekten bis hin zu den Jagdtieren und den Menschen. Es paßte zu ihm, daß er fand: «Das Jägerleben ist eigentlich das dem Menschen natürliche.» Und doch war Kampfesleidenschaft bei ihm eher eine psychologische Notwendigkeit als ein philosophisches Prinzip; die Aufteilung der Welt in Freund und Feind lieferte ihm ein Alibi, um seine Streitsucht auszuleben. Kein Wunder, daß die

Schar seiner Feinde wuchs, während die seiner Freunde schrumpfte. «Im Amte aber», schrieb er 1873, «wird es einsam um mich sein, je länger, je mehr; die alten Freunde sterben oder werden Feinde, und neue erwirbt man nicht mehr.» Politische Auseinandersetzungen waren eine Fortsetzung des Krieges mit anderen Mitteln und wurden mit großer Unversöhnlichkeit auf einem «Schlachtfeld» ausgefochten.[55]

Im Laufe seiner glanzvollen Karriere – Abgeordneter im preußischen Landtag, preußischer Vertreter beim Deutschen Bundestag in Frankfurt, Gesandter in Rußland, Ministerpräsident von Preußen, Kanzler des Deutschen Reiches – kämpfte Bismarck auf vielen Schlachtfeldern und stellte sich jeder Herausforderung so, als gehe es ums Ganze. Im Jahr 1872, zu Anfang seines Streits mit der katholischen Kirche, des sogenannten Kulturkampfs, betonte er, daß seine Regierung bereit sei zu *«kämpfen»*; indem er gegen subversive Jesuiten im Innern und gegen die imperialistische Herrschaft des Papstes mobil machte, forderte er, die Regierung möge tun, was sie wolle, nur keine weiße Flagge dürfe sie hissen. Aktiv, kurz, aggressiv, hatte man aus Prinzip zu sein: «Passivität gilt für Schwäche und *ist* Schwäche.» Auch im folgenden Jahr, als es ihm darum ging, die Agitation der Sozialdemokratischen Partei durch eine verschärfte Zensur der sozialistischen Presse zu unterdrücken und die sozialistischen Organisationen polizeilich überwachen zu lassen, bestand er darauf, daß «die Regierung in diesem Kampf nicht passiv bleiben dürfe».[56]

Zumindest in seiner Rhetorik – und, wie mit Sicherheit anzunehmen ist, in seinen Phantasien – war er auf endgültige Lösungen aus und wollte von Zugeständnissen nichts wissen, auch wenn ihm schließlich die Realität, in der er seinen Meister fand, Kompromisse aufnötigte. Gegenüber Robert Lucius von Ballhausen, einem der wenigen Beamten, die sein Vertrauen hatten, äußerte er: «Lieber ein Ende mit Schrecken, als ein Schrecken ohne Ende.» Jedes politische Ziel mußte mit äußerster Energie verfolgt werden. *«Ich will, wenn ich im Amt bleibe»*, erklärte er im Jahr 1877 seinen Kollegen, *«den Kulturkampf bis zum äußersten Ende führen, zu einem Ende, bis zu welchem vielleicht nicht alle Anwesenden mit mir gehen werden.»*[57]

Diese Gladiatorenhaltung hinterließ in Bismarcks umfangreicher Leistungsbilanz ihre Spuren. Seine Kampfeslust war mehr als eine bloße Marotte; sie konnte sich zur Blutrünstigkeit steigern. Als im September 1848 eine revolutionäre Erhebung in Berlin möglich schien, äußerte er seiner Frau gegenüber sein Bedauern darüber, daß wahrscheinlich leider kein «Blut fließt». Nicht lange danach klagte er über die Schwäche «unsrer Castratenregierung», die seinem Verlangen nach drastischen Aktionen gegen die «Barrikadisten» nicht Genüge tat. Im März 1886 wiederum forderte er auf einer Kabinettsitzung in großer Erregung, die Regierung müsse zeigen, daß es ihr mit der Schanklizenz für Kneipen ernst sei; notfalls könne sie sich über die Verfassung hinwegsetzen, auf jeden Fall aber müsse «den Schankwirten Krieg bis aufs Messer gemacht werden». Seiner Ansicht nach blieben viele seiner Pläne nur deshalb unverwirklicht, weil seine Kollegen nicht den Mumm hatten, sich ihm anzuschließen. Kein Wunder, daß er den Engländern wegen deren «männischer Unabhängigkeit» widerwillig Bewunderung zollte.[58] Mannhaftigkeit war eine Eigenschaft, die er hochschätzte, zu besitzen hoffte und das Bedürfnis hatte, unter Beweis zu stellen.

Lautstarken Ausdruck verlieh er dieser Eigenschaft mit seiner Neigung, politische Gegner zu beschimpfen. Mit seiner verbalen Aggressivität stand Bismarck in einer Zeit, in der man sich gern Grobheiten an den Kopf warf, nicht allein; aber er frönte ihr leidenschaftlicher als andere Redner. Seine Gegner überschüttete er mit Hohn und Spott; er warf ihnen nicht nur Irrtum, sondern Eigennutz und sogar böse Absicht vor; seiner Interpretation nach zielten sie nicht nur auf eine politische Kursänderung, sondern auf den Umsturz des Staatswesens. Die Liberalen von 1848 bezichtigte er des «Schwindels». Der preußische Staatsapparat war eine «von dem Krebs republikanisch-heidnischer Bildung angefressene Bürokratie». Die Gründung der Ersten Internationale war nicht so sehr Ausdruck ökonomischer Gebrechen, als vielmehr «nur eine, wenn auch augenblicklich die hervorragendste von den Formen, in welchen eine die ganze zivilisierte Welt durchziehende Krankheit zur Erscheinung kommt». Wer es in der Verwaltung, im Reichstag oder in der Presse wagte, ihm zu widersprechen, trieb «Demagogie» oder handelte – ein Bismarckscher Lieblingsausdruck – als «Feind des Staates».[59]

Im Reichstag, der Bismarck Jahr für Jahr auf die Palme brachte, fand seine Begabung für Schmähungen den denkbar größten Entfaltungsraum. Der Reichstag war ein «knurrender Hund»; wie alle Volksvertretungen war er verblendet: «Jedes Parlament liebt aber seine Krankheiten und hält sie für Vorzüge.» Er war bevölkert von «Berufsabgeordneten», die mit ihrer «Unfähigkeit» und ihrem «Größenwahn» weit schlimmer waren als das übrige Volk. Auch die Österreicher, deren tonangebende Rolle in den deutschen Angelegenheiten er zutiefst verabscheute und liebend gern los werden wollte, waren häufig Zielscheibe seiner einfallsreichen Wortgebung. Erbost durch die österreichische Haltung, in der er unbedingt Doppelzüngigkeit erkennen wollte, bezeichnete er im Jahr 1854 Österreich als «jüdisches Gemisch von Feigheit, Gewinnsucht und Unverschämtheit». Und die Presse, der er zeit seines Lebens größte Aufmerksamkeit schenkte, war ein Hauptgegner – bis auf die fügsamen Zeitungen selbstverständlich, die von ihm gekauft waren. «Die Buchdruckerkunst», schrieb er 1850, «ist des Antichristen auserlesenes Rüstzeug.»[60] Kurz, Bismarck scheute sich nicht, seine Haßgefühle auch zu äußern.

Ganz oben auf der Liste der Verhaßten rangierte Eduard Lasker, ein couragierter, beliebter, außerordentlich überzeugungskräftiger Abgeordneter des linken Flügels der Nationalliberalen, der ihn oft herausforderte und ihm gelegentlich auch einen Strich durch die Rechnung machte. Bismarck verunglimpfte seine politischen Ideen als «Laskerei», nannte ihn doktrinär und bezeichnete ihn als «theoretischen Redner» und «dummen Judenjungen».[61] Nicht einmal der Tod Laskers Anfang 1884 konnte ihn versöhnen. Als Lasker während einer Amerikatour in New York starb, schickte das Repräsentantenhaus ein Beileidsschreiben, das dem Reichstag übermittelt werden sollte. Weit entfernt davon, die Botschaft zu überbringen, ließ Bismarck sie an den Absender zurückgehen und hielt vor dem Reichstag eine ätzende Rede, in der er seinen verstorbenen Gegenspieler und dessen ganzes Lebenswerk mit Vorwürfen, Verdrehungen und erbarmungslosen Verleumdungen überhäufte.[62] Man hatte fast den Eindruck, Bismarck nehme Lasker übel, daß er gestorben war und als Kontrahent künftig nicht mehr zur Verfügung stand.

Für einen bekennenden Christen war Bismarck bemerkenswert unversöhnlich. Im Jahr 1849 besuchte er einen Berliner Friedhof und ging an den Gräbern der Demonstranten vorbei, die bei der März-Revolution im vorangegangenen Jahr umgekommen waren. In einem Brief an seine Frau bat er sie, für ihn zu beten, denn «ich werde hier so weltlich und so zornig, wenn Du nicht bei mir bist». Er hatte feststellen müssen, daß er außerstande war, den Toten zu vergeben, obwohl doch die Geschichte ihre liberalen Träume als Luftschlösser enthüllt hatte. «Mein Herz war voll Bitterkeit über den Götzendienst mit den Gräbern dieser Verbrecher, wo jede Inschrift auf den Kreuzen von ‹Freiheit und Recht› prahlt, ein Hohn für Gott und Menschen.»[63] Sein Groll endete erst mit dem eigenen Tod.

Jahrzehntelang war von dem wirklichen Bismarck, dem Mann der Wutausbrüche, kaum etwas bekannt. Seine Millionen Bewunderer stellten ihn sich als absolut selbstbeherrscht, als einen Staatsmann vor, der sich auf seine durch Erfahrung gesättigte Intuition verlassen konnte. Nur ein paar enge Vertraute wußten, daß er für diese fast schon legendäre Selbstsicherheit einen hohen Preis zahlen mußte. In Augenblicken extremer Belastung – einige davon schilderte er später ganz offen in seinen klassisch gewordenen Memoiren – brach er zusammen und löste sich in hysterische Tränen auf.[64] Hinter der stählernen Maske des Lenkers des Staatsschiffes verbarg sich ein interessanter Konflikt zwischen Trieb und

Hemmung, zwischen der Tendenz, loszuschlagen, und dem Bemühen, an sich zu halten. Mit diesem ständigen Widerstreit sind natürlich wir alle geschlagen. Aber offenbar spielt er bei Entscheidungsträgern eine größere Rolle, und es gibt gute Gründe für die Annahme, daß Bismarck ihn heftiger ausfocht als die meisten von ihnen.

Bismarcks Jähzorn fand seinen Niederschlag oft in körperlichen Symptomen – ein typischer Preis angestauter Aggressivität. Im Jahr 1847, als ihm der preußische Landtag auf die Nerven ging, gestand er seiner Verlobten: «Mitunter habe ich Lust, Fensterscheiben, Gläser und Flaschen zu zerschlagen.» Jahre später empörte ihn die «Perfidie» Österreichs so sehr, daß er «unter fortwährenden Anfällen gallichten Erbrechens» litt. Er, der andere beschuldigte, politische Unruhe zu schüren, lebte selbst in einem Klima ständiger innerer Unruhe. «Ich bin von Morgen bis zum Abend gelbsüchtig über die lügnerische, verläumderische Unredlichkeit der Opposition und über die eigensinnige, böswillige Absichtlichkeit, mit der sie sich jeden Gründen verschließt.» Von Heftigkeit erfüllt und ohne Gelegenheit, sich auszutoben, hatte er das Gefühl, platzen zu müssen. Mitte Januar 1871, unmittelbar nachdem in Versailles das Deutsche Reich ausgerufen worden war, berichtete er seiner Frau, daß «diese Kaisergeburt eine schwere» gewesen sei. «Ich hatte als Accoucheur mehrmals das dringende Bedürfnis, eine Bombe zu sein und zu platzen, daß der ganze Bau in Trümmer gegangen wäre.» Bismarcks Weltzerstörungsphantasien lauerten dicht unter der Oberfläche. In einem Brief an seine Schwester aus dem Jahr 1848 bekannte er sich mit der ihm eigenen Ehrlichkeit zu dem «cholerischen Element in meiner Natur».[65] Er gab diesem Element weidlich Gelegenheit, sich auszutoben.

Im Unterschied allerdings zu anderen kampflustigen Geistern, die den Streit um seiner selbst willen mögen, schlug sich Bismarck, um zu gewinnen. Der Sieg zählte mehr als die Popularität; er zitierte zustimmend Ciceros kämpferisches Diktum: *Oderint, dum metuant* – «Sollen sie ruhig hassen, solange sie nur Angst haben!» Der Zwang, an der Spitze zu stehen, erster zu sein, die Leitung zu übernehmen, trieb ihn noch lange nach seiner stürmischen, oft unglücklichen Jugend vorwärts. Wie so viele schleppte auch er Konflikte aus der Kindheit ins Erwachsenenleben mit. Seine bewußten Empfindungen gegenüber den Eltern waren schon kompliziert genug; die unbewußten waren zweifellos noch viel verzwickter. Seine Verlobte erfuhr von ihm, daß er seinen Vater, einen preußischen Junker mit makellosestem Stammbaum, aufrichtig liebe. Was sie nicht erfuhr, war, daß er diesen schwachen, untüchtigen Menschen weit über Gebühr verklärte so, als wolle er jede Zornesregung gegen einen Aristokraten, der 1813 zu Hause geblieben war, als Preußen im nationalistischen Fieber gegen Napoleon mobilmachte, schon im Keim ersticken. Dagegen bekannte sich Bismarck zu einer tiefen Abneigung gegen seine Mutter, eine schöne und intelligente Frau, voller Ehrgeiz für ihn, eher kühl als liebevoll, «von hellem, lebhaftem Verstande, aber wenig von dem, was der Berliner Gemüth nennt». Das ist ein ebenso ironisches wie geläufiges Phänomen: Der Anteil, den die Mutter an der Bildung von Bismarcks Charakter und an den Anfängen seiner Karriere hatte, war weit größer als der des Vaters, auch wenn er es ihr nie dankte. Vielmehr suchte er mit dem Trauma einer lieblosen Mutter dadurch fertig zu werden, daß er sein Leben lang auf der Jagd nach Bestätigung und kritikloser Zuneigung beziehungsweise umgekehrt auf der Suche nach Personen war, die sich gut hassen ließen.[66]

Den hochfliegenden Plänen seiner Mutter zum Trotz war er als Jugendlicher wenig lerneifrig. Als er sich in Göttingen und Berlin in das rauhe Studentenleben stürzte, trieb er, was unbedeutendere junge Männer als er weniger gekonnt trieben: er zechte und duellierte sich.[67] Das ganze Leben lang war er stolz darauf, fünfundzwanzig Duelle ausgefochten und, wie er versicherte, gewonnen zu haben; der einzige Hieb, den er eingesteckt habe, behauptete er ganz unwahrheitsgemäß, sei ihm durch einen regelwidrigen Ausfall beigebracht worden. Die Mensur schien regelrecht für ihn erfunden. Nach dem Abgang von der Universität ließ er sich jahrelang treiben, vertauschte seinen ausschweifenden mit einem gesitteten Lebenswandel, den einen Posten im Staatsdienst mit einem anderen, Berlin mit den Landgütern seiner Familie. Er wußte nur, daß er herrschen wollte. In einem vielzitierten Brief erklärte er: «Der preußische Beamte gleicht dem Einzelnen im Orchester, mag er die erste Violine oder den Triangel spielen. Ich will aber Musik machen, wie ich sie für gut erkenne, oder gar keine.» Anfang 1845, er war neunundzwanzig, äußerte er gegenüber einem Freund: «...ich habe nie Vorgesetzte vertragen können.» Daß in ihm, wie er zugab, ein «Sturm ungezähmter Leidenschaften» tobte, war nicht anders zu erwarten.[68] Sie zu zähmen, war die entscheidende Aufgabe und der härteste Kampf überhaupt.

Daß Bismarck ein furchterregender Staatsmann wurde, statt bloß ein auftrumpfender Rüpel zu sein, verdankte er der Tatsache, daß es ihm meistens gelang, diesen Kampf zu gewinnen. Er schaffte es, seine Haßgefühle im Doppelsinn des Wortes aufzuheben, sie zu sublimieren, in besonnene Politik zu überführen. Wie wir wissen, äußerte er in den fünfziger Jahren gegenüber Leopold von Gerlach, Politik treibe man am besten ohne Rücksicht auf persönliche Gefühle; die Staatsräson sei ein strenger Zuchtmeister. Nachdem der entscheidende preußische Sieg über die österreichische Armee bei Königgrätz im Jahr 1866 dem Krieg zwischen den beiden Ländern ein rasches Ende gemacht hatte, setzte sich Bismarck für einen großmütigen Friedensschluß ein. Er stellte sich eine Regelung vor, durch die Preußens Hegemonie über die norddeutschen Staaten garantiert wurde, gleichzeitig aber das österreichische Staatsgebiet unangetastet blieb. Sein König, Wilhelm I., protestierte heftig. Er hatte nur widerstrebend in den Krieg gegen das Habsburger Reich eingewilligt; aber nun, da man ihn von der Perfidie des Gegners überzeugt hatte, wollte er an Österreich und seinen Verbündeten Vergeltung üben – wollte Landstriche, massive Reparationen, vielleicht sogar eine demütigende Parade der siegreichen preußischen Truppen durch Wien.[69] Aber Bismarck überblickte weit klarer als sein ziemlich beschränkter Chef, was der preußische Sieg hergab. Er strebte die Vorherrschaft Preußens an, nicht den Untergang der Donaumonarchie. Erst nach strapaziösen Auseinandersetzungen setzte Bismarck seinen Standpunkt durch. Ein vereinigtes «Kleindeutschland» sollte nicht mehr lange auf sich warten lassen.

Als es im Januar 1871 soweit war, gefiel sich Bismarck abermals in der Rolle des staatsmännisch maßvollen Politikers; er versicherte jedem, der es hören wollte – Journalisten, ausländischen Diplomaten, Reichstagsabgeordneten –, daß sein Land keine territorialen Eroberungen machen wolle und nur friedliche Absichten hege. Im geeigneten Augenblick, insbesondere wenn der Militärhaushalt zur Debatte stand, konnte Bismarck nach bester Demagogenmanier mit dem Säbel rasseln und Krieg an die Wand malen. Aber was er über die Ansprüche und Absichten Deutschlands äußerte, war durchaus ernst gemeint; er wußte, daß für das militärische, diplomatische und wirtschaftliche Gedeihen seines Landes Zurückhaltung die vernünftigste Politik war.

Es war keine Politik, die er immer durchzuhalten vermochte. Wenn sein Drang, Menschen und Ereignisse zu beherrschen, unbefriedigt blieb, fühlte er sein Selbstbewußtsein bedroht und nahm seine Zuflucht zur Streitlust. Seine heftigen, oft gemeinen Reden im Reichstag und die Interviews, die er wohlgesonnenen Journalisten gab, legen Zeugnis davon ab, daß der Strom ungebändigter Leidenschaften, zu dem er sich in jungen Jahren selber bekannt hatte, nach wie vor in ihm wütete. Das gilt auch von seinen wiederholten Rücktrittsdrohungen, die ebensosehr Symptome des Zusammenbruchs wie taktische Manöver waren. Und es gilt schließlich auch von seinen in Abständen auftretenden Krankheiten, die eher psychosomatischer als diplomatischer Natur waren und die ihn monatelang fern von Berlin auf seinen Gütern festhielten. Am meisten aber zeugt davon, daß er unablässig Pläne zur Abschaffung der Verfassung schmiedete, auf die er den Eid geleistet hatte.

Bismarcks Entwürfe für einen Staatsstreich waren keine abwegigen, verbohrten Hirngespinste. Er nahm sie ernst und pflegte sie die Jahre über. Es gab Momente, in denen er eine gewisse Sympathie mit der parlamentarischen Regierungsform bekundete. Man konnte Neid auf die Engländer heraushören, denen nach seiner Ansicht eine mehr oder minder ideale Verwirklichung jener Regierungsform gelungen war. Deutschland hingegen mit acht oder zehn konkurrierenden Parteien und mit egoistischen Parteiführern hatte das nicht geschafft. «Der Parlamentarismus», äußerte er 1866 gegenüber dem Schriftsteller Moritz Busch, «geht nur, wo bloß zwei Parteien miteinander ringen und wechseln, und wo die Vertreter der Gesetzgebung wohlsituiert, nicht egoistisch sind, nicht nötig haben, strebsam zu sein. Ich bin kein Absolutist. Der Parlamentarismus ist gut, auch bei uns, als Veto gegen den Willen unverständiger Regierungen und schlechter Monarchen, als Kritik.»[70] Aber solche Gedanken waren untypisch für ihn; normalerweise war Bismarck ganz und gar absolutistisch gesinnt, zumal wenn er seinem psychologischen Lieblingsmechanismus frönen und Ergebenheit gegenüber dem König mit der Durchsetzung des eigenen Willens gleichsetzen konnte. Dann konnte er getrost seine Gegner als Verräter verunglimpfen.[71] Wenn er Parteipolitik als Krankheit brandmarkte, war er nur konsequent.[72]

Diese Einstellung begleitete ihn durch das ganze Leben. Wenn er gegenüber Männern seines Vertrauens laut über einen Staatsstreich nachdachte, wurde deutlich, daß er sich nicht als Revolutionär, sondern als Ordnungshüter sah. Für ihn war die Regierung ein Instrument und nichts weiter – ein Werkzeug, das man benutzte und dann wegwarf, so wie er auch seine Untergebenen benutzte und wegwarf.[73] Bereits im Jahr 1862, als der Verfassungsstreit zwischen der preußischen Monarchie und ihrer gesetzgebenden Versammlung hitziger wurde – er endete vier Jahre danach mit einem bemerkenswerten Triumph Bismarcks –, kamen Männer in seiner Umgebung heimlich zu dem Schluß: «Es könnte ein Brumaire nötig werden...» Sie taten das mit Bismarcks vollem Einverständnis. Aufgebracht durch eine hitzige Debatte im Reichstag, erklärte er 1884 im Kabinett, man «möge den Reichstag nicht mit Auflösungsdrohungen ängstigen, sondern weitere Torheiten begehen lassen, bis er schußrecht sei». Auf derselben Sitzung äußerte er die Hoffnung auf einen Putsch der Sozialdemokraten und vertrat die Ansicht, «man möge den Stoff zu weiteren Konflikten sich weiter entwickeln lassen». Robert Lucius von Ballhausen hielt diese Äußerungen fest. Ihm zufolge war Bismarck «so ruhig und resigniert, wie er sonst nach ähnlichen Konflikten nicht ist». Die ungewohnte Gelassenheit seines Chefs interpretierte er scharfsinnig als

Hinweis darauf, daß dieser «vielleicht mit ernsten, weitertragenden Plänen» umging.[74]

Er betrieb eine politique du pire, das heißt, er hoffte auf eine Eskalation, die dramatische, verfassungswidrige Reaktionen unausweichlich machte. Noch am 2. März 1890, etwa zwei Wochen ehe ihn der junge Kaiser Wilhelm II. zwang, seinen Abschied zu nehmen, diskutierte Bismarck mit seinen Ministern Maßnahmen gegen den Reichstag, um die kaiserlichen Vorrechte gegenüber einer unnachgiebigen politischen Opposition zu schützen.[75] Aber anders als Louis Napoleon sollte Bismarck den 18. Brumaire, von dem er so oft und mit soviel Sehnsucht sprach, nie erleben. Auch in anderer Hinsicht unterschied er sich von Louis Napoleon, da er zu eigenständig war, um in irgend jemandes Fußstapfen zu treten. All seinem glühenden preußischen Patriotismus und all seiner Verachtung für die städtischen Massen zum Trotz waren aber die politischen Zwänge groß genug, um ihn dazu zu bringen, sich bei der radikalen bonapartistischen, um die Volksmacht zentrierten Rhetorik gewisse Techniken abzuschauen. Seine früheren konservativen Mentoren hatten mit ihren Befürchtungen recht: Bismarck war extrem opportunistisch; sein christliches Bekenntnis stand in markantem Widerspruch zu seinem staatsmännischen Handeln.

Der Opportunismus, dem Bismarck sein Leben lang huldigte – er redete lieber von Flexibilität –, gestattete ihm, die nationalistische Begeisterung des Durchschnittsdeutschen auszubeuten. Ungefähr vier Jahre vor Bismarcks Einzug in den preußischen Landtag hatte Louis Napoleon das Grundrezept für manipulativen Populismus formuliert: «Habe nichts anderes im Sinn als das Wohl des Landes und habe vor allem keine Angst vor dem Volk; sein Konservativismus übertrifft deinen!»[76] Bei seinen experimentellen Verfassungs- und Wahlgesetzentwürfen ging Bismarck ganz und gar von der Wahrheit dieser Maxime aus. Im Jahr 1859 verblüffte er den liberalen Politiker Hans Viktor von Unruh mit der Äußerung, «es gäbe nur einen Alliierten für Preußen, wenn es denselben zu erwerben und zu behandeln verstünde». Auf von Unruhs Rückfrage, um wen es sich handele, antwortete er: «Das deutsche Volk.»[77]

Sosehr Bismarck sich bei seinen Manövern um Undurchschaubarkeit bemühte, seine liberalen Kritiker fürchteten seine populistischen Neigungen. Im Jahr 1863 stellte der bekannte Abgeordnete der Fortschrittspartei Schulze-Delitzsch fest, die preußische Regierung unter Bismarcks Leitung suche jetzt «die Klassen, die man sonst den Besitzenden gegenüber als Schreckbild hinstellte, für sich in das Feld zu führen». Die Massen als Verbündete der Junker – was könne bonapartistischer sein als dies, meinten die Liberalen beunruhigt.[78] Drei Jahre danach, im März 1866, bestätigte Bismarck ihre Befürchtungen. Am Vorabend des Krieges gegen Österreich schlug er ein deutsches Parlament auf der Grundlage eines allgemeinen Wahlrechts für Männer vor und begründete seinen erstaunlichen Schritt damit, daß der Mann von der Straße ein verläßlicher Monarchist sei. Er erklärte, nicht den mindesten Zweifel daran zu haben, daß «im Moment der Entscheidung... die Massen zum Königtum (stehen), ohne Unterschied, ob letzteres sich gerade einer liberalen oder einer konservativen Strömung hingibt».[79]

Karl Twesten, ein angesehener Abgeordneter der Fortschrittspartei und Verfasser politischer Flugschriften, reagierte prompt: «Bismarck denkt ohne Zweifel an ein Napoleonisches Regiment mit allgemeinem Stimmrecht und ähnlichen Kunststücken.» Theodor von Bernhardi, ein Historiker und scharfsichtiger Kenner der politischen Szene, pflichtete dem bei: «Mit dem allgemeinen Stimmrecht», äußerte er gegenüber Albrecht von der Roon, dem preußischen Kriegsminister, «kommen wir aber in die reine Nachahmung Frankreichs; in den Cäsarismus.» Ihm war schon seit einiger Zeit aufgefallen, daß mit seinen drakonischen Pressegesetzen das Bismarcksche Kabinett das Regime von Napoleon III. nachäffte, wenn nicht sogar übertrumpfte.[80]

Wie andere moderne Cäsaren verabscheute Bismarck natürlich die liberalen Forderungen nach einem echten parlamentarischen System, in dem der Ministerpräsident der gesetzgebenden Versammlung verantwortlich ist und sich der parlamentarischen Mehrheit beugen muß. Er erwartete – oder hoffte –, daß sein eigenes System die Macht der Hohenzollern jedem Angriff entziehen werde. Kurz, Bismarcks plötzliche Bekehrung zum allgemeinen Wahlrecht war kein Zeichen politischer Bildung; vielmehr sah er darin ein Instrument, den Forderungen der liberalen Mittelschicht nach politischer Beteiligung Paroli zu bieten. «In einem Lande mit monarchischer Tradition und loyaler Gesinnung», erklärte er im April 1866 dem preußischen Botschafter in London, Graf von Bernstorff, unumwunden, «wird das allgemeine Stimmrecht, indem es die Einflüsse der liberalen Bourgeoisklassen beseitigt, auch zu monarchischen Wahlen führen.» Noch freimütiger bekannte er gegenüber dem bevollmächtigten sächsischen Gesandten von Friesen, sein Ziel sei es, «den Parlamentarismus durch den Parlamentarismus zu stürzen». Und diese Manipulationsstrategie gab er auch nicht auf, nachdem er Kanzler geworden war. Im Jahr 1878 äußerte er gegenüber König Ludwig II. von Bayern, «daß die Wähler regierungsfreundlicher sind als die Abgeordneten».[81] Der gebildete Mittelstand, der sich viel auf seine Kultiviertheit zugute hielt, war nichts weiter als ein Störenfried, ein revolutionärer Unruheherd.

Auch wenn Bismarck wußte, daß es Bürgerliche gab, auf die er zählen konnte, kamen doch seine liebsten Abgeordneten aus dem königstreuen Bauerntum. Am schlimmsten sei ein Parlament, das «gemäßigt liberal» geworden sei; denn es werde Reformen verlangen, deren Verwirklichung man nur schwer ablehnen könne.[82] Diese Splitter politischer Weisheit stammen aus dem Jahr 1866, als sich Bismarck Gedanken darüber machte, wie eine Verfassung für Preußen und Norddeutschland aussehen sollte; aber für seine innenpolitischen Pläne – und Animositäten – blieben sie auch danach eine verläßliche Orientierungshilfe. Mitte der 6oer Jahre schrieb Engels an Marx: «Also der Suffrage universel coup Bismarcks ist gemacht, wenn auch ohne seinen Lassalle. Wie es den Anschein hat, wird der deutsche Bürger nach einigem Sträuben darauf eingehen, denn der Bonapartismus ist doch die wahre Religion der modernen Bourgeoisie.» Da diese Bürgerlichen nicht fähig seien, die Regierung direkt zu übernehmen, werde «eine bonapartistische Halbdiktatur die normale Form» sein. Die materiellen Interessen des Großbürgertums würden für all das sorgen, sogar gegen die Proteste des übrigen Mittelstands.[83] Engels war hier ein bißchen zu schlau, aber richtig ist, daß in den 6oer Jahren die überwiegend nationalistische deutsche Öffentlichkeit scharenweise zu Bismarck überlief, weil er auf dem politischen Schachbrett Europa der einzige vorausschauende und erfolgreiche deutsche Mitspieler war. Gute Liberale, die sich heftig gegen Bismarcks politischen Stil gesträubt hatten, opferten ihre Ideale der Aussicht auf das Deutsche Reich, von dem sie seit einem halben Jahrhundert träumten.

Den aktiven Politikern unter ihnen war klar, daß Bismarcks anmaßende Politik – seine Bereitstellung von Geldern für das Militär, seine Unterdrückung der Meinungsfreiheit und seine Anzettelung teurer Kriege – das preußische Grundgesetz wieder und wieder mit Füßen trat. So sehr indes Bismarcks neue Anhänger dies bedauerten, für die deutsche Einheit schien ihnen der Preis nicht zu hoch. Dazu paßte, daß die Partei, mit deren Unterstützung Bismarck das geeinte Deutschland zu regieren begann, *National*liberale Partei hieß. Die Religion, der Bismarcks ehrfurchtsvolle Anhänger huldigten, war ein christlich verbrämter Erfolgskult und damit Bismarcks eigener Religion sehr ähnlich. Als dieser Erfolg eintrat, brachte er ohne Frage breiten Schichten des Bürgertums wie auch breiten Schichten der anderen Klassen in Deutschland eindrucksvolle Vorteile. Aber die Opposition, an deren Spitze bürgerliche Liberale mit politischem Bewußtsein und der Senkrechtstarter auf der politischen Bühne Deutschlands, die Sozialdemokratische Partei, standen, konnte Bismarck während der zwei Jahrzehnte, die er an der Macht war, dennoch nicht zum Schweigen bringen.

Der Bund, den Bismarck zwischen dem einfachen Volk und der kaiserlichen Macht zu schmieden gesucht hatte, war nicht von Bestand. Das herablassende Vertrauen, das er in die breite Masse der Wähler aus den unteren Klassen setzte, erwies sich als seine gewaltigste Fehleinschätzung. Das städtische Proletariat legte Verhaltensformen an den Tag, die er nie verstehen, geschweige denn billigen konnte. Es unterschied sich auf irritierende Weise von den bäuerlichen «gesunden Elementen» in der deutschen Gesellschaft, von den fügsamen Landarbeitern auf seinen Gütern, die er für repräsentativ gehalten hatte. Was er von der Industriearbeiterschaft wußte, stammte hauptsächlich aus vertraulichen Gesprächen, die er 1863 mit Ferdinand Lassalle geführt hatte, dem autoritären Staatssozialisten und Begründer der ersten deutschen Arbeiterpartei. Lassalle hatte Bismarck versichert, die Massen seien absolut bereit, eine «soziale Diktatur» der preußischen Monarchie zu akzeptieren, solange diese zum Wohle der unteren Klassen funktionierte. Aber Lassalle starb, wie bekannt, im Jahr 1864 den aristokratischsten aller Tode, den Tod im Duell. Und die Sozialdemokraten tauschten alle cäsaristischen Vorstellungen gegen die zündende Theorie des Klassenkampfs aus. In dem Maß, wie die Sozialdemokraten sich eifrig in die Realitäten des politischen Lebens einarbeiteten, wurden sie zu Bismarcks lautstärksten Kritikern. Obwohl sie kein Geld hatten, nur über eine rudimentäre Organisation verfügten und ständig gepiesackt wurden, gediehen sie prächtig. Im Jahr 1877 erhielten sie bei den Wahlen zum Reichstag schon fast eine halbe Million Stimmen, 9 Prozent der Gesamtstimmenzahl. Sie hatten bei Null angefangen und sich bereits zur viertstärksten Partei im Land entwickelt. Die Art, wie Bismarck mit dieser Drohung umging, war typisch für ihn – und läßt an die französischen Cäsaren denken: Es war eine Mischung aus schlagkräftig applizierter Peitsche und arrogant offeriertem Zuckerbrot. Und darin erschöpft sich die Ähnlichkeit noch nicht. Wie Bismarck seine Chancen wahrnahm, erinnert daran, wie sich die beiden Napoleons die Fügungen des Schicksals zunutze machten. Wie jene reagierte auch er kurzentschlossen. Wie jene griff auch er Feinde an, um sie zu vernichten, und nicht, weil er sie bestrafen wollte. Wie jene war auch er sich für Lug und Trug nicht zu schade.

Eine seiner berüchtigtsten Erdichtungen diente dem Zweck, die Sozialdemokratische Partei zu zerstören. Im Mai 1878 schoß ein geistig gestörter junger Mann auf Kaiser Wilhelm I. Er traf nicht, und obwohl er eindeutig auf eigene Faust gehandelt hatte, kam Bismarck der Vorfall als Aufhänger für ein striktes Antisozialistengesetz zupaß.[84] Das Gesetz war im Eiltempo zusammengeschustert und schlicht unanwendbar; deshalb wies es der Reichstag zurück. Dann kam der Zufall Bismarck ein weiteres

Mal zu Hilfe – auf den Kaiser wurde erneut ein Attentat verübt, und der betagte Monarch erlitt eine Verletzung. Den Tatsachen entgegen behauptete die Regierung, der Attentäter habe zugegeben, Sozialdemokrat zu sein. Die Lüge tat ihre Wirkung; Bismarck löste den Reichstag auf, und die folgenden Wahlen verschafften ihm eine Mehrheit für das Gesetz, das er anstrebte. Zwölf Jahre lang, bis zur Aufhebung des Gesetzes, war für die Sozialdemokraten die politische Arbeit unsäglich erschwert: der geringste Vorwand genügte, ihre Parteitage zu verbieten, ihre Zeitungen zu konfiszieren, ihre Versammlungen aufzulösen. Man fühlt sich automatisch an den Konsul Napoleon Bonaparte erinnert; im Dezember 1800 hatte er eine Bombe der Royalisten zu einem Verbot der Jakobiner genutzt, die mit dem Attentat gar nichts zu tun hatten.

Soviel zur Peitsche; in den achtziger Jahren kam das Zuckerbrot dazu. Der kaiserlichen Parlamentsrede von 1881 war zu entnehmen, daß «die Heilung der sozialen Schäden nicht ausschließlich im Wege der Repression sozialdemokratischer Ausschreitungen, sondern gleichmäßig auf dem der positiven Förderung des Wohles der Arbeiter zu suchen sein werde».[85] Konkret bedeutete dies eine Politik, die konservative Kritiker als Staatssozialismus anprangerten; im Jahr 1883 wurde die Krankenversicherung eingeführt, 1884 die Unfallversicherung, 1889 die Renten- und Invaliditätsversicherung. Diese Maßnahmen stellten bewundernswerte sozialpolitische Experimente dar, die dann von anderen Ländern nachgeahmt wurden; aber als politische Gesten waren sie ein kompletter Fehlschlag. Abgesehen von einem Rückschlag bei den Wahlen von 1881 konnte die Sozialdemokratische Partei ihre Fraktion im Reichstag fortlaufend vergrößern; 1890, im letzten Jahr vor der Abschaffung des Antisozialistengesetzes, entfielen auf die Partei fast eineinhalb Millionen Stimmen (19 Prozent der Gesamtzahl) und 35 Sitze. Diese Leistung war angesichts der erwähnten schwierigen Bedingungen, unter denen die Sozialdemokraten ihren Wahlkampf führen mußten, doppelt eindrucksvoll. Als Wilhelm II. im März 1890 Bismarck entließ, war es, als hätte die Zeit den alten Kanzler überholt. Der neue deutsche Kaiser, eitel, überheblich, unberechenbar, wie er war, und voll Begier, seine Macht zu demonstrieren, schien entschlossen, zu beweisen, daß zwei Cäsaren zwei Startenören in einem kleinen Opernhaus gleichen. Einer mußte gehen, und der eine war Bismarck.

Das also war ironischerweise das Schicksal des Meisterpolitikers, den Max Weber nicht zögerte, im unschmeichelhaftesten Sinne des schwammigen Begriffs als bonapartistisch zu charakterisieren – als schlicht und einfach einen cäsaristischen Demagogen. Weber schilderte Bismarck als einen skrupellosen Machtmenschen, der nicht das geringste Maß an Unabhängigkeit geduldet und die Klassen rücksichtslos gegeneinander ausgespielt habe, um seinen eigenen Einfluß im Staat so weit wie möglich zu vergrößern.[86] Umgeben von den Schrecken des Ersten Weltkriegs sah Weber voll Bitterkeit als *«politisches Erbe»* Bismarcks eine deutsche «Nation *ohne alle und jede politische Erziehung,* tief unter dem Niveau, welches sie in dieser Hinsicht zwanzig Jahre vorher bereits erreicht hatte. Und vor allem eine Nation *ohne allen und jeden politischen Willen.»*[87]

Theodor Mommsens Urteil war ebenso scharf und dabei noch vernichtender; schließlich hatte er als politisch aktiver Liberaler in den 60er Jahren Bismarcks Strategien in Richtung auf ein geeintes Deutschland begrüßt, und sein Preislied auf den römischen Cäsar blieb unvergeßlich. Für Mommsen indes waren der kreative volksnahe Staatsmann der Antike und sein machthungriges modernes deutsches Gegenstück nicht miteinander zu vergleichen. Bismarck hatte stets die kritischen Kommentare Mommsens, der ihn jahrelang auf dem Korn hatte, als typische Stellungnahmen eines Pedanten im Elfenbeinturm abgetan, der zu tief in die Antike vergraben sei, um für die zeitgenössischen politischen Realitäten noch einen Sinn zu haben. Wie er privat und in der Öffentlichkeit erklärte, hatte er keinen Respekt vor dem «unpraktischen Idealismus politischer Kinder und doktrinärer Gelehrter».[88] Mommsens Urteil ließ sich indes nicht so leicht beseite schieben. Ein Jahr vor seinem Tod, 1902, schrieb er an einen Freund den denkwürdigen Satz: «Bismarck hat der Nation das Rückgrat gebrochen.»[89] Er übertrieb; in gar so einem schrecklichen Zustand war die politische Gesundheit der deutschen Nation nicht. Aber als Grabschrift auf dem Bismarckschen Vermächtnis war dieses knappe Verdikt alles andere als unpassend.

Ende der 60er Jahre prägte Bismarck den berühmt gewordenen Aphorismus: «Politik ist die Kunst des Möglichen.» Der Spruch ist weniger banal, als es auf den ersten Blick den Anschein hat. Er faßt prägnant die Haltung in Worte, auf die Bismarck so stolz war – seinen Realismus. Aber auch wenn er anpassungsfähiger war als die beiden Napoleons, angesichts des Drucks in Richtung auf eine demokratische Politik war er nicht realistisch genug. Daß ihn das Reich, das er fast im Alleingang geschaffen hatte, nur um knapp drei Jahrzehnte überlebte, ist zum großen Teil seinen Entwürfen, seinen politischen Strategien und seinen Beschränkungen zuzuschreiben. Auch dieser brillanteste unter den modernen Cäsaren konnte nicht über seinen Schatten springen. Die Zukunft der Demokratie lag anderswo.

4. Die menschliche Natur in der Politik

Die politische Kernfrage im 19. Jahrhundert war das Wahlrecht. Nur manipulative Gemüter cäsaristischen Zuschnitts kannten in diesem Punkte kein Zögern. Das Jahrhundert hindurch erlebte ein Land nach dem anderen endlose Debatten darüber, wer eigentlich berechtigt war, am politischen Prozeß teilzunehmen. Die Debatten waren alles andere als uneigennützig; überall schmiedeten Ideologen Pläne, wie sich die Gruppe der Wahlberechtigten so umgestalten ließ, daß die eigenen Anhänger gestärkt wurden und die Gegner ausgeschlossen blieben. Aber einige der Debattierenden machten sich von solch tendenziösen Absichten frei. Nicht bereit, die besonderen Interessen ihrer Klasse mit dem allgemeinen Wohl zusammenzuwerfen, machten sie sich über menschliche Möglichkeiten und menschliche Grenzen ihre Gedanken. Auf dem höchsten Niveau des Diskurses waren für einen Tocqueville oder Bagehot Überlegungen zum Wahlrecht gleichbedeutend mit Überlegungen zur Fähigkeit des Menschen, Autonomie zu beweisen und seine Aggressivität im Zaum zu halten. Konnte die in den Dienst der Allgemeinheit gestellte Vernunft über den nackten Zwang zur Selbstbehauptung triumphieren? Als im Jahr 1908 der hervorragende Politikwissenschaftler und Sozialpsychologe Graham Wallas *Human Nature in Politics* veröffentlichte, eine bahnbrechende Untersuchung der nichtrationalen Elemente in politischen Entscheidungsprozessen, war die Frage noch weit von einer Beantwortung entfernt.

Wie andere Streitfragen des 19. Jahrhunderts war auch die nach der Rolle der menschlichen Natur in der Politik bereits im vorangegangenen Jahrhundert, dem Zeitalter der Aufklärung, ausführlich erörtert worden. Als passionierte Sozialpädagogen stellten die Aufklärungsphilosophen einen Zusammenhang zwischen politischen Rechten und Erziehung her. Ihre beiden Fragen – wen man in den Genuß der Erziehung kommen lassen und wie weit man den Kreis der Wahlberechtigten ziehen sollte – bildeten in Wahrheit nur eine einzige Frage. Schließlich sahen sie sich einer Reihe von schwer verdaulichen Tatsachen gegenüber: Sogar in den fortgeschrittenen Ländern England und Frankreich waren die meisten Menschen nur rudimentär schriftkundig oder überhaupt Analphabeten. Aber weil die Aufklärer fest davon überzeugt waren, daß es mehr auf die Erziehung als auf die natürliche Veranlagung ankam, verwarfen sie Platons Mythos von der wesenhaften Verschiedenheit der Menschen, die von Natur teils aus edlerem, teils aus unedlerem Metall seien. Statt dessen schlossen sie sich Lockes optimistischerer Ansicht an, daß der Geist aller

Menschen bei der Geburt eine leere Tafel sei, der durch Erfahrung Gewohnheiten, Begierden und auch politische Überzeugungen eingeschrieben würden. Von dieser Vorstellung angesprochen, fragten sie sich, wie weit wohl die Bildbarkeit der Ungebildeten reiche. Welche politischen Rechte man denjenigen zubilligte, die manche Philosophen der Aufklärung gern als *canaille* verspotteten, hing von der Antwort auf diese ungeklärte Frage ab. Die Antwort fiel nicht bei allen gleich aus.[1]

Und die Frage wurde ans 19. Jahrhundert weitergegeben, das noch einmal neu entdeckte, daß die Wohlhabenden und die Gebildeten nicht immer rational sind, ebensowenig wie die Armen und Ungebildeten notwendig emotionale, hilflose Opfer ihrer primitiven Bedürfnisse und Ängste sind. «Ein Anwalt oder ein Arzt», bemerkte Graham Wallas, «wird sich aus ganz allgemeinen Erwägungen für gewerkschaftliche Organisationsformen in seinem eigenen Beruf stark machen, während er absolut konform geht mit der Verurteilung gewerkschaftlicher Aktivitäten, die ihn als Besitzer von Eisenbahnaktien oder als Kommunalsteuerzahler betreffen.»[2] Das war eine anschauliche Illustration; dennoch blieb die Frage, wie sich das genaue Verhältnis von Vernunft und Leidenschaft in der Politik bestimmen läßt, ein irritierendes Problem. Während die Philosophen der Aufklärung noch imstande – oder vielmehr mangels politischer Macht dazu verurteilt – waren, ihre Untersuchungen über die Rolle der menschlichen Natur in der Politik in spekulativer Form anzustellen, sahen sich die Gesellschaftstheoretiker, Leitartikler und Verfassungsgeber des 19. Jahrhunderts genötigt, allgemeine theoretische Prinzipien in praktische Verfahrensregeln zu übersetzen.

Aber gleichgültig, ob es sich um Privatleute handelte, die in Kaffeehäusern politisierten, oder um Mitglieder einer gesetzgebenden Körperschaft, die Statuten für ein Wahlsystem entwarfen, oder um liberale Gegner eines monarchischen Absolutismus in Großbritannien oder um ungeduldige Philosophen in Frankreich: nur wenige waren Demokraten, die ein allgemeines Wahlrecht forderten – bis auf die Cäsaren natürlich, die für diese Forderung ihre persönlichen Gründe hatten. Die meisten sahen in der reinen Demokratie das Gegenstück zur Alleinherrschaft eines Königs: eine Aufforderung zur Tyrannei. Es ist aufschlußreich, daß die politischen Denker des 19. Jahrhunderts bereitwillig auf Aristoteles zurückgriffen, um nachzuweisen, daß eine gemischte Regierungsform – die kurzerhand monarchische, aristokratische und demokratische Elemente miteinander vermengte – am besten sei. Sie wünschten sich Institutionen, mit deren Hilfe Druck vom einen Teil der Gesellschaft durch Gegendruck von den anderen Teilen ausgeglichen wurde. Der Umstand, daß konstitutionell regierte Staaten sich fast durchweg für ein Zweikammernparlament entschieden, bezeugt eindrücklich, wieviel intellektuelles Ansehen die alte Vorstellung von der gemischten Regierungsform einen Großteil des Jahrhunderts hindurch genoß.[3]

Die naheliegendste Konsequenz dieser Vorstellung war, daß nur begüterte Männer das Recht zum Eintritt in den umgrenzten Bereich der politischen Kultur erhielten. Die genauen Grenzziehungen variierten natürlich abhängig davon, wieviel und welche Art Eigentum die Gesetzgeber und Pamphletisten, die sich wegen der Einzelheiten in den Haaren lagen, als genügend erachteten, um im Land mitbieten zu können. Wenig Uneinigkeit gab es in bezug auf geistig Behinderte, Kinder, Häftlinge, Bedienstete, Mittellose und Frauen; aus Gründen, die nach Ansicht fast aller Beteiligten so sehr auf der Hand lagen, daß sich jede Diskussion darüber erübrigte, verdiente keine dieser Gruppen ein Mitspracherecht im Lande. Gestritten wurde um gewichtigere Bürger wie etwa aufstrebende Handwerker und kleine Landbesitzer und darum, ob zwischen dem Recht, seine Repräsentanten zu wählen, und dem Recht, selber zu kandidieren, unterschieden werden müsse. Aber trotz aller Meinungsverschiedenheiten blieb das Prinzip, daß zur Gewährleistung einer rationalen politischen Kultur größere Ausgrenzungen nötig seien, allenthalben in Geltung. Wagemutige Demokraten, die für die Abschaffung des Zensuswahlrechts kämpften, waren eine umstürzlerische Minderheit, waren Unruhestifter im Stile ihres Vorgängers Thomas Paine. Bis zur Revolution von 1848 genossen sie wenig Ansehen.

Die Logik, die für das Eigentum als Kriterium sprach, war simpel genug. «Der geforderte Nachweis von Eigentum bei Wählern», erklärte Sir William Blackstone, «dient dem Ausschluß all jener Personen, die sich in so dürftigen Verhältnissen befinden, daß sie mutmaßlich über keinen eigenen Willen verfügen.»[4] Ein Mann mußte sich das Wahlrecht verdienen, er wurde nicht damit geboren – außer natürlich, er kam reich zur Welt. Das Stimmrecht, befand Teofron Säve, ein schwedischer Schriftsteller, «ist ein Mandat, das der Staat denen überträgt, die qualifiziert sind, es wahrzunehmen; es ist kein Recht, das einer Person kraft Geburt oder kraft Staatsbürgerschaft zusteht». Säve schrieb dies nach 1866, dem Jahr, in dem Schweden drastische Reformen durchführte, die das Übergewicht der Standespersonen im Lande stark beschnitten. Und im Jahr 1896, als noch nicht einmal ein Drittel der männlichen Schweden wahlberechtigt waren, warnte der Konservative Rudolf Kjellén unverdrossen vor «einer Politik, die jedermann Macht zu verleihen sucht». Nach seiner Meinung war das «ebenso gefährlich wie bodenlos, denn es verstößt gegen die Naturordnung und die organische Gemeinschaft des Volkskörpers».[5] Solche Rhetorik war gang und gäbe; die westliche Welt hallte wider von ihr.

Diese aristokratische Einstellung erschien denen, die sie hegten, als ein selbstredendes Alibi, um das Wahlrecht den Begüterten und Etablierten vorzubehalten. Während der heftigen Auseinandersetzungen, die der Annahme des Reform Act durch das britische Parlament im Jahr 1867 vorausgingen, stellte der erklärteste Gegner des Reformgesetzes, der liberale Politiker Robert Lowe, einen Zusammenhang her zwischen «Ungleichheit» und «gottgegebener Ordnung»; er vertrat die altvertraute Ansicht, es sei Sache des «weisen Staats, seine Einrichtungen mit jener Ordnung in Einklang zu bringen». Selbst untadelige Reformer verwarfen das allgemeine Wahlrecht, weil es den sozialen Zusammenhalt zerstöre und dem innersten Wesen der Gattung Mensch zuwiderlaufe. Als man 1842 im britischen Unterhaus über einen Antrag der Chartisten auf umfassende Wahlrechtsreformen debattierte, erklärte Thomas Babington Macaulay, er könne zwar die geheime Abstimmung und andere Forderungen der Chartisten unterstützen, aber das Kernstück, das allgemeine Wahlrecht, müsse er ablehnen. «Meiner festen Überzeugung nach ist in unserem Land das allgemeine Wahlrecht unvereinbar nicht etwa nur mit dieser oder jener Form der Regierung, sondern mit überhaupt jeder Regierungsform und mit allem, um dessentwillen es Regierungsformen gibt; es ist unvereinbar mit dem Eigentum und folglich unvereinbar mit der Zivilisation.»[6] In dasselbe Horn stieß Odilon Barrot, ein bekannter liberaler Politiker in der Ära Louis Philippes, als er erklärte, der Spruch *Vox populi, vox dei* sei «der gefährlichste und despotischste Unsinn, der je einem menschlichen Hirn entsprang. Wer einen Staat ruinieren will, gebe ihm das allgemeine Wahlrecht.»[7]

Weitere Beispiele erübrigen sich. Die meisten Intellektuellen des Jahrhunderts hielten diese Ansicht für fest verankert in dem, was Kjellén als Naturordnung und Lowe als gottgegebene Ordnung bezeichnete. Wie bekannt, hielt das Frankreich der Restaurationszeit in seiner Verfassung fest, welches Geschlecht, wieviel Eigentum und welches Alter man haben mußte, um das aktive beziehungsweise passive Wahlrecht ausüben zu können. Von den acht Millionen erwachsenen Franzosen zählten weniger als 1 Prozent zum *pays légal*. Die Juli-Monarchie des Louis Philippe erweiterte diese Gruppe derart maßvoll, daß es schon an Feigheit grenzte. Die Steuersumme, die ein Mann zahlen mußte, um sich als Wähler zu qualifizieren, wurde herabgesetzt; das galt auch für das Alter, das jemand haben mußte, um ins Parlament wählbar zu sein. Das bescheidene Ergebnis war eine Vergrößerung des Wählerstamms um weniger als das Dreifache, so daß nun nicht einmal drei Prozent der männlichen Franzosen das Privileg genossen, wählen zu dürfen. Als im Februar 1848 die triumphierenden Revolutionäre das allgemeine Wahlrecht verkündeten, erweiterten

sie das *pays légal* aus einer eng begrenzten oligarchischen zu einer demokratischen Körperschaft – aus Männern, nicht Frauen. Vorher hatte es
rund 250 000 Wähler gegeben, jetzt gab es plötzlich neun Millionen. Wir
haben gesehen, als was für ein zweideutiger Gewinn diese revolutionäre
Errungenschaft sich erwies, nachdem Louis Napoleon gelernt hatte, mit
ihr Politik zu machen. Aber der Sprung war getan, und was für einige
Ansporn war, blieb für die meisten ein Alptraum.

Einzig die Vereinigten Staaten von Amerika bewegten sich mit gewaltigen, wenn auch unsteten Schritten auf das allgemeine Wahlrecht für Männer zu. Bereits im Jahr 1829 hatte der *Workingman's Advocate* in New
York mit warnendem Ernst erklärt, es sei «eine gefährliche Sache, sich in
diesem republikanischen Land über das allgemeine Wahlrecht lustig zu
machen». In Frankreich möge man höhnisch von *canaille* reden und in
England «vom *Mob* und von der *viehischen Masse*». Aber «hier ist weder
Frankreich noch England».[8] In den 40er Jahren des letzten Jahrhunderts
erhoben die Amerikaner, die mit einem irrsinnigen Flickenteppich unterschiedlichster Wahlgesetze lebten, die Demokratisierung des Wahlrechts
selbstbewußt zum politischen Leib- und Magenthema. Wie die *American
Notes* und *Martin Chuzzlewit* von Charles Dickens zeigen, war es leicht,
diesen selbstzufriedenen demokratischen Republikanismus durch den
Kakao zu ziehen. Aber wie berechtigt seine verdrießlichen Bemerkungen
über amerikanische Großmannssucht und amerikanisches Philistertum
auch gewesen sein mögen – noch während Dickens schrieb, waren die
Einzelstaaten schon dabei, die wahlrechtlichen Eigentums- und Steuer-
bestimmungen aus ihren Verfassungen zu streichen. Bereits geraume Zeit
vor Ausbruch des Bürgerkriegs stellten die Vereinigten Staaten eine
Demokratie dar – wenn auch mit dem Schönheitsfleck, daß Frauen und
Schwarze vom Stimmrecht ausgeschlossen blieben – und hatten Tocquevilles Prophezeiung Wirklichkeit werden lassen.

In Belgien fielen die Fortschritte beim Wahlrecht weniger dramatisch
aus und hielten sich deshalb eher im damals üblichen Rahmen. Nach
der Niederlage Napoleons hatten die Alliierten Belgien gegen seinen Willen gezwungen, mit den Niederlanden eine Union zu bilden. Im Jahr
1828 aber schlossen sich Kirchenkreise, Proletarier und Bürgerliche zu
einem unorthodoxen Bündnis zusammen und schüttelten im Herbst
1830, angefeuert durch die Juli-Revolution im benachbarten Frankreich,
die holländische Herrschaft ab. Sie arbeiteten sofort eine Verfassung
aus, die einen starken Monarchen vorsah und ihnen ihre Bürgerrechte
garantierte. Ebenso rasch verabschiedeten sie Gesetze, denen zufolge die
Wahlberechtigung daran geknüpft war, daß der Betreffende direkte
Steuern in bestimmter Höhe entrichtete; die Summe variierte je nach

Bezirk. Und sie führten eine neuartige Zulassungsbestimmung ein: den Nachweis, daß man freiberuflich tätig war, als «Garantie politischer Kompetenz».[9]

Berauscht von ihrem Liberalismus, setzten die Stifter des neuen Belgiens ihren Stolz darein, demokratischer zu sein als jeder andere europäische Staat. Aber das Land war bestenfalls vergleichsweise demokratisch; seine komplizierten Wahlrechtsbestimmungen, dank deren nur etwa jeder Dreißigste wahlberechtigt war, schützten die Elite vor dem Volk, in dem sie ein fügsames Stimmvieh sah, das sich von seinen Hirten das Votum vorschreiben oder abkaufen ließ. «Je weiter wir die Eigentumsschwelle senken», bemerkte der angesehene liberale Politiker Joseph Lebeau, während die Verfassung ausgearbeitet wurde, «um so aristokratischer werden die Wahlen ausfallen.»[10] Diese Angst vor der viehischen Menge, gefürchtet nicht als revolutionäre Kraft, sondern wegen ihres reaktionären Potentials, blieb ein durchschlagendes Abschreckungsmittel gegen die Einführung eines umfassenderen Wahlrechts, und das nicht nur in Belgien. Vor 1848 brauchte es nicht viel, um der demokratischste Staat in Europa zu sein.

Allerdings ging in Belgien wie auch anderswo die Agitation für eine Ausdehnung des Stimmrechts unaufhaltsam weiter. Häufig wurde der politische Kampf unterstützt, wo nicht sogar angeführt, von bürgerlichen Liberalen, die über ihre unmittelbaren Klasseninteressen hinaus einer von allen – oder jedenfalls fast allen – getragenen politischen Kultur zustrebten. Aber die Gegner der Demokratie behielten lange Zeit die Oberhand; und in manchen Staaten wie etwa Preußen ersannen sie Bestimmungen zur Unterdrückung der Demokratie, denen der Eigennutz auf die Stirn geschrieben stand. Das preußische Wahlgesetz vom Mai 1849, ein Eckpfeiler der pseudokonstitutionellen Ordnung, die als Ersatz für die ein Jahr zuvor den Aufständischen versprochene Verfassung eingeführt wurde, bewegte sich mit den meisten Bestimmungen ganz im Rahmen des Üblichen und glich entsprechenden Gesetzen überall in Europa. Es legte fest, daß Wahlen indirekt und geheim zu sein hatten; die Wähler wählten Wahlmänner, die dann ohne den Schutz einer geheimen Abstimmung ihren Vertreter in der Abgeordnetenkammer erkoren. Ein unabhängiger Geist, der einen Wahlmann ablehnte, den die Behörden protegierten, setzte seinen Lebensunterhalt aufs Spiel. Ein anderer Artikel des Gesetzes, der praktisch ein preußisches Unikum war, diente dem Ziel, die Macht der landbesitzenden Junker und ihrer Gefolgschaft unangreifbar zu machen: die Wählerschaft jedes Wahlmännerbezirks zerfiel in drei Klassen, je nachdem, wieviel Steuern die einzelnen zahlten; wer ein Drittel der Gesamtsteuersumme aufbrachte, hatte ebensoviele Stimmen wie die Schicht in der Mitte, die das zweite Drittel beisteuerte oder die Massen, die den Rest zahlten.

Dieses System hatte durchaus seine Fürsprecher. Er könne es nicht als recht und billig erkennen, machte einer der preußischen Aristokraten, Baron Adolf Senfft von Pilsach, geltend, daß ein einfacher Arbeiter ebensoviel Stimme habe wie sein Arbeitgeber, der Hunderte, ja Tausende seiner Art anstelle, sie in Brot setze und ihre Familien ernähre.[11] Ironischerweise erwies sich das schlaue System als nicht schlau genug; Anfang der 60er Jahre, als der eindrucksvolle ökonomische Aufschwung Preußens Bankiers, Industrieunternehmer und Geschäftsleute zu Millionären werden ließ, eroberte ein neuer Schlag Menschen – allesamt Emporkömmlinge, wie der Adel voll Verachtung feststellte – die vermeintlich uneinnehmbare Festung der Abgeordnetenkammer. Sie übernahmen sogar in der dritten Wahlklasse die Führung, weil die unteren Schichten, die keine Hoffnung hatten, mit ihren Stimmen etwas ausrichten zu können, am Wahltag im Zweifelsfall zu Hause blieben.[12] Viele neue einflußreiche Männer waren, was vielleicht überrascht, Liberale: Bismarck haßte sie als das Bürgertum in Reinkultur, als die verkörperte Revolution. Welche unbeabsichtigten Folgen das preußische Wahlsystem aber auch zeitigte, mit Demokratie hatte es nichts im Sinn. Dennoch blieb es bis zum Zusammenbruch des Kaiserreiches im Jahr 1918 in Kraft und bildete mit dem allgemeinen Wahlrecht, das maßgebend für die Wahlen zum Reichstag war, ein verqueres Paar. Allem Anschein nach ist die Geschichte des Wahlrechts eine Geschichte der Absonderlichkeiten.

Die interessanteste der heftigen und offenbar unabschließbaren Debatten über das Wahlrecht wurde nicht zwischen Anhängern der absoluten und der konstitutionellen Monarchie geführt, sondern zwischen Liberalen und Demokraten. Schließlich vertraten die Anhänger der absoluten Monarchie Ansichten, die so offensichtlich unvereinbar mit dem Ideal der Volkssouveränität waren, daß sie jeden Kompromiß mit den Befürwortern eines umfassenden und effektiven Wahlrechts praktisch unvorstellbar werden ließen. Dagegen erschienen die Liberalen des 19. Jahrhunderts, die im Prinzip für eine echte verfassungsmäßige Ordnung, für lebendige Wahlen und für experimentierfreudige politische Erziehungsanstrengungen eintraten, den Demokraten, die der Masse der erwachsenen Bevölkerung das Wahlrecht verschaffen wollten, als Gegner, mit denen die Auseinandersetzung lohnte.

Was Liberale und Demokraten trennte, lag auf der Hand: Damit die politische Zustimmung der Regierten überhaupt einen Sinn bekam, damit die letzteren die Handlungen der Regierenden abwägen und durch ihre

Repräsentanten in einer Versammlung, die keine bloße Farce war, an der Gesetzgebung teilhaben konnten, mußten sie rationale Wesen sein, die imstande waren, sich über das Niveau verbohrter Eigensucht zu erheben. War es vernünftig, uneigennützige Distanz von Tagelöhnern und Kleinbauern zu erwarten, die am Rande des Hungertodes ein Leben endloser Plackerei führten? Konnte die menschliche Natur mit den Folgen des Analphabetismus, der Entkräftung, der Gleichgültigkeit, der jahrhundertelangen Unterwürfigkeit fertig werden, die höchstens durch Aufstände skandiert wurde? Ließen sich kompetente Bürger aus Kleineigentümern oder Handwerkern machen, die von ihrer Hände Arbeit lebten und die keine Zeile lasen, außer vielleicht die Bibel oder irgendein Skandalblatt?

Die meisten Liberalen in den meisten Ländern verneinten das und woben ein aufwendiges System von Rationalisierungen zur Verteidigung einer relativ beschränkten Zahl von Wahlberechtigten. Der Aufwand, den die französischen Liberalen jeder Couleur zu diesem Zweck betrieben, war besonders groß. Ihre oft extrem defensiven Argumente sind ein Hinweis darauf, wie sehr sie traumatisiert worden waren durch das Jahrzehnt der Revolution, die anschließende napoleonische Herrschaft und die nachfolgenden Zeiten der Erhebungen und Wirren. Selbst denjenigen, die links von Guizot standen – die den Idealen von 1789 huldigten und sich um ihre Aufrechterhaltung bemühten –, bereitete die Vorstellung, daß Ungebildete in der Politik mitwirken konnten, Bauchschmerzen. Madame de Staël sprach offen aus, was die meisten dachten, als sie äußerte, man werde sich «die Herrschaft des Verbrechens» einhandeln, wenn man Macht in die Hand der Besitzlosen lege.[13]

Benjamin Constant plagte sich mit den gleichen Problemen eines antidemokratischen Liberalismus herum. Er hatte sich für die Volkssouveränität ausgesprochen und in den 20er Jahren des letzten Jahrhunderts angedeutet, das Frankreich der Restauration sei gut beraten, das Wahlrecht auszudehnen; das Stimmrecht solle nicht vom Nachweis eines bereits vorhandenen Engagements im politischen Leben abhängig gemacht werden; vielmehr müsse es umgekehrt Urheber politischen Bewußtseins sein. Gleichzeitig hatte Constant bestehende Eigentumsbestimmungen mit dem sattsam erprobten Argument verteidigt, daß die Armen nicht unabhängig seien; sie könnten es sich nicht leisten, ihre Arbeitgeber zu verärgern. Nur wer über ein gewisses Maß an Eigentum verfüge, sei hinlänglich gebildet und habe genug Muße, um in öffentlichen Angelegenheiten rational entscheiden zu können. Diese Argumentationsschiene ließ den Befürwortern des allgemeinen Stimmrechts einen wichtigen Ausweg offen: Der Schlüssel zu staatsbürgerlicher Reife bestand in der Erziehung. Constant war sich des Auswegs bewußt, aber er lebte nicht lange genug, um sich näher mit ihm zu befassen. Wie dem auch sei, bei den meisten französischen Liberalen war die Angst vor dem gemeinen Volk größer als die Hoffnung auf es. Den Massen das Stimmrecht zu geben hieß, dem Chaos Tür und Tor zu öffnen.

Tocqueville, dem die «Tyrannei der Mehrheit» Sorgen machte, von der er die demokratischen Kulturen bedroht sah, ließ sich darüber näher aus. Und nach Ansicht Guizots, der sich gleichermaßen als Historiker und als Minister Gedanken über Politik machte, gab es in jeder Gesellschaft – seine eigene eingeschlossen – eine natürliche Elite, die dank ihres Verstandes und ihres Sinnes für öffentliche Belange das Recht – ja, geradezu die Pflicht – hatte, stellvertretend für diejenigen zu sprechen, deren politische Qualitäten weniger ausgeprägt waren. Alles war eine Frage der Kompetenz, und Kompetenz gab es niemals im Überfluß. Rückblickend auf die Revolution von 1830 schilderte er die Massen als ein unzureichendes Bollwerk gegen die Königstreuen, die sich verschworen hatten, die verhaßten Bourbonen erneut an die Macht zu bringen.[14] Zumindest in diesem Punkte war Guizot aufrichtig: Er wollte Wähler, auf die er sich verlassen konnte. Deshalb stand er der Zweiten Republik und der Präsidentschaft Louis Napoleons skeptisch gegenüber: der «idolatrische Kult» um die Demokratie war ein Zaubermittel, das mittlerweile von allen Parteien bemüht wurde. Guizot bekannte sich zur neuen politischen Ordnung, aber er hatte ein bürgerliches Regime im Sinn, das sich rühmen konnte, im Mittelstand sein Fundament zu haben. Wer die Entwicklungsmöglichkeiten des Menschen optimistisch beurteilte, mochte den raschen Wandel hin zu einer von der Masse getragenen Herrschaft begrüßen, aber zu denen zählte Guizot nicht. Man möge nur im eigenen Inneren nachforschen, man werde dort «einen unablässigen Krieg zwischen guten und bösen Neigungen, zwischen Vernunft und Laune, Pflicht und Leidenschaft» entdecken. Dieser Kampf mache aus der Demokratie ein Instrument der Unordnung, denn sie sei die «Entfesselung der ganzen menschlichen Naturhaftigkeit», einschließlich Egoismus und umstürzlerischem Wesen. Gewiß, «das demokratische Frankreich schuldet dem Kaiser Napoleon viel»; aber das war nicht als Kompliment gemeint: Napoleon hatte ebensosehr die Freiheit mit Füßen getreten wie die Demokratie gefördert.[15] Tatsächlich hielt Guizot dies beides für unvereinbar.

Noch 1872, als das Zweite Kaiserreich schon der wackligen Dritten Republik Platz gemacht hatte, wiederholte Hippolyte Taine in einer sorgsam durchdachten Streitschrift zur Frage des besten Wahlsystems die alten antidemokratischen Argumente. Nach seiner Überzeugung hatte Frankreich schlechten Gebrauch vom allgemeinen Wahlrecht gemacht. Die traurige Wahrheit sei, daß den meisten Franzosen die Voraussetzun-

gen für eine aktive staatsbürgerliche Rolle fehlten; von den Wahlberechtigten seiner Zeit bestehe die große Mehrheit aus Landleuten oder Handwerkern, die auf Bauernhöfen oder in Dörfern lebten, ignorant und unpolitisch seien und den Wahlen oft gleichgültig gegenüberstünden; viele
kennten nicht einmal den Namen ihres Abgeordneten. Nur drei von
zwanzig – Ladenbesitzer, Handwerksmeister, kleine Unternehmer –
könnten einen «halbbürgerlichen» Status beanspruchen und nur weitere
drei seien gebildet und wohlhabend. Was daraus folgte, lag – für Taine –
auf der Hand: die «politische Bildung der Massen» verlange nach indirekten Wahlen, bei denen die Wähler lokale Wahlmänner bestimmten, die
ihrerseits dann die gesetzgebende Versammlung wählten.[16]

Die meisten Liberalen in Deutschland waren ebenso ängstlich. Das
Thema der kaum kontrollierbaren Massen durchzog leitmotivisch ihre
Polemiken und bestimmte die Auseinandersetzungen um die Frage, wer
zur Teilnahme an der Politik berechtigt sein sollte. Im Jahr 1830 bemerkte
der rheinische Unternehmer und liberale Politiker David Hansemann
angesichts der Revolutionen, die anderswo ausgebrochen waren: «Die
erste Gefahr ist Aufstand der geringeren Volksklasse.»[17] Die Erhebungen
von 1848 in Deutschland erhöhten nur die Nervosität. Damals machte der
Kölner Sozialist Andres Gottschalk, ein jüdischer Arzt, der in den Armenvierteln praktizierte, die Beobachtung, «daß... das Wort Republik dem
rheinischen Bourgeois mit ‹Raub, Mord und Einfall der Russen› identisch
und das Wort Kommunismus ‹zum wahren Popanz› geworden sei».[18]

Daß in den gefühlvollen Debatten im Frankfurter Parlament von 1848
die Liberalen, nicht die Demokraten, das große Wort führten, kann kaum
überraschen. In dem Bundestag, der zusammengetreten war, um für ein
noch gar nicht existierendes Deutschland eine Verfassung auszuarbeiten,
trugen die meisten Abgeordneten einmal mehr die abgedroschenen Argumente vor, die gegen das allgemeine Wahlrecht sprachen. Eine Handvoll
Demokraten protestierte vergeblich dagegen. «Glauben Sie wirklich»,
fragte einer rhetorisch, «die Beamten in dem Staate, glauben Sie, die hier
vielfach gerühmten Professoren seien freier als die Arbeiter?» Ein anderer
machte geltend, daß Unabhängigkeit bei Wählern zwar in der Tat eine
erstrebenswerte Eigenschaft sei, daß es aber auf «Selbständigkeit der Gesinnung» und nicht der Vermögensverhältnisse ankomme. Ein dritter
wiederum warnte davor, daß man Zwietracht unter den Bürgern säe,
wenn man verantwortungsbewußte Männer aus der Gruppe der Wahlberechtigten ausschließe. Die Liberalen blieben ungerührt. Die Massen,
meinten sie, seien schlicht politisch unreif, ohne eigenen, unabhängigen
Willen. Deshalb sei es gefährlich, ihnen das Stimmrecht zu geben. Indem
sie die Ereignisse in ihrem Sinne interpretierten, stellten die liberalen

Delegierten die jüngste Geschichte kurzerhand in den Dienst ihrer Argumentation. Das monatelange revolutionäre Geschehen überall in Europa hatte sogar die Begeistertsten unter ihnen ernüchtert. «Wer hat dem Napoleon den Absolutismus in die Hand gegeben, wer hat ihn zum unumschränkten erblichen Kaiser gemacht?» fragte einer der Delegierten und gab selber die Antwort auf seine Frage: «Das allgemeine Stimmrecht war es.» Dies waren aufschlußreiche Einwände. «Es sollen aber auch der Aristokratie keine Mittel gegeben werden», forderte ein hellsichtiger Delegierter, «durch die Massen zu herrschen.» Diese Männer, die nach einem Verfassungsstaat strebten, beunruhigte der Cäsarismus.[19]

Mehr als ein Jahrzehnt später, im Jahr 1862, legte der Historiker Heinrich von Sybel dem Programmentwurf der Liberalen die gleiche defensive Haltung zugrunde: Sinn zur Schaffung einer liberalen und nationalen Regierung sei es, die Gemüter zu beruhigen und einer Revolution vorzubeugen. Etwa sieben Jahre später, kurz vor der Gründung des Bismarckschen Reiches, warnte er, die machtvolle demokratische Bewegung steuere auf den Abgrund des Radikalismus zu. «Solange Bildung und Moral noch nicht gleichmäßig und hochentwickelt bei allen Menschen ist – und dies wird noch eine Weile dauern, so lange ist es Torheit, von absoluter Gleichberechtigung zur politischen Gewalt, einem allgemeinen Stimmrecht, einem angeborenen Menschenrecht auf gesetzgebende Gewalt zu reden.» Da die arbeitende Klasse sich von ihrer Leidenschaft beherrschen lasse und leicht verführbar sei, werde ein allgemeines Stimmrecht nur das alte Regime an der Macht erhalten oder eine Herrschaft der Demagogen heraufbeschwören. Vollständige Gleichheit führe allein zu «der traurigen Ablösung von Anarchie und Diktatur, von populärer und soldatischer Tyrannei».[20] Die Auseinandersetzungen in Deutschland lassen einmal mehr deutlich werden, daß der Hauptstreitpunkt, der Liberale und Demokraten trennte, die Rolle der menschlichen Natur in der Politik betraf.

Am beharrlichsten und höchst aufschlußreich stellte man sich diesem Problem in Großbritannien. Eine Reihe von Reformgesetzen – in den Jahren 1832, 1867, 1884 und 1885 –, bekräftigt durch wichtige Gesetze in den Jahren 1870 und 1872, die der Förderung des allgemeinen Erziehungswesens dienten und das Recht auf geheime Wahlen garantierten, lassen die britische Geschichte als einen geplanten Marsch in die Demokratie erscheinen, der Schritt für Schritt und mit aller Umsicht vollzogen wurde. Die Wirklichkeit war indes komplizierter und fesselnder. Da wurde politisches Theater ersten Ranges gespielt, mit großartigen Reden und knappen Abstimmungen, mit Helden und Schurken, die «Bäumchen wechsel dich» spielten. Das Ganze war ein packendes Melodram, das seine Schauplätze im Parlament, in den Wahlkämpfen, in einer Flut von Pamphleten sowie in Salons, in Klubs, in der politischen Presse, in öffentlichen Versammlungen hatte. Die Reformjahrzehnte ließen keinen Aspekt der Neufassung öffentlicher Aggressivität unerörtert. Und sie steckten voller Überraschungen: das Reformgesetz von 1867 drückten nicht die Liberalen Gladstones, sondern die Konservativen Disraelis durch.

Der Great Reform Act von 1832 wurde Gesetz, weil diejenigen, auf die es ankam und die in der Öffentlichkeit das Sagen hatten, es so wollten. Anfang 1831, als die Fieberkurve der lautstarken Kampagne für eine Parlamentsreform ihren Höhepunkt erreichte, räumte Earl Grey, der damalige Premierminister, ein, daß der Druck unwiderstehlich geworden war: «Angesichts der allgemeinen Stimmung, die im Blick auf diese Frage herrscht, bleibt uns gar nichts anderes übrig, als etwas zu unternehmen; und weniger zu unternehmen, als nötig ist, um die Erwartungen der Öffentlichkeit zu befriedigen (ich rede von den Erwartungen der verständigen Öffentlichkeit), wäre schlimmer, als nichts zu tun.»[21] Seit die zweifache Drohung der Französischen Revolution und des Napoleonischen Angriffs auf Europa Großbritannien in kostspielige und kräftezehrende Kriege getrieben hatte, befand sich das Land in einer Atmosphäre ständiger großer Erwartungen. Die industrielle Revolution hatte bereits ihre Spuren hinterlassen, eine durch die Technisierung bedingte Arbeitslosigkeit geschaffen und das Elend der in Armut lebenden Arbeiterschaft vergrößert. Der Hunger provozierte Bittschriften, Protestmärsche, Streiks, Maschinenstürmerei – Erscheinungen, die von der Regierung unnachsichtig, um nicht zu sagen grausam, niedergeschlagen wurden.

Nicht allen ging es schlecht. Während die politischen Ökonomen und die politischen Theoretiker die völlig neue Situation ihrer Länder gedanklich zu erfassen suchten, verhalfen die ökonomischen Veränderungen den Wohlbestallten und denen, die Unternehmensgeist bewiesen, zu Wohlstand. Währenddessen rationalisierte Sir Robert Peel als Innenminister das englische Strafrecht und paßte es mit Gewalt dem 19. Jahrhundert an. Die Radikalen, die davon geträumt hatten, den Geist von 1789 lebendig werden zu lassen, hatte man zum Schweigen gebracht, aber der Ruf nach Reformen – im Zollwesen, bei den Armengesetzen, bei den Bestimmungen, die Katholiken vom Wahlrecht ausschlossen, bei den Prohibitivsteuern, unter denen die Presse litt –, dieser Ruf verstummte nicht. Und das Unterhaus wurde zum Sammelplatz der Unzufriedenen. Nur das Parlament konnte Reformen in die Wege leiten, aber erst, nachdem es selbst reformiert worden war.

In den einzelnen Bezirken war es übrigens bereits zu solchen Reformen gekommen; im politischen Bildungsniveau der Öffentlichkeit gab es ebenso krasse Unterschiede wie in den Wahlrechtsbestimmungen des wildwüchsigen britischen Wahlsystems. Der Wahlkreis Westminster in London war ein Musterbeispiel avancierten politischen Bewußtseins, ein Vorgeschmack auf künftige demokratische Verhältnisse. Die Bandbreite der Wahlberechtigten war außergewöhnlich; die zehntausend Wähler des Bezirks umfaßten nicht nur Ärzte, Rechtsanwälte und Geschäftsleute, sondern auch Handwerker und kleine Kaufleute – die fast überall sonst in Großbritannien kein Wahlrecht genossen. Seit 1807 schickten die Demokraten, die in den inoffiziellen, aber einflußreichen politischen Klubs des Bezirks das Sagen hatten, zwei radikale Vertreter ins Unterhaus, die sich dort als winzige, aber lautstarke Minderheit für weitreichende Wahlreformen einsetzten.

Die beherrschende Persönlichkeit in dieser demokratischen Enklave war Francis Place, ein wohlhabender Londoner Schneider. Place ist interessant, weil er den neuen politischen Menschen verkörperte, der sich von unten hinaufgearbeitet hat. Er verdiente so viel, daß er sich eine eindrucksvolle Bibliothek leisten konnte, und verfügte über genug freie Zeit, um die Bücher zu lesen; aber er war zu tatkräftig, um sich mit der Rolle des belesenen Zuschauers zu begnügen. Er suchte Kontakt zu den führenden Köpfen unter den fortschrittlichen britischen Intellektuellen und korrespondierte eifrig mit politisch interessierten Leuten aus dem Arbeitsleben, der Verwaltung und der Sozialwissenschaft. Die panischen und repressiven Reaktionen des Kabinetts auf die Unruhe im Volk erbosten ihn ungeheuer. Er setzte weit mehr Vertrauen in die politische Klugheit der einfachen Leute als in die Regierung – oder Mißregierung – der Politiker, die im Lande herrschten.

Mit seinem Radikalismus war Place der öffentlichen Meinung weit voraus, sogar dem Programm, das die reformwillige Minderheit im Parlament verfocht. Aber durch seinen beharrlichen Einsatz hauchte er der politischen Bildung der britischen Öffentlichkeit neues Leben ein. Das tat auch auf seine eigentümliche, exzentrische Weise der Redner William Cobbett, eine merkwürdige Mischung aus Demagoge, Radikalem und nostalgischem Reaktionär. Cobbett bereiste England und trug einem empfänglichen Publikum sein ebenso ominöses wie schlichtes Plädoyer für eine Ausdehnung des Wahlrechts vor: Das Land müsse politische Reformen durchführen, wenn es der Revolution entrinnen wolle.[22] In Birmingham wurde eine Political Union gegründet, um für die Wahlrechtsreform zu kämpfen. Die Unzufriedenen lernten allmählich, sich friedlich zu organisieren, und machten Fortschritte in der Ausbildung einer konstruktiven politischen Aggressivität. Ein weiterer Schritt wurde 1830 getan, als der Herzog von Wellington als Premierminister zurücktrat, nachdem er im Unterhaus eine Abstimmungsniederlage erlitten hatte – und zwar eben in der Frage der Parlamentsreform. Anders als seine Vorgänger, wenn sie sich in der gleichen Klemme befunden hatten, fühlte sich der König, Wilhelm IV., nicht mehr stark genug, um entweder Wellington im Amt zu halten oder aber einen Nachfolger zu ernennen, der nicht die Zustimmung des Unterhauses hatte. Das Prinzip der parlamentarisch kontrollierten Regierung, deren erste Anfänge ins 18. Jahrhundert zurückreichten, war endlich dabei, sich durchzusetzen.

Die Reformer waren entschlossen, jene gesunden, mittelständischen Elemente für sich zu gewinnen, die Earl Grey als «verständige Öffentlichkeit» herausgestellt hatte. Im Jahr 1831 sang der Radikale Henry Brougham, der gerade zum Baron Brougham und Vaux erhoben worden war, in einer langen, erregten, überall verbreiteten Rede vor dem britischen Oberhaus das Loblied der vermögenden Schichten des «Mittelstands». Jene «Hunderttausende von achtbaren Personen» seien «die wahren Hüter des nüchternen, verständigen, intelligenten und ehrlichen englischen Empfindens». Auch wenn sie vielleicht unfähig seien, «einen Satz zu runden oder epigrammatisch zuzuspitzen», erklärte er ihren snobistischen Kritikern, seien sie doch «solide, rechtdenkende Menschen» und «vor allem frei von Veränderungssucht». Die «beherzten, verständigen, abgewogenen, besonnenen, naturgemäßen und, weil naturgemäß, glaubwürdigen Ansichten dieser ehrlichen Männer» flößten einem Vertrauen ein. Die Vorstellung, «man könne ohne Rücksicht auf diese mittleren Riegen des Staatswesens ein wie immer geartetes Regiment führen», sei absurd. Da Wahlrechtsforderungen der radikalen Gruppen des Mittelstands die herrschende Schicht äußerst nervös machten, konnte Brougham gar nichts Beruhigenderes über sie äußern, als daß sie «sich weder durch Scheinargumente irreleiten, noch durch unverschämte Schönrednerei hinters Licht führen» ließen.[23]

Man könnte geneigt sein, diese Lobeshymne auf die englischen Industriellen, Bankiers und Geschäftsleute mit Vorbehalt aufzunehmen; Brougham stand im Ruf, der großmäuligste Sprecher des äußersten Flügels der Whigs zu sein.[24] Die Lords ließen sich jedenfalls nicht beeindrucken; sie lehnten das vorgeschlagene Reformgesetz mit einer Mehrheit von einundvierzig Stimmen ab. Aber ruhigere Gemüter äußerten in ruhigerem Ton genau dasselbe. Earl Grey sah im «Mittelstand» diejenigen, «die das Hauptkontingent der öffentlichen Meinung bilden» und ohne die auch die Macht der Gentry nichtig ist. Wie andere Parlamentsmitglieder, die den Gesetzentwurf unterstützten, stellte er klar, daß er unter dem «Volk», dem er das Wahlrecht zusprechen wollte, nicht den trunksüchtigen Mob verstand, nicht die kaum des Lesens und Schreibens

kundigen Armen, sondern «die große Mehrheit der achtbaren Mittelschichten des Landes».²⁵ Bei diesen ernsthaften, verantwortungsbewuß-
ten Kaufleuten und Freiberuflern fanden sich die beiden Garanten für
Stabilität: genug Eigentum und genug Intelligenz. Das bürgerliche Anliegen fand seine aristokratischen Fürsprecher.

Der Reform Act von 1832 kam den Forderungen des gehobenen Mittelstands ein Stück weit entgegen. Gewiß, mit seinen ausgetüftelten und
komplizierten Vorkehrungen stellte er nur einen zaghaften Versuch zur
Transformation der politischen Öffentlichkeit dar. Die Regierungsgewalt
blieb im wesentlichen in der Hand der alten Oligarchie. Viele Wähler
folgten auch weiterhin dem gewohnten Schema und wählten die Kandidaten, die ihnen die Mächtigen der Region ans Herz legten, nicht so sehr
aus Angst vor Repressalien, sondern aus überkommenem Vertrauen in
ihre Honoratioren; die alte Untertanengesellschaft war noch weithin in-
takt.²⁶ Immerhin verminderte das Gesetz himmelschreiende Ungleich-
gewichte zwischen den einzelnen Wahlbezirken, verlieh den Besitzenden,
die in den bevölkerungsreichsten Städten Großbritanniens lebten, größere, wenn auch immer noch unzureichende Bedeutung und schaffte ein
paar der skandalösesten Mißbräuche ab, die vor der Reform aus der Wahl
in das Unterhaus eine so bequeme und vorhersehbare Angelegenheit gemacht hatten.

Dadurch, daß eine halbe Million neuer Wähler in die Listen aufgenommen wurden, verdreifachte sich die wahlberechtigte Öffentlichkeit nahezu. Aber seine stärkste Wirkung entfaltete der Great Reform Act im
symbolischen Bereich; selbst wenn sich Personal und Politik nur geringfügig änderten, signalisierte das Gesetz jedenfalls, daß die unangefochtene Herrschaft der Oligarchie ihrem Ende entgegenging.

Entscheidend war, daß die Reformvorlage Gesetzeskraft erlangt hatte;
das führte hinlänglich vor Augen, daß Praktiken, die man für absolut
unabänderlich gehalten hatte, schließlich doch nicht sakrosankt waren.
Die erste nachdrückliche Revision des Gesetzes von 1832 fand allerdings
erst eine volle Generation später, im Jahr 1867, statt. Das zweite Reformgesetz war nicht Ergebnis eines jähen Ausbruchs angehäuften Grolls,
sondern Kulminationspunkt einer langwierigen Kampagne, einer konse-
quenten Entwicklung. Die Gegner des Gesetzes von 1832 hatten zu
Recht das Gespenst der Demokratie an die Wand gemalt und geltend
gemacht, daß der scheibchenweise vollzogene Abbau der Vormachtstellung des Hochadels und der Gentry garantiert weitergehen werde.

Mitte der 60er Jahre des letzten Jahrhunderts, als die Agitation für die
Reform einen Zug erregter Dringlichkeit gewann, der alte Kämpen an
den wilden Eifer der Jahre 1831 und 1832 erinnerte, war bereits viel

geschehen, was die Konturen des politischen Lebens in Großbritannien veränderte. Im Jahr 1858 wurden nach tiefschürfenden Debatten die rechtlichen Einschränkungen abgeschafft, denen Juden unterworfen waren, so, wie drei Jahrzehnte vorher die rechtliche Gleichstellung der Katholiken beschlossen worden war. Das war kein Triumph der Bourgeoisie und auch kein Angriff auf die Privilegien der Besitzenden. Die Emanzipation der Juden bedeutete in diesem Augenblick nur, daß Baron Lionel de Rothschild, der von der City of London als Abgeordneter ins Unterhaus gewählt worden war, seinen Parlamentssitz einnehmen konnte, ohne einen Eid «auf den wahren Christenglauben» leisten zu müssen. Dennoch bedeutete der Beschluß, Rothschild und seine Glaubensgenossen am Privileg des parlamentarischen Amtes teilhaben zu lassen, eine Anerkennung der Tatsache, daß Religion und Politik sich trennen ließen, sogar in einem Land mit einer Staatsreligion, und daß die Angst vor Vielgestaltigkeit in der politischen Öffentlichkeit im Schwinden war.

Vier Jahre zuvor, nämlich 1854, war dem oligarchischen System, das immer noch vom Zufall der Geburt und der Gunst gesellschaftlicher Beziehungen lebte, ein Schlag versetzt worden, der es nicht weniger hart traf als die Parlamentsreform. In einem Bericht von historischer Tragweite machten zwei angesehene Staatsbedienstete, Sir Charles Trevelyan, ein Beamter im Schatzministerium, und Sir Stafford Northcote, ein zu den Tories gehörender Parlamentsabgeordneter, den umstürzlerischen Vorschlag, den Staatsdienst zu reformieren. Ihre radikalste Anregung ging dahin, Staatsbedienstete auf der Basis eines Prüfungswettbewerbs auszuwählen und Karriere machen zu lassen. Bei den meisten der Reformvorschläge, die Furcht und Schrecken unter den Faulen, den Überalterten und den Unnützen verbreiteten, dauerte es schließlich viele Jahre lang, bis sie Wirklichkeit wurden, aber einige setzte man unverzüglich in die Tat um. Daß Eignung bei der Besetzung von Staatsämtern zwangsweise als Kriterium durchgesetzt wurde, löste eine Schockwelle aus, die noch jahrzehntelang zu spüren war; selbst in den 8oer Jahren klang sie soweit nach, daß W. S. Gilbert sich den feinsinnigen Scherz erlauben konnte, in *Iolanthe* von den Lords zu sprechen, die ihre Erhebung dem «Examenswettbewerb» verdankten. Viscount Melbourne, vielseitiger Politiker und väterlicher Berater der jungen Königin Viktoria, pries den Hosenbandorden, weil «man ihn sich, verdammt nochmal, nicht verdienen muß». Indem sie die verdammte Verdienstlichkeit als Gesichtspunkt in den Staatsdienst einführten, erweiterten die hochsinnigen viktorianischen Reformer die Palette der politischen Forderungen. Und innerhalb des Parlaments ging die Agitation weiter. Von 1852 an wurden immer wieder Anträge zur Fortschreibung der 1832 begonnenen

Reform gestellt; die Initiatoren gehörten zu einem zusammengewürfelten Bündnis aus fortschrittlichen Whigs: wohlhabende Bierbrauer mit Einfluß, reiche Kaufmannssöhne, habituell Unzufriedene und reformwillige Gutsbesitzer.[27]

Die Beweggründe dieser Reformer stellten die übliche Mischung aus Angst vor sozialen Unruhen und Hoffnung auf den Einzug ins Parlament dar. Bei den Begeisterten unter den Agitatoren überwog die Hoffnung auf die «Erziehung des öffentlichen Bewußtseins», wie Walter Bagehot es nennt, die Angst vor der Revolution.[28] Aber bis zum Anfang der 6oer Jahre war sogar der vorsichtige Gladstone zu der Überzeugung gelangt, daß die englischen Arbeiter ihre politische Reife bewiesen hatten. Nach seiner Ansicht hatten sie sich das Recht auf Teilhabe an der Politik durch ihre Fähigkeit erwirkt, ihre Leidenschaften zu zügeln und zu sublimieren. «Worin bestehen die Eigenschaften, die einen Mann befähigen, ein Privileg wie das Wahlrecht wahrzunehmen? Selbstmächtigkeit, Selbstbeherrschung, Sinn für Ordnung, Geduld im Leiden, Vertrauen ins Recht, Achtung vor Vorgesetzten.» Die englischen Arbeiter hätten im harten Winter von 1862 diese Eigenschaften – allesamt bürgerliche Tugenden reinsten Wassers – in einem «beachtlichen», ja, geradezu «großartigen» Maße an den Tag gelegt.[29]

Wie andere britische Politiker damals war Gladstone ein Moralist; und die Reformer kleideten ihr Plädoyer für ein neues Reformgesetz in einen moralischen Imperativ. Dieses moralisierende Politikverständnis beflügelte die Verfasser des Buches *Essays on Reform,* das im Frühjahr 1867 erschien, während die Debatte in ihrer heißesten Phase war. Die Beitragenden, die zu den besten jungen Köpfen in Großbritannien gehörten, waren überzeugt davon, daß für die politische Erziehung der britischen Nation ein neues Gesetz entscheidend wichtig war. Für den Cäsarismus hatten sie nichts übrig. Einer von ihnen, George C. Brodrick, ein liberaler Journalist und Leitartikler für die Londoner *Times,* ließ daran keinen Zweifel. Im besten Fall sei ein paternalistisches, despotisches Regiment moralisch ebenso erniedrigend wie ökonomisch ruinös; seine eigentliche Verwerflichkeit bestehe «nicht in einer absichtlichen Vernachlässigung der Interessen des Volkes, sondern darin, daß es die Meinungen im Volk mißachtet, daß es das Volk als willenlosen Empfänger obrigkeitlicher Wohltaten behandelt».[30] Darum ging es: um die Politikfähigkeit der unteren Schichten.

Es gab handgreifliche Beweise dafür, daß sich das «Volk» mit staatlicher Bevormundung nicht mehr abfinden wollte und genug hatte von bloßem Murren und vergeblichen Petitionen. Unmittelbar unter der Oberfläche der britischen Gesellschaft brodelte es; der Groll brach sich wiederholt Bahn: Je mehr Mitglieder die Gewerkschaften warben, um so heftiger waren bei Streiks die Zusammenstöße und um so häufiger wurden Streikbrecher verprügelt; durch Alkohol angeheizt, eskalierten Streitereien zu Krawallen; vehemente Feindseligkeit schlug den Iren entgegen, die ins Land geholt wurden, um Schwerarbeit in den Fabriken oder auf den Docks zu verrichten; Katholiken waren bösartigen Beschimpfungen ausgesetzt, die manchmal in Tätlichkeiten ausarteten. Was den Reformern in der großen Debatte Kopfzerbrechen bereitete, waren die Leute aus dem Volk, die als Aggressoren auftraten, nicht die Opfer.

Dann lieferten im Sommer 1866 Unruhen, deren Auslöser das vorgeschlagene Reformgesetz war, zumindest den Gegnern der Reform einen weiteren Beweis dafür, daß dem Volk die nötige Reife für eine Eingliederung in den politischen Prozeß nach wie vor fehle. Die im Jahr 1864 gegründete Reform Union hatte für eine Revision des Gesetzes von 1832 geworben; im folgenden Jahr kam mit der Reform League eine weitere Verbindung, die den Kampf für die Reform auf ihre Fahnen geschrieben hatte, hinzu. Im Jahr 1866 erklärten sich die beiden Organisationen widerstrebend bereit, die recht bescheidene Gesetzesvorlage zu unterstützen, die Gladstone eingebracht hatte; nach der Ablehnung dieser Vorlage gingen sie auf die Straße. Am 23. Juli veranstalteten sie eine gemeinsame Protestkundgebung am Londoner Hyde Park. Das besorgte Innenministerium ordnete die Schließung der Parktore an, aber die Wagemutigsten in der Menge rissen das Gitter nieder und stürmten auf verbotenes Gelände, das gewöhnlich Spaziergängern aus dem Mittelstand vorbehalten war. Der einzige Schaden, den sie anrichteten, waren ein paar zertretene Blumen und natürlich das niedergerissene Gitter; aber einige reagierten, als habe London gerade eine revolutionäre *journée* erlebt. Am folgenden Tag besichtigte Gladstone das Schlachtfeld und war entsetzt: «Weh über die Torheit, die das verschuldet hat.»[31] Aber wessen Torheit war es? Die des Innenministeriums, weil es die Schließung der Tore angeordnet hatte? Die der Regierung, weil sie den Unmut des Volkes auf die leichte Schulter genommen hatte? Die der Demonstranten, weil sie sich ungebührlich aufgeführt hatten? Gladstone ließ die Frage offen.

Um so entschiedener beantwortete sie Anfang 1868 – mithin aus dem, wie man meinen möchte, sicheren Abstand von fast zwei Jahren – Matthew Arnold. Er beklagte den «Aufruhr» als unheilverkündendes Zeichen nicht von Kultur, sondern von Anarchie. Die Unruhen hatten den Engländer vor Augen geführt, wie er sich das Recht nahm, «zu machen, was ihm paßt; das Recht, zu gehen, wohin es ihm paßt, sich zu versammeln, wo es ihm paßt, einzudringen, wo es ihm paßt, zu johlen, wie es ihm paßt, zu drohen, wie es ihm paßt, zu zertrümmern, wie es ihm paßt».

Wenn die Vertreter der «Partei der Progressiven» diese Vorfälle als «ein paar vorübergehende Ausbrüche von Rowdytum» herunterspielten, so hielt Matthew Arnold eine pessimistischere Sicht für angemessener. Die Behörden hätten bedauerlich zaghaft reagiert. Vierzig Jahre früher habe sein Vater, der große Thomas Arnold von Rugby, im Blick auf öffentliche Ausschreitungen ein einfacheres Rezept empfohlen: «Die Art, wie die alten Römer mit Aufruhr fertig wurden, ist allemal die richtige Methode: Die ganze Mannschaft auspeitschen, und die Rädelsführer vom Tarpejischen Felsen stürzen!» «Diese Einstellung», stimmte der Sohn dem Vater mannhaft zu, «dürfen wir niemals preisgeben.»[32]

Nicht jedermann teilte Arnolds Befürchtungen und seinen Zorn. Aber soviel Hysterie angesichts eines so harmlosen Vorfalls, und das ausgerechnet bei einem Verkünder des Lichten und Lieblichen, sind ein Hinweis darauf, daß in den Kreisen der Gebildeten die Angst vor den aggressiven Massen tief saß. Sicher, in *Culture and Anarchy* übte Arnold auch Kritik an der Aristokratie, den «Barbaren», und stärker sogar noch am Mittelstand, den «Philistern». Aber auch wenn die erstere ihn irritierte und der letztere ihn abstieß, lauerte hinter allem doch die Unterschicht, die «Bevölkerung», als die eigentliche Gefahr für die öffentliche Ordnung. Es ist merkwürdig, wenn auch gewiß nicht überraschend, zu sehen, wie oft pessimistische Urteile über die Rolle der menschlichen Natur in der Politik an Klassenvorurteile gebunden sind.

Solche Besorgnisse konnten die Agitation für die Reform nicht aufhalten, und im Jahr 1867 wurde nach verwickelten parlamentarischen Manövern, bei denen Liberale und Konservative sich wechselseitig übertrumpften, Disraelis Vorlage, die weiter ging als Gladstones Entwurf, verabschiedet. Durch dieses zweite Reformgesetz erhielt der Großteil der städtischen Arbeiterschaft Großbritanniens das Wahlrecht – der Antrag des damaligen Unterhausabgeordneten John Stuart Mill, das Stimmrecht auf die Frauen auszudehnen, wurde mit großer Mehrheit abgelehnt –, so daß sich die Zahl der Wahlberechtigten in etwa verdoppelte. Wie vorauszusehen, war bei den Gegnern der Reform Carlyle am tiefsten erschüttert. Er war zu keiner Arbeit mehr imstande, während er zusehen mußte, wie sein Land «weit rascher in die *Niagarafälle* gerät, als ich erwartet habe». Die Metapher gefiel ihm; er übernahm sie als Titel für eine düstere Streitschrift, *Shooting Niagara, and After?* (Den Niagara hinunter, und danach?). Die Befürworter der Reformvorlage ihrerseits machten sich Carlyles Metapher für die eigenen Zwecke zunutze. Die englische Politik, schrieb Leslie Stephen 1868, sei «benebelt», führungslos und bar jeden Verstands. «Das Reformgesetz wird das alles ändern, und wir werden den Niagara hinunterschießen. Darüber bin ich sehr froh, denn wir

alle brauchen dringend ein großes Beben.»[33] Carlyles Katastrophe war
Stephens Chance. Eine vorsichtigere Einschätzung wäre angebrachter
gewesen; auch wenn die Parlamentspolitiker in den Monaten heftigen
Debattierens sorgfältige Kalkulationen angestellt hatten, lagen doch die
Konsequenzen der Demokratisierung, auf die sich Großbritannien einge-
lassen hatte, noch ganz im Verborgenen. Das war es, was der Premier-
minister, der Earl of Derby, meinte, wenn er die Vorlage als Sprung ins
Ungewisse bezeichnete.

Es spricht für den in Großbritannien gepflegten politischen Stil, daß die
Anpassungsfähigsten unter den liberalen Reformgegnern bereit waren,
sich in das Unvermeidliche zu fügen. Sosehr sie die Demokratie fürchteten, sosehr waren sie entschlossen, prägend auf sie einzuwirken. Sie verschrieben sich der Devise «Erziehen wir unsere neuen Herren!» Sogar
Robert Lowe, Erzverfechter der Ungleichheit, fand zu dieser Sichtweise.
Er hatte sich Anfang der sechziger Jahre einen zweifelhaften Ruf erworben, als er sich in einer Kampagne erfolgreich dafür einsetzte, die ohnehin
bereits kargen staatlichen Zuwendungen an Schulen zu rationalisieren
(sprich, zu verringern), indem er die Austeilung öffentlicher Mittel an
Erziehungseinrichtungen von meßbaren Erfolgen dieser Einrichtungen
abhängig machte. Kulturkritiker wie Matthew Arnold – der als Schulin-
spektor besonders betroffen war – packte das Entsetzen; in ihren Augen
förderten Lowes Beschlüsse die Form von geistlosem Auswendiglernen,
die sich von der Schulaufsicht ohne Mühe quantitativ erfassen ließ. Ihnen
erschien das als der utilitaristische Alptraum, den Dickens in *Hard Times*
angeprangert hatte, als Inbegriff des Tatsachenfetischismus.

In den Jahren 1866 und 1867, als eine Überflutung des Landes durch
die Demokratie wahrscheinlich wirkte, bot sich Lowe ein größeres An-
griffsobjekt. Er hielt innerhalb und außerhalb des Parlaments mehrere
Reden gegen die vorgeschlagene Ausdehnung des Wahlrechts, die große
Verbreitung fanden. «Weit entfernt davon, daß ich glaube, die Demokratie werde den Fortschritt des Staatswesens fördern», erklärte er, «bin ich
vielmehr überzeugt davon, daß sie ihm hinderlich sein wird.» Er, der sich
voll Stolz zum Liberalismus bekannte, versicherte, Fortschritt hänge
«einzig und allein von einer reinen und klaren Intelligenz» ab. Lowe
selbst war außergewöhnlich intelligent und begegnete kleineren Geistern
mit beißendem Hohn, der ihm viele Feinde machte. Und als intelligen-
ter Liberaler sah er «eine der größten Gefahren, die dem Land überhaupt
drohen können, in dem Vorschlag, die bestehende Ordnung der Dinge
umzustürzen und Macht den Händen des Eigentums und der Intelligenz
zu entziehen, um sie in die Hände von Männern zu geben, deren ganzes
Leben zwangsläufig vom täglichen Existenzkampf beansprucht wird.»

Gegen die Demokratie hegte er eine lebenslange Abneigung; schon als junger Student verfaßte er ein Gedicht, in dem er «das vielköpfige Ungeheuer» geißelte. Beunruhigende persönliche Erfahrungen, zu denen die Begegnung mit den unkultivierten Kulturen Amerikas und Australiens und ein Vorfall während seiner Kandidatur fürs Unterhaus gehörten, bei dem er durch einen Mob verletzt worden war, hatten seine Zuneigung zu dem vielköpfigen Ungeheuer schwerlich vergrößert. Sogar als der Reform Act von 1867 schon historische Tatsache war, suchte er immer noch den bröckelnden Damm des eingeschränkten Wahlrechts zu flicken. Für ihn blieben die «Menschen mit Bildung und Erfahrung» die idealen Wähler.[34]

Er begnügte sich allerdings nicht damit, um ein verlorenes Paradies zu jammern. Wenn der beste Wähler ein unterrichteter Wähler war, dann folgte daraus logischerweise, daß die neuen Wahlberechtigten unterrichtet werden mußten. Und Lowe war ein durch und durch logisch denkender Mensch: «Ich halte es für höchst dringlich, die niederen Klassen dieses Landes zu erziehen, um sie zum Umgang mit der Macht zu befähigen, die ihnen übertragen worden ist und», fügte er prophetisch hinzu, «vielleicht in noch stärkerem Maße übertragen werden wird.» Daß versäumt worden sei, großen Gruppen der Staatsbürger eine Erziehung zuteil werden zu lassen, dieser Makel laste schon seit langem auf der Nation. Jetzt, «da sie das Recht erlangt haben, Einfluß auf die Geschicke des Landes zu nehmen», sei dies «eine Frage der Selbsterhaltung» geworden, «eine Existenzfrage». Er erklärte es für ebenso dringlich, durch Modernisierung der Lehrpläne auch die Erziehung der oberen Klassen zu reformieren und das Schwergewicht von der altehrwürdigen, dekorativen, aber im wesentlichen unnützen klassischen Bildung auf die Naturwissenschaften zu verlagern.[35] Das Unterrichtsgesetz von 1870, das den Grund für das erste landesweite Schulsystem Großbritanniens legte, trug den Stempel des Loweschen Denkens. Das Gesetz war nicht mehr als ein erster Schritt, aber es war ein Schritt in Richtung Demokratie.

Lowes Ruf nach einer Erziehung der neuen Herren Großbritanniens hatte schwerlich Anspruch auf Originalität. Im Juni 1867 bat Walter Bagehot seine Kommilitonen an der University of London um ihre Unterstützung bei den bevorstehenden Wahlen und rief ihnen in Erinnerung: «Nach dem ersten Reformgesetz lautete der Schlachtruf ‹Einschreiben! Einschreiben! Einschreiben!›» Nach dem zweiten Gesetz «muß der Ruf nun lauten: ‹Erziehen! Erziehen! Erziehen!›» Schließlich habe die «Macht des Volkes» jetzt «ein sicheres Übergewicht» erlangt.[36] Die Aufgabe war klar, und man stellte sich ihr; bereits 1891 hatte jedes Kind in Großbritannien Anspruch auf eine kostenlose Erziehung.

Weitere Ausdehnungen der Wählerschaft gingen Hand in Hand mit Verbesserungen im Erziehungswesen. Im Jahr 1884 schaffte ein drittes Reformgesetz einige Ungereimtheiten aus der Welt, die das vorhergehende Gesetz bestehen gelassen hatte. Während das Reformgesetz von 1867 den Haushaltsvorständen in den Städten das Wahlrecht gab, dehnte das von 1884 das Stimmrecht auf die meisten männlichen Bewohner der Landkreise aus. Dann sorgte 1885 eine massive Umverteilung der Parlamentssitze dafür, daß sich das politische Gewicht der Stimmen unabhängig vom Wohnsitz der Wähler weiter egalisierte. In der Endphase der bürgerlichen Epoche waren Fürsorgeempfänger und alle Frauen nach wie vor ohne Stimmrecht.[37] Gladstones Ideal indes, das den Einschluß aller «fähigen Bürger» vorsah, ein Ideal, das von den meisten britischen Liberalen geteilt wurde, war verwirklicht. Im Jahr 1885 zählten drei von fünf männlichen Erwachsenen zur Gruppe der fähigen Bürger.[38] Und ihre Stimmabgabe war nicht bloß geheim; von den 80er Jahren des letzten Jahrhunderts an gab es auch keinen Stimmenkauf mehr. Das strenge Gesetz zur Unterbindung korrupter und illegaler Praktiken, das 1883 verabschiedet wurde, beseitigte endlich ein sattsam bekanntes Hindernis, das der Einführung politischer Rationalität im Wege stand. Politische Bauernfängerei konnte sich nicht mehr darauf beschränken, Wähler zu alkoholisieren oder zu bestechen.

Die demokratische Politik war vielerlei, unter anderem auch eine Art von Verführung, womit sie einmal mehr Zeugnis vom Wechselspiel zwischen Aggression und Libido ablegte. Sie weckte und befriedigte häufig die feindseligen Regungen des Wahlvolks oder mindestens sein Bedürfnis nach aggressiver Selbstbehauptung. Gleichzeitig fesselte sie die Gefolgsleute an ihre Führer und stiftete eine Gemeinschaft voll erotischer Untertöne. Die Liebe zu dem Politiker, den man favorisierte, wurde durch Haß gegen seine Gegner verstärkt. Das soll nicht heißen, daß nicht auch rationale, eigennützige Motive in modernen Wahlkämpfen eine wichtige Rolle spielen; die Kandidaten versprechen vielleicht Wählern, dem Schwager einen Posten in der Verwaltung zu besorgen oder sich für einen Militärstützpunkt in der Gegend stark zu machen oder für Schutzzölle einzutreten, um heimische Produkte vor der ausländischen Konkurrenz zu schützen. Die Bestechung verschwand nicht, aber sie kehrte sich um: Statt daß die Politiker die Wähler bestachen, bestachen jetzt die Wähler die Politiker. Und doch mußten ausgangs des 19. Jahrhunderts die Bewerber um öffentliche Ämter die Erfahrung machen, daß politische Begeisterung sich aus irrationalen Gefühlen speiste, aus Emotionen, die manipulierbar waren. Das bedeutete, daß sich die Redekunst, die bis dahin dem Manne von Stand vorbehalten war, der sie in der beschränkten, wenn auch wichtigsten Arena der Landesparlamente übte, jetzt an ein umfassenderes Publikum richtete. Die Kandidaten umwarben Tausende von Wählern, die sich in riesigen Hallen oder auf freien Plätzen versammelten, um sie zu hören beziehungsweise (da sich die meisten außer Hörweite befanden) gestikulieren zu sehen.[39]

An diesem Punkt überschneiden sich demokratische Politik und Cäsarismus. Die unwiderstehliche, manchmal unheimliche magnetische Anziehungskraft, die in den Anfangsjahrzehnten der Massenpolitik gewisse Demagogen ausstrahlten, hatte seine erkennbare Vorgeschichte im Bonapartismus. Tatsächlich erlebte das republikanische Frankreich Ende der 8oer Jahre so etwas wie eine groteske Wiederauflage der früheren cäsaristischen Politik und bestätigte damit die boshafte Marxsche Bemerkung, alles ereigne sich zweimal, «das eine Mal als große Tragödie, das andere Mal als lumpige Farce». Im Jahr 1886 – die Regierung wankte, innen- und außenpolitische Streitfragen stifteten Aufruhr, Skandale in höchsten Kreisen erregten Aufsehen – wurde General Georges Boulanger, der als zuverlässiger republikanischer Parteigänger galt, zum Kriegsminister ernannt. Boulanger, der sich in seiner neuen Starrolle sonnte, schmeichelte sich bei der Bevölkerung mit Paraden ein, beim Militär mit einer Verbesserung der Situation der Soldaten und bei der Wirtschaft mit Streikbrechern in Uniform. Damit hatte er Erfolg; überall im Land, in einer Nachwahl nach der anderen, entschieden sich die Wähler für ihn als ihren Repräsentanten in der Abgeordnetenkammer. Ermutigt durch diese überschwengliche Unterstützung, hoffte Boulanger, seine regionalen Triumphe in ein landesweites Plebiszit ummünzen zu können und auf diese Weise zum starken Mann Frankreichs zu werden. Mit der tadellosen Haltung, die er im Sattel bewies, posierte er buchstäblich als der Mann zu Pferde, den das Schicksal dazu ausersehen hatte, sein Land zu retten und an Deutschland Rache zu nehmen. Aber anders als seine cäsaristischen Vorgänger war er nur ein Aufschneider und bar jeder Substanz; als er sich von einem Prozeß wegen Hochverrats bedroht sah, floh er nach Belgien, wo er sich 1891, von der Öffentlichkeit bereits vergessen, auf dem Grab seiner Geliebten das Leben nahm. Die Liebe der betörten Franzosen hatte sich als kurzlebig erwiesen.

Beim Bonapartismus war aber, wie wir gesehen haben, Liebe ein unabdingbares Element. Die Verehrung, die den Cäsaren des 19. Jahrhunderts von ihren Anhängern gezollt wurde, war keine Haltung, die sich in Berechnung und Klugheit erschöpfte. Napoleon I. zum Beispiel hatte die Vorteile, die ihm aus solch amouröser Politik erwuchsen, nie verachtet, auch wenn es harte Arbeit war, diese einseitige Liebesbeziehung aufrechtzuerhalten. Als Führer, der den Folgsamen mimte, mußte er der

Bevölkerung um den Bart gehen, mußte sich um den Brotpreis kümmern, mußte das Ideal der vom Talent abhängigen Karriere predigen, mußte an seinem Image als schwer schuftender, asketischer, ungeheuer begabter Arbeiter im Weingarten des Gemeinwohls stricken. Seine Botschaft an die Öffentlichkeit, die er durch Militärbulletins ebenso wie durch Zeitungspropaganda verbreitete, war immer die gleiche: Ich verdiene eure Liebe, denn jeder Sieg geht auf mein Konto, und an keinem Mißerfolg bin ich schuld.

Unter der Herrschaft des hölzernen, weit weniger eloquenten Neffen Napoleons trat das erotische Moment nicht so stark in Erscheinung, lag aber einem Großteil der Unterstützung, die er fand, zugrunde, selbst wenn der Neffe häufig um des Onkels willen geliebt wurde. Oder nehmen wir Bismarck: Während seine Verehrer ihn mit Lobpreisungen überhäuften, die ihm die Statur eines Halbgottes verliehen, fanden seine menschlichen Eigenschaften, mochten sie nun wirklich oder erdichtet sein, ebenso großes Interesse. Herrscher, Journalisten und Akademiker, Schullehrer, Architekten und Maler – sie alle arbeiteten daran, ihn als Heroen zu stilisieren. Sie gaben ihm hochtrabende Titel; sie fertigten gigantische, geschmacklose Standbilder von seiner massigen Gestalt; sie schrieben lobhudelnde Gedichte auf ihn, widmeten ihm überspannte Leitartikel und hielten an seinem Geburtstag überschwengliche Reden; sie besuchten seinen Landsitz wie eine Kultstätte; sie sangen sein Lob in Geschichtsbüchern. Gewollt oder ungewollt versahen sie all diese Huldigungen mit einer sehr menschlichen Note und ließen ihn dadurch zu einem regelrechten Liebesobjekt werden.

Berichte von den Wirkungen, die charismatische Redner in den letzten Jahrzehnten des 19. Jahrhunderts erzielten, lassen wenig Zweifel daran, daß sich die Redner in hohem Maß, wenn auch nicht immer bewußt, auf das Werk des Eros stützten – oder, besser gesagt, auf eine zündende Mischung aus Libido und Aggressivität. Ein Teil der erotischen Energie, die bei diesen Veranstaltungen im Publikum freigesetzt wurde, richtete sich auf den Redner; die Veranstaltung konnte dadurch zu einer kleinen narzißtischen Orgie ausarten, bei der sich der Redner im metaphorischen oder auch buchstäblichen Sinne mit Schmeichel- und Streicheleinheiten traktierte. Der politische Einzelkämpfer Joseph Chamberlain, der eine merkwürdige Kombination aus wilder Streitlust, kaltem Verstand und sanfter Überredungskunst darstellte, läßt anschaulich werden, wie Liebe und Haß auf dem Rednerpult zum Tragen kamen. Im März 1884 sah und hörte die hervorragende Sozialbeobachterin Beatrice Potter zu, wie Chamberlain, der damals Oberbürgermeister von Birmingham war, sein Publikum verführte. «Beim ersten Ton seiner Stimme», schrieb sie in ihr

Tagebuch, «hing alles an seinen Lippen. Die Gefühlstiefe, die seinen Worten abging, legte er in die Stimme, und jeder Gedanke, jede Regung, der
geringste Anklang von Ironie und Verachtung spiegelten sich auf den
Gesichtern der Menge. Es war wie bei einer Frau, die den Worten ihres
Geliebten lauscht! Vollkommene Resonanz, rückhaltlose Hingabe. Wer
vernünftelt schon mit seiner Geliebten?»[40]

Es stimmt zwar, daß Chamberlain nicht einfach nur ein Demagoge
war; seine Popularität hatte er sich als energischer und einfallsreicher
Bürgermeister erworben. Und es stimmt auch, daß Beatrice Potter sogar
noch verliebter in ihn war als seine Zuhörer in Birmingham. Dennoch
fängt ihr einfühlsames Zeugnis etwas von der Atmosphäre ein, die Chamberlain bei öffentlichen Auftritten erzeugen konnte. Im Dezember 1887
sprach er in Toronto bei einem Diner der Handelskammer und beschwor
in einem Augenblick der Rührung das Band, das Kanada mit dem Mutterland verknüpfe. Die «großartige Idee» des British Empire sei von der
Art, daß sie «den Patriotismus und das staatsmännische Bewußtsein jedes
Mannes weckt, der sein Land liebt». Ein Augenzeuge berichtet, die Rede
– deren «grandiose Gewalt» die schriftliche Schilderung nicht vermitteln
könne – habe «elektrisierend» gewirkt. Männer weinten, während «die
Zuhörer in einen Taumel der Begeisterung versetzt wurden».[41] Nach der
Mitte des Jahrhunderts, als die Kandidaten in den Wahlkämpfen immer
größere und immer vielschichtigere Wählergruppen umwarben, war bei
der Begegnung von Kandidat und Wähler, Amtsinhaber und gewöhn-
lichem Bürger diese Art von Rhetorik ein geschätztes Instrument. Wie
künstlich die Liebesbeziehung auch immer war, sie blieb eine Liebesbeziehung, geladen mit Aggressivität.

Die neue demokratische Politik beschränkte sich indes nicht notwendig
auf den Appell an Emotionen. In den Jahren 1879 und 1880 bewies
Gladstone, daß ein Politiker Wähler dadurch gewinnen konnte, daß er
Überzeugungsarbeit leistete, statt sie in Erregung zu versetzen. In seinem
berühmten Wahlkampf um den Parlamentssitz des Wahlbezirks Edinburgh, der bis dahin eine Hochburg der Konservativen gewesen war, hielt
er eine Reihe von Reden, in denen er nicht weniger Vernunftgründe
vorbrachte als Pathos entfaltete, nicht weniger mit Zahlen als mit voll-
tönenden Phrasen arbeitete, nicht weniger Erklärungen als Appelle bemühte, um seine Forderung zu untermauern, daß die Tory-Regierung
abgelöst werden müsse. Es geschah nicht zum erstenmal, daß Gladstone,
wie übrigens auch sein großer Gegenspieler Disraeli, sich an ein Publikum
außerhalb des Parlaments wandte. Aber zum erstenmal bearbeitete ein
britischer Politiker methodisch seine potentiellen Wähler. Der mittlerweile siebzigjährige Gladstone zeigte keinerlei Zeichen von Ermüdung,

während er ein Programm absolvierte, das weit jüngere Männer kirre gemacht hätte. Er bereiste den Norden Großbritanniens, quer durch weit auseinanderliegende Wahlbezirke, von Großstadt zu kleinem Dorf, und hielt drinnen und draußen seine Reden, oft mehr als eine pro Tag, in Sälen und an Eisenbahnstationen, vor Studenten und Bauern und gesetzten Mittelständlern. Sie kamen zu Tausenden, drängten sich in Vortragssäle mit viel zu geringem Fassungsvermögen, standen im Schnee, um ihn zu hören und ihm zuzujubeln. Er sprach über die Wahltricks der Konservativen, über ungelöste Probleme der Landwirtschaft, über das Streben nach Macht, Reichtum und Wissen in der modernen Welt und vor allem dozierte er mit ungewöhnlichem Eifer über die dummen und unverantwortlichen außenpolitischen Fehler Disraelis und Lord Salisburys. Die Situation war wie geschaffen für einen Demagogen, aber Gladstone war nicht geneigt, die Anziehungskraft, die er ausübte, zu mißbrauchen. Er hatte ein moralisches Anliegen zu vertreten, und das tat er auch.

Wenn man Gladstones Wahlkampfreden liest, betritt man eine Welt des vernünftigen Argumentierens, eine Welt voll Würde und gerechtem Zorn, die sich heilsam abhebt von den Wanderprediger-Auftritten eines Napoleon III. mit ihrer schrillen Eigenwerbung. Gewiß, Gladstone verachtete durchaus nicht sein bewährtes Repertoire rhetorischer Strategien – die dringenden Warnungen, die ausdrucksvollen Wiederholungen, die tönenden Satzgefüge. Er entschuldigte sich für seinen Auftritt: er sei «zerknirscht, wenn ich bedenke, erstens, in welch großem Maß ich Ihre Geduld strapazieren muß, und zweitens, wie wenig meine Kräfte der Aufgabe gewachsen sind». Er schmeichelte seinen Zuhörern: «Wir sind Gefährten bei einem gemeinsamen Unterfangen.» Er malte die Lage Großbritanniens übertrieben schwarz: «die gewichtigste Krise in unserer nationalen Geschichte seit einem halben Jahrhundert».[42] Diese Schachzüge machen unmißverständlich deutlich, daß Gladstones Gespräch mit seinen Zuhörern alles andere als rein rational war. Irgendwo in einer tiefen Schicht war die Beziehung erotisch, wie das Beziehungen zwischen Führenden und Geführten stets sein müssen. In Edinburgh aber sublimierte Gladstone die unbewußten Bindungen zwischen Redner und Zuhörern, indem er seine Forderung nach Unterstützung auf das feste Fundament des gesunden Menschenverstands und des Anstands gründete. Die Konservativen, so betonte Gladstone wieder und wieder, hatten beides mit Füßen getreten.

Gladstone lud seine Zuhörer ein, sich seiner Ablehnung der Politik der Konservativen, der innen- ebenso wie der außenpolitischen, anzuschließen; während er danach strebte, eine Gemeinschaft gleichgesinnter Wähler zu schmieden, schuf er gleichzeitig eine Gemeinschaft von Hassern oder, um es milder und weniger exakt auszudrücken, von empörten Parteigängern. Er achtete darauf, daß er bei seinen Angriffen nicht persönlich wurde, und zollte seinen Gegnern beträchtlichen Respekt. Aber Gladstone war voller Zorn, der sich seit etlichen Jahren in ihm angestaut hatte. Im Jahr 1875 hatte Gladstone die Führung der Liberalen Partei abgegeben, wobei er allerdings seinen Sitz im Unterhaus behielt; er hatte sich in sein Landhaus Hawarden zurückgezogen, um über sein Lieblingsthema – die Religion – nachzudenken. Aber die Aufführung der konservativen Regierung, die er als unmoralisch verurteilte, ließ ihm keine Ruhe; der gleiche moralische Ernst, der ihm sein selbstgewähltes Exil zur Pflicht gemacht hatte, trieb ihn zurück in den Tumult des öffentlichen Lebens. «Gute Zwecke», schrieb er 1876 an Lord Granville, den Führer der Liberalen im Oberhaus, «lassen sich in der Politik selten ohne Leidenschaft erreichen: und zum erstenmal seit vielen Jahren gibt es heute eine Leidenschaft, die rechtschaffen ist.»[43]

Die rechtschaffene Leidenschaft, die ihn erfüllte – und mit ihm auch viele andere–, war die Wut über das Massaker an Tausenden von bulgarischen Christen, das deren türkische Oberherren verübt hatten. Seine Wut wurde noch durch die eiskalt berechnende Beschwichtigungspolitik vergrößert, die nach seiner Ansicht die britische Regierung gegenüber dem Osmanischen Reich verfolgte. Aufgebracht durch entsetzliche Schilderungen und angestachelt von der Entrüstung anderer humanitär Denkender und von seinem eigenen Abscheu, brachte er in drei Augusttagen des Jahres 1876 eine Streitschrift mit dem Titel *The Bulgarian Horrors and the Question of the East* zu Papier, die auf Anhieb zum Bestseller wurde – ein Beweis dafür, welches Niveau die politische Bildung im Land erreicht hatte. Binnen vier Tagen wurden an die 40000 Exemplare verkauft; nach einem Monat waren es 200000. Das Pamphlet spaltete das Land in Lager, wie das seit Jahren nicht mehr vorgekommen war. Disraelis schnoddrige Bemerkung, britische Interessen seien «von der Frage nicht berührt, ob die Zahl der Personen, die den Unterdrückungsmaßnahmen zum Opfer gefallen sind, 10000 oder 20000 beträgt», gaben der Gladstoneschen Empörung noch zusätzlich Zunder.[44] Die Edinburgher Kampagne war der logische Höhepunkt der Gladstoneschen Intervention: Wut, in politisches Handeln übersetzt.

Irgendwie paßte es, daß Gladstone, der selbstsucherische, selbstquälerische, tiefreligiöse Staatsmann, der ein halbes Jahrhundert lang mit der Politik gelebt hatte, die traditionelle Form des Wahlkampfes durchbrach. Nach seiner Kampagne in Schottland war ein Wahlkampf etwas unwiderruflich anderes als vorher. 1868, im Jahr nach der Verabschiedung des zweiten Reformgesetzes, schrieb Gladstone ein paar autobiographische

Beobachtungen nieder, in denen er dem veränderten politischen Klima Tribut zollte, auf das er und sein Land sich einstellen mußten. Er verzeichnete «das ständige Brodeln im öffentlichen Bewußtsein» und sprach ohne Mißbilligung von den «stillen Veränderungen, die sich im innersten Kern der modernen Gesellschaft vollziehen». Eine dieser Veränderungen war die «allmähliche Verlagerung der politischen Macht von Einzelgruppen und beschränkten Schichten auf die ganze Gemeinschaft». Die öffentliche Meinung war nach seiner Ansicht zu Recht bemüht, sich zur Geltung zu bringen. «Gesetze und staatliche Einrichtungen haben die Aufgabe, die Bedürfnisse und Wünsche unseres Landes zum Ausdruck zu bringen.» Führungspersönlichkeiten «sind für [ihr Land] da, nicht es für sie».[45] Er fühlte sich getrieben, diesem neuen Zeitalter Rechnung zu tragen.

Nach langem Nachdenken kam er zu dem Schluß, daß die angemessene Art, den neuen Verhältnissen Rechnung zu tragen, darin bestand, zu den Leuten hinzugehen und sich systematisch um die Wahlberechtigten zu bemühen. Als er Ende Dezember 1879 seine alljährliche Bilanz zog, begann er, wie gewöhnlich, mit einem Dank an Gott. «Während der vergangenen dreieinhalb Jahre», schrieb er, «habe ich eine politische Erfahrung gemacht, die in unserer Parlamentsgeschichte ohne Beispiel ist.» Es war eine «Situation, in der die zu schlagende Schlacht eine Schlacht für Gerechtigkeit, Menschlichkeit, Freiheit, Recht war, alles im elementarsten und grundlegendsten Sinn und alles in ungeheuren Dimensionen. Das Wort, das gesprochen wurde, richtete sich an Millionen, und zwar an Millionen, die mit eigener Stimme sprechen können.» Er begriff, daß sie gelehrt wurden, mit eigener Stimme zu sprechen.[46] Das «große Prinzip ‹Ein Mann, eine Stimme›», das vier Jahre später Gladstones radikaler Schüler John Morley auf einem Kongreß der National Liberal Federation triumphierend verkündete, wartete auf seinen Auftritt.[47] Und kein Cäsar war nötig, um ihm das Stichwort zu geben.

IV. Das mächtige schwache Geschlecht

Alter Wein in neuen Schläuchen – und manchmal waren sogar die Schläuche alt; den Historiker, der erforscht, wie sich im 19. Jahrhundert der Mittelstand gegenüber der Frage einer angemessenen Beteiligung der Frauen an bürgerlicher Aggressivität verhielt, packt am Ende garantiert die Verzweiflung. Ein Großteil des Materials ist langweilig und abgedroschen: anmaßende Sentenzen aus dem Munde oder der Feder von Geistlichen, Philosophen und Politikern, von Ärzten und Benimmbuch-Autoren, die fast alle einander und sich selbst wiederkäuen. Als sich im Jahr 1891 der französische Philosoph und Politiker Jules Simon mit seinem Beitrag zur Frauenfrage zu Wort meldete, warnte er seine Leser gleich auf der ersten Seite: «Hoffnung, irgendetwas Neues beitragen zu können, habe ich nicht.»[1] Diese Art Apologie kam nicht erst in den Jahrzehnten der bürgerlichen Epoche auf. Fast genau ein Jahrhundert zuvor, im Jahr 1792, hatte bereits Mary Wollstonecraft in ihrer großartigen Streitschrift, in der sie sich für die Frauenrechte einsetzte, mit verständlicher Ungeduld erklärt: «Ich habe nicht vor, auf all die Autoren einzugehen, die über das Thema des weiblichen Verhaltens geschrieben haben – das wäre tatsächlich nichts weiter, als alte Geschichten aufzuwärmen, denn sie alle haben weitgehend in dasselbe Horn geblasen.»[2] Auf alle Autoren des 19. Jahrhunderts einzugehen, die über Frauen geschrieben haben und von denen die meisten in dasselbe Horn blasen, wäre ganz genauso unnütz.

Dennoch kann der Historiker auffällige Veränderungen registrieren, wenn er frühere Vorstellungen über die Frauen mit der komplexen, in Entfaltung begriffenen Ideologie des 19. Jahrhunderts vergleicht. Die Französische Revolution rief anhaltende, wenn auch verwirrende und widersprüchliche Reaktionen hervor, und konservative Regierungen bemühten sich, des Niederschlags aus dieser Revolution Herr zu werden, wo nicht sogar ihre Auswirkungen rückgängig zu machen. Manche der Hauptkontrahenten im Streit um das revolutionäre Erbe erkannten, daß auch die Frauen zugleich Opfer und Nutznießer der Revolution gewesen waren. Millicent Garrett Fawcett, eine der ersten und entschiedensten Frauenrechtlerinnen in England, kam nach Jahrzehnten des politischen Kampfes zu dem Schluß, die Frauenbewegung müsse «als eines der Ergebnisse jener Erhebung des menschlichen Geistes betrachtet werden, deren folgenschwerste Erscheinung die Französische Revolution war.

Das Erwachen des demokratischen Geistes, das Aufbegehren gegen die Autorität, die Verkündung der Menschenrechte waren fast zwangsläufig begleitet von der Bildung eines neuen Ideals, die Stellung der Frau betreffend, nämlich des Ideals einer mehr oder minder deutlichen und bewußten Anerkennung der Rechte der Frauen.»[3] Nach 1789 war das Leben der Frauen unwiderruflich verändert.

Das Entstehen der Industriegesellschaft, der großen Wirtschaftsunternehmen und der modernen Berufe komplizierte das Leben der Frauen noch weiter. Paradoxerweise führte dies alles dazu, daß die Frauen der bürgerlichen Klasse aus dem öffentlich sichtbaren Erwerbsleben herausgedrängt wurden. In der bürgerlichen Epoche erlebte man einen spürbaren Rückzug der Frauen aus den vorgeschobenen Bastionen, in denen sie während der Aufklärung angefangen hatten, sich festzusetzen. Das imposante Ausmaß, in dem sich in den bürgerlichen Schichten im Zuge der explosiven Umwälzungen Wohlstand und Muße ausbreiteten, gestattete es immer mehr Ehemännern, ihre Frauen ans Haus zu fesseln; wie es scheint, hatten die meisten Frauen auch nichts dagegen, dort festgehalten zu werden. Der häusliche Herd hatte seine Reize.

Allerdings nicht für alle. Die Ansichten gingen auseinander, und zu den Debatten, die das bürgerliche Jahrhundert beschäftigten, gehörte nicht zuletzt die Frauenfrage – die Frage nach der Rolle und dem Wesen der Frau. Forderungen nach der Erweiterung der Frauenrechte, die vor 1848 noch eher gedämpft erklangen, aber von der Schwungkraft revolutionärer Erwartungen zehrten, stießen mit nachdrücklichen religiösen Erneuerungstendenzen im Bürgertum und mit einem nicht minder nachdrücklichen Häuslichkeitskult zusammen. Weder jene Erneuerungstendenzen noch dieser Kult waren in ihrer Entstehung unmittelbar an die Thronbesteigung von Königin Victoria im Jahr 1837 geknüpft. Aber es geschah unter ihrer Herrschaft, daß insbesondere im Mittelstand eine ehrliche, oft leidenschaftliche Hingabe an Frömmigkeit und fromme Praktiken zusammen mit einer von Herzen kommenden Verklärung der wesentlich häuslichen Rolle der Frau markant zunahm.

Allenthalben errichteten die Menschen der viktorianischen Zeit eine Trennmauer zwischen öffentlicher und privater Sphäre, die sie dadurch noch verstärkten, daß sie ständig das abgedroschene Klischee vom Rätsel Frau im Munde führten. Auf diese Weise gelang es ihnen, unter dem Deckmantel ehrfürchtiger Bewunderung die Frauen zum Gespött zu machen.[4] Thackeray führt diese altbewährte Abwehrstrategie vor, wenn er erklärt: «Wenn ich sage, ich weiß über die Frauen Bescheid, dann will ich damit sagen, ich weiß, daß ich nichts über sie weiß. Jede einzelne Frau, die ich gekannt habe, ist mir ein Rätsel, wobei ich sicher bin, daß sie dies

auch sich selbst ist.»[5] Offenbar konnten die Männer, indem sie die Frauen
hinter den Schleiern ihrer rätselhaften Natur verbargen, die Augen vor
der unverdaulichen Wahrheit verschließen, daß auch die eigene Mutter
ein geschlechtliches Wesen war. Die Erhebung der Frau zur Sphinx ent-
band die Männer von der Suche nach einer Lösung.[6]

Trotz dieser interessierten Verrätselungen wollte aber das ganze
19. Jahrhundert hindurch die Debatte nicht verstummen. Jahrzehnte, bevor die Frauenfrage sich zu einem furchterregenden kulturellen Problem
auswuchs, nämlich im Jahr 1822, machte Stendhal in *De l'amour* kurz
und bündig die Tyrannei der Männer für die nur zu auffällige Dummheit
der Frauen verantwortlich. «Es wird allgemein zugegeben, daß ein kleines
Mädchen von zehn Jahren zwanzig Mal so klug ist wie ein junger Bengel
gleichen Alters. Warum ist sie mit zwanzig ein großer Schwachkopf,
unbeholfen, zaghaft und fürchtet sich vor Spinnen, während der Bengel
aufgeweckt und intelligent ist?» Offensichtlich sei die Erziehung der
Mädchen «ein Produkt des Zufalls und des absurdesten Dünkels»; sie
lasse die «großartigsten Fähigkeiten» der Mädchen brach liegen und lasse
sie zu häuslichen Kulis, zu öden Wachspuppen, zu unterwürfigen krän-
kelnden Pflegerinnen, zu Sklavinnen ihrer Kinder verkommen. Stendhals
Lösung, von der er meinte, sie werde den Männern nicht weniger Vorteil
bringen, bestand darin, den Frauen die gleichen drei oder vier täglichen
Mußestunden zuzubilligen, die ein vernünftiger Mann für sich in Anspruch nahm. Und ein so veränderter Tagesplan der Frauen würde auch
nicht auf Kosten ihrer Fraulichkeit gehen: «Die fraulichen Reize sind in
keiner Weise an den Zustand der Unwissenheit geknüpft.»[7]

Dieser Satz könnte von Wollstonecraft stammen, und er hatte auch
ebensowenig unmittelbare Wirkung wie ihre eigenen Schriften. Aber er
war ein Symptom des Unbehagens, ein kleines Wölkchen am ungetrübten
Himmel selbstzufriedener männlicher Ideologen – ungetrübt jedenfalls,
was ihre bewußte Wahrnehmung betraf. Das kleine Wölkchen sollte im
Laufe der Jahrzehnte größer werden. Wie vieles andere in diesen Jahrzehnten waren auch die Äußerungen über die Frau als das mächtige
schwache Geschlecht massiv kontrovers. Während die altersgrauen Klischees nach wie vor ihre Anhänger fanden, die sie guten Gewissens propagierten, und während die alten Klischees neue gebaren, standen sie
gleichzeitig unter Beschuß. Es gab auch jungen Wein, und aus dem wurde
nicht immer Essig.

1. Haus und Herd: Die definierte Frau

Die vorherrschenden Ansichten der viktorianischen Zeit über die Frauen waren Spielarten, zumeist platte Spielarten, einer einzigen schlichten These: Die Geschlechter unterscheiden sich geistig ebenso grundlegend wie körperlich. Zu Anfang des Jahrhunderts und auch später zog sich diese Botschaft durch Romane und Gedichte, Predigten und medizinische Bücher, durch bürgerliche Lebensbeschreibungen und Ratgeber. Ihr ungeheuer verbreiteter Einfluß bedeutet allerdings nicht, daß sie sich durch besondere Klarheit ausgezeichnet hätte. Nach einem Jahrhundert des Schwankens und der Konfrontation stellte Freud 1915 fest: «Es ist unerläßlich, sich klar zu machen, daß die Begriffe ‹männlich› und ‹weiblich›, deren Inhalt der gewöhnlichen Meinung so unzweideutig erscheint, in der Wissenschaft zu den verworrensten gehören.»[1] Weit entfernt davon, im Umgang mit diesen heimtückischen Begriffen mehr Folgerichtigkeit zu beweisen, trug auch Freud wenig zur Auflösung der von ihm konstatierten Widersprüche bei. Aber seine erfrischende Skepsis ist ein ironischer Tribut an die bleibende Macht dieser Widersprüche.

In den Augen der meisten Bürgerlichen lag der polare Gegensatz der Geschlechter zu sehr auf der Hand, um groß bewiesen oder auch nur diskutiert werden zu müssen. Vor allem untermauerte er das Männlichkeitsideal, das einen Großteil seiner Überzeugungskraft vom entgegengesetzten Weiblichkeitsideal empfing. In *Effi Briest,* seinem bekanntesten Roman, läßt Theodor Fontane seine junge, impulsive Heldin den in mittleren Jahren stehenden Beamten Baron von Instetten, der um sie wirbt, als «sehr männlich» beschreiben. Und «das ist die Hauptsache», wie eine ihrer Freundinnen feststellt. «Freilich ist das die Hauptsache», stimmt Effi zu. «‹Weiber weiblich, Männer männlich› – das ist, wie ihr wißt, einer von Papas Lieblingssätzen.»[2] Im Jahr 1894, als *Effi Briest* erschien, war diese kategorische Formel längst gang und gäbe. Man fühlt sich an das Diktum des Patrioten und Demagogen Turnvater Jahn, des Begründers der deutschen Turnerbewegung, erinnert, der zu Anfang des Jahrhunderts verkündet hatte: «Der Mann sei männlich, so wird die Frau fraulich sein.»[3] Beide Äußerungen behalten das Privileg auf Aggressivität ganz explizit dem männlichen Mann vor, weil er männlich ist.

Die Ausprägungen dieser unfairen Einstellung konnte man überall in der westlichen Zivilisation antreffen. Im Jahre 1847 unterwies ein forscher Südstaaten-Amerikaner, James Henry Hammond, seinen jüngeren Bruder: «Frauen sind zum Gebären da – Männer, um die Geschäfte der

Welt zu verrichten.»[4] Viele Stimmen wie seine, die vorgaben, für die mittelständische Kultur zu sprechen, beschworen die Mannhaftigkeit, die einen Mann als exemplarischen Vertreter seines Geschlechts auswiesen, im exklusiven Gegensatz zu der Milde und Güte, die sie als spezifisches Erbteil der Frau feierten. Der Katalog wurde das ganze Jahrhundert hindurch heruntergebetet: Der Mann ist aktiv, kraftvoll und von Selbstbehauptungswillen erfüllt, ist der Krieger auf dem Schlachtfeld des Lebens; die Frau ist passiv, häuslich, ist die tröstende, heilende Hüterin des Hauses. Das waren die Erkennungszeichen, denen die Ideologen des Mannestums überall zu begegnen behaupteten.[5] Daß die Frauenbewegung diese vermeintlich gottgegebenen, unverbrüchlich gültigen Unterschiede in Frage stellte – eben das machte sie so bedrohlich. Die Frauenrechtler männlichen und weiblichen Geschlechts schienen die Unterschiede verwischen, sie vielleicht überhaupt tilgen zu wollen. Und deshalb war der Widerstand dagegen, daß Frauen Zugang zum Eigentum, zur Berufstätigkeit, zum Wahlrecht erhielten, so blindwütig, so heftig – so unverkennbar angsterfüllt. Die sexuellen Anzüglichkeiten, mit denen die Gegner der Frauenbewegung so freizügig um sich warfen, bezeugen diese Angst: Frauen, die fürs Stimmrecht auf die Straße gingen, waren Hennen, die krähten; Männer, die sie unterstützten, waren alte Jungfern männlichen Geschlechts.[6]

In einem umfänglichen Kompendium über künstlerische Formgebung, das 1867 erschien, macht die beiläufige Art, wie der Verfasser, Charles Blanc, den Männlichkeits-Weiblichkeits-Gegensatz ins Spiel bringt, dessen Allgegenwart deutlich: «Formgebung ist das männliche Geschlecht in der Kunst, Farbgebung das weibliche.» Die Kombination beider ist ein erotischer Akt. «Die Vereinigung von Form und Farbe ist Voraussetzung für die Erzeugung von Malerei, geradeso, wie die Vereinigung von Mann und Frau Voraussetzung für die Zeugung der Menschheit ist.» «Allerdings», fügte er rasch hinzu, offenbar bemüht, die männliche Vorherrschaft sicherzustellen, «ist es nötig, daß die Form ihren Vorrang vor der Farbe behält. Ist das nicht der Fall, so stürzt die Malerei in ihr Verderben; sie wird durch die Farbe ebenso zugrunde gerichtet, wie die Menschheit durch Eva zugrunde gerichtet wurde.»[7] Die altersgraue Anschuldigung gegen den ersten weiblichen Menschen griff im bürgerlichen Zeitalter noch immer, auch wenn viele Autoren die Anklage verbindlicher formulierten: Welch herrlichen Gegensatz Mann und Frau bildeten, befand der Zoologe Konrad Günther in einer Schrift über den Kampf des Mannes um das Weib im Laufe der Evolutionsgeschichte. Er, der sich mit freier Stirn und selbstbewußt in den Lebenskampf stürze, und sie, die sich vertrauensvoll an ihn lehne und mit zarter Hand sein Haus besorge![8] Die meisten Menschen im 19. Jahrhundert gaben sich mit der Überzeugung zufrieden, daß die möglichst holzschnittartig herausgearbeiteten Unterschiede zwischen den Adams und Evas ihres Jahrhunderts in der biologischen Faktizität des Lebens gründeten.

Die eindrucksvolle Karriere dieser für ihre Nutznießer so vorteilhaften Unterscheidung fand ihren schriftlichen Ausdruck in den Begründungen, die Ärzte und Theologen beisteuerten. Selbst Philosophen fühlten sich zur Stellungnahme bewogen. In den wenigen Sätzen, die Hegel in seiner *Philosophie des Rechts* explizit den Frauen widmet, führt er auf seine ebenso kurz angebundene wie nachdrückliche Art aus, daß «Kampf, Feindschaft, Haß... der Mann zu übernehmen (hat)», während die Bestimmung der Frau sei, «die innere Harmonie des Geistigen und Sittlichen überhaupt zu wahren». Die Frauen seien «das in der Harmonie Bleibende, welches einfach wie eine Blume sich entfaltet, ohne Kampf und Widerstreben». Des Mannes Aufgabe sei es, für den Lebensunterhalt der Familie zu sorgen und ohne weiblichen Beistand, den er weder brauche noch wünsche, in Politik, Wissenschaft und den Künsten tätig zu sein. «Der eigentümliche Kreis der Frau» dagegen sei «überhaupt die Familie und das Privatleben, die Frau thront in der Familie». Schließlich könne, bemerkt er und verhilft einer hohntriefenden Banalität zu philosophischem Ansehen, «im ganzen von keiner Frau gesagt werden, daß sie Epoche in der Weltgeschichte gemacht habe». Kurz, keine Frau hat je etwas Großes geschaffen. Allein der Mann hat das Recht zu offener Aggressivität, der konstruktiven ebenso wie der destruktiven.[9]

Das 19. Jahrhundert stützte diese Aufteilung durch zwei beliebte, wenn auch dem Anschein nach widersprüchliche Thesen: Frauen haben bereits alle Macht, die sie gebrauchen können, und Frauen sind überhaupt untauglich, außerhalb des Hauses Macht auszuüben. Daß diese beiden Aussagen einander irgendwie widerstreiten und nichts anderes sind als in ein System gebrachte Rationalisierungen, hinderte nicht, daß sie allgemeine Zustimmung fanden. Beide kamen offenbar den liebevoll gehegten Phantasien der Männer und, wie die Frauenrechtler in ohnmächtiger Empörung feststellen mußten, auch vieler Frauen zupaß. Tatsächlich entblödeten die Ideologen dieses Jahrhunderts sich nicht, beide Thesen zusammen vorzubringen; sie verschmolzen zu einer einzigen These, geradeso, wie sie im männlichen Unbewußten zur kaschierten, aber höchst realen Angst vor der Frau verschmolzen. Tief beunruhigt durch die Wandlungsprozesse, von denen ihr Jahrhundert heimgesucht wurde, regredierten die Männer – und auch Frauen – auf primitive, infantile Sichtweisen, in denen die Mutter, die Quelle der Nahrung, zugleich als Quelle tödlicher Gefahren erschien.

Wollstonecrafts giftige Bemerkung darüber, daß alle Schriften zum Thema Frau in dasselbe Horn bliesen, trifft auch auf diese beiden Alibis für die Beibehaltung des männlichen Aggressivitätsmonopols zu. In wissenschaftlichen Abhandlungen wie in Witzen, in feierlichem wie in spaßhaftem Ton bekam man zu lesen und zu hören, Männer und Frauen seien in getrennten Sphären zu Hause, weil sie ein unterschiedliches Wesen, unterschiedliche Fähigkeiten und folglich unterschiedliche Aufgaben hätten.

Eine beispielhafte Formulierung dieser These, wahrscheinlich die meistzitierte, ist ein pathetischer Erguß von Tennyson in *The Princess*, der damals ebenso populär war wie der arg strapazierte Lobpreis Coventry Patmores auf die Frau als Engel des trauten Heims.[10] Tennyson leitet seine Stellungnahme mit einem Bild potenter Männlichkeit ein: «Der Mann ist der Jäger, die Frau ist sein Wild.» Demzufolge gehört dann logischerweise, wie seine berühmten Zeilen es wollen,

> Der Mann in den Kampf und das Weib an den Herd:
> Dem Manne das Schwert und die Nadel ihr:
> der Mann befiehlt, und das Weib gehorcht:
> Alles andre ist Chaos.[11]

Angesichts einer so unschwer entzifferbaren Naturabsicht schien die moralische und wissenschaftliche Unhaltbarkeit der auf Umsturz sinnenden Frauenbewegung auf der Hand zu liegen. Es brauchte einen Ausnahmerebellen wie John Stuart Mill, um auf solch bloße Behauptungen – denn es waren bloße Behauptungen, keine begründeten Argumente – zu erwidern, wenn die streitsüchtige Überheblichkeit des Mannes tatsächlich etwas Naturgegebenes sei, dann könne einem die Natur leid tun. Die meisten anderen erklärten Mill zum Phantasten und beugten sich bereitwillig dem Naturdiktat.

Aber allem Anschein nach schickte die Natur den nervösen Männern des bürgerlichen Zeitalters widersprüchliche Botschaften. Denn während sie einerseits die Männer als das überlegene Geschlecht auswies, schien sie ihnen andererseits zu bedeuten, daß ihre Überlegenheit, grob gesagt, nur Täuschung war, weil in Wirklichkeit und insgeheim die Frau das Heft in der Hand hatte. Dieses Oxymoron – die Figur von der Macht der Machtlosen – erfreute sich bereits einer vielhundertjährigen Beliebtheit; in der Bibel wird der Frau, der verderbten Frau, mehrfach mit sauertöpfischer Miene Tribut gezollt. Schon der Prediger Salomo fand, «daß bitterer sei denn der Tod ein solches Weib, dessen Herz Netz und Strick ist und deren Hände Bande sind». Hatte sie nicht im Garten Eden das Regiment geführt? War sie nicht schuld am Sündenfall der Menschheit? Die Kirchenväter hatten das alte Lied neu angestimmt und gegen das Weib, das Gefäß der Verderbnis, den Hort der Sünde, die verschlagene, unterwürfige Eva, vom Leder gezogen.

Seiner ganzen Verstaubtheit ungeachtet, beuteten die Gegner der Frauenemanzipation dieses Verdikt nach Kräften aus.[12] Ende der 60er Jahre des letzten Jahrhunderts erschien eine berühmt gewordene Artikelserie in der *Saturday Review*, einem oft nicht sehr zivilen Londoner Wochenblatt, das ein gebildetes, relativ konservatives Publikum mit Lesestoff versorgte. In dieser Artikelreihe prangerte Eliza Lynn Linton die geschminkte, ihr Vergnügen suchende, «fortschrittliche» junge Frau der damaligen Zeit an. Und sie vergaß auch nicht die Frauen, die subtil und diskret Macht ausübten: «Sie herrschen vielleicht mit eiserner Hand, aber die Hand ist klugerweise in einem Samthandschuh versteckt. Ein Mann kann Spielball der hochfliegenden Pläne seiner Frau sein und dabei die ganze Zeit wähnen, Herr seines eigenen Geschickes zu sein.» Mrs. Linton hielt Trollopes Figur der Mrs. Proudie für untypisch, weil sie ihre Macht über den Ehemann so unverfroren zur Schau stelle. Der Einfluß «kluger Ehefrauen», die aus ihren Männern «Kirchenfürsten machen», ist «nicht weniger echt, weil er, anders als bei Mrs. Proudie, hauptsächlich hinter den Kulissen ausgeübt wird». Ein Mädchen mag noch so scheu und bescheiden sein, nicht lange, so entpuppt sie sich als «unser Herr, verändert unsere Gewohnheiten, prägt unseren Geschmack, paßt unseren Charakter dem eigenen an». Sie braucht nicht viel für ihren listigen Triumph: «Ein bißchen Liebe, ein bißchen Zuhören, ein bißchen Geduld, ein bißchen Beharrlichkeit, und schon ist der Sieg errungen.»[13] Diese Artikel, so übertrieben sie in ihrem Zynismus waren, stießen bei den Lesern auf Resonanz.

Das Paradox des machtvollen schwachen Geschlechts fand in einem Zweizeiler Ausdruck, den ein zweitrangiger Dichter des 19. Jahrhunderts, William Ross Wallace, verfaßte und der sein einziges Vermächtnis an die Nachwelt ist:

> Denn die Hand, die das Wiegenband hält,
> Diese gleiche Hand lenkt auch die Welt.

Ein weitaus bekannterer Dichter, Byrons irischer Freund Thomas Moore, hatte ein paar Jahrzehnte vorher in einem Gedicht mit dem vielsagenden Titel «Sovereign Woman» (Herrscherin Weib) so ziemlich dasselbe, nur sarkastischer, ausgedrückt:

> Wie immer wir bemänteln unsre Sklaverei,
> Nichts hilft uns von des Weibes Tyrannei.

Das Thema der heimlichen Macht der Frau faszinierte nicht nur Dichter, sondern auch Philosophen, Journalisten und Pädagogen.[14] Am Anfang des 19. Jahrhunderts bemühte sich Hegel um die Entlarvung der weiblichen Aggressivität, die er hinter aller zur Schau getragenen Verletzlichkeit am Werk sah: «[Die Weiblichkeit] – die ewige Ironie des Gemeinwesens – verändert durch die Intrige den allgemeinen Zweck der Regierung in einen Privatzweck... und verkehrt das allgemeine Eigentum des Staats zu einem Besitz und Putz der Familie.» Die Ränkeschmiedin Frau durchkreuzt die Zwecke der Gemeinschaft.[15]

Diese Klischees umrissen und stützten eine Sicht von der Frau, die zu bequem war, um sich ihre Widerlegung durch Vernunftgründe ohne weiteres gefallen zu lassen. Viele von denen, die sich zu dem Thema äußerten, waren allerdings überzeugt davon, daß die Frau in heutiger Zeit über mehr Macht verfüge, als ihr in ferner Vergangenheit zu Gebote gestanden hatte. Mitte der fünfziger Jahre beschrieb John Chapman, Herausgeber der liberalen *Westminster Review,* den im Laufe der Geschichte ständig wachsenden Einfluß der Frau als Teil des moralischen Fortschritts der menschlichen Gattung. In barbarischen Zeiten und in der Antike sei die Frau als Kind, als Arbeitskraft und als wehrlose Abhängige behandelt worden, die der Lust des Mannes gedient habe. Aber im Laufe der Jahrhunderte werde aus der «niedersten Sklavin [des Mannes] die einflußreichste Kraft, der er unterliegt, sein Leitstern in der Schlacht, seine geistige Gefährtin, die Verkörperung der Schönheit, Liebe, Hingabe und Heiligkeit, Quelle und Motiv der Dichtkunst – ein Kultbild, vor dem die Edelsten sich anbetend neigen.»[16] Die Geschichte der Frau als Aufstieg aus der Sklaverei zur Freiheit bot einen herrlichen Anblick; diese Geschichte nachzuvollziehen wurde unter Journalisten zu einem beliebten Sport. Daß die historischen Beweise für die Geschichte äußerst dürftig waren und daß die begeisterte Schilderung der großartigen Karriere der Frau in der Vergangenheit nur einen weiteren Kunstgriff darstellte, um sich vor der Frauenfrage der Gegenwart zu drücken, brachte die Betreffenden nicht aus dem Konzept. Es war klar, daß die zur Hohenpriesterin des Guten und des Schönen erhobene Frau nicht der äußerlichen Zeichen der Macht – höherer Bildung oder des Wahlrechts – bedurfte, um ihre Überlegenheit zur Geltung zu bringen.

An einem außergewöhnlich lehrreichen Text des Reverend Horace Bushnell, eines angesehenen kongregationalistischen Theologen und Vielschreibers, läßt sich studieren, wie ein selbsternannter Freund der Frauen sein Mitgefühl wegen des Unrechts, das ihnen angetan wird, und seine Bewunderung ihrer Stärke mit einer soliden Verteidigung des männlichen Vorrechts auf Aggressivität verknüpfen kann. Das Buch *Women's*

Suffrage beginnt mit einem Lobpreis auf den grundsätzlichen Vorzug des Weiblichen vor dem Männlichen und auf «die verborgene Herrlichkeit der weiblichen Natur». In versöhnlichem Ton räumt Bushnell ein, daß jahrhundertelang die Männer die Frauen mit ungerechten Gesetzen und Einrichtungen unterjocht und sich an «törichte» Vorurteile geklammert hätten. Erfolgreiche Koedukationsversuche in den Colleges Oberlin und Antioch hätten gezeigt, daß die Frauen vollauf befähigt seien, freie Berufe auszuüben.[17]

Bis hierhin macht Bushnell mit den Reformern gemeinsame Sache, aber nun trennt er sich von ihnen. Er sei, hebt er hervor, kein John Stuart Mill; Männer und Frauen seien nach Charakter und Begabung *tatsächlich* verschieden. Die Frauen seien fähig, Medizin zu studieren, nicht aber Chirurgie zu praktizieren: Krankenpflege und Kinderheilkunde, in denen sie männlichen Ärzten überlegen seien, schienen für sie angemessener. Im Rechtswesen könnten Frauen Forschung treiben und Dokumente abfassen, aber gerichtliche Prozesse seien nichts für sie. Seine sexuellen Ängste sind offensichtlich: Solle die Frau nicht zu einem bloßen weiblichen Mann werden, müsse sie sich von «dem Gerangel, den Debatten und dem heftigen Streit vor Gericht» fernhalten; andernfalls verwandle sie sich in ein «Mannweib». Die Frau könne Beschäftigung im kirchlichen Dienst, in der Literatur, in einigen Berufszweigen, vor allem aber im Fürsorgewesen finden; die «rauhesten, härtesten Formen schöpferischer Arbeit» aber seien eine männliche Domäne.[18] So wolle es das Gesetz der Natur.

Wie andere am Streit Beteiligte sah auch Bushnell in der Natur ein willkommenes rhetorisches Kampfmittel. Sein Katalog der Geschlechtsunterschiede ist stark physiologisch geprägt. Die Männer sind größer als die Frauen, sind muskulöser, haben größere Gehirne und einen ausgreifenderen Schritt. Der Mann hat «etwas vom Donner an sich», die Frau hingegen ist für soviel Rauhigkeit zu zart gebaut. Der Mann ist «Kraft, Macht, Entschlossenheit, Selbstbehauptung, Urteilsvermögen, Sieg», während die Frau das Prinzip der Schönheit verkörpert.[19] Das Stimmrecht würde ihre herrliche Fraulichkeit zerstören. Aber das alles solle keineswegs bedeuten, daß die Frau ein minderwertiges Wesen sei; gerade ihre Unterordnung schaffe «die wahrsten und sublimsten Voraussetzungen für ihre Erhebung». Indem er sich der Frau beuge, bringe der Mann ihr eine zarte und sublime Huldigung dar. «Die Frau führt ihr Regiment ebenso gewiß wie der Mann, nur ist es kein politisches, hat nichts mit Mächten und Gesetzen und öffentlichen Angelegenheiten zu tun.» Statt das Stimmrecht zu fordern und sich nach dem Eintritt in «das Reich der Kraft und Gewalt» zu sehnen, solle sie erkennen, daß sie bereits an der Macht sei und durch Anmut herrsche! Der Mann «regiert nur den Staat, und sie regiert nicht nur die Regierenden im Staat, sondern außerdem auch das Volk».[20]

Scharfsichtigen Zeitgenossen entging nicht die Schwäche der Bushnell-schen Argumentation. In einer Besprechung des Buches schloß sich William James zwar dem Argument an, daß die Frau dem Mann von Natur unterlegen sei; es erfreue sich praktisch universaler Zustimmung. Er widersetzte sich aber dem Versuch, aus der Abhängigkeit der Frau ihre Überlegenheit herzuleiten; dadurch bringe Bushnell sich nur um seine Glaubwürdigkeit.[21] Dieser ziemlich unverblümte Jamessche Einspruch hätte ebensogut ungeschrieben bleiben können; die Zeit war noch nicht reif für den Verzicht auf Argumentationen wie die von Bushnell. Im Jahr 1871 stellte ein gelehrter anglikanischer Geistlicher, Pfarrer John W. Burgon, Betrachtungen über die Rolle der Frau an und verkündete einmal mehr, die Schwäche der Frau sei ihre Stärke. Sie herrsche, oder besser regiere, weil sie gelobt habe zu gehorchen. Wenn die Frau, «statt eine sanfte, bescheidene und *im Höchstmaß* uneigennützige Gehilfin zu sein», Geschäftigkeit und Durchsetzungswillen entwickele, dann müsse sie auch damit rechnen, als Konkurrent behandelt zu werden. Das war eine Drohung, die sich hinter einer Maske von Besorgnis versteckte: eine aggressive Frau (gestand Burgon offenherziger, als ihm selbst bewußt war) stellte einen unliebsamen Konkurrenten dar. «Wenn sie sich, statt sich in der heiligen Abgeschiedenheit ihres Heimes und im streng privaten Zirkel ihrer häuslichen Pflichten ihres Lebens zu erfreuen, vielmehr insgeheim nach der Öffentlichkeit des gedruckten Wortes und der Bekanntheit des Podiums sehnt», dann müsse die Frau entdecken, daß sie sich «um ihr Geschlecht gebracht», sich in eine mindere Art Mann «mit all seiner Härte», aber «ohne seine Mannhaftigkeit» verwandelt habe. Die Leidtragende werde sie selbst sein; wo sie einen Sieg zu erringen vermeine, da werde sie in Wirklichkeit eine Niederlage erleiden.[22] Diese dunkle Andeutung – die typisch für viele ist –, man müsse bei den in die Defensive gedrängten Männern damit rechnen, daß sie zurückschlügen, ist ein Hinweis darauf, wie sehr das Überlegenheitsgefühl der Männer im 19. Jahrhundert auf der Kippe stand.

Ein großer Teil dieser vollmundigen Literatur diente dem Bemühen, die Hausfrauen aufzubauen, ihre Moral zu stärken und sie vor den Fanatikern zu bewahren, die versuchten, ihnen ihr Los zu verleiden. Eine echte Frau wolle sich gar nicht die Hände im öffentlichen Leben schmutzig machen; ihre Lebensaufgabe sei dafür viel zu erhaben. Zu den meistgelesenen und überspanntesten Verfechtern der heiligen Berufung des Frauseins gehörte Louis-Aimé Martin, ein ebenso frommer wie gelehrter französischer Literat. Der Untertitel seines geschwollenen Traktats posaunte bereits seine Botschaft «von der Zivilisierung der menschlichen Rasse durch die Frauen» in die Welt hinaus. Im Jahre 1834 erschienen und mit dem *grand prix* der Académie Française ausgezeichnet, erlebte Martins *Éducation des mères de famille* rasch mehrere erweiterte Neuauflagen; offenbar sprach der Aufruf an die Mütter, durch die Pflege des christlichen Geistes bei der Jugend «ihre Familien und ihr Land moralisch aufzurüsten», eine breite, dankbare Leserschaft an. Nur eine Mutter könne ihre Kinder und die Gesellschaft lehren, tugendhaft zu sein – dies ist die zentrale Lektion der vierhundert engbeschriebenen Seiten des Martinschen Buches. Väter seien zu sehr mit weltlichen Geschäften befaßt, um für diese erhabene Aufgabe zu taugen. «Das Allerschwierigste in der Welt ist nicht, Gutes zu tun, sondern dazu anzuregen, vor allem die Liebe dafür zu wecken. Sollten die Männer etwa den Frauen das Vorrecht der Langmut und leidenserprobten Liebe streitig machen?» Selbstverständlich nicht.[23]

Mit seinem Beifall für Martins schmeichelhaftes Porträt von der Frau als überlegener Lehrerin der Reinheit und der Tugend stand das katholische Frankreich nicht allein; dank des 1839 erschienenen Buches *Woman's Mission* von Sarah Lewis eignete sich auch das protestantische England seine Ideen in zweckmäßig abgewandelter Form an. Eine Frau, schrieb Lewis, könne ruhig zuschauen, wie Männer mit großer Geste öffentliche Macht ausübten. Schließlich sei sie mit einer wertvolleren Aufgabe betraut: mittels ihres Regiments im Hause die Welt zu regieren. «Der Ausspruch ‹Vainqueurs des vainqueurs de la terre› ist keine Übertreibung.» Lewis lobte Napoleon, weil er erkannt habe, daß jede Reform des Erziehungssystems sich auf die Mütter stützen müsse, da die Mutterliebe das reinste aller Gefühle und auch das machtvollste sei. «Die meisten großen Männer haben außergewöhnliche Mütter; dank seines eigentümlichen Einflusses wirkt, wie es scheint, das Wesen der Mutter auf den Sohn ein.»[24]

In den dunklen Schlußzeilen des zweiten Teils von *Faust* beruft sich Goethe auf «das ewig Weibliche», das uns «hinanzieht». Im Fortgang des 19. Jahrhunderts wurden die Verfechter der Frauenrechte dieser Art von poetischen Ergüssen herzlich überdrüssig. Für ihren Überdruß hatten sie gute Gründe; auf dem Lobpreis lastet Weihrauchduft. Er durchzieht biographische Werke nicht weniger als politische und pädagogische Streitschriften. Im Jahr 1872 veröffentlichte Henry Liebhart, ein frommer deutscher Dichter und Erforscher des christlichen Missionswesens, ein Buch mit dem Titel *Edle Frauen*, eine Sammlung verehrungsvoller Biographien, in denen das Leben großherziger christlicher Frauen von den frühen Märtyrerinnen bis zu Florence Nightingale dargestellt wird. Sein

Buch zeigt, wie ein Biograph des bürgerlichen Zeitalters seinen Beitrag zur Aufrechterhaltung des Stereotyps von der Erlöserin Frau leisten konnte. Ein Frauenleben nach dem anderen dient ihm für den Nachweis, daß die Frau dem Mann nicht den Platz streitig zu machen, der Mann nicht weibisch zu werden brauche. Die höchste Sendung der Frau sei es, eine echte, gottesfürchtige Frau zu sein.²⁵ Dieses ganze große Reich errang sie ohne Stimmrecht, ohne akademische Erziehung, ohne Zugang zu den höheren Berufen oder Anspruch auf Gleichbehandlung vor Gericht, allein durch Schönheit und fügsame Zärtlichkeit!

Mit dieser Art von Argumentation, die gleichzeitig Nervosität und Überheblichkeit atmete, fanden die Männer unter den Frauen bereitwillige Bundesgenossinnen. Sogar eine so wache und gedankenvolle Erzieherin wie Catharine Beecher weigerte sich, in den Ruf ihrer aggressiveren Schwestern nach dem Frauenwahlrecht einzustimmen, und suchte ihre Zuflucht in der geschützten Stellung der Frau. «In dem Augenblick, in dem die Frau den Stachel des Ehrgeizes oder den Hunger nach Macht verspürt, ist der Schild, der sie schirmt, verloren. All die geheiligten Schutzvorkehrungen der Religion, all die großmütigen Eingebungen der Ritterlichkeit, all die Poesie romantischen Edelmuts, das alles steht und fällt damit, daß die Frau in der Abhängigkeit und Wehrlosigkeit ausharrt und keine Ansprüche erhebt.»²⁶ Nichts legt beredter Zeugnis von der Macht der herrschenden männlichen Ideologie ab als dieses rührende Plädoyer – einer Frau –, den weiblichen Schultern die Bürde der Aggressivität zu ersparen.

Zur Befriedigung des lesenden Publikums verkörperten beliebte Heldinnen der Literatur des 19. Jahrhunderts mit großer Natürlichkeit diese Macht, die von Frauen hinter der Maske der Ohnmacht (oder vielmehr durch sie hindurch) ausgeübt wurde.²⁷ Die Romane von Charles Dickens sind reich gesegnet mit engelsgleichen weiblichen Heldinnen, die allesamt eindeutig höher stehen als die Männer. Sie erobern den gutaussehenden Helden, weil sie in ehrbarer Bescheidenheit die strategischen Vorteile stillen Abwartens erkennen. David Copperfields Agnes ist nur die bekannteste unter ihnen. Dickens rechtfertigt seine Sicht in einer aufschlußreichen Nebenbemerkung in *Dombey and Son;* das Wesen der Frauen sei «im Schnitt allemal besser, wahrhaftiger, erhabener, großzügiger, rascher im Empfinden und beständiger im Erhalten als das Wesen der Männer – ganz Zärtlichkeit und Mitgefühl, Selbstverleugnung und Hingabe». In seinen Romanen sind Frauen einfühlsamer, auffassungsfähiger, tugendhafter als ihre männlichen Pendants. «Aber in Frauen, wie abgerissen sie auch sein mögen, ist viel mehr Gutes als in Männern», erklärte er in einem Brief an die steinreiche Philanthropin Angela Burdett Coutts. Als er mit ihr später an einer Rückführung von Prostituierten ins bürgerliche Leben arbeitete, erfüllte ihn die Vorstellung von der häuslichen Frau im Gegensatz zu deren «unnatürlicher», öffentlich sichtbarer Schwester mit religiöser Begeisterung, die er auf seine sentimentale, konfessionell ungebundene Manier kundtat: «Als wäre nicht jedes einzelne Heim überall in diesem Land eine eigene Welt, in der eine Frau ihre vom Himmel vorgezeichnete Wirksamkeit und Handlungsweise entfaltet!» Und in irdischerem Ton preist in *David Copperfield* der philosophische Spaßmacher Mr. Micawber den «Einfluß der Frau in ihrer hehren Rolle als Gattin».[28]

Es war eine alte Geschichte; schon Shakespeares König Lear hatte im verzweifelten Bemühen um mannhafte Selbstbehauptung verächtlich von «Weiberwaffen, Wassertropfen» gesprochen. Keine Frage, das zarte Geschlecht flößte in der Tat Respekt ein – jedenfalls wurden seine Bewunderer im 19. Jahrhundert nicht müde, das zu versichern. Mr. Bumble, der korrupte Leiter des Arbeitshauses in Dickens' Roman *Oliver Twist*, spricht für sie alle. Als er versucht, seiner Frau die Schuld an seinem verheerenden Wirken zuzuschieben, wird ihm mitgeteilt, er müsse die volle Verantwortung tragen, da «das Gesetz davon ausgeht, daß Ihre Frau Ihren Anweisungen folgt». Bumble staunt: «Wenn das Gesetz von so etwas ausgeht», sagt er, «dann ist das Gesetz ein Esel – ein Idiot. Wenn das Gesetz die Sache so sieht, ist das Gesetz ein Junggeselle; und ich kann dem Gesetz nichts Schlimmeres wünschen, als daß ihm Erfahrung die Augen öffnet – jawohl, Erfahrung.»[29] Nur ein Ehemann kann, wie Bumble weiß, die weibliche Macht würdigen.

Bumbles gequälter Aufschrei beschwört das klassische literarische Bild einer vertrauten Figur herauf – das Bild des Waschlappens und Pantoffelhelden. Gewiß, in Tagebüchern und Briefen des 19. Jahrhunderts finden sich verstreute Hinweise auf Ehefrauen, die ihre Männer beherrschen, ja, sogar terrorisieren. Sie tun das mit Hilfe einer bunten Palette von Techniken, zu denen Tränen, hysterische Ausbrüche und demonstrative Ohnmachtsanfälle gehören. In *diesen* Formen von Schwäche lag in der Tat Stärke. Aber angesichts der Hindernisse, denen sich ehrgeizige oder einfach nur intelligente und selbstbewußte Frauen des Mittelstandes gegenübersahen, erscheint dies Paradox von der schwachen, starken Frau als Inbegriff der Heuchelei. Bis zum Ende des 19. Jahrhunderts, als es der Frauenbewegung gelang, einige der Bollwerke männlicher Privilegierung zu durchbrechen, forderten die Frauen vergeblich das Recht, ihr eigenes Vermögen zu verwalten, vor Gericht als Zeugin aufzutreten, über eigene Bankkonten zu verfügen. Abgesehen von ein paar verstreuten, heroischen Ausnahmefällen, blieben die Frauen vom Wahlrecht, von der akademischen Bildung und von der Ausübung höherer Berufe ausgeschlossen. Jeder Schritt in Richtung Gleichberechtigung stieß auf heftigsten Widerstand; wenn sie überhaupt Fortschritte machten, so nur nach ganzen Serien von Niederlagen.

Dennoch ist Heuchelei – das Bekenntnis zu einem Ideal, gegen das man gleichzeitig bewußt verstößt – nur selten eine angemessene Erklärung für soziale Ideologien. Der schreiende Widerspruch zwischen den blumigen Ergüssen über die Göttinnen des Hauses und den Hindernissen, denen sich Frauen tagtäglich konfrontiert sahen, deutet vielmehr auf bedrängende Probleme unterhalb der Bewußtseinsschwelle. In der Vorstellung weiblicher Macht, die vom Küchenherd in die Welt ausstrahlt, der Vorstellung nachgiebiger, bescheidener Mütter und Ehefrauen, die über die Karriere der Männer entscheiden, lag die undeutliche Anerkennung eines Faktums im Leben der Männer. In fast zur Unkenntlichkeit entstellter Form kam darin zum Ausdruck, wie sehr die Männer von den Frauen abhängig sind – bei ihren Müttern angefangen. Mochte das Paradox eine noch so grobe Verzerrung der gesellschaftlichen Wirklichkeit, mochte es noch so bequem und von Eigennutz diktiert sein, es wurde dennoch tief empfunden.

Der Hagel zotiger Anspielungen, mit dem die Gegner der Frauenbewegung allein schon auf das Wort «Frauenemanzipation» reagierten, zeigt, wie massiv sie einen Gedanken ablehnten, der ihnen schlimmer als anstößig, nämlich fundamental beunruhigend erschien. Eine ihrer Bezeichnungen für die Verfechter der Frauenemanzipation haben wir bereits kennengelernt: Hennen, die krähen. Es gab noch weitere: die Frauenrechtler wurden Hermaphroditen genannt, *hommes-femmes, hommesses*. Der Zorn der Gegner bezeugt, wie durchgängig die männlichen Ängste angesichts einer drohenden Vermengung der Geschlechterrollen waren. In ihrem Buch *Vindication of the Rights of Women* hatte Mary Wollstonecraft bereits festgestellt: «Von allen Seiten tönt mir der heftige Protest gegen die Mannweiber entgegen.»[30] Auch wenn sie vielleicht nicht diese aggressiven Worte gebrauchten, sahen viele Männer in Frauen, die für ihre Emanzipation kämpften, eine mit Kastration drohende Schwesternschaft.

Die auffällige Vielzahl von Gemälden, Geschichten und Gedichten des 19. Jahrhunderts, deren Thema männerverschlingende Frauen sind, belegen diese Angst, von der die bürgerliche Kultur durchzogen war. Man trifft potenzraubende weibliche Geschöpfe, die der Mythologie und der Bibel entlehnt sind; man trifft erbarmungslose femmes fatales und haltlos mörderische Messalinas, die an Tödlichkeit jeder Delilah das Wasser reichen können. Ein unwiderstehliches Heer blutrünstiger Frauen, unterstützt von ihren männlichen Anhängern, war auf dem Vormarsch und würde garantiert den Männern ihre ausschließliche Verfügung über die öffentliche Sphäre entreißen. Das war die Atmosphäre, in der sich die Verfechter männlicher Vorrechte an die Überzeugung klammerten, mehr Aggressivität, als sie bereits hatten, werde den Frauen nicht guttun.

Die zweite ideologische These, die überhebliche Wahrnehmung der Frau als eines Wesens, das zu rein und verletzlich sei, um sich in der Welt behaupten zu können, wirkt wie das genaue Gegenteil der Ansicht von der Frau als eines männerverschlingenden Geschöpfes, das sich hinter der Maske damenhafter Fügsamkeit verbirgt. Sie diente indes demselben Zweck: nämlich die Frau im Haus einzuschließen und von den Schlachtfeldern der Universität, des Geschäftslebens und der Politik zuverlässig fernzuhalten. In ihren psychologischen Wurzeln ist diese These verflochten mit der Vorstellung, daß Frauen an sich bereits stärker seien als Männer. Beide Thesen waren bösartige Idealisierungen; wie einige wenige Frauen im 19. Jahrhundert, die sich von all den Schmeicheleien nicht betören ließen, scharfsinnig erkannten, drückten beide in der Form gefühlvoller, karikaturistisch unglaubwürdiger Überhöhungen Geringschätzung aus. Zieht man allen Überschwang ab, wird deutlich, daß in der ersten These die Frau als allmächtige Mutter, in der zweiten als ewiges Kind erscheint.

Der berühmte Vortrag «Of Queens' Gardens», den John Ruskin im Jahr 1864 hielt, verhalf der letztgenannten Sicht zu umfänglicher Verbreitung. Der Vortrag, der im Jahr danach veröffentlicht wurde, verdient es, als beispielhafte Stellungnahme zum Thema zitiert zu werden. Frauen seien den Männern keineswegs unterlegen; sie besäßen «majestätische Macht». Ohnehin sei es «albern», das eine Geschlecht über das andere zu stellen, denn «jedes hat, was dem anderen fehlt». Ruskins Katalog typischer Eigenschaften birgt keine Überraschungen. «Die Kraft des Mannes ist aggressiv, progressiv, defensiv. Er ist in hohem Maße der Macher, der Erschaffer, der Entdecker, der Verteidiger. Sein Geist taugt zu Spekulation und Erfindung; seine Energie zielt auf Abenteuer, auf Kampf und auf Eroberung.» Ganz anders die Gaben der Frau: ihre «Kraft zielt aufs Herrschen, nicht aufs Kämpfen – und ihr Geist taugt nicht zum Erfinden und zum Erschaffen, sondern zum harmonischen Einrichten, zum Ordnen und Entscheiden.» Die «große Aufgabe der Frau ist die Anerkennung; sie beteiligt sich nicht am Wettkampf, sondern kürt mit untrüglicher Sicherheit den Sieger im Wettstreit. Durch ihr Amt und ihre Position ist sie vor allen Gefahren und Versuchungen geschützt. Der Mann, der im Ungeschützten sein schweres Werk verrichtet, muß sich allen Gefahren und Prüfungen stellen; ihm bleiben deshalb das Scheitern, die Kränkungen, der unvermeidliche Irrtum vorbehalten: oft muß er

Verwundungen oder Niederlagen in Kauf nehmen, oft in die Irre gehen, und *stets* sich stählen lassen.»[31]

Mit dem Schwert in der Hand beschützt der Mann die Frau vor all diesem Elend; das Heim ist ein «Hort des Friedens», ein «heiliger Ort, ein vestalischer Tempel, ein Tempel des heimischen Herdes, über den die Götter des Hauswesens wachen». Und die Repräsentantin der Götter ist die Frau. Um jenem Heiligtum, dem Heim, gerecht zu werden, muß sie unbestechlich sein, «frei von Irrtum» und «unfehlbar weise».[32] Die persönliche Leidensgeschichte schimmert in dieser überspannten Rede nur zu deutlich durch; schließlich hält die Rede ein Mann, der als Ehemann und Liebhaber kläglich versagt, der seine Ehe nie vollzogen hat. Aber Ruskins Botschaft erfreute sich großer Beliebtheit; er drückte nur in wohllautenden Worten aus, woran fast alle glaubten. Aus seiner Perspektive, die eher einem angsterfüllten Wunsch als einer objektiven Beobachtung entspringt, sitzt die Frau wie eine wohltätige Spinne mitten in ihrem Netz und kontrolliert ihren Machtbereich, der, wie sich herausstellt, die ganze Welt ist.[33]

Die zweite Sicht von der Frau entlehnte Begründungen von der ersten. In ihrer unverblümten Form diente sie mit untadeliger Zuverlässigkeit dem Dogma von den getrennten Wirkungskreisen; allein schon ihre Behauptung schien Beweis genug. Hinter der Idealisierung der mütterlichen Frau verbarg sich die bereits behandelte konventionelle Vorstellung von der Frau als einem seiner Natur nach emotionalen und passiven Wesen, im Gegensatz zum rationalen und aktiven Mann. «Die Rolle, die am besten zu den Frauen paßt», wollte die *Revue des deux mondes* 1843 wissen, «ist das Wirken in der Familie. Der heimische Herd – *foyer* – «ist ihr wahres Reich; das öffentliche Leben stellt für sie eine Art von ausländischem Territorium dar. Im Privatleben können sie all ihre Stärken ausspielen.» Man gebe doch wohl einer Mutter, einer Ehefrau oder einer Schwester, die ihre weiblichen Talente pflege, den Vorzug vor einer Frau, die sich die Rolle des Mannes anmaße, seltsame Gewohnheiten ausbilde und sich mit Gewalt aus dem Kreise schlichter Sittlichkeit losreiße.[34]

Das war eine Haltung, die nicht erst im 19. Jahrhundert gang und gäbe, sondern schon vorher verbreitet war. Auch wenn das Zeitalter der großen industriellen und kommerziellen Unternehmungen diesen Unterschied am stärksten herausarbeitete, stammt doch eine der einflußreichsten Stellen, in denen die Frau als das zarte Geschlecht gefeiert wird, bereits aus der Mitte des 18. Jahrhunderts; man findet sie in Rousseaus *Émile*. Sie besteht aus ein paar Sätzen, die als boshafter Kommentar zu dem Loblied zu verstehen sind, das Rousseau vorher auf die verführerische Kraft der Frau gesungen hat. «Die Frau ist speziell dazu gemacht, dem Mann zu

gefallen», dazu bestimmt, «unterworfen zu werden». Sie «muß das Wohlgefallen des Mannes erregen, statt ihn zu provozieren».[35] Und sie solle
auch nicht abstrakte Wahrheiten und komplizierte Wissenschaften studieren, wofür sie nicht tauge, sondern in ihrer Sphäre bleiben und sich auf
praktische Dinge konzentrieren. Die Frau verstehe sich aufs Beobachten,
der Mann aufs Denken.

In ihrer *Vindication* führte Mary Wollstonecraft einige dieser Kostbarkeiten aus Rousseaus Feder an und warf ihm vor, er wolle die Frauen auf
die Rolle von «zärtlichem Hausvieh» beschränken. Sie hatte Rousseau
sorgfältig gelesen und ihn einst bewundert, wenn auch nie wegen seiner
überheblichen Äußerungen zum Geschlechterverhältnis. Ihrer Ansicht
nach war es die «unsystematische Art», wie Frauen erzogen wurden, was
diese daran hinderte, ihre angeborene Geisteskraft zu entfalten und was
sie zur Verschlagenheit anhielt und dazu brachte, sich vorzugsweise mit
Verführungskünsten und Schönheitsfragen zu beschäftigen. In einem ar-
gumentativen Geniestreich verglich sie die Vorliebe der Frauen für schöne
Kleider wie zum Beispiel rote Mäntel mit dem Geschmack von Offizieren, die ebenfalls «der eigenen Person besonders viel Aufmerksamkeit
widmen und Tanzvergnügen, überfüllte Räume, Abenteuer und Stiche-
leien mögen». Sie bestritt steif und fest jeden Zusammenhang zwischen
menschlichen Eigenschaften und dem Geschlecht. Es gebe keine «Ge-
schlechtszugehörigkeit der Seele».[36]

Bei all ihrer Klugheit und Begabung für öffentliche Auftritte war Mary
Wollstonecraft zu skandalumwittert, um viele für ihre Sache gewinnen zu
können. Sie war nicht nur eine passionierte Leserin und verfügte über eine
gewaltige Denkkraft, sie stopfte auch ihr kurzes Leben voll mit unkonventionellen Erfahrungen. Sie brach aus dem ihr zugewiesenen Wirkungskreis
aus, um Romane und – was noch weit schlimmer war – polemische
Abhandlungen zu schreiben; sie bekam ein uneheliches Kind, heiratete
den radikalen Sozialtheoretiker William Godwin und starb 1797 im Alter
von achtunddreißig Jahren, als sie mit einer Tochter niederkam. Das war
kein Leben, wie es eine achtbare Frau aus dem Mittelstand zu führen hatte.
Nur ein paar Jahrzehnte später schloß sich ihr eine andere rebellische Frau,
die englische Frauenrechtlerin Frances Wright, an. In einem Brief an ihren
guten Freund Lafayette aus dem Jahre 1822 schrieb sie: «Ich vermute, Sie
wundern sich manchmal, wie selbständig ich durchs Leben gehe, als hätte
die Natur mir Ihr Geschlecht gegeben statt das der armen Eva. Glauben Sie
mir, mein teurer Freund, der Geist hat kein Geschlecht außer dem, das er
durch Gewohnheit und Erziehung erhält.»[37]

Das Vorurteil indes, das sie mit soviel Vernunftgründen aus dem Felde
zu schlagen suchte, fand auch weiterhin entschiedene Anhänger. Im Jahr

1874 versicherte der angesehene englische Irrenarzt Henry Maudsley dogmatisch, es existiere «im Geist ebenso eindeutig ein Geschlechtsunterschied wie im Körper».[38] Er schaltete sich damit in eine Auseinandersetzung ein, die schon lange tobte und in der seinesgleichen die Oberhand hatte. Zwar hatte im Jahr 1850 Herbert Spencer in seiner vielgelesenen Schrift *Social Statics* diejenigen, nach deren Ansicht die Frau ins Haus gehörte, bereits mit der unbequemen rhetorischen Frage konfrontiert, ob wir uns angesichts der vielfältigen Fähigkeiten, die in allen Bereichen menschlichen Tuns die Frau an den Tag gelegt habe, nicht fragen müßten: «Wer will entscheiden, in welche Sphäre die Frau gehört?»[39] Aber trotz allen Ansehens, das Spencer genoß, ergriffen in dieser Hinsicht fast alle Maudsleys Partei. Die herrschende Ansicht blieb auch weiterhin, daß Aggressivität bei der Frau unterdrückt werden müsse, sobald sie ihr Haupt erhebe.

Diese unerschütterliche Überzeugung durchgeisterte die bürgerliche Diskussion von Anfang bis Ende. Gelegentlich vergaßen ihre extremen Vertreter in karikaturreifem Übereifer alle Gesetze der Höflichkeit. Der Begründer des französischen Anarchismus, Pierre Joseph Proudhon, der nur in Sachen Privateigentum radikal war, gehörte zu den heftigsten Frauenhassern und konnte es, was langatmige Verunglimpfungen des anderen Geschlechts betraf, mit jedem aufnehmen. «Kennzeichnend für die Frau ist die Schwäche, oder besser Trägheit, ihres Verstandes.» Sie sei vielleicht klug genug, um eine gegebene Wahrheit zu verstehen, werde aber nie selber Initiative entwickeln. Für Proudhon ist Genie die «Manneskraft des Geistes», was zwangsläufig den vollständigen Ausschluß der Frau bedeutet; zum Genie gehört «die Kraft der Abstraktion, der Verallgemeinerung, der Erfindung, der Verbegrifflichung, die dem Kind, dem Eunuchen und der Frau gleichermaßen abgeht». Daraus folgt, daß die Frau zwischen einem Dasein als Hausfrau oder als Kurtisane wählen kann. Er gab der Hausfrau den Vorzug: sie brauchte dafür keine höheren Verstandeskräfte und war – um den Hintersinn der Proudhonschen Argumentation beim Namen zu nennen – den Männern weniger gefährlich.[40]

Nicht jeder, der die weiblichen Fähigkeiten herabsetzte, fühlte sich gedrängt, gleich so grob zu werden. Viel gängiger war es, die Frau als einen Fall von köstlicher Unzurechnungsfähigkeit abzutun. Ihr angeblich flatterhaftes Wesen diente in der Tat als beliebter Beweis für die Notwendigkeit, den Wirkungskreis der Frau einzuschränken.[41] Wer sich zu diesem interessanten Thema schriftlich äußerte, kam mit Vorliebe auf ihre Unbeständigkeit zu sprechen, ihre anbetungswürdige und in den Wahnsinn treibende Entscheidungsschwäche in Fragen des Geschmacks, des persönlichen Standpunkts und vor allem der Liebe. *Così fan tutte!* ruft in Mozarts gleichnamiger Oper Don Alfonso aus, und die beiden jungen Männer, deren Angebetete gerade bewiesen haben, daß sie ebenso unbeständig sind wie die übrigen Frauen und daß der alte Zyniker recht behält, stimmen ein in den Chor: *Così fan tutte!* Diese bezaubernde, respektlose Oper, die den bürgerlichen Vorstellungen von häuslicher Tugend gar zu unverhohlen zynisch und geringschätzig begegnet, stieß im 19. Jahrhundert auf zunehmende Ablehnung, aber die sie prägende Grundstimmung blieb dabei immer in Mode. Schon Kant hatte behauptet, Frauen könnten kein Geheimnis hüten; im Einklang damit wurde von anderen die Schwatzhaftigkeit der Frauen als spezieller Ausdruck weiblicher Unzuverlässigkeit gewertet. Wer vermochte zu bestreiten, daß Frauen logische Konsequenz oder entschlossenes Handeln durch einen Schwall, geradezu einen Sturzbach, von Worten ersetzten?

Während Jahrzehnt um Jahrzehnt des bürgerlichen Zeitalters verstrich, protestierten immer mehr Frauen gegen ihren zweifelhaften majestätischen Rang und ihre höchst reale häusliche Knechtschaft. Ein paar rebellierten ganz offen. Eine solide Mehrheit der Frauen allerdings gestalteten entsprechend der Schulung zur Fügsamkeit, die sie erfahren hatten, auch weiterhin ihr Leben in dem familiären und sozialen Rahmen, der von männlichen Bedürfnissen diktiert war. Sie hielten still oder gaben vor, stolz auf die verborgenen Qualitäten zu sein – wenn sie es nicht tatsächlich sogar waren –, die liebevolle Ehemänner in ihnen entdeckten. Die Verfechter der Frauenrechte im 19. Jahrhundert bemühten sich nach Kräften, die Ideologie von der hehren Frau als Schwindel zu entlarven – was sie zu großen Teilen auch war. Sie bemühten sich nicht weniger eifrig, das ideologische Gegenstück zu demaskieren: die Überzeugung von der weiblichen Minderwertigkeit mit all den häuslichen Annehmlichkeiten, die sie dem Mann brachte. Die Frauenrechtler brauchten nicht lange, um zu erkennen, wie groß der Widerstand war, den sie überwinden mußten; die Argumente für ein Monopol der Männer auf öffentliche Aggressivität zogen eine heimtückische Kraft aus den vielen plausiblen Vermummungen, in denen sie aufzutreten vermochten.

Das vielgestaltige Alibipaar fand eine Stütze in der Erziehung, durch die Mädchen aus gutem Hause auf die Welt vorbereitet wurden, in der sie dann als verheiratete Frauen lebten. Die Mädchen, die vornehmlich zu Hause und für das Leben im Haus erzogen wurden und Selbstlosigkeit und Opferbereitschaft eingepaukt bekamen, zahlten einen hohen psychischen Preis, dessen sich die meisten von ihnen gar nicht – unmittelbar – bewußt waren. Wer für die Gleichberechtigung der Frauen eintrat und damit gegen fest verankerte kulturelle Ideale aufbegehrte, sah sich lärmendem Widerstand gegenüber. Daß diese Ideale dem Schutz eines sorgsam gehüteten, oft brüchigen männlichen Selbstwertgefühls dienten, machte die Sache nur noch schwieriger. Im Jahr 1830 gestand die Owensche Sozialreformerin Anna Wheeler freimütig, sie sei sich bewußt, wie sehr sie sich durch ihre feministischen Predigten nicht nur «den Haß der meisten Männer», sondern auch «den des größeren Teils eben des Geschlechtes» zuziehe, für deren Rechte sie den Mut hatte einzutreten. Die Frauen ließen sich «bereitwillig erniedrigen», schrieb sie in einem Augenblick tiefer Niedergeschlagenheit, «passiv und gleichgültig gegen die Leiden ihres eigenen Geschlechts», ohne eine Ahnung von «vernünftiger Freiheit» und geschlagen mit einem «Hang zur Knechtschaft».[42]

Diese freiwillige Selbsterniedrigung war zu tief eingefleischt, um rasch abgelegt werden zu können. Die auf Wollstonecraft unmittelbar folgende Generation schwieg die Schriften und die Empörung dieser Frauenrechtlerin praktisch tot. Condorcets kategorische Forderung nach vollständiger Gleichberechtigung für die Frauen hatte der Bergsturz der revolutionären Gewalt und der napoleonischen Kriege unter sich begraben; Jeremy Benthams analytische Darlegungen, in denen die Einwände gegen das Frauenwahlrecht einer nach dem anderen entkräftet wurden, waren unveröffentlicht geblieben.[43] Feministische Ansichten ließen sich nur ganz sporadisch vernehmen; in ihrer Vereinzelung wirkten sie ergreifend. Kleine Widerstandsnester beherzter weiblicher Aggressivität hielten Wollstonecrafts Ideen mühsam am Leben. Ein Jahr nach Wollstonecrafts Tod im Wochenbett, 1798, veröffentlichte ihre Freundin Mary Hays *An Appeal to the Men of Great Britain on Behalf of the Women*, worin sie für die Gleichstellung der Frauen eintrat; sie wurde dafür mit einer Klage wegen ungebührlichen Betragens und absichtlicher Verblendung belohnt. Der anerkannte Standpunkt war der, den die Romanautorin Maria Edgeworth einnahm, die sich dafür einsetzte, daß Mädchen bei ihrer Erziehung zu größerer Zurückhaltung angehalten wurden als Jungen und daß Frauen sich an die bestehende Gesellschaft anzupassen lernten.

Nur eine unselige Minderheit verwarf solche weltklugen Ratschläge als unbefugte Aufforderung an die Frauen, sich der Verzweiflung zu überlassen. Im Jahr 1808 stellte *L'Athénée des dames*, eine kurzlebige Pariser Zeitschrift, die von Frauen für Frauen herausgegeben wurde, die kämpferische Frage: «Wieso ist jedermann der Ansicht, der Mann sei der Frau überlegen?» Die Antwort war eindeutig: Die Männer hatten diese Behauptung in eigennütziger Absicht in die Welt gesetzt, und niemand hatte ihnen widersprochen. Die Männer «brüsten sich ständig mit der Vorzüglichkeit ihrer Seele, der Tiefe ihres Denkens und ihrer Unbeirrbarkeit bei der Durchführung von Vorhaben». Aber auch wenn das auf manche

Männer zutreffe, sei es doch eher ihrer Erziehung als einer überlegenen seelischen Beschaffenheit geschuldet.[44] Das waren die Ansichten von Wollstonecraft, nur auf Französisch. Aber während die letztere nur mühsam das Lachen hatte unterdrücken können, wenn sie sah, wie «ein Mann eifrig und besorgt aufspringt, um ein Taschentuch aufzuheben oder eine Tür zu schließen, was die Dame auch sehr wohl selbst hätte tun können», waren die meisten anderen Frauen überzeugt davon, daß solch ritterliches Betragen seinen Grund in ihrem und der Männer ureigenstem Wesen habe.[45] Und so hoben die Männer den Damen auch weiter die Taschentücher auf und schlossen die Tür für sie, während die Damen mit Vernügen zusahen, wie die Männer dies taten.

Tatsächlich warnte eine Leserin *L'Athénée des dames* ganz offen, das kecke Urteil über die angebliche Überlegenheit der Männer werde sich an der Zeitschrift selbst rächen: «Die Menschen werden sich über Ihre Ausdrucksweise lustig machen, und Leidtragende der Beschimpfungen, die man an sie richten wird, werden die Frauen im allgemeinen sein. Ich halte es für grundfalsch, daß Sie versuchen, die geläufige Ansicht von der Überlegenheit des Mannes in Zweifel zu ziehen.» Den Männern werde eben diese weibliche Aufmüpfigkeit als «Beweis für unsere Schwäche und unsere Unterlegenheit» dienen.[46] *L'Athénée des dames* verschwand bald aus den Buchläden, und jahrzehntelang hatten die Vorkämpfer für die Rechte der Frau guten Grund, ihre potentiellen Truppen zu schelten, weil es ihnen an Selbstachtung mangele und sie überhaupt kein Gefühl der Kränkung aufbrächten.

Die Bücher für Frauen sorgten in der Tat dafür, daß dieser Mangel fortbestand. In *Home Life*, einem typischen Buch dieser Art, vertrat Marianne Farningham, Verfasserin kleiner Abhandlungen über die Kunst, ein achtbares Leben zu führen, die Ansicht, zwar sei die Mutter «das Ein und Alles» der Familie, aber der Vater sei der eigentliche Kern des familiären Lebens. Diese plane Feststellung liege zu sehr auf der Hand, um eines besonderen Nachweises zu bedürfen. «Mütter, Söhne, Töchter, sie alle haben ihren angestammten Platz, aber die tragende Säule der Familie ist schließlich der Vater.» Einige moderne Familien setzten sich über diese Wahrheit hinweg und bezahlten dies mit dem traurigen Zustand, in dem sie sich befänden. «Wir hören viel von Frauenrechten, aber es gibt etliche Männerrechte, für die noch viel schlechter gesorgt ist.» In einer anderen Schrift mit dem Titel *Girlhood* benannte Farningham als Haupttugenden des weiblichen Wesens Würde, Hingabe und Zärtlichkeit. «Der Wahlspruch des Prinzen von Wales, ‹Ich diene›, ist jedem Frauenherzen eingeschrieben.»[47] Der Dienst, den Farningham den Frauen ans Herz legte, war der Dienst an den Männern.

Diese Literatur weiblicher Selbstverunglimpfung – fast schon Selbst-geißelung – war ebenso umfänglich wie seicht.[48] Wie die Selbstbeweih-räucherung der Männer nahm sie viele Formen an, manchmal recht extra-vagante. Die amerikanische Romanschriftstellerin und Herausgeberin Lydia Maria Child, die für die Abschaffung der Sklaverei kämpfte, brachte die beliebte Vorstellung von den Frauen als infantilen Geschöpfen mit Gewalt in die Form einer rassistischen Parallele: «Der Vergleich zwi-schen den Frauen und der Rasse der Farbigen drängt sich auf. Beide zeichnen sich eher durch Gefühl als durch Verstand aus; beide haben stark entwickelte religiöse Empfindungen; beide halten an ihren Bindun-gen mit außerordentlicher Treue fest; beide haben» – und dies war der entscheidende Punkt –, «relativ gesehen, einen Hang, sich unterzuord-nen.»[49] Ebenso veröffentlichte im Jahr 1873 eine englische Autorin, Mrs. Elizabeth Stone, die sich hinter dem männlichen Pseudonym Sutherland Menzies versteckte, eine umfangreiche zweibändige Studie, in der sie sich energisch dagegen verwahrte, daß Frauen in die politische Arena eindran-gen. Schon auf der ersten Seite hob sie den Zeigefinger: Frauen, die in diese Arena eindrängen, hätten nur Leid und Elend zu gewärtigen. Sie entdeckten «zu spät, daß der Zwist ihnen nicht wiedergutzumachenden Schaden zugefügt hat». Auch wenn sie vielleicht intellektuell für Politik und Diplomatie qualifiziert seien, ihre Streifzüge ins öffentliche Leben seien nur geeignet, die gesellschaftliche Macht zu mindern, die sie jetzt genössen. Schließlich hätten die Frauen – und hier verschränkt sich das eine Alibi wieder einmal mit dem anderen – «in bestimmter Hinsicht mehr Einfluß als die Männer; erlangen sie aber den Einfluß, den Männer haben, können sie nicht erwarten, den weiblichen Einfluß zu behalten». Allem Anschein nach habe die «Natur» – hier taucht wieder einmal die Natur auf – «für eine gerechte Machtverteilung zwischen den beiden Geschlechtern gesorgt»; demnach sei in dem aufregenden, häufig schmutzigen Spiel der Politik der Platz der Frau «hinter dem Spieler, von wo aus sie ihn warnen und beraten könne», nicht hingegen am Spieltisch selbst.[50]

Ihre Absicht, versicherte Mrs. Stone, sei nicht, die Frauen zu «entwür-digender Passivität» zu verdammen. Die Frauen sollten die öffentlichen Angelegenheiten aufmerksam verfolgen und ihrem «Lebensgefährten» treusorgenden Beistand leisten. Aber mehr auch nicht, denn die «Natur selbst» habe «die Frauen vom Kampf ausgeschlossen». Ihr wahres Ele-ment sei (wie könnte es anders sein) das Heim, wo ihre «sanftere Gegen-wart» eine veredelnde Macht entfalte, «so daß durch den natürlichen Einfluß der Frauen die Kraft lerne, sich zu fügen, Derbheit beschämt und rohe Leidenschaft gezügelt werde».[51] Ruskin hätte es nicht besser aus-drücken können.

Dieses kollektive weibliche Selbstbild, ein instabiles, aber wirksames Amalgam, in dem Demut die Selbstsicherheit überwog, wurde in der ganzen gutbürgerlichen Kultur durch eine besondere Einrichtung, die Frauenzeitschrift, verbreitet. Die Beobachtung, daß Frauen in Sachen Lektüre eindeutige Vorlieben hatten, ging selbstverständlich nicht erst aufs Konto von Unternehmern des 19. Jahrhunderts; seit dem 18. Jahrhundert hatten sich die Zeitschriften für Männer durch eigene Abteilungen auch um weibliche Leser bemüht. Abgesehen von ein paar kurzlebigen Versuchen war die erste Zeitschrift, die sich explizit an Frauen wandte, *The Ladies' Mercury;* sie erschien in London und reicht bis ins Jahr 1693 zurück. Sie hatte ein paar Nachfolger im 18. Jahrhundert, unter anderem eine französische Zeitschrift mit dem Namen *Journal des dames,* die 1759 gegründet wurde, ihre Leserinnen unter frommen und gebildeten Damen der feinen Gesellschaft suchte und etwa zwanzig Jahre lang existierte. Auch in anderen Ländern erschienen für kurze Zeit einige wenige Zeitschriften, die sich an Frauen wandten, darunter zwei freimütige Monatsblätter, die von der deutschen Vorkämpferin für Frauenrechte, Marianne Ehrmann, zwischen 1790 und 1795 herausgegeben wurden.[52] Aber erst im 19. Jahrhundert verwandelte sich dank technischer Neuerungen im Druck- und Vetriebswesen und dank eines rasch wachsenden Lesepublikums dieses Rinnsal in einen rauschenden Strom.

Allein in Frankreich wurden in den 30er und 40er Jahren des letzten Jahrhunderts nicht weniger als zweiundneunzig Frauenzeitschriften gegründet. Die meisten von ihnen waren Eintagsfliegen; bei einigen war die erste Ausgabe auch schon die letzte, während andere gerade einmal ein halbes Jahr ihr Leben fristeten. Die für eine Zeit der Gärung symptomatischen spekulativen Publikationen und Flugblätter blieben flüchtige Erscheinungen. Aber einige Zeitschriften für Frauen bewiesen eine bemerkenswerte Lebenskraft; sie waren ein fester Posten im Haushaltsplan der Familien.[53] Die Zahlen in England sind nicht ganz so aufregend, aber allein in den 30er Jahren kamen über zwanzig Frauenzeitschriften neu heraus, von denen einige die Fünfjahresspanne, die normalerweise für Blätter dieser Art das Äußerste an Lebensdauer darstellten, weit überschritten. Veröffentlichungen, die sich an Frauen richteten, blieben ein riskantes Unternehmen, aber das Unternehmen war mittlerweile vielversprechend genug, um gerissene Geschäftsleute zu interessieren, die aus der Kultur das Kapital schlagen wollten, das sie zu bieten hatte.

Da sich die weiblichen Leser nicht nur von den männlichen unterschieden, sondern auch untereinander verschieden waren, orientierten sich die Blätter, die um die Gunst der Frauen warben, an den divergierendsten Geschmacksrichtungen. Modezeitschriften, die ihr Publikum mit Informationen über die neuesten Trends überschütteten und mittels Illustrationen vorführten, was man im Freien, am Tage oder abends trug, konkurrierten mit Blättern, in denen harmlose Geschichtchen, kluge Sprüche und Kurzbiographien zeitgenössischer Zelebritäten zum besten gegeben wurden; ernsthafte Monatsblätter voller Kochrezepte, Tips für den Haushalt und medizinischer Ratschläge existierten Seite an Seite mit einigen wenigen politischen Zeitschriften, die sich für die Rechte der Frauen engagierten. Und da die Geschichte der Frauenemanzipation im 19. Jahrhundert eine konfliktreiche Geschichte war, fingen auch ein paar dieser Publikationen an, der Beschäftigung mit umfassenderen Fragen Platz einzuräumen. In den 70er Jahren wurde zwar immer noch das Kultbild der vollkommen häuslichen Frau hochgehalten, aber den Aufsässigeren unter den Frauen gelang es doch, dieses Ideal in Frage zu stellen. Und in dem Maß, wie die latenten aufrührerischen Impulse mit den geltenden traditionellen Werten in Konflikt gerieten, trauten sich die Zeitschriften, die eigentlich der Aufrechterhaltung der getrennten Sphären dienten, ganz allmählich, die Lehre von der Sphärentrennung zu untergraben. Auch das trug zur Bereicherung der Grundsatzdiskussionen bei, die in der viktorianischen Zeit die bürgerliche Kultur belebten.

Aber von ein paar vielbeschrieenen Ausnahmen abgesehen, meldete sich diese bescheidene Emanzipationsbewegung bis in die 60er Jahre und sogar noch darüber hinaus nur gedämpft zu Wort. Wie schüchtern die Frauen anfangs aufbegehrten, dafür liefern die Seiten von *Godey's Lady's Book*, der Monatszeitschrift für Frauen, die in Amerika bis zum Bürgerkrieg führend blieb, reichlich Belege. Gegründet wurde das Blatt als *The Lady's Book* im Jahr 1830 von Louis A. Godey, einem gerissenen, genialen und schamlos auf Eigenwerbung bedachten Mann. Er war schlau genug, im Jahr 1837 Sarah Josepha Hale zu verpflichten, eine erfahrene und begabte Chefredakteurin, die sich in Fragen des weiblichen Geschmacks gut auskannte; sie machte *Godey's* zur landesweit beliebtesten Zeitschrift. Nachdem sie die Redaktion übernommen hatte, erlebte Godey's Monatsheft einen mächtigen Aufschwung und wurde erst in den 60er Jahren von seinem Hauptkonkurrenten, *Peterson's National Ladies' Magazine*, überflügelt, einer Zeitschrift, die etwas billiger, ein bißchen umfangreicher, und mit ihrem größeren Schriftbild angenehmer zu lesen war. Bis dahin schwollen *Godey's* Auflagenziffern von Jahr zu Jahr an und erreichten 1860 die eindrucksvolle Zahl von 150000. Und ein Großteil dieses Triumphs ging aufs Konto der Chefredakteurin.[54]

Sarah Hale war eine außergewöhnliche Persönlichkeit, die fleischgewordene Widerlegung aller Klischeevorstellungen von der Unfähigkeit der Frauen zur Aggressivität. Sie ist die Verfasserin von «Mary Had a

Little Lamb», und sie war es, die Abraham Lincoln dazu überredete, Thanksgiving zum nationalen Feiertag zu erklären; beides sichert ihr in der Geschichte der amerikanischen Kultur einen bescheidenen Platz. Mrs. Hale war nicht nur eine Vielschreiberin – sie verfaßte Romane, Gedichte, Essays, Anthologien und stellte Kochbücher zusammen – und ein Hans Dampf im Dienste der verschiedensten lobenswerten Anliegen, sie war auch auf ihre feine, gottesfürchtige Art eine geniale Schriftleiterin. Als die Person, die bei *Godey's* das Sagen hatte, stellte sie eine Macht dar, auf die Philanthropen und Politiker lieber Rücksicht nahmen.

Ihr Einfluß war furchterregend, obwohl – oder gerade weil – sie in ihren Ansichten zum Häuslichkeitskult absolut zuverlässig war. Als Autorin und Redakteurin war sie vor allem darauf aus, keinen Anstoß zu erregen, bei Männern ebensowenig wie bei Frauen. Anläßlich der Vorstellung von *Ladies' Magazine,* ihrem ersten publizistischen Unternehmen, versicherte sie den Männern, nichts auf den Seiten des Blattes werde eine Ehefrau dazu bringen, «seinen Empfang zu Hause weniger eifrig vorzubereiten», oder sie in Versuchung führen, dem Mann «den Platz streitig zu machen beziehungsweise Anspruch auf männliche Vorrechte zu erheben».[55] In ihrer redaktionellen Arbeit bei *Godey's Lady's Book* verfolgte sie dieselbe Linie, sang Lobeshymnen auf die Segnungen des Ehelebens und der Mutterschaft und pries die mildtätige Frömmigkeit. Überall in ihrer Zeitschrift findet man die Ideale der vom Mann geübten Obergewalt und des von der Frau gehüteten Haussegens verkündet – in den Gedichten, den Lückenfüllern, ihren regelmäßigen Leitartikeln, ihren nicht minder regelmäßigen Kurzbesprechungen von Büchern, vor allem aber in der Literatur, die sie als Hauptgeschenk an die Leserinnen mit aller Sorgfalt aussuchte. Im Bemühen, ihren Leserinnen nur bekömmliche Kost vorzusetzen, wählte sie Geschichten von aufopferungsvollen Müttern aus, Gedichte über lachende Kinder, Kommentare, in denen Männer und Frauen mit Lob bedacht wurden, weil sie Gott Eingang in ihr Leben gewährt hatten. Offensichtlich war es dies, was die Abonnenten ihrer Zeitschrift – die «Damen», wie der Schmeichler Godey sie unfehlbar titulierte – tatsächlich lesen wollten. Nach *Godey's* zu urteilen, verfügten diese Damen über eine beschränkte Kultur und einen anspruchslosen Geschmack; ganz unabsichtlich bezeugt die Zeitschrift, auf welch armseligem Bildungsniveau die meisten jungen Frauen in jenen Jahren festgehalten wurden – einem Niveau, das Mrs. Hale ständig beklagte, aber nur ganz verhalten anprangerte und nie merklich zu heben trachtete.

Die Stiche, mit denen sie die Zeitschrift reichlich schmückte, und mehr noch die Literaturbeiträge brachten Mrs. Hales Programm für die Frau

Tausenden und Abertausenden von Leserinnen nahe.[56] Sie bewog bedeutende amerikanische Autoren wie etwa Edgar Allan Poe und Nathaniel
Hawthorne, für ihr Monatsblatt zu schreiben; aber die meisten der Geschichten und Kurzgeschichten, die sie herausbrachte, waren von um-
werfender Mittelmäßigkeit. Erbarmungslos didaktisch und durchsichtig,
klammern sie sich an einen heruntergekommenen Idealismus, einen literarischen Stil, der sich großer Beliebtheit erfreute, bis er dann um die
Mitte des Jahrhunderts allmählich dem Realismus wich – auch wenn das
die literarischen Ergüsse in *Godey's* niemals vermuten lassen würden.
Das ist ein Stil, den George Sand, die ihn beispielhaft pflegte, einmal als
Produkt des Entschlusses beschrieb, sich von den alptraumhaften Realitäten abzuwenden und den Blick nur noch auf das Schöne zu richten:
«Darin besteht die Aufgabe der Frau.»[57]

Die Geschichtenerzähler in *Godey's*, bei denen es sich normalerweise
um Frauen handelte, priesen die Aufgabe der Frau, so, wie die damalige
bürgerliche Kultur sie definierte. Die einzige Aggressivität, die sich diese
Frauen erlaubten, galt den aggressiven Geschlechtsgenossinnen. Ihre
Hauptfiguren reden alle gleich, in gestelzten, hochtrabenden Wendungen,
die kein menschliches Wesen je in den Mund genommen hat. Und ihre
entschiedene Verleugnung jeder erotischen Erregung paßt nahtlos zu diesem Sprachstil. *Godey's* Heldinnen sinken mit einem Seufzer dem Helden
an die Mannesbrust; die Hauptpersonen besiegeln ihre Verlobung mit
einem zärtlichen Kuß; verheiratet lächeln sie auf Säuglinge herab, die sie –
der Himmel weiß, wie – in die Welt gesetzt haben. Alle ihre Handlungen
sind strikt marionettenhaft; jeder Hauch von Leidenschaft ist ihnen ausgetrieben. Worauf es ankommt, ist die Moral: der absolute Triumph der
Liebe über das Geld, die Erfüllung, die Frauen in der Aufgabe finden, es
dem Mann gemütlich zu machen.

Aufschlußreich genug, sind es die weiblichen Hauptfiguren, die heilsame Lektionen am dringendsten brauchen – glücklicherweise sind sie
allerdings in den meisten Fällen auch von äußerster Lernfähigkeit. Junge
Frauen müssen mittels schmerzlicher Erfahrungen zu würdigen Ehefrauen heranreifen. Sie sind frivol, kapriziös, zu rasch in ihrem – irrigen –
Urteil. In einer Geschichte, die den redenden Titel «Falscher Stolz» trägt,
wird eine junge snobistische Frau, Ellen, die auf die ehrlichen Armen
herabschaut und auf der Jagd nach einer guten Partie ist, von ihrer freimütigen, liebenswerten Kusine Julia zurechtgebogen; letztere zeichnet
sich durch eine «edle, aber nicht unweibliche Unabhängigkeit» aus. Zu
guter Letzt geht Ellen in sich und landet bei dem heiratsfähigen jungen
Mann, den sie im Grunde immer schon geliebt hat.[58] In diesen Geschichten besteht der Lohn dafür, daß die Frau sich in ihr häusliches Schicksal

ergibt – oder sich vielmehr diesem Schicksal freudig in die Arme wirft –, in einem guten Ehemann.

Gelegentlich brachten *Godey's* Geschichten ihre pädagogische Botschaft mit krasser, wenngleich erfreulicher, Unverblümtheit an die Frau. «Die Salonschlange», eine besonders plumpe Geschichte, die für viele ihrer Art steht, bemüht die poetische Gerechtigkeit, jenes köstliche Alibi für die Befriedigung von Rachegelüsten. Die Schlange ist eine Klatschbase und Lügnerin von wenig glaubhafter Bösartigkeit, deren Spezialität es ist, Zwietracht zwischen glücklichen Verlobten und in trauten Heimen zu säen; ihre Strafe ist ein furchtbarer Unfall, der ihrer Kinnlade zustößt und der ihr zuerst die Sprache verschlägt und sie dann dauerhaft verunstaltet zurückläßt. Man mußte keinen geschulten Verstand haben, um die Botschaft mitzubekommen.[59] Warnende Geschichten von Frauen, die das echte Liebesglück in einer Hütte den illusorischen Freuden eines luxuriösen Etablissements opferten, waren in den Kreisen, die sich für *Godey's* begeisterten, besonders beliebt. Sie lasen gern von schönen jungen Mädchen, die sich für Geld prostituierten, besonders, weil ein so unfeines Wort wie «Prostitution» niemals die Seiten der Zeitschrift besudelte.

In anderer Hinsicht Klartext spricht eine weitere Geschichte, die den Titel «Schätzchen und Ehefrau» trägt und ebenfalls typisch für *Godey's* ist; sie stellt eine verkappte Moralpredigt darüber dar, wie hart der Lohn der Häuslichkeit verdient werden muß. Sie handelt von einer jungen Frau, die gezwungen ist, zu lernen, wie sehr sich die Freuden der Verlobungszeit und die nüchterne Realität der Ehe voneinander unterscheiden. Unreif und eigenwillig, wie sie ist, versäumt es Agnes regelmäßig, ihrem geliebten Gatten hinreichend pünktlich das Frühstück oder Mittagessen vorzusetzen, und verschwendet damit seine kostbare Geschäftszeit. Da sie merkt, daß er irgendwie von ihr enttäuscht ist, bittet sie William schließlich, ihr zu sagen, was nicht stimmt, und er tut das mit Vergnügen. In ebenso sanften wie salbungsvollen Worten weist er Agnes zurecht und fordert sie auf, ihren häuslichen Pflichten besser nachzukommen; sie verspricht demütig, sie werde sich mehr Mühe geben. Ihre bedingungslose Unterwerfung gibt ihm Gelegenheit, ihr einen Vortrag über den göttlichen Plan der getrennten Sphären zu halten; mehr als eine halbe Seite lang traktiert er sie mit den üblichen abgestandenen Weisheiten.[60]

Die ganzen Jahre hindurch blieb *Godey's* sich selbst treu und hielt an dem alten Erfolgsrezept mit seiner munteren Einschüchterungstaktik fest. Der Leserinnenkreis des Blattes vergrößerte sich ständig; die Ausgaben wurden dicker, die Illustrationen – Stiche, Modezeichnungen, Skizzen und Grundrisse von Modellhäusern – zahlreicher als jemals

zuvor. Die Geschichten und die meisten Leitartikel aus den 50er Jahren
klingen wie regelrechte Abklatsche des Materials, das ein Jahrzehnt zuvor
oder früher erschien.[61] In einem Punkt allerdings nahm *Godey's* einen
etwas entschiedeneren Ton an, nämlich beim Thema weibliche Bildung.
Die arg vernachlässigte Würde des weiblichen Geschlechts wurde von
Mrs. Hale des öfteren aufgespießt; die Selbstachtung verlange von den
Frauen, daß sie sich über die Funktion bloßer Schmuckstücke oder Kulis
erhöben, und nur Bildung könne die Leiter reichen, auf der sie zur Anerkennung ihres vollen Werts emporzusteigen vermöchten.[62] Aber die bescheidene Unterstützung, die das Blatt diesem Anliegen zuteil werden
ließ, wurde weitgehend durch seine systematischen Anstrengungen über-
deckt, die Lehre von der männlichen Überlegenheit und der weiblichen
Häuslichkeit in Kraft zu erhalten. Und stärker als beim Thema Bildung
geriet *Godey's* mit seiner unerbittlichen Konfliktscheu nie in Gefahr,
politischen Fragen auf seinen Seiten Platz einzuräumen.[63] Als im Jahr
1877 Mrs. Hale, die mittlerweile über achtzig war, ihrer Zeitschrift Lebe-
wohl sagte, erinnerte sie sich daran, daß 1828, als sie der Einladung folgte,
das *Ladies' Magazine* in Boston herauszugeben, «mein oberstes Ziel bei
der Übernahme der neuen Stellung darin bestand, die Bildung meiner
Geschlechtsgenossinnen zu befördern». In diesem Punkte sei sie sich treu
geblieben. Deshalb «gibt es nicht einen Band» der Zeitschrift, «der nicht
voll ist von Appellen, Überlegungen, Erzählungen, Liedern und Kritiken, die sich um dieses Thema der weiblichen Bildung drehen».[64] Der
Gedanke, daß sie in *Godey's* praktisch nichts für diese Bildung getan
hatte, außer nach ihr zu rufen – dieser Gedanke scheint ihr nicht gekommen zu sein.

Sicher, der abgedroschenen These, die Frauen regierten die Welt,
räumte Sarah Hale in *Godey's* jede Menge Platz ein.[65] Der Wunsch war
bei ihr Mutter des Gedankens; sagen wollte sie natürlich, daß die Frauen
die Welt eigentlich regieren *müßten*, es aber noch nicht täten. In ihrer
Monatskolumne «Redaktionstisch» zeigte sie sich wie andere Gegner der
Frauenemanzipation besorgt, daß allzu eifrige Reformer die Frauen in die
Irre führen könnten. Mütter hätten die heilige Pflicht, ihre Töchter zu
bilden; in dieser Hinsicht ließen sie leider sehr zu wünschen übrig. Sie
brächten ihren Töchtern bei, wie man einen Haushalt führt, und versäumten dabei, ihren Charakter und ihren Intellekt zu entwickeln. Mrs.
Hale räumte ein, daß die Schulung in häuslichen Dingen wesentlich sei,
wünschte sich aber, daß die Mütter Herz und Geist ihrer Töchter nicht
weniger bildeten. Und die Mütter hätten auch noch eine andere, nicht
minder heilige und nicht minder risikobefrachtete Pflicht: gute Männer
großzuziehen, die später als Gesetzgeber nötige Reformen in Angriff

nahmen.[66] Die Frau konnte in vielerlei Hinsicht auf die Männer einwirken – indem sie ihnen zum Beispiel die schrecklichen Folgen des
Teufelszeugs Rum schilderte und damit beibrachte, wie dringlich es war,
maßzuhalten.[67] Wenn die Frau den Mann nicht durch gutes Zureden zum
Wohlverhalten bewege, wenn sie versäume, seinen Sinn auf höhere Ideale
zu richten, dann gebe er seiner Streitsucht und seinem angeborenen Hang
zum Glücksspiel und zum Politisieren nach. Die kaum unterdrückte Wut
gegen die Männer, die in solchen Äußerungen mitschwang, war unverkennbar.

Die Kulturrevolution, die Mrs. Hale vermeintlich mithalf, aus der
Taufe zu heben, erwies sich demnach als ein höchst bedächtiges Unternehmen. Eine dröge Satire auf die Frauenbewegung, die sie im Jahr 1852
in *Godey's* erscheinen ließ (und vielleicht auch selber geschrieben hatte)
steckt den Rahmen ab, in dem sich ihre Reformenergien bewegten. Eine
Gruppe von besorgten Herren, die bei heftigen Geräuschen Anfälle bekommen und die so redende Namen tragen wie «Fraunhasser» und
«Gängelband», treffen sich in Reaktion auf einen «hochverräterischen»
Frauenkongreß, der kurz zuvor in Massachusetts stattgefunden hat. Sie
wollen ihre Kräfte vereinen, um «den beabsichtigten weiblichen Angriff
auf ihre Rechte» zurückzuschlagen, der zur «allgemeinen Enthauptung
der Männer» und zu einem «Amazonenregiment» führe. Keine Kastration (so ließe sich die Satire kommentieren) ohne Rechtsnachfolge. Die
versammelten Männer halten alberne Reden und diskutieren trotzige
Entschließungen, die ihre Oberhoheit und ihre ehrwürdigen Privilegien
bekräftigen. Aber alles ist hohles Geschwätz; am Ende lassen sie sich brav
von ihren Ehefrauen nach Hause führen. «Exeunt omnes, in wildem
Durcheinander.»[68] Wie Mrs. Hale ihr Leben lang immer wieder erklärte,
sollten die Frauen ihre Rechte vergessen und sich um ihre Pflichten kümmern. Aggressivität gehe sie nichts an.

Als berühmte Chefredakteurin mit einer Anhängerschaft, die sie nie im
Stich ließ, sah Mrs. Hale keine Notwendigkeit, atmosphärische Veränderungen anzuerkennen, geschweige denn, sich ihnen zu beugen. Frauenrechtlerinnen waren in ihren Augen provokative, um ihr Geschlecht gebrachte Geschöpfe. Ihre Vorstellungen waren schlicht absurd und
brauchten nicht widerlegt, sondern nur der Lächerlichkeit preisgegeben
zu werden. Das *Godey's* des Jahres 1877, des letzten Jahres der Zeitschrift, zeigt, daß die alten Wahrheiten nach wie vor die redaktionelle
Linie bestimmten. Die altbewährten Alibis für die männliche Vorherrschaft – die Frau als Macht im Hintergrund und die Frau als ewiges Kind
– hatten noch immer ihre alte Zauberkraft, jedenfalls für die treuen
Abonnenten. Der letzte Jahresband, den Mrs. Hale herausbrachte, dreht

sich noch immer um schöne junge Frauen im Kampf mit den häßlichen Versuchungen, die ihnen in Gestalt wohlhabender Verehrer entgegentreten. Wer den Versuchungen trotzt, findet das Glück; wer ihnen erliegt, büßt das mit vergoldeter Einsamkeit oder schmählichem Tod. Und der Band redet unverändert der Bildung der Frauen das Wort, hält aber auch ebenso unverändert didaktische Geschichten bereit, die durch den Lobpreis der Freuden eines häuslichen Lebens wie eh und je weiblicher Unzufriedenheit die Spitze abbrechen sollen. «Ich kann mit ihren Frauenrechtskongressen nichts anfangen», lesen wird da, «die ewig ein Wahlrecht, ein Gesetzgebungsrecht und, weiß der Himmel, was sonst noch fordern.»[69]

Mittlerweile allerdings kamen einem ansehnlichen Teil der Frauen und auch der Männer Äußerungen dieser Art einigermaßen verstaubt, wenn auch vielleicht noch nicht absolut überholt vor. Frauenrechtskongresse stellten keine Seltenheit mehr dar und machten keinen exzentrischen Eindruck mehr. Das herrschende Dogma von der Frau, die ins Haus gehört, behielt zwar noch weitgehend die Oberhand, fand aber vehemente Kritiker. «Wenn irgend etwas ganz bestimmt Anspruch darauf hat, als ‹Thema des Tages› betrachtet zu werden, so ist es diese ‹Frauenfrage›», schrieb der amerikanische Journalist Charles Astor Bristed im Jahr 1870.[70] Die Frage hatte ihre Aufnahme in die Tagesordnung erzwungen.

2. Die Zeit des Probehandelns

Tatsächlich hatte die Frauenfrage schon geraume Zeit darauf gedrängt, in die kulturelle Tagesordnung aufgenommen zu werden. Bereits im Jahr 1850 registrierte Charlotte Brontë einen Wandel: «Die Mädchen dieser Generation genießen große Vorteile; meinem Eindruck nach werden sie sehr dazu ermutigt, Wissen zu erwerben und ihren Geist zu bilden.» Die Männer, äußerte sie im gleichen Jahr «fangen an, die Position der Frauen in einem anderen Licht als früher zu sehen; und ein paar Männer mit großer Einfühlung und ausgeprägtem Gerechtigkeitssinn denken und sprechen darüber mit einer Aufrichtigkeit, die ich nur bewundern kann.»[1] Selbst Sarah Hale hatte diesen Wandel im kulturellen Stil bemerkt und begrüßt; Spottsucht und «bitterer Hohn auf jede weibliche Geistesregung» hätten ernsthafter Diskussion Platz gemacht.[2] Aber von Konsequenzen dieser neuen Ernsthaftigkeit für ihre eigene Arbeit wollte sie nichts wissen.

Andere allerdings stellten sich diesen Konsequenzen. Wie eine Neueinschätzung aussehen konnte, zeigt unfertig und widersprüchlich und zugleich doch zukunftsträchtig das letzte Kapitel von Thomas Hughes Buch *Tom Brown at Oxford*, das 1861 erschien. Dieser Folgeroman zu *Tom Brown's Schooldays*, einem auflagenstarken Plädoyer für muskelbepacktes, wenn auch sportlich faires Mannestum, verkaufte sich sehr viel schlechter als sein erfolgreicher Vorgänger. Aber er zeigt einen Vertreter der Männlichkeitsdoktrin, den eine gewisse Nachdenklichkeit erfaßt. Wie andere im Grunde sensible Gemüter hatte auch Hughes augenscheinlich erkannt, daß im Leben nicht Schwarz-Weiß-Gegensätze, sondern Schattierungen zählen, zumal im Verhältnis zwischen den Geschlechtern. *Tom Brown in Oxford* schließt mit einem ernsthaften Gespräch zwischen dem Helden und seiner Frau. Nach seinem Universitätsbesuch und seinem Eintritt ins praktische Leben ist Tom of Rugby jetzt verheiratet, und zwar glücklich. Aber als mitteloser gesellschaftsreformerischer Idealist muß er feststellen, daß seine finanziellen Aussichten düster sind. Konfrontiert mit einer Zukunft ohne Pferde und Diener und verheiratet mit einer jungen Frau, die immer gern geritten ist und sich im Haushalt hat helfen lassen, fühlt er sich beschämt, weil er seiner Mary solche Opfer abverlangen muß.

Er schenkt ihr reinen Wein ein, ist aber nicht sogleich beruhigt, als sie beherzt beschließt, auf die gewohnten Annehmlichkeiten zu verzichten. Sie ist «ein tapferer, großherziger, teilnahmsvoller Engel» und müßte vor den Entbehrungen geschützt werden, die er ihr zumutet. «Das ist eine Aufgabe für den Mann.» Aber warum muß eine Frau deshalb ins Unglück gestürzt werden? Schließlich «sollte für eine Frau das ganze Leben hell und schön sein. Es ist jedes Mannes Pflicht, sie vor allem zu bewahren, was ihr Kummer bereiten, ihr Schmerz zufügen oder sie besudeln könnte.» Auch wenn Tom Brown seine Selbstanklage in der Form eines ebenso ehrlichen wie edelmütigen Reuebekenntnisses vorträgt, hält doch seine tiefempfundene Rede nichts weiter am Leben als ein abgedroschenes viktorianisches Klischee. Mary Brown will davon nichts wissen. Weibliche Seelen unterschieden sich nicht von männlichen, und Frauen seien stark genug, um sich in dieser schlechten Welt zu behaupten und in Gesellschaft ihrer Männer an der Verbesserung der Welt mitzuwirken. «Warum willst du mich nicht neben dir dulden? Warum soll ich mir meinen Weg nicht an deiner Seite suchen? Kann eine Frau nicht das Unrecht empfinden, das in der Welt getan wird?» Frauen «sind nicht dazu da, in Samt und Seide herumzusitzen und hübsch auszusehen und Geld auszugeben, genauso wenig, wie du dazu da bist, es zu verdienen und gute Miene zum bösen Spiel zu machen». Sie sei realistisch genug, um zu erkennen, daß es in der gegenwärtigen Zeit den Frauen nicht freistehe, so aktiv zu sein wie Männer. Aber «wenn eine Frau selbst nicht viel

tun kann, kann sie doch einen Mann ehren und lieben, der dazu imstande ist».[3]

Damit findet Marys beherzter Selbstbehauptungsversuch ein einigermaßen lahmes Ende. Aber bei all seiner Inkonsequenz und Ängstlichkeit
deutet er doch darauf hin, daß nach der Mitte des Jahrhunderts das
Dogma von der männlichen Überlegenheit und damit auch der Kult der
Häuslichkeit unter Beschuß standen. Ein konkurrierendes Ideal kündigte
sich an: die Vorstellung von der kompetenten Frau, der Gefährtin ihres
Mannes, die imstande ist, die Aggressivität der Welt zu verkraften und
ihrerseits mit einem gerüttelt Maß Aggressivität zu beantworten. Aber
die Bühne war noch nicht frei für den Auftritt dieses Ideals; als das
gängige Frauenklischee nach der Mitte des Jahrhunderts anfing, sich aufzulösen, waren davon als erstes seine Randzonen betroffen.

Die Briefe der kühlen Beobachterin Elizabeth Barrett, die Mitte der
40er Jahre, unmittelbar vor dem Gezeitenwechsel, geschrieben wurden,
bieten unvergleichliche Eindrücke davon, was alles die Männer immer
noch für selbstverständlich hielten, wieviel die Frauen nach wie vor zu
ertragen bereit waren und welche gewaltige Arbeit die Vorkämpfer für
Frauenrechte noch vor sich hatten. Barrett schien zur Kulturkritikerin
nicht gerade prädestiniert zu sein; jahrelang beeinträchtigt durch eine
schwache Gesundheit und tyrannisiert von einem wie auch immer von
besten Absichten erfüllten Vater, schrieb sie Gedichte und beobachtete
von ihrem Siechenlager aus das Welttheater. Sie nahm indes mehr davon
wahr als die meisten, die daran teilhatten. Im Jahr 1845 – sie war fast
vierzig – begann sie einen Briefwechsel mit Robert Browning und äußerte
darin, was die meisten Menschen als Liebe bezeichneten, sei in Wahrheit
eine Art Krieg, bei dem alle strategischen Vorteile auf einer Seite seien.
Immer wieder könne man beobachten, wie «auf der einen Seite die Macht
wächst» und «auf der anderen mit erlaubten und unerlaubten Mitteln
Widerstand dagegen geleistet wird». Die beste Gegenwehr der Frau sei
der Guerillakampf. «Ich verstehe ganz genau, wie der Durchschnitts-
mann, sobald er sich der Zuneigung einer Frau sicher ist, einen rechthabe-
rischen und herrschsüchtigen Ton annimmt», nach dem Motto «ich *bitte*
darum ... und ich *verbitte* mir das».[4]

Die männliche Herrschsucht macht sich nach Elizabeth Barretts Eindruck an Lappalien nicht weniger leicht als an den gewichtigsten Dingen
fest, wenn nicht sogar leichter: «Haben Sie schon einmal beobachtet»,
wollte sie von Robert Browning wissen, «wie ein Herr der Schöpfung die
Brauen runzelt, weil das Kotelett nicht durch ist, und wie seine Augen
Blitze schießen, die glühend genug sind, um das Fleisch zu Asche zerfallen zu lassen?» Unvergeßlich sei ihr die Unterhaltung zweier verheirate-

ter Frauen, die sie irgendwann, als sie noch ein Kind war, mitbekam: «Das Schmerzlichste an der Ehe ist das erste Jahr», habe die eine geäußert, «wenn allmählich aus dem Liebhaber ein Ehemann wird.» Als sie und Browning ihren Briefwechsel begannen, ein halbes Jahr vor dem ersten Zusammentreffen, war Elizabeth Barrett noch zu einer konventionellen Unterwerfungspose imstande; als sie ihn um ein Urteil über ihre Gedichte bat, schlug sie «den demütigen, leisen Ton an, der Frauen so hervorragend steht».[5] Aber auch wenn sie sich den gängigen Erwartungen anpassen konnte, fühlte sie sich in solcher Demutshaltung doch nicht wohl. Und Browning legte auch keinen Wert darauf; John Stuart Mill hätte seiner Einstellung gegenüber den Frauen Anerkennung gezollt. Zu der Partei reformwilliger Männer und ungeduldiger Frauen gehörten auch andere, die weniger wortgewandt waren als die beiden. Die Auseinandersetzungen über Recht und Unrecht der Frauen waren alles andere als liebenswürdige Unterhaltungen zwischen gleichberechtigten Partnern; es wurde zuviel Ballast mitgeschleppt, zuviel pseudowissenschaftliche Vorurteile waren im Spiel, um eine Austragung der Gegensätze in freundschaftlicher Atmosphäre oder rasche Reformen zu erlauben. Aber die Debatte war eine Realität, und im Fortgang des Jahrhunderts begann sich das Verhältnis zwischen den Debattierenden ganz langsam zugunsten der Frauen zu verschieben.

Diese Jahrzehnte schickten widersprüchliche Signale aus; die alten Ideen waren durchaus noch nicht bereit, den neuen Platz zu machen. Fast keiner von denen, die der Doktrin der getrennten Sphären anhingen – und das waren weiterhin die meisten Männer und Frauen –, redete damit einer Gleichberechtigung der Geschlechter das Wort. Tatsächlich bewies das Alibi für die männliche Vorherrschaft in seinen beiden Hauptversionen – die Vormachtstellung als Gegengewicht gegen die heimliche Herrschaft der Frau und als Ausdruck der unbestreitbaren Überlegenheit des Mannes – eine beeindruckende Durchhaltekraft. Im Jahr 1872 mochte Maria Deraismes, eine der Begründerinnen der französischen Frauenrechtsbewegung, zwar mit einer geistreichen Schmähschrift reagieren, als Alexandre Dumas der Jüngere unter dem Titel *L'Homme-Femme* eine herablassende «Analyse» der geheimnisumwitterten Frau, der bewahrenden Kraft, veröffentlichte; ihre Tirade, in der sie die Sache Evas gegen Dumas vertrat, stieß indes kaum auf zustimmenden Widerhall.[6]

In ihrem Land und andernorts pries die Ratgeber-Literatur für junge Mädchen zumeist unverändert die Segnungen willfähriger Häuslichkeit, allen ökonomischen und sozialen Veränderungen zum Trotz. In einem Leitartikel von 1897 bekräftigte die Londoner *Times* unmißverständlich dieses Dogma, als hätten Deraismes und ihresgleichen nie die Stimme erhoben. «Der Unterschied zwischen den Geschlechtern ist der tiefgreifendste und weitreichendste, den es bei Menschenwesen gibt.» Ob sie nun den Männern an Intelligenz gleichkommen oder nicht, «Frauen im allgemeinen werden sich wie Frauen verhalten, das heißt auf eine Art, wie Männer sich nie und nimmer verhalten werden.» Der Leitartikel trug keine These vor, sondern stellte eine schlichte, unumstößliche Wahrheit fest. Es spricht für sich, daß Samuel Butler, der das weibliche Geschlecht hoch genug achtete, um die *Odyssee* einer Frau zuzuschreiben, diese Passage mit rückhaltloser Billigung zitierte.[7]

Welche Verbindlichkeit dieser Haltung eignete, macht beispielhaft *He Knew He Was Right* deutlich, ein Roman von Trollope, der im Jahr 1869 erschien. Diese Geschichte einer katastrophalen Ehe war von Trollope nicht als Gleichnis für den zentralen Zusammenbruch männlicher Vorherrschaft gedacht, einen Zusammenbruch, dessen krassestes Symptom eben der verzweifelte Versuch war, solche Vorherrschaft aufrechtzuerhalten; weil es ihm nicht gelungen war, den tragischen Helden, Louis Trevelyan, als eine Mitgefühl erregende Figur darzustellen, betrachtete Trollope das Buch als mißlungen. Es fordert indes regelrecht dazu heraus, als große Parabel gelesen zu werden. *He Knew He Was Right* handelt von einem Ehemann, der von krankhafter und später dann wahnhafter Eifersucht auf Colonel Osborne, einen harmlosen älteren Bekannten, erfüllt ist, obwohl dieser auf seine Frau keinerlei erotische Anziehungskraft ausübt. Trollope gibt sich große Mühe, seinen Antihelden nicht zu einem Bilderbuch-Schurken verkommen zu lassen; Trevelyan liebt seine Frau Emily, so gut er eben kann, und sie verschärft die Spannungen in ihrer Ehe, weil sie es ablehnt, sich in seinen labilen Zustand hineinzuversetzen, und unfähig ist, die Pathologie hinter seinem tyrannischen Gebaren wahrzunehmen. Aber im wesentlichen schlägt sich Trollope stärker, als ihm klar und seinen Kritikern lieb war, auf die Seite der Frau. Der Ehemann, der auf seiner Herrschaft besteht, begeht die unverzeihliche Aggression.

Anfangs, als sich Trevelyan dadurch als Herr im Haus zu beweisen sucht, daß er von seiner Frau verlangt, den Kontakt zu Colonel Osborne abzubrechen, schwankt diese zwischen Trotz und Willfährigkeit. In dem Maß, wie er fordernder wird, nimmt ihre Widerspenstigkeit zu; schließlich engagiert er auf der Suche nach belastenden Informationen einen Detektiv, der ihr nachspionieren soll. Die Sache endet tragisch; Trevelyan wird verrückt und stirbt. Die ganze Zeit hindurch hat er sich geweigert, auch nur ein Jota seines rechtmäßigen Machtanspruchs preiszugeben, weil, wie Trollope hellsichtig kommentiert, jeder Kompromiß auf Kosten seiner männlichen Autorität gegangen wäre. Die Angst, die Trollope in psychotischer Form an den Tag legt, ist die Angst vor weiblicher Aggressivität – die Psychoanalyse spricht von Kastrationsangst. Angesichts der Frauen, die sich für die Frauenrechte engagierten, setzte vielen Zeitgenossen diese Angst weniger stark zu als einem Trevelyan. Interessanterweise kompliziert Trollope die Geschichte noch durch die Einführung einer männlichen Nebenfigur; dieser Mann begegnet seiner Verlobten, einer temperamentvollen Amerikanerin, zwar liebenswürdig, ja geradezu ergeben, pocht aber auf seine überlegene Mannesmacht, als sie versucht, ihre Verlobung aufzulösen: «In meinem eigenen Haus bestimme ich!» Durch seinen Kraftakt ist Caroline, die Verlobte, eher erleichtert als gekränkt: «Herr im Haus mußt du wohl sein, gleichgültig, ob du im Recht bist oder nicht.»[8] Der alten Doktrin wohnte nach wie vor eine Menge Überzeugungskraft inne.

Trotz all seiner Banalität – oder gerade wegen seiner Banalität – bewahrte demnach der eigennützige Anspruch auf einen unausrottbaren Unterschied zwischen den Geschlechtern viel von seiner Lebenskraft. In den frühen 90er Jahren des letzten Jahrhunderts trug der republikanische französische Intellektuelle und Staatsbeamte Jules Simon keine Bedenken, sich für die alte Ideologie, die verzweifelt um ihre Vormachtstellung kämpfte, in die Bresche zu werfen: «Was ist die Berufung des Mannes? Ein guter Bürger zu sein. Und die der Frau? Eine gute Ehefrau und Mutter zu sein.» Nur fanatische Frauenrechtlerinnen konnten diese Grundwahrheit bestreiten. Die Frau, deren Bestimmung die Mutterschaft ist, bestellt das Haus und findet ihre eigentliche Aufgabe darin, «für das Glück im trauten Heim zu sorgen».[9]

Simon bezeugt auf faszinierende Weise, mit welcher Beharrlichkeit selbst denkende Menschen, die sich etwas darauf zugute hielten, durch und durch moderne Intellektuelle zu sein, an der alten Ordnungsvorstellung festhielten. Und Simon war tatsächlich modern; wie er selbst war auch seine Frau eine begeisterte Reformerin im Erziehungswesen – sie war Präsidentin der *Société pour l'enseignement professionnel des femmes* –, und offenbar hatte Simon nichts dagegen, daß sie in der französischen Frauenbewegung eine aktive Rolle spielte. Simon war ein vielschreibender Philosoph und emsiger Politiker, ein gemäßigter Freidenker, den es nach spiritueller Erhebung verlangte; er veröffentlichte einen Strom von Büchern und Artikeln über Platon und die natürliche Religion, über die Fron der Fabrikarbeiterinnen und die Gefahren des Klerikalismus. Und er schaffte es, all diese gelehrten Abhandlungen und Streitschriften mit einer bedeutenden Karriere in den Anfangsjahren der Dritten Republik zu verbinden.

Bei der Entwicklung seines Sozialprogramms konnte Simon schlecht von den Frauen absehen. Er wollte für sie eine bessere Erziehung, als sie erhielten, und vertrat die vernünftige Ansicht, daß eine Frau sich als Ehefrau und Mutter um so besser mache, je gebildeter sie sei. Aber alles mit Maßen: sie sollte zwar in den Genuß einer soliden höheren Bildung kommen, aber in einem Studio oder im Geschäft sollte sie ihre Zeit nicht verbringen.[10] In einer gewichtigen Monographie über Fabrikarbeiterinnen, *L'Ouvrière*, die charakteristisch ist für seine selbstsichere Art, vertrat er die These, eine Frau verfehle ihre wahre Bestimmung, wenn sie aus dem Haus gehe. Während er die Werkstätten und Fabriken seiner Zeit, allem Augenschein zum Trotz, zu Orten schönredete, wo man in angenehmer Gesellschaft und bei guter Bezahlung einer bekömmlichen Arbeit nachgehe, versicherte er gleichzeitig: «Die Frau, die Arbeiterin wird, hört auf, Frau zu sein.» Zur Unterstützung seiner Ansicht zitierte er mit Vorliebe die Ausbrüche von Jules Michelet: «*Arbeiterin!* Schmutziges, gottloses Wort, das allen Sprachen fremd ist, das kein Zeitalter vor unserem eisernen verstanden hätte und das allein schon all unseren sogenannten Fortschritt widerlegt!» Nicht weniger als zuvor für Michelet war auch für Simon klar, daß eine Frau das Heim zerstörte, wenn sie es verließ.[11]

Nicht, daß Simon die Frauen zu «der seelischen Not und dem Elend» des Müßiggangs verdammt und damit einem Fluch ausgeliefert sehen wollte, der seiner Meinung nach insbesondere die verheirateten Frauen der oberen Schichten traf. In vielen Familien des Mittelstands, in denen der Mann sich harter Arbeit verschreibe, verbringe die Frau, die «eine tugendhafte Gattin und zärtliche Mutter voll Hingabe und Opferbereitschaft» sei, ihre Zeit mit Besuchen, Klavierspielen und Stickereien. Keine Frage, daß sie unterbeschäftigt sei. Aber als besten Schutz gegen den Müßiggang empfiehlt Simon dieser verheirateten Frau «Arbeit zu Hause», Arbeit, die sie nicht nötige, das Heim zu verlassen. Schließlich müsse jeder Mann, der sein Inneres prüfe, «erkennen, daß sich das Beste in seinem Herzen und Geist von der Mutter herschreibt».[12] Auch das war eine altbekannte Litanei. Simons Logik zufolge handelte eine Frau der besseren Gesellschaft im grundlegendsten Sinne dem Gebot der Natur zuwider, wenn sie kostbare Stunden an Treffen von Frauenrechtlerinnen und die Beschäftigung mit Literatur verschwendete, statt sie dem Wohle des schwerarbeitenden Gatten zu widmen.

In einer Nation, die sich hartnäckiger als die meisten anderen an das Ideal der häuslichen Frau klammerte, erregten solche Töne keine Verwunderung. Das französische *foyer*, der geheiligte heimische Herd, und sein guter Geist, die *maîtresse de maison*, waren fest im bürgerlichen Lebensstil verankert, vielleicht sogar noch fester als die Gottheit des deutschen Heimes, die hochheilige Hausfrau. Im Jahr 1885 begannen die

Travaux manuels et économie domestique, ein typisches französisches Handbuch zum Thema Haushalt, die Aufzählung erforderlicher hausfraulicher Fertigkeiten mit einem Kapitel über die «Pflichten der Herrin des Hauses». Im Vorwort bekräftigten die Verfasser einmal mehr die altvertraute Moral: «Das Reich der Frau ist ihr Heim.»[13] Im Jahr vor Erscheinen des Handbuchs war nach heftigen jahrelangen Auseinandersetzungen in der Presse und im Parlament gerade erst wieder das 1816 abgeschaffte Recht auf Ehescheidung eingeführt worden. Andere gesetzliche Benachteiligungen der Frauen blieben dagegen in Kraft. Frankreich blieb ein stabiles Bollwerk gegen die Forderungen der Vorkämpfer für die Frauenrechte.[14]

Indes, sogar weibliche Beobachter räumten ein, daß sich die meisten französischen Hausfrauen durch diesen Kult um die Häuslichkeit offenbar keineswegs einschüchtern ließen. Weniger vielleicht als irgendwo sonst war nach ihrem Eindruck in Frankreich die anerkannte Beschränkung der Frauen auf den häuslichen Wirkungskreis gleichbedeutend mit Unterordnung, zumal dieser Wirkungskreis nicht ausschloß, daß sie ihrem Mann bei der Arbeit zur Seite stand. Und das nicht etwa nur als einfache Sekretärin: «Die Pariserin der Bourgeoisie», vermerkte die Österreicherin Clara Schreiber, die Frankreich besuchte, im Jahr 1885 bewundernd, «ist kein Luxusartikel für den Mann, sondern eine geradezu unentbehrliche Notwendigkeit für das Gedeihen seines Geschäfts.» Sechs Jahre später blies Mme. M. S. Van de Velde, die dem englischsprachigen Publikum eine Einführung in die französische Literatur bot, in dasselbe Horn. In Frankreich, berichtete sie ihren Lesern und distanzierte sich damit beflissen von den unzufriedenen Frauenrechtlerinnen, die alle Mühe hatten, sich Gehör zu verschaffen, stünden «die Frauen im Handels- und Geschäftsleben auf absolut gleichem Fuß mit den Männern, ihr Rat ist in der Politik gefragt, und man hört ihnen aufmerksam zu; sie sind ausgezeichnete Wirtschaftsführerinnen, Geschäftsleiterinnen und Buchhalterinnen; als tatkräftige Handelspartnerinnen leisten sie ihren Männern unschätzbare Dienste».[15] Daß sie kein Wahlrecht hatten, vergaß Van de Velde anzumerken; vielleicht war es ihr auch egal.

Das wahre Reich der französischen Frau war also das Heim. «In den meisten französischen Haushalten», schrieb eine englische Reisende, Mathilda Betham-Edwards, im Jahr 1905, «haben die Frauen das Heft fest in der Hand.» Diese «weibliche Führungsrolle» fuhr sie fort, dürfe man nicht «pauschal einerseits dem ehefraulichen Status und andererseits einem herrschsüchtigen Geist zuschreiben». Die bürgerliche Frau in Frankreich «ist nie in Verlegenheit, nie konfus, stets vollauf imstande, sich zu behaupten». Ihr Geheimnis sei die «Konzentration»; ihre Macht liege eben in der Beschränkung auf das Haus oder den Familienbetrieb, darin, daß sie sich von politischen Versammlungen, ehrgeizigen philanthropischen Unternehmungen oder Freizeitvergnügen wie etwa Sportveranstaltungen fernhalte. «Autorität ist ihr angestammtes Element, Organisationstalent ist ihr von Natur gegeben.» Mit einem Wort: «Schloß und Hütte beugen sich ein und demselben Gesetz – dem weiblichen Dekret.»[16] Kurz, zwischen Franzosen und Französinnen sei die Aggressivität einigermaßen gleich verteilt.

Französinnen, die sich gegen dieses hochgemute Urteil verwahrten, hatten allen Grund zur Niedergeschlagenheit. Noch im Jahr 1908 konnte Hubertine Auclert, die etwa fünfunddreißig Jahre zuvor praktisch im Alleingang die Bewegung für das Frauenwahlrecht ins Leben gerufen hatte, düster feststellen: «Die Französinnen sind von einer Schafsgeduld, die sogar die Schäfer in Erstaunen versetzt.»[17] Im Jahr 1867 hatte sie in ihrer Zeitschrift für Frauenrechte, *La Citoyenne*, geschrieben, sie sei entsetzt, zu sehen, daß die Frauen «sich für ihre eigene Emanzipation nicht interessieren und ihre Intelligenz, ihre Zeit, ihr Geld daran wenden, die männliche Vorherrschaft zu befestigen». Nichts anderes täten sie, als «ihre kettenbeladenen Arme und ihre Geldbeutel in den Dienst selbstherrlicher Männer zu stellen».[18] Sie hätte nur allzu viele Französinnen anführen können, die ihrer bitterbösen Beschreibung entsprachen. Im Jahr 1884 sprach Alice Durand, eine beliebte französische Romanschriftstellerin, die unter dem Pseudonym Henry Gréville veröffentlichte, für diese Mehrheit, als sie bei einem Vortrag in Zürich erklärte: «Das Recht der Frau ist die Pflicht.» Der Mann übertreffe die Frau an Verstand und Kenntnissen, aber die Frau sei dem Mann in der Fähigkeit zu «Aufopferung und treuer Pflichterfüllung» überlegen. «Des Weibes schönste Zier und ihr Stolz soll der Trauring sein.»[19] Auclert glaubte zu wissen, warum die Französinnen sich von solchen Vorstellungen ködern ließen: Anders als die Engländerinnen, die gelernt hatten, sich der Macht von Klubs und Zirkeln zu bedienen, hielten sich die Frauen in Frankreich mit ihrem ausgeprägten Sinn für Unabhängigkeit voneinander fern. Aus welchem Grund auch immer, Auclert blieb überzeugt davon, daß «die schlimmsten Feinde der Frauen die Frauen sind».[20] Jules Simon, so scheint es, sprach für einen Großteil von Frankreich.

Und nicht allein Frankreich. Auch in anderen Ländern blieb der Rückgriff auf jenes unverwüstliche Alibi Natur, jenes unerschöpfliche Hilfsmittel in Diskussionen, eine Lieblingswaffe gegen die Unzufriedenen, die für eine radikale Erweiterung der Frauenrechte kämpften. Und wie in Frankreich machten auch andernorts Frauen den Kampf gegen sich selbst zu ihrem Anliegen. Im Jahr 1885 veröffentlichte die deutsche Romanschriftstellerin Emilie von Mataja – bekannt unter dem männlichen Pseudonym Emil Marriot – eine Geschichte mit dem Titel «Dem Manne gleich», worin sie einmal mehr die altehrwürdige Litanei anstimmte. Betty, eine ehrgeizige junge Frau, läßt sich in die Falle locken und geht ein Verhältnis mit einem jungen Mann ein, der, wie sie zu spät entdeckt, schon verehelicht ist – mit einer reichen alten Frau, die er wegen ihres Geldes geheiratet hat. Als sie darüber nachbrütet, was sie sich durch ihre Unbesonnenheit eingebrockt hat, gelangt sie zu dem Resümee, daß die Frau gegenüber dem Mann stets den kürzeren ziehe, weil sie das geborene Opfer sei. ‹Eine verlorene Sache!› dachte Betty. ‹Dieser ganze Emancipationskampf mag einen Broterwerb für uns bedeuten, wahre Freiheit aber könnte uns nur dann werden, wenn wir unsere Schwäche, unsere Abhängigkeit und Ohnmacht abzuschütteln vermöchten; und weil die Natur dazu nein sagt, wird unser Los sich ewig gleich bleiben.›»[21] War das indes «Natur» oder war es nur Deuschland?

Marriots verzweifelter Schluß schien passend für ein Land zu sein, in dem die Frauenbewegung, die spät in Gang kam und nur ganz allmählich gedieh, weit bescheidenere Forderungen erhob als in den USA, in Großbritannien oder selbst in Frankreich. Sogar die entschiedensten Frauenrechtlerinnen wie Helene Lange verlangten kein Wahlrecht und keine freie Berufswahl für die Frauen, sondern eine bessere Vorbereitung der jungen Mädchen auf ihre Bestimmung, das Dasein als Ehefrau und Mutter. Eine Vereinigung, die für das allgemeine Wahlrecht kämpfte, wurde in Deutschland erst 1902 gegründet. In diesem unfreundlichen Klima war für die Handvoll von Frauen, die weiterreichende Forderungen erhoben, Zurückhaltung ein Gebot der politischen Klugheit. Noch im Jahr 1910 verkündete Kaiser Wilhelm II. seinen Untertanen, «unsere Frauen» müßten lernen, daß die Hauptaufgabe der deutschen Frau nicht im Bereich der Versammlungen und Vereine und nicht in der Erlangung angeblicher Rechte liege, dank deren sie dasselbe tun dürften wie die Männer, sondern in der stillen Arbeit für Heim und Familie.[22] Während die impulsiven Interventionen des Kaisers und sein verbales Säbelrasseln von Deutschen kritisiert wurden, hatte er in der Frauenfrage den Großteil der Nation hinter sich.

Sogar im «fortschrittlichen» Großbritannien machte man sich lauthals stark für eine naturgegebene Geschlechtertrennung. Im April 1892, kurz nachdem Simon das Naturgesetz bemüht hatte, das Mann und Frau ihren angemessenen Platz zuweise, erklärte der politische Führer der Liberalen Herbert Asquith vor dem britischen Unterhaus: «Die Ungleichheiten, deren Bekämpfung und Beseitigung die Demokratie von uns verlangt, sind die unverdienten Vorrechte und künstlichen Unterschiede, die das

Werk des Menschen sind und die der Mensch auch wieder aufheben kann. Es sind nicht die untilgbaren Unterschiede der Fähigkeit und der Funktion, durch welche die Natur selbst der menschlichen Gesellschaft Vielfalt und Fülle verleiht.»²³ Es war genau dieses altersgraue Klischee, das der Erklärung ihre Durchschlagskraft gab; angesichts solcher Rhetorik mußten Zweifler sich fragen, ob sie tatsächlich gegen die Natur zu Felde ziehen wollten.

In den 70er und 80er Jahren des letzten Jahrhunderts nahmen allerdings Erklärungen dieser Art einen defensiveren Ton an. Den ersten Schritt machten Männer – und Frauen –, die mit neuen Ideen über den weiblichen Wirkungskreis experimentierten, ohne die alten über Bord zu werfen und ohne zu bemerken, in was für Widersprüche sie sich damit verwickelten. Die *Illustrirte Zeitung,* ein deutsches Wochenblatt für die Familie, veranschaulicht diese intellektuelle Konfusion sehr plastisch und legt Zeugnis davon ab, in welchem Maße Menschen unvereinbare Positionen vertreten können, ohne unter einem Gefühl des Unbehagens zu leiden. Die Zeitschrift würdigte die Frauen und verachtete sie. Zwei oder drei Spalten widmete sie unter der Überschrift «Frauenzeitung» Themen, die als vornehmlich interessant für Frauen galten. Aber viele ihrer Anekdoten waren gehässig: Frauen seien über Gebühr neugierig und schwatzhaft; amerikanische Frauen litten besonders stark unter diesen abstoßenden Gebrechen, aber auch in anderen Ländern verunstalte die Frauen ihre Neugierde; in Wien arbeiteten Schriftsetzerinnen schneller als ihre männlichen Kollegen, wahrscheinlich, weil sie es nicht erwarten konnten, den Ausgang der Geschichten zu erfahren, mit deren Satz sie beschäftigt seien. Diese Kritik an der chronischen Klatschbase Frau mit einem Schuß klassischer Bildung würzend, erinnerte die *Illustrirte* ihre Leser daran, daß schon im antiken Rom Juvenal sich darüber beklagt habe, die Frauen beherrschten die literarischen Gespräche und schwatzten wie die Elstern ohne Unterlaß. Sie erinnerte die Leser auch an das chinesische Sprichwort: «Die Waffe der Frauen ist ihre Zunge, sie tragen ernstlich Sorge, daß sie ihnen nicht einrostet.» Kurz, die Natur der Frau komme überall zum Vorschein, in jeder Altersklasse. Bei all ihrer Schwatzhaftigkeit, fügte die *Illustrirte* zu guter Letzt noch hinzu, seien «die Damen» allerdings im Blick auf ein einziges Geheimnis «so verschwiegen wie das Grab» – «die Zahl ihrer Lenze».²⁴

Das Schicksal, das vernünftige Frauen, Ausnahmeerscheinungen unter ihren flatterhaften Geschlechtsgenossinnen, erwarte, sei traurig, aber leider vorhersehbar. Ein Entwurf für gesunde Kleider, der vom Londoner «Verein für vernünftige Frauentracht» stammte, sei ein typischer Fall; der Ruf nach bequemer, zweckmäßiger Kleidung und nach Abschaffung von

Schleiern, Unterröcken, Korsetts und sonstigen Modetorheiten sei dazu verurteilt, ungehört zu verhallen. «Es wird noch viel Wasser die Seine, die Themse, die Spree hinabfließen, bis sich das theoretisch unanfechtbare Toilettenprogramm der Rational Dress Society verwirklichen wird. Die Frauen wissen recht wohl, daß sie sich durch die ausgeschnittenen Toiletten die Schwindsucht züchten und durch die Corsets die edelsten inneren Organe verkrüppeln, aber sie verzichten weder auf das eine noch auf das andere. Sitten, Mode und Eitelkeit sind eben mächtiger als Verstand und Moral.»[25]

Frauen seien mit anderen Worten unheilbar kindisch. Die *Ilustrirte* lieferte Belege dafür: In neuerer Zeit hätten Damen den von ihnen angebeteten Künstlern geradezu ausschweifend gehuldigt, hätten sie mit Blumen, zarten Reimen und überschwenglichen Briefen überschüttet und sie bestürmt, ihnen Haarlocken zu schenken. Ein anderes Beispiel: «Es gibt in Berlin Conditoreien, in welchen männliche Gäste als unwillkommene Eindringlinge betrachtet und von den weiblichen Besucherinnen mit feindseligen Blicken gemustert oder in offenkundiger Weise vollständig ignorirt werden.» Verglichen mit solchen nur allzu typischen Frauen glänzten Männer ohne Frage durch ihre weit größere Reife. In einem langen Beitrag aus dem Jahr 1883, in dem es um die Gedenkfestlichkeiten zum vierhundertjährigen Geburtstag von Martin Luther ging, bot die *Illustrirte* eine Blütenlese seiner markigen Sprüche zum Thema Frau. Der große Reformator hatte seine Zuhörer ermahnt, die Ehefrau, die «ein sehr schönes Werk Gottes» sei, in Ehren zu halten, dabei aber nicht zu vergessen, daß «sie immer mit einem Fuß in der Kindheit stehen bleibe» und deshalb dem Manne untertan sein müsse. Die fehlende Flatterhaftigkeit bei deutschen Frauen erklärte das Blatt zur absoluten Ausnahme; ausländische Beobachter hielten große Stücke auf die deutsche Hausfrau wegen ihrer hohen Sittlichkeit und ihres Familiensinns.[26] Die meisten Frauen andernorts böten weniger Anlaß zu wohlmeinenden Betrachtungen.

Auf der Basis dieses niederschmetternden Urteils über die weibliche Natur sparte nun die *Illustrirte* ihre tödlichsten Giftpfeile für die emanzipierten Frauen auf. Wir haben bereits gesehen, wieviel emotionalen Widerstand der Begriff «Frauenemanzipation» hervorrief. Die *Illustrirte* reagierte regelrecht angeekelt auf diesen Begriff und spie ihn mindestens einmal in jeder Ausgabe förmlich aus. Sie warnte vor «der radicalen Partei unter den emancipirten Damen». »Die Mitglieder der letztgenannten Umsturzpartei sind von einem unauslöschlichen Hasse gegen die Männer erfüllt, einem um so gefährlicheren Hasse, als er den ganzen Raum der Liebe einnimmt, die den radicalen Emancipirten nicht gegönnt war.» Dies war wieder eine von den schier unverwüstlichen alten Kamellen:

Beschworen wurde die enttäuschte, vertrocknete alte Jungfer, die alle ihre
destruktiven Triebe gegen den Mann richtete, weil sie nicht attraktiv
genug gewesen war, sich selber einen zu angeln; «Diese kriegerischen
Damen würden am liebsten die Vernichtung des ganzen für sie so nutzlosen Männergeschlechts auf ihre Fahnen schreiben.» Nur einige wenige,
relativ gesunde Frauenrechtlerinnen forderten «das emancipirte, aber das
weibliche Weib».[27] Soviel war die *Illustrirte* zu konzedieren bereit, mehr
aber auch nicht.

Aber aus Sicht der beunruhigten Zeitschrift waren die Angehörigen
dieser etwas vernünftigeren Gruppe auf der politischen Bühne weit weniger erfolgreich als die Spinnerinnen, die absolute Gleichberechtigung
forderten. *Deren* Einfluß greife in der ganzen zivilisierten Welt wie
eine Seuche um sich – am augenfälligsten in den USA und in Großbritannien, aber auch schon in so weit entfernten Gegenden wie Indien und
Australien. Dabei beobachtete die *Illustrirte* mit fast schon hörbarer
Erleichterung, wie einige amerikanische Zeitungen und sogar die rebellische George Sand in ihren letzten Jahren die Öffentlichkeit auf diese
ansteckende Seuche, die «sogenannte Frauenemancipation», warnend
aufmerksam machten. Und glücklicherweise waren die «gewaltigen Fortschritte», die sich angeblich in den USA vollzogen, ein Märchen; kein
einziger Bundesstaat und kein einziges Territorium hatte die volle Gleichberechtigung eingeführt. Dennoch blieb festzuhalten: «Die Agitation zu
Gunsten der Emancipation des weiblichen Geschlechts schreitet in jüngster Zeit mit Riesenschritten voran.» Die Frauen eroberten immer mehr
Gebiete, und wenn die Männer es an der nötigen Widerstandskraft fehlen
ließen, werde das zarte Geschlecht «die Grundfesten des männlichen Geschlechts ... erschüttern».[28] Da hieß es aufpassen.

Die turbulenten USA faszinierten die *Illustrirte*. Im Jahr 1884 faßte die
Zeitschrift eine Broschüre mit dem Titel *Woman Suffrage* (Frauenwahlrecht) zusammen, deren Autor ein amerikanischer politischer Pamphletist, John C. Hertwig, war; sie tat das mit jener merkwürdigen Mischung
aus engagiertem Verständnis und kaltem Mißtrauen, der wir schon so oft
begegnet sind. Frauen waren nach Hertwig den Männern geistig oder
intellektuell nicht unterlegen – selbstverständlich nicht! –, aber die Arbeitsteilung erfordere, daß sie sich um die Familie kümmerten, während
ihre Männer dem Staat dienten. Ihre «zarte Weiblichkeit» lehre die
Frauen, daß sie durch das Wahlrecht nichts gewinnen könnten. Die *Illustrirte* zollte dieser Haltung natürlich Beifall und schloß die Mahnung an,
sich vor den Agitatorinnen für die Frauenemanzipation in acht zu nehmen. Dieser Bemerkung hätte es kaum bedurft; daß die unweiblichen
Hirngespinste jener «emancipationssüchtigen Damen» die *Illustrirte* mit

Entsetzen erfüllten, war kein Geheimnis.²⁹ Jede Seite des Blattes atmete Abscheu und Angst.

Aber in vielsagender Inkonsequenz hinderten all ihre abschätzigen Äußerungen die *Illustrirte* nicht, die ungewöhnlich tapferen Frauen zu feiern, die hie und da – am Somerville College in Oxford, an der Universität Uppsala in Schweden, an der Universität Toronto – anfingen, sich ihren Weg in die Öffentlichkeit zu erkämpfen; auch wenn es nicht gerade Jubelchöre waren, die das Blatt anstimmte. Jene vereinzelten Vorkämpferinnen stellten in akademischen Spezialfächern wie etwa in Archäologie, in Philologie, in Mathematik und in klassischer Philologie ihre wissenschaftlichen Fähigkeiten unter Beweis; sie zeigten sich nicht weniger tüchtig in der Ausübung streng begrenzter medizinischer Spezialdisziplinen, in Pharmazie und Botanik, als Handlungsreisende, als Architektinnen und sogar – auch wenn das eine seltene Ausnahme blieb – als Bankpräsidentinnen. Die «Schwadronen» von Frauen, die als «Claviervirtuosinnen» brillierten, überwogen ihre männlichen Kollegen in «nahezu bedrohlicher Anzahl». Alle paar Wochen registrierte die *Illustrirte* die kleine Zahl von Frauen, die in Zürich oder in Paris Medizin studierten, beziehungsweise die paar Ärztinnen, die in Rußland praktizierten.³⁰

Beiläufig hatte die Zeitschrift sogar ein paar freundliche Worte für Hubertine Auclert übrig, trotz ihres Radikalismus. Und besorgt um ein vorurteilsloses Bild von den «vielgeschmähten Pariserinnen», druckte sie einen umfänglichen Bericht ab, in dem jene als wertvolle Geschäftspartnerinnen ihrer Männer gepriesen wurden.³¹ Bequemerweise vergaß das Blatt dabei, daß es in seinen eigenen Spalten Woche für Woche Frauen reichlich «geschmäht» hatte, und zwar nicht nur Pariserinnen. Angesichts der abgeschmackten Karikaturen in der «Frauenzeitung», in denen ständig die angeborenen Schwächen der weiblichen Natur angeprangert wurden, drängte sich die Frage auf, wie es überhaupt zu jenen Wunderkindern, jenen jungen Frauen mit einer großartigen Begabung für Mathematik oder Bankwesen kommen konnte. Weit entfernt davon, probehalber zwischen der Angst vor der neuen Frau und der Bewunderung für ihre Kühnheit eine Kompromißform zu finden, zog sich die *Illustrirte* auf schiere Inkohärenz zurück – das war ihre Reaktion auf eine grundlegende soziale Bewegung, mit der sie nicht fertig wurde.

Aber die *Illustrirte* stand nicht allein; Kritiker der Frauenrechtsbewegung gab es überall im Intellektuellenmilieu. Apokryphe Anekdoten aus der Antike erregten nach wie vor Heiterkeit und leisteten immer wieder Überzeugungsarbeit. Zum Beispiel die Geschichte von der glücklichen Hausfrau und stolzen Mutter von Söhnen, die vom Wahlrecht für Frauen nichts wissen wollte, weil, wie sie sagte, «ich ja schon über die Wahlstimmen meiner Söhne und meines Mannes verfüge».[32] Dieses altbekannte, lahme Paradox, das vor 1870 einen solchen Reiz ausübte, blieb bis ins 20. Jahrhundert gängige Münze. Im Jahr 1908 freute sich Violet Stuart Wortley, eine englische Reisende, feststellen zu können, daß in Frankreich «die Frauen zwar rechtlich viel schlechter gestellt sind als die Männer, in der Praxis aber das überlegene Geschlecht bilden. Sie sind die ‹Macht hinter den Thron› und erfreuen sich sowohl in der Familie als auch in den Geschäftsbeziehungen ohne Frage größerer Beachtung als die Frauen in England.»[33] Auch in anderen Ländern entdeckten andere Beobachter die Frauen als Mächte hinter dem Thron, beladen mit schicksalsschwerer Verantwortung. Das war schließlich die Zeit, in der Kipling verkünden konnte, bei der Spezies Mensch gehe vom Weibchen tödlichere Gefahr aus als vom Männchen.

Es ist also durchaus passend, daß die Vorstellung von der geheimen Herrschaft der Frau ihre beredteste Dramatisierung in England fand, und dies erst im Jahr 1908. Das Stück *What Every Woman Knows* von James M. Barrie ist ein typisches Produkt seines wortreichen und zur damaligen Zeit ungeheuer populären Autors; die Komödie ist klug aufgebaut, voll spielerischer Tupfer und launiger Einfälle.[34] Barries Leben war von einer einzigen Heldin beherrscht, seiner idealisierten Mutter. Er verehrte sie weit über ihren Tod hinaus, und weit stärker als jede andere Frau in seinem Leben vermittelte sie ihm einen bleibenden Eindruck von der Macht der Frau über den Mann. Wie seine haltbarste Schöpfung, Peter Pan, wurde auch Barrie nie wirklich erwachsen.

Die Heldin von *What Every Woman Knows,* die den redenden Namen Maggie Wylie trägt, ist eine verkappte Hommage an die mütterliche Macht. Sie ist Mitte zwanzig, liebenswert, schlicht und hinter ihrer Haltung bescheidener Selbstverleugnung ungeheuer intelligent. Ihre Familie verheiratet sie an einen jungen Mann, John Shand, einen angehenden Politiker und zur Selbsttäuschung neigenden Autodidakten, der fortan seine gesamte Karriere der Tätigkeit verdankt, die seine Frau hinter den Kulissen entfaltet. Während sie vorgibt, ihm andächtig zuzuhören, erteilt sie ihm weise Ratschläge; sie schreibt seine Reden gründlich um und verbessert sie entscheidend, wobei sie ihre Rettungsaktionen als Schönheitskorrekturen bezeichnet; sie bewahrt ihn vor fatalen Schnitzern, ohne ihre Eingriffe an die große Glocke zu hängen. Als der ebenso humorlose wie theatralische Shand entdeckt, was seine liebevolle, geduldige und kluge Frau für ihn getan hat, verachtet er sich selbst. Sie aber redet ihm gut zu und fordert ihn auf, in ihr Lachen einzustimmen: «Ich habe nichts Ungewöhnliches getan, John. Jeder Mann, der es weit gebracht hat, möchte gern glauben, daß er alles allein geschafft hat; und seine Frau lächelt und beläßt ihn in seinem Glauben. Das ist unser Treppenwitz. Jede Frau weiß Bescheid.»³⁵ Darum geht es Barrie. Maggie Wylie ist nicht die einzige, die das Geheimnis von der Macht der Frau mitbekommen hat. *Jede* Frau weiß Bescheid.

Aber Maggies Treppenwitz ist alles andere als ein Spaß. Die positive Reaktion auf Barries ziemlich unangenehme Aufdeckung der unter dem Deckmantel männlicher Vorherrschaft verborgenen Realität spricht Bände. Barries Psychogeschichte war natürlich ein besonderer Fall; er verkörperte in zugespitzter Form das Schicksal ewiger Unreife. Aber er brachte nicht einfach seine persönliche Eigenart in dramatische Form. Seine Darstellung eines ehelichen Verhältnisses – auf der einen Seite schamlose männliche Unfähigkeit, auf der anderen kamerascheue weibliche Klugheit – muß bei vielen Männern massenhaft innere Bilder und vage Erinnerungen geweckt haben, die ihnen die erste und prägende Liebe ihres Lebens ins Gedächtnis riefen, die zur Mutter. Wovon Barrie glaubte, daß es jeder Frau bekannt sei, war in Wahrheit ein Wissen, das die meisten Männer in ihrem beschwerten Unbewußten mit sich herumtrugen.

Geschichten und karikaturistische Darstellungen, die männliche Selbstsicherheit auf den Kopf stellen und die starke Frau zeigen, die ihren schwachen Mann terrorisiert, waren im 19. Jahrhundert gang und gäbe. Gewiß stellten Schriftsteller und Karikaturisten liebend gern Frauen wie Olga dar, die fügsame Heldin aus Tschechows Geschichte «Das Schätzchen», die sklavisch die Meinungen, ja sogar den Charakter, der Männer annimmt, die sie heiratet. Aber sie schilderten auch mit Gewinn Frauen, die ihren Herrn und Meister in der Öffentlichkeit nicht weniger als im Privatleben schurigeln. In seinem ersten abendfüllenden Bühnenstück *Ivanov* läßt Tschechow wie als Gegenfigur zur unterwürfigen Olga einen trunksüchtigen Gutsbesitzer Lyebedew auftreten, der alle wichtigen finanziellen Entscheidungen seiner Frau überläßt, vor der er Angst hat. Zola schildert in *Au Bonheur des dames*, seinem Roman über ein Pariser Kaufhaus, Mme. Bourdelais, die gerissene Einkäuferin, als eine hochsensible Frau, die ihren Mann um seines eigenen Besten willen bevormundet. Ebenso führt Samuel Butler in *The Way of All Flesh* George Pontifex als einen Mann ein, von dessen Frau «es hieß, sie führe das Regiment». Und Theodor Fontane trieb mit Frau Jenny Treibel in dem nach ihr benannten Roman sein hinterhältiges Spiel, um die Kluft zwischen offizieller Ideologie und nüchterner Wirklichkeit offenzulegen. Als eigensinnige und eigenwillige Frau eines reichen Berliner Bürgers preist sie mit kleidsamer Innigkeit «jene hohe Freude der Unterordnung, die doch unser schönstes Glück ausmacht und so recht gleichbedeutend ist mit echter Liebe».

Dabei aber verficht sie mit großem Eifer ihren Standpunkt und setzt normalerweise auch ihren Kopf durch.[36]

In der vielleicht bekanntesten Schilderung weiblicher Oberherrschaft, die sich im englischen Roman des 19. Jahrhunderts findet, verlieh Trollope dem Ausdruck «Bettgeflüster» einen neuen Sinn. Mrs. Proudie, die ehrgeizige Frau des unter ihrem Pantoffel stehenden Bischofs in dem Roman *Barchester Towers,* weiß genau, was sie will – und er zu wollen hat. Aber auch wenn diese vorgestellten Frauen wirklich Ehefrauen repräsentierten, die man in bürgerlichen Familien überall in der westlichen Welt antraf, erfaßten die literarischen Skizzen doch eher einen bestimmten Typus als ein allgemeines Faktum im Leben der bürgerlichen Epoche. Die Darstellungen waren nicht zuletzt deshalb populär, weil sie amüsant waren und entsprechend wenig Bedrohliches hatten. Aber trotz ihres Anscheins von Realismus verliehen sie der Strategie, die Frauen unter dem Vorwand niederzuhalten, daß sie Herrinnen waren, die sich für Sklavinnen ausgaben, kaum größere Glaubwürdigkeit.[37]

Wie der Mythos von der allmächtigen Frau sich bis in die Spätzeit des 19. Jahrhunderts erhielt, so auch sein Gegenstück, das Bild von der Frau als sanftem häuslichem Engel. Die alte verachtungsvolle Idealisierung konnte auf ein gerüttelt Maß Anhänglichkeit bauen. In protestantischen wie in katholischen Ländern zogen die Kirchgänger über das Gerede von Frauenemanzipation her und sahen darin schiere Gottlosigkeit; mit Vorliebe beriefen sie sich auf das erdrückende Zeugnis der Heiligen Schrift zum Beweis, daß Gott höchstpersönlich den Frauen eine rein häusliche Rolle zugedacht hatte. Der heilige Petrus hatte es schwarz auf weiß niedergelegt: «Desgleichen sollt ihr Frauen euren Männern untertan sein.» Und der heilige Paulus hatte sich dem angeschlossen; durch die Jahrhunderte zitierten Christen gern sein Verdikt, Frauen hätten in der Gemeinde den Mund zu halten. «Wollen sie aber etwas lernen, so lasset sie daheim ihre Männer fragen. Es steht der Frau übel an, in der Gemeinde zu reden.»[38] Dies sollte eigentlich genügen, und für viele religiös gesinnte Bürger tat es das auch.

Noch störender für den Kampf um die Beteiligung der Frauen am politischen Geschehen war der lautstarke Protest, der von links kam. Aus innerlich zwingenden, alles andere als uneigennützigen Gründen blieb der Antifeminismus unter den Progressiven lange Zeit eine gängige Haltung. Als im Jahr 1884 in den Debatten um das Reformgesetz die Frage des Frauenwahlrechts wieder einmal aufs Tapet kam, sprachen sich liberale Mitglieder des Parlaments mit dem Argument dagegen aus, Frauen seien aus Überzeugung Konservative und würden mit überwältigender Mehrheit die Konservative Partei unterstützen, wenn sie erst das Wahlrecht hätten. In katholischen Ländern fand dieses nörglerische Argument sogar noch heftigere Befürworter; die Antiklerikalen sorgten sich, die Frauen könnten nur allzu bereit sein, sich ihre politischen Ansichten von ihren Beichtvätern eingeben zu lassen. In dieser Frage hatte Jules Michelet den Radikalen am Ausgang des bürgerlichen Zeitalters das Stichwort geliefert. «Unsere Frauen und Töchter werden erzogen«, bemerkte er Mitte des Jahrhunderts, «werden geführt *von unseren Gegnern*» – er meinte natürlich die Priester–, «den Feinden der Revolution und der Zukunft».[39] Welche Konsequenzen daraus zu ziehen waren, lag auf der Hand.

Die Sozialisten und Radikalen in Frankreich waren sich einig, daß die Frauen gründlich umerzogen – das heißt, der kirchlichen Bevormundung entwöhnt – werden mußten, ehe man sie mit dem Stimmrecht betrauen konnte.[40] Die Entwöhnung ging allem Anschein nach schmerzhaft langsam vonstatten. Im Jahr 1877 läutete Léon Richer, der als Begründer der Französischen Liga für Frauenrechte über jeden Verdacht erhaben war, die Alarmglocke: «Von neun Millionen volljährigen Frauen würden nur einige Tausend frei wählen; der Rest würde den Anweisungen des Beichtvaters folgen.» Nach jahrzehntelangen republikanischen Bemühungen um die Säkularisierung des Bewußtseins der Französinnen konnte noch 1907 Georges Clemenceau, das unumstrittene Haupt der Radikalen Partei, in Michelets Sinn argumentieren; die Frauen, behauptete er, seien «völlig durchdrungen von der Sakristei». Ohne Frage übten «sie fast ihren ganzen Einfluß zum Wohle der reaktionären Parteien».[41] Darauf konnte Hubertine Auclert, die für das Frauenwahlrecht in Frankreich eintrat, nur mit dem Vorwurf reagieren, Redner wie Clemenceau seien kurzsichtig, anmaßend und inkonsequent; sie wollten Gleichheit, aber nur für sich selbst.

Auch in Deutschland herrschte das Prinzip, daß einige Menschen gleicher als andere seien. Im Jahr 1896 sprach sich eine der ersten Ärztinnen des Landes, Hope Bridges Lehmann-Adams, für die Zulassung von Frauen zu medizinischen Fakultäten aus und griff dabei auf eine der von Wollstonecraft geschätzten Thesen zurück: «Die Wissenschaft hat kein Geschlecht.»[42] Aber wie ihr Vorbild vermochte auch sie nichts gegen die Entschlossenheit derer, die partout auf die weibliche Intelligenz herabsehen wollten. Im Jahr 1900 veröffentlichte Paul Julius Möbius, ein Leipziger Psychiater mit literarischen Ambitionen, unter dem Titel *Über den physiologischen Schwachsinn des Weibes* eine übellaunige Polemik, in der er den Antifeminismus auf die Spitze trieb. Seine Argumentation war geläufig, eigentümlich war nur seine Heftigkeit. Das Geschlecht, so Möbius, spiele eine grundlegende Rolle. Die Frau sei dem Manne hoffnungslos unterlegen, sowohl geistig als auch körperlich. Gestützt auf zweifelhafte anatomische Behauptungen, puerile Fragestellungen und überholte Klischees, kam er zu dem Ergebnis: «Körperlich genommen, ist ... das Weib ein Mittelding zwischen Kind und Mann, und geistig ist sie es, wenigstens in vielen Hinsichten, auch.»[43] Als Verfasser einer Arbeit über Schopenhauer erwies sich Möbius als ebenso hemmungsloser wie getreuer Schüler des berühmten Frauenhassers. Daß die Frau dem Mann hoffnungslos unterlegen sei, war nach seinem Befund darauf zurückzuführen, daß bei ihr die für intellektuelle Arbeit wichtigen Hirnpartien weniger hochentwickelt seien als beim Mann. Die Anatomie war das Schicksal – nicht Erziehung, Ausbildung, Milieu. Daher der provokative Titel, durch den Möbius die Frauen für _physiologisch_ schwachsinnig erklärte. Schließlich sei das weibliche Gehirn im Durchschnitt kleiner und leichter als das männliche; selbst bei Tätigkeiten mit geringem Kraftaufwand, in denen die Frauen angeblich brillierten, würden sie bald schon von Männern übertroffen.

Nach Möbius' Überzeugung mußten die Männer den Frauen nur unmißverständlich klar machen, daß sie für irgendwelche Frauenrechtspropaganda nichts übrig hatten, und schon würde die «widernatürliche» Frauenbewegung zum Erliegen kommen. «Die Natur ist eine strenge Frau und bedroht die Verletzung ihrer Vorschriften mit harten Strafen.» Für Möbius stand fest – für ihn stand immer alles fest: _«Der Instinkt nun macht das Weib tierähnlich, unselbständig, sicher und heiter.»_[44] Möbius selbst, allem empörten Aufschrei seiner Kritiker zum Trotz, konnte zweifellos ebenso sicher und heiter sein. Er hatte allen Grund dazu; seine Schmähschrift wurde vielfach und mit Wohlwollen rezensiert; sie erlebte rasch hintereinander zahlreiche erweiterte Auflagen. Möbius' einfallsreicher Verleger nutzte die Popularitätswoge und fügte jeder neuen Ausgabe Auszüge aus Rezensionen bei, zustimmenden ebenso wie ablehnenden, sowie aus Leserbriefen, von denen manche ganz schön brutal waren. Bis 1906 hatte das Büchlein schon acht Auflagen erreicht und war im Umfang stark angeschwollen.[45] Den Frauen Blödheit vorzuwerfen, war offenbar schick.

Daß Möbius' Popularität so lange anhielt, ist ein unbeabsichtigter Beweis für die Haltbarkeit der männlichen Phantasien von der machtvollen, verderbenbringenden Frau; denn nur Männer, die sich fürchteten, hatten es nötig, an eine so überzogene und absurde These zu glauben. Kein Wunder, daß sich die Sphinx im modernen Gewand, die sogar noch todbringender vorgestellt worden war als die mythologische Gestalt der alten Griechen, bei Dichtern, Malern und Buchillustratoren unverändert großer Beliebtheit erfreute. In ihren neuen Verkörperungen erschien sie gewöhnlich nicht als Opfer des Ödipus, sondern als seine Bezwingerin.

Selbst wenn sie nicht damit beschäftigt war, Männer zu morden, stand sie jedenfalls für das Geheimnis Frau. Es war nur recht und billig, daß als Titelbild von *La Femme à Paris*, dem üppig bebilderten Überblick über die Pariser Frauen der damaligen Zeit, die Sphinx figurierte.[46]

Selbst die alte Schote von der Frau als geschwätziger Klatschbase hielt bis zum Ende der viktorianischen Jahrzehnte so ziemlich durch. Ihr Überleben dokumentierte Theodor Fontane in seinem Roman *L'Adultera*. Er bezeichnet dort «das Plauderbedürfnis» als «das tiefste Bedürfnis der Frauennatur».[47] Solche leichtfertigen Verleumdungen hatten praktische Folgen; ein Argument gegen die Ausbildung von Frauen für den ärztlichen Beruf lautete, sie seien nicht imstande, das Prinzip der ärztlichen Schweigepflicht einzuhalten.[48] Vor dem Hintergrund dieser anmaßenden und verletzenden Beschuldigungen muß man die ernsthaften Erwiderungen sehen, in denen Frauen leidenschaftlich darauf bestanden, vertrauenswürdig, seriös und verschwiegen zu sein. Wie lange sie solche Beschuldigungen schon ertragen mußten, daran wollten die Frauen gar nicht denken.

3. Eine verdammte Meute schreibwütiger Frauen

Noch ehe die Frauen des Mittelstandes schmale Ausgangsbasen im Bereich der höheren Bildung und der akademischen Berufe zu erobern und zu halten vermochten, hatten sie jenseits von Hausfrauendasein, Mutterschaft, Lehrerinnenberuf und Pflegetätigkeiten eine weithin sichtbare Karriere entdeckt: das Schreiben für Geld. Artikel, Gedichte, Romane, Reisebücher und Ratgeber – das alles war Ausweis einer Berufung, die ebenso mühsam zu erlangen wie schwierig zu behaupten war. In den Anfangsjahren der Regierungszeit Königin Victorias waren Schriftstellerinnen bereits vertraute, wenn auch nicht allgemein geschätzte Erscheinungen, Vorkämpferinnen bei der für das Zeitalter charakteristischen Neubestimmung der Rollen.

Viele männliche Autoren, die sich bedrängt fühlten, verurteilten die Eindringlinge als entschieden zu anmaßend. In ihrer Unsicherheit reagierten die meisten Autorinnen ambivalent auf die Anwürfe. Einige wenige, die stolz auf diese interessante und ehrbare Art waren, sich ihren Lebensunterhalt zu verdienen, ließen sich nicht einschüchtern, auch wenn das bedeutete, daß sie ihren etablierten männlichen Kollegen auf die Füße traten. Das waren jene Frauen, die Samuel Johnson Mitte des 18. Jahrhunderts «Amazonen der Feder» getauft hatte. Aber sogar sie wurden, wie wir sehen werden, wegen ihrer aggressiven Haltung von

Gewissensbissen angewandt. Den meisten Schriftstellerinnen fiel es schwer, sich über die Barrieren hinwegzusetzen, die männlicher Hochmut und eine innerfamiliäre Ablehnung schreibender Frauen vor ihnen aufrichteten. Was Anna Freud als Identifikation mit dem Aggressor bezeichnet hat, war für sie eine allgegenwärtige Erfahrung, wenn sie etwa Kolleginnen vorwarfen, Dreigroschenschund zu produzieren, oder selbstverleugnend einräumten, daß große Literatur die Domäne der Männer bleibe. Die nur zu vertraute Entscheidung vieler Schriftstellerinnen des 19. Jahrhunderts, sich hinter einem männlichen oder geschlechtsunspezifischen Pseudonym zu verstecken – George Sand, George Eliot, Currer Bell, Otto Stern, Ossip Schubin, E. Marlitt, Ouida –, war überdeterminiert. Aber ein gewichtiger Grund dafür war das geringe Selbstwertgefühl, das so viele von ihnen zögern ließ, ihren Platz unter den Literaturschaffenden einzunehmen.

Die Karrieren der Schriftstellerinnen des 19. Jahrhunderts stellen demnach einen erhellenden Testfall für die Geschichte der Aggressivität dar – eine Geschichte aus Angriff, Gegenangriff und nur zu häufiger, mehr oder minder mitleiderregender Kapitulation vor selbstsüchtigen männlichen Urteilen. Sie sind auch deshalb erhellend, weil es praktisch unmöglich ist, bei den Fortschritten, die in der viktorianischen Zeit Frauen im Literaturgewerbe machten, die konstruktiven und die destruktiven Elemente auseinanderzuhalten. Was viele Autoren und Verleger als nackte weibliche Aggression empfanden, wurde von anderen als Quelle neuen Talents begrüßt. Das Ganze ging keineswegs in erbitterten Revierkämpfen auf. Unter dem Eindruck des beträchtlichen Lesepublikums, das die ideenreichsten Schriftstellerinnen zu mobilisieren verstanden, beugten sich Herausgeber und Redakteure diesem einträglichen Beweis für Fähigkeit und Begabung. Auch die Leser lernten die Frauen schätzen, die ihnen ein Lesevergnügen bereiteten – nicht voll Staunen darüber, daß Frauen überhaupt zu überzeugenden Leistungen imstande waren, sondern einfach deshalb, weil ihre Leistung überzeugte. Wie in anderen Bereichen war auch in der Literatur Aggressivität ein vetracktes Gemisch aus Widerstreit und Anpassung. Wir werden sehen, daß die Waffenstillstände nie endgültig waren; alte Zweifel an der Qualifiziertheit der Frauen tauchten immer wieder auf, und zwar an den überraschendsten Stellen. Die Schriftstellerinnen mußten feststellen, daß die Äußerungen mancher ihrer Parteigänger denen ihrer Feinde verdächtig ähnlich klangen.

Im 17. Jahrhundert avancierten eine Handvoll vorwiegend skandalumwitterter Frauen zu bekannten Autorinnen; das Zeitalter der Aufklärung erlebte eine weitaus respektablere weibliche Gruppe: Fanny Burney in England, Sophie von La Roche in Deutschland, Madame de Staël in

Frankreich. Aber erst in den Jahrzehnten des bürgerlichen Zeitalters führten sie das Schreiben als ernsthaft betriebene Heimarbeit ein. Frauen, so stellte W. R. Greg Ende der fünfziger Jahre des letzten Jahrhunderts fest, «sind die Hauptleser von Romanen; sie sind auch, seit einiger Zeit zumindest, ihre hauptsächlichen Verfasser». Warum die Frauen in diese Form, sich den Lebensunterhalt zu verdienen, hineindrängten, war damals unschwer einsichtig. Die Hemmnisse, die eine Dichterin oder Romanschriftstellerin überwinden mußte, waren geringfügig im Vergleich mit denen, die ihr den Weg in die akademischen Berufe, ganz zu schweigen von der Politik, verlegten. Sie konnte zu Hause schreiben, ohne aufzufallen und ohne ihre hausfraulichen Pflichten zu vernachlässigen; sie brauchte kein Kapital, keine Schulung, keine höhere Bildung – nichts als einen Tisch, Schreibutensilien und ein paar verstohlene Stunden. Frauen, stellte Greg fest, «haben nichts zu tun, und die gebildeten unter ihnen wissen mit der Schreibfeder umzugehen».[1] Das war eine nicht untypische männliche Reaktion, nachsichtig und leicht beunruhigt.

Männliche Literaten hatten schon lange etwas gegen schreibende Frauen. Schon seit dem späten 17. Jahrhundert, als die amüsante, zügellose Stücke- und Romanschreiberin Aphra Behn musterbildend wirkte, hatten sie in deren schriftstellernden Geschlechtsgenossinnen provokative Aggressorinnen gesehen. Keine Frage, daß Aphra Behn mit ihrer unverhohlen erotischen Literatur provokativ *war*. Und das galt auch ein Jahrhundert später für Mary Wollstonecraft mit ihrem radikalen Frauenemanzipationsprogramm. Auf seine sauertöpfische Art sprach Horace Walpole für die Mehrzahl der Männer, wenn er sie als «Hyänen in Unterröcken» beschimpfte.[2] Der bloße Anblick publizierender Frauen beschwor im «Zeitalter der Autoren», um Samuel Johnsons Ausdruck zu gebrauchen, die Schreckensvision unwillkommener Konkurrenten herauf. Eine merkwürdige Erscheinung waren sie für die Männer auf jeden Fall; um die Mitte des Jahrhunderts machte sich Johnson, der gebildete Frauen mochte, Sorgen wegen jener schreibwütigen Amazonen, die «der männlichen Tyrannei die Stirn bieten» und offenbar «entschlossen sind, der Männerwelt ihre widerrechtlichen Besitzansprüche zu bestreiten».[3] Er war darüber nicht wenig verwundert.

Anfang des 19. Jahrhunderts mischte sich Beunruhigung in die Verwunderung. Im Jahr 1807 äußerte Goethe beim Anblick von Porträtbildern der versierten Berufsmalerin Karoline Bardua gegenüber einem befreundeten Besucher: «Kunstarbeiten von Damen setzen einen jedes Mal in Verwunderung, geben aber nie Gelegenheit zur Bewunderung.»[4] Ganz ähnlich war auch die schreibende Frau noch immer außergewöhnlich genug, um ungläubiges Staunen zu erregen.[5] Und die Angst, die angriffslustige weibliche Autoren ihnen machten, setzten männliche Autoren, denen es an Selbstvertrauen fehlte, in gegenaggressive Tadelsucht um. Im Dezember 1836 schickte Charlotte Brontë, die noch nichts hatte veröffentlichen können, aber den Mut nicht sinken ließ, ein paar ihrer Gedichte an Robert Southey, den gefeierten Dichter. Nach besorgniserregend langem Schweigen schickte er eine frostige Antwort, drängte sie, Dichtung «um ihrer selbst willen» und «nicht mit Blick auf den Ruhm» zu schreiben, und ermahnte sie streng, sich keinen Träumereien hinzugeben. «Literatur kann nicht das Geschäft eines Frauenlebens sein und sollte es auch nicht.» Das Schreiben störe die Frau nur bei der Erfüllung der ihr zugemessenen Aufgaben: «Je mehr sie sich ihren angestammten Pflichten widmet, um so weniger Zeit wird sie dafür haben, selbst wenn sie es nur zur Kultivierung ihres Geistes und zur Erholung betreibt.»[6]

Diese Einstellung verlor sich nur schwer. Noch im Jahr 1911 beklagte der vielgelesene Romanschriftsteller Henry Bordeaux in einer Rede vor einer Gruppe konservativer Frauen die Art, wie die moderne Frau sich in der Öffentlichkeit zur Schau stelle und dabei den armen Ehemann zur Rolle eines Prinzgemahls verurteile, während sie selbst ihre häuslichen Pflichten vernachlässige: «Die Hausfrau unserer Tage schreibt Gedichte oder Romane»; sie habe ihre angestammte Kunst – die Kochkunst – praktisch an den Nagel gehängt. «[Die Kochkunst] stirbt, und sie schreibt Romane.» Kehrte Molière auf die Erde zurück, er würde solche Blaustrümpfe noch mehr verdammen als er das zwei Jahrhunderte zuvor in seinem Stück Les Femmes savantes (Die gelehrten Frauen) getan hatte.[7]

Ein paar Sympathisanten begrüßten das neue weibliche Selbstbewußtsein. «Sie sind zahlreich, die literaturschaffenden *spinsters* des Vereinigten Königreichs», stellte ein französischer Kommentator, E.-D. Forgues, im Jahre 1860 beifällig fest; er versprach sich vom «Einwirken des Frauenromans» einen «heilsamen» Einfluß auf jene jungen Frauen, die prägend für die nächste Generation sein würden, und beneidete die Engländer darum.[8] «Eines der merkwürdigsten und pikantesten Kapitel in der Weltgeschichte», schrieb zwei Jahre danach der Journalist Charles de Mazade, «wird dasjenige sein, das die großartige Macht der Frauen in ihrer Unwiderstehlichkeit und Vielgestaltigkeit nachzeichnet.» Sicher, die Frauen fänden keine Aufnahme in die Académie française, aber sie «kürten» die Mitglieder der Académie, indem sie ihre bezaubernde Herrschaft ausübten, und sie schrieben Bücher![9] Die meisten männlichen Verfasser aber führten ihre weiblichen Konkurrenten als weiteren Beleg für abnorm militantes Verhalten an.

Mit den Ängsten der männlichen Autoren konnten die der weiblichen ohne weiteres mithalten. «Wäre ich ein Bursche, ich würde frohgemut nach allen Seiten Schwerthiebe austeilen und den Rest der Zeit schriftstel-lern», schrieb George Sand im Mai 1835. «Aber da ich kein Bursche bin, werde ich das Schwert sein lassen und mich an die Feder halten, deren ich mich auf die unschuldigste Weise von der Welt bedienen werde.»[10] Am Anfang einer großen Karriere stehend, experimentierte sie rastlos mit Leben und Literatur; zwei Jahre vorher hatte sie ihren in der Tradition Byrons stehenden Roman *Lélia* veröffentlicht, und ihr Publikum fing an, sie mit dem Pseudonym zu identifizieren, das sie im Jahr davor angenom-men hatte. Die Bedeutung ihrer beiläufig verwendeten Metapher von Schwert und Feder sticht in die Augen. Da sie kein Bursche war – damals setzte ihr das Schicksal, nur eine Frau zu sein, hart zu –, duckte sie sich und machte sich so klein, so «unschuldig» wie irgend möglich; da die Natur ihr auf immer versagt hatte, die lange spitze Waffe des Mannes zu führen, entschied sie sich für einen Ersatz, der seinerseits lang und spitz genug war und der auf seine Weise ebenso gut Wunden schlagen konnte wie ein Schwert. Ohne zu wissen, was sie tat, gab sie zu verstehen, daß Schreiben ein Sport für Frauen nicht weniger als für Männer sein konnte, vorausgesetzt, die Frau bewaffnete sich mit dem Instrument, das sich als Männlichkeitssymbol förmlich aufdrängte. Das waren damals die Jahre, in denen George Sands Kritiker sie als abartiges Wesen, als Mannweib zu beschreiben pflegten.

In dieser Atmosphäre des Unbehagens und der gegenseitigen Beschul-digungen fühlten sich die Befürworter einer weiblichen Literatur ge-drängt, Partei für die Frauen zu ergreifen. Mitte des Jahrhunderts wurden sie von Robert Prutz, einem deutschen Bühnenautor, Dichter, liberalen Publizisten und Literaturtheoretiker, nachdrücklich willkommen ge-heißen. Ziere denn nicht Europas strahlendster Lorbeer die Stirn von George Sand, die nicht nur unter den weiblichen Autoren, sondern unter den Schriftstellern überhaupt den ersten Platz einnehme? Bei einer Mu-sterung der zeitgenössischen Literatur müsse man notwendig auf schrei-bende Frauen zu sprechen kommen. Die Frauen seien zu einer Macht in der Literatur geworden. Für Prutz war diese Entwicklung Teil der großen Befreiungsbewegung, die er im 19. Jahrhundert vor sich gehen sah.[11] Un-gefähr um die gleiche Zeit vertrat G. H. Lewes, der Literaturkritiker und Biograph, der bald danach George Eliots Lebensgefährte wurde, mit bio-logischen Argumenten die Sache der romanschreibenden Frauen. Nach einem Streifzug durch die Romane von George Sand, Jane Austen, Char-lotte Brontë, Mrs. Gaskell und weniger bekannten Autorinnen kam er zu dem Schluß: «Unter allen Sparten der Literatur ist die Prosadichtung das Genre, für das sich ihrer Natur und den äußeren Umständen nach Frauen am besten eignen. Man wird natürlich finden, daß außergewöhnliche

Frauen auch in anderen Sparten höchst erfolgreich sein können; aber allgemein betrachtet, sind Romane ihre Hauptstärke.»[12] Das war ein zweischneidiges Kompliment; die Vorstellung von einer natürlichen Arbeitsteilung zwischen Mann und Frau war lange benutzt worden, nicht um berufstätige Frauen willkommen zu heißen, sondern um auf sie herabzusehen. Bei jedem, der mit den Ansprüchen der Frauen irgend sympathisierte, mußte Lewes' wohlmeinende These von der literarischen Berufung der Frau einen bitteren Nachgeschmack hinterlassen.[13]

Lewes aber nutzte Klischeevorstellungen von der weiblichen Natur im Sinne ihrer eigenen Demontage, indem er aus gängigen Schablonen ungewöhnliche Folgerungen zog. Gerade deshalb, weil Frauen mit Gefühlen vertrauter seien als Männer, «verheißt das Aufkommen einer weiblichen Literatur weibliche Lebenssicht, weibliche Erfahrung, mit anderen Worten, ein neues Element». Mit ihrer «stärkeren Zärtlichkeit, ihrer umfassenderen und tieferen emotionalen Erfahrung» werde die Frau der Literatur großen Nutzen bringen.[14] Wenn eine Frau *Tom Jones* oder *Vanity Fair (Jahrmarkt der Eitelkeiten)* nicht hätte schreiben können, so hätte ein Mann *Pride and Prejudice (Stolz und Vorurteil)* nicht schreiben können. Jane Austen sei «die größte Künstlerin, die je geschrieben habe»; ihr «Gesichtskreis» sei zwar «eingeschränkt», aber «vollkommen». Einen ihrer Romane zu lesen komme «wirklichem Erleben gleich».[15] Ein größeres Lob gab es für Lewes nicht.

Mit diesem abgewogenen, leicht zweifelhaften Lob stand Lewes ziemlich allein. Selbst Kritiker, die ihre Wertschätzung weiblicher literarischer Talente bekundeten, waren rasch bei der Hand damit, sich über unausrottbare Schwächen zu beklagen. In seiner angesehenen, damals einflußreichen Geschichte der neueren deutschen Literatur zollte Rudolf von Gottschall dem Beitrag der Frauen zur zeitgenössischen literarischen Produktion Anerkennung – allerdings in Grenzen: «Noch mehr als der historische Roman bot der Zeitroman den schriftstellernden Frauen ein willkommenes Terrain dar; denn, was ihm unentbehrlich ist, eine glückliche Auffassung des sozialen Lebens, scharfe Beobachtungsgabe, Takt, Anmut der Schilderung, das sind gerade Vorzüge, welche dem mehr passiven und reproduktiven Talent der Frauen eigentümlich sind. Zu einem größeren Kunstwerke von plastischer Vollendung, das eine Idee harmonisch beseelt, reicht die Darstellungsgabe der meisten Frauen nicht aus.» Ihre Romane seien in der Mehrzahl verkappte Tagebücher.[16] Hier nahm die Würdigung aggressive Form an.

Bei solchen Bewunderern hatten die Frauen schwerlich Anschwärzer nötig. Aber an diesen fehlte es nicht, und zu ihnen gehörte George Eliot. Im Jahr 1856, als sie selbst im Begriff stand, nach Jahren des Studierens,

Redigierens und Rezensierens Romanliteratur zu schaffen, beschloß sie, in «Silly Novels by Lady Novelists» die Frauen auf die Schippe zu nehmen. Ganz unverkennbar spielte der Titel auf den etliche Jahre älteren wohlwollenden Überblick von Lewes an und distanzierte sich davon. In dem Stück, dem wohl amüsantesten, das sie geschrieben hat, ließ sie ihrem Witz in polemischer Absicht freien Lauf. George Eliot hatte nichts Prinzipielles gegen die «Romandamen»; sie nahm nur Anstoß daran, daß Schriftstellerinnen ihrer Zeit den reinen Literaturstrom mit einer Schlammlawine von Trivialliteratur verschmutzten. Die Romane, die George Eliot am abstoßendsten fand, führten übermenschliche Heldinnen vor, die ebenso schön wie gebildet, witzig und fromm waren. In den Zuckerbäckermilieus, die sie mit ihrer Gegenwart zierten, stand wie in der besten aller möglichen Welten alles zum besten – oder war, genauer gesagt, alles darauf abgestellt, sich zum besten zu wenden. Die Kitschigkeit dieser Romane hatten nach Eliots Ansicht ihren Grund in der schieren Weltfremdheit der Autorinnen. Verfaßt wurden sie in duftenden Boudoirs von hirnlosen Damen.[17] George Eliot wollte den albernen Romanautorinnen nicht einmal zugute halten, daß «die Gesellschaft sie von anderen Bereichen der Berufstätigkeit ausschließe». Keine Frage zwar, daß «die Gesellschaft ein höchst schuldbeladenes Wesen ist», aber «auf eine Frau, die gezwungen ist zu schreiben, kommen drei, die es aus Eitelkeit tun». Glücklicherweise – und hier endlich brach sich George Eliots Stolz auf den eigenen Intellektuellenstatus Bahn – legten große Namen Zeugnis davon ab, daß «Frauen Romane schreiben können, die nicht nur gut sind, sondern zu den besten gehören».[18] Fest steht, daß die Geschichte der Aggressivität eine Geschichte der auf subtilste Weise gemischten Gefühle ist.

In ihrer ebenso klugen wie erbarmungslosen Abhandlung versäumte George Eliot, ihrer vielversprechenden Diagnose von der erzwungenen Weltfremdheit der Frauen nachzugehen, die auf den Kernpunkt der weiblichen Beeinträchtigungen zielt. Die Erfahrungswelt schreibender Frauen in der viktorianischen Zeit litt nicht nur unter Beschränkungen, sondern auch unter Entstellungen. Besonders in der ersten Hälfte des Jahrhunderts war allen gebildeten Frauen in Europa und den Vereinigten Staaten, sogar in Familien, wo sie mit Lektüre versorgt und zu Schreibversuchen angeregt wurden, ihr Schicksal vorgezeichnet: Ehe und Mutterschaft. Oft erfuhren sie den Ruhm und das Quentchen Glück, die ihnen dank erfolgreicher Romane zuteil wurden, als eine Anomalie und eine Last, die kaum dadurch leichter wurde, daß anpassungsbereitere Geschlechtsgenossinnen sie reichlich mit moralinsaurer Mißbilligung bedachten. «Literatur», schrieb die englische Autorin Jane West unmittelbar nach 1800 schulmeisterlich, «ist für uns ein Zierat oder eine Unterhaltung, keine Pflicht oder Berufung; und wenn sie mit solchem Eifer betrieben wird, daß sie uns von den eigentlichen Zwecken, für die wir geschaffen sind, ablenkt, wird sie zur Missetat.»[19] Ein männlicher Konkurrent hätte den weiblichen Ehrgeiz nicht schärfer tadeln können.

In den Tagebüchern und Briefen dieser unschuldigen Missetäterinnen stößt man immer wieder auf kleine Ausbrüche von Schuldgefühlen oder auf das Bewußtsein, in einer feindlichen Welt eingekerkert zu sein. Mit Anfällen von Reue erfüllte sie, was sie selber als Flucht vor, ja geradezu als Verrat an der hausfraulichen Existenz ansahen, die Gott ihnen zugedacht hatte. Zu Anfang des Jahrhunderts erklärte die schottische Romanautorin Mary Brunton im Vorwort zu einer Sammlung ihrer Schriften, sie sei sich «absolut sicher, daß kein Stück – nein, nicht einmal das kleinste Quentchen – meiner Zufriedenheit je der Popularität meines Buches entstammen kann, hinausgehend über den Nutzen, den ich ihm beimessen zu dürfen meine». Das war mehr als bloß eine Pose kleidsamer Bescheidenheit. «Wie der Leser sehr wohl weiß, würde ich lieber unbekannt meine Bahn durch die Welt ziehen, als Ruhm zu ernten (von *genießen* will ich gar nicht reden) – möge dieser auch noch so gleißend sein.» Ihr Wunsch nach Unscheinbarkeit war keine bloße Marotte; das Los der schreibenden Frau war, wie Brunton in einer atemlosen Sequenz von Gedankenstrichen kundtat, bitter. «Angestarrt zu werden – aufzufallen und zu Bemerkungen Anlaß zu geben – in Verdacht zu kommen, man wolle sich als Literatin aufspielen – als schreibende Frau von den eigenen bescheideneren Geschlechtsgenossinnen gemieden und von den anmaßenden Vertretern des anderen Geschlechts verabscheut zu werden – mein Gott, lieber noch würde ich als Seiltänzerin auftreten.»[20]

Auch andere ebenso unerschrockene wie ungeliebte Seiltänzerinnen berichteten von den Schwindelanfällen, von denen sie heimgesucht werden. Maria Sedgwick, die Autorin von so beliebten Romanen wie *Hope Leslie*, hielt Mitte der 30er Jahre in ihrem Tagebuch fest, daß ihre «Existenz als Schriftstellerin immer als etwas Nebensächliches erschien». Schreibende Frauen, die häufig auf einen idealisierten Vater zurücksahen, der ihnen freien Zugang zu seiner Bibliothek gestattet hatte, mochten stolz sein auf ihren geistigen Wagemut – ihren hohen Bildungsstand, ihre Kenntnis des Französischen und des Deutschen. Rebellisch äußerte die erfolgreiche Romanautorin Augusta J. Evans im Jahr 1862 gegenüber einer Freundin: «‹Weiblich› zu sein ist schwerlich ein Synonym für ‹charakterschwach, schwachsinnig oder flatterhaft›.»[21] Und doch beneideten aus leicht ersichtlichen Gründen nicht wenige dieser Schriftstellerinnen die Männer. Im Jahr 1851 sprach Mary Virginia Terhune stellvertretend für ihre geplagten Geschlechtsgenossinnen, als sie erklärte: «Ein Mann, meine Liebe, geht in die weite Welt, um sich zu schlagen, angefeuert von der Gegenwart und der Anteilnahme seiner Genossen; jede seiner Handlungen wird beobachtet und getadelt oder gutgeheißen – während die Frau ihren Schlachtplatz *im Inneren* findet – Ach, die qualvollen und schrecklichen Schlachten, die in diesem geheimen Bezirk ausgetragen werden! Die Siege, die niemand bejubelt außer Engeln, die zugesehen und mitempfunden haben – und die Niederlagen, nach denen sie sich quält, immer noch ohne ein Wort der Klage, vielleicht bis zuletzt mit einem Lächeln.»[22] Menschen wie Terhune verkörperten ein Paradox, das die Frauen des 19. Jahrhunderts, die literarisch tätig waren, verfolgte: das Paradox von Schriftstellerinnen, die sich in faszinierender Prosa darüber beklagten, Schriftstellerinnen zu sein. «Neid, Boshaftigkeit und völlige Unnachsichtigkeit», betrübte sich im Jahr 1836 die englische Dichterin Letitia Elizabeth Landon, «darin besteht für eine Frau der Lohn einer erfolgreichen literarischen Karriere.»[23] Das Spiel schien schwerlich die paar flackernden Kerzen wert, die es einbrachte.

Die wenigen Romanwerke, in denen Schriftstellerinnen eine Heldin schildern, die selber die Feder führt, präsentierten die Berufsgenossin als mehr oder minder freiwilliges Opfer – als bereit, fast schon begierig, auf den Ruhm um der Ehe willen zu verzichten. Da gibt es Beulah, die Heldin des gleichnamigen, im Jahr 1859 erschienenen Romans von Augusta Evans, wahrscheinlich die traurigste Heldin der ganzen bürgerlichen Romanliteratur, die ständig in Tränen ist. Trotz ihrer durchgängigen Depression entwickelt sich Beulah zur ebenso brillanten wie reizenden Verfasserin philosophischer und theologischer Essays. Aber ihr Vormund, den sie zu guter Letzt ehelichen wird, warnt sie vor dem Sirenengesang öffentlicher Anerkennung: «Ein Ehrgeiz wie der deine, der sich auf literarischen Ruhm richtet, ist der tödlichste Feind eines glücklichen Lebens.» Aggressivität und Glück sind unvereinbar – für Frauen: «Der Mann muß sich mit dem Beifall der Welt begnügen, aber das Herz der Frau kennt heiligere Idole.» Widerspenstig, eigensinnig – und in Tränen – verweigert sich Beulah der Lehre von den getrennten Sphären weitere hundert Seiten lang, ehe die Liebe ihren Hunger nach Berühmtheit besiegt. Als der Held von ihr fordert, sich zwischen zwei Despoten, dem Ehrgeiz und ihm selbst, zu entscheiden, zögert sie nicht: «Nun», sagt sie zu ihm mit geröteten Wangen und niedergeschlagenen Augen, «wenn ich denn einen Tyrannen haben muß, ich glaube, dann möchte ich lieber dir gehören. Fortan wird Beulah für ihren Mann da sein und wird ihre ausschließliche Aufgabe darin sehen, ihn zu christlicher Frömmigkeit zu bekehren.»[24] Soviel zum Autorinnendasein.

Die talentierte Frau des 19. Jahrhunderts erlebte den Konflikt zwischen Unabhängigkeit und Hausfraulichkeit, Kunst und Liebe, als herzzerreißendes Dilemma. In dem 1879 erschienenen Roman *The Story of Avis*, der von einer Malerin handelt, die für einen untreuen, arbeitslosen Mann und zwei kleine Kinder sorgen muß, bietet Elizabeth Stuart Phelps eine anschauliche Darstellung des Falles: «Frauen wissen – niemand sonst als Frauen –, was für ein trauriges Irrlicht diese alte, gängige, fast hätte ich gesagt abgedroschene Geschichte ist, sich zu sagen, ‹Sobald die herbstlichen Näharbeiten erledigt sind›, ‹Sobald das Baby laufen kann›, ‹Sobald der Hausputz vorbei ist›, ‹Sobald die Gäste weg sind›, ‹Sobald wir den Keuchhusten hinter uns haben›, ‹Sobald ich mich etwas kräftiger fühle›, schreibe ich ein Gedicht oder lerne eine Sprache oder widme mich der großen Nächstenliebe oder schaffe die Symphonie; dann handele, wage, träume, werde ich.»[25] Diesen Hemmnissen, die der Entwicklung weiblicher Talente im Wege standen, versäumte George Eliot Rechnung zu tragen. Voll Verachtung für die albernen schreibenden Damen bewaffnete sie sich, um ihren Streit vor aller Welt auszutragen, und schlug sich dabei nicht auf die Seite der Opfer ihrer Kultur, sondern auf die der Angreifer.

Nicht daß die Angreifer ihre Hilfe nötig gehabt hätten. 1855, ein Jahr bevor Eliot den Schaden durch ihren Spott noch schlimmer machte, äußerte Nathaniel Hawthorne gegenüber seinem Freund und Verleger William Ticknor mißmutig, die Zeit tauge nicht für den neuen Roman, an dem er arbeite. «Amerika ist jetzt völlig in der Hand einer verdammten Meute schreibwütiger Frauen, und solange der Publikumsgeschmack auf diesen Schund fliegt, hätte ich keinerlei Erfolgschance – und müßte mich schämen, wenn ich eine hätte.» Diese Frauen verkauften ihre Bücher «zu Hunderttausenden».[26] Über die schreibwütigen Frauen herzuziehen wurde fast zu einem Muß. Noch im Jahr 1892 zog Henry James in seiner Geschichte «Greville Fane» dramatische Spannung aus dem Gegensatz zwischen dem ehrlich engagierten, aber in finanzieller Not lebenden männlichen Erzähler und einer relativ wohlhabenden weiblichen Schriftstellerin. Der Erzähler glaubt ans «schwer Zugängliche» und an eine Literatur, die «eine ungeheure Arbeit des Formens» verlangt, während sie drei Romane pro Jahr produziert, keinerlei literarische Ansprüche hat und nie auf die Idee kommt, «daß sie nicht einen einzigen Satz zur Sprache beigetragen hatte».[27] James Waffe ist die sanfte Ironie, aber unmittelbar unter der Oberfläche spürt man die Kränkung, die der Triumph der Frau ihm bereitet.

Nur wenige Frauen verfügten über ein so riesiges Publikum, wie Hawthorne es sich vorstellte, aber bei einigen wenigen war das zu seinem Ärger tatsächlich der Fall. Das eine schreckliche Beispiel, das Hawthorne anläßlich seines Ausfalls ausdrücklich erwähnte, war *The Lamplighter of 1854* von Maria Cummins; in den ersten acht Wochen nach Erscheinen des Buches wurden etwa vierzigtausend Exemplare verkauft und mindestens fünfundfünfzigtausend im ersten Jahr; demgegenüber waren von *The Scarlet Letter* nach sechs Monaten etwa fünftausend Exemplare verkauft, was Hawthorne, der in dieser Hinsicht nicht verwöhnt war, durchaus zufriedenstellte.[28] Daß er mit den Damen mithalten könne, hielt er nicht für möglich – und wollte es auch gar nicht.

Offenbar kam es Hawthorne nicht in den Sinn, daß diejenigen, die ihr gutes Geld für schlechte Prosa ausgaben, keine Abtrünnigen waren, die ihn im Stich ließen; die meisten waren neue Leser, die seinen experimentierfreudigen Romanen schwerlich etwas abgewannen. Ihr Einbruch bedeutete keinen Übergriff auf sein Gebiet. Im Jahre 1855 erklärte die schottische Vielschreiberin Margaret Oliphant, die durchaus keine Befürworterin einer Vulgarisierung in der Literatur war: «Wir haben den Verdacht, daß Mr. Hawthorne einer jener Schriftsteller ist, die auf ein intellektuelles Publikum abzielen, an das sie sich hauptsächlich wenden. Wir sind entschieden der Ansicht, daß dies ein Irrweg und eine Illusion ist, die zu nichts führt. Das wahre Publikum des Romanschriftstellers ist das einfache Volk.»[29] Unabhängig davon, ob wir Mrs. Oliphants Urteil für realistisch oder für spießig halten, betraf ihre Beobachtung eine höchst reale Erscheinung. In dem Maß, wie breitere Schichten in den Genuß von Mußezeit gelangten und einfallsreiche Erfindungen Papier billiger werden ließen, die Verteilung erleichterten und die Drucktechnik leistungsfähiger machten, wurde Lektürematerial aller Art zugänglicher. Das war das Zeitalter der Leihbüchereien und der öffentlichen Bibliotheken, der Zeitschriften, die nach leichtverdaulichen Geschichten und nach Lesestoff hungerten, der sich für langweilige Eisenbahnfahrten eignete. Im bürgerlichen Zeitalter bildete sich ein Lesepublikum, das in zunehmend schärfer unterschiedene Gruppen zerfiel, je nachdem, welche Art von Lektüre als genießbar galt.

In den 50er Jahren des letzten Jahrhunderts und auch noch darüber hinaus genossen Tausende *The Lamplighters*. Warum dieser Roman – Maria Cummins' anonym veröffentlichtes Erstlingswerk – zum Bestseller wie geschaffen war, ist leicht ersichtlich. Er enthielt alles, was eine nicht allzu wählerischer Leserschaft brauchte, um es unter Tränen der Rührung zu verschlingen: eine liebenswürdige, schöne Heldin, einen gutaussehenden Helden, andere liebenswerte Figuren und Musterbeispiele von Selbstbeherrschung und christlicher Vergebung, alles durchdrungen von religiösem Schmalz. Aber die Vorstellung, daß ganze Völker in hoffnungslos überspannten Romanschund vertieft waren, ist ein Zerrbild.

Nicht alle bürgerlichen Konsumenten von Lesestoff lasen Romane; unter den Büchern, die vor 1850 erschienen, bildeten die beliebteste Kategorie religiöse Schriften.[30] Hinzu kommt, daß sich in der damaligen populären Romanliteratur, die vielfach das Werk von Frauen war, die Grenzen zwischen Literatur und Religion merkwürdig verwischten; viele Romane waren kaum verhüllte Predigten. Die Romanschriftstellerinnen konkurrierten nicht nur mit den männlichen Schriftstellerkollegen, sondern auch mit den Predigern. Der bekannte amerikanische unitarische Geistliche und Autor Ellery Channing bezeichnete die moralisierende Verfasserin von Romanen öffentlich als «Evangelistin» und «Lehrerin der Völker».[31]

Die geistliche Funktion der Romanschriftstellerin drängt sich bei einem anderen amerikanischen Bestseller der damaligen Zeit mit dem Titel *The Wide, Wide World* förmlich auf. Dieser Roman von Susan B. Warner, der 1850 erschien, hatte sich bis 1900 in mehr als einer halben Million Exemplaren verkauft.[32] Der Roman hat auffallende Ähnlichkeit mit den *Lamplighters;* die Heldin ist eine ausgesucht arme Waise, die zwar viel leiden muß, deren Glaubenskraft aber alle hartherzigen Verwandten und weltlichen Anfeindungen überdauert; auch sie heiratet zum Schluß und dankt Gott für das Glück, das er ihr beschert hat. Die Rezensenten, durchweg ziemlich kultivierte Leute, unterzogen das Buch und seinesgleichen einer vernichtenden Kritik und alterierten sich über die lächerlichen «Tränenergüsse».[33] Das änderte nichts daran, daß die Tränenergüsse den ernsthaften Romanen mit Leichtigkeit den Rang abliefen. Die männliche Erbitterung gegen Frauen, die sich zum lukrativen Roman-Markt durchboxten, stürzte sich auf ein Stück Empire.

Den amerikanischen Bestsellern der fünfziger Jahre des letzten Jahrhunderts ist zu entnehmen, daß sich die frömmlerische Gefühlsseligkeit demokratisierte: In den Romanen, die von den schriftstellernden Damen für ein aufnahmewilliges Publikum zu Papier gebracht wurden, fingen die Heldinnen ihre Karriere als bedauernswerte Waisen an, statt als Blaustrümpfe aus der Oberschicht. Und diese Literatur war auch nicht etwa nur in den angeblich unkultivierten USA erfolgreich. Schon 1855 konnte sich Mrs. Oliphant sarkastisch über jene «entsetzlichen kleinen Mustermädchen» auslassen, «die vom anderen Ufer des Atlantik herüberkommen, um den Briten Gutes zu tun», womit sie auch Susan Warners Heldinnen meinte.[34] Ihre Beschwerde fand keine Beachtung; während ihre Zeitgenossen zusahen, wie der Markt für Lesestoff unaufhörlich anschwoll, fanden die schrecklichen kleinen Mustermädchen in Großbritannien ebenso begeisterte Aufnahme wie zu Hause.

Und nicht weniger willkommen waren sie in Kontinentaleuropa. Geschichten von untadeligen Heldinnen, die langen Leidensprozessen unterworfen waren, aber Widerstandsfähigkeit bewiesen und am Ende triumphierten, füllten die Seiten der Zeitschriften, die Regale der Buchläden und die Kataloge der Leihbibliotheken. Die zweifellos populärste unter den Romanschriftstellerinnen, die diesem Bedürfnis nachkam, war die Thüringerin Eugenie John, die unter dem Pseudonym E. Marlitt veröffentlichte. Sie stellt einen Paradefall für eine gelungene Interessengemeinschaft aus Schriftstellerin, schlauem Verleger und bürgerlichen Romankonsumenten dar; daß sie die Arbeit eines Mannes besser verrichtete als die meisten Männer, daran scheint niemand Anstoß genommen zu haben. *Die Gartenlaube*, das Wochenblatt, in dem all ihre Romane zuerst erschienen, verkaufte sich gut. Im Jahr 1853, dem ersten Jahr seines Bestehens, hatte das Blatt eine Auflage von 5000 Exemplaren; acht Jahre später waren es mehr als 100 000. Während aber 1866, ein Jahr, nachdem Marlitt in die Seiten der Zeitschrift hineingeplatzt war, ihr erster Fortsetzungsroman, *Goldelse*, erschien, stieg die Auflage auf 225 000; die Abonnements hatten um 25 000 zugenommen. Von da ab gab es kein Halten mehr. Im Jahr 1878, als der Begründer und erste Herausgeber der *Gartenlaube*, Ernst Keil, starb, konnte sich das Blatt einer Auflage von 375 000 Exemplaren rühmen, und seine Vormachtstellung behauptete es mindestens bis zum Jahr 1887, Marlitts Todesjahr.[35]

Marlitts und Keils Triumphe waren ganz wesentlich bürgerliche Triumphe. Keil richtete *Die Gartenlaube* ganz bewußt auf den Mittelstand aus, die stabilen mittleren und unteren Schichten des deutschen Bürgertums. Er umwarb und gewann sein Publikum unter Ladenbesitzern, selbständigen Handwerkern, niederen Beamten, prekär gestellten Freiberuflichen, Tausenden von deutschen Emigranten und natürlich den Familien all dieser Gruppen. Diese treuen Leser, die oft ihre Abonnements generationenlang tradierten, waren weder reich noch hochgebildet; die herbe Kost der Naturalisten und die urbanen Experimente der avantgardistischen Schriftsteller und Künstler überstiegen ihren Horizont. Keil verband in der *Gartenlaube* raffiniert Moralismus und behaglichen Humor mit heiteren, nicht-akademischen Artikeln; die derbe Herzlichkeit seiner Leitartikel paßte er dem schlichten Niveau der Geschichten des Blattes an. In der ersten Nummer schlug Keil bereits den Ton gemütlicher, gutartiger Vertraulichkeit an, der generationenlang die Signatur der Zeitschrift blieb; er wünsche sich, daß sein «neues Blättchen» «in ruhiger Stunde», «wenn ihr im Kreise Eurer Lieben die langen Winterabende am traulichen Ofen sitzt», mit Genuß gelesen werde und «fern von aller raisonnierenden Politik und allem Meinungsstreit in Religions- und anderen Sachen» als «kundiger Führer in die Werkstätten des menschlichen Wissens» diene.[36] Er bot seinen Abonnenten – die offenbar kulturbeflissen waren, jedenfalls wurde ihnen das suggeriert – Lernen ohne Plage; sie waren Philister, die sich bemüßigt fühlten, philisterhaft auf andere, die in ihrem Lesestoff weniger wählerisch waren, herabzusehen.

Keil war zwar ein Liberalnationaler, der wegen seiner politischen Ansichten im Gefängnis gesessen hatte, aber das Grundbedürfnis, das *Die Gartenlaube* vertrat, war Harmonie, war friedlicher Fortschritt, wobei der Akzent auf der Friedlichkeit lag.[37] Trotz erklärter Abneigung gegen Bigotterie und Partikularismus führte *Die Gartenlaube* fast von Anfang an beispielhaft Verleugnungshaltungen vor; wenn sie politische Fragen und soziale Probleme überhaupt berührte, dann nur äußerst zaghaft. Marlitt mit ihren energischen Ausfällen gegen die Arroganz des Adels und mit ihrer Verteidigung bürgerlicher Ansprüche, von ihrem Antiklerikalismus ganz zu schweigen, war fortschrittlicher als die meisten Autoren Keils. Wie andere damalige Schriftstellerinnen war sie kein einfacher Konformist.

Keils Rezept, in dem Marlitt die Rolle einer entscheidenden Zutat spielte, mußte nie ernsthaft nachgebessert werden. Und auch die überraschende Enthüllung, daß E. Marlitt ein Fräulein John war, brachte ihn nicht aus der Ruhe.[38] Dazu bestand auch gar kein Anlaß angesichts ihres untrüglichen Gespürs für den Geschmack des deutschen Mittelstands. Mit ihrer blühenden, wenn auch gründlich gezähmten Phantasie, kraft derer sie mit der Regelmäßigkeit eines Buchhalters alle zwei oder drei Jahre einen Roman in die Welt setzte, machte Marlitt ein Vermögen und leistete zum Vermögen von Keil einen wesentlichen Beitrag. An einer vielversprechenden Karriere als Sängerin durch Anfälle hysterischer Taubheit gehindert und an arthritischen Verkrüppelungen leidend, an ihren Schreibtisch gefesselt und nie verheiratet, bevölkerte sie ihre Erdichtungen mit aufregenden Phantasien, die sie selbst ebenso entzückt haben müssen wie die Schar ihrer begeisterten Leser.[39] Sie waren die Rache, die sie am Schicksal übte.

Es war eine triumphale Rache; sie wurde Vorbild für ihre Kolleginnen. Die Literatur der *Gartenlaube* war zutiefst emotionsgeladen. Ihre Gestalten frönen just den Leidenschaften und leben just die Aggressionen aus, die von den Redakteuren der Zeitschrift ständig aus den Artikeln ausgemerzt wurden. Bürgerliche Leser, die in der wirklichen Welt auf Ruhe und Ordnung erpicht waren, versorgten sie mit Streit und Krisen. Väter verfluchen ihre Söhne; Söhne knien zu Füßen ihrer Mütter; Liebende bedecken die emporgewandten Gesichter ihrer Geliebten mit Küssen; gutaussehende Männer überwinden das Stigma gräßlicher Verstümmelungen kraft der Liebe guter, schöner Jungfrauen; böser Stolz legt reiner junger Liebe entsetzliche Hindernisse in den Weg; edle Militärs, die fälschlich des Verrats angeklagt sind, stellen durch übermenschliche Heldentaten ihren guten Namen wieder her.

Normalerweise kommen die Autoren der *Gartenlaube* rasch zur Sache, nachdem sie durch eine vermenschlichte Natur für ein Minimum an erforderlicher Stimmung gesorgt haben: Vor dem Auftritt der handelnden Figuren strahlt die Sonne, drohen Stürme, schwingen sich Vögel in den blauen Äther. Diese Symbolfracht war zwar bombastisch, wog aber nicht schwer; die Autoren stürzten sich rasch ins Getümmel und arbeiteten mit brüsker Zielstrebigkeit die Charaktere heraus, die den Leser ein paar genuß- und spannungsreiche Wochen lang begleiten sollten. Die *Gartenlaube*-Erzähler hielten sich nicht mit den Gefühlskonfusionen auf, von denen wirkliche Menschen bewegt werden. Jeder Absatz sprach Bände, jede wörtliche Rede stellte klar, ob der Sprecher Held oder Schurke war. Das Mienenspiel, der Ton der Stimme, der Redestil machten – unverzüglich und unwiderruflich – klar, welche Rolle die fiktiven Helden und Heldinnen in der Geschichte spielten. Diese Romane kennen durchaus Entwicklung: Ein eigensinniger junger Mann lernt die Rechtschaffenheit seines fernen Vaters schätzen; eine abweisende Erbin schmilzt unter der Glut eines armen, aber ehrlichen Liebenden. Aber die Spannung hält sich in Grenzen, weil der Schluß in der Eingangsszene bereits vorprogrammiert und signalisiert worden ist; ein aufmerksamer Leser kann gar nicht anders als zu erraten, daß der störrische Held seine Lektion lernen, die reiche Heldin ihr Herz öffnen wird.

Nur daß Marlitt in dieser Kunst besser, viel besser, war als die meisten. Der große Gottfried Keller gestand, in ihrem Erzählfluß, ihrer Begabung, Stimmungen wiederzugeben, und in ihren darstellerischen Fähigkeiten entdecke er «etwas von dem göttlichen Funken».[40] Dennoch entsprachen ihre Romane zuverlässig dem *Gartenlaube*-Programm und erfüllten es auf brillante Weise. Sie fangen im vorgeschriebenen Stil mit atmosphärischen Wortmalereien an und leiten bruchlos über zu melodramatischen Situationen. Eine Heldin rettet dem Helden das Leben oder die Gesundheit. Ein samtener Schurke, den der Leser hassen lernt, verfolgt die Heldin mit unerwünschten Aufmerksamkeiten. Der Hauptfeind, gegen den die Autorin ankämpft, ist die Langeweile.

Fast unnötig anzumerken, daß Marlitts Heldin schön wie ein Engel, dabei aber lebhaft, energisch, liebevoll, tüchtig, offen und aufopferungsvoll ist. Ihre gefühlvollen Improvisationen auf dem Klavier treiben Tränen in die Augen starker Männer. Gleichgültig, ob sie gebildet ist oder nicht, moralisiert sie in gestochenen Perioden, die einer Abhandlung über Ethik zur Zierde gereichen würden. Sie liebt aufs innigste ihre Familie, von der sie wiederum vergöttert wird. Wenn der Held in *Goldelse,* Marlitts erstem großem Erfolg, seine künftige Gattin kennenlernt und sie fragt, ob sie je das Bedürfnis nach einem Freund verspürt hat, antwortet sie ihm voller Innigkeit: «Nein, denn ich habe eine Mutter.» Dieser Held, ein Mann Mitte Dreißig, ist kein Schmalzjüngling, sondern ein würdiger Bartträger, männlich und kraftvoll. Und bei all seiner anziehenden inneren Stärke ist er verwundbar genug, um die Mütterlichkeit in ihr zu wecken, den Wunsch, Mitgefühl mit ihm zu haben und ihn zu trösten. Der Mythos von der machtvollen Frau geistert durch Marlitts Romanseiten.

Im Einklang mit dem liberalen deutschen Bürgertum hat Marlitts *Goldelse* ihre politischen Anwandlungen. Die Protagonisten sind von tiefen Geheimnissen umwittert und von Andeutungen, daß durch ihre bürgerlichen Adern blaues Blut rinnt; aber als sich herausstellt, daß Goldelse und ihre Eltern Anspruch auf einen Adelstitel haben, bekennen sie sich stolz zum Mittelstand: sie weisen den Titel zurück. Zu allem Überfluß sind, als der Held, ein waschechter Aristokrat, die verarmte Goldelse heiratet, ein paar hochnäsige Angehörige des Adelsstandes außer sich. Das aber beweist nur, wie dekadent sie sind; Rechtschaffenheit, bürgerliche Rechtschaffenheit, ist alles, was zählt. In einer späten Auflage seiner enzyklopädischen Literaturgeschichte des 19. Jahrhunderts stellt Rudolf von Gottschall, der selbst Beiträge für *Die Gartenlaube* schrieb, scharfsinnig fest, Marlitt erzähle wieder und wieder das Aschenputtel-Märchen nach.[41] In den meisten ihrer Romane schildert Marlitt die Erlebnisse eines schönen, begabten und gewöhnlich bettelarmen Mädchens bürgerlicher Herkunft oder bürgerlicher Gesinnung, das am Ende über seinem Stand heiratet. Wie *Die Gartenlaube* in einem redaktionellen Kommentar aus dem Jahre 1871 rühmend feststellt, markieren Marlitts Romanhandlungen den Sieg über die «Gewalten vermoderten Dünkels und anmaßender Scheinheiligkeit», den «der harmlose Sinnesadel, das stolze und doch so bescheidene Würdegefühl einer jungfräulichen Weiblichkeit erzwingt, die still und züchtig auf dem stillen Boden des kleinen deutschen Bürgerhauses, der deutschen Sitte und Bildung gewachsen und ihre Kraft zum Widerstande gegen Hochmut und frömmelnde Heuchelei nicht aus der gedunsenen Weisheit verschollener Emancipations-Romane und ihrer zweifelhaften Heldinnen gesogen hat».[42] Einige der Heldinnen Marlitts sind von Adel, aber das sind dann blutarme verlassene Kinder ohne Titel, oder sie sind sich ihres Standes erfreulich unbewußt.

Unabhängig von ihrer ererbten gesellschaftlichen Stellung legen Marlitts Heldinnen jene Art von weiblicher Macht an den Tag, für die Leser im 19. Jahrhundert ein Faible hatten. Jede krempelt den Mann, den sie heiraten wird, von Grund auf um, schleift seine Kanten ab, versöhnt ihn mit dem Leben, weckt seine Bereitschaft zu lieben. Es ist, als hätte Marlitt den hochfahrenden Darcy aus Jane Austens *Pride and Prejudice* in ihre Romane eingeführt, ohne umgekehrt auch den Konterfeis der Elizabeth Bennet abzuverlangen, daß sie ihre Vorurteile überwinden – da sie von Anfang an vollkommen sind, sind sie vorurteilsfrei und brauchen nichts zu überwinden. Marlitts weibliche Hauptfiguren zollen allerdings der herrschenden Ideologie ihren Tribut; am Ende lehnt jede von ihnen vertrauensvoll und in liebevoller Unterwerfung den Kopf an die männliche Brust des Anverlobten. Käthe, die reine, selbstlose, fähige Hauptfigur in Marlitts Roman *Im Hause des Kommerzienrats* besteht als tatkräftige Frau darauf, daß sie mehr zu tun haben muß, als ihre Musik und ihre Sprachstudien zu treiben; sie nimmt dabei sogar das Risiko in Kauf, «unweiblich» zu wirken. Der Mann, der sie heimführen wird, hat nichts dagegen, weist aber rasch ihrer Energie das rechte Betätigungsfeld zu: «Sie sind berufen, ein Familienglück zu begründen, nicht aber, den Kopf voll Zahlen und Berechnungen, ‹Tag für Tag›, einsam am Geschäftspulte zu stehen.»

Marlitt wandte ihre Handlungsrezepte fast variationslos an, und das gleiche galt für ihre deutschen Nachahmerinnen. Auch in anderen Ländern trieben die Autorinnen von Trivialliteratur ihre lieblichen Geschöpfe dem Verlobungskuß entgegen, der alle Fragen beantwortet und alle Wunden heilt. Die musterhafte Heldin, die höchstens verzeihliche Schwächen aufwies (wenn sie nicht überhaupt makellos war) und die ihr Schicksal mit Freuden in die Hände des Erwählten legte, erwies sich für französische Romanleser als ebenso unwiderstehlich wie für britische, deutsche oder amerikanische. Gar so sehr unterschied sich der bürgerliche Geschmack in den einzelnen Ländern nicht.

Wir können davon ausgehen, daß diese Schablonencharaktere, die vollkommene Heldin und der unvollkommene Held, die dem Lesepublikum soviel gaben, dasselbe auch für ihre Erfinderinnen taten – und das galt nicht allein für Marlitt. Aber Schriftstellerinnen ergriffen den Schreibberuf nicht einfach nur, um es den Männern heimzuzahlen und sie wenigstens auf dem Papier zu zähmen. Bestimmend für ihre Berufswahl war ein äußerst praktischer Grund; viele Frauen wurden Autorinnen, weil sie das Geld brauchten. Johanna Schopenhauer, die gefeiertste unter den deutschen Romanschriftstellerinnen in den Anfängen des Jahrhunderts, kann als Beispiel dafür dienen. Heute erinnert man sich hauptsächlich an sie als Mutter des Philosophen Arthur Schopenhauer; zur damaligen Zeit indes war er hauptsächlich als ihr Sohn bekannt. Als wohlhabende Witwe eines Danziger Kaufmanns ließ sie, die mit Goethe befreundet war, sich in Weimar nieder und unterhielt dort einen beliebten Salon. Aber im Jahr 1819, dem Jahr, in dem der erste Band ihres erfolgreichen Romans *Gabriele* erschien, machte das Handelshaus, in dem sie ihr Vermögen investiert hatte, Bankrott. Von da an produzierte sie einen Roman nach dem anderen; ihre Freunde bestürmte sie, positive Rezensionen zu schreiben, und ihren Verlegern lag sie wegen höherer Tantiemen in den Ohren.

Johanna Schopenhauer war ein zur Nachahmung anregender und keineswegs vereinzelter Fall. Die Engländerin Jane Austen stammte zwar aus einer Pfarrersfamilie, die in guten Verhältnissen lebte, aber besonders nach dem Tode ihres Vaters nahm sie die Einkünfte aus ihren Romanen, so bescheiden diese waren, gern in Empfang. Harriet Martineau, die Autorin so vieler Kindergeschichten, Reiseberichte, Erziehungsromane und populärphilosophischer beziehungsweise politisch-ökonomischer Bücher verdiente sich ihren Lebensunterhalt mit Schreiben, weil sie sich dazu gezwungen sah; als sie Anfang zwanzig war, ging das Geschäft ihres Vaters bankrott. Und in den Vereinigten Staaten begann Susan B. Warner, deren Roman *The Wide, Wide World* einer der großen Publikationserfolge des Jahrhunderts wurde, ihre literarische Karriere aus strikt finanziellen Gründen; ihr Vater hatte katastrophale Rückschläge erlitten, und die vormals wohlhabende Familie war in demütigender Mittellosigkeit versunken.[43] Selbst einige der berühmtesten Autorinnen zwang die Not zum Schreiben.

Dennoch war der Gelderwerb nur selten der vorherrschende Beweggrund für die literarische Tätigkeit. Sogar die «Heldin» in Henry James' Geschichte «Greville Fane» – wie wir gesehen haben, eine ebenso hoffnungslos drittklassige wie erfolgreiche Romanschriftstellerin – verbrämt ihr Streben nach Geld mit einem hohen Ideal; «eine fleißige Witwe, die aufopferungsvoll ihr Tagespensum erledigt, um Fleischer und Bäcker bezahlen zu können und Sohn und Tochter ein gemütliches Heim zu bieten»: Damit rechtfertigt sie vor sich selbst die aufwühlende Prosa, die sie der englischen Literatur schenkt.[44] Wie die Lebensläufe großer Schriftstellerinnen bezeugen, ist diese Schilderung motivationaler Verwicklungen durchaus realistisch. Wie dringlich die finanziellen Sorgen auch immer sein mochten, bei vielen der Frauen waren ein brennendes Gefühl der Berufung, Gier nach Ruhm und der Spaß am Ersinnen von Phantasiewelten ernstliche Beweggründe.

Diese Überdeterminierung wie auch die Gefahren, die für eine um den Nachweis ihres Talents bemühte Frau darin verborgen lagen, macht George Sand beispielhaft deutlich. Anfang 1831 brach sie aus einer spannungsreichen Ehe aus und floh nach Paris, wo sie ihr literarisches Talent nutzte und versuchte, mit der Feder ihre Unabhängigkeit zu sichern. Sie bestürmte den Romanschriftsteller und Politiker Auguste de Kératry, einen hochangesehenen Literaten, und zwang ihn, sich mit dem Roman, an dem sie arbeitete, auseinanderzusetzen. Währenddessen war sie als politische Journalistin für das Oppositionsblatt *Figaro* tätig. «Man muß schließlich leben», schrieb sie nach zwei Monaten in Paris, «und ich bin stolz darauf, daß ich mir mein Brot verdiene.» Aber Stolz hin, Stolz her, Illusionen machte sie sich kaum und beklagte, daß sie sich für ein paar Franc mit Gelegenheitsarbeiten abmühen müsse: «Diese widerliche Schmiererei macht, daß man schon beim ersten Anblick von Papier und Tinte einen Widerwillen empfindet.»[45]

Überarbeitung und Gereiztheit waren nicht die einzigen Widersacher, gegen die George Sand ankämpfen mußte. Sie stellte fest, daß es zwar für jeden schwer war, als Berufsschriftsteller Fuß zu fassen, ganz besonders schwer aber für eine Frau. Ihr unverhohlener Neid, vermischt mit heller Wut, ziehen sich als Leitmotiv durch ihre Briefe und ihre autobiographischen Schriften. Gewiß, gegenüber ihren Berufskolleginnen konnte sie ebenso unnachsichtig sein, wie es später George Eliot war. Tatsächlich kultivierte sie eine Zeitlang die kritische Sicht der etablierten männlichen Literaturszene und erklärte ihre Freundin Hortense Allart, die mehr durch ihre Liebhaber bekannt wurde als durch ihre Romane, zur «Pedantin», um sie gleichzeitig als «maskulin» und als *«weiblichen Autor»* zu verhöhnen.[46] Aber solche Salven gegen die eigenen Truppen brachten für Sands eigenes Gefühl der Bedrängtheit keine Linderung. Im Jahr 1837 bekannte sie in ihren weitgehend autobiographischen *Lettres d'un voyageur:* «Du weißt, daß mich ein ungeheurer Ehrgeiz verzehrt, aber dieser Ehrgeiz hat nichts Kleinliches, nichts von Schuld an sich»; es sei ein Stolz, schrieb sie zwei Jahre später an ihren Freund Frédéric Girerd, «der mich vielleicht einem heroischen Schicksal in die Arme getrieben hätte, hätte ich nicht das Pech, eine Frau zu sein». Ihre zornerfüllten Erinnerungen an die ersten Wochen in Paris im Jahr 1831 deuten darauf hin, daß dieses anatomische Mißgeschick jahrelang eine fixe Idee für sie blieb. Sie trug Auguste de Kératry nach, daß er ihr gesagt habe, sie solle keine Bücher machen, sondern Kinder kriegen. Ob das nun wortgetreue Wahrheit oder verzerrte Erinnerung war, zweifellos gibt sie in zugespitzter Form Einstellungen wieder, die in Pariser Literaturkreisen weitverbreitet waren.[47]

Zuzeiten verunglimpfte sie sich selbst als bloße Lohnschreiberin. «Ich schreibe ständig Bücher aus Gewinnsucht», erzählte sie Ende 1833 dem großen Kritiker Sainte-Beuve. Aber die Liebe zum Schreiben als solchem war noch größer. «Ich habe ein Ziel, eine Aufgabe, kurz gesagt, eine

Leidenschaft», stellte sie fest. «Das Geschäft des Schreibens ist eine solche Leidenschaft, heftig und fast unzerstörbar. Wenn sie vom armen Kopf Besitz ergreift, ist sie nicht zu zügeln.»[48] Dieses erregte Bekenntnis stammt aus den Anfangsjahren ihrer Karriere; ihre heftige Leidenschaft aber ließ niemals nach, nicht einmal, als sie genug Geld verdiente, um sich Ferien vom Schreibtisch leisten zu können. Die Schriftstellerei verschaffte gleichzeitig Befriedigung, Einkünfte und eine Art von Erlösung.

Der gleiche Motivkomplex bestimmte die nicht weniger produktive schottische Romanschreiberin, Literaturkritikerin und Journalistin Margaret Oliphant, die einst in hohem Ansehen stand. Sie entdeckte als junges Mädchen ihre Berufung und schrieb auch nach ihrer Heirat weiter. Mit ihrer Tätigkeit erwies sie sich als ahnungsvoll; im Jahre 1859, als sie gerade erst die Dreißig hinter sich hatte, starb ihr Mann und hinterließ ihr als schweres Erbe drei Kinder und Schulden in Höhe von tausend Pfund. Um ihre Kinder und die restliche, offenbar außerordentlich realitätsfremde Verwandtschaft zu ernähren, überschüttete sie daraufhin den Markt mit Reisebüchern, kritischen Essays, Biographien und Romanen; manchmal brachte sie jährlich mehr als ein Buch heraus. In *Chronicles of Carlingford,* einem Romanzyklus mit liebenswürdigen Schilderungen des Provinzlebens, erweist sich Oliphant als eine vergleichsweise witzige und von Rührseligkeit freie Autorin. Sicher, der Zwang zum Geldverdienen ließ sie nie los. Aber schon, als sie noch dabei war, das Schreibhandwerk zu lernen, und unter keinem finanziellen Druck stand, hatte man ihr, wie sie sich erinnerte, vorgeworfen «zu schnell zu arbeiten und zu viel zu produzieren». Sie aber erklärte ebenso überzeugend wie offenbar ehrlich: «Ich habe geschrieben, weil es mir Vergnügen bereitete, weil es etwas Natürliches für mich war, weil es wie Reden oder Atmen war, abgesehen davon, daß ich für meine Kinder arbeiten mußte.» Finanzieller Druck war nie «der erste Beweggrund».[49]

Kurz, auch wenn die Geldnot zum Schreiben trieb, zogen die künstlerisch Ambitionierten unter den Schriftstellerinnen aus ihrer Arbeit doch auch Vorteile nicht-finanzieller Art. Harriet Martineau zum Beispiel gestand, es mache ihr Spaß. Sie «pflegte zu sagen, daß *Schreiben* ein so großes Vergnügen für sie sei», berichtete Jane Carlyle.[50] Louisa May Alcott, die durch ihren Klassiker *Little Women* und weitere Chroniken der Familie March berühmt wurde, steht für eine weitere, mit dem Schreiben verknüpfte Belohnung – einen psychischen Lustgewinn: Aggression in der Form und mit Hilfe von Aufopferung. Ihre Eltern, die schwer auf ihrem hochsensiblen Gewissen lasteten, ketteten sie an das Rad einer nicht enden wollenden Verpflichtung. Ihr Vater, Bronson Alcott, war der Reihe nach Hausierer, Lehrer, Ernährungsapostel, Agitator für die Sklavenbefreiung und, fast schon aus Prinzip, Schmarotzer; nach fehlgeschlagenen Versuchen, Reformschulen zu betreiben und sich mit Vortragsreisen über Wasser zu halten, vergrub er sich in seinen Studien, dachte tiefschürfende transzendentale Gedanken und schrieb an seinem Tagebuch. Die Mutter, Abigail May Alcott, unterstützte hochfliegende Projekte ohne Rücksicht auf ihre finanziellen Möglichkeiten, betete ihren Mann an, klatschte seinen exzentrischen Ideen Beifall und war fast genauso naiv wie er. In dieser Atmosphäre von Versponnenheit übernahm Louisa May Alcott die Rolle des Brotverdieners, die sonst in der bürgerlichen Epoche dem Ehemann zufiel. Sie nähte, unterrichtete an der Schule, pflegte im Bürgerkrieg Soldaten und schrieb unablässig.

Hinsichtlich ihrer Geschlechterrolle, ja sogar ihrer geschlechtlichen Identität, war sie zutiefst gespalten. «Ich bin mit dem Geist eines Knaben unter meinem Mieder zur Welt gekommen», vertraute sie im Jahr 1856 ihrem Tagebuch an; sie sei «so ziemlich überzeugt davon», daß sie «die Seele eines Mannes» habe, «die dank einer Laune der Natur in einem Frauenkörper steckt».[51] Als Halbwüchsige führt sich die unverkennbar autobiographische Romanfigur Jo March wie ein Junge auf. Sie geht mit den Händen in den Hosentaschen herum, pfeift, mustert nach «Männerart» ihre Stiefel und bedauert von Herzen, daß «ich meine Enttäuschung nicht verwinden kann, kein Junge zu sein».[52] Die Urheberin der Romanfigur war übrigens jahrelang Junge geblieben. Dahinter steckte mehr als bloß eine psychische Veranlagung; da die Gesellschaft darauf bestand, die wahre Frau auf Ehe und Mutterschaft einzuschränken, mußte eine Frau, die draußen in der Welt ihr Brot verdiente, etwas von einem Mann an sich haben. Und daß sie zur Weiblichkeit verurteilt war, stellte noch nicht einmal die einzige Enttäuschung dar, mit der Louisa May Alcott fertig werden mußte. Daß sie sich von ihrem emotional abwesenden Vater ungeliebt glaubte, konnte ihren Hang zur Arbeitswut nur verstärken. Wie andere Kinder, die sich der Zuneigung ihrer Eltern beraubt fühlten, gab auch sie sich die Schuld an ihrem Los, überhäufte sich mit Selbstvorwürfen und verzehrte sich insgeheim nach ihrem Vater.[53] Die Tüchtigkeit, durch die sie sich von ihren Eltern unterschied, war ein zweideutiges Geschenk, eine Quelle des Elends ebenso wie der Befriedigung. Für einen Mann wären die Dinge einfacher gewesen.

Aber sie schrieb gern. Gelegentlich tauchte sie Hals über Kopf in eine berückende Phantasiewelt ein. Wenn ihre Leidenschaft sie ergreift, dann «schließt sich» Jo March, das Double ihrer Schöpferin, «in ihrem Zimmer ein» und «zieht ihre Schreibkleidung an», einen «wollenen Kittel, an dem sie nach Belieben ihre Schreibfeder abwischen konnte». Sie «versank in einem Strudel» und schreibt an ihrem Roman «wie besessen, weil sie keinen Frieden fand, ehe er nicht beendet war».[54] Aber aller Berückung ungeachtet, die in ihrer Intensität etwas Erotisches hatte, war Louisa May Alcott die Plackerei im Dienste ihrer Familie manchmal leid. Im Jahr 1856 vertraute sie eben dies ihrem Tagebuch an; sie sei es «ziemlich müde, wie eine Spinne zu leben und mein Hirn für Geld aus mir herauszuspinnen». Dann zahlte sie es dem Urheber ihrer Fron ein bißchen heim. «Ich bin glücklich und wohlauf», schrieb sie an ihren Vater. «Alles läuft gut, und ich glaube, ich werde meinen Weg machen und zeigen, daß ich für mich selbst sorgen kann, obwohl ich eine Alcott bin.» Die kaum verhohlene boshafte Spitze in dieser munteren Verlautbarung ist unüberhörbar. Ein Scharmützel im Geschlechterkrieg der bürgerlichen Jahrzehnte![55]

Ein Sieg für Louisa May Alcott war es nicht. Was sie eigentlich schreiben wollte, waren Horrorgeschichten, um die düsteren Unterweltregionen der sexuellen und aggressiven Leidenschaft, ja selbst der Perversionen auszuloten. Durch *Little Women* wurde sie reich und berühmt, aber daß es der Verleger war, der sie dazu beredete, eine «Mädchengeschichte» zu schreiben, und daß ihr Vater sich ebenfalls dafür stark machte, vergällte der Autorin den Erfolg ihres Buches. Immer wieder die ernüchternde Wahrheit, daß sie als Mann größere Entscheidungsfreiheit besessen hätte. Die beste Rache, die ihr blieb, war das ausgesuchte Vergnügen, große Geldsummen nach Hause schicken und die Schulden der Familie begleichen zu können.[56]

Dennoch nahmen die Wahlmöglichkeiten für Frauen zu. Betrachten wir die Karriere von Fanny Lewald, die zeigt, was eine talentierte, hartnäckige Schriftstellerin des 19. Jahrhunderts auf sich nehmen mußte, um sich in einer Männerwelt durchzusetzen, die aber auch deutlich macht, welche wachsenden Chancen sich ihr boten. Lewald, die heute nur noch Historikern der deutschen Frauenbewegung ein Begriff ist, war zu ihrer Zeit eine beliebte Romanschriftstellerin und angesehene Verfasserin politischer Streitschriften, die auch eine vielgelesene Autobiographie schrieb. Ein paar Bewunderer stellten sie in eine Reihe mit George Sand und George Eliot. Bei ihrem literarischen Erfolg triumphieren Talent und Energie über die herrschenden Gepflogenheiten; ihr geduldiger Kampf um ein Zimmer für sie allein ist das Leitmotiv der umfänglichen Selbstdarstellung, die sie 1862 unter dem Titel *Lebensgeschichte* herausbrachte. Sie kannte ihre Grenzen. «Ich bin nur ein Handwerker, kein Künstler», schrieb sie im Jahr 1847.[57] Aber sie akzeptierte ihre Fähigkeiten, und am Ende gab ihr die Welt Gelegenheit, sie unter Beweis zu stellen.

Anfänglich führte Fanny Lewald ein bürgerliches Leben im Stile des 19. Jahrhunderts. Geboren wurde sie 1811 in Königsberg in einer wohlhabenden, gebildeten jüdischen Familie, die sich mit allen Kräften um die

Assimilation bemühte; ihr Vater legte den Namen Markus ab und nannte sich Lewald; Fanny und ihre sieben jüngeren Geschwister ließ er taufen. Dieser heißgeliebte Vater war eine paradoxe Persönlichkeit. Als begeisterter Anhänger der Aufklärung ließ er seinen Kindern eine sorgfältige Erziehung angedeihen; gleichzeitig war er ein Patriarch, der große Ansprüche stellte und unbedingten Gehorsam nicht nur verlangte, sondern auch fand. Fanny aber, der es viele Jahre hindurch fern lag, die väterliche Autorität in Frage zu stellen – geschweige denn, ihr zu trotzen –, war von raschem Verstand, durch und durch politisch und zunehmend unzufrieden mit den Vorbereitungen für ihr künftiges Leben, die ihr aufgezwungen wurden. Nachdem sie mit vierzehn von der Schule gegangen war – ihre Brüder sollten die Universität besuchen, aber daß die Schwester sie begleitete, war völlig ausgeschlossen –, mußte sie täglich Stunden damit verbringen, sich zu «vervollkommnen» – fünf Stunden Handarbeiten, zwei Stunden Klavierspiel und ein bestimmtes Zeitquantum für Lektüre, von der indes nach dem väterlichen Willen Romane ausgeschlossen blieben.

Die schwelende Krise brach im Jahr 1837 aus, als sie sechsundzwanzig Jahre alt war und ihre Eltern ihr einen Bewerber zuführten, den sie unerträglich fand. Alle Überredungsversuche ihres Vaters erwiesen sich als vergeblich; sie verbrachte noch sechs weitere müßige Jahre, während sie von Freiheit und einer literarischen Karriere träumte. Nach strapaziösen innerfamiliären Kämpfen erlangte sie schließlich von ihrem widerstrebenden Vater die Erlaubnis, ihren eigenen Weg zu gehen, wobei er zur Bedingung machte, daß sie alle ihre Arbeiten anonym veröffentlichen müsse, wenn sie denn zu dem entehrenden Geschäft der Lohnschreiberei entschlossen sei. Was der Vater als unstatthafte Aggression ansah, erschien seiner Tochter als ein Schritt zur Selbstverwirklichung. Im Jahr 1840 war sie bereits beim Schreiben, und zwar tüchtig; bis zu ihrem Todesjahr 1889 hörte sie nicht mehr damit auf.

Daß ihre in hohem Maß autobiographisch gefärbten Romane widerspiegelten, was ihr an Widrigkeiten begegnet war und welche politische Position sie dabei allmählich ausgebildet hatte, war fast unvermeidlich. Erleben und Nachdenken hatten aus ihr eine überzeugte Liberale gemacht; deshalb sind ihre Romane der vierziger Jahre Werke, in denen sie sich sozial engagierte und explizit Partei ergriff. Sie war der festen Ansicht, daß ein Roman, der keinen definitiven Zeitbezug aufweist, nichts taugt. In *Clementine,* ihrem ersten wichtigen Versuch aus dem Jahr 1843, kritisierte sie die konventionelle Ehe als eine Einrichtung, die noch ärger sei als die Prostitution; in dem Roman *Jenny,* der im gleichen Jahr erschien, griff sie das heikle Thema der jüdisch-christlichen Beziehungen auf; in *Eine Lebensfrage*, Erscheinungsjahr 1845, sprach sie sich für ein Scheidungsrecht aus. Auch wenn ihre inneren Stürme abebbten, drückte sich Fanny Lewald ihr ganzes Leben lang nie um kitzlige Themen; ihre späteren Romane beschäftigten sich teilnahmsvoll mit Frauen, die nach beruflicher Unabhängigkeit in der Literatur, in der Musik und auf dem Theater streben. Die deutsche Frauenbewegung hatte in ihr ein Artikulationsmedium gefunden.

Zu Lewalds Schriften gehörten auch Artikel und Bücher über die Frauenfrage, in denen sie immer wieder eine Aufhebung rechtlicher Beschränkungen und ein Ende männlicher Bevormundung forderte.[58] Sie selbst führte ein verwirklichtes Leben, was auch eine glückliche Ehe einschloß; ihr Mann war der Gelehrte und Schriftsteller Adolf Stahr, der sich von seiner ersten Frau scheiden ließ, um sie heiraten zu können. Dank schuldete sie hauptsächlich sich selbst – ihrer Intelligenz, ihrer Zähigkeit, ihrer Befreiung von eigener Ängstlichkeit. Daß ihr Mann und ein ebenfalls literarisch tätiger Vetter ihr dabei halfen, zeigt, daß nicht alle Männer die Ansichten ihrer Väter über weibliches Emanzipationsstreben teilten. Die Anerkennung, die sie fand, war allerdings bestenfalls eingeschränkt. Gottfried Keller forderte «ein liebevolles, freudiges Ausarbeiten ihrer Schriften» und bestätigte damit das Urteil von Robert Prutz, daß es ihnen am «eigentlich menschlichen Detail» fehle.[59] Damals meldeten sich männliche Überlegenheitsansprüche sogar in ehrlich gemeinten Hommagen an die Frau zu Wort.

Es ist ein bißchen erstaunlich, daß angesichts dieser oft empörenden Umstände die Romanschriftstellerinnen und Dichterinnen nur selten literarisch Ernst machten und Rache an ihren männlichen Helden nahmen. Mr. Darcy aus Jane Austens *Pride and Prejudice* muß erst von einem hohen Roß herabsteigen, ehe er belohnt wird und Elizabeth Bennet heimführen kann. Bei Charlotte Brontë verliert Mr. Rochester eine Hand und (vorübergehend) das Augenlicht, aber der Preis – Jane Eyre – ist die Verkrüppelungen wert. Der Mr. Casaubon George Eliots ist eine unfähige Person, wahrscheinlich im Bett ebensosehr ein Versager wie am Schreibtisch, aber schließlich bildet er auch nur eine Folie für den vitalen Ladislaw, den Dorothea später heiraten wird. Romney, die männliche Hauptfigur von Elizabeth Barrett Brownings *Aurora Leigh*, verliert das Augenlicht, bleibt aber der Held. Ein paar anderen Hauptfiguren wird übel mitgespielt, aber in den meisten Fällen besänftigte entweder der Erfolg die Wut der Schriftstellerinnen oder sie wurde verdrängt und verborgen gehalten.

Am hemmungslosesten verschafften sich weibliche Rachephantasien gegenüber dem männlichen Teil der Spezies vielleicht in einer kurzen

Ballade der zweitrangigen deutschen Dichterin Maria Janitschek Ausdruck – in diesem Fall funktionierte die Verdrängung nicht. Das Gedicht «Ein modernes Weib», das 1889 veröffentlicht wurde und weithin Mißfallen erregte, schildert das katastrophische Aufeinandertreffen eines Verführers und der Frau, die er unverzeihlich gekränkt hat. Eines Abends erscheint sie in seinen Räumen, in Trauerkleidung gehüllt. Sie hält ihm einen Kasten mit zwei Pistolen entgegen und fordert ihn zum Duell auf. Er steht verblüfft und versetzt sie dann noch mehr in Wut, weil er in lautes Lachen ausbricht. Gutgelaunt klärt er sie darüber auf, daß Männer mit Frauen keine Duelle austragen. Das also, erwidert sie voll Bitterkeit, sei alles, was selbst in diesen «aufgeklärten» Tagen ein Mann der Frau, deren Ehre er besudelt habe, erklären müsse. Seine überhebliche Reaktion treibt sie zur Tat. Sie erinnert ihn daran, daß sie als moderne Frau aufgewachsen sei, und schießt ihn nieder.[60]

Der Leser kann vielleicht die Gefühle der Dichterin nachempfinden und mit ihr die angenehme Befriedigung verspüren, die Fälle von ausgleichender Gerechtigkeit immer gewähren. Aber «Ein modernes Weib» ist ganz und gar nicht die Norm. Was auch immer im Unbewußten der Schriftstellerinnen der bürgerlichen Zeit herumgegeistert haben mag, die Beweise dafür, daß sie allmähliche Fortschritte machten, waren unübersehbar. Sicher, männliche Überheblichkeit und weibliche Ängste gab es weiterhin, ebenso wie den Vorwurf, daß sich die Frauen auf ziemlich zweifelhaften Wegen Eingang in den Schriftstellerberuf verschafften. Die Literaturkritiker und Literaturhistoriker verzichteten nur mühsam darauf, Anmut, Reinheit und dichterische Einfühlung zu typischen Merkmalen der Literatur von Frauen zu erklären – und also durch doppelbödige Komplimente die Frauen auf die Sphäre des Süßlichen und Sentimentalen zu beschränken.

Sie blieben aber nicht in ihrem Gefängnis. In manchen historisch bedeutsamen Fällen hatten die Schriftstellerinnen ein klar erkennbares Anliegen; geradeso wie ihre männlichen Kollegen nutzten sie den Roman als Kanzel, um für etwas zu predigen, was ihnen am Herzen lag, ob das nun die Frauenemanzipation oder die Sklavenbefreiung war. Ein Blick auf ihre Bücher dürfte genügen, um die Vorstellung zu erschüttern, daß die Frauen des 19. Jahrhunderts sich jedes aggressiv selbstbewußte Auftreten versagt hätten. *Jane Eyre* von Charlotte Brontë ist zwar weit mehr als ein Manifest zugunsten der Hauslehrerinnen, aber dies ist der Roman eben auch. *Jo's Boys,* der letzte Band der Trilogie von Louisa May Alcott, bezeugt unter anderem, wie engagiert die Autorin für die Selbstachtung von Frauen und für eine fortschrittliche Koedukation eintrat. So ist auch der streitbare, äußerst populäre Roman der tschechischen Adligen Bertha von

Suttner mit dem Titel *Die Waffen nieder!* ein kraftvolles Plädoyer für den Pazifismus.[61] *Aurora Leigh,* der Versroman von Elizabeth Barrett Browning, thematisiert den fast unlösbaren Konflikt zwischen den beruflichen Ambitionen einer Frau und den Verpflichtungen, die ihr die Liebe auferlegt. «Auch ich habe meine Berufung – etwas zu schaffen.»[62]

Man braucht eigentlich kaum daran zu erinnern, daß der wahrscheinlich einflußreichste Roman des Jahrhunderts *Onkel Toms Hütte,* der Sklavenbefreiungsroman von Harriet Beecher Stowe, war. Im Jahr 1852, als er erschien, wurden von ihm rund 300 000 Exemplare in den Vereinigten Staaten verkauft; in England ging das Buch sogar noch besser, während es sich in Frankreich als ein unaufhaltsamer Bestseller erwies. Als der Bürgerkrieg ausbrach, hatten die atemberaubenden Verkaufsziffern die Zweimillionengrenze erreicht. Das Buch bereicherte die politische Folklore um zwei denkwürdige Figuren, Simon Legree und Onkel Tom; sein Erscheinen machte auf die Staatsmänner der englischsprachigen Welt den Eindruck eines epochalen Ereignisses. Es hatte zwar einen gönnerhaften Zug, war aber keine bloße Höflichkeit, wenn Präsident Lincoln mit seinem berühmten Diktum Harriet Beecher Stowe als «die kleine Frau» begrüßte, die das Buch schrieb, «das den großen Krieg auslöste».[63] Wovon zeugten Romane dieses Schlages, wenn nicht von politischer Entschlossenheit, was trieb sie an, wenn nicht der Haß auf Verhältnisse, die den Autorinnen unerträglich erschienen?

Im Laufe der Jahrzehnte mäßigte sich die offene Ablehnung schreibender Frauen zu unbehaglicher Ambivalenz. Im Jahr 1884 veröffentlichte der deutsche Literaturkritiker Paul Schlenther in der liberalen Zeitschrift *Die Nation* eine Reihe von kurzen Essays, in denen er Schriftstellerinnen würdigte. Annette von Droste-Hülshoff bescheinigte er, sie gehöre zu den «echten Poeten», sei «Deutschlands größte Dichterin». «Aber Gottlob! Annette von Droste ist vielleicht Deutschlands größte, aber nicht Deutschlands letzte Dichterin gewesen. Es gibt noch einige von ihrem Schlage. Freilich wird man sie nicht auf den sogenannten Schriftstellertagen finden, wo allherbstlich, wenn die Störche fortgehen, ein Troß weiblicher Autoren mit männlichen Namen und noch männlicheren Sitten kollegialisch pokulirt... Wenn es die Polizei nicht verböte, so würden solche Federhelden bald im Beinkleid dahergehen, damit sie von der großen George Sand nichts anderes mehr unterscheidet als das Genie und die Frauenseele.» Hier schlich sich die alte geschlechtsbezogene Anzüglichkeit wieder ein. In dasselbe Horn blies auch die «Frauenblatt»-Beilage der *Illustrirten Zeitung,* wenn sie zwischen zwei Sorten von amerikanischen Schriftstellerinnen unterschied: einerseits weibliche Journalistinnen, die in blumigem, mit persönlichen Angriffen gespicktem Stil hemmungslos für die Emanzipation einträten, und andererseits «eine ganze Legion von Damen». Zu den letzteren gehörten «Francis Hodgson Burnett», «Louise Alcott», «Harriet Beecher-Stowe» und viele andere. «Schreiben ist dort fast ebenso epidemisch unter der Damenwelt wie in England. Die Männer mißgönnen ihnen aber diesen Zeitvertreib durchaus nicht, sondern ermuntern ihre Frauen eher dazu», gemäß dem Heineschen «Grundsatz», daß sie dann «wenigstens nicht schädlich» sein würden.[64]

All diese geschlechtsbedingte Überheblichkeit konnte nicht verhindern, daß die Kultur des 19. Jahrhunderts den Meisterlichen unter den Frauen Gerechtigkeit widerfahren ließ – jedenfalls annähernd. Der Ruhm der zwei berühmtesten, George Eliot und George Sand, war überwältigend. Die Gründe, warum Marian Evans unter einem Pseudonym schrieb, waren kompliziert, aber fast mit Sicherheit spielt dabei die Angst, von männlichen Rezensenten heruntergemacht zu werden, keine Rolle. Ein begabter männlicher Romanschriftsteller werde eine ebenso schäbige Behandlung erfahren wie ein weiblicher, dessen war sie gewiß.[65] Aber ihr gluckenhafter Beschützer und Gefährte G. H. Lewes, der den Literaturagenten spielte und in ihr seine einzige Schutzbefohlene hatte, plädierte bis mindestens nach dem Erscheinen von *Adam Bede* dafür, das Pseudonym beizubehalten. Die Geheimhaltung könne von Vorteil sein; außerdem erinnerte er daran, daß sich der Ton der Rezensenten geändert habe, nachdem bekannt geworden sei, daß es sich bei dem Verfasser von *Jane Eyre* um eine Frau handelte. Er räumte ein, daß es nur eine Frage der Zeit sei, bis «ein gutes Buch» über alle Widrigkeiten triumphiere.[66] Aber schließlich könne man nie wissen.

Die Aufnahme, die George Eliots Bücher fanden, erwiesen seine Vorsicht als fehl am Platze. Dickens, der schon vorher erraten hatte, daß es sich bei Eliot um eine Frau handelte, blieb auch nach der Aufdeckung ihrer Identität ihr uneingeschränkter Bewunderer. Und das galt auch für andere. Eneas Sweetland Dallas, der ihre Romane für die Londoner *Times* rezensierte, blieb ebenso begeistert von der Schriftstellerin Eliot wie von dem männlichen Autor, für den er sie zuvor gehalten hatte.[67] Während zweier Jahrzehnte eines ebenso intensiven wie vielfältigen literarischen Schaffens wurde sie für ihren Realismus gelobt, ihren Humor, ihren reichen Sprachschatz, ihre Fähigkeit, Alltagssituationen wiederzugeben; man sprach ihr sogar das Verdienst zu, den Roman weiterentwikkelt zu haben. Selbstverständlich gab es auch Kritiker, die mehr oder minder viel an ihren Romanen auszusetzen hatten. Manche Leser fanden *Felix Holt, the Radical* gekünstelt oder *Middlemarch* zu lang; manche hatten etwas gegen ihre philosophischen Randbemerkungen einzuwenden. Aber niemand, nicht einmal die mißgünstige *Saturday Review*, machte sich anheischig, ihr die Größe zu bestreiten. Statt dessen bezeichnete sie George Eliots Geist als «wahrhaft schöpferisch und originell», ohne den zu erwartenden gehässigen Zusatz «für eine Frau».[68] Der anspruchsvolle und schwierige Henry James war ihr Bewunderer, und das galt auch für Swinburne und Trollope, John Morley und Lord Acton.

Im Ausland war ihr Ruhm natürlich abhängig von den Unwägbarkeiten lokaler Geschmacksrichtungen und provinzieller Zwänge. In Frankreich gelangte sie erst zu Ansehen, nachdem im Jahr 1881 Ferdinand Brunetière eine machtvolle Huldigung an sie veröffentlicht hatte. Aber diese späte Anerkennung hatte nichts mit ihrem Geschlecht zu tun, sondern dankte sich einzig und allein der chauvinistischen Ablehnung, mit der man in Frankreich ausländischer Literatur begegnete, sowie den neoklassizistischen Maßstäben, die hier immer noch vorherrschten und für den Realismus einer George Eliot keinen Raum ließen. In Deutschland sagte Lady Blennerhasset der Leserschaft nichts Neues, wenn sie im Fazit eines ziemlich oberflächlichen Überblicks über Eliots Leben von dem «großen weiblichen Genie unserer heutigen Zeit» sprach. Das Adjektiv war nicht abschätzig gemeint.[69]

Unvermeidlich allerdings mußte George Eliots machtvolle Präsenz Mutmaßungen über die männlichen und die weiblichen Anteile in ihrem Werk heraufbeschwören. Leslie Stephens ironische Bemerkungen über diese Art von literaturkritischem Tratsch deuten darauf hin, daß es sich um ein weitverbreitetes Interesse handelte. Dabei hielt sich Stephen auch in seinen eigenen Ausführungen, so sehr sie eine Huldigung an Eliot darstellten, nicht völlig frei von den Spekulationen, über die er herzog. Der «sogenannte maskuline Zug George Eliots – ihre aufgeschlossene und ruhige Intelligenz», urteilte er, «war ohne Zweifel gepaart mit einem durch und durch weiblichen Wesen». Aber auch wenn er Resten von altmodischen Vorstellungen über das Geschlechterverhältnis verhaftet blieb, erkannte er Eliot doch kurz nach ihrem Tod im Jahr 1880 das Prädikat der größten englischsprachigen Romanschriftstellerin zu; daß ihm jemand widersprach, stand nicht zu erwarten.[70] Bei Grabsprüchen, hat Samuel Johnson einmal gesagt, steht der Mensch nicht unter Eid. Aber Stephens Lob war mehr als bloße Folgsamkeit gegenüber der Verpflichtung, über Tote nur Gutes zu reden.[71]

Erst in den neunziger Jahren des letzten Jahrhunderts, als umstürzlerische Stilformen, die vom Realismus bis zum Symbolismus reichten, ernsthaft um die Lesergunst konkurrierten, starteten ein paar männliche Kritiker eine Gegenoffensive. Unter Rückgriff auf altersgraue Klischeevorstellungen gaben sie schwer errungene Einsichten auf und stauchten Eliot zum typisch weiblichen Schreiberling zusammen. Arnold Bennett vermerkte in seinem Tagebuch, ihr «männlicher» Stil tendiere zwar dazu, «unverblümt, zupackend und manchmal auch rüde» zu sein, aber «wirklich maskulin» sei er nie. Im Gegenteil, «er ist durch und durch feminin – feminin in seiner mangelnden Zurückhaltung, seiner Langatmigkeit, und dem vollständig fehlenden Formgefühl, das ihn auszeichnet».[72] Dieser Vorstellung eignete offenbar die Zählebigkeit einer Katze – man denke an Gottschalls Charakterisierung des schriftstellerischen Talents von Frauen als «mehr passiv und reproduktiv». Aber von einigen Ausrutschern abgesehen, spielten für diejenigen, die am ehesten das Zeug dazu hatten, Eliots literarisches Werk zu beurteilen, solche Unterscheidungen meist keine Rolle.

George Sands Ruhm beschrieb eine ähnliche Bahn. Der zweifelhafte Ruf, den sie in den dreißiger Jahren des Jahrhunderts genoß und ertragen mußte, war ohne Frage eng verbunden mit der politischen und sexuellen Streitbarkeit, die sie in jungen Jahren bewies. Das grelle Bild von ihr als skandalumwitterter Frau, die in die Welt der Literatur eindrang und sich mit ihren Liebhabern, ihren Zigarren, ihren Hosen frech über herrschende moralische Normen hinwegsetzte, verblaßte nie völlig. Aber Sands Schriftstellerkollegen, die sich ja alle auf ihr Handwerk verstanden, schenkten dem Klatsch keine Beachtung und ehrten in ihr die ehrliche, arbeitsame Berufsautorin. «Fünfundvierzig Jahre lang schrieb und veröffentlichte sie und füllte Europa mit ihrem Ruhm», äußerte Matthew Arnold 1877, ein Jahr nach ihrem Tode. Die Liste der Autoren – Männer nicht weniger als Frauen –, die bei ihr in die Schule gingen, kommt einem Verzeichnis der literarischen Prominenz des 19. Jahrhunderts gleich. Sie reicht von Heine, Balzac und Charlotte Brontë zu Whitman, Dostojewski und Hardy. Flaubert brachte nach Sands Begräbnis, wo er «schamlos geflennt» hatte, in einem Brief an Turgenjew die in Literatenkreisen gängige Ansicht zum Ausdruck: «Wozu sie bedauern? Sie hatte alles und wird eine große Gestalt bleiben.» John Stuart Mill fand, daß ihr «Stil auf das Nervensystem wirkt wie eine Sinfonie von Haydn oder Mozart».[73] Literaturkritikern, die George Sand und George Eliot miteinander verglichen – die Parallelisierung erschien ihnen naheliegend –, galten die beiden als «ein in ihrer Größe geschwisterlich vereintes Paar».[74] Ausländische Literatureinrichtungen wetteiferten miteinander in der kultischen Verehrung von George Sand. In Deutschland wurde sie schlicht und einfach als eine überragende Figur gepriesen. Und unter den gebildeten Russen war ihr Ruhm fast schon sprichwörtlich. Als in Tschechows Stück *Ivanov* der Gutsbesitzer Lyebedev von der Klugheit seiner reizenden Tochter schwärmt, nennt er sie «ein richtiges Genie! eine George Sand!».[75]

Mit dem Aufkommen neuer Trends in der Literatur erlebte Sands Ruhm in den letzten Jahrzehnten des Jahrhunderts einen stärkeren Niedergang als der von Eliot. Aber er verblaßte nicht etwa, weil sie eine Frau war. Die sexuellen Anzüglichkeiten, denen sie so lange ausgesetzt war und deren Nährboden die provokative Mißachtung bildete, die sie der gottgewollten weiblichen Rolle gegenüber bewies, ließen sich bei einer so prominenten Figur erwarten. Sie zog ebensoviele Strafpredigten in Kirchen und Zeitschriften auf sich, wie sie begeisterte Rezensionen erhielt. Im Jahr 1841 reihte sich die englische *Foreign Quarterly Review* in den Chor der Tadler ein und legte den allgemeinen Verfall der Moral dem «gebieterischen Einfluß» zur Last, den George Sand ausübe, indem sie «erklärtermaßen die Ehe ablehnt und das durch die Scheidung von ihrem Mann bekräftigt hat, sich mit Zigarre im Mund und Peitsche in der Hand wie ein Mann aufführt und sich von jungen Männern im Gespräch mit Du und George anreden läßt». Insbesondere die Peitsche war eine nützliche Staffage, weil sie einen klaren Hinweis auf Sands angeblichen Sadismus darstellte. Ein männerverschlingender Drache, tobte sie an unseligen Liebhabern ihre maskuline Aggressivität aus. Etwa sechs Jahre später, im Jahr 1847, geißelte ein frömmlerisches englisches Blatt Sand als «jene große Vorkämpferin des Pantheismus, den ‹semivir obscoenus› aus Frankreich».[76] Eine starke Frau dadurch zu verunglimpfen, daß man ihr nachsagte, sie sei in Wahrheit ein Mann oder ein halber Mann, war eine nur zu vertraute Methode; was als weibliche Aggressivität empfunden wurde, rief männliche Gegenattacken hervor.

Dennoch las man sie, und nicht etwa nur, weil man sich von ihren Büchern den Nervenkitzel eines Hauchs von Pornographie versprach. Leser von Format, deren Ansichten verdientermaßen Gewicht hatten, hoben genau ihre Mischung aus «männlichen» und «weiblichen» Zügen als preiswürdige Eigenschaft hervor. Elizabeth Barrett Browning, bei der George Sand mehr galt als alle anderen französischen Schriftsteller, schrieb Sonette auf sie; eines davon, das den Titel «Ein Begehren» trägt, beginnt mit der interessanten Zeile: «O du großhirnige Frau und großherziger Mann». Turgenjew, der sie gut kannte, äußerte: «Wie fern lag ihr alles Niedrige, Gemeine, alles unechte Gefühl – was für ein guter Kamerad war sie und was für eine großartige Frau!» Flaubert, der sie sogar noch besser gekannt hatte, schloß sich seinem russischen Freund an: «Man mußte sie kennen, wie ich sie kannte, um zu erkennen, wieviel vom Weiblichen in diesem großen Mann steckte, welch Unmaß von Zartheit in diesem Genie.»[77] Unerschrockene Vorkämpferinnen der Frauenbewegung hatten, wie wir wissen, schon seit dem späten 17. Jahrhundert, lange bevor die Frauenemanzipation ein Thema war, in ihren Schriften die

Ansicht vertreten, daß der Geist kein Geschlecht kenne. Jetzt, da bedeutende Schriftstellerinnen auf den Plan traten, gewann diese Sicht immer mehr Befürworter. Die Meinung, daß große Literatur, egal, ob von Männern oder Frauen verfaßt, nicht geschlechtsspezifisch sei oder, besser gesagt, das Edelste beider Geschlechter aufs glücklichste vereine, verbreitete sich im Laufe der bürgerlichen Jahrzehnte zunehmend und gewann immer mehr an Einfluß. Die Männer mit ihrer selbstgefälligen Überzeugung, sie allein seien schöpferisch, traten gezwungenermaßen den Rückzug an.

Wie weit der Rückzug schon gediehen war, zeigt die Woge von anerkennenden Kritiken, in denen Schriftstellerinnen Professionalismus bescheinigt wurde. Symptomatisch für die neue Haltung ist, daß es im Jahr 1898 der deutsche Schriftsteller Ernst Brausewetter für angebracht hielt, eine zweibändige Sammlung von «Meisternovellen» deutscher Frauen zu kompilieren und von zweiunddreißig der Autorinnen Kurzbiographien beizufügen. Er habe sich der Arbeit dieser Anthologie unterzogen, schrieb er, weil die intellektuellen Ansprüche und Leistungen von Frauen im zeitgenössischen Leben eine immer größere Bedeutung erlangten. Brausewetter mußte bedauernd feststellen: «Noch immer steht in Deutschland in weiten Kreisen die dichterische Tätigkeit der Frauen ein wenig in dem Rufe der Seichtheit und künstlerischen Unfertigkeit, während in einigen anderen Ländern, z. B. in den skandinavischen, einige Verfasserinnen sich durchaus einen gleichgeachteten Platz mit den hervorragenden männlichen Verfassern erworben haben.» Er hoffe, «daß dieser Band ein Weniges dazu beitragen wird, dieses Vorurteil, gerade in unseren literarischen Kreisen, zu beschränken«.[78] Die unvoreingenommene Prüfung der Kompetenzen hatte Einzug in die Literaturkritik gehalten.

Im vorangegangenen Jahrzehnt, im Jahr 1887, hatte Henry James bezeichnenderweise versucht, diesen Fortschritt in Beziehung zu setzen zur Agitation für Frauenrechte auf anderen Gebieten. Mitten in einer engagierten Debatte, die sich um die Zulassung von Frauen zu einer Vielzahl von Bereichen drehte, von denen sie bis dahin ausgeschlossen waren, schrieb er: «Erstaunlich wenig Aufmerksamkeit ist, zumindest von ihnen selbst, dem Umstand geschenkt worden, daß auf einem hochwichtigen Gebiet menschlichen Treibens», nämlich dem der Literatur, «das Spiel für sie bereits gewonnen ist», und zwar so gründlich gewonnen, daß sie sich über männliche Intoleranz rechtens nicht mehr beklagen könnten. Zumindest in den Vereinigten Staaten und in England seien sie «mit allen Ehren aufgenommen und vollkommen gleichgestellt».[79] Das war eine entschieden zu rosige Sicht; James sah geflissentlich über die subtileren

Formen von Herablassung hinweg, die bei manch einem Leser und manch einem Rezensenten immer noch im Schwange waren. Aber im Kern brachte er, wenn schon nicht den tatsächlichen Stand des Jahrhunderts, so jedenfalls doch seine Tendenz auf den Begriff.

4. Kompetenz – Die neubestimmte Weiblichkeit

Weibliche Kompetenz: Dieses Paradigma diente den Menschen des 19. Jahrhunderts als Brücke, um von der Vorstellung der Frau als häuslichem Engel des Mannes zur alternativen Vorstellung von der Frau als regelrechter Partnerin des Mannes hinüberzugelangen. Kompetenz erwies sich als Voraussetzung dafür, daß Frauen konstruktive Aggression üben konnten, als gewaltiger erster Schritt hin auf die Ausübung von Machtfunktionen draußen in der Welt. In der Geschichte der Frauen des 19. Jahrhunderts, die ohnehin voller Ironien steckt – man denke an die Art, wie Frauen in den Himmel gehoben wurden, um sie unten zu halten, wie ihr Käfig als Podest herausgeputzt wurde–, ist dies die Ironie schlechthin. Geschlechtertrennung schloß weibliche Kompetenz letzten Endes nicht aus. Das traditionelle Ideal schrieb vor, Frauen wegen Fertigkeiten – «Vollkommenheiten» – zu verehren, die sie im Salon oder im Tanzsaal zu einer angenehmen Gesellschafterin machten und, was noch weit wichtiger war, in Küche und Kinderzimmer unentbehrlich werden ließen. Die militanten Gegner der Frauenbewegung, die gegen die «Emanzipation» wetterten, befürworteten eben doch eine Art von Kompetenz und sprachen sich für eine bessere Erziehung der Mädchen aus, während sie sich gleichzeitig der Zulassung von Frauen zur Universität und vollends ihrer Beteiligung an Wahlen widersetzten.

In dem Maß aber, wie die Frauenbewegung die Unterstützung einer wachsenden Zahl von einflußreichen Konvertiten gewann, begann sie, die Kompetenzvorstellung selbst neuzubestimmen, um sie in den Dienst ganz anderer Ziele stellen zu können. Das Feld der Kompetenz war es, auf dem die Schlachten der Frauenbewegung jeweils ausgefochten und alle ihre Siege, soweit von einem Sieg zu sprechen war, errungen wurden. Religiöse Rationalisierungen, deren unbewußter Nährboden Angst vor Veränderung und vor den verborgenen destruktiven Kräften der Frau war, behielten im Arsenal der Gegner ihren Ehrenplatz, aber worum es in den unendlichen Debatten letztlich ging, waren höchst konkrete Fragen: Ist eine Frau physiologisch und psychologisch fähig, an der Schule zu lehren, ein Geschäft zu betreiben, ihr Vermögen zu verwalten, ihr Konto zu führen, vielleicht sogar ein Land zu regieren?

Nach und nach neigte man Vorstellungen von einer weiter gesteckten weiblichen Kompetenz zu. Es fehlte dabei nicht an wiederholten Rückschlägen: Wie wir gesehen haben, handelte es sich hier um einen schmerzhaft langsamen Vorgang. Zweifellos waren es Angriffe gegen die neuen Vorstellungen, was die Pariser Journalistin Louise de Salles vor Augen hatte, als sie im Jahr 1892 die Pariser Frauen gegen Verunglimpfungen in Schutz nahm: Die Pariserin sei sparsam. Sie «kennt die Orte, wo man billig einkaufen kann; ihr Geheimnis ist, daß sie sich ausgiebig umsieht». Sie verstehe sich aufs Vergleichen. Sie führe Buch über ihren Haushalt. Sie kenne sich im Handel aus; sie sei ihrem Mann Partnerin und Freundin, sitze häufig an der Kasse oder führe die Bücher.[1] Sparsamkeit, Geschäftssinn, die Fähigkeit, das Haushaltsgeld ordentlich zu verwalten – was konnte ein überzeugenderer Beweis für aktive weibliche Kompetenz sein als diese Eigenschaften?

Tatsächlich fand, während das Zerrbild von der Frau als einer anbetungswürdigen Schwachsinnigen in Romanen, Operetten und Stammtischgesprächen weiter herumgeisterte, die Vorstellung von ihr als vernünftigem Geschöpf neue Anhänger, sogar unter Ehemännern. «Meinem Eindruck nach», schrieb Fenton John Anthony Hort, Theologieprofessor in Cambridge, im Jahr 1871, «findet die Theorie vom reizenden Geschöpf, das sich nicht zu helfen weiß, bei Männern kaum Anklang außer bei den extrem Unbedarften.» Als Vater von zwei Töchtern wußte Hort, wovon er sprach. Ein Großteil des Geredes über die reizenden Geschöpfe entspringe schlichtem Konformismus, gehöre zu den Äußerungen, die Männer von sich gäben, weil es von ihnen erwartet werde. «Ich bezweifle, ob selbst die Leute von der *Saturday Review*», dem überheblichsten und gegenüber der Frauenbewegung feindseligsten Wochenblatt, «auch nur ein Viertel des Blödsinns glauben, den sie verzapfen.» Tatsächlich haßten Männer, die auch nur «ein bißchen Grips im Kopf» hätten, fast unfehlbar Frauen, die nichts weiter als «dekorativ aufgetakelt» seien.[2] Horts Urteil – er war alles andere als ein Radikaler – wirkte mittlerweile schon auf viele überzeugend. Seit den 80er Jahren des letzten Jahrhunderts konkurrierte das Ideal der aktiven, lebensprühenden Frau, die sich draußen frei bewegte, mit dem des zarten, furchtsamen Weibchens; sportliche Frauen verwarfen das damenhaft-elegante Krocketspiel zugunsten der kraftvolleren Sportarten Tennis und Radfahren. In dieser frischeren Atmosphäre entwarfen Modereformer eine Kleidung, die den Körper der Frau von Stütz- und Schnürkorsetts befreite, und stießen damit weithin auf Zustimmung.

Gewiß war die kompetente Frau keine Erfindung der 60er und 70er Jahre; sie hatte auch bereits in den Jahrzehnten, in denen die Häuslichkeitsideologie das Feld beherrschte, einige Unterstützung gefunden. Vornehmlich Romanschriftsteller hatten diese Perspektive gewahrt oder jedenfalls vage das Bild von Frauen im Auge behalten, die nicht nur als Zierpuppen oder als Haussklavinnen interessierten. Jane Austens Heldinnen sind allesamt intelligent und gedankenreich. Zugegeben, daß in der von Austen geschilderten Gesellschaft die Kompetenz der Frau sich weitgehend auf Haushaltsfertigkeiten, feine Lebensart und charakterliche Tugenden beschränkte. Aber auch schon vor der Verheiratung, in einem Aktionsraum, der im wesentlichen durch die Suche nach einem geeigneten, ehrbaren Ehemann bestimmt ist, stellen diese Fragen ihre Kompetenz bewundernswert unter Beweis. Obwohl die Spielregeln ihnen untersagen, beim Paarungsritual die Initiative zu übernehmen, gelingt es ihnen sehr wohl, den erwünschten Ausgang herbeizuführen. Eine Heldin bei Jane Austen würde nie zu despektierlichen Verführungskünsten greifen, aber sie kann im Lichte ihrer wahren Vorzüge, ihres gesunden Verstands erstrahlen, kann sich in bester Verfassung präsentieren.[3]

Die Männer, die sich in Jane Austens Heldinnen verlieben, wissen solche Vorzüge zu schätzen. «Du magst sagen, was du willst, aber Männer mit Verstand mögen keine dummen Frauen», verkündet Mr. Knightley in *Emma*; enttäuscht ist er von der reizenden und klugen Emma Woodhouse eben deshalb, weil er sieht, wie verstockt sie sich dagegen sträubt, ihre angeborene Intelligenz zum Zuge kommen zu lassen.[4] Und die törichten Frauen, mit denen einige von Jane Austens Charakteren verheiratet sind, hirnlose Geschöpfe wie Mrs. Bennet in *Pride and Prejudice* und Mrs. Palmer in *Sense and Sensibility (Vernunft und Gefühl)*, bestätigen durch das akute Unbehagen, das sie ihren Männern bereiten, daß aus Mr. Knightleys Mund seine Schöpferin spricht. Das gilt auch für Jane Austens faszinierendste Figur, nämlich für Elinor Dashwood aus *Sense and Sensibility;* anders als ihre impulsive und zur Selbstinszenierung neigende Schwester Marianne ist sie der verkörperte gesunde Menschenverstand. Wenn Jane Austen diese beiden Frauentypen einander gegenüberstellt, so gehören ihre Sympathien Elinor, deren Lohn in dem Heiratsantrag besteht, den ihr nach den üblichen Komplikationen der Held des Romans macht. Die intelligenten Frauen in diesen Romanen ziehen mit den Männern nie völlig gleich; Austen war Realistin, keine Utopistin.[5] Aber sie sind die Vorläuferinnen der kompetenten, partnerschaftlichen Frauen, die Ende des Jahrhunderts in Erscheinung treten.

Der sentimentale Ton, den Dickens im Blick auf *seine* Heldinnen pflegt, läßt einen leicht übersehen, daß auch sie kompetent sind – in der ihnen zugewiesenen Nische. Selbst die vielgeschmähte perfekte Agnes in *David Copperfield* erfüllt die Norm; als kleines Mädchen hat sie durch

treue Sorge für ihren verwitweten, trunksüchtigen Vater eine frühe Haus-
haltsschulung durchgemacht. Was Dickens in dieser Hinsicht bietet, ist
für die Frühgeschichte des Kompetenzideals des bürgerlichen Zeitalters
um so lehrreicher, als er selbst ein durchgängiger und lautstarker Gegner
des Kampfes für Frauenrechte war. Für «Fernrohr-Menschenliebe», für
Reformbegeisterte wie Mrs. Jellyby, die ihre Familie kriminell vernachlässigt, um sich statt dessen auf die Linderung der Leiden afrikanischer
Eingeborener im fernen Borrioboola-Gha zu konzentrieren – dafür hatte
Dickens nur Verachtung übrig. Diejenigen, die sich über Frauenrechte
verbreiteten, giftete Dickens, stifteten die Frauen an, Männerfunktionen
an sich zu reißen, und meinten, auf diese Weise ihr Los zu verbessern.
Tatsächlich zerstörten sie nur, was die Frauen bereits besäßen, ihre ge-
winnenden, liebenswerten Eigenschaften. «Ein Mannweib», fand er, «ist
etwas Abstoßendes.»[6]

Voll Abscheu gegen den unnatürlichen Ehrgeiz solcher Geschöpfe,
pries Dickens statt dessen den «ruhigen, bescheidenen Heroismus zu
Hause». Für ihn war die Tüchtigkeit der Frau an den Herd gebunden, der
mehr als weibliche Reize verlangt. David Copperfields erste Frau exem-
plifizierte das für ihn; sie ist süß, infantil, unbelehrbar, Inbegriff der In-
kompetenz. Hingegen ist seine zweite Frau, Agnes, ein Musterexemplar
an Kompetenz. Auch andere idealisierte Frauen bei Dickens wie Florence
Dombey in *Dombey und Sohn* und Ruth Pinch in *Martin Chuzzlewit*
glänzen in der Rolle der Köchin, Reinemachefrau und Gefährtin; sie
bringen Pfeifen und köstliche Getränke und kümmern sich ebenso zärtlich wie verständig um das Wohlergehen ihrer Männer. In einer frühen
Geschichte, «The Nice Little Couple», führt Dickens Mrs. Chirrup ein,
«die hübscheste aller Frauchen», ein Musterbild an Adrettheit und Tüchtigkeit: «In allen Künsten häuslichen Erledigens und Verrichtens, in allen
Geheimnissen der Süßspeisen-Zubereitung, des Einlegens und Konser-
vierens hat es nie eine so meisterhafte Expertin gegeben wie dieses niedli-
che kleine Wesen. Außerdem ist sie auch noch höchst versiert im Umgang
mit Musselin und feinem Leinen, und ein besonderes Händchen hat sie
für günstige Einkäufe», ganz zu schweigen davon, wie perfekt sie Braten
aufschneidet.[7] Offenkundig bemühte sich Dickens in dieser Beschreibung
um einen unbeschwerten Ton, aber das heitere, liebevolle Bild, das er
entwirft, umreißt sein Frauenideal mit tödlicher Treffsicherheit.

Ein für seine Zunft typischer Rezensent hat über Dickens geäußert:
«Sein Genie ist sein Verbundenheitsgefühl mit seiner Nation.»[8] Daß dies
seine Größe ausmacht, dafür spricht, daß zwar Kritiker seine Romanhandlungen mangelhaft fanden und gelegentlich auch seine politische Satire, daß aber praktisch keiner von ihnen Anstoß an seinen Frauenschilde-

rungen nahm. Nur beim Extremisten John Stuart Mill rief Dickens' hitzige Ablehnung weiblicher Aggressivität eine aggressive Reaktion hervor. «Diese Kreatur Dickens», schrieb er an seine Frau, nachdem er zufällig auf *Bleak House* gestoßen war, «hat die gemeine Unverschämtheit, sich in diesem Dingsda über die Frauenrechte lustig zu machen.» Die billige Art, wie Dickens die Frauenbewegung in der Figur der zerstreuten und lächerlichen Mrs. Jellyby karikierte, machte ihn rasend. «Es ist von der allervulgärsten Machart – genau der Stil, in dem vulgäre Männer über ‹gebildete Damen› mit dem Vorwurf herzuziehen pflegten, sie vernachlässigten ihre Kinder und den Haushalt usw.»[9] Diese impulsive, empörte Reaktion Mills war für seine Zeit höchst ungewöhnlich – schließlich waren das erst die 50er Jahre des letzten Jahrhunderts.

Bis zur Mitte des Jahrhunderts indes hatte sich die Vermittlung von Kompetenz in Haushaltsdingen, weit entfernt davon, eine bloße Spielerei oder gönnerhaft betriebene Tätigkeit zu sein, bereits zu einer achtbaren kleinen Industrie entwickelt. Die Frauenzeitschriften räumten Ratschlägen für den Haushalt mehr Raum ein als je zuvor, und unternehmungslustige Verlage betrachteten Bücher, die solche Ratschläge haufenweise unter die Leute brachten, als zuverlässige Verkaufsschlager. Die Emsigkeit, mit der die Verfasser ihre Leserinnen in der Führung eines Haushalts unterwiesen, wobei sie jene Liebe zum Verfahrensdetail an den Tag legten, mit der solche Unterweisung steht und fällt, zeugt von einem Hunger nach prosaischen Informationen, den das wachsende Angebot immer nur größer werden ließ.

Die Frauenzeitschriften brachten auch weiterhin Belletristik, die für Frauen (und normalerweise auch von Frauen) geschrieben war, aber in ihrem nicht-belletristischen Teil verschob sich das Schwergewicht von der nichtssagend erbaulichen Unterhaltung zum nüchternen Faktenwissen. Während in den fünfziger Jahren jede Ausgabe von *Godey's Lady's Book* ein oder zwei lehrreiche Seiten über die Anfertigung modischer Stickereien enthielt und zwei oder drei «Rezepte» für Karottenpudding oder Teegebäck abdruckte, kam im folgenden Jahrzehnt eine regelmäßig erscheinende «Rubrik Arbeit» dazu. In einer einzigen Nummer, der Januarausgabe des Jahres 1864, brachte Mrs. Hale Schnittmuster für Kinderkleidung, Schmuckbuchstaben zum Zeichnen von Wäsche, Stickereimuster, ein Hausmittel gegen Diphterie, Verhaltensmaßregeln im Falle eines Brandes, eine Anleitung zur Fertigung von Steckkissen, Haarnetzen und einem Drahtgitter für Vogelkäfige sowie zwei eng bedruckte Seiten mit Kochrezepten. Und diesen Teil der Zeitung reicherte sie noch durch fünfzehn Seiten Illustrationen an, einschließlich eines halben Dutzends ganzseitiger Abbildungen von modischen Kleidern, alles in allem neunundzwanzig Seiten mit leichtverdaulichen Informationen. Im Ratgeberteil lag der Akzent auf Solidität, während auf den Seiten mit Damenbekleidung für Anlässe jeder Art die «Neuheiten» Trumpf waren.

Mrs. Hale hielt an dieser Strategie bis zu ihrem letzten Jahr bei *Godey's* fest. Die «Rubrik Arbeit» blieb und wurde noch durch eine kleine «Rubrik Gesundheit» und drei oder vier besondere Modeseiten ergänzt. Viele der Anweisungen und etliche der Rezepte setzen eine ganze Menge Ingenium voraus. Allein schon die Rezepte strafen das alte Klischee von der gezierten bürgerlichen Dame Lügen, die nach dem Riechsalz ruft, sobald eine Situation eintritt, die ihre schamhafte Verleugnungshaltung gegenüber den Realitäten des Lebens bedroht. Eine Spalte über die Zubereitung von Rindfleischextrakt enthält neben anderen detaillierten Vorschriften die Anweisung, «aus einem Rinderschwanzstück alle Knochen zu entfernen, das Fleisch mit Zwirn zusammenzuschnüren und die Knochen in Stücke zu brechen».[10] Kompetenz im Haushalt erforderte eine robuste Hausfrau, die von damenhafter Zimperlichkeit unbeeinträchtigt war oder sie überwunden hatte.

Daß solch robuster Realismus der bürgerlichen Frau erreichbar – und in der Tat unentbehrlich – war, diesen Eindruck bestätigt Isabella Beetons *Book of Household Management*. Das Buch, das zuerst ab 1859 als Fortsetzungsreihe in *Englishwoman's Domestic Magazine,* der Zeitschrift ihres Mannes, erschien, kam 1861 in einem mehr als 1100 Seiten umfassenden Band heraus. Es traf perfekt den Geschmack des britischen Mittelstands; binnen eines Jahres wurden etwa sechzigtausend Exemplare davon verkauft, und der Verkaufserfolg dauerte an. Das Publikum, dem diese Enzyklopädie der Häuslichkeit ihre Dienste anbot, rekrutierte sich aus dem Kern der mittleren Schichten Großbritanniens, aus Familien, die wohlhabend genug waren, um sich eine Haushälterin und ein paar Dienstboten leisten zu können.

Mrs. Beeton feierte – und forderte – häusliche Kompetenz; sie tat das in kategorischem Ton und unter Zuhilfenahme peinlich genauer Beschreibungen und nützlicher Illustrationen. Ihr Buch quillt förmlich über von Rezepten und verschiedenartigsten Ratschlägen: wie man Haushälterinnen anleitet, Dienstboten einstellt, Ammen beaufsichtigt, mit Kinderkrankheiten fertig wird und die trügerischen Untiefen der Gesetzesbestimmungen durchschifft, wenn man ein Haus kauft, Steuern zahlt oder ein Testament macht. Mrs. Beeton hatte sich, wie sie im Vorwort enthüllte, an ihre monumentale Aufgabe nur herangewagt, weil sie «mitansehen mußte, wieviel Beschwerlichkeit und Leid schlechte Haushaltführung auf Männer und Frauen herabbeschwor». Sie wies die Ehefrauen warnend darauf hin, ihre Männer würden heute «draußen – in ihren

Klubs, in gutgeführten Wirtshäusern und Eßlokalen – so hervorragend versorgt», daß die Frauen lernen müßten, gegenüber diesen Verlockungen konkurrenzfähig zu bleiben.[11] Die Moral war klar: Eine gutbürgerliche Frau konnte ihren Mann nur ans Haus binden, wenn sie Kompetenz bewies.[12]

Mrs. Beeton fuhr gleich eingangs schweres Geschütz auf: gute Haushaltsführung sei ebensosehr eine heilige Pflicht wie ein Schutz gegen die Verführungen des Klubs und des Wirtshauses. Das Motto, das sie Milton entlehnte, zeigt, daß sie in einer Zeit des Übergangs schrieb, in der konventionelle Ansichten über die Rolle der Frau immer noch stark im Vordergrund standen:

Nichts Schöneres läßt sich finden
An der Frau als ihr Bemühen um des Haushalts Wohl.

Aber von häuslicher Sklaverei wollte sie nichts wissen; innerhalb des Haushalts führt die Frau das Regiment. Bezeichnenderweise widmet Mrs. Beeton ihr erstes Kapitel der «Herrin des Hauses». Ebenso bezeichnend ist, daß sie mit einer kraftvoll militärischen Metapher den Anfang macht: «Wie bei dem Befehlshaber eines Heeres oder dem Leiter eines Unternehmens, so ist es auch bei der Herrin des Hauses. Ihr Geist ist überall im Haushalt erkennbar, und in dem Maß, wie sie ihre Pflichten klug und gründlich erfüllt, folgt das Personal ihrem Beispiel. Unter allen Fertigkeiten, die dem weiblichen Charakter eigentümlich sind, nehmen nach unserer Einschätzung keine einen höheren Rang ein als jene, die zur Wahrnehmung der Aufgaben des Haushalts gehören.» Das klingt durchaus selbstbewußt; der Text allerdings, den sie zum Beleg aus dem Roman *Vicar of Wakefield* von Oliver Goldsmith anführt, muß Leuten vom Schlage John Stuart Mills seltsam in den Ohren geklungen haben: «Die züchtige Jungfrau, die kluge Ehefrau und die umsichtige Matrone sind weit nützlicher im Leben als Philosophen in Unterröcken, aufgeblasene weibliche Mimen oder majestätische Mannsweiber.»[13] Im Heer der Frauen des 19. Jahrhunderts gehörte Mrs. Beeton zu den vernehmlichsten und einflußreichsten Offizieren, die auf den Versuch, die Frauen zum Abfall von der Fahne der Häuslichkeit zu bewegen, mit Alarmgeschrei reagierten.

Für Mrs. Beeton war das häusliche Treiben eine ebenso aufreibende wie rationale Tätigkeit. Die Hausfrau mußte früh aufstehen, mußte ordentlich, anspruchslos, unaufdringlich, gastfreundlich sein, mußte sich vernünftig anziehen, großzügig über die Fehler anderer hinwegsehen, wählerisch in den Freundschaften sein, die sie schloß, und mußte beim Einkauf von Nahrung und Kleidung kaufmännische Schläue beweisen. Außerdem mußte sie die Finanzen klug verwalten. «Eine Rechnungsbuch für die Haushaltsausgaben ist unverzichtbar, es sollte pünktlich und sorg-fältig geführt werden»; jede Ausgabe, möge sie noch so klein sein, müsse akribisch eingetragen und zugeordnet werden; mindestens einmal im Monat sei ein Buchabschluß erforderlich.[14] Ebenso selbstbeherrscht zeigt sich Mrs. Beetons ideale Hausfrau, wenn es darum geht, das Schlacht-handwerk auszuüben (oder sich darin sachkundig zu machen). «Ochsen werden hierzulande im allgemeinen so geschlachtet, daß man ihnen mit einem Hammer oder einem Beil knapp über den Augen einen harten Schlag auf den Kopf versetzt. Ein Schlag genügt, wenn er geschickt aus-geführt ist, um das Tier zu fällen; damit es nicht wieder zu sich kommt, wird normalerweise ein Rohrstock eingeführt, der das Rückenmark durchtrennt.» Und was die Verwandlung von Schwein in Schweinefleisch betrifft, so «ist die beste und humanste Tötungsmethode bei großen Schlachtschweinen, sie wie einen Ochsen mit der scharfen Seite des Beils vor den Kopf zu schlagen, wodurch das Tier eines raschen Todes stirbt; der Metzger muß dann nur noch die Aorta und die großen Arterien öffnen und unter die Kehle des Tieres eine Wanne stellen, um das Blut so schnell wie möglich herausströmen zu lassen.»[15] Mrs. Beetons Rezept für Schildkrötensuppe klingt nicht weniger plastisch. Daß sie für die über-sensible, zarte Frau, die zu Ohnmachtsanfällen neigt, nichts übrig hat, ist klar erkennbar.

Gleichzeitig allerdings ermahnt Mrs. Beeton ihre Leserinnen, sich durch ihre profanen und oft öden Tätigkeiten nicht abstumpfen oder zur Stellung von Leibeigenen herabdrücken zu lassen. «Wenn die Haushalts-mittel nicht sehr beschränkt sind und sie nötigen, einen großen Teil ihrer Zeit mit der Anfertigung von Kinderkleidern und anderen wirtschaft-lichen Verrichtungen zu verbringen» – diese Art von unbemittelter Haus-frau stellte, wie wir wissen, die unterste Randzone der Leserschaft von Mrs. Beeton –, «so tut sie gut daran, einige Zeit den Vergnügungen der Literatur, den Freuden des Gartens und der Vervollkommnung von Fertig-keiten auf dem Gebiet der Musik, der Malerei und anderer Disziplinen des Geschmacks zu widmen, in denen sie vielleicht das Glück hat, be-wandert zu sein.»[16] In dieser weltlichen Bibel der britischen Bourgeoisie des 19. Jahrhunderts bleibt der Mann ganz entschieden Herr im Haus; die Kultiviertheit, die sich seine Frau durch Lektüre und Klavierspielen er-wirbt, dient in der Hauptsache dem Zweck, sein Glück zu sichern. Gleichzeitig ist in Mrs. Beetons Buch die Herrin des Hauses eine respekt-heischende Persönlichkeit, und das sogar ohne Stimmrecht.

Die radikalen Frauenrechtlerinnen mochten den Mangel an politischem Elan bei ihren Geschlechtsgenossinnen bedauern, aber Tatsache ist, daß zahllose Ehefrauen des Mittelstandes vollauf Befriedigung darin fanden,

einem mit Arbeit überladenen Haushalt vorzustehen, ihre Kinder zu
erziehen und sich geduldig die beruflichen Probleme ihrer Männer anzuhören. Sie waren im Sinne des Wortes *maîtresses de maison* oder *ménagè-
res,* wie die Franzosen es nennen. In diesen Begriffen, die an Meister-
haftigkeit und rationales Wirtschaften denken ließen, drückte sich ein
selbstbewußtes, um nicht zu sagen, triumphierendes Gefühl von Macht
über einen Bereich aus, der bei aller Beschränktheit für seine Herrin
wichtig war und auch anderen als wichtig erschien.

Dieses Gefühl von aktiver häuslicher Meisterschaft kommt auch
höchst vorteilhaft in der faszinierenden Autobiographie von Judith Gautier zur Geltung, einer Romanschriftstellerin, Dichterin und Sammlerin
von Berühmtheiten. Mitte der 60er Jahre des letzten Jahrhunderts wurde
der Heranwachsenden unvermittelt die Rolle einer *ménagère* für ihren
liebevollen und gutartigen Vater, den großen Dichter und Kritiker Théo-
phile Gautier, einen anspruchsvollen «Gourmet und Gourmand» aufgehalst. Ihre Mutter mußte wegen eines Krankheitsfalles in der Familie
plötzlich fort, und «in ihrer Abwesenheit wurde mir die Verantwortung
für die Führung» – *gouvernement* – «des Haushalts übertragen. Ich
spürte das ganze Gewicht solcher Verantwortung und bemühte mich
nach besten Kräften, der mir anvertrauten Aufgabe gerecht zu werden.»
Unglücklicherweise hatte die geschätzte Küchenhilfe der Gautiers ihren
Abschied genommen, um zu heiraten, und mehrere Versuche, sie zu
ersetzen, erwiesen sich als spektakuläre Fehlschläge. Der Haushalt ruhte
deshalb in Judiths jugendlichen Händen. «Ich nahm mein neues Amt
außerordentlich ernst, schenkte ihm meine volle Aufmerksamkeit, beauf-
sichtigte den Koch aufs genaueste und begriff rasch wesentliche Prinzipien des sparsamen Haushaltens.» Zum Einkauf von Lebensmitteln ging
sie in die Pariser Markthallen, wo sie den frischesten Fisch zum vernünftigsten Preis erstand; sie entwarf abwechslungsreiche Menüs, «und mein
Vater sah erstaunt, daß wir weniger ausgaben und besser aßen».[17] Judith
Gautiers triumphierender Ton hat sicher auch etwas damit zu tun, daß sie
ihrer abwesenden Mutter den Rang ablaufen und ihr Verhältnis zu ihrem
angebeteten Vater intensivieren konnte. Aber ebensosehr drückt sich
darin ihre Zufriedenheit aus, daß sie eine haushälterische Aufgabe kompetent zu erledigen verstand.

All die praktischen Ratschläge, die Judith Gautier und ihresgleichen
verschlangen, waren natürlich nicht dazu da, den Käfig der Hausfrauen-
Existenz zu öffnen, sondern ihn zu verschönen. *Godey's* und Mrs. Beeton waren keine Umstürzler; sie wollten den Hausfrauen beibringen,
bessere Hausfrauen zu sein. Aber sie lehrten nicht bloß, wie wichtig es
war, Mahlzeiten zuzubereiten, das Haus sauber zu halten und die Kinder

zu ordentlichen Menschen zu erziehen. Vielmehr gehörte zu ihren Lehren auch der Gedanke einer Kultivierung der eigenen Person, hinter dem sich vage die Vorstellung von der Ehe als einem partnerschaftlichen Liebesverhältnis abzeichnete. Nachdem in der Diskussion über die Position der Frau der Kompetenzgesichtspunkt in den Vordergrund gerückt war, wurde die Argumentation mit der menschlichen Natur, die den Verfechtern der Sphärentrennung so gute Dienste geleistet hatte, von denen in Anspruch genommen, für die sich der wesentliche Geschlechtsunterschied auf eine Differenz der Funktionen reduziert hatte. Das war den Frauenrechtlerinnen mit den weitestgehenden Forderungen nicht genug, wohl aber jenen Frauen, denen es Spaß machte, ihre Arbeit zu Hause zu tun, ohne der gefühlsduseligen Verhimmelung ausgesetzt zu sein, durch die sie unter dem Vorwand gesteigerter Wertschätzung tatsächlich auf die Doppelrolle geschlechtsloser Damenhaftigkeit und geistloser Dienstbarkeit reduziert wurden.

Als dann zu Ende des Jahrhunderts das Weiblichkeits-Ideal umfassender wurde und Kompetenzformen einbegriff, die über die Küche, das Kinderzimmer und den Salon hinausreichten, hörte Zufriedenheit für die bürgerlichen Frauen auf, ausschließlich eine Folge hausfraulicher Leistungen zu sein. Mit der stürmischen Expansion von Handel, Industrie und Staatsverwaltung und mit der explosionsartigen Zunahme von Anwaltskanzleien und Einzelhandelsgeschäften entwickelten die Betreiber dieser Einrichtungen ein unersättliches Bedürfnis nach Schreibkräften. Noch gut und gern vor der Jahrhundertwende waren bereits Millionen von bürgerlichen Frauen überall in den westlichen Ländern in Büros und Geschäften tätig und arbeiteten dort als Buchhalterinnen, Verkäuferinnen, Postangestellte. Leider hatten nur allzu viele der vom Hausfrauendasein «befreiten» Frauen guten Grund, sich über ihre neu errungene Stellung bitter, ja, sarkastisch zu äußern. Sie wurden ausgebeutet – und sie wurden verspottet. In Witzblättern und Operetten, die von Abwehrhaltung geprägt waren, wie übrigens auch in der zur Selbstzerfleischung neigenden «Frauenzeitung» waren Spöttereien über diese moderne Erscheinung an der Tagesordnung. Frauen, die während der Arbeitszeit tratschten, bildeten offenbar eine unwiderstehliche Zielscheibe des Spottes. Noch im Jahr 1913 brachte die Zeitschrift *Punch* eine ausnehmend unfreundliche Karikatur, die einen ältlichen Mann in einem Telegrafenbüro zeigt, den zwei weibliche Angestellte auf die Palme bringen, die so eifrig aufeinander einreden, daß sie ihn gar nicht bemerken. Er klammert an seinen Schirm einen großen Krebs, läßt ihn zwischen die beiden Klatschbasen fallen und erzwingt sich die Aufmerksamkeit der Erschreckten.[18]

Viele dieser Witze richteten sich gegen diejenigen Mitglieder des neuen Arbeitskräftepotentials, die gar keinen Mann hatten, den sie hätten vernachlässigen können. Die auffällige Präsenz unverheirateter Frauen gab besonders in England und Frankreich, wo sie massiert in Erscheinung traten, Anlaß zu gutgemeinten Diskussionen und verzweifelten Überlegungen, wie der neuen Situation zu begegnen sei. Eine beliebte Methode, sich dem ernsthaften Nachdenken über diese Frauen zu entziehen, bestand darin, sich über ihren Anspruch lustig zu machen, daß sie sich bewußt für das Jungfern-Dasein entschieden hatten. Waren sie nicht deshalb unverheiratet, weil sie es nicht geschafft hatten, einen Mann zur Ehe zu bewegen? Tatsächlich aber war May Alcotts Tagebucheintragung, die heute so viel zitiert wird – «für viele von uns ist die Freiheit ein besserer Ehegefährte als die Liebe» –, mehr als eine Rationalisierung, mehr als eine bloße Verklärung des Mauerblümchen-Daseins.[19] Bedenkt man, wie groß die Gefahr war, sich an einen kalten oder brutalen Ehemann gekettet zu finden oder im Kindbett zu sterben, ganz zu schweigen von der Plackerei, zu der man sich unter Umständen verdammt fand, so leuchtet ein, daß der Ledigenstand eine akzeptable Lebensweise war, die durchaus etwas für sich hatte. Hinzu kam, daß praktisch jeder Arbeitgeber nur zu gern Frauen in seiner Belegschaft hatte; er sah nämlich, daß er sie härter arbeiten lassen konnte und ihnen weniger Geld dafür geben mußte als den Männern. Für die meisten Frauen bedeuteten deshalb die neuen Chancen auch eine ernsthafte neue Bürde, die aller Mißbilligung, allen Protesten und sogar allen Bemühungen, gegen sie einen gesetzlichen Schutz zu erwirken, beharrlich trotzte.[20]

Ein bißchen mehr Glück hatten Frauen, die sich renommierteren Tätigkeiten zuwandten. Sie erhielten einzigartige Gelegenheiten, ihre Kompetenz in Bereichen zu beweisen, die nicht mehr häuslich, allerdings auch noch nicht voll und ganz politisch waren. Krankenpflege, Lehrtätigkeit und philanthropisches Engagement führten sie in eine Lebenssphäre, die man als halböffentlich bezeichnen könnte. Die meisten dieser Frauen mußten empört feststellen, daß auch sie wie die weiblichen Büroangestellten mit Arbeit überhäuft wurden und dabei unterbezahlt waren. Aber selbst wenn sie häufig zynisch ausgebeutet wurden, trugen sie dazu bei, daß in den letzten Jahrzehnten des 19. Jahrhunderts der Begriff «Weiblichkeit» seine Bedeutung änderte und die Zeitgenossen das auch mitbekamen. In einer Huldigung an Florence Nightingale, die Frau, die damals das meiste Aufsehen erregte, erklärte der Konservative Lord Stanley, der für Indien zuständige Minister: «Ein Anspruch auf erweiterten Handlungsspielraum, der sich auf eine erwiesene gesellschaftliche Nützlichkeit im höchsten Sinne des Wortes stützt, mit der ganzen Nation als

Zuschauer und Zeuge, erzwingt sich Gehör und ist nicht einfach ab-
zuweisen.»[21] Gewiß, Nightingale war alles andere als repräsentativ. Sie
verfügte über gute Verbindungen, war zielstrebig, hatte eine starke Persönlichkeit und beherrschte meisterhaft die Öffentlichkeitsarbeit; mit
diesen Eigenschaften war sie imstande, Ministern Angst einzujagen und
die Gesetzgebung zu beeinflussen. Aber in bescheidenerem Umfang erhoben auch andere Frauen, mochten sie nun mit der Austeilung von
Wundverbänden, Lernstoffen oder karitativen Gaben befaßt sein, Anspruch auf «erweiterten Handlungsspielraum». Die Neigung zum Müßiggang und eine zarte Konstitution, die in der bürgerlichen Epoche nach
Ansicht der Kritiker typische Merkmale der Damen der besseren Gesellschaft darstellten, waren genau die Eigenschaften, die diesen Frauen fern
lagen. Bei der Tatkraft, die sie entfalteten, hätten sie sich weder das eine
noch das andere leisten können.

Der alte Vorwurf der Willensstärke, der gegen Frauen erhoben wurde,
die ihre Intelligenz nicht verbargen, verlor auf diese Weise zunehmend an
Bedeutung. Als eine von John Stuart Mills weiblichen Briefpartnern diese
Eigenschaft von sich wies, reagierte Mill darauf mit der durchaus vernünftigen Feststellung: «Es tut mir leid, daß ich hören muß, wie Sie sich Willensstärke absprechen, weil ich Willensstärke für eine der edelsten Gaben
halte, die ein denkendes Wesen, gleichgültig, ob männlich oder weiblich,
besitzen kann.»[22] Aber wie bekannt, war Mitte des letzten Jahrhunderts
Mill unter seinen Geschlechtsgenossen sogar noch eine ausgefallenere
Erscheinung als eine Nightingale unter den Frauen. Weit repräsentativer
war Ernest Legouvé. Der angesehene französische Stückeschreiber, Romanschriftsteller und Autobiograph, dem 1855 die Ehre einer Aufnahme
in die Académie Française widerfuhr, interessierte sich sein ganzes Leben
lang für Frauenbildungsfragen; sein Buch *Histoire morale des femmes*, das
im Jahr 1849 erschien, erlebte mehrere erweiterte Neuauflagen. Legouvé
wollte die Frauen in der Zwischenzone zwischen heimischem Herd und
politischer Öffentlichkeit angesiedelt sehen.

Sein Buch ist von historischem Interesse, eben weil es so platt und
unflexibel ist. Im Jahr 1882, in der achten Auflage des Buches, vertrat
Legouvé noch haargenau dieselben Ansichten, die er dreißig Jahre zuvor
verkündet hatte. Frauen sollten nach seiner Meinung mit dem Pfund der
Eigenschaften wuchern, durch die sie sich von den Männern unterschieden. Er konnte sie sich durchaus in der Rolle von Lehrerinnen, ja, sogar
von Schriftstellerinnen vorstellen. Aber falls sie sich trauten, als Autorinnen hervorzutreten, dürften sie nur den Mund aufmachen, wenn sie
etwas zu sagen hatten, und müßten stillschweigen, sobald sie es gesagt
hatten. Ihre Verpflichtungen als Töchter, Ehefrauen und Mütter gingen

allem anderen vor, auch dem Ruhm. Was eine Frau tun soll, «läßt sich in einem Wort zusammenfassen: lieben».[23] Im Jahr 1882 ging von diesen vormals fortschrittlichen Vorstellungen bereits ein merkwürdiger Modergeruch aus. Wenn Mills Kompromißlosigkeit prophetisch war, dann roch Legouvés kompromißlerische Haltung nach Rückständigkeit.

Dennoch brachten seine Ansichten weitverbreitete Überzeugungen zum Ausdruck, die sich bis in die 80er Jahre erhielten. Sie bewiesen einmal mehr, was schon Mrs. Hale bewiesen hatte, daß es nicht sonderlich subversiv war, sich für die Frauenbildung einzusetzen. Aber selbst solch laue Unterstützung für die gebildete Frau ging einer streitbaren männlichen Minderheit zu weit, die definitiv Gefallen daran fand, sich die Frauen als hirnlose Puppen vorzustellen. «Meinem persönlichen Geschmacke nach brauchen Damen überhaupt nichts zu wissen», sagt in Fontanes Roman *Cécile* aus dem Jahr 1887 der Ehemann der Heldin. Für den Autor selbst war er kein Held, aber im wirklichen Leben fehlte es nicht an seinesgleichen. Und in Frankreich konnte man offenbar kultivierte Männer finden, die ängstliche, unwissende, ja, geradezu dumme Ehefrauen mochten. «Vor allem möchten wir, daß die Frauen ihren Männern treu ergeben bleiben», schrieb im Jahr 1864 der zweitklassige Romanschriftsteller Edmond About. «Deshalb hoffen wir, daß die jungen Mädchen in einem Zustand engelsgleicher Ignoranz in die Welt eintreten, der sie gegen alle Versuchungen immun macht.»[24]

Legouvés Reformismus war also kaum mehr als ein sanfter Protest gegen solche drakonischen Bemühungen, sich der Ergebenheit der Frauen zu versichern. Seine großmütige Geste – mit der er Frauen das Recht zugestand, unter stillschweigender Duldung der Gesellschaft zu unterrichten oder Bücher zu schreiben – konnte Frauenrechtlerinnen, die jede Einschränkung der weiblichen Handlungsfreiheit als feigen Kompromiß verwarfen und bestenfalls als Zwischenetappe verstanden, schwerlich zufriedenstellen. Ihre Unzufriedenheit war nur zu begründet; Wenn Frauen im 19. Jahrhundert außer Haus arbeiten gingen, sahen sie ihre Arbeitsenergien in Kanäle geleitet, die ihnen von den Männern vorgezeichnet wurden – von Männern, die zu größeren Konzessionen nicht bereit waren und die deshalb für Kanalisierungen sorgten, die ihnen angemessen schienen und ihr Vorstellungsvermögen nicht überforderten.

Schließlich fällt auf, daß die Krankenpflege und die übrigen Aktivitäten Fortschreibungen der häuslichen, mütterlichen – engelsgleichen, wie manche überschwenglich meinten – Rolle waren, die überkommene Weisheit den Frauen so lange zugewiesen hatte. Sogar Männer, die von tödlicher Angst vor Amazonen und Mannweibern erfüllt waren, fiel es nicht schwer, sich Frauen vorzustellen, die in der Krankenpflege mit zarter Hand Trost spendeten, im Lehrberuf sanft an Disziplin gewöhnten, sich liebevollen Herzens karitativ betätigten; diese Damen praktizierten in größerem Maßstab einfach nur das gleiche, was sie seit jeher zu Hause getan hatten – und zwar mit mehr natürlicher Begabung als irgendein Mann. Viele Männer waren bereit zu akzeptieren, daß den Frauen diese spezifischen Laufbahnen offenstanden. Ehrlich davon überzeugt, Fürsprecher einer beruflichen Betätigung der Frau zu sein, gestanden sie ihr die Fähigkeit zu, Kuratorin in einem Museum, nicht allerdings dessen Direktorin, Musikerin in einem Orchester, nicht allerdings der Dirigent, Gynäkologin, nicht allerdings Chirurg, Mathematiklehrerin, nicht allerdings Mathematikprofessorin zu sein. In *Cécile* führt Fontane eine Malerin ein, die sich an den Tabus reibt, mit denen die feine Gesellschaft sie einengt. «Eine Dame soll Blumenmalerin sein, aber nicht Tiermalerin. So fordert es die Welt, der Anstand, die Sitte. Tiermalerin ist an der Grenze des Unerlaubten.»[25]

Demnach war es nur natürlich, daß die Medizin den um Zutritt zu den freien Berufen kämpfenden Frauen ihre Tore öffnete, und selbst jene Tore, die beim Öffnen aufs Unangenehmste knarrten. Offensichtlich fanden die Menschen des 19. Jahrhunderts eine «Doktorin», zumal wenn ihre Patienten nur aus Frauen und Kindern bestanden, erträglicher als eine Anwältin, die vor Gericht ihre Klienten verteidigte, oder eine Architektin auf der Baustelle. Die erste Ärztin in den Vereinigten Staaten, Harriot Hunt, begann nach einer privaten Ausbildung im Jahr 1835 zu praktizieren; aber ihre Zeitgenossen sahen eher ein Monstrum in ihr, das man begaffte, als ein Vorbild, das zur Nachahmung anregte. Es dauerte Jahrzehnte, ehe Frauen, die den Arztberuf erlernen wollten, zu den Medizinschulen zugelassen wurden; ihre männlichen Kommilitonen und Lehrer machten der kleinen Minderheit in den Seminaren das Leben schwer, brachten Petitionen gegen sie in Umlauf, zettelten Streiks an und ließen sich in zügellosen Analysen über die physischen und geistigen Defekte von Frauen aus. Das physiologische Argument, mit dem sich konservative Behörden der Aufnahme von Frauen in Colleges und Universitäten widersetzten, diente noch entschiedener als Einwand gegen ihr Medizinstudium. Ein menstruierendes Wesen sei doch wohl noch weniger zum Sezieren einer Leiche imstande als zum Studium Platons. Zum Ausgang des Jahrhunderts war die Zahl der Ärztinnen immer noch erbärmlich klein. Im Jahr 1883 gab es in den Niederlanden eine einzige Ärztin; zur Jahrhundertwende belief sich ihre Zahl in Großbritannien auf 258. Daß zur gleichen Zeit in den Vereinigten Staaten rund 7000 Ärztinnen praktizierten, nicht einmal 6 Prozent der Gesamtärzteschaft, galt bereits als Zeichen außerordentlicher Fortschritte in der Frauenemanzipation.

Eine Liste von Daten, die Meilensteine in dem Prozeß markieren, durch den überall in der westlichen Zivilisation Frauen Kompetenz bewiesen, erweckt oberflächlich den Eindruck eines kontinuierlichen Siegeszugs. Schaut man sie sich genauer an, sieht die Sache ganz anders aus; das Bemerkenswerte ist nicht das Tempo des Fortschritts, sondern seine Zögerlichkeit.[26] Im Jahr 1845 gestand Schweden den Frauen das Recht auf Eigentum zu. 1848 gründete Samuel Gregory das New England Female Medical College (eine Medizinhochschule für Frauen), und im gleichen Jahr eröffneten F. D. Maurice und Charles Kingsley in London das Queen's College, eine Ausbildungsstätte für Erzieherinnen. Im Jahr 1857 gestand das erste moderne Scheidungsgesetz Frauen, die von ihren Männern getrennt lebten, das Recht zu, ihre Einkünfte zu behalten. 1870 erwarben in Großbritannien die Frauen das Recht zur Teilnahme an Wahlen im Schulbereich. 1871 machte an der Sorbonne die erste Frau ihr Examen. 1873 wurde Girton College, das erste Frauencollege in Cambridge, offiziell eröffnet, nachdem die Frauen jahrelang demütigende Ablehnungen hatten hinnehmen müssen. Italien ließ Frauen als Zeuginnen vor Gericht zu. 1878 begann die University of London mit der Einführung vollgültiger Studienabschlüsse für Frauen. Im Jahr 1881 erhielten in Frankreich die Frauen das Recht, in Abwesenheit ihrer Männer Geld einzuzahlen und abzuheben, auch wenn es noch fünf weitere Jahre dauerte, bis sie diese Transaktion durchführen durften, ohne vorher die Einwilligung ihrer Männer einholen zu müssen. 1884 verfügte ein Gesetz die Gleichbehandlung der Geschlechter in Fällen von Ehebruch. Im Jahr 1886 erhielten Mütter per Gesetz die Vormundschaft für ihre Kinder.

Aber was die Gesetzgebung unangetastet ließ, fällt schwerer ins Gewicht, als was sie bereit war, in Angriff zu nehmen. Geht man die Länder durch und sichtet ihre Gesetze, so erhält man reichlich Belege dafür, wie zählebig das patriarchale Ideal war und wie systematisch die Realitäten verleugnet wurden. Im Jahr 1868 fragte die englische Frauenrechtlerin Frances Power Cobbe in scharfem Ton, ob die arrogante Art, wie die Londoner *Times* Kriminelle, Schwachsinnige, Frauen und Minderjährige in einen Topf warf, wirklich vertretbar sei.[27] Wenn man die Gesetze betrachtete, unter denen sie leben mußte, war ihre Frage völlig berechtigt. John Stuart Mill wiederholte ein Jahr später die Frage mit ebensoviel Nachdruck in seiner Schrift *The Subjection of Women*. Erst ein Jahr nach Erscheinen des klassisch gewordenen Textes beseitigte das Gesetz über Eigentumsrechte verheirateter Frauen, das in der Folge nach und nach ausgeweitet wurde, die krassesten Formen geschlechtsbedingter rechtlicher Ungleichheit in Großbritannien.[28] Jeder der historischen Augenblicke im Leben der Frauen der viktorianischen Ära stellt einen lange hinausgezögerten und teuer erkauften Sieg dar.

Drastischere Veränderungen waren im Anzug. Im Jahr 1890 räumte der Staat Wyoming den Frauen das Wahlrecht ein, drei Jahre später folgte Colorado und abermals drei Jahre danach schlossen sich Idaho und Utah an. Neuseeland und Südaustralien gesellten sich ihnen in den Jahren 1893 und 1894 bei. Das Stimmrecht war natürlich das, was die politisch denkenden Frauenrechtlerinnen die ganze Zeit über angestrebt hatten. Von Anfang des organisierten Kampfes für die Frauenrechte an hatten sie dafür gestritten; das gefeierte Grundsatzprogramm, das im Jahr 1848 in Seneca Falls, New York, verabschiedet worden war, enthielt die Forderung nach dem allgemeinen Wahlrecht. John Stuart Mill setzte sich in *Subjection of Women* erneut für das Frauenwahlrecht ein; seit Mary Wollstonecrafts *Vindication of the Rights of Woman* war dies das nachdrücklichste Plädoyer für die Rechte der Frauen. In Fragen der Taktik und sogar der Ziele war die Frauenbewegung die Jahre hindurch tief gespalten, aber mochten auch noch so dringende andere Probleme auftauchen, die politisch orientierten Frauenrechtlerinnen hörten jedenfalls nie auf, der Öffentlichkeit und den Politikern mit der Forderung nach vollen Bürgerrechten in den Ohren zu liegen.

Ihre Argumentation war offen und einfach: Nur die Teilnahme am politischen Prozeß und damit die Aussicht auf Teilhabe an der politischen Macht konnte sicherstellen, daß die Frauen auch all die anderen Rechte erhielten, nach denen sie mit gutem Grund verlangten. Weniger als dies würde bedeuten, daß sie auf Gedeih und Verderb den Männern ausgeliefert und Opfer männlicher Aggression blieben. In ihren Reden und Manifesten vertraten Hubertine Auclert und ihre Anhängerinnen in Frankreich ebenso wie eine kleine Schar von Suffragetten in Großbritannien mit Nachdruck die Ansicht, daß ohne Stimmrecht die Frauen versklavt blieben. «Frauen, die Bürgerrechte wollen», schrieb Auclert im Jahr 1883 in der Zeitschrift *La Citoyenne,* «die Scheidungen auf der Grundlage der Gleichberechtigung, eine Reform des Eherechts, eine umfassende Erziehung, die Zulassung von Frauen zu einträglichen Berufen fordern, müssen sich mehr als irgend jemand sonst zusammentun, um politische Macht zu erringen, denn diese berechtigt sie dazu, die Gesetze zu machen, die sie sich wünschen.»[29]

Daß die bürgerlichen Frauen gegen Ende des 19. Jahrhunderts selbstkritisch zu beurteilen vermochten, was sie erreicht hatten und was es noch zu erreichen galt, daran kann man ermessen, welch langen Weg sie bereits zurückgelegt hatten. Im Jahr 1890 ließ A. Amey Bulley, eine englische Schriftstellerin, deren Thema Frauenfragen waren, in der *Westminster Review* die politische Entwicklung der Frauen Revue passieren. Sie zeigte sich beeindruckt von dem großen Kampf der Frauen um eine

Beteiligung an der Macht. In Anlehnung an Darwin meinte sie, am wenigsten Achtung hätten die Frauen genossen, als der Kampf ums Dasein am rücksichtslosesten getobt habe. Aber nun hätten Wissenschaft und Technik zumindest die wohlhabenderen Frauen von der alten Plackerei erlöst, und die Folge sei, daß sie gegen die aufgezwungene Häuslichkeit rebellierten. Leider hätten die militanten Frauen das Podium erobert und den Ruf selbstgerechter Überheblichkeit und humorlosen Eiferertums, in dem die Frauenrechtlerinnen ständen, befestigt. Aber das Stimmrecht werde eher beruhigend auf die Frauen wirken, als sie weiter aufzustacheln. Ihre Sendung mache die Frauen nicht unzugänglich für Kritik, aber es sei nur natürlich, daß sie nach Jahrhunderten der Unterdrückung «Druck mit Gegendruck und Gewalt mit Gegengewalt heimzahlen».[30] Eine kluge Einschätzung: Die männlichen Aggressionen gegen die Frauen, zusammen mit den Bemühungen der Männer, sich ihr Aggressionsmonopol zu erhalten, hatten eine aggressive Reaktion hervorgetrieben; und noch war nicht absehbar, wohin die Sache führen würde.

Der zunehmende Respekt vor der Kompetenz der Frauen führte zu keiner Abschwächung der Forderungen der Frauenbewegung im 19. Jahrhundert und brachte sie erst recht nicht um ihre Glaubwürdigkeit. Die Bewegung war kein verschrobener Kreuzzug, kein Ventil für Hysterikerinnen – mochten die Gegner sagen, was sie wollten. Zornige, verängstigte Verteidiger der geltenden rechtlichen und sozialen Gepflogenheiten wiesen auch weiterhin die Vorschläge der Frauenrechtlerinnen als unruhestiftend, utopisch und, schlimmer noch, widernatürlich zurück. Sie sahen darin völlig zu Recht eine Auflehnung gegen überkommene religiöse, ethische und medizinische Regelsysteme. Aber die subversivsten Punkte in den Programmen der Frauenrechtlerinnen der bürgerlichen Zeit – die Forderung nach Gleichstellung vor dem Gesetz, nach Zugang zur höheren Bildung und zu den akademischen Berufen, nach dem Stimmrecht und nach gleichem Lohn, nach Abschaffung der gönnerhaften Behandlung, die Frauen zu Hause und in der Öffentlichkeit erfuhren –, diese Punkte brachten handgreifliche, sattsam belegte Mißstände zur Sprache. «Gerechtigkeit», hatte Herbert Spencer bereits 1850 kategorisch erklärt, «unterscheidet nicht nach dem Geschlecht.» Das «Gesetz einer gleichmäßigen Freiheit für alle bezieht sich auf die ganze Gattung – auf die Frauen ebenso wie auf die Männer». Aus diesen Feststellungen ergab sich als offensichtliche Konsequenz, daß die Frauen ein besseres Los verdient hatten, als die Männer ihnen zu Spencers Zeit bereiteten. «Daß sich der Entwicklungsstand eines Volkes an der Behandlung ablesen läßt, die unter seinen Bedingungen den Frauen zuteil wird», schrieb Spencer, «ist fast schon eine Binsenwahrheit.»[31] An diesem Kriterium gemessen, schnitt die Kultur der bürgerlichen Epoche nicht gut ab, auch wenn sich im Lauf der Jahrzehnte ihre Leistungen besserten.

Ohne Frage war der Kampf um die Anerkennung weiblicher Kompetenz ein qualvoller Prozeß. Tatsache ist zwar, daß nur wenige Männer die außergewöhnlichen Vorrechte ausnutzten, die sie fast überall genossen – Verfügungsrechte über das Geld ihrer Frauen, über deren Kinder, ihre Tätigkeiten, ja, ihr Leben. Entgegen dem weitverbreiteten Märchen von der viktorianischen Prüderie machten viele bürgerliche Ehepaare im Bett die Entdeckung erotischer Gleichberechtigung und genossen sie. Daß die Männer gezwungen waren, den Kavalier zu spielen, wie kränkend dieser Zwang für unabhängige weibliche Geister auch sein mochte, milderte die männliche Herrschaft, selbst wenn er sie gleichzeitig zu befestigen diente. Aber ob er nun auf Gesetze oder in der Tradition gegründet war, der Bann dieser Herrschaft schien aus massivem Mauerwerk errichtet, aus dem die Vorkämpferinnen der Frauenemanzipation Stein für Stein herausbrechen mußten.

In heiterem Ton zu schließen entspräche denn auch nicht dem Lauf der Geschichte. Der emotionale Aufwand, den es kostete, den Männern ihre Führungsposition zu erhalten, war zu groß und den Betreffenden zu lieb und teuer geworden, als daß sie umstandslos auf ihn Verzicht hätten leisten können. Im Jahr 1897 verließ Nora Helmer ihr Puppenhaus und schlug die Tür hinter sich zu. Aber jahrelang erregte Ibsens berühmte Heldin mehr Empörung, als sie Beifall erhielt. Die öffentliche Debatte ging weiter, als sei in der tatsächlichen Welt kaum etwas passiert, als hätten Frauen ihre beruflichen Fertigkeiten als Ärztinnen oder ihre körperliche Tüchtigkeit auf dem Tennisplatz nicht längst unter Beweis gestellt. Wie berichtet, dozierte im Jahr 1892 Herbert Asquith über die «untilgbaren Unterschiede» zwischen Männern und Frauen vor dem englischen Unterhaus. Ungefähr vier Jahre später griffen im deutschen Reichstag konservative Abgeordnete auf dasselbe Arsenal abgedroschener Vorstellungen zurück. Ihre Abwehrhaltung, die tatsächlich nackte Aggression war, wurde durch eine Debatte provoziert, in der es um einen «Gesetzentwurf betreffend die Regelung des Versammlungs- und Vereinswesens» ging, den die Sozialdemokraten eingebracht hatten. Nach dem Stand der Verhandlungen sollte es Frauen nicht gestattet sein, Mitglied in solchen Organisationen zu sein oder an deren Versammlungen teilzunehmen. Auch wenn keine politischen Fragen auf der Tagesordnung standen, sollten sie laut Gesetz nicht dabei sein dürfen. Als die Sozialdemokraten ihr Mißfallen äußerten und auf Paulus und sein Verdikt gegen die Mitsprache von Frauen in der Gemeinde verwiesen, warfen die Gegner ihnen Unkenntnis der Heiligen Schrift vor. «Meine Herren»,

sagte ein Abgeordneter, «dieser Satz gründet sich auf die von der Natur
gegebene verschiedene Organisation und Veranlagung des Weibes.» Es sei
unmöglich, den grundlegenden Unterschied zwischen den Geschlechtern
aus der Welt zu schaffen. Selbstverständlich habe die Frau eine Seele;
wenn sie vom öffentlichen Leben ausgeschlossen bleibe, so nicht, «weil
wir das Weib für minderwertig halten, sondern weil das Weib anders
geartet ist als der Mann». Ein anderer Abgeordneter pflichtete ihm bei,
indem er die beiden alten Argumente von der häuslichen Bestimmung der
Frau und ihrem maßgebenden Einfluß auf den Mann miteinander ver-
mischte: «Der schönste Ruhm einer Frau wird immer der sein, ein Geschlecht tüchtiger Kinder, eines tüchtigen Nachwuchses herangezogen zu
haben; und die größten Männer haben sich jederzeit gerühmt, daß sie,
was sie geworden sind, durch ihre Mütter geworden sind. Dabei möge es
bleiben! ... *Men are what women make them* – sagt der Engländer; und
ich denke: das gilt noch heute, und dabei wollen wir es belassen.»

Man hörte laute Bravorufe auf der Rechten, und als ein Abgeordneter
unter Hinweis auf den gängigen Spruch «Kein Vergnügen ohne Damen»
erklärte: «Gegen dieses Naturrecht verstößt das heutige Versammlungs-
recht», brach allgemeine Heiterkeit aus.[32] Die Atmosphäre im Reichstag
– außer bei denen, die den Gesetzentwurf, der selbstverständlich scheiterte, eingebracht hatten – erinnerte an die Stimmung beim Stammtisch,
wenn das Thema Frauen aufs Tapet kommt und eine leicht zotige, aber im
Grunde angstgetönte Lustigkeit Raum greift. Die Zahl der Männer und
Frauen aus dem Mittelstand, die diese Art von Unterhaltung gar nicht
lustig fanden, nahm allerdings stetig zu.

V. Beißender Witz

1. Von den verschiedenen Formen des Lachens

Wenn jemand einen Witz erzählt, ein Wortspiel macht oder ein Lustspiel schreibt, dann gehört das, so will es jedenfalls im Vergleich zum Krieg zwischen Männern und Frauen scheinen, in ein ganz und gar abgelegenes Gebiet der Psychologie. Gleichwohl leiten sich diese so grundverschiedenen Aktivitäten von ganz ähnlichen Strebungen her. Es ist durchaus bezeichnend, daß die Umgangssprache den Humor mit so unfriedlichen Handlungen wie Beißen, Hauen, Schneiden in Zusammenhang bringt. Der Humor nimmt denn auch seinen Stoff aus der Kultur, wie er sie vorfindet, und eröffnet damit der Betätigung – und Bemächtigung – des Aggressionstriebs etliche prachtvolle Felder.

Mögen die dem Humor zugrundeliegenden Motive kaum je in Reinkultur auftreten, daß ihm freilich überhaupt eine aggressive Dimension eignet, ist nicht zu übersehen. Vor allem anderen ist er eine jedermann geläufige Form des Eigenlobs. Schon zu seiner Zeit hatte Hobbes die «Leidenschaft des Lachens» als nichts anderes bestimmt «denn als einen *plötzlichen Ruhm*, der aus der plötzlichen *Einsicht* erwächst, daß wir im *Vergleich* zur *Schwäche* anderer oder zur eigenen, vormaligen Schwäche eines gewissen Vorzugs genießen». Fast jeder, der im 19. Jahrhundert den Humor erforschte, machte sich diese Definition zu eigen und lieferte zugleich phantasievolle Abwandlungen zum Thema übersteigerter Einzigartigkeit. Baudelaire etwa verlieh in seinem Aufsatz «De l'essence du rire» diesem Anspruch auf eine qua Vergleich empfundene Überlegenheit pseudo religiöse Züge. Für ihn ist sie geradezu ein Ausweis der Auflehnung des Menschen gegen die göttliche Ordnung. «Das Lachen entspringt der Vorstellung der eignen Überlegenheit. Eine satanische Vorstellung, wenn es je eine gab! Hoffart und Aberwitz!» Er sah in dieser Anmaßung ein Moment von Geistesgestörtheit: es ist auffällig, daß Verrückte häufig lachen und sich für etwas Besseres halten; kaum je, daß einer von ihnen unter Anwandlungen von Bescheidenheit litte. Auch Bergson sah das so, und er hatte gewiß Baudelaires Definition im Kopf; als er über die Kunst des Karikaturisten schrieb, sie habe «etwas Diabolisches an sich, sie richtet den Dämon wieder auf, den der Engel zu Boden geworfen hatte».[1] Für diese Autoren gleicht der Humor in etwa dem Versuch, den Himmel zu erstürmen.

Zugleich vertrat Baudelaire die Ansicht, daß die Selbstgefälligkeit des Witzbolds ein Mittel sei, seine inneren Unsicherheiten, die ihn aus der Ruhe bringen, ja in Panik versetzen, zu überdecken. Er und andere Seelenbeobachter des 19. Jahrhunderts erweiterten diese vergleichsweise ernüchterte Sichtweise zu einer Psychologie des defensiven Aggressionstriebs. Lachen, das andere zum Gespött macht, ist danach allzuoft nichts anderes als Weihrauch, der auf dem für das eigene Ich errichteten Altar entzündet wird, ein Altar, der bekanntlich recht wackelig ist. «Im Lachen steckt ein Zeichen von Schwäche», schrieb Baudelaire, ein verzweifeltes Hoffen wider die Hoffnung. Dies ist, wie die «satanische Schule» der Romantiker mit ihren dämonischen Figuren bereits ahnen ließ, das Urgesetz des Lachens, ein «Dauerausbruch» von Wut und Leiden, welcher den auftrumpfenden Lacher an das Opfer seines ätzenden Spotts kettet. So birgt für Baudelaire das Komische nichts geringeres als den grundlegenden, dem menschlichen Wesen unabtrennbar verbundenen Widerspruch. «Das Lachen», so schrieb er, der ja eine Vorliebe fürs Paradox hatte, «ist satanisch, also ist es zutiefst menschlich.» Und da es zum Wesen des Menschen gehört, «ist es dem Wesen nach widersprüchlich», es ist sowohl ein Zeichen «unendlicher Größe wie unendlichen Elends». In solchen Sätzen hört man Pascal nachklingen! «Aus dem unaufhörlichen Widerstreit dieser beiden Unendlichkeiten entsteht das Lachen.»[2]

Die Formen des Lachens decken ein so großflächiges und vielschichtiges Terrain ab, daß es nahezu aussichtslos ist, sie alle erfassen zu wollen. Gleichwohl lassen sich ihre Besonderheiten zumindest teilweise als charakteristischer Ausdruck individueller Geisteshaltung, klassenspezifischer Gewohnheiten und kultureller Stilrichtungen vorab bestimmen. Was für eine bestimmte Person, eine Epoche oder Nation witzig ist, das mag anderen roh und beleidigend vorkommen. So wie jeder Kultur anscheinend eine Lieblingsneurose eignet, so hat jeder von uns seine Lieblingsstrebungen, wenn es ihm um Spaß zu tun ist. «Unser Lachen ist immer das Lachen einer Gruppe», heißt es in Bergsons berühmter Schrift Le Rire. Als Beispiel führt er einen Mann an, «der, befragt, warum er bei der Predigt nicht mitgeweint habe, während doch alle anderen Tränen vergossen, antwortete, ‹Ich gehöre nicht zur Gemeinde›.» Bergson hält diese Bemerkung für bezeichnend: «Was jener Mann über Tränen dachte, trifft mehr noch auf das Lachen zu.»[3] Die skatologischen Witze, bei denen sich der deutsche Bürger des 19. Jahrhunderts vor Lachen bog, waren seinem englischen Pendant nahezu unbekannt. Nur wenigen Humoristen gelang es, überall gleichermaßen Fröhlichkeit zu wecken. Immerhin, Mark Twains deftige Erzählungen über den amerikanischen Westen fanden ersichtlich ohne Einbuße ihren Weg bis nach London und Paris, Berlin und Wien.[4]

Ohne Zweifel ist die durch Witz und Humor erledigte psychische Arbeit stark überdeterminiert. Sie kann die plötzliche Freisetzung von Spannungen unter Kontrolle halten oder begrüßen. Sie kann Angst zum Ausdruck bringen oder mildern; übermütige Späße sind wie das Pfeifen auf dem Friedhof, etwa wenn man körperliche Angst empfindet oder sich in Gesellschaft nicht wohl fühlt. Der Humor kann als ein heilsamer Regressionsakt dienen, ein angenehmer Urlaub von leidiger Verantwortung, eine zeitweilige Entlastung von der Strenge des strafenden Über-ichs, das die Menschen mit sich herumschleppen. Humor kann sogar bezeichnenderweise eine verquere Bekräftigung des Ehrgefühls oder ein Beweis unnachsichtiger Selbstkritik sein, eine nach außen oder innen gewendete sprachliche Aggression.

Und diese ohnehin schon verwickelten Verhältnisse werden noch komplizierter, wenn man feststellt, daß Produzent und Konsument des Humors nicht notwendig die gleiche Wellenlänge haben. Zwar ist das Witzemachen ein Vorgang, der scheitern muß, wenn zwischen Erzähler und Zuhörerschaft nicht eine gewisse Beziehung besteht, die dafür sorgt, daß der Funke des Lachens von jenem auf diese überspringen kann. Der Nutzen indessen, den die eine oder andere Seite daraus zieht, kann durchaus grundverschieden sein. Witzig zu sein ist eine januskö pfige Angelegenheit: indem es eine kurzlebige Gemeinde von Lachern schafft, verhilft es dem Erzähler zu einer exquisiten Zuhörerschaft, zugleich aber und mit den gleichen Mitteln werden andere als Außenseiter gebrandmarkt, die Abneigung oder Verachtung zu spüren bekommen. Witz und Humor bereiten den einen Freude, den anderen aber Schmerz, rufen sie doch Liebe und Haß hervor. Ihr erotischer und ihr aggressiver Anteil sind untrennbar, zuweilen ununterscheidbar. Indes ist das Lachen nicht gleichbleibend feindlich oder zerstörerisch. Es gibt eine unschuldige Betätigung des Witzes, ein Witzemachen ohne Opfer, das ungetrübt Spaß bereitet, ohne bösartige Hintergedanken. Die Witzgeschichten der Kinder etwa, die unermüdlich wiederholt werden, dienen häufig als Test für die Sprachfertigkeit, als Probe auf den Erwerb kognitiver Kompetenz. Mehrdeutige Bonmots und Sprachkunststücke können eine lustvolle Unterbrechung der trostlosen Alltagsgeschäfte sein; und desgleichen ein Aufgebot an Wortspielen, solange sie nicht einen derart zwanghaften Zug annehmen, daß sie sich als neurotisches Symptom entpuppen. «Freiheit gibt Witz, und Witz gibt Freiheit», sagte im frühen 19. Jahrhundert Johann Paul Friedrich Richter, jener deutsche Schriftsteller, den die Welt als Jean Paul kennt, und die Freiheit, an die er dabei dachte, war nicht die politische, sondern die innere Freiheit: «Der Witz ist ein bloßes Spiel mit Ideen.»⁵ Allerdings ist diese Verknüpfung des Humors mit jener überaus beneidenswerten Seite kindlichen Tuns, dem Spiel, wenngleich nicht durchaus abwegig, längst nicht alles, was dazu gesagt werden kann. In den allermeisten Fällen ist Humor alles andere als ein bloßes intellektuelles Spiel oder ein harmloser Wortschwall. In der Tat liegen beim Humor die Verhältnisse nicht immer so einfach; die Grenzen zwischen dem Spielerischen und der Aggression sind durchlässig und nicht fest. Der amüsante sprachliche Überschwang mag ein entschlossenes Streben nach Herrschaft bemänteln, und ein noch so harmlos klingender, in Scherzen sich ergehender Exhibitionismus kann ein verkappter Versuch der sexuellen Aufschneiderei sein.

Für diese Komplexität lassen sich bei etlichen Satirikern des 19. Jahrhunderts schöne Beispiele finden, ihre reizenden und phantasievollen Werke sind allerdings eher dazu angetan, ihre bitterbösen Schärfen zu verbergen. Das Vergnügen, das etwa Lewis Carroll und Edward Lear, jene beiden Verfasser einfallsreicher und humorvoller Nonsense-Verse, aus ihren Gedichten und Zeichnungen zogen, nimmt sich nach außen hin wie ein kindlicher Spaß an sprachlicher Virtuosität aus. Was indessen untergründig in ihren Werken arbeitet, das sind die Spannungen nur mit Mühe kontrollierter mörderischer Gefühle. Ihr deutsches Pendant Christian Morgenstern stand ihnen in seinen aggressiven Strebungen nur wenig nach. Welches immer die zugrundeliegenden Wahnvorstellungen und sexuellen Konflikte dieser drei Autoren gewesen sein mögen, für uns ist nur wichtig festzustellen, daß das Publikum ihren Werken Beifall spendete und nach mehr verlangte. Dem Publikum gefiel, was diese Autoren schrieben, und zugleich war es unbewußt in gewisser Weise in ihre aggressiven Handlungen einbezogen.

Das 19. Jahrhundert hatte mehr als nur eine Ahnung von den verborgenen privaten Quellen und vielfältigen gesellschaftlichen Funktionen des Komischen. Alexander Herzen, jener literarisch gebildetste aller russischen Revolutionäre, meinte zum Beispiel, daß es «von höchstem Interesse wäre, die Geschichte des Lachens zu schreiben».[6] Das Bildungsbürgertum des 19. Jahrhunderts fand diesen Gegenstand unwiderstehlich. Getreu dem dort herrschenden Bewußtseinskult, dem Hang zur Selbsterforschung wurden auf breiter Front Versuche unternommen, das Lachen bis zu seinen dunklen Ursprüngen in der Natur des Menschen zurückzuverfolgen. Was man jeweils entdeckte, erwies sich als ein beredtes Zeugnis für die Geschichte der Aggression im 19. Jahrhundert: ein ums andere Mal wurde das Lachen förmlich in destruktiven Energien ertränkt. Typisch dafür ist die Art und Weise, wie die *Saturday Review* im Jahre 1858 über eine neue, stark erweiterte Ausgabe des berühmten, in erster Auflage bereits 1739 erschienenen *Joe Miller's Jest-book* berichtet und dabei darüber Klage führt, daß kaum mehr als 20 der 1200 in diese Neuauflage aufgenommenen Witze überhaupt lohnten, erzählt zu werden; bei allen übrigen «geht es hauptsächlich um die Fehler der Iren, um Seeleute, die nicht mit Geld umgehen können, um den einfältigen Zeitvertreib, seinen Widersacher einen Esel zu nennen, um endlos wiedergekäute Themen wie Mutterschaft, Pfarrer und Anwälte» – also um Witze, die fast durch die Bank abfällig sind.[7] Natürlich sind diese Witze zumeist überaus schwach, aber nach einem Wort von Mark Twain aus *The Mysterious Stranger* ist das Lachen die einzig «wirklich wirksame Waffe», über die die Menschheit verfügt. «Macht, Geld, Überzeugen, Bitten, Drangsalieren», all das kann zur Gegnerschaft gegen Schwindler aufrütteln, aber allein das Lachen vermag, sie «mit einem Schlag in Fetzen und Stücke (zu hauen). Dem Angriff des Lachens ist nichts gewachsen.»[8] Diese Zeilen werden zwar von Satan gesprochen, aber der spricht hier für den Autor.

Gewiß hatten wißbegierige Köpfe schon weit vor dem 19. Jahrhundert erste Überlegungen zur problematischen Natur des Humors angestellt, die sie bis zu den alten Griechen zurückführten.[9] Aber erst im bürgerlichen Zeitalter wurden in rascher Folge psychologische Interpretationen, spekulative Essays und philosophische Abhandlungen publiziert, in denen darüber gerätselt wurde, was die Menschen zum Lachen bringe. Diese Untersuchungen reichten von Jean Pauls auch heute noch gültigen Beobachtungen in seiner *Vorschule der Ästhetik* aus dem Jahr 1804 bis zu Freuds eher an technischen Fragen interessierter psychoanalytischen Theorie des Witzes, die er 1905 veröffentlichte. Hegel und Kierkegaard setzten sich in ihren schwierigen Texten sehr ernsthaft mit dem Komischen auseinander. Hazlitt arbeitete in seinem fundierten analytischen Essay «On Wit and Humour» von 1819 zwischen beiden Sparten einen gewichtigen Unterschied heraus; Baudelaire veröffentlichte in den fünfziger Jahren des Jahrhunderts eine nüchterne und zuweilen geistvolle Erörterung über das Lachen und die Karikatur. Spencer untersuchte in den sechziger Jahren die Physiologie jener Gesichtsverformungen, die eine Erheiterung anzeigen. Darwin tat es ihm in den siebziger Jahren nach, etwa zur gleichen Zeit, als George Meredith Vorträge über das Lustspiel hielt. Gegen Ende des Jahrhunderts traten mit mehr Pathos und ebensoviel Systematik deutsche Humorforscher auf den Plan – vor allem Friedrich Theodor Vischer und Theodor Lipps – und handelten in ihren Spezialuntersuchungen das Lachen unter der Rubrik der ästhetischen Erfahrung ab. Zur gleichen Zeit suchte der eklektische Psychiater Emil Kraepelin das Komische in unerwarteten geistigen Gegensätzen, während Psychologen wie etwa der herausragende amerikanische Pädagoge G. Stanley Hall und der unentwegt von Wissensdurst getriebene Autodidakt

Havelock Ellis die Beziehung zwischen dem Lachen und der sexuellen Erregung sowie physiologischen Phänomenen wie beispielsweise dem Kitzel untersuchten.

Und sie besaßen allesamt ein feines Ohr für den aggressiven Anteil am Lachen. Bergson nannte das Lachen «Schaum auf salzigem Grund. Wie Schaum perlt es. Es ist die reine Freude. Der Philosoph, der es aufliest, um davon zu kosten, wird indessen bisweilen an einer so dürftigen Substanz ein gewisses Maß an Bitterkeit finden.»[10] Gerade diese eigentümliche Mischung aus Freude und Bitterkeit machte den Humor, für alle, die ihn damals, zur Zeit Königin Victorias ergründen wollten – sie war entgegen weit verbreiteten Berichten gelegentlich durchaus heiter, zumindest vor dem Tode ihres Gatten –, nur um so rätselhafter. Doch ungeachtet des hohen Entwicklungsstands der Studien zum Humor blieb noch vieles im Dunkel. «Die Psychologen bemühen sich eifrig, das Wesen von Witz und Humor zu bestimmen», bemerkte Leslie Stephen kurz vor Ende des Jahrhunderts. «Aber bislang sind sie nicht sehr erfolgreich gewesen.» Wie dem auch sei, wer sich mit dem Humor befaßte, wußte schon seit langem, daß beim Lachen der Spaß aufhört.[11]

Es wurde zu einem Gemeinplatz, daß der Humor vielleicht die einzige Aktivität des Menschen sei, die der Lähmung und Leere anheimfällt, wenn wissenschaftliches Augenmerk sich auf sie richtet. «Wir morden, wenn wir sezieren», dieser berühmt gewordene Satz von Wordsworth, mit dem er den Geist der Analyse kritisiert, gilt auch für alle Bemühungen zu verstehen, warum etwas spaßig ist. «Eine Erklärung», so schrieb um 1844 Adolf Glassbrenner, der Berliner Humorist und weltläufige Gesellschaftskritiker, in sein Tagebuch, «ist der Tod eines Witzes.»[12] Eine Symphonie oder ein Gedicht vermitteln unverändert Vergnügen, auch nachdem sie analysiert wurden, ja, durch die Analyse wird dieses Vergnügen womöglich noch verfeinert und gesteigert. Nicht so beim Humor: man vertreibt das Lachen, wenn man die Pointe oder die Machart eines Witzes erklärt.

Was der Analyse des Komischen jenen gravitätischen Ton verleiht, ist nicht geradezu das ostentative Erschrecken des Humoristen über die Natur des Menschen oder den Mißbrauch der Macht. Der Ernst der Analyse rührt, allgemeiner noch, daher, daß der Humor so unauflöslich mit aggressiven Strebungen verwoben ist. Auch das Leiden spielt dabei in gewisser Weise eine Rolle. In den fünfziger Jahren des 19. Jahrhunderts lieh Thackeray jener allgemein verbreiteten Auffassung seine wohlverdiente Autorität, indem er den Clown als eines der untröstlichsten Geschöpfe beschrieb: «Von Harlekin ist bekannt, daß er ohne Maske einen sehr nüchternen Gesichtsausdruck zeigt und im übrigen selbst, so geht die Legende, jener Melancholiekranke war, dem der Arzt riet, Harlekin aufzusuchen; daß er ein Mann voller Kummer und Zwiespalt ist, wie der Rest der Menschheit, dessen eigentliches Ich immer ernst zu ihm sein muß, gleich unter welcher Maske oder Verkleidung oder Uniform er es dem Publikum vorführt.» Gegen Ende des Jahrhunderts sagte Mark Twain genau das gleiche, und sogar noch krasser: «Der geheime Quell des Humors ist nicht Freude, sondern Trauer. Im Himmel herrscht kein Humor.»[13]

Den viktorianischen Bürgern entging allerdings ebensowenig, daß der Humor, mag er auch häufig in Traurigkeit gründen, ohne weiteres furchterregende, unheilträchtige Ziele ins Visier nehmen kann. Schon in den dreißiger Jahren hatte ein witziger Kopf, der Engländer Thomas Love Peacock, betont, daß «Rabelais, einer der weisesten und klügsten, aber auch witzigsten Männer, das Kleid des Narren überstreifte, dem alles gestattet ist, um, wie der Hofnarr, bittere Wahrheiten im Gewande bloßer Possenreißerei unter die Leute zu bringen».[14] Humor ist eine sehr menschliche Form, solche Wahrheiten in die Öffentlichkeit zu bringen. Nicht zu jeder Zeit allerdings, denn es sollte sich zeigen, daß Witz, Humor, das Komische – Aspekte des Lachens, die die Wissenschaft im 19. Jahrhundert zu unterscheiden lernte, ohne freilich ihre grundlegende Verwandtschaft zu leugnen – in ihren Intentionen und Wirkungen außerordentlich zweideutig sind, daß sie ebensowohl abwägend wie kühn, angepaßt wie rebellisch sind. Denn, um es noch einmal zu sagen, Aggressivität gehört zu ihrem innersten Wesen.[15] «Rache ist böse & unchristlich & in jeder Weise unschicklich & ich bin nicht der Mann, der sie billigen oder ihr irgend Wohlwollen entgegenbringen könnte», schrieb Mark Twain Ende 1869 an seine Verlobte. «Aber», so setzte er hinzu, «gleichwohl ist sie mächtig süß.»[16] Und am süßesten war sie, wenn Spaß dabei war.

Gelegentlich war die aggressive Seite geradezu mit Händen zu greifen. Edward Lear zum Beispiel richtete einige seiner heftigsten Limericks gegen sich selbst, ein Nonkonformist, den seine Gesellschaft zugrunderichtet:

> Es benahm sich ein Greislein aus Buda
> von Tag zu Tag immer kruder,
> mit dem Hammer allzumal
> stillten sie seinen Krawall,
> Schlußaus für den Greis dann aus Buda.

Lewis Carroll spielte demgegenüber eher den Sadisten als den Masochisten. *Alice in Wonderland* ist, mit seinen eigenwilligen und cholerischen Charakteren, das Buch eines Exzentrikers, der mit zwölf Jahren ein Ge-

dicht wie «Brother and Sister» geschrieben hatte und mit zwanzig «The
Two Brothers». In diesen Versen wird eine höchst schreckliche, mörderische Fehde mit lachender, unbekümmerter Grausamkeit behandelt. In
dem frühen Gedicht liegen Bruder und Schwester in üblem Streit, der
damit endet, daß der Bruder vom Koch eine Bratpfanne entlehnt, um aus
seiner Schwester Irish Stew zu machen. In einem späteren Gedicht wird
der Wunsch in die Tat umgesetzt, als nämlich ein Knabe seinen jüngeren
Bruder als Köder auf einen Angelhaken steckt:

> Gleich hoch schnellt' der Fische gierige Schar,
> Sie reckten ihr Maul, um zu schnappen:
> An der Angel mit Schwung
> hing ein Bursch' zart und jung.

Die Schwester des Opfers, die sich gebrochenen Herzens mit dem
Schicksal ihres Bruders abfindet, erklärt gefaßt, daß zumindest die Fische
an diesem Brudermord Gefallen gefunden haben:

> Sie sind auf den Geschmack gekommen.

Auch sonstige Weiterungen beunruhigten sie nicht sonderlich:

> Ist der eine von beiden gleich naß bis aufs Hemd,
> Versäumt der andere indes wohl gar den Tee!

Es ist vielleicht nicht angebracht, derlei surrealistischen Unfug mit einer
allzu gewichtigen Deutung zu befrachten, ihr scherzhafter Ton kann aber
jedenfalls über das Schneidende von Lewis Carrols Witz nicht hinwegtäuschen. Zum Zwecke amüsanten Zeitvertreibs mißachtete er die
Zwänge der Zivilisation.[17]

Ein noch beredteres Zeugnis für die Blutrünstigkeit des Humors sind
die Gedichte des jungen W. S. Gilbert. Aus wohlhabender und kultivierter Familie stammend, machte er in seiner Jugend ausgiebige Reisen und
tat sich ein paar Jahre lang um, bevor er seine Berufung für das Verferti-
gen frivoler, ansteckend wirkender Verschen entdeckte. Staatsdienst und
Anwaltstätigkeit schienen ihm öde und wenig einträglich, so blieb er «bei
der Literatur hängen», was hieß, daß er eine Flut von Artikeln und Gedichten für humoristische Londoner Zeitungen, hauptsächlich für den
Fun verfaßte.[18] Seine bemerkenswertesten Produktionen waren die Bab-
Balladen, die er mit Vignetten schmückte, welche sehr stark an Thackerays witzige Illustrationen erinnerten. Der Name, den er diesen Balladen
gegeben hatte, war treffend; «Bab» war sein Kosename als kleiner Junge
gewesen, und diese Gedichte ähneln auf eine unheimliche Weise kindlichen Phantasien, übersetzt in Erwachsenensprache, in der unterdrückte

Wünsche und Ängste in derbem, häufig drastischem Humor Urstände feierten.

In seinen letzten Lebensjahren kam ihm die Erinnerung, daß er als Zweijähriger während eines Aufenthalts mit seinen Eltern in Süditalien von Räubern entführt und gegen ein geringes Lösegeld unverletzt seiner Familie zurückgegeben worden war.[19] Ob nun diese Erinnerung ein tatsächliches Ereignis wiedergibt oder als frühe Phantasie ausgesponnen wurde, melodramatische Themen – nach der Geburt vertauschte Säuglinge und sadistisch gequälte Kinder – waren jedenfalls in seinem frühen wie späten und immer munteren Werk sehr dominierend. Und was immer es mit den Fakten auf sich hatte, die gelegentliche Brutalität seiner Balladen, an der eine große Leserschaft ihr Vergnügen fand, war auch dazu angetan, ihr insgeheim ein bißchen Angst zu machen.[20]

Der Grund dafür ist leicht zu sehen. Eine von Gilberts Balladen, «Gentle Alice Brown», handelt von der Tochter eines italienischen Räubers; ihr für eine Italienerin unpassender Name unterstreicht noch das Absurde, das Gilberts Markenzeichen war. Alice, so erfahren wir, beichtete ihrem Pfarrer Verbrechen aller Art – Entführung, Einbruch, Betrug, Mord –, für die sie jedesmal zu einer halben Krone (zweieinhalb Shilling) Strafe verurteilt worden war. Aber sie hatte auch einem stattlichen jungen Mann, der in sie verschossen war, schöne Augen gemacht, und da ihr Vater sie einem seiner Hauptleute zugedacht hatte, galt ihr Techtelmechtel als weitaus gravierender. Der Pfarrer verriet Alices Liebsten, ihr Vater brachte ihn um und Mutter «sezierte ihn, bevor sie zu Bette ging», und besänftigte so Alicens Gemüt. Auch in «Annie Protheroe» beschreibt Gilbert «einen netten Henker» und dessen Geliebte, ein Postfräulein, das wie bezaubert seinen Berichten zu lauschen pflegte und zuschaute, wenn er seine Arbeit noch einmal nachstellte, oder bei Regen

> im Hause blieb und jeden vielbesagend' Eintrag seiner Hand,
> Die alle in ein Buch geklebt, mit ihren Augen schier verschlang;
> Dann sollten ihre Wangen glühn, das feuchte Auge freudetrunken tanzen,
> Und ihres Burschen Mannesmut ihr Antlitz in Bewunderung erleuchten.

Dies war Gilberts frivoler Umgang mit dem Raubtier, das in jedem Manne schläft – und in jeder Frau.[21]

Exemplarischen Ausdruck fand das in «The Story of Gentle Archibald, Who Wanted to Be a Clown». Als Archibald ins Leben eintrat, war er so ziemlich jenes gehorsame Geschöpf, das Mittelklassepädagogen so gern großziehen. Noch sein Humor war artig und unaggressiv:

> Er war ein sanfter, netter Knabe,
> Und haßte Späße, die verdrießen.

Kurz, er war ein angenehmer und ehrerbietiger Sohn. Nun ist es aber so, daß ein Extrem das andere zeugt, und so machte Archibalds Vater eines Tages den verhängnisvollen Fehler, ihn zu einer weihnachtlichen Pantomimenvorstellung mitzunehmen; alsbald war der Junge von dem Wunsch beseelt, ein Clown zu werden. Seine Familie, sein Kindermädchen zankten mit ihm, aber es half nichts; dahin war es mit seiner Wohlerzogenheit, er verdrosch das Kindermädchen und «angestachelt von einer bis dahin unbekannten, schrecklichen Macht» verlegte er sich auf

> Brennen, Stehlen, Killen,
> Ganz gegen seinen wohlerzognen Willen.

Seine kleine Schwester Jane stieß er in siedendes Wasser, seine Mutter malte er blau an, mit dem Rest der Familie trieb er grausame Spielchen,

> Sät Schrecken, gar Verwüstung in die Runde, und – oh je, oh je!
> Ritzt mit dem Brennstift Herrn Papa ein arges Weh.

All das aber nur im Spaß, wie Gilbert seinen Lesern versichert:

> Zu guter Letzt ein wilder, freudenvoller Schrei,
> Und dann erwacht er, sieh da, nun ist der Traum vorbei!

Gleichwohl ließ er aber kaum einen Zweifel daran, daß die «unbekannte, schreckliche Macht» noch im Wohlerzogensten von unseresgleichen auf der Lauer liegt.[22] Da in diesen Balladen Vandalismus und Körperverletzung nachgerade eine Selbstverständlichkeit sind, so ist es denn auch keine Überraschung mehr, daß sie mit dem Kannibalismus – ein beißender Witz im wortwörtlichen Sinne – ihren Spott trieben. Kannibalismus war folgerecht eines von Gilberts Lieblingsthemen. In «The Two Ogres» tut er Menschenfresser im eigenen Land auf, nämlich in «Wickham Wold». Einer von ihnen frißt natürlich nur unartige Jungen, der andere aber, der völlig aus der Art geschlagen ist, verspeist nur die braven Jungen. Zur Rede gestellt, verteidigt er seine geschmacklichen Vorlieben mit einem Argument, das Gilberts psychologischen Scharfsinn veranschaulicht. War er nicht aufgefordert worden, so fragt der Menschenfresser, Gott zu lieben?

> Warum nur eß' ich also gute Kinder, ei warum?
> Weil ich sie hab zum Fressen gern, darum!

Diese Zeilen hätte Freud heranziehen können, als er die Verquickung von Libido und Aggression erforschte, liefern sie doch eine Menge Einsichten in unbewußte Konflikte.[23]

Zuweilen schienen Gilberts Gewaltausbrüche den Zeitgenossen eine Idee zu ungezügelt. So lehnte im Jahr 1866 der Herausgeber des Punch, Mark Lemon, eine von Gilberts Balladen, «The Yarn of the ‹Nancy Bell›», als «zu kannibalisch» ab.[24] Das Urteil scheint nicht übertrieben, wenn auch ein bißchen wehleidig. Die Mär handelt von einem verwegen aussehenden, älteren Seemann, der, stets ohne Lächeln, immer das gleiche Seemannsgarn erzählt; er erklärt sich selbst

Zugleich zum Koch und kühnen Käpten,
zum Maat der Brigg mit Namen Nancy,
zum ausgepichten Bootsmann, kleinen Offizier,
zur Mannschaft endlich aus des Käptens Beiboot!

Auf die Frage, wie er all diese Männer zugleich sein könne, erzählt er die schreckliche Geschichte eines Schiffbruchs, bei dem zehn Seeleute auf einem Riff strandeten. Vom Hunger geplagt, fangen die Übriggebliebenen an, ihre Kameraden einen nach dem anderen aufzuessen – und viele sollten sich als wohlschmeckende Bissen erweisen. Am Ende bleibt nur der Erzähler der Geschichte übrig, als letzten hat er den Koch verspeist, und nun lastet das Abenteuer so schwer auf ihm, daß er die peinvolle Geschichte wieder und wieder erzählen muß.[25]

Rückblickend legte Gilbert eine ausgesprochen ambivalente Einstellung gegenüber den Metzeleien an den Tag, die er über Londons humoristische Zeitschriften an den Mann gebracht hatte, und so verwarf er die Bab-Balladen als «ganz und gar unbedeutende Albernheiten». Gleichwohl bekannte er im Jahre 1906 anläßlich der prunkvollen Feiern zu seinem siebzigsten Geburtstag ihren Einfluß auf die Savoy-Operetten, die Gilbert und Sullivan zu nationalen Größen gemacht hatten. Sein Anteil daran stand außer Frage: die Aggression, die er, wenn auch in amüsanter Verkleidung, freisetzte, war letztlich seine eigene. Ein bemerkenswertes Selbstporträt zeigt ihn angetan mit einem aufdringlich karierten Anzug, die Augen finster auf den Betrachter gerichtet – der Komödiant als Griesgram. Dazu bekritzelte er seine ganze Skizze mit gehässigen Bekenntnissen und, als ob er die Gemeinheit, die er sich attestierte, noch unterstreichen wollte, setzte er unter jedes seinen Namen. «Ich hasse meinesgleichen», heißt es einmal; «Jeder ist mir zuwider» ein andermal; «Wirf alles über den Haufen» und «Alle sind Esel.» Unterhalb seiner Füße vermerkte er: «Ich bin ein übellauniges Schwein & ich rühme mich dessen»; an der Seite kann man eine Erklärung ganz im Ton der Bab-

Balladen lesen: «Liebend gern piesacke ich kleine Babies.»²⁶ Vermutlich
tat er das auch. Er war reizbar, streitsüchtig und ein regelrechter Hau-
degen.

Es ist mithin nur natürlich, daß Psychologen und Dichter der bürgerlichen Epoche in der Aggressivität eine ganz entscheidende Voraussetzung
für das Lachen erblicken sollten. Man denke zum Beispiel an Alexander
Bains Buch *The Emotions and the Will* von 1859, ein einfühlsames und
von überallher Material zusammentragendes Lehrbuch der Psychologie.
Das Lachen, jene «auffällige Störung des Systems», heißt es bei Bain, hat
viele – häufig unbedeutende – Ursachen, von denen einige rein physiologisch sind. Interessanter aber ist, daß das Lachen auch aus seelischen
Regungen entsteht: «Selbstgefälligkeit und ein Gefühl des Triumphs über
eine vom eigenen Ich oder anderen Personen hervorgerufene eindrucksvolle Wirkung.» Gewiß zählen auch «freundliche Gefühle» zu den Ursachen des Lachens, aber Bain interessierte sich mehr für weniger herzliche
Gefühle, so etwa für «das Schauspiel oder die Vorstellung von schmutzigen, schamlosen oder verbotenen Dingen; das sogenannte Komische, das
für gewöhnlich im Widerstreit von Anstand und Gemeinheit besteht».
Für Bain wie für andere, die die Domäne des Humors erforschten, ist das
Lachen grundsätzlich ein gegen etwas oder jemanden gerichteter Akt. Es
zielt auf «die Herabsetzung einer Person oder eines Interesses, die Würde
besitzen und dies unter Umständen, die ein anderes starkes Gefühl nicht
zulassen».²⁷ Die Grenzlinie zwischen Grinsen und Hohnlachen ist
schmal und leicht zu überqueren.

Auch George Meredith zollte in seinen von einem breiten Publikum
gelesenen Vorträgen über die Komödie dieser streitbaren Seite des Komischen seinen Tribut. In seiner Vorstellung ist die Komödie ein Jünger des
Bacchus, so wie «er grölend hereinschwankt unter dem göttlichen Schutz
des Sohns des Weinkrugs». Der Witz, so behauptet er in jenen für ihn
typischen komplizierten und anspielungsreichen Satzperioden, entheilige
die Gegenstände, die er sich vorknöpft. Die moderne Sittenkomödie, die
ihr Entstehen der leichtlebigen Regierungszeit Karls II. verdankt, sei
«eine kampfeslustige Darbietung, der es gestattet war, die Puritaner zu
verspotten und zu beschimpfen». Der Witz der englischen Lustspiel-
bühne sei «kriegerisch»; seine Absicht sei «zu verletzen», sein wesentliches Merkmal das «massive Dreinschlagen». Congreves Witz zum Beispiel sei «eine Toledoklinge, scharf und wunderbar geschmeidig für einen
Stahl; wie gegossen fürs Duell, unzufrieden, wenn sie in der Scheide
steckt, dafür aber obenauf, wenn sie nicht untätig sein muß.» Kurz, um
zu glänzen, braucht der Witz «einen Gegner».²⁸ Zwar bekundete Mere-

dith ein leichtes Unwohlsein ob der amoralischen Implikationen dieser Einstellung, aber seine schwärmerische Darstellung des Duellanten mit gezückter Waffe, der ungeduldig den richtigen Augenblick abwartet, um seinen phallischen Schneid unter Beweis zu stellen, läßt vermuten, daß er gerade an dieser aggressiven Seite der Komödie Gefallen fand.

Während indessen Meredith keinen Grund sah, an der allgemein geltenden Bestimmung der menschlichen Natur als einer wesentlich kriegerischen Anstoß zu nehmen, bestand er jedoch darauf, daß der wirklich kämpferische Witz seine Wirkung nur im Kopf entfaltet. Einzig der Verstand liefere dem Duellanten des Worts geeignete Ziele. Darum könne das England seiner Zeit, das gleichermaßen puritanisch, zynisch und sentimental sei, das Aufblühen der Komödie nur hintertreiben. Vor allem das weinerliche Selbstmitleid verwische die nötigen Unterscheidungen und untergrabe jedwede rationale Kritik. Die verbreiteten Ausreden für falsche Maßstäbe und nichtssagende Werte seien keine Stütze moralischer Rechtschaffenheit, sondern deren Nemesis, weil dadurch der wachsame Blick auf das Laster verstellt werde, der es ansonsten keinen Augenblick aus dem Gesichtsfeld lasse. Nur der Witz, der kalt und unbestechlich ist, bringe es fertig, das Schwert des abgeklärten Lachens ins Herz der Narrheit zu stoßen.[29]

Allerdings schmälerte Meredith die Kraft des komischen Ingeniums, das er doch so hochschätzte, auch gleich dadurch wieder, daß er es, in einem bekannten, halbherzigen Satz, als etwas definiert, was die Schandtaten der Menschen in «ein indirektes Licht» tauche, «auf das silberhell wahre Lachsalven folgen». Ansonsten waren die von ihm bekundeten kritischen Intentionen eher derb: «Das Lachen der Satire ist ein Schlag hintendrauf oder ins Gesicht. Das Lachen der Komödie zielt nicht auf Personen, es ist von unübertroffener Höflichkeit, einem Lächeln näher, und oft nicht mehr als ein Lächeln. Es lacht durch den Geist, denn der Geist lenkt es; man könnte es den Humor des Geistes nennen.»[30] Der lächelnde, geistige Humor, den Meredith fordert, ist unerbittlich, da er Geschwätz, Besserwisserei, Dünkel, Phrasendrescherei und Scheinheiligkeit der Hohlheit überführt. In den bekanntesten seiner eigenen humoristischen Werke, jenen weitschweifigen psychologischen Erzählungen über zeitgenössische Themen, war Meredith ein ziemlich zwiespältiger Schreiber. Seine Botschaft ist, wenn auch in verbindlichem Ton vorgetragen, freilich nicht mißzuverstehen: der Witz ist ein Krieger.

Andere Analytiker des Lachens zeigten weniger Neigung als Meredith, Aggression als Treibmittel für den Witz herauszustellen, für keinen indessen war sie samt und sonders irrelevant. Nicht einmal Friedrich Theodor Vischer, ein deutscher Ästhetiker und Essayist, der fast schon berufs-

mäßig eine Frohnatur war, mochte ganz auf sie verzichten. Er unterschied zwischen dem wahrhaft Komischen, das immer «gutmütig» ist,
und Späßen, die auch boshaft sein können und dann das Erhabene vernichten. Das Komische zeigt im Werk der amüsanten Überraschung, daß
es in dieser Welt nichts Unvermischtes gibt. Das komische Lachen befreit
den Lachenden vom «Alpdruck des Lebens». Hier ist das Häßliche als
wesentlicher Bestandteil des Komischen zugleich «schmerzlos und unschädlich». Gleichwohl erteilt das Komische ohne jeden Zweifel schmerzliche Lehren. «Keiner», so schreibt Vischer in jenem unakademischen Stil,
der ihn als Literaten auszeichnete, «bleibt ungerupft, auch nicht die eigene
Person des Lachenden.» Rechter Humor entfaltet seine größte Wirkung,
wenn der Urheber «die geistige Freiheit (hat), das ego nicht zu schonen»,
die Schwächen seines Tuns erkennt und bekennt und über sich selbst
spotten kann.[31]

Diese nach innen gekehrte Aggression ist für Vischer kein Selbstmitleid
oder Masochismus, sondern Selbsterkenntnis. Der Lachende «erlebt mit
tiefstem Einblick und im Mark seines Wesens (die) Widersprüche», die
die Welt zerreißen, «ihre Übel und Gebrechen, die Dummheit und
Schlechtigkeit der Menschen». Diese Einsicht gibt dem selbstkritisch Lachenden die geringe Hoffnung, daß ungeachtet der menschlichen Bosheit
das Gute im Geiste des Menschen keinen Schaden nimmt. Daher rührt
das gütige Lächeln des wahren Humoristen. Wie später Bergson räumt
auch Vischer ein, daß ein Bodensatz an Bitterkeit stets auf dem Grund
des Kelches zurückbleibt. «Komiker sind immer Zyniker gewesen.»[32]
Aber Vischer war getrost, was diesen Zynismus anging. Denn der Komiker entlarve den Dünkel nicht aus sadistischem Vergnügen an der Pein
der anderen, sondern um der Wahrheit und der Verbesserung der Gesellschaft willen. Für Vischer ist im Humor die Aggression im besten Sinne
stilisiert, kultiviert, mit Bedacht dosiert und behutsam aufs Korn genommen.

Theodor Lipps schränkte in seiner «psychologisch-ästhetischen» Abhandlung über das Komische und den Humor den aggressiven Anteil
noch deutlicher ein. Einen großen Teil seines anspruchsvollen Textes widmete er der Auseinandersetzung mit anderen Theoretikern über hoch-
komplizierte Details. Als einflußreicher Ästhetiker, der die herkömm-
liche Rangordnung von Psychologie und Philosophie umkehrte und
letztere zur Magd der ersteren machte, hatte Lipps ein grundsätzliches
Interesse an der Klassifizierung der Gattungen des Komischen. Das sollte
dabei helfen, dessen Wirken im Geist zu bestimmen und das eigentümlich
affektive Gemisch aus Lust und Unlust zu erforschen, das komische
Äußerungen hervorrufen. Ebenso kämpferisch wie abgeklärt, pries er die

Einsichten von Vorläufern wie Kant, Bain und Spencer, hatten sie doch begriffen, daß die komische Wirkung von «einem Gegensatz zwischen einem positiven und einem negativen» Element abhängt und in der Regel durch den Zerfall von Anmaßung und Würde ausgelöst wird. Lipps sah mehr als nur die Andeutung eines Boxkampfes in solcher Arbeit des «Heruntermachens», aber er tat sich schwer anzuerkennen, daß aggressiver Humor die für die Besserung der irregehenden Menschheit geeignete Waffe ist. Am Schluß seiner Untersuchung heißt es bei ihm, daß die Komödie des Aristophanes die schönste Erfüllung ist, die der Antrieb zum Lachen je erreicht hat. Wie Aristophanes in die Untiefen der menschlichen Natur hinabzutauchen, ist «höchster Humor, das heißt tiefster sittlicher Ernst und größte Freiheit des Geistes».[33]

Henri Bergson scheint in seiner feinsinnigen Betrachtung über das Lachen den aggressiven Anteil auf noch kleinerer Flamme halten zu wollen, war er doch geneigt, der komischen Handlung überhaupt jeglichen Ursprung im Emotionalen abzusprechen. Das Komische entsteht aus der Wahrnehmung von Diskrepanzen, etwa bei mechanischer Hölzernheit und unpassender Wiederholung. «Das Komische... wendet sich an den reinen Geist; das Lachen verträgt sich nicht mit dem Gefühl», insbesondere nicht mit dem Mitgefühl, vielmehr ist es dessen ärgster Widersacher. Das Komische gedeiht also in einer Atmosphäre der Gleichgültigkeit; seine natürliche Voraussetzung ist, in Bergsons denkwürdiger Formulierung, eine momentane Anästhesie des Herzens. Das liebevolle Lächeln über das Mißgeschick einer geschätzten Person kann nur auf die Lippen kommen, wenn wir «jener Zuneigung vergessen und unser Mitgefühl zum Schweigen bringen».[34] Mehr noch, für Bergson ist das Lachen keineswegs ein rein individueller Ausbruch, sondern vielmehr ineins ein Produkt der Zivilisation und deren Kommentar, eine «soziale Geste». Zustimmend zitiert er Bains geläufige Bestimmung des Komischen als eines Vorgangs der Abwertung, verallgemeinert aber sogleich dessen Bedeutung: die drastische Vergrößerung des Kleinen kann nicht minder komisch sein als das Einschrumpfen des Großen. Wo immer er also solche Umarbeitung am Werke sah, war Bergson genötigt, den aggressiven Anteilen des Lachens Rechnung zu tragen. Die unbeteiligte, emotionslose geistige Einstellung, auf die er als Voraussetzung des Lachens abhebt, stellt sich als eine Art zugelassener klinischer Sadismus heraus. «Das Lachen ist vor allem eine Zurechtweisung. Weil es demütigen soll, muß die Person, der das Lachen gilt, den Eindruck der Peinlichkeit haben. Dadurch rächt sich die Gesellschaft für die Freiheiten, die man sich ihr gegenüber herausgenommen hat.» Das Lachen muß seine Wirkung verfehlen, wenn es nicht verletzend, ja grausam ist.[35]

In diesem Punkte scharfsichtiger als Meredith, hat Bergson denn auch einräumen müssen, daß das Lachen Unterschiede häufig genug mißachtet und daher ungerecht ist. Es gleicht «einer Krankheit, die Ausschweifung bestraft, Unschuldige trifft und Schuldige schont». Aber das gehört zu seinem Wesen. In allem Lachen ist darum mehr als nur ein Anklang von Groll und Bosheit. Bergson indessen zeigte Verständnis für dieses Moment des Allzumenschlichen; er lieferte dafür das darwinistische Alibi, daß im Lachen die Natur «das Böse im Blick auf das Gute gebraucht». Mit einer solch hochgespannten Perspektive sah er sich von der Aufgabe dispensiert, zwischen wohltätigen und schädlichen Wirkungen des aggressiven Humors unterscheiden zu müssen. Daß allerdings der Humor aggressiv ist, war auch für ihn eine Wahrheit, die er nicht zu leugnen vermochte.[36]

Für Meredith und Bergson, die sich bei ihrer Argumentation im großen und ganzen auf die Komödie beriefen, wie auch für die in der Tradition der Philosophie stehenden Psychologen Vischer und Lipps war das Lachen, wie wir sahen, ein Sonderfall der ästhetischen Erfahrung. Für Freud indessen, der vor der Aufgabe stand, die Gesetze ausfindig zu machen, nach denen der Geist funktioniert und zumal nicht richtig funktioniert, war das Vergnügen beim Erzählen und Hören von Witzen etwas, was bruchlos in sein Entwicklungsschema, in seine Theorie vom dynamisch Unbewußten und in seine Traumtheorie hineinpaßte. «Ob das Thema des Witzes solcher Bemühung wert ist?», fragte Freud rhetorisch, und seine Antwort lautet, daß daran nicht zu zweifeln sei. «(Ich) kann mich auf die Tatsache des intimen Zusammenhanges alles seelischen Geschehens berufen…» In den Theorien, die er zur Zeit seiner Arbeit an *Der Witz und seine Beziehung zum Unbewußten* entwickelte, räumte Freud dem Sexualtrieb eine beispiellose Vorrangstellung ein. Dementsprechend kam er bei seinen Überlegungen zum Witz gewiß nicht auf die Idee, den Anteil der Sexualität daran herunterzuspielen; nicht selten liefern ja Sexualbedürfnisse oder sexuelle Probleme die Energie für das Lachen. Gleichzeitig gestand er der Aggressivität – eingeschlossen die sexuelle Aggression, jene explosive Mischung aus Liebe und Haß – einen erheblichen Anteil bei dem Impuls zum Lachen zu. «Der Witz wird uns gestatten, Lächerliches am Feind zu verwerten, das wir entgegenstehender Hindernisse wegen nicht laut oder nicht bewußt vorbringen durften…»[37] Der Geist tobt seine streitsüchtigen Neigungen auf unverdächtigem Terrain aus, beteuert aber die ganze Zeit, gleichsam mit gespielter Unschuld, daß es der reine Spaß oder Spieltrieb sei.

Freuds Buch über den Witz hatte bezeichnenderweise seinen Ausgang in dessen klinischer Erfahrung. Wilhelm Fliess, sein engster Freund in jenen Jahren, beanstandete nach der Lektüre des Manuskripts der Traumdeutung, daß die Träumenden zu viele Witze erzählten, und meinte damit, daß Freud selbst sie erfunden habe. Freud konnte nur seine Unschuld beteuern. Er räumte zwar sein unbändiges Interesse an jüdischen Witzen ein, und etliche Jahre hatte er auch tatsächlich Witze gesammelt. Aber er hatte auch relativ unabhängig davon über das Lachen nachgedacht; für ihn war entscheidend, daß es eine auffällige Familienähnlichkeit zwischen dem, was er «Witzarbeit» nannte, und der «Traumarbeit» gab. Einige der bevorzugten Techniken, deren sich der Witz bedient, sind die gleichen Verfahren, die im Traum zur Umgehung der inneren Zensur benutzt werden.[38] Durch diese Entdeckung ermutigt, setzte er seine Untersuchungen fort, die dann in dem 1905 veröffentlichten Buch über den *Witz* ihren Niederschlag fanden. Er machte darin freien Gebrauch von dem inzwischen angesammelten kleinen Schatz an Witzen, verfolgte aber auch seinen Plan, für das Witzemachen eine möglichst verständliche psychologische Erklärung zu finden, weiter. Dabei kam er zu dem Schluß, daß das Witzeerzählen Lustgewinn einer besonderen Art verschafft.

Zwar gehört Freuds Analyse des Witzes in seine theoretischen Arbeiten der neunziger Jahre des letzten Jahrhunderts, aber das diesbezügliche Buch ist auch schon ein Vorausblick auf die grundlegende Revision der Triebtheorie, die er kurz nach dem 1. Weltkrieg entwickeln sollte. Gut ein Jahrzehnt, bevor er dem Aggressionstrieb im Vergleich zur Libido einen Status von durchaus gleicher Geltung, vielleicht sogar größerer Mächtigkeit zuschrieb, unterteilte er nämlich das, was er die «tendenziösen» Witze nannte, jene Witze, deren Pointe jenseits des bloß verbalen Vergnügens liegt, in zwei Kategorien: obszön und feindselig. Damit war der Keim für die spätere Strukturtheorie der zwanziger Jahre gelegt, in der ja der Geist als Kampfplatz für die Kräfte der Liebe und der Aggression behandelt wurde, oder, in seiner etwas großartiger klingenden Formulierung, von Liebe und Tod.

Zur Zeit der Abfassung des Buchs über den Witz stand Freuds Denken dieser umfassenden Theorie noch ganz fern. Statt dessen wollte er herausfinden, was die Menschen zum Lachen bringt. Da die Wirkung eines Witzes nicht auf seinem Inhalt beruht – schließlich ist nichts leichter, als seinen Sinn in dürrer, erklärender Prosa nachzuerzählen, über die garantiert keiner lacht –, hielt er es für angebracht, mit einer Erläuterung der Technik zu beginnen. Hier konnte sich Freud auf einige beeindruckende Ahnherren berufen, darunter auch auf Shakespeare. Er führte Polonius' berühmten Spruch über die Kürze als des Witzes Seele als Vorgriff auf die Entdeckungen an, die er selbst zur Verdichtung in der Witzarbeit gemacht hatte. Polonius kam Freud freilich nicht bloß – und wie ungewollt auch immer – als Vorläufer psychoanalytischer Ansichten zustatten; er verkörpert geradezu den Gebrauch komischer Techniken, indem er sich selbst genau dort der Lächerlichkeit preisgibt, wo er versucht, sinnvolle Sätze von sich zu geben. Abgeschmackt und geschwätzig, verstößt Polonius in einem fort gegen die von ihm selbst aufgestellte eherne Regel der Kürze und verkehrt so auf erheiternde Weise – ihn zugleich unfreiwillig bestätigend – den von ihm verfochtenen Grundsatz. Seine Redseligkeit, sozusagen eine umgekehrte Ökonomie, beweist, daß Verdichtung nicht das einzige Mittel ist, nach dem der Witz verfährt. Der Fundus an Techniken, über die der Witz verfügt, mag begrenzt sein, aber ganz ohne Zweifel ist er groß genug, um das Bedürfnis des Menschen nach Überraschung und Abwechslung zu befriedigen und jenen Strebungen einen Lustgewinn zu verschaffen, die sonst unbefriedigt bleiben müßten.

Ersatzlust ist letzten Endes das, was der Witz eigentlich ermöglicht. Freud nimmt sich die Freiheit, auf den Inhalt der Witze relativ kursorisch einzugehen, so als wollte er zu verstehen geben, daß ihr Gebrauch kaum ein Geheimnis genannt werden kann. Witze sind eine absichtsvolle Regression. Nach dem Vorbild des ungehemmten Kindes und mit der Narrenfreiheit, die der Spaßmacher genießt, bringen sie ganz offen an den Tag, was die Erwachsenen aus Angst oder Höflichkeit zu unterdrücken oder zu verdrängen gelernt haben. Mit der Entschuldigung, daß man sie nicht ernst nehmen dürfe, können Witze eine Beleidigung heimzahlen, indem sie sie in witziger Form auf den Aggressor zurückwenden, das Pompöse und Hochgestochene durch die Offenlegung ihrer verborgenen Mängel zum Gespött machen, eine für gewöhnlich unangefochtene Autorität kritisieren. Dann, so merkt Freud an, «stellt (der Witz) eine Auflehnung gegen solche Autorität, eine Befreiung von dem Drucke derselben dar».[39]

Darum sah Freud im Witz – ob nun feindselig oder obszön – ein abweichendes und ausgezeichnet verkapptes Mittel der Befriedigung. Auf heimlichen Umwegen umgeht er die Straßensperren – die politischen, sozialen oder religiösen Barrieren –, die errichtet werden, um ernsthaftes Reden über heikle Gegenstände einzudämmen oder gar zu unterbinden. Da die Gesellschaft ihre Kinder dazu anhält, ihre Aggressivität zurückzunehmen, bieten sich Witze als willkommener und oftmals einziger Ausweg für unterdrückte Wünsche an. Und, so bemerkt Freud mit einigem Recht, wenn auch unnachsichtiger, als nach den Tatsachen geboten, daß, da die modernen Bürger beim Zähmen der Aggressivität übermäßig aggressiv vorgegangen sind, der Witz in der Kultur des bürgerlichen Zeitalters einen hervorragenden Platz beanspruchen könne. Gerade wie auf dem Gebiete der Sexualität das Sehen ein Ersatz für das Berühren, die Zote ein Ersatz fürs Sehen wird, so steht im Bereich der Aggression der feindselige Witz für den stets noch entschärften oder leerlaufenden Wunsch, seinen Feind zu demütigen, zu verstümmeln oder zu töten.

Was auch immer jeweils das Ziel des gelungenen Witzes ist, Freud interpretiert ihn als Einsparung psychischen Aufwands. Denn die Hemmnisse, die die Gesellschaft auferlegt und die das Individuum internalisiert, erfordern zu ihrer Aufrechterhaltung eine beständige Verausgabung von Energie, die durch den Witz und andere Ursachen des Lachens herabgesetzt wird. Sie sind ökonomische Wege, eine Lust wiederzugewinnen, auf die zu verzichten der zivilisierte Mensch durch seine Sozialisierung genötigt wurde. Daher stellen sie eine Rückkehr zu jenen frühen euphorischen Tagen dar, als «wir unsere psychische Arbeit überhaupt mit geringem Aufwand zu bestreiten pflegten, die Stimmung unserer Kindheit, in der wir das Komische nicht kannten, des Witzes nicht fähig waren und den Humor nicht brauchten, um uns im Leben glücklich zu fühlen».[40] Nur an der Oberfläche scheint diese Schlußbemerkung harmlos, fernab jeder Politik. Letzten Endes – und berechtigterweise – war für Freud und seine Forscherkollegen vieles am Lachen Regression im Dienste der Aggressivität, sei diese nun ein persönlicher Racheakt oder Kritik an der Gesellschaft.

2. Ärzte am Krankenbett der Gesellschaft

Die Humoristen des neunzehnten Jahrhunderts – ob Theoretiker oder Praktiker – erkannten einen als den alle überragenden Meister des bissigen Witzes an: Molière. Nur er war würdig, in einem Atemzug mit Aristophanes genannt zu werden. Der späte Goethe pries ihn als einen «große(n), reine(n) Mensch(en)», er «züchtigte die Menschen, indem er sie in ihrer Wahrheit zeichnete». Freud zitierte gelegentlich und beiläufig Lieblingsverse aus seinen Komödien, so als seien sie unter den Gebildeten gängige Münze. Shaw las und pries Molières Werke zeit seines Lebens und nannte ihn rundheraus «den größten Dramatiker, der je gelebt hat». Und das waren nur drei aus der unendlichen Reihe der Molièreschen Bewunderer![1]

Alle, die ihm auf diese Weise ihre Anerkennung zollten, konnten aus vollem Herzen dem Urteil beipflichten, daß Molières Lachen ausgesprochen förderlich sei. Baudelaire sprach für alle, wenn er ihn als den «für Frankreich... besten Ausdruck» des luziden, nützlichen und herrlich effektiven Humors charakterisierte. Dieses Urteil trifft den Kern von

Molières bleibender Wirkung und verleiht der Aggression im Lachen das denkbar ansprechendste Gesicht. Der Witz in seiner schönsten Form – und Molière ist Witz in seiner besten Form – bekämpft den Wahnsinn und das Böse im Interesse der leidenden und irregeleiteten Menschheit. George Meredith brachte dies recht präzise zum Ausdruck: «Molières Komödie», der der reinste unter den Komödienschreibern aller Zeiten ist und der so «tölpelhaft mißhandelt» wurde, ist «im Wesen erfaßt», alles andere daher nichts als unrein. Und Meredith, der ja allzeit bereit war, sich zum Lehrmeister aufzuwerfen, fügt hinzu: «Man denke einmal über dieses Urteil nach.» «Nie sind Menschen mit schneidenderer Geißel gegen das Laster vorgegangen; aber (Molière) bleibt in vollkommener Selbstbeherrschung unerschüttert, während er sie schwingt.» Molières großartige komische Schurken seien ideale Zielscheiben für die Seitenhiebe des Humoristen: «Tartuffe und Harpagon sind ja beide so angelegt, daß sie sich selbst und ihre Klasse geißeln – der heuchlerische Frömmler und der krankhaft Geldgierige.» Indem Molière diese herrlich konzipierten Puppen in Bewegung bringt, «entblößt er den Wahn bis auf die Haut, führt das Falschspiel der Kreatur vor und bescheidet sich dabei, ihr bessere Kleider anzutragen». Und er tut dies mit Worten, die keinen Widerspruch leiden. «Quelle seines Witzes ist die klare Vernunft», für Meredith die höchste nur denkbare Anerkennung.[2]

Diese überschwengliche Würdigung ist nicht ohne mißliche Untertöne, scheint sich doch Molière, jener Born reiner Sprache und reiner Vernunft, keineswegs wohl zu fühlen, wenn er die schneidende Peitsche schwingt und seine Opfer bloßstellt. Indessen fand Carl Sternheim, jener großartige und exzentrische Dramatiker, zu Beginn des zwanzigsten Jahrhunderts Bilder für Molière – der ihm der Lehrmeister schlechthin war –, die nicht weniger kreatürlich und schrill waren. Sternheim, der sich das «heroische Leben der Bourgeoisie» zum dramatischen Gegenstand erwählt hatte, galt Molière als Inbegriff des guten Bürgers. Für ihn war er der «Arzt seines Standes», der seine Patienten nicht mit «Sirupen und Lavements, aber mit Sonde und Säge behandelte». Er greift dabei «in die Eingeweide der Kranken und preßt ihren überfüllten Magen, ihre aufgeblasenen Venen von Giften leer». «Kraft seiner göttlichen Gewalt» tut er das Werk der Liebe an seinen Patienten. «(Sanft) schmeichelnd und überredend bläst er ein feines Feuer neuer Jugend in ihnen an.» Solch feurige Rhetorik konnte Molière, so scheint es, nicht unberührt lassen. Schließlich war ihm die undankbare Last aufgebürdet, als Humorist zugleich Heilpraktiker der Gesellschaft zu sein, der die allzumenschlichen Gebrechen als «Arzt am Leib seiner Zeit» angeht.[3] Das Werk eines solchen Heilkundigen, der sich, bevor es überhaupt zu einer Genesung kommen kann, zu schmerzhaften Eingriffen veranlaßt sieht, ist nichts für Wehleidige.

Sternheim ist Molières eindrucksvollster Gefolgsmann in der Moderne, galliger als sein Vorbild, ein barscher, wenn auch witziger Doktor, der am Krankenbette einer Kultur sitzt, die er als hochgradig krank diagnostiziert. Schon mit den ersten Zeilen seines kurzen Stückes *Die Hose*, des ersten seines nur locker verknüpften Zyklus «bürgerlicher Komödien», blättert Sternheim ein ganzes Repertorium aggressiver Verhaltensweisen auf, die weit über die schlüpfrigen und absichtsvoll banalen Handlungen hinausweisen und Licht auf eine Welt am Rande der Katastrophe werfen sollten. Das zuerst 1910 veröffentlichte Stück *Die Hose* wurde ein Jahr lang vom Berliner Polizeipräsidenten Traugott von Jagow, einem Manne mit einer guten Nase für das Dynamit, das sich hinter flotten Dialogen und belanglosen Handlungen verbarg, von der Bühne ferngehalten. «Es geschehen merkwürdige Dinge hinter der Tapete des Lebens», sagt Theobald Maske, die Hauptfigur, am Ende des Stückes. Deren sprechender Name bezeugt eine drastische Dramatisierung der Mission des Stückeschreibers: die Schleier der zeitgenössischen Kultur zu zerreißen. Mit dem Aufstieg der Maskes, die sich im Verlauf der einzelnen Stücke aus einfachen Verhältnissen ins Kleinbürgertum und von dort als geadelte Industrielle in die Aristokratie vorarbeiten, werden die eigenartigen Umrisse dieser Kultur sichtbar.

Obgleich Sternheim ein unbarmherziger Realist war, strebte er keine gesellschaftliche Wirklichkeitstreue an. Das Ereignis, durch das *Die Hose* gewissermaßen in Gang kommt, ist ein unbedeutender, peinlicher Vorfall: Theobalds Ehefrau, Luise Maske, verliert gerade in dem Augenblick auf der Straße ihre Unterhosen, als der Kaiser vorüberfährt. Dieses Moment von Trivialität, das in den späteren Dramen des bürgerlichen Zyklus häufig wiederkehrt, ist ein wohlberechneter Kunstgriff. Die Handlung der Sternheimschen Stücke ist absichtlich recht dünn; die Art und Weise, wie in ihnen die Familie Maske demaskiert wird und durch sie die Gesellschaft, in der sie leben, hängt vielmehr an Sternheims einzigartiger Sprachkunst. Er legte seinen Figuren knappe, hektische, bis zur Belanglosigkeit verkürzte Sätze in den Mund, bei denen der bestimmte Artikel weggelassen ist und die gängige Satzstruktur vertauscht wird. Der schnarrende, energische Telegrammstil, der ihm so unverkennbar zu eigen ist, erzwingt den Zugang zu den Scheußlichkeiten der Realität, die sorgsam unter den verlogenen Konventionen der Gesellschaft begraben sind: die sexuelle Begierde, die sich hinter sentimentalen Ergüssen verbirgt, der Geiz, der sich als noble Haltung kostümiert, der darwinistische Kampf um Profit und Macht, der noch die heiligsten Familienbande und

den zuvorkommenden gesellschaftlichen Umgang durchdringt. Sternheims Publikum und seine Interpreten waren sich nicht sicher, wen er
denn nun aufs Korn nehme. Manche lasen seine Komödien als massiven
Angriff auf die Mittelklasse, andere wieder verstanden sie als unfreiwilli-
gen Tribut an sie. Jede Ansicht konnte einen Teil der Wahrheit für sich in
Anspruch nehmen, denn seine Karikatur der Mittelschichten, die weitgehend dem Porträt ähnelte, das ein halbes Jahrhundert zuvor Baudelaire
von den schwarz-befrackten modernen Heroen gezeichnet hatte, war
teils mitfühlend, teils sarkastisch. Wie viele achtbare Bürger des ausgehenden 19. Jahrhunderts hatte auch Sternheim eine unauflöslich ambivalente Einstellung seiner Klasse gegenüber. Als adliger Anarchist liebte
er, was er zugleich haßte.[4]

Sternheim schreckte ganz und gar nicht vor der selbstauferlegten Bürde
eines Molières der Moderne zurück. Mit Nietzschescher Verachtung für
das _juste milieu_ setzte er den Bourgeois zu, ihre Lebensenergien zu reak-
tivieren, ihr aufgedonnertes, heuchlerisches soziales Gehabe abzulegen
und zu ihren sogenannten Lastern zu stehen. Die Frage war allerdings, ob
seiner Kultur noch Lebenszeit genug vergönnt war, um sich dieser Kur
zu unterziehen. In der Komödie _1913_, die er in eben diesem Jahr, nur
wenige Monate vor dem Ersten Weltkrieg, schrieb, ruft ein Protagonist
ahnungsvoll aus: «Nach uns der Zusammenbruch! Wir sind reif.» In
dieser verzweifelten Situation muß der sarkastische Arzt an der eigenen
Kultur deren Übelstände mit all den ihm zu Gebote stehenden medizinischen Mitteln bekämpfen.

Diese Auffassung von der kämpferischen Aufgabe des Humors, wenn
er im Tone geistreich, aber unerbittlich in der Ausführung ist, bringt jenes
ehrwürdige Argument Voltaires zu neuen Ehren, daß es nämlich Zeiten
gebe, in denen man erst einmal einreißen müsse, bevor man aufbauen
könne. «Das Lachen hat etwas Revolutionäres an sich», hatte schon Alexander Herzen betont. Oder wie es Ludwig Thoma, der bayerische Thea-
terschriftsteller, Erzähler und Mitarbeiter am _Simplicissimus_, ausdrückte,
«Satire war immer gegen die Machthaber gerichtet, oder sie war nichts als
abgeschmackte Klugscheißerei». Bekanntlich war dies auch die Meinung
von George Bernhard Shaw, der einer der angriffslustigsten und selbst-
bewußtesten Ärzte der Gesellschaft des bürgerlichen Zeitalters und darüber hinaus war. Er trachtete danach, das, was er «das Schuldbewußtsein
der Mittelklasse» nannte, für seine Zwecke zu nutzen und auf die Spitze
zu treiben, und darüber wurde er zu einem Experten im Demolieren, der
gegen die überlieferten Werte, allgemein anerkannten Ideale und gängigen
Gewißheiten mit respektlosem Witz zu Felde zog. Unverblümt bekannte
er, daß er sich als Dramatiker das Ziel gesetzt habe, Schluß mit der

Gemütlichkeit zu machen und unbequem zu werden. Ebensowenig machte er ein Hehl daraus, daß seine beißenden Kritiken von Musik- oder Theaterdarbietungen wie auch seine Gesellschaftskritik im Grunde engagierte politische Stellungnahmen waren. Den Titel eines objektiven Kritikers lehnte er ab und schreckte seine Leser damit, daß er mitnichten auf die Position eines unparteiischen Richters aus sei, vielmehr belagere er die Festung des bürgerlichen Theaters, um sich, wie er zu sagen pflegte, den Weg ins Innere mit der Spitze seiner Feder zu bahnen. So wird durch Shaws Metapher die Feder, die das Lachen herauskitzelt, fast buchstäblich in ein Schwert verwandelt.⁵

Über Jahrhunderte hin lieferten Satiriker, die ihre jeweilige Gesellschaft ins Visier nahmen, überzeugende Belege für die kämpferische Verve, die da am Werke war. Diese kann allerdings auch Ausdruck reinen Eigeninteresses sein, man frage nur einmal bei den Betroffenen nach. Offenbar kam es immer sehr darauf an, wen und was der Humorist zum Ziel seiner aggressiven Strebungen machte. Gleichwohl kann sich der Historiker mit der bloßen Feststellung des Ziels eines solchen aggressiven Spotts nicht zufriedengeben, wenn er ein fundiertes Urteil über die Stichhaltigkeit der Attacke fällen möchte. Nicht alle Reichen, Mächtigen oder Aufsteiger, diese natürlichen Opfer der Satire, verdienen zwangsläufig den Ruin. Und auch die Motive des Spotts sind längst nicht lauter. Die humorige Aggression ist häufig Niederschlag persönlicher Anliegen, die sich als politische Haltung tarnen, die mißratene Ausgeburt unbändiger Wut oder bohrenden Neids. Indessen können aber auch unredliche oder neurotische Beweggründe des Handelns zu messerscharfen, kritischen Beobachtungen führen.

Ähnlich vielschichtige Urteile sind auch dem Werk Heinrich Heines angemessen, in dem sich der für das 19. Jahrhundert typische Spott in Vollendung zeigt. Heines Lyrik und Prosa sind ein opulenter, aber nie übersättigender Festschmaus an Virtuosität. Nur in seinen allerletzten, qualvollen Jahren, in denen er aus seiner Pariser «Matratzengruft» nicht herauskam, ständig Schmerzen hatte und als Folge einer Geschlechtskrankheit teilweise gelähmt war, wich sein Humor gelegentlichem Pathos und seine Freidenkerei einer ziemlich rührseligen Form jüdischer Gläubigkeit, einer Aussöhnung mit Jahwe. Bis dahin freilich war Heine einer der beständigsten Dichter überhaupt, der verschwenderisch mit ungewöhnlichen Bildern, Einfällen und Vergleichen aufwartete und keinen langweiligen Satz hätte zu Papier bringen können, selbst wenn er gewollt hätte. Er besang weniger die Liebe als das Verlorene, mehr die Enttäuschung als die freudige Erwartung, und immer wieder ging es in seinen Gedichten um Politik. Sein Witz war nicht gerade vom Glück getragen, ihn durchwehte die Klage eines Fremden, der der tiefen Sehnsucht nach seiner Heimat in strahlenden, scheinbar einfachen Melodien Ausdruck verlieh.

Heine wurde 1797 in Düsseldorf geboren, mitten in einen Loyalitätskonflikt hinein; den Juden waren von den französischen Truppen, die die Stadt besetzt hielten, bürgerliche Rechte gewährt worden, die die deutschen Potentaten ihnen nicht einmal im Traum zugestanden hätten. Von Beginn seiner dichterischen Laufbahn an setzte Heine diese Spannungen in Stoff für ironische Betrachtungen und beißende Spottverse um. Er war Jude in einer Gesellschaft, in der die Juden zwischen der Hoffnung auf eine neue Zukunft und den schrecklichen Drohungen der Vergangenheit leben mußten. Ihm lag daran, die glänzenden Gelegenheiten wahrzunehmen, die die europäische Kultur zu bieten hatte; damit aber bewegte er sich in trügerischem Gelände. Er war zum Protestantismus übergetreten zu einer Zeit, da Juden wie Christen gleichermaßen großen Argwohn gegen Überläufer hegten. Er lebte halb freiwillig im Pariser Exil und fühlte sich hier, in der Fremde, mehr zu Haus als im Land seiner Geburt, und doch war er außerstande, dessen politische Zerrissenheit zu vergessen oder von lieben Erinnerungen an das dortige Essen oder die Landschaften Abschied zu nehmen. Er war ein ausgesprochener Anwalt der Autonomie des Dichters, der freilich eine diskret gewährte Rente von seiten der Regierung Louis Philippes nicht ausschlug. Er war ein radikaler Kritiker von Adel und Klerus, der gleichwohl vernehmbar sein Mißtrauen gegenüber demokratischen Bewegungen bekundete und sich in allen Parteien politische Feinde machte. Er war beständig knapp bei Kasse, bestand aber darauf, daß er als Literat seinen eigenen Weg finden müsse. Unerbittlich geißelte er jede Sentimentalität, und doch waren seine eigenen Gedichte eine wahre Fundgrube tränenseliger Gefühle, die von Franz Schubert und ganzen Scharen weniger bedeutender Komponisten in Musik umgesetzt wurden.

Heines Leben war von diesen Paradoxien geprägt. Sein Bedürfnis nach Selbstbestätigung, für das seine notorischen Mensuren lediglich ein Symptom waren, verband sich mit einem Drang zum Konformismus. Zweifellos hatte seine finanziell unsichere Situation, die durch seine Abhängigkeit von der Generosität eines reichen Onkels noch verschärft wurde, etwas mit den Widersprüchen in seinem Verhalten zu tun. Diese waren aber gewiß nicht dem Druck der wirtschaftlichen Not geschuldet. Als er 1843, nach mehr als einem Dutzend Jahren Abwesenheit in Paris ins heimatliche Rheinland zurückkehrte, um seine Mutter zu besuchen und die Sprache seiner Kindheit wieder einmal zu hören, bekannte er, daß er heimwehkrank gewesen sei. Es war dies ein Gefühl, über das er sich lustig machte, das er sich aber nicht austreiben könne. Einem gleichgesinnten Freund erläuterte er – und dabei verfiel er in die Sprache der Duellanten –, daß seine Satire *Deutschland. Ein Wintermärchen* «eine beißende Herausforderung (ist), die ich den Deutschtümlern hingeworfen habe». Sein politisches Ungestüm wurde indessen immer wieder von einem unendlichen Heimweh durchkreuzt. So vergleicht sich Heine in dem Gedicht ein bißchen hochtrabend mit Antäus, dem Riesen, der nach Rückkehr zur Mutter, nach Berührung des heimatlichen Bodens neue Kraft in sich wachsen spürt.[6]

Für diesen umgetriebenen Menschen war scharfer Spott fast eine Überlebensfrage. Heine war ein vorzüglicher Hasser.[7] Seinen Haß versprühte er in alle Richtungen; seine persönlichen Rachefeldzüge und seine Gesellschaftskritik waren, wenn auch nach Zweck und Sachverhalt durchaus unterschiedlich, zwei Ventile, um ein und demselben Bedürfnis Luft zu machen, der Aggressionslust. Daß er in diesem Rufe stand, war ihm durchaus bewußt. Als er im Jahre 1828 verzweifelt wegen einer Professur in München antichambrierte und einflußreiche Freunde ersuchte, sich für ihn bei Ludwig I. zu verwenden, gab er dem frommen Wunsche Ausdruck, der König möchte ihn nunmehr milder finden als früher.[8] Seine Satiren waren ihm ein Mittel unter anderen, seinen Rachedurst zu stillen. Sein vielleicht berühmtestes Opfer war ein Schriftstellerkollege, Graf August von Platen. Dieser, ein geschmäcklerischer Ästhet und nicht ungeschickter Verfasser von Gedichten, brillierte mit preziösen Metren und esoterischen Formen wie etwa dem persischen Ghasel. Freilich waren seine glatten, formalistischen Verse nicht bloßer Manierismus, vielmehr sprach aus ihnen nur allzu deutlich seine Leidenschaft für andere Männer. Bei all ihrer polierten Oberfläche waren seine Gedichte Bekenntnisse, die er sich selbst abpreßte. Seine unkonventionellen sexuellen Neigungen waren die Blöße, die er sich Heine gegenüber gab. Dieser war durch einige unfreundliche Anspielungen in einer von Platens Komödien beleidigt worden und, bereits ungehalten wegen seiner erfolglosen Bemühung um die Münchener Professur, verdächtigte er Platen – zu Unrecht –, einer der Verschwörer zu sein, die ihm den Posten abspenstig gemacht hätten.

Heines Interpretation der Platenschen Verse war gewagt, führte fast absichtsvoll auf Abwege, aber er konnte es nicht erwarten, seinen Spott von der Leine zu lassen. Seine Abneigung wie seine Absichten offenbarte er von Anfang an in einem seiner Reiseberichte, *Die Bäder von Lucca*, dem er als Motto eine arg zurechtgestutzte Zeile Platens voranstellte: «Ich bin wie Weib dem Manne.» Nach dieser Anfangsfanfare setzte er seine Attacke mit Zitaten aus Platens Gedichten fort, in denen dieser die warme Freundschaft unter Männern preist, den Geliebten wegen seiner

Flatterhaftigkeit schilt und sich in Plänen für ein zärtliches Zusammentreffen verzehrt, und beteuerte am Ende, daß er diese Ergüsse über süße blonde Knaben widerlich finde. «(Man) sollte glauben, der Verfasser sei ein manntolles Mägdlein.»[9]

Das reichte Heine aber noch nicht; hämisch zog er Parallelen zwischen Platen und Nero und heuchelte Sympathie für derlei eigensinnige Wünsche. Gelegentlich vermeidet Platen, wie Heine anmerkt, die genauere Geschlechtsbezeichnung seines Geliebten, ihm gehe es dann wie dem Vogel Strauß, der den Kopf in den Sand steckt. Er hätte besser getan, wenn er den Steiß im Sand versteckt und den Kopf gezeigt hätte, aber Platen sei eh mehr ein Mann von Steiß als ein Mann von Kopf. Aus allen diesen Gründen, meint Heine von oben herab, sei Platen ein eingebildeter, prahlerischer Verseschmied, der sich schmeichele, der Dichter des Zeitalters zu sein, und geschmacklose Witze über den «getauften Heine» mache.[10] Für den selbsternannten Rächer, der aus diesen Seiten spricht, waren Aggression und Humor praktisch gleichbedeutend.

«Ich habe getan, was meines Amtes war», schrieb er im Januar 1830, als alles ausgestanden war, an einen Freund. Wie immer bei Exekutionen «kommt das Mitleid, und es heißt, ich hätte nicht so stark ihn treffen sollen». Exekutionen sind eben nun 'mal keine harmlose Angelegenheit. Ebensowenig habe man gemerkt, «daß ich in ihm nur den Repräsentanten seiner Partei gezüchtigt, den frechen Freudenjungen der Aristokraten und Pfaffen habe ich nicht bloß auf ästhetischem Boden angreifen wollen...»[11] Damit hatte er sein Unternehmen hinlänglich gekennzeichnet, denn die Ästhetik spielte bei Heines Vergeltungsmaßnahme, beim Triumph der Raserei über die Ratio, tatsächlich nur eine untergeordnete Rolle.

Diese sattsam bekannte Episode, die Heines Bewunderer verstörte und seinen Verleumdern Auftrieb gab, war ein abträgliches Beispiel für seinen gelegentlich unüberwindlichen Drang, andere bis aufs Blut zu reizen. Sehr zu Heines Kummer sahen seine Gönner darin eine abscheuliche Geschmacklosigkeit, eine außer Kontrolle geratene Spottlust. Bei anderen Gelegenheiten freilich, zumal in seinen Satiren über seine deutschen Landsleute, traf Heines höhnischer Spott ins Schwarze. Die damaligen deutschen Staaten – er wurde nie müde, die Zahl «sechsunddreißig» zu erwähnen, um auf die Zerrissenheit aufmerksam zu machen, von der das Land betroffen war – schmachteten in den Fängen der nach-napoleonischen Restauration. Die deutschen Universitäten waren nach 1815 wiederholt von «Demagogen» gesäubert worden, während zugleich Wissenschaftler, Verleger, Zeichner, Artikelschreiber, sogar Dichter vor der schwer lastenden Zensur katzbuckelten. Keine Veröffentlichung in diesen Polizeistaaten, in denen noch der zurückhaltendste Protest Verdacht weckte, die nicht fast gewohnheitsmäßig von ihrem Autor verschlüsselt wurde, keine, die nicht gekürzt erschien, sei's um Abschnitte, die der Verleger tunlichst herausgestrichen, sei's um Sätze, denen der Drucker ihren Stachel genommen hatte. In den Jahren vor 1848 war indessen die Repression nicht wirkungsvoll genug, um die Schriftsteller mundtot zu machen, und Heine fand immer wieder Wege, auf denen er die Schikanen weniger zu spüren bekam als die meisten übrigen Satiriker. Ihm standen zahlreiche und farbenfreudige Ausdrucksmittel zu Gebote; so taucht zur Schilderung seiner Landsleute am häufigsten die Metapher vom schlafenden Volk auf, das er als der Trommler zur Tat aufruft. Den «armen deutschen Michel», diesen Inbegriff des Teutonen, wach zu bekommen, war ein mühseliges Geschäft. Er wollte ihn «beständig an der Nase zupfen, daß er aus seinem gesunden Riesenschlaf erwache» – vergeblich. «Einst wollte ich aus Verzweiflung seine Nachtmütze in Brand stecken, aber sie war so feucht von Gedankenschweiß, daß sie nur gelinde rauchte... und Michel lächelte im Schlummer...»[12] Während Franzosen und Russen das Land ihr eigen nennen und den Briten das Meer gehört, besitzen die Deutschen die Herrschaft nur im Luftreich des Traums.[13]

Heines forsche Selbstdefinition als kecker Trommler war bestenfalls halbherzig. Die Ironie, die ihm häufig als Schutz vor politischer Verzweiflung diente, dämpfte seine Aufrufe zum Kampf. In einem seiner zeitbezogenen Gedichte, «Bei des Nachtwächters Ankunft zu Paris», stellt er einen Besucher von Paris dar, der einen Nachtwächter, also jemanden, der über den Schlaf anderer wacht, um Neuigkeiten aus der Heimat bittet und daraufhin lediglich begütigende Versicherungen hört, daß alles zum Besten stehe. Das kann für den Besucher nur heißen, daß es mit allem bergab gehe. Der Kölner Dom, für Heine Inbegriff mittelalterlichen Aberglaubens, wird vollendet; die Freiheitsgesetze, die die deutschen Herrscher seit Jahrzehnten ihren Untertanen versprochen haben, ruhen so tief wie das Gold der Nibelungen; Patrioten prahlen damit, daß der Rhein, der mehrere Länder berührt, auf immer deutsch bleibe; es heißt sogar, daß eine Flotte gebaut werde. Am Ende schwindet die Zensur von selbst, aber erst nachdem die Verlage verboten sind. Im Lachen, das Heines sarkastischer Witz auslösen soll, sind die Kämpfe gegen private und öffentliche Feinde, gegen die Welt und das eigene Ich praktisch eins geworden.

Heines Angriffe belegen, wie befriedigend die Ventilfunktion der Satire für jenen Aggressionstrieb, der da Humor heißt, sein kann. So war es über Jahrhunderte gewesen; dementsprechend konnten sich die Satiriker des 19. Jahrhunderts aus einer reichen Tradition bedienen. Ihre Anschläge

bewegten sich zwischen übelster Schmähung und kunstvollstem Zer-
pflücken; zwischen billiger, risikoloser Verleumdung und gekonnten, zuweilen auch gewagten Ausfällen gegen die herrschende Ordnung. Wie
schon bei den bewunderten Vorgängern – Aristophanes, Juvenal, Erasmus, Swift und natürlich Molière –, so nahmen sich auch die Schriftsteller
aus den Jahrzehnten zwischen Heine und Shaw soziale Typen mit gleichem Eifer zum Ziel ihrer humoristischen Attacken wie die politischen
Institutionen: der Emporkömmling und der Konvertit, der Bürohengst
und der Rechtsgelehrte, der Eingeweihte und der Sonderling. In einer
Rede, die Mark Twain 1888 in Yale bei der Verleihung der Ehrendoktor-
würde hielt, sagte er – wie es dem Anlaß entsprach, etwas feierlicher als
sonst –: «Unser Geschäft ist ein nützliches, unser Berufsstand ein ehren-
werter.» Bei «all seiner Leichtfertigkeit und Frivolität hat er doch einen
ernsthaften Zweck, ein Ziel, eine Besonderheit, von denen er auch nicht
ablassen wird: Wichtigtuerei lächerlich zu machen, anmaßende Heuchelei bloßzustellen, dumpfem Aberglauben durch Lachen ein Ende zu bereiten.» Der Satiriker, der ja «von seinem Naturell her bei dieser Art
Krieg mitmischt, ist der natürliche Feind der Günstlingswirtschaft, der
Patronage, der Privilegien und aller sonstigen netten Schwindeleien gleichen Schlages, aber er ist auch der geborene Freund der Rechte und
Freiheiten des Menschen».[14] Mark Twains kämpferisches Vokabular war
seinen Absichten angemessen.

Es war das Jahrhundert, in dem humoristische Zeitschriften, in deren
Rubriken in der Regel auch Stellungnahmen zu politischen und gesell-
schaftlichen Fragen auftauchten, wie Pilze aus dem Boden schossen. In
Frankreich, das mit so ausdrucksstarken Künstlern wie Daumier und
Gavarni gesegnet war, zogen politische Satiriker von Beginn der Juli-
Monarchie an gegen bestehende Ungleichheiten zu Felde. *Punch*, das von
allen Zeitschriften meist zitierte und weithin zum Vorbild genommene
Blatt, wurde 1841 in London gegründet; die Zeitschrift *Fun*, die unpolitischer war und in die häufiger derber Humor Eingang fand, entstand
zwanzig Jahre später ebenfalls in London. Die Deutschen lachten über
die oft einfältigen Scherze der Münchener *Fliegenden Blätter*, die seit
1845 erschienen, und über den etwas liberaleren *Kladderadatsch* aus Berlin, der ein Nebenprodukt des Überschwangs der 48er Revolution war.
Erst 1896 bekam das Land mit dem *Simplicissimus* das satirische Wochenblatt, dessen es so offensichtlich bedurfte, mit seiner eigenwilligen Mischung aus bissigen Karikaturen und nicht weniger bissigen Gedichten.

Bei dieser satirischen Heerschau mußten die Vereinigten Staaten nun
aber beileibe nicht zurückstehen. Bereits in den 80er Jahren des letzten
Jahrhunderts gab es *Puck* und *Judge*, beide nach europäischen Vorbil-

dern, denen sich allerdings auch im eigenen Lande genug Anschauungsmaterial bot, um den Verfall der Sitten im Goldenen Zeitalter der Gründerjahre zu geißeln. Das Land war stolz, mit Thomas Nast einen Meister
der politischen Karikatur sein eigen zu nennen, dessen schonungslosen
Zeichnungen in *Harper's Weekly*, in denen er die Politiker aufs Korn
nahm, die über die Stadt New York herrschten, die Kraft moralischer
Vergeltung innewohnte und die sogar eine gewisse politische Wirkung
hatten. Durch diese Karikaturen wurde Boss Tweed aus der Tammany
Hall, dem New Yorker Herrenclub, zum Inbegriff politischer Verworfenheit, so unmißverständlich wie die berühmte Birne, mit der Daumier
das Bild des Königs Louis-Philippe unauslöschlich festgehalten hat.
Nasts feiste Tweed-Figur protzt mit einer riesigen diamantenen Krawat-
tennadel am Hemd. Zuweilen gleicht er einem Falstaff, dann wieder ist er
ein wenig wirklichkeitsgetreuer, aber unverkennbarer Aasgeier – «Let us
prey, laßt uns rauben», ruft er, mit deutlicher Anspielung auf die Aufforderung des Priesters zum gemeinsamen Gebet, seinen Kumpanen zu –;
einmal wird er – und dieses Bild ist sogar noch berühmter geworden – mit
einem dicken Geldsack anstelle des Kopfes dargestellt.

All diese Geistesblitze im *Judge* oder *Kladderadatsch* waren nun wahrlich kein Beispiel für sonderlich viel Zivilcourage, und selbst der Humor
des *Punch* wurde mit den Jahren auffällig konservativer. So wurden in
seinen Karikaturen die Iren als affenähnliche, blutrünstige Monster dargestellt, und der Spott, den die New Yorker Zeitschrift *Puck* über osteuropäi-
sche jüdische Einwanderer ausgoß, fand sein billiges Ziel in Angehörigen
der Unterklasse, was weder vom Herausgeber noch vom Zeichner besonderen Wagemut verlangte. In Jahren internationaler Spannung – und im
ausgehenden Jahrhundert waren Spannungen an der Tagesordnung –
machten die humoristischen Zeitschriften ganz unverhohlen in Patriotismus, sie heizten die Stimmungen in der Öffentlichkeit eher noch an, statt
sie aufzuklären. So versuchten *Punch* und *Simplicissimus* einander in chauvinistischer Selbstgerechtigkeit auszustechen. Die Satiriker des 19. Jahrhunderts waren also zuzeiten keineswegs Ärzte am Krankenbett ihrer
Gesellschaft, sondern leisteten vielmehr Kärrnerarbeit.

Der Roman, jener kurzweilige Zeitvertreib, dem die ungeteilte Vorliebe
des viktorianischen Bürgertums galt und der ein ständig wachsendes Publikum erreichte, war natürlich ebenfalls an diesem Wettstreit satirischer
Aggression beteiligt. Gleich zu Beginn des 20. Jahrhunderts führten die
Brüder Mann – Thomas mit seinen hehren Epitheta, seiner etwas dick
aufgetragenen Symbolik und feinen Ironie, Heinrich mit seinem vernichtenden Sarkasmus gegenüber Führerfiguren und deren Nachläufern –

beispielhaft vor, wie schonungslos bürgerliche Schriftsteller im Medium ihres beißenden Witzes mit ihrer eigenen Klasse umspringen konnten. Schon vor ihnen hatten andere Erzähler das gleiche Feld beackert, darunter Theodor Fontane mit seinen ergötzlichen, aber doch auch recht liebevollen Porträts Berliner Emporkömmlinge, und Eça de Queiroz mit seiner eindringlichen, sehr französisch anmutenden Zergliederung der feinen Gesellschaft Lissabons. Als Marcel Proust kurz vor dem Ersten Weltkrieg jenes unvergeßliche Ehepaar der Verdurins ersann, das fast unanständig reich, aufdringlich modisch, halbgebildet, großtuerisch, unduldsam und nicht unterzukriegen ist, hatte sich der Roman schon längst als vielseitiges Medium für vernichtenden Humor durchgesetzt.

Der reflektierteste satirische Romanschriftsteller jener Epoche war zweifellos Thackeray. Mit seinem Roman *Vanity Fair* (Jahrmarkt der Eitelkeiten), seinem später nie wieder erreichten Meisterwerk, wurde er nach mehr als zehnjähriger, einigermaßen zielloser journalistischer Tätigkeit fast über Nacht zum geistreichen Gewissen der englischen Gesellschaft. Mehr als einmal machte er entschieden Front gegen die Schreiber moralisierender Romane. Predigten gehören, so sagte er, in die Kirche, Statistiken über Verbrechen und Politik in die Zeitung oder in den Regierungsbericht. Wenn «ein amüsanter Moralist» über seine Leser herfällt und dabei «diese Gelegenheit ausnutzt, um uns zu erzählen, daß die Gesellschaft krank ist», dann werden sie sich vermutlich gegen diese «literarische Überrumpelung» zur Wehr setzen. So noch im Jahre 1845. Schon zwei Jahre später allerdings warf er sich, von finanziellen Rückschlägen gebeutelt und mitgenommen von der erbarmungswürdigen Geisteskrankheit seiner Frau, wohl auch milde gestimmt durch das bloße Älterwerden, nicht weniger entschieden zum Lehrmeister auf, der sich der Aufgabe unterzog, seine Leser auf unterhaltsame Weise zu bessern. «Unser Beruf scheint mir ebenso bedeutsam wie der des Geistlichen.»[15]

Ganz im Einklang mit seiner neuen Sinnesart versah er *Vanity Fair* mit allem Beiwerk einer Predigt. Schon im Titel erinnert er an John Bunyan, einen einflußreichen Prediger des siebzehnten Jahrhunderts; als Untertitel wählte Thackeray bekanntlich den ominösen Satz «Ein Roman ohne einen Helden», der darum besonders ins Auge stach, weil er den neutralen Untertitel «Pen and Pencil Sketches of English Society» (Feder- und Bleistiftzeichnungen der Englischen Gesellschaft) ersetzte, den er für die in monatlicher Folge erschienene Erstausgabe von *Vanity Fair* verwendet hatte. In einem der moralisierenden Kommentare, die das Buch durchziehen, nimmt er sich in scharfem Ton Menschen vor, die «ohne Glauben, ohne Hoffnung und ohne Güte» in der «Welt leben und gedeihen», und die des Moralisten schonungsloses Augenmerk herausfordern. «Laßt uns auf sie einprügeln, liebe Freunde, mit aller Kraft.» Zu viele «Schwindler und Dummköpfe» bringen es zu etwas, und «gerade um solche Leute zu bekämpfen und zu entlarven, ist erwiesenermaßen das Lachen da».[16] Am Ende hat er anerkennen müssen, ja eigens hervorgehoben, daß Lachen eine ernste Angelegenheit ist.

Ganz ohne Zweifel kommen in *Vanity Fair* die ernsteren Seiten unbarmherzig zur Sprache. Thackeray selbst stellt sich als «Spielleiter» vor, der den Jahrmarkt der Eitelkeit überblickt und, da ihm dieser «Tummelplatz» vor Augen kommt, von «einem Gefühl tiefer Melancholie» ergriffen wird. Große Geschäftigkeit ist zu vermelden: es wird gegessen, getrunken, gekämpft, getanzt, geraucht, geliebt und gestohlen. Alles ist sehr niederdrückend. Zwar gibt es Augenblicke der Freude und Herzlichkeit, aber die vorherrschende Stimmung ist doch eher «melancholisch als fröhlich.» Einzig der Humor kann hier als Heilmittel dienen. Aber wird der anschlagen? Thackeray ist da eher im Zweifel. «Ah! *Vanitas Vanitatum!*» Mit dieser Einschätzung beschließt er die Vorstellung. «Wer von uns ist in dieser Welt glücklich? Wer von uns hat seinen Wunsch, und wenn er ihn hat, wer ist befriedigt? – Kommt Kinder, laßt uns den Kasten zumachen und die Puppen einschließen, denn unser Spiel ist ausgespielt.»[17] Hier spricht wirklich Harlekin, den Thackeray wegen seiner Melancholie zum Arzt geschickt hat. Und der ist Thackeray, der Humorist, selbst.

Obgleich Flauberts *Madame Bovary* nicht mit dem Ziel geschrieben worden war, die zeitgenössische Wirklichkeit zu glossieren, sondern sie vielmehr einzufangen, gab der Roman doch auch aggressivem Spott ein Betätigungsfeld und diente dem Autor als Ventil für seine ingrimmige Abscheu gegenüber seinen Mitmenschen. Flaubert war sichtlich unwohl bezüglich des Stellenwerts der Satire in seinem Werk. Er war überzeugt, daß der Feind – der Bourgeois seiner Zeit – in seiner Dummheit und Eigensucht so schrecklich sei, daß jedes Bemühen, ihn der Lächerlichkeit preiszugeben, ein im Grunde überflüssiges Unternehmen war. Ein wirklichkeitsgetreues Porträt würde hinreichen, das unwiderrufliche Urteil über ihn zu sprechen. Zugleich jedoch war Flauberts Angriffslust zu stark ausgebildet, als daß er es bei einer bloß realitätskonformen Reportage – und wäre sie auch noch so vernichtend ausgefallen – hätte bewenden lassen können. Wie schon bei Heine so flossen auch bei Flaubert psychische Strebungen in das kulturkritische Urteil ein und nährten es zugleich. Jener unsägliche Homais, der Apotheker am Ort, ein Provinznotabler und Wichtigtuer, ein wandelndes Wörterbuch der Gemeinplätze, der vor Wohlsein strotzt, während Emma Bovary in ihr Verderben schlittert, ist Flauberts abgefeimteste Erfindung. Entscheidend für sein

literarisches Konzept war, daß Homais am Ende als Trimphierender da-
stand. Eine durch Selbstmord und Tod geleerte Bühne sieht ihn am Ende
aufrecht, das Kreuz der Ehrenlegion an der Brust. Jener bittere Nachgeschmack, den Bergson im Lachen gewahrte, hier durchdringt er den
ganzen Roman. Sardonischer als in dieser Pointe könnte Flauberts Lachen nicht sein.

Allerdings war seiner Bitterkeit zuzeiten eine ambivalente Note bei-
gemengt. So in dem unvollendeten Roman *Bouvard et Pécuchet*, in dem
es um zwei klägliche Bourgeois geht, die den unendlichen Kosmos der
Mittelklasse mit ihren Phrasen und ihrer banausischen Halbbildung
durchstreifen. Seit seiner Jugend hatte Flaubert alberne und engstirnige
Gemeinplätze gesammelt, wie sie den französischen Bourgeois kennzeichneten, und sein letzter Roman ist nichts anderes als eine dramati-
sierte Fassung seines *Dictionnaire des idées reçues*, das er offensichtlich in
den nie geschriebenen zweiten Band hineinzunehmen gedachte. Die Protagonisten des Romans, zwei Kanzleiangestellte mittleren Alters – aus
Paris, wohlgemerkt, denn in Flauberts mitleidloser Sicht muß der Bourgeois, um töricht zu sein, nicht unbedingt Provinzler sein –, die einander
zufällig begegnen und, als sie entdecken, daß sie die gleichen Vorlieben
haben, rasch Freunde werden. Es kommt ihnen zupaß, daß sie zu Geld
kommen, welches sie in ein Altersheim in der Normandie anlegen; sodann beschließen sie, ihre restlichen Tage damit zu verbringen, mit dem
Wandel der Zeiten gleichzuziehen und die Welt des Wissens zu erobern.
Nachdem sie lange genug ein Leben in erstickender Routine führen mußten, möchten sie nun von der Freiheit kosten, die ihnen Geld und Muße
beschert haben. Sie befassen sich nacheinander mit Gartenbau, Landwirtschaft, Schnapsbrennen, Chemie, Medizin, Archäologie, mit geschlechtlicher Liebe, Metaphysik, Religion und dem Erziehungswesen, aber jedes
Mal scheitern sie auf spektakuläre und doch auch recht ergreifende Weise.
Die Reinfälle, die sich Flaubert für sie ausgedacht hat, reihen sich zu
einem peinlich wirkenden Varietéstück. Am Ende beschließt das Paar,
nunmehr alt geworden, zur angestammten Schreibertätigkeit zurückzukehren, der einzigen, die sie wirklich gelernt haben.

Diese Satire ist in ihren sarkastischen Einzelheiten dermaßen verheerend, daß *Bouvard et Pécuchet* immer dort als literarisches Werk Schaden
nehmen, wenn Flaubert seinen Einfallsreichtum unter Beweis stellt und
sich in Übellaunigkeit ergeht. Die Helden sind bourgeoise Stabpuppen,
geradezu prädestinierte Opfer, die unkritisch übernommene Weisheiten
im Munde führen. Indessen haben aufmerksame Leser schon früh bemerkt, daß Flaubert seiner Absicht, die Dummheit des Bourgeois in all
ihrer Pracht satirisch zur Schau zu stellen, zum Teil entgegenarbeitete.

Während sie nämlich bei ihren Experimenten und in ihrem Bemühen, sich Bücherwissen anzueignen, von einer Katastrophe in die andere schlittern, bekommen die beiden doch so etwas wie einen Überblick über ihr Unterfangen, und zugleich erhalten sie einige Einsichten in die Gesellschaft, in der sie leben. Sie sind am Ende nicht mehr so einfältig wie zu Beginn ihres Kreuzzuges zur Erlangung enzyklopädischen Wissens, und sie sind nicht mehr töricht genug, als daß ihnen entginge, daß manch anderer kaum weniger töricht ist. Es ist so, als habe eine gewisse Abgeklärtheit Flaubert angewandelt, die es ihm erlaubte, seinen allzu mitleidlos erdachten Figuren, wenn auch halbherzig, mit einiger Nachsicht zu begegnen. Sein lebenslanger Feldzug gegen die Bourgeoisie war nicht immer konsequent. Nicht ohne Anteilnahme, die seinem Pensum an Haß ein Moment von Liebe beimengte, nannte er die beiden Pappkameraden «meine Idioten».[18] Und sie waren denn auch *seine* Idioten.

Charles Dickens, der ein weitaus selbstbewußterer Humorist als Flaubert war, verfügte in puncto Lachen auch über weitaus größere Reserven. Seine komischen Porträts, denen seine Romane viel von ihrer Lebendigkeit schulden, schließen die beiden Extreme der Freudschen Kategorien des Humors ein, das Harmlose und das Tendenziöse. Weil seine unnachahmlichen Karikaturen sich von der Herzlichkeit der *Pickwick Papers* zu jenem bitteren Sarkasmus fortentwickelten, der ab *Bleak House* seine späteren Romane verdüsterte, fragten sich einige seiner aufmerksamen und in der Regel zur Bewunderung neigenden Rezensenten, ob denn diese Entwicklung einen Fortschritt darstelle. Figuren wie Sam Weller in *Pickwick* und Mr. Micawber in *David Copperfield*, mit denen er nichts als Frohsinn verbreite, so gaben sie Dickens zu verstehen, zeigten ihn noch am ehesten in seinem Element; mit solchen ungeschminkten menschlichen Widerlingen dagegen wie dem neurotischen Kapitalisten Mr. Merdle in *Little Dorrit*, solchen hohlköpfigen gesellschaftlichen Aufsteigern wie den Veneerings in *Our Mutual Friend* und dem restlichen Haufen von Schwadroneuren, Schmarotzern und Schwindlern habe Dickens das nüchterne Terrain der Gesellschaftskritik betreten, das ihm doch so fremd sei. In Wahrheit aber war schon der geniale frühe Dickens nicht ganz so durchgängig heiter, der späte Dickens nicht ganz so griesgrämig wie es bei oberflächlicher Lektüre den Anschein hat. Hatte er noch in *Pickwick* übellaunigen, tendenziösen Spott an den Tag gelegt, so war sein Witz in *Our Mutual Friend* anregend und unschuldig.

Kurz gesagt, nahm zwar Dickens' aggressiver Gebrauch des Humors in den Jahren von 1830 bis 1860 zu, die Art und Weise indessen, wie er Komisches einsetzte, änderte sich nie grundsätzlich. Schon mit seinen lehrlingshaften *Sketches by Boz* erfreute er seine wachsende Leserschaft, gleich ob er sie nun unterhalten oder erschrecken wollte, mit komischen und unheimlichen Typen, die alle mit unvergleichlichen nervösen Ticks, Redewendungen und Kostümiergewohnheiten ins Leben treten. Dickens hämmert sie dem Bewußtsein der Leser ein, indem er sie mit einer Fülle homerischer Epitheta überschüttet und mit wahren Bergen von Adjektiva eindeckt. Zu Recht berühmt ist seine Darstellung der «brandneuen» Veneerings, bei der der Autor das Wort «neu» so oft wiederholt, bis es sich wie ein Schimpfwort anhört.[19] Ganz ohne Zweifel wollte Dickens mit dieser Auflistung ihrer Brandneuheit nicht nur auf dieses eine Paar verabscheuenswürdiger Personen zielen; die Veneerings stellen ein besonders auffälliges Beispiel gesellschaftlich destruktiver Charaktere dar. So wie Molières Tartuffe die Heuchelei in Person ist, so steht Dickens neureiches Paar, das den Geruch von Politur nicht hat abstreifen können, für eine neue Bedrohung der Gesellschaft, die sich im Emporkömmling verkörpert. Von Dickens Veneerings führt ein kurzer und direkter Weg zu den Verdurins von Proust.

Auch in seinen letzten Romanen bereitete Dickens witzige Einbildungskraft ungeschmälertes Vergnügen, und die Welten, die er erfand, bescherten nach wie vor eine Fülle von Zügen aus Schwank und Melodram. In dem Maße jedoch, wie sich ihm immer mehr Gründe auftaten, die Zorn und Entsetzen in ihm auslösten, neigte sich in seinen satirischen Porträts die Waage vom Gutmütigen zum Feindseligen, unübersehbar boxten sich in seinen Romanen widerwärtige, ja hassenswerte und mit allen Wassern gewaschene Exemplare von Dummheit und Verworfenheit zur Bühnenmitte durch. In *Martin Chuzzlewit*, jenem jugendlichen Roman, den seine Zeitgenossen für seinen humorvollsten hielten, wartete Dickens mit Beispielen für beide Typen auf. Auf der einene Seite ist zum Beispiel Sairy Gamp, die Gewohnheitstrinkerin und Schwatztante mit ihrer nur in der Einbildung existenten Begleiterin Mrs. Harris und ihren genuschelten Spruchweisheiten selbst schon eine köstliche Figur; auf der anderen Seite steht Seth Pecksniff, ein Ränkeschmied und Plagiator, der das Geschehen immer so einzurichten weiß, daß er dabei die Heldenrolle spielt, und als Musterexemplar jener Sippe von Gaunern gelten kann, die ernten, was sie nicht gesät haben.

Pecksniff ist eine Fundgrube für jeden, der die Gefühle der Aggression untersucht. Aalglatt, selbstgerecht und aggressiv hinter der Maske des wohltätigen Märtyrers, durch und durch ein Betrüger, bietet er sich geradezu als Zielscheibe für rachesüße Gegenaggression und die Freuden ausgleichender Gerechtigkeit an. Hablot K. Browne – genannt «Phiz» – hat die den Höhepunkt darstellende Szene, in der der altgewordene Martin Chuzzlewit, nachdem ihm schließlich Pecksniffs Ränke aufgegangen sind, diesen mit seinem Spazierstock niederschlägt, in einer Illustration dargestellt und dabei neben dem zu Boden gegangenen Schwadroneur zwei Bücher ins Blickfeld gehoben: *Paradise Lost* und *Le Tartuffe*. Dickens hat hier tatsächlich, mit Unterstützung seines Illustrators, das Schicksal einer Einzelperson zu einer unverkennbar moralischen Allegorie überhöht. Um seine Thesen noch zu unterstreichen und in Vorwegnahme des expressionistischen Dramas um ein gutes halbes Jahrhundert charakterisierte Dickens seine Figuren lediglich durch ihren Beruf, in *Little Dorrit* hat der Finanzier Mr. Merdle «die Großkopfeten des Bistums, aus dem Schatzamt, vom Garde-Kavallerie-Regiment und aus der Admiralität zu Gast» – einflußreiche Honoratioren, die nur als «Bischof», als «Garde-Kavallerie» und als «Schatzamt» zu Worte kommen.[20] Auch in diesen redenden Namen, durch ihre Behandlung als Schablonen, drückt sich Aggression aus.

Dickens war Romanschriftsteller, kein Verfasser von Traktaten. Seine Phantasie entzündete sich an den Personen einer dramatischen Aktion. Wenn er auch Einzelpersonen zu Vertretern eines Typs machte, so vernachlässigte er doch nie ihre besonderen Merkmale. Und mit dem gleichbleibenden Drang nach Konkretion stattete er die von ihm verabscheuten Institutionen mit den Eigenschaften wirklicher Menschen aus. So erhält das «Circumlocution Office» (Komplikationsamt) in *Little Dorrit*, jener bürokratische Irrgarten, die Verkörperung des Ideals dessen, «WIE ETWAS NICHT GEMACHT WERDEN SOLL», eigentlich den Status einer eigenständigen Romanfigur. Es erhält, verwaltet und erzeugt Briefe, Eingaben, Mitteilungen in riesiger Zahl (gewissenhaft zählt Dickens jedes einzelne Schriftstück in einer Weise auf, die schaudern macht), all das zu dem ausgemachten Zweck, keine Probleme zu lösen, keine Entscheidungen zu treffen, keinen Notstand zu beheben.[21]

Das Circumlocution Office ist schlimmer noch als Apathie; es ist dazu da, überhaupt jede Aktion zu vereiteln, nichts ist ihm mehr Herzenswunsch, als alles lahmzulegen. Es ist der institutionalisierte Todestrieb und hemmt noch die wenigen Beamten, die bereit sind, sich einen Ruck zu geben und etwas zu tun. Diese abstoßende Kreatur wird so lebendig dargestellt, daß es eine Art Übersoll scheint, wenn Dickens überdies einige der Gestalten vorstellt, die in jener uneinnehmbaren Festung beschäftigt sind, in der das Amt untergebracht ist. So sind etwa die Barnacles, deren sprechender Name – Kneifer, aber auch Klette – nichts Gutes verheißt, das Circumlocution Office im Kleinformat; der «muntere» Jüngling Ferdinand Barnacle, der als amüsierter und amüsanter Sprecher seiner Sippe und ihrer Hinhaltepolitik auftritt, erläutert der Hauptfigur von *Little Dorrit*

mit entwaffnender Offenheit, warum Eingaben niemals irgendwohin gelangen und die Gerechtigkeit nicht vom Fleck kommt. Sein Amt besteht
«mit dem ausdrücklichen Ziel, daß nichts angerührt werden soll. Das ist
sein Sinn, dafür ist es da. Sicher muß der Form halber darauf geachtet
werden, daß es auch anderen Zwecken dient; das sind aber nur Forma-
litäten. «Warum auch nicht, meine Güte, wir sind doch selbst bloße
Formulare! Denken Sie nur daran, wie viele unserer Formulare Sie durchgemacht haben.»²² Dickens, der diese Schmähschrift auf die moderne
Bürokratie als zorniger Humorist ausspinnt, war deswegen so überaus
wirkungsvoll – und einige seiner Kritiker meinten, auch so überaus ungerecht –, weil er auf alles Weihevolle verzichtete.

Am überzeugendsten gelang Dickens die Verquickung von Individuum
und Typus vermutlich in der Figur von Mr. Podsnap in *Our Mutual
Friend*. Podsnap verkörpert die abscheulichsten Laster, von denen ein
anständiger Mensch der damaligen Zeit heimgesucht werden konnte: Anmaßung, Heuchelei, Engstirnigkeit, Spießertum. Er ist so von sich selbst
eingenommen, daß es ihm überhaupt nichts ausmacht, wenn ihm auf
humorvolle Weise die Leviten gelesen werden: bis zum Schluß des Romans schwimmt er im Glück. Allerdings erscheint Podsnap in psychoanalytischer Sicht hochgradig neurotisch, wobei er Symptome zur Schau
stellt, die ein gespenstisches Licht auf eine Gesellschaft werfen, welche
bereits so angekränkelt ist, daß sie einen narzißtischen Charakter wie
diesen nicht nur toleriert, sondern sogar verehrt und ihm huldigt. Im
Ungewissen über die Grenzen zwischen seinem Ich und der Welt erliegt
er einem Allmachtswahn. Als steinreicher und «hochangesehener Mann
war sich Mr. Podsnap dessen bewußt, daß von ihm erwartet wurde, die
Vorsehung seinem Schutz zu unterstellen. Infolgedessen wußte er stets
genau, was die Vorsehung verlangte. Unbedeutendere und weniger angesehene Männer mochten an diesem Prüfstein scheitern, Mr. Podsnap indessen war dieser Aufgabe allemal gewachsen. Und es war höchst bemerkenswert (und muß auch sehr beruhigend gewesen sein), daß das, was die
Vorsehung wollte, stets auch das war, was Mr. Podsnap wollte.» Menschen und Regionen außerhalb der eigenen Grenzen erkennt er zwar an –
für jemanden, der im «Handel mit anderen Ländern» engagiert ist, ließ
sich das kaum vermeiden –, aber er versieht sie mit dem Geburtsmakel
der Minderwertigkeit. Fremde Länder sind «ein Fehler»; Engländertum
ist in seinem Wortschatz die allerhöchste Lobpreisung; und Kunst und
Literatur sollten nach Kräften dazu herhalten, seiner protzigen und ungebildeten Präferenz zum Beleg zu dienen.²³

Vermutlich war sich Dickens nur dunkel der Tatsache bewußt, daß
dieser Karikatur klinische Relevanz zukam. Jedenfalls zeigt er den Patien-

ten als Agierenden. Mr. Podsnap ist zwangshaft ordentlich in seinen Gewohnheiten, fast wie eine lebende Maschine. Er demonstriert die Art von mechanischer Antwort auf menschliche Bedürfnisse, die Bergson später als entscheidenden Bestandteil des Komischen bestimmen sollte: «Die Welt stand um acht Uhr auf, war eine viertel Stunde später glatt rasiert, frühstückte um neun, ging um zehn ins Büro, kam um halb sechs wieder nach Haus und speiste um sieben zu Abend.»[24] Was immer Dickens empfunden haben mag, Mr. Podsnap zumindest hat nicht die leiseste Ahnung, daß ihn sein Verhalten als kranken Menschen ausweist; mehr noch als andere Fallbeispiele aus Dickens Horrorkabinett menschlicher Unmoral ist er der König der Leugner. Unangenehme Fakten aus der Wirklichkeit Englands, auf denen Ausländer, aber auch sozialreformerisch gesonnene Landsleute ja so gern herumreiten – Armut, Unterdrückung, Ungerechtigkeit, Gleichgültigkeit –, existieren für ihn nicht: Mr. Podsnap tut alles mit großartiger Geste ab. Themen, über die er nicht zu reden wünscht, sind einfach nicht mehr da. «Im tiefen Wissen um Wert und Bedeutung der eigenen Person hatte Mr. Podsnap entschieden, daß das, was er hinter sich gebracht hatte, auch nicht mehr existierte.» «Ich möchte nichts davon wissen; Ich will darüber nicht reden; Ich lasse das nicht zu!» pflegte er zu sagen.[25] Podsnaps denkwürdigste Eigenschaft indessen und zweifellos derjenige Aspekt seines Wesens, der ihm bis heute vor allen anderen ein dauerndes Renommee sichert, ist seine unverblümte Prüderie. Die Tochter, die bald achtzehn Jahre alt ist, als die Podsnaps im Roman auftreten, gemahnt ihren Vater ob ihres vermeintlichen Zartgefühls, ja ihres bloßen Daseins wegen beständig daran, daß «bei allem und jedem die Frage zunächst zu sein hatte, ob es das junge Mädchen zum Erröten bringen würde?» Es ist die Frage eines Zensors, sie ist aber auch – nur wenigen Beobachtern entging dies – in höchstem Grade verdächtig: «Es schien keine Grenzlinie zwischen der äußersten Unschuld des jungen Mädchens und dem sündigsten Wissen einer beliebigen anderen Person zu geben.»[26] Ähnlich anderen selbsternannten Tugendwächtern in Kunst und Leben so dient auch Podsnap die Sittenstrenge als ein mehr oder weniger durchlässiger Vorhang vor einer notdürftig im Zaum gehaltenen Geilheit.[27]

Diese Strategie ist für den Historiker des aggressiven Humors in der Mittelstandskultur des 19. Jahrhunderts überaus interessant, denn ironischerweise ist die Figur des Podsnap, die Dickens doch eigens erfunden hatte, um eine abstoßende Ausnahme von jener Kultur anzuprangern, von Kritikern der Bourgeoisie zu deren prägnantestem Sinnbild entstellt worden. Zum Teil war Dickens für diese Fehlinterpretation selbst verantwortlich. Hat er nicht dafür gesorgt, daß keine seiner Schriften der Jugend die Schamröte ins Gesicht triebe? Zuweilen sind eben auch die Satiriker der Bourgeoisie gerade mit den Schwächen behaftet, die sie der eigenen Klasse nicht verzeihen können. Unbeschadet solcher Ungereimtheiten brachte Dickens seinen aggressiven Humor in einen auf Hebung der allgemeinen Moral angelegten Feldzug ein, mit dem die glänzende Oberfläche der Gesellschaft durchstoßen und die nach seiner Meinung darunter lauernden charakterlichen Abgründe des einzelnen ebenso wie die gesellschaftlichen Laster bloßgelegt und womöglich gebessert werden sollten. Mit dieser Zielvorstellung wird er zu einem Repräsentanten des viktorianischen Zeitalters. Die meisten Humoristen seiner Zeit verhielten sich ihrer Gesellschaft gegenüber mehr wie Prediger denn als Ärzte.

3. Das Opfer als Vollstrecker

Im Dezember 1831 wurde in Paris eine Lithographie veröffentlicht, die den Titel *Gargantua* trug. Es war eine ätzende Kritik an der zügellosen Günstlingswirtschaft der erst kurze Zeit zuvor eingesetzten Regierung Louis Philippes, in ihrer zeichnerischen Technik fast ebenso drastisch wie in ihrer Aussage. Die Drei Glorreichen Tage, die ihn im Juli des Vorjahres auf den Thron gebracht hatten, waren rasch der Ernüchterung gewichen. Auf besagter Zeichnung sitzt, unschwer zu erkennen, die ungeheuer aufgeblasene Gestalt des Königs in einem Sessel, der ganz offenkundig eine *chaise percée* ist. Schwer beladene Lakaien schleppen über eine steile Rampe Unmengen von Goldstücken zu seinem grotesk aufgesperrten Mund – der Tribut, der Stück um Stück dem fügsamen und ausgepowerten, arbeitsamen Volk, den zerlumpten und verkrüppelten Veteranen abgepreßt wird. Diese kostbaren Bissen, von Louis Philippe hinuntergeschlungen und verdaut, werden, nachdem sie aus den – wie ein Kommentator sie dezent umschreibt – «unteren Öffnungen seiner Person» ausgeschieden werden, in Orden, Auszeichnungen und Adelsbriefe umgemünzt. Um dieses Bestechungssystem, das jedem sofort ersichtlich war, außer den ganz und gar Begriffsstutzigen, noch zu pointieren, hat der Lithograph in den linken Hintergrund seiner Karikatur die Königliche Börse und in den rechten das Schloß von Versailles gezeichnet. Links unten aber setzte er couragiert seinen Namen hin: «H. Daumier.»[1]

Daumier war gerade fünfundzwanzig Jahre alt, als er sich in dieser aggressiven Manier an die Öffentlichkeit traute, indessen war er auch kein blutiger Anfänger mehr. 1808 in Marseille geboren, war er in Paris aufgewachsen und erzogen worden. In Gemeinschaft anderer aufstrebender Maler und Bildhauer kopierte er im Louvre-Museum Gipsabdrücke und Meisterwerke der Malerei; radikale Ideen nahm er dabei zur Verblüffung seiner eher schwärmerischen Gefährten mit behutsamer Gründlichkeit auf. Sehr bald jedoch ging er seine eigenen Wege und hatte denn auch bei der Wahl seines künstlerischen Mediums, der Lithographie, die noch relativ neu war, als er es in ihr zur Meisterschaft brachte, eine bemerkenswert glückliche Hand, erlaubte doch die präparierte Steinplatte die rasche Anfertigung fehlerloser und preiswerter Abzüge und erwies sich so für den Karikaturisten als genau das richtige Mittel, um auf die Neuigkeiten des Tages reagieren zu können. Daumier aber wollte mehr, und er erreichte mehr. Wann immer ihm Zeit blieb, malte er. Aber seine satirischen Lithographien, inspiriert von bürokratischem Kleinkrieg, von berufsbedingten Schwächen oder Ehestreitigkeiten, waren sein täglich Brot. Er besaß ein feines Gespür für alltägliche Ereignisse; einer der wenigen Aphorismen, die ihm glaubhaft zugeschrieben werden, lautete: «Man muß ein Kind seiner Zeit sein»; darin drückte sich zugleich die Forderung nach ästhetischer Anerkennung zeitgenössischer Themen aus, eine Forderung, die noch zu seinen Lebzeiten von Baudelaire, Manet und Zola wiederaufgenommen werden sollte. Diese kleine, aber einflußreiche Bruderschaft von Künstlern und Schriftstellern sah im Bourgeois eine Witzfigur, einen gerissenen Widersacher und einen bewunderungswürdigen Begründer der Moderne.

1830, im Jahr der Revolution, mußte Daumier noch viel zeichnen, bevor es ihm gelang, seine großartige Charakterdarstellung und die fließende Linie zu beherrschen, die ihn unsterblich gemacht haben. Doch die mitreißenden Ereignisse jener Zeit und die prompt darauf folgende Katerstimmung stellten eine so überwältigende Fülle an Material bereit, daß Daumier sich veranlaßt sah, seine demokratischen Überzeugungen und seinen Zorn über Korruption, Zynismus und Unterdrückung in Kommentare zum politischen Zeitgeschehen umzusetzen. Die Revolution von 1830 war ja in erster Linie ein Kampf um die Pressefreiheit gewesen, und die Juli-Monarchie demonstrierte denn auch zunächst Aufgeschlossenheit für jede Form offener Meinungsäußerung. So wurden in der Charta von 1830 die verfassungsmäßigen Garantien ausdrücklich bekräftigt. Aber dieser Wonnemond dauerte nur kurze Zeit. Schon im Oktober desselben Jahres drohte der Gesetzgeber mißliebigen Journalisten mit Geldstrafen und Gerichtsverfahren, zog aber keine klaren Grenzen für die Pressefreiheit. Legitimistische Polemiker auf der Rechten wie Republikaner auf der Linken machten daraufhin die Probe aufs Exempel, indem sie rüde über das Regime herfielen; die prompten Maßnahmen der Regierung belehrten indessen die Kritiker darüber, wie kolossal sie sich verrechnet hatten.

Das war das politische Klima, in dem Daumiers Talent aufblühen konnte. Charles Philipon, ein wenig bedeutender Maler, aber ein großer Zeitungsunternehmer, bot ihm regelmäßige Arbeit – zunächst bei dem im November 1830 gegründeten Wochenblatt *La Caricature*, später dann bei der etwas langlebigeren Tageszeitung *Le Charivari*. Philipon war ein beherzter und konsequenter Republikaner, der sich mit Talenten umgab und Ideen für respektlose Karikaturen ausheckte; er war zudem ein genialer Erfinder politischer Symbole, denn er war es, der auf die ausgesprochene Ähnlichkeit von Louis Philippes Kopf mit einer Birne aufmerksam wurde und Daumier dazu anregte, das bodenlastige Stück Obst in eine vernichtende Darstellung des Königs umzusetzen. In *Gargantua* nur erst angedeutet, war die *poire*, deren umgangsprachliche Wortbedeutung als «Einfaltspinsel» einem geradezu auf der Zunge zergeht, im *Charivari* sehr bald das eingängige Emblem einer in wütenden Spott umgesetzten Enttäuschung.

So war es denn auch kein Wunder, daß gegen die Urheber derartiger Spottbilder Prozeß auf Prozeß folgte. In den ersten Jahren hat die Juli-Monarchie vermutlich an die 520 Verfahren gegen die Presse angestrengt; Philipons *La Caricature* mußte allein in den fünf Jahren ihres Bestehens zehn Prozesse und mehr als zwanzig Beschlagnahmen über sich ergehen lassen. Daumiers Arbeit erhielt durch derlei Gefahren erst ihre Würze; Philipon war ein Mann nach seinem Geschmack, ein einfallsreicher Bundesgenosse. Eine von Daumiers ersten Karikaturen mit aktuellem Bezug vom Dezember 1830 zeigt den König als Schäfer, beschützt von seinen Soldaten-Hunden, welche seine gefügigen Schafe, das französische Volk, scheren. Sie ist ein Symptom dafür, wie tief, nur wenige Monate nach Louis Philippes Thronbesteigung, die Unzufriedenheit in Daumier – und auch in Philipon – sich festgesetzt hatte. Die Charta von 1830, so sollte sich Thomas Love Peacock äußern – in verzeihlicher Übertreibung, da er von 1836 her zurückblickte –, «erwies sich als Lügengespinst und ‹die beste aller Republiken› als der Anfang der gemeinsten und schändlichsten aller Tyranneien».[2]

Um die Zeit, als Philipon den *Charivari* gründete, im Dezember 1832, war Daumier gerade für drei Monate aus dem Verkehr gezogen worden. *Gargantua* hatte das Faß zum Überlaufen gebracht. Unverzüglich ordnete die Behörde die Beschlagnahme des Druckstocks an, und weil Daumier mit seinen Lithographien, die keinen Deut weniger offensiv, wenn auch weitaus weniger skatologisch waren, sein Sperrfeuer gegen das Regime fortsetzte, wurde Anfang 1832 gegen Daumier, seinen Händler und seinen Drucker Anklage erhoben. Die Verurteilung der drei Beschuldigten war eine ausgemachte Sache, und der Urteilsspruch fiel denn auch rigoros aus: sechs Monate Gefängnis, eine Geldstrafe von fünfhundert Franken sowie die Übernahme der Gerichtskosten. Die Anklage lautete auf «Aufhetzung zum Haß, Verächtlichmachung der Kgl. Staatsgewalt und Schmähung der Person des Königs». Das war zwar eine exakte Beschreibung des Druckwerks, kennzeichnete aber keineswegs Daumiers künstlerischen Geschmack. Wie Kenner seiner Kunst schon längst festgestellt haben, sind sowohl die Derbheit der *Gargantua*-Figur als auch die literarische Anspielung auf Rabelais' überlebensgroßen Freßsack in Daumiers Werk eine Seltenheit. Die Idee dazu muß von seinem engeren politischen Freundeskreis ausgegangen sein, vielleicht von Philipon selbst, oder von einem Zeichnerkollegen, etwa dem Karikaturisten Grandville, vielleicht auch von deren gelegentlichem Mitarbeiter Balzac.

Wie immer es auch um die Geschichte der *Gargantua*-Karikatur bestellt sein mag, Philipon nahm sie unter seine schützenden Fittiche und verschaffte ihr weithin Publizität. Mit rührendem Pathos walzte er die Szene von Daumiers Verhaftung – «unter den Augen von Vater und Mutter, deren einzige Stütze er ist» – immer wieder aus. Mit gespielter Unschuld und geheucheltem Respekt beschrieb er das Druckwerk, aber nur um seiner Verwunderung darüber Ausdruck zu geben, wie jemand irrtümlicherweise den fetten Tolpatsch auf der *chaise percée* für die ehrfurchtgebietende Persönlichkeit des französischen Königs haben halten können.[3] Wie wir allerdings gerade gesehen haben, konnten weder Daumier noch Philipon mit dieser Voltaireschen Strategie der Bekräftigung durch Verleugnung, die ja an sich durchaus amüsant ist, vor dem Gefängnis bewahrt werden. Sainte Pélagie, so hieß das Gefängnis, in dem unbequeme Gegner des Regimes festgehalten wurden, war eher Treffpunkt für Gleichgesinnte als unmenschliche Haftanstalt, sofern man das Glück hatte, fürsorgliche Freunde, eine robuste Gesundheit und ausreichend Geld sein eigen zu nennen. Allerdings war es dort feucht und unangenehm, und es war ein Vorbote dessen, was an Schlimmerem bevorstand.

Fast unweigerlich wurde daher die Freiheit, zu reden und zu zeichnen, und nahezu gleichermaßen auch die Entwicklung der Juli-Monarchie im allgemeinen, für Daumier und Philipon zu einem Hauptthema ihrer Arbeit. Eine berühmte Daumiersche Lithographie aus dem Jahr 1834, *Laß die Finger davon!*, zeigt einen kräftigen Drucker, der, die Hände zu mächtigen Fäusten geballt, auf einem großen Felsen steht, welcher die Aufschrift «Preßfreiheit» trägt, und finstere Blicke zu einer bedrohlichen Gestalt, die Ähnlichkeit mit Louis Philippe hat, hinüberwirft. Aber dieser Fels brach bereits auseinander; die Regierung nutzte jeden nur möglichen rechtlichen und administrativen Kunstgriff, um die oppositionellen Journalisten und Verleger zu schikanieren. Zeitungen wurden geschlossen, Druckstöcke beschlagnahmt, Redakteure mit Geldstrafen belegt und zuweilen die ganze Riege ins Gefängnis gesteckt.

Die Journalisten waren freilich nicht die einzigen Opfer der Unterdrückung. 1834 schickte die Regierung zur Niederschlagung eines Streiks Truppen nach Lyon, wenig später wurde in Paris ein kleiner Ausstand brutal unterdrückt, zu dem aus Mitgefühl mit den Lyoner Opfern aufgerufen worden war. Dieses Massaker regte Daumier zu einer seiner am längsten nachwirkenden Protestarbeiten an, *Rue Transnonain*, bei der er auf humorvolle Darstellung gänzlich verzichtete. In krasser Direktheit zeigte er ein verwüstetes Schlafzimmer, in dem vier Leichen herumliegen; zentrale Figur ist der Vater, der über sein erschlagenes, in Blut gebadetes Kind hingestreckt ist. Als die Regierung Strafverfahren nicht gegen die Truppe, sondern gegen einige der Aufständischen einleitete, konterte Daumier mit einer weiteren, berühmt gewordenen Lithographie, die deutlich machte, daß die freie Rede auch vor einem anderen Forum bedroht war – vom Gericht nämlich. Der Richter, hinterhältig grinsend, sitzt auf einem Stuhl; die Waage, sonst das Symbol richterlicher Unvoreingenommenheit, hängt schief; im Hintergrund hat ein Opfer seinen Kopf schon auf dem Richtblock, und der Henker steht bereit, die Axt in der Hand; im Vordergrund steht ein Beschuldigter, dem die Arme von drei Bütteln brutal verdreht werden. Und der Richter, der seine Hände mit einer Geste ausstreckt, die Verständnis bloß vortäuscht, ermuntert den geknebelten und mißhandelten Mann vor ihm: «Nur zu, es steht Ihnen frei zu sprechen, Sie haben das Wort.» Daumier erwies sich als verläßlicher Prophet: 1835 ersetzte die Regierung ihre Halbherzigkeit in Sachen Presseunterdrückung durch messerscharf formulierte Erlasse. Ein Anschlag auf das Leben des Königs lieferte den Vorwand für die Wiedereinführung der Pressezensur, für Strafverschärfungen, Verurteilungen bei geringfügigen Vergehen bei gleichzeitiger, ausdrücklicher Ausdehnung des Geltungsbereiches auf Entwürfe, Kupferstiche, Lithographien und alle sonstigen Formen graphischer Darstellung. Das war buchstäblich das Ende von *La Caricature*, nicht freilich das von Philipon oder Daumier.

Die politische Satire, Spott in seiner verletzendsten Form, hat es mit in ihre Verschanzungen eingegrabenen Feinden zu tun, die sich an einer schwer befestigten, häufig aber in Nebel gehüllten Demarkationslinie gegenüberliegen. Bei einer Gesellschaft, die auch nur auf ein Fünkchen Höflichkeit des Umgangs Anspruch erhebt – und im bürgerlichen Jahrhundert taten dies die meisten Gesellschaften –, fällt es schwer vorherzusagen, an welcher Stelle oder wann der unbotmäßige Humor die Grenzen des Anstands oder des Rechts überschreitet. Dementsprechend hing es im Frankreich Daumiers während der frühen dreißiger Jahre des letzten Jahrhunderts vom Kleinmut oder der Willfährigkeit eines x-beliebigen Regierungsbeamten, von der Empfindlichkeit eines gekrönten Hauptes gegenüber journalistischen Unflätigkeiten, vom Grad der Spannungen, die auf der innenpolitischen Szene oder in den diplomatischen Aktivitäten vorherrschten, ab, welche Karikatur oder welches Gedicht sich Unbill oder Verfolgung zuziehen würden. Erst ab 1835, mit den neuen Gesetzen, zog die Juli-Monarchie eine eindeutige und sehr entschiedene Grenzlinie zwischen berechtigter Stellungnahme und respektloser Verleumdung, zwischen zulässiger Kritik und Aufwiegelung zum Aufruhr.

Das bedeutete mitnichten das Aus für den aggressiven politischen Humor in Frankreich, sondern führte nur dazu, daß die Satiriker geschickter zu Werke gingen. Obgleich die Person Louis Philippes fortan als sakrosankt galt und die Politiker über genügend Munition verfügten, um sich an ihren Peinigern schadlos zu halten, blieb die politische Elite der Juli-Monarchie nach wie vor eine aufreizende Zielscheibe und nichts weniger als ein Tabu für die Betätigung beißenden Spotts. 1836 verfaßte Daumier auf Anregung des um Einfälle nie verlegenen Philipon ganze Serien von Lithographien, als deren anrüchige Hauptfigur er Robert Macaire, eine allgemein bekannte Bühnengestalt, benutzte. Macaire trat unter höchst unterschiedlichen Masken auf, und den Rebellen galt er als Inbegriff ihrer Zeit. Spekulant, Aktionär, Bankier, Geldgeber, Anwalt, Gesellschaftslöwe, käuflicher Liebhaber, Schwindelunternehmer und Bankrotteur ist Daumiers Macaire zugleich ein Schieber und Lügner, ein Sittenstrolch und Zyniker, ein durch und durch prinzipienloser Händler und Grundstücksmakler, ein Hochstapler vor dem Herrn: die leibhaftige Juli-Monarchie.

Das war politischer Spott auf Umwegen, für den Zensor gewiß schwerer zu erkennen als die direkte Herausforderung, dafür im Tenor aber weniger bissig. Die Empfindlichkeit der Regierung zwang Daumier, bis dahin unbegangene und nicht immer erwünschte Wege für seine Talente zu erkunden. Während der etwa zwölf Jahre, die sich die Juli-Monarchie hinschleppte, erarbeitete er populäre Graphikserien, in denen er über den braven Bourgeois, wie er sich im Bett oder in der Sommerfrische tummelte, über Anwälte in selbstgefälliger Siegerpose oder nach nicht minder selbstgefällig hingenommener Schlappe, über die Menschenmengen auf der Straße, über Parisbesucher aus der Provinz und über das Publikum in den Theatern einen milden Sarkasmus ausgoß. Nachdem Louis Philippe im Jahr 1848 unter dem Druck der Februar-Revolution den Thron geräumt hatte, schrieb Daumier, der große Zuchtmeister des Ex-Monarchen, dem Schriftsteller Champfleury, daß er des Polemisierens gegen den nun in schmählichem Exil lebenden König überdrüssig sei. «Ein

Verleger hat eine Serie in Auftrag gegeben, aber ich kann es nicht tun.» Champfleury würdigte derlei Hochherzigkeit: «Mitten in der Schlacht, unter dem Druck politischer Ereignisse, hat Daumier verzeihliche Waffen benutzt. Sie indessen gegen einen besiegten Mann zu gebrauchen, sah er als verächtlich an.»[4] Ganz ohne Zweifel war Daumier ein honoriger Widersacher. Nach dem Februar 1848 begriff er allerdings auch, was viele Adepten des aggressiven Humors früher oder später lernen müssen: daß es für ihre Pfeile auch wirkliche Zielscheiben braucht.

Es ist freilich wahr: Auch Daumier war nur ein Mensch. Während er sonst in aller Regel sein Gift gegen die abschoß, die ihrer Stellung nach in der Lage waren, ihrerseits ihn zu treffen, teilte er gleichwohl zur Genüge die gängigen Vorurteile, um sich Opfer zu suchen, die weitaus weniger als etwa Louis Philippe imstande waren, es ihm heimzuzahlen. So führte ihn sein Zyklus von Zeichnungen gegen Frauenemanzipation geradenwegs ins Lager derjenigen gesellschaftlichen Kräfte, die zu bekämpfen er seinen schärfsten Witz aufgebracht hatte; er machte sich über Blaustrümpfe, Befürworterinnen des Scheidungsrechts und sozialistische Frauen lustig. Unter seiner mitleidlosen Feder erscheint dieser neue Frauentyp als Ansammlung alter Vetteln, die höchst unattraktiv und unverständig, lautstark, anspruchsvoll und aufdringlich sind. Sie nutzen ihre Ehemänner aus, während doch die meisten Zeitgenossen durchaus annahmen, daß die Ehemänner ihre Frauen ausnutzten. Aggressiver Humor kann – wir wissen das nur zu gut – in fast jede Richtung ausschlagen, er wählt sich ebensosehr wehrlose Ziele aus, die ihm eine leichte Beute sind, wie er sich jene vornimmt, die zurückschlagen können. Sadistischer, aggressiver Humor, wie etwa ein antisemitischer Witz, wenn er in einer Zeit des Leidens für die Juden zum besten gegeben wird, ist dafür ein beredtes Zeugnis.

Außerdem war Daumier ein Kind seiner Zeit. Allerdings nicht nur in seinen Vorurteilen. Baudelaire pries ihn als einen feinfühligen Lehrer, der seinen Landsleuten beibringe, über sich selbst zu lachen, als Weisen und Satiriker, dessen kraftvolle Schilderungen des Bösen und seiner Folgen nur die Schönheit seines Herzens offenbarten.[5]

Das war hübsch gesagt, und gewiß mußte sich der witzige Moralist, der darauf brannte, sich als Arzt am Krankenbett seiner Gesellschaft niederzulassen, berufen fühlen, sämtliche menschlichen Schwächen zu seinem ureigensten Gebiet zu machen. Man kann sich allerdings die Frage nicht versagen, um wieviel stärker Daumier seinen Aggressionen gegen das Regime und die Nutznießer seiner Gesellschaft hätte freien Lauf lassen können, wenn die Gesetze von 1835 nicht verabschiedet und über Jahre hin eisern verschärft worden wären. Das Gewaltpotential der regierungsamtlichen Unterdrückungsmaßnahmen verhinderte mithin, daß eine Nation den aggressiven politischen Humor bekommt, den sie verdient. Oder besser, sie bekommt die humorvolle Aggression, die ihre Herrscher gerade noch zulassen können.

Auch in der politischen Kultur Englands war dieser zugespitzte Konflikt zwischen dem Bedürfnis nach witzigen Moralisten und der Fähigkeit, sie auch zu ertragen, festzustellen. Gewiß gab es dort keinen Daumier, aber die Briten hatten dafür etwas mildere Kritiker ganz eigener Art zu bieten, milder nicht eigentlich deswegen, weil das Land eine so schonungslose Anklage, wie sie in Daumiers *Rue Transnonain* zum Ausdruck kam, nicht zugelassen hätte, sondern weil weniger Notwendigkeit dazu bestand. Die entschiedene Unterdrückung von Formen des Humors, den die Behörden als frevlerisch, ehrenrührig oder unzüchtig empfanden, war auch in England keineswegs unbekannt. Und ebensowenig unbekannt war die wilde Spottlust. Auch England war, seit den Tagen der Französichen Revolution und – in bescheidenerem Umfang – sogar schon früher, in den Genuß – wenn das das richtige Wort dafür ist – giftiger politischer Satiren gekommen, die sich über das Land ergossen hatten. James Gillray zum Beispiel, dessen Moralpredigten aus der Gosse kamen, war, was ausgemachte Gemeinheit und Zotigkeit angeht, gegen Ende des 18. Jahrhunderts wahrlich unübertroffen. Die viktorianischen Bürger fanden indessen den dezenten Spott George Cruikshanks angemessener. Sie schätzten die relativ gutartigen Angriffe auf die Snobs in der Prosa Thackerays und den Zeichnungen von John Leech wie auch die spöttischen Beobachtungen über Gesellschaftslöwen und empfindsame Naturen, die George du Mauriers Spezialität waren.

Der kritische Humor der bürgerlichen Epoche war also mitnichten blutleer; Cruikshanks Radierungen mit ihren schneidenden Aussagen zu Sitte und Anstand in den von ihm illustrierten Romanen und Jahrbüchern des Humors, setzten die Schönheit der Güte, der Schicklichkeit und Mäßigung in Gegensatz zu den komplementären, regelrecht grassierenden Lastern. Douglas Jerrold, der sich in den frühen radikalen Tagen des *Punch* über politische Mißstände ereiferte, demonstrierte dabei eine besonne Kraft ganz eigener Art. Dickens gestattete sich, wie wir bereits sahen, satirische Ausbrüche, die wenigstens so heftig waren wie irgendetwas bei Daumier, und um die Jahrhundertwende verwandte Shaw seinen politischen Zorn auf witzige Angriffe gegen die Heuchelei. «Der Mensch mißt seine Stärke an seiner Zerstörungskraft», sagt der Teufel in *Man and Superman*. «Was ist seine Religion? Ein Vorwand , mich zu hassen. Was ist sein Gesetz? Eine Ausrede, Sie zu hängen. Was ist seine Moral? Vornehmtuerei! Ein Vorwand, um zu konsumieren, ohne produktiv zu sein. Was ist seine Kunst? Eine Ausrede, um sich an Bildern von Metzeleien zu weiden. Was ist seine Politik? Entweder die Anbetung eines Despoten, weil ein Despot töten darf, oder parlamentarische Hahnenkämpfe.»[6] In aller Regel indessen war die politische Satire der viktorianischen Zeit zurückhaltend, eher bizarr als zügellos. Sie forderte mehr das wissende Lächeln als den gerechten Zorn heraus.

Dies war auch die Antwort, die W. S. Gilbert im Sinn hatte, nachdem er seine *Bab*-Balladen hinter sich gelassen hatte. In seinem Frühwerk war er noch recht unpolitisch gewesen, mit *The Happy Land* indessen, einer Satire aus dem Jahr 1873, begab er sich auf ein Terrain, auf dem nichts als ärgerliche Zufälle und ein ungewisser Lohn auf ihn warteten. Kaum war das Werk drei Tage lang vor gut besetzten Häusern gespielt worden, wurde es vom Lordkämmerer abgesetzt. Dieser tat freilich nur seine Pflicht, denn in England hatte das Theater anders als die Presse sich mit den Auflagen der Zensur auseinanderzusetzen. Der Theatres Act von 1843 bestimmte, daß der Lordkämmerer nach der Lektüre eines Textbuchs die Aufführungsgenehmigung für ein Stück verweigern konnte, das er als Verstoß gegen «Sitte und Anstand» oder schlicht gegen den «öffentlichen Frieden» ansah. Die Prüfer, die letztlich die Texte lasen, fanden sich am Gängelband höchst verschwommener Richtlinien. Stücke, in denen Figuren aus der Bibel dargestellt wurden, die zur Unmoral ermunterten, das Laster anpriesen oder Personen des öffentlichen Lebens der Lächerlichkeit preisgaben, waren geradezu prädestiniert für eine Indizierung. Eine dergestalt vage Liste konnte nahezu jedes Vorurteil bedienen, noch den Spießigsten unter den Podsnaps konnte sie wunschlos glücklich machen.

So waren denn auch die Entscheidungen der Prüfer, gegen die es keinerlei Berufung gab, oft genug unberechenbar. Nur einige wenige Urteile waren vorhersehbar, aber nach einer Weile hatten sich Stückeschreiber, Regisseure und Theaterbesitzer auf die Vorlieben des beamteten Zensors, der ihr Schicksal – oder um es weniger bedeutungsschwer zu formulieren, ihre Einkünfte – in Händen hielt, eingestellt. So hat etwa W. S. Gilbert in einer kurzen autobiographischen Notiz, die er 1883 veröffentlichte, gerade als seine geschickteste politische Operette, *Iolanthe*, einen erfreulichen Publikumserfolg einheimsen konnte, an einen Zwischenfall erinnert, durch den seine Bühnenfassung von Dickens *Great Expectations* entstellt wurde: In der Zeile, in der der Sträfling Magwitch der Hauptfigur Pip sagt: «Nun lebst du also in einer Wohnung, wie geschaffen für einen Lord», seien die letzten beiden Wörter «mit Bleistift» durch «den Himmel» ersetzt worden, wohl weil das Wort «Lord» als Lästerung hätte verstanden werden können.[7]

Avantgardistische Dramatiker sahen, ebenso wie die meisten gebildeten Theaterbesucher, in den Zensoren engstirnige, spießige, trostlos ver-
bohrte Bürokraten, die keine Ahnung von der Tendenz des modernen
Dramas hatten. Aber die Zensur hatte auch ihre Fürsprecher und das
nicht ausschließlich nur unter den beflissenen oder nicht-beamteten Tugendwächtern. So ergriff bei Anhörungen im britischen Parlament im
Jahr 1866 und noch einmal im Jahr 1909 ein kurioses Bündnis aus gottesfürchtigen Publizisten, Theaterbesitzern und sogar einigen Stückeschreibern sehr wortstark für den Theatres Act Partei. Erstere waren auf die
Wahrung des Anstands bedacht; die anderen hofften, daß, wenn ein
Theaterstück erst einmal die Zensur passiert habe, es dann vor jeder
Verfolgung sicher sei; die dritten schließlich waren überzeugt, daß Büh-
nendarstellungen einen mächtigeren Eindruck beim Publikum hinterlassen würden als Romane oder Gemälde. Es war also mitnichten so, daß
das Unbotmäßige des aggressiven Humors einhelligen Beifall fand.

Gilbert zum Beispiel, obschon selbst gelegentlich Opfer der Zensur,
unterstützte durchaus nicht die Forderung nach Beseitigung der Ober-
aufsicht des Lordkämmerers über das Theater.[8] In einigen Zugabeversen,
die er, in *The Mikado*, für Ko-Kos berühmtes Lied über die nette, kleine
Liste von Widrigkeiten schrieb, ohne die man getrost auskommen könne,
führte er zwar auch «sämtliche Theaterzensoren» auf, aber die Schere-
reien, die er wegen *The Happy Land* bekam, waren doch vergleichsweise
banal.[9] In diesem Stück hatten Gilbert und ein Mitautor den damaligen
Premierminister Gladstone und zwei seiner unpopulären Minister wegen
angeblicher Feigheit und Verrats an den aristokratischen Grundsätzen
rüde aufs Korn genommen. Als ausgesprochen kompromißloser Konservativer war Gilbert gegen die friedfertige Außenpolitik der Liberalen
ebenso eingenommen wie gegen ihre Bemühungen, einige demokratische
Zielsetzungen für eine Reform des öffentlichen Dienstes Wirklichkeit
werden zu lassen. Seine Schmähschrift auf Gladstone war die Rache eines
Torys, und da es an ihr nichts zu deuteln gab, verstieß die Kritik gegen
das Verbot der Zensur, noch lebende Personen auf der Bühne darzustellen.[10] Die öffentliche Antwort auf die Maßnahme des Lordkämmerers
war vorauszusehen: Kritiker der Ächtung sahen darin ein durchsichtiges
Manöver, um das liberale Kabinett versöhnlich zu stimmen; die Befürworter waren verärgert über Gilberts Schmähschrift gegen den Premierminister. In der Presse wurde noch einmal die alte Frage aufgewärmt, ob
der regierungsamtliche Eingriff eine rechtmäßige Ausübung der Macht
oder ein Angriff auf die Rechte freigeborener Engländer sei. Wenig geschah; die Satire auf Gladstone wurde von den Verfassern ein wenig
abgeschwächt, und *The Happy Land* durfte nach Ausfall einer Vorstel-

lung wieder gespielt werden. Die hehre Debatte hatte die Zugkraft des Stückes noch gesteigert: es lief sieben Monate lang.

Aggressive politische Satire war mithin in England einigermaßen riskant, zumindest auf der Bühne. Dessen ungeachtet machte sich Gilbert bei seiner denkwürdigen Zusammenarbeit mit Arthur Sullivan über nahezu jede Einrichtung des politischen Lebens im Lande lustig, außer über die Königin. Den Gipfel seines satirischen Erfolges erreichte das Duo 1882 mit *Iolanthe*, einem Märchen, das mit politischen Gassenhauern und Chorstücken ausgeschmückt war, die sich alsbald von der eigentlichen Operette ablösten und für sich genommen eine gewisse Unsterblichkeit erlangten. Bei der Premiere war auch Gladstone, damals erneut Premierminister, zugegen, ebenso der Kronprinz und andere glanzvolle Persönlichkeiten. Offenkundig amüsierten sich alle prächtig. Die *Pall Mall Gazette* berichtete von «enthusiastischem Beifall» und von Mißfallensbekundungen über «unangebrachten Applaus», der dem Vergnügen ungestörten Hörens hinderlich gewesen sei. Den meisten Rezensenten gefiel *Iolanthe* sehr gut, obgleich sie das Stück ziemlich unpassenderweise mit jenen ausgesprochenen Glanzstücken wie *Patience* und *H.M.S. Pinafore* verglichen. Fast alle rühmten die schauspielerische Darstellung als tadellos und die Musikstücke als zumeist bezaubernd.[11]

Entscheidend aber war Gilberts politischer Witz, der glänzend von Sullivans ungemein einfühlsamer Partitur sekundiert wurde. Die Rezensenten, die das Stück mit Beifall aufnahmen, fanden es zynisch, voller Hohn, temperamentvoll in seiner Ironie und Respektlosigkeit; außerdem meinten sie – und das soll nicht unerwähnt bleiben –, daß es gerade bei der Großbourgeoisie gut ankäme. Auch seine Aggressivität konstatierten sie. «Jeder Schuß saß», schrieb die *Pall Mall Gazette*. Nur ein paar Vereinzelte waren unangenehm berührt von den gegen ehrenwerte Staatsdiener und nicht minder ehrenwerte Institutionen gerichteten Spottversen. Dagegen konnten sich ganze Säle herzlich ausschütten über den dünnhäutigen Lord-Haushofmeister, über die schafsnasigen Abgeordneten, die so abstimmen, wie ihre Fraktionsführer es ihnen vorschreiben, über die Lords, die ihrem Land am besten durch Nichtstun dienen und

> die's nicht gelüst'
> in Dinge ihre Nas' zu stecken,
> von denen sie die Bohne nicht verstehn.

In einer langen und anregenden Besprechung in der Zeitschrift *The Theatre* hat William Beatty-Kingston darauf hingewiesen, daß Gilbert «Pathos und Politik» in *Iolanthe* hineingetragen habe und daß sein Eifer «einen Beigeschmack von Zorn» zeige, während sich seine Politik als «ingrimmig aggressiv» erweise.¹² Das war gut gesagt, denn die aggressive Einstellung des Bürgertums ist dieser Märchenoper durchgängig einbeschrieben.

Wo blieben die Zensoren? Zwar wurden den Blaublütigen in Gilberts Versen Eigenschaften zugeschrieben, die gemeinhin den unbescholtenen Armen vorbehalten sind; auch beschlossen Gilbert und Sullivan nach der ersten Vorstellung die Streichung von zwei politischen Liedern – in dem einen wird eine gewisse Sympathie für unglückliche Slumbewohner zum Ausdruck gebracht, im zweiten wird der Snobismus mit viel mehr Entrüstung an der Pranger gestellt, als sie in den auf die Nachwelt gekommenen Liedern anzutreffen ist. Aber die Entscheidung, *Iolanthe* eine Abmagerungskur zuteil werden zu lassen, scheint eher von dem Wunsch bestimmt, den Handlungsablauf zu beschleunigen, als aus Furcht vor der Unbill des Lord-Haushofmeisters.¹³ Wo also waren die Zensoren?

Zweifellos gab es für die Tatsache, daß das Stück von der Zensur verschont blieb, viele Ursachen. So waren Gilbert und Sullivan in den frühen achtziger Jahren so etwas wie eine Institution in England geworden, sie waren ausgesprochene Lieblinge des rechtschaffenen Theaterpublikums, weil sie musikalisch eingängige, amüsante und gekonnte Unterhaltung boten. Die gesellschaftlichen Bande, die Librettist und Komponist mit sehr viel Erfolg gepflegt hatten, schlugen auch nicht zu ihrem Nachteil aus. Zwar konnten weder ihre Popularität noch ihre guten Beziehungen, die anläßlich der ersten Vorstellung so glänzend sichtbar geworden waren, ihnen letztlich Straflosigkeit garantieren, aber durch sie wurde die Gefahr von Eingriffen der Zensurbehörde gemindert. Entscheidender war aber, daß die herrschenden Stände in Großbritannien, ungeachtet ihrer Empfindlichkeit für das, was zartbesaitete Tugendwächter als gotteslästerlich, sittenwidrig oder als zu privat hätten erachten können, weniger ängstlich waren als ihr jeweiliges Pendant in den kontinentaleuropäischen Gesellschaften. Da sie hinsichtlich der Mittelschichten keinerlei Gefühl der Beunruhigung haben mußten, konnten sie den artigen und spritzigen Spottversen, die in *Iolanthe* zu hören waren, gelassen ihr Ohr schenken. Ihre Bedenken lagen anderswo, bei der fernen – allerdings, wie sie meinten, durchaus unheilschwangeren – Gewaltdrohung des Pöbels.

Gilberts satirische Verse bezeugen die Zweideutigkeit, die ein fast unumgängliches Beiwerk des aggressiven Humors ist.¹⁴ Einerseits stellt er ein Ventil für Gefühle und Einstellungen bereit, die sich nicht leicht in besonnenem Ernst zur Sprache bringen lassen, zugleich bietet er sich als Stütze für die Sache des Protests, ja der Auflehnung an. Andererseits nimmt der Humorist dem Protest die Schärfe, weil er ihm einen unbeschwerten Ton verleiht. Abgesehen von den Attacken mancher gnadenloser Witze, besänftigt der Humor die Gemüter gerade so, wie er sie in Wallung bringt. Er veranschaulicht ganz nachdrücklich die Doppelbedeutung, die der «Kultivierung des Hasses» eigen ist. Gewiß steht ein Humor, der an die Knochen geht – wie etwa Daumiers Spott in seiner kämpferischsten Form –, mehr auf der Seite des Hasses als auf der seiner Kultivierung. Gilberts Humor indessen war – alles in allem – eher von der gutartigen Sorte. Er ermunterte nicht gerade zu radikaler politischer Kritik, geschweige denn zu radikalem politischem Handeln. Ähnlich dem wohlerzogenen Kapitän Corcoran aus *H.M.S. Pinafore* hat Gilbert nie schweres Geschütz eingesetzt.

Ganz anders und in deutlichem Gegensatz dazu der *Simplicissimus*; hier wurde oft und emphatisch mit schwerer Waffe gefochten, was die Obrigkeit zu erbosten Vergeltungsmaßnahmen animierte. Die Zeitschrift wurde aus Bahnhofskiosken verbannt, ihre Redakteure und Autoren mit Geldstrafen belegt und ins Gefängnis gesteckt. Beim *Simplicissimus* konnte man indessen nicht überrascht sein; anders als in Frankreich erfreuten sich die deutschen politischen Journalisten seit langem schon wachsamer und unversöhnlicher Observierung. Die drakonischen Maßnahmen der deutschen Kleinstaaten im Anschluß an die Proteste des Volkes, die ihren Niederschlag in den Karlsbader Beschlüssen von 1819 fanden, hatten den politischen Humor letztlich verkümmern lassen. Die Zensur setzte den Verfassern und Verkäufern von Karikaturen, Flugblättern und noch der harmlosesten politischen Gedichte tüchtig zu. Immer wieder gab es polizeiliche Durchsuchungen in den Geschäftsräumen der Drucker und Buchhändler, die im Verdacht standen, subversive Schriften zu beherbergen. Regierungsbeamte waren ungehalten über Witze, die sie schon, nur weil es Witze waren, für gefährlich hielten. So ließ etwa Graf von Arnim-Boitzenburg, der preußische Innenminister, 1844 weihevoll verlauten, daß ein Witz, «gleichviel ob trivial oder nicht trivial, unwiderlegbar ist».[15] Im allgemeinen war der revolutionäre Gehalt des politischen Humors in Deutschland lediglich eifrigen Bürokraten bemerklich, sie waren allerdings auch diejenigen, die darüber zu entscheiden hätten, welche Art von Lachen rechtens war und welche nicht.

Dieses Unterdrückungssystem hatte sich während der turbulenten Tage der 48er Revolution in Deutschland nun zwar in Mißkredit gebracht, aber erledigt war es damit nicht. Die jeweiligen Regierungen warfen auch weiterhin ein scheeles Auge auf alle Äußerungen des Humors, fahndeten nach aufrührerischen Gedanken, die sich in Witzen, Karikaturen und lustigen Plakaten verbargen. Nicht anders als vor 1848 waren auch in den fünfziger und sechziger Jahren des Jahrhunderts der Polizist, der zu öffentlichen Versammlungen geschickt wurde, und der Zensurbeamte, der mit geübtem Argwohn illustrierte Broschüren unter die Lupe nahm, stets geneigt, noch im harmlosesten Geistesblitz eine dem Staate oder den guten Sitten drohende Gefahr zu wittern. In den 50er Jahren wurden die Redakteure und Hauptautoren des *Kladderadatsch* wegen abfälliger Bemerkungen über den Zaren in die Spandauer Zitadelle verbracht. Vorfälle dieser Art, die den Betreffenden die Aura kleiner Märtyrer verschafften und eine kostenlose Reklame darstellten, steigerten die Auflage des Blattes und konnten ihm nie so recht den Schneid abkaufen; sie erhöhten freilich auch den Zwang zur Selbstzensur. Als gestrenge Ermahnungen verfehlten die Maßnahmen der Regierung ihre Wirkung sogar auf die standfestesten Schreiber nicht, von anderen Zeitungen, die sich gleichfalls als Ärzte an ihrer Gesellschaft versuchten, ganz zu schweigen. Dadurch wurde das Klima der politischen Auseinandersetzung geradezu anästhesiert. Festungshaft, zu der die deutschen Gerichte ihre politischen Missetäter vorzugsweise verurteilten, war eingestandenermaßen weitaus weniger gesundheitsabträglich und bedrückend als das Einsitzen in regulären Gefängnissen, aber sie war auch nicht gerade ein Spaß. Mochten auch die deutschen Satiriker offenkundig den Drang verspüren, das Risiko eines solchen Zwangsurlaubs einzugehen, so setzten sie doch zugleich alles daran, ihn nicht antreten zu müssen.

Dann und wann fand natürlich auch aggressiver Humor einen Ausweg. «Der Berliner Witz», so schrieb etwa Thomas Carlyle im Jahr 1858 auf einem seiner Deutschlandbesuche, hat «mehr Schärfe an sich als andere Eigenschaften.»[16] Gleichwohl suchte der Staat, diese Schärfe in ungefährlichen Grenzen zu halten. 1874 gab sich das Deutsche Reich ein Presserecht, welches, wie schon sein Vorgänger in Frankreich, Verbote festlegte und Strafen bestimmte, die jedem bei Verstoß drohten. Aufstachelung zum Klassenhaß sowie Schmutz- und Schundschriften waren die markantesten, vom Gesetz ausdrücklich aufgeführten Straftaten, abträgliche Äußerungen über die Person des Kaisers, Majestätsbeleidigung also, wurden freilich ebenso geahndet. Dies war ein tüchtiger Schlag gegen aggressiven Humor und entsprang der klugen Einsicht, daß eine witzige Beleidigung nichtsdestoweniger rechtswidrig war und ganz zweifellos auch mehr Unruhe stiftete als eine plumpe Beleidigung. Kurzum, politische Satire war im kaiserlichen Deutschland ebenso sehr von Unterdrückung bedroht wie im kaiserlichen Frankreich, und das aus dem nämlichen Grund. Daumier und Philipon waren, wie erinnerlich, wegen einer frechen Beleidigung des Königs ins Gefängnis gewandert. Und wegen eben eines solchen Vergehens sollte auch der *Simplicissimus* Anstoß erregen und Verfolgung auszustehen haben.

Im Jahr 1896 scharte der junge und wohlhabende Rheinländer Albert Langen in München eine Truppe von talentierten Schriftstellern und Künstlern um sich, die seine Vorstellung von einer echten satirischen deutschen Zeitschrift Wirklichkeit werden lassen sollten. Die Zeitschrift bewies denn auch genügend Respektlosigkeit, um sich mit allem und jedem anzulegen: mit feisten Priestern, bigotten Pastoren, dekadenten Jünglingen, beschränkten Junkern, jüdischen Emporkömmlingen und mit der Person des Kaisers. In den acht Jahren seit seiner Thronbesteigung hatte Wilhelm II. seiner Herrschaftsausübung ein besonderes Gepräge gegeben. Sein «persönlicher Regierungsstil», der sich darin äußerte, daß er sich überall einmischte, erschien dem *Simplicissimus* schlicht verhängnisvoll und war für die versammelte Redaktion ein steter Anlaß zu Belustigung, Verärgerung und schließlich wachsender Besorgnis.

Der Kaiser war intelligent und gerissen, redselig und äußerst taktlos, wankelmütig und zudem ein verbohrter Dilettant, der in Fragen der Wissenschaft, Erziehung, Kunst, Architektur, Innen- und Außenpolitik herumstümperte und zu allem seine unbedachten und oft peinlich wirkenden Kommentare abgab. In seinem Engagement für Welthandel und technischen Fortschritt ganz Mann der Moderne, gehörte er doch durch seine Berufung auf Gottesgnadentum und unbeschränkte Herrschaftsbefugnis noch der Feudalzeit an; mancher in seiner Umgebung neigte dazu, ihn glattweg für größenwahnsinnig zu halten.[17] Diese ungewöhnliche Konstellation, durch die er ineins als zugleich komische und unheimliche Figur erschien, machte ihn zur idealen Zielscheibe der Satiriker.

Im Herbst 1898 besuchte Wilhelm II. mit großem Pomp das Heilige Land und gab damit seinen Verächtern neuen Anlaß zum Verdruß. Diese Nahost-Expedition, die von einer weltweit aufgeregten Publizität begleitet wurde, war ein typisches Hasardeursstück und Anschauungsobjekt für einen ebenso hemdsärmeligen wie unliebsamen Imperialismus; Langen und seine Riege blieben ihr auf sarkastische Weise kaum etwas schuldig. Thomas Theodor Heine, ein Künstler von wirklichem Format und mit der entschiedensten zeichnerischen Schärfe, steuerte zur «Palästina»-Sondernummer eine Titelkarikatur bei, auf der die Geister zweier Kreuzfahrer, nämlich Gottfrieds von Bouillon und Kaiser Friedrich Barbarossas, beide in vollem Ornat, dargestellt waren. Gottfried verweist dem Kaiser, der sich krümmt vor Lachen und sich nicht fassen kann, seine dreckige Lache: «Unsere Kreuzzüge hatten doch eigentlich auch keinen Zweck.»[18]

Schon dies war nicht gerade wohlwollend; die volle Wucht der Verfolgung allerdings traf den *Simplicissimus* wegen des Abdrucks eines Gedichtes, «Im Heiligen Land», von Frank Wedekind, der sich hinter dem

Pseudonym Hieronymos versteckte. Wedekind war ein experimentierender Stückeschreiber, Verfasser hohntriefender Gedichte und Vortragskünstler in Kabaretts, der unter Kunstkennern bereits ein gewisses Ansehen genoß. Sobald seine Autorschaft entdeckt war, wurde er zur nationalen Berühmtheit. In dem Gedicht steht König David aus dem Grabe auf, greift zur Harfe und preist den Herrn, daß er ihm die Ehre erweist, dem «Herrn der Völker» einen Psalm weihen zu dürfen. Er heißt Wilhelm (ohne diesen freilich je mit Namen zu nennen) und seine Begleitung – den «holden Ehgemahl, / (die) Geistlichkeit, Lakaien, Excellenzen / Und Polizeibeamten ohne Zahl» – im Heiligen Land willkommen. Die historischen Stätten freuen sich, daß der deutsche Kaiser bei ihnen verweilt, und gieren danach, photographiert zu werden. Wie wird doch Golgatha, das einst die letzten Worte vom Kreuze herab vernahm, sich nunmehr rühmen können, des Kaisers erste Worte gehört zu haben! David wundert sich, daß Wilhelm sein Land auf so lange Zeit verlassen kann, und hält es der Klugheit deutscher Beamter zugute, daß der Kaiser vorhersagen kann, was während seiner Abwesenheit passiert. Im weiteren Verlauf kommt Davids «Psalm» zu immer neuen Ungereimtheiten komischer Selbsterniedrigung: der Besuch des Kaisers erfüllt Millionen Christen mit tiefstem Stolz, und das Heilige Land dankt ihm dafür, daß er es doch noch von der Schmach befreit habe, von ihm bisher noch nicht besucht worden zu sein. Das Gedicht endet mit einer Strophe, in der die vielen Uniformen aufgezählt werden, die Wilhelm II. möglicherweise tragen wird, wenn er dem Verlangen des Heiligen Landes nach seinem Besuch entspricht – eine deutliche Anspielung auf des Kaisers theatralische Neigung, sich in ständig neuer militärischer Kostümierung in der Öffentlichkeit sehen zu lassen.[19]

Langen und seine Gefährten – ebenso die von ihnen konsultierten Rechtsanwälte – waren zufrieden mit ihrer Arbeit und hielten die Sondernummer für verdammt komisch. Die Regierung fand sie verdammenswert, aber keineswegs spaßig, und leitete Verfolgungsmaßnahmen ein. Langen floh ins Ausland und lebte fortan für fünf Jahre in Paris; seine Rückkehr war erst nach Zahlung einer erheblichen Geldstrafe möglich. Wedekind folgte seinem Verleger ins halbfreiwillige Exil, kehrte aber im Jahr darauf zurück, um Thomas Theodor Heine in der Enge seiner sechsmonatigen Festungshaft Gesellschaft zu leisten. Die fast unausbleibliche Folge bei dieser Art von Repression – nämlich kostenlose Reklame für die Beschuldigten und ihre Zeitschrift – stellte sich auch hier wieder ein; der «Furor» der Behörden gegen das «schuldige» Blatt, so bemerkt lapidar Korfiz Holm, Langens getreuer Beistand, trieb dessen Umsatz binnen eines Monats von gerade vier- oder fünftausend Auflage auf ungefähr fünfundachtzigtausend hoch.[20] Allerdings folgte auf derlei unbedachte

Aggression gegen den Vater prompt die schonungslose Gegenaggression gegen die Söhne. Die Opfer der Unterdrückung, die sich zu Richtern aufgeworfen hatten, mußten erkennen, daß die Gebissenen zurückbissen.

4. Der lachende, grausame Weise

Eine verwelkte, sturzbetrunkene Schönheit wirft, in der Schusseligkeit ihres Rausches, die Öllampe um, setzt sich dabei in Flammen und stürzt in der Hölle in einen siedenden Kessel, woselbst Vetter Franz, ein Priester und der Vater ihrer Zwillinge, schon auf sie wartet. Ein schmeichlerischer, brillentragender Erzieher, der mit seiner süßlichen Rede die ehrerbietige Aufmerksamkeit zweier Knaben, die etwas auf dem Kerbholz haben, gewinnen will, zieht eine knochentrockene Weidengerte unter seinem Rock hervor und verdrischt seine feixenden und dreisten Schutzbefohlenen, bis sie ihm ergeben und zu Willen sind; zu Hause angekommen, ahmen die Jungen die erfolgreiche Erziehungsmethode, der sie soeben unterzogen wurden, an ihren Hunden nach; sie peitschen sie aus, um nun deren Gehorsam zu erzwingen. Ein anspruchsvoller, kurzsichtiger Ehemann, der ein Haar in der Suppe findet, die ihm seine Frau murrend zubereitet hat, sucht Trost in der bewährten Rumflasche und veranstaltet mit der Frau eine regelrechte Schlacht, bei der jeder Griff erlaubt ist, die aber verheerend für ihn ausgeht, nachdem sie ihm die Brille von der Nase wegschnappt und er wie blind herumtappt; er verbrennt sich am glühendheißen Ofen Hand und Hintern und holt sich eine blutige Nase, als er geradenwegs in eine offene Tür rennt. Ein zum Triezen aufgelegter Jüngling stört, ohne sichtlichen Anlaß, das Erholungspäuschen eines Herrn in seinem Garten, indem er aus dem Schutz eines Zauns mit einem Pusterohr Kieselsteinchen und gefiederte Pfeile auf ihn schleudert. Das Opfer, das es sich in Morgenrock und Pantoffeln bequem gemacht hat und gerade eine Brezel in eine Teetasse tunken will, ist zunächst perplex. Dann aber geht ihm ein Licht auf, und wütend wird es zum Richter, der seinen Angreifer tötet, indem er ihm das Blasrohr in den Hals hineinschlägt.[1]

Wir sind in die Welt Wilhelm Buschs eingetreten, Deutschlands beliebtestem Dichter, Zeichner und Hausphilosophen, in eine Welt von nahezu schrankenloser Aggression und Gegenaggression. Freud, wie ungezählte andere dankbare Leser, nannte ihn «unseren Freund Busch.»[2] Sowohl der schlichte Spaß, den seine Bewunderer empfanden, die seine geflügelten Worte nicht weniger oft im Munde führten als die Goethes und womöglich mit noch größerem Vergnügen, als auch die bedeutungsschwere Um-

ständlichkeit seiner weihevollen Interpreten reichten weit über Buschs
Tod im Jahr 1908 hinaus.³

Buschs Humor ist kaum in die Welt hinausgedrungen. Anders als seine
Zeichnungen, die, kraftvoll und komisch wie sie sind, jeden ansprechen
können – so hat denn auch seine berühmteste Geschichte, *Max und
Moritz*, die Vorlage für einen viele Jahre in Amerika verbreiteten Comic
strip, *The Katzenjammer Kids*, abgegeben –, werden seine Anspielungen
immer noch am besten in ihrem Ursprungsland verstanden.⁴ Und im
Grunde genommen sperren sich seine Verse auch gegen jede Übersetz-
zung. Gleichwohl kommt Busch eine tragende Rolle in der Geschichte
des bürgerlichen aggressiven Humors im 19. Jahrhundert zu. Einmal
mehr hat er glänzend gezeigt, daß in dieser Art von Humor die verborgenen Wünsche, andere auszustechen und zu erniedrigen, zu verstümmeln
und zu morden, eine gesellschaftlich erträgliche Fasson bekommen.
Schließlich beruhigte auch Busch, wie schon seine Mitstreiter in diesem
Fach, jeden Leser damit, daß das Wünschen nicht das Tun, die Vorstellung nicht die Wirklichkeit ist. Sein erbarmungsloser Humor setzte
erneut den Dschungelkrieg des Unbewußten in Gang, freilich mit der
beruhigenden Versicherung, daß daraus nichts Böses und vielleicht sogar
etwas Gutes erwachsen werde. Busch war mit Feder und Stift ein erfinde-
rischer Künstler. Aber in einer ganz entscheidenden Hinsicht, nämlich in
der Form seines Denkens, war seine Erfahrung eine bürgerliche Erfahrung, und darin war er dann doch wieder seinen Mitmenschen recht
ähnlich.

Gewiß wurden Buschs lapidar gereimte Aphorismen über den Lohn
der Unmoral und die Fährnisse der Mutterschaft, über die Qualen des
Ehrgeizes und die Verheerungen des Alkohols, die zweifelhaften Freuden
der Vaterschaft und die bestürzende Kürze des Lebens im Bewußtsein der
Deutschen angelegentlich herabgemäßigt. Seine forschen Geschichten
über böse Knaben, schlaue Köter, weinselige Junggesellen und verhinderte Künstler nahmen nicht gerade einen Ehrenplatz auf den Bücherbor-
den deutscher Haushalte ein, aber sie wurden gelesen und auswendig
gelernt. Berücksichtigt man die unausbleiblichen Unterschiede in der nationalen Ausprägung des Humors, so muß man feststellen, daß kein Humorist für sich genommen jede im 19. Jahrhundert auftretende Form des
Lachens gleich unangefochten meisterte. Mit der Ausnahme – einmal
mehr – Mark Twains konnte Busch allerdings beanspruchen, ein ebenso
breites bürgerliches Publikum anzusprechen – und gleichermaßen für es
zu sprechen – wie jeder andere Vortragskünstler seiner Zeit.

Gelegentlich war Wilhelm Busch mehr als nur ein Lieferant geistrei-
cher Späße. Die Ernsthaftigkeit seiner gebildeten Bewunderer bedeutete

für ihn eine peinliche und schwere Bürde, aber Busch gelangte selbst zu einer düsteren Ansicht des Komischen. Eines seiner am häufigsten zitierten Gedichte schildert die letzten Minuten im Leben eines Vögelchens, das in Vogelleim gefangen ist. Es flattert hektisch hin und her, kann sich aber nicht losmachen. Als ein schwarzer Kater heranschleicht, um sich an den gedeckten Tisch zu setzen, beschließt der Vogel schicksalsergeben, auch in diesen letzten Augenblicken seine Liedchen zu singen. «Der Vogel, scheint mir, hat Humor», lautet denn auch Buschs kommentierende Schlußzeile.[5] Dies klingt nach einer psychoanalytischen Einsicht vor ihrer Zeit: Humor hat neben anderen Pflichten die Aufgabe, Ängste unter Kontrolle zu halten, mit Drohungen fertig zu werden, indem die Distanz zu ihnen vergrößert und ihr Ausmaß verringert wird. Was immer genau die Bedeutung des Lachens für Busch gewesen sein mag, der entschlossene Frohsinn seines philosophisch abgeklärten Vögelchens legt nahe, daß für ihn die Ursprünge wie die Wirkungen des Humors alles andere als oberflächlich waren. Sein Humor, ein Fest der Heiterkeit, schließt eine Stimmung grüblerischen Nachdenkens, ja der Melancholie ein.

Er schließt aber auch eine Gewaltbereitschaft ein, die oftmals in reine Brutalität ausartet, jedenfalls auf dem Papier. Gegenüber seinen Freunden war er umgänglich und großzügig, seine Vorstellungswelt hingegen, wie sie in seinen Zeichnungen zutage tritt, muß in höchstem Grade grauenhaft gewesen sein. Seine derbe und ausschweifende Grausamkeit wich in späteren Jahren einer gewissen abgeklärten Weisheit, aber sein kaum sublimierter Impuls, weh zu tun und zu töten, war während seines gesamten Schaffens gleichbleibend stark, und sein Werk konnte diese ausgeprägt rustikale Grobheit nie ganz abstreifen. Mit der Zeit lernte er, als ein weltläufiger Mann aufzutreten, aber die Provinz wurde er nie los. Seine für ihn typischsten Erfindungen waren erdverwachsen und kreatürlich, sie erinnerten an seine Herkunft vom Lande. Geboren 1832 in dem Dörfchen Wiedensahl bei Hannover, verließ er zwar wiederholt seinen Geburtsort, kehrte aber immer wieder ins heimische Niedersachsen zurück. Wer aus bäuerlichem Milieu ist – wenngleich Buschs Eltern bürgerliche Ladenbesitzer waren –, kann vielleicht verstehen, warum der stets verwundbare und oft geschundene Körper bevorzugtes Ziel seines beißenden Humors war.

Es war denn auch die Welt von Wiedensahl, die er, mit nur schwachen Anklängen an München oder Frankfurt, in seinen humoristischen Geschichten nachschuf. Es gibt in ihnen keine geschäftigen Städte, keine Fabriken, keine technische Apparatur, keine Massenblätter, lediglich eine äußerst beiläufige Anspielung auf die Eisenbahn.[6] Das Personal seiner

Figuren besteht zur Hauptsache aus Müllern, Dorfschullehrern und Barbieren, aus jüdischen Hausierern, bescheidenen Kleinstädtern, tumben Bauern und – das war das Äußerste an Modernität, das er aufbringen konnte – aus einer kleinen Auswahl an Kleinbürgern wie zum Beispiel Tobias Knopp. Ein Mann mittleren Alters, kahl und beleibt, durchstreift Knopp die Welt auf der Suche nach einer Frau, durchleidet manch demütigendes, wenn auch lustiges Mißgeschick und kehrt bezeichnenderweise heim, um seine Haushälterin zu ehelichen.

Buschs Treue zu Wiedensahl war nicht nur Sentimentalität. Die Stätte seiner Geburt war ihm Zufluchtsort vor der Mühsal eines Lebens, das er nicht im Griff zu haben fürchtete. Wie ein neurotischer Antäus mußte er in Fühlung sein mit seinem Ausgangspunkt. Nach der schwelgerischen Geselligkeit seiner Jugend, den nächtelangen Gelagen bei Bier und Tratsch mit ein paar engen Freunden in München und Frankfurt in den 6oer Jahren, bekam Busch etwas Einsiedlerhaftes. «Ich trinke kein Bier», beteuerte er 1875, als er Mitte Vierzig war, «ich spiele keine Karten, ich liebe keine philisterhafte Geselligkeit.»[7] Immer häufiger zog es ihn nach Niedersachsen zurück; zu seinen Brüdern, Nichten und Neffen wie zur Landschaft seiner Kindheit bewahrte er die ungetrübteste Anhänglichkeit. In seinen letzten Jahren antwortete er nicht einmal mehr auf Briefe seiner alten Gefährten.[8] Einsiedlerisch war auch sein Laster: er rauchte Pfeife. Und in der Manier eines eingefleischten Junggesellen wendete er seine Gefühle Frauen zu, die von vornherein unerreichbar waren für ihn. Nicht, daß er der Erotik in seinem Werk ganz und gar aus dem Wege gegangen wäre, seine Bildergeschichte *Der heilige Antonius von Padua* gab ihm reichlich Gelegenheit, geradezu ein Ballett für eine dralle, leicht bekleidete, verführerische Frauensperson – den Teufel in der Maske einer Tänzerin – zu gestalten, die ihn in seiner «christlichen Ruh'» zu stören sucht.[9] Und seine gottlose «fromme Helene», eine Ehebrecherin und Trinkerin, deutet auf eingedämmte Liebesleidenschaften bei ihrem Schöpfer. Die weiblichen Akte, die er zeichnete (oder zumindest die wenigen, die er aufbewahrte), sind gleichermaßen akademisch und sinnlich.[10]

Dennoch bestand für Busch die sinnliche Liebe – gleich seinen vehementesten Aggressionen – vor allem auf dem Papier. Eine der Gefahren, in die er seine Figuren schickte, nämlich die Ehe, wurde zwar nie Gegenstand eigener Erfahrung, aber viele Mißhelligkeiten, mit denen er sie strafte, waren karikaturhaft ein Abbild der eigenen Enttäuschungen. Er war ein abgeschirmt und zurückgezogen lebender Mann, der aus seinen Verdauungsproblemen weniger Hehl machte als aus seinen Malaisen in der Liebe, behandelte er doch sein Intimleben wie eine Verschlußsache.

Oft waren seine Briefe zwar lang und voller Reflexionen, zumal zu Fragen der Religion, aber das Geheimnis seiner tiefinnersten Gefühle gaben sie nicht preis. In den spärlichen und bruchstückhaften Selbstporträts, die er aus freien Stücken veröffentlichte, blieb er wortkarg. «Wir wissen nicht wirklich etwas über Shakespeare», schrieb er einmal, «auch nicht über Homer. Mozarts Grab ist unbekannt. So sollte es auch sein. Was wertvoll und bedeutsam an ihnen ist, steht in ihrem Werk. Soll doch der Rest, das Unbedeutende und weniger Liebenswerte, verschwinden.»[11] Zweifellos sind Buschs ätzende Schilderungen zweier Versager, des Dichters Balduin Bählamm und des Malers Kuno Klecksel, wie aufmerksame Leser bereits angemerkt haben, durchsetzt mit autobiographischen Einsprengseln, die seine selbstkritische Haltung gegenüber seinen künstlerischen Talenten bezeugen. Im ganzen gesehen haben Kritiker und Sammler seine umfangreiche Produktion an Gemälden, Landschaften und ländlichen Szenerien in düsterster holländischer Manier als Rarität behandelt. Seine Zurückhaltung spricht, wie man zu sagen pflegt, Bände, und so müssen also seine Bände für Busch sprechen.

Als ältestes von sieben Kindern scheint Busch das Gefühl der Zuneigung im Elternhaus schmerzlich vermißt zu haben. Schon der Ton seiner lakonischen Jugenderinnerungen, die er sich 1866 abrang, bezeugt ein nachwirkendes Unbehagen über Strenge und Unnachgiebigkeit der Eltern und eine Sehnsucht nach wohltuender Warmherzigkeit, die offenkundig nicht zu ihrem Gefühlshaushalt zählte: «Mein Vater war Krämer; klein, kraus, rührig, mäßig und gewissenhaft; stets besorgt, nie zärtlich; zum Spaß geneigt, aber ernst gegen Dummheiten.» Seine Mutter paßte zum geistigen Habitus ihres Mannes: «(Still) und fromm, ... pflegte (sie) nach dem Abendessen zu lesen.» Häuslich und menschenscheu, in Anspruch genommen von ihrem Geschäft, machte das Paar nie irgendeine Reise. Um die Sorgen, die auf dem vielköpfigen Haushalt lasteten, zu mildern, wurde Sohn Wilhelm im Alter von neun Jahren in die Obhut von Verwandten gegeben, wo er drei Jahre lebte und offenbar traumatische Erfahrungen davontrug. Buschs Eltern waren pflichtergebene Leute, eifrig darauf bedacht, in ihrer Nachkommenschaft fortzuleben. Gewiß war der Vater imstande, eine gewisse obligate Rührseligkeit aufzubieten; so erinnert sich Busch daran, daß Johann Friedrich Wilhelm Busch zur Nachtigallenzeit ganz allein in den Wald hinausspazierte. Gleichwohl wollte er, daß sein Sohn nichts Erhebenderes anstrebe als die Höhen des Ingenieurberufs. Allerdings machten die Talente des Jungen seine Pläne zunichte. 1851 wagte sich der junge Busch nach Düsseldorf, um an der dortigen Kunstakademie Malerei zu studieren. Im Jahr darauf machte er sich, unzufrieden und auf der Suche nach umfassenderen Perspektiven, zur Vertiefung seiner Ausbildung und näheren Bekanntschaft mit den holländischen und flämischen Meistern, nach Antwerpen auf. Es war, wie er sehr wohl wußte, eine momentane Entscheidung. Seinem Tagebuch vertraute er fast flehentlich an: «Es sei mein zweiter Geburtstag.»[12]

Seine zweite Geburt ging nicht ohne Opfer aus. Kaum ein Jahr später war er, ausgezehrt durch körperliche Gebreste und psychische Anspannungen, zurück in Wiedensahl; es war dies die erste seiner Fluchtunternehmungen in die heimische Umgebung. Es sollte noch viele solcher, der Selbsterhaltung dienenden Wallfahrten an den heimischen Herd in Niedersachsen geben. 1854 indessen machte er sich erneut in die Welt auf und schrieb sich in Wilhelm von Kaulbachs Königlicher Kunstakademie in München ein. Während jener Zeit, um 1858, begann er, Skizzen und Karikaturen zu humoristischen Zeitschriften wie den *Fliegenden Blättern* und dem *Münchener Bilderbogen* beizusteuern. Zunächst übernahm er die meisten seiner Texte von anderen Autoren, aber schon bald machte er sich davon frei und erfand sein eigenes, unnachahmliches Genre, die bebilderte, komisch-moralische Fabel in gereimten Versen. Seine erste Bildergeschichte, *Max und Moritz*, datiert von 1865; seine letzte, *Maler Klecksel*, eine komische und anrührende Geschichte über einen enttäuschten Maler, von 1884. In dem Vierteljahrhundert, das ihm verblieb, versuchte er sich an illustrierten Prosageschichten, schrieb aber auch weiterhin Verse und malte. Seine lyrischen Gedichte, von denen er überaus zahlreiche verfaßte, fanden keine gute Aufnahme; obgleich es ihm Gewinn brachte, litt er darunter, als unterhaltsam abgestempelt zu sein. Indessen ist die Beschäftigung mit diesen Gedichten unabdingbar für eine charakteristische Darstellung von Person und Künstler. In der Regel handelt es sich dabei um kurze Gedichte ohne Titel und von täuschender Einfachheit, die der Technik Heines und dessen charakteristischer Mischung aus Unaufdringlichkeit und Einfühlsamkeit verpflichtet sind. Ihre humoristische Schärfe gibt dem Dichter die Möglichkeit, als ein sachlicher Beobachter der animalischen Seite des Menschen aufzutreten, während er sich zugleich als jemand erweist, der die Mißlichkeiten der menschlichen Existenz teilt. Buschs Lachen hat mehr als nur einen Anklang an Byrons *Don Juan*; er lachte, um nicht zu weinen.

In seinen lyrischen Versen wie in seinen bekannteren Fabeln ließ er zu wiederholten Malen Verteidigung in Angriff umschlagen. Wie er selbst und seine aufmerksamen Leser von Anfang an bemerkten, erging er sich gern und oft in Schadenfreude, jener boshaften Freude am Mißgeschick anderer, dem reinsten der unreinen Vergnügen. Rückblickend bekannte er freimütig: «Man ist ein Mensch und erfrischt und erbaut sich gern an den kleinen Verdrießlichkeiten und Dummheiten anderer Leute.» Schließ-

lich ist Lachen «ein Ausdruck relativer Behaglichkeit. Der Franzel hinterm
Ofen freut sich der Wärme um so mehr, wenn er sieht, wie sich draußen der
Hansel in die rötlichen Hände pustet.»[13] Es war indessen nicht nur Buschs
alleiniges Vergnügen, seine immense und begeisterte Leserschaft wußte zu
würdigen, was er ihr gab, und verlangte laut nach mehr.

Buschs erster Beitrag zu den *Fliegenden Blättern* war eine belanglose
Anekdote über zwei Männer, die an einem bitterkalten Tag übers Eis
gingen und von denen der eine im Wortsinne seinen Kopf verlor. Das
Sujet muß eine erfreuliche Aufnahme gefunden haben, denn Busch verwendete es wenig später erneut in einer moralisierenden Bildergeschichte,
«Schreckliche Folgen der Neugierde»: Einem Bauern, der auf einem Bar-
bierstuhl sitzt, wird der Kopf abgeschnitten, als er törichterweise nach
vorn schnellt, um Zirkustiere anzustarren, die gerade vorbeigeführt werden. Kurz zuvor hatte Busch eine komische melodramatische Ballade
ausgeheckt, in der zwei Liebende ihr Leben aufgespießt auf einem über-
natürlich großen Bleistift aushauchen.[14]

Ganz offensichtlich wurde Busch von Enthauptungen und ähnlichen
Schrecklichkeiten angezogen. In der Geschichte «Trauriges Resultat einer
vernachlässigten Erziehung» kombinierte er das Thema der Aufspießung
mit dem der Enthauptung zu einer drastischen Parodie mit didaktisch
stichhaltigen Versen. Mit jener falschen Feierlichkeit, die alsbald sein
Markenzeichen werden sollte, heuchelt Busch das Wehklagen über das
Schicksal eines Kindes, dem es an moralischer und religiöser Aufsicht
gebricht. Ein unangenehmer, verzogener Siebenjähriger namens Fritz
macht seinen grausamen Scherz mit einem Schneider, der, nachdem er
dies eine Weile geduldig ertragen hat, den kleinen Quälgeist in sein Haus
lockt, ihm den Kopf abschneidet und seinen Körper ins Wasser wirft.
Fritzens Mutter findet beim Öffnen eines Fisches, den sie zum Abendessen vorbereitet, in dessen Bauch die Leiche ihres Sohnes, fällt ohnmächtig in ein Küchenmesser und stirbt. Ein jüdischer Hausierer wird zu
Unrecht des Mordes beschuldigt und aufgeknüpft – und auch diese Hinrichtung wird unter Buschs Zeichenfeder zu einer Enthauptung. Des
Schneiders Mordgewissen treibt ihn am Ende in die Enge: er gesteht und
wird zum Tode verurteilt. Aber bevor *er* hingerichtet wird, begeht er im
Gefängnis Selbstmord, und zwar mit derselben Schere, mit der er Fritz-
chen enthauptet hat.[15]

Nicht immer müssen Buschs Opfer gleich umkommen, manche werden bloß verstümmelt oder zeitweise entstellt. Zwei Jungen, die sich als
Honigdiebe betätigen, werden von den aufgescheuchten Bienen gestochen, und ihre Nasen schwellen zu ungeheuerlicher Größe an. Nasen
waren überhaupt ein bevorzugtes Ziel des Humors von Busch. Auf einer

seiner lakonischen Zeichnungen kommt ein Mann ins Stolpern und fällt auf eine lange, heiße Kerze, die sich in sein Nasenloch bohrt; in einer seiner längeren Geschichten beißt ein frecher, gefangener Rabe ein tüchtiges Stück aus der Nase seines Frauchens heraus. Und Herr Lehmann, von einer Silvesterpartie nach Hause zurückgekehrt, versucht, vor dem Zubettgehen noch eine letzte Zigarre anzuzünden; das Resultat ist vorhersehbar. Das Verhängnis nimmt seinen Lauf, als er im ganzen Zimmer herumtorkelt und alles, was ihm vor die Augen kommt, umwirft und sich mit der Kerze ernstlich Haar und ... Nase verbrennt.[16]

Unbill dieser Art ist nicht immer grundsätzlich unverdient. In der Geschichte vom kleinen Fritz wird der jüdische Hausierer für ein Verbrechen gehängt, das er nicht begangen hat, der Schneider indessen *ist* schuldig. Und so ergeht es auch anderen Übeltätern bei Busch, die ein schlechtes Ende nehmen. Aber abgesehen von dieser schlichten dichterischen Gerechtigkeit strafte Busch seine Geschöpfe nicht auf der dem Mitgefühl verpflichteten Waage des Rechts, wie es W.S. Gilbert seinen Mikado hatte proklamieren lassen, sondern nach dem schärferen Grundsatz, daß die Strafe härter ausfallen müsse als das Verbrechen. In einer von Buschs frühen Geschichten verstecken sich zwei Diebe, die in eine Wohnung eingebrochen sind, vor der Polizei in einem Schrank, aus dem sie herausstürzen und dabei scharf gespitzte Regenschirme behelfsweise als Waffen benutzen. Als sie bei ihrer Flucht zu einem hochgelegenen Fenster hinausspringen, schlitzen sich beide gegenseitig auf und stoßen sich ihre Regenschirmspitzen stracks in die Geschlechtsteile. Das Bild läßt sich fast als Karikatur einer perversen sexuellen Begegnung interpretieren. Zudem nimmt bei Busch berechtigte Selbstverteidigung häufig äußerst übertriebene Formen an. In seiner Geschichte einer kühnen Müllerstochter, die daheim allein spinnt, zeigt er, wie erfindungsreich das Mädchen drei bewaffnete Räuber matt setzt, die in ihr Haus einbrechen: Den ersten macht sie buchstäblich platt, den zweiten spult sie auf die Mühlradwelle, den dritten – wie könnte es anders sein – bringt sie um seinen Kopf.[17] Ganz augenscheinlich hatte die symbolische Kastration für Wilhelm Busch wie für Millionen seiner Leser ihre lustige Seite.

Diese grausamen und kunstvoll abgewandelten Gelegenheitsgeschichten sind nicht einfach Ausdruck jugendlicher Kraftmeierei, vielmehr scheint Busch sein Leben lang eine Obsession schmerzhafter Penetration gehabt zu haben. Die Bilder brennender Kerzen, an denen man sich das Fell versengt, oder scharfzackiger Sägen, die Nasenflügel einkerben, finden sich in seinem Spätwerk ebenso wie in seinen frühesten Skizzen. Spitze Gegenstände wie Angelhaken, Gabeln, Messer, Regenschirme, die sich durch Hände oder Ohren beziehungsweise in das empfindliche Gewebe des Allerwertesten bohren, tauchen in den Geschichten der 8oer Jahre genauso häufig auf wie in denen der 6oer Jahre. Busch machte Bleistift und Feder in mehr als einem Sinne zu scharfen Waffen. In *Maler Klecksel* ficht der Maler mit dem örtlichen Kunstkritikus ein Duell aus, ihre Waffen sind ein Regenschirm, eine lange Feder und ein gespitzter Bleistift. Hauptopfer dieses Freistilkampfes sind des Malers Nase, die von des Kritikers Feder aufgespießt wird, und dessen Hinterteil, das mit der Spitze seines eigenen Bleistifts mehrfach angebohrt wird.[18] Bei Busch ist niemand sicher; er schert sich wenig um die körperliche Unversehrtheit seiner Figuren, so werden ihre Nasen verdrillt oder durch Siegelwachs angebrannt, ihre Ohren ausgerissen und ihre Rockschöße mit Kerzen in Brand gesetzt.

In der Tat ist das Zufügen von Schmerz ein Charakteristikum in Buschs gesamtem Werk – und jeder Leser lachte darüber. Balduin Bählamm wird Opfer der kraftvollen, wenngleich vergeblichen Handreichungen eines Zahnarztes, der sich freudestrahlend müht, ihm einen Zahn zu extrahieren; der glücklose Peter, der als Ich-Erzähler in einer späteren Geschichte von Busch, mit dem Titel *Der Schmetterling*, auftritt, verliert einen Fuß, den ihm ein Doktor mit wachsender Begeisterung wegoperiert. Und dabei machte Busch kein Hehl daraus, daß seine Sympathie mit den Figuren, die er durch diese Hölle schickt, nicht größer war als die der Dörfler, die Bählamm verhöhnen, als er den Zahnarzt und dessen Gefälligkeiten hinter sich hat und sich mit grotesk angeschwollener Backe und einer komischen Bandage um den Kopf davonmacht. Auch der Tod hat in Buschs Werk seine Spur hinterlassen, häufig freilich in gräßlicher und unwürdiger Gestalt: Ein ehemals lebendiges Wesen schmort zu einem verkohlten Umriß zusammen, ein anderes endet zusammengeknüllt wie ein geschwärztes Stück Papier und ein drittes landet zu fein geschroteten Stückchen in noch erkennbarem Umriß hingestreut auf dem Boden, ganz zu schweigen von jenem, das zu einem großen Eisblock gefror, der in tausend kleine Bröckchen zerbirst. Nicht einmal für einen unschuldigen, vorwitzigen Vogel gibt es Hoffnung auf Entkommen: Buschs nicht zu bändigender Rabe trinkt sich einen Schwips an und verfängt sich dann in einem Knäuel Strickgarn und erdrosselt sich. Auf den Bildern dieser Geschichte – und er ließ sich die gute Gelegenheit natürlich nicht entgehen – zeigt Busch den toten Vogel, wie er vom Tisch herabbaumelt, so daß er wie ein erhängter Verbrecher aussieht.[19] Seine Grausamkeit gegen die Tiere macht er nur wett – wenn man das hier sagen kann – durch seine unbefangene Grausamkeit gegen Menschen.

Die krasseste Form des humoristischen Sadismus von Busch, der noch gesteigert wurde durch die Herzlosigkeit eines hämischen Siegers, zeigt sich in seinem «Monsieur Jacques à Paris». Diese Geschichte ist einer von Buschs seltenen Ausflügen in politische Aggression. Die Bildergeschichte hatte die Belagerung von Paris durch die Preußen Ende 1870 zum Anlaß, als die Übergabe der unter Versorgungsmängeln leidenden Stadt nur noch eine Frage von Wochen war. Protagonist ist ein darbender französischer Patriot, dem nichts weiter bleibt, als das Seegras seiner Matraze zu rauchen und gegen seinen Hunger eine gefangene Maus, seinen geliebten Kanari und den Schwanz seines Hundes zu verspeisen, der ihn unglücklicherweise «an die Gestalt erinnert, welche man Wurst zu nennen pflegt». Als die Preußen nahen, erfindet Monsieur Jacques Explosionspillen, die er mit «günstige(m) Erfolg» – was eindrucksvoll in einem gefühllosen Bild gezeigt wird – an seinem Hund ausprobiert. Dadurch ermutigt, füllt Monsieur Jacques zwei Karbonaden für die preußischen Soldaten mit seiner tödlichen Ladung, die aber statt der Preußen zwei *Citoyens* zerreißt, die unaufgefordert über die Speise herfallen. Desperat lädt Monsieur Jacques darob seine eigenen Stiefel mit dem von ihm erfundenen Sprengstoff und sprengt sich selbst in die Luft.[20] In der Liste der Werke zur deutschen Schadenfreude über die Zwangslage des Feindes während des preußisch-französischen Kriegs erreichte nur noch Richard Wagners geschmacklose Farce *Eine Kapitulation*, die ebenso wie «Monsieur Jacques à Paris» über die Hunger leidenden französischen Zivilisten frohlockte, ein niedrigeres Niveau als Busch, der sich allerdings auch nie wieder so weit gehen ließ. Irgendwie müssen infolge der anregenden, vage erotischen Kriegsatmosphäre die Sicherungen an seinen primitiven, aggressiven Impulsen durchgebrannt sein.

Buschs zahlreiche und lautstarke Anhänger haben bei der Frage seiner Grausamkeit gegen seine Mitmenschen einigermaßen abgeblockt. Sie verwiesen darauf, daß jene Szenen mit wilden Prügeleien, bluttriefenden Pfählungen und liebevoll wiedergegebenen Explosionen menschlicher Leiber keinen moralischen Schaden anrichten, da sie völlig unrealistisch seien. Tatsächlich hatte Friedrich Theodor Vischer im Jahr 1880 Busch unerwartet als heimlichen Aggressor kritisiert, dabei aber eingeräumt, daß die Gewalt erheiternd sei, weil sie so offenkundig fiktiv sei: «Wo die mäßige Schuld durch ganz entsetzliche Übel, ja durch das äußerste, einen furchtbaren Tod bestraft wird, da fällt der Accent auf die Unmöglichkeit. Es ist zu toll, als daß es denkbar wäre. Es gruselt uns, aber es muß doch purer Schein sein, weil es nicht möglich ist, und wir lachen – über den verrückten Einfall des Künstlers.» Zum Beweis verwies Vischer auf Buschs kurze Geschichte über die bösen Buben von Korinth. Wie viele andere Schlingel in Buschs Werk so haben auch diese nichts anderes im

Sinn, als ihre Mitmenschen zu ärgern – und das ohne irgendeinen Grund. So quälen sie den langmütigen Diogenes, indem sie ihn mit Wasser bespritzen und in seinem Faß davonrollen. Aber die Strafe folgt auf dem Fuße, wenn es auch nur das unpersönliche Schicksal und nicht der Zorn eines Menschen ist, der hier schreckliche Rache nimmt. Die beiden Jungen verhaken sich hilflos an zwei Nägeln, die an Diogenes rollendem Faß hervorragen, und werden infolgedessen platt gewalzt «wie Kuchen». Der Leser – so interpretiert Vischer dieses Ende – erschaudert in Entsetzen und schüttelt sich vor Lachen, denn solch ein Ausgang ist physisch undenkbar. Wie peinigend auch immer Busch den Schmerz ausmale, nie lasse er sein Publikum im unklaren darüber, daß es nur ein Bild sehe. Seine Kunst, so schlußfolgert Vischer, hebt Kausalität auf; sie ist eine heitere Geistesverwirrung, gehüllt in bildsame Traumnebel.[21]

Vischer berührt damit einen entscheidenden Punkt; das Unmögliche liegt indessen in Buschs überbordender Phantasie. Sie überschwemmt noch die Linienführung seiner Zeichnungen, wenn er etwa mit maßloser und ausdrucksstarker Verzerrung äußerste Verzweiflung oder Todesqualen und, weniger drastisch, das Vergehen der Zeit oder das Schauspiel atemberaubender Virtuosität darstellt. Vischer nannte denn auch Busch einen «geschickt ungeschickte(n)» Künstler. Balduin Bählamm zum Beispiel, der unter der Plackerei des Zahnarztes an seinen kranken Zähnen leiden muß, wachsen plötzlich ein halbes Dutzend Beine, während er sich in Schmerzen windet. Und als Buschs Konzertpianist vom *«adagio con sentimento»*, das seinem Zuhörer eine dicke Träne entlockt, zum *«fortissimo vivacissimo»* und schließlich zum *«finale furioso»* übergeht, scheinen an seinen Händen zahllose Finger entstanden zu sein.[22]

Der Realität der Welt trotzte Busch am denkwürdigsten in seinem ersten Meisterwerk, *Max und Moritz*, in dem zwei vorpubertäre Übeltäter sieben surrealistisch anmutende Streiche begehen. Zumindest einer ihrer Anschläge entspringt reinen Nützlichkeitserwägungen und dient dazu, ihnen den Bauch mit Fleischernem zu füllen. Die spektakulärsten Streiche indessen sind nichts als *actes gratuits*. So sägen Max und Moritz eine Brücke entzwei, um einem Schneider ein Bad zu bereiten, das beinahe tödlich ausgeht; dem Lehrer füllen sie Pulver in die Pfeife, die prompt explodiert, wobei der Lehrer angesengt und kahlköpfig auf der Strecke bleibt; dem Onkel stecken sie Maikäfer ins Bett und treiben ihn so in eine nächtliche Kribbelorgie. Am Ende werden sie eingefangen, als sie ohne Sinn und Verstand einem Bauern einen seiner Maltersäcke aufschlitzen, zur Mühle gebracht, kleingeschrotet und – zu niemandes Bedauern – von den Gänsen gefressen. Ein paar sittenstrenge Kommentatoren haben geltend gemacht, daß *Max und Moritz* die Respektlosigkeit gegenüber allem predigten, was Respekt verdiene. Schließlich hatte Busch die Opfer der jugendlichen Übeltäter – die Witwe, den Lehrer, den Schneider und den Onkel – als achtbare, wohlangesehene und friedfertige Leute geschildert. Aber nicht einmal diese übellaunige Minderheit fand an Buschs höchst geschmacklosen Bildgeschichten irgend etwas auszusetzen, schienen sie doch zu absurd, um Nachahmer auf den Plan zu rufen.

Dieser Mangel an kritischem Scharfblick ist verständlich, aber der Grund dafür liegt in einer allzu wohlwollenden Vereinfachung. Buschs Humor schien nicht so sehr deswegen unschuldig zu sein, weil er so unrealistisch war, sondern auch weil er so realistisch war. Der Humor kann bekanntlich bittere Erfahrungen abmildern; beiden, seinem Urheber wie seinem Adressaten, gibt er Gelegenheit, sich dem Mißgeschick – und ebensosehr den Mitmenschen – überhoben zu fühlen. Sogar seine offenkundigen Übertreibungen (oder vielmehr eben diese Übertreibungen) verleihen ihm einen Grad an tieferem Realismus, da sie insgeheim die maßlosen und verdrängten Fantasien des Kindes oder des im Lachen regredierenden Erwachsenen zum Vorschein bringen.

Noch in anderer Hinsicht war Buschs Humor realistisch. Durch seine Bildung, die er so eindrucksvoll ausbreitete, war er aufs engste vertraut mit den Bedürfnissen und Regungen des Körpers. Die Menschen werden mit ihren Verdauungsstörungen und schwereren Gebresten in ihren vier Wänden unverblümt bloßgestellt und Nagern, Spinnen und Insekten ausgeliefert; der Anblick von Verstümmelung und Tod blieb ihnen selten erspart.[23] Es kann gar nicht oft genug gesagt werden, daß das Porträt des honorigen Bürgers des 19. Jahrhunderts, nach dem ihm jede Roheit fremd und er über alle Maßen zimperlich ist, lediglich die Oberfläche zum Wesentlichen erklärt. Die Mutter des kleinen Fritz ist sich, bei aller Gutbürgerlichkeit, nicht zu fein, einen Fisch aufzuschneiden, und wie sie waren unzählige, lebensvolle Mittelklassehausfrauen des 19. Jahrhunderts mit derlei Tätigkeiten vertraut. Von daher war der einzige Schock, den Buschs komische Darstellung der Alltagswelt auslöste, der Schock des Wiedererkennens. Da war nichts Fremdes, nicht einmal sonderlich Einfallsreiches an Zeichnungen, auf denen Käfer zu sehen waren, die scharenweise in ein Schlafzimmer einfielen, oder Bienen, die mit einem Besen in Stücke gehauen werden, und Spinnen, die sich verwegen über dem offenen Mund eines Schläfers an ihrem Faden herablassen, und schließlich trunkene und entsetzlich verunstaltete Krüppel, die auf ihren Krücken herumhumpeln.

Darum dachte Busch auch nicht groß nach, als er seinen beiden kleinen «Adoptivnichten», wohlerzogenen Mädchen in Frankfurt, die er seit ih-

rer Kindheit kannte, die rüde Art und Weise beschrieb, wie in seinem
Dorf Forellen geangelt wurden. Man ließ ganz einfach das Wasser aus
dem Teich, in dem sie schwammen, so daß die Forellen auf dem Trockenen lagen. «(Sie) zappelten und wären gerne wieder in's Waßer gesprun-
gen, aber da hieß es: Federmeßer raus! durch den Schwanz gestochen,
daß das Blut heraus lief, und abends lagen sie in der Pfanne und brieten
und brodelten.»[24] Das Leben ist grausam, und dementsprechend ist auch
der Mensch grausam und fleischfressend, zu neun Zehnteln ein Wilder,
zu einem Zehntel ein Heiliger – wenn überhaupt! «Leiden, Martern, das
hat etwas abscheulich Anziehendes, es verursacht zugleich Entsetzen und
Entzücken», bemerkt der abgeklärte Beobachter gegenüber einer Freundin und erinnert an eine bukolische Szene, die er oft erwähnt hat und in
einer seiner Illustrationen festhalten sollte. «Haben Sie jemals den Ausdruck von Kindern bemerkt, wenn sie dem Schlachten eines Schweines
zusehen? – Nein? – Nun, so rufen Sie sich das Medusenhaupt vor die
Seele. *Tod, Grausamkeit, Wollust* – hier sind sie beisammen.»[25]

Aber Busch betonte zugleich, daß diese Antworten kompliziert sind.
«Ich habe nicht gesagt, das Schlachten sei anziehend, sondern ich denke:
schauderhaft anziehend hab ich gesagt – Reiz und Abscheu; Vor und
Zurück; den beiden Polen unseres innersten Wesens entsprechend.»[26]
Seinen Freund Hermann Levi, den ausgezeichneten Münchener Dirigen-
ten, klärte er darüber auf, daß «(w)er jemals das Auge der energischen
Bestialität hat blitzen sehn, den beschleicht eine grauenvolle Ahnung, daß
ein einziger sonderbarer Halunke auf dem Uranus die Erlösung aufhalten, daß ein einziger Teufel stärker sein könnte, als ein ganzer Himmel
voll Heiliger».[27] Ähnlich wie der alternde Mark Twain hatte Busch ein
aufmerksames Gespür für die Macht des aggressiven Bösen in der Natur
des Menschen und er nutzte seinen Humor als ein Mittel, mit dessen
Schrecken fertig zu werden und sie in Grenzen anzuerkennen – wohlgemerkt: mit ihnen fertig zu werden und sie anzuerkennen, und nicht, sie
zu verleugnen.

Buschs Hang zum analen Humor verdeutlicht die an ihm selbst wie an
seinen Lesern auffällige, ganz unsentimentale und aufgeschlossene Frivolität. Seine rasch hingeworfene Bildergeschichte «Von der doppelten
Brille», ein Selbstporträt, das ihn in einem zweisitzigen Plumpsklo zeigt,
wie er in das eine Loch defäkiert und sich in das andere übergibt, war
lediglich für seine ungehobelten Münchener Freunde bestimmt. Und
ebenso unveröffentlicht blieben zwei Zeichnungen, auf denen sich ein
Mann, der sich gerade vor einem Zaun hingehockt hatte, wieder erhebt
und sich über das Verschwinden seiner Exkremente wundert; ein schlauer
Bauer, der sich diebisch über seinen Streich freut, hat sie auf seiner Schau-

fel davongetragen.²⁸ Dagegen wurden Buschs dezentere Exkursionen in die Skatologie sehr wohl publiziert; dabei bediente er sich der Hinterlassenschaften des Federviehs als einer Art von Interpunktion. So verschlukken sich drei Hennen und ein Hahn buchstäblich an einem von Max und Moritz ersonnenen Fallstrick aus kreuzweis ausgelegten Fäden, an deren Enden ein Köder lockt, und verfangen sich, verzweifelt herumflatternd, an einem Baumast; während jede Henne, da der Tod herbeikommt, noch ein Ei legt, produziert der Hahn, als letzte Gabe, ein Kothäufchen.²⁹ Oder der Dichter Balduin Bählamm muß, als er unter einem Baum der dichterischen Eingebung harrt und dem lieblichen Gezwitscher eines Vogels lauscht, erleben, wie sein Notizbuch lädiert wird, als dieser sich erleichtert und davonfliegt.³⁰ Gegen Ende seines Lebens zeigte Busch in der Illustration eines *memento mori*, eines Vierzeilers über einen Weisen bei der Betrachtung eines Totenschädels, diesen Schädel auf einem dicken Buch mit seinen Initialen liegend, während obendrauf ein Rabe sitzt, der den Schädel gerade mit seinem Kot verziert.³¹ Das war der gleiche, liebevolle «Onkel Wilhelm», der der kleinen «Nanda» Kessler für geschenkte Schnepfen mit dem Bild eines dicklichen Gourmands danken konnte, der träumt, wie ihm ein Engel auf die Zunge pinkelt.³²

In nicht wenigen Erfahrungsbereichen war Buschs Welt demnach weitaus weniger keimfrei als die späterer, angeblich freizügigerer Künstler. Obgleich die Darstellung sexueller Erregung im Kaiserreich nach wie vor ein heikles Thema für gehobene Moraldisputationen war und politische Kritik auch weiterhin nicht unbehindert geäußert werden konnte, durften sich die Satiriker in maßvoller Zurückhaltung und ohne die leiseste Verherrlichung der Erforschung der Körperfunktionen widmen. Und aggressiver Humor war besonders dann willkommen, wenn er sich klischierte Scherzfiguren zur Zielscheibe nahm, wie zum Beispiel mannstolle alte Jungfern oder vertrottelte Onkel, schusselige Liebhaber und tölpelhafte Bauern, oder aber wenn es sich um Figuren handelte, die allgemein ein Ärgernis waren oder ein Vorurteil bedienten, wie die Bayern und die Preußen und gelegentlich auch Priester und Juden.

Busch war freilich nie ein ausgesprochen politischer Mensch. So mahnte er 1863 einen Freund, der in ein Freiwilligenkorps zur Befreiung der Provinz Schleswig-Holstein aus dänischer Herrschaft eintreten wollte, und sprach sich dabei grundsätzlich gegen derlei Engagement aus purem Ungestüm aus. Entweder fischen Heißsporne gern im Trüben oder sie möchten «die Konfusion (ihres) Innern durch Bewußtlosigkeit… ertränken, …» Für dergleichen Unruhestifter hatte er nur Verachtung übrig. Die andern aber, die «die Begeisterung für ein Ideal hinaustreibt», taten ihm leid. Der Idealist «wird… indem er einen schönen Zug seines Herzens vereitelt sieht, für einen Fehler seines Verstandes zu büßen haben.» «Das Glück des Individuums, so weit es überhaupt möglich», bemerkte er etwas salbungsvoll, «liegt im eignen Kopfe, in der harmonischen Ausbildung seines Wesens.»[33]

Das ist zugleich ein vielsagendes Selbstporträt. Gewiß machte auch Busch in den frühen 70er Jahren unter dem Eindruck der nationalen Einigung Deutschlands einen kurzen Ausflug in die Politik. In der «erregte(n) Zeit, in der wir leben», stellte er seine Feder in den Dienst des deutschen Chauvinismus und des Bismarckschen Kulturkampfs gegen den Katholizismus. Es war eine Zeit, in der eine besondere Nachfrage nach bestimmten Formen von Humor herrschte.[34] Aber er konnte seine schlimmen Vorahnungen nicht zum Schweigen bringen; erst nach Vorhaltungen durch seinen Verleger und Freund Otto Bassermann machte er sich über das lustig, was er für zersetzende Kräfte im neuen Kaiserreich hielt. Seine bebilderte Pflichtübung in antikatholischer Paranoia, die Geschichte von *Pater Filuzius*, dem schurkischen und intrigierenden Jesuiten mit seinen nicht minder schurkischen Verbündeten, bildet zusammen mit «Monsieur Jacques à Paris» eine Abirrung vom sonstigen Gang seines Lebens.[35]

Buschs Einstellung gegenüber Juden paßt in dieses Bild. Für einige Jahre hatte er sich bei seinen Ausflügen in die Stadt eng an jüdische Literaten und Musiker angeschlossen. Einer von ihnen war Paul Lindau, ein beliebter Theaterautor und vielbeschäftigter Kritiker. Ein anderer war Hermann Levi; die Freundschaft mit ihm überdauerte sogar Levis Bewunderung von Wagner. Unter Buschs Briefen finden sich wenige, die persönlicher gehalten sind als die, die er im Dezember 1880 an Levi schrieb und mit denen er verständnisvoll, wenngleich zurückhaltend auf das Aufkeimen selbstquälerischer, religiöser Zweifel antwortete. «Hier liegt das Boot des Glaubens; Gnade ist Fährmann; wer dringend ruft, wird herüber geholt. – Aber ich kann nicht rufen; meine Seele ist heiser; ich habe eine philosophische Erkältung.»[36] Dieser bildhafte und unvoreingenommene Einwand war kaum dazu angetan, irgend jemandes religiöse Skrupel zu beheben, indes wird an Buschs Einfühlung in das Dilemma, in dem sich Levi befand, zusammen mit der freundlichen Weigerung, seine eigenen Ansichten bloßzustellen, dessen Zuneigung deutlich. Als sich die zwei Männer dann trafen, sollten sie sich über schwerwiegende Fragen austauschen, und Levi spielte seinem Freund auf dem Klavier vor.

Bekanntschaften dieser Art bewahrten allerdings Busch nicht davor, gelegentlich auf das konventionelle Stereotyp «des Juden» als einer körperlich und moralisch abstoßenden, geldgierigen und äußerst verschlagenen Person zurückzugreifen. Die in Buschs respektlosem Alphabet für Kinder und in der Ballade vom garstigen kleinen Fritz, beide im Jahr 1860 verfaßt, vertretenen Juden sind schmuckloser, aber auch weniger eindeutig gezeichnet als in seinen späteren Karikaturen. Eine von diesen Karikaturen, mit dem Abbild Schmulchen Schievelbeiners, zeichnete er zum Beispiel ein Jahr, nachdem er sich Arm in Arm mit Levi unter einem großen Schirm in einem Atelier hatte photographieren lassen. Das Foto trägt Buschs Randbemerkung: «Christ und Jud unter einem Dach.»[37] Diese herzliche Erinnerung und der häßliche, krummnasige, feixende Schmulchen scheinen zwei unterschiedlichen Welten anzugehören, um so mehr als letzterer ein ganz unmotiviertes Beiwerk zu *Plisch und Plum* ist, eine Geschichte, in der er einen flüchtigen und widerlichen Auftritt hat. Sich mit Schmulchen vergleichend, kommt Busch zu dem Schluß, mit jenem Anflug von Selbstgefälligkeit, die an Muckertum grenzt, daß er und seinesgleichen doch schöner seien.[38]

Buschs komische – und auch wieder nicht so komische – Ausfälle gegen Juden waren mehr als nur eine private läßliche Sünde. In ihnen verbanden sich einmal mehr der einzelne und die Kultur, in der er lebte. Diese voneinander unabhängigen Episoden in ihrem Umfeld zu begreifen, bedeutet, ihre Gegensätzlichkeit zu markieren und ihre Widersprüche zu erkennen. Viele deutsche Antisemiten hatten etwas gegen den Juden, weil er, wie sie sagten, nicht davon abließ, an seinem Verschiedensein von der herrschenden Kultur festzuhalten und damit auch noch hausieren zu gehen; andere deutsche Antisemiten verübelten dem Juden eben dies, daß er eifrige Versuche unternahm, diese Unterschiede zu verwischen. Derlei Ressentiments waren symptomatische Spuren von teilweise unbewußten Reaktionen auf höchst beunruhigende gesellschaftliche Umwälzungen. Das Streben der deutschen Juden nach Assimilation oder zumindest nach staatsbürgerlicher und sozialer Gleichstellung war letzten Endes nur ein Moment – und nicht einmal das auffälligste – innerhalb des Veränderungsprozesses, mit dem sich die Deutschen im Gefolge der späten vierziger Jahre des Jahrhunderts auseinanderzusetzen hatten. Zu seinen Auswirkungen gehörte, daß sich Preußen viele kleinere deutsche Staaten, darunter auch das Königreich Hannover, dessen Untertan Busch war, einverleibte, wobei die Einigung des Reichs im Jahre 1871 die Selbständigkeit der übriggebliebenen Staatsgebilde wie etwa des Königreichs Bayern noch weiter untergrub. Diese politischen Erschütterungen, so folgenreich sie auch waren, wurden indessen übertönt von sozialen und ökonomischen Umbrüchen, die altehrwürdige soziale Unterschiede, Idealvorstellungen des familiären Zusammenlebens, religiöse Gebräuche und sittliche Gewißheiten in Frage stellten.

Bekanntlich wurde das Reich Bismarcks von den meisten Deutschen, darunter auch von Busch, als Erfüllung angesehen. Sie sahen in Bismarck weiterhin «den großen Steuermann» und «unsern Helden.»[39] Er hatte recht, weil er der Sieger war. Die äußere Form, die er seinem Sieg gegeben hatte, erfüllte manchen Deutschen mit düsteren Vorahnungen; nicht so Busch. Während des Krieges gegen Frankreich hatte er in wüster Manier den erzkonservativen Partikularisten geschmäht, wie er den Verlust der Unabhängigkeit bejammert und von den militärischen Erfolgen Preußens buchstäblich mundtot gemacht wird.[40] Kurz, Busch befand sich in vollem Einklang mit dem, was er in einem Brief von 1872 «die neuesten Wünsche des Staates» genannt hat.[41]

Der Kult Bismarcks, der im allgemeinen auf dem Niveau der Verehrung gehalten wurde, konnte allerdings die unter der Oberfläche des Reichs brodelnden Konflikte nicht zum Schweigen bringen. Als der junge Kaiser Wilhelm II. im März 1890 Bismarck entließ, waren die meisten Deutschen wie vom Blitz getroffen und auch ein bißchen erschrocken, zugleich aber auch irgendwie erleichtert. So tat etwa der liberale Politiker Eugen Richter kund: «Gottseidank, er ist weg!» Nach der ersten Verblüffung allerdings zeigten die meisten ein kränkendes Desinteresse. Die Börse, jenes zugleich empfindlich und erbarmungslos reagierende Barometer, erlebte auf die Neuigkeit hin eine kurzzeitige Baisse, machte die verlorenen Punkte aber rasch wieder wett. In seinem Prosaphantasiestück *Eduards Traum*, das er ein Jahr nach Bismarcks «Abgang» veröffentlichte, gab Busch seinen Reflexionen zu dieser kollektiven Undankbarkeit Ausdruck. «Mit der Politik gab ich mich nur so viel ab als nötig, um zu wissen, was ungefähr los war. Vor wenigen Tagen war der größte Mann seines Volkes vom Bocke gestiegen und hatte die Zügel der Welt aus den Händen gelegt. Nun, hätte man meinen sollen, gäb's ein Gerassel und Kopfüber, Kopfunter. Doch nein! Jeder schimpfte und schacherte und scharwenzelte so weiter und spielte Skat und Klavier oder sein Los bei Kohn und leerte sein Schöppchen genau wie vorher, und der große Allerweltskarren rollte die Straße entlang, ohne merklich zu knarren, als wär' er mit Talg geschmiert.»[42] Hier sprach Busch mit unpolitischer Stimme, die über drei Jahrzehnte ihren Ton nicht geändert hatte.

Gleichwohl ist in gewisser Hinsicht auch bei Busch jene Unterströmung gespannter Besorgnis über Deutschlands weiteren Kurs zu spüren. Genau wie andere besänftigte auch er seine Angst durch Aggressivität, und der Humor war dabei seine Waffe. Die Beruhigung, die er einst einer seiner Nichten hatte zuteil werden lassen, die als Pianistin am Anfang ihrer Karriere mit Lampenfieber zu kämpfen hatte, dann aber mit Erfolg ihre Aufgabe meisterte, war zugleich auch sein eigener Schutz in Angst hervorrufenden Situationen: «Also die Angst war weg, sobald es zum Angriff ging. Desgleichen verschwindet, in der Nähe besehn, gar manches Phantom.» Er wußte darüber bestens Bescheid, hatte er doch «in den Kinderjahren die Bangigkeit gründlich studiert.»[43] Busch war also kein Fanatiker, und ebensowenig erzog er zum Fanatismus. Was seine Abneigungen angeht, war er weder ein Besessener noch auch sonderlich konsequent. Im Gegenteil, was er in seinen Briefen vermittelte und in seinem der Öffentlichkeit übergebenen Werk lehrte, war eine stoische, wenn auch zuversichtliche Ergebung im Angesicht des Schicksals, gegenüber der Tücke der Objekte, den Schwächen der Menschen, dem unausweichlichen Vergehen der Zeit. Busch blieb zeitlebens davon überzeugt, daß das menschliche Tier einen unheilbaren Defekt habe. So schrieb er schon in den Mittzwanzigern einem Freund: «(Im) Punkte des Egoismus, das wißen Sie, da ist der Mensch nun einmal unverbeßerlich.»[44] Als guter protestantischer Skeptiker nahm er sich die Freiheit, den katholischen Heiligenkult in Frage zu stellen. Kein Mensch, so lautete sein Einwand, ist je völlig ohne Sünde.[45] Der in salbungsvollem, etwas gezwungenem Ton gehaltene Briefwechsel, den er 1875 mit Maria Anderson, einer glühenden Verehrin aus Holland, führte, enthält eine Reihe von Variationen zu diesem Thema: «Das Edle befindet sich oberhalb des Gürtels, das Gemeine überall.» Elend ist des Menschen Los: «Was lebt, das leidet; leidet, weil es lebt, und leben *will* es.» Vielleicht mag nach ein paar Milliarden Jahren Darwinscher Auslese die Vernunft die Oberhand über den Willen bekommen, aber nicht jetzt, noch nicht. Das Leben selbst ist im Grunde Sünde. «Abscheulicher Peßimist! werden Sie sagen und haben recht.»[46]

Das gleiche äußerte er auch immer wieder in seinem gedruckten Werk: Die Tugend muß gelehrt werden, Bosheiten begehen wir von allein. Diese nachdenkliche Ansicht vom Leben lag quer zum offiziell gepredigten, bemühten Optimismus seiner Zeit. Freilich soll noch einmal betont werden, daß, gemessen an seiner Originalität in Wort und Bild, Buschs unübertroffene Popularität nicht sowohl auf seinem Einzelgängertum beruhte als vielmehr darauf, daß er als repräsentativ gelten konnte. Seine aggressive Phantasie sprach die Phantasien seiner Zeitgenossen an, sein rücksichtsloses Pläsier war zugleich das Pläsier von Millionen. Und ebenso waren seine Ängste auch die aller anderen. Was ihn belustigte und ängstigte, belustigte und ängstigte auch seine Leser. Das ist das historisch Besondere an Buschs Werk. Auch jene, die in der Art von Stadt lebten, welche doch in seinen Geschichten so gar keinen Platz fand, erkannten sich in seinen Charakteren und lachten über deren Mißgeschicke. In dieser entscheidenden Hinsicht war Wiedensahl, sein Heimatdorf, überall.[47]

Busch war kein Sadist. In seiner Reifezeit sind seine Satiren häufig gutmütig. In der Knopp-Trilogie aus der Mitte der siebziger Jahre geleitete er einen rundlichen Kleinbürger in seinem mittleren Alter durch die Junggesellenzeit, durch eine glückliche Ehe als Pantoffelheld, eine rührende Vaterschaft, einen raschen körperlichen Verfall bis hin zum Tod. Busch lächelte milde über die Schwächen seiner Figur und deren Ehefreuden und erwartet von seinen Lesern im Gegenzug nichts weiter als auch ein Lächeln, kein spöttisches Lächeln, sondern ein mitfühlendes. Auch in den letzten beiden gereimten Bildergeschichten, in *Balduin Bählamm* und *Maler Klecksel*, ist Buschs Selbstironie am Werke, das Boshafte daran geht nach innen. Mangel an Talent oder Mangel an Gelegenheit lassen einen Möchtegernpoeten bei seinem Leisten als unbedeutendem Schreiber bleiben und machen aus einem Möchtegernmaler einen leutseligen Gastwirt. Die Lehre, die diese didaktisch angelegten Lebensgeschichten vermitteln können, ist ganz einfach: es ist eine grundvernünftige Einstellung, ja eigentlich ist es unumgänglich, das Lustprinzip dem Realitätsprinzip unterzuordnen. In seiner bescheidenen Art hatte der Humorist Busch durchaus gewisse philosophische Ambitionen. Bei Humoristen ist das oft der Fall. Zweifellos war Busch der lustigste unter Schopenhauers Bewunderern. Aber er hatte nicht viel von einem Erzieher. Seine Geschichten waren spaßig und scharfzüngig, gelegentlich beides. Zugleich erweisen sie sich als eine außergewöhnliche Mustersammlung, die zeigt, wie mit Aggression umgegangen werden kann: durch Umwandlung von Gewalt in Lachen.

VI. Ungesicherte Herrschaft

Reichweite und Stoßkraft der destruktiven Aggressionstriebe sind nahezu unbegrenzt. Symptomatisch für das ungeheure Spektrum an Möglichkeiten ist die Tatsache, daß jeder Körperteil – Kopf, Mund, Hand, Ellbogen, Fuß – sich zum Vollstrecker ihrer Befehle eignet. Sogar Sprache kann, wie wir gesehen haben, zur Waffe werden. Aggression hat freilich auch ihre konstruktiven Seiten, und diese hat denn auch das 19. Jahrhundert mit eindrucksvollem Tatendrang unter Beweis gestellt.

Eine auffällige Verwendung zeigt sich in der Gegenaggression: Dem Schläger wird heimgezahlt, Beleidigungen nimmt man nicht wie ein Lamm hin und man verwahrt sich gegen anmaßende Konkurrenten. Psychoanalytische Untersuchungen haben gezeigt, daß für Heranwachsende ein derartiger Einsatz der Aggressionstriebe in hohem Maße sozialisierend, ja geradezu geboten ist.[1] Aggression im 19. Jahrhundert war darin keine Ausnahme; sie war ein dienstbares Werkzeug für jene Erfinder, Plänemacher und Staatsmänner, Erzieher, Ärzte und Naturwissenschaftler, die auf bis dahin unbekannte Kreuzzüge zur Beherrschung von Zeit, Raum und Mangel auszogen. In seiner Frühzeit hatte Freud mit dem Gedanken eines gesonderten Bemächtigungstriebs gespielt, und dieser Gedanke – der von anderen aufgegriffen wurde, nachdem Freud ihn längst fallen gelassen hatte – verwischt die klaren Konturen, die Aggression als destruktive Kraft hat, er verweist allerdings auch auf eine gewichtige psychische und soziale Realität. Aggression, so belehrt uns die Umgangssprache, hat etwas mit Angriff zu tun, und «Angriff» bringt bestimmte positive Implikationen zum Vorschein. In der Regel meint Angriff eine feindselige Tat, das Anstürmen einer Armee, die Mißbilligung eines politischen Gegners, den Verriß eines Buchs. Das englische Wort «attack» wird zudem zur Beurteilung gelungener Fertigkeiten verwendet, etwa von Musikrezensenten, wenn sie den Einsatz eines Geigers loben, oder Ballettrezensenten, wenn sie einer Ballerina wegen ihrer Lebhaftigkeit und Eleganz huldigen. Im Deutschen hat das Wort «Angriff» seine Wurzeln im taktilen Akt des Greifens, wodurch man etwas in den Griff bekommt, ob nun ein Feind besiegt, ein Eisenbahnnetz angelegt oder eine Sinfonie komponiert wird.

Schließlich ist auch nicht von der Hand zu weisen, daß die Beherrschung einer Sache ganz simpel Lust verschafft. Das Befriedigungsgefühl, etwas zu Ende gebracht zu haben, die schiere Erleichterung, die man erfährt, wenn man letztlich das Funktionieren einer komplizierten Maschinerie verstanden, ein verzwicktes Rätsel gelöst, eine anspruchsvolle Aufgabe sicher im Griff hat, finden ihr unerquickliches Gegenstück in der Frustration. Ganz ohne Zweifel ist Beherrschung moralisch wertneutral. Der Sadist findet Lust, wie wir gesehen haben, in einer Beherrschungssituation, die seine Opfer nicht unbedingt teilen müssen, es sei denn, sie sind Masochisten. Und dem uniformierten Vorgesetzten oder dem ausbeuterischen Fabrikanten macht es Spaß, seine Untergebenen herumzukommandieren, er belohnt und straft, wie es ihm beliebt und weil es ihm beliebt. Allerdings müssen die Befriedigungen, die die Beherrschung verschafft, durchaus nicht immer fragwürdig sein. Tugend kann, entgegen ihrem Ruf, ebenso lustvoll sein wie die Sünde.

Aufgeschlossene Bürger des 19. Jahrhunderts bezeugten freimütig die positive Seite eines selbstbewußten Auftretens, und beklagten, wenn es ihnen daran mangelte. Wie so oft waren hierin Schriftsteller und Dichter den Psychologen voraus. George Eliot beschrieb in *Adam Bede* die verführerische Hetty, wie sie so geschickt Butter machte, daß selbst ihre gestrenge Tante «es ohne einen scharfen Einwand durchgehen ließ», da Hetty «dabei mit all der Anmut zu Werke geht, die ein Zeichen der Meisterschaft ist». Um die Jahrhundertwende machte Thorstein Veblen auf den «Werkinstinkt» aufmerksam, der eine allgemein verbreitete menschliche Neigung sei, «ein Sinn für ertragreiche Arbeit und ein Widerwille gegen überflüssige Mühen».[2] Gleich ob unabhängiger Trieb oder geborgte Energie, ob innerer Drang oder Antwort auf äußeren Druck, die gezügelte Aggression verwandelte das 19. Jahrhundert, und nicht immer zum Schlechten.

Konstruktive Aggressivität erklärt einen Großteil der vorwärtsdrängenden Schubkraft dieses Zeitalters und viele seiner Spannungen. Immer wieder berichten Beobachter voller Erschrecken vom raschen Wandel der Zeiten, in denen sie leben. Mögen sie Anhänger des Neuen sein oder dessen verwirrte Kritiker, durchweg kennzeichneten die Menschen ihr Jahrhundert als ein Jahrhundert der Umwälzungen. Wenn sogar die bisher gültigen Definitionen von Verbrechen oder Anomalität ins Wanken gerieten, dann war keine hergebrachte Weltsicht, keine Handlung in dieser Welt mehr heilig. Und die Revolutionen, die die westliche Zivilisation erschütterten, waren nicht minder ein Trauma für die, denen sie Vorteile brachten. Mochten sie den Neuerern auch Beifall zollen, gleichwohl bekundeten viele, von einem Taumelgefühl befallen zu sein, weil vertraute Wegemarken urplötzlich dahin waren.

Diese neuartigen Realitäten, die so rapide aufeinander folgten, lösten hektische Reaktionen aus. Zum Teil unbewußte Abwehrtechniken reich-

ten bis zur Abkehr von liberaler Aufgeschlossenheit, bis zu rückwärts-
gewandter Sehnsucht nach einer idyllischen Vergangenheit, als die Armen
noch ehrerbietig die Mützen vor den Höhergestellten zogen, zu ängstlichem Festhalten an strengen Verhaltensregeln und halsstarriger Verleugnung, was abfällig, aber auch hilflos Heuchelei genannt wurde. Staatsmänner, Erzieher, Priester, alle ersannen sie wie besessen Kompromisse und
ehrgeizige Pläne als Remedur gegen die Übel der Industriegesellschaft,
aber ihre jeweiligen Notlösungen blieben stets hinter den neuen Erfordernissen und den neuen Bedürfnissen zurück. Die übertriebenen Reaktionen
von Regierungen und wohlhabenden Städtern auf vermeintliche Revolu-
tionsdrohungen waren Angstsymptome in einer Welt, die aus den Fugen
geraten war. Wäre freilich diese Alarmstimmung allgemein verbreitet gewesen, dem Ruf nach einer Rückkehr zur guten alten Zeit hätte sich
niemand entziehen können. Tatsächlich aber waren die Auslöser der Angst
– jene überwältigenden Kräfte des Wandels in Politik, Ökonomie, Wissenschaft, Moral und Sozialpolitik – gleichzeitig die Garanten des Selbstver-
trauens. Reaktionäre und Konservative mußten nämlich mit Liberalen und
Demokraten, die in den Neuerungen den Schlüssel zu einem besseren
Leben und Wege zu einer stärker abgesicherten Herrschaft erblickten, um
das Terrain streiten.

Es ist nicht möglich und auch nicht erforderlich, alle diese Wege nachzuzeichnen. Aber einige herausragende Besonderheiten dieses, für das
19. Jahrhundert typischen Strebens nach Macht erfordern unsere Aufmerksamkeit, wenn wir die vorliegende Untersuchung zur bürgerlichen
Kultur des viktorianischen Zeitalters abrunden wollen: das Bemühen, den
Haß zu kultivieren, indem die Streitlust in produktive Kanäle gelenkt
wird, die Hinwendung der Wissenschaft zum Alltagsleben, Spezialisierung im Dienst des Wissens und Handelns und schließlich Versuche, die
Lebenshaltungskosten in einem Zeitalter des Strebens nach Herrschaft
unter Kontrolle zu bringen, einer Herrschaft, die ungeachtet all ihrer
Energien bestenfalls ungesichert blieb.

1. Moralische und sonstige Ersatzbildungen

Wir sind wiederholt darauf hingewiesen worden, daß die Bürger des
19. Jahrhunderts von der streitsüchtigen Natur eines jeden Menschen
überzeugt waren. Es war nur folgerecht, daß sie nach Wegen suchten, den
Stachel dieser Streitlust zu ziehen und sie gegen andere Ziele zu richten.
Dieses Bemühen war bestimmend bei ihren hartnäckigen und zuweilen
verzweifelten Anstrengungen, widerspenstigen Leidenschaften Selbst-

beherrschung aufzuerlegen. Im Laufe der Zeit aber zeigte es sich, daß sie unzufrieden waren, wenn die Aggressivität lediglich in ihre Schranken verwiesen wurde. Sie suchten sie statt dessen in konstruktive, statt in zerstörerische Bahnen zu lenken.

Der erste Schritt indessen mußte sein, Kontrolle über die Kampfeslust zu gewinnen, und das schien denn auch nach der Jahrhundertmitte eine vernünftige Strategie zu sein. So beglückwünschte zum Beispiel die *Saturday Review* in einem Artikel aus dem Jahre 1860, der ein Lob des Innenministers wegen seiner Abneigung enthielt, gegen den ebenso ehrwürdigen wie regellosen Sport des Preisboxens vorzugehen, den Politiker, daß er der menschlichen Natur Rechnung trage. Natürlich könne man mit der Vorliebe, die die Boxsportbegeisterten ausleben möchten, durchaus so umgehen, daß man «überhaupt diesem Sport die Existenzberechtigung verwehrt, seine öffentlichen Darbietungen unterbindet und brandmarkt». Der bessere Weg war aber ohne Zweifel, daß man «sich die Mühe macht, einem Brauch, den man sowieso nicht beseitigen kann, Regeln zu geben und ihn dadurch zu bessern». Dies war auch das Ziel, das Montague Shearman, ein Fachmann für den Sport in England, im Kopf hatte, als er den Fußball gegen den Vorwurf, ein brutales Spiel zu sein, in Schutz nahm. Es sei ein rauher Sport, aber kein brutaler, und darum gesellschaftlich nützlich. «Die eigentliche Funktion und der Endzweck rauher Sportarten ist das Abreagieren der überschüssigen animalischen Energie, für die es in idyllischen Friedenszeiten kaum ein Ventil gibt.»[1]

Die gleiche Vorstellung griff auch bei seriöseren Gegenständen als dem Sport Platz. Im Mai des Jahres 1876 überraschte William Gladstone bei Gelegenheit einer Rede vor dem Political Economy Club in London seine Kollegen mit der Bemerkung, «daß die Handelsgeschäfte sich nicht in sachlichen Zwecken erschöpfen; daß es zur Festigung und engen Verbindung freundschaftlicher Beziehungen unter den Nationen kein wirksameres Mittel gibt; und daß der erhabene moralische Zweck der Unterdrückung der menschlichen Leidenschaften sowie jener Gelüste und Begierden, die die Hauptursachen des Kriegs sind, in direktem Zusammenhang steht mit dem Verständnis und der Anwendung der Wissenschaft, deren Verbreitung Sie zu bewirken trachten.»[2] Nach dieser Auffassung trägt die Nationalökonomie dadurch zur Kultivierung des Hasses bei, daß sie aggressive Strebungen in friedliche Kanäle umlenkt.

ʃEs gab Kolonialbeamte, höchst praktisch veranlagte Männer, die die Technik der Unterdrückung von Gewaltausbrüchen gezielt förderten, indem sie sie in die harmlosen Bahnen des Sports umleiteten. Um die Jahrhundertwende überredete der britische Kronresident im wildesten

Nordborneo die Eingeborenenstämme, die sich bis dato blutige Fehden geliefert hatten, statt dessen heiß umkämpfte Regatten durchzuführen. «Ich dachte mir», so Charles Hose in seinen Erinnerungen, «daß es, wenn ich den Kämpfen und der Kopfjägerei, die für den normalen jungen Mann auf Borneo ein natürlicher Ausdruck sind, ein Ende machen wollte, angebracht wäre, an ihre Stelle irgendeine andere, gleichermaßen gewalttätige, aber weniger verheerende Tätigkeit zu setzen.» Er schlug also ein Lokalderby vor, «ein jährliches Wettrennen zwischen den Kriegskanus sämtlicher Dörfer». Und es funktionierte.[3] Auch in dieser Hinsicht erwiesen sich phantasievolle Schriftsteller als Pioniere. Billy Budd, der sprachgestörte Seemann bei Melville, der einen Vorgesetzten umgebracht hat, verteidigt sich mit einer scharfsinnigen Bemerkung über den verhängnisvollen Mangel an Sublimierung in seinem Wesen. «Hätte ich meinen Mund benutzen können», stammelt er, «dann hätte ich ihn nicht erschlagen.»[4]

William James unterzog in einem Vortrag von 1909 die Suche nach moralischen Ersatzbildungen für die Gewalt einer äußerst differenzierten und gründlichen Prüfung. Er warnte seine verständnisinnigen Zuhörer vor der Annahme, daß «der Krieg gegen den Krieg ein Ferienausflug oder eine Wochenendpartie» sei. Die «soldatischen Gefühle» seien zu fest verankert, als daß sie einfach verschwänden, es sei denn, ein besseres Ideal stelle sich ein. Als Psychologe müsse er sich fragen, ob der fortdauernde Erfolg kriegerischer Gesinnungen nicht zum Teil auf gewisse Mängel im Programm der Pazifisten zurückzuführen war, die der «Phantasie der Militaristen» berechtigten Grund zur Abwehr gaben. Die Partei des Friedens habe zum Beispiel eine Würdigung des ästhetischen und ethischen Gesichtspunkts der gegnerischen Einstellung versäumt.[5]

So enthielten die Idealvorstellungen von Selbstopfer und Männlichkeit einen Wertmaßstab. Eine von der Geißel des Krieges befreite Welt – darin sah James, wie er einmal gestand, seine Utopie – konnte keine der Verweichlichung oder Zügellosigkeit sein. «Eine in einem fort erfolgreiche Friedensökonomie kann nicht einfach eine Genußökonomie sein.» Da nun einmal dieser Erdball nicht sehr gastlich sei, müßten vielmehr «neue Energien und neuer Wagemut bei der Mannestugend anknüpfen, an der kriegerische Gesinnung so unerschütterlich hängt». Ohne jeden Zweifel müßten «Unerschrockenheit, Verachtung alles Schlappen, Verzicht auf Privatinteressen und der Gehorsam gegenüber Befehlen» weiterhin der Fels bleiben, auf den Staaten gebaut werden.[6] Für James war mithin Virilität eine Norm, die er ungern preisgab.

James zufolge war der moderne Mensch ein Paradox. Er schwelge in Kriegserinnerungen, sei aber entschieden dagegen, daß «kaltblütig» ein neuer Krieg vom Zaun gebrochen werde. James lenkte die Aufmerksamkeit auf diese Auseinandersetzung über Grundbefindlichkeiten, die, wie ich wiederholt dargelegt habe, das bürgerliche Zeitalter prägten, weil er der Ansicht war, daß diese Ambivalenz eigentlich typisch sei für seine Zeit. Die kriegerischen Instinkte schienen so stark wie eh und je, aber durch die Kritik hatte sich derén früherer Zugriff beträchtlich gelockert. Frühe Gesellschaften waren Gesellschaften von Jägern gewesen, in denen das Morden, Rauben und Entführen in Ehren stand. Die Griechen des heroischen Zeitalters, Chauvinisten und Imperialisten allzumal, waren für «Ruhm, Gold, Frauen, Sklaven und wegen des Kitzels» in den Krieg gezogen. Der große Alexander, ein Pirat, der in wahren Orgien von Macht und Raub sein Zepter geschwungen hatte, war darin keine Ausnahme, ebensowenig die Römer. «Die Grausamkeit jener Zeiten ist unvorstellbar.» Diese Geschichte spielte immer noch eine Rolle, weil das 19. Jahrhundert, wenngleich man sich wegen der Kosten eines Kriegs schon besorgt zeigte, die alten Gesinnungen übernommen hatte.[7]

Diese angeborene Gewaltbereitschaft war eine irrationale Veranlagung, die von den Beweisen des Widersinns und der Schrecknisse des Krieges unberührt blieb. Das Schreckliche am Krieg war recht eigentlich das, was faszinierte. «Krieg ist *kraftvolles* Leben, ist Leben *in extremis*.» Jahrtausende des Friedens würden nicht imstande sein, dem Menschen diese Einstellung auszutreiben. Der einzige Weg, dieser primitiven Gier nach Eroberung Einhalt zu gebieten, war, sie in Ketten zu legen und niemals frei zu geben. Der Krieg mochte zwar eine «blutige Nährerin» sein, er war aber auch «das Abenteuer der Geschichte». Dieser ungelöste Konflikt durchzieht James' gesamte Darlegung. Er wollte nicht als zartbesaitet oder sentimental erscheinen, aber selbstbewußt nannte er sich einen Pazifisten. Die Konsequenzen angeborener Kriegslüsternheit schreckten ihn, wenn etwa eine von Kriegsvisionen ganz benebelte öffentliche Meinung willfährige Regierungen in Kriegshandlungen hineintrieb, die ebenso unzivilisiert wie unüberlegt waren. Das traf auf den Burenkrieg zu und mehr noch auf den «schmutzigen» und unmoralischen Spanisch-Amerikanischen Krieg: Gaben die Menschen erst einmal ihren Jagdinstinkten und ihrer Machtgier freien Lauf, dann waren verhängnisvolle Auswirkungen unausbleiblich. Die Staaten redeten vom Frieden und wappneten sich für den Krieg.[8]

James' Ersatzangebote für eine ungehemmte Streitsucht ergeben sich folgerecht aus dieser Analyse: Der männliche Gedanke des edlen Wettstreits und des Dienstes an der Gemeinschaft muß lebendig gehalten werden; die Natur des Menschen ist ohne Beschönigung anzuerkennen, ihre aggressiven Impulse müssen indessen gesellschaftlich nützlichen

Zwecken zugeführt werden; der lustbereitende Anteil am Kampf ist zu bejahen, aber es müssen neue Gegenspieler gefunden werden, mit «Aushebung des ganzen Jungvolks, das für eine Reihe von Jahren Teil einer gegen die *Natur* aufgebotenen Armee sein wird». Auf diese Weise könnten Körperkraft und Zucht ein würdiges Ziel finden. «Unsere Jeunesse dorée würde abkommandiert in Kohlengruben und Eisenbergwerke, auf Güterzüge, auf Fischereiboote im Dezember, zum Tellerwaschen, in Wäschereien und zum Fensterputzen, zum Straßenbau und Tunnelgraben, in Gießereien und Heizkeller und auf die Gerüste von Wolkenkratzern, ganz nach ihrer Wahl, um ihr das kindische Wesen abzugewöhnen, und sie würde in die Gesellschaft mit gesünderen Einstellungen und maßvolleren Ideen zurückkehren.» Getreu seinen Darwinschen Überzeugungen rühmte er die Vorzüge der Anpassung bei den solcherart Dienstverpflichteten: sie würden bessere Väter und Lehrer sein; die Frauen würden sie um so höher schätzen. Eine solche Erfahrung – und nur eine solche – könnte ein moralischer Ersatz für den Krieg sein.[9]

William James' Vortrag erschien 1910 als Broschüre und fand tausende beipflichtender Leser.[10] Fast am auffälligsten an der Schrift war allerdings, daß sie sich über Entscheidendes ausschwieg: In einem Jahrhundert, das im Grunde genommen vom Klassengedanken wie hypnotisiert war, fand sich bei James dazu kaum je ein Wort. Für ihn war Kampfeslust ganz einfach ein universell verbreiteter Instinkt. Unter diesem Gesichtspunkt war *jedem einzelnen* die Sublimierung seiner destruktiven Impulse aufgegeben, gebildete Männer aus der Mittelklasse waren da keine Ausnahme. Die Freiwilligen, die nach seiner Vorstellung Natur eroberten, die Straßen bauten und Tunnel gruben, sahen aus wie wohlhabende junge Bürgersöhne, allesamt Harvard-Absolventen im Blaumann.

Anders als James, der auf der Zähmung auch der eigenen Klasse bestand, waren die meisten bürgerlichen Kulturkritiker davon überzeugt, daß lediglich die unteren Klassen moralischer Ersatzformen für ihre Aggressivität bedurften. Es schien einleuchtend, daß nur Männer und Frauen, die in ihrem Gemeinwesen am wenigsten zu sagen hatten, auch nur über den kleinsten Fundus an Selbstbeherrschung verfügten. Es war daher äußerst dringlich, analog zu James' moralischen Ersatzformen auf Mäßigung zielende Aktivitäten zu ersinnen, konstruktive Auswege für die Gewalttätigkeit der Massen, die sich ansonsten in rauschartigen Krawallen, zügellosen Festen, im Verprügeln der Ehefrau, in sexuellen Handgreiflichkeiten und, was vielleicht am schlimmsten war, in einer liederlichen Einstellung gegenüber der Arbeit äußerte. Herrschaft über eine Welt, in der binnen eines Jahrzehnts alles immer stärker voneinander abhängig wurde, schien ohne defensive Maßnahmen, durch die die Wilden aus Stadt und Land zu Disziplin und Nüchternheit angehalten würden, unerreichbar.

Schriftsteller und Redner, die diesem Programm verpflichtet waren, griffen in ihrer charakteristischen Rhetorik auf Metaphern zurück, die der Mechanik entnommen waren. Ganz besonders liebten sie das anschauliche Bild vom «Sicherheitsventil», bei dem der Geist als ein luftdicht abgeschlossenes Gefäß vorgestellt wurde, angefüllt mit gefährlich flüchtigen Stoffen, die, hätten sie keine Möglichkeit zum Entweichen, explodieren würden. Um 1842 machte der englische Reiseschriftsteller und Journalist W. Cooke Taylor geltend, «daß es Sicherheitsventile für den Geist geben muß; das heißt, es muß Möglichkeiten für dessen angenehmen, nutzbringenden und gesunden Gebrauch geben». Seine Überlegung war, daß die Mächtigen die Gelegenheit, ja die Verpflichtung hatten, diese Vorstellungen in die Tat umzusetzen. Etwa fünf Jahre später sprach Robert Slaney, ein fortschrittlicher Parlamentsabgeordneter, die Warnung aus, daß, wenn die «vernachlässigten Klassen» keinen Ersatz für ihre überkommenen rauhen Vergnügungen erhielten, sie Demagogen hinterherlaufen und auf «gefährliche Ansichten» hereinfallen würden. Daher sei es «gleichermaßen vernünftig und wohltätig, Sicherheitsventile als geregelte Lustbarkeit für die vielen und ihre ruhelosen Energien» anzubieten. Was ihm vorschwebte, war der organisierte Sport, waren keimfreie Theateraufführungen und kostenlose öffentliche Bibliotheken.[11]

Für Taylor und seine Mitstreiter waren Schlittschuhlaufen und Radfahren gleichermaßen geeignet, um sozialen Unruhen einen Riegel vorzuschieben. Andere wieder verschrieben fromme Übungen. So war der Christliche Verein Junger Männer, der sich bald nach seiner Gründung im Jahre 1844 in London auf Kanada und die Vereinigten Staaten ausgedehnt hatte, eine Gemeinschaft, die sich, wie die *Saturday Review* 1857 anerkennend schrieb, «der Aufgabe widmet, den vielen, vielen jungen Männern, die den unterschiedlichsten Versuchungen eines Lebens in London ausgesetzt sind, unschädliche oder nützliche Beschäftigungen zu bieten». Und auf der ersten deutschen «Freizeitkonferenz», die 1892 stattfand, stellte der Hauptredner Viktor Böhmert die These auf, daß dem «Überhandnehmen der Unzufriedenheit und der Umsturzgedanken in den arbeitenden Klassen» durch eine Sozialpolitik entgegengewirkt werden könne, die Verbesserungen bei «Erholung» und «Geselligkeit» bewirke.[12]

Manch Möchtegern-Sozialtechniker suchte auf immer abgelegenerem Terrain nach moralischen Ersatzbildungen für die Gewalttätigkeit, und dies nicht in körperlichen, sondern in geistigen Übungen. Einer davon war der Quäker William Howitt. «Je mehr unsere einfachen Volksklassen Geschmack gewinnen an den Freuden der Bücher und des Geistes», schrieb er 1838, «und an den tiefen Empfindungen des Häuslichen, die aus der Fülle des Herzens und der Seele erwachsen, um so geringeren Reiz werden äußere Formen der Vergnügung für sie haben.» Howitts Vorschläge waren in ihrer Kultivierungsabsicht eine Ausnahme, in der Regel hatten die Reformer nicht mehr im Sinn, als derbe Lustbarkeiten durch eine anständige körperliche Aktivität zu ersetzen. Gegen Ende des Jahrhunderts war von einem Ausschuß des englischen Parlaments, der die miserablen physischen Lebensbedingungen der arbeitenden Menschen untersuchte, noch einmal dasselbe zu hören: «Gäbe man ihnen Fußbälle und ließe sie nach dem Ball treten, sie wären weniger geneigt, auf den Straßen nach unseren Polizisten zu treten.»[13] Mochten die in Vorschlag gebrachten Maßnahmen auch unterschiedlich sein, ihr Zweck war immer der nämliche: wollte man die Verhaltensweisen der Massen beeinflussen, so galt es, ihren wüsten Strebungen einen gesitteten Ausdruck zu verschaffen. Wären die Ersatzbildungen erst einmal etabliert, so würden sie gewiß jedem zugute kommen; die Durchsetzung guten Benehmens und konstruktiver Energie würde die Harmonie zwischen den Klassen herbeiführen, und das würde nicht nur denen nutzen, die über die gesellschaftliche Ordnung gebieten, sondern auch denen, die ihr gefügig gemacht werden.

Radikale Kritiker, die allen Versuchen, zwischen den Klassen Harmonie herzustellen, mißtrauten, glaubten nicht einen Augenblick an diesen verheißenen Glückszustand; und keinesfalls sollte sich das Proletariat verleiten lassen, diesen Zustand zu erwarten. Die harte – und notwendige – Realität des Klassenkampfs zu leugnen oder ihr gar entgegenzuarbeiten, hieß schlicht, den revolutionären gesellschaftlichen Kräften die Spitze zu nehmen; alle diese einschmeichelnden Ersatzformen konnten nur die einseitige Entwaffnung der Arbeiterklasse befördern. Im *Kommunistischen Manifest* machen Marx und Engels ihre sarkastischen Witze über den wohlmeinenden «Bourgeoissozialismus», der darauf aus ist, «den sozialen Mißständen abzuhelfen». Das Netz ihrer Verunglimpfungen ist weit gespannt, dementsprechend rechnen sie diesen Scheinsozialisten «Ökonomisten, Philanthropen, Humanitäre, Verbesserer der Lage der arbeitenden Klassen, Wohltätigkeitsorganisierer, Abschaffer der Tierquälerei, Mäßigkeitsvereinsstifter, Winkelreformer der buntscheckigsten Art» zu. Was dieser zusammengewürfelte Haufen von Menschheitsbeglückern in Wirklichkeit wollte, war «die bestehende Gesellschaft mit Abzug der sie revolutionierenden und sie auflösenden Elemente», so wie sie plump versuchten, der Welt ihre Eigenliebe als Altruismus schmackhaft zu machen: «Freier Handel! im Interesse der arbeitenden Klasse; Schutzzölle! im Interesse der arbeitenden Klasse; Zellengefängnisse! im Interesse der arbeitenden Klasse.» Summa summarum: «Die Bourgeois (sind) Bourgeois – im Interesse der arbeitenden Klasse.»[14] Marx und Engels zumindest ließen sich durch die Regungen des bürgerlichen Gewissens nicht beirren.

Angesichts solcher linken Querschüsse schienen die Schmähungen der Konservativen, die jenes Gewissen als rührselig und unmännlich ansahen, geradezu lau. Die radikalen Kritiker beschimpften den bürgerlichen Reformismus als machiavellistisch, die bürgerlichen Verbrechen als billig, die bürgerliche Wohltätigkeit als eine irreführende Übung. Erbittert sahen sie in den Kreuzzügen der Menschenfreunde des letzten Jahrhunderts durch und durch hinterhältige Aktionen. Die Gegner der Todesstrafe etwa konnten es sich leisten, als human zu erscheinen, hatten sie doch effektivere Mittel ersonnen, im privaten wie im öffentlichen Bereich Gefügigkeit durchzusetzen. Und die Kritiker der Prügelstrafe konnten altehrwürdige Disziplinarmaßnahmen getrost als unwürdig und unästhetisch verspotten, waren sie doch überzeugt, daß neuzeitliche sanfte Methoden den Zweck der Züchtigung mit besseren Resultaten und zu geringeren Kosten erfüllten. Würde es gelingen, Kinder, Studenten, Lehrjungen, ja sogar Verbrecher in die lockeren Ketten der Schuldgefühle zu legen und eine unterwürfige Zuneigung für Autoritätsfiguren zu wecken, dann könnte die schwere Artillerie harter Strafen mit Erfolg ersetzt werden durch die ausgetüftelteren und saubereren Waffen der Kontrolle, mithin durch psychologische Kriegführung. Das bürgerliche Gewissen war nichts als Arglist, die entlarvt sein wollte. Nach dieser Lesart war die bürgerliche Mode des Philanthropismus, die es darauf abgesehen hatte, die Streitsucht kleinzukriegen, nichts als ein Deckmantel für ökonomische Raffsucht, politischen Eigennutz und imperialistisches Streben nach Herrschaft.

Diese höhnische Darstellung, wenngleich sie mehr Verzerrendes mit sich brachte als sie aufdeckte, konnte sich auf einleuchtendes Belegmaterial berufen. Wortführer der Bourgeoisie wie etwa Händler, Journalisten, Abgeordnete waren häufig geneigt, Eigennutz als Fürsorge auszugeben. Manch einer tat dies ganz unschuldig, andere aber vergoldeten ihr schmutziges oder ausbeuterisches Tun mit frommen humanitären Reden oder protzigen karitativen Unternehmungen. Es gab in ganz Europa und den Vereinigten Staaten gewitzte Industrielle und Geschäftsleute, die die Abstinenzbewegung unterstützten oder Arbeitervereine bezuschußten, weil sie erkannten, daß eine nüchterne und besonnene Arbeitskraft die Produktivität verbessern und ihre Profite mehren würde. Wir haben schon darauf hingewiesen, daß es in England Bankiers gab, die sich gegen die Todesstrafe für Falschmünzerei stark machten, und zwar nicht so sehr aus Mitgefühl als vielmehr in der Einsicht, daß eine geringere Strafe die Geschworenen bereitwilliger zu einer Verurteilung der Geldfälscher veranlassen würde. Politische Führerfiguren – zumal Napoleon III. und Bismarck – weiteten bekanntlich das Wählerpotential beträchtlich aus, nicht weil sie sich etwa zu demokratischen Einstellungen bekehrt hatten, sondern weil sie erwarteten, daß ihnen dadurch die Loyalität der gerade erst mit dem Wahlrecht ausgestatteten Massen sicher wäre. Demagogen, die sie waren, suchten sie nach Ersatz für die Kriegslust hauptsächlich auf Grund ihres Strebens nach Profiten und Macht oder weil sie sich um deren Erhalt sorgten.

Dies alles zugestanden, so kann doch jene radikale Theorie, die gottesfürchtige Bourgeois und vaterlandstreue Politiker zu demaskieren trachtete, das Bedürfnis der Bürger des 19. Jahrhunderts, das im Innern hausende wilde Tier im Zaum zu halten, nicht erklären. Die bewußte oder unbewußte Absicht zur Täuschung war allenfalls eine unbedeutende Zutat in einem Gebräu unterschiedlichster Motive. Die meisten Gesellschaftsreformer verabscheuten die Strafe des Hängens oder den Pranger als barbarische Durchsetzung roher Gewalt, die einer zivilisierten Gesellschaft unwürdig sei. Die Philanthropen waren förmlich angewidert vom Anblick der verwahrlosten Elendsviertel von Lyon und Birmingham, von Berlin und Rom. Diese übelriechenden Mietskasernen waren mehr als nur eine Beleidigung für die empfindlichen Näschen mildtätiger Ladies, die sie gelegentlich aufsuchten; die Tränen standen den Menschenfreunden in den Augen, und sie fühlten sich zum Handeln veranlaßt, wenn sie die ungesunden Existenzbedingungen, das Elend der Trunksucht und die trostlosen Zukunftsaussichten der Slumbewohner mitansehen mußten. Der einzige Weg, jene Leidtragenden der Industriegesellschaft zu erretten, bestand darin, sie von der Trunksucht zu befreien, ihnen Lesen beizubringen, ihnen gesunde Tätigkeiten anstelle ihrer wüsten Vergnügungen zu bieten. Die unbewußten Ursachen für den Widerwillen, den die Reformer empfanden, waren häufig verwickelt; wie Freud bekanntlich feststellte, sind Pazifisten oftmals Personen, die als Erwachsene vor den sadistischen Wünschen ihrer Jugendzeit flüchten. Das erschütternde Bild aber, das sie in ihren Reden und Manifesten, in ihren Petitionen wie auch ihren Leserbriefen zeichneten, löste einen aufrichtigen Abscheu gegenüber gesundheitsschädlichen Lebensbedingungen, grausamer Bestrafung, Prostitution und extremer Armut aus. Daß ihre Reformen den Geldbörsen der Bourgeois nicht in jedem Fall weh taten – obwohl sie es oft genug durchaus taten –, schmälert weder die Stärke, noch diskreditiert es die Ernsthaftigkeit des philanthropischen Eifers der Reformer. Durch den unbeugsamen Starrsinn der Konservativen unter ihren Zeitgenossen fühlten sie sich wirklich herausgefordert, und sie waren ehrlich entsetzt darüber, wie unmenschlich man mit Menschen umging.

Philanthropen und Sozialwissenschaftler mochten mit ihrer Aufmerksamkeit hier und da zudringlich und auch gönnerhaft sein, aufs Ganze gesehen aber brachte ihr Wirken einen grundlegenden Wandel in den Einstellungen mit sich: An die Stelle des Herrischen und Gebieterischen trat das Egalitäre und Genossenschaftliche.[15] Mancher Reformer konnte sein naives Vertrauen in die läuternde Kraft von Linderungsmitteln nicht ablegen. So nutzte etwa der nonkonformistische Bürgermeister der Stadt Bristol, Joseph Dodge Weston, der ein wohlhabender Geschäftsmann und rühriger Streiter für die gute Sache war, im Jahre 1881 die Gelegenheit einer Rede anläßlich einer Ausstellung in seiner Stadt, um sein Rezept für die Herstellung sozialer Harmonie darzulegen: «Er war der Überzeugung, und er war sicher, alle im Saal teilten sie mit ihm, daß, wenn es nur gelänge, ihren Handwerkerklassen mehr Sorglichkeit für ihr Heim beizubringen und sie dazu anzuhalten, es mit schönen Dingen auszustatten, dadurch die Bewohner weitaus angenehmer leben könnten und weniger in Versuchung kämen, den Verlockungen außer Haus nachzugeben.»[16] Das war reine Gefühlsduselei und hieß, das Übel mit Rosenwasser heilen zu wollen.

Die Entlarvungsstrategien radikaler Kritiker vermochten daher nicht an die Urgründe der Empörung und des Entsetzens der Mittelklasse heranzureichen. Indem sie das Bestreben, die unteren Klassen zu zivilisieren, lächerlich machten, verkannten diese Kritiker die eigentlichen Überzeugungen der Reformer. Fromme Philanthropen, die Gesellschaften zur Verteilung von Bibeln finanziell unterstützten, waren in der Regel gute Christen, die ebenso ihre eigene wie die Seele jener heidnischen Männer und Frauen aus der Arbeiterklasse retten wollten, auf die sie ihre missionarischen Mühen verschwendeten. Da die allermeisten von ihnen an das ewige Höllenfeuer glaubten, sahen sie in der Errettung der Seelen eine äußerst dringliche Aufgabe und waren jederzeit bereit, diesem gewichtigen Unternehmen ihre Zeit, ihre Ausdauer und – ihr Geld zu opfern.

Für die politische Linke in protestantischen wie in katholischen Ländern wurde es zu einem Glaubensartikel, die Religion als großen Fortschrittsfeind, als Droge, mit der soziale Abstumpfung erreicht wird, zu behandeln. Sie betäubt den Schmerz der sozialen Ungerechtigkeit und lähmt so die Willenskraft, die nötig ist, um den Ausbeuter zu durchschauen und abzuschütteln. Marx etwa behauptete dies unumwunden in einem Artikel von 1847: «Die sozialen Prinzipien des Christentums predigen die Notwendigkeit einer herrschenden und einer unterdrückten Klasse...»; sie «predigen die Feigheit, die Selbstverachtung, die Erniedrigung, die Unterwürfigkeit, die Demut, kurz alle Eigenschaften der Kanaille...»[17] Es ist ja bekannt, wie heftig freidenkerische Politiker in Frankreich – und nicht minder in Italien – Forderungen nach dem Stimmrecht für Frauen bekämpften, weil sie den reaktionären Einfluß des Beichtvaters auf bußfertige Frauenspersonen fürchteten. Dies beweist aber mitnichten, daß jene, die wie zum Beispiel die Methodisten emsig um die Ausbreitung religiöser Lehren und Einstellungen bei den unteren Klassen bemüht waren, in einer Reihe mit Unterdrückern standen. Das Kredo, das sie anderen predigten, war durchaus auch ihr eigenes.

Und ebensowenig waren die meisten nicht kirchlich gebundenen Philanthropen, die die Kampagnen zur Verbreitung der Wohltaten des Lesens und Schreibens unterstützten, darauf erpicht, die unteren Stände zu einer Bourgeoisexistenz zu bekehren, wie sie sie selbst führten, nur bedürftiger und gefügiger. Vielmehr galt ihnen die verändernde Macht des Lesens als eine Kraft, die die Kultur insgesamt zivilisieren sollte. Diese bürgerlichen Gründer von Schulen, Organisatoren von Arbeiterlesezirkeln, Verleger preiswerter Bücher zur Selbsthilfe zogen Widerspruchsgeister und potentielle Politiker aus der Unterklasse groß, die ihre Schulbildung dazu nutzen sollten, auf eigene Rechnung zu denken und Forderungen aufzustellen, die ihre Ausbilder höchst lästig finden sollten. «Wenn die Armen in diesem Land», so schrieb im Jahre 1838 ein britischer Redakteur, «im allgemeinen gut informiert sind und über viele literarische Gegenstände frei und verständig reden können, dann schulden wir dies den Sonntagsschulen, in denen sie das Lesen erlernten.» Der Journalist, der hier seine Meinung zum Ausdruck brachte, schrieb dies im *Northern Star*, einer radikalen chartistischen Zeitung.[18]

Die linken Kritiker der Bourgeoisie begingen auch den Fehler zu übersehen, daß die Bestrebungen, die unteren Stände zu zivilisieren, keineswegs ein Monopol von Aktivisten der Mittelklasse war. Die Angehörigen der «niederen Klassen» bildeten keine einheitliche Masse, die sich nicht zu helfen wußte. Unter ihnen waren tausende Handwerker und Arbeiter in Dauerstellung, die nicht in der Lage und auch nicht willens waren, einen Mittelklassestatus anzustreben, die aber sehr stolz waren auf ihr handwerkliches Geschick und ihr Familienleben; und bereitwillig kamen sie den Bemühungen der Reformer nach, ungezähmte Triebe in die richtigen Bahnen zu lenken. Sie taten sogar mehr, als ihnen nur nachzugeben; häufig ergriffen sie die Initiative und forderten die Einrichtung von Schulen und Spielplätzen, und sie schlossen sich dem Kreuzzug in Sachen

Abstinenz an. Viele Arbeiter, zumal Handwerker in katholischen Ländern, waren zutiefst religiös und politisch sogar konservativ. Kurzum,
die sogenannten unteren Stände waren nicht einfach teilnahmslose Konsumenten der bourgeoisen Moralpredigten, keine formbaren Lehmklümpchen, die es geschehen ließen, von gewieften Demagogen zur
Komplizenschaft mit dem kapitalistischen System verleitet zu werden.

Gewiß waren, zumal zu Beginn der industriellen Revolution in den
einzelnen Ländern, Männer und Frauen aus den unteren Ständen aufgebracht über die Ächtung der blutigen Sportkämpfe und ungestümen Feste
durch die Obrigkeit, welche ihnen doch so lange Zeit eine Abwechslung
in ihrem trostlosen Alltagsleben geboten hatten. Viele widersetzten sich
energisch der Durchsetzung einer gleichförmigen Arbeitsdisziplin, die
doch für eine an Zeitpläne gebundene, bürokratisch organisierte Industriegesellschaft entscheidend ist. Das Entstehen von Klassenbewußtsein
in der ersten Jahrhunderthälfte in Frankreich, England, den deutschen
Staaten und anderswo zeugt natürlich von diesen neuen Arbeitsbedingungen. Es zeugt allerdings auch von der Existenz einer punktuellen
kulturellen Autonomie unter den arbeitenden Massen. Während sich ihre
militanteren Vertreter in einem Netzwerk sozialdemokratischer Interessenvereine zu organisieren begannen, fanden sich bürgerliche Reformer
und proletarische Rebellen in der politischen Arena oftmals auf gegensätzlichen Positionen. Allerdings waren sie bei dem großangelegten
Versuch einer Beherrschung der Welt im Mittel der Selbstbeherrschung
häufig auch unfreiwillige Verbündete, gelegentlich zu ihrer eigenen Überraschung.

Ein Blick auf die Sportbewegung, insbesondere ab den 60er Jahren des
Jahrhunderts, mag einige der Besonderheiten deutlich werden lassen, die
die Bürger bei ihrer feldzugsartigen Suche nach Formen einer friedlichen
Nutzanwendung aggressiver Strebungen vorfanden, ihre Fehlschläge
nicht weniger als ihre Erfolge. Ähnlich anderen Kulturphänomenen war
der Sport ebenso national wie kosmopolitisch geprägt, und so wie die
Deutschen das Turnen zu ihrem Lieblingssport erkoren, so taten es die
Engländer mit dem Fußball, die Franzosen mit dem Radfahren und die
Amerikaner mit dem Baseball. Und doch gab es keine Zollschranken
gegen Importe; wie Waren und Geldtransaktionen, die auf einem sich
herausbildenden Weltmarkt grenzüberschreitende Form annehmen, so
stand auch der Sport für eine Diffusion der Kulturerscheinungen. Zumal
England, hierin unübertroffenes Begründerland, beglückte mit seinen Erfindungen – und dem dazugehörigen Wortschatz – seine aufnahmebereiten Nachbarn.

Indessen reicht der Symbolcharakter des Sports noch weiter. Ähnlich den Städten, in denen die Sportarten ja auch zumeist ausgeübt wurden, breitete sich der Sport in einem so schwindelerregenden Tempo aus, das selbst seine begeistertsten Anhänger nicht vorausgeahnt hätten. Ähnlich den Fabriken, aus denen der Sport viele seiner Jünger und die meisten seiner Zuschauer rekrutierte, brachte er es zu einem immer raffinierteren System der Arbeitsteilung; tatsächlich konnten es die Scheingefechte jener Zeit mit dem Handel, dem Bankwesen und den freien Berufen darin aufnehmen, daß sie in nie dagewesener Weise den Vorrang des Spezialisten untermauerten. Ähnlich der Handarbeit wurde der Sport nach rigorosen und zweckmäßigen Regeln organisiert. Tennisspieler trugen zum Beispiel lange vor 1900 ihre Wettkämpfe auf Tennisplätzen gleicher Abmessung, an Netzen gleicher Höhe aus, während Fußballmannschaften in ganz Europa mit der gleichen Anzahl von Spielern auf den Platz liefen und auf Tore gleicher Größe schossen. Und ähnlich der Politik kreierte der Sport für die Zuschauermassen jene Stars, die sie bewundern konnten, und stellte so im Zeitalter der Demokratie die Helden, nach denen es verlangte.

Der Sport spiegelte das Obsessive der bürgerlichen Kultur mit ihren umfänglichen Regelwerken, ihren exakten Rekordmarken über gesprungene Weiten und geschossene Tore. Mehr noch: In einem Zeitalter, in dem über Jahrzehnte hin große Reden geschwungen worden waren, in denen es vor egalitärer Propaganda über die jedem Talent offenstehenden Karrieren nur so strotzte, und man sich gerade anschickte, Ausleseprüfungen für den Zugang zu Stellen in der staatlichen Verwaltung einzuführen, kamen mit dem Sport Wettbewerbe in Mode, bei denen nur das individuelle Verdienst entscheidend sein sollte. Freilich nicht allzu sehr: die anstößigen Klassenunterschiede, die die bürgerliche Gesellschaft nach wie vor durchzogen, zeigten sich ebenso sehr auch im Sport. Und schließlich war da noch dies, daß der Sport, wie nahezu alles Erleben, sexuelles Empfinden ebenso an sich binden konnte wie offene Aggression; die erotischen Implikationen miterlebter Anmut oder Kraft oder an sich selbst erfahrener Bewegung waren ungeachtet des sie umgebenden höflichen Schweigens höchst real. Kurz, der Sport war wie die Gesellschaft, deren ebenso integraler wie gehätschelter Bestandteil er war, durchlöchert von Widersprüchen.

Ein ganz entscheidender Widerspruch indessen zielt ins Zentrum des Sports, insoweit man ihn als friedliches Ventil für kriegerische Strebungen auffaßt. Wenn zum Beispiel ein William James die Freuden der Kampfeslust zu entschärfen gedachte und sie durch die Freuden eines anstrengenden Dienstes an der Gesellschaft ersetzen wollte, dann schien ein solcher

Vorschlag durchaus vernünftig. Da die Menschen Mühe haben, ein einmal erlebtes Vergnügen aufzugeben, mochte ein solches Opfer leichter fallen, wenn ein Ersatzvergnügen bereitstand. Dies waren die psychologischen Erwägungen des englischen Parlamentsausschusses, der von der Annahme ausging, daß Arbeiter, die zur Gewalttätigkeit neigen, keinen Polizisten treten würden, wenn sie statt dessen in einen Fußball treten könnten. In Frankreich scheint manchem zynischen Industriellen der Sinn einer Schaffung von derlei Ersatzbildungen ganz und gar einleuchtend gewesen zu sein; so ließen sich etwa in Vienne, einer Stadt im Süden von Lyon an der Rhône, die lokalen Honoratioren bei Einführung des Rugby-Spiels über die arbeitende Bevölkerung dahingehend vernehmen, daß diese, «solange sie zu Rugby-Spielen geht, Ruhe halten wird». Argwöhnischen Journalisten und Politikern, die der Arbeiterklasse nahestanden, war diese Gefahr bewußt. Sie hielten die herrschenden Klassen für durchaus fähig, den Berufssport zu einem Opium für die Massen zu machen. «Wenn die große Masse der Arbeiter jahraus jahrein nichts anderes als den Sport im Sinn hat», so merkte im Jahre 1904 die Zeitschrift *Labour Leader* an, so könnte dies am Ende Männer hervorbringen, «die nur noch ihren Herren gehorchen und an Fußball denken».[19]

Andere Beobachter priesen hingegen die zivilisierenden Wirkungen des Sports in höchst idealistischen Tönen. So schrieb etwa der damalige Leiter der Pariser École Normale, A. Magendie, im Jahre 1893, daß beim Mannschaftssport «die unbedingte Pflicht, sein Temperament zu zügeln, in Wort und Gestik einen gewissen Anstand zu wahren und sich jederzeit ordentlich aufzuführen, das Kind allmählich an die Selbstbeherrschung herangeführt und daran gewöhnt wird, das zu tun, was es für seine Sache dienlich hält, ohne die Rechte seiner Kameraden zu verletzen. Auf diese Weise wird es so stark im Geiste, daß es sogar die Rechte seiner Gegner achten lernt.» Einige wenige Optimisten sahen im Massensport und den Scharen seiner aufgeputschten Anhängerschaft attraktive Übungen in Selbstbeherrschung. «Die öffentliche Meinung», so schrieb nach der Jahrhundertwende der englische Sportschriftsteller Martin Cobbett, «ist zu einer starken und nach und nach machtvollen Kraft geworden.» Jahr um Jahr und Jahrzehnt um Jahrzehnt habe die Stimme des Volkes «auf eine Reinigung und Läuterung des Zeitvertreibs der Männer im Lande» hingewirkt.[20]

Das waren hübsche, aber abwegige Illusionen; die meisten Journalisten und Beobachter waren besorgt über das Verhalten der Spieler auf dem Feld und der vielen ideellen Mitspieler auf der Tribüne. Nur selten schien gesunde Katharsis das glückliche Ergebnis einer auf dem Rasen statthabenden Massenkeilerei zu sein, und schon gar nicht stellte sie sich beim bloßen Zusehen ein. Das benebelnde Spektakel von Fußballspielern oder Boxern, die sich gegenseitig zusammenschlagen, führte statt zu gleichmütigem Überdruß zu noch heftigerem Verlangen nach mehr Gewalt. Ratlos ob der anhaltenden Popularität des Preisboxens unter den Arbeitern stellte die *Saturday Review* schon 1856 fest, daß dessen Anhänger, wenn sie jenem «gemeinen und brutalen» Gemetzel beiwohnen, daraus einen psychischen Gewinn ziehen – wir würden das heute eine narzißtische Kompensation nennen. «Offenbar möchten sie als ein kühnes, ungestümes, energisches Geschlecht gelten, das der Schmerzen und Strapazen spottet und nichts so sehr haßt, wie eine Sache nur halb zu tun.» Allgemein gesagt, «glauben sie an den Britischen Löwen als das Summum und den Endzweck der Fähigkeiten des Menschen».[21]

Vier Jahre später legte die gleiche Wochenschrift in ihrem Bericht über den berühmten, mit bloßen Fäusten ausgetragenen Meisterschaftskampf zwischen dem riesenhaften amerikanischen Berufsboxer J.C. Heenan und dem weitaus kleineren, aber sehr wendigen Faustkämpfer Tom Sayers eine ebenso unerwartet wie verräterisch blutrünstige Hochstimmung an den Tag. Beide Boxer zeigten bei ihrem verbissenen und anscheinend äußerst mitreißenden Kampf eine große physische Ausdauer, der, unter den gierigen Blicken der Crème der oberen Zehntausend Englands, fast zweieinhalb Stunden dauerte und erst endete, als ihn die Polizei abbrach, weil Heenan seinen Gegner in den Seilen zu erdrosseln schien. «Niemals in der Geschichte des Faustkampfs zeigte ein Boxer in so fabelhaftem Maße Geschick, Routine, Übersicht, Vielfalt boxerischer Mittel, Beherztheit und Standfestigkeit wie Sayers bei seinem großartigen Kampf. Wo immer Mut und Gefühle eines Mannes zählen, wird sein Name in Ehren gehalten werden.»[22] Ganz offenkundig war die Lust an kraftstrotzenden, blutigen Darbietungen nicht nur das Vorrecht von Handlangern und Schankwirten.

Nicht jeder allerdings mochte für die Gewalt im Sport eine Lanze brechen. Nachdem ab 1888 der Fußball in Großbritannien ein Massensport geworden war, komplett mit durchorganisiertem Ligasystem, Pokalrunden und Berufssportlern, verurteilte ein Besucher aus Frankreich, obschon selbst dem Sport eher zugetan, den Fußball wegen seiner Brutalität: «Es ist ein Spiel für Rüpel. Man kann nicht umhin festzustellen, daß der Fußball, statt zur Fortbildung ziviler Umgangsformen, zur Entwicklung von Besonnenheit und Gerechtigkeitssinn einen Beitrag zu leisten, jenen Eigenschaften also, die zusammen mit Gewandtheit und Körperkraft den wahren Gentleman ausmachen, die niedrigsten Leidenschaften weckt.» Dieses Urteil wurde 1892 von Charles Edwardes, einem gebildeten Engländer, noch bekräftigt: «Dieses neue Fußballspiel stachelt

weitaus wirkungsvoller die sündigen Leidenschaften der Menschheit an
als eine politische Versammlung oder ein Pferderennen.» Nicht daß die
Spieler die Zuschauer aufreizten, vielmehr war es so, daß die Zuschauer
die Spieler aufreizten. Je nach dem Ausgang des Spiels gab es unanstän-
dige Jubelrufe und ebenso anstößige Bekundungen des Mißmuts. Zudem
wurde viel getrunken, und zu den Leistungen der einzelnen Spieler gab
es lebhafte und minutiöse Kommentare. «Fest steht, daß derlei Übungen heutzutage eine Sucht sind und nicht mehr nur der Unterhaltung
dienen.»[23]

Daß der Fußball außerdem noch ein Geschäft war, konnte die Verausgabung von Energien nur noch steigern; das Gieren nach dem Sieg nährte
sich an der Hoffnung auf Gewinn. Hely Hutchison Almond, Rektor
einer Schule in Schottland und Verfechter von Fuchsjagd und körperlicher Züchtigung, beklagte die Professionalisierung des Fußballs und die
dadurch beförderte Undiszipliniertheit. «Viele unter den Zuschauern»,
so schrieb er 1893, «sind Handarbeiter. Sie wollen keine Betätigung am
Sonnabend Nachmittag, sondern sie wollen Entspannung, frische Luft
und irgendeine Aufregung, die ihr Blut in Wallung bringt.» Almond war
ein leidenschaftlicher Fürsprecher des rauhen Männersports, aber sein
Ideal war das Spiel aus reiner Freude und nicht für Geld, für Ruhm oder
für einen Pokal; für den wahren Amateur war Fußball eine durch und
durch «sittliche Kraft«.[24] Almond mußte allerdings anerkennen, daß der
Massensport schon zu seinen Lebzeiten alles andere als eine Alternative
zur Gewalttätigkeit war, vielmehr hatte er sich als deren Stimulans erwiesen.

Manche Kritik an der rowdyhaften Sprache und frechen Gestik der
Menge liest sich wie die anmaßende Geringschätzung eines betuchten
Gaffers, der auf die Massen aus der sicheren Entfernung seines teuren
Sitzplatzes herabsieht. Etliche Klagen waren aber durchaus angebracht.
Nicht selten gerieten die Zuschauer auf den Fußballplätzen des späten
19. Jahrhunderts, trunken von Bier oder Erregung, außer Rand und
Band. Die Spieler der gegnerischen Mannschaft – allerdings auch die der
eigenen, wenn sie eine schlechte Leistung boten – wurden mit Schimpf-
rufen oder Verwünschungen überschüttet und ebenso auch der Schiedsrichter. Die Leute strömten auf das Spielfeld, sobald einer ihrer Lieblinge
gefoult wurde, und nach Spielende terrorisierten sie auf ihrem Weg zum
Bahnhof friedliche Bürger, die zufällig in der Nähe des Stadions wohnten.
Im Jahr 1892 verteilte der englische Fußballbund Plakate zum Aushang an
seine Mitglieder, die eine offene Sprache sprachen: «Zuschauer und Spieler
werden gebeten, bei sämtlichen Spielen, die auf diesem Felde ausgetragen
werden, Ruhe und Ordnung zu halten und von Unmutsbekundungen

gegen den Schiedsrichter, die auswärtige Mannschaft oder irgendeinen Spieler Abstand zu nehmen. Fehlverhalten dieser Art kann eine Schließung des Platzes für Fußballspiele zur Folge haben. Ein solcher Vorgang würde nicht nur große finanzielle Einbußen mit sich bringen, sondern würde auch erheblich dem Ansehen des Vereins schaden.»[25] Mit der Schande könnte ein Verein womöglich leben, ein finanzieller Verlust jedoch stand auf einem ganz anderen Blatt. Im kulturellen Kontext der bürgerlichen Gesellschaft des ausgehenden Jahrhunderts konnte demnach unkontrollierte Aggression sehr teuer werden.

William James hatte sich eine Art offener Verschwörung für den Frieden ausgemalt. Einflußreiche Propagandisten des Sports traten indessen für genau das entgegengesetzte Ziel ein. Ihre Einstellung läßt sich am besten mit der überspitzten These wiedergeben, die – fälschlich, so will es scheinen – dem Herzog von Wellington zugeschrieben wird, daß nämlich die Schlacht von Waterloo auf den Spielfeldern von Eton entschieden worden sei.[26] Tatsächlich war der erste Pamphletist, der Körperertüchtigung mit Kriegsbereitschaft in Verbindung brachte, ein Deutscher, dessen Bekanntschaft wir schon gemacht haben, nämlich der überspannte Patriot Friedrich Ludwig Jahn. Er fand zu seiner Berufung in den Jahren vor Waterloo, als die deutschen Staaten unter das napoleonische Joch gezwungen waren. Anfangs wurde er von der Obrigkeit wegen seiner umstürzlerischen, nationalistischen Reden behelligt, später allerdings von seinen Landsleuten hoch geachtet; seine Bewunderer verliehen ihm den Beinamen «Turnvater», der seinen Tod weit überdauerte. Als Verfasser polternder Streitschriften, in denen er die politische Einheit propagierte und sich für die Säuberung der deutschen Sprache stark machte, brachte er den Wunschtraum nach jenen ruhmreichen germanischen Idealen unter die Leute, die, wie er meinte, bedauerlicherweise in Vergessenheit geraten waren: Treue, Ehre und Körperkraft. Für ihn war Herrschaft ein physisches Merkmal, oder sie war überhaupt nichts.

Als demagogischer Verfechter der Gleichheit setzte er Juden und Franzosen mit gleicher Infamie herab, sein Ruhm aber gründet auf seinen ausgeklügelten Übungsplänen. Diese quasi-religiösen Grundlegungen von Zucht und Sitte sollten im Freien stattfinden, durchgeführt von disziplinierten Turnriegen an eigens ersonnenem Gerät und in völlig gleich aussehendem Turnzeug. Jahn bereiste die deutschen Länder mit seiner Botschaft, veranstaltete Turnfeste und versammelte begeisterte Jünger um sich, die so kräftig und kernig waren wie ihr Lehrer. Gemeinsam setzten sie sich für die Wiederherstellung deutscher Stärke und Selbstachtung ein; gemeinschaftliches Turnen sollte dabei ein Mittel zur Wiedergeburt ihres Landes sein. Jahns Programm glich dem Programm von William

James, nur auf den Kopf gestellt. Er wollte Pflugscharen zu Schwertern umschmieden.

Jahn, der im Jahre 1852 starb, erlebte die Verwirklichung seines innigsten Wunsches, die Einigung des Reiches, nicht mehr; nachdenklich hatte er einmal gemeint, er sei fünfzig Jahre zu früh geboren. Sein Vermächtnis indessen, das organisierte Turnen im nationalen Strahlenkranz, lebte fort bis über die Reichsgründung hinaus. Das erste Turnfest mit Mitwirkenden aus allen deutschen Ländern wurde 1860 in Coburg begangen, zehn Jahre vor der Reichseinheit. Die damalige Presse sah in ihm – einigermaßen zu Recht – ein entschieden eher politisches als athletisches Ereignis. Die liberale *Gartenlaube* pries es als «moralischen Sieg» der deutschen Nation, dem eine «ernste, hohe, nationale Bedeutung» zukomme. Nach der Reichsgründung verlegten die Turner den Akzent ihrer Festivität auf das weniger politische Bekenntnis zur Körperertüchtigung, obgleich ihre Sprecher nach wie vor gebetsmühlenartig Jahns heiligen Namen beschworen. Das siebte deutsche Turnfest fand 1889 in München statt, dort versammelten sich ungefähr 400000 deutsche Turner aus 3843 Turnvereinen, um an Reck und Pferd ihre Übungen durchzuführen. Viele Turner hatten einfach Spaß an der schweißtreibenden Anstrengung, an den Aufmärschen, an der Kameradschaft unter Männern, die sich bei ihren Aktivitäten ergaben.[27] Diese eher gemäßigten Adepten des gesunden Körpers führten so statt des muskeltrainierenden Chauvinismus friedliche Gründe für ihre Sportübungen ins Feld.

Aber eben diese historische Gelegenheit, die es den Deutschen ermöglichte, ihre Kampfeslust im Sport herabzumildern, zwang sie den Franzosen geradezu auf. «Unsere Nachbarn», so meinte der Schreiber eines Artikels über bewaffnete französische Schülerbataillone 1882 in der *Gartenlaube*, «(haben) etwas von uns gelernt.» Die Situation war beunruhigend. Mit der Reichsgründung hatte Frankreich eine der traumatischsten Demütigungen seiner Geschichte hinnehmen müssen. Von dem Zeitpunkt an sahen in Frankreich viele Liebhaber des athletischen Kampfs im Krieg einen Sport mit anderen Mitteln. Als am 3. August 1914 ein militärischer Zusammenstoß zwischen Frankreich und Deutschland unausweichlich wurde, feuerte Henri Desgrange, ein berühmter Radrennfahrer und Begründer der Tour de France sowie Herausgeber der äußerst erfolgreichen Sportzeitschrift *L'Auto* auf seine volkstümliche Art seine Leser an: «Mes p'tits gars français! Hört mir zu!... Die Preußen sind eine Bande von Bastarden.» Die Spiele, an denen die Franzosen in Friedenszeiten ihr Vergnügen gefunden hätten, würden ihnen nun in den Schützengräben zugute kommen: «Jetzt habt ihr in dem großen Wettkampf zu spielen, und ihr müßt jeden Trick ausnützen, den ihr im Sport gelernt habt.» Offensichtlich war eines dieser Dinge, die sie der Sport gelehrt hatte, wenn man Desgrange glauben konnte, die Mitleidlosigkeit. «Wenn euer Bajonett über ihrem Herzen blitzt und sie um Gnade winseln, gebt nicht nach. Erstecht sie!»[28]

Journalisten wie Desgrange hatten ihre französischen Leser über mehr als vierzig Jahre auf diese kriegerische Gesinnung eingestimmt. Seit der Niederlage Frankreichs war *Revanche* ein schmachvolles Thema gewesen, auf das Sportler wie andere Leute auch, einer Obsession gleich, immer wieder zurückkamen. Aber ihr Verlangen, Frankreichs verlorene Provinzen zurückzuerhalten und seine Tapferkeit unter den übrigen Nationen wieder zur Geltung zu bringen, löste alarmierende Bedenken über die körperliche Verfassung der zukünftigen Soldaten aus. Zu den Besorgnissen wegen Frankreichs Bevölkerungsrückgang gesellten sich die Befürchtungen ob des beklagenswerten Mangels an körperlicher Tauglichkeit unter der Bevölkerung. Wie sollten denn die deutschen Bastarde von Frankreichs Jugend, die als brillentragende, schwule Ästheten von der Schule abgingen, geschlagen werden?

Schon während des Zweiten Kaiserreichs hatten Pädagogen nach Programmen für die Leibeserziehung verlangt, und mehrmals hatte der Gesetzgeber solche Programme erlassen, nur, um wegen fehlender Mittel und ausbleibenden Interesses immer wieder enttäuscht zu werden. Wenige Schulen nur verfügten über Räumlichkeiten, die sich für Turnen oder Spiele eigneten, noch weniger Bildungseinrichtungen nannten Spielfelder ihr eigen. Aber die Schmach von Sedan förderte die Bereitschaft, Leibesübungen in den Schulen einzuführen und Schulgeld dafür zu entrichten. An die Stelle des Desinteresses trat die glühende Begeisterung. 1879 etwa merkte der Vorsitzende des fünf Jahre zuvor gegründeten französischen Alpenvereins an, daß der Verein zwar immer noch «an den Folgen des Kummers (zu leiden habe), der das Vaterland betroffen hat», daß aber die Hoffnung bestehe, daß er zu einer «Schule der körperlichen Energie und geistigen Vitalität» werde, um die jungen Franzosen «männlicher zu machen und besser zu befähigen, das militärische Leben zu ertragen, und um besser darauf vorbereitet zu sein, einen anhaltenden Konflikt ohne Zagen durchzustehen». Kaum ein Redner auf den Banketten der Sportverbände, der nicht die gleichen Töne angeschlagen hätte. Alle stimmten sie mit Magendies knappem Diktum überein, daß die «Leibeserziehung eng mit der Erziehung zum Patrioten verknüpft»[29] sei.

Philosophisch gesonnene Franzosen stimmten darin überein und stellten damit gerade jene Verbindung zwischen Sport und Kampfeslust her, die William James beklagte. So bemerkte Paul Adam in *La Morale des sports*, einer salbungsvollen Abhandlung aus dem Jahre 1907, daß im alten

Athen «Kraft die Mutter des Geistes» gewesen ist, und mit *Esprit* meinte Adam Kampfgeist. Auch Nietzsche bemühte er bei seinem Ruf nach patriotischem Mannesmut: «Der Sinn für den Sport ist ein steter Antrieb für den Willen zur Macht.» Der Mensch, so hatte Nietzsche gelehrt, muß sich selbst überwinden. Was für eine großartige Maxime! Nicht weniger großartig fand Adam die Vorliebe der Yankees für das, was «Aufregung» vermittelt, was er als ein Gefühl der Befriedigung definierte, das «die körperliche Kraft und die geistige Energie (in Sport und Politik) steigert». Paradoxerweise nahm Adam auch William James für seine Sache in Anspruch. Hatte nicht James die gesamte Philosophie des Sports in seine Theorie der Emotionen aufgenommen, derzufolge Gesten und Handlungen Gefühle hervorrufen? Jetzt sei es an der Zeit, «in den Seelen und Körpern der romanischen Jugend das Heldentum zu neuem Leben zu wecken», welches das Kennzeichen der französischen Soldaten auf den Schlachtfeldern von Austerlitz und Jena gewesen war.[30] Was immer man sonst von Napoleon denken möge, zumindest habe er die Deutschen geschlagen.

Die Sportler und Zuschauer in Frankreich konnten sich dieser patriotischen Verve so wenig entziehen wie ihre Pendants in Deutschland. Wer glaubt, daß der Sport tatsächlich der Aggressivität die Spitze nehmen kann, der mag in diesem Faktum Trost suchen. Zwar nahmen sich die französischen Turner, die nach 1870 mit besonderem Eifer diesem Import aus Deutschland anhingen, wie Wiedergeburten von Turnvater Jahn aus. So zogen zum Beispiel im Jahre 1882 in Reims die Mitglieder eines neu gegründeten Vereins diverse Taufnamen für ihn in Erwägung, darunter so provozierende wie «Le Souvenir» oder «Alsace-Lorraine» oder ohne jeden Umschweif «La Revanche», um sich dann allerdings doch auf den nicht ohne Hintergedanken ersonnenen Namen «La Sentinelle» zu einigen. Und die 1873 gegründete Union des Sociétés Françaises de Gymnastique, die bereits nach wenigen Jahrzehnten mit Stolz auf eine Mitgliedschaft blicken konnte, die nach Hunderttausenden zählte, erkor zu ihrem Wahlspruch die patriotische Forderung von General Chanzy: «Gebt mir Männer, und wir machen Soldaten aus ihnen.»[31] Antideutsche Aufrufe auf den Tagungen des Verbandes konnten stets lärmende Zustimmung einheimsen. Während also immer mehr Franzosen sich die Ausübung des Turnsports leisten konnten, war doch den meisten mehr daran gelegen, Muskeln und Hüften in Form zu halten. Ihr Kampf galt ausschließlich dem Übergewicht.[32]

Die Leidenschaft Frankreichs für das Radfahren, das in den Jahren nach 1870 zu einem identitätsstiftenden Kennzeichen des Landes wurde, war noch eindeutiger frei von jeder patriotischen Aggressivität. Zunächst waren Fahrräder für die meisten unerschwinglich gewesen, aber nach der Einführung neuer Fahrradtypen mit Luftbereifung in den neunziger Jahren sank deren Preis, und es begann eine Blütezeit für den Fahrradsport.[33] Fahrradhersteller veranstalteten Radrennen, setzten Preise aus und kreierten Volkshelden, die für ihr Produkt warben; auf diese Weise wandelte sich der Sport zur Massenunterhaltung. Die in Paris und anderen Großstädten vor 1900 gebauten Radrennbahnen wurden nicht selten von mehr als fünfzehntausend Radsportbegeisterten besucht, die fürs Zuschauen gutes Geld bezahlten.[34] Und die weltbekannte Tour de France, die bei ihrem Beginn im Jahre 1903 kommerziell ein durch und durch riskantes Unternehmen war, mauserte sich zu einem Sportfest von nationaler Bedeutung. Für die Mehrzahl der französischen Radler und ihre restlos begeisterten Zuschauer wurde das deutsche Feindbild zu einem Nebenaspekt. Sie hatten es nämlich mit ganz anderen Problemen zu tun: In den Jahren der Jahrhundertwende äußerte mancher Arzt die ernste Besorgnis, daß Radfahren die sexuelle Begierde anstacheln oder Verletzungen der Genitalien zur Folge haben könne, oder man stellte sich die Frage, ob das Radfahren für Frauen während der Menstruation oder gleich nach dem Geschlechtsverkehr zuträglich sei. So behauptete im Jahr 1900 nach aufwendigen Untersuchungen ein Dr. Ludovic O'Followell, daß das Radfahren zwar mit Gefahren verbunden sein könne, daß er aber keinerlei Beweis für einen ursächlichen Zusammenhang mit der beklagenswerten Rückläufigkeit von Frankreichs Bevölkerung gefunden habe. Im Gegenteil war er der Ansicht, daß es die Familien wieder enger zusammenbringe und demzufolge die Geburtenrate wieder ansteigen könne.[35]

Welches immer die widerstreitenden Beweggründe gewesen sein mögen, von denen die Sportler des bürgerlichen Zeitalters hin und her gerissen wurden, die jeweils ausgeübte Sportart konnte zu einer Integration der Klassen beitragen – sofern sie nicht zu kostspielig war. Tatsächlich funktionierte dies so gut, daß besorgte Sozialisten in etlichen Ländern Fußball- und Wandervereine gründeten, aus denen jedes bürgerliche Mitglied, das den Willen zur Revolution hätte hintertreiben wollen, verbannt blieb. Indessen beförderten jene Sportarten, die sichtlich einen elitären Touch hatten, geradezu die Verschärfung der Klassenwidersprüche. Reiten, Rasentennis, Rudern, Polo erforderten eine teure Ausrüstung sowie einen Aufwand an Zeit und Kosten, den die arbeitende Bevölkerung und letztlich auch das Kleinbürgertum nicht aufbringen konnten.

Und überdies waren manche Sportarten nur dem Scheine nach demokratisch. So merkte im Jahre 1871 der anonyme Kompilator eines Krikket-Handbuchs an, daß dieser Sport vorzüglich zur Entwicklung körper-

licher Geschicklichkeit beitrage, zu der den Engländern eigenen Liebe
zur Natur passe und «zudem den Vorzug (biete), auf dem ‹grünen Rasen›
den freien Austausch von Höflichkeiten zwischen Klasse und Klasse zu
ermöglichen: dort kommen sogar Lords und Arbeiter auf gemeinsamem
Grund zusammen und können sich bei dieser Gelegenheit frei untereinander mischen.»[36] Allerdings vergaß dieses «Mitglied des Marylebone
Clubs», welcher im Grunde der Alleinherrscher über das Kricketspiel
war, geflissentlich darauf hinzuweisen, daß es mit dem freien Vermischen
dann ein Ende hatte, wenn das Spiel vorbei war, und daß gerade durch die
Zusammensetzung der Mannschaften, mit ihrer sattsam bekannten Unterscheidung von «Gentlemen» und «Spielern», Amateuren und Profis –
eine Praxis, die bis in die 60er Jahre dieses Jahrhunderts hinein überlebt
hat – die Klassenunterschiede in England noch betont wurden. Einige
Sportarten, insbesondere der Fußball, wurden noch vor der Jahrhundertwende demokratisiert. Andere indessen blieben bis 1914 und darüber
hinaus ausschließlich Auserwählten vorbehalten. Wenn auch der Sport
tatsächlich in gewisser Hinsicht als moralischer Ersatz für den Kampf
diente, so trifft dies jedoch nicht auf den Klassenkampf zu.

Mit der Verkürzung der Arbeitswoche und der Zunahme der verfügbaren Einkommen stieg auch der Druck von seiten der Sportliebhaber aus
den unteren Mittelschichten und der Arbeiterklasse, und so konnte der
Unterschied zwischen exklusiven und volkstümlichen Sportarten nicht
länger in völliger Reinheit aufrechterhalten werden. Allerdings bemühten
sich die viktorianischen Upperclass-Angehörigen, die unausweichliche
Nivellierung nach unten aufzuhalten.[37] Die Hauptstütze ihrer Abwehr
einer Demokratisierung des Sports war der Kult, der mit dem Amateurstatus getrieben wurde. Die Engländer haben das Wort zwar nicht erfunden, aber sie haben ihre Definition des Wortes in der ganzen zivilisierten
Welt verbindlich durchsetzen können. Das Ideal des Amateurs setzte
Verbandsfunktionäre und Vereinsvorsitzende ernsten Belastungen aus,
ganz zu schweigen von den Athleten selbst. Angesichts rapide wachsender Zuschauermassen, die Siege sehen wollten, versuchte jede Mannschaft, dieser Forderung dadurch nachzukommen, daß sie sich der Unterstützung durch überaus erfolgreiche Sportler versicherte, deren Leistung
gegen Geld zu haben war. Befanden sich Arbeiter in einer Mannschaft, so
mußten sie für die Zeit entschädigt werden, die ihnen bei der Arbeit
verlorenging, und rivalisierende Vereine steckten ungeheuer viel Geld in
Bemühungen, die besten Spieler ihres Gegners abzuwerben oder in der
Weise zu bestechen, daß sie beim Spiel unter ihrer Leistung blieben.
Nichts in der Geschichte des modernen Sports hat zu mehr Heuchelei
geführt als der Kult des Amateurs.[38]

Die gesellschaftlichen Voraussetzungen dieses Kults liegen auf der Hand: Der Amateur ist jemand, der über Zeit und Geld verfügt, um sich seinem Sport widmen zu können.[39] Aber die Verfechter dieses Ideals mochten es nicht bei dieser gesellschaftlichen Realität belassen. Pierre de Coubertin zum Beispiel, der Gründer der Olympischen Spiele der Neuzeit, begrüßte die gesunde Mischung der Klassen, die, nach seiner Vorstellung, der Sport an Public Schools und Colleges in England herbeigeführt habe. Er sah nicht – oder wollte es nicht zugestehen –, daß diese herzliche Kameradschaft weitgehend eingegrenzt war auf die Söhne des Adels und der wohlhabenden Kaufleute; die niederen Stände waren praktisch von ihr ausgeschlossen.

Welches auch immer seine realgesellschaftlichen Beschränkungen sein mochten, Coubertin und die übrigen Glaubensbrüder sahen in der Gesinnung des Amateurs einen Beitrag zu der im 19. Jahrhundert geführten Kampagne zugunsten der Charakterbildung. Auf einer Versammlung, die 1894 für die Olympischen Spiele veranstaltet wurde, teilte er den Delegierten seine Überzeugung mit, daß die Vernachlässigung des Körpers seit dem Mittelalter ein «riesiger Fehler» mit zahllosen Weiterungen in Wissenschaft und Gesellschaft gewesen sei. Ein internationales Fest des Sports würde hier die Dinge wieder ins Gleichgewicht bringen. «Der Mensch besteht nicht aus zwei Teilen, Körper und Seele, sondern aus deren drei, Körper, Geist und Charakter», und der Charakter werde «nicht durch den Geist geformt, sondern vorrangig durch den Körper».[40]

Pierre de Coubertin verkörpert die Verwicklungen und Widersprüche, die den Sport im 19. Jahrhundert zu einem so fragwürdigen Verbündeten bei dem Kreuzzug für Selbstbeherrschung gemacht haben. In einer wahren Flut von Reden, Artikeln und Büchern wiederholte er unablässig sein Kredo in Sachen Sport, das ihm zuerst 1866, im Alter von dreiundzwanzig Jahren, auf einer seiner Reisen nach England, gekommen war. Die französische Übersetzung von Thomas Hughes' Buch *Tom Brown's Schooldays* – «jenes bewegende und anregende Buch» – wurde zu Coubertins Bibel. Wie dessen Held, so fand auch Coubertin Erleuchtung, ja nachgerade seine Berufung bei einem Besuch in Rugby. Die Phantasievorstellung, die er dort entwickelte, bestimmte fortan sein Leben: Er würde die Welt lehren, den Körper in freier, fröhlicher Bewegung zu bilden, wodurch der Mut der Menschen gehoben und ihr ganzes Wesen geläutert werde. Die sportlichen Aktivitäten in Rugby «beenden den Sittenverfall schon im Entstehen, indem sie ihm den Rücken abschneiden und am Vorrücken hindern, und letztlich rüsten sie die natürlichen Anlagen zum Kampf».[41] Sein ganzes Leben lang kamen unter Coubertins Feder friedliche und kriegerische Bilder einander ständig ins Gehege.

Mit ihrer Hilfe vermochte Coubertin, der einer alten Adelsfamilie entstammte, die Tapferkeit, jene aristokratische Tugend, zu rühmen und zugleich gegen die Lust am Siegen anzupredigen. Sport sollte *reines* Vergnügen sein, seine Ausübung spontaner Ausdruck der Lebensfreude. Wie auch andere Vorkämpfer dieser edlen Gesinnung mißbilligte Coubertin Wutausbrüche bei Niederlagen und Frohlocken im Siege; auf das Spiel allein kam es an. Ihm ist das olympische Kredo zu verdanken: «Wichtig ist nicht das Gewinnen, sondern das Dabeisein, das Wesentliche im Leben ist nicht die Eroberung, sondern der anständige Kampf.» Deswegen wetterte er über den professionellen Geist im Sport, obgleich er schon einsah, daß einem Athleten aus der Arbeiterklasse ein gewisser finanzieller Ersatz zuzugestehen war. Die modernen Olympischen Spiele, deren Zustandekommen sich seiner Geduld und seinem diplomatischen Geschick verdanken, sollten eine «Republik der Muskeln»[42] sein. Gegenüber den blaublütigen und versnobten Amateuren, mit denen er verkehrte, war Coubertin auf seine Weise ein Demokrat.

Zugleich liebte er das Land und den Frieden; dem Patriotismus galt seine Wertschätzung, Nationalismus verabscheute er. Die Unruhen in Frankreich hatten ihn als jungen Menschen, nach einem späteren Geständnis, mit Scham erfüllt. «Nichts brachte meinen Nationalstolz in größere Verlegenheit als der Umstand, daß ich in meiner Tasche Münzen mit unterschiedlichen Bildnissen darauf trug.» Aber dadurch wurde er keineswegs zu einem Chauvinisten oder zu einem Prediger der Revanche. Wahrer Patriotismus, das war seiner Ansicht nach eine von Haß ungetrübte Liebe. Die Olympischen Spiele sollten, indem sie diese Liebe begünstigten, zugleich der internationalen Verständigung dienen und «ein überzeugender, wenn auch mittelbarer Faktor für die Sicherung des Weltfriedens» werden. Die Erfahrung, die dank ihrer gemacht werde, unterscheide sich grundsätzlich von der, die der Tourismus mit sich bringe, der ja den Reisenden so unwissend hinsichtlich des von ihm besuchten Volks zurücklasse, wie er es schon vor Antritt der Reise gewesen war. Kriege entstünden aus Mißverständnissen. «Wir werden solange keinen Frieden haben, bis die Vorurteile, die derzeit die verschiedenen Rassen voneinander trennen, sich überlebt haben werden. Welch besseren Weg könnte es geben, um dieses Ziel zu erreichen, als die Jugend aller Länder in regelmäßigen Abständen zusammenzubringen, damit sie friedlich ihre Muskelkraft und Gewandtheit auf die Probe stelle?»[43]

Einhellig war man der Meinung, daß ein so ehrgeiziges Programm von Berufssportlern nie und nimmer durchgeführt werden könne. Einzig Amateure könnten die Flamme des Fairplay lebendig halten. Die Fairneß verlangte, daß man für sich keinerlei Vorteil daraus zog, wenn dem

Schiedsrichter die Sicht auf ein Foul am Gegner genommen war, daß man keinen Kampf aufnahm, wenn man merklich im Vorteil war, und daß man Strafentscheidungen nicht in Zweifel zog.[44] So geschah es zum Beispiel bei den Olympischen Spielen von 1896, daß während des Radrennens über 100 Kilometer ein französischer Teilnehmer, als das Fahrrad eines griechischen Rennfahrers nachgesehen werden mußte, anhielt, bis die Reparatur vollständig abgeschlossen war. Ein fairer Sportler blickte nicht finster drein, noch zeigte er hämische Freude; er war ein guter Verlierer und – was ein noch höherer Anspruch war – ein guter Gewinner.[45] Diese Vorschrift konnte sich nur an Gentlemen richten, niemand erwartete ernsthaft, daß die Massen sie befolgen könnten. In *deren* Sportarten bestand die Aggressionssteuerung im wesentlichen in einer Mäßigung der Gewalt unter den Zuschauern. Und das war Sache der Polizei.

Auf Grund seines viel beklagten, verbreiteten Rabaukentums wurde der Sport des bürgerlichen Zeitalters Gegenstand einer ungewöhnlichen und eindrucksvollen Kampagne, die, weitgehend erfolgreich, Wettkampfspiele Regeln zu unterwerfen suchte. Auch hierin war der Sport ein typisches Beispiel für allgemeinere Tendenzen des 19. Jahrhunderts; der Sport fand Möglichkeiten einer Kultivierung von Aggression, ohne sein Plus an Kraftaufwand und Energie preiszugeben. Nicht daß die Bürger des 19. Jahrhunderts rechtens den Anspruch hätten vertreten können, Ordnung in das Chaos gebracht zu haben; denn auch in früheren Zeiten war der Sport, der scheinbar so wildwüchsig und gewiß ungemein roh gewesen war, durchaus eigenen, wenn auch unübersichtlichen Gesetzen gefolgt.[46] Das Boxen zum Beispiel, das im England des 18. Jahrhunderts, mit seinen Aristokraten, die ihre Lieblingskämpfer aushielten, und dem Pöbel, der diesen blutrünstigen Darbietungen beiwohnte, eine überbordende Popularität genoß, verlief ab den 40er Jahren nach Regeln, die das Treten des Gegners, das Draufhauen, wenn er zu Boden gegangen war, oder Schläge unter die Gürtellinie untersagten. Aber – und hier nun kommen die Bürger ins Spiel – jene Regeln boten keinen ausreichenden Schutz gegen Fouls, hohe Wetten und sonstige Unregelmäßigkeiten. Das Jahr 1866 war das Gründungsjahr des *Amateur Athletic Club*, ein Jahr später wurden die *Queensberry Rules* aufgestellt. Mehrmals überarbeitet und weithin übernommen, wurden nach ihnen die Größe des Boxrings, die Länge der einzelnen Runden, die Form der Handschuhe, die Art der zulässigen Schläge und die Gewichtsklasse, in die ein Boxer eingeteilt wurde, festgelegt. Der moderne Boxkampf entstand aus einer Revolution.

Gleiches gilt für den weltweit am meisten verbreiteten und die meisten Zuschauer anziehenden Sport, den Fußball, dem das England des ausgehenden Jahrhunderts überall zu Abermillionen begeisterter Anhänger verhalf – nur nicht in den Vereinigten Staaten. Fußball ist ein Uraltsport mit ungewissen Ursprüngen, der über Jahrhunderte als demokratische, häufig gesetzwidrige Kurzweil praktiziert wurde. Im Laufe des 18. Jahrhunderts wurde eine einigermaßen primitive Vorform des Spiels, samt den vorhersehbaren Gewalttätigkeiten, zur beliebtesten Freizeitbeschäftigung der von den englischen Mittelschichten so genannten «gemeinen Leute». Was ihn indessen weitgehend vor Geringschätzung und Vergessen bewahrte, war seine anhaltende Popularität an englischen Public Schools und, gegen Mitte des Jahrhunderts, deren Einfluß auf die alten Universitäten.

Da jede Public School ein souveränes Reich für sich war, hatte auch jede ihre sorgsam gehütete Auffassung vom Fußballspielen, die von Generation zu Generation weitergereicht wurde, einschließlich der Bestimmungen darüber, was eine erlaubte Zusammenrottung ausmache. Mit der raschen Verbesserung der Verkehrsverbindungen indessen – die Eisenbahn veränderte den Sport ebenso, wie sie alle übrigen Aspekte des Lebens um die Mitte des 19. Jahrhunderts umkrempelte – wurde ein einheitliches Regelwerk unabdingbar, damit zwischen Eton und Harrow, Oxford und Cambridge Spiele veranstaltet werden konnten. In den 50er Jahren des Jahrhunderts konnten durch einen diplomatischen Kompromiß die vielen eigenständigen Arten des Fußballspielens, die damals im Schwange waren, in Einklang gebracht werden. Und gegen Ende des Jahres 1863 entsandten etliche Vereine zwecks schriftlicher Niederlegung der Verhandlungsergebnisse Delegierte zu einem Treffen nach London, das von dem Verfasser einer 1906 veröffentlichten dickleibigen Geschichte des Fußballs in vier Bänden bezeichnenderweise als «Eröffnung des Fußballparlaments»[47] charakterisiert wurde. Von diesen Einzelkämpfern, die allesamt von der eigenen Art und Weise, Fußball zu spielen, eingenommen waren, war politisches Geschick gefordert. Zwar konnte man sich auf eine zentrale Autorität einigen, aber letztendlich auch nur unter Einbußen, denn die Befürworter einer mehr körperbetonten Form des Spiels beschlossen ihren Auszug und wirkten auf die Gründung einer eigenen Organisation hin: 1871 schließlich war die «Rugby Football Union» perfekt.[48]

Diese Spaltung ist für den Historiker, der sich mit moralischen Ersatzformen für das martialische Ungestüm befaßt, von besonderer Bedeutung, ging es doch um die zulässigen Formen und Stufen der Aggression. Wer das Buch *Tom Brown's Schooldays* gelesen hat, wird sich daran erinnern, das der Fußball an den Public Schools nichts für Waisenknaben oder Zartbesaitete war. Die Spieler holten sich blaue Flecken an den Knien, stellten ihren Gegnern ein Bein, quetschten sich am Hals und trampelten sich auf den Füßen herum. Nostalgische «Ehemalige» jammerten darüber, daß diese entzückende Ungehobeltheit verbannt und der Verweichlichung schimpflich das Feld überlassen worden war. Sie wollten, daß das gute alte Beinstellen und die ehrwürdige Praxis des «Hackens» – das absichtliche Schienbeintreten – im Reglement erhalten blieben. Nur ein Spiel, das solch offene Aggressivität nicht ausschloß (meinte ein Vertreter aus dieser Altherrenriege, und er sprach damit für viele), sei «das wahre Fußballspiel». Wenn «das abgeschafft wird, dann fehlt dem Spiel jeder Mut und jede Beherztheit, und» – offenbar die äußerste Schmähung – «du kannst Gift darauf nehmen, daß ich euch einen Haufen Franzosen herhole, die euch schon nach einer Woche Training schlagen werden».[49]

Schon bald brachte es das Rugbyspiel allein für sich zu einer beträchtlichen Gefolgschaft. Es bliebt körperbetonter als sein Hauptkonkurrent, aber um 1850 hatte sich die bürgerliche Kultur, die dem Sport allgemein ihren Stempel aufgedrückt hat, das jungenhafte Bedürfnis nach Beweisen der Männlichkeit, indem man einem Gegner seinen Stiefel ans Schienbein knallte, bereits abgewöhnt. Nachdem dieses Thema erst einmal erledigt war, machten sich die Regelgewaltigen des Fußballs an eine Verfeinerung der Vorschriften, durch die ihr Sport Gesittung annehmen würde. Bekanntlich hatten sie sich mit dem vieldiskutierten Thema auseinanderzusetzen, wie in einem Zeitalter um sich greifender Kommerzialisierung der Amateurstatus zu definieren sei. Und so regelten die federführenden Fußballgremien in einer Zeit, in der auch andere Sportarten planmäßig Regeln aufstellten, die ehemals dem Zufall überlassen waren, bis ins letzte Detail die Größe des Strafraums, die Abseitsstellung, die Berechtigung zum Handspiel mit dem Ball und, gegen Mitte der siebziger Jahre, die Entscheidungsbefugnis des Schiedsrichters.

Der Schiedsrichter ist überhaupt eine höchst lehrreiche Figur des bürgerlichen Zeitgeistes. Die zweite Hälfte dieser Epoche wurde zum Zeitalter des Schiedsrichters, in Deutschland mit Vorliebe der *Unparteiische* genannt. Überall, beim Rudern, Schwimmen und Boxen, beim Tennis-, Fußball-, Rugby und Baseballspiel gelangte er zu ungeahnter Machtfülle. Um 1880 hatte der Fußballverband die Schiedsrichter ermächtigt, Spieler des Feldes zu verweisen. «Unsere Vorväter», so erinnerte sich der Sporthistoriker William Pickford im Jahre 1906, «kamen ohne Schiedsrichter aus und zwar sehr gut sogar.» In einem Wort, jener Offizielle war eine ganz und gar moderne Einrichtung. Das Fußballspiel, so setzte Pickford hinzu, «brauchte in seinen Anfängen den ‹Autokraten› nicht, und es wird ihn vielleicht auch an seinem Ende nicht brauchen».[50] Es hat sich gezeigt, daß Pickford als Historiker besser war denn als Prophet.

Einige wenige Public Schools hatten schon früher einen Spielleiter benannt, der entscheiden sollte, wann ein Tor gefallen war, und gelegentlich hatten sie ihm auch die Vollmacht übertragen, für einen fairen Ablauf des Spiels zu sorgen. Als sich im letzten Jahrzehnt des 19. Jahrhunderts, zunächst in Großbritannien, dann aber auch auf dem Kontinent, der Profifußball in breitem Umfang entwickelte, nahm die Autorität des Schiedsrichters zu. Zeitgenossen stellten fest, daß der moderne Schiedsrichter eine außerordentliche Entwicklung genommen hatte. «Schon bevor das Spiel zu einer Sucht unter dem Volke wurde», so schrieb im Jahr 1892 Charles Edwardes, «war seine Stellung ohne Zweifel eine genügsam verantwortungsvolle. Jetzt aber ist es um zehn Mal mehr der Fall. Seine Beziehung zu den Spielern und den Tausenden äußerst erregter Zuschauer gleicht irgendwie der des Speakers im House of Commons gegenüber den Abgeordneten.» Seine Pflicht war, «den Gesetzen Geltung zu verschaffen», und eine Entscheidung über «alle strittigen Punkte» zu treffen. Er war jenseits allen Zweifels und, so lautete kurz und knapp die Regel, «seine Entscheidung war unumstößlich». Der Schiedsrichter befand darüber, welche Aggression rechtmäßig und welche maßlos war.[51] Alsbald zeigte sich, und dies konnte niemand überraschen, wie höchst riskant das Metier des Schiedsrichters war. «Einmal sah ich», erinnerte sich Edwardes, «wie er nach dem Spiel den Rückzug vom Spielfeld antrat, umringt von den Spielern, die die allergrößte Mühe hatten, die johlende und schimpfende Menge davon abzuhalten, sich auf ihn zu stürzen und ihn zu malträtieren, als wäre er ein stadtbekannter Betrüger.»[52] Immer mehr Geschichten waren im Umlauf über wütende Anhänger, die die Schiedsrichter mit Schimpfkanonaden bedachten, sie mit Dreck und Wurfgeschossen bombardierten, ihnen nach dem Spiel Schläge androhten. Im Jahr 1913 zum Beispiel spielte die schottische Rugbymannschaft in Paris gegen Frankreich vor einem nationalistisch gestimmten französischen Publikum, das mitfieberte und voller Leidenschaft auf eine Wiederholung des glorreichen Siegs hoffte, den seine Mannschaft zwei Jahre zuvor über Schottland errungen hatte. Als der englische Schiedsrichter wiederholt – und es scheint zu Recht – die französischen Spieler wegen Foulspiels bestrafte – die Schotten führten gerade –, warfen die fanatischen Zuschauer jeden Rest zivilisierter Selbstbeherrschung von sich und stießen die unflätigsten Beleidigungen gegen ihn aus. Nach dem Spiel stürmten sie den Platz, und der Schiedsrichter, der während des ganzen Spiels seine gelassene Haltung nicht aufgegeben hatte, mußte, umgeben von einer Leibwache aus Spielern und Polizisten, aus dem Stadion geleitet werden.[53]

Der Schiedsrichter, jene achtunggebietende Autorität, ist gleichsam ein Kommentar zur Natur des Menschen, ein Kommentar, den der Bürger des 19. Jahrhunderts sehr wohl verstand. Gewiß braucht es bei Wettkämpfen einen unparteiischen Obmann, um zu eindeutigen Urteilen zu kommen: ob ein Aufschlag im Feld ist oder außerhalb, ob beim Baseball ein Pitch ein ungültiger Wurf oder ein Schlagfehler ist, ob ein Schlag über oder unter der Gürtellinie saß. Aber er ist mehr: als hart durchgreifender, unbestechlicher Hohepriester der Fairneß, als Nemesis für Schwindler und Schläger gemahnt er an die unvermeidlichen Fehler. Zwar vermag ein Sportsmann, per definitionem, seine aggressiven Strebungen im Zaum zu halten und seinen Siegeswillen zu zügeln und braucht daher keinen Vormund, um sich jederzeit als Gentleman zu erweisen. Eine realistische Betrachtung indessen der Leistungen, die die Bürger des 19. Jahrhunderts in welcher Sportart auch immer gezeigt haben, würde deutlich werden lassen, daß derlei mustergültige Amateure auf dem Rasen oder auf den Tribünen durchaus in der Minderzahl waren.

Ein Optimist wie Coubertin mochte wohl unerschütterlich daran glauben, daß der nach seinen Grundsätzen betriebene Sport die Eintracht in der Gesellschaft und die Verständigung zwischen den Völkern befördere, und zuzeiten geschah das ja auch. So erbrachten Programme wie das von William James, mit dem er die zerstörerischen Leidenschaften durch konstruktive Ersatzbildungen ersetzt sehen wollte, gelegentlich erfreuliche Resultate. Solche Pläne, bei denen die Herrschaft über die Welt durch die Selbstbeherrschung sichergestellt werden sollte, waren nicht durch und durch utopisch. Vielmehr waren sie die bewunderungswürdige Anstrengung eines Jahrhunderts, das fest entschlossen war, das Leben erträglicher zu machen, als es bis dahin gewesen war. Die Geschichte lehrt indessen unerbittlich, daß solche Bemühungen großenteils auf Wunschdenken beruhen; sie liefen gewiß ebensooft ins Leere, wie sie Erfolg hatten.

2. Das Reich des Faktischen

Wenn nach Beweisen dafür gesucht wird, daß der Aggressionstrieb konstruktiv eingesetzt werden kann, so sind sie im Schauspiel, das die Industrialisierung bietet, leicht zu finden. Die Industrialisierung veränderte im 19. Jahrhundert die Welt und vergrößerte in auffälliger Weise die Verfügungsmacht des Menschen über sein Schicksal. Sie war die planmäßigste Serie von Aggressionen, die je gegen Unwissenheit und Ergebung des Menschen in die blinde Gewalt der Natur in Gang gesetzt wurde. Was das späte 19. Jahrhundert die industrielle Revolution nannte, war, der knappen Bezeichnung zum Trotz, weitaus mehr als nur die Schaffung der

modernen Industrie: durch sie wurden Handel, Bank-, Verkehrs- und
Fernmeldewesen, die Verwaltung, die Medizin, die Beziehungen zwischen Männern und Frauen sowie Arbeitgebern und Arbeitnehmern in
einer Weise verändert, daß sie kaum mehr wiederzuerkennen waren. Sie
war eine Revolution des Wissens, über das das Jahrhundert des Viktorianismus vollständiger verfügen und dessen es dringender bedürfen sollte
als alle Jahrhunderte davor. In seiner Darstellung der menschlichen Entwicklung legte Freud starken Nachdruck auf die wachsende Fähigkeit des
Kindes zur Realitätsprüfung, zur Unterscheidung zwischen Wünschen
und Tatsachen, zwischen inneren und äußeren Reizen. In der langen und
widersprüchlichen Geschichte des Kampfes um ein verläßliches Wissen
ist mit der modernen Wissenschaft und ihrer sachkundigen, selbstkriti-
schen Realitätsprüfung ein Höhepunkt erreicht.

Seit Urzeiten waren die Menschen der Überzeugung, daß Wissen
Macht sei; sie begriffen, daß sie bei ihrem Versuch, die äußere wie die
eigene Natur zu meistern, nicht allein auf ihre Eingebung und auf Impro-
visation setzen konnten. Ob sie sich nun plagten, Nahrung und Unter-
kunft zu beschaffen, Straßen und Städte zu bauen, das Leben zu verlängern oder Feinde zu besiegen, für alles brauchten sie ein besonderes,
oftmals geheimes Wissen. Und um es zu erlangen, erflehte man die Gunst
der Götter durch Opfer, suchte den Rat der Priester, befragte das Orakel,
deutete die Gleichnisse eines heiligen Textes, bemühte sorgsam bewahrte
Handwerksgeheimnisse. Notgedrungen schwankte das Ansehen der
Quellen dieses Wissens von Jahrhundert zu Jahrhundert, von Kultur zu
Kultur, ja von Klasse zu Klasse. Was dem einen Inbegriff der Weisheit,
galt dem andern als reiner Aberglaube. Erst die von den modernen Wissenschaften hervorgebrachten Kenntnisse traten mit der Verheißung an,
Einmütigkeit zu gebieten. Und das tun sie in immerhin zunehmendem
Maße und rühmen sich ihrer Techniken der Selbstkorrektur. Für das
Leben der Menschen brachten sie eine deutliche Veränderung, auf die
während des ganzen 19. Jahrhunderts die Adepten der Wissenschaften
stolz verweisen konnten.

Charles Babbage, der berühmte englische Erfinder, fand im Jahre 1832
bei seinen Betrachtungen über den Triumphzug der Wissenschaften noch
einmal Verwendung für einen alten Merkspruch: «Die Erfahrung der
Vergangenheit», so meinte er, «hat der Maxime *Wissen ist Macht* das
unauslöschliche Gepräge der Wahrheit verliehen.»[1] Alles Wissen, auch
das vom Guten und Schönen, ist per se nützlich. Wer allerdings Herrschaft anstrebt, braucht eine besondere Art von Wissen. Er ist auf exakte
Tatsachen aus, die er bei den Aufgaben, die das menschliche Leben ihm
stellt, einsetzen kann. «Warum ist jedes Wissen nützlich?», fragte 1862

der englische Positivist Frederic Harrison. Bloße Fakten, das war nicht, was man wollte. «Alles Wissen ist unvollständig, fast könnte man sagen bedeutungslos, wenn es uns kein tieferes Verständnis unserer menschlichen und gesellschaftlichen Interessen vermittelt.»[2] Ausgenommen die Schöngeister, ließen sich alle Bürger des 19. Jahrhunderts so vernehmen. Sogar gottesfürchtige Christen, mochten sie auch sonst bestürzt sein über die Abkehr von der Religion, unterschrieben den Satz, daß ihr Jahrhundert das der Wissenschaft sei. Diese Überzeugung galt so allgemein, sie war so gemeinplätzig, daß sie im Grunde genommen keines Beweises bedarf. Im Zeitalter Pasteurs, Edisons und Röntgens war es völlig logisch, daß man an das auch fernerhin revolutionierende Wirken der Wissenschaft glaubte, hatte sie doch in Technik und Medizin aufsehenerregende Erfindungen gebracht. Francis Bacon, der oberste Herold der Philosophie utilitaristischen Wissens, hatte mehr als zwei Jahrhunderte zuvor die Leitlinien für die Beherrschung der Wirklichkeit vorgegeben. Allerdings wurde, höchst passend, eine gesicherte textkritische Fassung seiner Schriften erst im 19. Jahrhundert ediert; das Zeitalter, das so überreich an Herausgebern gelehrter Texte war, konnte Bacon einfach nicht übersehen. «Noch drei Jahrhunderte später», schrieb der große deutsche organische Chemiker Justus von Liebig im Jahre 1863, «leuchtet sein Name wie ein glänzender Stern.» Die klassische, siebenbändige Gesamtausgabe seiner Werke, die James Spedding und andere zwischen 1857 und 1874 herausgegeben haben, ist bis heute unübertroffen. In den gleichen Jahren erschienen maßgebliche Biographien und anregende Analysen seines Denkens. Ein beredtes Zeugnis des Gedenkens an Bacon stammt von einer so machtvollen Autorität wie Charles Darwin. Mit gleich großem Eifer betrieb er das Studium von Pflanzen und Fossilien und legte sein erstes Notizheft im Juli 1837 an. «Ich arbeitete nach wahrhaft Baconschen Grundsätzen und sammelte Fakten in großen Mengen ohne jedwede Theorie.» Erst als er ein Jahr darauf zufällig auf Malthus' Bevölkerungsbuch stieß, hatte er «schließlich eine Theorie, mit der man arbeiten konnte», aber auch dann blieb er seiner empirischen Gesinnung treu: «Ich war so sehr darauf bedacht, kein Vorurteil aufkommen zu lassen, daß ich beschloß, für eine gewisse Zeit nicht einmal den knappsten Entwurf davon niederzulegen.»[3] Besonders bei seinen frühen Forschungen sah Darwin in Bacon das vertrauenswürdigste Vorbild.

In der Tat schien Bacon eine so bestimmende Leitfigur, daß Interpreten im 19. Jahrhundert ihn umstandslos zum Gewährsmann ihrer geistigen und religiösen Auseinandersetzungen machten. So veröffentlichte etwa Samuel Tyler, ein frommer, protestantischer Anwalt aus Maryland, im Jahre 1844 eine Abhandlung über Bacon, die sichtlich bestimmt war von dem «starken Wunsche, eine Forschungsmethode zu erhärten», die «große Lehre», daß *Erfahrung das einzige Licht auf unserem Wege ist*». Auf irgendeine Weise stützte diese große Lehre allerdings auch Tylers religiöse Überzeugung: «Die Philosophie Bacons ist entschieden die Philosophie des Protestantismus.»[4] Nichts indessen bezeugt lebhafter die Bedeutung Bacons für die Wissenschaft des 19. Jahrhunderts als die Einstellung William Whewells. Er war Mathematiker und Nationalökonom und ein eifriger Propagandist der wissenschaftlichen Methode; er hatte zwar ernste Zweifel an Bacons[5] Theorie der Induktion, gleichwohl verfaßte er seine Abhandlungen in dessen Geist. Als Rektor des Trinity College in Cambridge schließlich schenkte er dem Kollegium im Jahre 1845 eine Statue Bacons. Und so wie sich die Aufklärung, in der die Suche der Bürger des 19. Jahrhunderts nach Herrschaft über die Wirklichkeit zum großen Teil wurzelte, in Bacon wiedererkannte, so auch das bürgerliche Zeitalter selbst.[6]

Bacons Werben für einen neuen Weg des Denkens, die vielleicht durchgreifendste Revolution, zu der je ein Philosoph aufgerufen hat, ist allgemein bekannt. Er forderte «einen völligen Neubau der Wissenschaften, Künste und allen menschlichen Wissens, der auf ordentliche Fundamente gegründet ist», dank dessen die Menschheit aus dem dogmatischen Schlummer erwachen würde, in den die Philosophen und Theologen sie gewiegt hätten. Seine Methode verpflichtete auf das Experiment, die Klassifizierung des Wissens, gemeinschaftliches wissenschaftliches Forschen und auf unbedingte Unterordnung unter die Lehren der Natur. «*Natura parendo vincitur*» – Indem man ihr gehorcht, wird die Natur besiegt. Dieses fast gotteslästerliche Programm setzte Einsicht in die Vorurteile voraus, die «Idole», wie Bacon sie nannte, die regelmäßig die Wissenschaft um ihre Früchte bringen. Für Bacon und seine begeisterten Anhänger mußte eine Untersuchung über die Geheimnisse der Natur stets einhergehen mit der systematischen Bloßstellung verknöcherter Lehrsätze. Der Empirismus mußte, um wirksam zu werden, ein kritischer Empirismus sein. Erst einmal mit Erfolg angewendet, würde er «die Grenzen der Herrschaft des Menschen erweitern und alle irgend möglichen Dinge hervorbringen». In einem Wort: «Das wahre und gesetzmäßige Ziel der Wissenschaften ist kein anderes als dies: daß das Leben des Menschen um neue Erfindungen und Vermögen bereichert werde.»[7]

Es war diese Grundeinstellung in Bacons wissenschaftlichem Kredo, die das 19. Jahrhundert oder zumindest die dem Fortschritt verpflichteten viktorianischen Bürger vor allem hochschätzten. In einer breit angelegten Untersuchung über Bacon konnte Macaulay zum Beispiel dessen Charakter wegen seiner korrupten Geschäftemacherei als Beamter geißeln, sein Denken aber als einen Befreiungsakt für die Fähigkeiten des Menschen feiern. In einer begeisterten Huldigung zählte er die Früchte wissenschaftlichen Philosophierens auf, wie es von Bacon begründet worden war: «Es hat das Leben verlängert und den Schmerz gemildert; es hat die Übel beseitigt und die Fruchtbarkeit des Bodens erhöht; es hat dem Seemann mehr Sicherheiten verschafft und dem Krieger neue Waffen gegeben; es hat große Flüsse und Meeresarme mit Brücken überspannt, deren Gestalt unseren Vorvätern unbekannt war; es hat den Blitz gefahrlos vom Himmel in die Erde gelenkt und die Nacht mit dem Glanz des Tages erleuchtet; es hat den Umfang des menschlichen Vorstellungsvermögens erweitert und die menschliche Muskelkraft vervielfacht; es hat die Bewegung beschleunigt und die Entfernung vernichtet; es hat den Verkehr erleichtert, den Schriftwechsel, alle angenehmen Gefälligkeiten, alle geschäftlichen Sendungen», und noch vieles andere. Das Entscheidende aber ist, «es ist eine Philosophie, die nie ruht, die nie am Ziel ist und nie vollkommen. Ihr Gesetz ist der Fortschritt».[8]

Bacons Apologeten wie James Spedding nahmen Macaulays Loblied auf Bacon eilfertig auf und bemühten sich zugleich, seinen Invektiven gegen Bacons Charakter die Spitze zu nehmen. Andererseits gab es Sozialkritiker, welche eine Philosophie in Frage stellten, die ausschließlich auf niedrige, praktische Vorteile aus zu sein schien, und die Macaulay wegen seines «Materialismus» verhöhnten, ihn, wie zum Beispiel Matthew Arnold, «den großen Apostel der Philister»[9] nannten. Das prosperierende und sich ständig ausdehnende Reich des Faktischen, ansonsten ein Kennzeichen des 19. Jahrhunderts, hatte durchaus seine eloquenten Verächter. Aber auch jene, die sich dafür in die Bresche warfen – und es waren mitnichten ausnahmslos Philister –, erwiesen sich als nicht minder beredt. Sie beharrten darauf, daß der Schlüssel für den vernünftigen Fortschritt nur und ausschließlich in der tatsachengesättigten Wissenschaft zu finden sei, die ihre Opponenten für so beklagenswert hielten. Im Jahre 1828 definierte Thomas Tredgold – ein hervorragender Autodidakt – auf Bitten der *Institution of Civil Engineers*, des Vereins der Bauingenieure –, dessen englisches Mitglied er war, das Feld der praktischen Erfahrung für die Wissenschaft folgendermaßen: «Die Kunst, jene ungeheuren Kraftquellen der Natur zu Nutz und Frommen des Menschen einzusetzen; sie ist nichts anderes als die praktische Anwendung der wichtigsten Grundsätze der Naturphilosophie, durch die die Annahmen Bacons in erheblichem Maße Wirklichkeit wurden und somit auf der ganzen Welt das Aussehen und der Stand der Dinge sich geändert haben.»[10] Bacon war für Männer der Praxis nach wie vor ein angebeteter Prophet.

Auch die Londoner Statistische Gesellschaft erläuterte ihre Zielsetzung bei ihrer Gründung im Jahre 1834 im echten Stile Bacons: «Es sollen Fakten gesammelt, geordnet und veröffentlicht werden, um den Zustand und die Aussichten der Gesellschaft zu verdeutlichen.» Und noch selbstbewußter klang, was der Vorstand der Gesellschaft in seinem sechsten Jahresbericht um 1840 verlauten ließ: «Schon vom Namen her hat die Statistik die Aufgabe, die für die Sozial- oder Moralwissenschaften nötigen Beobachtungen beizubringen, für die Wissenschaft des *Staatslehrers*, auf den Staatsmann und Gesetzgeber sich wegen der Grundsätze berufen müssen, nach denen Gesetze zu erlassen und Regierungsgeschäfte zu betreiben sind.» Die «Einschätzung der Lage, in der sich eine Bevölkerung befindet, und die angemessene Beurteilung der Ursachen, die dahin geführt haben, zusammen mit Maßnahmen zu ihrer Veränderung, die ‹physische Geographie› des Landes, in dem diese Bevölkerung lebt, das alles bildet einen vorrangigen und unerläßlichen Fundus an Informationen». In einem Wort, die Wissenschaft des Statistikers «ist die Wissenschaft von den praktischen Belangen des bürgerlichen Lebens».[11]

Für die Verfechter des Glaubens an die Tatsachen stand außer Frage, daß die Hochachtung des Faktischen und seine unbeirrte Erforschung heilsame gesellschaftliche und sogar politische Folgen haben werde. So zum Beispiel für Charles Babbage, einen Liberalen und angesehenen Reformer des Wissenschaftsbetriebs in England und schließlich auch genialen Erfinder; seine Entwürfe für eine «analytische Maschine» erweisen diese als Vorläufer des modernen Computers. Im Jahr 1832 bemühte er sich um einen Sitz im Parlament mit der programmatischen Erklärung, daß es seinen Wählern nur nutzen könne, wenn ein Wissenschaftler, ein Mann der Tatsachen für sie im Unterhaus säße. Er berief sich auf seine «langjährigen Forschungen über die Naturgesetze, wie sie sich in der Welt der Körper als wirksam erweisen», auf seine «Gewohnheit, die Fakten und nur die Fakten zu betrachten und über die Fakten auch nur in der Absicht zu räsonieren, die Wahrheit ans Licht zu bringen», und versprach, seinen «gesunden Standpunkt», zunächst Fakten zu sammeln und dann erst vernünftige Schlußfolgerungen aus ihnen zu ziehen, auch auf «politische Fragestellungen» zu übertragen. Seine Zuhörerschaft nahm solche Ausführungen mit einem wohlwollenden «Hört, hört!» auf, aber der Beifall schlug sich nicht in ausreichender Stimmenzahl nieder – Babbage fiel bei der Wahl ganz knapp durch; seine Einstellung, die wissenschaftliche Methodik auch bei sozialen und politischen Fragen in Anschlag zu bringen, hatte allerdings recht eigentlich nichts Ungewöhnliches an sich.[12]

Die vielleicht ergreifendste Berufung auf Tatsachen findet man in einer viel zitierten Erklärung von Thomas Henry Huxley. Nach dem Tod von

Huxleys kleinem Sohn sandte ihm Charles Kingsley Beileidsbekundungen und äußerte dabei die christliche Hoffnung auf ein Wiedersehen mit dem Verblichenen. Huxley indessen, von Kummer gepackt und am Rande des Zusammenbruchs, verwarf diesen trügerischen Trost mit Entschiedenheit. Er glaube nicht an die Unsterblichkeit, nur um vielleicht seinen Schmerz zu lindern. «Die Wissenschaft hat mich das Gegenteil gelehrt. Sie ermahnt mich zur Vorsicht, wenn ich eine Ansicht vertrete, die mit meiner vorgefaßten Meinung übereinstimmt, sie rät mir, für eine solche Meinung stärkere Beweise zu fordern als für jene, gegen die ich zuvor feindlich gesonnen war.» Seine Aufgabe sah er darin, «meine Wünsche zu lehren, sich den Tatsachen zu fügen, und nicht die Tatsachen mit meinen Wünschen in Einklang zu bringen suchen.» Huxley, der Heide, benutzte eine religiöse Sprache, um seinen areligiösen Standpunkt zu bekräftigen, und verglich die Lehren der Wissenschaft mit dem christlichen Verständnis für die Unterwerfung unter den Willen Gottes. «Laß dich nieder vor den Tatsachen wie ein kleines Kind, sei bereit, jeden vorgefaßten Begriff aufzugeben, folge demütig der Natur, wohin und in welchen Abgrund sich dich auch führt, oder du wirst überhaupt nichts lernen.»[13] Huxley war freilich als Biologe aufgeklärt genug – sein Ruf als Darwins «Bulldogge» hat zu Unrecht sein Format als Mann der Wissenschaft in den Schatten gerückt –, um dieses sein Kredo allzu wörtlich zu nehmen. Sein Aufruf zu kindlicher Ehrerbietung den Fakten gegenüber ist vor allem Ausdruck seiner tiefen Überzeugung, daß Wissenschaft entweder objektiv ist oder bloßes Spielwerk. Wofern sie sich nicht als Nemesis der eingebildeten Vorstellungen betätigt, ist Wissenschaft selbst nur Einbildung, Wunschdenken, das sich mit einer Fachsprache herausputzt.

Man vergißt leicht, daß Huxley, ungeachtet seiner aufrichtigsten Anstrengungen, Trugvorstellungen zu vermeiden, in einem Jahrhundert schrieb, das förmlich davon durchdrungen war. Die Bürger des 19. Jahrhunderts waren erstaunlich unwissend, sie brauchten mehr Fakten, immer mehr Fakten, als ihnen zu Gebote standen. Dickens machte sich in den Einleitungssätzen seines Romans *Hard Times* auf hämische Weise lustig über die gefühllosen Utilitaristen, die aus dem Leben jegliche Poesie ausmerzen: «Was ich also wünsche, sind Fakten. Bringen Sie diesen Jungen und Mädchen nichts als Tatsachen bei. Im Leben werden nur Tatsachen gebraucht.» Seine Spöttereien waren äußerst ungerecht, denn für jenes Zeitalter war der Kult des Faktischen keine Marotte, sondern eine Notwendigkeit. Noch die Kundigsten, und natürlich jene, die sich wohlinformiert dünkten, konnten sich aufs heftigste über Themen in die Haare geraten, von denen sie nicht einmal die simpelsten Grundkenntnisse besaßen. So war bei der internationalen Debatte über Malthus' düstere Prophezeiung, daß ein unaufhaltsames Bevölkerungswachstum tragische Folge für die Versorgung mit Nahrungsmitteln haben müsse, viel mehr Leidenschaft im Spiel, als daß hieb- und stichfeste oder auch nur annähernd korrekte Zahlen bemüht wurden. In allen westlichen Ländern stritten Nationalökonomen und Politiker ohne sonderliche Kenntnis über die Vorteile und Auflagen des Freihandels. Und in der erbittert geführten Auseinandersetzung über die Emanzipation der Katholiken in England waren auf beiden Seiten nur äußerst vage Vermutungen darüber vorhanden, wieviele Angehörige des römisch-katholischen Glaubens es denn überhaupt im Lande gab oder wieviele mehr es in Zukunft geben würde.

Unwissenheit war denn auch der Stachel, der die Jagd nach Informationen bestimmte. Zu Beginn des Jahrhunderts waren die im Zehnjahresabstand in immer mehr Ländern abgehaltenen Volkszählungen für den Sozialwissenschaftler alles andere als eine vertrauenswürdige Hilfe.[14] Über Jahrzehnte waren der im Jahre 1800 aus der Taufe gehobene amerikanische Zensus und ebenso sein englisches Pendant aus dem Jahr 1801 viel zu plump, ganz einfach zu unbestimmt, um dem verkündeten Zweck gerecht zu werden. Der amerikanische Zensus von 1840 zum Beispiel, um nur diesen zu nennen, war ein einziger Kuddelmuddel und Skandal. Einmal abgesehen von schmutzigen Streitereien bei der Vergabe der Druckaufträge, von banalem Politikergezänk über Einflußdomänen und vom zwanghaften Widerstand der Bevölkerung gegen zudringliche Fragen, waren die verpatzten Ergebnisse die unausbleibliche Konsequenz schwammiger Vorschriften und krasser Unbedarftheit in Sachen Statistik. Allerdings auch rassischer Vorurteile: Die politisch brisanteste und im übrigen völlig groteske Schlußfolgerung, zu der sich dieser Zensus verstieg, ging dahin, daß unter den Schwarzen der Nordstaaten Geisteskrankheit weitaus stärker verbreitet sei als unter Südstaatenschwarzen, eine allzu unangenehme «Tatsache» für die Verfechter der Sklaverei, als daß sie sich an ihr hätten ergötzen, und ebenso für die Abolitionisten, als daß sie sie hätten wegerklären können.[15] Zeitgenössischen Statistikern war peinlich bewußt, daß Tatsachen verdreht, ja fabriziert werden können. Die Disraeli zugeschriebene spitze Bemerkung – «Es gibt drei Sorten von Lügen: Lügen, verfluchte Lügen und Statistiken» – hätte sie nicht einmal zornig gemacht.

Was die Menschen im 19. Jahrhundert also nicht wußten, das verletzte sie. Noch schädlicher allerdings waren die Legenden, die sie für wahr hielten. Wie gesehen, boten Statisken zur Kriminalität und anderen gesellschaftlichen Problemen, wenngleich sie an Umfang und Genauigkeit gewannen, nur ein wackliges Fundament, wenn es um Vorschläge zu ihrer

Abhilfe ging. Die Politik, die in den Außenministerien des letzten Jahrhunderts für entfernte Partien des Globus entwickelt wurde, berief sich auf äußerst spärliche Informationen und wurde von Beamten ausgedacht, die jene Länder, deren Schicksal sie gestalteten, nie zu Gesicht bekommen hatten. Großbritanniens fatale Entscheidung aus dem Jahre 1822, Ägypten zu besetzen, ist nur ein Beispiel dafür, wie der eine Kurzsichtige dem andern als Führer dient. Verwaltungsbeamte und Polizeichefs, Philanthropen und Kleriker, die ihre aufgeregten und verworrenen Kampagnen gegen die Prostitution führten, arbeiteten mit Zahlen, die weitaus eher dem Reich der Fiktion als dem der Fakten entstammten und beredt Zeugnis für ein phantasievolles und zwielichtiges Innenleben derer ablegten, die sie im Munde führten.[16] Der nicht minder aufgeregte, ja im Grunde noch heftigere Kreuzzug gegen die Masturbation, die von den angesehensten praktischen Ärzten gebrandmarkt wurde, weil sie unfehlbar Erschlaffung, Wahnsinn und Tod hervorrufe, beruhte auf einer phantastischen Theorie von der Ökonomie des Körpers, die sich aus ganz und gar irrigen Annahmen und gleichermaßen aus tiefsitzenden Ängsten speiste. Und noch bis zum Jahr 1900 und darüber hinaus gaben angesehene Ärzte in ihren Beratungsstunden für verheiratete Frauen, denen die Zyklusmethode zur Empfängnisverhütung nahegebracht wurde, als sicheren Zeitraum für den Geschlechtsverkehr eben jene Zeitspanne der Ovulation an, in der eine Frau mit allergrößter Wahrscheinlichkeit empfängnisfähig ist; fast sah es so aus, als würden die Herren Doktoren unbewußt eine Fruchtbarkeitsklinik betreiben.[17]

Die entsetzlichen Fehldeutungen des biologischen Monatszyklus einer Frau ebenso wie die dick aufgetragenen Ängste über die «Selbstbeflekkung» sind unsanfte Erinnerungen an die Entfernung, die das späte 19. Jahrhundert noch zurückzulegen hatte, bevor es auch nur in Ansätzen geltend machen konnte, Herrschaft über den menschlichen Körper zu besitzen. Andererseits gab es ermutigende Beweise dafür, daß die Revolution des Wissens vor der Medizin nicht haltmachte. Die großen Erfolge der medizinischen Wissenschaft im 19. Jahrhundert sind damals und auch seither oft als Nachweis dessen angeführt worden, daß in einigen Bereichen die These der Whigs vom stetigen Fortschritt, die so häufig als naiv verspottet wurde, gerechtfertigt ist. Macaulays Hymne auf die Lehre Bacons, die das Leben verlängere, den Schmerz lindere und die Übel ausrotte, stammt von der Mitte des Jahrhunderts; hätte er zur Vorlage dieser erfreulichen Bilanz fünfzig Jahre später gelebt, seine Hochstimmung wäre wohl noch größer gewesen.

Das Außerordentliche am Voranschreiten der Medizin ist nicht eigentlich, wie viel die Ärzte gelernt haben, sondern wie schnell sie es gelernt haben. Noch Jahrzehnte nach 1800 waren die Ursachen der meisten Krankheiten ein leidiges Rätsel, das durch die schneidige Manier modischer Medizintheoretiker, die untereinander konkurrierten, eher noch ärger wurde. Sämtliche Kontrahenten behaupteten, in einer Finsternis, die sie nie zugestehen mochten, sehen zu können. Im Paris der frühen Restaurationszeit war François Joseph Victor Broussais die tonangebende ärztliche Autorität; er war ein gewandter Dogmatiker, der, vor einer stets riesigen Zuhörerschaft, seine Erklärung sämtlicher Krankheiten als Folge von Verletzungen und Entzündungen unter die Leute brachte. Im Wien jener Jahre beherrschten «Epidemiker», die den Ausbruch der Cholera atmosphärischen Bedingungen zuschrieben, die medizinische Debatte. Überall wurde die Suche nach Heilungsrezepten durch unscharfe Diagnosen beeinträchtigt; Typhus und Fleckfieber, Lungenentzündung und Tuberkulose wurden nicht auseinandergehalten. Die bakteriologische Krankheitstheorie, jene Semmelweis zu dankende, historische Entdeckung, war Ende der 40er Jahre erst in Ansätzen vorhanden und wurde zwei Jahrzehnte später sodann von Pasteur als Theorie formuliert. Und noch bis Mitte der 20er Jahre des Jahrhunderts, als einige wenige Abweichler unter den Ärzten nachgewiesen hatten, daß der Aderlaß nachgerade eine sanktionierte Form von Mord war, wurde er von den meisten Kollegen als ein vorzügliches therapeutisches Mittel empfohlen.

Der scharfsinnigste Kritiker des Aderlasses war der hochangesehene französische Arzt Pierre Louis; seine Forschungsarbeiten lassen wenig Zweifel daran, daß die medizinische Wissenschaft vor einem grundlegenden Wandel ihrer Denkhaltung stand. Die Monographie, in der er den Aderlaß anprangerte, beruhte auf den neuesten statistischen Befunden; seine Einstellung war so, daß sie den Beifall von Huxley hätte finden können. Oliver Wendell Holmes Senior, einer von Louis' vielen ehrfurchtsvollen Schülern aus dem Ausland, beschrieb ihn als «bescheiden im Angesicht der Natur, furchtlos vor dem Thron und standhaft im Streben nach Wahrheit». Es war diese treffliche Mischung von Verhaltensweisen, die Louis im Jahre 1832 dazu brachte, eine medizinische Gesellschaft mit dem passenden Namen «Société médicale d'observation» ins Leben zu rufen, die sich der ehrfürchtigen Untersuchung der Tatsachen widmen sollte. Der fünf Jahre darauf erschienene erste Band der Zeitschrift der Gesellschaft enthielt eine charakteristische Angabe ihrer Zweckbestimmung: «L'examen des malades et la recherche des faits généraux.»[18] Diese Forscher und Ärzte bemühten sich nicht einfach nur um Tatsachen, sondern um allgemeine Tatsachen, um den Zusammenhang, der die Tatsachen zu aussagekräftigen Theorien erhebt.

Die zunehmend enger werdende Zusammenarbeit von Ärzten und Naturwissenschaftlern, vor allem mit Chemikern, machte diese Bemühungen nur um so fruchtbarer.[19] Im Jahre 1838 veröffentlichte der deutsche Botaniker Matthias Schleiden eine Arbeit, in der er völlig richtig darlegte, daß das Pflanzengewebe aus Zellen besteht. Sein Freund, der Physiologe Theodor Schwann, verallgemeinerte, dadurch angeregt, Schleidens Ergebnisse auf jeden lebenden Organismus. Auf diesen Entdeckungen aufbauend revolutionierte der Pathologe Rudolf Virchow die Kenntnis von Krankheit und Epidemiologie. Ganz ähnlich leitete sich auch Joseph Listers Einführung der Antisepsis in die Chirurgie, durch die unzählige Menschenleben gerettet wurden, direkt von den Forschungen Louis Pasteurs her.

Um die Mitte des Jahrhunderts waren aufgeklärte und wissensdurstige Ärzte davon abgekommen, die Befunde von Naturwissenschaftlern zu entlehnen, um ihre erprobten Forschungsmethoden anzuwenden. Das leuchtendste Beispiel mithin für eine solche wechselseitige Befruchtung sind Ignaz Semmelweis' Forschungen über die Ursachen der tödlichen Erkrankung am Kindbettfieber, in der Fachsprache: Puerperalfieber. Es ist ein Modell dafür, wie man ein Labyrinth irreführender Wegmarken zu durchwandern hat, ehe man zu gültigem Wissen gelangt, und wie dieses Wissen in Können zu überführen ist, ein Beleg für konstruktive Aggression par excellence. Semmelweis' Geschichte, die durch seine großartige Detektivarbeit, die gehässigen Dispute und seinen bemitleidenswerten Lebenslauf beeindruckt, ist oft erzählt worden. Als lehrbuchmäßige Darstellung wissenschaftlicher Methodik verdient sie allerdings, ein weiteres Mal erzählt zu werden.[20]

Semmelweis war ungarischer Abstammung und machte seinen Doktor der Medizin an der Universität von Wien. Um sich zum Facharzt in Geburtshilfe ausbilden zu lassen, blieb er am Wiener Allgemeinen Krankenhaus. Es war eine entmutigende Aufgabe; zu zahlreich waren die Gelegenheiten, an Müttern, die dem Kindbettfieber erlegen waren, eine Autopsie vorzunehmen. Sie starben in so großer Zahl, daß selbst die hartgesottensten Bürokraten aufmerksam werden mußten. 1846 setzte die Stadt denn auch einen Untersuchungsausschuß ein. Dies geschah keinen Augenblick zu früh. Die amtlichen Zahlen ergaben, daß im Jahre 1844, es war das Jahr, in dem Semmelweis seinen Abschluß machte, ungefähr 260 Wöchnerinnen von 3157, also 8,2 Prozent, auf der Ersten Entbindungsstation, auf der er arbeitete, gestorben waren; zwei Jahre später war die Sterberate auf 11,4 Prozent angestiegen. Die tatsächliche Zahl der Opfer lag beträchtlich höher; vermutlich jede fünfte Wöchnerin

von der Ersten Station, vielleicht sogar jede vierte verließ das Krankenhaus nur als Tote. Aber sterbende Wöchnerinnen wurden in der Regel auf
andere Abteilungen verlegt, um die anstößige Gesamtzahl zu verschleiern. Semmelweis verwandte viel Zeit und Energie darauf, dieses Abwehrmanöver aufzudecken; der erste Schritt seiner wissenschaftlichen Forschung bestand darin, Zweifel an offiziellen Verlautbarungen zu hegen,
die sichtlich dem Eigeninteresse entsprangen. Natürlich waren seine
ratlosen Vorgesetzten, wie üblich, schnell mit Erklärungen bei der Hand,
aber weder konnten sie sich untereinander auf eine Theorie einigen, noch
den potentiellen Opfern irgendeine Hoffnung machen.

Was aber nun diese Seuche noch geheimnisvoller machte, war der
Umstand, daß die Zahl der Toten aus der Zweiten Entbindungsstation,
gleich neben der Ersten gelegen, eklatant niedriger lag; 1844 waren dort
lediglich 2,3 Prozent aller Wöchnerinnen gestorben, 1846 immerhin nur
2,7 Prozent. Diesen Unterschied festzustellen bedurfte es keiner besonderen Geistesgaben, wohl aber, eine Erklärung dafür zu bieten. Das
Rätsel wurde noch größer durch die Tatsache, daß diese erschreckenden
Todesraten aufgrund von Kindbettfieber ausschließlich auf der Ersten
Station auftraten; Frauen, die zu Hause oder auf der Straße entbanden,
überlebten praktisch ohne jedes Risiko, dem Fieber zum Opfer zu fallen.
Dieser Umstand, so Semmelweis' Überlegung, widerlegte die weithin
anerkannte Theorie der Epidemiker, daß das Phänomen ein epidemisches
nach Art der Cholera mit eigenem, ebenso tödlichem wie unberechenbarem Verlauf war. Ebensowenig konnte ihn die Theorie beeindrucken,
derzufolge ein unsichtbares Miasma diese Todesfälle verursache: Die
«atmosphärisch-tellurischen» Veränderungen hätten demnach Frauen, die
anderswo entbanden, in gleicher Weise betreffen müssen wie jene, die so
unglücklich waren, ein Bett in der Ersten Station zu bekommen. Aber
nichts dergleichen geschah. Weder Wiens wechselhaftes Wetter, noch der
Ablauf der Jahreszeiten wollte mit der Todesrate in jener Mordklinik
zusammenstimmen.

Eine ganz und gar unübersehbare Tatsache indessen hatte den Untersuchungsausschuß unsicher gemacht: Die Wöchnerinnen auf der Ersten
Station wurden von Geburtshelfern und Medizinstudenten versorgt, die
auf der Zweiten, nebenan, von Hebammen. Folgerecht ersann der Ausschuß die Theorie, daß unerfahrene Medizinstudenten, die mit ihren Patientinnen ohne große Rücksichtnahme umsprangen, diesen dadurch Verletzungen zugefügt hätten, die sich möglicherweise als verhängnisvoll
erwiesen. Einmal mehr hatte Semmelweis eine Hypothese zu prüfen, und
sie scheiterte aus drei Gründen: Die unvermeidlich durch die Geburt als
solche verursachten Traumen waren weitaus schwerer als jene, die Folge

einer noch so unsachgemäßen Behandlung waren; die Hebammen waren keineswegs zartfühlender mit ihren Patientinnen umgegangen als die Studenten; als schließlich die Zahl der Studenten auf der Abteilung halbiert wurde und die verbliebenen die Anweisung erhielten, ihre Patientinnen rücksichtsvoll zu behandeln, ging die Sterblichkeit zwar für kurze Zeit zurück, nahm aber kurz darauf erneut rasant zu.

Schon bald hatte Semmelweis zwei weitere Hypothesen in seiner klassisch wissenschaftlichen Manier unter die Lupe zu nehmen. Von einem Priester wurde gesagt, er habe, um einer sterbenden Patientin auf einer anderen Abteilung die letzte Ölung zu verabreichen, die Erste Station durchquert, dabei habe ein Begleiter den unheilverkündenden Zweck von dessen Kommen mittels einer Glocke kundgetan. Hat dieser feierliche Umzug die jungen Mütter womöglich so heftig erschreckt, daß sie stracks krank wurden und starben? Zugegebenermaßen war das ein sehr unwahrscheinlicher Hergang, aber der übergenaue Semmelweis wollte keine Hypothese verwerfen, ohne sie vorher geprüft zu haben. Er beredete den Priester, einen anderen Weg zu nehmen, und den Begleiter bat er, das Läuten des Glöckchens einzustellen. Die Sterblichkeitsrate indessen blieb unverändert hoch. Zu guter Letzt gab es noch eine zweite Hypothese. Semmelweis hatte festgestellt, daß die Frauen auf der Ersten Station auf dem Rücken liegend entbunden wurden, während sie nebenan auf die Seite gelegt wurden; er ordnete also an, daß seine Patientinnen in der gleichen Weise gebettet wurden wie ihre Nachbarinnen. Nichts geschah; der Prozentsatz der an Puerperalfieber sterbenden Wöchnerinnen ging nicht zurück.

Ein Jahr später entwickelte Semmelweis eine weniger haltlose Hypothese. Worauf sie zurückgeht, bleibt einigermaßen im dunkeln. Er selbst schrieb seine Eingebung einem tragischen Unfall zu: Einer seiner verehrten Lehrer, der forensische Pathologe Jacob Kolletscha, war, nachdem er sich bei einer Autopsie in den Finger gestochen hatte, an einer Infektion gestorben. Da Semmelweis diesen Verlust beklagte, gaben ihm seine Überlegungen den entscheidenden Hinweis; Kolletscha war an der gleichen Verletzung gestorben – einer Blutvergiftung –, der auch Tag für Tag die Wöchnerinnen auf der Ersten Station erlagen. Kindbettfieber war also keine gesonderte Erkrankung mit eigener Ätiologie, sondern die Invasion von «Leichenpartikeln» in einen geschwächten Körperteil. Vielleicht hatten auch Semmelweis' langjährige Erfahrung mit dem Sezieren von Leichen sowie die intensiven Diskussionen mit seinen Vorgesetzten dieser Annahme auf die Sprünge geholfen, jedenfalls konnte er sie überprüfen. Die seiner Abteilung zugeteilten Medizinstudenten kamen in der Regel nach dem Leichensezieren zum Dienst auf die Station – eine Aufgabe, mit der die Hebammen nichts zu tun hatten –, und der Gestank des Autopsiesaals hing ihnen stets an. Allenfalls hatten sie hin und wieder ihre Hände mit Wasser bespritzt. Semmelweis wies seine Mitarbeiter an, sich die Hände in einer Chlorkalklösung zu waschen. Das Ergebnis übertraf seine wildesten Träume; allein im Jahr 1848 ging die Zahl der auf der Ersten Station durch Kindbettfieber verursachten Todesfälle schlagartig auf 1,27 Prozent zurück und lag damit noch unter den 1,33 Prozent der Zweiten Station.

Semmelweis sollte wenig Nutzen aus dem materiellen Ergebnis ziehen können, zu dem seine wissenschaftlichen Überlegungen geführt hatten. Obwohl es ihm nie an bewunderungsvollen Kollegen und aufgeschlossener Anhängerschaft mangelte, lehnte er es über ein Jahrzehnt lang ab, seine kontroversen Entdeckungen zu veröffentlichen. Er wurde zum schrulligen und zunehmend exzentrischen Außenseiter, kehrte unvermutet nach Ungarn zurück, verbiesterte sich allmählich und bombardierte Arztkollegen, die er im Verdacht hatte, zu dumm oder zu stur zu sein, um seine lebensspendende Idee aufzugreifen, mit beleidigten und kränkenden Briefen. Dem Verfolgungswahn anheimgefallen, starb er im Jahre 1865 unter erbärmlichen Umständen in einer Wiener Irrenanstalt. Sein Beitrag allerdings zu einer Erweiterung des Reichs der Tatsachen war epochemachend.

Verglichen mit den spektakulären Siegeszügen von Wissenschaft und Medizin mußten sich die Leistungen der Sozialwissenschaftler, die eine Welt im Wandel zu meistern suchten, bescheiden ausnehmen. In einer unsicheren und verunsichernden Atmosphäre entwickelten sie einen immer dringlicheren Hunger nach hieb- und stichfesten Fakten und hilfreichen Theorien. Nicht ohne einige erfreuliche Ergebnisse: Der amerikanische Zensus von 1850 war gegenüber seinem Vorgänger schon ein Schritt nach vorn; die Statistiken verloren nach und nach ihren dichterischen Überschwang. Vieles aber blieb nach wie vor unbefriedigend. Noch Mitte der achtziger Jahre hatte der anspruchsvolle Sozialforscher Charles Booth, der sich mit der Autorität eines engagierten Sachkenners der Armut äußerte, an sämtlichen früheren Volkszählungen in England, einschließlich der von 1881, unverändert dies auszusetzen, daß sie mit schwammigen Kategorien und widersprüchlichen Klassifikationen arbeiteten. «Wer nach Kenntnissen Ausschau hält», teilte er im Mai 1886 seinen Kollegen von der Royal Statistical Society schroff mit, «dem bleibt nichts, als sich im Dunkeln voranzutasten.»[21] Gleichwohl wurde eine Menge getan. Sozialforscher und Nationalökonomen – «moral statisticians», wie man sie in England seinerzeit nannte – sammelten emsig Informationen und bauten, um diese zu erklären, kühne Theorien. Ganz eifrige unter ihnen sahen eine Möglichkeit darin, daß man sich auf die Informationen zu Lasten der Theorien konzentrierte: Wenn es ihnen nur gelänge, ihre Arbeit von Spekulationen und Konjekturen freizuhalten, jenen massigen Erbstücken der Metaphysik, dann würden die Tatsachen für sich selbst sprechen. Intelligentere Zeitgenossen allerdings wußten, daß die Tatsachen nicht einfach lauter kleine harte Kiesel der Wahrheit sind, die sich, wenn nur genug von ihnen zu einem Haufen aufgeschichtet werden, zu einem wissenschaftlichen Gesetz summieren. Huxley, um nur ihn zu nennen, erkannte durchaus, daß Tatsachen, für sich genommen, stumm sind. Er hatte gesehen, daß einer der gewissenhaftesten und beharrlichsten Empiriker, nämlich sein Freund Charles Darwin, Fortschritte bei der Formulierung der Evolutionstheorie erst erzielen konnte, nachdem sich die Informationsbröckchen, die er über Jahre hin gesammelt hatte, in einen Zusammenhang einfügen ließen, der sich aus einer Hypothese ergeben hatte.[22]

Auguste Comte, jener berühmteste und auch produktivste Fürsprecher des Positivismus im 19. Jahrhundert, hatte Huxley so ziemlich Wort für Wort vorweggenommen. Er war eingeschworen auf die Überlegenheit des wissenschaftlichen über das metaphysische Denken, vom theologischen ganz zu schweigen, bestand aber darauf, daß das auf Wirkungen abhebende Denken Tatsachen und Theorien verknüpfen mußte. Theorie ist der Beobachtung untergeordnet, aber Beobachtung ohne Theorie ist unmöglich. Das Überspannte an Comtes späterem Denken, seine doktrinäre und hanebüchene Menschheitsreligion, stieß auf wenig Gegenliebe in der Öffentlichkeit. Aber die positivistische Haltung war von signalhafter Bedeutung für das Streben des 19. Jahrhunderts nach Herrschaft. Dank ihrer konnten sich Physiologen und Psychologen von den Fesseln der philosophischen Systeme befreien und sich, möglichst vorurteilslos, der Natur öffnen, natürlich auch der Natur des Menschen.

Das Entscheidende war daher nicht, die Bindung an die Theorie preiszugeben, sondern sich ihres ideologischen Ballasts zu entledigen. Aber die damaligen Sozialwissenschaftler hätten schon Übermenschen sein müssen, hätte ihnen dies restlos gelingen sollen. Nur wenige «moral statisticians» aus jener Zeit atmeten die dünne, reine Luft uneigennütziger Neugier, jener sublimiertesten Form menschlichen Wissensdrangs. Die praktisch unverfälschte Leidenschaft des Wissens, die das Vergnügen aus der bloßen intellektuellen Klarheit herausquetscht, war Leuten wie Pasteur und Freud vorbehalten.[23] Ganz gewiß bestimmen die Motive nicht schon für sich genommen die Ergebnisse, viele Sozialforscher indessen fanden, was sie suchten, und ließen es geschehen, daß ihre Idealvorstellungen von einer guten Gesellschaft über die Ergebnisse ihres Tuns geboten, zumindest auf sie abfärbten. So betrieben die beiden Begründer der Familiensoziologie um die Mitte des Jahrhunderts, der Franzose Frédéric Le Play und der Deutsche Wilhelm Heinrich Riehl, ihre umfassenden, emotionsgeladenen Forschungsarbeiten mit der Überzeugung, daß das Familienleben in einer außer Kontrolle geratenen Welt in ernster Gefahr sei. Und beide gelangten sie denn auch zu jenen pessimistischen, gegen die Moderne gerichteten Schlußfolgerungen, die ihrem Unternehmen von Anfang an einbeschrieben waren.[24]

Noch die unparteiischsten Erforscher der Gesellschaft wurden von dem Wunsch angetrieben, die Wahrheit über die Störungen des biologischen Gleichgewichts oder die sozialen Spannungen in Erfahrung zu bringen – und womöglich Gegenmittel zu finden –, die am Ende den einzelnen in eine ausweglose Lage zu stürzen oder Energien für einen Umsturz freizusetzen drohten. Anzeichen für etwaige Unruhen machten sie dementsprechend allerorten aus: in der englischen Chartistenbewegung der späten 30er Jahre, in den Revolutionen von 1848, in der Gründung der Ersten Internationale im Jahre 1864, in der Pariser Kommune von 1871, ganz abgesehen von den lauten Rufen nach Scheidung, den Kirchenaustritten oder dem in Kunst und Literatur grassierenden Geschmack am Gemeinen. Daher waren die Forscher denn auch nicht im mindesten apologetisch, wenn sie versuchten, objektive Erhebungen mit einem gesellschaftlichen Zweck zu verbinden; was konnte schließlich nützlicher sein als ein Wissen, das äußerste Armut lindert und Revolutionen vorbeugt? So definierte im Jahre 1877 der deutsche Nationalökonom und Regierungsbeamte G. Embden eine Enquête als «ein von einem gesetzlich dazu autorisirten Factor angeordnetes *Verfahren*, dessen unmittelbare Aufgabe die Ermittelung ökonomischer und socialer Thatsachen und ursächlicher Zusammenhänge, dessen Endzweck die Vorbereitung gesetzgeberischer oder administrativer Beschlüsse ist und in welchem als Haupt*mittel* zur Erfüllung jener Aufgabe und zur Förderung dieses Zweckes die Anhörung von Zeugen und Sachverständigen verwendet wird.»[25] Forscherkollegen in Ländern mit einer weniger bürokratischen Kultur würden vielleicht eine weniger gewundene Prosa geschrieben und auch den Anteil der Regierung an den Bemühungen um die Aufdeckung sozialer Wahrheiten nicht so herausgestrichen haben. Aber auch sie würden reine Nützlichkeitserwägungen für eine Erweiterung des Reichs der Tatsachen in Anschlag gebracht haben.

Sogar der unvergleichliche belgische Statistiker Adolphe Quételet ließ zu, daß fest umrissene gesellschaftliche Vorstellungen seine geradezu zwanghaften Bemühungen durchdrangen, die Welt auf Zahlen zu reduzieren. Er war ein Generalist in einer Welt voller Spezialisten, war ein begabter Maler und geübter Dichter. Nach einer Ausbildung als Mathematiker wurde er zunächst bekannt als Physiker und Astronom und errang mit seiner «sozialen Physik» internationales Ansehen. Noch Jahrzehnte nach seinem Tod im Jahre 1874 führten seine Nachfolger die Debatte über die von ihm aufgestellten Hauptregeln der Analyse, über seine Methode, große Zahlenmengen ob ihrer Beweiskraft zusammenzutragen, über die künstliche statistische Größe, die er ersonnen hatte, den Durchschnittsmenschen, fort. In seiner langen Karriere als bedeutendster Quantifizierer seines Jahrhunderts legte Quételet beeindruckende Tabellen über Wetter und Klima, Geburts- und Todesraten, die Statur des Menschen und seine Veranlagung zu Verbrechen und Selbstmord vor; die körperliche, geistige und sittliche Entwicklung bedachte er ebenso wie solch komplizierte Ursachenzusammenhänge wie den Einfluß des Wohlstands auf das Bevölkerungswachstum und das Alter von Vater und Mutter auf die Geburtenrate. Seine Liebe zu den Fakten war unerschütterlich. «Nicht Wörter, Tatsachen sind gefragt», schrieb er 1829, «und kluge Beobachtungen statt vager Hypothesen und unbewiesener Systeme.» Das gleiche könnte er noch fünfzig Jahre später geschrieben haben. Und zuversichtlich sagte er den Tatsachen und damit dem gesellschaftlichen Fortschritt eine glänzende Zukunft voraus.[26]

Quételet war ein Determinist. Zu einer wahren Flut schwoll die Zahl seiner Artikel und lesenswerten Monographien, in denen er seine Befunde als Belege dafür präsentierte, daß scheinbar höchstpersönliche Entscheidungen von übergreifenden Gesetzen abhängig sind, die der Statistiker allerdings ausfindig machen kann.[27] Jahrzehnte vor Durkheim ließ Quételet die Biographie in der Soziologie aufgehen. Hat der Sozialphysiker erst einmal handfeste Informationen in genügender Zahl beisammen, dann kann er die Wahrscheinlichkeit aufzeigen, mit der eine Einzelperson ihre «Wahl» trifft, die Laufbahn eines Verbrechers einzuschlagen oder Selbstmord zu begehen, dem Schnaps zu verfallen oder abstinent zu bleiben. Dieser Determinismus indessen, so beteuerte Quételet ein wenig abwehrend, mache ihn nicht zu einem Fatalisten. Die Art von Kollektivwissen, das er zu verbreiten wünschte, «erweitert die Freiheitsräume der menschlichen Seele und engt sie gerade nicht ein». Wer die quantitativen Gesetze des menschlichen Verhaltens und seiner Entwicklung kennt, der ist in der Lage, einen Maßstab für die Einwirkungsmöglichkeiten beizubringen, die gegenüber der Welt zum Tragen kommen. «Der Mensch hat sittliche Kräfte in sich, die ihm die Herrschaft über alle Lebewesen des Universums sichern», und eben «mithilfe dieser sittlichen Kräfte», die den Menschen vom Tier unterscheiden, «arbeitet er auf eine Verbesserung seiner Lage hin».[28] Quételet war ein gemäßigter, man möchte sagen: konservativer Optimismus zu eigen.

In seinem Hauptwerk, der 1835 erschienenen *Physique sociale*, war Quételet, was diese «sittlichen Kräfte» des Menschen angeht, äußerst zurückhaltend. Zwar hielt er die Menschen für fähig, die für sie geltenden Gesetze zu verändern, hob allerdings mahnend hervor, daß diese Mächte nur sehr langsam wirken. Seine Leser sollten sich keine übertriebenen Hoffnungen machen. «Ich kann nicht oft genug wiederholen» – und die Wiederholung setzte er in Kursivschrift –, daß «*es einen Preis gibt, den wir mit erschreckender Regelmäßigkeit zahlen, und das sind Gefängnis, Kerker, Schafott; hier Abhilfe zu schaffen muß unsere allererste Anstrengung sein!*»[29] Wissen war nicht allein Macht, es war auch das Tor zur Freiheit, freilich, ein sehr, sehr schmales Tor.

Quételets Einsatz für jenes kühne Unternehmen, die Industriegesellschaft in den Griff zu bekommen, reichte weit über sein Geburtsland Belgien hinaus. Er unterhielt eine weitgespannte Korrespondenz mit Sozialphysikern aus anderen Ländern, bemühte sich um sie auf Konferenzen, die er veranstaltete, hielt ihnen eifernde Vorträge über ihre Rechte und Pflichten als Mitglieder einer internationalen Bruderschaft und zog Datenmaterial heran, das ihm von ausländischen Fachleuten zur Verfügung gestellt wurde. In seiner *Physique sociale* stützte er sich, um ein Beispiel zu nennen, auf Forschungsunterlagen, die ihm sein englischer Bekannter Charles Babbage beschafft hatte. Indessen predigte er nicht nur, er handelte auch. Er war ein rastloser Organisator und nicht minder ein Genie, was Zahlen anging, und förderte dementsprechend die Zusammenarbeit zwischen den führenden Statistikern der fortgeschrittenen Gesellschaften zwecks Vereinheitlichung ihrer Methoden und Terminologien. Der erste Internationale Statistikkongress, der 1853 in Brüssel abgehalten wurde, war im großen und ganzen sein Werk. Seine Wahl zum Vorsitzenden war eine wohlverdiente und selbstverständliche Ehrenbezeigung.[30]

Zu Quételets Zeiten verliefen mithin die Gespräche derer, die das Wissen von der Gesellschaft zu mehren suchten, grenzüberschreitend, sie kannten keine nationalen Beschränkungen und übernahmen voneinander, wenn auch gelegentlich widerstrebend, Ideen und Methoden. In diesem wissenschaftlichen Kosmopolitismus war Quételet wahrlich nicht allein oder gar eine Ausnahmeerscheinung. Deutsche Sozialwissenschaftler gingen in den 60er Jahren des Jahrhunderts nach England, um die Lage der dortigen Arbeiterklasse zu untersuchen, und in den 90er Jahren erwiderten ihre englischen Kollegen den Besuch und schauten sich vor Ort Bismarcks Sozialgesetzgebung an. Solche Auslandsbesuche waren freilich nicht neu; schon Jahrzehnte früher, wir erinnern uns, hatten Tocqueville und Beaumont amerikanische Gefängnisse unter die Lupe genommen und nach Frankreich mitgebracht, was sie dort gelernt hatten.

Allerdings waren diesem herzlichen Internationalismus auch Grenzen gesetzt. Die Sozialforscher mußten entdecken, daß ihre jeweiligen nationalen Erfahrungen die Methoden bestimmten, nach denen sie ihre Forschungen durchführten. Deutsche Nationalökonomen und Soziologen, die ihren Kollegen in anderen Ländern an systematischer Pflege des Umgangs mit ihren Landsleuten nachstanden, stellten beispielshalber fest, daß ihre Erhebungen sich merklich von denen unterschieden, die anderswo durchgeführt wurden. Während es in Großbritannien gewissermaßen Sonntagsreformer gewesen waren, Philanthropen aus dem geistlichen beziehungsweise weltlichen Lager, die die Initiative ergriffen hatten, so lagen in Deutschland die Erhebungen in der Verantwortung der Regierung oder von Professoren, die ja selber Beamte waren. Einmal mehr ähnelten die Forschungen, wie sie in Deutschland betrieben wurden, weit mehr dem französischen oder belgischen als dem englischen Modell. In Großbritannien etwa sammelten Königliche Kommissionen und unabhängige Forscher gleichermaßen Zeugnisse einfacher Bürger, um die Berichte der Experten mit Inhalt zu erfüllen, in Deutschland dagegen begnügten sich die Behörden im großen und ganzen mit dem Versenden von Fragebögen, die von den Beamten am Ort auszufüllen waren.[31] Es gab also unterschiedliche nationale Spielarten der gesellschaftlichen Selbstbefragung wie es je verschiedene Vorschläge zur Remedur gab.

Diese Unterschiede lassen sich an der Karriere zweier hochberühmter Sozialwissenschaftler, des deutschen Nationalökonomen Lujo Brentano und des englischen Sozialforschers Charles Booth, sehr schön dartun. Beide Männer bewiesen genug geistige Beweglichkeit, um aus der Erfahrung zu lernen, aber ihre Erfahrungen waren nicht die gleichen.

Brentano wurde 1844 unweit Frankfurts in eine bereits namhafte katholische Familie hineingeboren: der Dichter Clemens Brentano war sein Onkel, die Gesellschaftskritikerin Bettina von Arnim seine Tante, der Philosoph Franz Brentano sein Bruder. Er reifte in den 60er und 70er Jahren zum Erwachsenen heran, in einer Zeit also, die für einen intelligenten und ehrgeizigen jungen Deutschen mit seinem sozialen Hintergrund nicht ohne traumatische Erschütterungen bleiben konnte. Die gelungene Herausforderung des Preußischen Landtags durch Ministerpräsident Bismarck am Anfang der 60er Jahre war ein beunruhigendes Warnzeichen dafür, daß der mächtige Nachbar nicht geneigt war, sich zu einem konstitutionellen Staatsgebilde fortzuentwickeln. Preußens rascher

Sieg über Österreich im Krieg von 1866 und die sich daran anschließende Annexion von Territorien wie Frankfurt waren für Katholiken nicht minder beunruhigend, da dies die unbehagliche Aussicht auf ein von erzprotestantischen Junkern dominiertes Deutschland eröffnete. Die Industrialisierung, die in Deutschland schon vor der Einigung tüchtig in Fahrt gekommen war, gewann nach 1871 noch an Geschwindigkeit; um so drastischer legte sie alle ihre negativen Begleiterscheinungen, aber auch ihre großen Leistungen an den Tag. Brentano mußte sich also seinen Weg durch die mit der politischen Autorität aufgeworfenen Probleme bahnen, sich hindurchwinden durch die Schwierigkeiten der nationalen Einigung und natürlich auch durch die sozialen Fragen seiner Zeit. Da er anfangs ein eingefleischter Frankfurter und folgsamer Katholik war, brauchte er Jahre, um mit dem borussifizierten Deutschland seinen Frieden zu machen, um sich von den rigiden politischen und religiösen Überzeugungen seiner Familie abzuwenden und sich auf soziale Probleme einzulassen.[32] Sein besonderes Markenzeichen, der soziale Liberalismus, war eine Einstellung, die er erst erwerben mußte.

Dahingegen kam Charles Booth auf natürliche Weise zum Liberalismus. Geboren 1840 in Liverpool als Sohn wohlhabender unitarischer Eltern, wuchs er in einer Atmosphäre kultivierter Sorglosigkeit, tätiger Philanthropie und liberaler politischer Gesinnung auf. Ihm standen alle Vorteile zu Gebote, die sich ein englischer Nonkonformist nur erhoffen konnte: eine gediegene progressive Schulbildung, ausgedehnte Reisen auf dem europäischen Kontinent und ins Heilige Land und Lehrjahre in der Welt des Handels, in die er als junger Mann eintrat und wo er zeit seines Lebens erfolgreich war. Sein Drang nach Tatsachen kam ihm gut zustatten, als er sich an die Lösung der verwickelten Fragen der Schiffsbauindustrie machte und dabei Konstruktionsdetails und Überseefahrpläne mit der gleichen gewissenhaften Sorgfalt prüfte, die ihn später auch als Sozialwissenschaftler auszeichnete. Wie Brentano sagte sich auch Booth von der Religion seiner Väter los, aber anders als Brentano fiel ihm diese Abkehr sehr schwer; als er auf die Dreißig zuging, machte er eine Periode der Glaubenszweifel durch, die sich bis zur Krise steigerten. Er hatte sich mittlerweile mit wahrer Begeisterung für politische und soziale Reformen eingesetzt und hielt die gutwillige Mildtätigkeit seiner Familie und seines Bekanntenkreises für äußerst dürftig. Die Religion konnte keine Rettung bieten: «Die Wissenschaft muß aufs neue die Gesetze des Lebens festlegen.»[33] Und diese Wissenschaft hieß für Booth Sozialwissenschaft.

Zum Glück für seine geistige Gesundheit fand er seine Berufung, eine Berufung, für die er, ebenso glücklicherweise, die Mittel mitbrachte: Er konnte an das Studium der Armut mit der gleichen Ehrfurcht herangehen, die ihm als Geschäftsmann so zustatten kam. Diese Aufgabe, die er sich selbst ausgesucht hatte, lag vor ihm wie der Königsweg zur Lösung dessen, was seine Frau Mary, seine stille Teilhaberin bei diesem großen Unternehmen, «das Problem der Probleme» nannte. Er ließ sich in London nieder, um den künftigen Objekten seiner Forschung nahe zu sein, pflegte Umgang mit Philanthropen und Reformern jedweder Couleur und las, was immer ihm unter die Finger kam. Aus dem gleichen Grund machte er sich daran, die Slums von Londons East End zu durchstreifen, aß in billigen Kaffeehäusern zu Abend und besuchte Variétés. So versessen war er darauf, das Problem der Probleme in den Griff zu bekommen, daß die Armen zu einer fixen Idee wurden.

Natürlich war es nicht so, daß die Armut erst um die Mitte des bürgerlichen Zeitalters erfunden worden wäre. Seit unvordenklichen Zeiten war Armut der allgemein hingenommene Zustand, in dem die überwiegende Mehrheit in Großbritannien und anderswo ihr Dasein fristete. Hin und wieder hatten die Stimmen Unzufriedener, die nach mehr verlangten, die Ruhe gestört; Hungeraufstände und politische Unruhen in jüngster Zeit hatten die Wohlhabenden nervös gemacht und einige von ihnen zum Handeln getrieben. Schon gegen Ende des 18. Jahrhunderts hatten philanthropisch Gesonnene gelegentliche Versuche unternommen, das Los der niederen Stände zu erforschen und es eventuell zu lindern. Die 1796 in England ins Leben gerufene Gesellschaft zur Verbesserung der Lage unter den Armen hatte angekündigt, sie werde aus «der Untersuchung sämtlicher Umstände, die die Armen betreffen, und der Beförderung ihres Glücks eine Wissenschaft» machen. Ein Jahr darauf veröffentlichte Sir Frederick Morton Eden eine dreibändige Untersuchung über die Armen.[34] Lange Jahre indessen blieben Versuche, die Lage der Bedürftigen zu verstehen und zu lindern, wirklichkeitsfremde Unternehmen. Bis hinein ins 19. Jahrhundert stellten auch nur wenige Arme jene grundlegende Annahme in Frage, daß nämlich die überwältigende Masse der britischen Bevölkerung keine andere Wahl gehabt habe, als sich aus ökonomischen wie religiösen Gründen in ihr Schicksal zu ergeben.

Das Problem wurde durch die Industrialisierung noch kompliziert. Durch sie wurde Großbritannien die erste moderne Gesellschaft, zugleich kam es in ihrem Gefolge bei der Bevölkerungszahl zu erstaunlichen Zuwachsraten.[35] Zwar wurden die ländlichen Gebiete nicht geradezu entvölkert, aber die Briten strömten doch in wachsender Zahl in die Städte und schufen damit jene über die Landschaft hinwuchernden städtischen Ballungsgebiete. Manchester etwa, um 1801 eine Stadt von 70000 Einwohnern – wobei schon diese Zahl gegenüber den 40000 Bewohnern zwanzig Jahre zuvor ein außerordentliches Wachstum bedeutet –, verdoppelte seine Einwohnerzahl in den folgenden dreißig Jahren. Neue Straßen, neue Kanäle, und, ab den 30er Jahren, die Eisenbahn verbesserten in hohem Maße die Transport- und Verkehrsbedingungen; hervorragende Bastler, geschulte Ingenieure, wagemutige Fabrikanten, Finanzierungsgenies verwandelten das Land, wie patriotische Journalisten mit Stolz vermerkten, in die Werkstatt der Welt.

Indessen waren die Früchte dieser Revolution sehr ungleich verteilt. Ein halbes Jahrhundert lang und vielleicht noch länger brachte sie großen Teilen der arbeitenden Bevölkerung in der Stadt und, gravierender noch, auf dem Land den Ruin; nur eine Minderheit, insbesondere Facharbeiter, die Beschäftigung in den neuen Fabriken fanden, hatte einen allenfalls geringen Nutzen davon. Arbeiter ohne Ausbildung und Handwerker wie etwa Weber, die noch am Handwebstuhl standen, oder Stricker, die noch am Rahmen arbeiteten, denen die moderne Maschinenarbeit das Anachronistische ihres Tuns vor Augen führte, hatten dagegen ständig mit dem Gespenst hoher Brotpreise und zeitweiliger Arbeitslosigkeit zu kämpfen. Gute Ernten gaben Raum zum Atmen; schlechte Ernten machten aus dem alltäglichen Elend ein langsames Sterben. Diese Menschen wurden zu Opfern des Fortschritts. Sie wohnten in verpesteten städtischen Elendsvierteln oder in nicht minder gesundheitsschädlichen Dörfern, wo sie schließlich auf Almosen angewiesen waren oder betteln gehen mußten. Hatten sie zufällig Arbeit, dann schufteten sie vierzehn Stunden täglich und nötigten ihre Kinder, die häufig ganz jung waren, das Einkommen der Familie aufzubessern. Ihre desolate Lage löste ohnmächtige Proteste und vereinzelte Unruhen aus. Der Unmut in der Bevölkerung war allerdings nicht allein auf die Opfer des neuen Industriesystems beschränkt; dafür steht etwa die Chartistenbewegung mit ihrem Programm einer politischen Demokratie. Flickwerk, also halbherzige Versuche, dieses Problems Herr zu werden, welches weitgehend ergebnislos blieb.

Dann aber, so gegen Mitte des Jahrhunderts, begann der Wohlstand, seine Segnungen in weiterem Umkreis auszustreuen. So konnte Arnold Toynbee in einer berühmten Folge von Vorträgen über die industrielle Revolution, die er 1880 und 1881 in Oxford hielt, mit Zufriedenheit feststellen, daß sich die Lage der arbeitenden Klassen seit der Rücknahme der Korngesetze, jener viel diskutierten Landwirtschaftszölle, im Jahre 1846 merklich gebessert habe. «Der Freihandel», so meinte er, etwas vereinfachend angesichts eines hochkomplizierten Themas, «hat den gesamten Reichtum des Landes außerordentlich anwachsen lassen und hat daher auch die Nachfrage nach Arbeit erhöht.» Der Freihandel bewirkte eine Zunahme der regelmäßigen Beschäftigung, einen Rückgang der wirtschaftlichen Schwankungen und vor allen Dingen stabilere Brotpreise. Daneben hatten noch ein paar weniger wichtige Ursachen nach seiner Überzeugung zu diesen Verbesserungen beigetragen, zu denen glücklicherweise auch ein höheres sittliches Niveau gehörte. Durch eine Reihe von Fabrikgesetzen war die Zahl der Arbeitsstunden sowie die Einstellung von Frauen und Kindern eingeschränkt worden, und verantwortungsbewußte Gewerkschaften und Genossenschaften hatten den Armen den Wert freiwilliger Vereine nahegebracht.[36] Es gab also gute Gründe für die Hoffnung, daß der Fortschritt anhalten werde.

Toynbees Vorträge waren eine wegweisende Interpretation von Vorgängen, die alles in seinem Land umgekrempelt hatten. Was er indessen außer acht ließ, war fast ebenso wichtig wie das, was er schließlich in den Vordergrund rückte; und eben was er außer acht ließ, wurde zur Mission von Booth. Als ausgemachter Optimist versagte es sich Toynbee, den Fluch extremer Not, anhaltender Armut im Angesicht jener Fülle von Ressourcen, die die Industrialisierung freigesetzt hatte, überhaupt zu erwähnen. Abgesehen von einigen wenigen Andeutungen zu dem, was Auswanderung (und etwas taktvoller, jenes abscheuliche Gegenmittel, die Empfängnisverhütung) den Ärmsten unter den Armen bringen könne, hatte Toynbee zu dem alleruntersten Sockel, auf dem die damalige soziale Pyramide beruhte, im Grunde genommen nichts zu sagen. Er war es zufrieden festzustellen, daß gegenüber 1849, als es noch 930000 Arme in Großbritannien gegeben hatte, deren Zahl bis 1881 ungeachtet eine Bevölkerungswachstums von 8 Millionen auf 800000 gesunken war.[37] Das geschah zu der Zeit, als Booth eben jenen Zensus attackierte, auf den sich Toynbee so vertrauensselig berief, und zugleich jene Bevölkerungsgruppen zu untersuchen sich anschickte, über die jener so wenig zu sagen wußte.

Booth betrat ein überfülltes Terrain. Über Jahrzehnte hatten verstörte, häufig zornige Beobachter die sogenannte Frage zur Lage von England erörtert. Am meisten störte sie in diesem Zusammenhang – mehr noch als die rauchgeschwärzten Industriestädte und der Verfall alter erprobter Werte – jener Albtraum der Moderne, die Elendsviertel der Städte. Schon zu Beginn des Jahres 1832, unmittelbar vor Verabschiedung des *Great Reform Act*, äußerte sich die *Westminster Review* voller Anteilnahme zu den «Nöten und Qualen, den Ungerechtigkeiten aus Absicht und Fahrlässigkeit, die den arbeitenden Klassen dieses Landes angetan werden».[38] Zu jener Zeit bereits und dann auch später legte eine Kgl. Kommission nach der anderen Berichte – die berühmten Blue Books – zu den Arbeitsbedingungen in Bergwerken und Fabriken, zur Kinderarbeit und zu den Gewerkschaften vor. Gesellschaftskritiker häuften Anklageschrift auf

Anklageschrift gegen den Industriekapitalismus; als Friedrich Engels 1845 seine einflußreiche Schrift «*Zur Lage der Arbeiterklasse in England im Jahr 1844*» veröffentlichte, konnte er auf eine umfangreiche Literatur zurückgreifen, die vor haarsträubenden Berichten nur so strotzte. Währenddessen durchstreifte der Journalist Henry Mayhew armselige Viertel der Stadt auf der Suche nach Material für seine streiflichtartigen Betrachtungen über das Volk auf Londons Straßen, die als Sammlung in den 50er Jahren unter dem Titel *London Labour and the London Poor* erschienen. England wurde geradezu überschwemmt mit Artikeln über die Armut, und der moralische Druck, sie zu lindern, wurde immer stärker. Zwar fand die Besorgnis über die fortschwelende Frage zur Lage von England nach wie vor Nahrung an den Gegebenheiten der gesellschaftlichen Wirklichkeit, zugleich wuchs aber die Hoffnung auf deren Besserung in dem Maße, wie sich der Wohlstand in der Werkstatt der Welt sichtbarlich ausbreitete. Jesus Rede von den Armen, die wir stets bei uns haben sollen, mit der es sich die Arbeitgeber so bequem gemacht hatten, wenn sie Hungerlöhne zahlten, klang allmählich ein bißchen hohl. Schien doch die Beherrschung dieses Problems so nah wie nie zuvor.[39]

Weder Pessimismus noch Optimismus, weder faktengesättigte Monographien noch anrührende Skizzen konnten Booth zufriedenstellen. Die vorhandene Literatur war für ihn nur insoweit von Wert, als er an ihr zeigen konnte, daß es weder menschlich noch korrekt war, den Opfern Vorwürfe zu machen. Wenn man sich schon zum Zensor berufen fühlte, dann war eher der Gesellschaft als den Armen die Schuld an den Elendsvierteln zu geben. In manchen Zirkeln waren paternalistische und moralisierende Vorstellungen nach wie vor vorherrschend; unter denen, die an ihnen festhielten und deren nähere Bekanntschaft Booth machen sollte, waren die führenden Köpfe der Charity Organization Society, die sich in London seit 1869 durch gute Werke hervortat. Von ihnen lernte Booth, was er zu vermeiden hatte. So moralisierend indessen der Standpunkt der freiwilligen Helfer der C.O.S. auch war, wissenschaftliche Untersuchungsmethoden verschmähten sie keineswegs; es war unübersehbar, daß moderne Techniken inzwischen sogar bei den Wohltätigkeitsvereinen alter Schule Einzug gehalten hatten.[40] Für Booth war dies allerdings nicht mehr als ein schüchterner Anfang. Er mußte mehr wissen.

In den frühen 80er Jahren verschaffte er sich die Mittel dazu. Ergreifende Denkschriften über die schrecklichen Lebensbedingungen der Armen aus jüngster Zeit hatten ihn eher bedrückt als seinen Wissensdurst befriedigt. Gegen Ende 1883 gab die *Pall Mall Gazette* der scharfen Anklage eines Pfarrers der englischen Freikirchenbewegung namens Andrew Mearns breite Resonanz, die dieser unter dem Titel *The Bitter Cry of Outcast London* verfaßt hatte und in der ein schockierendes Bild der Slums von Londons East End gezeichnet wurde, die Booth ja so gründlich kennengelernt hatte.[41] Booth hielt diesen Appell an die Gefühle für ganz und gar nicht hilfreich. Noch weniger erfreute ihn zwei Jahre später eine Erklärung eines Gründungsmitglieds der Social Democratic Federation, des Sozialisten H. M. Hyndman, in der dieser publik machte, daß nicht weniger als ein Viertel von Londons Einwohnerschaft unter der Armutsgrenze lebte. Booth fürchtete, daß diese Art von Reden die Wahrheit verdecke und nur zu Tumulten führen könne. Anfang 1886 stattete Booth Hyndman einen Besuch ab, bei dem er ihn schlankweg der Sensationsgier beschuldigte. Er habe keinerlei Illusionen über das Ausmaß des sozialen Elends, sagte er zu Hyndman, aber er werde selbst nachsehen und diese schlimmen Übertreibungen widerlegen.[42]

Als diese Begegnung stattfand, war Brentano längst ein angesehener Nationalökonom, ein produktiver Autor und erprobter Mitkämpfer in den Auseinandersetzungen über die *soziale Frage*, des deutschen Pendants zur jenseits des Kanals vieldebattierten Frage zur Lage von England. Wie schon in Großbritannien so war auch in Deutschland nur die Frage danach neu. Armut selbst war ersichtlich eine alte Geschichte, auch wenn die entsprechenden Belege aus früheren Zeiten über das Anekdotische nicht hinauskamen. Noch im 18. Jahrhundert beschränkten sich Berichte über die Zustände auf ein paar Klagelieder, die in Zeiten der Unruhe hier und da zu hören waren und die sich durch eben jene impressionistische Unbestimmtheit auszeichneten, der die Sozialwissenschaftler des 19. Jahrhunderts unbedingt den Garaus machen wollten. Anzunehmen ist, daß um 1800 wenigstens ein Viertel der Bevölkerung Deutschlands ein Leben am Existenzminimum fristete. Häufig genug sank sie gar darunter ab. Umherziehende Bettler, mittellose Invaliden, von Almosen abhängige Witwen waren nur die bejammernswertesten Gestalten aus einer Masse, für die Armut die Normalität ihres Lebens bedeutete. Selbst festangestellte Handwerker gaben in der Regel mehr als die Hälfte ihres Lohns für Lebensmittel aus, und wenn es dann noch schlechte Ernten gab, schoß der Brotpreis in unerreichbare Höhen – die Folgen kann man sich denken.

In Deutschland wie in anderen Ländern wurde die Zahl der Armen durch die Industrialisierung zwar kleiner, zugleich aber blieben Tausende neuer Opfer in ihrem Kielwasser zurück. Handwerker zum Beispiel wurden durch die Maschinisierung in den Ruin getrieben; bekannt sind die erschütternden Aufstände der schlesischen Weber von 1844, die durch ausländische Konkurrenz und billige heimische Fabrikware in Verzweiflung gestürzt wurden. Sie waren eine schockierende Erinnerung daran, daß extreme Armut unter arbeitswilligen Männern und Frauen – aber auch Kindern – keineswegs der Vergangenheit angehörte. In Köln etwa standen im Jahr 1848 – Brentano war damals vier Jahre alt – 25 000 Menschen, mehr als ein Viertel der Einwohner, auf der Armenliste; zahlreiche andere – darunter die «Elite» unter Kölns 4250 Fabrikarbeitern – konnten sich gerade so eben über Wasser halten. Im gleichen Jahr lebten knapp zwei Drittel der 17 000 Bremer Familien am Rande äußerster Armut, wenn nicht schon in bitterer Not.[43]

Im Zuge der Industrialisierung Deutschlands wurde Armut zu einem Phänomen, das immer deutlicher bestimmte Bevölkerungsgruppen betraf, allerdings auch immer unübersehbarer wurde. Im Zeitalter der Verstädterung wechselte so die Armut vielfach vom Land in die Stadt. Zwar hatten es wohlhabende Städter im Ableugnen der Armut zu hoher Kunst gebracht, aber sie taten sich doch schwerer, die Wirklichkeit städtischer Elendsviertel auszublenden als die Armut auf dem Lande. Daher gab die massive städtische Verwahrlosung dem Gewissen des deutschen Bürgers, das zunehmend auf die Nöte der Minderbegüterten aufmerksam wurde, ein paar harte Nüsse zu knacken. Das kollektive Schuldgefühl der Deutschen, jener Auftakt zum Handeln, sorgte dafür, daß sich bald einflußreiche Verstärkung fand. Ein neuerfundener Ausdruck, *Pauperismus*, der sich rasch verbreitete, bezeugt diese neue Anteilnahme. In einem gefühlsbetonten Artikel über den Pauperismus, der in der Ausgabe von 1846 von Brockhaus' Enzyklopädischem Wörterbuch enthalten ist, wird in Abrede gestellt, daß dieser Zustand auf Faulheit, natürliche Gebrechen oder zufällige Unglücksfälle des einzelnen zurückzuführen sei; vielmehr seien die Armen, wie angestrengt sie auch immer arbeiteten, auf Lebenszeit zum Kampf gegen eine schwächliche Gesundheit verdammt und mit der Geißel der Branntweinpest oder anderen Lastern geschlagen.[44] In diesem farbigen Wortgemälde, mehr Anklage als Definition, ist in nuce ein komplettes Reformprogramm enthalten. Und Brentano hatte ein offenes Ohr dafür. Als sich Brentano ungefähr zur Zeit der Reichseinigung an das Studium der sozialen Frage machte, befand sich die Mehrheit der ungelernten Arbeiter aus den niederen Ständen wie immer schon am Abgrund einer Katastrophe: Sie mußten mit dem zurechtkommen, was Frau und Kinder nach Hause brachten, um das an Brot, Kartoffeln und Kohle erstehen zu können, was nötig war, damit die Familie durchs Jahr kam. Selbst gelernte Arbeiter waren nicht gefeit, da sie den zyklischen Wirtschaftsabläufen ausgeliefert blieben, die in gewissen Abständen das spektakuläre Wirtschaftswachstum der Gründerjahre abwürgten. Versichert gegen die Wechselfälle ihres Alltags waren sie nicht: keinen Schutz gab es für sie bei Arbeitslosigkeit oder im Alter, bei Arbeitsunfällen oder Krankheit. Diese vier apokalyptischen Reiter waren alles andere als eine Einbildung von Panikmachern. Brachten schon die regelmäßig wiederkehrenden Wirtschaftskrisen Tausende um Lohn und Brot, so waren die unausbleiblichen Auswirkungen des Alters, das in jener Zeit für die meisten bereits mit vierzig begann, noch verheerender. Nicht minder bedrohlich waren Verletzungen, die man sich bei der Arbeit holte und die in einer Zeit, in der Sicherheitsvorschriften wenig Beachtung fanden oder weitgehend unbekannt waren, keineswegs selten vorkamen. Krankheit aber bedeutete die Katastrophe.[45] Mitten im Wirtschaftsboom, der vielen Reichtum brachte, mußten Millionen Deutscher weiterhin ein Leben in stiller Verzweiflung fristen.

Anfang der 6oer Jahre des Jahrhunderts machten sich Stimmen geltend, die darauf drängten, weniger stille zu sein. Im Jahr 1863 gründete der herrschsüchtige Sozialist Ferdinand Lassalle den Deutschen Allgemeinen Arbeiterverein, der nicht mehr als ein Verweis darauf war, daß die vor sich hinschwelende Unzufriedenheit eines Tages deutlichere Formen annehmen könnte; nicht lange vor seinem frühzeitigen Tod im Jahr darauf schalt er seine Zuhörer auf den Vereinsversammlungen ob der erbärmlichen Hinnahme ihrer Armut und ihres bescheidenen Standes. Nicht alle waren indessen in dieser Weise untätig; sie riefen zu Streiks auf und organisierten Ansätze einer Gewerkschaft. 1869 schließlich gründeten Wilhelm Liebknecht und August Bebel die kämpferische Sozialdemokratische Arbeiterpartei. In den ersten Jahren, solange sich die Partei ihren Weg in einer Atmosphäre politischer Unterdrückung erkämpfen mußte, bekannte sie sich zu einer grobschlächtigen Mixtur aus Lassalleanischen und Marxschen Vorstellungen. Erst im Jahre 1891 nahm sie ein revolutionäres Programm an, das rein marxistisch in seiner Rhetorik war, zu eben der Zeit, als führende Sozialdemokraten – wir Brentano zustimmend bemerkte – offen oder klammheimlich viel von ihrem ideologischen Ballast über Bord warfen, um sich als eine linke politische Partei innerhalb des Systems zu etablieren.

Innerhalb des Systems war natürlich auch die politische Heimat Brentanos, ungeachtet der aufmüpfigen Ideen, die er hatte. Wie viele gebildete Deutsche war ein glühender Freund Englands. Um 1868, während seines Englandbesuchs, der für ihn zu einer schicksalhaften Studienreise wurde, hatte er sich für eine Laufbahn als Nationalökonom entschieden und bezog dementsprechend die Berliner Universität, um dort seinen Doktor zu machen. Seine intellektuellen Positionen hatten sich geklärt: Das abstrakte Theoretisieren, das das ökonomische Denken seiner Zeit weitgehend kennzeichnete, lehnte er strikt ab und nahm statt dessen auf diesem

Gebiet einen historischen Standpunkt ein. Anders als sein Berliner Doktorvater, der bedeutende Statistiker und Liberale Ernst Engel, der die Ansicht vertrat, daß die soziale Frage dadurch leicht zu lösen sei, daß den Arbeitern ein Mitbesitz an der Industrie eingeräumt werde, setzte Brentano, hierin weniger zuversichtlich, seine Hoffnung in starke, unabhängige Gewerkschaften.[46] Während seines Aufenthalts in England hatte er gleichgesinnte Kenner der Arbeiterbewegung sowie Gewerkschaftsführer aufgesucht, die ihm im ganzen Land den unbehinderten Zutritt zu Fabriken ermöglichten. Während er den «verwahrlosten Zustand» mancher Werkstätten mit Entsetzen betrachtete, war er entzückt über die herzliche und kollegiale Art, in der Politiker rivalisierender Parteien miteinander umgingen. «Welch' beneidenswertes Verhältnis von Gegenkandidaten, wenn man an deutsche Wahlkämpfe denkt!»[47] Er wurde bald gewahr, daß deutsche Professoren bei ihren Auseinandersetzungen ebenso streitversessen sind wie deutsche Politiker; eine Meinungsverschiedenheit unter Akademikern wuchs sich rasch zu einem Streit aus, ohne irgendwelche Mätzchen über eine Sublimierung der Aggressionsneigungen.

Abgesehen von ein paar beiläufigen Scharmützeln bekam Brentano die volle Wucht deutscher Wortgefechte gegen Ende 1871 zu spüren, als der Journalist Heinrich Oppenheim die Anhänger von Brentanos volkswirtschaftlicher Denkschule als Kathedersozialisten lächerlich machte. Dieses demagogische Epitheton blieb haften; Oppenheim hatte es mit Bedacht gewählt. Als prinzipienfester (oder besser prinzipienloser) Bewunderer des vom Manchesterliberalismus gepredigten *laissez-faire* rügte er jeden staatlichen Eingriff in die Wirtschaft als Sozialismus. Der Beiname war eine Verleumdung. Weder Brentano noch seine Bündnisgenossen waren Sozialisten; das Recht auf Privateigentum stellten sie nie in Frage, und sie plädierten immer nur für strikt umrissene, wohldefinierte staatliche Maßnahmen. Ebensowenig waren sie von der Welt abgeschlossene Akademiker. Ganz im Gegenteil: all ihre Bemühungen richteten sich darauf, Fakten in Erfahrung zu bringen, um so der Politik beratend zur Seite stehen zu können.

Brentano und seine Mitstreiter unter den Kathedersozialisten waren in der Tat treue Anhänger Bacons, vielleicht sogar, bedenkt man ihre beharrliche Abneigung gegen das Theoretisieren, zu getreue Anhänger.[48] Nicht daß die zeitgenössischen Wirtschaftstheorien unfehlbar gewesen wären; vielmehr wurde die klassische Lohnfondstheorie, nach deren These die Marktkräfte unweigerlich alle Bemühungen der Arbeiter, sich über das Existenzminimum zu erheben, zum Scheitern verurteilen, um die Jahrhundertmitte durch Erfahrungen, denen man sich nicht verschließen konnte, erschüttert. Was allerdings gebraucht wurde, um das Versagen des herrschenden ökonomischen Denkens bloßzulegen, das waren nicht einfach empirische Gegenbeweise, sondern eine bessere Theorie. Und diesem Mangel wollten und konnten Brentano und seine Gefährten nicht abhelfen. Gustav Schmoller, unbestrittenes Haupt der Schule, hielt dafür, daß zunächst Tatsachen über Tatsachen in umfänglichen beschreibenden Untersuchungen ausgebreitet werden müßten, bevor man sich zu Schlußfolgerungen vorwagen dürfe.

Im Herbst 1872 beriefen Brentano, Schmoller und gleichgesinnte Geister eine Konferenz in Eisenach ein, auf der das Programm einer gleichermaßen menschlichen und realistischen Volkswirtschaftslehre formuliert werden sollte. In seiner Eröffnungsrede berief er sich, um den Zweck der Zusammenkunft zu bestimmen, auf den Weltgeist. Die ganze Gesellschaft und jeder wohlgesonnene einzelne müsse an den großen Idealen der Kultur mitarbeiten. Dies sei oberste Aufgabe der demokratischen Entwicklung, «wie sie das große Ziel der Weltgeschichte überhaupt zu sein scheint».[49] Wären Booth diese Worte zu Ohren gekommen, dann hätte er gegen Schmollers Einführung einer hochfliegenden Metaphysik der Geschichte in einen Bereich, der sehr gut darauf verzichten konnte, gewiß Einspruch eingelegt.

Wieder auf den Boden der Realität zurückgekommen, gründeten die Kathedersozialisten ein Jahr darauf den Verein für Sozialpolitik, um ihre sozialwissenschaftlichen Pläne in die Tat umzusetzen. Wenn sich auch ihr Unvermögen, sich auf eine angemessene Einstellung zum politischen Handeln zu verständigen, ebenso wie ihre hitzigen Debatten über Bismarcks Innenpolitik hinderlich auswirkten, so wurden von den Vereinsmitgliedern zu so gewichtigen Themen wie Protektionismus und Gewerkschaften, Gewerbesteuer, Streik und die Methodik sozialwissenschaftlicher Umfragen immerhin auch Abhandlungen diskutiert und Berichte veröffentlicht. Jedenfalls waren ihre Diskussionen fruchtbar, obschon sie zunehmend in Fehden ausarteten. Der Erfolg all dieses Redens und Publizierens war ungewiß. Der Verein sammelte eine treue Gefolgschaft um sich, zumal unter den Teilen der nichtakademischen Öffentlichkeit, die nicht davon überzeugt waren, daß jedes Stückchen Gesetzgebung zur Regelung der Industrie oder zur Unterstützung der Arbeitslosen unweigerlich einen Schritt hin zum Kommunismus war. Besonnene Leser wie diese sahen in Brentano, Schmoller und ihren Glaubensgefährten mutige Kämpfer gegen die revolutionäre Gefahr der Sozialdemokratie, gegen das vorteilssüchtige Wirtschaftsprogramm der Junker und Schlotbarone und gegen die schlimmste aller Geißeln – beider willfährige Dienerin –, gegen die Dummheit. In einem Brief an Schmoller brachte Brentano seine nicht nachlassende Opposition gegen «sozialistischen oder absolutistischen Despotismus» zum Ausdruck.[50] Nur solides Wissen könne beide in Schach halten.

Diese These hört sich an wie ein unschuldiger rhetorischer Gemeinplatz, war aber Teil einer zunehmend barscher geführten Polemik, die Brentano brieflich mit seinen engen Freunden unterhielt. Während sich Schmoller weiterhin für schlagkräftige Gewerkschaften einsetzte, in denen er ein Mittel zur Bekämpfung der sozialen Frage sah, bekundete er zugleich, anders als Brentano, sein Vertrauen in den Staat und sogar in Bismarcks sogenannten Staatssozialismus. Der Disput spiegelte unversöhnliche Positionen innerhalb des Vereins wider, den sie so voller Hoffnungen gegründet hatten. Als Bismarck 1878 die Sozialistengesetze durchpeitschte und ein Jahr später seine politischen Verbündeten, die Freihandelsbefürworter, fallen ließ, um sich der Schutzzollpolitik zu verschreiben, schürten diese Kernfragen die Zwietracht unter den Vereinsmitgliedern. Aus Selbsterhaltung mieden sie Themen dieser Art und befaßten sich statt dessen mit unverfänglicheren Fragen wie der Agrarpolitik; infolgedessen fanden sie immer weniger Gesprächsstoff.[51] Eine Zeitlang zog sich Brentano aus dem politischen Tagesgeschäft zurück und widmete sich historischen Studien. Der Niedergang des Vereins für Sozialpolitik belegt die skeptische These, daß die damaligen Sozialwissenschaften oftmals wenig mehr taten, als Begründungen für eine Politik zu liefern, die ihre Praktiker, die gestandenen Politiker, aus gänzlich anderen Motiven favorisierten. Was immer sie damals gewesen sind, eine Wissenschaft waren sie noch nicht.

Bismarck seinerseits, dem der Verein mit guten Ratschlägen zugesetzt hatte, konnte, als er sich die soziale Frage vornahm, recht bald ohne diesen auskommen. Mit seiner Arbeiterversicherungsgesetzgebung, so erinnerte sich Brentano, nahm er denn auch dem Verein «den Wind aus den Segeln», wie er es schon bei anderen Themen getan hatte.[52] Offenkundig vermißte Bismarck die Ratschläge des Vereins nicht. Einmal dazu gebracht, sich sozialer Fragen anzunehmen, gab er Untersuchungen zur Lage der Arbeiterklasse in Auftrag, durch die er sich von Expertenempfehlungen, wie sie Brentano und seine Freunde ihm anzudienen suchten, unabhängig machte. Es ist interessant zu sehen, wie er feststellte, daß die entscheidenden Statistiken, die ihm von seiten der «moral statisticians», der Gesellschaftsstatistiker und Staatsdiener zur Verfügung gestellt wurden, für die politische Aktion ungeeignet waren. Am Ende verließ er sich nur auf ein paar loyale Mitarbeiter, Industriemagnaten, die ihr Interesse für die soziale Frage bekundet hatten, und natürlich auf seinen politischen Instinkt. Bekanntlich war sein umfassendes Sozialversicherungsprogramm Teil einer weiterreichenden politischen Zielsetzung. Er scheint

ein paternalistisches Mitgefühl mit den Beleidigten und Beschäftigungs-
losen verspürt zu haben; die Hauptgründe allerdings dafür, daß er die
Pflichtversicherung propagierte, waren politischer Natur: Er wollte die
Arbeiterklasse den Verlockungen der Sozialdemokratie abspenstig ma-
chen und in aller Ruhe den Weg bereiten für Institutionen, die, mit mehr
Autorität ausgestattet, den Reichstag ersetzen sollten.

In diesen Jahren des Meinungsstreits und der Enttäuschungen, ebenso
wie in den vielen Jahren, die Brentano verblieben – er starb 1931 im Alter
von siebenundachtzig Jahren –, war er weder untätig noch uninteressiert.
Er hatte hohe, irgendwie ungeduldige Erwartungen an Wilhelm II., dessen Thronbesteigung im Jahr 1888 frischen Wind für die Sozialpolitik
verhieß. Die Entlassung des alt gewordenen Bismarcks durch den Kaiser
zwei Jahre darauf schien ein Schritt in Brentanos Richtung zu sein. Wilhelms starke Worte gegen die «gefährlichen» Radikalen, seine anmaßende
Einmischung in Angelegenheiten, von denen er überhaupt nichts verstand, und sein unberechenbares Wechseln der Fronten machten indessen
deutlich, daß diese Hoffnungen äußerst unangebracht waren, und so
wandte sich Brentano immer mehr der Linken zu. Als Volkswirt schrieb
er Aufsätze zur Tarifpolitik; als Liberaler wetterte er gegen eine Gesetzesvorlage, die jeden, der sich Streikbrechern in den Weg stellte, ins
Zuchthaus schicken wollte; als akademische Respektsperson verteidigte
er die Freiheit der Forschung in den Universitäten; als Anglophiler bereiste er oft England und widmete seine letzten Jahre einer umfänglichen
Wirtschaftsgeschichte seines Lieblingslandes.[53] Bei aller unverändert gebliebenen Leidenschaft für die Wissenschaft wollte er sich doch nicht als
weltfremder Professor sehen, bezeichnenderweise nannte er daher seine,
im letzten Lebensjahr veröffentlichte Autobiographie *Mein Leben im
Kampf um die soziale Entwicklung Deutschlands*. Man kann sich des
Gefühls nicht erwehren, daß Brentano sein Leben im falschen Land zu-
gebracht hat; Booth wäre ihm ein prächtiger Mitstreiter und -bürger
gewesen.

Booth' Mitleid mit den Armen war womöglich noch stärker ausgeprägt
als das Brentanos; sein Aktionsprogramm, weil klarer ausgearbeitet, war
wirkungsvoller. Wir erwähnten schon, daß ihn, als er 1886 seine Untersuchung zu Londons Elendsvierteln aufnahm, Entrüstung über die Gefühlsduselei mancher engagierten Kollegen sowie der Wunsch trieb, das
Los der Notleidenden zu verbessern, vor allem aber ein Vertrauen in die
Wissenschaft, das in seinem Ausmaß rührend war. Nach Beatrice Webbs
kühlem, distanziertem Urteil war er die «vollkommenste Verkörperung»
des «Zeitgeistes der Mitte des bürgerlichen Zeitalters – die Verschmel-

zung des Glaubens an die Methode der Wissenschaft und des von Gott
dem Menschen überkommenen Gefühls aufopferungsvollen Dienens».
Damit ließ sie indessen Booth nicht unbedingt Gerechtigkeit widerfahren, denn lange bevor er seine berühmte Analyse der Londoner Massen
fertigstellte, hatte er die philanthropischen Ideale aus der Hochzeit des
Viktorianismus bereits hinter sich gelassen.[54] Die sozialwissenschaftlichen Befunde hatten ihn längst über eine gönnerhafte Mildtätigkeit hinaus gewiesen.

Booth nahm, was er Sozialwissenschaft nannte, sehr ernst. 1887, im
zweiten Jahr seiner Untersuchung, erwähnte er gegenüber Statistikerkollegen, daß das, was jeden, der sich mit der sozialen Frage befasse,
schmerzlich ankomme, das «Bewußtsein von der Hilflosigkeit» sei.
Lohnabhängige sind hilflos «den Wert ihrer Arbeit festzustellen oder zu
bekommen»; Fabrikanten und Kaufleute sind hilflos, weil sie «nur in den
Grenzen des Wettbewerbs arbeiten»; die Politiker sind hilflos, «weil die
Grenzen für ein erfolgreiches Eingreifen auf dem Wege von Gesetzes-
änderungen eng gesteckt sind». Dieses lähmende Bewußtsein vom Unvermögen, etwas auszurichten, lasse «sozialistische Theorien, impulsive
Eingebungen aus Unwissenheit, die die Natur des Menschen verkennen
und sämtliche grundlegenden Tatsachen des menschlichen Daseins vernachlässigen», wie Pilze aus dem Boden schießen. Einzig verläßliche Fakten und Theorien mit Hand und Fuß könnten aus diesem Dilemma her-
ausführen. «Um dieses Bewußtsein der Hilflosigkeit zu beheben, ist es
nötig, die Probleme des menschlichen Lebens besser zu fassen. Das
apriorische Räsonieren über die Nationalökonomie, die orthodoxe wie
die unorthodoxe gleichermaßen», so legte er fast im Tone von Brentano
dar, «leidet an einem Mangel an Wirklichkeit. Ihm liegt eine Reihe von
Annahmen zugrunde, die nur unvollkommen mit den beobachteten Tatsachen des Lebens verknüpft sind. Am Anfang unserer Wissenschaft muß
ein wahrhaftiges Bild des modernen Industrieorganismus stehen, vom
Austausch der Arbeit, von der Betätigung der natürlichen Anlagen, vom
Bedürfnis und der Befriedigung der Wünsche.»[55] Es ist dies eine aufschlußreiche, wenngleich naheliegende Diagnose: das Streben nach Herrschaft ist das Gegenmittel gegen die Hilflosigkeit. Welches immer der
psychische Hauptantrieb für Booths Kreuzzug in Sachen Wahrheit gewesen sein mag, er war sich sicher, daß das Handeln dem Wissen folgen
müsse und es nicht bestimmen dürfe.

Tatsächlich erwies sich Booth bei seinem Bestreben, die Probleme des
menschlichen Lebens besser zu fassen, als das zuvor geschehen war, als
das Gegenteil eines einfältigen Jüngers von Bacon. Beatrice Potter – besser bekannt unter ihrem Familiennamen Beatrice Webb – teilte er denn

auch mit, daß für ihn die induktive und die deduktive Methode gleich nötig seien.[56] Da die Tatsachen nun einmal verwickelt waren, bedurften sie eines Rahmens. Mehr noch, sollten einzelne Tatsachen auch bedeutungslos sein, unnötig waren sie nicht; ungeachtet der vielen bereits gedruckt vorliegenden Untersuchungen wußten die Sozialwissenschaftlicher faktisch wenig über die Armen und noch weniger über die ganz Armen. Booths Aufgabe war also, die Karte einer Terra incognita anzulegen.

Bei dieser Vermessungsarbeit ließ er sich von seinen Forschungsgrundsätzen leiten. Er war stolz sagen zu können, daß seine Vorstellungen «ganz allmählich im Verlauf meiner Arbeit Gestalt angenommen haben» und daß er «nicht mit vorgefaßten Ideen, keiner ausgearbeiteten Theorie, keinem Lieblingsplan» angefangen habe.[57] Auch wenn dies keine realistische Wiedergabe eines intellektuellen Werdegangs ist, so versuchte Booth gleichwohl Huxley nachzueifern und sich ins einzelne Faktum zu vertiefen wie ein kleines Kind. Aber es gab so viele derartige Fakten! Worauf er also hinauswollte, war (um sein Bild zu benutzen), ganz London zu photographieren, angefangen – sinnvollerweise – mit dem East End, wo eine Million der Bedürftigen Londons zusammengeballt lebten.

Booth fertigte seine umfassende Photographie bloß mit einer Handvoll Helfer nach einem Arbeitsplan an, der jeden, der kein Wahrheitsfanatiker war, aufgerieben hätte. Ausgehend von den Zahlen und Klassen des Zensus von 1881, die er durch seine eigene Klassifikation der Einkommenshöhen entsprechend verfeinerte, schuf er sich Basisverfahren. Zur Anreicherung der Daten, die sich aus den Fragebögen ergaben, konnten er und seine Mitarbeiter sich zum einen auf eine Fülle von Informationen, die Schulverwaltungsbeamte vor Ort in ausführlichen Interviews gesammelt hatten, sowie zum anderen auf statistische Unterlagen der offiziellen Sozialhilfeeinrichtungen und auf die Dienstprotokolle der Polizei stützen. Danach stand dann die beängstigende Aufgabe an, diese Masse an Informationen aufzubereiten und einzuordnen. Schon 1889, gerade drei Jahre, nachdem Booth seine Untersuchungen aufgenommen hatte, lag der erste Band dessen, was später den Titel *Life and Labour of the People in London* tragen sollte, zur Veröffentlichung bereit. Bis er schließlich im Jahre 1903 seine Aufgabe abgeschlossen hatte, war das Ganze auf siebzehn mächtige Bände angewachsen.

Eine Möglichkeit ist es, die Millionen von Wörtern dieses Berichts über London als eine Art Rechtfertigung zu lesen. Booth hatte nämlich entdeckt, daß der unerquickliche Hyndman Ausmaß und Bodenlosigkeit von Londons Armut eigentlich noch zu gering angesetzt hatte.[58] Tatsache war, und Booth war nicht der Mann, das zu verhehlen, daß diejenigen, die unter der Armutsgrenze lebten, nicht 25 %, sondern etwas mehr als 30 % der Bevölkerung von Englands aus den Nähten platzender Hauptstadt ausmachten.[59]

Es war seine Offenheit, die, zusammen mit der überwältigenden Fülle des statistischen Materials, mit der er den Leser überschüttete, sowie den bewegenden Beschreibungen, die seinen Bericht durchzogen, Booths Autorität als Sammler und Interpret der Fakten begründete. Er gab sich nicht damit zufrieden, seine Daten zu erfassen, zu zählen und leidenschaftslos zu Papier zu bringen. Als beredter Anwalt der Altersrente, die schließlich im Jahre 1908 eingeführt wurde, gehört er zu den herausragendsten unter den Wegbereitern des britischen Sozialstaats. Für unsere Zwecke ist indessen von allergrößter Bedeutung, daß er, auch dort, wo er seine Befunde als Sozialreformer vorlegte und seine Regierung auf diese Weise drängte, der Armut abzuhelfen, die er so eingehend analysiert hatte, als echter Sozialwissenschaftler handelte, der bewies, daß er in der Lage war, seine Meinung auch bei einem Thema zu ändern, in das er so viel Zeit und Mühe gesteckt hatte. Die in seinen späten Jahren – er starb, hochgeachtet, im Jahre 1916 – stärker hervortretende konservative Einstellung, sein vehementer Individualismus und sein Mißtrauen gegen die Gewerkschaften können seinen Platz in der Geschichte der Sozialwissenschaften nicht schmälern. Denn es war in erster Linie Booth, der das Reich der Fakten, dieser mächtigen Agentien der Herrschaft, erweiterte und absicherte.

3. Das Ende des Renaissancemenschen

Ein wesentliches Merkmal der Revolution des Wissens im 19. Jahrhundert ist eine scharf ausgeprägte Arbeitsteilung. Überall in der kulturellen Landschaft hinterließ die Spezialisierung ihre eindeutigen Zeichen; Bildungswesen und akademische Berufe waren durch den Wandel kaum wiederzuerkennen. Diese neue Arbeitsteilung erwies sich indessen als ein zweifelhafter Segen. Zwar wurde durch die Förderung spezieller Ausbildungsgänge und die Belohnung spezialisierter Tätigkeiten die Herrschaft des Menschen über die Welt gestärkt, zugleich aber das aus der Renaissance überkommene Ideal des rundum gebildeten Menschen angekratzt. Die Masse der Kenntnisse nahm dermaßen überhand und wurde zugleich so unübersichtlich, daß sie von einer einzigen Person in auch nur einem Fach, geschweige denn in mehreren, nicht zu bewältigen war.

In einer solchen Welt stand jener vielseitige Statistiker Adolphe Quételet, der zugleich ein talentierter Maler und Dichter war und ausgebreitete

Kenntnisse in vielen Naturwissenschaften besaß, wie ein Relikt aus vergangenen heroischen Zeiten da. Aber auch er konnte sich den Forderungen seiner Zeit nicht entziehen. Im Laufe der Zeit fand er sich genötigt, seine Bemühungen, ja sogar seine Interessen auf nur ein einziges Feld zu konzentrieren. Manche französischen Ärzte mögen als begabte Maler oder angesehene Dichter glänzen.[1] Einige wenige Gelehrte von hohem Rang wie etwa Hermann Helmholtz, der einen beachtlichen Beitrag zur Medizin, Biologie, Physik, Mathematik und zur Psychologie des Sehvermögens leistete, standen gegen den Strom des Jahrhunderts. Gebildete und kultivierte Laien wie Brahms guter Freund, der hervorragende deutsche Chirurg Theodor Billroth, der ebensogut als Klaviervirtuose hätte Karriere machen können, wurden zu einer Seltenheit.

Die Parteigänger des Fortschritts begrüßten diese Entwicklung als einen notwendigen Schritt weg von der Hilflosigkeit; Kulturkritiker dagegen beklagten sie als einen nicht wieder gut zu machenden Verlust. Schon um die Jahre nach 1790 hatte Schiller eine besorgte und besorgniserregende Analyse des zeitgenössischen Menschen vorgelegt, als eines einseitigen, konfliktgeschüttelten einzelnen, der sich dem materiellen Eigeninteresse verschrieben hat. «Ewig nur an ein einzelnes kleines Bruchstück des Ganzen gefesselt, bildet sich der Mensch selbst nur als Bruchstück aus.» Nur «das eintönige Geräusch des Rades» im Ohr, «entwickelt er nie die Harmonie seines Wesens». Zwar betrachtete Schiller den in Mode kommenden «Griechenlandkult» mit Mißtrauen, hämisch aber setzte er der Krankheit der Modernen die Ganzheit der Alten entgegen.[2]

Dieses Thema griff der junge Marx für seine eigenen umstürzlerischen Zwecke auf; 1844 kritisierte er in seiner Untersuchung über die Erniedrigung, die den Arbeitern als den Opfern der Industrialisierung angetan wird, die Arbeitsteilung bei gleichzeitiger Akkumulation des Kapitals, weil der Arbeiter dadurch abhängig gemacht werde von einer eintönigen, maschinenartigen Arbeit. Zur Maschine herabgedrückt, werde aus ihm nichts als «eine abstrakte Tätigkeit und ein Bauch». Und 1860 noch erlaubte sich Jacob Burckhardt in seiner meisterhaften *Kultur der Renaissance in Italien* einen sehnsüchtigen Blick zurück in eine Zeit, als der *uomo universale* mehr als ein nostalgisches Phantasiegebilde war. Aus der Perspektive eines besorgten Konservativen schilderte er etwa die Talente von Leon Battista Alberti, eines dieser allseitig begabten Männer; Athlet, Naturwissenschaftler, Mathematiker, Maler, Bildhauer, Architekt, Musiker, Psychologe, Schriftsteller, Dichter, Verfasser scherzhafter Reden und witziger Worte, Erforscher der Sitten und Gebräuche, Mann von Welt – und all diese Rollen spielte er mit Sachverstand und Eleganz. Und obgleich Alberti seinen Zeitgenossen turmhoch überlegen war, so konnte er, nach Meinung Burckhardts, mitnichten Leonardo da Vinci das Wasser reichen. Dieser war ein Mann von so ungeheuren Dimensionen, daß man sie «ewig nur von ferne ahnen» könne[3]. Die Zeiten, die solche Männer hervorgebracht hat, so gab Burckhardt zu verstehen, waren für immer vorbei.

Es war dies indessen nicht die einzige Art und Weise, die neue Arbeitsteilung zu sehen; schon zu Anfang des Jahrhunderts hatte Goethe eine schwungvollere Lesart gegeben. Im Laufe eines langen, außerordentlich produktiven Lebens hatte er sich zu einem unübertroffenen Dichter, Dramatiker, Romancier, Autobiographen, Reiseschriftsteller, Naturphilosophen, Kunstkritiker, Briefschreiber, Übersetzer und Meister der Gesprächskunst gemacht. Und doch gab dieser moderne Renaissancemensch, ausgerechnet er, seinem Altersroman *Wilhelm Meisters Wanderjahre* den Untertitel *Die Entsagenden*. Was er seinen Hauptcharakteren ans Herz legte, war der Verzicht auf Universalität. «Unbedingte Tätigkeit, von welcher Art sie sei», Tätigkeit, die die eigenen Grenzen nicht kennt, geschweige denn anerkennt, «macht zuletzt bankerott.» Seine Zeit war die «Zeit der Einseitigkeiten». Goethes Rat war endgültig: «Übe dich zum tüchtigen Violonisten und sei versichert, der Kapellmeister wird dir deinen Platz im Orchester mit Gunst anweisen.» Für ihn bestand kein Zweifel: «Sich auf *ein* Handwerk zu beschränken, ist das beste.»[4]

Meisterschaft, sagt Goethe in einem seiner Sonette, zeigt sich nur in der Fähigkeit zur Selbstbeschränkung. Er war offensichtlich der Überzeugung, daß, wenn Spezialisierung der Preis für die Anhäufung des Wissens ist, dieser Preis nicht zu hoch war. Adam Smith hat in seinem klassischen Werk *Über den Reichtum der Nationen* von 1776 dieses Urteil in denkwürdiger Weise um mehrere Jahrzehnte vorweggenommen.

Das Fortschreiten der Spezialisierung war unaufhaltsam. Mit der Entwicklung einer internationalen Marktwirtschaft, in der Güter und Dienstleistungen unter der Voraussetzung des Grenznutzens ausgetauscht wurden, waren die aus der Arbeitsteilung herrührenden Gewinne nur um so ersichtlicher. Dieses Prinzip, so schrieb der deutsche Statistiker Georg von Viebahn um das Jahr 1860, «gewinnt mit der Anwendung von Hülfsmaschinen mehr und mehr an Boden».[5] Dementsprechend legten einige von Adam Smith' Lesern, angestoßen von neuen Erfahrungen, eine Überarbeitung seiner Analyse vor. Am bedeutsamsten ist vielleicht, daß Charles Babbage in den frühen dreißiger Jahren des 19. Jahrhunderts zu der wichtigen Erkenntnis kam, daß «die Arbeitsteilung mit gleichem Erfolg auf geistige wie auf mechanische Tätigkeiten angewendet werden kann». Der Grundsatz der Spezialisierung, der schon so viel für die Produktivität im Fabrikwesen gebracht hatte, war von allgemeinerer Anwendung, als man bis dahin erkannt hatte; Arbeitsteilung kann «mit Nutzen für die Öffnung des Weges zu einer der erhabensten Methoden der Erforschung des menschlichen Geistes eingesetzt werden». Büroangestellte, Fabrikdirektoren, Beamte im höheren Dienst und Mathematiker waren gut beraten, sich spezielle Kenntnisse für besondere Aufgaben anzueignen.[6] Zum Guten wie zum Bösen stand das Zeitalter des Experten bevor. So unterstrich denn auch Émile Durkheim mit seinem Buch *De la division du travail* von 1893, einem Meilenstein der modernen Soziologie, die Bedeutung des Fachmanns.

In diesem Klima wurde aus dem Begriff des «Dilettanten», einst ein Ehrenname für Leute aus vornehmem Hause, die die Künste und Wissenschaften zu ihrem Vergnügen und nicht des Gewinns wegen pflegten, unter der Hand ein Spottwort. So schrieb etwa Goethe 1799 in einem Brief an Schiller über die «Greuel des Dilettantismus», womit er die Art und Weise meinte, in der oberflächlich denkende Laien sich an der Kunst zu schaffen machen. Goethes Bewunderer Carlyle ließ seinen Professor Teufelsdröckh, den Mann, dem der Sinn für das Staunen vor den Wundern der Welt abhanden gekommen war, als «einen Dilettanten und halbblinden Pedanten» verächtlich machen. Und in *Middlemarch* ließ George Eliot den Helden Will Ladislaw durch Adolf Naumann, einen deutschen Maler, als «dilettantisch und laienhaft» verunglimpfen.[7] Durch diesen Umschwung in den Einstellungen wurde aus dem einstmals unbestrittenen Ideal einer allgemeinbildenden klassischen Erziehung ein fragwürdiger Begriff.

Weil die Hindernisse im 19. Jahrhundert noch höher lagen als je zuvor, wurde Erziehung zu einer Ansammlung von Schlachtfeldern, auf denen kommerzielle und technologische Interessen in heftige Gefechte mit der Normvorstellung des gebildeten Gentlemans gerieten. Bis zur Französischen Revolution war, wer das Geld dafür hatte, von Hauslehrern erzogen oder auf eine von Geistlichen geleitete Schule geschickt worden. Und die Universitäten des 18. Jahrhunderts unterstanden nach wie vor jenen Fakultäten – Theologie, Jurisprudenz und Medizin –, die schon seit dem Mittelalter die Hochschulbildung bestimmt hatten. Ungeachtet ihres viel beklagten Niedergangs vor der Revolution hatten sie eine Unmenge von gelehrten Klerikern, Anwälten und Ärzten hervorgebracht, eine große Zahl von führenden Wissenschaftlern und Erfindern hatte allerdings außerhalb des Universitätssystems gearbeitet.[8] Eine Handvoll vereinzelter, in jüngster Zeit gegründeter Technischer Hochschulen vermittelten Fertigkeiten, die sich für das Bauwesen, die Landwirtschaft, den Berg- und Straßenbau als notwendig erwiesen. Diesbezüglich war die 1747 in

Frankreich ins Leben gerufene École des Ponts et Chaussées zukunfts-
weisend. Allerdings litten diese Zentren praktischer Ausbildung nach wie
vor an Knappheit der Mittel und an ihrem geringen Ansehen.

All dies änderte sich mit der Revolution und ihrem umstürzlerischen
Erben Napoleon I. Schon 1794 schuf die Revolutionsregierung mit der
Gründung der École Polytechnique, die stolz war auf ihre strengen Auf-
nahmebedingungen, ihr anspruchsvolles dreijähriges Studium und auf ihr
hervorragendes Kollegium, eine solide Grundlage für die Ausbildung von
Technikern und Naturwissenschaftlern. Polytechnique war eine der von
Napoleon unterstützten und geförderten Neuerungen der Revolution.
Rasch fand sie im eigenen Lande wie in anderen Ländern Nachahmung;
hier erwies man dem Original dadurch Ehre, daß man ihren Namen
übernahm. Als etwa in den späten 30er Jahren des Jahrhunderts in Mai-
land der Philosoph Carlo Cattaneo eine Zeitschrift ins Leben rief, mit
der die Fortschritte der zeitgenössischen Wissenschaften einer breiteren
Öffentlichkeit zugänglich gemacht werden sollten, nannte er sie *Il poli-
tecnico*. Die gewaltigen Errungenschaften der École Polytechnique und
ihrer zahlreichen Nachbildungen brachten indessen die Spannungen zwischen klassischer Erziehung und technischer Ausbildung lediglich an die
Oberfläche.

Ein erstes Schlachtfeld waren die privilegierten höheren Bildungsan-
stalten im Dienste der bürgerlichen Eliten – in Frankreich die *lycées*, in
Preußen die *Gymnasien* und in England die *Public Schools* –, die allesamt
Bastionen der Großbourgeoisie waren. Sie waren mehr ein Hindernis für
die soziale Mobilität als Weg zu ihr, und dementsprechend hatten sie ihr
Lieblingsinstrument zur Beibehaltung einer strikten Absonderung der
Mittelschicht von den unteren Ständen im klassisch humanistischen Bil-
dungsgang. Sie verabreichten ihren Schülern eine sorgfältig ausgesuchte
Diät: viel Griechisch und Latein, ein wenig Mathematik und Philosophie,
ohne irgendwelchen Unsinn über Themen der Praxis. Gegen eben dieses
überkommene Unterrichtsprogramm zogen die Erneuerer zu Felde.

Nicht alle Erziehungskriege des bürgerlichen Zeitalters richteten sich
gegen die Ansprüche von Wissenschaft und Technik. Kritiker der bestehenden Grundschulausbildung, die allenthalben als Reformer unter Beschuß waren, zielten auf die Allgemeinbildung und legten eine Unmenge
von Verbesserungsvorschlägen vor. Noch beunruhigender waren die heftigen Auseinandersetzungen über Religion, dem härtesten Brocken in
dieser Diskussion. In den späten 20er Jahren hatte sich zum Beispiel
Quételet von seiner Begeisterung für den Fortschritt mitreißen lassen,
indem er behauptete, daß das «neunzehnte Jahrhundert sich dadurch
auszeichnet, daß es rein wissenschaftlich verfährt».[9] Indessen war das

Zeitalter keineswegs so unverbrüchlich der Wissenschaft vermählt, wie Quételet glauben mochte. In einer Zeit spektakulärer wissenschaftlicher Entdeckungen und eher stiller Glaubenskrisen gewann die bürgerliche Religiosität etwas von dem Boden zurück, den sie während der Aufklärung und der Französischen Revolution verloren hatte. Vieles an dem endlosen Kampf über den Köpfen der Jugend wurde zwischen Vertretern der Kirche und Kirchengegnern oder konservativen Theologen und liberalen Nonkonformisten ausgefochten. Religiöse Parteien, deren Unversöhnlichkeit in gleichem Maße wuchs wie ihre Kampfbereitschaft, kämpften um die Herrschaft, um politische Herrschaft.[10] Gleichwohl konnten religiöse Themen, die freilich viel Unfrieden stifteten und viel Zeit kosteten, den Kampf um «nützliche» Gegenstände nie von der Bühne verdrängen.

Diese Auseinandersetzungen liefen denn auch gleichzeitig ab, und, abgesehen von ein paar befremdlichen Bündnissen, fanden sich Anhänger der Moderne und Kirchengegner in der Regel im selben Lager. Zu Beginn des 19. Jahrhunderts hatten Mitglieder der englischen Staatskirche, die dem herkömmlichen Bildungskanon verpflichtet waren, nach wie vor das gleiche Monopol über die altehrwürdigen Universitäten, das sie schon über Jahrhunderte innegehabt hatten. Der Startschuß für die Kampagne, durch die der doppelte Zugriff von Klassizismus und Anglikanismus aufgebrochen werden sollte, wurde zwischen 1808 und 1810 in Artikeln der *Edinburgh Review* abgefeuert, die im wesentlichen von Sydney Smith stammten, jenem unübertroffenen Spötter und politischen Polemiker. Er bediente sich, um sich für seine Kritik an Oxford und Cambridge zu wappnen, der Rhetorik Bacons. Ihre eigentliche Aufgabe sei die Förderung des Wissens, um das menschliche Los zu lindern; diese Pflicht aber hätten die Universitäten, jene erlauchten und lebensfernen Bildungstempel, auf eklatante Weise versäumt. Erst auf Druck von außen, durch Reformer im und außerhalb des Parlaments, fanden schließlich, nach Jahrzehnten erst, wissenschaftliche Gegenstände allmählich Eingang in Oxford und Cambridge. Und es brauchte kaum weniger Zeit, bevor Nonkonformisten und Agnostiker Zugang erhielten, und noch einmal ein paar Jahrzehnte dauerte es, bis sie in die hehre Körperschaft aufgenommen wurden. Der Einzug der Moderne war ein Prozeß mit vielen Windungen. Es muß als ein Zeichen wachsenden Unmuts gesehen werden, wenn im Jahre 1828, also Jahre bevor Oxford und Cambridge gezwungen wurden, die Religionsprüfungen abzuschaffen und sich nolens volens den Wissenschaften zu öffnen, Reformer trotzig die *University of London* gründeten, als Zentrum einer akademischen Ausbildung, die weder konfessionsgebunden noch veralteten Lehrplänen verhaftet war, an denen freilich auf den herkömmlichen Universitäten zäh festgehalten wurde.

In Frankreich folgte die Ausbildung dem gleichen Ziel, wenn auch auf eigenem Weg. Frankreichs Schulen, die Hochschulen eingeschlossen, waren seit Napoleons Tagen durch eine zentralistische Bürokratie mit Gleichförmigkeit geschlagen, dennoch waren dadurch die Streitigkeiten über den Stellenwert des Religionsunterrichts oder der Wissenschaft im Lehrplan nicht zum Schweigen gebracht worden. Der alte Merkspruch, daß es nicht ein Frankreich gebe, sondern deren zwei, findet in den Auseinandersetzungen der französischen Katholiken mit ihren Landsleuten ohne Konfessionsbindung um den Zugang zum Erziehungsministerium sowie um öffentliche Finanzmittel eine gewisse Bestätigung. Zwar lag das Glück über die Jahre 'mal bei diesen, 'mal bei jenen, dennoch mußten die *Écoles laïques*, die in ihrem Bildungsangebot so modern waren wie in ihrer Geringschätzung der Bibellektionen, sich bis zur Heraufkunft der Dritten Republik gedulden. Und nicht einmal dann gelang es ihnen, mit dem Widerstand der Geistlichkeit fertig zu werden. Erst mit der absoluten Trennung von Staat und Kirche im Jahre 1905 konnte der als bezwungen gelten. Und doch mochte sich, in Frankreich wie in anderen Ländern auch, in denen jeder Schritt bekämpft wurde, der aus eingefahrenen Wegen herausführte, jemand, der noch vor der Juli-Monarchie die Schule besucht hatte, in den Bildungsanstalten, auf die seine Großkinder gingen, als Fremder gefühlt haben.

Die anhaltenden öffentlichen und oft scharf geführten Auseinandersetzungen über Lehrpläne und Finanzierung waren mithin der Stoff, an dem das Bürgertum den Griff nach der Herrschaft probte. Man mußte kein Jesuit sein, um zu erkennen, daß, wer die Schulen kontrolliert, die Zukunft kontrolliert. Aber die achtbaren Bürger fanden diese Zukunft über die Maßen trübe, da zwei konfligierende Ideale um die Macht stritten, oftmals in der gleichen Brust, kollidierte doch der Wunsch nach einer Bildung im klassischen Sinne und dem gesellschaftlichen Status, den sie verlieh, mit dem Wunsch nach einer Ausbildungsmaschine, die jene Verwalter, Ingenieure und Wissenschaftler hervorbrächte, nach denen das Jahrhundert immer stürmischer verlangte.

Die Geschichte des preußischen und ab 1871 deutschen Bildungssystems im 19. Jahrhundert, das von Besuchern aus dem Ausland zu einer Norm erhoben wurde, die für ihre Heimatländer zu übernehmen sei, belegt diesen Konflikt auf anschauliche Weise. In Anbetracht der herausragenden Stellung, die die deutschen Wissenschaftler ab Mitte des Jahrhunderts einnahmen, ist es bemerkenswert, daß das System an Spezialisierung und Sachverstand zunächst kein gutes Haar ließ, zumindest im Prinzip.

Fast genauso bemerkenswert ist die beherzte Art und Weise, wie das neuhumanistische Ideal aus der Asche von staatlicher Katastrophe und Erniedrigung wiedererstand. Die Grundlagen von Preußens beispielgebenden Schulen und Universitäten wurden nach den entscheidenden Niederlagen gelegt, die Napoleon der preußischen Armee im Jahre 1806 zugefügt hatte. Um Teile ihres Staatsgebiets gebracht, bar aller Mittel, ohne Ehre und Verbündete hörte die preußische Monarchie für ein paar kurze Jahre auf den Rat entschlossener Bildungsreformer, insbesondere Wilhelm von Humboldts, unter dessen Leitung die preußischen Schulen auf Vordermann gebracht wurden. Weniger als anderthalb Jahre, ab Anfang 1809, bekleidete er das Amt des Kultusministers, aber sein Einfluß reichte weit über die kurze Zeit seiner Machtausübung hinaus.

Natürlich hatte Humboldt den Neohumanismus, aus dem sich sein Denken in Bildungsfragen speiste, nicht erfunden. Die interessierte Wiederentdeckung des alten Griechenland, die seiner pädagogischen Lehre jene bezeichnende Stoßkraft gab, war gegen Ende des 18. Jahrhunderts unter gebildeten Deutschen von einer kleinen Gruppe hervorragender Gelehrter, Dichter und Schwärmer propagiert worden, die als Vorbild für ihr trostlos unvollkommenes Zeitalter eine weitgehend imaginäre Antike entworfen hatten.[11] Zwar war Humboldt kein geistiger Neuerer, und doch verdanken das neohumanistische *Gymnasium* und die moderne deutsche Universität Humboldts gescheiten Richtlinien sehr viel, beiden war er ein glänzender Anwalt.

Humboldt war ein Dilettant im besten Sinne des rapide an Ansehen verlierenden Wortes, ein einfühlsamer Kritiker, ein belesener Philologe und ein erfolgreicher, wenn auch widerstrebend tätiger Staatsdiener. In seiner klassizistischen Gesinnung idealisierte er die Alten, um seinen Zeitgenossen ein Vorbild zu geben, dem sie nacheifern sollten. Sein Erziehungsprogramm, das er in prägnanten politischen Stellungnahmen und diplomatisch abgefaßten Memoranden an Friedrich Wilhelm III. darlegte, liest sich wie eine verständnisvolle Antwort auf Schillers Klage über die Aufsplitterungen in der modernen Kultur. Er war strikt gegen den Utilitarismus; von der Grundschule über das Gymnasium bis zur Universität müsse der Unterricht auf die harmonische Ausbildung aller menschlichen Fertigkeiten zielen. Fachausbildung, jenes ganz und gar prosaische Unternehmen, könne nicht Sache des Unterrichts sein. Die Lehrer hätten sich nicht um die Erfordernisse des Lebens, sondern um jene Texte und Ideen zu kümmern, die allein die Botschaft der Zivilisation in sich trügen. Ein bestimmtes Wissen und eine gewisse Erziehung sollte allen gemeinsam sein; ein tadelloser Handwerker, Kaufmann oder Soldat werde man nur als aufgeklärtes menschliches Wesen. Oder in den Worten seines oft zitierten Fazits: «Griechisch gelernt zu haben könnte auf diese Weise dem Tischler ebenso wenig unnütz seyn, als Tische zu machen dem Gelehrten.»[12] Humboldt nahm an, daß durch diesen gemeinsamen Besitz der krasse Gegensatz, der damals zwischen den höheren und den niederen Ständen bestand, abgemildert würde.

Das waren nicht einfach nur Phantasien. Ungefähr ab 1810, dem Gründungsjahr der ersten Gymnasien, bis weit in die vierziger Jahre brachten die Schüler um die 45 Prozent ihrer Zeit mit dem Erlernen klassischer Sprachen zu.[13] So anachronistisch dieser Lehrplan allmählich wurde, so gleichermaßen fern der Realität von Laboratorium, Eisenbahnverwaltung und Kontor verlief auch die Erziehung der bürgerlichen Knaben in Frankreich und England. Schlimmer noch, in Preußen selbst entfernte sich das Erziehungswesen von Humboldts Ideal. Der leidenschaftliche Glaube in die alten Sprachen, an denen sich eine ganze Generation von Neohumanisten gebildet hatte, verblaßte allgemach. Zu groß war die Zahl der Gymnasien, auf denen Pedanten neue Pedanten großzogen.

Das war indessen nicht Humboldts einziges anfechtbares Vermächtnis. Sein Projekt war egalitär angelegt, zumindest in der Theorie. Danach sollten Schüler nur aufgrund ihrer Tüchtigkeit zugelassen und gefördert werden. Mit Hilfe von Kollegen ersann Humboldt ausgeklügelte Prüfungen, um unter Preußens jungen Untertanen Talente aufzuspüren. Eine Prüfung, zumal wenn sie frei von Käuflichkeit bleibt, ist ein bewußter Affront gegen jene altehrwürdigen Wege in ein höheres Amt, als da sind gesellschaftliche Beziehungen, Familienrang und finanzielle Mittel. In dem gewaltigen Ringen zwischen Bürgertum und Adel um politische Macht kamen Prüfungen den Mittelschichten sehr gelegen. Bekanntlich waren in den späten 50er Jahren die Verfechter der Tradition in Großbritannien zutiefst besorgt, als die Regierung Examen auf Wettbewerbsbasis als zweckmäßige Eignungsprüfungen für eine Anstellung im Staatsdienst einrichtete. Ein reformierter öffentlicher Dienst war gleichwohl kein Refugium für Fachleute, denn das Ideal der Reformer war nach wie vor der Generalist mit klassischer Ausbildung. Immerhin, die zweite Hälfte des 19. Jahrhunderts wurde das Zeitalter des Wettbewerbs – um die Stelle eines Schreibers in einer Regierungsbehörde zu erhalten, um die ansprechendste Bauzeichnung oder das schönste Gedicht abzuliefern. In Zukunft, so behauptete der liberale Journalist, Verleger und Politiker John Morley im Jahre 1867, werde der Wettstreit um Ansehen und sogar um Macht zwischen «Intelligenz und Noten auf der einen Seite und Reichtum, Rang, Privilegien, kurz, dem Besitz, auf der anderen ausgetragen».[14]

Wenngleich Humboldt kein Demokrat war, beharrte er doch darauf, daß einzig Leistung die Auswahl derjenigen bestimmen solle, die geeignet waren, eine umfassende Ausbildung zu erhalten, und brachte damit jenes Demokratisierungsrezept der Aufnahmeprüfung auf den Weg. Während die Gymnasien im wesentlichen eine kleine Minderheit bedienten – Söhne von Akademikern, Regierungsbeamten und wohlhabenden Kaufleuten –, halfen sie am Ende doch auch den Söhnen von kleinen Ladenbesitzern und achtbaren Handwerkern bei ihrem strapaziösen Bemühen, auf der sozialen Leiter eine Stufe oder auch zwei nach oben zu klettern. Gleichwohl blieb Bildung mehr ein Unterscheidungsmerkmal als ein sozialer Gleichmacher, schon weil die meisten Familien in Preußen das Schulgeld nicht aufbringen oder ohne den Beitrag ihrer Söhne zum Familienunterhalt nicht auskommen konnten.

Welches immer der Anteil des Gymnasiums an einer Erleichterung der sozialen Mobilität in Deutschland war, in den Lehrplänen jedenfalls fanden praktische Erfordernisse erst gegen Ende des Jahrhunderts einen Niederschlag. Im Jahre 1882 schließlich, nach fortgesetzten, Verwirrung stiftenden politischen Manövern der preußischen Kultusbürokratie, wurde durch eine neue Verordnung die Zahl der Unterrichtsstunden in den alten Sprachen herabgesetzt und statt dessen dem Unterricht in Mathematik, den Naturwissenschaften, Geschichte, Geographie und Französisch mehr Raum gegeben. Aber noch 1897 stellte Friedrich Paulsen, ein angesehener Philosoph, Historiker des Erziehungswesens in Deutschland und Reformanhänger, fest, daß der alte Kampf zwischen Alten und Modernen wieder auflebe. «Er spitzt sich zu auf die Frage: ist die Erlernung der griechischen Sprache noch die unerläßliche Bedingung für das wissenschaftliche Studium auf der Universität?»[15] Paulsen war nicht dieser Ansicht, und diese Position wurde dann auch nach heftigen Debatten im Jahre 1901 per Gesetz festgeschrieben.

Auch die Universitäten standen im Banne von Humboldts Vision einer harmonischen Bildung des Menschen. So erkannte Friedrich Wilhelm III. schon 1807, kurz nachdem Preußen durch den Frieden von Tilsit seine überaus angesehene Hallenser Universität sowie andere Hochschulen genommen worden waren, den politischen und geistigen Nutzen, den eine neue Universität würde erbringen können. Mit Recht haben Historiker ihre Bewunderung für einen Staat zum Ausdruck gebracht, der, am Rande der Verelendung und von nahezu unlösbaren Problemen bedrängt, gleichwohl den Willen und das Geld für eine höhere Bildung zusammenbrachte. So öffnete die Berliner Universität im Jahre 1810 ihre Pforten. Sie begann bescheiden, mit 250 Studenten und 24 Professoren; aber was ihr an Zahl fehlte, machte sie an Qualität wett, und die Liste der an der

Fakultät vertretenen Namen las sich wie eine Galerie der Unsterblichen aus Deutschlands Geisteswelt. Dazu gehörten der romantische Religionsphilosoph Friedrich Schleiermacher, der Altphilologe Friedrich August Wolf, der Rechtshistoriker Friedrich Karl von Savigny, der Physiker und Volksaufklärer Christoph Wilhelm Hufeland, der nationalistische Philosoph Johann Gottlieb Fichte und der Althistoriker Barthold Georg Niebuhr. Dieser Schar gesellte sich 1818 Hegel hinzu. «In jener Zeit», so sollte später einmal Lord Acton halb bewundernd, halb belustigt schreiben, «entstand der wohlbekannte Typus des deutschen Gelehrten, des Mannes, der darüber lamentierte, daß die Bibliotheken ihm nicht mehr als dreizehn Stunden täglich für seine Lektüre ermöglichten, des Mannes, der schon 1806 über Homer geschrieben hatte und 1870 immer noch über Homer schrieb.»[16] Acton war freilich ungerecht; die besten deutschen Gelehrten waren alles andere als die Sorte staubtrockener Pedanten, die ihre Gelehrsamkeit nicht als Schlüssel zum Wissen, sondern als Abwehr von Angst benutzten.

Gleichwohl führten die deutschen Universitäten ein paradoxes Leben. Humboldt hatte geglaubt, daß ihr Beitrag zum intellektuellen Fortschritt von ihrer Fähigkeit abhängen werde, ungegängelt Forschung zu betreiben. Und so erhoben denn auch die deutschen Professoren die Lehr- und Lernfreiheit zu einer Ideologie, die sie wild entschlossen verteidigten. Allerdings bedurften die Universitäten, als staatliche Einrichtungen den Weisungen des Kultusministers unterworfen, der ständigen Unterstützung durch ihre Regierung, gleich ob in Preußen oder in Bayern, und dies immer dringlicher gegen Ende des Jahrhunderts, als das massive Anwachsen der Studentenzahlen die Professoren nötigte, ihre Forschung zugunsten der zeitaufwendigen Lehre zurückzustellen. Das bedeutete aber, daß ihnen eine mächtige Kultusbürokratie über die Schulter schaute. Nicht selten, wie Brentano und andere Hüter der akademischen Freiheit bezeugen können, tat sie mehr als nur schauen.

Überraschenderweise jedoch führten das Veto, das ein Kultusminiter bei Lehrstuhlbesetzungen einlegen, und der Druck, den er zugunsten unorthodoxer Bewerber oder innovativer Vorhaben ausüben konnte, die Wissenschaft nicht ganz und gar in die Katastrophe. Alles hing vom politischen Geschick der Professoren ab, die häufig an der Hochschule nicht minder konservativ waren als in der Öffentlichkeit, und natürlich von der Zielsetzung des Ministers. Ohne Zweifel war im Preußen nach der Reichsgründung der Kultusminister liberaler und einfallsreicher als viele Gelehrte, die seiner Amtsführung unterstanden. Oftmals legten die deutschen Professoren die akademische Freiheit als die Freiheit aus, Sozialisten und Juden von der Hochschule fernzuhalten. Noch 1918 sagte

Max Weber in seinem berühmten Münchener Vortrag über Wissenschaft als Beruf seinen Zuhörern, daß Zufall und Vorurteil viele Bestellungen zum Professor bestimmten und daß ein Jude diesbezüglich ebensogut alle Hoffnung aufgeben könne. Die vielgepriesene deutsche Gelehrtenrepublik war ein exklusiver Verein, immer bereit zur Ausgrenzung.

Auch unter den Studenten stimmten Rhetorik und Wirklichkeit selten überein. Von Artikelschreibern wurden sie allzumal als selbstlose Verehrer der Wissenschaft gezeichnet, das aber war die blanke Idealisierung. In Deutschland hatten die Studenten Zutritt zu Vorlesungen und Seminaren, der Lernstoff wurde ihnen aber nicht aufgezwungen, sie mußten ihn sich selbst zusammenstellen. Daß selbst die Berliner Universität nicht ganz auf jene wichtigtuerische Seite der akademischen Ausbildung – studentische Verbindungen, die sich ausschließlich dem Duellieren und Saufen widmeten, opportunistische Pflege von Freundschaften mit guten Beziehungen – verzichtete, war wohl unvermeidlich. Aber inmitten dieses lärmigen, oftmals oberflächlichen Lebens gab es Wissenschaftler, die nüchterne Forschung betrieben, und im Laufe der Jahrzehnte verstanden es die Universitäten, die gescheitesten deutschen Naturwissenschaftler in ihre Hörsäle und hervorragend bestückten und dotierten Labors zu locken. Auch in Deutschland stellten sich, spät, aber eindrucksvoll, Lehre und Forschung an den Hochschulen auf den Kampf um die Beherrschung der Wirklichkeit ein.

So erhielt denn auch die überwiegende Zahl von Deutschlands renommiertesten Wissenschaftlern eine Professur, so sie sie nicht schon hatten.[17] Manche wie der Physiker Heinrich Hertz erhielten ihre Anerkennung durch die Berufung von einer Technischen Hochschule auf den Lehrstuhl einer Universität. Andere wie Robert Koch wurden wie ein nationales Kleinod behandelt. Koch war ein Bakteriologe von unübertroffenem technischem Scharfsinn, der Bazillen entdeckte, die für allerlei Krankheiten verantwortlich waren, vom Milzbrand zur Tuberkulose, von Wundinfektionen bis zum Trachom, und diese fabelhaften frühzeitigen Entdeckungen am Mikroskop machte er als Landarzt in der Provinz Posen. 1880 allerdings wurde er mit einem Posten am Reichsgesundheitsamt in Berlin geködert, vier Jahre später mit einer hohen Auszeichnung geehrt, und der Reichstag setzte ihm in Anerkennung seinen Verdienst um das öffentliche Gesundheitswesen eine Zuwendung von 100000 Reichsmark aus. 1885 dann folgte eine speziell dotierte Professur an der Berliner Universität, die noch durch klingende Titel versüßt wurde.

Als Koch sechs Jahre später diesen Lehrstuhl aufgab, so nur, um Direktor des neu errichteten und auf seine Forschungsinteressen zugeschnittenen Instituts für Infektionskrankheiten zu werden. Damit kamen andere, noch größere Ehrungen auf ihn zu. Im Jahre 1905 erhielt er mit dem Nobelpreis die höchste internationale Auszeichnung und kurz darauf den ranghöchsten deutschen Orden *Pour le mérite*, außerdem den Titel *Wirklicher Geheimrat*. Er war nun eine «Exzellenz».

Und Koch war keineswegs der einzige; die deutschen Länder und die Reichsregierung überhäuften ihre wissenschaftlichen Berühmtheiten mit Preisen, Orden, Titeln, sogar Erhebungen in den Adelsstand und, was mehr zählte, renommierten Lehrstühlen und modernst eingerichteten Laboratorien. Viele dieser mit Bedacht zugemessenen Belohnungen und Ehrungen kamen aus Berlin. Ein Ruf an die Berliner Universität, so jung sie auch war, wurde zur höchsten Anerkennung, die ein Gelehrter, die Naturwissenchaftler nicht ausgenommen, anstreben konnte. So übernahm etwa Johannes Müller, ein Anatom, Embryologe, Pathologe und Chemiker, der für seine Schüler ebenso berühmt war wie für seine Entdeckungen, im Jahre 1833 dort einen Lehrstuhl, ebenso wie Rudolf Virchow 1856 und das Universalgenie Hermann Helmholtz im Jahr 1871.

Indessen war Berlin nur der anziehungskräftigste Magnet für die deutschen Wissenschaftler. «Berlin», so schrieb Paulsen, «wird nie ein deutsches London oder deutsches Paris sein.»[18] Man konnte durchaus in Göttingen oder Tübingen glücklich sein, ganz gewiß aber in München. Um die Mitte des Jahrhunderts lockte Maximilian II. von Bayern, wild entschlossen, das geistige und wissenschaftliche Niveau in seiner Hauptstadt zu heben, norddeutsche Dichter, Historiker und Wissenschaftler in die Stadt. So gelang es ihm im Jahre 1851, den international angesehenen organischen Chemiker Justus Liebig – der 1845 Baron Justus von Liebig geworden war – aus Gießen abzuwerben, wo er fast drei Jahrzehnte lang einen Lehrstuhl innegehabt hatte. Liebig war Experimentator, Theoretiker, Lehrer und Schriftsteller von ebenbürtigem Rang und hatte bereits die Landwirtschaft vieler Länder revolutioniert. 1822 war Liebig, damals nicht viel mehr als ein vielversprechender junger Chemiker, von Ludwig I., Großherzog von Hessen-Darmstadt, nach Paris geschickt worden, um sein Verständnis der Chemie zu vervollkommnen. Dort hatte ihn Wilhelm von Humboldt, beeindruckt von Liebigs vielfältigen Talenten, mit dem berühmten Chemiker Joseph Louis Gay-Lussac bekannt gemacht. Im Jahre 1825 hatte sich Humboldt ein weiteres Mal für ihn verwandt und ihm, der gerade erst zweiundzwanzig Jahre alt war, in Gießen eine außerordentliche Professur verschafft. In Gießen machte Liebig denn auch seine großen Entdeckungen in organischer Chemie, und in seinem primitiven, wegweisenden Labor wurde eine ganze Generation von jungen Wissenschaftlern ausgebildet, die von soweit her kamen wie Rußland oder den Vereinigten Staaten. Was König Maximilian ihm bieten konnte, waren ein besserer Mitarbeiterstab, ein besser ausgestattetes Labor und bessere Lehrbedingungen. Liebig war in München so zufrieden, daß er 1865, acht Jahre vor seinem Tod, sogar einen Ruf nach Berlin ausschlug.

Und dennoch wurde gerade in Berlin der vitalistischen Naturphilosophie, die den wissenschaftlichen Fortschritt in Deutschland bis in die frühen 40er Jahre des Jahrhunderts bestimmt und aufgehalten hatte, von deutschen Naturwissenschaftlern der Boden entzogen. Ernst Brücke, Emil Du Bois-Reymond, Hermann Helmholtz, die sich allsamt auf dem Gebiet der Physiologie, der Optik und der Physik einen glänzenden Namen machen sollten, erklärten gemeinsam und im Gegenzug zur romantischen Wissenschaft, daß nur «allgemeine physikalisch-chemische Kräfte im Organismus wirken» und daß nur die «physikalisch-mathematische Methode» zu verläßlichen Ergebnissen führe. Nachdem die metaphysische Bürde der Naturmystik erst einmal abgeworfen war, hatten Wissenschaft und somit auch die Technik in Deutschland freie Bahn.[19] Sogar die deutschen Universitäten, wenn auch zuzeiten widerstrebend und nachträgerisch, bequemten sich den unwiderstehlichen Erfordernissen der modernen Zeit an.

In dem anhaltenden Bemühen, die Natur zu beherrschen, nehmen die deutschen Wissenschaftler einen Ehrenplatz ein. Denn zwischen 1901, als der Nobelpreis das erste Mal verliehen wurde, und 1914, dem Ausbruch des Ersten Weltkriegs, gab es unter den neunundvierzig Preisträgern auf den Gebieten der Physik, Chemie und Medizin vierzehn Deutsche.[20] Sie brauchten die Franzosen nicht um ihren Pasteur zu beneiden oder die Engländer um ihren Maxwell. Und in der Anwendung ihrer Wissenschaft waren sie unübertroffen.[21] In der politischen Geschichte des Bürgertums des 19. Jahrhunderts indessen war ihre Bildung weniger imponierend. Fast alle waren bekanntlich Staatsbeamte, und die meisten waren es zufrieden, ihrem Staat im Tausch gegen die Nichteinmischung in ihre ureigenen akademischen Angelegenheiten ohne Murren zu dienen.

Sie waren mitnichten allesamt unpolitische Menschen; ohnehin besagt die weitverbreitete Mär von umpolitischen Deutschen viel zu viel und damit viel zu wenig. Politische Untätigkeit ist ja in sich selbst eine Form politischen Tuns, Unterstützung nämlich der herrschenden Obrigkeit und ein Hemmschuh für jede Veränderung. Im deutschen Reich des 19. Jahrhunderts nahmen politisches Interesse und Beteiligung an öffentlichen Angelegenheiten in einer unaufhörlichen Wellenbewegung von Erregung, Enttäuschung und Rückzug 'mal zu und 'mal ab, und die Professoren standen nicht außerhalb jener langfristigen Zyklen. Während der revolutionären Tage von 1848 etwa hatten Universitätsmitglieder mit an der

Spitze derjenigen gestanden, die zu radikalen Reformen in den deutschen Ländern aufriefen; das selbsternannte Parlament, das in der Frankfurter Paulskirche zur Abstimmung einer Verfassung für ganz Deutschland zusammengetreten war, hatte eine erkleckliche Anzahl von Professoren in seinen Reihen. Und auch in den frühen 60er Jahren befanden sich Professoren unter den am lautesten vernehmbaren liberalen Nationalisten, die für eine Vereinigung des Reiches auf der Grundlage eines dem britischen vergleichbaren, konstitutionellen Systems eintraten. Erst Mitte der 60er Jahre, als sie schimpflich gescheitert waren, wandten sich die Akademiker von der politischen Bühne ab und kehrten an ihre Pulte zurück.

Freilich nicht alle. Der einflußreiche Historiker Heinrich von Treitschke zum Beispiel heizte mit seinem viel zitierten Kampfruf «Die Juden sind unser Unglück» den Antisemitismus an. Zum andern gab es Theodor Mommsen, der eine energische Antwort auf Treitschkes Schmähschrift verfaßte und sich klar gegen das von Bismarck gewollte Reich aussprach, dessen Geschick jener über zwei Jahrzehnte beherrschen sollte. Mommsen beschrieb sich in einer Testamentsklausel aus dem Jahre 1899 als ein unbeirrbares «animal politicum». Er wünschte, «ein Bürger zu sein»; das aber, so folgerte er bitter, sei «nicht möglich in unserer Nation, bei der der einzelne, auch der Beste, über den Dienst im Gliede und den politischen Fetischismus nicht hinauskommt».[22] Ein weiterer politisch rühriger Akademiker, nämlich Rudolf Virchow, war ein fortschrittlicher Abgeordneter, der sich für eine bessere Grundschulausbildung einsetzte und aus dem Plenum des Preußischen Landtags heraus Bismarck bedrängte, aus dem halbabsolutistischen Deutschland ein parlamentarisches System zu machen. Andere wieder, wie Lujo Brentano, unterbreiteten im Rahmen ihrer speziellen politischen Tätigkeit Vorschläge für eine Sozialgesetzgebung.

Wer auf der anderen Seite des ideologischen Grabens stand, trat vaterländischen Vereinen bei, die dann den Ausbau der Marine oder Kriegsvorbereitungen für ein neues Rencontre mit Frankreich unterstützten. Der übergroßen Mehrheit der Professoren war es genug, ihre Vorlesungen zu halten, ihre Studenten zu beaufsichtigen und ihre Abhandlungen zu verfassen. Wohlweislich bestimmten sie die Freiheit, die sie zum Atmen brauchten, in der Weise neu, daß sie deren Spielraum einengten. Mehr als in anderen Ländern vertrug sich im kaiserlichen Deutschland akademische Selbstbestimmung durchaus mit staatsbürgerlicher Indolenz, sie wurde vielmehr zu deren ständiger Begleiterin. Als Forscher und Experimentatoren, als Gelehrte und Theoretiker hatten die deutschen Akademiker – im Grunde allesamt brave Bürger – einen herausragenden Anteil an der Herrschaft des Menschen über die Natur. Aber als Staatsbürger verzichteten sie auf den Anspruch, ihr eigenes Schicksal zu meistern. Die Form, in der sie sich entschieden, ihr Leben ihrer beruflichen Karriere unterzuordnen, war eine Art Arbeitsteilung: die Wissenschaft dem Gelehrten, die Politik dem Politiker. Es war allerdings auch eine schicksalhafte Teilung der Macht.

Die Professionalisierung, jenes Kennzeichen der Arbeitsteilung im 19. Jahrhundert, war nicht frei von ähnlichen Ambiguitäten. Herrschaft über die Natur wurde dadurch befördert, aber das hatte seinen Preis. Wie schon die Universitäten kämpften auch die freien Berufe für Selbstverwaltung, aber sie appellierten dabei an die Billigung durch den Staat: Der Staat konnte ihnen die erbetene Autonomie geben, indem er ihnen Anerkennung gewährte. Er konnte ihnen im Detail, in Zusammenarbeit mit den freien Berufen und in ihrem Interesse, die Regeln vorschreiben, nach denen Ärzte und Anwälte die Geheimnisse ihres Berufes praktizieren. Solcher Beistand würde die freien Berufe – und ihre vermuteten Nutznießer, die auf ihre Dienstleistungen angewiesene Öffentlichkeit – vor den Schurkereien von Scharlatanen bewahren. Indem sie unter diesen sicheren Schutz flüchteten, mühten sie sich, das Recht auf Selbstverwaltung zu erlangen. Dieser paradoxe Kampf um eine von oben protegierte Freiheit verlief mit relativ wenig Spannungen, hauptsächlich deswegen, weil Beamte, Politiker und Freiberufler in der Regel der gleichen Klasse angehörten, zuweilen sogar ein und dieselbe Person waren. Sie verstanden einander.

Der zunehmende Umfang und die wachsende Differenzierung des Wissens in der Zeit des Viktorianismus machte die Spezialisierung unabdingbar. Die alten pauschalen Benamsungen waren in der schlichten Alltagssprache zwar noch gängige Münze, aber sie erwiesen sich in dem Augenblick als unscharf, da in den Natur- und Sozialwissenschaften immer sorgfältiger ausdifferenzierte Ergebnisse vorlagen. Erst 1840 prägte William Whewell den umfassenden Terminus «Scientist» (Wissenschaftler) für jeden, «der Wissenschaft im allgemeinen pflegt».[23] Aber noch zu seiner Zeit gab es, von einigen Genies abgesehen, nur wenige Forscher, die der Wissenschaft im allgemeinen nachgingen. Vielmehr unterteilten sie die Arbeitsfelder oder, wie in der Biochemie, fügten zwei vormals getrennte Arbeitsfelder zusammen. Liebigs epochemachendes Buch von 1840, *Die Thier-Chemie; oder, Die organische Chemie in ihrer Anwendung auf Physiologie und Pathologie*, ist ein Zeugnis für beide Vorgänge zugleich. Schon im Titel kündet das Buch eins vom Triumph der Spezialisierung und dem Versuch eines hervorragenden Generalisten, die Grenzen der neuen Fächer zu überspringen. Mit dem, was er «Thier-

Chemie» nannte, wollte Liebig auf nichts anderes hinaus als auf die Anwendung der organischen Chemie auf Physiologie und Pathologie.

In diesen Jahrzehnten wuchsen zugleich Sozialwissenschaftler heran, die sich auf ausgewählte Teilgebiete ihres umfassenden Faches konzentrierten und sich dann Soziologen oder Politikwissenschaftler nannten. Und die Historiker begriffen sich nicht mehr als Erforscher des Vergangen im allgemeinen Verstande, sondern als Historiker der Geistes-, Militär- oder Politikgeschichte. Dieser Wandel im Berufsstand der Historiker erhielt 1892 seine förmliche Anerkennung dadurch, daß die Harvard-Universität den ersten Lehrstuhl für Wirtschaftsgeschichte überhaupt einrichtete. Die Hochschulausbildung fand Anschluß an die wirkliche Welt. In anderen Berufen ging man den gleichen Weg. In der kurzen Zeitspanne zwischen 1864 und 1888 wurden in den Vereinigten Staaten nicht weniger als zehn Vereinigungen von Medizinern gegründet, die sich alle eines anderen Teilbereichs des menschlichen Körpers annahmen. Ophtalmologen, Laryngologen, Chirurgen für die Harn- und Geschlechtsorgane konnten sich nunmehr auf ihren Verbandstagen und in ihren Fachzeitschriften an ihre Kollegen wenden.[24] Zu dieser Entwicklung konnte man sich nur beglückwünschen, allerdings gab sie unter Berufskollegen auch Anlaß zur Besorgnis. So stellte der Internist Ernst von Leyden im Jahre 1881, auf der ersten Tagung des Berliner Vereins für Innere Medizin, mit sichtlichem Unbehagen fest: «... Es giebt gegenwärtig kaum noch *Aerzte*, fast nur *Specialisten*, oder man ist Specialist und nebenbei noch Arzt.»[25] Das war sein Versuch, die Flut aufzuhalten.

Die meisten neuen Berufe wurden denn auch herkömmlichen Gewerben nachgestaltet. So war der Ingenieur im 19. Jahrhundert, nunmehr als Tiefbau- oder Maschinenbauingenieur beziehungsweise Industriechemiker tätig, die modernisierte Fassung des kunstfertigen Handwerkers und erfindungsreichen Kesselflickers, die in früheren Jahrhunderten Brücken gebaut und Waffen vervollkommnet hatten. Der Psychiater im 19. Jahrhundert war ein Arzt, der die alleinige Kompetenz auf einem einzigen Gebiet der Heilkunst beanspruchte. Zu Beginn jenes Jahrhunderts war der gefällige Titel eines freien Berufs noch der altehrwürdigen Triade von Theologie, Jura und Medizin vorbehalten gewesen, und Priester, Anwalt und Arzt (letzterer mit einigen Einschränkungen) hatten in der steilen sozialen Pyramide umneidete Plätze bezogen. Keiner dieser Berufsstände war in sich monolithisch, jeder hatte zur Herausbildung einer empörenden Hierarchie von Ansehen und Einfluß geführt. In England schauten die *barristers*, die vor höheren Gerichten plädierten, auf die *attorneys*, die einfachen Anwälte wie auf Juristen minderen Ranges herab. In Frankreich gerierten sich die Ärzte womöglich noch herablassender gegenüber den *officiers de santé*, jenen Praktikern ohne Doktortitel. Und in Deutschland verkehrten Universitätstheologen nur selten mit schlichten Landpfarrern. Indessen wurden diese jahrhundertealten, habitualisierten Verhaltensweisen von Geringschätzung und Ehrerbietung durch die wissenschaftlichen und technischen Erfordernisse ausgehöhlt und die Gewichte innerhalb der herkömmlichen Berufe anders verteilt. Im Verlauf des Jahrhunderts nahm die Zahl der Freiberufler und, da sich den alten Ansprüchen auf gesellschaftlichen Einfluß neue Bewerber gegenüber fanden, auch die Zahl der Berufe immer mehr zu.

Dieser Zug zur Professionalisierung begleitete und stärkte die Art und Weise, in der die Bürger des 19. Jahrhunderts die Maxime von der Beherrschung der Natur durch Gehorsam gegen sie befolgten. Fast jedes Jahr erschienen neue Fachzeitschriften, die von dem Reifungsprozeß der Berufe Zeugnis ablegten und ihn stützten. Zwar hatte es bereits im späten 18. Jahrhundert verstreut derlei Veröffentlichungen gegeben, jetzt aber, in den 30er Jahren des 19. Jahrhunderts, war es wie eine Lawine, speziell in den Naturwissenschaften. Die Geisteswissenschaften hinkten hinterher. So wurde die *Historische Zeitschrift*, die erste Veröffentlichung, die sich ausschließlich an Historiker richtete, 1859 in München gegründet; die Franzosen zogen mit der *Revue Historique* 1876 nach, während die *English Historical Review* 1886 und die *American Historical Review* 1895 erschienen. Das Entstehen von Fachschulen ist ein weiterer Hinweis darauf, daß eine Fertigkeit sich zu einem ehrenwerten Beruf gemausert hatte. In den Vereinigten Staaten wurde 1867 die erste Fachhochschule für Zahnheilkunde eröffnet, und 1881 gründeten Geschäftsleute in Philadelphia die Wharton School of Finance and Commerce.

Die Aufspaltung des 1831 in Großbritannien ins Leben gerufenen Vereins zur Beförderung der Wissenschaften ist ein deutliches Indiz dafür, daß das Ende des Renaissancemenschen gekommen war. Angefangen hatte er mit zehn Wissenschaftszweigen, die in sechs Abteilungen zusammengefaßt waren, welche allerdings im Bedarfsfall noch einmal unterteilt und erweitert wurden, und dieser Bedarfsfall trat häufig ein. Im Jahre 1866 etwa war «Biologie» noch ein umfassender Titel, unter dem Physiologie, Zoologie, Botanik und Anthropologie versammelt waren; 1893 dann spaltete sich die Physiologie ab, ihr folgte im Jahre 1894 die Anthropologie und 1895 die Botanik. Skeptiker mögen den Experten, mit jenem albernen und sattsam bekannten Witzwort, als jemanden bezeichnen, der immer mehr über immer weniger weiß. Aber die Erforschung von Natur und Gesellschaft war schließlich so weit fortgeschritten, daß geballter Sachverstand erforderlich war beziehungsweise ein Sachverstand, der sich quer durch die alten Disziplinen hindurch seinen Weg zu bahnen vermochte.

Diese Entwicklung, die sich über die ganze westliche Kultur erstreckte, fesselte in allen Ländern das besondere Interesse der Bürger. Die freien Berufe waren der Tummelplatz für gebildete Männer aus der Mittelschicht, die einen Anspruch auf Anerkennung geltend machten, der nicht auf der Herkunft oder hemdsärmeliger kaufmännischer Gerissenheit gründete, sondern auf bewährter Kompetenz und langwieriger Ausbildung. Schon die Mühsal des Lernens, zu welcher ein moderner Beruf zwingt, bietet die Garantie einer echten Leistung. Ein gerahmtes Zeugnis oder besser noch ein ganzer Strauß von Zertifikaten an der Wand des Ordinationszimmers, ausgeschmückt mit kunstvoller Kalligraphie und lateinischen Sentenzen, war für die Patienten eine sinnbildliche Mahnung daran, daß vor ihnen eine Persönlichkeit stand, die sich das Ansehen verdient hat. Es ist bezeichnend für das Jahrhundert, daß eine gutbürgerliche Dame ihre Kinder lieber von einem Geburtshelfer, einem Facharzt gleicher Klassenzugehörigkeit, entbinden ließ als von einer Hebamme oder einem Praktiker aus den unteren Ständen, die fortan immer häufiger genötigt waren, ihrem Gewerbe unter ihresgleichen nachzugehen. Wenn irgend der Anspruch zu Recht besteht, das 19. Jahrhundert das bürgerliche Jahrhundert zu nennen, dann hat die gewaltige Ausweitung des Berufswesens ein Gutteil damit zu tun.

Im bürgerlichen Zeitalter war ein Berufsstand eine Zunft ehrenhafter Praktiker, die durch gemeinsame Interessen und Institutionen aneinander gebunden waren. Diese Zunft erwarb und demonstrierte ihre Identität, indem sie Verfahren für die Ausbildung von Kandidaten entwarf, Kriterien für die Zulassung von Neulingen in ihren Reihen aufstellte und Normen zur Beurteilung des Verhaltens ihrer Mitglieder erarbeitete. Der höchste Anspruch auf Ehrenhaftigkeit lag im Dienst an der Gesellschaft; der höchste Ausweis für den Erfolg in der Erlangung von Autonomie. Wir haben ja bereits gesehen, wie die Bostoner Lehrer gerade mit dem Beharren auf ihrer Autonomie jede Kritik von Eltern und Staatsbeamten an ihren Bestrafungspraktiken zurückzuweisen suchten: nur sie als Mitglieder eines angesehenen Berufsstandes, so beteuerten sie, wüßten, was das Beste sei.

Es ist nur logisch, daß die Freiberufler mit diesen, dem Selbstschutz dienenden Tricks ein Gegenstand des Neids und ein Ziel der Spottlust wurden. So erging es ihnen immer schon im Laufe der Geschichte. Sie haben die Aggressionen gegen sich durch ihr überhebliches Gehabe, ihr Brüsten mit abgelegenem Wissen und die Anmaßung, unentbehrlich zu sein, erst noch angestachelt. Kritiker, auch die, die sich nicht gerade in übermäßiger Nörgelei ergingen, haben die vorrangigen Anliegen dieser Experten kurz und bündig mit Macht, Prestige, Geld angegeben. Diese jahrhundertealte Ranküne in der Öffentlichkeit ist ganz und gar verständlich: Durch sein bloßes Dasein steht der Freiberufler den gewöhnlichen Leuten, die auf ihn angewiesen sind, gleichsam wie ein Vorwurf gegenüber, stellt er doch ihre Unwissenheit und Ohnmacht unter Beweis. Ganz ohne Zweifel ließ das 19. Jahrhundert, das weitaus abhängiger war von den Freiberuflern als frühere Jahrhunderte, diese nicht ungeschoren davonkommen. Ein Blick auf Daumiers Lithographien von Anwälten, die allesamt dünkelhaft und herzlos sind und Eifer nur an den Tag legen, wenn es um ihre Honorare geht, mag darüber belehren, wie leicht diese Berufsvertreter ein Opfer der Satire wurden. Zyniker sahen in dem Gerede über den Erhalt eines Höchststandes von Qualität bei den Dienstleistungen sowie über die Notwendigkeit der Ausmerzung von Scharlatanen nichts anderes als rhetorische Pflichtübungen im Eigeninteresse. Solche Verunglimpfungen trafen oft wirklich ins Schwarze. Aber das Eigeninteresse von Anwälten und Ärzten konnte durchaus mit dem Interesse der Öffentlichkeit zusammentreffen, und zuzeiten tat es dies auch. Dem Patienten konnte es nur guttun, wenn er von einem Arzt versorgt wurde, der eine so gründliche Ausbildung erhalten hatte, wie es nach dem medizinischen Wissen jener Zeit möglich war, und der moralischen Erfordernissen gegenüber so sensibel war, wie ein Mensch nur sein konnte. Mochte George Bernard Shaw in seinem draufgängerischen, übellaunigen Vorwort zu *The Doctor's Dilemma* auch gegen die «mörderische Absurdität» eines «medizinischen Dienstes an der Gemeinschaft» zu Felde ziehen und dafür einige passende, will sagen grauenhafte Beispiele zum Beleg anführen können, gleichwohl gab es Ärzte, die die ethischen Regeln, die auf der medizinischen Hochschule gelehrt wurden, auch anwendeten und die fest entschlossen waren, «weder ihre Pflichten um der Bequemlichkeit willen zu vernachlässigen, noch ihre Möglichkeiten um des Gewinstes willen zu mißbrauchen». Sie fühlten sich verpflichtet, um es mit den Worten des hervorragenden Augenchirurgen R. Brudenell Carter zu sagen, «in Ausführung ihrer Arbeit angemessenes Geschick und Wissen walten zu lassen und in ihrem Handeln aufrichtig und gerecht zu sein».[26]

Zweifellos hatten die Mitglieder eines Berufsstandes besondere, eigennützige Bindungen, aber ebenso hatten sie höhere Ideale (zumindest beriefen sie sich darauf). Die Ärzte, die in der bürgerlichen Epoche von Romanciers und Dramatikern ersonnen wurden, traten in den beiden entgegengesetzten Ausprägungen auf; auf jeden Phantasiedoktor der, wie Georg Büchners gefühlloser Militärarzt in *Woyzeck*, in den Patienten interessante Versuchskarnickel sahen, kam einer, der wie Trollopes Dr. Thorne hart arbeitete und mitfühlend war. Im ganzen gesehen konnte ein Berufsstand gleichermaßen egozentrisch und gemeinsinnig sein.

Die Laufbahn von Medizinern im viktorianischen England ist geeignet, diese soziologisch dürren Beobachtungen mit historischem Material anzureichern. An ihr zeigt sich, daß Herrschaft zu bestimmten Zeiten eher Wahrung des Besitzstandes als Macht über das Übel bedeutete. Die Angriffe auf den primitiven Krämergeist von Quacksalbern waren nicht nur Ausdruck einer pflichtbewußten Sorge um die Kranken, sondern auch des Willens, lästige und häufig bemerkenswert erfolgreiche Konkurrenten vom Markt zu vertreiben. Lange Zeit hatten üble Unterscheidungen die Zunft beherrscht; um die Wende zum 19. Jahrhundert lag das Gesundheitswesen des Landes in den Händen von drei Berufssparten, den Ärzten, Chirurgen und Apothekern. Die Doktoren, die die Spitze der Hierarchie mit Beschlag belegt hatten, waren in dem auf die Zeit Heinrichs VIII. zurückgehenden *Royal College of Physicians* organisiert, aber das ehrwürdige Alter ihrer Satzung tat ihrem gesellschaftlichen Ansehen keinen Abbruch. Diese Institution, die in den Händen einer schmalen Elite von Arztkollegen lag und von dieser kontrolliert wurde, erteilte Approbationen und nahm gegenüber den Mitgliedern das Disziplinarrecht wahr, eine Aufgabe, die von ihrer Aufsichtskommission, nach Brudnell Carters freundlichem Urteil, «mit gewissenhafter Genauigkeit»[27] wahrgenommen wurde.

Die Zulassungskriterien waren streng: Ein Praktiker galt nur dann als qualifiziert für den Ehrentitel eines Doktors, wenn er mit einem akademischen Grad in den Künsten abgeschlossen und die medizinische Doktorwürde in Oxford oder Cambridge erlangt hatte. Er genoß Anerkennung, so Carters etwas kühner Gedanke, «als ein Mann, der jeden Bildungsvorzug, den seine Zeit zu bieten hatte, für sich genutzt und deren höchste Gelehrsamkeit in vollen Zügen in sich aufgenommen hatte». Das bedeutete, daß sein Latein ausreichte, um eine Ansprache auf Latein zu verstehen und zu halten, und daß er seine Hände nicht durch Geschäftemacherei besudeln oder säumige Patienten um sein Honorar belangen würde. «Ziel der College-Satzung war, den Mitgliedern der Institution sowie den Lizentiaten die gesellschaftliche Stellung von Gentlemen zu erhalten.»[28] Ein Doktor hatte ebensowohl seine Privilegien wie seine Pflichten; innerhalb seines Standes gehörte er zu einer erlesenen Aristokratie. So waren im Jahr 1850 von ungefähr 14700 Medizinern in England nur 1700 als Ärzte anerkannt.[29]

Die Chirurgen, geringere Sterbliche als die Ärzte, hatten gerade eben das Stigma von plebejischen Kumpanen der Barbiere abgelegt, das sie jahrhundertelang hatten tragen müssen. Auch noch nach ihrer Befreiung waren sie «kaum mehr als Handlanger», die die blutige, körperliche Arbeit taten, auf die die Ärzte herabsahen. Im Jahr 1800 hatten die Londoner Chirurgen allerdings das Privileg zugebilligt bekommen, das *Royal College of Surgeons* bilden zu dürfen, zu dem ab 1843 sämtliche Chirurgen Englands Zutritt hatten. Jene unter ihnen, die ihre klinische Erfahrung in Hospitälern hatten mehren können, die sogenannten «reinen» Chirurgen, erlebten einen Zuwachs an Renommee und natürlich Einkommen auch dann, wenn sie keine der altehrwürdigen Universitäten besucht hatten und, in Carters Worten, im Hinblick auf das Allgemeinwissen «so unwissend waren, wie sie nur wollten».[30] Sie waren besser dran als ihre Chirurgenkollegen, die wegen fehlender Verbindungen zu einem Krankenhaus einfache Landärzte wurden, bescheidene Praktiker wie der sanftmütige Dr. Chillip in *David Copperfield*, die für ihre Patienten so unersetzlich waren, wie sie von ihren Ranghöheren verachtet wurden. Auch die Apotheker wurden im 19. Jahrhundert zu einem Berufsstand mit allem Drum und Dran: mit Zulassung, anerkannten Lehrplänen und Prüfungen. Ebenso wie die Bessergestellten waren sie versehen mit jenem höchst begehrten Attribut der Achtbarkeit, einer gewissen Portion Selbstbestimmung.

So kompliziert all dies klingt, die Wirklichkeit war noch weit komplizierter. Ganz zu Anfang des Jahrhunderts hatten die Vorschriften eines Aufsichtsgremiums nur für London gegolten; die Regeln anderer Gremien galten in ganz England und Wales, nicht aber in Schottland oder Irland. Nicht weniger als neunzehn Körperschaften konnten über ärztliche Qualifikationen entscheiden, jede nach eigenem Gusto, und die von ihnen ausgehändigten Zeugnisse galten im ganzen Land.[31] Die von den Universitäten angebotenen Abschlüsse im Fach Medizin waren alles andere als vergleichbar, und die exklusiven Eliten unter den Berufsverbänden lagen häufig im Streit mit den einfachen Mitgliedern. Kurpfuscher – Konkurrenten, die ohne Zulassung arbeiteten – beschworen unter den honorigen Berufsgenossen unschöne Szenen der Wut und Panik herauf.[32] Es gab deutliche Unzufriedenheit auf seiten der Allgemeinpraktiker, der Sozialreformer und der leidenden Bevölkerung. Aber nahezu all ihre Bemühungen, so beharrlich und energisch sie auch waren, vermochten nicht, im Parlament die erforderliche Stimmenanzahl für eine Gesetzesvorlage im Sinne einer Regelung und Durchsetzung von Standards der medizinischen Praxis zusammenzubringen, denn zu viel stand auf dem Spiel und zu viele konträre Interessen waren beteiligt.

Bis Mitte des Jahrhunderts herrschten also Verwirrung und erbitterter Wettbewerb unter Großbritanniens Medizinern. Das Gesetz, das schließlich im Jahre 1858 verabschiedet wurde, um die Anforderungen an Ärzte und Chirurgen festzulegen, war ein erster relativ mutiger Schritt aus diesem Labyrinth. Es bedeutete einen bescheidenen Triumph für das

Ethos der Professionalisierung, einen notwendigen Kompromiß. Wie schon beim Reformgesetz von 1832 traten auch beim Ärztegesetz von 1858 Kritiker auf den Plan, die praktisch vom Tag, da es die Königliche Billigung fand, seine Revision verlangten. Immerhin trug es durch eine Vereinfachung der Zulassungskriterien, durch die Einrichtung eines Ärzteregisters und durch die Formulierung von Verfahren zur Entfernung von schwarzen Schafen aus den Reihen der Ärzteschaft zu einer Minderung der Kompetenzstreitigkeiten bei. 1886 schließlich, nach dem Scheitern von etwa zwanzig weiteren Gesetzesvorlagen, wurden mit einem wichtigen neuen Ärztegesetz viele der noch bestehenden Mißstände ausgeräumt.

Das Durcheinander im Berufsstand war indessen durch gesetzliche Abhilfen kaum zu beheben. Zwar verzeichnete das Sozialprestige der Ärzte in der zweiten Hälfte des Jahrhunderts einen deutlichen Anstieg, aber die versnobten Anspielungen auf Vertreter ihres Standes, sie seien alles andere als richtige Gentlemen, oder anhaltende Klagen über ihre mangelnde Bereitschaft, Wohlfahrtsempfängern eine adäquate Versorgung zukommen zu lassen, wurden dadurch nicht zum Schweigen gebracht. So wetterte im Jahre 1872 die englische Frauenrechtlerin Josephine Butler, daß «ein vornehmes Leben, Reichtum und Ehren sowie ein Gehabe wie bei Hofe für das sittliche Urteilsvermögen und das geistige Leben der Ärzte genauso abträglich sind wie für jeden anderen Menschen».[33] Zudem war das alles überragende Problem, wie man sein Auskommen finden könne, nach wie vor ein Grund zur Besorgnis. Wer keine gutgehende Praxis hatte – und das war eine nicht unerhebliche Zahl – der hofierte Gefängnisdirektoren oder das Militär und ging sie um Verträge an oder er verabreichte – noch gegen Ende des Jahrhunderts – Arzneimittel, um sein Einkommen aufzubessern. Die Kluft zwischen hochbezahlten Fachärzten und am Hungertuche nagenden praktischen Ärzten, ständiger Anlaß für böses Blut, wurde gegen Ende des Jahrhunderts womöglich noch größer. Die Hüter der Zunft waren zudem besorgt über den ungern gesehenen Zustrom von Medizinstudenten und schützten sich durch monopolistische Praktiken wie den Ausschluß von Examinierten ausländischer medizinischer Hochschulen aus dem Arztregister.

Für wohlmeinende Beobachter waren derlei Entwicklungen der notwendige Preis für den Fortschritt. Jede Bereicherung der medizinischen Wissenschaft, so betonten sie, bringe einen wirksameren Schutz der Gesundheit und eine weitere Verkürzung der Krankheit. Bei seinem Urteil über das bürgerliche Zeitalter im Jahre 1905 präsentierte Justin McCarthy zum Schluß einige oberflächliche Anmerkungen zum Gang der Zivilisation während der vierundsechzig Jahre von Queen Victorias Herrschaft.

«Die vielen Vorteile, die die Erweiterung des medizinischen Wissens für die Menschheit gebracht» hat, insbesondere Anästhesie und Asepsis, verdienten besondere Erwähnung. «Es gibt viele Gründe für die Annahme, daß das viktorianische Zeitalter seinen tiefsten Eindruck in der Weltgeschichte durch die wohltätigen Triumphe hinterlassen wird, die es in der Anwendung der Wissenschaft auf allen Gebieten zum Besten der Menschheit und des Fortschritts der Zivilisation im Alltagsleben von Männern, Frauen und Kindern aller Gesellschaftsklassen, von den höchsten zu den niedrigsten, von den reichsten zu den ärmsten Ständen, vom Fürsten zum Bauern errungen hat.»[34]

Das waren starke Schlußworte in einem umfänglichen Bericht, aber eine gewisse Skepsis ist doch angebracht. McCarthy war kein reiner Ideologe. Zu Recht verwies er auf die ermutigenden Fortschritte der Medizin in der zweiten Hälfte des Jahrhunderts. Die großartigen Kampagnen der Gesundheitsreformer für die Sauberhaltung der Städte, die so häufig als utopische Phantastereien und aufdringlicher Sozialismus verspottet worden waren, hatten schließlich dazu geführt, die meisten Epidemien einzudämmen.[35] Man braucht indessen nur an die Londoner von Charles Booth in den 80er Jahren zu denken, um sich über die zuversichtlichen Urteile dieser spätviktorianischen Bürger zu wundern, die sich ebensosehr als Selbsttäuschung erwiesen, wie sie ein Selbstlob enthielten. Der ärztliche Berufsstand hatte viel getan, aber vielleicht mehr in dem Bemühen, den eigenen Status und das Einkommen zu sichern als den Gesundheitszustand der Bevölkerung zu heben.

In der Tat bestanden von Klasse zu Klasse drastische Unterschiede im allgemeinen Gesundheitszustand, der Infektionsgefährdung und der Lebenserwartung. Die unteren Schichten hausten in dreckigen Elendsvierteln, schufteten an gesundheitsschädlichen und gefährlichen Arbeitsstätten, aßen kümmerliches, oft verdorbenes Essen und waren erheblich anfälliger für die verheerenden Folgen von Epidemien, für Tuberkulose, Masern und Scharlach als ihre bessergestellten Mitbürger. Weitaus häufiger als Mittelklasse-Eltern mußten sie erleben, wie ihre Säuglinge und Kleinkinder ihnen wegstarben. Gewiß hatte auch die Arbeiterklasse ihren Nutzen von den Errungenschaften von Medizin und Hygiene, was indessen die Verbesserung der allgemeinen Gesundheitssituation angeht, war das 19. Jahrhundert vor allem anderen ein im unerfreulichen Sinne des Wortes bürgerliches Jahrhundert.[36]

Und doch, so begrenzt der medizinische Fortschritt des Jahrhunderts auch war, begrenzt zumal im Hinblick auf die Bevölkerungsklassen, die am meisten von ihm profitierten, wie auch immer dieser Fortschritt geartet war, er verdankte sich im wesentlichen dem bürgerlichen Kult der

Fakten und der modernen Arbeitsteilung. Und was für die Medizin galt, galt nicht minder für andere, alte und neue Berufe. Ihre Leistungen waren aufsehenerregend, aber unvollständig. Das 19. Jahrhundert legte die entschiedensten Anstrengungen an den Tag, um Herrschaft über die Welt zu erlangen. Seine Errungenschaften sind ein eindrucksvoller Kraftakt bei der Hinlenkung von Aggression auf nützliche Zwecke. Aber schon lange bevor der Erste Weltkrieg die zuversichtlichen Hoffnungen der bürgerlichen Kultur zerstörte und der Fortschrittstheorie einen tödlichen Schlag versetzte, waren die Anspannungen dieser Herrschaft überall sichtbar. Wäre der Optimismus der Bürger so ungebrochen gewesen, warum ersuchten sie dann so eifrig für jedes kleine Teilgebiet ihres Lebens um Beratung?

4. Ein Zeitalter der Lebenshilfe und der Neurosen

Das Jahrhundert, das von Napoleons Niederlage bis zum Ausbruch des Ersten Weltkriegs reichte, ist das Zeitalter des Dampfs, das Zeitalter des Nationalismus und das Zeitalter der Bourgeoisie genannt worden. All diese Bezeichnungen lassen sich vertreten, aber es hätte ebensogut das Zeitalter der Lebenshilfe genannt werden können. Zu den augenfälligen Hinterlassenschaften für den Historiker gehört auch eine reiche Literatur mit Rezepten zur Lebensgestaltung. Allerorten wurden die Leser mit windigen Angeboten in Hilfsbereitschaft überschwemmt, ob in Gestalt eines bescheidenen Flugblatts, in Dialogform, als gewichtige Abhandlung oder belehrender Roman. Sogar französische Romanschriftsteller, eine Spezies, der in puritanischen Gesellschaften kaum über den Weg getraut wurde, waren mit einem Mal gewillt, ihre Leserschaft moralisch zu bessern statt der Verderbnis zu überantworten. Die Menschen besser zu machen als sie waren oder zumindest weniger schlecht, das erblühte im 19. Jahrhundert zu einer ansehnlichen Kleinindustrie; am Realisten braucht man nur zu kratzen, und schon findet man einen verkappten Moralisten.

Während die Veränderungen des 19. Jahrhunderts, wie wir gesehen haben, so etwas wie ein Tribut an die Fähigkeit der Bourgeoisie waren, aggressive Strebungen für gesellschaftliche und private Zwecke nutzbar zu machen, so legte die Lebenshilfeliteratur beredt Zeugnis davon ab, daß viele Bürger zugleich maßlos ängstlich waren. Ihre Angst galt den krakeelenden Unterschichten, dem Abgrund an sittlicher Verkommenheit, der sich infolge des Niedergangs der Religion aufzutun schien, der Zunahme an Annehmlichkeiten, die den Körper entlasteten und die infolgedessen die Bürger in ein Geschlecht saft- und kraftloser Epigonen zu verwandeln drohten, kurz, ihre Angst rührte daher, daß sie sich besorgt fragten, wie sie mit einer sichtlich außer Kontrolle geratenden Welt umgehen sollten. Die Lebenshilfeliteratur war dazu ausersehen, ihnen diese Verfügungsgewalt zu verschaffen oder zu erhalten.

Kompliziert wurde die Sache dadurch, daß das Jahrhundert auch mit dem zu tun hatte, was achtbare Bürger als gemeingefährliche Beratungstätigkeit anprangerten. In öffentlichen Reden, populären Couplets und Flugblättern erteilten nämlich Agitatoren den Arbeitern Ratschläge, wie sie ihrer wirtschaftlichen Unzufriedenheit Ausdruck geben könnten, Atheisten ermunterten die Jugend, dem Glauben der Väter den Rücken zu kehren, und – das womöglich Allerverwerflichste – Aufwiegler brachten Hinweise zur Empfängnisverhütung unter die Leute. «Ermittlungen haben das Faktum ans Licht gebracht, daß mitten unter uns eine Schule besteht, auf der die Kunst gelehrt wird, wie Elternschaft zu vermeiden ist», stellte im Jahre 1888 ein entrüsteter Bostoner Arzt namens Dr. Pomeroy fest. Indessen tröstete er sich bei dem Gedanken, daß «die Lehrbücher und die anerkannten Lehrer» dieser Schule «für das reine und gebildete Empfinden nicht gerade einladend sind». Das mochte schon sein, dessen ungeachtet war eine sorgfältige Beobachtung dieser Schule für Aufrührer angeraten.[1]

Die große Mehrheit der Ratgeber hielt sich natürlich reinere Absichten und feinere Bildung zugute, als sie bei jenen Umstürzlern zu vermuten waren. Zu Hunderten brachten Pfarrer, Erzieher, Leitartikler, Schriftsteller – darunter viele Frauen – Tips für den Alltag, moralische Unterweisungen, medizinische Weisheiten, religiösen Trost und Belehrung über gesellschaftlichen Benimm in Umlauf. Ob diese Aufklärer nun Geschichten zur moralischen Besserung erzählten oder schockierende Statistiken aneinanderreihten, jedenfalls bildeten sie ein beträchtliches Kontingent in dem riesigen bürgerlichen Heer, das gegen den Erzfeind, die Unwissenheit, antrat. Auch sie beteten, wie die Natur- und Sozialwissenschaftler, die Fakten an, wenn auch die Tatsachen, die sie aufzubieten hatten, oft recht eigenartig aussahen. Jedenfalls waren sie auf dem Vormarsch, unter der Flagge des Wissens – und der Redlichkeit, die natürlich die Angegriffenen waren. Da sie vor allem verstanden werden wollten, verabreichten sie ihre Predigten in verdaulicher Sprache, würzten sie mit Warnungen vor überall lauernden Katastrophen und mit Aussichten auf eine strahlendere Zukunft für die Guten und Gehorsamen.

Schon früher hatten hochmütige Romantiker und später dann übellaunige Bohemiens und Dandies die simplen Pietätsergüsse und das krasse Philistertum dieser Führer in ein untadeliges Mittelklasseleben verspottet. Deren blasierte Kritik fand indessen nur eine kleine, erlauchte

Zuhörerschaft, nicht mehr. Nur mit zwei oder drei jedermann geläufigen Flugblättern konnte man hoffen, jene Verbreitung zu erzielen, mit der eine regelrechte Lawine moralischer Besserung sicher war, erreichte doch der traditionelle Moralapostel ganze Heerscharen von Einzelpersonen. Freilich, seine Aufklärung blieb oberflächlich, denn der schiere Umfang und ständige Neuanfang seiner Beratung lassen auf eine hohe Rückfallquote bei einer Klientel schließen, die zu einem auf Dauer tugendhaften Leben nicht bereit oder nicht in der Lage war. Unter dem Beschuß von Kritikern, die die bürgerlichen Tugenden als allzumal bürgerliche Laster geißelten – Sparsinn als Knickerigkeit, Rechtschaffenheit als Heuchelei –, kehrten Mittelklasseleser häufig zu jener Literatur zurück, die Hilfe zur moralischen Besserung verhieß, in der schwachen Hoffnung, es das nächste Mal besser zu machen.

Wie vieles andere im Jahrhundert hatten auch die bürgerlichen Moralpredigten ruhmreiche Vorläufer. Vom Mittelalter an und insbesondere seit der Renaissance hatten Lehrgedichtschreiber Fürsten und Hofleute, Hauslehrer und lesegewandte Bürger mit hehren Ratschlägen bedacht. Bedeutende Gelehrte und nicht minder bedeutende Philosophen wie Erasmus und Locke hatten es keineswegs verschmäht, gutes Benehmen zu lehren. Neben ihrer gewichtigen Arbeit mühten sie sich, die Jugend in die Segnungen der Kultur einzuweihen. Selbst Macchiavellis berüchtigtes Meisterwerk *Il Principe* war in seiner unbeugsamen, sardonischen Art eine profane Predigt über die Kunst zu leben oder zumindest zu überleben. Im Jahrhundert der Aufklärung nahm das Tempo, in dem derlei zweckmäßige Ratgeber erschienen, deutlich zu. So legten Addison und Steele mit ihrem *Spectator* und ebenso ihre deutschen und französischen Nachahmer dem empfänglichen Leser Freundlichkeit und kultivierte Verständigkeit als Verhaltensform nahe; Erziehungsphilosophen wie Rousseau, die sich mit den Geheimnissen der menschlichen Entwicklung abmühten, stellten weithin befolgte pädagogische Programme auf; christliche Philanthropen wie Hannah More, machten es sich, entsetzt über die verheerenden Folgen der gerade modischen Gottlosigkeit, zur Aufgabe, ihre Zuhörer mit Traktaten und Romänchen zu Gott zurückzuführen. Die bürgerlichen Moralprediger brachten schließlich die Demokratisierung dieser Literatur, die damit als anschwellendes Flüßchen in den breiten Strom der guten Ratschläge einmündete.

Als praktisch veranlagte Männer und Frauen schnitten sie ihre Veröffentlichungen auf das jeweilige Publikum zu. So bedrängten oder drangsalierten sie junge Männer und Frauen, Liebende, die vor der Vermählung standen, Frischverheiratete, Heranwachsende, die in ihren religiösen Überzeugungen erschüttert waren, Kanzlisten, erpicht auf geschäftlichen Erfolg, Gastgeberinnen, die in Sorge waren wegen ihrer Abendgesellschaft, Erwachsene, denen die Neurasthenie zusetzte, Erzieher und Ärzte, die ob der epidemischen Geißel der Masturbation in Panik gerieten. So überaus verschieden indessen die Gegenstände und auch die Konsumenten dieser Literatur, die eine Einschätzung der Natur des Menschen *in actu* abgab, sein mochten, sie propagierte gleichwohl nur ein einziges unheildräuendes Bild. In all ihren Formen zeichnete sie im Grunde das *animal humanum* als ein Lebewesen, das zerrissen war zwischen den rohen Instinkten – jenem mächtigen, fast unwiderstehlichen Ansporn zur Sünde und zum Verbrechen – und den Kräften des Widerstands, Kräften, die der Pflege bedurften und einzig Hoffnung auf Erlösung verhießen. Die Unternehmer dieser Lebenshilfeindustrie waren überzeugt, daß gute Gedanken bei ihren Lesern die bösen austilgen würden.

Wie man sich leicht vorstellen kann, gab es nicht nur ein fertiges Rezept für die Mischung von Hoffnung und Verzweiflung, das es allen Sittlichkeitsverbesserungsliteraten recht machen konnte. Und allzu oft konnten sie nicht einmal ihre eigene Aussage in einen logischen Zusammenhang bringen. Gewiß waren diese Lieferanten verbaler Allheilmittel gegen die Natur des Menschen allemal eher geneigt, Alarm zu schlagen als Stolz an den Tag zu legen, indessen erwiesen sich viele von ihnen, mit sympathischer Inkonsequenz, als relativ tolerant, wenn nicht gar begeistert über die Freuden des Geschlechtsverkehrs. Sie akzeptierten, daß die Frau das höchste erotische Erlebnis in der gleichen Weise genoß wie der Mann, unter der Voraussetzung freilich, daß sie ihrer Fleischeslust in den geheiligten Seidenfesseln des Ehebundes frönte. Gleichwohl waren die Warnungen zahlreicher und auch weitaus gewichtiger als die Verherrlichungen. Mit ihren Ermahnungen, Schmeicheleien, Prophezeiungen oder Einschüchterungen an die Adresse der Leser, denen Beispiele über Beispiele für die schrecklichen Folgen eines leichten Lebenswandels oder der Tagedieberei vor Augen geführt wurden, konstituierten sich diese Autoren als ein kulturelles Überich, das schwerlich verworfen werden konnte.

Jeder, der dieses weitläufige und dicht besetzte Feld durchmustert, kann nicht umhin, von seinen Reichtümern eingeschüchtert und von seiner erstaunlichen Gleichförmigkeit beeindruckt zu sein.[2] Ganz ohne Zweifel gab es charakteristische Unterschiede von Land zu Land und von Epoche zu Epoche. So betonten englische Autoren das Männlichkeitsideal emphatischer als andere; deutsche Autoren wiederum waren philosophischer gestimmt als ihre ausländischen Kollegen. Ab Mitte des Jahrhunderts wurden vaterländische Töne zunehmend lauter und vermischten sich bald mit einem Lamento über die dekadente Gesellschaft, was zu eifernden Ermahnungen Anlaß gab. Die Ideale, die den Bürgern durch die gesamte westliche Kultur nahegebracht wurden – Pflichtbewußtsein, Mäßigung, Charakter –, deckten einen durchaus weiten Bereich beschwerlicher Tugenden ab. Gleichwohl waren sie allesamt nichts anderes als Variationen auf eine einzige Forderung: der zivilisierte Mensch hatte Herrschaft auszuüben, und ganz ohne Frage war die alles entscheidende Form von Herrschaft die Selbstbeherrschung.[3]

In der Ratgeberliteratur scheint *self-control* – im Deutschen wird mit einem kräftigeren Ausdruck *Selbstbeherrschung* genannt, was bei den Franzosen *empire sur soi-même* heißt – zu den kostbarsten Gütern des Lebens zu gehören und unabdingbare Voraussetzung wahrhafter Reife zu sein. Da sie indessen im Gegensatz zu den Strebungen des Menschen steht, gehört sie auch zu den am schwersten zu vermittelnden Lektionen. Nichts Geringers nämlich wird mit ihr postuliert als der Triumph der Vernunft über die Leidenschaft, der höheren über die niedere Natur des Menschen. Selbstbeherrschung, so Nicholas Pain Gilman in einer repräsentativen, vom Amerikanischen Freidenkerverband geförderten Untersuchung, «sollte als Zurückhaltung des niederen Ich verstanden werden, der animalischen, sinnlichen, gesellschaftsfeindlichen Instinkte und Tendenzen».[4] Was Kinder am dringendsten lernen müssen, das wollen sie nicht hören, was sie hören wollen, das brauchen sie nicht zu lernen. Freud würde dies zu Beginn des 20. Jahrhunderts in der Weise formuliert haben, daß Lustprinzip und Realitätsprinzip für gewöhnlich einander widerstreiten.[5]

Im bürgerlichen Zeitalter bedurften diese unerschütterlichen Überzeugungen weder eines Beweises noch der Verteidigung. Jeder wußte, daß die einzige Hoffnung der Menschheit im entschiedenen Eingreifen der vom Willen unterstützten Vernunft bestand, die zu Aufschub, Mäßigung und Zurückhaltung anhält und sie fördert. Der deutsche Moralist Ernst von Feuchtersleben, ein Aristokrat, Dichter und Arzt, brachte einen breiten Konsens zum Ausdruck, wenn er sagte: «Daß alle Tugend Selbstbeherrschung... sei, scheint mir allerdings gewiß.»[6] Man hatte die Bestie in sich zu zähmen.

Wenn auch die Dramatisierung des Geistes, der sich den Bürgern des 19. Jahrhunderts als ein Schlachtfeld darstellte, auf dem die rohen Triebe mit der zügelnden Hand der Vernunft kämpfen, keinerlei Originalität beanspruchen kann, so kommt andererseits der Verklärung der Selbstbeherrschung in jener Zeit ein eigener Platz zu, der Beachtung verdient. Die Geschichte der modernen Zivilisation bis zum frühen 20. Jahrhundert ist gekennzeichnet durch eine wachsende Distanz gegenüber unmittelbaren

Gefühlen und spontanem Verhalten. Es waren in erster Linie gebildete Männer und Frauen, die immer ausgeklügeltere Schutzvorrichtungen gegen eine direkte Umsetzung instinkthafter Strebungen in die Tat in Stellung brachten.[7] Diese Entwicklung erreichte ihren Höhepunkt unter den Viktorianern; wir wissen ja inzwischen hinreichend, daß schon der Name des «Viktorianismus» als Synonym für eine übertriebene Abwehrhaltung gebraucht wird, die verschiedentlich als Vornehmtuerei und Prüderie angeprangert wurde.

Indessen haben wir feststellen können, daß diese Kritik größtenteils ungerechtfertigt ist, denn die Bürger des 19. Jahrhunderts waren weitaus weniger zimperlich, weitaus hitziger als ihre selbstgerechten und gönnerhaften Kinder späterhin sich vorzustellen liebten. Immerhin, die Euphemismen schossen nur so ins Kraut, als im 19. Jahrhundert eine Kultur der Diskretion und des Indirekten geschaffen wurde, an der Männer wie Frauen beteiligt waren.[8] Im großen und ganzen beließen sie es dabei, rhetorisch eine scharfe Klinge zu kreuzen, wirklich gebrauchen taten sie sie nicht. Gerade so wie die Gabel zu Erasmus' Zeit am Eßtisch die Hand ersetzt hatte, um Essen aufzuspießen, und das Taschentuch die Finger, um mit dem Nasenausfluß fertig zu werden, so war mit dem 19. Jahrhundert die Befriedigung der Triebregungen, der erotischen wie der aggressiven, zumal in den Mittelschichten gehörig verfeinert und sublimiert worden. Da es den Bürgern dringlichst darum zu tun war, die Triebe in den Dienst von «Höherem» zu stellen, fanden sie Anlaß, der Leidenschaft mit immer härteren Forderungen zu begegnen.

Die Moralisten des 19. Jahrhunderts verwendeten alle Mühe darauf, ihren abwehrenden Rationalismus als etwas Besseres darzutun, als glattes Gegenteil niederen Kalkulierens mit Gewinn. Und kaltherzig sollte er auch nicht sein. «Vernunft», so schrieb der englische Arzt im Jahre 1848, «hat ihre eigenen Wünsche, die zum Handeln führen.»[9] So wie das bürgerliche Ideal der Liebe darauf zielte, die erotischen Strebungen durch die erhabenen Gefühle von Zärtlichkeit und dauerhafter Bindung zu läutern, so erwartete man von einem vernunftbestimmten Verhalten, daß es sich über den vulgären Kampf um Reichtum und Ansehen erhebe. Die gleichermaßen behüteten und auffälligen Symbole eines solchen kultivierten Lebensstils waren gute Tischmanieren, ein Flügel im Salon, eine mit vielen abgegriffenen Büchern bestückte Bibliothek, Konzertkarten und Museumsbesuche, ein Programm, anderen bei der Selbsthilfe zu helfen, und die öffentliche Spende zugunsten einer gut angeschriebenen Wohltätigkeitseinrichtung.

Natürlich nahm Mäßigung in allen ihren Bedeutungen in diesem geschönten Selbstporträt einen herausragenden Platz ein. Bedeutet doch

Mäßigung letzten Endes eben die Einwirkung der Reflexion auf die Begierde. Sogar die Regeln des guten Benimms wurden dem Kampf für eine maßvolle Selbstbeherrschung eingegliedert.[10] Die Leitlinien zur Bestimmung des Verhaltens in einer kultivierten Gesellschaft, wenigstens nach Meinung derer, die darüber Bücher verfaßten, waren mehr als Snobismus und drangen hinter den künstlichen Glanz direkt ins Herz der Tugendhaftigkeit der Mittelschichten. «Gute Manieren», so erklärte Mrs. H. O. Ward in einem umfangreichen und in hoher Auflage erschienenen Kompendium über Manieren und Lebensstil, «erleichtern den Umgang, befreien uns von allen Hemmnissen, helfen uns, so wie die Eisenbahn eine Hilfe für das Reisen ist, uns aller vermeidbaren Hindernisse auf dem Wege zu entledigen.» Wo die Manieren schlecht sind, «kann keine Gesellschaft gebessert werden». Bezeichnenderweise gab sie diese Maximen in einem Band mit dem Titel *Sensible Etiquette* von sich.[11]

Mäßigung meinte natürlich weitaus mehr als nur Kultiviertheit und gesellschaftliches Raffinement. Als Synonym dafür stand Nüchternheit, eine Norm, die zur Enthaltung nicht nur von berauschenden Getränken sondern auch von so verderblichen Süchten wie der Spielleidenschaft aufrief. Mäßigung bei sexueller Aktivität, beim Essen, Trinken und dem allgemeinen Streben nach Lust, das sei, so betonten die Autoren bei ihrem Lobpreis auf die Nüchternheit, der Königsweg zu jenem unschätzbarsten aller Werte, der guten Gesundheit. «Ist es ein Wunder», fragte im Jahre 1891 ein Dr. Paul Paquin in einem Buch über die Leidenschaften des Fleisches, «daß Schlemmer, Vielfraße und Dyspeptiker häufig Kopfschmerzen haben? Oder daß diese Personen an Antriebslosigkeit, an Erschöpfung, Muskelschmerzen, Gliedersteife, Schlaflosigkeit, Nierenbeschwerden, Schläfrigkeit nach den Mahlzeiten, genaugenommen an Selbstvergiftung leiden?»[12]

Nur selten waren Ärzte, die sich der Leiden der Gesellschaft annahmen, dermaßen anschaulich, aber rhetorische Fragen dieser Art waren während der ganzen Epoche gleichsam die stilistische Massenware in jener Literatur der moralischen Besserung. Das leidige Thema der Mäßigung oder genauer der Unmäßigkeit hatte lange Zeit die Reformer umgetrieben; der Kreuzzug, den sie führten, um die schwer arbeitenden Armen vom Alkohol abzubringen, war das klassische Feld, das die humanitär engagierten Bürger des 19. Jahrhunderts beackerten. In ihrem Bemühen, das Gespenst zu bannen, veröffentlichten sie Bücher und Flugblätter, organisierten Veranstaltungen und Vortragsreihen und fielen in die Arbeiterviertel ein.[13] Und besorgte Prediger sahen in der Unmäßigkeit nicht minder ein Problem für die Wohlhabenden. Um die Mitte des Jahrhunderts etwa erklärte Henry Ward Beecher die Unmäßigkeit zur «großen gesellschaftlichen Schlacht unserer Zeit», die «zwischen dem Fleisch und dem Geist» ausgefochten werde. Er sorgte sich dabei um jeden einzelnen, nicht nur um Bauern und Fabrikarbeiter. «Verdirbt man die Arbeiterklasse durch den Alkohol; verdirbt man die große Mittelklasse durch den Alkohol; verdirbt man schließlich die gebildeten und wohlhabenden Klassen durch den Alkohol, dann zerstört man das Gemeinwesen, ohne noch die Kraft zu haben, es zu retten.» Der Schluß war eindeutig: «Wenn wir den einzelnen und den Massen nicht Selbstachtung und Selbstbeherrschung beibringen, dann sind wir ganz am Boden.»[14] Dies war keineswegs ein exzentrischer amerikanischer Standpunkt, auch aus Großbritannien und Europa gibt es unzählige Beispiele. Mäßigung war überall ein Synonym nicht nur für Nüchternheit, sondern für Gesundheit und Wohlbefinden.

Im Grunde genommen war die Sorge um die Gesundheit niemals aus den Köpfen der Moralapostel des 19. Jahrhunderts verschwunden. Medizinische Enzyklopädien und jede x-beliebige Kollektion von Hausmitteln waren Renner. Das Wohlbefinden wurde recht eigentlich zur allgemeinen Obsession und zum Hauptthema in jeglichem privaten Briefwechsel, galt es doch als etwas, was der Rationalität eine solide Grundlage verschaffte. Gleichzeitig war Wohlbefinden das glückliche Resultat vernunftgemäßen Handelns. Unter Rückgriff auf kaufmännische Metaphern, die den bürgerlichen Lebensberatern so leicht aus der Feder flossen, fragte Horace Mann, warum man nicht «dem Wunsche nachgeben soll, ein Gesundheitslager anzulegen, ebenso wie man ja andere Dinge auf Lager nimmt? Gesundheit bringt Gewinn, wortwörtlich genauso wie jede andere Ware auf dem Markt. Gesundheit kann anwachsen, investiert werden, Zinsen tragen und Zinseszinsen und sich auf diese Weise verdoppeln und vervierfachen.» Den «Verlockungen des Triebs» zu erliegen, bedeutete demnach, jener Art von Spekulation zu verfallen, die schon so manchen reichen Mann zugrunde gerichtet hatte.[15] Gesundheit war mithin die beste Investition, die ein junger viktorianischer Bürger erhoffen konnte.

An diesem entscheidenden Punkt konnten Sportbegeisterte, Verkäufer von Allheilmitteln und Herausgeber populärer medizinischer Schriften aus vollem Herzen einer Meinung sein. Kein Wunder, daß Warnungen vor einer Verfehlung am Gebot der Nüchternheit so öde wie häufig waren und von schreckenerregenden Repertorien bis zu nebulösen Drohungen reichten.[16] Für gewöhnlich handelte die Lebenshilfeliteratur sozusagen *en détail*, propagierte sie doch, daß der Beginn der Weisheit in kleinen Dingen liege. Die schauerliche Theorie von der rutschigen Schräge ist gewiß keine Erfindung des bürgerlichen Zeitalters, aber sie florierte damals ganz prächtig. Der Mann, «der sich einen einzigen kleinen Schluck Alkohol genehmigt, ist schon in Gefahr, als Quartalssäufer zu enden», ebenso wie der Mann, «der einem einzigen schmutzigen Gedanken Raum gibt, als Opfer der Wollust und Sinnlichkeit endet».[17] Für die Sittenapostel bedeutete Rationalität, daß Selbstbeherrschung, Selbstverleugnung und Selbstüberwindung immer aufs neue zu leisten waren. Dies war die Schattenseite von Humboldts neuhumanistischem Ideal der Selbstverwirklichung.[18]

Eine der verläßlichsten, aber auch härtesten Proben auf die Mäßigung *in actu* war der Umgang mit der Wut, jener höchsten Anstachelung zu triebhafter Aggression. Nahezu unterschiedslos betonten die Leitfäden zur Sittlichkeit, daß die Zügelung des eigenen Ärgers, wie immer gerechtfertigt dieser war, zwingend geboten sei. Nachdrücklicher als die Tischmanieren mußte man ihn einer vernünftigen Regel unterstellen. Wer mit einer friedfertigen Veranlagung gesegnet war, würde bei der Befolgung dieses Gebots nur mäßige Schwierigkeiten erfahren. Diejenigen aber, die leichter Reizbarkeit ausgeliefert waren – und das schien eine ansehnliche Mehrheit zu sein –, hatten zu lernen, diese kurz zu halten. Alexander Gow, Verfasser populärer Frage- und Antwortbüchlein, faßte dies in dem Rat zusammen: «Wenn wir lernen sollen, unsere Leidenschaften zu beherrschen, dann müssen wir zunächst unsere Zunge im Zaum halten.» So hatte sich auch schon zuvor Dr. William Alcott geäußert: «Wer aber ein zur Heftigkeit neigendes Gemüt hat, der sollte stets mit leiser Stimme sprechen und in seinem Tonfall nach Sanftheit und Freundlichkeit streben. Wenn wir merken, daß wir leicht in Ärger verfallen, dann sollten wir danach trachten, den Weg zu vermeiden, der dahin führt. Zuallererst müssen wir unsere Stimme beherrschen.»[19] Im selbst auferlegten Schweigen lag Stärke. Allgemeine Überzeugung der Moralisten war, daß der betroffene einzelne das ihm aus seinem Inneren drohende emotionale Chaos am besten dadurch abwende, daß er eben nicht seine Vorkehrungen als Notmaßnahmen treffe, wenn die aggressiven Strebungen auf dem Siedepunkt sind, sondern dadurch, daß er die Selbstbeherrschung zur zweiten Natur ausbilde.[20]

Es ist bemerkenswert, in welchem Maße die Mentoren einer Kontrolle über die Leidenschaften Gefallen an Metaphern aus der Kaufmannssprache fanden. Eigentlich waren es ja mehr als nur Metaphern, denn sie bedeuteten ein aufrichtiges Loblied auf die Tugenden des Kommerzes. Die erhabene Anpreisung der Vernunft mündete häufig in den direkten Appell an das Eigeninteresse der Mittelklasse. Schon in den 30er Jahren des Jahrhunderts hatte Dr. Alcott eine wahre Flut von Belegen antizipiert: «Nichts trägt mehr zur Eile bei, ebenso wie zu Sicherheit und

Erfolg im Geschäftsleben, als Methodik und Regelmäßigkeit.» Geschäftsleute und alle, die ihnen nacheifern wollten, sollten Merkbücher führen, jene Werkzeuge der Vernunft, um auf Anhieb über ihre Guthaben und Verbindlichkeiten Bescheid zu wissen. «Lerne darum, in deinem Einkommen zu leben. Zu diesem Zweck mußt du kalkulieren.» Emerson gab dieser Sicht eine originelle Wendung: «Die Tugenden», so heißt es bei ihm, «sind Ökonomen.» Ruskin meinte demgegenüber, daß die Tugenden der Ökonomen dem Ideal der Rationalität verpflichtet seien: «Ökonomie, ob nun die öffentliche oder die private, bedeutet den klugen Umgang mit der Arbeit.»[21]

Diese rationalistische Einstellung griff auch in der Belletristik des 19. Jahrhunderts rasch um sich. Dickens Lieblingsheld zum Beispiel, David Copperfield, fragt sich nach den Gründen für seinen Erfolg als Schriftsteller und führt dafür seinen Sinn für Verantwortung, seine Beharrlichkeit und seine «geduldige und stetige Energie» an. Und er fügt hinzu: «Nie hätte ich tun können, was ich getan habe, ohne die Gewöhnung an Pünktlichkeit, Ordnung und Fleiß, ohne den Willen, mich immer nur auf einen Gegenstand zu konzentrieren.»[22] Dies ist eine glänzende Beschreibung des nüchtern gewordenen, modernen Menschen, der ineins Herr und Sklave der Rationalität ist; was indessen für uns zählt, ist, daß diese Beschreibung Dickens Billigung fand.

Abhandlungen über den richtigen Benimm enthielten unausweichlich und an markanter Stelle ein oder mehrere Kapitel zur Sparsamkeit, die ja nur eine Selbstbeherrschung in anderer Form ist. Sparsamkeit erfordert die anspruchsvollste und erfreulichste Willensbetätigung, der sich ungeduldige Menschen überhaupt unterziehen können: dem Befriedigungsaufschub. Sparsamkeit verlangt Vorausdenken, Umsicht beim Sparen wie beim Ausgeben. Samuel Smiles, der in der bürgerlichen Epoche womöglich einflußreichste, gewiß aber weithin gelesene Produzent flüssig geschriebener Werke mit Ratschlägen und Anregungen, bei denen es sich häufig um Sammlungen mit erbaulichen Zitaten und Anekdoten handelte, kam nicht umhin, unter seinem beträchtlichen Ausstoß an Büchern einen Band diesem Thema zu widmen. Das Ideal durchdringt das gesamte Werk. Sparsamkeit, so heißt es in *Duty*, «bekam die Würde der Arbeit und brachte die Menschen dazu, sparsam zu leben, um ihre Unabhängigkeit zu gewährleisten, um mit Blick auf die Zukunft für ihre Familien zu sorgen, um ein sauberes, anständiges und rechtschaffenes Leben zu führen, um dem furchtbaren Fluch der Trunksucht zu entgehen, durch die so viele Männer und Frauen arm bleiben, und um sich auf die Höhe von Tugend, Moral und Religion zu erheben», kurzum, um den Lebenskampf mit der vertrauten Waffe der Selbstbeherrschung zu bestehen, die ja in

Wirklichkeit Selbstverleugnung bedeutete.[23] Die sexuellen Implikationen in diesen Ermahnungen zur Sparsamkeit, Implikationen, die die Ärzte im 19. Jahrhundert bereitwillig aussprachen, lagen deutlich zutage: So wie ein umsichtiger Mann haushälterisch mit seinen finanziellen Mitteln umgeht, so wird er auch seinen Samen nur zurückhaltend verausgaben, in sorgsamer Erwägung seiner rasch aufgebrauchten Bestände. Wie so oft wirkte auch in diesem heiklen Punkt auf dem Schlachtfeld des Daseins das Bedürfnis zur Beherrschung der Sexualtriebe Hand in Hand mit dem Bedürfnis einer Beherrschung des Aggressionstriebs.

Selbstbeherrschung und zweckmäßiges Tun waren in dieser rigorosen Theorie von der Natur des Menschen zwei Seiten einer Medaille. Keiner der Autoren, die sich für die nüchterne, sorgsam ausgebildete Zurückhaltung stark machten, wollte damit einem Leben in Passivität oder Demut das Wort reden. Sie wollten keine Heiligen aufziehen. Eher im Gegenteil hielten sie die Bürger an, ihr Schicksal in die Hand zu nehmen. Die Welt wartete nur darauf, wie eine Frau erobert zu werden. Das bedeutete unablässige Plackerei auf dem nahezu grenzenlosen Schauplatz des Handelns, den das 19. Jahrhundert mit seinem Erfindungsreichtum und seiner Beharrlichkeit erschlossen hat. Müßiggang zog den Zorn ernsthafter Morallehrer fast ebenso oft und mit annähernd gleicher Heftigkeit auf sich wie die Unmoral.[24] Henry Ward Beecher veröffentlichte im Jahre 1850 eine typische Strafpredigt zu diesem Thema, in der er nicht nur gegen den «trägen Faulpelz», sondern auch gegen den «geschäftigen Nichtstuer» wetterte. Es mag Menschen geben, die «viel herumspazieren und viel lesen und viel reden und keinen Augenblick während des lieben langen Tages ohne Beschäftigung sind, und doch können sie durch und durch müßig sein; denn Fleißigsein verlangt zumindest den Vorsatz der Nützlichkeit. Herumlungern indessen, Maulaffen feilhalten, Zeit vertrödeln, dem Vergnügen nachgehen, lesen, um die Langeweile zu vertreiben, das alles ist so unnütz wie schlafen oder dösen oder der Stumpfsinn des Überfressens.» Im Gegensatz dazu ist Fleiß, «der Stammvater der Sparsamkeit», energisch und kraftvoll, eine reine Quelle des Glücks.[25] Für Moralapostel wie Beecher waren hedonistische Handlungsweisen Faulheit mit anderen Mitteln. Was freilich er und andere Ärzte am Krankenbett der Gesellschaft herbeizuführen strebten, lief auf eine verbiesterte Glückseligkeit hinaus. Kritiker des Bürgertums hatten für das, was er im Sinn hatte, weniger schmeichelhafte Namen als gerade «Glück».

Die Schlaffheit der Bourgeoisie, zumal der betuchteren, wurde im 19. Jahrhundert, international gesehen, zum Diskussionsgegenstand einer gestrengen Kritikerschaft. Der Ruf nach Exerzitien zur Willenstärkung – freilich unter dem Kommando der Vernunft, aber durchaus energisch, systematisch und kontinuierlich – stand an der Spitze aller sittlichen Gebote, in den Vereinigten Staaten ebenso wie in Deutschland und anderswo. So verkündete Theodore Roosevelt: «Ich will hier nicht die Lehre unwürdigen Nichtstuns predigen, sondern die Lehre des tatkräftigen Lebens, des Lebens der Schinderei und Mühe, der Plagen und des Kampfes.» Und Dr. Maurice de Fleury, der französische Autor eines Buches über Seele und Körper des Kindes, wies warnend darauf hin, daß «die Trägheit des Geistes mit der des Körpers einhergeht» und beides ein besorgniserregendes Kennzeichen «geringer Vitalität» sei. Edward Carpenter, ein englischer Fürsprecher für Sozialismus, sexuelle Befreiung und herzliche Männerfreundschaften, konnte sich den folgenden Kommentar nicht versagen: «Insbesondere in der Mittelklasse und unter den Bessersituierten», so schrieb er 1894, haben «die Bedingungen der Hochkultur (zu) einer übersättigten Männlichkeit bei den Männern und zu einer nervösen und hysterischen Gemütsverfassung bei den Frauen» geführt.[26] Keiner dieser Kritiker machte sich irgendwelche Illusionen darüber, daß es ein leichtes sein würde, gegen bequeme Gewohnheiten anzugehen.[27]

Bei diesen Lobeshymnen auf das Tätigsein wurde vorausgesetzt, daß Rationalität und Aktivität natürliche Verbündete seien. Ein solches Bündnis war das bestimmende Thema von Dr. George Moores Untersuchung *Man and His Motives*, die von der Mitte des Jahrhunderts stammt. Darin definiert Moore «Selbstregulierung» als ein wechselseitig vorteilhaftes Verflochtensein von Denken und Gefühl. Die Vernunft läßt sittliche Empfindungen aufleuchten. «Zornig sein, ohne sich zu versündigen», bemerkte er und verwies damit auf den entscheidenden Punkt der inneren Aggression, «das ist die Norm für vollendetes Verhalten.» Zwar wußte Moore viel über die Selbstbeschränkung zu sagen, aber die Seiten, die von der «Liebe zur Tat und zur Kraft» handeln, hat er mit seinem Herzblut geschrieben.[28] Seine Thesen erhielten kanonischen Rang. Denn was bei dem schicksalhaften Duell zwischen Arbeit und Faulheit auf dem Spiel stand, das war nicht einfach der gesellschaftliche Nutzen oder die religiöse Pflicht, sondern das Leben selbst. Der Mensch muß tätig sein, oder er stirbt.[29]

Dieses Rezept liest sich wie eine Mixtur aus Vollblutchristentum und Sozialdarwinismus, aber Moores Werk, das 1848 veröffentlicht wurde, zeigt, daß es noch vor den Schriften von Charles Kingsley und vor Charles Darwin entstand. «Der Säugling bewegt kaum seine Gliedmaßen und fühlt, daß sie sich auf sein Geheiß bewegen, da erfreut er sich schon des Gebrauchs der eigenen Macht, denn Macht erweist sich nur im Tun, und jedes Tun ist eine Gewißheit – ein Fortschreiten im positiven Wissen.» Keine Frage, «der Beweggrund des Säuglings ist unser aller Beweggrund. Es ist die Liebe zur Macht oder genauer die Freude der Selbstgewißheit im Gebrauch der Mittel, durch den wir den äußeren Beweis unseres inneren Lebens wie der Wirklichkeit der Dinge, im Verhältnis zu uns selbst, erlangen.»[30] Hier sind, in nuce, Nietzsches Wille zur Macht und Freuds frühe Annahme eines Herrschaftsstrebens.

Die lobhudelnden Biographien von Finanzmagnaten und Industrierittern, die die Buchläden in Deutschland wie in Frankreich, in Großbritannien wie in den Vereinigten Staaten überschwemmten – all diese Porträts von Riesen, die sich natürlich jedes Mal aus bescheidenen Anfängen zu legendären Reichtümern hochgearbeitet hatten –, lassen sich allzumal als Beleg für diese These lesen. Erst um die Jahrhundertwende, als in den Vereinigten Staaten einige Skandalblätter, in Großbritannien die Reformer aus der Mittelklasse und auf dem europäischen Festland die Sozialisten den Aufstiegsmythos anzukratzen wagten, den diese Biographien an den Mann zu bringen suchten, begann ihre Anziehungskraft nachzulassen. Allerdings überstand die Doktrin, daß Tatkraft in diesem Leben reich belohnt werde, alle noch so wohlbegründeten Angriffe. Noch im Jahre 1914 machte Georges Demeny, ein Lehrer für Leibeserziehung der Stadt Paris in einem Buch, das sich für Leibesübungen stark machte, deutlich, daß das Loblied auf das Tätigsein noch nicht ganz aus der Mode gekommen war. «Mühe ist die Quelle aller Arbeit», ob nun geistiger oder körperlicher Art. Mehr noch, Mühe ist das eigentliche Leben: *L'effort, c'est la vie.*» Und die Mühe kann zu einer nützlichen Gewohnheit ausgebildet werden. Demeny stimmte im wesentlichen mit Autoren wie Theodore Roosevelt, Friedrich Wilhelm Foerster und einer Legion anderer Moralapostel darin überein, daß Erfolg im Leben durch und durch eine Sache des Willens sei. In einer Epoche der Expansionen und Erfindungen ist der Mensch der Architekt seines Glücks und sein Wille der Urheber der Macht: «*Vouloir, c'est pouvoir.*»[31]

Charakter war das tagtäglich aufs neue angestimmte Zauberwort, das all diese gehegten und gepflegten bürgerlichen Ideale und Ängste in sich zusammenfaßte. Es bedeutete Realismus, Selbstbeherrschung, Mäßigung, Sparsamkeit, harte Arbeit, zweckbestimmte Tatkraft und dergleichen – kurz, gezügelte und sublimierte Aggression. Das Heer der Prediger, die eine Läuterung des einzelnen bezweckten und ihre Lektionen in gelehrten Abhandlungen und im Schulunterricht, in Kanzelpredigten und auf politischen Veranstaltungen vortrugen, war letzten Endes ein Heer von Pädagogen, die Charakter lehrten. Faktisch sprachen sie alle wie mit einer

Stimme und in äußerst gelehrter Sprache. Die Moralpredigten, die sie ab 1900 hielten, klangen fast so ähnlich wie die, die ihre Großväter ein halbes Jahrhundert früher gehalten hatten.

Der Rationalität erwuchs also ein mächtiger Konkurrent. Wer mit Lebenshilfe hausieren ging, nahm keinen Anstand, Charakter für wichtiger als Intelligenz zu erklären. Diese ausgesprochen antiintellektuelle Vorliebe war ein weit verbreiteter Glaubensartikel. Als Kehrreim in der Polemik über Erziehungsfragen tauchte immer wieder der Vorwurf auf, daß sehr viele Pädagogen schlecht daran täten, den Verstand zu Lasten einer harmonischen Entwicklung wünschenswerter Eigenschaften zu fördern. Die Seele sei eine höhere menschliche Gabe als der Geist.[32] Um 1900 stellte der französische Philosoph und Pädagoge Alfred Fouillée eine rhetorische Frage: Angenommen, man habe «die Anfangsgründe der positiven Wissenschaften – Mathematik, Astronomie, Physik – gelehrt, in welcher Hinsicht hat man dann einen Wandel des Herzens bewirkt und den Grundsatz der Gerechtigkeit gesichert? Aber alles, was man gefördert hat, ist eigentlich nur die Intelligenz. Wissen ist aber nur eine unserer Aufgaben. Eine Erziehung der Gefühle durch die Literatur, die Künste und die Geschichte ist nicht minder nötig als die Erziehung des Denkens, und das Ganze muß seinen Abschluß in der Erziehung des Willens finden.»[33] Bekanntlich war genau dies das Ziel des Erziehungswesens in England, namentlich an den berühmten Public Schools. Dort wurde die Ausbildung zu sittlicher Vollkommenheit für wichtiger erklärt als intellektuelle Leistungen.[34] Der Vorwurf des Banausentums, den Matthew Arnold und andere gegen die Mittelschichten erhoben haben, war äußerst tendenziös, aber nicht unberechtigt.

Offensichtlich konnte richtiges Handeln nur dadurch gelernt werden, daß dem Charakter als solchem sorgsame Beachtung geschenkt wurde. In diesem entscheidenden Punkt waren weltliche Philosophen und Geistliche einer Meinung.[35] So hatte John Stuart Mill in seinem *System of Logic* ein psychologisches Fach vorgeschlagen, die «Ethologie», die nichts Geringeres als «die exakte Wissenschaft von der Natur des Menschen» zu sein beanspruchte.[36] Jenseits des Kanals hätte Mill vermutlich ein freundlicheres Echo gefunden als im eigenen Land, denn nirgendwo wurden so sorgfältig ausgearbeitete Untersuchungen zum Charakter in Angriff genommen wie in Frankreich. Dabei wurden die antiken Vorstellungen von den vier Körpersäften in die zeitgemäß klingende Disziplin der Charakterologie übertragen, die die Menschen minuziös in eine Anzahl voraussagbarer Typen unterteilte. Mill zumindest war zu skeptisch, um seinen großen Plan, den er als ehrgeiziger junger Gelehrter ausgebrütet hatte, auch durchzuführen. Aber auch wer sich am naiven Positivismus der

Charakterologie stieß, hatte an der Vorstellung nichts auszusetzen, der Charakter sei der Schlüssel zum Wissen und damit zur Rechtschaffenheit.

Es scheint daher ganz in Ordnung, wenn Samuel Smiles sein Buch *Character* als eine seiner wichtigsten Veröffentlichungen betrachtet hat, behandeln doch die meisten seiner Bücher, ob nun Biographien mustergültiger englischer Ingenieure oder Predigten über Pflicht, Sparsamkeit und Selbsthilfe, den Charakter, seine Hege und Pflege. Buchstäblich Hunderte von Autoren in ganz Europa und den Vereinigten Staaten versuchten sich wie er an einer Definition des Charakters und erteilten Vorschriften zu dessen zweckentsprechender Entwicklung. Es kann nicht oft genug wiederholt werden, daß sie die Aufgabe, das Laster in den Griff zu bekommen, für dringlicher hielten als die Stärkung der Tugend. Hinter der lächelnden Fassade der Normalität lauerte das furchterregende Biest des Pathologischen, das allzeit bereit war, sich auf einen zu stürzen. Einer dieser Autoren gab seiner Moralpredigt gegen «gemeinschaftliches Weintrinken, Kartenspielen, Ins-Theatergehen und Kartenspielen» den Titel: *Besser nicht: Eine Erörterung gewisser gesellschaftlicher Gebräuche.*[37]

Obgleich individuelle Nuancen und nationale Eigenheiten zu höchst unterschiedlichen Definitionen des Charakters führten – so waren Franzosen und Deutsche in ihrer Einstellung entschieden chauvinistischer als die Autoren in anderen Ländern –, bestimmten im Grunde alle gedruckt vorliegenden Moralisten den Charakter genau so wie ihn der deutsche Dichter Novalis zu Beginn des Jahrhunderts definiert hatte, als «einen vollkommen gebildeten Willen». Seine Bestandteile waren so offenkundig wie nur irgendetwas: Charakter war eine sich entfaltende Verbindung von Erbgut und Milieu. Das Einordnen dieser beiden Elemente indessen war alles andere als leicht; einige fürchteten gar, es übersteige die Kräfte des Menschen.[38] Von daher war nichts schwieriger, als verläßliche Aussagen über den guten Charakter zu treffen oder Wege zu ihm zu bahnen.

Wer immer Charakterforschung betrieb, konnte in voller Überzeugung behaupten, daß die beiden fundamentalen Voraussetzungen des Charakters, Begabung und Erfahrung, schon von ihrer Natur her im Streit miteinander lagen. Ohne Zweifel war es entscheidend, zwischen den angeborenen und den erlernten Anteilen des Charakters einen Ausgleich herzustellen, damit nicht privates Glück und gesellschaftlicher Friede aufs Spiel gesetzt würden. Keine leichte Aufgabe, denn jener Ausgleich war schwer zu fassen, erforderte er doch die äußerst mühevolle Überwindung der angeborenen Triebe. Und damit sind wir wieder am Anfang: Die eine und unerläßliche Voraussetzung für die Ausbildung eines guten Charakters war Selbstbeschränkung, so fernliegend und widerstrebend dies auch der ursprünglichen Natur des Kindes sein mochte. In seinem Buch *Character* definierte Smiles Selbstbeherrschung «als Mut in anderer Form», der «fast als primäres Wesen des Charakters angesehen werden kann». Kurz, «um moralisch frei zu sein – mehr zu sein als ein Tier –, muß der Mensch fähig sein, den Regungen seiner Instinkte zu widerstehen, und dies kann nur durch das Einüben der Selbstbeherrschung geschehen.»[39] So paradox es klingen mag, der Charakter war Freiheit, die man durch Unterordnung unter eine Regel errang.[40]

Die Ratgeberliteratur des bürgerlichen Zeitalters war eine eigenartige Mischung aus Freimütigkeit und Verleugnung. Ohne Scheu führt sie die Hindernisse auf, durch die dem Druck der niederen Leidenschaften der Schneid abgekauft werden sollte, um sie dann zu bagatellisieren. Das tiefe Unbehagen ließ sich allerdings nicht beschwichtigen. Einige wenige Autoren ließen sich ganz offen zu dem Geständnis herbei, daß Erziehung ein verzweifelter Krieg ohne Aussicht auf Sieg sei. In einer umfangreichen Untersuchung zur Charakterbildung gab John MacCunn zu, daß «jede Entwicklung Unterdrückung beinhaltet». Insoweit mußte Schmerz zugefügt werden, um die verderblichen Anlagen wie Sinnlichkeit und den Hang zur Bequemlichkeit auszumerzen. Sein Schluß war niederschmetternd. Es sei ja nicht bloß so, daß die Menschen tun, was sie nicht tun sollten, «ihr Übel liegt tiefer». Täglich, stündlich «werden sie von Gefühlen, Wünschen, Vorstellungen heimgesucht, die sie liebend gern los wären».[41] Kein Wunder also, daß in dieser Literatur Metaphern aus dem Bereich der Seuchen und des Krieges mit den etwas frohgemuteren Metaphern aus dem kaufmännischen Bereich wetteiferten.

Der Argwohn gegen die Lust erreichte epidemische Ausmaße. Wieder und wieder finden sich in den Lebenshilfebüchern Bemerkungen darüber, daß ein Leben in Zügellosigkeit mitnichten ein Leben wahrer Lust sei; das losgelassene Ich sei der Feind. Die optimistischen Sprüche, die mancher Autor dieser düsteren Diagnose anheftete, glichen einem Deus ex machina. Wenn dieser oder jener zu dem Schluß kam, daß der Mensch sich neu erschaffen könne – vermutlich nach eifrigem Studium dieser Art von Literatur –, dann beeilte er sich, die Reichweite einer solchen Prognose tunlichst zu begrenzen, indem er ihr die Warnung beigab, daß ein solcher Wandel die Schranken der menschlichen Natur zu respektieren habe. Und das, fast jeder gestand es zu, ließ wenig Spielraum.[42] Sogar Samuel Smiles, der der hartnäckigste Optimist unter diesen Autoren war, zeigte ausgesprochene Ängstlichkeit bei dem Gedanken, wilde Leidenschaften könnten die Fessel der Vernunft abstreifen. Gute Vorbilder, so glaubte er, können dem guten Charakter förderlich sein, schlechte Vorbilder indessen hinterlassen mit noch größerer Gewißheit ihren Stempel bei den jungen Leuten. Darum ist Charakterbildung auch weiterhin unerläßlich und Selbstbeherrschung der Königsweg zu einem guten Charakter. Ohne diese Härte herrscht das Gemeine. «Wer allergrößtes Selbstbewußtsein und stärkste Unabhängigkeit zeigt, steht immer in strenger Zucht. Und je vollkommener diese Zucht ist, um so höher ist dessen sittlicher Stand.»[43] Mit ausreichender Übung, so seine Überzeugung, würde es einigermaßen leicht sein, den sinnlichen Trieben zu widerstehen und die rechten Gewohnheiten anzunehmen. Irgendwie glauben wir nicht an diese Mühelosigkeit, und fragen uns auch, ob Smiles selbst wirklich daran glaubte.

Die unheilvollen Ahnungen, die in dieser Literatur verstreut zu finden sind, lassen ein Bild von der Kultur des 19. Jahrhunderts entstehen, als sei es übersät mit Opfern der eigenen ungehemmten Triebwünsche – der Sinnlichkeit, der Eigensucht, der Trägheit, der Gier und der Übellaunigkeit. Dies war nicht bloß ein Symptom der Hysterie, denn die Opfer, die von den Moralisten zur Stützung ihres Standpunkts, nicht selten mit einem gewissen Behagen, ins Feld geführt wurden, waren eben jene Patienten, die Ärzte und Pastoren in ihren Besprechungszimmern vorfanden. Die bürgerliche Epoche war denn auch ebensosehr das Zeitalter der Neurosen wie der Lebenshilfe. Natürlich hat das Jahrhundert nicht das Monopol, mochten Zeitgenossen auch noch so ängstlich wehklagen, über das, was sie als das Ansteigen nervöser Störungen erachteten. Allerdings waren sich die Bürger dieser Störungen stärker bewußt als je ihre Vorgänger, und dieses Wissen war typisch für das Selbstgefühl, das die Epoche kennzeichnete.

In der zweiten Hälfte des Jahrhunderts wuchs sich die Befassung mit nervösen Leiden zu einer wahren Obsession aus. Im Jahr 1880 gab George M. Beard dem einen Namen, was er mit vielen seiner Kollegen als eine gefährlich um sich greifende geistige Erkrankung fürchtete, er nannte sie Neurasthenie. «Die neuzeitliche Nervosität ist der Schrei des Systems, das gegen sein Umfeld kämpft.»[44] Die Symptomatologie der Neurasthenie war so unbestimmt, wie sie umfassend war; sie nahm sich aus wie ein Katalog relativ unbedeutender Störungen, denen allergrößte Bedeutung gegeben wurde: Erröten, Schlaflosigkeit, schlechte Träume, Geräusche in den Ohren und Dutzende anderer verräterischer Anzeichen dafür, daß die Maschine am Zusammenbrechen war. Bei ihrer Diagnose über diese zunehmende Bedrohung für die geistige Gesundheit boten die Ärzte zwar einander widersprechende Ansichten an, die sich schließlich gleichwohl in dem zusammenfassen ließen, was sie die Hetze des modernen Lebens nannten: die Geschwindigkeit des Reisens und der Nachrichtenübermittlung, das Gedränge in den Großstädten, die anstrengenden, genau eingeteilten Terminkalender, die der moderne Mann (und zunehmend auch die moderne Frau) sich selbst auferlegte, das nervös machende Geschwätz der Massenpresse und der gewöhnlichen Politik. Beards und seiner Kollegen gänzliche Unbedarftheit und Beschränktheit erscheint mittlerweile fast komisch. Als ein kulturelles Artefakt indessen war die panische Reaktion auf die Nervosität an sich schon ein Symptom der Malaise des Geistes, die die Ärzte zu kurieren hofften.

In den 90er Jahren des Jahrhunderts brachte Siegmund Freud in Anlehnung an führende Diagnostiker wie Jean Martin Charcot und mit unverwechselbar eigenen Beiträgen ein gewisses Maß an Ordnung in das verworrene klinische Bild. Während Ärzte, Leitartikler und Erzieher, aus Sorge um die beispiellose Ausbreitung nervöser Probleme, diese sämtlich in den einen löchrigen Topf der «Neurasthenie» warfen, unterschied und benannte Freud verschiedenartige Formen nervöser Leiden – Zwangsneurose, Angsthysterie, Paranoia. Seine Suche nach der Ätiologie der von ihm benannten Neurosen brachte dringend benötigtes Licht in die normale Charakterbildung und damit in die Anpassungstechniken von Denken und Fühlen. Für Freud war es wichtig, darauf zu beharren, daß die Grenze zwischen dem Normalen und dem Neurotischen bestenfalls durchlässig ist und leicht überschritten wird. «Vielleicht», so meinte er einmal, «sind wir alle ein bißchen neurotisch», und das war nur zur Hälfte spaßig gemeint. 1907 verfolgte er diesen Gedankengang weiter. Die Abneigung von Eltern, ihren Kindern vernünftige Aufklärung über die Sexualität zu geben, sowie der Eifer, mit dem sie jugendlichen Erwachsenen sexuelle Enthaltsamkeit verordnen – beides wesentliche Stützen für die herrschende Ideologie der bürgerlichen Familie –, waren, nach seiner Ansicht, in pädagogischer und moralischer Hinsicht eine Katastrophe. Sie waren geradezu darauf berechnet, psychische Traumen in der Kindheit hervorzurufen und diesen ein verderbliches, wenn auch unterschwelliges Fortexistieren im späteren Leben zu sichern. Er warb keineswegs für eine rasche und offene, frühzeitige Sexualaufklärung als Patentrezept, aber er war doch der Ansicht, daß dadurch die Anfälligkeit für neurotische Störungen gemindert werden könnte.[45]

Psychoanalytiker, angefangen mit Freud selbst, standen vor dem Rätsel, warum ein Patient eine spezifische Neurose «wähle». Freud schwankte natürlich nicht in seiner Überzeugung, daß der Analytiker die Ursachen einer Neurose zunächst und vor allem in den frühen inneren Konflikten des Patienten zu suchen habe. Schließlich entwickelte er versuchsweise einen Zeitplan für die Ursprünge psychischer Nöte und stellte sich die neurotischen Probleme des Erwachsenen jeweils als Regression

auf Fixierungen vor, die in den ersten Kinderjahren ihren Grund haben.
Zwar war Freud nicht bereit, der Außenwelt einen beherrschenden Anteil
am Zustandekommen einer Neurose zuzugestehen, hielt es aber doch für
sinnvoll, über andere Kräfte als den Zusammenprall unbewußter Wünsche mit unbewußten Abwehrstrebungen zu spekulieren, die als Urheber
der erzwungenen Wahl des Leidenden fungieren. Seine Vorschrift eines
offenen Umgangs mit Kindern war ebensowohl Kulturkritik wie ärzt-
licher Rat. Zwar waren die Patienten auf Freuds Couch hauptsächlich
Opfer ihrer selbst und ihrer Familien, ihre Symptome indessen hatten
eine deutliche Entsprechung in der Epoche – und der Klasse –, in die sie
hineingehörten und die ihnen ihr erotisches und aggressives Leben so
beschwerlich machten. Geschlecht und Religionszugehörigkeit waren
lediglich zwei dieser äußeren Einflußfaktoren für die Neurose. Mit den
Kollegen und Teilnehmern an der Psychologischen Mittwoch-Gesell-
schaft fragte sich Freud mehr als einmal, ob nicht Frauen und Juden in
besonderer Weise empfänglich seien für Neurosen. Ein Teil der Schwierigkeiten des Neurotikers, so sein Kommentar, stamme letztlich aus seinen Zusammenstößen mit anderen.[46]

Diese Forschungsansätze stützen Freuds Selbsteinschätzung als Sexual-
reformer; es war daher nur logisch, daß er im Jahr 1908, nach wie vor
über die «Neurosenwahl» nachsinnend, seinen wichtigen Aufsatz über
«Die ‹kulturelle› Sexualmoral und die moderne Nervosität» veröffentlichte, einschließlich der boshaften Anführungszeichen im Titel. Mit seiner psychoanalytischen Diagnose des Anteils der Sexualnormen seiner
bürgerlichen Zeitgenossen an der Nervosität fand er sich wie üblich in
der Minderheit. Die Ärzte und Publizisten, die über die sensiblen, häufig
zerrütteten Seelen jammerten, die ihrer Ansicht nach die Gesellschaft
zunehmend heimsuchten, beharrten in dem Glauben, daß ihre städtische,
industrielle Zivilisation in der Weise ihre enormen Kosten einfordere, daß
sie nunmehr eine Generation von überaus nervösen Männern und Frauen
hervorbringe. Als schurkische Urheber dessen machten sie all jene aus,
auf die schon Beard mit Fingern gezeigt hatte, vom unablässigen Tumult
des Großstadtlebens bis zur immer schnelleren Nachrichtenübertragung
und dem immer hektischeren Verkehr. «Diese Zeiten des Hochdruck-
dampfs», hatte schon Mrs. Loudon, die Herausgeberin von *The Ladies'
Companion*, um die Mitte des Jahrhunderts geschrieben, «wo Raum und
Zeit tatsächlich vernichtet scheinen», wirbeln jeden «im Eilzugtempo
davon». Ein Jahrzehnt zuvor hatte Ernst von Feuchtersleben sein Buch
Zur Diätetik der Seele, die womöglich am meisten verbreitete, populär-
philosophische Abhandlung im Deutschland des 19. Jahrhunderts, mit
der kategorischen Feststellung eingeleitet: «Unsere Zeit ist rasch, stür-

misch und leichtsinnig.» Und auch Mark Twain stand auf fest gegründetem Boden, als er vom «Treiben und Schieben und Rasen und Kämpfen des tobenden, sausenden und aufgeputschten neunzehnten Jahrhunderts» sprach.[47]

Freud war sich zwar mit den anderen Ärzten einig in den Symptomen jenes Übels, das da «die Moderne» hieß, aber er verwarf ihre Diagnosen. Nicht die Anspannungen des Großstadtlebens waren schuld, sondern die unnötigen Beschränkungen beim Wissen um die Sexualität und bei ihrer Ausübung. Und eben diese abträglichen Vermeidungen wurden von der Bourgeoisie des 19. Jahrhunderts, mehr als von anderen Klassen, auch noch kultiviert. Während kleine Arbeitermädchen vermutlich ohne irgendein Schuldgefühl masturbierten und mit einem Minimum an psychischen Schäden zu erwachsenen Sexualwesen heranreiften, hatten ihre Spielkameradinnen aus der Mittelklasse, die die gleiche erotische Selbsterforschung betrieben, vom Backfischalter an alle möglichen neurotischen Leiden zu gewärtigen.

Diese Annahmen machen in bestürzender Weise die Vermutung unumgänglich, daß die Neurosenanfälligkeit der Bourgeoisie des 19. Jahrhunderts zumindest teilweise durch die Form ihrer Zivilisation mitbedingt war. Es geht sicherlich zu weit, wenn man behauptet, daß eine Zivilisation eine bestimmte Neurose vor allen anderen erzwingt. Jeder Versuch, einen besonderen Typus psychischen Unbehagens ausschließlich an eine Klasse oder Epoche zu binden, muß angesichts des riesigen Repertoires, das der individuellen Entwicklung offensteht, sowie der Masse untereinander verbundener psychischer Zuflüsse in den Strom der einzelnen Lebensgeschichte fehlgehen. Die Hysteriker etwa, die Jean Martin Charcot bei seinen berühmt gewordenen Lehrveranstaltungen in der Salpêtrière von Paris vorstellte, schlossen eine beträchtliche Auswahl von Männern aus der Arbeiterklasse ein. Unter Berücksichtigung indessen einer großzügig veranschlagten Anzahl von Ausnahmen scheint es durchaus möglich, den geltenden Sittenkodex einer Klasse auszumachen, der anfällige Individuen in bestimmte Entwicklungsbahnen hineintreibt. Die Bourgeoisie des 19. Jahrhunderts hatte insoweit tatsächlich ihre eigene, erkennbar bevorzugte neurotische Form.

Man mußte kein Zwangsneurotiker sein, um als Bürger des 19. Jahrhunderts zu gelten, aber behilflich war es schon. Es ist interessant zu sehen, wie stolz Freud war, als erster dieses Leiden identifiziert und benannt zu haben.[48] Wie wir sahen, war das bürgerliche Jahrhundert geradezu besessen von Kontrolle und der fortwährenden Angst, diese zu verlieren. Gute Manieren, Achtung der Privatsphäre, Selbstbeschränkung – jene bürgerlichen Tugenden also, die von ihren Kritikern als bürgerliche

Schwächen verunglimpft wurden – waren Tricks, ausgedacht zwecks Eindämmung des Chaos der Erfahrung und Bändigung des Drucks der Leidenschaften. In der unvermeidlich selbstbezogenen Sicht der Mittelklassepropagandisten waren die übrigen Klassen indifferent, ja feindlich gegen diese zum Programm erhobene Nüchternheit, denn der Adel agierte mit herrischem und selbstsüchtigem Eigenwillen, und die unteren Schichten glichen Tieren, die unfähig waren, die unmittelbare Befriedigung von Lust oder Wut aufzuschieben.

Die Bürger sahen in der Nervosität einen Intimfeind, der im eigenen Hause genährt wurde und Schaden anrichtete. Hysterie und Zwangsneurose, jene klassischen neurotischen Störungen, auf die sich die psychoanalytische Therapie konzentrierte, untergruben die prekäre Ordnung, die das Jahrhundert mit seiner Verpflichtung auf Sparsamkeit, harte Arbeit, Pflichterfüllung und Eigentum abzustützen gehofft hatte. Die Hysterie trotzte der Selbstbeherrschung; die Zwangsneurose äffte sie nach. Der Hysteriker rebellierte mit theatralischem Getue, emotionaler Anhänglichkeit und drastischen körperlichen Symptomen ohne jede körperliche Grundlage – samt und sonders Abwehrmechanismen, die mobilisiert wurden, um sich vor der harten Wirklichkeit in Sicherheit zu bringen – gegen allgemein hochgehaltene Familien- und Gesellschaftsregeln. Und der Zwangsneurotiker parodierte anerkannte Regeln durch eine geradezu irrwitzige Beschäftigung mit Bagatellen, durch irritierende Anfälle von Entschlußlosigkeit, durch eiserne Rituale und zeremoniöse Veranstaltungen – alles ausgefallene Wege, um die aggressiven Strebungen um ihre affektive Mächtigkeit zu bringen.

Beide Neurosen waren damit ein böser Kommentar auf die bürgerlichen Ideale des 19. Jahrhunderts. Und dabei lieferte zudem der Zwangsneurotiker eine besonders schneidende Karikatur dieser Ideale. Sein Leiden war Punkt für Punkt eine Farce auf den rationalen Charakter, den das Bürgertum als Rettung vor der Gewalt nicht zu bändigender menschlicher Strebungen anpries und gewissenhaft fortbildete. Freuds berühmtester Patient in dieser Hinsicht und einer der meistdiskutierten Vertreter dieser Krankheitsform, der Rattenmann, litt an uneingestandenen, tief verdrängten Gefühlen der Feindseligkeit gegenüber den beiden Personen, die er am meisten liebte – seinen Vater und eine Frau, die er ehelichen wollte –, und diese Gefühle traten in unangenehmen, ja scheußlichen Phantasien und unverständlichen rituellen Gesten wieder zutage. Sein unendliches Grübeln, seine Zweifel und zwanghaften Gedanken waren eine Karikatur auf die Entschlossenheit der Mittelklasse, alles dem kritischen Denken zu unterwerfen. Sein dumpfes Brüten war ein wirrer Abklatsch sorgfältiger Reflexion. Ebenso waren seine starre Aufmerksamkeit auf Details, zumal auf Belanglosigkeiten, sein fortgesetztes und ermüdendes Anlegen von Listen und Verzeichnissen eine verzerrte Nachahmung der geschulten Bereitschaft des Bürgertums, Anstrengungen auf sich zu nehmen und nichts zu übersehen. Die rituellen Verrichtungen der Zwangsneurotiker, ohne die sie an keine Aufgabe herangehen, schlafen gehen oder sich verlieben können, sind eine parodistische Nachinszenierung der vielgepriesenen Achtung der Mittelklasse vor den alle Lebensbereiche bestimmenden Regeln.

In gleicher Weise persiflierte die strapaziöse Abhängigkeit des Rattenmanns von Pflichtvorstellungen und seine Unfähigkeit, sich zu entspannen, das idealisierte Schwärmen der Bürger für Tatkraft und Fleiß. Bei den seltenen Gelegenheiten, bei denen diese Art von Neurotiker ihre feierlich verkündeten Absichten in die Tat umsetzen, machen sie denn auch nicht die Erfahrung einer heiteren Stimmung, die glücklichere Menschen garantiert überkommt, sobald ihre Lust, etwas Großartiges zu tun, befriedigt worden ist. Jedenfalls ist Erfüllung, selbst wenn sie unbelohnt bleibt, etwas sehr Seltenes für einen Zwangscharakter, der ja wie hypnotisiert ist von der Durchführung seines Tuns und darüber das Ergebnis vernachlässigt. Sowohl diese Form der Neurose wie die weniger als Störung auftretende Ordentlichkeit, die sie ins Lächerliche zieht, haben allerdings das gleiche Ziel: der allenthalben lockenden Verruchtheit ein Schnippchen zu schlagen, die erotischen Wünsche unter Kontrolle zu halten und die Aggressionsneigung außer Kraft zu setzen. Zwanghaftes Verhalten war daher die auffälligste Anpassungsstörung im Leben der Bürger im 19. Jahrhundert. Freuds Entdeckung der Zwangsneurose erregte unter Psychiatern beträchtliche Aufmerksamkeit. 1903 hatte Pierre Janet, Freuds vormals berühmter französischer Rivale, eine erschöpfende zweibändige Monographie über Obsessionen veröffentlicht, in der er minuziös eine reichhaltige Palette von Symptomen untersucht hatte. Beiläufig nannte er unter den Ursachen dieser Neurose die «unsinnige Erziehung junger Franzosen, denen man zwar gestattet, während unendlicher Übungsstunden vor ihren Wörterbüchern zu träumen, denen man aber jede Bewegung und jede praktische Betätigung verbietet», anstatt ihnen beizubringen, wie den Problemen des Lebens mit Entschiedenheit zu begegnen ist.[49] Demgegenüber war Freud mit seiner Kritik am bürgerlichen Sexualkodex in seiner Kulturanalyse weitaus tiefschürfender und umfassender.

Diese Entdeckung paßte noch besser zu Freuds Zeit und Klasse, als er selbst erkannte. Als Beleg sei auf Max Webers denkwürdige Darstellung jenes kulturellen Fehlschlages verwiesen, als den man den zwanghaften Kapitalisten sehen muß. Dieser, ein gehetzter Geschäftsmann, der von

Urlaub nicht einmal träumen kann, geschweige denn von Ruhestand, umringt, ja nahezu erstickt von allen Zeichen seines Überflusses, ist eine wahre emotionale Katastrophe, verfangen in den Schlingen mechanischer Vernünftelei, in ruheloser Verehrung für Zahlen begriffen und von niederschmetternder Pünktlichkeit. In diesem durchaus repräsentativen Mann hat sich das Profitstreben nach Art eines Symptoms aus seiner Abhängigkeit von höheren Zwecken befreit. Vorausplanung für den Profit, ja das Pläneschmieden im Hinblick auf sexuelle Eroberungen dienen nicht länger dem Lusterwerb. Bei aller Leutseligkeit, die der Kapitalist an den Tag legt, ist doch niemand im Grunde seines Herzens kleinmütiger als er, der unter der Fuchtel eines unwiderstehlichen Zwangs steht und zu seiner Nummer verdammt ist wie jener sprichwörtliche Hamster in seinem Laufrad. Er weiß schon nicht mehr, warum er in seinen sisyphosartigen Mühen fortfährt, außer daß er nicht anders und nichts anderes kann. Er steht da als das ausgesuchte Musterbeispiel des uneigentlichen Rationalisten, die leidende individuelle Verkörperung eines Sozialtypus. Für die Ausmalung dieses Schreckbildes des im eisernen Käfig des modernen Lebens gefangenen Bürgers greift Weber zurück ins 18. Jahrhundert und zieht von dort seine Beispiele heran, vor allem Benjamin Franklin, dessen utilitaristische Maximen in die Hauptdenkströmung des 19. Jahrhunderts zum Thema Zeit, Geld und Vorankommen Eingang gefunden haben.[50]

Webers berühmte Kritik sanktionierte über Jahrzehnte hin die Unzufriedenheit mit einer Kultur, die einen solchen Typus fördern und anhimmeln konnte. Carlyle, der die Herrschaft von Mammon und Phallus als die Zwillingsübel seiner Zeit geißelte, war nur der erste, der gegen den Zwangscharakter wetterte, der da das Zepter schwang. Marx und Engels erkoren ihn im *Kommunistischen Manifest* zur Zielscheibe ihres Spotts. Charlotte Brontë beschimpfte die «Krämerseelen», weil sie «an nichts anderes als ans Geldverdienen» dächten und unempfänglich seien für «ritterliche Gefühle, Uneigennützigkeit und den Schmuck der Ehre». John Stuart Mill verlästerte sie indigniert als nur dem «unheiligen Streben nach Reichtum» geweiht.[51] Diese Arbeitstiere, so behaupteten antibürgerliche Polemiker, würden noch ihre alltäglichsten Verrichtungen – ihre Mahlzeiten und Spaziergänge, ihre Ferien und selbst ihr Liebesleben – einem ganz starren Zeitplan unterwerfen, das Heiraten zu einem zynischen Schachergeschäft verkommen lassen und Freunde zu Waren erniedrigen. Im Grunde genommen Robotern gleichend, würden sie die erhabensten Erfahrungen des Menschen einem gefühllosen Kalkül unterziehen. Zwar galt es unter gebildeten Europäern gerade als schick, felsenfest anzunehmen, daß derlei menschliche Automaten nur in Amerika zu finden seien, aber von der Irrigkeit dieser Meinung konnten sie sich bei englischen, deutschen, französischen und italienischen Moralisten überzeugen, die ihre Leser daran erinnerten, daß die Alte Welt dafür gleichfalls reichlich Prototypen beisteuern könne. Wenn der Kapitalismus Rationalität in Aktion war, dann um so schlimmer für den Kapitalismus – und für die Rationalität.

Diese Warnungen belegen nachdrücklich, daß im 19. Jahrhundert das Ideal der konstruktiven Aggression von der Wirklichkeit der destruktiven häufig himmelweit entfernt war. Das Ideal war unmißverständlich und wurde nur von Randgruppen angefochten. Anständigen Bürgern wurde zur Pflicht gemacht, ihre aggressiven Strebungen beim Umgang mit Abhängigen und Schwachen im Zaum zu halten, ihren Wunsch nach körperlicher Befriedigung und ungezügeltem Ausleben ihrer Stimmungen zu mäßigen und ihre ungestümen Instinktneigungen durch den Kampf gegen die Natur, im Genuß der Hervorbringungen der höheren Kultur und durch den Einsatz für ein leichteres Los der Menschen zu sublimieren. Aggression bedurfte der Rationalisierung, sie mußte einer prüfenden und bewußten Selbstbeherrschung unterworfen und auf das hingelenkt werden, was Zeitgenossen als konstruktive Ziele bezeichneten. Meistens brachten die Bürger allerdings die Sublimierung der Aggression nur auf einem weitaus niedrigeren Niveau zustande. Wie aus dem in den voranstehenden Kapiteln vorgelegten Material hervorgeht, war es ein Leichtes, Aggressivität mit Moral predigenden Rationalisierungen zu bemänteln. Viele honorige Bürger – und darin unterschieden sie sich nicht von ihren Vorläufern oder Nachfolgern – fanden Wege, ihre Vernunft, statt sie für die Zügelung der unstillbaren Forderungen ihrer Leidenschaften einzusetzen, in deren Dienst zu stellen, freilich nicht ohne mit Schuldgefühlen und psychischen Konflikten dafür zu bezahlen.

Jene Bürger, die es für notwendig hielten, für solche Verfehlungen Partei zu ergreifen, beriefen sich gern auf das Unvollkommene der Natur des Menschen. Aber diese Berufung, wenngleich universal im Gestus, wurde doch durch klassenspezifische Vorstellungen gleich wieder eingeschränkt. Zwar gestanden die Bürger gern zu, daß sie die meisten wesentlichen Eigenschaften mit anderen Klassen gemeinsam besaßen, gleichwohl beanspruchten sie, daß gewisse Elemente nur ihnen eigen seien. Es gab eine charakteristische bürgerliche Erfahrung, und die hatte ihre Grenze nicht in den Zwangsneurosen.[52] Ohne Zweifel, die Abwehrmechanismen, jene psychologischen Schachzüge, die den Menschen helfen, der Welt entgegenzutreten, finden sich bei Adeligen, Bauern und Arbeitern nicht minder als bei Männern und Frauen der Mittelklasse.

Aber in den bürgerlichen Mittelschichten war diesen Mechanismen eine besonders beschwerliche Funktion aufgebürdet. Die Bürger bildeten alles in allem eine Klasse, die die offene Äußerung von Aggression, sei's mit dem Gewehr, den Muskeln oder in Worten, alles andere als schätzte. Daher zwangen sie zunächst einmal das Abwehrmittel der Reaktionsbildung zu der aufreibenden Tätigkeit, sadistische Leidenschaften zu einem Kreuzzug gegen die grausame Behandlung von Tieren oder Kindern umzufunktionieren, und sie benutzten das entscheidende Abwehrmittel der Verdrängung, verpönte Wünsche sexueller oder aggressiver Art nicht wahrzunehmen. Wir wissen freilich nur zu gut, daß sie darin nicht immer Erfolg hatten, aber ihre Kultur zeigt unübersehbar die Merkmale eifrigen und unablässigen Mühens.

Ganz ohne Frage war es nun die Psychoanalyse, die als neue Wissensdisziplin jene psychischen Winkelzüge und das volle Ausmaß der menschlichen Rohheit in ihrem Versteck im Unbewußten aufspürte und sie nach einigen mißglückten Anfängen in eine durchschlagende Theorie des Geistes einbaute. Für eine Untersuchung der Mittelschichten im 19. Jahrhundert ist sie denn auch von besonderer Relevanz, und zwar nicht allein als Forschungsmethode, sondern als ein Charakteristikum ihrer Zeit. Durch die Person ihres Gründungsvaters und eigentlich auch in sämtlichen, der Mittelklasse entstammenden Vertretern, die sie späterhin praktizierten, war sie eine äußerst bürgerliche Angelegenheit. Bürgerlich waren auch, abgesehen von einer Handvoll Analysanden aus Adel und Arbeiterklasse, ihre Patienten. Und ganz ebenso galt das für das vielfach mißverstandene Ideal des reifen Erwachsenen.

Freud war, wie wir eben gesehen haben, in höchstem Maße kritisch gegenüber dem, was er als übermäßige Verdrängung in einer Klasse verurteilte, deren Zierde und Umstürzler er in eins war. Nie aber behauptete er oder ließ auch nur stillschweigend zu, daß sich jeder jene innere Freiheit nehmen solle, die er dann womöglich als Freifahrtsschein für ein ungehemmtes sexuelles und aggressives Verhalten verstand. Eher im Gegenteil: Nach seiner Ansicht konnten jene Personen als erfolgreich analysiert gelten, die die Reichweite angemessenen Verhaltens erforscht, dessen Grenzen umsichtig erweitert und innerhalb der sittlichen Sphäre gewirkt hatten, die sie sich selbst unter diskreter Mithilfe des Analytikers hatten schaffen können. Zwar bemängelte Freud das übermäßig strenge Über-ich, in dem er ein Kennzeichen der Bourgeoisie des 19. Jahrhunderts sah, aber er war kein Befürworter einer Aufweichung der berühmten bürgerlichen Gewissenhaftigkeit bis zur Zügellosigkeit. Wo Es war, so hat er es einmal einprägsam formuliert, soll Ich werden. Im Grunde war Freud in moralischen Dingen bemerkenswert unanalytisch; als guter Bürger war er überzeugt, daß ein untadeliger Erwachsener leicht die Antwort auf die Frage nach Richtig und Falsch finden werde.

Seine Ansicht, daß das *animal humanum* auf immer mit dem Widerspruch zwischen Triebwünschen und Verboten zu tun hat und dabei in seinem Umgang mit Aggression und Sexualität ständig strauchelt, ist originell und unwiderstehlich. Als Kulturkritik kann sie gleichwohl nicht gänzlich zufriedenstellen. Freuds Einsicht in die bürgerliche Erfahrungswelt seiner Zeit war eigentlich boshafter als durch die Tatsachen verbürgt war. Da er sein Augenmerk auf die Pathologie der Selbstbeherrschung richtete, auf verdrängte psychische Konflikte, die ein hysterisches oder zwangsneurotisches Leiden bewirken, deutete er die Patienten auf seiner Couch als typische Exemplare statt als Randfiguren in der bürgerlichen Kultur. Zu dieser Deutung fühlte er sich berechtigt, weil er die Neurotiker als nicht sehr verschieden von «normalen» Menschen ansah. Die Konsequenz schien unausweichlich: Aggressivität, ob nun losgelassen oder gehemmt und uneingestanden, konnte nur Opfer hervorbringen. Aber in dieser Sicht wurde nur unzureichend gewürdigt, bis zu welchem Grad die Bürger des 19. Jahrhunderts Aggressionen gebändigt hatten, ganz abgesehen von der positiven Rolle, die aggressive Strebungen in ihrem großen Kampf um Herrschaft gespielt hatten. Sublimierte Aggression konnte im Zusammenwirken mit Eros Städte erbauen, den Verkehr beschleunigen, den Komfort erhöhen, die Kommunikation verbessern und das Leben verlängern.

Epilog

4. August 1914

In den Morgenstunden des 4. August 1914 marschierten deutsche Truppen im neutralen Belgien ein und ließen die Ausweitung des Krieges zu einem gesamteuropäischen Ereignis unausweichlich werden. In der vorausgegangenen Woche war das europäische Konzert der Mächte nach einhundertjährigem Bestehen zerfallen: Das Habsburger Reich hatte am 28. Juli Serbien den Krieg erklärt, am 1. August folgte die Kriegserklärung Deutschlands an Rußland und zwei Tage später an Frankreich. Der Schachzug schließlich, durch den Deutschland dem französischen Heer in den Rücken fallen wollte, verwickelte Großbritannien in den Konflikt. Der 4. August bedeutete das Ende der großen Kompromisse, die das ganze 19. Jahrhundert hindurch dafür gesorgt hatten, daß die Gegensätze zwischen den Nationen unter Kontrolle blieben.

Nachdem am 28. Juni Erzherzog Franz Ferdinand und seine Gemahlin von jungen bosnisch-serbischen Nationalisten ermordet worden waren, bewegten sich Zorn und Erregung nahe am Siedepunkt. Als alle ernsthaften Vermittlungsversuche scheiterten, kochten die Emotionen über und stürzten die Beteiligten in die Katastrophe. Ein ansteckender Haß gegen den Feind griff als unwiderstehliches Alibi für aggressives Handeln um sich. Die militärischen Befehlshaber waren nicht die einzigen, die nach Krieg lechzten. «Dieses Land», berichtete Ende Juli der britische Botschafter aus Wien, «ist außer sich vor Freude über die Aussicht auf einen Krieg mit Serbien; würde er aufgeschoben oder verhindert, wäre das zweifellos eine herbe Enttäuschung.» Als am 1. August die Reichsregierung die allgemeine Mobilmachung anordnete, versammelten sich unzählige Tausende, um Wilhelm II. zu feiern; sie jubelten ihm zu und sangen vaterländische Lieder. Ihre Kriegsbereitschaft hatten sie bereits seit einer Woche durch Demonstrationen bekundet. In Rußland andererseits erregten die österreichischen Drohungen gegen Serbien eine solch feindselige Stimmung im Volk, daß die Politik dadurch gezwungen wurde, auf Konfliktkurs zu gehen. Wenn die Regierung das Vorgehen der Habsburger Monarchie auf dem Balkan dulde, erklärte der russische Außenminister Sergej Sazonow, «gibt es in diesem Land eine Revolution».[1] Praktisch alle, die in diesen schicksalsschweren Wochen die Entscheidungen trafen, waren Adelige, die sich eines makellosen Stammbaums rühmen durften, aber worauf sie zählen konnten oder Rücksicht nehmen zu müssen meinten, war eine Kriegstreiberei aus dem Volk, an der sich ehrbare Bürger nicht weniger als die Massen in den Straßen beteiligten.

Den ganzen Juli hindurch taumelte das bürgerliche Zeitalter am Rande des Grabes entlang, während der deutsche Kaiser, die Diplomaten der Donaumonarchie und kampflustige russische Patrioten ihre harte Linie verfolgten, die eine friedliche Lösung der Krise immer unerreichbarer werden ließ. Wilhelm II. hatte Angst davor, entscheidungsschwach zu wirken, und meinte, ein versöhnlicher Ton werde als «Schwächebekenntnis» ausgelegt. Der Ministerpräsident Österreich-Ungarns, Graf Istvàn Tisza, erklärte Franz Josef, jedes Zögern müsse die «Einschätzung der Energie und der Aktionsfähigkeit der Monarchie (bei Freund und Feind) schwer beeinträchtigen».[2] Russische Politiker, die nach Krieg dürsteten, beschimpften ihre friedlicher gesinnten Landsleute als unslawisch. Ganz ähnlich wie alternde Raufbolde, die beweisen wollen, daß sie immer noch die alten sind, verwarfen diese Männer, die einander mit dem Finger am Abzug gegenüberstanden, jede friedliche Lösung, um nicht als minderwertiger Menschenschlag, als unmännlich, dazustehen. Wie so oft war destruktive Kraftmeierei die Folge einer panischen Angst, Schwäche zu zeigen.

Die herrschende Stimmung beim Ausbruch der Feindseligkeiten und in den anschließenden Monaten ist vielfach geschildert worden, gewöhnlich mit einem gewissen Staunen oder sogar Entsetzen. Das ist nur zu verständlich; der Krieg brachte ein unerwartetes Potential an Haßgefühlen zum Vorschein. Massen von Freiwilligen, darunter Tausende von begeisterten Bürgerlichen im gereiften Alter strömten zu den Fahnen. Gesetzestreue Staatsbürger machten Ausländern, die im Land hängengeblieben waren, das Leben schwer und verfolgten das mutige – oder tollkühne – Häuflein versprengter Pazifisten. Familien, die mit Namen belastet waren, durch die sich die Militanten an den fremden Bösewicht auf der anderen Seite erinnert fühlen konnten, benannten sich um und suchten so ihre Landsleute davon zu überzeugen, daß sie politisch die korrekte Linie hielten. Männer verfielen mit förmlicher Wollust in einen rasenden Chauvinismus, der sich mit ihrem Bildungsstand schlechterdings nicht vertrug: Intellektuelle gaben ihren Namen für Manifeste her, in denen die gegnerische Seite zu Barbaren erklärt wurde; gesetzte Professoren gaben ihre Ehrengrade zurück, die ihnen von Universitäten im Feindesland verliehen worden waren, und stellten ihre Gelehrsamkeit in den Dienst hetzerischer Kriegspropaganda.[3]

In seiner Heftigkeit variierte das Fieber natürlich von Individuum zu Individuum und von Land zu Land, aber es befiel Menschen jeder Art:

Demokraten und Monarchisten, Radikale und Reaktionäre, Atheisten und Christen. Dichter, Philosophen und Prediger begrüßten einmütig den Krieg als einzigartige Chance zur moralischen Erneuerung. Die Deutschen legten in der Verunglimpfung des Gegners vielleicht den größten Eifer an den Tag – sprachen vom primitiven Rußland, vom dekadenten Frankreich, vom perfiden Albion. Sie frönten jener Haltung, die Freud als den Narzißmus der kleinen Unterschiede bezeichnet hat, und behielten ihre maßlosesten Verleumdungen Großbritannien vor, dem Land, das sie am meisten bewundert und von dem sie am ehesten erwartet hatten, daß es Neutralität wahren würde. Der Spruch «Gott strafe England» wurde in den Rang eines nationalen Stoßgebetes erhoben, während Ernst Lissauers «Hymne des Hasses», die sich mit den Schurkereien Frankreichs und Rußlands nicht groß aufhielt, um all ihr Gift gegen Großbritannien zu verspritzen, auf eindrucksvolle Resonanz in der Öffentlichkeit stieß. Die Briten und Franzosen wiederum erfanden und verbreiteten Greuelgeschichten von den deutschen Horden, die belgische Frauen vergewaltigten und belgische Säuglinge abschlachteten. Menschen, die im normalen Leben nüchterne Erwachsene waren, wurden von Kriegshysterie wie von einem religiösen Erweckungserlebnis gepackt, sämtliche kämpfenden Parteien baten voll Frömmigkeit die Gottheit um ihren Beistand und redeten sich ein, sie stehe auf ihrer Seite.[4]

Nicht einmal Psychoanalytiker, die doch im Umgang mit der Irrationalität geübt und gegen ihre schlimmsten Verheerungen vermeintlich gefeit waren, vermochten sich dieser Ansteckung zu entziehen – jedenfalls nicht in den Anfängen der kriegerischen Auseinandersetzung. Während die deutschen Heere sich in Richtung Paris vorkämpften, schickten Karl Abraham und Max Eitingon aus Berlin «glänzende Nachrichten» an Freud und jubilierten über den «unvergleichlich schönen Anfang in West und Ost». Auch Freud konnte sich der Euphorie nicht völlig entziehen und redete zu seiner eigenen Verwunderung mit patriotischem Pathos «von dem Erfolg ‹unserer› Anleihe» oder diskutierte «die Chancen ‹unserer› Millionenschlacht». Bis Ende 1915 hatte er aber genug Distanz gewonnen, um Entsetzen über das Spektakel zu empfinden, das alle Vernunft und allen Anstand mit Füßen trat. «Die Wissenschaft selbst», bemerkte er, «hat ihre leidenschaftslose Unparteilichkeit verloren.»[5] Hätte er ganz und gar begriffen, was er bereits über die menschliche Aggressivität herausgefunden hatte, er wäre weniger erstaunt, wenn auch nicht weniger bedrückt gewesen.

Kurz, der Krieg entfesselte aggressive Impulse, deren sich die Menschen in friedlicheren Zeiten nicht bewußt waren und vermutlich geschämt hätten. Angefeuert durch geschickte Propagandisten, die das Verlangen nach Aggression als hochsinniges Streben drapierten, kamen sich die Kriegsbegeisterten dabei keineswegs als Unmenschen vor. Unverkennbar war – und ein paar unerschrockene Satiriker stellten das damals auch schon heraus –, daß die Publizisten, die sich am eifrigsten darin hervortaten, dem Feind mit Worten den Garaus zu machen, meilenweit hinter der Front in sicheren staatlichen Bürostuben hockten. Nach den Äußerungen zu urteilen, die man von den nicht am Kampfgeschehen beteiligten Dichtern und Stückeschreibern hören konnte, hatte es sich bei dem bürgerlichen Zeitalter, das jetzt in den Schützengräben zu Grabe getragen wurde, um eine einmalig geistlose Angelegenheit gehandelt: bar aller Mannhaftigkeit, geprägt von Materialismus und Konformismus, habe es den Idealen, für die ein Mann zu kämpfen und zu sterben bereit war, fremd gegenübergestanden. Und vielleicht noch schlimmer war, daß es so angeödet hatte. «Krieg!» schrieb Thomas Mann, einer dieser Schreibtischhelden, im November 1914, «es war Reinigung, Befreiung, was wir empfanden, und eine ungeheure Hoffnung.» Mit dem Ausbruch des Krieges stellte sich ein gewaltiges Gefühl der Erleichterung ein; «wie hätte der Künstler, der Soldat im Künstler nicht Gott loben sollen für den Zusammenbruch einer Friedenswelt, die er so satt, so überaus satt hatte!»[6] Weit entfernt davon, als exzentrisch dazustehen, stieß Manns Ausbruch bei kriegslüsternen Offizieren, verknöcherten Bürokraten, versponnenen Pedanten und politischen Künstlern auf rückhaltlose Resonanz.

Die meisten, die mit dem Haß hausieren gingen, hatten keine Ahnung davon, was ein moderner Krieg bedeutete; zu Tausenden kultivierten die Pantoffel-Generäle Vorstellungen von ritterlichen Turnieren, von rasch entschiedenen Treffen. Sie waren sicher, daß der Krieg bis Weihnachten über die Bühne gegangen sein werde; die Frage war einzig und allein, ob alliierte Truppen in Berlin oder deutsche Truppen in Paris einmarschieren würden. Die Propaganda, die mit den schrecklichen Kriegszielen des Gegners winkte, und Abenteurer aus Handel und Industrie, die den Sieg zu vergolden versprachen, taten ein übriges, die Stimmen der Vernunft zum Schweigen zu bringen, Stimmen, die ohnehin rasch unterdrückt worden waren und die sich erst allmählich, als das Schlachten kein Ende nahm, wieder zu Wort meldeten.

Ganz ohne Vorwarnung brach der Krieg nicht aus. Schon jahrzehntelang vorher hatten phantasievolle Romanschreiber und gelangweilte Militärs blutige Konflikte zwischen Völkern und Rassen an die Wand gemalt. Einige dieser Phantasten schrieben, um die Selbstzerstörungsneigung der Menschheit anzuprangern, andere, um eine bürgerliche Ordnung zu geißeln, der dringend ein bißchen Kampfgeist eingeflößt werden mußte. Gemeinsam entwarfen sie gewaltige Kriegsszenarien und ersannen phantastische Waffen, um Leser zu unterhalten, die nach solchen papierenen Schrecken gierten: Unterseeboote, Flugapparate, Chemiewaffen. Solche Literatur repräsentierte und nährte Züge eingefleischter Kriegslüsternheit, gleichgültig, ob deren Basis ein sozialdarwinistisches Eintreten für den Konflikt als Mittel menschlichen Zusammenlebens oder ein avantgardistischer Überdruß an der verweichlichten, kommerzialisierten Zivilisation war. Im Vergleich damit waren die pazifistischen Überzeugungen, auch wenn sie beredte Verfechter fanden, schwach entwickelt; wer sich für Streitbarkeit stark machte und in der tödlichen Gewalt eine große Lehrerin der Menschheit zu sehen gelernt hatte, versammelte hinter sich eine solide Mehrheit.

Oliver Wendell Holmes Jr. sprach 1895 für diese Mehrheit: «Während man sich im Krieg befindet, ist er schrecklich und öde. Erst aus einigem Abstand sieht man, daß seine Botschaft göttlicher Natur war.» Er räumte ein, daß er ein äußerst schwerverdauliches Heilmittel für die Krankheit mangelnder bürgerlicher Courage verordne. «Ich hoffe, es wird nicht so bald geschehen, daß wir zu Füßen dieses Lehrmeisters sitzen.» Dennoch bleibe der Krieg eine ultimative didaktische Einrichtung, deren die moderne Zivilisation bedürfe, weil das Leben der Menschen «allzu behaglich, übertrieben sicher» geworden sei, weil sie in wohliger Ahnungslosigkeit darüber schwelgten, daß ihr «gemütlicher Alltag keine Naturnotwendigkeit, sondern nur eine kleine Insel des Friedens inmitten des stürmischen, reißenden Weltflusses ist, damit wir auf die Gefahr gefaßt sind». Nach Holmes Überzeugung befand sich in einer Welt, die in Genußsucht versank und von Disziplin oder Opferbereitschaft nichts wissen wollte, das Heldentum schmählich auf dem Rückzug. Das Schauspiel von Polo-Spielern, die ihren Kampf austrugen, erweckte deshalb Begeisterung in ihm. «Wenn bei unseren Parforce-Ritten ab und an einmal einer den Hals bricht, sehe ich darin kein unsinniges Opfer, sondern den lohnenden Preis dafür, daß eine Rasse gezüchtet wird, die zum Führen und Befehlen taugt.» Selbst die Mensur hatte ihre Meriten: «Ich mag jeden Sport betreiben sehen, mit dem Gefahr verknüpft ist. Die Studenten in Heidelberg mit ihren vom Säbel zerfleischten Gesichtern erfüllen mich mit aufrichtiger Achtung.»[7] Holmes war kein brutaler Mensch, und Äußerungen wie seine waren im Zeitalter Theodor Roosevelts häufig zu hören. Aber kein Zweifel, daß solches Kampfgeschrei die Kräfte schwächte, die sich gegen die Kriegsbereitschaft aufbieten ließen.

Noch unheilverkündender war, daß die Beziehungen zwischen den großen Mächten schon seit Jahren besorgnisserregenden Belastungen ausgesetzt waren. Auftrumpfende Führer, unter denen Wilhelm II. der lärmendste war, unkten von großen zukünftigen Konflikten. Bis zum Jahr 1914 hatten sich die Staaten mit furchterregenden Waffenarsenalen versorgt, wobei sich die Rüstungspolitik der einzelnen Länder, die sich als potentielle Kriegsfeinde betrachteten, gegenseitig hochgeschaukelt hatte. Und es gab Spannungen, die durchaus einen kriegerischen Konflikt auslösen konnten – zwischen Frankreich und Deutschland, zwischen Deutschland und Großbritannien, zwischen den Nationalitäten im österreichisch-ungarischen Kaiserreich, zwischen Rußland und Österreich-Ungarn. Tatsächlich erlebte der Balkan bereits in den Jahren 1912 und 1913 offene kriegerische Auseinandersetzungen. Europa vor 1914 war eine bedrohte Welt voll Nervosität.

Gleichzeitig war es aber noch im Jahr 1913 der europäischen Diplomatie gelungen, Konflikte auf dem Balkan einzudämmen, und es gab keinen zwingenden Grund, daran zu zweifeln, daß ihnen das erneut gelingen würde. Ihr friedenstiftendes Werk wurde durch das Geflecht von Handelsbeziehungen gestützt, das die Völker miteinander verknüpfte. Bereits im Jahr 1879 hatte William Graham Sumner erklärt, die zivilisierte Welt bilde eine «Einheit», in der «die Schranken der Rasse, Religion, Sprache und Nationalität von eben den Kräften aufgelöst werden, die in solch hohem Maß das Hindernis von räumlicher Entfernung und zeitlichem Abstand beseitigt haben».[8] Die folgenden Jahrzehnte schienen Sumners hochgemuter Einschätzung recht zu geben. In der Spanne von Beginn der 70er bis Mitte der 80er Jahre des letzten Jahrhunderts, die fälschlich als Zeit der großen Depression bezeichnet wird, waren die wirtschaftlichen Signale uneinheitlich; aber danach erlebten Europa und die Vereinigten Staaten eine Periode anhaltenden und zeitweilig explosionsartigen Wachstums. Der Lebensstandard stieg, die Investitionstätigkeit hatte Konjunktur, neue Technologien – Auto und Flugzeug – transformierten die Kommunikation und das Transportwesen. All dies und noch anderes festigten die prosperierende Weltwirtschaft, die sich als umfassendes, eng geknüpftes Netzwerk aus Handel, Bankwesen und industrieller Produktion präsentierte. In dieser Atmosphäre befanden sich die meisten ökonomischen Interessen auf der Seite des Friedens. Das gleiche galt für die religiösen und politischen Interessen. Die großen Weltreligionen reichten nach Geist und Anhängerschaft über nationalstaatliche Grenzen hinaus, ebenso wie die sozialistischen Bewegungen, deren Dachorganisation und gemeinsame Hymne den Namen «Internationale» trugen.

Und doch gaben die kosmopolitischen Empfindungen im Juli und zu Anfang August 1914 den Geist auf, als der Nationalismus alle anderen Loyalitäten verdrängte. Die Liebe zum Vaterland und der Haß gegen seine Feinde erwiesen sich als die wirkmächtigste Rationalisierung für Aggressivität, die das ganze lange 19. Jahrhundert hervorgebracht hatte. Der Nationalismus sicherte sich die zweifelhafte Auszeichnung, das Alibi aller Alibis zu sein. Das menschliche Leben besteht aus vielfältigen Rollen. Ein Mann ist Arbeiter, Katholik, Franzose, braver Ehemann und Vater, Briefmarkensammler, Anhänger der lokalen Fußballmannschaft – alles gleichzeitig. Die meiste Zeit über koexistieren die verschiedenen Identifikationen friedlich nebeneinander. Aber es kann Krisenmomente geben, in denen eine Entscheidung zwischen ihnen unabweislich wird, und im Sommer 1914 fiel die Entscheidung für einen militanten Nationalismus. Dessen spektakulärstes Opfer war die organisierte internationale Arbeiterbewegung, die sich patriotischen Appellen und patriotischer Begeisterung gegenüber als ohnmächtig erwies. Jahrelang hatten die sozialistischen Parteien geschworen, jeden Versuch ihrer Regierungen zu durchkreuzen, die Arbeiter in eine Schlacht zu schicken, aus der nur die Kapitalisten Vorteil ziehen konnten. Diese Kriegsbereitschaft gegen den Krieg war allerdings durch Vorbehalte beeinträchtigt: Die deutschen Sozialdemokraten zum Beispiel waren nicht willens, ruhig zuzuschauen, falls das verhaßte despotische Rußland über seine westlichen Nachbarn herfiel. Der rigorose Vorschlag, für den Fall, daß die Mächte mobil machten, einen länderübergreifenden Generalstreik auszurufen, wurde deshalb zugunsten gutgemeinter Erklärungen gegen den Krieg und für den Frieden verwässert.

Dann kam Sarajewo. Wochenlang führten die sozialistischen Führer verzweifelt Verhandlungen, um den Krieg abzuwenden. Als aber der Krieg erklärt war, verwandelten sie sich jäh in Patrioten und ließen die Sache der weltweiten Arbeiterschaft im Stich. Gewiß waren nur wenige von ihnen überzeugte Anhänger des Aggressionskults. Die sozialdemokratischen Abgeordneten, die am 4. August einmütig für die Kriegsanleihen stimmten, fürchteten um ihr Leben und hatten sich außerdem eingeredet, Deutschland führe gegen Rußland einen Verteidigungskrieg.[9] Die französischen Sozialisten wiederum unterstützten den Krieg, weil Deutschland sich einer Aggression gegen ihr Land schuldig gemacht hatte. Aber wie immer die mildernden Umstände aussehen mochten, der Nationalismus triumphierte jedenfalls, und sogar bei denen, für die er lange ein Schimpfwort gewesen war.

Seit Ausbruch des Krieges schürten die Meinungsmacher in ihren Reden, Presseverlautbarungen und Militärbulletins systematisch diese nationalistische Begeisterung. Als der Kaiser seinem Volk erklärte, «er kenne keine Parteien mehr», «nur noch Deutsche», schuf er eine emotional aufgeladende Volksgemeinschaft. Die Franzosen zogen nach und hol-

ten für diesen ernsten Anlaß das alte Diktum von der tödlichen Bedrohung der Nation aus der Schublade – *La patrie en danger*. Die verkörperte, geeinte Nation rief alle Bürger auf, die häuslichen Freuden, die
Ferienreisen, den gewohnten Profit, ja, auch das Leben der Söhne, Brüder
und Gatten dem Vaterland zum Opfer zu bringen.

Gerade das Überspannte dieser Forderungen erlaubte es allen, die der
nationale Bannkreis umfing, sich als eine große Familie zusammenzu-
scharen und in der tröstlichen Geborgenheit unterschiedsloser allseitiger
Liebe zu leben. Dieses Bad der Gefühle verband einstige Gegner – Arbeit
und Kapital, Bayern und Preußen, Juden und Christen–, als wären die
internen Zwistigkeiten bedeutungslos geworden, als gäbe es sie überhaupt nicht mehr. Und der nationale Schulterschluß wurde nicht nur
begrüßt, weil er gewohnte Gräben überbrückte und altvertraute Feind-
schaften unterdrückte, sondern auch, weil er eben dadurch eine Rechtfertigung für Aggressivität bot. Der August 1914 bestätigte einmal mehr die
alte Wahrheit, daß eine Liebesgemeinschaft immer auch eine Gemeinschaft von Hassenden ist. Den Chauvinismus nährt nicht weniger die
Wut als die Zuneigung; tatsächlich ist er ohne Wut undenkbar. Und
Chauvinismus, dieses geballte kollektive Schwelgen in primitiven Denk-
und Gefühlsweisen, ist die pathologische Form des Nationalismus.

Das moderne Alibi des Nationalismus unterscheidet sich vom altmodischen Patriotismus und selbst vom Nationalbewußtsein durch seine
schiere politische Energie, seine gezielte Aggressionsbereitschaft. Das antike Gefühl des Stolzes auf den Geburtsort ist ein entfernter Vorfahr
dieses Nationalismus, und auch in der Neuzeit hat er seine Vorläufer. Er
spricht aus den Zeilen in Shakespeares *Richard II.*, in denen die «teure
Erde», sein England, «dies zweite Eden, halbe Paradies» gepriesen wird.[10]
Aber bis in die Zeit der Aufklärung übte das konkurrierende Ideal des
Kosmopolitismus auf die Gebildeten immer noch eine starke Anziehungskraft aus. Für Voltaire und die anderen Aufklärungsphilosophen
war das «Vaterland» die erlesene Gemeinschaft der Begüterten, Kultivierten und Irreligiösen, ein einziger großer Salon, der sich über National-
schranken mokierte. Wie Benjamin Franklin glaubten sie, daß dort ihr
Land war, wo Freiheit herrschte.[11]

Diese Einstellung erhielt sich zählebig bis ins 19. Jahrhundert. Schillers
«Ode an die Freude», für die Beethoven in seiner 9. Sinfonie die berühmt
gewordene Vertonung komponierte, schickte «einen Kuß der ganzen
Welt». Tatsächlich waren die bekanntesten Vorreiter des Nationalismus
im 18. Jahrhundert, Rousseau und, ausgeprägter noch, Johann Gottfried
von Herder, zu eng mit der kosmopolitischen Aufklärung verknüpft, um
dem Chauvinismus das Wort zu reden. Jedes Volk ist nach Herder ein

organischer, eigentümlicher, gottgesandter Hort typischer Eigenschaften, durch die es sich von allen anderen Völkern unterscheidet. Es entfaltet sich in der Dichtung, der Volksüberlieferung, dem Brauchtum und vor allem der Sprache. Für Herder waren Konflikte zwischen den Völkern die allerschrecklichste Vorstellung. Seine quasi-religiöse Vision von den Völkern als Kollektivindividuen, die bei seinen Bewunderern im 19. Jahrhundert ihre Spuren hinterließ, vertrug sich mit der Bereitschaft, die Beiträge zu würdigen, die jedes von ihnen zum großen sinfonischen Orchester der Menschheit leistete. Für einen aggressiven Nationalismus brauchte es Anreize, die weniger philosophisch waren und unmittelbarer wirkten als die Herdersche Prosa – sie fanden sich in den Umwälzungen der Französischen Revolution und der Neuordnung Europas durch Napoleon.

Der Nationalismus des 19. Jahrhunderts war eine vielschichtige Reaktion auf diese gewaltige Folge von Ereignissen. Die französischen Heere verbreiteten das Ideal der Bürgerrechte und das Verlangen nach Selbstbestimmung überall in Mitteleuropa. Aber wenn auch einige wenige «deutsche Jakobiner» die Invasoren unterstützten, riefen die militärischen Eroberungen Napoleons im großen und ganzen nationalistische Leidenschaften radikal anderer Art auf den Plan: die Deutschen müßten sich erheben und die französischen Unterdrücker verjagen. Es war symptomatisch für den deutschen Nationalismus, daß er als militante Entgegnung auf schwere narzißtische Kränkungen entstand; in dem Maß, wie die deutsche Ideologie Passivität in blindwütige Aktivität verkehrte, bildete sie eine von Ingrimm erfüllte seelische Verfassung aus. In maßgeblichem Sinne war der Haß der Deutschen auf den Fremden, der sie gedemütigt hatte, keine Folge ihrer Liebe zum Heimatland, sondern deren Ursache.

Obwohl man sich in den deutschen Staaten im Rahmen der nachnapoleonischen Ordnung verzweifelt bemühte, dieses Brodeln der Volksseele zu ersticken, kam es in der organisierten Studentenschaft und bei Professoren, die sich nicht scheuten, den Mund aufzumachen, immer wieder zum Ausbruch. Es stellte eine wesentliche Basis für die deutschen Liberalen dar, deren Forderungen gebrochene Versprechen, polizeiliche Bespitzelung und die drakonischen Maßnahmen überlebten, die gegen vorlaute Befürworter der deutschen Einheit ergriffen wurden. Die Forderungen überlebten sogar die gescheiterten bürgerlichen Revolutionen des Jahres 1848 und die unselige Frankfurter Bundesversammlung. Erst Mitte der 6oer Jahre sprengte Bismarck mit Gewalt das Bündnis zwischen Nationalismus und Liberalismus und führte eben dadurch die deutsche Einheit herbei.[12]

Noch bevor die Phantasien der deutschen Patrioten in der Reichsgründung ihre Verwirklichung fanden, hatte die nationalistische Begeisterung bereits anderweitig bewiesen, daß sie stark genug war, die europäische Landkarte zu verändern. Im Jahr 1830 bildete sie den Nährboden für die erfolgreiche Erhebung der Belgier gegen die holländische Vorherrschaft, und im Jahr 1831 war sie verantwortlich für den erfolglosen Aufstand Polens gegen die Oberherrschaft Rußlands. Später, im Jahr 1867, war sie maßgebend für den großen Kompromiß, den *Ausgleich*, der den Ungarn im Österreichisch-Ungarischen Kaiserreich ein beträchtliches Maß an Autonomie sicherte. Im Jahr 1870 schließlich erntete sie mit der Gründung eines vereinigten Königreichs Italien die Früchte einer hartnäckigen Agitation.

Die nationalistische Begeisterung war also auch vor dem August 1914 schon seit über einem Jahrhundert eine politische Kraft. Im Jahr 1882 urteilte ein anonymer Verfasser, der nur unter der Bezeichnung «Un diplomate» bekannt ist, zu Recht: «Das Nationalitätenprinzip hat in der Politik einen steilen Aufschwung erlebt, und von verschiedenster Seite ist man bestrebt, ihm sogar einen noch größeren Einfluß zu verschaffen.» Allein schon das Wort «‹Vaterland› übt eine magische Kraft aus.» So erklärte auch der deutsche Orientalist und Romanschriftsteller Georg Ebers zu Anfang der 90er Jahre: «Fest und unauslöschlich hatte sich mir die Liebe zu unserem deutschen Vaterland in die Seele geprägt, und sie lebt darin fort, froh bereit, für Deutschlands Freiheit und Größe auch das Teuerste zu opfern.»[13] Diese Autoren sprachen Millionen aus dem Herzen.

Natürlich ist es richtig, hier vor überstürzten Verallgemeinerungen zu warnen; jedes Land, jede Gruppe, in der Tat auch jedes Jahrzehnt, haben diese Geschichte leidenschaftlicher Liebe und leidenschaftlichen Hasses augenscheinlich auf ihre spezifische Weise erlebt. In den Zielen waren die nationalistischen Bestrebungen eindeutig: es ging um nationale Identität und nationale Geltung. Aber die Nationalisten bekämpften vielfältige Gegner: Königshäuser und feudale Institutionen, eine willkürliche Zensur und einen reaktionären Klerus, benachbarte Mächte sowie anderssprachige Gruppen und widerständige ethnische Minderheiten im eigenen Land. Es konnte sein, daß sie sich gegen Verfolgung wehrten oder ihrerseits andere verfolgten. Und durch das ganze 19. Jahrhundert hindurch blieb der Nationalismus zwar immer ein Gemisch aus politischen Einstellungen, vollzog aber insgesamt doch einen Positionswechsel, in dessen Verlauf er sich aus einer liberalen, ja sogar radikalen, zu einer reaktionären Ideologie wandelte. Die Patrioten in den neugegründeten Staaten – insbesondere in Deutschland und Italien – verlangten lautstark nach einem Platz an der Sonne, als hätte die neue nationale Einheit brach-

liegende chauvinistische Kräfte freigesetzt; die Patrioten in den älteren
Staaten – vor allem in Großbritannien und Frankreich – stimmten in den
chauvinistischen Chor ein, indem sie sich den neuen Konkurrenten entgegenstellten. Die schrillen Töne, zu denen sich Ende des Jahrhunderts
die streitenden Parteien verstiegen, versetzten die gemäßigteren Zeitgenossen in Erstaunen.[14]

Soviel ist klar: Jede vollständige Definition des Nationalismus muß
dessen konfliktträchtige Emotionalität anerkennen und muß in ihm ein
machtvolles Amalgam aus Libido und Aggressivität sehen. Und sie muß
in Rechnung stellen, was für eine massive Resonanz im Volk dieser Nationalismus erzeugte. Kultiviert wurde er – und vielerorts auch überhaupt
erst ersonnen – von Professoren, Predigern, Dichtern und Künstlern, den
selbsternannten Geschichtenerzählern einer Kultur. Diese Propheten waren fast durchweg Bürgerliche; untereinander ebenso zerstritten wie der
politisch interessierte Mittelstand insgesamt, waren sie Vorreiter dieser
Ideologie.[15] Finnische Philologen entdeckten die Einzigartigkeit ihrer
Sprache; dänische Theologen predigten die Religion des Dänentums; russische Historiker entdeckten oder erfanden beispiellose Tugenden in der
Vergangenheit Rußlands; deutsche Volkskundler lasen aus den Volksmär-
chen bewundernswerte nationale Eigenschaften heraus; italienische Publizisten erinnerten ihre Leser an die glorreichen Tage der Renaissance,
die förmlich danach schrien, wiedererweckt zu werden. All diese Gelehrten und Phantasten – manche von ihnen waren beides zugleich – führten
dem Nationalstolz und oft genug auch der nationalen Überheblichkeit
Nahrung zu. Aber ihre Ideologie reifte erst zu einer politischen Kraft,
nachdem es ihnen gelungen war, ihre romantische Version von nationaler
Geschichte oder nationaler Volksüberlieferung in einer breiteren Öffentlichkeit heimisch werden zu lassen. Ungebärdige Massen auf der Suche
nach Fensterscheiben, die sie zerschmeißen konnten, Stammtischbrüder,
die sich zusammentaten, um für militärische Strategien Unterstützung zu
organisieren, brave Bürger, die ihre Stimme patriotisch gesinnten Kandidaten gaben – aus ihnen allen setzte sich das Fußvolk der nationalistischen Bewegung zusammen. Und jene unabdingbare Verbindung
zwischen massiver Propaganda und massivem Rückhalt im Volk – sie
entstand erst mit und nach der Französischen Revolution.

Die nationalistischen Bewegungen entwickelten sich demnach auf je
eigene Weise. Hier ist nicht der Platz ihre einzelnen Karrieren nachzuvollziehen, von Serbien bis Irland und von Norwegen bis Italien; die
politische Geschichte des 19. Jahrhunderts ist mit dem Verlauf dieser
Bewegungen untrennbar verknüpft. Gemeinsam ist ihnen allen, daß entweder ein ressentimentgeladenes Insistieren auf lange vorenthaltenen

Rechten oder ein nicht minder von Ressentiment begleitetes Gefühl der Bedrohung durch die Nachbarn das Alibi für aggressives Verhalten lieferte.[16] Wenn die Jahrzehnte von den 20er bis zu den 40er Jahren den Frühling der Nationen bildeten, wie manche gern behaupteten, so war es jedenfalls ein Frühling, der sich durchweg bewölkt und fast immer stürmisch präsentierte. Nationalisten im Exil, angefangen vom polnischen Dichter Adam Mickiewicz, der in Lausanne und Paris lebte, bis hin zu dem italienischen romantischen Revolutionär Giuseppe Mazzini, der sich in Marseille und London aufhielt, wetterten in Vorträgen, Zeitungsartikeln und Manifesten gegen die fremden Unterdrücker in ihrem Vaterland. Wie bei politischen Flüchtlingen häufig der Fall, führten sie diesen Kampf zusammen mit anderen Exilierten, von denen sie sich in der Einschätzung vergangener politischer Versäumnisse und in den Rezepten für eine nationale Zukunft unterschieden.

Gelegentlich nahm die nationalistische Begeisterung sanftere Formen an und beschränkte sich auf Selbstbehauptungsgesten, die der Hebung des eigenen Selbstwertgefühls dienten, ohne doch das der anderen zu beeinträchtigen. Der Nationalismus der Norweger kann als Beispiel für solch eine weitgehend zivilisierte Aggressivität dienen. Nachdem sich die Norweger jahrhundertelang an der dänischen Oberherrschaft gerieben hatten, mußte sie 1814 feststellen, daß die Dänen sie ohne viel Federlesens an die Schweden abgegeben hatten – sie waren gar nicht erst gefragt worden. Ihre neue Lage verschaffte ihnen ein gewisses Maß an Autonomie und eine eigene Verfassung, aber sie wollten mehr. Schon seit dem 18. Jahrhundert waren ihnen nationalistische Regungen nicht fremd, aber erst die Französische Revolution und mehr sogar noch die neue Identität ihres Landes gaben dem norwegischen Patriotismus den Ansporn, nach dem seine Vorkämpfer verlangten. Die dänische und deutsche Romantik lieferte ihnen die Schlagworte, die sie in ihrer neuen Situation brauchten, und in den folgenden Jahrzehnten zogen Begeisterte in abgelegene Bergdörfer, um dort Belege zu finden. Sie sammelten Volkssagen, Balladen und Lieder, die allesamt ordnungsgemäß die Unverwechselbarkeit der norwegischen Kultur unter Beweis stellten. Ein versierter Kenner der einzelnen Dialekte, Ivar Aasen, veröffentlichte 1848 eine Grammatik der norwegischen Volkssprache und zwei Jahre später ein umfängliches Wörterbuch. Zusammen dienten diese beiden einschüchternden Quellenwerke als Grundlage für eine eigene Nationalsprache, die sich vom Dänischen, das gebildete Norweger bis dahin gesprochen hatten, unterschied.

Patriotische norwegische Historiker dehnten dieses Selbstbestimmungsunternehmen weiter aus. Im Laufe eines guten Jahrzehnts, von 1852 bis 1863, brachte Peter A. Munch eine quellenreiche, wenn auch

höchst tendenziöse achtbändige *Geschichte des Norwegischen Volkes* heraus, die ihren Lesern eine brauchbare Vergangenheit nachwies. All diese
Gelehrsamkeit schützte die Betreffenden nicht vor phantastischen Spekulationen auf der Basis der nordischen Mythologie und nordischer Orts-
namen; es gab Gelehrte, die behaupteten, das Norwegervolk sei von
«Norden» eingewandert, die Schweden und Dänen hingegen vom «Süden». Und das galt irgendwie als Beweis für die Überlegenheit der Norweger. Eine eifrig gepflegte Bindung an die norwegische Landschaft, ihre
schneebedeckten Berge und friedlichen Fjorde, taten ein übriges, ihrer
Identitätssuche und ihrem Verlangen nach Freiheit Nachdruck zu verleihen. Die «Norwegische Partei» war voll Zorn gegen jene, die den Nor-
wegern eine «fremde» Kultur aufzwingen wollten. «Norwegische Schauspieler, norwegische Stücke, norwegische Musik. Ein norwegisches
Theater in der Hauptstadt Norwegens», so lautete um die Mitte des
letzten Jahrhunderts einer ihrer zündenden Slogans. «Zur Hölle mit den
Sprachverderbern, den Geschmacksverderbern, den Vagabunden!»[17]

Aber während die norwegischen Nationalisten gezielt das eigene Volk
feierten und Abscheu gegenüber der dänischen Kultur bekundeten, gaben
andere, wie etwa der gebildete Dichter, Maler und Philosoph Johan Wel-
haven, einem quasi-kosmopolitischen skandinavischen Patriotismus den
Vorzug. Als Führer der Partei der Intelligenz ließ er sich abschätzig über
die Armut der einheimischen Kultur und über die absurden Wahngebilde
der Superpatrioten aus. Für ihn war nationaler Stolz gleichbedeutend mit
der zuversichtlichen Überzeugung, daß sich Norweger den Dänen und
Schweden nicht mehr unterlegen fühlen mußten.[18] Diese Auseinandersetzungen spielten sich in der Hauptsache zwischen Männern des Wortes ab,
die mit Worten stritten; es kam zu ein paar Handgreiflichkeiten und zu
einigen wütenden Drohungen, aber das war auch schon alles.

In den Ländern, die von der Habsburger Dynastie beherrscht wurden,
hielt man den Haß nicht so gut im Zaum. Die Einsätze waren höher, die
Versuchungen zum aggressiven Handeln größer; in einem Zeitalter lautstarker nationaler Bewegungen war der Vielvölkerstaat der Habsburger
ein Anachronismus. Etwa elf verschiedene Nationen wurden durch letzte
Reste von Loyalität gegenüber dem Herrscherhaus, durch Zurschaustellung militärischer Macht und durch schiere Gewohnheit mühsam zusam-
mengehalten. Die deutschsprachigen Österreicher waren zwar in diesem
weitverzweigten mittel- und osteuropäischen Reich eindeutig in der Minderheit, aber gleichzeitig stellten sie die unangefochten herrschende Elite;
gnädigerweise ließen sie an bestimmten Privilegien auch bestimmte
Gruppen wie die Ungarn oder die unruhigen Tschechen teilhaben.
Mochte der Herrschaftsstil dieser antiquierten Dynastie nach dem Napo-

leonischen Zeitalter auch noch so lästig sein, die Habsburger ließen so eindrucksvoll ihre militärischen Muskeln spielen und verfügten über einen so gewaltigen bürokratischen Apparat, daß ein paar Konzessionen gegenüber den lautstärksten Forderungen genügten, um das Reich intakt zu erhalten.

Merkwürdigerweise kamen den Bemühungen der Donaumonarchie, sich gegen den nationalistischen Ansturm ihrer Völker zu behaupten, häßliche Zwistigkeiten unter den Nationalisten selbst zustatten. Ungarn, die gegen die Macht der deutschsprachigen Österreicher in ihrem Staat aufbegehrten, verweigerten gleichzeitig den ansehnlichen Minderheiten im Land die Rechte, die diese für sich forderten. Was dem einen als Nationalismus galt, war offenbar für den anderen Demagogie. In einem Dekret von 1830 und in nachfolgenden Verordnungen erhob der ungarische Landtag die ungarische Sprache (statt der lateinischen oder deutschen) für Anwälte, Verwaltungsbeamte und Lehrer zur offiziellen Landessprache und schloß damit die Sprachen der kroatischen, serbischen und rumänischen Minderheiten aus.[19] Die ungarischen Nationalisten, die sich bemühten, ihre Machtposition zu festigen, verstanden sich sehr gut darauf, die Sprache, das Werkzeug und ureigenste Symbol nationaler Identität, als Waffe einzusetzen.

In anderen Teilen der Donaumonarchie stießen andere nationalistische Gruppen, die sich in der engen Lebensgemeinschaft oder Nachbarschaft, die sie verband, höchst unwohl fühlten, mit ihren widersprüchlichen Vorstellungen von einer zukünftigen Ordnung nicht weniger heftig zusammen. Die Tschechen stritten sich mit den Slowaken, während sich im Süden Serben und Kroaten an die Gurgel fuhren, und das manchmal buchstäblich. Im Wiener Reichsrat spielten sich zwischen nationalistischen Abgeordneten unglaubliche, fast surrealistische Szenen ab: Man unterbrach und beleidigte sich, brüllte sich an und überhörte einfach die Glocke des Vorsitzenden, während man sich wegen heikler Sprachen- und Machtverteilungsprobleme in den Haaren lag.

Nach den 70er Jahren gewann das Nationalismus-Alibi neue Virulenz. Die wüsten Streitereien der konkurrierenden Patrioten in Österreich-Ungarn waren nichts Ungewöhnliches mehr. Die irischen Nationalisten hätschelten weiter Ressentiments, die so explosiv waren, daß sie sich gar nicht mehr kontrollieren ließen. Die französischen Nationalisten verkündeten immer deutlicher ihre Absicht, für die Schande von Sedan Rache zu nehmen und die an Deutschland verlorenen Provinzen zurückzuerobern. Die deutschen Nationalisten ihrerseits nahmen Anstoß an der Macht der britischen Flotte und fühlten sich von feindlichen Mächten umzingelt und erdrosselt. Viele Forderungen des europäischen Nationalismus aller-

dings waren erfüllt worden, und just in dieser Situation schoß der Chauvinismus, auch in den «zufriedengestellten» Nationen, stärker ins Kraut
als je zuvor.

Die Ironie liegt auf der Hand; offenbar war das Aggressivitätsbedürf-
nis mehr oder minder unerschöpflich. Wie J. A. Hobson im Jahr 1901,
mitten im Burenkrieg, bemerkte, war eigentlich nichts neu an jenem
«umgekehrten Patriotismus, durch den die Liebe zur eigenen Nation in
den Haß gegen eine andere Nation und in das blindwütige Verlangen
umgewandelt wird, die einzelnen Angehörigen dieser anderen Nation zu
vernichten». Aber ein neues Element gab es: die demokratische Politik.
Seitdem die leicht erregbaren Emotionen der Massen zu einer politischen
Macht geworden waren, hatte der Nationalismus sein Gesicht verändert.
Hobson hielt den Chauvinismus, die virulente Form, die der nationalistische Haß gegen Ende des 19. Jahrhunderts annahm, gleichermaßen
für einen Ausdruck und für ein Problem der demokratischen Kultur.
Die Leichtgläubigkeit normaler Zeitungsleser, der die Massenpresse Vorschub leistete, war nur einen prekären Schritt weit von offener Destruk-
tivität entfernt. «Die moderne Zeitung», äußerte Hobson mit der Verachtung, die viele Radikale den demokratischen Massen gegenüber empfinden, «ist ein römisches Amphitheater, eine spanische Stierkampfarena
und ein englischer Preisboxkampf, all das zusammengenommen. Die
Ausbreitung der Lesefähigkeit im Volk hat aus der Presse das Haupt-
instrument der Verrohung werden lassen.» Es sei «das Hauptziel der
Zivilisation und des Staates», jene «Blutrünstigkeit und Lust an physischer Grausamkeit», die in jedermann lauere, «zu unterdrücken». Aber
da «der Geschäftsmann, der Weber, der Büroangestellte, der Geistliche,
der Ladengehilfe» ihr «primitives Verlangen weder durch eigenes Handeln noch mit Hilfe unmittelbarer Schaustellungen» mehr befriedigen
könnten, sorge die Presse durch den Nervenkitzel, den sie biete, für
Ersatzbefriedigung.[20]

Dies ist ein hervorragendes Beispiel dafür, wie sich politische Mißstände aufs Korn nehmen ließen. Die bloße Existenz von Hobsons
Büchlein bestätigt, was mittlerweile klar geworden sein dürfte: daß die
vehementesten Vertreter von Alibis für Aggressivität keineswegs unangefochten das Feld behaupteten; ihre Rationalisierungen wurden ständig
auf höchst anspruchsvolle Weise hinterfragt. Wie die vorangegangenen
Seiten gezeigt haben, war die Freisetzung aggressiver Triebregungen in
hohem Grade lustvoll; dennoch betätigte sich das strenge Über-Ich der
Bourgeoisie als Spielverderber, indem es unbequeme Fragen ethischer
und religiöser, wissenschaftlicher und politischer Natur aufwarf. Die
Nachdenklichsten im Mittelstand zeigten, daß sie sich der Komplexität

der Verhältnisse und der Ambiguität der Haltungen in einem gewissen Maß bewußt waren: Sie stellten die bequemen Platitüden, aus denen jene Alibis ihre Kraft zogen, in Frage.

Dieses Problembewußtsein ist charakteristisch für die Gemütsart, die wir als liberales Naturell bezeichnen können. Dabei handelt es sich nicht um eine politische Kategorie; im 19. Jahrhundert gab es Liberale, denen die typischen Eigenschaften dieses Naturells abgingen, während manche der damaligen Konservativen sie aufwiesen. Das liberale Naturell befähigt dazu, die überraschenden Wendungen, Verzögerungen, Ungewißheiten und Enttäuschungen zu ertragen, die mit dem Leben in einer offenen Gesellschaft einhergehen; hinzu kommt noch eine Begabung, die Wirklichkeit auszuloten und zu akzeptieren, von dem Sinn für die Ungereimtheiten des Lebens ganz zu schweigen. Es spricht schließlich für sich (wie schon Hobson bemerkt), daß die Eigenschaft, die der Chauvinismus als erstes verliert, der Sinn für Humor ist. Das liberale Naturell registriert, ohne deshalb in Wehklagen auszubrechen, die vielen Grautöne, aus denen sich die menschliche Erfahrung zusammensetzt. Als die letzte Fähigkeit, die der Mensch ausbildet – Kindern, die geborene Konservative sind, ist sie fremd –, wird sie zugleich als erste fallengelassen; so schwer man diese Geisteshaltung erwirbt, so leicht verliert man sie auch wieder.

Das liberale Naturell ist deshalb so gefährdet, weil es ständig von primitiveren Forderungen unter Druck gesetzt wird – von der Forderung nach raschen Entscheidungen, nach einfachen Antworten, nach energischem Handeln, vor allem nach sofortigem Lustgewinn. Die Drohung der Regression – die für manche eine Verheißung ist – lauert überall. Die meisten Menschen finden, daß es, kurzfristig zumindest, größeres Vergnügen bereitet, kalkuliert oder auch spontan um sich zu schlagen, als sich zu beherrschen; jemandem eine Ohrfeige zu verpassen ist lustvoller, als die eigene Wange hinzuhalten. So zart das Pflänzchen des liberalen Naturells aber auch war, es hatte kräftige Wurzeln in der bürgerlichen Kultur des 19. Jahrhunderts geschlagen. Nicht jede Schlacht gegen den Drang zu herrschen ging verloren. Die Aggressivität im Zaum halten, ohne sie zu verleugnen, destruktive Wünsche in konstruktive Tätigkeiten übersetzen, dem Ruf des Begehrens mit aller verfügbaren Kultiviertheit und Rationalität Folge leisten – im besten Falle waren die Bürger Liberale dieser Fasson.

Aber konnten sie sich gegen den Zwang zur Aggressivität durchsetzen? Im Rückblick stellte sich der Erste Weltkrieg als vorhersehbare Katastrophe dar; eine beliebte, stark überbeanspruchte Metapher setzte das Europa von 1914 einem vor der Explosion stehenden Pulverfaß gleich, zu dem Sarajewo den Zündfunken geliefert habe. Keine Frage, daß der

4. August 1914 die schwerwiegendste Niederlage war, die der bürgerlichen Welt in unseren Zeiten beigebracht wurde. Aber schicksalhaft vorherbestimmt war diese Niederlage nicht. Die fatalistische Vorstellung, daß die Aggression über Besonnenheit und Vernunft notwendig habe triumphieren müssen, schätzt die Rolle, die der Zufall in den menschlichen Angelegenheiten spielt, zu gering ein. Mißverständnisse zwischen den Diplomaten, Unfähigkeit, die Gefahrensignale zu erkennen, die Eigendynamik der eingetretenen Entwicklungen, schiere Dummheit – jener stark unterschätzte Faktor in der Geschichte – waren nicht weniger daran beteiligt, die Welt dem 4. August 1914 entgegenzutreiben, als die Gier der Imperialisten und die Großspurigkeit der Herrscher.

Tatsächlich ist die Geschichte des 19. Jahrhunderts reich an Fällen, in denen es dem Bürgertum gelang, im Interesse einer lebenswerten, zivilisierten Kultur aggressive Impulse abzuschwächen oder zu sublimieren. Seinem Bemühen, der Aggressivität Herr zu werden, sei's durch Liebe, Humor oder Strafen, sei's durch eine Humanisierung des menschlichen Lebens – diesem Bemühen war nur ein partieller Erfolg beschieden. Die Kultivierung des Hasses blieb stets ein zweischneidiges Unterfangen; wie bereits bemerkt, dämpfte sie die Aggressivität und verstärkte sie gleichzeitig. Wenn man bedenkt, wie problematisch die Beschaffenheit des menschlichen Selbst ist, wie sehr es unter der Drohung zerreißender Konflikte in seinem Innern steht, wäre es auch utopisch gewesen, mehr zu erwarten.

Anhang

Aggressionstheorien

Wie in der Einleitung bemerkt, war das 19. Jahrhundert sich praktisch darin einig, im Menschen ein aggressives Tier zu sehen; ich habe Autoren der damaligen Zeit, angefangen von Georg Büchner bis William James und darüber hinaus, zitiert, die sich entsprechend äußern. Gewiß, es gab in der bürgerlichen Epoche auch einige, die dieser verbreiteten Überzeugung mit Vorbehalten gegenüberstanden; der mühsame Weg, auf dem sich Freud dazu durchrang, die Aggression als gleichberechtigten Partner – beziehungsweise Konkurrenten – der Libido im Seelenleben zu akzeptieren, zeugt von solcher Reserve. Und doch zollte von Anfang an auch Freud dem massiven Einfluß der Aggressivität auf menschliches Denken und Handeln Tribut.

Vom Sündenfall des Menschen – egal, ob im Sinne der Heiligen Schrift oder in übertragener Bedeutung genommen – sind wir nicht mehr gar so sehr überzeugt. Psychoanalytiker, Soziologen und Verhaltensforscher, von denen die letzteren aus ihren Beobachtungen tierischen Verhaltens großzügige, um nicht zu sagen, pauschale Rückschlüsse auf die Natur des Menschen gezogen haben, diskutieren seit einigen Jahrzehnten über die tiefsten Wurzeln der Aggressivität und streiten mit einer Inbrunst, die ihrerseits verdient, Aufnahme in eine Dokumentation der Geschichte menschlicher Aggressivität zu finden. Die Verhaltensforscher mit Konrad Lorenz an der Spitze postulieren einen angeborenen Aggressionstrieb, dem sie evolutionsgeschichtliche Anpassungsfunktionen zusprechen. All seinen Dementis zum Trotz sieht Lorenz den Menschen mit einem bestimmten Quantum Aggressivität ausgestattet, das ausgelebt werden müsse, damit es nicht böses Unheil anrichte. Seine weniger naiven und weit weniger völkisch belasteten Schüler waren zwar klug genug, sich einige Einwände der Kritiker zu eigen zu machen und Lorenzens kühne Behauptungen zu modifizieren, aber völlig darauf verzichten können auch sie nicht. Sie räumen ein, daß der Mensch nicht einfach nur ein nackter Affe ist, der mordet, wenn der Impuls zu stark und die Gelegenheit zu verführerisch wird. «Der Hinweis auf das Angeborensein eines Verhaltens oder einer Disposition beinhaltet keineswegs, daß diese einer erzieherischen Beeinflussung unzugänglich sei», versichert Irenäus Eibl-

Eibesfeld, vielleicht der bekannteste Vertreter der Verhaltensforschung, mit Nachdruck.[1] Dennoch hält er daran fest, daß ein ansehnliches Quantum Aggressivität ein unbestreitbarer – und im günstigsten Fall auch unverzichtbarer – Bestandteil des stammesgeschichtlichen Erbes sei, das die Menschen ihr Leben lang mit sich herumschleppen.

Erbitterte Gegner der Verhaltensforschung – und ihres jüngsten Ablegers, der Soziobiologie –, die diesen biologischen Determinismus auch in seiner gemäßigten Form ablehnen, haben dagegen eine eigene, ebenso unsichere, wenn auch weit menschlichere philosophische Anthropologie in Vorschlag gebracht. Sie hegen den (nicht ganz unbegründeten) Verdacht, daß sich hinter den Sichtweisen der Verhaltensforschung und der Soziobiologie das kaum verhohlen konservative, ja, reaktionäre Programm eines von rücksichtslosem Laissez-faire geprägten politischen und ökonomischen Kampfes ums Überleben verbirgt. Im Gegenzug gehen sie von der Konstruktion einer kompromißlosen Milieubedingtheit aus. Sie leugnen die Existenz vorprogrammierter Triebe – aggressiver ebenso wie anderer. Mit lobenswertem Eifer verteidigen sie ihr Territorium, eine von menschlichem Anstand bestimmte politische Sphäre, und bemühen sich, der moralischen Erziehung und der heilsamen Sozialarbeit ihren Entfaltungsraum zu sichern. Zwangsläufige Folge dieses leidenschaftlichen Interesses ist ihr entschiedenes Eintreten für die Theorie von der formbaren Natur des Kindes, das vom Augenblick der Geburt an permanten äußeren Einflüssen ausgesetzt sei. Kinder werden nach ihrer Ansicht rasch zu identifizierbaren, deutlich unterschiedenen Sorten von Menschen geformt, die sich einer Klasse, einer Region, einer Nation, einer Rasse, einer Religionsgemeinschaft zurechnen lassen.

Die Überlegung dieser Liberalen birgt durchaus ein Moment von Wahrheit. Ohne Zweifel sind die spezifischen Weisen, in denen wir vitale Kraft oder Konkurrenzhaftigkeit, Feindseligkeit oder Haß zum Ausdruck bringen – beziehungsweise unterdrücken–, erworben. Verhielte sich das anders, so wäre eine Geschichte der Aggression, die von Zeitalter zu Zeitalter, von Klasse zu Klasse, von Land zu Land Unterschiede registriert, ein Ding der Unmöglichkeit. Diese Denkrichtung versäumt allerdings, den widerständigen, angeborenen Kern der menschlichen Natur auszuloten; sie bleibt damit jener Fehleinschätzung verhaftet, die der Soziologe Dennis Wrong mit einem glücklich gewählten Ausdruck als «übersozialisierte Vorstellung vom Menschen» bezeichnet.[2]

Tatsächlich bewahrt das heranwachsende menschliche Wesen, mag es noch so sehr der Strategie von Butterbrot und Peitsche ausgesetzt, mag es scheinbar noch so sehr Wachs in den Händen von Familie, Schule, Nachbarschaft und umfassenderem Milieu sein, tief in seinem Inneren verborgene, aber machtvolle Triebe – Impulse, die äußerem Zugriff und Druck entzogen bleiben und sich beidem mit aller Macht widersetzen. Bei der Persönlichkeitsentwicklung spielen Formbarkeit und Starre gleichermaßen eine Rolle. Für den Historiker wie für andere Kulturwissenschaftler kommt es entscheidend darauf an, die jeweiligen Anteile beider Faktoren so eindeutig wie möglich zu erforschen und zu bestimmen. Eine der zentralen Aufgaben, die sich Freud gesetzt hatte, bestand in einer realistischen Darstellung des Kräfteverhältnisses zwischen den Ansprüchen von Natur und Kultur. Das Kräfteverhältnis war, wie Freud wußte, deshalb so schwer zu fassen, weil sich vom geistigen Leben des einzelnen ein Großteil hinter seinem Rücken abspielte.[3]

Da Freuds Denken das vorliegende Buch wie auch die vorangegangenen Bände wesentlich geprägt hat, ist es wohl am Platz, sich die Freudschen Überlegungen zur Aggression genauer anzuschauen. Auf den ersten Blick scheint die Psychoanalyse mit ihren Ansichten zur Vererbung den Standpunkt der Verhaltensforschung vorwegzunehmen. Es wäre indes verhängnisvoll, die Differenzen zwischen den beiden Denkschulen zu verharmlosen. Auch wenn Freud ein entschiedener Anhänger der These war, daß die menschliche Natur fest in der Biologie wurzelt, machte er sich zugleich doch die Sicht der Anthropologen vom Menschen als einem sozialen Lebewesen zu eigen.[4] Seit Anfang der neunziger Jahre des letzten Jahrhunderts, als er damit begann, psychologische Erklärungen für psychische Phänomene – und bei seiner Analyse der Konversionssymptome in der Hysterie sogar für physische Erscheinungen – vorzubringen, zollte er dem Einfluß der Erfahrung auf Vorgänge im Geist Tribut. Freud bewunderte Darwin sehr, nicht weniger als Lorenz und seine Schüler das später taten. Aber er las Darwins Werk völlig anders als sie. Für ihn war es eher eine Geschichte mit Moral als ein Triumphlied. Anders als die Verhaltensforscher sah Freud im Aggressionstrieb eine wesentliche Gefahr für das Überleben der Zivilisation selbst. Der langdauernde Kampf zwischen Leben und Tod (wie er ihn sich in dem sogenannten strukturellen System seiner späten Schaffenszeit vorstellte) war ein Kampf ohne Ende; die Menschheit konnte nach seiner Ansicht die Bedrohung, die im Aggressionstrieb lag, nur kraft äußerster libidinöser Anstrengung bannen. Anders als Lorenz empfand Freud kein boshaftes Vergnügen bei der Vorstellung, daß Prügel und Aufwärtshaken ausgeteilt wurden.

Freuds Abneigung gegen das Zerstörungspotential des Menschen wurde im Laufe der Jahre nur immer größer. Aber obwohl er die ganzen Jahrzehnte hindurch an seinen Aggressionstheorien bastelte, brachte er es doch niemals zu einer eindeutigen Definition des Phänomens – jedenfalls zu keiner, die seine Kollegen und Nachfahren hätte zufriedenstellen kön-

nen. Von seinen frühesten psychoanalytischen Forschungen an maß er
dem Zorn, dem Haß, der schieren Zerstörungswut in der Psychoökono-
mie beachtliche Bedeutung bei. Seine bald wieder fallengelassene anfäng-
liche Theorie, daß alle Neurosen ihren Ursprung in traumatischen Kind-
heitserlebnissen wie etwa einer Vergewaltigung oder Verführung hätten,
unterstreicht, daß er sich des Anteils der Gewalt am erotischen Leben des
Menschen früh schon mit Beunruhigung bewußt war. Und nichts deutet
darauf hin, daß sein Heidenrespekt vor der Macht der Aggressivität geringer wurde, nachdem er im Jahr 1897 seine sogenannte Verführungs-
theorie fallengelassen hatte. Schließlich entdeckte er die Aggression in der
Grundstruktur des Ödipuskomplexes, jenes Passionsspiels, das einer Mischung aus Zuneigung und Abneigung, kindlicher Lust und Eifersucht
entspringt. Bereits vor der Jahrhundertwende hatte er auf seinem Platz
hinter der Couch gelernt, was die Dichter längst wußten: Liebe und Haß
sind unauflöslich ineinander verwoben. Das Wort «Ambivalenz», das
Freud von dem Schweizer Psychiater Eugen Bleuler übernahm, bringt
dieses enge Wechselspiel der Gegensätze in bewunderswerter Weise auf
den Begriff. Während Freud die Umrisse des Ödipuskomplexes herausarbeitete, entdeckte er charakteristische Züge von Aggressivität in emotionalen Bereichen, wo man sie nicht erwartet hätte. Im vorliegenden Buch
demonstriert ein Kapitel nach dem anderen, wie wohlbegründet Freuds
Überzeugung von der Allgegenwart des Aggressionstriebs war.

Kurz, Jahre bevor Freud den Aggressionstrieb zur Ranggleichheit mit
seinem ewigen Gegenspieler, der Libido, erhob, war er bereits weit davon
entfernt, die feindseligen Impulse in ihrer Flexibilität und Energie zu
verharmlosen. Sie lauerten, wie er wußte, in dem Widerstand, den der
Analysand den Deutungen des Analytikers entgegensetzte, in anzügli-
chen Witzen, in verschleierten Todeswünschen gegenüber geliebten Personen, in pubertären Phantasien über die Tötung gigantischer Gegner, in
den heftigen Attacken des strengen Bewußtseins gegen primitives Lust-
streben. Die Grausamkeiten und endlosen Schlächtereien des Ersten
Weltkrieges konnten ihn nur in Überzeugungen bestärken, die, wie er im
Dezember 1914 erklärte, die Psychoanalytiker schon seit langem gewonnen hatten: «Sie – die Psychoanalyse – hat aus den Träumen und Fehl-
handlungen der Gesunden, wie aus den Symptomen der Nervösen geschlossen, daß die primitiven, wilden und bösen Impulse der Menschheit
bei keinem einzelnen verschwunden sind, sondern noch fortbestehen,
wenngleich verdrängt, im Unbewußten, ... und auf die Anlässe warten,
um sich wieder zu betätigen.»[5]

Mit Freuds düsterer Sicht von der losgelassenen menschlichen Natur
hatten die Psychoanalytiker keine Probleme. Als er aber im Jahr 1920 in

gedruckter Form über die Möglichkeit zu spekulieren begann, daß die menschliche Existenz vom Kampf zweier titanischer Mächte, Eros und Thanatos, beherrscht werde, folgten ihm nur wenige Anhänger vorbehaltlos auf diesem Weg. In Freuds krassem, symmetrischem Dualismus stehen die konstruktiven Kräfte des Lebens und die subversiven Kräfte des Todes einander gegenüber. In diesem Schema ist Aggression der öffentliche Ausdruck des Todestriebs, der als solcher nicht in Erscheinung tritt und stumm bleibt. Gewiß, Freuds späte Konstruktion des Aufbaus und der Funktionsweise der Seele, die unter anderem den Primat des Lustprinzips im menschlichen Triebleben tiefgreifend in Frage stellte, war eine erfolgreiche theoretische Klarstellung. Aber sein Spielen mit einer spekulativen Biologie, das in der grandiosen Vorstellung von zwei überdimensionierten Rivalen seinen Niederschlag fand, die miteinander um die Seele der Menschheit und um die Zukunft der ganzen Zivilisation stritten, führte ihn gefährlich weit weg von dem klinischen Terrain, auf dem er sich am heimischsten gefühlt und seine historischen Entdeckungen gemacht hatte.

Während Freud in seinen späteren Jahren wiederholt versicherte, daß er über Leben und Tod anders nicht mehr nachdenken könne, erschienen den meisten anderen Psychoanalytikern, selbst wenn sie sich weiterhin als gute Freud-Schüler betrachteten, die logischen und empirischen Probleme, die Thanatos aufwarf, unüberwindlich. Hauptsächlich die Kinderanalytikerin Melanie Klein und ihre begeisterten Anhänger hielten am Konzept des Todestriebs als an einer zutiefst unentbehrlichen Einsicht in die Konstitution des Menschen fest. Die übrigen verwarfen die bildhaft mythologischen Titanen, während sie die Theorie konfligierender Triebe beibehielten. Freuds «*Todestrieb*», schrieb der Psychoanalytiker David Rapaport im Jahr 1957, «ist mausetot», fügte aber sogleich hinzu, «das Problem des Ursprungs und der Entwicklung *aggressiver Triebregungen*» sei «nach wie vor ungelöst», und gab damit ehrlich zu, daß ihm und seinen Kollegen die Sache unverändert Kopfzerbrechen bereitete.[6]

Heute wird das psychoanalytische Denken von dieser agnostischen Schulrichtung beherrscht. Aber es gibt noch eine dritte Schule, die zwar weitaus kleiner, aber nicht weniger achtbar ist und die das Konzept eines Aggressionstriebs als zu verschwommen verwirft, weil es tatsächlich die verschiedenartigsten Bündel von Gefühlen und Handlungen unter sich begreife. Diese Psychoanalytiker weigern sich auch, im Aggressionstrieb das Gegenstück zum Sexualtrieb zu erkennen, da sein Drängen weder spontan noch kontinuierlich sei und er sich weit vielfältiger auswirke als der erotische Trieb.

In einem tonangebenden Artikel aus dem Jahr 1971 kam Leo Stone nach einem Überblick über die Situation zu dem Ergebnis, die Aggression «und ihre psychologischen Funktionsweisen und Darstellungsformen» seien «das Sammelprodukt unterschiedlicher Handlungen unterschiedlichen Ursprungs und stehen eher durch ihre Auswirkungen auf Objekte in einer – manchmal auch nur losen – Verbindung miteinander als durch einen nachweislich gemeinsamen und einheitlichen Trieb». Stone stellt fest, daß «Aggression häufig mit fundamentalen und unzweideutigen Instinkten wie dem Hunger (wo Töten seit jeher etwas Unvermeidliches ist) und mit den verschiedenen Entwicklungsstadien der Sexualität verknüpft ist». Unabweislich gebe es demnach «unterschiedliche Grade und unterschiedliche Formen von Aggression». «Wenn ein Gangster einen Gegner erschießt, wenn eine überfürsorgliche Mutter ihrem Kind nicht erlaubt, mit seinen Spielkameraden schwimmen zu gehen, wenn ein unverbesserlicher Don Juan gewohnheitsmäßige, lieblose Verführungen durchexerziert oder wenn jemand bewußt einen Bekannten schneidet», dann konfrontiere uns das folglich mit einer Vielzahl von Motiven und Handlungen, die definitiv zu verschiedenartig seien, um alle einfach unter einen Hut gebracht werden zu können. Manche Aggressionshandlungen entsprängen der Angst und andere der Wut, manche der narzißtischen Selbstbestätigung und andere sexuellen Bedürfnissen oder dem Hunger, und wieder andere der schieren Lust an körperlicher Kraftentfaltung.[7]

Solch ein ehrlicher und erfrischender Pluralismus, solch ein Triumph des Chaos der Erfahrung über die Zwangsordnung der Theorie kann den Historiker, der von Berufs wegen damit befaßt ist, die Einzigartigkeit von Ereignissen ins Rampenlicht zu rücken, nur ansprechen. Mit seinem offenen Bekenntnis zur Vielschichtigkeit respektiert Stone die grundlegende Unordentlichkeit des Seelenlebens und die ständige Vermischung von Libido und Aggressivität, auf die ich zu Beginn des vorliegenden Buches aufmerksam gemacht habe. Hinzu kommt noch, daß derjenige, der sich mit der Interpretation von Aggressivität beschäftigt, bald feststellt, daß sie größere Ansprüche an ihn stellt als die Sexualität, weil sie sich in ihrer Geschichte parasitär zur libidinösen Entwicklung verhält und im Unterschied zur Sexualität keine eigenständigen Entwicklungsstufen durchläuft.[8] Und anders als der Sexualität stehen der Aggression auch keine spezifischen Ausführungsorgane zur Verfügung. Wir wissen natürlich, daß jeder Körperteil in der Phantasie oder auch in Wirklichkeit für Prozesse der erotischen Erregung und des Lustgewinns mit Beschlag belegt werden kann; die sexuelle Beziehung baut durch verschiedene Körperzonen hindurch einen zunehmenden Erregungszustand auf, der schließlich in der genitalen Vereinigung kulminiert. Aber dort findet er in der Tat seinen Kulminationspunkt; bei beiden Geschlechtern scheinen einige recht spezialisierte Organe praktisch damit betraut, die hauptsächlichen erotischen Lustempfindungen zu beherbergen. Hingegen ist es unmöglich, im voraus zu entscheiden, welcher Körperteil sich für eine Aggressionshandlung am besten eignet. Selbst die Rede, die so häufig der Liebe als werbende Fürsprecherin dient, kann, wie geläufige Wendungen bezeugen, als Waffe gebraucht werden und entlarven, ätzen und schneiden, treffen und verletzen.

Ich empfinde Stones Pluralismus als erfrischend und fühle mich ihm geistesverwandt; ich begreife ihn als eine Schutzvorkehrung gegen Dogmatismus und allzu große Vereinfachung. Wenn ich dennoch im vorliegenden, umfänglichen, wiewohl alles andere als vollständigen Überblick über die bürgerliche Kultur des 19. Jahrhunderts im Bewußtsein des Risikos, das darin liegt, an der Verwendung eines allgemeinen Aggressionsbegriffs festgehalten habe, so deshalb, weil die Erscheinungsformen der Aggressivität, so vielfältig sie sein mögen, markante Familienähnlichkeiten aufweisen. Das ändert nichts daran, daß die Aggressivität ein proteisches Phänomen bleibt, das sogar, wie Freud widerstrebend anerkennen mußte, seine positiven Dimensionen hat. Sie kann sich nicht nur überall am Körper zu Hause fühlen, ihr Repertoire erschöpft sich auch mitnichten in der Lust am Beleidigen, Versehren oder Töten. In neuerer Zeit haben Psychoanalytiker damit begonnen, die Anpassungsfunktionen der Aggressivität zu erforschen, und sind dazu gelangt, in ihr nicht weniger einen Erzieher zum Leben als einen Handlanger des Todes zu sehen. Wie im sechsten Kapitel detailliert dargelegt, kann Aggressivität die treibende Kraft einer durchaus zivilisierten und zivilisierenden Arbeit sein.

Um nur ein Beispiel für die positive Färbung zu geben, die Aggressivität annehmen kann: Im März 1862 brachte der Londoner *Inquirer*, ein Wochenblatt der Unitarischen Kirche, auf der ersten Seite einen Leitartikel – eigentlich einen mahnenden Aufruf –, der schlicht mit «Aggression» betitelt war. Statt sich noch länger in die Defensive drängen zu lassen, hätten die Unitarier, erklärte der Schreiber des Artikels, jede Menge Terrain zu erobern; die «Zeichen der Zeit» bestärkten sie in ihrer «neuen Entschlossenheit, ordentliche, *aggressive* Arbeit zu leisten», Durchsetzungskraft zu beweisen, ohne deshalb grob zu werden. «Laßt dies unser Losungswort für das Jahr 1862 und unser heiliges Gelübde sein, das jede einzelne Gemeinde und jeder einzelne Pfarrer ablegen möge. Wir müssen große Wahrheiten verkünden, wir müssen das Bewußtsein eines freien Geistes ausbreiten, wir müssen den Geist des Bösen vertreiben.» Um keine Mißverständnisse aufkommen zu lassen: «Die Aggression, der wir das Wort reden, hat nichts mit Streit zu tun», hingegen alles mit «*Affir-mation*», Bejahung. «Möge also», fährt der Leitartikel hochtönend fort, «das Wort dieses Jahres *Aggression* lauten – nicht um unseretwillen, nicht um der Partei willen, sondern um der Wahrheit willen.»[9]

Diese Art von Denken war es, die Freud in frühen Jahren dazu brachte, die Annahme eines «Bemächtigungstriebes» zu machen. Er betrachtete diesen Trieb als unabhängig von den Sexualtrieben, mit denen er sich zeitweilig verbünden konnte, und als frei von jeglicher Absicht, die Dinge, deren er Herr werden möchte, zu schädigen, zu mindern oder zu zerstören. Dieser Drang, so spekulierte er, könne vielleicht die weithin beobachtbare Neigung erklären, Passivität in Aktivität zu überführen, unlustbereitende Erfahrungen dadurch zu bewältigen, daß man das Drehbuch des Lebens im Spiel oder in der Phantasie umschreibe, so daß sich das Opfer als Herr der Lage wiederfinde. Das kleine Mädchen, das im Zahnarztstuhl habe leiden müssen, komme nach Hause und spiele Zahnarzt; nur sei diesmal *es selbst* der Erwachsene im weißen Kittel, der Schmerzen zufüge. Nachdem aber Freud den phantastischen Mythos eines ewigen Ringens zwischen Eros und Thanatos übernommen hatte, blieb für solch einen unabhängigen Trieb kein Raum mehr; soweit Freud den Bewältigungstrieb überhaupt noch erwähnte, reduzierte er ihn auf einen Abkömmling des Todestriebes, der unter dem Befehl der Sexualität agiert.

Allem ästhetischen Reiz dieser großen Vereinfachung zum Trotz verlangt der offenkundige Lustgewinn, den Menschen mit dem Phänomen der Bewältigung verbinden, nach Anerkennung; wie der Leser weiß, habe ich diesem Phänomen auf den Seiten des vorliegenden Buches ein Hausrecht eingeräumt. Ein quälendes Rätsel zu lösen, einen unbesteigbaren Berg zu bezwingen, eine obskure Sprache sprechen zu lernen, eine arbeitsparende Apparatur zu erfinden – das alles sind auf ihre Weise aggressive Akte. Deshalb haben einige Psychoanalytiker, insbesondere Ives Hendrick, unter dem Eindruck solcher menschlichen Funktionslust Freuds frühe Andeutungen ernst genug genommen, um einen «Bewältigungsinstinkt» zu postulieren.[10]

Dieses Postulat scheint gegen das Prinzip des geringstmöglichen Aufwands zu verstoßen; vielleicht ließe sich die Lust an der Bewältigung auch aus einem Zusammenspiel der Triebe herleiten, mit denen die Psychoanalyse herkömmlicherweise operiert, oder aus einem freundlicheren, zumindest aber differenzierteren Aggressionstrieb, als Freud letztlich zu akzeptieren bereit war. Aber ob Bewältigung nun ein abgeleitetes Amalgam oder ein selbständiger Trieb ist, die Beobachtung, daß sie Lust bereitet, widerspricht jedenfalls nicht der bekannten Freudschen Theorie der

Kultur, derzufolge alle Gesellschaften, um das gemeinsame Überleben zu sichern und um Kräfte für die Aufgabe der Naturbeherrschung zu reservieren, ihren Mitgliedern den Aufschub, die Einschränkung, häufig sogar das Opfer von Triebbedürfnissen abverlangen. Ich kann nicht oft genug wiederholen, daß die Erfindung von Instrumenten zur Förderung und Veredelung von Naturschätzen, die Einrichtung und Vervollkommnung von Schnellverkehrssystemen, die Entwicklung von Techniken zum Austausch von Gütern und Dienstleistungen, die Schaffung von Einrichtungen zur Versorgung mit Bedarfsgütern beziehungsweise – im Falle der Bessergestellten – mit Komfortartikeln und Luxusgütern –, daß dies alles beispielhaft war für die Art von «Angriff» auf die Welt, auf die sich das 19. Jahrhundert so hervorragend verstand. Ziel dieser Angriffe war es, auf dem festen Boden der Wirklichkeit, und nicht nur im Wolkenreich der Phantasie, Unlust zu vermindern und Lust zu vermehren. «Das Ziel des Bemächtigungsinstinkts», meint Hendrick, «unterscheidet sich von denen des Sadismus oder irgendwelcher anderen sexuellen beziehungsweise sexualisierten Instinkte» insofern, als es Menschen dazu bringt, durch den geschickten Einsatz «wahrnehmungsspezifischer, intellektueller und motorischer Techniken» «Teile ihrer Umwelt zu steuern oder zu verändern». Der Bemächtigungstrieb wirkt mithin als «Ansporn zur Entwicklung und Betätigung der Ich-Funktionen, die geistig und emotional als Bedürfnis erfahren werden, effektive Arbeit zu leisten».[11]

Mangels einer überzeugenden und allgemein anerkannten psychoanalytischen Triebtheorie hat Hendrick mit seinem Vorschlag unter den Psychoanalytikern einige – wie immer zögernde – Sympathisanten gefunden. Schließlich nannte Freud noch im Jahr 1932 die Trieblehre «sozusagen unsere Mythologie»; die Triebe bezeichnete er als «mythische Wesen, großartig in ihrer Unbestimmtheit».[12] David Rapaport, der Hendricks Überlegungen interessant fand, erklärte in einem eindrucksvollen Beitrag aus dem Jahr 1961, es sei an der Zeit, die Aggressivität als ein «komplexes Aktivitätsderivat» neu zu überdenken.[13] Andere Psychoanalytiker wie der Ichpsychologe Heinz Hartmann haben bei aller Skepsis ähnliche Richtungen verfolgt und nach Quellen seelischer Energie gesucht, die im Ich angesiedelt seien und weder der Sexualität noch der Aggressivität dienten. Vor ihnen, in den vierziger Jahren, hatte bereits der scharfsinnige Psychoanalytiker Otto Fenichel die Überlegung vorgetragen, «die Existenz und gewichtige Rolle aggressiver Triebe» sei zwar «unbestreitbar», tatsächlich aber gebe es «keinen Beweis dafür, daß sie immer und notwendig Folge nach außen gekehrter ursprünglicherer selbstzerstörerischer Triebe sind. Statt dessen hat es den Anschein, als ob die Aggressivität von Haus aus kein eigenes Instinktziel ist und keine Form des

Instinkts im Gegensatz zu anderen beschreibt, sondern vielmehr einen
Modus darstellt, in dem Instinktziele manchmal angestrebt werden, sei's
in Reaktion auf Mißerfolge, sei's sogar spontan.» Kurz, für Fenichel ist
Aggression ein Sammelname dafür, wie sich vielerlei auf vielerlei Art tun
läßt.[14] Solche Überlegungen bilden den Hintergrund eines vernünftigen
Vorschlags des englischen Psychoanalytikers Joseph Sandler, dem zufolge
man von einem «*Vermögen* zur Aggressivität» ausgehen solle, das seine
Realisierung unter verschiedenartigsten Bedingungen finde und durch
eine Vielzahl von Unlusterfahrungen aktivierbar sei, die ihren Ursprung
ebensowohl in äußerem Druck wie in innerem Drang haben könnten.[15]

Dies ist der derzeitige Stand der psychoanalytischen Forschung. Allein
diese Unschlüssigkeit, die hinsichtlich der Einschätzung aggressiver Gefühle, Gedanken und Handlungen die Psychoanalytiker an den Tag legen,
sollte ausreichen, uns von überstürzten und allzu vereinfachenden Urteilen abzuschrecken. Sie sollte auch genügen, die schönfärberische Darstellung des Menschen als absolut formbares Wesen ebenso wie den biologischen Determinismus der Verhaltensforscher als schiere Verzerrung einer
komplizierten Wirklichkeit zu entlarven. Die Unsicherheit der Analytiker deutet eher darauf hin, daß wir es hier mit den «Zwischentönen des
tatsächlichen Lebens» zu tun haben, wie George Eliot so schön formuliert.[16] Was dem einen als Bemächtigungswerk gilt, das gilt dem anderen
als Zerstörungswerk.[17] Das 19. Jahrhundert war, wie ich in meinem Buch
zeigen wollte, ein Zeitalter gleichermaßen der aggressiven Zerstörung
und des aggressiven Aufbaus, eine Ära, in der eine ansehnliche Kultur
entschiedener denn je bemüht war – und die es auch bitter nötig hatte –,
den Haß zu kultivieren.

Anmerkungen

Einleitung

1. Die Bezeichnung «viktorianisch» in der englischen Originalausgabe wurde in der deutschen Version durch «19. Jahrhundert» beziehungsweise «bürgerliches Zeitalter» ersetzt. Das «bürgerliche Zeitalter» reicht vom Sieg über Napoleon im Jahr 1815 bis zum Ausbruch des Ersten Weltkriegs im August 1914.

2. Ernst Johann, *Büchner* (1958), S. 86. In seinem großen, aus demselben Jahr 1832 stammenden Drama *Dantons Tod* wiederholt Büchner diese Frage beinahe wortwörtlich und fügt mit einer fatalistischen Wendung hinzu, der Mensch sei nichts anderes als eine von unbekannten Gewalten am Draht gezogene Puppe.

3. 16. November 1859, Edmond und Jules de Goncourt, *Journal; mémoires de la vie littéraire 1851–1896*, hrsg. v. Robert Ricatte, 22 Bde. (1956–58), Bd. III, S. 168.

4. William James, *The Varieties of Religious Experience: A Study in Human Nature* (1902), S. 366, 338.

5. Georg Simmel, *Soziologie. Untersuchungen über die Formen der Vergesellschaftung* (1908: 2. Aufl. 1922), S. 196, 198.

6. Zu den konkurrierenden Aggressionstheorien – einschließlich der psychoanalytischen, auf die ich mich in diesem Text beziehe – siehe Anhang, S. 655 ff.

7. Hauptvertreter dieses Standpunkts war der psychoanalytisch gebildete Psychologe und Anthropologe John Dollard. Siehe John Dollard, Leonard Doob, Neal E. Miller, O. H. Mowrer und Robert R. Sears, in Zusammenarbeit mit Clellan S. Ford, Carl Iver Hovland und Richard T. Sollenberger, *Frustration and Aggression* (1939).

8. Zu Heine siehe etwa: *Die Romantische Schule* (1835), in: Heinrich Heine, *Sämtliche Schriften*, hrsg. v. Klaus Briegleb u. a., 6 Bde. (1968–76), Bd. III, S. 366, 362, 471; James zit. nach: Jacques Barzun, *A Stroll with William James* (1983), S. 25.

9. Siehe Ernest Jones, *The Life and Work of Sigmund Freud*, Bd. II: *Years of Maturity, 1901–1919* (1955), S. 12.

10. In den ersten beiden Bänden des vorliegenden Werks, *Erziehung der Sinne* (1986) und *Die zarte Leidenschaft* (1987), habe ich diese Probleme im einzelnen untersucht und dargelegt, daß bürgerliche Ehepaare ihr Sexualleben in Wirklichkeit viel häufiger und viel leidenschaftlicher genossen haben, als gemeinhin angenommen.

Mensur – die geliebte Narbe

1. «‹Three Men in a Boat›», schreibt Jerome mit begreiflicher Verbitterung in seiner Autobiographie, «brachte mir Ruhm, und wäre es einige Jahre später erschienen» – als nämlich die Vereinigten Staaten sich dem internationalen Copyright-Abkommen anschlossen –, «hätte es mir auch Reichtum gebracht. So aber strich der amerikanische Raubdrucker Riesengewinne ein.» Er hatte in den Vereinigten Staaten «weit über eine Million Exemplare» verkauft. (*My Life and Times* [1926], S. 109, 76)

2. «Military Terrorism in France», in: *Saturday Review*, Bd. VI (22. Mai 1858), S. 526–27. Zu dieser Darstellung, die aussieht wie eine Karikatur der von Tocqueville geäußerten, sehr viel scharfsichtigeren Angst vor einer den Vereinigten Staaten drohenden Tyrannei der Mehrheit, nur diese kurze Bemerkung: Besonders häufig war das Duell im Vorkriegssüden, und die amerikanischen Geistlichen zogen in jeder ihrer Predigten darüber her; buchstäblich zu Dutzenden wurden diese veröffentlicht und zeigten allein durch die ständige Wiederholung, daß ihre Botschaft wohl nicht ganz ankam.

3. «Literary Duelling», in: *Saturday Review*, Bd. VI (30. Oktober 1858), S. 419.

4. Jerome K. Jerome, *Three Men on the Bummel* (1900; 1982), S. 203–4.

5. Ebd., S. 204–5.

6. Ebd., S. 205–6.

7. Ebd., S. 206–7. Der Psychoanalytiker könnte hier anmerken, daß die geliebte Narbe, der Schmiß, ein stark überdeterminiertes Emblem war: ineins nämlich Schlüssel zum sozialen Aufstieg, Symbol der rechtmäßig ausgelebten Aggression und unübersehbares Zeichen der Buße für den ödipalen Sieg, ein Preis für den Eintritt in die Welt der Väter.

8. Ebd., S. 207–8.

9. Ebd., S. 208. In seiner Autobiographie erinnert sich Jerome, er habe «auf der blutbespritzten Bank gesessen» und zugesehen, wie junge Männer für «das ‹größte Spiel überhaupt›, wie Kipling es nennt», den Krieg, trainiert wurden. «Der Stumpfsinn, die Grausamkeit des Ganzen war mir zuwider.» Und beim Thema Jagd betont er noch einmal: «Töten hat mich nie gereizt.» Aber obgleich Jerome etwas Philisterhaftes hat, ist er doch mitnichten taub für seine weniger lobenswerten Emotionen. In Vorkriegszeiten hatte ihn die Kriegslüsternheit der chauvinistischen britischen Presse zwar abgestoßen, aber der August 1914 sorgte für eine vorübergehende Veränderung: «Von unserer Kriegserklärung an Deutschland erfuhr ich mit wohliger Befriedigung. Das Tier in mir frohlockte. Das würde der größte Krieg der Geschichte werden. Ich dankte allen nur möglichen Göttern, daß sie ihn zu meiner Zeit stattfinden ließen.» (*My Life and Times*, S. 268, 227, 276) Für Jerome wie für die meisten seiner Vorgänger im 19. Jahrhundert sind die Menschen grausame, an der Leine der Zivilisation nur mit Mühe und Not gebändigte Tiere.

10. Jane Austen, *Sense and Sensibility* (1811; 1969 hrsg. v. Tony Tanner), S. 220 [Kap. 31]). Auch in Austens Roman *Pride and Prejudice* wird mehrfach angedeutet, daß das Duell ein mögliches Mittel zur Beilegung von Ehrenhändeln ist.

11. William Howitt, *The Student-Life of Germany* (1841), S. vi, 441.

12. Ute Frevert, «Die Ehre der Bürger im Spiegel ihrer Duelle. Ansichten des 19. Jahrhunderts», in: *Historische Zeitschrift*, Bd. CCXLIX (1989), S. 555.

13. Selbst als die «Feudalismus»-Nostalgie in der deutschen Gesellschaft des ausgehenden 19. Jahrhunderts fast groteske Ausmaße erreichte, blieben die Adligen eine Minderheit in der Minderheit. Nur relativ wenige deutsche Studenten traten den schlagenden Korps oder Burschenschaften bei. An der Universität Marburg, die für ihr außergewöhnlich aktives Verbindungsleben bekannt war, gehörten 1873 kaum mehr als ein Drittel aller Studenten Korporationen an, die in ihrer Satzung das Duellieren vorschrieben; 1913 war es nur noch einer von sechs. Sogar im «aristokratischen» Bonn, wie Jerome es nennt, ging der Anteil der studentischen Duellanten von etwa 8 Prozent Ende der 80er Jahre auf weniger als 5 Prozent vor Beginn des Ersten Weltkriegs zurück. In Berlin betrug im selben Zeitraum der Anteil schlagender Verbindungsleute an der durchaus ansehnlichen und rasch wachsenden Studentenschaft nicht einmal 4 Prozent.

14. *Stenographische Berichte über die Verhandlungen des Reichstages,* Bd. 294 (1914), 235. Sitzung, S. 8088–91.

15. Ebd., S. 8091.

16. Max Weber, «Agrarstatistische und sozialpolitische Betrachtungen zur Fideikommißfrage in Preußen» (1904), in: *Gesammelte Aufsätze zur Soziologie und Sozialpolitik* (1924), S. 390 Anm.

17. Detlev Grieswelle, «Zur Soziologie der Kösener Corps 1870–1914», in: Karsten Bahnson u. a., *Student und Hochschule im 19. Jahrhundert. Studien und Materialien* (1975), S. 348.

18. Zu Harnack siehe: Agnes von Zahn-Harnack, *Adolf von Harnack* (1937; 1951), S. 43; zum Schwabenkorps siehe: Adolf Kußmaul, *Jugenderinnerungen eines alten Arztes* (1899), S. 125–26.

19. Zu den «Schokoladisten» und Goethe siehe: Friedrich Schulze und Paul Sysmank, *Das deutsche Studententum von den ältesten Zeiten bis zur Gegenwart* (1910), S. 143; zu Thomas siehe: *The Making of a Feminist: Early Journals and Letters of M. Carey Thomas,* hrsg. v. Marjorie Housepian Dobkin (1979), S. 155.

20. Siehe Georg von Below, *Das Duell und der deutsche Ehrbegriff* (1896), und Heinrich Geffcken, *Fehde und Duell* (1899), S. 10–11, 31–32.

21. Howitt, *Student-Life of Germany*, S. 443–45.

22. Zu den mittelalterlichen Ursprüngen siehe: W. Fuhrmann, *Geschichte der studentischen Fechtkunst* (1901), Bd. III der Burschenschaftlichen Bücherei, besonders S. 7–13; zum abweichenden Stammbaum siehe: Georg von Below, *Das Duell in Deutschland. Geschichte und Gegenwart* (1896).

23. Siehe Wilhelm Fabricius, *Die deutschen Corps. Eine historische Darstellung mit besonderer Berücksichtigung des Mensurwesens* (1898; Aufl. 1926), S. 96–98.

24. Siehe Peter Krause, «*O Alte Burschenherrlichkeit*». *Die Studenten und ihr Brauchtum* (1979; 3. Aufl. 1980), S. 105.

25. Siehe David McLellan, *Karl Marx: His Life and Thought* (1973), S. 17.

26. Siehe Thomas Nipperdey, *Deutsche Geschichte, 1800–1866. Bürgerwelt und starker Staat* (1983), S. 280.

27. In einer wehmütigen Geste voll unbewußter Ironie baute sich der Henker aus den Überresten von Sands Schafott ein Gartenhäuschen, ein abgeschiedenes Plätzchen, an dem sich später die Mitglieder verbotener Verbindungen trafen.

28. Heinrich Heine, *Die Harzreise* (1824), in: *Sämtliche Schriften*, hrsg. v. Klaus Briegleb u. a., 6 Bde. (1968–76), Bd. II, S. 146.

29. Eduard Wedekind, *Studentenleben der Biedermeierzeit. Ein Tagebuch aus dem Jahre 1824*, hrsg. v. H. H. Houben (1927; Repr. 1984), Einleitung, S. 8–9; 21. April, S. 23; 1., 2. und 3. Juli, S. 95, 96, 99–100.

30. Siehe Peter Loewenburg, «Theodor Herzl: Nationalism and Politics», in: *Decoding the Past: The Psychohistorical Approach* (1983), S. 107. «Ich betrachtete das ganze als eine Nachäffung deutscher Studentensitten», erinnert sich viele Jahre später der führende Zionist Nahum Goldmann mit heftigem Abscheu. Als Student in Heidelberg war er Mitglied einer zionistischen Verbindung gewesen. (*Mein Leben als deutscher Jude* [1980; 1983], S. 75)

31. J. B. Engl, «Zurechtweisung», in: *Simplicissimus*, Jg. III (1898), S. 156.

32. Aus zahlreichen Anekdoten geht hervor, daß Juden im Duell mutig und geschickt waren. So auch Carl Killer, der berühmte Entdecker des Kokains als Anästhetikum. Im Jahr 1885, als junger Arzt und Leutnant der Reserve, geriet er mit einem anderen Arzt und Leutnant in Streit um die Behandlung eines Patienten auf der Notstation. Der Arzt nannte ihn «Judenschwein», worauf Killer ihm einen Boxhieb auf das Ohr versetzte. Es kam, wie es kommen mußte: Duell mit dem Florett, das erst dann zu Ende sein sollte, wenn einer der beiden Kombattanten nicht mehr weiterkämpfen konnte. Killer verwundete seinen Gegner. Unter den vielen Glückwunschbriefen, die er erhielt, stammte einer von seinem Freund Sigmund Freud. (Siehe Hortense Killer-Becker, «‹Coca Koller›: Carl Killer's Discovery of Local Anesthesia», in: *Psychoanalytic Quarterly*, Bd. XXXII [1963], S. 300–373)

33. Zum Breslauer Manifest siehe: Thomas Schindler, *Studentischer Antisemitismus und jüdische Studentenverbindungen 1880–1933* (1988), S. 115; ferner Adolf Asch und Johanna Philippson, «Self-Defence at the Turn of the Century: The Emergence of the K. C.», in: *Leo Baeck Institute Yearbook*, Bd. III (1958), S. 122–39. Zur Zahl der jüdischen Duellanten siehe Arthur Ruppin, *Die Juden der Gegenwart* (1904), S. 231.

34. Siehe Nipperdey, *Deutsche Geschichte*, S. 475.

35. Friedrich Paulsen, *Aus meinem Leben. Jugenderinnerungen* (1909), S. 139–41, 145.

36. Otto Julius Bierbaum, *Stilpe. Ein Roman aus der Froschperspektive* (1897; 1963), S. 120.

37. Siehe Walter Bloem, *Der krasse Fuchs* (1906), S. 18–22.

38. Gregor Samarow, *Die Saxoborussen* (1885; 4. Aufl. 1903), S. 114.

39. Siehe Bierbaum, *Stilpe*, S. 120.

40. Bloem, *Der krasse Fuchs*, S. 162–63.

41. Gleichwohl behauptete James weiterhin (und gab damit ebenfalls nur die geläufigen Ansichten wieder): «Die Frau ihrerseits bezwingt den Mann durch das Mysterium des dem Schönen innewohnenden Adels.» (*The Varieties of Religious Experience: A Study in Human Nature* [1902]), S. 363–64.

42. Bierbaum, *Stilpe*, S. 120–21.

43. Zu Wilhelm II. siehe: Grieswelle, «Zur Soziologie der Kösener Corps», a. a. O., S. 348; Heinrich Rosenberg, *Duell, Ehre und Herr Egenter. Ein Wort der Erwiderung* (1875), S. 10. Rosenberg antwortet auf Egenters Streitschrift *Ueber Duell und Ehre. Mit besonderer Berücksichtigung auf Studentenduelle* (2. Aufl. 1875).

44. Bloem, *Der krasse Fuchs*, S. 158–59.

45. «Im Sexualleben der Pubertät», schreibt Freud, «ringen miteinander die Anregungen der Frühzeit und die Hemmungen der Latenzperiode.» («Selbstdarstellung» [1925], in: *Gesammelte Werke*, 18 Bde. [1940–68], hrsg. v. Anna Freud u. a., Bd. XIV, S. 62)

I. Alibis

1. Zu Webb siehe: Peter d'Alroyd Jones, *The Christian Socialist Revival, 1877–1914: Religion, Class, and Social Conscience in Late-Victorian England* (1968), S. 85–86 Anm.; George Bernard Shaw, Einleitung zu Charles Dickens, *Hard Times* (hrsg. 1912), in: George H. Ford und Lauriat Lane Jr., *The Charles Dickens Critics* (1961), S. 126.

2. Walter Bagehot, «Charles Dickens» (1858), in: *Literary Studies (Miscellaneous Essays)*, hrsg. v. Richard Holt Hutton, 3 Bde. (1. Aufl. 1879, 2 Bde.; 2. Aufl. 1902–5), Bd. II, S. 158.

1. Die Apotheose des Konflikts

1. Aus diversen Quellen weiß man, daß Marx vorhatte, Darwin zum Zeichen seiner Bewunderung den ersten Band des *Kapital* zu widmen; Darwins Name steht nur deshalb nicht auf der Widmungsseite, weil er die Ehre höflich ablehnte.

2. Adam Smith, *An Inquiry into the Nature and Causes of the Wealth of Nations* (1776; 1937 hrsg. v. Edwin Cannan), S. 343.

3. John Adams, *Letters to John Taylor, of Caroline, Virginia, in Reply to His Strictures of Some Parts of the Defence of the American Constitutions* (1814), in: *The Works of John Adams, Second President of the United States*, hrsg. v. Charles Francis Adams, 10 Bde. (1850–56), Bd. VI, S. 516.

4. Siehe Herbert Spencer, *The Man versus the State* (1884), S. 79–82.

5. R. J. White, Einleitung zu James Fitzjames Stephen, *Liberty, Equality, Fraternity* (1873; 2. Aufl. 1874; 1967 hrsg. v. White), S. 4.

6. Herbert Spencer, *Social Statics; or, The Conditions Essential to Human Happiness Specified, and the First of Them Developped* (1850; amerikan. Ausg. 1865), S. 353–54.

7. Ebd.

8. Zum «überragenden Kopf» siehe: Robert H. Thurston, Antrittsrede vor der American Society of Mechanical Engineers (1880), in: Henry Nash Smith (Hrsg.), *Popular Culture and Industrialism, 1865–1890* (1967), S. 30. Zum größten lebenden Philosophen siehe: Léon Dumont, «Le Transformisme et

les causes finales», in: *Revue scientifique*, neue Serie, Bd. XI (1876), S. 372; Linda L. Clark, *Social Darwinism in France* (1984), S. 39. Zur Ebenbürtigkeit mit Newton siehe: Richard Hofstadter, *Social Darwinism in American Thought, 1860–1915* (1944; 2. Aufl. 1955), S. 31.

9. Siehe Charles Darwin, *Autobiography* (1887), in: *Autobiographies of Darwin and Huxley*, hrsg. v. Gavin de Beer (1974), S. 64.

10. Spencer, *Social Statics*, S. 80.

11. Ebd., S. 180.

12. Spencer, «Some Regrets», in: *Facts and Comments* (1902), S. 7. In solch nachdenklicher Stimmung zieht er bezeichnenderweise auch über die «Selbstzentriertheit» des Musikvirtuosen her: sie trampele auf den Absichten des Komponisten herum und zeuge «nicht von Liebe für die dargebotene Musik, sondern vom Wunsch nach dem Applaus, den die brillante Darbietung einbringt». (Spencer, «The Corruption of Music», a. a. O., S. 27–28)

13. Spencer, «State Education», a. a. O., S. 82–83, 92–93.

14. Spencer, «Re-Barbarization», a. a. O., S. 172–88; ders., «Imperialism and Slavery», a. a. O., S. 158.

15. Spencer, Autobiography, 2 Bde. (1904), Bd. II, S. 472, 479.

16. Auch Andrew Carnegie hätte sich über Spencers Reaktion auf das industrielle Amerika, diese angeblich höchste Verkörperung seiner Philosophie, nicht zu wundern brauchen. Carnegie hatte seinen Besuch in den Vereinigten Staaten mit in die Wege geleitet und ihn sogar eigens nach Pittsburgh gelockt. Der Rundgang durch eines von Carnegies Stahlwerken machte Spencer fast, wenn auch nicht ganz sprachlos: «Sechs Monate an diesem Ort», sagte er schroff zu seinem Gastgeber, «das reicht für einen Selbstmord.» (Joseph Frazier Wall, *Andrew Carnegie* [1970], S. 386)

17. Spencer, *The Man versus the State*, S. 70.

18. Laveleye erhob seinen Vorwurf 1885 in einem Brief an den Herausgeber der *Contemporary Review*. Sowohl sein Brief wie Spencers Antwort sind zitiert nach: Robert C. Bannister, *Social Darwinism: Science and Myth in Anglo-American Thought* (1979), S. 51.

19. «Darwin's Origin of Species», in: *Saturday Review*, Bd. VIII (24. Dezember 1859), S. 775.

20. Walter Bagehot, *Physics and Politics; or, Thoughts and the Application of the Principles of ‹Natural Selection› and ‹Inheritance› to Political Society* (1872 [Erstveröff. als Artikelserie Ende der 60er Jahre]; amerikan. Ausg. 1873), S. 44.

21. Zu Adams siehe: *The Education of Henry Adams* (1918; 1931 hrsg. v. James Truslow Adams), S. 225, 231, 284; zu den französischen Autoren siehe: Dr. P. Duverney in seinem Nachruf auf Darwin, zitiert bei Clark, *Social Darwinism in France*, S. 91.

22. Zu den englischen Christen siehe: George St. Clair, *Darwinism and Design; or, Creation by Evolution* (1873); zu Brentano siehe: Peter Gay, *Freud. Eine Biographie für unsere Zeit* (1989), S. 40.

23. Henry Drummond, *The Ascent of Man* (1894), S. 4, 195.

24. Siehe Ernst Haeckel, *Die Welträthsel. Gemeinverständliche Studien über monistische Philosophie* (1899; 1906), S. 35–36, 124.

25. Wilhelm Bölsche wirbt in seiner schwärmerischen Haeckel-Biographie mit

Feuereifer für dessen blasphemischen Pantheismus à la Darwin. Haeckels Größe verstehe man nur, so behauptet er, wenn man begreift, was Goethes Gott-Natur für den Menschen des 19. Jahrhunderts bedeutet: «All-Natur. Und er selbst in dieser Natur. All-Entwickelung. Und er selbst in dieser Entwickelung.» (*Ernst Haeckel. Ein Lebensbild* [1900], S. 5)

26. Charles Darwin, *On the Origin of Species by Means of Natural Selection; or, the Preservation of Favoured Races in the Struggle for Life* (1893; 1968 hrsg. v. John W. Burrow), S. 68.

27. Charles Darwin, *The Descent of Man, and Selection in Relation to Sex,* 2 Bde. (1871), Bd. I, S. 168; Bd. II, S. 403.

28. Gegen Ende seines Lebens, im Juli 1881, schreibt Darwin an den Belfaster Rechtswissenschaftler William Graham, er bekenne sich zu diesen klassisch sozialdarwinistischen Überzeugungen: «Ich könnte aufzeigen, daß der Kampf per natürliche Auslese für den Fortschritt der Zivilisation mehr getan hat und immer noch tut, als Sie offenbar zugestehen mögen.» Er erinnert Graham daran, daß «die zivilisiertere, sogenannte kaukasische Rasse im Daseinskampf haushoch über die Turkvölker gesiegt hat», und mit einem Blick auf die nahe Zukunft prophezeit er: «Zahllose niedere Rassen in aller Welt werden von den höheren zivilisierten Rassen verdrängt worden sein.» (Ronald W. Clark, *The Survival of Charles Darwin: A Biography of a Man and an Idea* [1984], S. 206–7)

29. Siehe auch den sonderbaren Roman *The Outcast,* mit dem der spekulative Historiker Winwood Reade, der sich mit großem Ernst über Darwin Gedanken machte, der Tatsache, daß ihm nach der Lektüre von Darwins *Origin of Species* sein religiöser Glauben abhanden kam, eher ungewöhnlichen Tribut zollte. Der Roman erzählt das schreckliche Schicksal eines liebenswerten, intelligenten, hochgelehrten und tiefreligiösen jungen Mannes, der nach der Lektüre von Malthus' Bevölkerungstheorie und mehr noch Darwins Werk über die Entstehung der Arten seine immer verehrten christlichen Glaubenssätze in Zweifel zieht, darüber hoffnungslos wahnsinnig wird und sich erhängt.

30. Siehe Benjamin Kidd, *Social Evolution* (1894), S. 54–56.

31. Clémence-Auguste Royer, «Des rapports de principes généraux de l'histoire naturelle avec la solution du problème social» (1872), zitiert nach: Clark, *Social Darwinism in France,* S. 34.

32. Siehe Clark, *Social Darwinism in France,* S. 31, 108–11.

33. Siehe ebd., S. 106–13.

34. Emile Zola, «Ebauche» zu *Au Bonheur des dames* (1883), in: *Les Rougon-Macquart. Histoire naturelle et sociale d'une famille sous le Second Empire,* hrsg. v. Armand Lanoux und Henri Mitterand, 5 Bde. (1960–67), Bd. III, S. 1680.

35. Zola, *Au Bonheur des dames,* a. a. O., S. 457 [Kap. 3.].

36. Zola, «Ebauche» zu *Au Bonheur des dames,* a. a. O., S. 1680. Zum Eros in diesem Roman siehe: Peter Gay, *Die zarte Leidenschaft* (1987), S. 314–20.

37. Siehe Alfred Kelly, *The Descent of Darwin: The Popularization of Darwinism in Germany, 1860–1914* (1981), S. 112–14.

38. Friedrich von Hellwald, *Culturgeschichte in ihrer natürlichen Entwicklung bis zur Gegenwart* (1875; 2. Aufl. 1876), S. 37; Julius Lippert, *Kulturgeschichte der Menschheit in ihrem organischen Aufbau,* 2 Bde. (1886–87), passim.

39. Otto Ammon, *Die Gesellschaftsordnung und ihre natürlichen Grundlagen. Entwurf einer Sozialanthropologie zum Gebrauch für alle Gebildeten, die sich mit sozialen Fragen befassen* (1895; 2. Aufl. 1896), S. 248, 154, 17.

40. Georg von Gizycki, «Darwinismus und Ethik», in: *Deutsche Rundschau*, Bd. XLIII (April–Juni 1885), S. 261.

41. Friedrich Nietzsche, *Jenseits von Gut und Böse. Vorspiel einer Philosophie der Zukunft* (1886), in: *Werke*, hrsg. v. Karl Schlechta, 3 Bde. in 5 (1972), Bd. III, S. 175 (Aphorismus 259).

42. Kelly, *The Descent of Darwin*, S. 23, 102.

43. Carnegie über das Gesetz der Konkurrenz: «Es ist da; wir können ihm nicht entrinnen; und ein Ersatz hat sich nicht finden lassen; für den einzelnen mag das Gesetz manchmal hart sein, für das Menschengeschlecht aber ist es das beste, weil es auf jedem Sektor das Überleben der Tauglichsten sichert.» (Andrew Carnegie, «The Gospel of Wealth» [1888], in: *The Gospel of Wealth and Other Timely Essays*, hrsg. v. Edward C. Kirkland [1926], S. 16) Rockefeller vor der Sonntagsschule: «Das Gedeihen eines großen Unternehmens ist nichts anderes als das Überleben des Tauglichsten.» (Hofstadter, *Social Darwinism*, S. 45) Hill gegen die Festsetzung der Eisenbahntarife durch die Regierung: «Die Konkurrenz ist der Prüfstein für das Überleben der Tauglichsten.» Die «Handelsgesetze», so Hill weiter, seien so gewiß wie die «Gesetze der Schwerkraft». (Henry F. Pringle, *Theodore Roosevelt: A Biography* [1931], S. 417)

44. Koenraad W. Swart, *The Sense of Decadence in Nineteenth-Century France* (1964), S. 158.

45. Darwin an Charles Lyell, 4. Januar 1860, in: *The Life and Letters of Charles Darwin, Including an Autobiographical Chapter*, hrsg. v. Francis Darwin, 3 Bde. (1887; 1919), Bd. II, S. 56–57.

46. Bagehot, *Physics and Politics*, S. 43–44, 43, 81.

47. Ebd., S. 74–75, 161.

48. Ebd., S. 200, 194–95.

49. Thomas Henry Huxley, «Evolution and Ethics» (Romanes Lecture von 1893), in: *Evolution and Ethics and Other Essays* (1903), S. 83, 80 und passim. David G. Ritchie betont 1891 im nachträglichen Vorwort zu seinem klugen Büchlein *Darwinism and Politics, with Two Additional Essays on «Human Evolution»* (1889): «Die Theorie der Natürlichen Auslese (in der Form, in der allein sie sinnvoll auf die menschliche Gesellschaft übertragen werden kann) liefert keinen Beweis für das politische Dogma des laissez-faire.» (S. iii)

50. Hofstadter, *Social Darwinism*, S. 73.

51. Nach der Erinnerung von William Lyon Phelps, der später als nicht minder beliebter Professor in Yale lehrte («When Yale Was Given to Sumnerology» [1925], zitiert nach: Hofstadter, *Social Darwinism*, S. 54).

52. Siehe William Graham Sumner, *Folkways: A Study of the Sociological Importance of Usages, Manners, Customs, Mores, and Morals* (1907), S. 18.

53. Sumner, «Rights» (geschrieben zwischen 1900 und 1906, posthum erschienen), in: *Earth-Hunger and Other Essays*, hrsg. v. Albert Galloway Keller (1913), S. 79; «The Boon of Nature» (1889), in: *Earth-Hunger*, S. 234–36; «The Influence of Commercial Crises on Opinions about Economic Doctrines» (1879), in: *The Forgotten Man and Other Essays*, hrsg. v. Keller (1919),

S. 225; «State Interference» (1887), in: *War and other Essays*, hrsg. v. Keller (1911), S. 213. Man kann durchaus Sumners Ansichten aus allen Phasen seiner Schriftstellerkarriere heranziehen, da sie sich im Laufe der Jahre nur unbedeutend verändert haben.

54. Sumner, «On the Case of a Certain Man Who Is Never Thought Of» (1884), in: *War*, S. 248.

55. Sumner, «Purposes and Consequences» (geschrieben zwischen 1900 und 1906, posthum erschienen), in: *Earth-Hunger*, S. 73; «The Absurd Effort to Make the World Over» (1894), in: *War*, S. 210.

56. Siehe Sumner, «Do We Want Industrial Peace?» (1889), in: *War*, S. 239, 242.

57. Sumner, «Earth-Hunger or the Philosophy of Land Grabbing» (1896), in: *Earth-Hunger*, S. 51, 47, 64, 62.

58. Sumner, «The Conquest of the United States by Spain» (1898), in: *Earth-Hunger*, S. 334.

59. Sumner, «War», in: *War*, S. 15, 29, 35, 36.

60. Angegriffen – und lächerlich gemacht. Sumner fürchtete, Phrasen und Hirngespinste könnten sich in den Köpfen junger Menschen einnisten und dort zu gären beginnen. In einer Schrift, in der er untersucht, mit welchen Büchern die Knaben zu seiner Zeit in aller Regel konfrontiert waren, wendet er sich gegen die Ansicht, das Kampfbedürfnis werde durch die allseits beliebten Abenteuergeschichten eingetrichtert. (Siehe «What Our Boys Are Reading», in: *Earth-Hunger and Other Essays*, hrsg. v. Albert Galloway Keller [1913], S. 375–76)

61. So stellt der Marquis de Nadaillac Mitte der 80er Jahre besorgt fest: «Das Schicksal einer Nation hängt von ihrer militärischen Überlegenheit ab, diese Überlegenheit aber allzu oft nur von der Zahl der Männer, die sie ins Feld schicken kann. (...) Auch in den Schlachten der Industrie – nicht weniger erbittert, nicht weniger unerbittlich – muß man schnell produzieren, muß man viel produzieren, und die Anzahl an jungen und kraftvollen Armen wird den wirtschaftlichen Sieg erringen.» (*Affaiblissement de la natalité en France, ses causes et ses conséquences* [1885; 2. Aufl. 1886], v–vi, S. 2; zitiert nach: Gay, *Erziehung der Sinne* [1986], S. 278–79)

62. *Vandover and the Brute* (geschrieben 1895, posthum erschienen 1914), S. 251. Charlie Geary, der diese Ansichten von sich gibt, ist in der Geschichte zwar der Schurke. Aber in Norris' Romanwelt, wo es um den permanenten Konflikt zwischen Höheren und Niederen geht, ist an Gearys «Philosophie» viel Wahres.

63. Frank Norris, *Vandover and the Brute* (geschrieben 1895; 1914 posthum erschienen), S. 230–31.

64. Zu Carnegie siehe: Thomas C. Cochran und William Miller, *The Age of Enterprise: A Social History of Industrial America* (1942; überarb. Aufl. 1961), S. 143; John D. Rockefeller, *Random Reminiscences of Men and Events* (1909), S. 65–66.

65. Harold C. Livesay, *Andrew Carnegie and the Rise of Big Business* (1975), S. 72.

66. Carnegie, «The Advantages of Poverty» (1891), in: *The Gospel of Wealth*, S. 66–67.

67. Beide Artikel sind zuerst 1888 in der Juni- und der Dezember-Nummer der

North American Review unter dem farblosen Titel «Wealth» erschienen. Erst bei ihrem Nachdruck in der Londoner Zeitschrift *Pall Mall Gazette* entschied sich der Redakteur William T. Stead für den beziehungsreicheren Titel, unter dem sie bekannt geworden sind.

68. Carnegie, «The Gospel of Wealth», a. a. O., S. 19, 27, 31.

69. Siehe ebd., S. 29–30, 21.

70. *Autobiography of Andrew Carnegie* (1920 posthum erschienen, hrsg. v. John C. Van Dyke), S. 272; siehe auch S. 270.

71. Rockefeller, *Random Reminiscences,* S. 20–21, 11, 140, 58, 62.

72. Im Herbst 1907 wiederholt Rockefeller, was er bereits zuvor gesagt hatte: Er betrachte sich lediglich als «Treuhänder für das Eigentum anderer, das die göttliche Vorsehung in seine Obhut gegeben habe». (Oakland/Cal., *Tribune,* 8. Oktober 1907, zitiert nach: George E. Mowry, *The Era of Theodore Roosevelt, 1900–1912* [1958], S. 45)

73. Andere Philanthropen hörten sich fast genauso an wie Carnegie und Rockefeller. Philip D. Armour, Chicagos aggressivster und reichster – und mächtig philanthropischer! – Konservenfabrikant, gründete das Armour Institute, eine aufs College vorbereitende Privatschule für mittellose Jungen und Mädchen, und verkündete, eigentlich arbeite er dafür. «Die Konservenfabrik», behauptete er, «den Getreidehandel, die Leimsiederei und die Eisenbahn betreiben wir nur, um das Geld für diese Jungen und Mädchen herbeizuschaffen.» (Arthur Warren, «Philip D. Armour: His Manner of Life, His Immense Enterprises in Trade and Philanthropy», in: *McClure's Magazine,* Bd. II [1893–94], S. 294–95)

74. Rockefeller, *Random Reminiscences,* S. 20, 152.

75. Zu Rockefeller siehe: Theodore Roosevelt an David Scull, Präsident von Bryn Mawr, 16. August 1907, in: *The Letters of Theodore Roosevelt,* ausgew. und hrsg. v. Elting E. Morison, unter Mitarbeit von John M. Blum und Alfred D. Chandler Jr., 8 Bde. (1951–54), Bd. V, S. 755. Zu Carnegie siehe: Theodore Roosevelt, *An Autobiography* (1913), S. 209.

76. Hofstadter, *Social Darwinism,* S. 72.

2. Der passende andere

1. Verstört durch die scheinbar endlosen Religionskriege zwischen Katholiken und Hugenotten, empfahl der französische Staatsmann Pomponne de Bellievre gegen Ende des 16. Jahrhunderts, man solle zur Wiederherstellung der Eintracht unter den Christen einen Kreuzzug gegen die Türken starten. «Nur mit einem äußeren Krieg läßt sich der innere Frieden aufrechterhalten.» Die europäischen Staaten seien wie ein Magen, der mit Ungläubigen gefüttert werden müsse. (Raymond F. Kierstead, *Pomponne de Bellievre: A Study of the King's Men in the Age of Henry IV* [1968], S. 34–35) Denselben Ratschlag legt Shakespeare dem sterbenden Heinrich IV. in den Mund; im letzten Gespräch mit seinem Sohn, Prinz Heinrich von Wales, drängt er ihn: «Beschäft'ge stets die schwindlichten Gemüter/Mit fremdem Zwist», denn nur so würden die Menschen den Mord an Richard II. vergessen. (*Heinrich IV.,* Teil II, 4. Aufzug, 4. Szene) Und Shakespeares Zeitgenosse Robert Burton stellt

fest: «In einem Gemeinwesen, in dem es keinen Staatsfeind gibt, gibt es in aller Regel Bürgerkriege, und die Menschen gehen hier selbst aufeinander los.» (*The Anatomy of Melancholy* [1621; 1927 hrsg. v. Floyd Dell und Paul Jordan-Smith], S. 212)

2. Siehe Richard Hofstadter, «Cuba, the Philippines, and Manifest Destiny» (1952), überarb. in: ders., *The Paranoid Style in American Politics and Other Essays* (1965), S. 152 Anm.

3. Psychoanalytisch gesehen, war alles sogar noch komplizierter. Die Manie, die Welt – ob sie will oder nicht – zu verbessern, diese für gewöhnlich Wohltätigkeit genannte Manie war nur allzu oft nichts anderes als eine – wie Freud es nennt – Reaktionsbildung, ein Abwehrmechanismus, der aggressive Gefühle in ihr Gegenteil verkehrt und sie damit tarnt. Der dezidierteste Protest gegen Aggression hat häufig einen aggressiven Ursprung.

4. Sigmund Freud, «Manuskript H», beigelegt dem Brief vom 24. Januar 1895 an Wilhelm Fließ, in: ders., *Briefe an Wilhelm Fließ 1887–1904*, hrsg. v. Jeffrey Moussaieff Masson, unter Mitarbeit von Michael Schröter und Gerhard Fichtner (1986), S. 110.

5. Tschechow an Alexej Suvorin, 6. Februar 1898, in: Anton Čechov, *Briefe*, hrsg. v. Peter Urban (1979), Bd. IV *(1897–1901)*, S. 47.

6. Siehe J. H. Elliott, *Imperial Spain, 1469–1716* (1963), S. 216.

7. Thomas Phillips, Hauptmann auf einem englischen Sklavenschiff, bemerkt 1694 über die afrikanischen Ureinwohner, er könne sich nicht «vorstellen, warum man sie wegen ihrer Hautfarbe verachten sollte, sind sie doch ganz unfreiwillig so und wegen des Klimas, das Gott ihnen nun einmal beschert hat. Ich kann mir nicht denken, daß eine Hautfarbe von sich aus mehr wert ist als eine andere, daß die weiße also besser ist als die schwarze; wir meinen das nur, weil wir selbst so sind und uns gern in günstigem Licht sehen, genau wie die Schwarzen, die in ihrem Abscheu gegen die andere Hautfarbe sagen, der Teufel sei weiß, und ihn auch so malen.» (Winthrop Jordan, *White over Black: American Attitudes toward the Negro* [1968], S. 11) Phillips redet hier wie die aufklärerischen Denker des 18. Jahrhunderts, die für diesen vernünftigen Relativismus viel übrighatten; so schreibt Voltaire in einer Schrift über das Schöne, eine Kröte finde eine andere Kröte durchaus schön.

8. Benjamin Constant, *De l'esprit de conquête et de l'usurpation dans ses rapports avec la civilisation européenne* (1813; 3. Aufl. 1814), S. 121–22.

9. François Guizot, *Histoire de la civilisation en France depuis la chute de l'Empire romain* (1840), S. 207.

10. Siehe Guizot, *Histoire de la civilisation en Europe depuis la chute de l'Empire romain jusqu'à la Révolution française* (1847), S. 4–5.

11. Hippolyte Taine, *Geschichte der englischen Literatur*, 3 Bde. (1978–80), Bd. I, S. 16.

12. Ebd., S. 41.

13. Disraelis Auffassung demonstriert, daß zu seiner Zeit mit dem Begriff der «Rasse» noch ein breites Spektrum von Positionen abgedeckt wurde; er selbst wollte ja vor allem zeigen, daß die jüdische «Rasse», die Mutter des Christentums, wertvolle Beiträge zur Zivilisation geleistet hat. (Siehe Robert Blake, *Disraeli* [1967; 1968], S. 193–97)

14. Robert Blake, *Disraeli* (1967; 1968), S. 186.

15. Robert Knox, *The Races of Men: A Philosophical Inquiry into the Influences of Race over the Destiny of Nations* (1850; 2. Aufl. 1962), S. 8, 6. Beide Äußerungen sind oft zitiert worden.

16. Joseph Arthur de Gobineau, *Essai sur l'inégalité des races humaines* (1853–55; 1967 hrsg. v. Hubert Juin), S. 28, 29.

17. Siehe Stephen Jay Gould, *The Mismeasure of Man* (1981), S. 85, 92.

18. Ebd., S. 99; siehe auch S. 82–107.

19. Selbst ein kritischer Autor wie William James fand die Zuschreibung rassischer Merkmale doch so weit annehmbar, daß er einen Unterschied zwischen «romanischen Rassen» (die sich Sünde nur im Plural und als «Stück für Stück zu behebenden» Makel vorstellen) und «germanischen Rassen» sah (die sich «Sünde im Singular und mit großem S» vorstellen). (*The Varieties of Religious Experience: A Study in Human Nature* [1902], S. 134) Während ein derart unscharfer Gebrauch dem Begriff ein wenig die Spitze nahm, wollten diejenigen, die von «Rassenhaß» redeten und «Rassenkrieg» prophezeiten, ihn ganz und gar nicht entschärfen. Noch komplizierter wurde die Sache dadurch, daß man oftmals Rassen- mit Klassenkategorien vermengte, wobei beide Snobismen sich addierten. (Siehe Philip Mason, *Prospero's Magic* [1962])

20. Friedrich Max Müller, *Biographies of Words and the Home of the Aryas* (1888), S. 245, 120.

21. Gobineau, *Essai sur l'inégalité*, S. 58.

22. Dies vollzieht sich ganz analog zum Wechsel von Optimismus zu Schwarzseherei, wie er unter Sozialdarwinisten zu beobachten ist. Nicht zufällig ließ sich ein so gebildeter und kluger Politiker wie Henry Cabot Lodge, der einflußreiche republikanische Senator von Massachusetts, zu rassistischen Argumenten hinreißen, obgleich er eigentlich gar nicht recht an sie glaubte. Da er die Millionen von Immigranten aus Süd- und Osteuropa als Bedrohung empfand, sprach er in seiner Kampagne für restriktive Gesetze als pragmatischer Rassist. Am 16. März 1896 teilte er seinen Kollegen ziemlich unumwunden mit, daß es «so etwas wie eine den Einteilungen der Rassenlehre entsprechende ursprünglich reine Rasse gar nicht gibt», fügte aber schnell hinzu, es gebe «künstliche Rassen» aufgrund von «klimatischen Einflüssen, Kriegen, Migrationen, Eroberungen und industrieller Entwicklung». Erlaube man diesen künstlich entstandenen Rassen, sich zu mischen, dann würden die «niederen» über die «höheren» siegen. (Barbara Miller Solomon, *Ancestors and Immigrants: A Changing New England Tradition* [1956], S. 115–16)

23. Herman Melville, *The Confidence-Man: His Masquerade* (1857; 1971 hrsg. v. Hershel Parker, S. 124 [Kap. 25]).

24. Georges Vacher de Lapouge, *L'Aryen: Son rôle social* (1899), S. 511; zu Wilhelm II. siehe: Léon Poliakov, *Le Mythe aryen. Essai sur les sources du racisme et des nationalismes* (1971), S. 280.

25. Lapouge, *L'Aryen*, S. 465–66. Die Geschichte des modernen Antisemitismus, die aus leider naheliegenden Gründen viel Beachtung gefunden hat, liefert die perfekte Bestätigung der auf diesen Seiten unterbreiteten These. Im Laufe des 19. Jahrhunderts verlor die mittelalterliche Karikatur vom Juden als dem Mör-

der Christi an Bedeutung, da die rassistischen Antisemiten sich eine andere, nur um so mörderischere Karikatur ausdachten: das Zerrbild des rassisch determinierten Juden, der unabhängig von Familiengeschichte, Milieu und Bewußtsein immer gleich ist.

26. Ebd., S. 373.

27. *L'Aryen: Son rôle social* (1899), S. 476, 481, 500. «Die politische Wissenschaft», verkündet Lapouge, hier mit der Aura dessen, der sich dem Studium der Gesellschaft widmet, «arbeitet lieber mit Tatsachen – (sozialen) Kräften, Gesetzen, Rasse oder Evolution – als mit Fiktionen wie Gerechtigkeit, Gleichheit oder Brüderlichkeit.» Auch wenn Sozialisten und Geistliche sich zum reaktionären Bündnis gegen die «barbarischen» Darwinisten zusammenschlössen, gehöre die Zukunft doch dem Sozialwissenschaftler, der sich der ungeschminkten Wahrheit stellt. (Ebd., S. ix, 514)

28. Charles Dilke, *Problems of Greater Britain* (1890), S. 2. Dieses Buch ist die gründlich überarbeitete und erweiterte Neuauflage des 1868 erschienenen Werks *Greater Britain*.

29. Zu den «arischen Vorurteilen» siehe: Freeman an Prof. Dawkins, 15. Oktober 1881, in: W. R. W. Stephens, *The Life and Letters of Edward A. Freeman,* 2 Bde. (1895), Bd. II, S. 234; Freeman an F. H. Dickinson, 4. Dezember 1881, ebd., S. 242; Freeman an Rev. N. Pinder, 24. März 1882, ebd., S. 253. Zu den negermordenden Iren siehe: Freeman an F. H. Dickinson, 4. Dezember 1881, ebd., S. 242. Zur Ähnlichkeit mit «großen Affen» siehe: Freeman an Prof. Dawkins, 15. Oktober 1881, ebd., S. 234. Zur Kontrolle der Presse durch die Juden und zu den «Judenköpfen» siehe: Freeman an Rev. N. Pinder, 24. März 1882, ebd., S. 253.

30. Siehe L. P. Curtis jr., *Anglo-Saxons and Celts: A Study of Anti-Irish Prejudice in Victorian England* (1968), passim.

31. James Russell Lowell, *The Biglow Papers,* First Series (1848), in: *The Poetical Works of James Russell Lowell,* zusammengest. von Marjorie R. Kaufman (1978), S. 185.

32. Siehe J. A. Hobson, *The Psychology of Jingoism* (1901), S. 75.

33. Zu den ersten Zitaten siehe: Ivo Banac, *The National Question in Yugoslavia: Origins, History, Politics* (1984), S. 293; zum letzten Satz siehe: Vladan Djordjevič, *Die Albanesen und die Großmächte* (1913), S. 4.

34. Thomas Carlyle, «Occasional Discourse on the Negro Question», in: *Fraser's Magazine,* Bd. XL (Dezember 1849), S. 670–71. Später wurde der Titel geändert, und der Aufsatz wird in der Regel unter dem veränderten Titel «The Nigger Question» zitiert.

35. Ebd.

36. Ebd. In Carlyles «Occasional Discourse» zeichnet sich bereits die grimmige Karikatur ab, die Dickens in *Bleakhaus* entwirft: dort schildert er, wie die ‹Teleskop-Philanthropin› Mrs. Jellyby ihre Familie gröblich vernachlässigt, weil sie einem obskuren afrikanischen Stamm irgendwelche fiktiven Wohltaten angedeihen lassen will.

37. John Stuart Mill, «The Negro Question», in: *Fraser's Magazine,* Bd. XLI (Januar 1950), S. 29.

38. Siehe Geoffrey Dutton, *The Hero as Murderer: The Life of Edward John*

Eyre, Australian Explorer and Governor of Jamaica, 1815–1901 (1967),
S. 283.

39. Christine Bolt, Victorian Attitudes to Race (1971), S. 84; zu Huxley siehe:
Dutton, The Hero as Murderer, S. 355.

40. Als Beispiel für einen antiimperialistischen Text siehe das Buch des prominenten Methodistenpredigers und weitgereisten Missionars John Beecham, Colonization: Being Remarks on Colonization in General, with an Examination of
the Proposals of the Association which has been formed for Colonizing New
Zealand (1838), S. 3–4. Mit jedem Jahrzehnt wurden diese Stimmen der Vernunft und der Mäßigung zaghafter.

41. Josiah Strong, Our Country: Its Possible Future and Its Present Crisis (1885),
S. 175. Strongs Version des Rassismus war untypisch: Er konnte in der
«Rassenmischung» – der Vermischung nicht zwischen Schwarzen und Weißen, sondern zwischen Europäern verschiedener ethnischer Herkunft – etwas
Positives entdecken. In seinem Buch Social Evolution (1894) vertrat der Sozialdarwinist Benjamin Kidd die These, die Differenz zwischen dem «rastlosen, aggressiven, anspruchsvollen Leben» der weißen Rassen und dem des
«unbekümmerten, trägen, schnell zufriedengestellten Negers in den Vereinigten Staaten oder auf den westindischen Inseln» sei nicht zu beseitigen und
werde nur immer größer (S. 56). Thomas Hughes, Autor des Romans Tom
Brown's Schooldays, war voll auf seiner Seite, und seine Reaktion zeigt, welche Annehmlichkeiten diese Ideologie mit sich brachte. «Ich war sehr entzückt von der Behandlung des ‹Nigger›-Problems [in Kidds Social Evolution]
und fühlte mich bestärkt in meinem Glauben, daß unsere Besetzung Indiens
und Ägyptens lediglich ‹ein Teil der kosmischen Ordnung ist, die zu ändern
nicht in unserer Macht steht›!» (Hughes an George Macmillan, 3. März 1894,
in: D. P. Crook, Benjamin Kidd: Portrait of a Social Darwinist [1984], S. 89)

42. Carl Peters, «Kolonialpolitische Korrespondenz», in: Hans-Ulrich Wehler,
Bismarck und der Imperialismus (1969; 4. Aufl. 1976), S. 333.

43. Carl Peters, Die Gründung von Deutsch-Ostafrika (1906), S. 253.

44. Ebd., S. 252.

45. Zu Roundell siehe: Bolt, Victorian Attitudes to Race, S. 105; zu Jameson
siehe: Robert I. Rotberg und Miles F. Shore, The Founder: Cecil Rhodes and
the Pursuit of Power (1988), S. 431.

46. Ein typisches Beispiel dafür, wie die daheim Gebliebenen sich über weit
entfernte Verhältnisse täuschen konnten, liefert E. Jung mit seinem in einem
deutschen Familienblatt veröffentlichten Artikel über die Kolonialbestrebun-
gen seines Landes. Er spricht vom «friedlichen Wettstreite der Nationen» in
Afrika und meint, Kaufleute aus den expandierenden Ländern hätten sich auf
dem «dunklen Welttheil» niedergelassen, «um hier Producte europäischer Industrie gegen Erzeugnisse jener Länder umzutauschen, neue Absatzgebiete zu
erschließen und für die Cultur neue Länder zu erobern». («Deutschlands
Colonialbestrebungen. Deutsche an der Westküste von Afrika», in: Die Gartenlaube, Bd. XXXII [1884], S. 609)

47. Sydney Olivier, ein britischer Sozialist und hoher Beamter, der mit diesen
Problemen bestens vertraut war (er wurde später Gouverneur von Jamaica),
schrieb vor dem Ersten Weltkrieg: «In all diesen verschiedenen Verhältnissen

hält sich eine Klage auf seiten der Weißen durch: Der schwarze Mann ist faul.» (*White Capital and Coloured Labour* [1910], S. 6)

48. Die Kommissionsmitglieder, die diesen Anschuldigungen nachgingen, addierten alles zu «einer einzigen langen Geschichte von den schauerlichsten Greueltaten, darunter eine langatmige Auflistung von Morden, Verstümmelungen, Akten des Kannibalismus und Vergewaltigungen sowie von Todesfällen, die auf das Konto der mit beispielloser Härte vollstreckten Prügelstrafen gingen». (Barbara Emerson, *Leopold II of the Belgians: King of Colonialism* [1979], S. 249)

49. P. Leutwein, «Anhang. Die Unruhen in Deutsch-Südwest-Afrika», in: «Simplex Africanus», *Mit der Schutztruppe durch Deutsch-Afrika* (1905), S. 197.

50. Horst Drechsler, *Südwestafrika unter deutscher Kolonialherrschaft. Der Kampf der Herero und Nama gegen den deutschen Imperialismus (1884–1915)* (1966; 2. Aufl. 1984), S. 156.

51. Ebd., S. 159.

52. George Dunlop Crothers, *The German Elections of 1907* (1941), S. 179.

53. Walter Bagehot, *Physics and Politics* (1872; amerikan. Ausg. 1873), S. 190–91.

54. Zu Hartmann (1878) siehe: Robert Hartmann, *Verhandlungen der Berliner Gesellschaft für Anthropologie, Ethnologie und Urgeschichte*, hrsg. v. Rudolf Virchow, Bd. X (1878), S. 303; ders., *Die Nigritier. Eine anthropologisch-ethnologische Monographie*, Erster Teil (1876), S. 185 Anm. Zu Mortillet siehe: Jacques Barzun, *Race: A Study in Superstition* (1937; überarb. Aufl. 1965), S. 103.

55. William James, *The Varieties of Religious Experience: A Study in Human Nature* (1902), S. 77; Josiah Royce, «Race Question and Race Prejudice», in: *International Journal of Ethics*, Bd. XVI (April 1906), S. 285.

56. Salomon Reinach, *L'Origine des aryens (histoire d'une controverse)* (1892), S. 81, 36, 71, 40, 7, 73, 47, 90.

57. William Graham Sumner, «War», in: *War and Other Essays*, hrsg. v. Albert Galloway Keller (1911), S. 12, 11.

58. Ebd., S. 24–25.

59. William Gladstone, «The Slavonic Provinces of the Ottoman Empire» (Vorlesung von 1877), in: *The Gladstone Diaries*, hrsg. v. M. R. D. Foot und H. C. G. Matthew, bislang 11 Bde. (1968 ff.), Bd. IX, *1875–1880* (1986), S. xv.

60. Jean Finot, *Le Préjugé des races* (1905; 2. Aufl. 1906), S. 5, 15, 24–32, 354–62, 505. Das Buch erlebte vier französische Auflagen und wurde rasch ins Deutsche, Spanische und Englische übersetzt. Im Jahr 1907 liest auch Präsident Roosevelt Finot und zitiert ihn als Autorität zur Frage des Bevölkerungsrückgangs. (Siehe Roosevelt an Albert Shaw, 3. April 1903, in: *The Letters of Theodore Roosevelt*, ausgew. und hrsg. v. Elting G. Morison, gemeinsam mit John M. Blum und Alfred D. Chandler jr., 8 Bde. [1951–54], Bd. V, S. 637)

61. Anatole France, *Sur la pierre blanche* (1903; 1950), S. 25.

62. Franz Boas, «Changes in Bodily Form of Descendants of Immigrants» (1912), in: ders., *Race, Language, and Culture* (1940), S. 68.

63. In diesem Abschnitt beziehe ich mich auf C. Vann Woodwards Klassiker *The Strange Career of Jim Crow* (1955; 3. überarb. Aufl. 1974).

64. Ebd., S. 20.

65. Siehe ebd., S. 45–46.
66. Lewis H. Blair, *The Prosperity of the South Dependent upon the Elevation of the Negro* (1889), S. 60.
67. Woodward, *The Strange Career of Jim Crow*, S. 96.
68. Ebd., S. 67.
69. Ebd., S. 81.

3. Männlichkeit: Ideal und Trauma

1. Charles Kingsley, «Heroism», in: *Sanitary and Social Lectures and Essays* (1880), S. 225–26.
2. 14. Februar 1831, Johann Peter Eckermann, *Gespräche mit Goethe in den letzten Jahren seines Lebens*, in: Johann Wolfgang von Goethe, *Gedenkausgabe der Werke, Briefe und Gespräche*, hrsg. v. Ernst Beutler, 27 Bde. (1948–71), Bd. XXIV, S. 448.
3. William James, *The Varieties of Religious Experience: A Study in Human Nature* (1902), S. 142 Anm.
4. Henry James, *The Bostonians* (1886; 1952 mit einer Einl. von Lionel Trilling), S. 289.
5. Siehe Paul Bourget, «La Maladie de la volonté – une guérison», in: *Œuvres*, 9 Bde. (1899–1911), Bd. I, S. 497–99.
6. Otto Julius Bierbaum, Einleitung zu A. von S. [Pseud. für August Jaeger], *Felix Schnabels Universitätsjahre oder der deutsche Student. Ein Beitrag zur Sittengeschichte des neunzehnten Jahrhunderts* (1895; 1907), S. xiii, xv.
7. G. Stanley Hall, *Adolescence: Its Psychology and Its Relations to Physiology, Anthropology, Sociology, Sex, Crime, Religion and Education*, 2 Bde. (1904), Bd. I, S. 216–18; Georges Sorel, *Réflexions sur la violence* (1908; 1972), S. 92, 96–101; Gustav Ratzenhofer, *Soziologie. Positive Lehre von den menschlichen Wechselbeziehungen* (1907), S. 108–9.
8. Anthony Trollope, *The Duke's Children* (1880; 1983 hrsg. v. Hermione Lee), S. 20, 15 [Kap. 3, 2].
9. E. T. A. Hoffmann, «Don Juan. Eine fabelhafte Begebenheit, die sich mit einem reisenden Enthusiasten zugetragen», in: *Sämtliche Werke*, hrsg. v. Leopold Hirschberg, 14 Bde. (1922), Bd. VII, *Fantasiestücke in Collots Manier* (1814), S. 73.
10. Grace Greenwood, *Haps and Mishaps of a Tour in Europe* (1854), S. 1–2.
11. Der erste Beobachter ist Walt Whitman, und sein Lob mag sich durch eine begreifliche Interessiertheit erklären lassen. (Siehe Richard Ellmann, *Oscar Wilde* [1988], S. 170) Der zweite Beobachter mit dem Gegenstandpunkt ist die Mutter eines Oxforder Freundes von Wilde namens Bodley. (Ebd., S. 178 Anm.; zur Anspielung auf Wildes «männliche Brust» siehe auch ebd., S. 206)
12. Byron [an John Cam Hobhouse], 16. November 1811, in: *Lord Byron: Selected Letters and Journals*, hrsg. v. Leslie A. Marchand (1982), S. 56.
13. Mommsen, *Römische Geschichte*, 3 Bde. (1854–56; 2. Aufl. 1857), Bd. III, S. 446, 445; Veuillot, im Aprilheft von *L'Univers*, zit. nach: Adrien Dansette, *Louis-Napoléon à la conquête du pouvoir* (1961), S. 318. Mommsen sagt *männlich*, Veuillot *mâle*. Beide Adjektive können sich nur auf die männlichen

Vertreter einer Art beziehen, werden aber in aller Regel als lobende Termini verstanden, mit denen man Stärke und Kraft konnotiert.

14. Thomas Babington Macaulay, *The History of England from the Accession of James II*, 5 Bde. (1849–61; amerik. Ausg. o. D.), Bd. I, S. 306; Walter Bagehot, *Physics and Politics* (1872; amerik. Ausg. 1873), S. 61.

15. Charles Dickens, *The Life and Adventures of Martin Chuzzlewit* (1843–44; 1968 hrsg. v. P. N. Furbank), S. 263, 353, 600 [Kap. 12, 17, 37]. Noch großzügiger beim Verteilen dieser hohen Auszeichnung ist Anthony Trollope. (Siehe besonders *Doctor Thorne* [1858; 1980 hrsg. v. David Skilton], S. 12, 166, 271, 318, 371 [Kap. 1, 12, 20, 24, 28]. In anderen Trollope-Romanen wie etwa *The Prime Minister* [1876] würde man noch mehr davon finden.)

16. «Haunted», in: *Plays and Poems of W. S. Gilbert* (1932, mit e. Vorw. von Deems Taylor), S. 928.

17. William James an John C. Gray, 23. November 1899, in: *The Letters of William James*, hrsg. von seinem Sohn Henry James, 2 Bde. (1920), Bd. II, S. 108.

18. Basil Willey, «J. A. Froude», in: *More Nineteenth Century Studies: A Group of Honest Doubters* (1956), S. 110, 133. Der arme Bruder wurde später ein äußerst produktiver englischer Historiker und unverhohlener religiöser Zweifler. Im Vorwort zu ihrem Roman *Cecil* versucht die englische Modeschriftstellerin Catherine Gore, die offensichtlich Zweifel an der Fairness und am guten Willen ihrer Rezensenten hat, ihnen mit dem Urteil, es sei «nichts von Großmut – nichts von Männlichkeit an ihnen» zuvorzukommen (*Cecil; or, The Adventures of a Coxcomb*, 3 Bde. [1841], Bd. I, S. vi).

19. Siehe Henry James, «The Picture Season in London» (1877) und «The Grosvenor Gallery» (1878), in: *The Painter's Eye*, hrsg. v. John L. Sweeney (1956), S. 144–47, 161–64. Dagegen ist überaus schwer auszumachen, was James gemeint haben könnte, als er den Gemälden Jean Louis Ernest Meissoniers bescheinigte, sie zeigten «die *denkbar männlichste Vollendung*». («The Wallace Collection in Bethnal Green» [1873], ebd., S. 75)

20. «On Men and Pictures: A Propos of a Walk in the Louvre» (Juni 1841), in: *The Works of William Makepeace Thackeray*, Centenary Biographical Edition, 26 Bde. (1910–11), Bd. XXV, S. 261.

21. Gisela Dischner, *Caroline und der Jenaer Kreis* (1979), S. 83.

22. Thomas Babington Macaulay, «Macchiavelli» (1825), in: *Critical and Miscellaneous Essays* (überarb. Aufl., 7 Bde. in 5, 1879), Bd. I, S. 97–98.

23. Gomperz an Ferdinand von Saar, 18. September 1902, in: *Theodor Gomperz. Ein Gelehrtenleben im Bürgertum der Franz-Josefs-Zeit. Auswahl seiner Briefe und Aufzeichnungen, 1869–1912* (hrsg. v. Heinrich Gomperz; 1974 neu hrsg. v. Robert A. Kann), Österreichische Akademie der Wissenschaften, Philosophisch-Historische Klasse, Sitzungsberichte, Bd. CCVC, S. 358.

24. William James an Margaret James, 26. Mai 1900, in: *Letters*, Bd. II, S. 130.

25. George Somes Layard, *Mrs. Lynn Linton, Her Life, Letters, and Opinions* (1901), S. 260; Dickens, *Martin Chuzzlewit*, S. 746 [Kap. 43].

26. Benjamin Disraeli, *Sybil; or, The Two Nations* (1845; 1926 World's Classics), S. 29 [Buch I, Kap. 5].

27. Heinrich Heine, *Die romantische Schule* (1835), in: *Sämtliche Schriften*, hrsg. v. Klaus Briegleb u. a., 6 Bde. (1968–76), Bd. III, S. 379.

28. Dansette, *Louis-Napoléon*, S. 250. Männlichkeit kann auch einfach nur «Überlegenheit» bedeuten. In Theodor Fontanes Roman *Frau Jenny Treibel* sagt die treue alte Haushälterin Frau Schmolke zu Corinna Schmidt, der Tochter ihres Herrn und der attraktiven Heldin des Romans, die sich zwischen zwei möglichen Ehemännern nicht entscheiden kann: «Du mußt einen klugen Mann haben, einen, der eigentlich klüger ist als du – du bist übrigens gar nich mal so klug – un der was Männliches hat... un vor dem du Respekt hast.» *Männlich* heißt hier etwas Imposantes, Statuarisches, fast Bedrohliches, das eine Frau nur bewundern, aber selber nie erreichen kann. (*Frau Jenny Treibel* [1892], in: *Sämtliche Werke*, hrsg. v. Edgar Groß u. a., 24 Bde. [1959–75], Bd. VII, S. 151 [Kap. 14])

29. Morris an Aglaia Coronio, März 1875, in: E. P. Thompson, *William Morris: Romantic to Revolutionary* (1955), S. 204.

30. Charles Wagner, *Courage* (1984 aus frz.: *Vaillance* [1894]), S. 151, 156. Im Jahr 1856 schreibt der britische Chartist Robert Lowery verärgert: «Dem Klugen und Tugendhaften ist es selbstverständlich, als Mann ein Gespür sowohl für Selbstachtung wie auch für die Anforderungen der Männlichkeit zu haben.» Er wendet sich hier gegen jene überheblichen Charaktere, die sich zu fein seien, auch den Handwerkern das Wahlrecht zu geben. (Brian Harrison, *Peaceable Kingdom: Stability and Change in Modern Britain* [1982], S. 193)

31. *Oliver Cromwell's Letters and Speeches, with Elucidations*, in: *The Centenary Edition of the Works of Thomas Carlyle*, 30 Bde. (1898–1923), Bd. VI, S. 265.

32. Georg Moritz Ebers, *Die Geschichte meines Lebens. Vom Kind bis zum Manne*, in: *Gesammelte Werke* (1880ff.), Bd. XXV (1892), S. 179.

33. Joseph Ruggles Wilson an Thomas Woodrow Wilson, 22. Dezember 1877, in: Edwin A. Weinstein, *Woodrow Wilson: A Medical and Psychological Biography* (1981), S. 44.

34. Um den Zusammenhang zwischen dieser männlichen Haltung und dem viktorianischen Begriff der Weiblichkeit geht es weiter unten im 4. Kap.

35. Ludwig Gurlitt, *Erziehung zur Mannhaftigkeit* (1907), S. 6–7; Friedrich Wilhelm Foerster, *Lebensführung. Ein Buch für junge Menschen* (1909; 1910), S. 53, 96; Hall, *Adolescence*, Bd. I, S. 218 (allerdings fügt er rasch hinzu, daß übermäßiger Kampftrieb zwar schlimm sei, aber «ein Raufbold ist besser als ein Junge, der sich vor einem Kampf drückt»); Thackeray, Vorwort zu *The History of Pendennis* (1848–50), in: *Works*, Bd. III, S. iv.

36. Francis Galton, «Eugenics: Its Definition, Scope and Aims», in: *Sociological Papers*, 2 Bde. (1905–6), Bd. I, S. 45–46.

37. Die englischen und amerikanischen Auflagen des Buches werden aufgelistet in: Edward C. Mack und W. H. G. Armytage, *Thomas Hughes: The Life of the Author of «Tom Brown's Schooldays»* (1952), S. 294–95.

38. Thomas Hughes, *Tom Brown's Schooldays* (1857; 1913), S. 5, 20 [Teil I, Kap. 1, 2]. Zum Wettkampf siehe Teil I, Kap. 5.

39. Ebd., S. 55, 158 [Kap. 3, 8].

40. Ebd., S. 121, 195, 123, 144 [Teil I, Kap. 7; Teil II, Kap. 1; Teil I, Kap. 7, 8].

41. Im Jahr 1915 schrieb Freud, als er nach jahrzehntelangen ergebnislosen Debatten Klarheit zu schaffen suchte: «Es ist unerläßlich, sich klar zu machen,

daß die Begriffe ‹männlich› und ‹weiblich› (...) in der Wissenschaft zu den verworrensten gehören.» (*Drei Abhandlungen zur Sexualtheorie* [1905; Zusatz von 1915], in: *Gesammelte Werke*, hrsg. v. Anna Freud u. a., 18 Bde. [1940–68], Bd. V, S. 121 Anm.) Die hier eröffnete Perspektive hat er nie zu Ende gedacht; manche seiner Beobachtungen werfen zwar ein Schlaglicht auf das umstrittene Thema, aber wenn nötig bleibt er auch einfach beim üblichen Sprachgebrauch.

42. Thomas Hughes, *Tom Brown at Oxford* (1861; 1914), S. 99–100 [Kap. 11].
   1858 schreibt Hughes ein Vorwort zu *Tom Brown's Schooldays*, in das er auch den langen Brief eines Freundes aufnimmt, der kritisiert hatte, das Buch greife die Schlägermentalität nicht entschieden genug an. In seiner Antwort ist Hughes nicht direkt einverstanden, signalisiert aber ein Problembewußtsein: «Im besten Sinne ein Junge zu sein, verträgt sich sehr wohl mit Seriosität – oder Ernsthaftigkeit, wenn dir das Wort besser gefällt.» (Vorwort zu *Tom Brown's Schooldays* [1858], S. xxii)

43. Nicht weniger freimütig sagen es einige von Wilkie Collins' Protagonisten.
   1869 schreibt Collins sein Buch *Man and Woman*, das zu den didaktischsten seiner Thesenromane gehört, zur Unterstützung des friedlich gesonnenen Lagers. Der Böse darin, Geoffrey Delmayn, ist ein Langstreckenläufer von unvergleichlichem Mut und melodramatisch übertriebener Schlechtigkeit; er ist ein Dummkopf, Grobian und unverbesserlicher Verführer. Diese Karikatur ist zwar zu überspitzt, um überzeugend zu sein, aber Collins Absichten sind unmißverständlich: Er will die Sportbegeisterung als Verstoß gegen die Werte der Zivilisation anprangern.

44. Thomas Hughes, *The Manliness of Christ* (1879), S. 9.

45. Ebd., S. 9–11.

46. Ebd., S. 34, 138.

47. Ebd., S. 27.

48. Siehe ebd., S. 36.

49. Einige von Kingsleys Zeitgenossen sahen das klar und deutlich. W. R. Greg, Verfasser von liberalen Betrachtungen über die englische Kultur, beschreibt Kingsley 1860 als «beängstigend streitsüchtig» und zählt ihn zu den zwei «kämpferischsten Autoren» der Zeit (der andere war Carlyle). «Die Natur hat sie randvoll mit aggressiven Bedürfnissen in die Welt entlassen.» Scharfsinnig stellt Greg fest: «Es muß eine Lust sein, alle Kräfte des alten Adam gegen die Feinde des neuen aufzubieten. Was für eine unaussprechliche Wohltat und Wonne für einen Christen wie Mr. Kingsley (den Gott so geschaffen hat, daß er vor animalischer Begierde und wilden aggressiven Trieben geradezu überschäumt), wenn er merkt, daß man nicht von ihm verlangt, diese Triebe zu beherrschen, sondern nur, sie zu lenken.» So könne er es sich gestatten, «mit vollkommenem Haß» zu hassen, zu handeln «wie ein Schlachtroß, das dem Kampf entgegenfiebert». («Kingsley and Carlyle» [1860], in: *Literary and Social Judgments* [1873], S. 116–17)

50. John Martineau, Kingsleys treuer Schüler und enger Freund, dessen «zärtliche Erinnerungen» Kingsleys Witwe später veröffentlichte, entdeckte an seinem Lehrer «bei aller männlichen Kraft» eine «heimliche Veranlagung zur *Frau*», eine «nervöse Empfindsamkeit und Intensität des Mitgefühls» und mehr noch

etwas «Zärtliches, Feinfühliges, Besänftigendes». (*Charles Kingsley: His Letters and Memories of His Life*, hrsg. von seiner Ehefrau, 2 Bde. [1876; 1879], Bd. I, S. 240) Genauso deutlich sah auch W. R. Greg diese Seite von Kingsley. An Kingsley sei etwas «Zärtliches» gewesen, so meint er, das zwar nicht sehr stark, aber doch «männlich, spontan und echt» war. («Kingsley and Carlyle» [1860], in: *Literary and Social Judgments* [1873], S. 119)

51. Siehe Kingsley, «Heroism», a. a. O., S. 231, 237–38, 252.

52. Elizabeth Barrett Browning an Mrs. Martin [2. September 1852], in: *The Letters of Elizabeth Barrett Browning*, hrsg. v. Frederic G. Kenyon, 2 Bde. (1897), Bd. II, S. 83; Elizabeth Barrett Browning an Mary Russell Mitford, 20. August 1855, ebd., S. 134.

53. Thackeray, *Vanity Fair* (1848), in: *Works*, Bd. I, S. 369 [Kap. 30].

54. Stifter an Gustav Heckenast, 17. Dezember 1860, in: *Adalbert Stifters Leben und Werk in Briefen und Dokumenten*, hrsg. v. K. G. Fischer (1962), S. 464.

55. «The Suppressed Sex» (1868), zit. nach: Lee Holcombe, *Victorian Ladies at Work: Middle-Class Working Women in England and Wales, 1850–1914* (1973), S. 9–10.

56. An den englischen Malern der frühen 40er Jahre lobt Thackeray, daß sie «mehr nach dem Herzen als nach alten Regeln und schon gar nicht nach alten heroischen, absurden, unbegreiflichen, unhaltbaren Regeln» malen. Daher sei «ein sanftes Gefühl, ein liebenswertes, beschauliches Ereignis, eine Minitragödie in den meisten Fällen Stoff genug für ihre sanften Fähigkeiten.» Was die Antike, die Allegorie oder den Heroismus angeht, «so haben wir weise darauf verzichtet zu behaupten, wir hätten irgendein Interesse daran, und bekennen uns ganz nachdrücklich zu einfacheren und bescheideneren Themen». (Mario Praz, *The Hero in Eclipse in Victorian Fiction* [1952; 1956], S. 219–20) Weitere Zeugen sind die komischen Helden in George Bernard Shaws unbarmherzig spottenden Komödien wie *Arms and the Man*. Als er im Jahr 1909 gegen das Verbot seines «primitiven Melodrams» *The Shewing-Up of Blanco Posnet* protestiert, beschreibt er dessen Charaktere als «eine kleine Gemeinde gewalttätiger, grausamer, wollüstiger, unwissender, gotteslästerlicher, blutrünstiger Hinterwäldler, die sich Männlichkeit einfach als tierischen Kampftrieb vorstellen und deren Lieblingssport im Lynchen besteht». Ohne Frage entsprechen sie nicht seinem Ideal. («Blanco Posnet Banned by the Censor», Pressemitteilung vom 22. Mai 1909, in: *The Bodley Head Bernard Shaw: Collected Plays with Their Prefaces*, 7 Bde. [1970–74], Bd. III [1971], S. 801)

57. Thackeray, «Small Beer Chronicle» (Juli 1861), in: *Works*, Bd. XX, S. 135–36.

58. Thackeray, *Pendennis*, in: *Works*, Bd. III, S. 102, 595, 785 [Kap. 7, 57, 75]. In diesem und den zwei vorangehenden Absätzen beziehe ich mich auf die bahnbrechende Untersuchung von Mario Praz, *The Hero in Eclipse in Victorian Fiction*.

59. So Charles Kingsley in: «Heroism» (*Sanitary and Social Lectures* [1880], S. 252). «Genau dies», fährt er fort, «hat Mr. Thackeray gemeint – er hat es mir ja selbst gesagt – daß es möglich ist, auch in Englands niedrigsten und verdorbensten Zeiten ein Gentleman und Held zu sein, sofern ein Mann nur seinem inneren Licht treu bleibt.» (Ebd.) Thackerays Selbstlob, das Kingsley sich einfach zu eigen macht, unterstreicht nur, wie kompliziert – und, so muß

ich hinzufügen, bei vielen recht eigentlich harmlos – das männliche Ideal im 19. Jahrhundert war.

60. Peter Gay, *Style in History* (1974), S. 122 Anm.

61. Bülow an Eduard von Welz, 2. Februar 1875, in: *Briefe und Schriften*, hrsg. v. Marie von Bülow (1895–96; 2. Aufl. 1896–1908), Bd. V (1904), *1872–1880*, S. 250–51.

62. Bülow an Louise von Welz, 6. Juni 1877, ebd., S. 409 (Englisch im Original).

63. *Mary Chesnut's Civil War*, hrsg. v. C. Vann Woodward (1981), S. 86.

64. Diese total unbürgerliche Einstellung war weit verbreitet. Als Sam Houston 1812 zur amerikanischen Armee ging, um im Krieg gegen England mitzukämpfen, übergab ihm seine Mutter eine Muskete und sagte: «Halte sie immer in Ehren; denn denke daran, ich will lieber, daß alle meine Söhne in ein ehrenhaftes Grab kommen, als daß einer von ihnen kehrtmacht, um sein Leben zu retten.» Zum Zeichen, daß sie es ernst meinte, gab sie ihrem Sohn einen goldenen Ring, in den das Wort «Ehre» eingraviert war. (Bertram Wyatt-Brown, *Southern Honor: Ethics and Behavior in the Old South* [1982], S. 51)

65. Siehe John K. Campbell, *Honour, Family and Patronage: A Study of Institutions and Moral Values in a Greek Mountain Community* (1964), S. 269–70.

66. Siehe Thomas Mann, *Buddenbrooks. Verfall einer Familie* (1901), Teil 3, Kap. 15. Noch krasser dargestellt ist eine solche Mesalliance – hier zwischen einem jungen Adligen und einer Frau aus der Arbeiterklasse in Berlin – in Theodor Fontanes ebenso bezauberndem wie rührendem Roman *Irrungen, Wirrungen* (1888).

67. Kingsley an Sir Henry Taylor, 26. Dezember 1868, in: *Letters*, Bd. II, S. 214.

68. Greg, «Kingsley and Carlyle», a. a. O., S. 118. Kingsleys Loblied auf die Bourgeoisie war keineswegs ohne Widersprüche. Als er 1872 in Birmingham über die «Science of Health», die Wissenschaft von der Gesundheit spricht, stellt er fest: «Immer wenn man auf den Straßen unserer großen Handelsstädte unterwegs ist, sieht man zahlreiche Männer, junge und Männer im mittleren Alter, deren ganze Körperhaltung und Statur zeigt, daß die Manneskraft unserer Mittelklasse alles andere als aufgebraucht ist.» (*Sanitary and Social Lectures*, S. 25) Auch diese Widersprüche mahnen uns wie so viele andere, die Komplexität der Menschen nicht zu unterschätzen.

69. Oliver Wendell Holmes jr., «Memorial Day», in: *Occasional Speeches*, zusammengest. von Mark DeWolfe Howe (1962), S. 10.

4. T. R.: der Extremist der Mitte

1. David McCullough, *The Path between the Seas: The Creation of the Panama Canal, 1870–1914* (1977), S. 490.

2. Richard Hofstadter, *The American Political Tradition and the Men Who Made It* (1948), S. 205.

3. In einer gründlichen Studie über T. R.s Asthma konnte David McCullough genetische Faktoren und Allergene als Ursachen ausschließen; er stellte fest, daß die Anfälle fast regelmäßig an Sonntagen auftraten, und deshalb vieles

dafür spricht, daß die psychischen Ursachen in der Gruppendynamik der Rooseveltschen Familie zu suchen sind. (*Mornings on Horseback* [1981], Kap. 4)

4. David McCullough, *Mornings on Horseback* (1981), S. 15.

5. «Anfangs hatte ich vor allen möglichen Dingen Angst, vor Grizzlybären und ‹bissigen› Pferden und Revolverhelden; aber indem ich mich so verhielt, als hätte ich keine Angst, hörte ich nach und nach auf, mich zu fürchten.» (Theodore Roosevelt, *An Autobiography* [1913], S. 54)

6. Ebd., S. 29–30. Kein Rooseveltforscher hat diesen Vorfall ausgelassen. Eine brillante kurze Analyse dazu hat etwa Hofstadter vorgelegt. (*American Political Tradition*, S. 207)

7. Siehe ebd., S. 209–10.

8. Henry Adams, *The Education of Henry Adams* (1918; 1931 hrsg. v. James Truslow Adams), S. 417–18.

9. Henry F. Pringle, *Theodore Roosevelt: A Biography* (1931), S. 494.

10. Lodge an T. R., 27. September 1902, in: *Selections from the Correspondance of Theodore Roosevelt and Henry Cabot Lodge, 1884–1918*, 2 Bde. (1925), Bd. I, S. 532; zu T. R. siehe: Pringle, *Theodore Roosevelt*, S. 345.

11. Theodore Roosevelt, *An Autobiography* (1913), S. 57.

12. Adams, *The Education of Henry Adams*, S. 166; Roosevelt, *Autobiography*, S. 57.

13. McCullough, *Mornings on Horseback*, S. 260.

14. Zum ersten Zitat siehe: T. R. an William Tudor, 28. März 1898, in: Joseph Bucklin Bishop, *Theodore Roosevelt and His Time Shown in His Own Letters*, 2 Bde. (1920), Bd. I, S. 88; zum zweiten Zitat siehe: T. R. an Sturgis Bigelow, 29. März 1898, ebd., S. 103.

15. T. R. an Amos Pinchot, 3. November 1916, in: *The Letters of Theodore Roosevelt*, ausgew. und hrsg. von Elting E. Morison, gemeinsam mit John M. Blum und Alfred D. Chandler jr., 8 Bde. (1951–54), Bd. VIII, S. 1122.

16. T. R. an John Albert Sleicher, 25. Februar 1906, in: *Letters*, Bd. V, S. 167. Solche Äußerungen kehrten beständig wieder, zumal während seiner Präsidentschaft und danach. Siehe auch: T. R. an Frank A. Munsey, 16. Januar 1912, ebd., Bd. VII, S. 481; T. R. an Arthur Hamilton Lee, 26. Dezember 1907, ebd., Bd. VI, S. 875.

17. T. R. an F. S. Oliver, 9. August 1906, ebd., Bd. VI, S. 352; T. R. an Henry Lee Higginson, 28. März 1907, ebd., S. 633; T. R. an William Howard Taft, 9. März 1909 (als er das Weiße Haus verläßt), ebd., S. 1543; T. R. an Nicholas Murray Butler, 20. September 1907, ebd., Bd. V, S. 797; T. R. an Henry White, 27. November 1907, ebd., S. 859.

18. George E. Mowry, *The Era of Theodore Roosevelt, 1900–1912* (1958), S. 111.

19. T. R. an George Horace Lorimer, 12. März 1906, in: *Letters*, Bd. V, S. 263.

20. «The World Movement» (1910), in: *The Works of Theodore Roosevelt*, hrsg. v. Hermann Hagedorn, 20 Bde. (1926), Bd. XIV, S. 275.

21. Vorwort zu Edward, Duke of York, «The Master of Game» (1904), ebd., S. 482.

22. T. R. an George Otto Trevelyan, 9. März 1905 (unmittelbar nach seiner Wiederwahl), in: *Letters*, Bd. IV, S. 1132.

23. T. R. an Kermit Roosevelt, 2. Oktober 1903, in: *Theodore Roosevelt's Letters to His Children*, hrsg. v. Joseph Bucklin Bishop (1919), S. 60–61; T. R. an Theodore Roosevelt jr., 4. Oktober 1903, ebd., S. 63.

24. T. R. an Gertrude Tyler Carow (seine Schwiegermutter), 18. Oktober 1890, in: *Letters*, Bd. I, S. 234.

25. T. R. an Edward Sanford Martin, 26. November 1900, ebd., Bd. III, S. 1443.

26. Theodore Roosevelt, «A Colonial Survival» (1892), in: *Works*, Bd. XIV, S. 372. Hofstadter hat in *American Political Tradition* (S. 209) auf diese wichtige Passage aufmerksam gemacht.

27. T. R. an Owen Wister, 27. April 1906, in: *Letters*, Bd. V, S. 222. Als scharfsichtiger amerikanischer Anwalt wußte William Nelson Cromwell (der in die finstere rechtliche, finanzielle und diplomatische Vorgeschichte des Panamakanals tief verstrickt war) ganz genau, was der Präsident hören wollte und stimmte deshalb Ende 1903 ein Loblied auf T. R.s «mannhafte und meisterhafte Politik» an. (Pringle, *Theodore Roosevelt*, S. 318)

28. Theodore Roosevelt, «Biological Analogies in History» (Romanes Lecture, 1910), in: *Works*, Bd. XIV, S. 103.

29. Theodore Roosevelt, «The Search for Truth in a Reverent Spirit» (1911), ebd., S. 419.

30. Theodore Roosevelt, «Washington's Forgotten Maxim» (Rede am Naval War College, 1897), ebd., Bd. XV, S. 255–56.

31. «Ich möchte so wenig niedergeschossen werden wie jeder andere auch; und schon gar nicht an Fleckfieber sterben. Ich habe einfach zu viel Freude an meiner Frau und meinen Kindern und an allem Schönen, als daß ich sie leichtsinnig aufs Spiel setzen oder meine Familie im Stich lassen könnte; aber das oben Gesagte ist das, was ich für meine Pflicht halte.» (T. R. an Alexander Lambert, seinen Freund und Arzt, 1. April 1898, in: *The Letters of Theodore Roosevelt*, ausgew. und hrsg. von Elting E. Morison, gemeinsam mit John M. Blum und Alfred D. Chandler jr., 8 Bde. [1951–54], Bd. II, S. 808)

32. Siehe Theodore Roosevelt, «Biological Analogies in History», ebd., Bd. XV, S. 65–106, besonders S. 69–70.

33. Theodore Roosevelt, «Social Evolution» (1894), ebd., S. 107, 112.

34. T. R. an John Hay, 2. September 1904, in: *Letters*, Bd. IV, S. 917; T. R. an John Hay, 17. August 1903, ebd., S. 567; T. R. an Owen Wister, 27. April 1906, ebd., Bd. V, S. 226; T. R. an Henry Cabot Lodge, 11. September 1899, ebd., Bd. I, S. 1069; zum letzten Zitat siehe: Pringle, *Theodore Roosevelt*, S. 471.

35. Theodore Roosevelt, «Eighth Annual Message to Congress», 8. Dezember 1908, in: *Works*, Bd. XVII, S. 579–80.

36. T. R. an Ray Stannard Baker, 28. November 1905, in: *Letters*, Bd. V, S. 100; zur Französischen Revolution siehe: T. R. an Samuel Sidney McClure, 4. Oktober 1905, ebd., S. 45.

37. T. R. an George Otto Trevelyan, 18. August 1906, ebd., S. 366; T. R. an den Romancier Winston Churchill, 18. August 1906, ebd., S. 378; T. R. an James Schoolcraft Sherman, 8. Oktober 1906, ebd., S. 452.

II. Pathologisches

1. Charles Holmes an Annie E. Slade, 16. April 1865, Holmes Family Papers, Box 1, Yale University Library, Manuscripts and Archives.
2. Ebd.
3. Ebd.
4. Ebd.
5. Ebd.

1. Auf der Suche nach zivilisierten Rechtfertigungsgründen

1. Johann Wolfgang von Goethe, *Dichtung und Wahrheit*, in: *Gedenkausgabe der Werke, Briefe und Gespräche*, hrsg. v. Ernst Beutler, 27 Bde. (1948–71), Bd. X, S. 576.
2. Ernest Bertrand, «Essai sur la moralité comparative des diverses classes de la population et principalement des classes ouvrières», in: *Journal de la Société de statistique de Paris*, Bd. XIII (Oktober 1872), S. 271, 268.
3. Siehe Peter (Petr Alekseevič) Kropotkin, *Die Eroberung des Brotes* (1892; 1919) Kap. 12, «Einwürfe».
4. Louis Günther, *Die Idee der Wiedervergeltung in der Geschichte und Philosophie des Staatsrechts. Ein Beitrag zur universalhistorischen Entwicklung desselben*, 2 Bde. (1889–91), Bd. II, S. xi. Im Jahr 1839 argumentiert ein Mitglied der preußischen Staatsrats-Kommission für die Strafrechtsreform, «in der Meinung des Volkes» – und des Verbrechers – sei die Strafe «ein Akt der Vergeltung». (Richard J. Evans, «Öffentlichkeit und Autorität: Zur Geschichte der Hinrichtungen in Deutschland vom Allgemeinen Landrecht bis zum Dritten Reich», in: Heinz Reif [Hrsg.], *Räuber, Volk und Obrigkeit. Studien zur Geschichte der Kriminalität in Deutschland seit dem 18. Jahrhundert* [1984], S. 219)
5. «Mit merkwürdiger Beharrlichkeit erzählen Mythen von der Entstehung des Menschen aus einem Sündenfall, aus einem Verbrechen, das oft den Charakter blutiger Gewalttat hat.» (Walter Burkert, *Homo necans. Interpretationen altgriechischer Opferriten und Mythen* [1972], S. 30)
6. Theodor Mommsen, *Römisches Strafrecht* (1899), S. 901.
7. Immanuel Kant, *Methaphysik der Sitten* (1785), in: *Werke in sechs Bänden*, hrsg. v. Wilhelm Weischedel (1960–64), Bd. IV, S. 598 [Tugendlehre, Teil I, Ethische Elementarlehre, § 36]; siehe auch ebd., S. 455 [Rechtslehre, Teil II, Das öffentliche Recht].
8. Claude-Joseph Tissot, *Le Droit pénal étudié dans ses principes, dans ses usages et les lois des divers peuples du monde; ou, Introduction philosophique et historique à l'étude du droit criminel*, 2 Bde. (1860; 3. Aufl. 1888), passim; Zitat in Bd. II, S. 591.
9. Thomas Babington Macaulay, *The History of England from the Accession of James II*, 5 Bde. (1849–61; amerikanische Aufl. o. J.), Bd. I, S. 383–85 [Kap. 3].
10. *The Times* (London), 11. März 1846, S. 3. Wie Philip Collins anmerkt, hat im selben Jahr auch Dickens diese Passage zitiert, allerdings ohne – jedenfalls

noch ohne – rechte Überzeugung. (*Dickens and Crime* [1962; 2. Aufl. 1964], S. 226)

11. Patricia O'Brien, *The Promise of Punishment: Prisons in Nineteenth-Century France* (1982), S. 3. Einige Jahre später äußert sich Harriet Martineau in Großbritannien ganz genauso: «Die Behandlung derer, die man schuldig gesprochen hat, ist ein außerordentlich wichtiger Index für die moralischen Vorstellungen einer Gesellschaft.» (Martin J. Wiener, *Reconstructing the Criminal: Culture, Law, and Policy in England, 1830–1914* [1990], S. 4) Und mehrere Jahrzehnte danach schreibt Georg Jellinek in Deutschland: «Das Strafrecht ist vielleicht der beste Culturmesser, den es gibt.» *(Die sozialethische Bedeutung von Recht, Unrecht und Strafe* [1878; 1967], S. 114)

12. «Model Prisons» (1850), in: *The Centenary Edition of the Works of Thomas Carlyle*, 30 Bde. (1899–1923), Bd. XX, S. 52, 55, 56.

13. Charles Dickens, *The Personal History of David Copperfield* (1850; 1966 hrsg. v. Trevor Blount), S. 921–29; Zitat S. 922 [Kap. 61].

14. *The Mikado*, in: *Plays and Poems of W. S. Gilbert* (1932, Vorwort Deems Taylor), S. 382 [2. Akt].

15. Siehe Zucker, «Einige criminalistische Zeit- und Streitfragen der Gegenwart», in: *Der Gerichtssaal*, Bd. XLIV (1891), S. 1. Er zitiert hier Gustav Geib, *Lehrbuch des deutschen Strafrechts* (1861–62), S. 312.

16. Bernhard Düsing, *Die Geschichte der Abschaffung der Todesstrafe in der Bundesrepublik Deutschland* (1952), S. 90–91.

17. Charles de Secondat, Baron de Montesquieu, *De l'esprit des lois* (1751), in: *Œuvres complètes*, hrsg. v. Roger Callois, 2 Bde. (1949–51), Bd. II, S. 327 [Buch VI, Kap. 16]; Cesare Beccaria, *Dei delitti e delle pene* (1764; 1965 hrsg. v. Franco Venturi), S. 19 [Kap. 6]. Diejenigen, die Charles Kingsleys ehemals berühmtes Kinderbuch *The Water Babies* (1863) gelesen haben, werden noch die gestrenge Mrs. Bedonebyasyoudid in Erinnerung haben und wissen, daß das richtige Verhältnis durchaus bitter schmecken kann. Es kommt alles darauf an, wer es festlegt.

18. Gustave de Beaumont und Alexis de Tocqueville, *Du système pénitentiaire aux Etats-Unis, et de son application en France*, 2 Bde. (1833; 2. Aufl. 1836), Bd. I, S. 166.

19. Wie verwickelt diese Geschichte eigentlich war, zeigt sich symptomatisch daran, daß Howard, der große humanitäre Denker, zugleich zu den nachdrücklichsten Fürsprechern einer extrem harten Gefängnisdisziplin – und zumal der Isolierung der Insassen voneinander – gehörte.

20. Jeremy Bentham, *The Theory of Legislation*, aus frz. *Principes de législation et d'économie politque* und *Traités de législation civile et pénale*, 1820 nach Manuskr. zusammengest. u. übers. von Etienne Dumont (1864 übers. von Richard Hildreth; 1931 hrsg. v. C. K. Ogden), S. 76.

21. Beccaria, *Dei delitti e delle pene*, S. 11–12 [Kap. 1–2].

22. Voltaire, *Commentaire sur le livre des délits et des peines* (1766), in: *Œuvres complètes*, hrsg. v. Louis Moland, 52 Bde. (1877–85), Bd. XXV, S. 572–73.

23. David Hume hatte 1739 die These vertreten, die «Wissenschaft vom Menschen», die man bis dahin leider vernachlässigt habe, sei ohne jede Frage «die einzig solide Grundlage für die anderen Wissenschaften», ihr Gegenstand sei

nichts anderes als die «Natur des Menschen». (*A Treatise of Human Nature: Being an Attempt to Introduce the Experimental Method of Reasoning into Moral Subjects* [1739–40; 1888 hrsg. v. L. A. Selby-Bigge], S. xx)

24. Siehe Hermann Mannheim, Einleitung zu *Pioneers in Criminology* (1960), S. 1.

25. Tissot, *Le Droit pénal,* Bd. I, S. 221–22, 227; Günther, *Die Idee der Wiedervergeltung,* Bd. I, S. 5; Jellinek, *Die sozialethische Bedeutung von Recht, Unrecht und Strafe,* S. 80, 79, 92.

26. James Fitzjames Stephen, *Liberty, Equality, Fraternity* (1873; 2. Aufl. 1874; 1967 hrsg. v. R. J. White), S. 148, 152. Einige Jahre später wiederholte Stephen diese Auffassung in seiner kompetenten Geschichte des Strafrechts. Siehe *History of the Criminal Law of England,* 3 Bde. (1883), Bd. II, S. 81.

27. Zu Moreau-Christophe siehe: Gordon Wright, *Between the Guillotine and Liberty: Two Centuries of the Crime Problem in France* (1983), S. 66; zu Lotze siehe: Ted Honderich, *Punishment: The Supposed Justifications* (1969; überarb. 1971), S. 29 Anm.

2. Zwischen Gefängnis und Gefühl

1. W. R. Greg, «The Correction of the Juvenile Offenders», in: *Edinburgh Review,* Bd. CI (April 1855), S. 383–84.

2. Ebd.

3. Gordon Wright, *Between the Guillotine and Liberty: Two Centuries of Crime Problem in France* (1983), S. 63.

4. Siehe Pamela Horn, *The Victorian Country Child* (1974), Kap. 11 und Dokument M. In Frankreich machten es die Richter keineswegs besser: Dort saßen 1875 nahezu zehntausend Minderjährige im Gefängnis; 1890 wurden 3378 Jungen und 558 Mädchen unter sechzehn Jahren wegen der verschiedensten Straftaten verurteilt. Ausprobiert wurden zwar eine Reihe von Alternativen zur Gefängnishaft für Jugendliche, doch erst im Jahr 1912 schuf man Sondergerichte für sie. (Patricia O'Brien, *The Promise of Punishment: Prisons in Nineteenth-Century France* [1982], S. 110–11, 125–31) In anderen Ländern lagen die Zahlen nicht niedriger.

5. «Reformatory Schools», in: *Saturday Review,* Bd. VI (11. September 1857), S. 250.

6. «The Knotty Problem», in: *Saturday Review,* Bd. II (7. Juni 1858), S. 120. Etwa fünfzig Jahre zuvor, so schreibt die *Saturday Review,* hatten die Menschen entdeckt, daß das überkommene System «für das moderne Empfinden nicht länger tragbar sei und der Nachprüfung durch die moderne Vernunft nicht standhalten werde». Da also «der Zeitgeist stark zum Begnadigen und Verzeihen tendiert», hätten die Staatsmänner einiges am Strafvollzug «etwas weniger schockierend» gemacht. So «haben wir die Hinrichtung durch den Strang abgeschafft – von der Prügelstrafe Abstand genommen – und gesunde Vernunft, Anständigkeit und Menschlichkeit haben dazu geführt, daß wir unsere Gefängnisse so lange verbessert haben, bis sie fast unweigerlich zu vergleichsweise behaglichen Orten wurden». Aber außer ein paar «theoretischen Juristen» habe niemand dargelegt, in welchen Punkten sich die alte

Rechtsprechung eigentlich geirrt hat, und schon gar nicht habe man gezeigt, wie man eine bessere zuwege bringt. (Ebd.)

7. Zu Lynds siehe: Gustave de Beaumont und Alexis de Tocqueville, *On the Penitentiary System in the United States and Its Application in France* (1833; 1964 hrsg. v. Hermann R. Lantz), S. 163; zu Sue siehe: Wright, *Between the Guillotine and Liberty*, S. 67; zum deutschen Besucher siehe: R. [Pseud.], «Das Zellengefängniss der jugendlichen Verbrecher in Paris», in: *Die Gartenlaube*, Bd. XII (1864), S. 472.

8. Juristen, so Bentham, sind «ein passiver und kraftloser Menschenschlag, bereit, alles zu schlucken und alles zu akzeptieren; mit einem Verstand, der richtig und falsch nicht unterscheiden kann, und mit Gefühlen, die beidem gegenüber gleichermaßen indifferent sind; empfindungslos, kurzsichtig, obstinat; lethargisch und doch immer in Gefahr, in falscher Angst völlig außer sich zu geraten; taub gegenüber der Stimme der Vernunft und des öffentlichen Nutzens; unterwürfig nur gegen die Einflüsterungen des Interesses und den Wink der Macht.» (Vorwort zu *A Fragment on Government* [1776; 1891 hrsg. v. F. C. Montague], S. 104)

9. Notiz von etwa 1773, drei Jahre vor Erscheinen von Benthams erstem Buch *A Fragment on Government*. Elie Halévy, *The Growth of Philosophical Radicalism* (1901–4; 1928 übers. aus frz. *La formation du radicalisme philosophique*), S. 55.

10. Jeremy Bentham, *The Theory of Legislation*, aus frz. *Principes de législation et d'économie politique* und *Traités de législation civile et pénale*, aus Manuskr. zusammengest. u. übers. von Etienne Dumont (1802; 1864 übers. von Richard Hildreth; 1931 hrsg. v. C. K. Ogden), S. 354.

11. Ebd.

12. John Stuart Mill, «Bentham» (1838), in: *Dissertations and Discussions Political, Philosophical, and Historical*, 2 Bde. (1859), Bd. I, S. 332.

13. Samuel Gridley Howe, *Report of a Minority of the Special Committee of the Boston Prison Disciplinary Society, Appointed at the Annual Meeting, May 27, 1845* (1846), S. 68.

14. Ein energischer Kritiker beider Systeme, Henry Mayhew, Bühnenautor, Herausgeber und streitbarer Journalist, stellte einen aufschlußreichen statistischen Vergleich zwischen Englands «unreformierten» Gefängnissen und dem «Muster»-Gefängnis von Pentonville an, das dem Pennsylvania-System nahekam. Er fand heraus, daß im Laufe von acht Jahren, von 1842 (dem Jahr der Gründung von Pentonville) bis 1850, in den «unreformierten» Gefängnissen von 10 000 Insassen durchschnittlich 5,8 geisteskrank wurden, während in Pentonville auf 10 000 durchschnittlich 62 Geisteskranke kamen. (Mayhew und John Binny, *The Criminal Prisons of London and Scenes of Prison Life* [1862], S. 103–4)

15. Ebd., S. 15.

16. Gustave de Beaumont und Alexis de Tocqueville, *Du système pénitentiaire aux Etats-Unis et de son application en France*, 2 Bde. (1833; 2. Aufl. 1836), Bd. I, S. 352.

17. Beaumont und Tocqueville, *On the Penitentiary System in the United States*, S. 164.

18. Howe, *Report of a Minority*, S. 25.
19. «Treatment of Crime – Deterring Punishments», in: *Saturday Review*, Bd. III (17. Januar 1857), S. 47.
20. Ruth Harris, *Murders and Madness: Medicine, Law, and Society in the «Fin de Siècle»* (1989), S. 87 und 138.
21. So Isaac Ray in: *A Treatise on the Medical Jurisprudence of Insanity* (1838; 5. Aufl. 1871), S. 45.
22. Ray, Vorwort zur 5. Aufl., ebd., S. iii.
23. Siehe u. a. Cesare Lombroso, *Die Ursachen und Bekämpfung des Verbrechens* (1899; 1902 aus ital. *L'Uomo delinquente*), S. 378, 381, 385–86. In Wirklichkeit stammt dieser Ausspruch von einem seiner bekanntesten Schüler, Enrico Ferri. Ein anderer Schüler, der Kriminologe und Historiker William Ferrero, wurde Lombrosos Schwiegersohn.
24. «Beim Anblick dieses Schädels war es, als sähe ich ganz plötzlich das Problem der Verbrechernatur wie eine riesige, von flammenden Blitzen erhellte Ebene vor mir – den Verbrecher als atavistischen Menschen, der in seinem Innern die wilden Instinkte der Urmenschen und der noch unter ihnen stehenden Tiere reproduziert.» (Lombroso, *Crime: Its Causes and Remedies* [1899; engl. 1911], Einleitung zur engl. Ausgabe von Maurice Parmalee, S. xiv)
25. Lombroso, *Die Ursachen und Bekämpfung des Verbrechens*, S. 366, 380.
26. Havelock Ellis, «Criminal Anthropology (Criminal Psychology, Criminal Biology, Criminology etc.)», in: D. Hack Tuke, *A Dictionary of Psychological Medicine*, 2 Bde. (1892), Bd. I, S. 288–92; Hippolyte Taine an Lombroso (1887), zit. nach Lombroso, *Die Ursachen und Bekämpfung des Verbrechens*, S. 381; Gabriel Tarde, zit. nach Harris, *Murders and Madness*, S. 86.
27. Siehe Paul Näcke, «Die Kastration bei gewissen Klassen von Degenerirten als ein wirksamer socialer Schutz», in: *Archiv für Kriminal-Anthropologie und Kriminalistik*, Bd. III (1900), S. 59. Die Wissenschaftlichkeit freilich hatte Näcke nicht besser im Griff als sein Gegner. Davon zeugt seine antisemitische Invektive gegen Lombroso; in Anlehnung an die Kritik, die der amerikanische Psychiater E. Spitzka – von Näcke als seltene Ausnahme vom üblichen amerikanischen Dilettantentum gepriesen – nach den Worten seines Sohnes an Lombroso geübt hatte, schrieb er: «L. hat sich nur selten den streng wissenschaftlichen Anforderungen anbequemt, er zog es vor ein ‹guerillero› zu sein und hält das in seiner semitischen Eitelkeit (semitische Züge lassen sich in seinen Schriften so manche nachweisen!) wahrscheinlich auch für genialer.» («Kleinere Mitteilungen. Ein interessantes amerikanisches Urtheil über Lombroso», ebd., Bd. X [1903], S. 287)
28. W. Douglas Morrison, Einleitung zur engl. Übersetzung von Cesare Lombroso und William Ferrero, *The Female Offender* (1893; 1895 aus ital. *La Donna delinquente*), S. vii.
29. Harris, *Murders and Madness*, S. 121.
30. Louis Proal, *Passion and Criminality in France: A Legal and Literary Study* (1901 aus frz.: *Le crime et le suicide passionnels* [1900]), S. 679.
31. Wie die Titelseite verkündet, gab Gross sein Blatt «mit einer Anzahl von Fachmännern» heraus. Da er der Ansicht war, der Kriminologe sehe sich so unterschiedlichen Anforderungen gegenüber, daß man ihnen nur mit einem

Expertenteam – und auch dann nie ganz und gar – gerecht werden könne, baute er das *Archiv* zu einem Forum für vielfältige Standpunkte und Interessen aus. Die diversen Mitarbeiter, darunter viele Ärzte, lieferten gehaltvolle Beiträge über Themen wie: das Verhältnis von Schuld und Bestrafung, unbewußte Motive und Strafrecht, aufsehenerregende Prozesse gegen Sexualstraftäter, Prostitution und seelisches Leiden oder die Psychopathologie des Brandstifters. Kürzere Mitteilungen hielten die Leser auf dem laufenden über Neuerscheinungen und boten ihnen Wissenswertes aus aller Welt.

32. Siehe Hanns Gross, «Anmerkung des Herausgebers» zu Näcke, «Die Kastration», ebd., Bd. III, S. 58 Anm. Näckes Vorschlag war zwar im *Archiv*, aber nicht in der damaligen Zeit eine Ausnahme. Der Autor zitiert eine ganze Reihe amerikanischer Ärzte, die sich für die Kastration mancher geisteskranker Straftäter stark machen. Ein Dr. Gordon aus Wisconsin nennt einen in Michigan eingebrachten entsprechenden Gesetzentwurf «eine strikt humane, gerechte, progressive und wissenschaftliche Maßnahme. Sie sollte die Zustimmung aller Christenmenschen finden.» (Ebd., S. 82 Anm., hier englisch)

33. Hanns Gross, «Vorwort des Herausgebers» zu Bruno Meyer, «Homosexualität und Strafrecht», in: *Archiv für Kriminal-Anthropologie und Kriminalistik*, Bd. XLIV (1911), S. 249–54.

34. Siehe Emile Durkheim, *La Division du travail social* (1893), Kap. 2; Ferdinand Tönnies, «Das Verbrechen als soziale Erscheinung», in: *Archiv für soziale Gesetzgebung und Statistik*, Bd. VIII (1895), S. 329–44; Fritz Heine, «Sociale Rechtswissenschaft», in: *Freie Bühne für modernes Leben*, Bd. I (19. März 1890), S. 195.

3. Das bürgerliche Gewissen bei der Arbeit

1. Alexander Innes Shand, *Half a Century; or, Changes in Men and Manners* (1888), S. 330.

2. Immanuel Kant, *Metaphysik der Sitten*, Teil II, «Das öffentliche Recht», in: *Werke in sechs Bänden*, hrsg. v. Wilhelm Weischedel (1960–64), Bd. IV, S. 455; Johann Wolfgang von Goethe, «Maximen und Reflexionen», Nr. 110, 111, in: *Goethes Werke*, hrsg. v. Erich Trunz, 14 Bde. (1948–69), Bd. XII, S. 379. In seiner vielbeachteten und -zitierten Polemik gegen die Todesstrafe übernimmt Albert Friedrich Berner, Rechtsprofessor in Berlin, diese Maxime von Goethe (ohne ihn ausdrücklich zu zitieren) – aber nur um sie zu verwerfen: Die These, «daß die Familie des Ermordeten durch die blutige Aufopferung des Verbrechers eine Genugthuung erhalten müsse, weil sonst die Blutrache an die Thüre klopfe», sei ein Gedanke, der vielleicht zu einem Land wie Korsika aber nicht zu Deutschland paßt. (*Abschaffung der Todesstrafe* [1861], S. 10–11)

3. Unter den Ermordeten befanden sich auch Zar Alexander II. und Präsident Garfield, die beide 1881 umkamen; zu weiteren Attentaten bekannten sich irische Geheimbünde und Anarchisten, die die Propaganda der Tat auf ihre Fahnen geschrieben hatten. (*The Friends and Capital Punishment. 1883* [1883], S. 3–4)

4. Maßgebliche Quelle für die letzten vier Absätze ist Charles E. Rosenberg, *The Trial of the Assassin Guiteau: Psychiatry and Law in the Gilded Age* (1968); Zitate auf S. 227–28, 221.

5. Siehe Robert A. Nye, *Crime, Madness, and Politics in Modern France: The Medical Concept of National Decline* (1984), Kap. 8; die Karikaturen finden sich auf den Seiten 274 und 275.

6. Siehe Gordon Wright, *Between the Guillotine and Liberty: Two Centuries of the Crime Problem in France* (1983), S. 172–73.

7. Hanns Gross, «Anmerkungen des Herausgebers», in: *Archiv für Kriminal-Anthropologie und Kriminalistik*, Bd. IX (1902), S. 15; Ernst Lohsing, «Abschaffung der Todesstrafe», ebd., S. 1–15; Paul Näcke, «Gedanken eines Mediciners über die Todesstrafe», ebd., S. 321, 319, 323.

8. Siehe Ernst Lohsing, «Todesstrafe und Standrecht», ebd., Bd. X (1903), S. 305–20.

9. Siehe Ernst Lohsing, «Der Kampf um die Todesstrafe. Bemerkungen zur Juristentagdebatte», ebd., Bd. XLII (1911), S. 243–56; Schüle, «Der Kampf um die Todesstrafe», ebd., Bd. XLV (1912), S. 303; Ernst Lohsing, «Wider die Todesstrafe. Zur Abwehr gegen Prof. Dr. Schüle», ebd., Bd. XLVII (1912), S. 300–06.

10. Siehe W[illiam] F[eilden] C[raies], «Capital Punishment», in: *Encyclopedia Britannica* (11. Aufl. 1910–11), Bd. V, S. 280. Im Jahr 1831 haben englische Gerichte 1601 Todesurteile gefällt, davon nur vierzehn für Mord. Von den Mördern wurden zwölf, von den anderen Verurteilten aber nur zweiundfünfzig hingerichtet, ein Zeichen dafür, wie absurd die meisten anderen Todesurteile selbst den Verantwortlichen vorkamen. Von den 29 Todesurteilen, die die Gerichte 1862 fällten, galten 28 einer Mordtat. Vollstreckt wurden kaum mehr als die Hälfte, nämlich fünfzehn. (Ebd.)

11. Siehe N. M. Curtis, *Capital Crimes and the Punishments Prescribed Therefor by Federal and State Laws and Those of Foreign Countries, with Statistics Relating to the Same* (1894), S. 6–11. Diese für den Rechtsausschuß des Repräsentantenhauses zusammengestellte Druckschrift zeigt ferner, daß die Bundesregierung – genauso wie die Einzelstaaten – befugt war, Todesurteile anzuordnen, und zwar insbesondere für Seeräuberei, aber die meisten dieser Urteile wurden in Haftstrafen umgewandelt.

12. Siehe ebd., S. 280–81; zu Frankreich siehe die von der Howard Association verbreitete Broschüre *Official Statistics and Reports (1890) on Capital Punishment* (1890), S. 1. Von den Todesurteilen wurden de facto immer weniger vollstreckt. In Österreich-Ungarn wurden zwischen 1853 und 1873 noch 880 Personen wegen Mordes verurteilt, aber nur 102 gehängt; zwischen 1875 und 1900 wurden von 2085 Urteilen 81 vollstreckt; zwischen 1900 und 1903 kamen auf 180 Verurteilungen noch gerade 9 Hinrichtungen durch den Strang. (Craies, «Capital Punishment», S. 280–81)

13. K. (Karl) D'Olivecrona, *De la peine de mort* (1866; 1868), S. 5; Francis Bishop, *«Thou Shalt Not Kill», a Paper upon the Law of Capital Punishment* (1882), S. 1; Näcke, «Gedanken eines Mediciners über die Todesstrafe», a. a. O., S. 317.

14. Diese Machwerke haben auf beiden Seiten etwas deutlich Defensives an sich;

gelegentlich versteckten sich ihre Autoren gern hinter den angeblich dringenden Bitten ihrer Gemeindemitglieder. Reverend William Patton (Doctor Divinitatis) etwa bemerkt in einer kurzen Einleitung zu seiner Moralpredigt über die Todesstrafe (*Capital Punishment Sustained by Reason and the Word of God, Being the Substance of a Sermon Preached in the Spring Street Presbyterian Church, New York* [1842]), daß «der Autor hiermit den zahlreichen und dringenden Bitten um Veröffentlichung nachkommt, in der Hoffnung, diese Schrift möge zur Beilegung der allgemeinen Unruhe über den Diskussionsgegenstand beitragen». Auf der Titelseite heißt es: «Veröffentlicht auf Nachfrage». Auch ein Autor der anderen Seite, nämlich A. D. Mayo, Pfarrer der Congregational Society of Liberal Christians in Cleveland, vermerkt auf der Titelseite seiner Schrift *The Death Penalty: A Sermon Preached at Concert Hall on Sunday Morning, June 3, 1855* (1855): «Gedruckt auf Bitten der Congregation». Falsche Bescheidenheit? Oder Eingeständnis, daß man tatsächlich nichts Neues zu sagen hatte?

15. William Patton, *Capital Punishment Sustained by Reason and the Word of God*, S. 5, 30–31; John N. McLeod, *The Capital Punishment of the Murderer, an Unrepealed Ordinance of God; a Discourse* (1842), S. 13, 22. Die in der Bibliothek der Yale University befindliche Kopie der McLeodschen Druckschrift trägt auf dem Einband den handschriftlichen Vermerk «Für Rev. Dr. Patton mit vorzüglicher Hochachtung vom Autor».

16. Joseph F. Berg, *A Plea for the Divine Law Against Murder* (1846), S. 13, 43.

17. Ebd., S. 15–16.

18. Moritz Müller, *Der unbedingte Ausspruch, dass die Todesstrafe eine Sünde vor Gott und den Menschen sei, ist weiter nichts als ein leeres Gerede* (o. J.).

19. Siehe zwei Artikel von Charles Dickens in: *Household Words:* «Pet Prisoners» (27. April 1850) und «The Murdered Person» (11. Oktober 1856).

20. George B. Cheever, *Capital Punishment. Argument, in Reply to J. L. O'Sullivan, Esq., in the Broadway Tabernacle, on the Evenings of January 27th, and February 3d and 17th* (1843), S. 29.

21. A. D. Mayo, *The Death Penalty*, S. 3 und passim. In einer Predigt über die Todesstrafe bezieht sich Reverend J. Weiss aus New Bedford auf Lukas 10, Verse 36 und 37, wo Jesus den unbarmherzigen Priester und den gleichermaßen unbarmherzigen Leviten in verquerer Manier mit dem barmherzigen Samariter vergleicht, der am Straßenrand einen ausgeraubten und halb tot geschlagenen Mann findet: «Welcher dünkt dich, der unter diesen dreien der Nächste sei gewesen dem, der unter die Mörder gefallen war? Er sprach: Der die Barmherzigkeit an ihm that.» (Weiss, *Shall We Kill the Body, or Save the Soul? A Sermon upon Capital Punishment, Preached April 22th, 1849* [1849], S. 3)

22. Henry S. Patterson, *A Brief Statement of the Argument for the Abolition of the Death Punishment in Twelve Essays* (1844), S. 2, 4.

23. Charles Lucas, *De la ratification à donner par l'Assemblée Nationale au décret d'abolition de la peine de mort en matière politique* (1848), S. 31; Lucas, *Du système pénal et du système répressif en général, de la peine de mort en particulier* (1827), S. 145; Lucas, *Le Droit de légitime défense dans la pénalité et dans la guerre et les congrès scientifiques internationaux réclamés par les*

trois réformes relatives au système pénitentiaire, à l'abolition de la peine de mort et à la civilisation de la guerre (1873), S. 84–85.

24. Charles Neate, *Considerations on the Punishment of Death* (1857), S. 1, 37. In einer Rezension von Neates Büchlein bleibt die *Saturday Review*, wie zu erwarten, unbeirrt bei ihrem Ja zur Todesstrafe als dem äußersten Mittel der Abschreckung. Allerdings tut sie Neate, was sie sonst in der Auseinandersetzung mit Gegnern der Todesstrafe nie macht, die Ehre an, ihn für die außerordentlich gekonnte Argumentation in seiner Sache zu belobigen. («Mr. Neate on Capital Punishment», in: *Saturday Review*, Bd. III [25. April 1857], S. 375–76)

25. Charles Phillips, *Vacation Thoughts on Capital Punishment* (1856; 4. Aufl. 1858), S. 99–141; «Mr. Phillips on Capital Punishment», in: *Saturday Review*, Bd. II (15. November 1856), S. 635–37, Zitat auf S. 637.

26. Karl Josef Mittermaier, *Die Todesstrafe nach den Ergebnissen der wissenschaftlichen Forschungen, der Fortschritte der Gesetzgebung und der Erfahrung* (1862), S. 110, 110 Anm.; D'Olivecrona, *De la peine de mort*, S. 151; Howard Association, *Summarised Information on Capital Punishment* (o. J.), S. 348.

27. Moritz Müller, *Der Zweck erfordert das Mittel! Eine volksphilosophische Betrachtung über die Todesstrafe* (1870), S. 12–13. Zum «Schwert des Damokles» siehe Cesare Lombroso, *Die Ursachen und Bekämpfung des Verbrechens* (1899; 1902 aus ital. *L'Uomo delinquente*), S. 380. Müllers Standpunkt findet sich bereits mehr als zwei Jahrzehnte zuvor bei George B. Cheever, bei dem es lakonisch heißt: «Es gibt nichts, was den Mordgeist irgend eindämmen könnte, außer der Todesfurcht.» (*Capital Punishment*, S. 45)

28. Franz von Holtzendorff, *Das Verbrechen des Mordes und die Todesstrafe. Criminalpolitische und psychologische Untersuchungen* (1875), S. 122; siehe auch Mittermaier, *Die Todesstrafe*, S. 104–06. Schon 1840 hatte Mittermaier eine beeindruckend detaillierte vergleichende Studie über die Todesstrafe veröffentlicht: *Die Todesstrafe nach dem neuesten Stande der Ansichten in England, Nordamerika, Frankreich, Belgien, Dänemark, Schweden, Russland, Italien und Deutschland über die Abschaffung dieser Strafart.*

29. David D. Cooper, *The Lesson of the Scaffold: The Public Execution Controversy in Victorian England* (1974), S. 35, 41; siehe auch John Macrae Moir (Hrsg.), *Capital Punishment; Based on Professor Mittermaier's ‹Todesstrafe›* (1865), S. 29–30.

30. J. C. Bucknill, *Unsoundness of Mind in Relation to Criminal Acts* (1854; 2. Aufl. 1857), S. 136; zit. nach Roger Smith, *Trial by Medicine: Insanity and Responsibility in Victorian Trials* (1981), S. 28.

31. Edward Livingston, *Capital Punishment: Argument of Edward Livingston* (1847), S. 7.

32. Curtis, *Capital Crimes*, S. 12–13.

33. Louis P. Masur, *Rites of Execution: Capital Punishment and the Transformation of American Culture, 1776–1865* (1889), S. 95–96.

34. Robert Rantoul, «House, No. 36. Commonwealth of Massachusetts. House of Representatives, Jan. 14, 1835», S. 16.

35. Lucas, *De la ratification à donner par l'Assemblée Nationale*, S. 45.

36. Zu Cobden, Bright und Ewart siehe Cooper, *Lesson of the Scaffold*, S. 85.

37. «Public Executions», in: *Saturday Review*, Bd. II (9. August 1856), S. 337; Wright, *Between the Guillotine and Liberty*, S. 169.

38. Karl von Holtei, *Vierzig Jahre*, 8 Bde. (1843–50), Bd. I, S. 130–33.

39. Ebd.

40. Byron [an John Murray], 30. Mai 1817, in: *Byron's Letters and Journals*, hrsg. v. Leslie A. Marchand, 12 Bde. (1973–82), Bd. V, S. 229–30.

41. Thackeray an seine Mutter, 18. Juli 1840, in: *The Letters and Private Papers of William Makepeace Thackeray*, hrsg. v. Gordon N. Ray, 4 Bde. (1945–46), Bd. I, S. 453; «Going to See an Man Hanged», *Fraser's Magazine* (August 1840), in: *The Works of William Makepeace Thackeray*, Centenary Biographical Edition, 26 Bde. (1910–11), Bd. XXVI, S. 417–34.

42. Dickens, «A Letter to the Daily News», 28. Februar 1846; siehe Louis Blom Cooper (Hrsg.), *The Law as Literature* (1961), S. 382–87.

43. Die Feindschaft beruht auf Gegenseitigkeit. Im Jahr 1849 bezeichnet Dickens die «Vorkämpfer für die totale Abschaffung der Todesstrafe» als «gänzlich leichtsinnig und unehrlich», nennt aber im selben Absatz das Verhalten von Zuschauern bei einer öffentlichen Hinrichtung durch den Strang «unbeschreiblich grauenvoll». (Dickens an W. W. F. de Cerjat, 29. Dezember 1849, in: *The Letters of Charles Dickens*, Bd. V, *1847–1849*, hrsg. v. Graham Storey und K. J. Fielding [1981], S. 683)

44. Paul Lindenberg, «Polizei und Verbrecherthum der Reichshauptstadt», in: *Die Gartenlaube*, Bd. XL (1892), S. 734–35.

45. William Wordsworth, «Sonnets upon the Punishment of Death» (1841), Sonett VIII, Vers 4–5.

46. Siehe besonders Victor Brombert, *Victor Hugo and the Visionary Novel* (1984), S. 38, 250.

47. Hugo an M. Bost, 17. November 1862, in: *Ecrits de Victor Hugo sur la peine de mort*, hrsg. v. Raymond Jean (1979), S. 171.

48. Siehe Victor Brombert, *The Romantic Prison: The French Tradition* (1978), S. 88–89; Joseph Frank, *Dostoevsky: The Seeds of Revolt, 1821–1849* (1976), S. 109–10; Zola an Jean-Baptistin Baille (Ende August–Anfang September 1860), in: Emile Zola, *Correspondance*, hrsg. v. B. H. Bakker, Bd. I, *1858–1867* (1978), S. 220–34, 234 Anm.

49. Victor Hugo, *Le dernier jour d'un condamné* (1829; 1970 hrsg. v. Roger Borderie), S. 358–61. Aus Gründen der inneren Logik, so legt Victor Brombert überzeugend dar, muß der Häftling seinen Vater ermordet haben. Hugo läßt aber seinen Leser bewußt im ungewissen. (Brombert, *Victor Hugo*, S. 32–33)

50. Zola an Jean-Baptistin Baille (Ende August–Anfang September 1860), in: *Correspondance*, Bd. I, S. 231.

51. Hugo, *Le dernier jour d'un condamné*, Vorwort von 1832, S. 376, 403.

52. Brombert, *Victor Hugo*, Illustration zwischen S. 48 und 49.

4. Die Lust am Schmerz

1. Gustav Stephan, *Die häusliche Erziehung in Deutschland während des achtzehnten Jahrhunderts* (1891), S. 133.

2. Zu den *Fliegenden Blättern* siehe Walter Hävenick, ‹*Schläge› als Strafe. Ein Bestandteil der heutigen Familiensitte in volkskundlicher Sicht* (1964), S. 58. Eine der sogenannten humoristischen Illustrationen in einem anderen deutschen Blatt der 80er Jahre zeigt Kinder, die Schule spielen; ein kleines Mädchen hält als Lehrerin eine Puppe, hebt ihren Rock hoch und schlägt sie mit einem Rutenbündel auf das Hinterteil. («Die kleine Schulmeisterin», in: *Das neue Blatt*, Bd. XIII [1882], S. 78)

3. Siehe «Abenteuer eines Junggesellen» in der Trilogie *Tobias Knopp* (1875–77), in: *Wilhelm Busch Gesamtausgabe*, hrsg. v. Friedrich Bohne, 4 Bde. (1959), Bd. III, S. 29.

4. Busch, «Der kleine Pepi mit der neuen Hose» (1860), ebd., Bd. I, S. 92; «Der zu wachsame Hund» (1862), ebd., S. 150; «Der Bauer und das Kalb» (1863), ebd., S. 249; «Schnurrdiburr oder die Bienen» (1869), ebd., Bd. II, S. 21; *Bilder zur Jobsiade* (1872), ebd., S. 304; «Die Drachen» (1881), ebd., Bd. III, S. 442–45; *Plisch und Plum* (1882), ebd., S. 495. Und andere Stellen mehr.

5. Busch an Maria Anderson, 23. April [18]75, in: Wilhelm Busch, *Sämtliche Briefe*, hrsg. v. Friedrich Bohne, 2 Bde. (1968), Bd. I, S. 140.

6. Morrill Wyman, *Progress in School Discipline. Corporal Punishment in the Public Schools. Addressed to the Citizens of Cambridge* [Massachusetts] (1867), S. 37.

7. Lyman Cobb, *The Evil Tendencies of Corporal Punishment as a Means of Moral Discipline in Families and Schools, Examined and Discussed* (1847), S. 7.

8. Henry Salt, «The Hymn of the Flagellomaniacs», in: *Consolations of a Faddist* (1906), S. 28.

9. Michel de Montaigne, «De l'institution des enfans», in: *Œuvres Complètes* (1580–95; 1962 hrsg. v. Albert Thibaudet und Maurice Rat), 165 [Buch I, Kap. 26]; ders., «Couardise mère de la cruauté», ebd., S. 671 [Buch II, Kap. 27]. Offenkundig betrachtete Montaigne diese psychologische Einsicht als Allerweltswissen: Seinen Essay über die Feigheit beginnt er mit den Worten «Ich habe oft sagen hören…».

10. Salt, «Hymn of the Flagellomaniacs», a. a. O., S. 28.

11. Cobb, *Evil Tendencies of Corporal Punishment*, S. 9.

12. Horace Mann, «Report for 1839», in: *Annual Reports of Education*, hrsg. v. Mary Mann (1868), S. 57.

13. Association of Masters of the Boston Public Schools, *Remarks on the Seventh Annual Report of the Hon. Horace Mann, Secretary of the Massachusetts Board of Education* (1844), S. 121; Horace Mann, *Reply to the «Remarks» of Thirty-One Boston Schoolmasters on the Seventh Annual Report of the Secretary of the Massachusetts Board of Education* (1844), S. 133, 135.

14. Wyman, *Progress in School Discipline*, S. 11–12; Henry A. Drake, Vorsitzender des Bostoner Schulausschusses, *Report on Corporal Punishment in the Public Schools of the City of Boston* (1867), S. 6.

15. Ebd., S. 6, 24, 7, 22, 24.

16. Julius Beeger, «Die Disciplinargewalt der Schule», in: *Allgemeine Deutsche Lehrerzeitung*, Nr. 28 (9. Juli 1876), S. 233, 231, 232.

17. Ebd., S. 232. In jedem Prozeß, in dem ein Urteil über die öffentliche Erziehung gefällt werden müsse, erklärte Beeger, seien die Lehrer die eigentlichen Sachverständigen; sollte es vor Gericht zu einer Klage gegen einen strafenden Lehrer kommen, so brauchten die Richter den Rat der Sachverständigen, das heißt von beruflich tätigen Lehrern. (Ebd., S. 233)

18. Ebd., S. 234; zu den übrigen Epitheta siehe Wolfgang Scheibe, *Die Strafe als Problem der Erziehung* (1972), S. 177.

19. Eduard Sack, *Gegen die Prügel-Pädagogen* (1878), S. 13, 39. Zu den Zeugen, die Sack für sich aufmarschieren ließ, gehörte auch der gefeierte liberale und rationalistische Pädagoge Adolf Diesterweg, der seinen Abscheu gegenüber der Prügelstrafe in unmißverständlichen Worten kundgetan hatte.

20. Auch in anderen Ländern weisen Beobachter eigens darauf hin, daß sich die Geistlichen in Sachen Prügelstrafe als die schlimmsten Übeltäter hervortun. Die englische Tageszeitung *The World* vertritt in ihrem Leitartikel die These, eine «sorgfältige Nachforschung» werde bei den kirchlichen Lehrern «viele Beispiele von unschicklicher Strenge ans Tageslicht fördern... Diesen Verdacht hegen wir deshalb, weil die Geistlichen in sämtlichen Lebensverhältnissen von Berufs wegen weniger nachsichtig sind, weniger willens, Zugeständnisse an menschliche Schwächen zu machen, als Laien... Bei den Geistlichen gibt es kein kleines Vergehen», und «wie die Kommandanten der Soldaten neigen sie dazu, despotisch zu werden». (Ian Gibson, *The English Vice: Beating, Sex and Shame in Victorian England and After* [1978], S. 73)

21. Sack war nicht der einzige, der das bemerkte. Mitte der 60er Jahre nannte ein anonymer österreichischer Pamphletist unter den Gründen für die Abschaffung der Prügelstrafe auch, sie sei des Staates unwürdig, erweise sich als restlos ineffizient, füge dem Opfer physischen und psychischen Schaden zu – und führe zu schärfstens zu kritisierender Rechtsungleichheit. (*Gegen die Prügelstrafe* [1866], S. 8) Und noch 1911 verurteilte ein Mitarbeiter an einem Handbuch zur deutschen Jugendfürsorge die gesetzmäßige körperliche Züchtigung als ein Strafmittel, das die Rechtsprechung «dem Verdacht der Klassenjustiz» aussetze. ([Nikolaus Hermann] Kriegsmann, «Prügelstrafe», in: *Encyklopädisches Handbuch des Kinderschutzes und der Jugendfürsorge*, hrsg. v. Th. Heller u. a., 2 Bde. [1911], Bd. II, S. 131)

22. Heinrich Heine, «Nachbemerkung zu dem Aufsatz: Körperliche Strafe» (1828), in: *Sämtliche Schriften*, hrsg. v. Klaus Briegleb u. a., 6 Bde. (1968–76), Bd. II, S. 648. In England war die Ironie noch schärfer: Hier wurden nämlich gerade die Söhne der Oberklasse weiterhin körperlich gezüchtigt, während man den Schülern anderer Schulen die Prügelstrafe ersparte. Dieser Unterschied galt jedoch nur in der Schule. Die Befürworter der Prügelstrafe in den Vorposten des Empire wollten diese Bestrafung natürlich auf die Eingeborenen beschränkt wissen. 1890 zum Beispiel legte Cecil Rhodes, damals am Beginn seiner Amtszeit als Premierminister der Kapkolonie, ein Gesetz vor, das eingeborenen Arbeitern die Prügelstrafe androhte, wenn sie nicht hart genug arbeiteten. (Siehe Robert I. Rotberg, in Zusammenarbeit mit Miles F. Shore, *The Founder: Cecil Rhodes and the Pursuit of Power* [1988], S. 359–60, 401, 450, 456)

23. Bartholomäus von Carneri, *Der moderne Mensch. Versuch über Lebensführung* (1890; 5. Aufl. 1901), S. 28; 28. September 1847, *The Gladstone Diaries*, hrsg. v. M. R. D. Foot und H. C. G. Matthew, bislang 11 Bde. (1968 ff.), Bd. III, *1840–1847* (1974), S. 656.

24. Wyman, *Progress in School Discipline*, S. 7; siehe auch *Gegen die Prügelstrafe*, S. 6–7.

25. Wyman, *Progress in School Discipline*, S. 7–10.

26. Adolf Janissek, *Das Recht des Lehrers zur Vornahme körperlicher Züchtigungen mit besonderer Rücksicht auf seine strafrechtliche Verantwortlichkeit* (1911), S. 16–22, besonders S. 20.

27. Zu Bayern siehe: Wilhelm Emnet, «Über das Züchtigungsrecht in der bayerischen Volksschule», in: *Die christliche Schule*, Bd. I (1910), S. 111; zu Preußen siehe: W. Olsen, «Die körperliche Züchtigung in den höheren Schulen», in: *Monatsschrift für höhere Schulen*, Bd. IX (Januar 1910), S. 170. Um diese Zeit war die Prügelstrafe aus den Strafgesetzbüchern als vertretbare Strafform verschwunden.

28. «The Flogging Question», in: *Saturday Review*, Bd. VIII (8. Oktober 1859), S. 422.

29. John Chandos, *Boys Together: English Public Schools, 1800–1864* (1984), S. 239; siehe auch S. 245–46.

30. Jacques Claude Demogeot und Henri Montucci, *De l'enseignement secondaire en Angleterre et en Ecosse* (1867), S. 40–43, geschrieben im Auftrag des französischen Bildungsministeriums; Hippolyte Taine, *Notes sur l'Angleterre* (1872; 14. Aufl. 1910), S. 145.

31. Hier und da dienten diese Erinnerungen nicht als Ausdrucksform sinnlichen Genusses, sondern als Abwehr gegen ihn; wie wir aus Gladstones Tagebüchern wissen, begann er sich zu geißeln, sobald er durch obszöne Literatur oder durch die Reize der Prostituierten, die er zu bekehren suchte, erregt wurde.

32. Chandos, *Boys Together*, Illustration zwischen S. 128 und 129.

33. John Morley, *The Life of William Ewart Gladstone*, 3 Bde. (1903), Bd. I, S. 42.

34. Noch im Jahr 1841, bei einem Dinner zur Vierhundertjahrfeier in Eton war der Beifall für ihn, so erinnert sich Gladstone, «unbeschreiblich. Königin und Königinwitwe», auf die man zuvor einen Toast ausgebracht hatte, «versanken in der Bedeutungslosigkeit. Das Hurra- und Hochgebrüll hatte zwar einen Anfang, aber kein Ende, an dem es zuviel wurde.» Als Keate endlich wieder auf seine Füße zu stehen kam, war er so sehr von Rührung überwältigt, daß er gar nicht sprechen konnte. «Es war unzweifelhaft eine der bewegendsten Szenen, die ich in meinem ganzen Leben miterlebt habe.» (John Morley, *The Life of William Ewart Gladstone*, 3 Bde. [1903], Bd. I, S. 44–46)

35. Carlyle, *Sartor Resartus* (1833–34; 1987 hrsg. v. Kerry McSweeney und Peter Sabor), S. 82 [Buch II, Kap. 3]; R. J. White, Einleitung zu James Fitzjames Stephen, *Liberty, Equality, Fraternity* (1873; 2. Aufl. 1874; 1967 hrsg. v. White), S. 5.

36. C. Kegan Paul, *Memories* (1899), S. 41. Die Prügelstrafen, die er auf S. 41–42 minutiös beschreibt, waren als «ausgeklügelte Grausamkeiten» ersonnen.

37. In *Pride and Prejudice* erzählen die zwei flatterhaften jüngeren Bennet-Töch-

ter den von einer kurzen Reise zurückgekehrten feinsinnigen Schwestern Jane und Elizabeth beiläufig das Neueste von dem in der Nähe stationierten Regiment: «Einige Offiziere hatten bis spät in die Nacht mit ihrem Onkel gespeist, ein einfacher Soldat war körperlich gezüchtigt worden...» (Jane Austen, *Pride and Prejudice* [1813; 1972 hrsg. v. Tony Tanner], S. 105 [Kap. 12]) Thackeray kann aufgrund seiner Ambivalenz in puncto Grausamkeit eine ordentliche Tracht Prügel hin und wieder durchaus annehmbar finden. Vielen seiner Romanfiguren läßt er diese Sorte Züchtigung angedeihen; Foker etwa, der dandyhafte und draufgängerische Schulkamerad von Pendennis, ist ein «junger Mann, der verdientermaßen ausgepeitscht worden war». (*The History of Pendennis* [1848–50], in: *The Works of William Makepeace Thackeray*, Centenary Biographical Edition, 26 Bde. [1910–11], Bd. III, S. 38 [Kap. 3]) Dickens, dem die von ihm angeschlagenen, versteckten erotischen Nebentöne sicher nicht bewußt waren, scheint die Prügelstrafe gutzuheißen, wenn er in *Our Mutual Friend* in nonchalantem Ton den engelhaften Mr. Wilfer schildert: Er ist «so knabenhaft» in «seinen Rundungen und Proportionen, daß sein alter Lehrer», wäre er ihm begegnet, «vielleicht der Versuchung nicht hätte widerstehen können, ihn auf der Stelle mit dem Rohrstock zu verprügeln». (Charles Dickens, *Our Mutual Friend* [1865; 1908 hrsg. v. Charles Dickens jr.], S. 29 [Buch I, Kap. 4]) Dies sind nur ein paar Appetithäppchen aus der reichhaltigen englischen Speisekarte, und sie hinterlassen den Eindruck, daß die Prügelstrafe etwas völlig Gewöhnliches war.

38. Andere waren etwa der Diplomat, Kriegskorrespondent, Romancier, Bühnenautor und Dichter Maurice Baring sowie der liberale englisch-deutsche Ästhet und Kunstmäzen Harry Graf Kessler.

39. Siehe Randolph S. Churchill, *Winston Churchill*, Bd. I, *Youth, 1874–1900* (1966), S. 45–56.

40. Frys Bemerkung stammt aus dem Bruchstück einer Autobiographie, das Virginia Woolf in ihrem Buch *Roger Fry: A Biography* (1940) ausführlich zitiert (S. 34).

41. Woolf, *Roger Fry*, S. 32; Maurice Baring, *The Puppet Show of Memory* (1922), S. 74; Harry Graf Kessler, *Gesichter und Zeiten. Erinnerungen* (1935; 1962), S. 135.

42. Woolf, *Roger Fry*, S. 32–33.

43. Ebd., S. 33. Etwas derartiges geschah bei der körperlichen Züchtigung nicht nur in diesem Fall. In seiner Polemik gegen die Prügelstrafe erinnert sich Eduard Sack an eine Szene, in der ein auf seinen Genuß erpichter Lehrer unbedingt den Widerstand eines Schülers brechen wollte: «In einem Falle hieb der Lehrer, der unter allen Umständen Wehgeschrei und Thränen haben wollte, unbarmherzig mit einer furchtbaren, aus festen Seilen gedrehten Geißel auf einen Jungen ein. Der kräftige Junge hielt schweigend aus, obwohl alle seine Mitschüler weinten und ihm zuriefen, er solle schreien. Endlich glitt er mit einem erschütternden Gebrüll von der Bank. Die Kinder sprangen entsetzt auf die Tische, denn auch der Lehrer war gefallen, und er schrie, während der Knabe er röchelte. Dieser hatte nämlich beim Abgleiten von der Bank sich tief in das Bein des Lehrers verbissen. Uebrigens war dem Knaben noch ein anderes Unglück passirt.» (*Gegen die Prügel-Pädagogen*, S. 41 Anm.)

44. Woolf, *Roger Fry*, S. 33.

45. Eine ausgezeichnete kurze Würdigung dieser «Philosophie» findet sich bei Mario Praz, *Liebe, Tod und Teufel* (1933; 1994), S. 104–9.

46. Damit will ich nicht sagen, daß Masochismus immer in einer einfachen, unmittelbaren Orgasmus-Reaktion auf den Schmerz besteht; wir können mit Recht davon ausgehen, daß im Seelenleben nie etwas wirklich einfach ist. Wie die neuere psychoanalytische Forschung herausgearbeitet hat, ist – mit Charles Brenner zu reden – der «Schmerz» vielleicht «eher die Bedingung als die Quelle der sexuellen Lust». («The Masochistic Character: Genesis and Treatment», in: *Journal of the American Psychoanalytic Association*, Bd. VII [1959], S. 205)

47. «Ich hatte im Schmerz, ja sogar in der Scham, etwas wie Wollust empfunden, die eher Lust als Furcht in mir zurückließ, sie durch dieselbe Hand noch einmal zu empfinden.» (Jean-Jacques Rousseau, *Confessions* [1781–88], in: *Œuvres Complètes*, hrsg. v. Bernard Gagnebin, Robert Osmont und Marcel Raymond, 4 Bde. [1959–69], Bd. I, S. 15 [Buch I])

48. Leopold von Sacher-Masoch, *Venus im Pelz* (1896; 1980 neu hrsg. mit einer Studie von Gilles Deleuze), S. 138.

49. Im engeren Sinne bezeichnen die Begriffe «Sadismus» und «Masochismus» eine Verbindung von Sexualität und Gewalt, beide aber werden oft im weiteren Sinne für extreme Formen der Aggressivität gegen andere und sich selbst verwendet. Selbst Freud macht keine Ausnahme von dieser eher verwirrenden Ausweitung des Wortfeldes; ein Beispiel ist seine Kategorie des «moralischen Masochismus».

50. Sigmund Freud, *Drei Abhandlungen zur Sexualtheorie* (1905), in: *Gesammelte Werke*, Bd. V, S. 59. Freud zitiert dazu Havelock Ellis, der sich seinerseits auf Krafft-Ebing und drei andere Sexualwissenschaftler beruft. Nach Krafft-Ebings Ansicht sind Fälle, in denen ein echter Sadist auch masochistische Rituale pflegt, interessant, aber selten. (Richard von Krafft-Ebing, *Psychopathia Sexualis mit besonderer Berücksichtigung der conträren Sexualempfindung. Eine medicinisch-gerichtliche Studie für Ärzte und Juristen* [1882; 11. erweit. Aufl. 1901], S. 162)

51. Dostojewski, *Rodion Raskolnikoff. Schuld und Sühne* (1866; 1949), S. 253 [Teil II, Kap. 7].

52. Während diese illusionslosen Feststellungen sich über das Sexuelle an sadistischen und masochistischen Neigungen völlig ausschweigen, haben die Romantiker des frühen 19. Jahrhunderts durchaus eine Ahnung davon; das zeigt sich beispielsweise bei jenen fiktiven Liebhabern, die bei ihren amourösen Abenteuern auf ein qualvolles Ineinander von Lust und Schrecken stoßen. In einem frühen Gedicht besingt Heinrich Heine diese unwahrscheinliche Verbindung im Bild einer wollustheischenden Steinsphinx, die den Liebhaber, der sie mit einem Kuß zum Leben erweckt, umschlingt und mit ihren Löwentatzen zerfleischt: «Entzückende Marter und wonniges Weh!/Der Schmerz wie die Lust unermeßlich!» Verblüfft bittet der Dichter Eros um eine Erklärung dieses Paradoxons: «O Liebe! Was soll es bedeuten,/Daß du vermischest mit Todesqual/All deine Seligkeiten?» («Vorrede zur dritten Auflage», *Buch der Lieder*, in: *Sämtliche Schriften*, hrsg. v. Klaus Briegleb u. a., 6 Bde.

[1968–76], Bd. I, S. 14–15. Siehe auch Peter Gay, *Erziehung der Sinne* [1986], S. 223)

53. 4. Januar 1843, *Gladstone Diaries*, Bd. III, S. 250. Gladstone spekuliert weiter: «Nicht oft gibt es wohl eine solche Tugend, die, wenn das niedere Vermögen bestraft oder gerügt wird, jene Freude an der Gerechtigkeit und den wohltätigen Auswirkungen der Züchtigung empfindet, die das durch die Strafe verursachte Leiden sogar im Augenblick selber ausgleicht und ihm entgegenwirkt...» Hier klingt bereits die von Freud sehr viel später entwickelte Vorstellung an, daß das strafende Über-Ich aus der Unlust des von ihm getriezten Ich Lust gewinnt.

54. «America on the High Seas», in: *Saturday Review*, Bd. IX (21. Januar 1860), S. 79.

55. 1904 hat der Schweizer Psychiater August Forel Krafft-Ebing jene Anerkennung gezollt, die ihm wohl von niemandem bestritten und von niemandem geneidet wurde; das Problem der «Richtung des Geschlechtstriebes auf inadäquate Objekte», so Forel, sei von «Krafft-Ebing am gründlichsten studiert worden». (*Die sexuelle Frage. Eine naturwissenschaftliche, psychologische, hygienische und soziologische Studie für Gebildete* [1904; 4. und 5. Aufl. 1906], S. 248)

56. A. James Hammerton, «Victorian Marriage and the Law of Matrimonial Cruelty», in: *Victorian Studies*, Bd. XXXIII (1990), S. 276 Anm.

57. Siehe Richard D. Altick, *Victorian Studies in Scarlet: Murders and Manners in the Age of Victoria* (1970), S. 286. Nur fünf Ehefrauen wurden wegen Mordes an ihrem Ehemann hingerichtet.

58. Das erste moderne Scheidungsgesetz wurde 1857 geltendes Recht. Von diesem Datum an – so hat A. James Hammerton in seinen sorgfältigen Untersuchungen der Gerichtsakten herausgefunden – «befinden sich, im Gegensatz zur landläufigen Meinung, unter den Angeklagten ebenso viele Männer aus höheren wie aus niederen Schichten, die ihre Frau mit Schürhaken oder ähnlichen Waffen geschlagen, sie die Treppe hinuntergestoßen, sie in der Schwangerschaft verprügelt, nach der Geburt zum Sexualverkehr gezwungen sowie sich der Vergewaltigung in der Ehe oder des erzwungenen Analverkehrs schuldig gemacht hatten». («Victorian Marriage», a. a. O., S. 276)

59. Dr. Matthaes, «Zur Statistik der Sittlichkeitsverbrechen», in: *Archiv für Kriminal-Anthropologie und Kriminalistik*, Bd. XII (1903), S. 316–18.

60. Siehe Hammerton, «Victorian Marriage», a. a. O., S. 275–79.

61. Robert Rantoul, «House, No. 36. Commonwealth of Massachusetts. House of Representatives, Jan. 14, 1835», S. 6.

62. Dostojewski, *Rodion Raskolnikoff. Schuld und Sühne*, S. 694 [Teil VI, Kap. 5]. Im ausgehenden 18. Jahrhundert zitiert Blackstone in seinen klassischen *Commentaries* den großen englischen Juristen des 17. Jahrhunderts, Sir Matthew Hale, mit den Worten: «Vergewaltigung ist ein besonders verabscheuungswürdiges Verbrechen», aber «eine Anklage, die sich leicht erheben und nur schwer beweisen läßt» und «noch schwerer von einem unschuldigen Beklagten zurückgewiesen werden kann». (William Blackstone, *Commentaries on the Laws of England*, 4 Bde. [1765–69], Bd. IV, S. 215)

63. Die Realität strafte, wie wir sehen werden, diese Geschichten Lügen. Den-

noch wurde über viele heimtückische Verbrechen nicht berichtet, und sie blieben ungesühnt. 1858 berichtet die *Saturday Review* mit Empörung über den Fall eines gutbürgerlichen «Ungeheuers» namens Johnston – dieser Mann saß im Gefängnis, weil er sich weigerte, für den Unterhalt seiner Töchter aufzukommen – und meint dazu: «Wann immer ein extremes Beispiel für eheliche Grausamkeit in den Annalen eines Polizeigerichts auftaucht, so ist es nur der Zufall, der eine lange Kette von Brutalitäten und bestialischen Schikanen an den Tag bringt. Jahrelang duldet die Ehefrau schweigend – die Kinder werden geschlagen oder schlecht ernährt oder Opfer allen möglichen unaussprechlichen Übels –, und keine Klagen werden laut.» («The Johnston Case», in: *Saturday Review*, Bd. VI [9. Oktober 1858], S. 351) Und der Verdacht, daß sexueller Mißbrauch und Vergewaltigung, von denen die Frauen berichteten, weitgehend der Phantasie entsprungen sind, wird von der medizinischen Literatur durchaus genährt. So teilt etwa 1899 ein Dr. Altmann in einem typischen Fallbericht mit, daß in Deutschland eine Sechzehnjährige ihren Stiefvater beschuldigt habe, er hätte sie «gewaltsam geschlechtlich gebraucht». Der Angeklagte, ein völlig unbescholtener Mann, saß zehn Tage in Untersuchungshaft, während die Behörden ermittelten. Doch Gerichtsärzte befanden, die Klägerin sei Jungfrau, und es stellte sich heraus, daß sie häufig von Männern träumte und auch die Vergewaltigung durch ihren Stiefvater geträumt hatte. («Traum statt Wirklichkeit», in: *Archiv für Kriminal-Anthropologie und Kriminalistik*, Bd. I [1899], S. 334–36)

64. Eine Sammlung amtlicher Statistiken läßt keinen Zweifel daran, daß die sexuelle Belästigung von Kindern erheblich häufiger war als die von Frauen und daß sie – auch proportional – beständig zunahm. So wurden etwa im Département Seine, zu dem auch Paris gehört, zwischen 1825 und 1838 57 Vergewaltigungen von Frauen, aber 153 Vergewaltigungen von Kindern gerichtlich verfolgt. Zwischen 1867 und 1880 waren es bei den ersteren doppelt so viel, nämlich 101 Straftaten, bei den letzteren hingegen fast neunmal so viel, nämlich 1291. (Albert Bournet, *De la criminalité en France et en Italie. Etude médico-légale* [1884], S. 115) In der Folge blieben die Zahlenverhältnisse einigermaßen gleich, aber der Anteil der Straftaten gegen erwachsene Frauen stieg allmählich etwas an. In den vierzehn Jahren zwischen 1886 und 1900 gab es 201 Anklageerhebungen wegen *«viols et attentats à la pudeur sur adultes»*, während 1586 Mißbrauchsfälle bei Kindern gerichtlich verfolgt wurden. (Siehe Maurice Yvernès, «La Justice en France de 1881 à 1900», in: *Journal de la Société de statistique de Paris*, Bd. XLIV [September 1903], S. 301)

65. Hubert Lauvergne, *Les Forçats considérés sous le rapport physiologique, moral et intellectuel, observés au bagne de Toulon* (1841), S. 378, 401, 398.

66. Albert Bournet, *De la criminalité en France et en Italie. Etude médico-légale* (1884), S. 119.

67. Nur wenige medizinische Sachverständige in Frankreich, darunter der äußerst produktive Ambroise A. Tardieu, interessierten sich für die von Tardieu so genannten «Vergehen gegen die Sittlichkeit» – vor allem Kindesmißbrauch inklusive Inzest zwischen Vater und Tochter. (Siehe seine *Etude médico-légale sur les attentats aux moeurs* [1857; 5. Aufl. 1867]) Mehrere seiner Kollegen lieferten ihm Beiträge zu seiner Sammlung von Fallgeschichten.

68. Siehe Thomas Hardy, *Tess of the d'Urbervilles* (1891; 1965 hrsg. v. Scott Elledge; 2. Aufl. 1979), S. 62 [Kap. 11].

69. Marie von Ebner-Eschenbach, *Unsühnbar* (1890; 1978 hrsg. v. Burkhard Bittrich), S. 64 [Kap. 10].

70. John Galsworthy, *The Man of Property* (1906; 1951), S. 264 [Teil III, Kap. 4].

71. W. Starke, *Verbrechen und Verbrecher in Preussen 1854–1878. Eine kulturgeschichtliche Studie* (1884), S. 173; «The Queen vs. Job Lawrence», in: *The Times* (London, 7. April 1859), S. 6; «The Charge against a Clergyman», ebd. (17. November 1850), S. 3.

72. «The Tables Turned», ebd. (17. Februar 1850), S. 6; «Guildhall», ebd. (21. Februar 1850), S. 8.

73. «Guildhall», ebd. (27. Februar 1850), S. 7; auch 28. Februar 1850, S. 8, und 3. März 1850, S. 5.

74. *«POLICE»*, ebd. (21. Februar 1850), S. 8; «The Charge of Rape against a Clergyman», ebd. (10. November 1850), S. 3; siehe auch 17. November 1850, S. 3.

75. «The Queen vs. Job Lawrence», ebd. (7. April 1850), S. 6.

76. «Indecent Conduct», ebd. (18. August 1850), S. 8; «David Harrington», ebd. (27. Oktober 1850), S. 6. Was für die hochviktorianische Epoche gilt, gilt ganz ebenso für frühere Zeiten. Als Thomas de Quincey 1818 für die *Westmorland Gazette* schreibt, finden Vergewaltigungsfälle erhebliche Beachtung, und das attraktive Aussehen der Opfer stieß auf einige lüsterne Aufmerksamkeit. (Siehe Grevel Lindop, *The Opium Eater: A Life of Thomas De Quincey* [1981], S. 229)

77. Aurelius Augustinus, *Vom Gottesstaat*, 2 Bde. (nach 412; 1955), Bd. I, S. 71 [Buch I, Kap. 17].

78. Voltaire geriet angesichts des Selbstmördergesetzes in wahrhaft philosophische Rage: «Der Staat lebt nach meinem Tod wohlbehalten weiter, wie er schon vor meiner Geburt wohlbehalten gelebt hat. Ich verlasse ihn auf die Gefahr hin, keinen besseren zu finden. Aber ihr! Was für Wahnsinnige seid ihr, daß ihr mich an den Füßen aufhängt, wenn ich nicht mehr lebe! Und was für Diebe seid ihr, daß ihr meine Kinder beraubt!» (*Prix de la justice et de l'humanité* [1777], in: *Œuvres Complètes*, hrsg. v. Louis Moland, 52 Bde. [1877–85], Bd. XXX, S. 543) Er spricht hier für die meisten Aufklärer und ganz in der Tradition von Montaignes Essais. Auch mit David Hume, dessen Schrift «Of Suicide» 1777, also im Jahr nach seinem Tod, erstmals publiziert wurde, stimmt er völlig überein. «Ein Mensch, der aus dem Leben scheidet, fügt der Gesellschaft keinerlei Schaden zu. Er hört nur auf, Gutes zu tun», heißt es bei Hume. Ihm zufolge ist es «irgendwie Blasphemie zu meinen, ein von Gott geschaffenes Lebewesen könne die Ordnung der Welt stören oder der Vorsehung ins Handwerk pfuschen!» Kurz, «daß der Selbstmord oftmals im Einklang mit unserem Interesse und mit unserer Pflicht uns selbst gegenüber steht, kann niemand bezweifeln, der einräumt, daß Alter, Krankheit oder Unglück das Leben zur Last werden lassen und schlimmer machen können als den Tod». («Of Suicide», *Essays*, in: *The Philosophical Works of David Hume*, hrsg. v. T. H. Green und T. H. Grose, 4 Bde. [1875; 1882], Bd. II, S. 413, 412, 414)

79. Siehe Albert Bayet, *Le suicide et la morale* (1922), passim, sowie das unveröffentl. Manuskript von Lisa Lieberman, «The Suicide Discourse in Nineteenth-Century France». Geistliche, die entschlossen waren, die Seelen ihrer Gemeindemitglieder vor der ewigen Verdammnis zu retten, machten sorgfältige (wiewohl analytisch zweifelhafte) Unterschiede zwischen dem Vergehen der herausfordernden, unbußfertigen Selbstvernichtung und der im Grunde unschuldigen Selbsttötung in einem Augenblick unheilbarer Depression. Die Predigt, die der High-Church-Pfarrer G. F. Biber 1865 unter dem interessanten Titel *The Act of Suicide as Distinct from the Crime of Self-Murder* publizierte, liefert ein typisches Beispiel für das apologetische Schrifttum.

80. Siehe Jean-Pierre Falret, *De l'hypochondrie et du suicide* (1822); Etienne Esquirol, *Des maladies mentales considérées sous les rapports médical, hygiénique et médico-légal,* 3 Bde. in 2 (1838), Bd. I, S. 639, 655. Das Kapitel über den Selbstmord (S. 526–676) trägt das Datum 1821.

81. Unter den vielen Schriften sind besonders beachtenswert: *Du suicide considéré comme maladie* (1845) von dem Arzt Charles Bourdin und *Du suicide et de la folie suicide* (1856; 2. Aufl. 1865) von dem außerordentlich produktiven französischen Psychiater Alexandre Brierre de Boismont. In einer umfangreichen Erhebung über mehr als fünftausend Selbstmörder, in der auch die von vielen hinterlassenen Mitteilungen abgedruckt sind, vertritt Boismont diese medizinische Auffassung noch einmal.

82. «Die Daten» über Selbstmord seien weit verstreut, so daß sie schwer zu sammeln sind – so Adolf Wagner, der bekannte konservative deutsche Politökonom in seinem Buch *Statistisch-anthropologische Untersuchungen der Gesetzmässigkeit in den scheinbar willkürlichen menschlichen Handlungen* (1864), S. 103; «alle Statistiker räumen ein, daß es unmöglich ist, genaue Daten zu erhalten» – so Enrico Morselli, italienischer Professor für psychologische Medizin, in seiner Schrift *Suicide: An Essay on Comparative Moral Statistics* (1882; aus ital. *Il suicidio. Saggio di statistica morale comparata,* 1879), S. 9; leider bringe die Selbstmordstatistik in manche dunklen Seiten des Problems nur einen spärlichen Lichtschein der Erklärung der Ursachen, beklagt auch der deutsche Ökonom Hans Rost in seiner Studie *Der Selbstmord als sozialstatistische Erscheinung* (1905), S. 3.

83. Emile Durkheim, Vorwort zu *Le Suicide* (1897), S. viii–ix.

84. Enrico Morselli, der zu den zwei oder drei besonders renommierten Selbstmordforschern der Jahrhundertmitte und zu den glühenden Verehrern der englischen empirischen Sozialwissenschaft gehörte, warnte eindringlich vor derlei Versuchungen: Die Statistik lasse sich mit einem zweischneidigen Schwert vergleichen; sie sei eine mörderische Waffe in der Hand des Unerfahrenen oder Arglistigen, der sie auf seine eigene Art nutzen wolle. Es sei immer leicht, Gesetze aufzustellen, dann die eigenen Forschungen danach auszurichten und dafür zu sorgen, daß die Tatsachen sich unseren Vorurteilen und unserem apriorischen Denken beugen. (*Suicide: An Essay on Comparative Moral Statistics* [1882; aus ital. *Il suicidio. Saggio di statistica moral comparata,* 1879], S. 11–12)

85. Thomas Masaryk, *Der Selbstmord als sociale Massenerscheinung der modernen Civilisation* (1881), S. V.

86. A. Baer, *Der Selbstmord im kindlichen Lebensalter. Eine social-hygienische Studie* (1901), S. 49; Hans Rost, *Der Selbstmord als sozialstatistische Erscheinung* (1905), S. 113; Rost, *Der Selbstmord in den deutschen Städten* (1912), S. 55, 56.

87. Masaryk, *Der Selbstmord als sociale Massenerscheinung*, S. 174–75. Kein Wunder, daß der deutsche Jesuit H. A. Krose in seiner sorgfältigen statistischen Studie über den Selbstmord im 19. Jahrhundert Masaryk zustimmend zitiert, weil er «in der Irreligiosität unserer Zeit den Hauptgrund für die wachsende Neigung zum Selbstmord» entdeckt habe. Ganz ohne jede Frage sei «der wichtigste und wirksamste Schutz gegen den Selbstmord die Religion». (*Der Selbstmord im 19. Jahrhundert nach seiner Verteilung auf Staaten und Verwaltungsbezirke* [1906], S. 140–41, 167)

88. Durkheim, *Le Suicide*, S. viii, 171.

89. Ebd. Vergleiche auch Freuds berühmtes Kredo am Ende seiner Schrift *Die Zukunft einer Illusion* (1927): «Nein, unsere Wissenschaft ist keine Illusion. Eine Illusion aber wäre es zu glauben, daß wir anderswoher bekommen könnten, was sie uns nicht geben kann.» (*Die Zukunft einer Illusion*, in: *Gesammelte Werke*, Bd. XIV, S. 380)

90. Siehe Durkheim, *Le Suicide*, S. 264–311.

III. Demagogen und Demokraten

1. Neubestimmungen

1. Sigmund Freud, «Über den psychischen Mechanismus hysterischer Phänomene» (1983), *Gesammelte Werke, Nachtragsband, Texte aus dem Jahre 1885–1939 (1987)*, S. 192. Der prinzipienfeste Freidenker Herbert Spencer dagegen setzte die Ursprünge der gesellschaftlichen Ordnung nicht in die Sublimierung der Aggressivität, sondern in deren Ausübung. «Ob es nun stimmt oder nicht, daß der Mensch ungleich beschaffen und in Sünde empfangen sei», schrieb er im Jahr 1884, «unzweifelhaft richtig ist, daß die Herrschaft des Staates durch Aggression gezeugt wird und der Aggression entspringt.» *The Man versus the State* (1884), S. 44.

2. Benjamin Constant, «De la liberté des anciens comparé à celle des modernes» (1819), *Cours de politique constitutionelle, ou collection des ouvrages publiés sur le gouvernement représentatif*, hrsg. v. Edouard Laboulaye, 2 Bde. (1861), II, S. 542.

3. R. N. B[ain], «Görtz, Georg Heinrich von», *Encyclopedia Britannica* (11. Aufl., 1910–11) XII, S. 262.

4. Dominique Bagge, *Les Conflits des idées politiques en France sous la Restauration* (1952), S. 113.

5. Tocqueville an Gustave de Beaumont, 23. März 1853, Alexis de Tocqueville, *Selected Letters on Politics and Society*, hrsg. v. Roger Boesche, übers. v. James Toupin und Roger Boesche (1985), S. 258; Tocqueville an Louis de Kergorlay, 29. Juni 1831, ebd., S. 54–55.

6. Gervinus: Georg Gottfried Gervinus, *Einleitung in die Geschichte des neun-*

zehnten Jahrhunderts (1853; Auf. 1921), S. 179, 182, 183; Sybel: Folkert Haferkorn, *Soziale Vorstellungen Heinrich von Sybels* (1976), S. 110.

7. Alexis de Tocqueville, *Souvenirs* (geschrieben 1850; posthum veröffentlicht, 1893; hrsg. v. Luc Monnier, 1942), S. 16.

8. Friedrich Engels, *Die Lage der arbeitenden Klasse in England* (1845), *Marx/ Engels Werke*, Bd. 2, S. 324; *Einleitung zur englischen Ausgabe der «Entwicklung des Sozialismus von der Utopie zur Wissenschaft»* (1892), *Marx/Engels Werke*, Bd. 22 (1963), S. 307.

9. Weitere Einzelheiten zur Zusammensetzung und zur Rolle des Bürgertums im 19. Jahrhundert findet man in Peter Gay, *Erziehung der Sinne. Sexualität im bürgerlichen Zeitalter,* übers. v. Holger Fließbach (1984; dt. Ausg. 1986), S. 28–41.

10. Tocqueville an Hippolyte de Tocqueville, 4. Dezember 1831, *Selected Letters,* S. 66.

11. James Anthony Froude, *Thomas Carlyle: A History of the First Forty Years of His Life, 1795–1835,* 2 Bde. (1882), II, S. 205–6.

2. Die schwere Geburt der politischen Kultur

1. Siehe Archibald S. Foord, *His Majesty's Opposition, 1714–1830* (1964), S. 1.

2. Disraeli: Robert Blake, *Disraeli* (1967; Aufl. 1968), S. 181–82; Palmerston: ebd., S. 323.

3. Bolingbroke vertrat den Standpunkt, daß die Regierung einer Partei «immer zwangsläufig in der Regierung einer Splittergruppe endet», denn Splittergruppe verhält sich zu Partei wie Superlativ zu Positiv; Parteien sind ein politisches Übel, und Splittergruppen sind die schlimmste Form von Parteien.» Henry St. John, Viscount Bolingbroke, *The Idea of a Patriot King* (1749; Ausgabe 1965), S. 46.

4. Madison warnte vor dem «Unheil des Parteigeistes», dem nur ein System gegenseitiger Kontrollen abhelfen könne (*Federalist,* Nr. 10). Hamilton stimmte zu. Eine «erfolgreiche Splittergruppe errichtet unter Umständen auf den Trümmern der gesetzmäßigen Ordnung eine Tyrannenherrschaft» (Nr. 21). Es handele sich um eine ansteckende Krankheit, bei der man «damit rechnen muß, daß sie alle politischen Einrichtungen befällt» (Nr. 26). *The Federalist* (1787–88; hrsg. v. Jacob E. Cooke, 1961), S. 56–58, 131, 168.

5. Siehe vor allem «Of Parties in General» (1741), *Essays, Moral, Political, and Literary,* in: *The Philosophical Works of David Hume,* hrsg. v. T. H. Green und T. H. Grose, 4 Bde. (1875; Aufl. 1882), III, S. 127–28; «Of the Parties of Great Britain» (1742), ebd., S. 139; «Of the Coalition of Parties» (1758), ebd., S. 464.

6. Edmund Burke, «Thoughts on the Present Discontents» (1770), in: *The Writings and Speeches of Edmund Burke,* hrsg. v. Paul Langford, Bd. II, *Party, Parliament, and the American Crisis, 1766–1774* (1981), S. 314–18; Zitat auf S. 317.

7. So sah das Ideal aus; die Wirklichkeit war oft erbärmlicher. Die Geschichte der im 18. Jahrhundert anzutreffenden Vorformen zur Politik des 19. Jahrhunderts bezeugt, daß ähnlich wie bei anderen kulturellen Phänomenen auch hier

eben die Institution, die den Haß durch Sublimierung zivilisieren sollte, tatsächlich seiner Eskalation unter Umständen Vorschub leistete. Der politische Prozeß lieferte den erhitzten Konkurrenten reichlich Zielscheiben, an denen sie ihre leidenschaftliche Feindseligkeit austoben konnten. Die Parlamentswahlen im Großbritannien der hannoveranischen Zeit und in den amerikanischen Kolonien degenerierten immer wieder zu Veranstaltungen, die wenig mehr waren als kaltschnäuzige, alkoholgetränkte Übungen in unverfrorener Bestechung, nicht weniger unverhohlener Verhökerung von Machtpositionen und schamloser Schikane. Im Zweifelsfall sorgten Einfluß, Geld, Alkohol, ebenso überstürzte wie kurzlebige soziale Bündnisse zwischen Kandidaten aus der Oberschicht und einer Unterschicht-Öffentlichkeit, die Wähler und Nicht-Wähler umfaßte, für eine solide Unterstützung, als der politische Standpunkt eines Kandidaten oder sogar sein Charakter mobilisieren konnten. Bis weit in die viktorianische Zeit hinein stellte gemäßigtes und aufrichtiges politisches Betragen eher ein Sollen als einen Ist-Zustand dar, und auch danach blieb es häufig ein Desiderat.

8. Henry Adams, *History of the United States of America during the Administrations of Thomas Jefferson and James Madison,* 9 Bde. (1889–91; Repr. 1930), I, S. 82.

9. «Deklaration der Menschen- und Bürgerrechte», 27. August 1789, in: *Die Französische Revolution. Eine Dokumentation,* hrsg. v. Walter Grab (1973), S. 37–8. Eine Zusatzverordnung, «Dekret über die Grundprinzipien der Regierung», wurde am 1. Oktober 1789 beschlossen.

10. Die Königsmörder verfuhren weder planlos noch leichtfertig. Kein Zweifel, daß es ihnen leichter fiel, einen König umzubringen, als denen, die im Jahr 1649 die Hinrichtung des englischen Königs Karls I. befohlen hatten. Aber wie bei der ersten Hinrichtung wurde auch bei der zweiten wegen der Bürde, die sie für ein furchterregend gespaltenes Land bedeutete, alles an apologetischer Apparatur und an forensischem Ingenium aufgeboten, was den Königsmördern zu Gebote stand. Wie bei Karl I. ging auch bei Ludwig XVI. der Enthauptung ein monumentales öffentliches Gerichtsverfahren voraus, dessen Hauptmerkmal war, daß man sich darum stritt, ob das Gericht, das dem Herrscher den Prozeß machen sollte, dazu überhaupt befugt war; wie Karl I. wurde auch Ludwig XVI, vor den Augen einer großen Menschenmenge hingerichtet, die sich durch das Ungeheure des Schauspiels zu Frivolitäten herausfordern oder zu Tränen bewegen ließ.

11. Siehe John Hall Stewart, *A Documentary Survey of the French Revolution* (1951), S. 431.

12. Die Neue Frau war weniger gut daran: Insbesondere die Jakobiner sträubten sich heftig dagegen, daß die Frauen im öffentlichen Leben eine Rolle spielten; trotz der Proteste tapferer, vereinzelter Frauenrechtler wie Condorcet und Olympe de Gouges lösten sie alle Frauenorganisationen auf und schickten schließlich de Gouges auf die Guillotine.

13. Wenngleich die Französische Revolution offenkundig weit mehr als ein ödipales Aufbegehren war, hat sich diese allzu einfache (wenn auch nicht ganz und gar abwegige) psychoanalytische Erklärung sogar bei Historikern durchgesetzt, die mit Freudschen Kategorien nichts anfangen können.

14. Im fernen Königsberg fand der alternde, aber scharf beobachtende Kant die Vorgänge in Frankreich durch das ganze turbulente Jahrzehnt hindurch ebenso preiswürdig wie ansprechend. Die Revolutionäre taten seiner Ansicht nach recht daran, in den Bürgern Menschen zu sehen, nicht Mittel, sondern Zwecke. Nicht einmal die Scheußlichkeiten der Terrorherrschaft konnten ihn in seinem Jakobinismus erschüttern. Alles Schreckliche, das die Franzosen dabei durchgemacht hätten, erklärte er gegenüber einem Kollegen, sei nichts im Vergleich mit ihren Leiden unter dem Ancien Régime; die Jakobiner hätten wahrscheinlich recht gehandelt. Jacques Droz, *L'Allemagne et la Révolution française* (1949), S. 158.

15. Siehe William Wordsworth, *The Prelude,* Buch XI, Zeilen 113–15; Burke an Charles-Jean-François Depont [November 1789], The *Correspondence of Edmund Burke,* Bd. VI, *Juli 1789–Dezember 1791,* hrsg. v. Alfred Cobban und Robert A. Smith (1967), S. 41. Reichlich Beispiele für Begeisterung und Ablehnung in England bieten die Texte in *The Debate on the French Revolution, 1789–1800,* hrsg. v. Alfred Cobban (1950).

16. Als im Herbst 1793 die Comédie Française die Bearbeitung eines Goldoni-Stückes brachte, das gestrengen Republikanern übermäßig aristokratisch und also verräterisch vorkam, beschimpfte die jakobinische Zeitschrift *Feuille du salut publique* die Zuschauer wegen «ihres wahrlich monarchistischen Luxus». Emmet Kennedy, *A Cultural History of the French Revolution* (1989), S. 179.

17. Marat: William Doyle, *The Oxford History of the French Revolution* (1989), S. 120, 228; Girondisten: siehe Alphonse Aulard, *Histoire politique de la Révolution Française* (1901; 5. Aufl., 1913), S. 395; Robespierre: siehe Doyle, *Oxford History,* S. 191.

18. Morris an Thomas Pinckney, 3. Dezember 1792, *A Diary of the French Revolution,* hrsg. v. Beatrix Cary Davenport, 2 Bde. (1939), II, S. 581.

19. Morris an Thomas Jefferson, 10.–16. September 1792, ebd., S. 542.

20. Charles de Rémusat, «La Révolution Française», *Critiques et Études littéraires, ou passé et présent* (1. Aufl. betitelt *Passé et présent. Mélanges,* 1847; neue erweiterte Ausgabe, 1859), S. 102.

21. Siehe «Proclamation to the French Nation, 19 Brumaire, Year VIII» (10. November, 1799), *Letters and Documents of Napoleon,* ausgew. und übers. v. John Eldred Howard, Bd. I, The Rise to Power (1961), S. 313; Napoleon I. im Gespräch mit Lucien und Joseph Bonaparte, 1803: Théodor Iung, *Lucien Bonaparte et ses mémoires,* 1775–1840, 3 Bde. (1882–83), II, S. 407–8.

22. «Die strukturellen Eigentümlichkeiten der amerikanischen Gesellschaft», schreibt Richard Hofstadter, «waren einer gemäßigten politischen Entwicklung außerordentlich günstig. Eigentum war breit gestreut. Es gab eine umfängliche politische Öffentlichkeit, die zum Teil auf dieser Eigentumsgrundlage ruhte und zum Teil einem großzügigen Wahlrecht entsprang.» Wichtiger noch, es handelte sich um «eine gebildete Öffentlichkeit, von der ein großer Teil gewohnt war, sich am politischen Leben zu beteiligen. Sie war stolz auf ihre Rechte, reagierte sensibel auf deren Verletzung und stand der Staatsmacht mißtrauisch gegenüber.» Während die Auseinandersetzung über die vorgeschlagene Verfassung mit «großem rhetorischem Getöse und mit Brandreden» geführt worden war, erwies sich nach der Verabschiedung des Dokuments der

Zwang zur Versöhnung und zum Ausgleich als unwiderstehlich. *The Idea of a Party System: The Rise of Legitimate Opposition in the United States, 1780–1840* (1969), S. 75–76, 77, 79.

23. James Fenimore Cooper, *The American Democrat* (1838; hrsg. v. George Dekker und Larry Johnston, 1969), S. 225–26.

24. William James an William M. Salter, 11. September 1899, *The Letters of William James*, hrsg. von seinem Sohn Henry James, 2 Bde. (1920), II, S. 100.

25. Benjamin Constant, Manuskript aus der Zeit zwischen 1802 und 1806, in: Stephen Holmes, *Benjamin Constant and the Making of Modern Liberalism* (1984), S. 275.

26. Charles de Rémusat, *Mémoires de ma vie*, hrsg. v. Charles H. Pouthas, 5 Bde. (1958–67), Bd. I, *Enfance et jeunesse. La Restauration libérale* (1797–1820), S. 278.

27. Im August 1819 zog Graf Gustaf Löwenhielm, der schwedische Botschafter in Frankreich, Bilanz: «Niemand redet über Politik», schrieb er. Zugegeben, «es gibt einige Aufwiegler, aber sehr erfolgreich sind sie nicht. Erschöpfung und Eigennutz garantieren Frieden und Ruhe.» Löwenhielm an Graf Karl Otto Palmstierna, August 1819, Guillaume de Bertier de Sauvigny, *La Restauration* (3. Aufl., 1955), S. 288.

28. François Guizot, *Des moyens de gouvernement et d'opposition dans l'état actuel de France* (1821), S. VIII–IX, 4, 295.

29. Siehe Rémusat, «Du choix d'une opinion» (1823), *Critiques et études littéraires*, S. 165; Rémusat, *Mémoires de ma vie*, Bd. II, *La Restauration ultra-royaliste. La Révolution de Juillet* (1820–1832), S. 59; Rémusat, «Sur la situation du gouvernement» (geschrieben 1818), *Critiques et études littéraires*, S. 77; Rémusat, «Du mœurs du temps» (1825–26), ebd., S. 337.

30. André Jardin und André-Jean Tudesq, *La France des notables. L'Evolution générale, 1815–1848* (1973), S. 116.

31. J. P. T. Bury und R. P. Tombs, *Thiers, 1797–1877; A Political Life* (1986), S. 18–19.

32. Rémusat, *Mémoires de ma vie*, Bd. III, *Les Luttes parlementaires. La Question d'Orient, Le Ministère Thiers-Rémusat* (1832–1841), S. 47.

33. Alfred Cobban, *A History of Modern France*, Bd. II, *From the First Empire to the Second Empire, 1799–1871* (1961; 2. Aufl., 1965), S. 98.

34. Karl Marx, *Die Klassenkämpfe in Frankreich, 1848–1850* (1850), Marx/Engels, *Gesamtausgabe*, Erste Abteilung, Bd. X (1977), S. 120.

35. Ebd.

36. Jardin und Tudesq, *La France des notables*, S. 167.

37. Im Jahr 1855 las die *Edinburgh Review* den despotischen Franzosen die Leviten: «Eine parlamentarische Regierung ist eine Regierung politischer Parteien.» Dazu gehöre die Einbeziehung des anderen in den politischen Prozeß nebst uneingeschränkter Meinungsfreiheit außerhalb des Parlaments, freien öffentlichen Versammlungen und Pressefreiheit – alles Rechte, die Engländer seit langem genössen. Gewiß, die derzeitigen autoritären Regierungen seien fern von Brutalität und schützten Personen und Eigentum. Aber sie seien despotisch und erstickten die Politik, indem sie alle Kritik an der gesetzgebenden Gewalt unterdrückten. Solche Unterdrückung nötige die Öffentlichkeit

zur Heuchelei; sie müsse so tun, als billige sie oder kritisiere jedenfalls nicht, was sie in Wahrheit verabscheue. Zugegeben, konstruktive Opposition sei ein schwieriges Geschäft. «Anklage ist reizvoller als Verteidigung: Lobhudelei ist platt und uninteressant.» Eine verantwortungsbewußte Opposition müsse bestrebt sein, nicht nur Kritteleien, sondern realistische Alternativen zu bieten; für diese Aufgaben aber brauche man Mäßigung. [G. C. Lewis], «Art. I. – *Hansard's Parliamentary Debates*. (New Series)», *Edinburgh Review*, CI (Januar 1855), S. 1–20 passim. Auch wenn er namentlich nicht genannt wird, ist der eigentliche Adressat dieser Lektion in vergleichender Regierungsform Napoleon III., der für das gebildete britische Publikum offenbar ein Gegenstand der Faszination war.

3. Moderne Cäsaren

1. Jeder, der von Bismarck etwas weiß, erkennt, daß dieses kollektive Profil auf ihn weniger gut paßt als auf die beiden Napoleons. Bismarck, um ein ganzes Bündel von Geisteshaltungen auf den Begriff zu bringen – es handelte sich eher um Haltungen als um eine zusammenhängende politische Philosophie –, war ein preußischer Monarchist mit zutiefst traditionalistischen Bindungen. Aber wie auf den folgenden Seiten zu sehen sein wird, wies er unverhoffte, auffällige und grundlegende Ähnlichkeiten mit den Cäsaren seiner Zeit auf.

2. «Bernard Shaw and the Heroic Actor» (1907), *The Bodley head Bernard Shaw: Collected Plays with Their Prefaces*, 7 Bde. (1970–74), II, S. 310; Victor Duruy, *Histoire des Romains depuis les temps les plus reculés jusqu'à l'invasion des barbares*, Lizenzausgabe der Ausgabe von 1879–85 (1970), Bde. 1–7, Bd. 3, S. 423 Fn.

3. «The Caesars» (1832), *The Works of Thomas de Quincey* (1878), VII, S. 7–8. Dieses Fundstück verdanke ich Frank M. Turner.

4. Duruy, *Histoire des Romains*, Bd. 3, S. 4, 419.

5. Siehe Theodor Mommsen, *Römische Geschichte* (1854–56; Aufl. o. J.), S. 549–555.

6. Siehe James Anthony Froude, *Caesar: A Sketch* (1879), I, S. 7. Sogar Trollope, der im Jahr 1880, kurz vor seinem Tod, ein zweibändiges Plädoyer für Cicero herausbrachte, bemühte sich mehr darum, Cicero zu verteidigen, als Cäsar anzugreifen, und zitierte Mommsen mit großem Respekt. Siehe Anthony Trollope, *The Life of Cicero*, 2 Bde. (1880), II, S. 206. Ein anderer englischer Verehrer Cäsars, der diese Sicht sogar noch vor Mommsen vertrat, ist der anglikanische Geistliche Charles Merivale, *The Roman Triumvirates* (1876; 4. Aufl., 1885), S. 161, 169; ebenso Merivale, *A General History of Rome from the Foundation of the City to the Fall of Augustulus, B. C. 753 to A. D. 476* (1875), S. 311, 353.

7. G[oldwin] S[mith], «The Roman Empire of the West» (Rezension von vier Vorlesungen Richard Congreves, die unter diesem Titel 1855 erschienen), *Oxford Essays*, 1856, Beiträge der Mitglieder der Universität (1856), S. 295–96, 311.

8. Henri de Ferron, *Théorie du progrès*, 2 Bde. (1876), II, S. 440–43.

9. Walter Bagehot hatte diesen gerissenen Kaiser vor Augen, als er in einem glänzenden Essay aus dem Jahr 1865 das Phänomen analysierte: «Julius Cäsar probierte als erster im imperialen Maßstab die charakteristischen Prinzipien des Französischen Kaiserreichs aus – wie sie dann vom ersten Napoleon wiederaufgegriffen und vom dritten Napoleon fest verankert wurden.» Die «Vorstellung von einem demagogischen Herrscher» geht auf die alten Griechen zurück, aber «auf dem großen Blatt der Weltgeschichte ist Julius Cäsar der erste Fall eines demokratischen Despoten». Mit Hilfe des Volkes, der unorganisierten Volksmasse, stürzte er eine Aristokratie – eine korrupte und vielleicht entkräftete Aristokratie, aber doch eine Aristokratie. Er erklärte der zahlenmäßigen Mehrheit der römischen Bürger: ‹Ich bin euer Fürsprecher und euer Führer: Macht mich zum obersten Herrscher, dann werde ich zu eurem Wohl und in eurem Namen regieren.› Dies haargenau ist das Prinzip des französischen Kaiserreichs. «Caesarism As It Existed in 1865» (1865), *Literary Studies (Miscellaneous Essays)* hrsg. v. Richard Holt Hutton, 3 Bde. (1. Ausg., 2 Bde., 1879; 2. Ausg., 1902–05) III, S. 72–73.

10. Siehe Louis Napoleon Bonaparte, *Des idées napoléoniennes* (1839), in: Napoleon III, *Œuvres*, 5 Bde. (1856–69), I, S. 36–37.

11. Louis de Fontanes, *Parallèle entre César, Cromwel, Monck et Bonaparte* (1800), S. 13.

12. Napoleon Bonaparte, *Précis des guerres de César,* nach Diktat aufgenommen von M. Marchand (1836), S. 212, 208, 214, 218.

13. Napoleon III, *Histoire de Jules César,* 2 Bde. (1865), I, S. 8, 10; II, S. XXX.

14. Pierre Vésinier, *La Vie du nouveau César. Étude historique,* 2 Teile in 1 Band (1865), I, S. VII. «Eh bien!» erklärte Vésinier, «welche Merkwürdigkeit, daß ein Mann, der so lange Zeit die Aufmerksamkeit seiner Zeitgenossen auf sich gezogen hat, zu denen in unserer Epoche gehört, über die man am wenigsten weiß; vielen erscheint er vielleicht heute noch als ein unlösbares Problem, eine politische Sphinx, deren Rätsel nicht entschlüsselt worden sind, eine nicht aufzulösende Scharade, zu der das Schlüsselwort unauffindbar bleibt.» Ebd., S. III–IV. Im Jahr 1865 war das bereits eine beliebte Klage. In einer insgesamt positiven Darstellung des Kaisers, die er im dritten Jahr seiner Regierung veröffentlichte, bezeichnete Charles Phillipps (er schrieb als «ein Mann von Welt») die Erforschung des Charakters von Louis Napoleon als ein schwieriges «Problem»: «Lange Zeit schien seine Lösung unmöglich. Ebenso kühl freundlich wie abweisend höflich vermied er jede Kränkung oder Vertraulichkeit und man hatte den Eindruck, daß er sich instinktiv zusammenrollte, um zu verhindern, daß man Einblick in sein Wesen nahm. In Ausdruck und Betragen war alles standesgemäß, dennoch blieb der *Mensch* absolut unergründlich.» *Napoleon the Third* (1854), S. 10.

15. Louis Napoleon an seine Mutter, 24. Juli 1821, F. A. Simpson, *The Rise of Louis Napoleon* (1909), S. 332.

16. «Du kannst dir denken», schrieb er an seine Mutter, «was ich alles empfand angesichts des Ortes, an dem das Schicksal Frankreichs sich entschied und an dem der Stern des Kaisers für immer versank.» 14. November 1832, ebd., S. 335. Zum Thema Rubikon siehe J. M. Thompson, *Louis Napoleon and the Second Empire* (1955), S. 26.

17. François Guizot, *Des moyens de gouvernement et d'opposition dans l'état actuel de la France* (1821), S. 228–29. «Solange Buonaparte die Revolution nur säuberte und mäßigte, diente er Frankreich. Sobald er beanspruchte, sich an die Stelle der Revolution zu setzen, sobald er in uns nur noch Maschinen für den Krieg und den Frondienst gegen Europa und uns selbst sah, ... erwies er sich als der fatalste Usurpator.» Ebd., S. 239. Es erübrigt sich anzumerken, daß der Neffe nur den ersten Teil des Urteils akzeptierte.

18. Louis Napoleon, *Des idées napoléoniennes*, S. 5, 28.

19. Ebd., S. 123, 172.

20. Napoleon I. im Gespräch mit Las Cases, 22.–25. April 1816, Emmanuel, Comte de las Cases, *Mémorial de Sainte-Hélène*, 8 Bde. in 4 (1823), II, S. 83. Zu Napoleons Zynismus, wie er in Unterhaltungen aus den Anfangsjahren des Jahrhunderts deutlich wird, siehe *The Mind of Napoleon: A Selection from His Written and Spoken Words*, hrsg. u. übers. v. J. Christopher Herold (1955), S. 5; sowie Claire de Vergennes, Comtesse de Rémusat, *Mémoires 1802–1808*, hrsg. v. Paul de Rémusat, 3 Bde. (1881), I, S. 183.

21. 3. April 1829, Johann Peter Eckermann, *Gespräche mit Goethe in den letzten Jahren seines Lebens*, in: *Johann Wolfgang von Goethe, Gedenkausgabe der Werke, Briefe und Gespräche*, hrsg. v. Ernst Beutler, 27 Bde. (1948–71), XXIV, S. 337. Stendhal war in diesem Punkte klarsichtiger als Goethe. Er erkannte, daß Napoleon Bonaparte für «Institutionen, die in der öffentlichen Meinung gründen», keine Verwendung hatte. Geoffrey Strickland, *Stendhal: The Education of a Novelist* (1974), S. 105.

22. Simpson, *Rise of Louis Napoleon*, S. 191.

23. Der republikanische General Louis Cavaignac, erklärter Favorit unter den Kandidaten für das Präsidentenamt, errang weniger als 1,5 Millionen Stimmen. Cavaignac, den Kritiker später den «Schlächter vom Juni» nannten, weil er im Jahr 1848 Unruhen in Paris erbarmungslos erstickt hatte, wurde von vielen bewundert. Als er im Jahr 1857 starb, beklagte die *Saturday Review* sein Ableben: «Die Nachricht, die an unser Ohr dringt, erfüllt uns mit tiefer Trauer... Über Cavaignac selbst hörte man allenthalben nur Gutes.» «General Cavaignac», *Saturday Review*, IV (7. November 1857), S. 414.

24. Louis Napoleon vor der gesetzgebenden Versammlung, 26. September 1848, *Œuvres*, III, S. 22.

25. Louis Napoleon, «A ses concitoyens», Anfang Dezember 1848, ebd., S. 24–28, Zitat auf S. 25; siehe auch Louis Napoleon vor der gesetzgebenden Versammlung, 20. Dezember 1848, ebd., S. 31. Hier finden wir einen der Fälle, in denen Louis Napoleon Äußerungen mehrfach verwertete. In seiner Erklärung vom 2. Dezember 1851 sagte er: «Ich glaube, daß die Sache, für die mein Name als Symbol steht, immer noch die Ihre ist – nämlich ein durch die Revolution von '89 erneuertes und durch den Kaiser geordnetes Frankreich – proklamieren Sie es, indem Sie mir die Vollmachten geben, um die ich Sie bitte.» Ebd., S. 275. In der Präambel zu der am 14. Januar 1852 vorgeschlagenen Verfassung stellte er im Blick auf die französische Gesellschaft seiner Zeit fest, sie sei «nichts als ein durch die Revolution von '89 erneuertes und durch den Kaiser geordnetes Frankreich». Ebd., S. 288.

26. Roger Price, *The French Second Republic: A Social History* (1972), S. 215;

Karl Marx, *Die Klassenkämpfe in Frankreich, 1848–1850* (1850), Marx/Engels, *Gesamtausgabe*, Erste Abteilung, Bd. X (1977), S. 150.

27. «Sie wollten einen Bonaparte, ob Mensch oder Puppe spielte keine große Rolle.» James Augustus St. John, *Louis Napoleon, Emperor of the French: A Biography* (1857), S. 273. St. John setzte wenig Vertrauen in die politische Urteilsfähigkeit der Mehrzahl: Louis Napoleon nutzte «jene abergläubische Ehrfurcht» aus, «mit der das Militär in Frankreich das Gedächtnis seines Onkels pflegte und die tatsächlich ihrem Wesen nach Götzendienst war». Ebd., S. 182–83. Vier Jahre später ließ ein anonymer englischer Autor seiner Empörung freien Lauf: «Die Präsidentschaftswahlen haben den Beweis für eine Wankelmütigkeit und Undankbarkeit im französischen Volk geliefert, wie sie in der Geschichte bislang ohne Beispiel ist.» *A Glance at the Causes and Effects of the Revolution in France since 1847* (1852), S. 41.

28. Louis Napoleon, «Proclamation au peuple français», 13. Juni 1849, *Œuvres*, III, S. 83.

29. Louis Napoleon, in Sens bei der Einweihung des Eisenbahnabschnitts von Lyon, 9. September 1849, ebd., S. 107–8.

30. Tocqueville bezweifelte, daß ein so machtgieriger Mensch wie Louis Napoleon nach vier Jahren bereit sein würde, ins Privatleben zurückzukehren, und machte es zu seiner Hauptaufgabe, den Präsidenten von der Errichtung einer «Pseudo-Monarchie» abzuhalten. In einer dramatisch unterkühlten Darstellung schildert er die Szene, wie der Präsident, diese moderne Sphinx, ruhig zuhörte, ohne zu erkennen zu geben, was er dachte: «Die Worte, die man an ihn richtete, waren wie Steine, die man in einen Brunnen wirft; man hört das Geräusch, das sie machen, aber man hat keine Ahnung, was aus ihnen wird.» Alexis de Tocqueville, *Souvenirs* (geschrieben 1850; posthum veröffentlicht, 1893; hrsg. v. Luc Monnier, 1942), S. 201, 209.

31. Louis Napoleon vor der gesetzgebenden Versammlung, 31. Oktober 1849, *Œuvres*, III, S. 112–13.

32. Louis Napoleon vor der gesetzgebenden Versammlung, 4. November 1851, ebd., S. 223.

33. Charles Forbes de Montalembert an Monseigneur Dupanloup, 9. Dezember 1851, «Notes et lettres de Montalembert (1848–1853)», Teil II, hrsg. v. André Traunoy, *Revue historique*, LXXXVI (1946), S. 432.

34. Zu diesem Text siehe Louis Napoleon, *Œuvres*, III, S. 300. Napoleon hatte den Entwurf nicht verfaßt, sondern ihn in seinem Geiste zusammenstückeln lassen.

35. «Notes et lettres de Montalembert (1848–1853)«, S. 433.

36. Zu diesem Abschnitt siehe John M. Merriman, *The Agency of the Republic: The Repression of the Left in Revolutionary France, 1848–1851* (1978), passim.

37. Das erste Plebiszit im Jahr 1800 bestätigte die Verfassung, die Napoleon dem Land aufzwang, nachdem er sich zum 1. Konsul ausgerufen hatte; das zweite im Jahr 1802 besiegelte seine Erhebung zum Konsul auf Lebenszeit; das dritte im Jahr 1804 sanktionierte seinen neuen Kaisertitel. Die Stimmzahlen sind schier überwältigend und absolut unglaublich. Im Jahr 1800 stimmten 3 011 007 mit Ja und 1562 mit Nein; 1802 waren es 3 600 000 Jastimmen und 8374 Neinstimmen; 1804 standen 3 572 329 Jastimmen 2569 Neinstimmen gegenüber.

38. Sand an Giuseppe Mazzini, 23. Mai 1852, in: Price, *French Second Republic*, S. 322.

39. Einweihung eines Standbilds, 8. August 1858, Napoleon III, *Oeuvres*, V, S. 66.

40. Thompson, *Louis Napoleon*, S. 319.

41. Siehe David H. Pinkney, *Napoleon III and the Rebuilding of Paris* (1958), S. 6 und passim.

42. Nach den Wahlen von 1857 berichtete ein Kandidat der Opposition, der Dichter François Ponsard: «Bürgermeister, Polizeichefs und Landgendarmen sorgten dafür, daß die Bauernherde so wählte, wie sie es wünschten. Sie verhafteten die Leute, die meine Stimmzettel austrugen und zerrissen meine Wahlplakate; sie rissen den Bauern meine Stimmzettel aus den Händen, sogar in deren eigenen Häusern, und stießen ihnen gegenüber alle möglichen Drohungen aus; sie versprachen den Bürgermeistern Jahrmärkte, Kirchen, Straßen und Hilfe für jene, die im Jahr zuvor durch die Überschwemmungen gelitten hatten.» Alain Plessis, *De la fête impériale au mur des fédérés, 1852–1871* (1973), S. 191.

43. Der Neffe setzte sich auch noch auf einem anderen Gebiet vom Onkel ab: Napoleon III. war ein Nationalist von geradezu romantischer Heftigkeit; einige seiner außenpolitischen Interventionen, zumal seine Einmischung in die italienischen Angelegenheiten, hatten die Herstellung nationalstaatlicher Einheit zum Ziel. Napoleon I. dagegen hatte die innereuropäischen Grenzen ohne viel Rücksicht auf nationale Einheit nach Maßgabe seiner künstlichen Kontruktionen neu gezogen.

44. Im Jahr 1860 stellte die *Saturday Review*, die wie andere englische Zeitschriften den Kaiser lange Zeit mit allen möglichen Kraftausdrücken belegt hatte, tadelnd fest: «Der Haushalt von NAPOLEON III. besteht offenbar nicht aus Lohndienern, sondern aus gekauften Sklaven.» «The Suppression of the *Univers*», *Saturday Review*, IX (4. Februar 1860), S. 137.

45. Tocqueville hatte dies alles achtzehn Jahre früher vorausgesehen. «Diese Regierung», schrieb er einen Monat nach dem Staatsstreich Napoleons, «die durch eines der größten Verbrechen der Geschichte ins Amt kam», werde ganz gewiß «einem fatalen Drang nach territorialer Expansion, nach Einflußsphären, mit anderen Worten, nach Krieg folgen.» Und in diesem Krieg, fügte er hinzu, «wird sie mit Sicherheit zugrunde gehen.» Tocqueville an Henry Reeve, 9. Januar 1852, Alexis de Tocqueville, *Selected Letters on Politics and Society*, hrsg. v. Roger Boesche, übers. v. James Toupin und Roger Boesche (1985), S. 284.

46. Bismarck im Gespräch mit Robert von Keudell, Sommer 1864. Otto von Bismarck, *Gesammelte Werke*, hrsg. v. Wolfgang Windelband und Werner Frauendienst, 15 Bde. (2. Aufl., 1924–35), VII, S. 90.

47. Siehe Bismarck an Leopold von Gerlach, 11. Mai 1857, ebd., XIV, S. 469.

48. Bismarck an Leopold von Gerlach, 2. Mai 1857, ebd., S. 464–65. Siehe auch Bismarck an Gerlach, 30. Mai 1857, ebd., S. 470.

49. Otto von Bismarck, *Gedanken und Erinnerungen*, 3 Bde. in einem Band, 1940, S. 39.

50. Bismarck an seine Braut, 15. Juni 1847, *Gesammelte Werke*, XIV, S. 95.

51. Erich Eyck, *Bismarck. Leben und Werk*, 3 Bde. (1941–44), I, S. 160.

52. Bismarck im Gespräch, 28. Januar – 18. Februar 1874, Robert Lucius von Ballhausen, *Bismarck-Erinnerungen* (1920), S. 40.

53. Benda gegenüber Rudolf von Bennigsen, August 1878, zit. in *Bismarck und die preußisch-deutsche Politik 1871–1890*, hrsg. v. Michael Stürmer (1970; 3. Aufl., 1978), S. 130; «muß ich ihn vernichten»: Eyck, *Bismarck*, I, S. 115.

54. «Bismarck in Wut»: der preußische Historiker Adolf Harald Stenzel, zitiert in Eyck, *Bismarck*, I, S. 147; «vielleicht auch sehr rücksichtslos»: Bismarck an Otto von Manteuffel, 15. Februar 1854, *Gesammelte Werke*, I, S. 427.

55. Bismarck als Forstmann: siehe seine «Ansprache an die Vertreter der Lehrkörper der Universitäten und Technischen Hochschulen des Deutschen Reiches», 1. April 1895 (Bismarcks 80. Geburtstag), ebd., XIII, S. 555; «dem Menschen natürlich»: Bismarck im Gespräch mit Robert von Keudell, Mitte März 1862, ebd., VII, S. 44; «neue erwirbt man nicht mehr»: Bismarck an Albrecht von Roon, S. 20. November 1837, ebd., XIV, S. 837; «Schlachtfeld»: Bismarck an Bernhard von Bülow, 1. Dezember 1877, ebd., VIc, S. 90.

56. «und ist Schwäche»: Bismarck an Rudolf von Delbrück, 3. Juni 1872, ebd., XIV, S. 833; «nicht passiv bleiben»: Bismarck, im Protokoll des Staatsministeriums vom 3. April 1873, *Bismarck und die preußisch-deutsche Politik*, S. 63.

57. «Schrecken ohne Ende»: Bismarck an Robert Lucius von Ballhausen, 31. Mai 1875, Ballhausen, *Bismarck-Erinnerungen*, S. 74; *«mit mir gehen»:* Bismarck auf einer Sitzung des Staatsrates, 6. Oktober 1877, Erich Foerster, *Adalbert Falk* (1927), S. 384.

58. Unwahrscheinlichkeit des Blutvergießens: Bismarck an seine Frau, 23. September 1848, *Gesammelte Werke*, XIV, S. 113; «Barrikadisten»: Bismarck an seinen Bruder, 2. November 1848, ebd., S. 115; «Krieg bis aufs Messer»: Ballhausen, Bismarck-Erinnerungen, S. 335; «männische Unabhängigkeit»: Bismarck vor der Zweiten Preußischen Kammer, 24. Oktober 1849, *Gesammelte Werke*, X, S. 56. Am 11. Januar 1879 notierte Christoph von Tiedemann, der einige Jahre lang Bismarcks Sekretär im Reichskanzleramt war, nach einer Sitzung mit seinem Chef: «Der Fürst in sehr kriegerischer Stimmung, glaubt, daß im Laufe des Jahres viel mit Sprengpulver gearbeitet werden müsse.» Es ging um den ganz und gar nicht kriegerischen Widerstand, auf den seine Zoll- und Steuervorschläge stießen. Tiedemann, *Aus sieben Jahrzehnten, Erinnerungen*. Bd. II, *Sechs Jahre Chef der Reichskanzlei unter dem Fürsten Bismarck* (1909), S. 326.

59. «Schwindel»: Bismarck an seinen Bruder, 18. April 1849, *Gesammelte Werke*, XIV, S. 127; «republikanisch-heidnische Bildung»: Bismarck an Leopold von Gerlach, 25. November 1853, ebd. S. 328; «zivilisierte Welt»: Bismarck an Kaiser Wilhelm I., 4. April 1872, *Bismarck und die preußisch-deutsche Politik*, S. 50; «Demagogie»: Bismarck an König Ludwig II. von Bayern, 12. August 1878, *Gesammelte Werke*, XIV, S. 894; «Feind des Staates»: Bismarck an Graf Karl von Tauffkirchen, 16. Februar 1872, ebd., VIc, S. 16, und Bismarck an Bernhard von Bülow, 21. November 1873, ebd., S. 53.

60. «knurrender Hund»: Bismarck im Gespräch mit Robert Lucius von Ballhausen, *Bismarck-Erinnerungen*, S. 11; «hält sie für Vorzüge»: Bismarck gegenüber Heinrich von Puttkamer, Heinrich von Friedberg und Ballhausen,

3. März 1883, *Bismarck und die preußisch-deutsche Politik;* «Unfähigkeit und Größenwahn»: ebd., S. 195; «und Unverschämtheit»: Bismarck an Otto von Manteuffel, 2. Dezember 1854, Eyck, *Bismarck,* I, S. 250; «Antichrist»: Bismarck an Hermann Wagener, 30. Juni 1850, *Gesammelte Werke,* XIV, S. 159.

61. «Laskerei»: Adalbert Falks Tagebuch, 29.–30. Oktober 1878, Foerster, *Falk,* S. 490; «Judenjunge»: Falks Tagebuch, 10. März 1878, ebd., S. 485.

62. Diese Episode findet man ausführlich geschildert in Eyck, *Bismarck,* III, S. 378–80.

63. Bismarck an seine Frau, 19. September 1849, *Gesammelte Werke,* XIV, S. 143.

64. Nachdem im Jahr 1848 die Regierung die Ruhe in den Straßen wiederhergestellt hatte, sprach sich Bismarck in einer Rede vor dem Preußischen Landtag gegen eine Dankadresse aus, die dieser wegen der glücklichen Wendung der Dinge verabschieden wollte. Er bedauerte die Zerstörung der alten Verhältnisse und erklärte diese für begraben, nachdem, wie er scharf erklärte, «die Krone selbst die Erde auf ihren Sarg geworfen hat». Der neuen Ordnung seinen «Dank aussprechen» könne er erst dann, «wenn es wirklich gelingt, auf dem neuen Wege, der jetzt eingeschlagen ist, *ein einiges deutsches Vaterland*... zu erlangen». «Ich wollte mehr sagen, war aber durch innere Bewegung in die Unmöglichkeit versetzt, weiter zu sprechen, und verfiel in einen Weinkrampf, der mich zwang, die Tribüne zu verlassen.» *Gedanken und Erinnerungen,* S. 63. Ein zweiter Fall ereignete sich im Jahr 1866 nach dem Sieg Preußens über Österreich, als Bismarck als einziger unter König Wilhelms Beratern für einen Friedensschluß ohne Sanktionen eintrat. «Meine Nerven widerstanden den mich Tag und Nacht ergreifenden Eindrücken nicht, ich stand schweigend auf, ging in mein anstoßendes Schlafzimmer und wurde von einem heftigen Weinkrampf befallen.» Ebd., S. 370.

65. «und Flaschen»: Bismarck an seine Braut, 13. Februar 1847, *Gesammelte Werke,* XIV, S. 57; «Erbrechen»: Eyck, *Bismarck,* I, S. 267; «böswillige Absichtlichkeit»: Bismarck an seine Braut, 24. Mai 1847, *Gesammelte Werke,* XIV, S. 91; «in Trümmer gegangen»: Bismarck an seine Frau, 21. Januar 1871, ebd., S. 810; «in meiner Natur»: Bismarck an seine Schwester, 26. August 1848, ebd., S. 112.

66. Bismarck an seine Braut, 23. Februar 1847, ebd., S. 65–69; Zitat auf S. 67. In demselben bemerkenswert freimütigen Brief gestand er mit der Offenheit, die typisch für ihn war, daß er als Junge seine Mutter gehaßt und hintergangen hatte – er hatte sich auch nie völlig mit ihr ausgesöhnt. Siehe die einigermaßen beschönigende Version ebd., S. 65–69, sowie einige bis dahin unveröffentlichte Auszüge in Lothar Gall, *Bismarck. Der weiße Revolutionär* (1980; Aufl. 1983), S. 30.

67. Ein erheiternd prahlerischer Brief aus seinen Studententagen liest sich eher wie ein ironisches Eingeständnis seiner anhaltenden Unentschlossenheit als wie eine Bekundung schierer Lebenskraft. Von seinen Landgütern schreibt er an seinen Freund Gustav Scharlach und fordert diesen auf, ihn zu besuchen: «Wenn du also in zehn Jahren einmal in die hiesige Gegend kommen solltest, so biete ich Dir an, adulterium mit einer jungen mulier facilis et formosa zu treiben, so viel Kartoffelschnaps zu trinken, als Du willst und auf der Hetz-

jagd den Hals zu brechen, so oft es Dir gut scheint. Du wirst hier einen fettgemästeten Landwehroffizier finden, einen Schnurrbart, der schwört und flucht, daß die Erde zittert, einen gerechten Abscheu vor Juden und Franzosen hegt und Hunde und Bediente auf das Brutalste prügelt, wenn er von seiner Frau tyrannisiert worden.» 7. April 1834, *Gesammelte Werke,* XIV, S. 4.

68. «oder gar keine»: Eyck, *Bismarck,* I, S. 30; «Vorgesetzte»: Bismarck an Gustav Scharlach, 9. Januar 1845, *Gesammelte Werke,* XIV, S. 31; «ungezähmte Leidenschaften»: Bismarck an Heinrich von Puttkammer [ca. 21. Dezember 1846], ebd., S. 46.

69. Siehe A. J. P. Taylor, Bismarck: *The Man and the Statesman* (1955), S. 86; Gall, *Bismarck,* S. 373. «Meine beiden größten Schwierigkeiten waren, zuerst den König Wilhelm nach Böhmen hinein- und dann ihn wieder herauszubekommen.» Ebd., S. 368.

70. Bismarck im Gespräch mit Moritz Busch, 5. Januar 1886, *Gesammelte Werke,* VIII, S. 541–42. Früher, am 22. Oktober 1880, hatte er gegenüber seinem Arzt, E. Cohen, erklärt, «er sei kein Absolutist. Jeder, der einige Jahre Minister gewesen, könne dem Absolutismus nicht das Wort reden. ... Er sei für unbeschränkte Öffentlichkeit, die ihm noch mehr wert sei als der Parlamentarismus. ... Es sollten nur zwei Parteien existieren, für und gegen die Regierung.» Ebd., VIII, S. 384, 393.

71. Es war genau diese Gleichsetzung, gegen die sich sein katholischer Gegenspieler im Parlament, Ludwig Windthorst, verwahrte, wenn er Bismarck treffend vorhielt: «Der Ministerpräsident ist nicht der Staat, und noch hat es kein Minister gewagt, *seine* Gegner auch Gegner des *Staats* zu nennen.» Eyck, *Bismarck,* III, S. 97.

72. Siehe Bismarck an Robert Lucius von Ballhausen, 3. November 1879, *Gesammelte Werke,* XIV, S. 910.

73. «Je l'entends encore dire: ‹Diese Menschenverachtung›», berichtete der französische Archäologe Salomon Reinach von einem Gespräch mit Mommsen, in dem dieser sich über Bismarck äußerte. Albert Wucher, *Theodor Mommsen. Geschichtsschreibung und Politik* (1956), S. 191 Anm.

74. Bismarcks Gedanke an «das Mittel eines Staatsstreichs»: siehe Otto Pflanze, «Bismarcks Herrschaftstechnik als Problem der gegenwärtigen Historiographie», *Historische Zeitschrift,* CCXXXIV (1982), S. 583; Albrecht von Roon an Edwin von Manteuffel, Dezember 1862, Michael Stürmer, *Regierung und Reichstag im Bismarckstaat 1871–1880. Cäsarismus oder Parlamentarismus* (1974), S. 310; «weiter entwickeln lassen»: Bismarck im Kabinett, 5. Dezember 1884, Ballhausen, *Bismarck-Erinnerungen,* S. 307; «weitertragende Pläne»: ebd., S. 307.

75. Siehe Protokoll des Staatsministeriums, 2. März 1890, *Bismarck und die preußisch-deutsche Politik,* S. 297–99.

76. Louis Napoleon, «Du système électoral» (ca. 1843), Œuvres, I, S. 400.

77. Bismarck im Gespräch mit Viktor von Unruh, Mitte März 1859, *Gesammelte Werke,* VII, S. 38.

78. Ludwig Dehio, «Die Taktik der Opposition während des Konflikts», *Historische Zeitschrift,* CXL (1929), S. 300–301.

79. Bismarck an Graf Robert von der Goltz, 30. März 1866, *Gesammelte Werke,* V, S. 429. Am 24. März 1866 schrieb er an Prinz Heinrich von Reuß: «Nach unseren Beobachtungen sind die Massen ehrlicher bei der staatlichen Ordnung interessiert als die Führer derjenigen Klassen, welche man durch die Einführung irgendeines Zensus in der aktiven Wahlberechtigung privilegieren kann.» Ebd., VII, S. 177.

80. Walter Gagel, *Die Wahlrechtsfrage in der Geschichte der deutschen liberalen Parteien 1848–1918* (1958), S. 40. Bismarck bemerkte, sein Vorschlag, das allgemeine Wahlrecht einzuführen, sei auch außenpolitisch von Bedeutung, weil es «das monarchische Ausland» von jedem Versuch abschrecke, «die Finger in unsre nationale Omelette zu stecken». *Gedanken und Erinnerungen,* S. 381.

81. «Bourgeoisklassen»: Gall, *Bismarck,* S. 352; «Parlamentarismus»: Bismarck im Gespräch mit Baron Richard von Friesen, *Gesammelte Werke,* VII, S. 177; «die Abgeordneten»: Bismarck an Ludwig II., 12. August 1878, ebd., XIV, S. 894; «Ich darf es wohl als eine auf langer Erfahrung begründete Überzeugung aussprechen», erklärte Bismarck, «daß das künstliche System indirekter und Klassenwahlen ein viel gefährlicheres ist, indem es die Berührung der höchsten Gewalt mit den gesunden Elementen, welche den Kern und die Masse des Volkes bilden, verhindert.» Heinrich von Sybel, *Die Begründung des deutschen Reiches durch Wilhelm I.,* 7 Bde. (1889–1984), IV, S. 318.

82. Eyck, *Bismarck,* II, S. 155.

83. Engels an Marx, 13. April 1866, Marx/Engels, *Briefwechsel,* Bd. III (1950), *1861–1867,* S. 390.

84. Die Verwicklungen der Politik im kaiserlichen Deutschland können hier nicht unser Gegenstand sein, aber man sollte vielleicht festhalten, daß dieser Gesetzesvorschlag Bismarcks sich nicht nur gegen die Sozialdemokraten, sondern auch gegen die Nationalliberale Partei richtete, mit der Bismarck bis dahin im Bunde gestanden hatte.

85. Eyck, *Bismarck,* III, S. 368.

86. Siehe Max Weber, «Wahlrecht und Demokratie in Deutschland» (1917), *Gesammelte politische Schriften* (1921; hrsg. v. Johannes Winckelmann, 1958), S. 233.

87. Weber, «Parlament und Regierung im neugeordneten Deutschland. Zur politischen Kritik des Beamtentums und Parteiwesens», Teil I, «Die Erbschaft Bismarcks» (1918), ebd. S. 307.

88. Bismarck an Arthur Hobrecht, Bürgermeister von Berlin in den siebziger Jahren, 25. Mai 1878, *Gesammelte Werke,* VIc, S. 121. In einer Randbemerkung über den «Cäsarismus» dessen, was er verachtungsvoll als russischen Chauvinismus bezeichnete, gab er zu verstehen, daß sein eigenes politisches Denken sich auf einem völlig anderen Niveau bewege. Bismarck an Kaiser Wilhelm I., 7. September 1879, *Die große Politik der europäischen Kabinette 1871–1914,* hrsg. v. Johannes Lepsius u. a., 40 Bde. (1922–27), III, S. 461.

89. Mommsen an Lujo Brentano, 3. Januar 1902, Albert Wucher, *Theodor Mommsen. Geschichtsschreibung und Politik* (1956), S. 157.

4. Die menschliche Natur in der Politik

1. Manche wie etwa Helvétius und d'Holbach meinten, allein Unwissenheit sei Ursache der tierischen Hingabe an die niederen Instinkte, die für die Armen so typisch sei. Erziehe man sie, so beseitige man damit alles, was einer intelligenten politischen Betätigung im Wege stehe. Aber die so dachten, bildeten eine Minderheit: die Ansicht über die menschliche Natur, die damals in Mode war, entsprach der von Voltaire, dessen Briefe und Veröffentlichungen voll sind von verstreuten sarkastischen Bonmots über die niederen Stände. Man leiste der Gesellschaft einen Dienst, verkündete er immer wieder, wenn man dafür sorge, daß die niederen Stände an der Religion festhielten; hätten sie erst einmal begriffen, daß Gott sie für ihre Handlungen nicht strafe, würden sie sich dem Laster und dem Verbrechen ergeben. Es bleibt allerdings anzumerken, daß Voltaire selbst bei diesen bissigen Bemerkungen nicht stehenblieb und schließlich zu einem abgewogeneren, weniger klassengebundenen Urteil über die «Massen» gelangte.

2. Graham Wallas, *Human Nature in Politics* (1908; 3. Aufl., 1915), S. 112.

3. Eine klassische Quelle hierfür ist natürlich *The Federalist,* eine Heftreihe, die Alexander Hamilton, James Madison und John Jay 1787–88 verfaßten, um die Wähler von New York zur Unterstützung der für die Vereinigten Staaten von Amerika vorgeschlagenen Verfassung zu bewegen.

4. William Blackstone, *Commentaries on the Laws of England,* 4 Bde. (1765–69), I, S. 171. Die Feststellung wurde oft zitiert, aber nicht weil an der Überlegung etwas neu gewesen wäre; Blackstone hatte praktisch von Montesquieus *Esprit des lois* aus der Mitte des Jahrhunderts abgeschrieben, und Montesquieu erhob im Blick auf ein Argument, das sich so sehr von selbst verstand, keinen Anspruch auf besondere Originalität. Siehe Chilton Williamson, *American Suffrage from Property to Democracy, 1760–1860* (1960), S. 10–11.

5. Franklin D. Scott, *Sweden: The Nation's History* (1977; Aufl. 1988, mit einem Nachwort von Steven Koblik), S. 403.

6. Lowe: F. B. Smith, The Making of the Second Reform Bill (1966), S. 81; Macaulay: «A Speech Delivered in the House of Commons in the 3rd of May, 1842», *The Works of Lord Macaulay Complete,* hrsg. v. Lady Trevelyan, 8 Bde. (1866), VIII, S. 221.

7. Robert J. Goldstein, *Political Repression in Nineteenth Century Europe* (1983), S. 3.

8. Williamson, *American Suffrage,* S. 260.

9. Henri Pirenne, *Histoire de Belgique,* 7 Bde. (1900–1932), Bd. VII, *De la révolution de 1830 à la guerre de 1914* (1932), S. 65.

10. Ebd., S. 97.

11. Theodore S. Hamerow, *The Social Foundations of German Unification, 1858–1871: Ideas and Institutions* (1974), S. 211–12.

12. Im Jahr 1861 umfaßte die oberste Wahlklasse 159 000, die mittlere 454 000 und die unterste 2 750 000 Wähler. Eine Stimme in der obersten Klasse hatte mithin siebzehn Mal soviel Gewicht wie in der untersten. Otto Pflanze, *Bismarck and the Development of Germany,* 3 Bde. (1990), Bd. I: *The Period of Unification, 1815–1871,* S. 224–25.

13. Douglas Johnson, *Guizot: Aspects of French History, 1787–1874* (1963), S. 75.

14. «Ich würde nicht das geringste dagegen einzuwenden gehabt haben, das Wahlrecht auszudehnen», schrieb Guizot im Jahre 1858, «hätte die Wahrscheinlichkeit bestanden, daß unsere Sache dadurch gestärkt wurde, aber erwarten ließen sich davon nichts als Gefahren und Probleme.» Im Rückblick auf die Revolution von 1830 sprach er abschätzig von den «Massen von Leuten, sowohl in den Städten als auch auf dem flachen Land, die sich um das konstitutionelle System weder kümmerten, noch von ihm etwas verstanden». Die Erweiterung der Führungsschicht um mehr als die intelligenten Anhänger der Verfassung von Louis Philippe hätte nach seiner Darstellung «revolutionäre Sehnsüchte, Bonapartistische Nostalgien oder gewohnheitsmäßige Ignoranz und Gleichgültigkeit» auf den Plan gerufen. Guizot gegenüber Henry Reeve, 4. November 1858, ebd.

15. Dominique Bagge, *Les Conflits des idées politiques en France sous la Restauration* (1952), S. 140; François Guizot, *De la démocratie en France* (1849), S. 73, 7, 5, 10–11.

16. Hippolyte Taine, *Du suffrage universel et de la manière de voter* (1872), S. 8, 14–15, 58–59.

17. Ludwig Dehio, «Die Taktik der Opposition während des Konflikts», *Historische Zeitschrift*, CXL (1929), S. 280 Fn.

18. Gottschalk an Moses Hess, 5. Mai 1848, Gustav Mayer, *Friedrich Engels. Eine Biographie*, 2 Bde. (Bd. I, 1920; 2. Aufl. mit Bd. II, 1934), I, S. 298.

19. Eine gründliche Zusammenfassung der Debatten, der die vorliegenden Zitate entnommen sind, findet man bei Walter Gagel, *Die Wahlrechtsfrage in der Geschichte der deutschen liberalen Parteien 1848–1918* (1958), S. 8–16.

20. Sybel im Jahr 1862: ebd. S. 295; Sybel im Jahr 1869: an H. E. von Holst, 4. Juli 1869, Folkert Haferkorn, *Soziale Vorstellungen Heinrich von Sybels* (1976), S. 110–111.

21. Norman Gash, *Politics in the Age of Peel: A Study in the Technique of Parliamentary Representation, 1830–1850* (1953), S. 10.

22. Im Jahr 1831 erklärte Cobbett seinen Zuhörern, die Revolution von 1830 sei in Frankreich nur ausgebrochen, *«weil nicht rechtzeitig reformiert wurde».* Welche Nutzanwendung daraus für sein eigenes Land zu ziehen war, lag auf der Hand und konnte niemandem verborgen bleiben. G. D. H. Cole, *The Life of William Cobbett* (1924; Aufl. 1974), S. 381.

23. Henry Brougham, *Speeches on Social and Political Subjects, with Historical Introductions*, 2 Bde. (1857), II, S. 357.

24. Daß Brougham, der mit seiner schwungvollen Rhetorik, seinen ehrgeizigen Plänen und seinem sprunghaften Führungsstil den eigenen Anhängern einigermaßen auf die Nerven ging – von seinen Gegnern ganz zu schweigen –, daß dieser Mann im Jahr 1830 durch die Abschiebung ins Oberhaus unschädlich gemacht wurde, zeigt, wie weit es der Politik im 19. Jahrhundert bereits gelungen war, Aggressivität zu sublimieren. Wie wir zu Anfang dieses Kapitels gesehen haben, wäre er ein Jahrhundert vorher wahrscheinlich noch auf seine Güter verbannt worden; zwei Jahrhunderte früher hätte man ihn aufs Schafott geschickt.

25. Gash, *Politics in the Age of Peel*, S. 15, 17.

26. «Die Zusammensetzung des Unterhauses im Jahr 1833», schreibt R. K. Webb, «unterschied sich wenig von der im Jahr 1831, und vor dem letzten Quartal des Jahrhunderts änderte sie sich auch nicht wesentlich.» Die ziemlich hohen Eigentums-Hürden, die überwunden werden mußten, ehe man sich um einen Sitz im Parlament bewerben konnte, wurden zwar im Jahr 1838 merklich abgebaut und zwanzig Jahre danach überhaupt abgeschafft, aber «die Parlamentsmitglieder wurden immer noch nicht bezahlt, und der parlamentarische Dienst war im Zweifelsfall kostspielig». Das galt auch für den Wahlkampf selbst. «Das Land erwartete von seinen Repräsentanten, daß sie finanziell unabhängig waren, und für die meisten galt das auch. Das Parlament blieb zum überwiegenden Teil die Domäne der landbesitzenden Schichten. Im ersten reformierten Parlament waren nicht mehr Geschäftsleute vertreten als vor 1832.» *Modern England from the Eighteenth Century to the Present* (1968; 2. Aufl. 1980), S. 213.

27. Siehe Smith, *Making of the Second Reform Bill*, S. 29–40.

28. «Present Aspects of Parliamentary Reform» (1859), *The Collected Works of Walter Bagehot*, hrsg. v. Norman St. John-Stevas, 15 Bde. (1965–86), VI, S. 262.

29. Rede vom 11. Mai, 1864, Peter Stansky, *Gladstone: A Progress in Politics* (1979), S. 100. Ein so vielgelesener Autor wie Herbert Spencer hatte seine demokratische Gesinnung bereits 1850, in seinem ersten Buch, offenbart. Er argumentierte im wesentlichen ex negativo: «Wer sich gegen das Stimmrecht für Arbeiter wendet und als Grund angibt, sie hätten keine Moral, muß uns eine Wählerschaft zeigen, der es nicht an Moral fehlt. Wenn angedeutet wird, daß sich das Volk seine Stimme abkaufen lasse und deshalb für den Besitz des Stimmrechts nicht tauge, wird vorausgesetzt, daß sich eine Klasse finden läßt, die nicht käuflich ist. Aber solch eine Klasse gibt es nicht.» *Social Statics; or, The Conditions Essential to Human Happiness Specified, and the First of Them Developed* (1850; Amerikanische Ausgabe 1865), S. 246. Da er für die Gleichberechtigung der Frauen eintrat, zielte seine Forderung auf ein wirklich allgemeines Wahlrecht.

30. George G. Brodrick, «The Utilitarian Argument against Reform», *Essays on Reform* (1867), S. 7.

31. 24. Juli 1866, *The Gladstone Diaries*, hrsg. v. M. R. D. Foot und H. C. G. Matthew, 11 Bde. bislang (1968–), Bd. VI, *1861–1868* (1978), S. 454.

32. Arnold, *Culture and Anarchy* (1869, 2. Aufl., 1875; hrsg. v. J. Dover Wilson, 1932), S. 76, 77, 203. Wie Wilson anmerkt (S. VIII–IX), ließ Arnold in der zweiten Auflage die Passage mit dem Tarpejischen Felsen weg.

33. Carlyle: James Anthony Froude, *Thomas Carlyle: A History of His Life in London, 1834–1881*, 2 Bde. (1890), II, S. 374–75; Stephen: Christopher Harvie, *The Lights of Liberalism: University Liberals and the Challenge of Democracy, 1860–86* (1976), S. 140.

34. D. W. Sylvester, *Robert Lowe and Education* (1974), S. 28–31.

35. Ebd., S. 120, 34.

36. Bagehot gegenüber «My dear Hutton», 24. Juni 1867, *The Collected Works of Walter Bagehot*, hrsg. v. Norman St. John-Steven, 15 Bde. (1965–86), XIII, S. 616–19. Dies war keine bloße Wahlkampfrhetorik; bereits im März hatte

Bagehot im *Economist* erklärt, er ziehe das Wahlrecht für «die wirklich intelligente Arbeiterschaft in den großen Städten» dem für die «entsprechenden unintelligenten Schichten unseres Kleinbürgertums» vor. «The New Reform Bill» (März 1867), ebd., VI, S. 366.

37. Bei bestimmten örtlichen und kommunalen Wahlen hatten unverheiratete Frauen und Witwen Stimmrecht, aber die Suffragetten gaben sich damit natürlich nicht zufrieden.

38. H. C. G. Matthew, «Rhetoric and Politics in Great Britain, 1860–1950», in: P. J. Waller (Hrsg.), *Politics and Social Change: Essays Presented to A. F. Thompson* (1987), S. 36.

39. Siehe ebd., S. 34–58, bes. S. 34–44.

40. Beatrice Potter, 16. März [1884], *The Diary of Beatrice Webb*, hrsg. v. Norman MacKenzie und Jeanne MacKenzie, Bd. I, *1873–1892, Glitter Around and Darkness Within* (1982), S. 107–8. Zur persönlichen Beziehung zwischen Potter und Chamberlain siehe Peter Gay, *Die zarte Leidenschaft. Liebe im bürgerlichen Zeitalter* (1987), S. 114–19.

41. J. L. Garvin, *The Life of Joseph Chamberlain*, Bd. II, *1883–1895, Disruption and Combat* (1933), S. 333–34. Wenn er schildert, wie Chamberlains Reden in der Zeit, als Beatrice Potter ihn hörte, nämlich um die Mitte der 80er Jahre, auf das Publikum wirkten, sagt Garvin (ohne daß Mißbilligung herauszuhören wäre): «Überall rief er bei seinen Versammlungen Kampfstimmung hervor. Jetzt lag seine Stärke in seinen Schmähungen… An die Konservativen nicht weniger als an die Liberalen Unionisten gewandt, begegnete er nun dem Haß mit Haß. Er wetterte gegen die Bombenleger, die Meuchelmörder, die Separatisten, die Ausschreitungen auf dem Land, die Einschüchterung des Parlaments; er verwendete neue, giftige Agitationsformen. Viele Male machte von da an Chamberlain seine Zuhörer scharf» (S. 253).

42. William Gladstone, «Third Midlothian Speech», 27. November 1879, *Political Speeches in Scotland, November and December 1879* (1879), S. 96; «Hawick Speech», 24. November 1879, ebd., S. 20; «Second Midlothian Speech», 26. November 1879, ebd., S. 60.

43. Peter Stansky, *Gladstone: A Progress in Politics* (1979), S. 126.

44. Richard T. Shannon, *Gladstone and the Bulgarian Agitation, 1876* (1963), S. 23.

45. William Gladstone, «A Chapter of Autobiography» (1868), *Gleanings of Past Years, 1843–79*, Bd. VII, *Miscellaneous* (1879), S. 98–102.

46. 28. Dezember 1879, *Gladstone Diaries*, IX, S. 471.

47. Andrew Jones, *The Politics of Reform, 1884* (1972), S. 4.

IV. Das mächtige schwache Geschlecht

1. Jules Simon, *La femme du vingtième siècle* (1891; 4. Aufl., 1892), S. 1.

2. Mary Wollstonecraft, *A Vindication of the Rights of Women, with Strictures on Political and Moral Subjects* (1792; hrsg. v. Charles W. Hagelman, Jr., 1967), S. 158.

3. Lee Holcombe, *Victorian Ladies at Work: Middle-Class Working Women in England and Wales, 1850–1914* (1973), S. 3.

4. Bereits 1698 hatte Daniel Defoe in seinem *Essay on Projects* seinen Landsleuten vorgeworfen, sie mißhandelten Frauen mit Worten und Taten; genössen
Frauen die gleichen Bildungschancen wie Männer, ihre scheinbare Unterlegenheit werde bald verschwunden sein. Später unternahmen die französischen
Aufklärungsphilosophen einige beherzte Versuche, die Oberfläche des gesellschaftlichen Scheins zu durchstoßen und zu den zugrundeliegenden Realitäten vorzudringen; sie bemühten sich, die Frauen nicht nach einem durch
kulturellen Druck erzeugten Verhalten, sondern auf der Grundlage ihres natürlichen, unverwirklichten Potentials zu beurteilen. Aber bei ihrer Reflexion
über die Frauen wurden sie durch Reste konventionellen Denkens und durch
Gefühlsambivalenzen behindert, denen sie weder gedanklich Rechnung tragen noch sich überhaupt entziehen konnten. Die *Encyclopédie* Denis Diderots
ist ein Lehrstück in Ambivalenz; einige ihrer Artikel stellen die ideale Frau als
Hausfrau dar, als fromm, sparsam, sanft, fügsam, während andere die rechtlichen Beeinträchtigungen und die nachlässige Erziehung der Frauen als widernatürlich und dumm brandmarken. Männer, die sich für ausersehen hielten,
über die Frauen zu herrschen, versicherten einige Enzyklopädisten, setzten
sich über die Empirie hinweg, die beweise, daß Frauen genauso intelligent,
fähig und energisch seien wie Männer. Ganz ähnlich wie vor ihm Defoe
beschrieb David Hume die Ehe als «ein Übereinkommen, das im wechselseiti-
gen Einvernehmen geschlossen wird», und verurteilte die «Despotie der Männer», weil sie «die Rangnähe, um nicht zu sagen Ranggleichheit zerstört,
welche die Natur zwischen den Geschlechtern geschaffen hat». Gegen die
abgedroschene Ansicht allerdings, daß Frauen «schwer begreiflich» seien,
hatte er wenig einzuwenden. «Of Polygamy and Divorce» (1741), *The Philosophical Works of David Hume*, hrsg. v. T. H. Green und T. H. Grose, 4 Bde.
(1875; Ausgabe 1882), III, S. 231, 234, 234 Anm.; Hume an William Mure of
Caldwell, 14. November [1742], *The Letters of David Hume*, hrsg. v. J. Y. T.
Greig, 2 Bde. (1932), I, S. 45. In einer vielzitierten Formulierung sagte Denis
Diderot das gleiche, nur poetischer: «Das Symbol der Frau allgemein ist die
Apokalypse, auf deren Stirn geschrieben steht: Geheimnis.» *Sur les femmes*
[1772], in: *Œuvres complètes*, hrsg. v. J. Assézat und Maurice Tourneux, 20
Bde. (1875–77), II, S. 260.

5. «On Love, Marriage, Men, and Women, I», *Sketches and Travels in London,
in the Works of William Makepeace Thackeray*, Centenary Biographical Edition, 26 Bde. (1910–11), IX, S. 306. Noch in den zwanziger Jahren unseres
Jahrhunderts konnte Freud Marie Bonaparte, seiner Analysandin und Freundin, die berühmte Frage stellen: «*Was will das Weib?*» Peter Gray, *Freud. Eine
Biographie für unsere Zeit* (1989; engl. Original 1988), S. 563.

6. Vielleicht weniger unverdaulich, aber gewiß nicht weniger beunruhigend war
die Einsicht, daß die Mutter den Mann in ihrem Schoß getragen, ihm das
Leben gegeben und ihn ernährt hatte. Im Laufe dieser Überlegungen bezeichne ich die Vorstellung vom Geheimnis Frau als Klischee, und das war sie
auch. Aber wie Klischees überhaupt hat auch dieses einen bestimmten psychologischen Realitätsgehalt.

7. Stendhal, *De l'amour* (1822; Ausgabe Henri Martineau, 1938), S. 220, 223.

1. Haus und Herd: Die definierte Frau

1. Sigmund Freud, *Drei Abhandlungen zur Sexualtheorie* (1905; Zusatz von 1915), in: *Gesammelte Werke*, V, S. 121 Anm.

2. Theodor Fontane, *Effi Briest*, Manesse Verlag, Zürich 1963, S. 10.

3. Friedrich Lienhard, *Neue Ideale, nebst Vorherrschaft Berlins* (1901, Aufl. 1913), S. 16.

4. James Henry Hammond an Marcellus Hammond, 5. September 1847, Bertram Wyatt-Brown, *Southern Honor: Ethics and Behavior in the Old South* (1982), S. 191.

5. In einer Reihe von Predigten über die Pflichten der Männer gegenüber den Frauen brachte 1903 ein französischer Priester, der Abbé de Gibergues, das Ganze auf den Begriff: «Männer und Frauen verhalten sich zueinander wie der Kopf und das Herz. Beim Mann Intelligenz, Vernunft, Überlegung, Weisheit, Majestät, Kraft, Energie, Entschlossenheit, Autorität. Bei der Frau Zartheit, Einfühlung, Anmut, Liebenswürdigkeit, Güte, Zärtlichkeit, stille Zuwendung, Hingabe, Begeisterung, mitteilsame Herzenswärme.» *Les Devoirs des hommes envers les femmes; instructions aux hommes du monde prêchées à St. Philippe-du-Roule et à St. Augustin* (1903), zit. in James E. McMillan, *Housewife or Harlot: The Place of Women in French Society, 1870–1940* (1981), S. 9.

6. Diese panikartige Rhetorik habe ich mit einiger Ausführlichkeit in «Die offensive Frau, der defensive Mann» im zweiten Teil von *Erziehung der Sinne* (1986), dem ersten Band der hier fortgesetzten Reihe, behandelt.

7. Charles Blanc, *Grammaire des Arts du dessein* (1867; 3. Aufl., 1876), S. 21–22.

8. Konrad Günther, *Der Kampf um das Weib in Tier- und Menschenentwicklung* (1909), S. 14. Charles Dickens beginnt eines seiner Märchen mit folgendem redendem Bild: «Es war einmal ein König, der hatte eine Königin; er war der Männlichste unter seinesgleichen, und sie die Lieblichste unter ihresgleichen.» «Holiday Romance, Teil II, From the Pen of Miss Alice Rainbird [age seven]», in: *Yesterday's Children: An Anthology compiled from the Pages of ‹Our Young Folks›, 1865–1873*, hrsg. v. John Morton Blum (1959), S. 166.

9. G. W. F. Hegel, *Philosophie des Rechts* (Vorlesungen von 1819–20), hrsg. v. Dieter Henrich (1983), S. 137–39.

10. Der Titel von Patmores Bandwurmgedicht *The Angel in the House* (1854–62), der ausgewalzten, oft abgeschmackten Geschichte der Liebe und Ehe zwischen einem gebieterischen, aber ritterlichen Männchen und einem edlen Weibchen, hat als abschätzige Allzweck-Charakterisierung herhalten müssen, dank deren man sich eine nähere Analyse der bürgerlichen Hausfrauenrolle im viktorianischen Zeitalter sparen konnte. Es wird leicht vergessen, daß der Engel, den Patmore schildert, in seiner (wie immer vornehm umschriebenen) Liebesglut bemerkenswert wenig engelsgleich ist und einen wichtigen, wenn auch normalerweise übersehenen, Aspekt von Patmores erotischem Christentum verkörpert. Mehr zu Patmore findet sich in Peter Gay, *Die zarte Leidenschaft. Liebe im bürgerlichen Zeitalter* (1987), S. 290–313.

11. Alfred, Lord Tennyson, *The Princess*, Abschnitt V, Zeilen 147, 427–31.

12. Im Gegensatz dazu widmete der deutsche Sozialdemokrat August Bebel in

Die Frau und der Sozialismus (1883) ein Kapitel dem traurigen Schicksal der Frau in den christlichen Jahrhunderten; er zitiert dort die frauenfeindlichsten Ausbrüche der Kirchenväter und macht aus seiner Mißbilligung kein Hehl.

13. Eliza Lynn Linton, Artikel für die *Saturday Review*, nachgedruckt in: *Modern Women* (1888); «Ambitious Wives», S. 198–205 passim; «Feminine Influence», S. 177–87 passim; «Man and His Master», S. 215–24 passim.

14. Die Ursprünge dieser Idee reichen tief ins 18. Jahrhundert zurück. Im Jahr 1761 lieferte Jean-Jacques Rousseau eine klassisch gewordene Formulierung für den Sachverhalt. Die Natur habe das zaghafte Geschlecht mit «Bescheidenheit und Schüchternheit» «bewaffnet», mit Eigenschaften, kraft deren «der Schwache den Starken überwindet». «Gewalt» übe die Frau durch «ihre Reize». *Émile*, in: *Œuvres complètes*, hrsg. v. Bernard Gagnebin, Robert Osmont und Marcel Raymond, 4 Bde. (1959–69), IV, S. 694. Am Ende des Jahrhunderts forschte der gute Rousseauschüler Immanuel Kant den weiblichen Strategien nach: «Die Weiblichkeiten heißen Schwächen. Man spaßt darüber; Toren treiben damit ihren Spott, Vernünftige aber sehen sehr gut, daß sie gerade die Hebewerkzeuge sind, die Männlichkeit zu lenken und sie zu jener ihrer Absicht zu gebrauchen.» Wie andere war auch Kant von dem geheimnisvollen Wesen der Frau fasziniert: «Der Mann ist leicht zu erforschen, die Frau verrät ihr Geheimnis nicht; obgleich anderes (wegen ihrer Redseligkeit) schlecht bei ihr verwahrt ist. Er liebt den *Hausfrieden* und unterwirft sich gern ihrem Regiment, um sich nur in seinen Geschäften nicht behindert zu sehen; sie scheut den *Hauskrieg* nicht, den sie mit der Zunge führt und zu welchem Behuf die Natur ihr Redseligkeit und affektvolle Beredtheit gab, die den Mann entwaffnet.» «Der Charakter des Geschlechts» (1798), *Anthropologie in pragmatischer Hinsicht*, Teil II, *Werke in zehn Bänden*, hrsg. v. Wilhelm Weischedel, Bd. 10 (1964; Aufl. 1975), S. 649.

15. G. W. F. Hegel, *Phänomenologie des Geistes* (1807; hrsg. v. Johannes Hoffmeister, 1952), S. 340.

16. John Chapman, «The Position of Woman in Barbarism and among the Ancients», *Westminster Review*, LXIV (1855), S. 379.

17. Horace Bushnell, *Women's Suffrage: The Reform against Nature* (1869), Danksagung (ohne Seite) und S. 11; siehe auch S. 13.

18. Ebd., S. 17–27 passim.

19. Ebd., S. 50–51. Bushnell zitiert mit Vorliebe und ausführlich aus einem Artikel in *Nation*, in dem behauptet wird, ebenso wie in Gestalt und Aussehen unterschieden sich Männer und Frauen auch in Geist und Verhaltensweisen: «Sie haben bei nichts gleiche Ansichten.» Bushnell stimmt *Nation* darin zu, daß die Wissenschaft die alten Grundwahrheiten hinsichtlich der Geschlechter bestätigt habe: «Das eine ist passiv, das andere aktiv, das eine von Emotionen, das andere von Prinzipien geleitet; das eine gemütvoll, das andere verstandesbestimmt; das eine empfindsam, das andere intellektuell.» Die verschiedenen Tätigkeiten der Geschlechter und Anforderungen an sie sind naturgegeben. Ebd., S. 36–37.

20. Ebd., S. 59, 58, 64, 175.

21. Siehe «*Women's Suffrage*, by Horace Bushnell and *The Subjection of Women*, by John Stuart Mill» (1869), *The Works of William James*, hrsg. v. F. H.

Burckhardt u. a., 19 Bde. (1975–88), Bd. XVII, *Essays, Comments and Reviews*, S. 247–48.

22. John W. Burgon, *Woman's Place* (1871), S. 9–10. Dreißig Jahre zuvor hatte T. H. Lister in der *Edinburgh Review* die Bedrohung schon vorausgesehen. Bei der Besprechung einer Reihe von Büchern über Frauen stellte er fest, daß einige «Vorkämpfer der Frauenrechte» unseligerweise bereit zum Angriff auf «jenes wichtige Gesetz» seien, «das eine Aufteilung der Pflichten vorschreibt». Schließlich sei die intellektuelle, literarische und ästhetische Überlegenheit des Mannes gegenüber der Frau eine Tatsache, die das Leben bestätige. Und wenn die Frauen wirkliche Macht erhielten, dann würden sie dafür wesentliche Einbußen erleiden, vor allem der Ehrerbietung der Männer verlustig gehen. «Danken sie diese Behandlung ihrer Stärke oder ihrer Schwäche? Fraglos der letzteren.» Seien die Frauen erst «mit sichtbarer Macht» ausgestattet und entstehe zwischen den Geschlechtern «ein Verhältnis der Rivalität», dann sei der «Geist der Ritterlichkeit» rasch verschwunden. «Die Frauen, als Klasse genommen, können nicht gleichzeitig Immunität wegen ihrer Schwäche und die Vorteile der Macht genießen.» *Women in Public: Documents of the Victorian Women's Movement, 1850–1900*, hrsg. v. Patricia Hollis (1979), S. 8.

23. Louis-Aimé Martin, *Éducation des mères de famille; ou, De la civilisation du genre humain par les femmes* (1834; 4. Aufl. 1842), S. 3, 68, 85.

24. [Sarah Lewis], *Woman's Mission* (1839; 17. engl. u. 4. amerik. Aufl., 1854), S. 26.

25. Henry Liebhart, *Edle Frauen. Christliche Frauenbilder* (1872), S. 4. Wie zu erwarten, verschaffte sich diese berückende Vision von der weiblichen Mission in der Welt auch in den Künsten Ausdruck. Zu Anfang des Jahrhunderts malte ein englischer Maler, Pfarrer Matthew William Peters, *Sylvia*, das Bild eines sinnlichen, halbnackten Mädchens; ein nach dem Bild gefertigter Stich enthält als Inschrift ein schwülstiges Zitat aus Thomas Otways *Venice Preserved:* «O Weib, liebliches Weib! Natur hieß dich, den Manne mäßigen; ohne dich wären wir viehische Wesen.» Dieser Stich nach Peters' *Sylvia*, der von J. R. Smith stammt, hängt im Fitzwilliam Museum im englischen Cambridge.

26. *The Limits of Sisterhood: The Beecher Sisters on Women's Rights and Women's Sphere*, hrsg. v. Jeanne Boydston, Mary Kelley und Anne Margolis (1988), S. 231.

27. Dieser Romantypus war nicht der einzige, der sich im 19. Jahrhundert allgemeiner Beliebtheit erfreute. Wie wir sehen werden, trat im Verlauf des Jahrhunderts ein anderer Typus, dessen Hauptfiguren lebhafte, unternehmende junge Frauen waren, immer stärker in Erscheinung.

28. «als das Wesen der Männer»: Charles Dickens, *Dombey and Son* (1848; hrsg. v. Alan Horsman, 1974), S. 29 [Kap. 3]; «wie abgerissen sie auch sein mögen»: Dickens an Angela Burdett Coutts, 24. September 1843, *The Letters of Charles Dickens*, Bd. III, *1842–1843*, hrsg. v. Madeline House, Graham Storey und Kathleen Tillotson (1974), S. 572; «vom Himmel vorgezeichnet»: Dickens an Coutts, 17. Mai 1849, *Letters*, Bd. V, *1847–1849*, hrsg. v. Graham Storey und K. J. Fielding (1981), S. 542; «hehre Rolle als Gattin»: Dickens, *The Personal History of David Copperfield* (1850; hrsg. v. Trevor Blount, 1966), S. 474 [Kap. 28].

29. Charles Dickens, *The Adventures of Oliver Twist* (1838; hrsg. v. Humphry House, 1949), S. 399 [Kap. 51].

30. Hommesses: Deborah L. Silverman, *Art Nouveau in Fin-de-Siècle France: Politics, Psychology, and Style* (1989), S. 63; Wollstonecraft, *Vindication*, S. 33.

31. «Of Queens' Gardens», *Sesame and Lilies* (1865), in: *The Works of John Ruskin*, hrsg. v. E. T. Cook und Alexander Wedderburn, 39 Bde. (1903–12), XVIII, S. 111, 121–22.

32. Ebd., S. 121–22.

33. Entgegen Ruskins Verbot, das eine Geschlecht über das andere zu stellen, kam der populäre britische Historiker W. E. H. Lecky im Jahr 1869 zu dem Ergebnis, mindestens «in den großen Bereichen der Sittlichkeit» seien «die Frauen den Männern überlegen». *History of European Morals from Augustus to Charlemagne*, 2 Bde. (1869), II, S. 380. Ein paar Jahre vorher hatte Lecky beifällig festgestellt, der mittelalterliche Kult der Jungfrau Maria habe dazu gedient, der Frau «zum ersten Mal» zu ihrem «rechtmäßigen Platz zu verhelfen, und das Heiligtum der Schwäche fand ebensosehr Anerkennung wie das Heiligtum der kummervollen Sorge». Die Frau war «nicht länger Sklavin des Mannes oder sein Spielzeug» und wurde kraft der Heiligen Jungfrau zum «Gegenstand einer ehrfurchtsvollen Huldigung» erhoben. Kurz, «die Liebe wurde idealisiert», die «sittliche Grazie und Schönheit weiblicher Vortrefflichkeit» wurde voll empfunden und damit «eine neue Form der Bewunderung» ins Leben gerufen. *History of the Rise and Influence of the Spirit of Rationalism in Europe*, 2 Bde. (1866; 1910 beide Bände in einem), I, S. 78.

34. Paulin Limyarac, «Les femmes moralistes», *Revue des deux mondes*, 13. Jahr (Oktober 1843), S. 52. Fünfzehn Jahre später begeisterte sich das Blatt für Gedichte über junge Mütter von M. A. de Beauchesne und brachte aus einem von ihnen ausführliche Zitate: «Wenn wir nur das Wort ‹Mutter› hören, weitet sich schon unser Herz, denn es ist der duftendste Name, der je die traurige Menschheit eingehüllt hat, der süßeste Gesang, dem am häufigsten gelauscht wird.» V. de Mars, *«Le Livre de jeunes Mères»*, par M. A. de Beauchesne», *Revue des deux mondes*, 28. Jahr (September–Oktober 1858), S. 973.

35. Jean-Jacques Rousseau, *Émile*, in: *Œuvres complètes*, hrsg. v. Bernard Gagnebin, Robert Osmont und Marcel Raymond, 4 Bde. (1959–69), IV, S. 693.

36. Wollstonecraft, *Vindication*, S. 54, 82–83, 55, 104.

37. Wright an den Marquis de Lafayette, 11. Februar 1822, William Randall Waterman, *Frances Wright* (1924), S. 74. Die Sentenz geht zurück auf ein berühmtes Pamphlet aus dem Jahr 1673, das der Cartesianer François Poullain de la Barre unter dem Titel *De l'égalité des deux sexes* veröffentlichte. «L'esprit», schrieb er, «n'a point de sexe.» Siehe Liselotte Steinbrügge, *Das moralische Geschlecht. Theorien und literarische Entwürfe über die Natur der Frau in der französischen Aufklärung* (1987), S. 19–21.

38. Henry Maudsley, *Sex in Mind and in Education* (1874), S. 7. Zu Einzelheiten dieser Debatte siehe Peter Gay, *Erziehung der Sinne. Sexualität im bürgerlichen Zeitalter* (1986), S. 230–241.

39. Herbert Spencer, *Social Statics; or, The Conditions Essential to Human Happiness Specified, and The First of Them Developed* (1850; amerik. Ausgabe 1865), S. 188.

40. *De la justice dans la révolution et dans l'Église* (1858; vollst. Ausg. 1860), in: *Oeuvres complètes de P.-J. Proudhon*, hrsg. v. C. Bouglé und H. Moysset, 14 Bde. (1923–38), XII, S. 197. Der französische Romanschriftsteller Barbey d'Aurevilly, ein Monarchist und Katholik, der für seine ätzenden Polemiken berühmt war, äußerte sich später ebenso rabiat zu dem Thema wie vor ihm Proudhon. In «Fragments sur les femmes» versicherte er, Frauen in Machtpositionen seien garantiert eine Quelle der Korruption; sie alle seien ohne Ausnahme verrucht: «Von einer Frau zur anderen findet man keine einzige mit Moral. Sie sind alle mehr oder minder niederträchtig.» Und natürlich, wie sich von selbst versteht, geheimnisvoll in ihrer Niedertracht: «Die Natur der Frau, unerklärlich.» «Fragments sur les femmes», *Pensées détachées* (1889), in: *Les Oeuvres complètes de Jules Barbey d'Aurevilly*, hrsg. v. Joseph Quesnel, unter Mitarbeit von Mlle Read, 15 Bde. (1926–27), VII, S. 191, 196.

41. Sir Walter Scott beschreibt an einer Stelle die Frau als «Unbestimmt, spröde und schwer zu erfreuen / Wandelbar wie der Schatten / Den die lichte zitternde Espe wirft.» *Marmion*, VI. Kanto, 30. Stanze.

42. Barbara Taylor, *Eve and the New Jerusalem: Socialism and Feminism in the Nineteenth Century* (1983), S. 62–63.

43. Siehe Claire Tomalin, *The Life and Death of Mary Wollstonecraft* (1974), S. 104–5.

44. Evelyn Sullerot, *Histoire de la presse feminine en France, des origines à 1848* (1966), S. 119.

45. Wollstonecraft, *Vindication*, S. 100.

46. Sullerot, *La Presse feminine en France*, S. 123.

47. Marianne Farningham [Marianne Hearn], *Home Life* [1869], S. 15, 10–11, 13; Farningham, *Girlhood* (1869), S. 23.

48. Schauen wir uns zum Beispiel *Woman's Own Book* an, einen umfassenden Ratgeber für jungverheiratete Frauen. Der anonyme Verfasser, fast mit Sicherheit eine Frau, zeigt sich auf dem Gebiet der Rezepte und Schönheitstips wohlbewandert (unter anderem wird angegeben, wie man Brüste größer machen und ihre Form verbessern kann), findet aber auch Raum für moralisierende Unterweisungen. Die Ehefrauen müßten lernen, ihren Männern wirksame Gehilfinnen zu sein. Wie so oft ist auch hier der Ruf nach weiblicher Dienstfertigkeit von großartigen Geltungsansprüchen begleitet: «Es gibt kein Verhältnis auf Erden, das größere Verantwortung birgt oder mehr Weisheit verlangt als dasjenige, das sich mit dem Wort MUTTER verbindet.» Aber die unmittelbarste, augenfälligste Aufgabe der Frau bestehe darin, dem Mann eine Gehilfin zu sein. Ihr Mann sei schließlich ihr Leben. «Häufig ist Liebe für den Mann nur eine Episode; für die Frau ist sie stets ein historischer Vorgang.» Für den Mann, so erfuhren die Leser aus *Woman's Own Book*, gibt es neben der Liebe «den Ruhm, die Ehre, manchmal die Lust. Sie, indem sie Liebe schenkt, gibt alles, was sie hat.» Eine «Ehefrau hilft ihrem Mann vielleicht [am meisten] dadurch, daß sie ZUFRIEDEN IST». *Woman's Own Book* (1873), S. 103, 90, 90–91, 130, 131, 97.

49. Willie Lee Rose, «Reforming Women», *New Yorker Review of Books*, XXIX (7. Oktober 1982), S. 45.

50. Sutherland Menzies, *Political Women*, 2 Bde. (187), S. VII–IX.

51. Ebd., S. XX.

52. Das englische *Lady's Magazine*, das im Jahr 1770 gegründet wurde und ein attraktives Menu aus Erzählungen, Gedichten, Modeinformationen, praktischen Tips, Notenblättern und Nachrichten brachte, bestand sehr viel länger. Das amerikanische Gegenstück, das den gleichen Namen trug – welche ehrlichere Huldigung könnte es geben! – erschien erstmals im Jahr 1792; es verschrieb sich «weiblicher Vortrefflichkeit und nichst sonst».

53. Aufgelistet findet man sie bei Laure Adler, *A l'aube du féminisme: Les Premières Journalistes (1830–1850)* (1979), S. 215–19; obwohl die Liste umfangreich ist, muß sie nicht unbedingt vollständig sein.

54. Siehe Frank Luther Mott, *A History of American Magazines*, Bd. I, *1741–1850* (1930), S. 581.

55. Ruth E. Finley, *The Lady of Godey's: Sarah Josepha Hale* (1931), S. 39.

56. Schauen wir uns das Bild mit dem Titel *Das Heim* an: ein Vater herzt bei der Heimkehr sein kleines Töchterchen, das ihn inbrünstig küßt, während eine andere Tochter ihm mit Blumen in der Hand entgegenstürzt und eine dritte den Arm um ihre selig lächelnde Mutter schlingt; ein kleiner Hund, der liebevoll emporblickt, vervollständigt das Bild. In dem beigefügten Gedicht «Das Heim oder Vaters Rückkehr» versucht Professor W. J. Walter, «das Entzücken dieser Stunde zu schildern», was, wie er einräumt, «die Kunst des Dichters überfordert» – dieses Dichters ganz bestimmt! – ebenso wie das «Vermögen des Malers». Er kommt zu dem Ergebnis, die Szene müsse sogar «verknöcherten Junggesellen» Lust aufs Heiraten machen. *Godey's Lady's Book*, XXIII (Dezember 1841), S. 242.

57. George Sand, *My Life*, übers. v. Dan Hofstadter (1980), S. 218.

58. Mary W. Hale, «False Pride: A Tale of Every Day Life», *Godey's Lady's Book*, XXII (Januar 1841), S. 7–11; Zitat auf S. 8.

59. Siehe Mrs. C. Lee Hentz, «The Parlour Serpent», ebd., S. 26–34. Eine andere eindringliche Moralgeschichte, «A Life of Fashion», baut ebensosehr auf die ausgleichende Gerechtigkeit. Eine geldgierige, aber faszinierende und (natürlich) schöne junge Frau ist entschlossen, eine gute Partie zu machen. Sie heiratet einen unsympathischen, knauserigen, weißhaarigen Millionär – er ist über sechzig – in der Hoffnung, ihn als reiche, attraktive Witwe viele Jahre lang zu überleben. Zu ihrem großen Leidwesen stirbt der Gatte erst mit sechsundneunzig und läßt sie als elende, gealterte Witwe zurück, bei der «die Fröste von nahezu sechzig Wintern die Rosen auf den Wangen haben welken und die dunkle Schönheit der rabenschwarzen Locken haben ergrauen lassen«. Emma C. Embury, «A Life of Fashion», ebd., S. 22–25.

60. «Der weisen Ordnung der Vorsehung zufolge gibt es einen klaren und wichtigen Unterschied zwischen den Geschlechtern, insbesondere im Hinblick darauf, was Mann und Frau einander geben können. Er ist stärker, und sein Geist ist ein Gefäß, das aufnahmefähiger für Weisheit ist; sie ist schwächer, und ihr Geist ist ein Gefäß, das aufnahmefähiger für Liebe ist. So sind sie denn grundlegend verschieden» – und so weiter. T. S. Arthur, «Sweethearts and Wives», *Godey's Lady's Book*, XXIII (Dezember 1841), S. 268.

61. Im Jahr 1852 erschien in *Godey's* ein abstoßender Stich mit dem Titel *Januar und Mai;* er zeigt eine liebliche junge Frau in erlesenen Kleidern und mit

phantastischem Blumengewinde im Haar am Arm ihres gebrechlichen Gatten, der buchstäblich am Stock geht. Damit die Moral besser griff, war dem Stich noch ein Kommentar in Form einer Erzählung beigefügt, die eine elf Jahre vorher veröffentlichte Geschichte mit dem Titel «Ein schickes Leben» wiederkäute; darin ging es um die Habgier der Jugend. Eine schicke, schöne junge Frau ist mit der fixen Idee aufgezogen worden, eine *«gute Partie»* machen zu müssen, und sie unterwirft sich den berechnenden Plänen ihrer Mutter, indem sie mit dem Mann, den sie liebt, bricht, um einen grauhaarigen Reichen zu heiraten. Die Strafe dafür, daß sie sich verkauft hat, besteht in heimlichen, nicht enden wollenden Reuegefühlen, wenn sie an ihren einstigen Geliebten denkt, der arm war, als sie sich trennten, mittlerweile aber zu Ansehen und Reichtum gelangt ist. Alice B. Neal, «January and May», *Godey's Lady's Book*, XLIV (Mai 1852), S. 301–3; Zitat auf S. 301.

62. Siehe Sarah Josepha Hale, «New Year's Eve», ebd., S. 44–46.

63. Ganz ähnlich versicherte Ernst Keil, Herausgeber der *Gartenlaube*, des beliebtesten Familienblatts in Deutschland, in der ersten Ausgabe der Zeitschrift, man werde sich «politischer Dispute» enthalten, *Die Gartenlaube* I, (1853), 1.

64. Sarah Josepha Hale, «Fifty Years of My Literary Life», *Godey's Lady's Book*, XCV (Dezember 1877), S. 522. In dieser Kurzdarstellung ihrer Karriere vermerkte sie mit echtem Stolz, bevor sie die Leitung von *Ladies' Magazine* übernommen habe, sei ihres Wissens «noch nie eine Zeitschrift von einer Frau für Frauen gemacht worden, weder in der Alten noch in der Neuen Welt» – womit sie hinsichtlich früherer Versuche, namentlich in Frankreich und England, eine beklagenswerte Unkenntnis bewies.

65. «Was der Natur Gesetz verfügt», reimte Mary Augusta Coffin, «gegossen ist's in Erz; / Der Mann regiert der Menschen Schar, / Die Frau beherrscht *sein* Herz.» «Woman's Rights illustrated», *Godey's Lady's Book*, XXII (Februar 1841), S. 78. Das Motto zu diesen in Verse gefaßten Überlegungen stammte von Mrs. Hale: «Das Reich der Welt laß nur dem Mann, / Doch mütterliche Liebe, / Auf daß auch ihm dein Erbteil droben werde, / Entfalte seine höheren Triebe.»

66. Siehe Hale's Kolumne, «Editor's Table», in: *Godey's Lady's Book*, XXII (Februar 1841), S. 95, und XLIV (Januar 1852), S. 88. Im Jahr 1852 verpflichtete sie den berühmten Redner Daniel Webster, ihr Anliegen in die rechten Worte zu fassen. «Dadurch, daß sie für die feste Verankerung hoher und reiner Moralprinzipien sorgt», verkündete er, «erfüllt die Frau in einer freien Republik ihre heilige Pflicht und genügt ihrer Bestimmung.» «Influence of Women», ebd., S. 90. Siehe auch in *Godey's Lady's Book*, «Formation of Character», XXII (April 1841), S. 160, und Hale, «Editor's Table», XXIII (Dezember 1841), S. 294.

67. Zu den Gefahren des Alkohols siehe Hale, «Editor's Table», *Godey's Lady's Book*, XXII (März 1841), S. 142, und XLIV (Mai 1852), S. 404.

68. «From Our Own Reporter, Chericot: Men's Rights Convention at –––: Extraordinary Proceedings, Exciting Scences, and Curious Speeches», *Godey's Lady's Book*, XLIV (April 1852), S. 268–73.

69. Effie Effindale, «The Young Housekeeper», *Godey's Lady's Book*, XCIV (Januar 1877), S. 39.

70. Frank Luther Mott, *A History of American Magazines*, Bd. III, 1865–1885 (1938), S. 90.

2. Die Zeit des Probehandelns

1. Charlotte Brontë an George Smith, 16. März 1850, in: Patricia Beer, *Reader, I Married Him: A Study of the Women Characters of Jane Austen, Charlotte Brontë, Elizabeth Gaskell and George Eliot* (1974), S. 29; Charlotte Brontë an Mrs. Gaskell, 27. August 1850, ebd., S. 30.

2. Sarah Josepha Hale, «Editor's Table», in: *Godey's Lady's Book*, XLIV (März 1852), S. 228.

3. Thomas Hughes, *Tom Brown at Oxford* (1861; Ausgabe v. 1914), S. 478.

4. Elizabeth Barrett an Robert Browning, 7. April 1846, in: *The Letters of Robert Browning and Elizabeth Barrett Browning, 1845–1846*, hrsg. v. Elvan Kintner, 2 Bde. fortl. paginiert (1969), S. 844.

5. Elizabeth Barrett an Robert Browning, 7. April 1846, ebd., S. 599; 11. Januar 1845, ebd., S. 4.

6. Siehe Maria Deraismes, *Eve contre Monsieur Dumas fils* (1872).

7. Samuel Butler, *The Authoress of Odyssey* (1897; 2. Aufl., 1922; Ausgabe v. 1967), S. 11.

8. Anthony Trollope, *He Knew He Was Right* (1869; hrsg. v. P. D. Edwards, 2 Bde. in einem, 1974), II, S. 247, 249 [Kap. 81]. Zu Trollopes Unzufriedenheit mit dem Roman siehe *An Autobiography* (1883; World's Classic-Ausgabe 1953), S. 275–76.

9. Jules Simon, *La Femme du vingtième siècle* (1891; 4. Aufl. 1892), S. 67.

10. Siehe Jules Simon, *Dieu, patrie, liberté* (1883), S. 304.

11. Jules Simon, *L'Ouvrière* (1861), VI, V. Dies ist zwar eine Studie über Frauen aus dem Arbeitermilieu, aber seine kritischen Äußerungen sind explizit auch auf die bürgerlichen Frauen bezogen.

12. Ebd., S. 8.

13. Mme. G. Schéfer und Mme. Sophie Amis, *Travaux manuels et économie domestique à l'usage des jeunes filles* (1885), S. 7, 5.

14. Dazu paßt, daß Frankreich die Einführung des Wahlrechts für Frauen bis 1944 hinauszögerte und also erst ein Vierteljahrhundert später als Großbritannien und Deutschland nachgab.

15. Clara Schreiber, *Eine Wienerin in Paris* (1885), zusammengefaßt und zitiert in *Illustrirte Zeitung*, Nr. 2171 (7. Februar 1885), S. 149; M. S. Van de Velde, *French Fiction of Today*, 2 Bde. (1891), II, S. 166.

16. Mathilda Betham-Edwards, *Home Life in France* (1905), S. 89–90.

17. Steven C. Hause, *Hubertine Auclert: The French Suffragette* (1987), S. 5. In den 60er Jahren hatte bereits John Stuart Mill, der unerreichte männliche Vorkämpfer für die Frauenrechte im letzten Jahrhundert, erbittert festgestellt: «Das meiste von dem, was Frauen über Frauen schreiben, ist bloße Liebedienerei gegenüber den Männern.» *The Subjection of Women* (1869), in: John Stuart Mill und Harriet Taylor Mill, *Essays on Sex Equality*, hrsg. v. Alice S.

Rossi (1970), S. 153 [Kap. 1]. Weit typischer als Mills Reaktion war der scherzhaft gemeinte Vorschlag eines «Ferienbeschäftigungsinstituts für Mädchen», den Wilkie Collins, ein Freund von Charles Dickens, in dessen Zeitschrift *All the Year Round* machte. Ein solches Institut werde anstelle der erbärmlichen Erziehung, die viele junge Frauen immer noch erhielten, folgendes anbieten: «einen Kurs in Leibesübungen, einen Kochkurs, einen Kurs in Haushaltsgeld-Buchführung, einen Kurs in Hemdknöpfe-Kontrolle und einen Kurs in Tratsch-und-Klatschsucht-Unterdrückung». Hier trifft man das verletzende Stereotyp von der schwatzhaften, oberflächlichen Frau, das ein Musterbeispiel für hemmungslose männliche Aggressivität ist, voll entwickelt an. «My Girls», *All the Year Round,* II (11. Februar 1860), S. 370–74.

18. Hubertine Auclert, *La Citoyenne. Articles de 1881 à 1891,* hrsg. v. Edith Taïeb (1982), S. 102–3.

19. Der Vortrag wird in «Frauenzeitung», *Illustrirte Zeitung,* Nr. 2129 (19. April 1884), S. 338, zustimmend referiert. Die Beilage «Frauenzeitung» fand bei den «weiblichen Leserinnen» soviel Anklang, daß im Sommer 1884 die *Illustrirte* beschloß, sie zu erweitern und für jede Ausgabe eine eigene Geschichte abzudrucken. Siehe ebd., Nr. 2140 (5. Juli 1884), S. 21.

20. Hause, *Hubertine Auclert,* S. 137.

21. Emil Marriot [Pseudonym], «Dem Manne gleich», in: «Frauenzeitung», *Illustrirte Zeitung,* Nr. 2210 (7. November 1885), S. 464.

22. Bericht aus *Die Gleichheit* 20/25, 12. September 1910, S. 386, zit. in Richard J. Evans, *The Feminist Movement in Germany, 1894–1933* (1976), S. 23.

23. Brian Harrison, *Separate Spheres: The Opposition to Women's Suffrage in Britain* (1978), S. 57.

24. Zu diesen Äußerungen siehe «Frauenzeitung», *Illustrirte Zeitung,* unter den folgenden Daten. Neugierde: Nr. 2144 (2. August 1884), S. 123; Wien: Nr. 2117 (26. Januar 1884), S. 78; Juvenal: Nr. 2155 (18. Oktober 1884), S. 397; chinesisches Sprichwort: Nr. 2156 (25. Oktober 1884), S. 420; geheimgehaltenes Alter: Nr. 2089 (14. Juli 1883), S. 42.

25. «Frauenzeitung», *Illustrirte Zeitung,* Nr. 2204 (10. März 1883), S. 315.

26. Zu diesen Äußerungen siehe «Frauenzeitung», *Illustrirte Zeitung,* unter den folgenden Daten. Blumen, Gedichte und Briefe: Nr. 2194 (18. Juli 1885), S. 73; Mißachtung der Männer: Nr. 2076 (14. April 1883), S. 322; Luther: Nr. 2106 (10. November 1883), S. 430; deutsche Frauen: Nr. 2111 (15. Dezember 1883), S. 562, und Nr. 2124 (15. März 1884), S. 227.

27. «Frauenzeitung», *Illustrirte Zeitung,* Nr. 2204 (26. September 1885), S. 315.

28. Zu diesen Äußerungen siehe «Frauenzeitung», *Illustrirte Zeitung,* unter den folgenden Daten. Amerikanische Zeitungen: Nr. 2107 (17. November 1883), S. 452; «Frauenemanzipation»: Nr. 2139 (28. Juni 1884), S. 555; «Grundfesten erschüttern»: Nr. 2204 (26. September 1885), S. 315.

29. John C. Hertwig, *Woman Suffrage* (1883), S. 7–8; «Frauenzeitung», *Illustrirte Zeitung,* Nr. 2145 (9. August 1884), S. 147–48; ebd., Nr. 2142 (19. Juli 1884), S. 74.

30. Zu diesen Äußerungen siehe «Frauenzeitung», *Illustrirte Zeitung,* unter den folgenden Daten. Somerville College: Nr. 2077 (21. April 1883), S. 342; Uppsala: Nr. 2087 (30. Juni 1883), S. 558; Toronto: Nr. 2166 (3. Januar 1885),

S. 77; Archäologie: Nr. 2148 (30. August 1884), S. 219; Philologie: Nr. 2161 (22. November 1884), S. 518; Mathematik: Nr. 2135 (31. Mai 1884), S. 464; Klassische Philologie: Nr. 2149 (6. September 1884), S. 244; Medizin: Nr. 2162 (29. November 1884), S. 548; Pharmazie: Nr. 2095 (25. August 1883), S. 166; Botanik: Nr. 2145 (9. August 1884), S. 219; Handlungsreisende: Nr. 2121 (23. Februar 1884), S. 158; Architektinnen: Nr. 2120 (16. Februar 1884), S. 138; Bankpräsidentinnen: Nr. 2086 (23. Juni 1883), S. 539; Pianistinnen: Nr. 2072 (17. März 1883), S. 238; Medizinstudentinnen in Zürich: Nr. 2104 (27. Oktober 1883), S. 390; Medizinstudentinnen in Paris: Nr. 2115 (12. Januar 1884), S. 38; Ärztinnen in Rußland: Nr. 2136 (7. Juni 1884), S. 486.

31. Hubertine Auclert: siehe «Frauenzeitung», *Illustrirte Zeitung*, Nr. 2167 (10. Januar 1885), S. 53; Geschäftsfrauen: ebd. Nr. 2171 (7. Februar 1885), S. 149.

32. Eine klassische Version dieses schalen Scherzes einschließlich der schwerlich nötigen Erläuterungen findet man in *Godey's Lady's Book:* «‹Ich verfüge über sieben Stimmen; warum sollte ich da noch selbst eine abgeben wollen?› sagte eine Dame, die, wenn Frauen an den Wahlen teilnähmen, sicher eine Führungsrolle innehätte. Diese Dame ist eine hingebungsvolle, innig geliebte Ehefrau, eine treue, zärtliche Mutter, sie hat sechs Söhne. Sie *weiß*, daß sie einen überragenden Einfluß auf die Geister ausübt, die sie so sorgfältig erzogen hat. Sie *spürt*, daß ihre Interessen bei denen gut aufgehoben sind, die sie durch ihre Zuneigung glücklich gemacht hat. Sie ist *gewiß*, daß ihrem Land gute Dienste von denen geleistet werden, die sie durch ihr Beispiel gelehrt hat, an das Gute zu glauben; deshalb läßt sie voll Stolz ihre Nächsten für sie wählen.» Die Chefredakteurin erklärte sich voll Begeisterung mit dieser Entscheidung einig: «So sollten amerikanische Frauen wählen: nämlich im rechten Sinne Einfluß auf die Wahl der Männer nehmen.» «Editor's Table», *Godey's Lady's Book*, XLIV (April 1852), S. 239.

33. Theodor Zeldin, *France, 1848–1945*, Bd. I, *Ambition, Love and Politics*, (1973), S. 346.

34. Barrie verabscheute die Charakterisierung «launig»; in einer Rede vor Theaterkritikern schlug er als Ersatz «gutartig» vor. William Lyon Phelps, Einleitung zu *Representative Plays by J. M. Barrie* (o. J.), S. VIII–IX.

35. J. M. Barrie, *What Every Woman Knows* (1908; Ausgabe 1928), S. 159–60.

36. Samuel Butler, *The Way of All Flesh* (1903; Ausgabe 1916), S. 1 [Kap. 1]; Theodor Fontane, *Frau Jenny Treibel* (1892), in: *Sämtliche Werke*, hrsg. v. Edgar Gross u. a., 24 Bde. (1959–75), VII, S. 106 [10. Kap.].

37. Hier noch ein weiteres Beispiel für diese Alibi-Strategie: Im Jahr 1883 benutzte sie Freud, jene Mischung aus konservativem Bürger und wissenschaftlichem Revolutionär, um John Stuart Mills Forderung zurückzuweisen, Frauen sollten die gleiche Bezahlung wie Männer erhalten. «Jedes Mädchen, wenn auch ohne Stimmrecht und richterliche Befähigung, dem ein Mann die Hand küßt, um deren Liebe er alles wagt, hätte ihn zurechtweisen können», schrieb er an seine Verlobte Martha Bernays. Freud an Martha Bernays, 15. November 1883, Peter Gay, *Freud. Eine Biographie für unsere Zeit* (1989), S. 51.

38. 1. Petrus 3,1; 1. Korinther 14,35.

39. Steven C. Hause, zusammen mit Anne R. Kenney, *Women's Suffrage and*

Social Politics in the French Third Republic (1984), S. 16. Die Opposition gegen Frauenrechte war nur zu froh, George Sand zu ihren Anhängern zählen zu können. Wie die «Frauenzeitung» im Jahr 1884 nach der Veröffentlichung von Sands Briefwechsel aus den sechziger Jahren triumphierend ausposaunte, hatte sich die gefeierte Radikale, die ehemalige Verfechterin der «Irrlehren der Frauenemanzipation», vom Kampf für die Frauenrechte abgewandt; sie war zu der Überzeugung gelangt, daß die Teilnahme an der Politik die Frauen davon abhalten werde, ihren ehelichen und mütterlichen Pflichten nachzukommen. Siehe *Illustrirte Zeitung*, Nr. 2139 (28. Juni 1884), S. 555.

40. Tatsächlich war es gängige Ansicht, daß die Einrichtung von höheren Schulen für Mädchen durch das Gesetz von 1879 genau auf diesen Zweck gerichtet war. «In Wahrheit geht es darum», schrieb *La Civilisation* am 24. November 1880 im Hinblick auf das Gesetz, «die Frau dem Einfluß des Christentums zu entziehen.» Mona Ozouf, *L'École, l'Église et la République 1871–1914* (1963), S. 104.

41. Hause, zusammen mit Kenney, *Women's Suffrage*, S. 16–17.

42. James C. Albisetti, *Schooling German Girls and Women: Secondary and Higher Education in the Nineteenth Century* (1988), S. 183.

43. Paul Julius Möbius, *Über den physiologischen Schwachsinn des Weibes* (1900), S. 28.

44. Ebd., S. 42, 34.

45. Noch 1927 hielt es Freud für nötig, Möbius' provokative These vom Schwachsinn des Weibes zu widerlegen. Siehe *Die Zukunft einer Illusion*, in *Gesammelte Werke*, XIV, S. 371. Im Jahr 1904 hatte Freud kritische Ausführungen zu dem Möbiusschen Pamphlet vor seinen Glaubensgenossen in der B'nai B'rith gemacht: im Jahr 1908 attackierte er es in seinem Aufsatz «Die ‹kulturelle› Sexualmoral und die moderne Nervosität», in: *Gesammelte Werke*, Bd. VII, S. 162.

46. Siehe Octave Uzanne, *La Femme à Paris: Nos contemporaines. Notes successives sur les Parisiennes de ce temps, dans leur divers milieux, états et conditions* (1894).

47. Theodor Fontane, *L'Adultera* (1882), in: *Sämtliche Werke*, IV, S. 38 [Kap. 7].

48. Siehe Albisetti, *Schooling German Girls*, S. 186.

3. Eine verdammte Meute schreibwütiger Frauen

1. W. R. Greg, «False Morality of Lady Novelists» [ca. 1858], *Literary and Social Judgments* (1873), S. 89.

2. Walpole an Hannah More, 24. Januar 1795, *Horace Walpole's Miscellaneous Correspondence*, hrsg. v. W. S. Lewis und John Riely, 48 Bde. (1937–83), XXXI, S. 397. Kein Wunder auch, daß ein anonymer amerikanischer Journalist im Jahr 1792 in *Lady's Magazine* gegen schreibende Frauen als gegen etwas zutiefst Unweibliches protestierte: «Statt ihnen als Frauen Achtung entgegenzubringen, bewundern wir nur die Autorin in ihnen.» Frank Luther Mott, *A History of American Magazines, 1741–1850* (1930), S. 66.

3. Samuel Johnson, *The Adventurer*, Nr. 115 (11. Dezember 1753), in *The Works of Samuel Johnson in Nine Volumes* (1825), IV, S. 109–10.

4. Goethe im Gespräch mit Heinrich Meyer, 30. April 1807, *Gespräche 1752–1817*, in Johann Wolfgang von Goethe, Gedenkausgabe der Werke, Briefe und Gespräche, hrsg. v. Ernst Beutler, 27 Bde. (1948–71), XXII, S. 446.

5. In einem berühmten Brief von Jane Austen an ihren Neffen James Edward Austen, einen angehenden Schriftsteller, kommt diese Haltung auf subtile Weise zum Ausdruck. Als sie hörte, daß er einige Kapitel des Buches, an dem er schrieb, nicht mehr finden konnte, versicherte sie ihm ihres Mitgefühls. In einer entsprechenden Mischung aus Geist und Takt beteuerte sie ihre Unschuld und fügte hinzu: «Ich glaube nicht, daß irgendein so gearteter Diebstahl von sonderlich großem Nutzen für mich wäre. Was sollte ich mit deinen starken, männlichen, lebhaften Skizzen anfangen, die so voll Abwechslung und Glut sind? Wie sollte ich sie wohl mit dem kleinen Stückchen Elfenbein (kaum ein paar Zentimeter im Durchmesser) verbinden, an dem ich mit einem solch feinen Pinsel arbeite, daß nach vielen Mühen kaum eine Wirkung zu sehen ist?» Angesichts dieses Briefs, der soviel neidlose Bewunderung für die männliche Kraft der literarischen Arbeit ihres Neffen atmet, würde man nie auf den Gedanken kommen, daß er im gleichen Jahr geschrieben wurde, in dem Jane Austen ihr Meisterwerk *Emma* veröffentlichte. Aber spüren kann man darin die einfühlsame Reaktion einer Frau auf männliche Empfindlichkeiten. 16. Dezember [1816], *Selected Letters 1796–1817*, hrsg. v. R. W. Chapman (1955), S. 188–89.

6. Elizabeth C. Gaskell, *The Life of Charlotte Brontë* (1857; World's Classics-Ausgabe, 1919), S. 124–25.

7. Lisa Tiersten, «Sisterhood of Shoppers: Bourgeois Women and Consumer Culture in Late-Nineteenth-Century Paris», Diss., Yale University (1991), S. 183.

8. E. D. Forgues, «Le Roman de femme en Angleterre. Miss Mulock», *Revue des deux mondes*, 30. Jahrgang (Januar–Februar 1860), S. 797, 831.

9. Charles de Mazade, «Les Femmes dans la société et dans la littérature. Mme. de Sévigné, Mme. de Staël, Mme. Swetchine», *Revue des deux mondes*, 32. Jahrgang (März–April 1862), S. 76–77.

10. George Sand und Adolphe Guéroult [6. Mai 1835], *Correspondance*, hrsg. v. Georges Lubin, bis jetzt 23 Bde. (1964–), II, S. 879.

11. Robert Prutz, *Die deutsche Literatur der Gegenwart, 1848–1858*, 2 Bde. (1859), II, S. 249–53.

12. G. H. Lewes, «The Lady Novelists», *Westminster Review*, LVIII (1852), S. 133.

13. Mehr als zwei Jahre vorher hatte Lewes Charlotte Brontës Roman *Shirley* mit milder Herablassung rezensiert und sich dabei über ihren ernsthaften Wunsch hinweggesetzt, «als *Autor*, nicht als Frau» beurteilt zu werden. Er sei, protestierte sie in einem Brief an ihn, «mit der Geschlechtsfrage so grob – fast fand ich erbarmungslos – umgegangen». 19. Januar 1850. Elizabeth C. Gaskell, *The Life of Charlotte Brontë* (1857; World's Classics-Ausgabe 1919), S. 343. Aber Lewes klang so ziemlich wie alle anderen, wenn er die Überzeugung äußerte: «Den männlichen Geist zeichnet das Vorherrschen des Verstandes, den weiblichen das Vorherrschen des Gefühls aus.» «The Lady Novelists», *Westminster Review*, LVIII (1852), S. 132. Zahllose Jahrzehnte lang hatten die Männer,

wenn sie zur Feder griffen, aus dieser tendenziösen Gegenüberstellung Trost gezogen. Nicht lange nach dem Erscheinen von Lewes' Essay betete W. R. Greg das gleiche noch einmal nach: «Romane bilden einen zentralen Teil der Lektüre von Frauen, die stets beeindruckbar sind und in denen jederzeit das emotionale Element wacher und stärker ist als das kritische.» Wegen des engen Erfahrungshorizonts der Frauen, schloß Greg, bleibe ihre Literatur, auch wenn sie gelegentlich «wirklich interessant und scharfsichtig» sei, doch aber «grundlegend und wesentlich mangelhaft». «False Morality of Lady Novelists» [ca. 1858], *Literary and Social Judgments* (1873), S. 86, 89.

14. Lewes, «The Lady Novelists», S. 131–32. Später im gleichen Jahrhundert ging Samuel Butler noch weiter und machte geltend, die ersten Autoren seien mutmaßlich Frauen gewesen, da diese in alten Zeiten mit den «Künsten des Friedens» befaßt, die Männer hingegen hauptsächlich mit Jagen und Kämpfen beschäftigt gewesen seien. «Wenn wir die Wahrheit kennten, würden wir höchstwahrscheinlich feststellen, daß in der Sphäre der Literatur nicht die Frau, sondern der Mann der Eindringling war.» *The Authoress of the Odyssey* (1897; 2. Aufl. 1922), S. 13.

15. Ebd., S. 134.

16. Rudolf von Gottschall, *Deutsche Nationalliteratur des 19. Jahrhunderts* (1855; 6. Aufl., 4 Bde., 1892), IV, S. 568–69.

17. «Silly Novels by Lady Novelists» (1856), *Essays of George Eliot*, hrsg. v. Thomas Pinney (1963), S. 303–4. George Eliot war natürlich nicht die einzige Schriftstellerin, die ihre Kolleginnen verunglimpfte. Vier Jahre vor dem Eliot-schen Angriff, im Jahr 1852, hatte Alice B. Neal sarkastisch eine neue Entwicklung angeprangert: «Aber gerade in unseren Tagen scheint die Nähnadel zum ersten Mal von einem mächtigen Konkurrenten bedroht; an die Stelle des Nähkastens tritt das Schreibpult, und die Schreibmappe hat den Winkel erobert, der einst dem Stickrahmen geweiht war. Mit anderen Worten, unsere Damen kranken an der Manie, Autorinnen sein zu wollen.» «American Female Authorship», *Godey's Lady's Book*, XLIV (Februar 1852), S. 145.

18. Eliot, «Silly Novels by Lady Novelists», S. 323–24.

19. Claire Tomalin, *The Life and Death of Mary Wollstonecraft* (1974), S. 247.

20. Janet Todd, *The Sign of Angelica: Women, Writing and Fiction, 1660–1880* (1989), S. 4–5.

21. Sedgwick und Evans in Mary Kelley, *Private Woman, Public Stage: Literary Domesticity in Nineteenth-Century America* (1984), S. 100–101, 186.

22. Ebd., S. 30.

23. Alison Adburgham, *Women in Print: Writing Women and Women's Magazines from the Restoration to the Accession of Victoria* (1972), S. 248.

24. Augusta J. Evans, *Beulah* (1859), S. 401, 500, 510.

25. Elizabeth Stuart Phelps, *The Story of Avis* (1879; Nachdruck 1977), S. 272–73.

26. Hawthorne an William Ticknor, 19. Januar 1855, *The Centenary Edition of the Works of Nathaniel Hawthorne*, hrsg. v. William Charvat u. a., bis jetzt 19 Bde. (1962–   ), XVII, S. 304.

27. Henry James, «Greville Fane» (1892), *The Complete Tales of Henry James*, hrsg. v. Leon Edel, 12 Bde. (1962–64), VIII, S. 438, 436.

28. Siehe Henry Nash Smith, *Democracy and the Novel: Popular Resistance to*

Classic American Writers (1978), S. 7. Das Exemplar von *The Lamplighter* in der Sterling-Universitätsbibliothek in Yale, das von 1854, dem Erscheinungsjahr, datiert, trägt auf dem Titelblatt die Aufschrift «Fünfundfünfzigstes Tausend».

29. [Margaret Oliphant], «Modern Novelists – Great and Small», *Blackwood's Edinburgh Magazine*, LXXVII (Mai 1855), S. 565.

30. R. K. Webb hat uns darauf aufmerksam gemacht, daß «von den, grob geschätzt, 45 000 Büchern, die zwischen 1816 und 1851 in England veröffentlicht wurden, reichlich mehr als 10 000 religiöse Werke waren, womit diese Gruppe die nächste Kategorie – Geschichte und Geographie –, die 4900 Titel umfaßte, wie auch die Romanliteratur mit ihren 3500 Titeln weit übertraf». «The Victorian Reading Public», *The New Pelican Guide to English Literature*, hrsg. v. Boris Ford, Bd. VI, *From Dickens to Hardy* (1958; 2. Aufl., 1982), S. 199.

31. Ann Douglas, *The Feminization of American Culture* (1977; Aufl. 1978), S. 130.

32. Smith, *Democracy and the Novel*, S. 7.

33. Siehe Henry Nash Smith, «The Scribbling Women and the Cosmic Success Story», *Critical Inquiry*, I (1974), S. 49.

34. [Oliphant], «Modern Novelists – Great and Small», S. 567.

35. Siehe *Die Gartenlaube als Dokument ihrer Zeit*, hrsg. v. Magdalene Zimmermann (1963; gekürzt 1967), S. 12–13; Gabriele Strecker, *Frauenträume, Frauentränen. Über den deutschen Frauenroman* (1969), S. 23–25.

36. Ernst Keil, Vorbemerkung des Herausgebers, *Die Gartenlaube*, I (1853), S. 1.

37. Im Laufe der Jahre wandelte sich *Die Gartenlaube;* in den späten sechziger Jahren schwenkte sie auf die Bismarcksche Linie ein. Nach dem Sieg Preußens über Frankreich und der nachfolgenden Reichsgründung gaben die liberalen Impulse, die für die frühe *Gartenlaube* prägend gewesen waren, mehr oder minder unauffällig den Geist auf. Aber die Leserschaft des Blattes blieb sich im wesentlichen gleich. Im Jahr 1895 illustrierte das Blatt einen Artikel über seine Druckerei mit einer Vignette, auf der das Fenster seiner Auslieferung abgebildet war. Unter denen, die dort standen und auf die nächste Ausgabe warteten oder bereits anfingen, darin zu lesen, befindet sich eine «Dame» mit modischem Hut, «eine Frau aus dem Volk» mit Kopftuch und ein «Herr» mit gepflegtem weißem Schnauzbart und Melone. Ansonsten sieht man auch noch gutgekleidete junge Leute und Damen aus augenscheinlich guten Verhältnissen. «Ein Donnerstag an der Expedition der ‹Gartenlaube›», *Die Gartenlaube*, XLIII (1895), S. 548.

38. Amüsant, wenn auch kaum verwunderlich, ist, daß Keil Eugenie John in seinen frühesten Briefen mit «Herr Marlitt» anredete; als ihr Pseudonym gelüftet war, behauptete er – reichlich verspätet –, «daß mich diese Enthüllung des Geheimnisses zwar einigermaßen, aber doch nicht so völlig überrascht hat, da ich in der Schilderung der weiblichen Charaktere in der Tat eine weiblich warme und weiblich feine Feder zu erkennen glaubte». [Alfred John(?)], «Eugenie-John Marlitt. Ihr Leben und ihre Werke», *E. Marlitts Gesammelte Romane und Novellen*, 10 Bde., (1889; 2. Aufl. 1890), Bd. X, *Thüringer Erzählungen*, S. 406.

39. In ihrem zügellosen Ausfall gegen die «moderne» Frau schrieb Eliza Lynn Linton über diese Art Romanschriftstellerinnen: «Außer bei den besten Künstlerinnen sind die Heldinnen der Frauen Gestalten, die nicht von außen, sondern aus dem Innern entlehnt sind.» Der Triumph der Heldin sei «Darstellung ihrer eigenen süßen Träume». «Women's Heroines», *Modern Women* (1888), S. 137, 136.

40. Strecker, *Frauenträume, Frauentränen*, S. 28.

41. Siehe Gottschall, *Deutsche Nationalliteratur*, IV, S. 594.

42. A. Fr., «Der Frauenliebling im Festgewande», *Die Gartenlaube*, XIX (1871), S. 805.

43. Schopenhauer: siehe Stephan Koranyi, «Nachwort» zu Johanna Schopenhauer, *Gabriele* (1819–20; Ausgabe 1985), S. 411–12; Martineau: siehe R. K. Webb, *Harriet Martineau: A Radical Victorian* (1960), S. 40, 59, 312–14; Warner: siehe Kelley, *Private Woman, Public Stage*, S. 90–91, 148–52.

44. Henry James, «Greville Fane», S. 437.

45. Sand an Jules Boucoiran [4. März 1831], *Correspondance*, I, S. 825; Sand an Frédéric Girerd, November 1839, ebd., IV, S. 810.

46. Sand an Laure Decerfz, 1. April 1833, ebd., II, S. 291.

47. George Sand, *Lettres d'un voyageur* (1837; Aufl. 1971), S. 132; Sand an Frédéric Girerd, November 1839, *Correspondance*, IV, S. 810. Die Sache bleibt dunkel. In ihren Briefen spricht Sand liebevoll von Kératry, bezeichnet ihn als zugänglich, als einen «guten Mann», «einen achtbaren Mann», als jemanden, von dessen «Protektion» sie sich «für den Verkauf meines kleinen Romans» eine ganze Menge erhoffte. Sand an Maurice und Casimir Dudevant [4. Februar 1831], ebd., I, S. 798; Sand an Jules Boucoiran [12. Februar 1831], ebd., I, S. 801. Gleichzeitig notiert sie spitz: «Ich habe Kératry erneut getroffen und habe genug. Herrje! Man sollte sich Berühmtheiten nicht aus zu großer Nähe ansehen!» Sand an Jules Boucoiran [4. März 1831], ebd., I, S. 819.

48. Sand an Charles Augustin-Sainte-Beuve, 13. November 1833, ebd., II, S. 434; Sand an Jules Boucoiran (4. März 1831), ebd., I, S. 817. Henry James, den man selten bei der Beschäftigung mit solchen Themen antrifft, mißverstand George Sand, als er von ihr berichtete: «Sie versichert, ihre Trägheit sei außerordentlich groß gewesen und ausschließlich das Geld habe sie vermocht, die Feder in die Hand zu nehmen.» «George Sand», *French Poets and Novelists* (1878, 2. Aufl., 1884), S. 166.

49. *Autobiography and Letters of Mrs. Margaret Oliphant* (1899; hrsg. v. Mrs. Harry Coghill, 1974), S. 44, 4.

50. Webb, *Harriet Martineau*, S. 41.

51. «Mieder»: Oktober 1856, *The Journals of Louisa May Alcott*, hrsg. v. Joel Myerson und Daniel Shealy (1989), S. 79; «Frauenkörper»: Interview mit Louise Chandler Moulton, zit. in Elaine Showalter, Introduction to Louisa May Alcott, *Little Women* (1868–69, Ausgabe 1989), S. XIII.

52. Alcott, *Little Women*, S. 2 [Kap. 1].

53. Mehrere ihrer Novellen lesen sich wie Bekundungen eines verzweifelten Werbens um die väterliche Liebe. «Love and Self-Love» und «A Marble Woman; or, The Mysterious Model», um nur diese zwei zu nennen, drehen sich beide um eine emotional ausgehungerte junge Frau, die nach den unwahrscheinlich-

sten melodramatischen Ereignissen die leidenschaftliche Liebe eines viel älteren Mannes gewinnt, der ihr vorher kühl väterlich gegenüberstand.

54. Ebd., S. 265 [Kap. 27].

55. «für Geld»: Alcott, *Journals*, S. 81; «für mich selbst sorgen»: Alcott an ihren Vater, 29. November 1856, *The Selected Letters of Louisa May Alcott*, hrsg. v. Joel Myerson und Daniel Shealy (1987), S. 26.

56. Alcotts Tagebücher und Briefe sind voll unterdrückter Wut, die sich hauptsächlich gegen einen Mann richtet, den Vater, den sie ödipal liebt und haßt. Cheyney schätzt, daß über eine Million Exemplare ihrer Bücher verkauft wurden und daß ihre Einnahmen sich insgesamt auf mehr als 200 000 Dollar beliefen; aber diese Bilanz sagt nichts aus darüber, was es Louisa May Alcott emotional kostete, Ruhm und Reichtum zu ertragen, ganz zu schweigen von ihrer Vaterrolle in der Familie. Ihr Veröffentlichungs-Debüt hatte sie zweiundzwanzigjährig im Jahr 1854 mit *Flower Fables*, einer Märchensammlung. Ihrer Mutter erklärte sie stolz, das Büchlein sei ihr «Erstgeborenes». Es brachte ihr 32 Dollar ein, die sie der Familie übergab. Ednah Dow Cheyney, *Louisa May Alcott* (1889; Einl. Ann Douglas, 1980), S. 397–98; Zitat auf S. 76. Im Jahr 1863, als sie «allein mit Schreiben» fast 600 Dollar verdiente, ließ sie ihren Eltern und Schwestern ungefähr 500 Dollar zukommen. Ende 1868 – sie war plötzlich berühmt – gab sie ihnen mehr; mit einem Tantiemen-Scheck über 8500 Dollar, den sie für den ersten Teil von *Little Women* erhielt, beglich sie sämtliche Langzeitschulden der Familie. Martha Saxton, *Louisa May: A Modern Biography of Louisa May Alcott* (1977), S. 261; siehe auch S. 291.

57. Marieluise Steinhauer, *Fanny Lewald, die deutsche George Sand. Ein Kapitel aus der Geschichte des Frauenromans im 19. Jahrhundert* (1937), S. 3.

58. Kein Geringerer als John Stuart Mill zollte ihrer Schrift *Für und wider die Frauen* aus dem Jahr 1870, einer Streitschrift, in der sie sich für die Emanzipation der Frauen des Mittelstandes aussprach, aufrichtigen Beifall. «Ihr Buch», schrieb Mill an Lewald, «ist ebenso überzeugend wie beredt und ist einzigartig frei von den beiden entgegengesetzten Mängeln, die Plädoyers für die Sache der Frauen so häufig aufweisen, nämlich entweder an unbesonnener Brachialität oder an verzagter Konzessionsbereitschaft zu kranken». 1. März 1870, *Collected Works of John Stuart Mill*, hrsg. v. J. M. Robson, 25 Bde. (1963–86), Bd. XVII, *Later Letters of John Stuart Mill*, S. 1703.

59. Ebd., S. 108.

60. Maria Janitschek, «Ein modernes Weib» (1889), in: Gisela Brinker-Gabler (Hrsg.), *Deutsche Dichterinnen vom 16. Jahrhundert bis zur Gegenwart. Gedichte und Lebensläufe* (1978), S. 240–41.

61. Das Buch, schrieb Rudolf von Gottschall kurz nach seinem Erscheinen im Jahr 1889, «ist eine der glänzendsten Streitschriften gegen den Krieg, die je verfaßt worden sind, und zwar um so wirksamer und schlagender, als nicht bloß Gründe ins Feuer geführt, sondern die Greuel und Unmenschlichkeiten des Krieges in ihrer ganzen abschreckenden Gestalt mit einer wahrhaft unerschrokkenen Feder geschildert werden.» *Deutsche Nationalliteratur*, IV, S. 693.

62. Elizabeth Barrett Browning, *Aurora Leigh*, Buch II, Zeilen 460–66; Zitat in Zeile 466. Das ist nicht das letzte Wort der Sprecherin, aber es bleibt ein machtvoller Anspruch.

63. James McPherson, *Battle Cry of Freedom: The Civil War Era* (1988), S. 88–90.
64. Paul Schlenther, «Von dichtenden Frauen», *Die Nation*, II (1884–85), Nr. 8, S. 101; siehe auch ebd., Nr. 9, S. 116–18, und Nr. 11, S. 144–46; «Frauenzeitung», *Illustrirte Zeitung*, Nr. 2102 (13. Oktober 1883) S. 322–23. Rechtschreibfehler im Original.
65. Siehe Eliot, «Silly Novels by Lady Novelists», S. 322.
66. Lewes an John Blackwood [2. Dezember 1858], *The George Eliot Letters*, hrsg. v. Gordon S. Haight, 7 Bde. (1954–55), Bd. II, *1852–1858* (1954), S. 506. Mittlerweile war Blackwood, George Eliots Verleger, in das Geheimnis eingeweiht.
67. Dallas begann seine Besprechung von *Adam Bede* mit einem Trompetenstoß. Für ihn stand «zweifelsfrei» fest: «Es ist ein erstklassiger Roman, dessen Autor sich auf Anhieb unter den Meistern seines Faches einen Platz erobert hat.» *The Times* (London), 12. April 1859, S. 9. Als er *The Mill on the Floss* rezensierte, war Marian Evans Geheimnis bereits gelüftet. Die Besprechung begann mit dem Satz: «George Eliot ist so großartig wie immer.» Ebd., 19. Mai 1860, S. 10. Und in der Rezension von *Silas Marner* liest man: «Wir müssen George Eliot dieses Lob zollen – daß nicht nur jede ihrer Geschichten ein Meisterstück ist, sondern daß man sie auch an fast jeder Stelle aufschlagen und sicher sein kann, daß sich dem Auge etwas Lesenswertes darbietet.» Ebd., 25. Juli 1861, S. 12.
68. «Romola», *Saturday Review*, XVI (25. Juli 1863), S. 124–25.
69. Frankreich: John Philip Couch, *George Eliot in France: A French Appraisal of George Eliot's Writings, 1858–1960* (1967), S. 1; Deutschland: Lady Blennerhasset, Gräfin von Leyden, «George Eliot», *Deutsche Rundschau*, XLIV (Juli–September 1885), S. 362. Im Jahr 1893 begann Hedwig Bender ihre Biographie über George Eliot, offenbar die erste in deutscher Sprache, mit Bekundungen rückhaltloser Hochachtung: «Nicht allzu groß ist die Zahl der Frauen, denen Rang und Titel der wahren Dichterin, der Dichterin von Gottes Gnaden, gebührt. Unter ihnen aber nimmt George Eliot unbestreitbar einen der ersten Plätze, vielleicht – als Novellistin wenigstens – den allerersten und höchsten ein.» «George Eliot. Ein Lebensbild», in *Sammlung gemeinverständlicher wissenschaftlicher Vorträge*, hrsg. v. Rud. Virchow und Wilh. Wattenbach (1894), S. 33.
70. «Die arme Frau begnügte sich nicht damit, einfach nur unterhaltsame Geschichten zu schreiben. Sie ist durch schlüssige Beweise der Neigung zu Gedanken überführt; sie wagte es, über das menschliche Leben und seinen Sinn zu spekulieren», was «nach Ansicht mancher Leute für eine Frau sehr unschicklich und bei einem Schriftsteller sehr unkünstlerisch ist». Stephen selbst erklärte sich für «recht froh, überhaupt einmal Gedanken anzutreffen. Sie sind nicht sehr gängig.» Leslie Stephen, «George Eliot» (1881), *Hours in a Library*, 3 Bde. (1874–79; Neuaufl. 1892), III, S. 207–8. Auch weibliche Kritikerinnen hatten mit diesem Thema ihre Probleme. «George Eliots Bücher bleiben (mit Ausnahme von *The Mill on the Floss*) in geschlechtlicher Hinsicht unbestimmter als die Bücher sämtlicher anderer Frauen, die je geschrieben haben», äußerte Margaret Oliphant. «Die Geschichte ihres ersten großen Romans», *Adam Bede*, «verband derart unentwirrbar weibliche Befangenhei-

ten mit soviel bedenkenloser maskuliner Intelligenz». «*The Life and Letters of George Eliot* (George Eliot's Life As Related in Her Letters and Journals, Arranged and Edited by Her Husband J. W. Cross)», *Edinburgh Review*, CLXI (1885), S. 544.

71. Für Robert Louis Stevenson war Eliot eine «hohe» und «ziemlich trockene Dame», die unseligerweise diesen «traurigen eingebildeten Schnösel und Hochstapler Daniel Deronda», diesen «obersten aller eingebildeten Fatzkes» ins Leben gerufen habe. «Trotzdem Hut ab, Sie wissen schon: ein weibliches Genie.» Jane Miller, *Women Writing about Men* (1986), S. 279.

72. 13. Mai [1896], *The Journals of Arnold Bennett*, 3 Bde. (1932–33), I, S. 7–8. Im Jahr zuvor hatte sich George Saintsbury, ein Kritiker und Literaturhistoriker, dessen Ansichten jahrzehntelang größte Beachtung fanden, noch frauenfeindlicher geäußert und dabei seine Zuflucht zu altgedienten Klischees genommen. Ebensowenig wie Charlotte Brontë verfüge auch George Eliot, behauptete er, «in nennenswertem Umfang über die männlichen Fähigkeiten der Kreativität und Urteilskraft. Beide, und vor allem Miss Evans, verfügten in ungewöhnlichem Maß über die weibliche Fähigkeit zur Aufnahme, Anverwandlung und Nachbildung.» *Corrected Impressions: Essays on Victorian Writers* (1895), S. 162.

73. Arnold über Sand: Patricia Thomson, *George Sand and the Victorians: Her Influence and Reputation in Nineteenth-Century England* (1977), S. 117; Flaubert an Iwan Turgenjew, 25. Juni 1876, *Flaubert and Turgenev, a Friendship in Letters: The Complete Correspondence*, hrsg. u. übers. v. Barbara Beaumont (1985), S. 103; John Stuart Mill, *The Subjection of Women* (1869), S. 204.

74. Sidney Colvin, Rezension (1876) zu George Eliots *Daniel Deronda*, zit. in Thomson, *George Sand and the Victorians*, S. 152.

75. Anton Tschechow, *Ivanov*, III. Akt, 5. Szene.

76. Thomson, *George Sand and the Victorians*, S. 20, 24.

77. Turgenjew an Gustave Flaubert, 18. Juni 1876, *Flaubert and Turgenev*, hrsg. u. übers. v. Beaumont, S. 102; Flaubert über Sand: Curtis Gate, *George Sand* (1975), S. 731.

78. Ernst Brausewetter, *Meister-Novellen deutscher Frauen*, 2 Bde. (1898), I, S. XI.

79. James, «Miss Woolson» (1887), *Partial Portraits* (1888), S. 177. James' subtile Differenzierungen im Blick auf die unterschiedliche Rezeption, mit der Schriftstellerinnen in den einzelnen Ländern rechnen müßten, ist zutreffend. Noch im Jahr 1901 schrieb Marie von Ebner-Eschenbach, die angesehenste Erzählerin Österreichs, in einer Kurzgeschichte über eine Schriftstellerin, die gerade zwei Rezensionen ihres letzten Romans erhält, eine gekonnte Parodie der gönnerhaften Haltung ihrer männlichen Landsleute. Beide Rezensenten loben am Roman, daß er fast von einem Mann geschrieben sein könnte; der eine vermerkt die in ihrer Naivität typisch weibliche Art, wie die Autorin mit dem Zufall umgehe, während der andere sich den Seitenhieb, daß es Autorinnen an Einfallsreichtum fehle, nicht verkneifen kann. Nur wenige amerikanische oder britische Rezensenten hätten im Jahr 1901 noch so geklungen. Siehe «Die Visite», *Ausgewählte Erzählungen*, 2 Bde. (1968), II, S. 412.

4. Kompetenz – Die neubestimmte Weiblichkeit

1. Lisa Tiersten, «Sisterhood of Shoppers: Bourgeois Women und Consumer Culture in Late-Nineteenth-Century Paris», Diss., Yale University (1991), S. 266.
2. Hort an Miss March Phillipps, 28. Oktober 1871, M. Jeanne Peterson, *Family, Love, and Work in the Lives of Victorian Gentlewomen* (1989), S. 35.
3. In dem berühmten dreiundzwanzigsten Kapitel von *Persuasion (Überredungskunst)* läßt Jane Austen ihre Heldin Anne Elliot, die klügste und vernünftigste der Figuren des Buches, den Mann, den sie will und der sie will, Captain Wentworth, indirekt umwerben, indem sie dafür sorgt, daß er zufällig ihr inniges Loblied auf die weibliche Treue mithört, wodurch zu guter Letzt ein katastrophales Mißverständnis zwischen ihnen ausgeräumt wird. Auch im tatsächlichen Leben wurde die angeblich unerbittliche Anstandsregel, daß der Mann beim rituellen Paarungstanz die Führung zu übernehmen habe, gelegentlich durchbrochen oder umgangen. Nachdem er Emily Sellwood jahrelang bestürmt hatte, mußte Tennyson regelrecht zur Ehe beschwatzt und in sie hineingelotst werden, als die Umworbene endlich ja gesagt hatte. Das Liebeswerben bei Tennysons Eltern, mit einem schüchternen Mann und einer forschen Frau, hatte einen ähnlichen Verlauf genommen. (Siehe Robert Berard Martin, *Tennyson: The Unquiet Heart* [1980], S. 23, 33, 329–36.)
4. Jane Austen, *Emma* (1816; hrsg. v. Ronald Blythe, 1966), S. 90 [Kap. 8].
5. Gegen Ende von *Pride und Prejudice*, als Elizabeth Bennet ihre Voreingenommenheit gegen Mr. Darcy überwunden hat, warnt sie ihr Vater, während er seine Einwilligung zur Ehe gibt: «Ich weiß, du könntest weder glücklich sein noch in Ehrbarkeit leben, ohne von wirklicher Achtung gegenüber deinem Gatten erfüllt zu sein», was soviel heißen soll wie «ohne ihn als überlegen anzuerkennen und zu ihm aufzublicken». Daß sie in der Tat zu Darcy aufblickt, braucht Elizabeth ihrem Vater nicht eigens zu versichern; sie hat gar keine andere Wahl. Jane Austen, *Pride and Prejudice* (1813; hrsg. v. Tony Tanner, 1972). S. 385 [Kap. 59].
6. «Mannweib»: Michael Slater, *Dickens and Women* (1983), S. 316.
7. «Heroismus zu Hause»: Dickens an Angela Burdett Coutts, 10. September 1845, *The Letters of Charles Dickens*, Bd. IV, *1844–1846*, hrsg. v. Kathleen Tillotson (1977), S. 375; Mrs. Chirrup: Dickens, The «Nice Little Couple», *Sketches by Boz* (1836, Ausgabe 1957), S. 584–87.
8. E. P. Whipple, «Novels and Novelists: Charles Dickens» (1849), in Philip Collins (Hrsg.), *Dickens: The Critical Heritage* (1971), S. 238. Andere, die über Dickens geschrieben haben, darunter auch sein Freund und Biograph John Forster, haben sich diese Charakterisierung stillschweigend zu eigen gemacht. Siehe ebd., S. 293 Fn.
9. Mill an Harriet Taylor Mill, 20. März 1854, *Collected Works of John Stuart Mill*, hrsg. v. J. M. Robson, 25 Bde. (1963–86), Bd. XIV, *Later Letters of John Stuart Mill*, S. 190.
10. «Miscellaneous Cooking: Common Beef Stock», *Godey's Lady's Book*, XCIV (Februar 1877), S. 181–82; zu ebenso kaltblütigen Ratschlägen, die Zerlegung eines Huhns betreffend, siehe *Godey's*, XCIV (Januar 1877), S. 85;

zu Anweisungen, wie man einen Hummer behandelt, siehe XCIV (April 1877), S. 367–68. Weiteres darüber, wie sich die vornehme Dame des 19. Jahrhunderts den Tatsachen des Lebens stellte, findet man in Peter Gay, *Erziehung der Sinne* (1986), Kap. 6, «Sinnliches Wissen».

11. Isabella Beeton, *The Book of Household Management* (1861), S. III.

12. Der Konkurrenzdruck, dem sich die Hausfrau durch die Welt draußen ausgesetzt sah, war offenbar auch andernorts ein brennendes Problem; unmittelbar nach der Jahrhundertwende machte eine Mme. M. Sage in einem hauswirtschaftlichen Handbuch, das sich an ihre französischen Mitbürgerinnen richtete, die Ehefrau verantwortlich dafür, wenn der Mann sich herumtrieb: «Wenn der Ehemann zu oft aus dem Haus geht, so deshalb, weil es kein rechtes Heim ist, und das ist die Schuld der Frau.» Dem Opfer die Schuld zu geben blieb ein beliebter Sport. *La Science et les travaux de la ménagère* (1901; 2. Aufl., 1902), S. 4.

13. Beeton, *Household Management*, Titelblatt und S. 1.

14. Ebd., S. 6; siehe auch S. 1.

15. Ebd., S. 275, 371.

16. Ebd., S. 9.

17. Judith Gautier, *Le Collier des jours*, Bd. II, *Le Second Rang du collier* (1909), S. 188, 262–64.

18. «Invention for Attracting the Notice of Post-Office Ladies. (Patent Applied For)», in Lee Holcombe, *Victorian Ladies at Work: Middle-Class Working Women in England and Wales, 1850–1914* (1973), auf S. 177.

19. 14. Februar 1868, *The Journals of Louisa May Alcott*, hrsg. v. Joel Myerson und Daniel Shealy (1989), S. 165.

20. Nehmen wir einen Fall, der für buchstäblich Tausende andere steht. In der Zeit des amerikanischen Bürgerkriegs stellte die Bundesregierung fest, daß «für den Lohn eines Mannes zwei Frauen angestellt werden konnten, und auch als der Kongreß im Jahr 1865 die Gehälter für Frauen auf 900 Dollar anhob, konnte man mit weiblichen Angestellten immer noch einen beträchtlichen Spareffekt erzielen». Senator Frederick Sawyer von South Carolina, der im Jahr 1870 in einer Debatte des Kongresses für eine Gleichbehandlung von Männern und Frauen bei der Gehaltzahlung plädierte, faßte sein Plädoyer folgendermaßen zusammen: «Tatsache ist, daß jene Damen deshalb als Sekretärinnen ins Ministerium kamen, weil sie billiger waren.» Cindy Sondik Aron, *Ladies and Gentleman of the Civil Service: Middle Class Workers in Victorian America* (1987), S. 71.

21. Holcombe, *Victorian Ladies at Work*, S. 74.

22. Mill an Caroline Lidell, 6. Mai 1866, *Collected Works*, Bd. XVI, *Later Letters*, S. 1163–64. Geschrieben wurde dieser Brief unter Umständen von Mills Stieftochter Helen Taylor, die ebensosehr Mills Vertrauen genoß wie zuvor ihre Mutter. Aber auch wenn der Brief von ihrer Hand stammt, die Ansichten, die sie äußerte, waren die seinen.

23. Ernest Legouvé, *Histoire morale des femmes* (1849; 8. Aufl., 1882), S. 380.

24. Theodor Fontane, *Cécile* (1887), in: *Sämtliche Werke*, hrsg. v. Edgar Gros u. a., 24 Bde. (1959–75), IV, S. 154 [Kap. 7]; About: Theodore Zeldin, *France, 1848–1945*, Bd. I, *Ambition, Love and Politics* (1973), S. 355.

25. Fontane, *Cécile*, 146 [Kap. 6].

26. Einzelheiten zu dem langsamen Prozeß, der den Frauen einen Rechtsanspruch auf höhere Bildung und Zugang zu Berufen wie etwa dem medizinischen verschaffte, findet man in Gay, *Erziehung der Sinne*, S. 189–206.

27. Frances Power Cobbe, «Criminals, Idiots, Women, and Minors», Fraser's Magazine, LXXVIII (Dezember 1868), S. 777–94.

28. Für die schleppende Gangart, zu der sich der Fortschritt in Frauenrechtsfragen verurteilt sah, ist bezeichnend, daß dieses Gesetz über Eigentumsrechte verheirateter Frauen erst rund vierzehn Jahre, nachdem die reformerisch gesinnte Law Amendment Society es vorgeschlagen und die Unterstützung von buchstäblich Tausenden gebildeter englischer Männer und Frauen dafür gewonnen hatte, vom Parlament verabschiedet wurde. Zu denen, die im Jahr 1856 eine Petition mit der Forderung nach einem solchen Gesetz unterzeichneten, gehörten Elizabeth Barrett Browning, Elizabeth Gaskell und Harriet Martineau; eingebracht wurde der Gesetzesentwurf von sympathisierenden Parlamentsabgeordneten. Allerdings blieb es damals beim Entwurf. Siehe Caroline Frances Cornwallis, «The Property of Married Women», *Westminster Review*, LXVI (1856), S. 331–60.

29. Hubertine Auclert, *La Citoyenne. Articles de 1881 à 1891*, hrsg. v. Edith Taïeb, S. 133.

30. A. Amy Bulley, «The Political Evolution of Women», *Westminster Review*, CXXXIV (1890), S. 1–8 passim.

31. Herbert Spencer, *Social Statics; or, The Conditions Essential to Human Happiness Specified, and the First of Them Developed* (1850; amerikanische Ausgabe 1865), S. 173, 179.

32. 8. Februar 1896. *Stenographische Berichte über die Verhandlungen des Reichstages*, IX. Legislaturperiode, IV. Session, 1895–1897, Bd. 2, S. 831–41; Zitate auf S. 831, 836, 841, 834.

V. Beißender Witz

1. Von den verschiedenen Formen des Lachens

1. *Human Nature, or the Fundamental Elements of Policy* (1650), in: *The English Works of Thomas Hobbes of Malmesbury*, hrsg. v. Sir William Molesworth, 11 Bde. (1839–45), Bd. 4, S. 46 [Kap. 9]; Charles Baudelaire: «De l'essence du rire et généralement du comique dans les arts plastiques» (geschrieben 1852, veröffentlicht 1855), in: *Œuvres Complètes*, hrsg. v. Y. G. LeDantec, durchgesehen von Claude Pichois, [Bibliothèque de la Pléiade, Paris 1961], S. 980; dt.: Sämtl. Werke/Briefe, München 1977, Bd. 1. Vom Wesen des Lachens, S. 284–305, bes. S. 290, 292; Henri Bergson, *Le Rire. Essai sur la signification du comique* (1900, Aufl. 1950), S. 20, auch in: *Œuvres* [Bibliothèque de la Pléiade, Paris 1970], S. 399.

2. Baudelaire, «De l'essence du rire», S. 980–82. Hobbes war dieser modernen psychologischen Analyse um zwei Jahrhunderte voraus. Das Lachen, jener *«plötzliche Ruhm»*, so bemerkte er scharfsinnig, «widerfährt zumeist jenen,

die sich ihrer äußerst geringen Talente bewußt sind (...) im Vergleich (mit den Schwächen anderer) loben sie sich plötzlich»; das höhere Lachen ist, kurz gesagt, häufig nichts Besseres als «ein Zeichen von Kleingeistigkeit». *Leviathan* (1651; hrsg. v. Michael Oakeshott, 1947, S. 36), [Teil 1, Kap. 6].

3. Bergson, *Le Rire*, ebd., S. 5 [S. 389–90].

4. Freud hörte Mark Twain im Jahr 1898 und erinnerte sich mehr als dreißig Jahre später seines Vortrags. Vgl. *Das Unbehagen in der Kultur* (1930), in: *Gesammelte Werke*, Bd. 14, S. 485–86 Fußnote.

5. Zitiert bei Sigmund Freud, *Der Witz und seine Beziehung zum Unbewußten* (1905), in: *Gesammelte Werke*, Bd. 6, S. 7.

6. Michail Bachtin, *Rabelais and His World* (1965, engl. Ausg. 1984), S. 92. Schon vor Herzen hatte Thomas Love Peacock als «interessante und vergnügliche Studie» vorgeschlagen, «die Entwicklung des komischen Romans in Frankreich, mit Bezug auf das Lesepublikum, vom 12. Jahrhundert bis zur Revolution nachzuzeichnen». «French Comic Romances» (1836), *Memoirs of Shelley and Other Essays and Reviews*, hrsg. v. Howard Mills (1970), S. 209.

7. «Old Jokes», *Saturday Review*, VI (18. September 1858), S. 275.

8. Mark Twain, *The Mysterious Stranger* (1916 posthum veröffentlichte Fassung), in: *The Mysterious Stranger and Other Tales* (1922), S. 132 [Kap. 10].

9. Die Untersuchung der Komödie geht auf Platon und Aristoteles zurück, während die alten Römer es in der von den Griechen übernommenen Satire zur Perfektion brachten; wenn es je eine aggressive Form des Humors gab, dann die Satire. In der Mitte des siebzehnten Jahrhunderts fand Thomas Hobbes treffende und, wie wir sahen, nach wie vor eminent treffende Aphorismen über das Lachen; noch vor 1700 hatte John Dryden die Geschichte der Satire studiert. Der schottische Essayist, Dichter und Populärphilosoph James Beattie veröffentlichte 1764 *An Essay on Laughter and Ludicrous Composition;* weitere Autoren verfaßten als Ärzte und Moralisten im achtzehnten Jahrhundert umfängliche lateinische Dissertationen zu diesem Thema.

10. Bergson, *Le Rire*, ebd., S. 152–53 [S. 483].

11. Leslie Stephen, «George Eliot» (1881), *Hours in a Library*, 3 Bde. (1874–79, Neuauflage 1982), Bd. 3, S. 215. «Ein Buch über das Lachen ist kein Buch zum Lachen», hatte schon zu Beginn des Jahrhunderts Denis Prudent Roy im Vorwort zu seinem *Traité médico-philosophique sur le rire* (1814) kurz und bündig erklärt.

12. Mary Lee Townsend, *Forbidden Laughter: Popular Humor and the Limits of Repression in Nineteenth-Century Prussia* (1992), S. 191.

13. William Makepeace Thackeray, *The English Humorists of the Eighteenth Century* (1853), S. 1; Mark Twain, «Pudd'nhead Wilson's New Calendar», *Following the Equator*, 2 Bde. (1897, Ausgabe 1924), Bd. 1, S. 101.

14. Peacock, «French Comic Romances», a. a. O., S. 209.

15. Während Wissenschaftler, die sich, wie etwa Freud, eingehender mit dem Lachen befaßt haben, Witz, Humor und das Komische sorgsam voneinander unterscheiden, werde ich im vorliegenden Kapitel diese feinen Unterscheidungen vernachlässigen und mich eingehender mit dem aggressiven Anteil in all seinen Erscheinungen befassen.

16. Mark Twain an Olivia Langdon, 27. Dezember [1869], *The Love Letters of Mark Twain,* hrsg. v. Dixon Wecter (1949), S. 132.

17. «Person of Buda»: *A Book of Nonsense* (1846), in: *The Complete Nonsense of Edward Lear,* Hrsg. Holbrook Jackson (1947), 14; «Brother and Sister», *The Complete Works of Lewis Carroll,* Einleitung Alexander Woolcott (o. D.), S. 702–703; «The Two Brothers», a. a. O., S. 716–720, Zitate S. 716, 720.

18. «William Schwenck Gilbert: An Autobiography», in: *The Theatre,* N. S., Bd. 1 (Januar–Juni 1883), S. 217, 219.

19. Vgl. Edith Browne, *W. S. Gilbert* (1907), S. 9–10; Leon E. A. Berman, «The Kidnapping of W. S. Gilbert», in: *Journal of the American Psychoanalytic Association,* Bd. 33 (1985), S. 133–148.

20. Max Beerbohm hat in einer Würdigung voller Hochachtung die Bab-Balladen einen wahrhaften Abriß des Absurden genannt, bei Sinnen und zugleich außer Kontrolle: «Sobald er beschlossen hatte, verrückt zu sein, ließ sich Gilbert gehen; er nahm den Zaum zwischen die Zähne und preschte wild drauflos.» «A Classic in Humour» (1905), in: John Bush Jones (Hrsg.), *W. S. Gilbert: A Century of Scholarship and Commentary* (1970), S. 64.

21. «Gentle Alice Brown», *Plays and Poems of W. S. Gilbert,* Vorwort Deems Taylor (1932), S. 1012–1016; «Annie Protheroe», a. a. O., S. 1054–1059.

22. «The Story of Gentle Archibald», a. a. O., S. 1204–1208. Dieses Gedicht erschien in der Zeitschrift *Fun,* gehörte aber nicht zu den *Bab Ballads.*

23. «The Two Ogres», a. a. O., S. 1021–1025.

24. «Gilbert, Sir William Schwenck», *Dictionary of National Biography,* Hrsg. Sir Sidney Lee, Zweiter Supplementbd., Bd. 2 (1912), S. 107–108.

25. «The Yarn of the ‹Nancy Bell›», in: *Plays and Poems of W. S. Gilbert,* S. 957.

26. «ganz und gar unbedeutende Albernheiten»: Gilbert an Edward Bruce Hindle, 29. Januar 1885, Morgan Library; zum Einfluß der Bab-Balladen: Vgl. Fredric Woodbridge Wilson, *An Introduction to the Gilbert and Sullivan Operas from the Collection of the Pierpont Morgan Library* (1989), S. 12; Selbstporträt: a. a. O., S. 10.

27. Bain, *The Emotions and the Will* (1859, 2. Aufl. 1865), S. 248. Freud zitiert diesen Passus in: *Der Witz . . .,* a. a. O., S. 228 Anm.

28. George Meredith, «An Essay on Comedy», zuerst als Doppelvortrag erschienen, gehalten unter dem Titel «The Idea of Comedy and the Uses of the Comic Spirit» (1877), in: Wylie Sypher (Hrsg.), *Comedy* (1956), S. 5, 7, 18.

29. A. a. O., S. 16, 32–33.

30. A. a. O., S. 48, 47.

31. Friedrich Theodor Vischer, *Das Schöne und die Kunst. Zur Einführung in die Aesthetik. Vorträge,* hrsg. v. Robert Vischer (1897, 3. Aufl. 1907), S. 190, 188, 183, 191.

32. A. a. O., S. 191, 181.

33. Theodor Lipps, *Komik und Humor. Eine psychologisch-ästhetische Untersuchung* (1898), S. 39–42, 264.

34. Bergson, *Le Rire,* a. a. O., S. 106, 3 [S. 453, 388].

35. A. a. O., S. 15, 150 [S. 396, 481].

36. A. a. O., S. 151, 152 [S. 482].

37. Freud, *Der Witz . . .,* a. a. O., S. 113.

38. Zu diesen Techniken gehören, um die Termini technici anzuführen, Verdichtung, Verschiebung und Übertreibung.
39. A. a. O., S. 114–115, 105.
40. A. a. O., S. 269, 236. Einigermaßen unabhängig von Freud verwies auch Bergson auf die frühen Quellen des Erwachsenenhumors: «Je mehr wir nun in dieser Untersuchung der Verfahrensweisen der Komödie fortschreiten, desto besser verstehen wir die Rolle, die dabei die Erinnerungen an die Kindheit spielen.» In: Le Rire, a. a. O., S. 61 [S. 424].

2. Ärzte am Krankenbett der Gesellschaft

1. Goethe: 29. Januar 1826, in: Johann Peter Eckermann, *Gespräche mit Goethe in den letzten Jahren seines Lebens*, in: Johann Wolfgang von Goethe: *Gedenkausgabe der Werke, Briefe und Gespräche*, hrsg. v. Ernst Beutler, 27 Bde. (1948–1971), Bd. 24, S. 173; Shaw: Archibald Henderson, *Bernard Shaw: Playboy and Prophet* (1932), S. 555. Zu den Bewunderern gehören weiterhin: Vischer, der den «witzige(n) Molière» wegen der einfallsreichen Bewegungsführung seiner Figuren auf der Bühne anführt, mit der er sie in einem tollen Effekt aufeinanderprallen läßt; Lipps pries Alceste, den problematischen Helden aus Molières *Menschenfeind*, als einen beispielhaften komischen Helden; und Bergson, der Molières herrlich komische Ärzte zum Beleg aufmarschieren läßt. Friedrich Theodor Vischer, *Das Schöne und die Kunst. Zur Einführung in die Aesthetik. Vorträge*, hrsg. v. Robert Vischer (1897, 3. Aufl. 1907), S. 182; Theodor Lipps, *Komik und Humor. Eine psychologisch-ästhetische Untersuchung* (1898), S. 259; Henri Bergson, *Le Rire. Essai sur la signification du comique* (1900; Ausg. 1950), S. 36, 41, 43, auch in: *Oeuvres* [Bibliothèque de la Pléiade, Paris 1970], S. 409, 412–13, 413–14. Schon früher hatte William Hazlitt Molière gefeiert als «fraglos eines der größten komischen Genies, das je gelebt hat; ein Mann von unendlichem Witz, unendlicher Heiterkeit und unendlichem Einfallsreichum», darin Shakespeare vergleichbar. *Lectures on the English Writers* (1819), S. 49–50, 57. Und um noch eine weniger bedeutende Stimme zu zitieren, den unter dem Pseudonym Coquelin Cadet schreibenden Ernest Alexandre Honoré Coquelin: Des Lachens von Molière «werden wir nie müde werden». *Le Rire* (1887, 4. Aufl. 1887), S. 145–46.

2. Charles Baudelaire: «De l'essence du rire et généralement du comique dans les arts plastiques» (geschrieben 1852, veröffentlicht 1855), in: *Oeuvres Complètes*, hrsg. v. Y. G. LeDantec, durchgesehen von Claude Pichois, [Bibliothèque de la Pléiade, Paris 1961], S. 987; dt.: Sämtl. Werke/Briefe, München 1977, Bd. 1. Vom Wesen des Lachens, S. 298; George Meredith, «An Essay on Comedy», in: Wylie Sypher (Hrsg.), *Comedy* (1956), S. 17.

3. Carl Sternheim, «Molière, der Bürger» (1912), in: *Gesamtwerk*, Hrsg. Wilhelm Emrich, 10 Bde. in 11 (1963–76), Bd. 6, S. 16–17; Sternheim. «Molière» (1917), a. a. O., S. 31.

4. Vgl. Peter Gay, *Freud, Juden und andere Deutsche*, Ausg. 1989 (dtv), S. 166–69.

5. Herzen: Michail Bachtin, *Rabelais and His World* (1965, engl. Ausg. 1984), S. 92 Fußnote; Thoma: an Reinhold Geheeb (Herausgeber des *Simplicissi-*

mus), 26. Januar 1919, in: Friedl Brehm, *Immer gegen die Machthaber: Ludwig Thoma und der Simplicissimus* (1966), S. 23; George Bernard Shaw: *The Quintessence of Ibsenism* (1891, Ausg. 1912), S. 3.

6. Heine an Caroline Jaubert, 16. Dezember 1844, in: *Heinrich Heine, Briefe*, hrsg. v. Friedrich Hirth, 6 Bde. in 2 (1949–50, Ausg. 1965), Teil 2, S. 557; vgl. auch: Heinrich Heine, *Deutschland. Ein Wintermärchen* (1844), in: *Sämtliche Schriften*, hrsg. v. Klaus Briegleb u. a., 6 Bde. (1968–76), Bd. 4, S. 579 [Kap. 1].

7. Freud suchte, in *Das Unbehagen in der Kultur*, die Absurdität des christlichen Gebots der universellen Liebe mit einem besonders zugespitzten Passus von Heine zu belegen, den er zustimmend zitiert: «Ich habe die friedlichste Gesinnung. Meine Wünsche sind: eine bescheidene Hütte, ein Strohdach, aber ein gutes Bett, gutes Essen, Milch und Butter, sehr frisch, vor dem Fenster Blumen, vor der Tür einige schöne Bäume, und wenn der liebe Gott mich ganz glücklich machen will, läßt er mich die Freude erleben, daß an diesen Bäumen etwa sechs bis sieben meiner Feinde aufgehängt werden. Mit gerührtem Herzen werde ich ihnen vor ihrem Tode alle Unbill verzeihen, die sie mir im Leben zugefügt – ja, man muß seinen Feinden verzeihen, aber nicht früher, als bis sie gehenkt werden.» Hier haben wir aggressiven Witz in einer ganz und gar ungebändigten Form. *Das Unbehagen in der Kultur* (1930), in: *Gesammelte Werke*, Bd. 14, S. 469–70 Anm.

8. Vgl. Heine an Baron Johann Friedrich von Cotta, 18. Juni 1828, in: *Briefe*, Teil 1, S. 364.

9. Heinrich Heine, *Die Bäder von Lucca* (1830), in: *Sämtliche Schriften*, Bd. 2, S. 392, 445. Gleich im Anschluß an das Motto zitiert er, in der geliehenen Maske des empörten Bürgerlichen, Beaumarchais' Figaro, der Graf Almaviva die Stirn bietet: «Will der Herr Graf ein Tänzchen wagen, / So mag er's sagen, / Ich spiel' ihm auf.» A. a. O., S. 392.

10. A. a. O., S. 467.

11. Heine an Varnhagen von Ense, 3. Januar 1830, in: *Briefe*, Teil 1, S. 412.

12. Heine, *Ludwig Börne. Eine Denkschrift* (1840), in: *Sämtliche Schriften*, Bd. 4, S. 36.

13. Vgl. Heine, *Deutschland. Ein Wintermärchen*, S. 592. Dies war eine Klage, die bereits Schiller, freilich in ernsterem Ton, vier Jahrzehnte zuvor geäußert hatte. Sein Gedicht *Der Antritt des neuen Jahrhunderts* von 1801 endet mit einem bitteren Vierzeiler: «In des Herzens heilig stille Räume / Mußt du fliehen aus des Lebens Drang! / Freiheit ist nur in dem Reich der Träume, / Und das Schöne blüht nur im Gesang.»

14. Hartford *Courant*, 29. Juni 1888, zitiert nach Justin Kaplan, *Mr. Clemens and Mark Twain: A Biography* (1966), S. 147.

15. William Makepeace Thackeray, «Lever's St. Patrick's Eve – Comic Politics» (3. April 1845), und Thackeray an Mark Lemon, Februar 1847, beides in: Gordon N. Ray, «*Vanity Fair:* One Version of the Novelist's Responsibility» (1950), in: Ian Watt (Hrsg.), *The Victorian Novel: Modern Essays in Criticism* (1971), S. 252, 255.

16. William Makepeace Thackeray, *Vanity Fair* (1848; Augs. 1864; hrsg. v. Joseph Warren Beach, 1950), S. 79, [Kap. 8].

17. Thackeray, «Before the Curtain», a. a. O., S. XXIX; a. a. O., S. 730, [Kap. 67].

18. Vgl. Victor Brombert, *The Novels of Flaubert: A Study of Themes and Techniques* (1966), S. 158–181.

19. «Mr. and Mrs. Veneering waren brandneue Leute in einem brandneuen Haus in einem brandneuen Londoner Viertel. Alles an den Veneerings war funkelnagelneu. Ihre Möbel waren neu, ihre Freunde waren neu, ihr Tafelgeschirr war neu, ihre Kutsche war neu, ihr Zaumzeug war neu, ihre Pferde waren neu, ihre Bilder waren neu, sie selbst waren neu, sie waren so neu vermählt, wie es von Gesetzes wegen mit dem Umstand vereinbar war, daß sie ein brandneues Baby hatten.» Diese traurigen menschlichen Zerrbilder protzen natürlich auch mit einem neuen Wappen und einem «riesigen Flügel mit neuer Mechanik»; und wie es zu diesen frisch aus dem Ei gepellten Kreaturen paßt, sorgen sie dafür, daß alles, sie selbst nicht ausgenommen, «auf Hochglanz poliert» wird. Natürlich finden sie sich in ihrem neuen Mobiliar getreulich widergespiegelt: «Die Oberfläche roch ein bißchen zu sehr nach Werkstatt und war etwas klebrig.» Charles Dickens, *Our Mutual Friends* (1865; Hrsg. Charles Dickens d. J., 1908), 5–6 [Buch I, Kap. 2].

20. Charles Dickens, *Little Dorrit* (1857; hrsg. v. John Holloway, 1967), S. 292–200, [Buch 1, Kap. 21].

21. A. a. O., S. 145–165 [Buch 1, Kap. 10]; Zitat S. 145.

22. A. a. O., S. 804, [Buch 2, Kap. 28].

23. Charles Dickens, *Our Mutual Friends* (1865; hrsg. v. Charles Dickens d. J., 1908), S. 121, [Buch 1, Kap. 2].

24. A. a. O.

25. A. a. O., S. 120. Leugnung ist ganz ebenso die Politik, die Podsnaps weibliches Gegenstück, Mrs. General, in *Little Dorrit* praktiziert. Als von den frisch zu Reichtum gekommenen Dorrits angestellte Gesellschafterin lehrte sie ihre Schützlinge, daß «(ein) wahrhaft Gebildeter sich den Anschein gibt, als nehme er die Existenz von allem, was nicht vollkommen korrekt, gesetzt und angenehm ist, gar nicht erst zur Kenntnis». *Little Dorrit*, S. 530, [Buch 2, Kap. 5].

26. Dickens, *Our Mutual Friends*, S. 122, [Buch 1, Kap. 2].

27. Anthony Comstock, die Nemesis der Pornographie im Amerika des späten 19. Jahrhunderts, der vom Obszönen besessen gewesen zu sein scheint, ist ein glänzendes Beispiel für diesen Typus. Vgl. Peter Gay, *Erziehung der Sinne* (1986), S. 360, 378.

3. Das Opfer als Vollstrecker

1. Zu den «Öffnungen seiner Person», vgl. Arsène Alexandre, *Honoré Daumier, l'homme et l'œuvre* (1888), S. 46.

2. Thomas Love Peacock, «French Comic Romances» (1836), in: *Memoirs of Shelley and Other Essays and Reviews*, hrsg. v. Howard Mills (1970), S. 212.

3. Charles Holme (Hrsg.), *Daumier and Gavarni*, mit kritischen und biographischen Anmerkungen von Henri Frantz und Octave Uzanne (1904), D VI.

4. Champfleury [i. e. Jules Husson], *Histoire de la caricature moderne*, (o. D.; Ausg. 1865), S. 102.

5. Baudelaire dachte dabei zum Teil an Daumiers despektierliche Behandlung

der griechischen Mythologie. Bei Daumier sind Agamemnon, Penelope, Narziß und alle anderen schwächliche, durch und durch unheroische Bürger mittleren Alters oder empfindsame und magersüchtige Jünglinge. Das vielleicht eindrucksvollste Portrait, *Der triumphierende Menelaos*, zeichnet Helenas gehörnten Ehegatten als einen eingebildeten, dickbäuchigen, herumstolzierenden König, das blutige Schwert in der Hand, sie selbst als matronenhafte Vierzigerin an seinem Arm, die ihrem Prahlhans hinter seinem Rücken eine lange Nase dreht. Diese Lithographien, die den modischen Neoklassizismus von Bühne und Malerei und zugleich die unverfrorene Dummheit und den Dünkel verspotten, sind hervorragende Dokumente für eine Anthologie der Selbstkritik des bürgerlichen neunzehnten Jahrhunderts. Selbst Offenbach hätte diese Verulkung nicht besser machen können. Baudelaire hielt diesen derben Zyklus für eine «amüsante und nützliche Blasphemie» und stellte Daumier mit Molière in eine Reihe. «L'École païenne» (1852), *Œuvres Complètes*, hrsg. v. Y. G. LeDantec, durchgesehen von Claude Pichois, Paris 1961 (Bibliothèque de la Pléiade), S. 625; vgl. auch «Quelques caricaturistes français» (1857), ebd., 1006–7 Baudelaires Gedicht «Vers pour le portrait de M. Honoré Daumier» stammt vom 25.–26. Mai 1865. Ebd., S. 151.

6. *Man and Superman*, in: *The Bodley Head Bernard Shaw: Collected Plays with their Prefaces*, 7 Bde. (1970–74), Bd. 2, S. 654 [Akt 3]. Zwar spricht hier der Teufel, aber über weite Teile seiner langen Rede hin spricht er für Shaw.

7. «William Schwenck Gilbert: An Autobiography», in: *The Theatre*, N. S., Bd. 1 (Januar–Juni 1883), S. 222–23.

8. Vgl. John Palmer, *The Censor and the Theatres* (1913), S. 180–182.

9. Gilberts handgeschriebene Zeilen sind abgedruckt bei Fredric Woodbridge Wilson, *An Introduction to the Gilbert and Sullivan Operas from the Collection of the Pierpont Morgan Library* (1989), S. 66.

10. Mit dem Stück *H. M. S. Pinafore* wollte er in der komischen Figur des inkompetenten Sir Joseph Porter den Ersten Seelord W. H. Smith in Verruf bringen. Am 27. Dezember 1877 erläuterte er Arthur Sullivan das «großartige Lied», das für diese Figur geschrieben werden könne, und verkündete, daß er «keine *Persönlichkeit*» einführen werde. Schließlich «wird die Tatsache, daß es sich bei dem Ersten Seelord in der Oper um einen ausgesprochenen *Radikalen* handelt, jeden Verdacht ausräumen, daß W. H. Smith gemeint sei». Natürlich ließ sich durch diese List niemand täuschen, ausgenommen vielleicht die Beamten der Zensurbehörde. Der Brief ist enthalten in: Frederic Woodbridge Wilson, *An Introduction to the Gilbert and Sullivan Operas from the Collection of the Pierpoint Morgan Library*, 1989, S. 98.

11. *Pall Mall Budget, Being a Weekly Collection of Articles Printed in the Pall Mall Gazette*, Bd. 29 (1. Dezember 1882), S. 8; weitere repräsentative Kommentare in *Punch*, Bd. 83 (9. Dezember 1882), S. 268–69; *Saturday Review*, Bd. 54 (9. Dezember 1882), S. 764–65; *The Academy*, Bd. 22 (8. Dezember 1882), S. 404–405.

12. *Pall Mall Budget*, Bd. 29 (1. Dezember 1882), S. 8; *Iolanthe*, in: *Plays and Poems of W. S. Gilbert*, Vorwort von Deems Taylor (1932), S. 269 [Akt 2]; Wilson, *Introduction to the Gilbert and Sullivan Operas*, S. 21.

13. Vgl. Leslie Baily, *Gilbert and Sullivan: Their Lives and Times* (1973), S. 75–79.

14. Als im Jahr 1901 Politiker der Liberalen Partei Gilbert um die Erlaubnis baten, sein *Iolanthe*-Libretto als Munition gegen das House of Lords einzusetzen, wies er dieses Ansinnen empört zurück, da er sein Stück nicht «für Wahlzwecke» ausschlachten lassen wollte. Und ganz nebenbei demonstrierte er, daß er zwischen den Ansichten eines Autors und denen, die er seinen Geschöpfen in den Mund legte, zu differenzieren verstand: «Keineswegs sind sie ein Ausdruck meiner eigenen Anschauungen. Sie wollen vielmehr die Meinung jenes störrischen Esels wiedergeben, der sie singt.» Gleichwohl sah ein begeistertes Publikum in seinem Werk eine mildere Form der Gesellschaftskritik. Christopher Hibbert, *Gilbert and Sullivan and Their Victorian World* (1976), S. 147.

15. Norbert Dittmar und Peter Schlobinski (Hrsg.), *Wandlungen einer Stadtsprache. Berlinisch in Vergangenheit und Gegenwart* (1988), S. 187. Diesen Hinweis verdanke ich Mary Lee Townsend.

16. Thomas Carlyle, *Journey to Germany, Autumn 1858,* hrsg. v. R. A. E. Brooks (1940), S. 42.

17. 1894 äußerte sich zum Beispiel Ludwig Quidde öffentlich in diesem Sinne; der angesehene Mediävist, Demokrat und Pazifist verfaßte eine glänzende Satire, die für ihn verheerende Folgen hatte. Die Figur des Protagonisten seiner Schrift *Caligula. Eine Untersuchung zum Römischen Cäsarenwahn* basierte offenkundig – zu offenkundig, um darüber hinwegsehen zu können – auf Wilhelm II., ohne daß Quidde den Namen des deutschen Kaisers überhaupt erwähnte. Sein «Caligula» zeigte Symptome der Geistesgestörtheit in seiner nervösen Ruhelosigkeit, seinem theatralischen Frontenwechseln, seinem Eifer, andere zu verleumden, seiner Geschwätzigkeit und seinem überspannten Wunsch nach Herrschaft über die Meere. Mit dieser Untersuchung – sie war ein beeindruckender Beleg für beißenden Spott – war Quiddes weitere Karriere nachhaltig zerstört, seine Kollegen schnitten ihn, so daß er den Rest seines langen Lebens fernab von seinem Beruf verbringen mußte. Vgl. Reinhard Rürup, «Ludwig Quidde», in: H.-U. Wehler (Hrsg.), *Deutsche Historiker III*, 1972, S. 124–147.

18. *Simplicissimus*, Bd. 3 (1898–99), Heft 31.

19. A. a. O.

20. Ann Taylor Allen, *Satire and Society in Wilhelmine Germany. «Kladderadatsch» and «Simplicissimus» 1890–1914* (1984), S. 41.

4. Der lachende, grausame Weise

1. Vgl. *Die fromme Helene* (1872), in: *Wilhelm Busch Gesamtausgabe,* Hrsg. Friedrich Bohne, 4 Bde. (1959), Bd. 2, S. 286–87; *Plisch und Plum* (1882), a. a. O., Bd. 3, S. 500–507; «Die Brille» (1870), a. a. O., Bd. 2, S. 158–169; «Das Pusterohr» (1867–68), a. a. O., Bd. 1, S. 499–505.

2. Freud an Carl G. Jung, 1. Juli 1907, in: Sigmund Freud / C. G. Jung, *Briefwechsel,* hrsg. v. William McGuire und Wolfgang Sauerländer (1974), S. 77.

3. Ab den 70er Jahren gewann Busch plötzlich den Ruf eines tiefsinnigen Denkers; Wissenschaftler setzten sich ernsthaft mit ihm als einem Dichter und Zeichner auseinander, der die Aufmerksamkeit von Pädagogen, Kunstken-

nern und sogar Philosophen verdiene. Zuhauf stürzten sie sich auf sein Werk, schrieben Dissertationen über Buschs Einstellung zur Musik oder seine Abhängigkeit von Schopenhauer oder die geheimen Quellen seines Spotts. Das Korpus gewichtiger wissenschaftlicher Auslegungen, die schon zu Lebzeiten Buschs zusammenkamen und nach seinem Tod in immer rascherer Folge vorgelegt wurden, ist ein Zeugnis für die Humorlosigkeit vieler Schriften über den Humor.

4. William Randolph Hearst, der im Alter von zehn Jahren eine erste Europareise unternommen hatte, kehrte von dort vollbepackt und mit deutschen Bildergeschichten zurück, zu denen auch Buschs berühmtestes Werk, *Max und Moritz*, gehörte; er war es offenbar auch, der später den Vorschlag machte, daß jene Geschichten von Rudolph Dirks, einem tatkräftigen jungen Künstler, dem amerikanischen Geschmack angepaßt werden sollten. Vgl. Stephen Becker, *Comic Art in America: A Social History of the Funnies, the Political Cartoon, Magazine Humor, Sporting Cartoons and Animated Cartoons* (1957), S. 15–16.

5. Busch, «Es sitzt ein Vogel auf dem Leim», *Kritik des Herzens* (1874), in: *Gesamtausgabe*, Bd. 2, S. 495.

6. Zu diesem Punkt verdanke ich Ernst Prelinger wertvolle Kommentare.

7. Busch an Maria Anderson, 26. April [18]75, in: Wilhelm Busch, *Sämtliche Briefe*, hrsg. v. Friedrich Bohne, 2 Bde. (1968), Bd. 1, S. 141. Wir haben schon an früherer Stelle in diesem Kapitel erwähnt, daß Heine sich ausdrücklich mit Antäus verglich. Mit vollem Recht hätte sich auch Busch so bezeichnen können.

8. Vgl. Paul Lindau an Busch, 1. Juli 1907, der sich über die schnöde Behandlung «in den letzten Jahrzehnten» (!) beklagt. A. a. O., Bd. 2, S. 320.

9. Busch, *Der heilige Antonius von Padua* (1870), in: *Gesamtausgabe*, Bd. 2, S. 122.

10. Als ein Beispiel vgl. die bei Ulrich Beer, «... *gottlos und beneidenswert.*» *Wilhelm Busch und seine Psychologie* (1982), S. 67 abgedruckte Zeichnung.

11. Gert Ueding, *Wilhelm Busch. Das 19. Jahrhundert en Miniature* (1977), S. 26.

12. Busch, «Was mich betrifft» (1886), in: *Gesamtausgabe*, Bd. 4 S. 205; Tagebucheintragung vom 26. Juni 1852, in: Friedrich Bohne, *Wilhelm Busch, Leben, Werk, Schicksal* (1958), S. 37.

13. Busch, «Von mir über mich» (1894), in: *Gesamtausgabe*, Bd. 4, S. 210.

14. Vgl. Busch, «Der harte Winter» (1859), a. a. O., Bd. 1, S. 12–13; «Schreckliche Folgen der Neugierde, dargestellt an einem Bauern in der Barbierstube» (1860), a. a. O., Bd. 1, S. 71; «Schreckliche Folgen eines Bleistifts. Ballade» (1860), a. a. O., Bd. 1, S. 68–71.

15. Vgl. Busch, «Trauriges Resultat einer vernachlässigten Erziehung» (1860), a. a. O., Bd. 1, S. 75–81.

16. Vgl. Busch, «Die kleinen Honigdiebe» (1859), a. a. O., Bd. 1, S. 28–33; «Ein interessanter Fall» (1869), a. a. O., Bd. 1, S. 72; «Hans Huckebein, der Unglücksrabe» (1867), a. a. O., Bd. 1, S. 492; «Der vergebliche Versuch» (1867), Bd. 1, S. 446–451.

17. Vgl. Busch, «Zwei Diebe» (1866), a. a. O., Bd. 1, S. 424–432; «Die kühne Müllerstochter» (1868), a. a. O., Bd. 1, S. 534–541.

18. Vgl. Busch, *Maler Klecksel* (1884), in: *Gesamtausgabe*, Bd. 4, S. 118–126.

19. Vgl. Busch, *Balduin Bählamm, der verhinderte Dichter* (1883), a. a. O., Bd. 1, S. 60–66; *Der Schmetterling* (1895), a. a. O., Bd. 2, S. 259–60; «Hans Huckebein», S. 498.

20. Busch, «Monsieur Jacques à Paris während der Belagerung im Jahre 1870» (1870–71), in: *Gesamtausgabe*, Bd. 2, S. 137–147.

21. Friedrich Theodor Vischer, «Satyrische Zeichnung» (1846); mit dem Zusatz «Neuere deutsche Karikatur» (1880), in: *Altes und Neues* (1882), S. 120–129; Zitate S. 122. Er bezieht sich auf Busch, «Diogenes und die bösen Buben von Korinth» (1862), in: *Gesamtausgabe*, Bd. 1, S. 157–163.

22. Vischer, «Neuere deutsche Karikatur», a. a. O., S. 128; Busch, *Balduin Bählamm*, a. a. O., S. 65; «Ein Neujahrskonzert» (1865), in: *Gesamtausgabe*, Bd. 1, S. 403–410.

23. Vgl. zum Beispiel, die Spinne, die sich an ihrem Faden zum offenen Mund herabläßt, in: Busch, «Es kömmt nicht immer nur das Gute von oben» (1861), a. a. O., Bd. 1, S. 95; ebenso die Fliege, der ein Bein fehlt, «Die Fliege» (1861), a. a. O., Bd. 1, S. 117. Es ist bezeichnend für Busch und die zeitgenössischen Kulturvorstellungen, daß er, der sonst als Briefschreiber so reserviert war, es für völlig angemessen hielt, mit seiner Schwägerin offen über seine schwache Verdauung und deren Konsequenzen zu korrespondieren oder gegenüber einer engen Freundin die zwanghafte Sauberkeit im holländischen Haarlem zu loben: «Kaum hebt einmal ein Pferd den Schwanz ein bißel auf, so steht schon einer da und hält die Schaufel unter.» Vgl. Busch an Johanne Busch, 19. November [18]71, in: *Briefe*, Bd. 1, S. 70, 73; Busch an Johanna Kessler, 9. November 1873, a. a. O., Bd. 1, S. 115.

24. Busch an «Nanda» und «Letty» Kessler, Heiligabend 1873, a. a. O., Bd. 1, S. 116.

25. Busch an Maria Anderson, 6. November [18]75, a. a. O., Bd. 1, S. 157.

26. Busch an Maria Anderson, 16. November [18]75, in: Wilhelm Busch, *Sämtliche Briefe*, hrsg. v. Friedrich Bohne, 2 Bde. (1968), Bd. 1, S. 159. Ganz offenkundig mußten die sadistische Komponente der Sinnlichkeit und das sinnliche Element der Aggression nicht erst von Freud aufgedeckt werden. Es ist bezeichnend für die Atmosphäre, in der die Psychoanalyse entstand, daß Busch einige ihrer grundlegenden Ansichten beiläufig vorwegnahm. Träume, so schrieb er zum Beispiel, sind die «zweifelhaften Belustigungen in der Kinder- und Bedientenstube des Gehirns, nachdem der Vater und Hausherr zu Bette gegangen». *Eduards Traum* (1891), in: *Wilhelm Busch Gesamtausgabe*, hrsg. v. Friedrich Bohne, 4 Bde. (1959), Bd. 4, S. 159. Und bei der Beschreibung der dichterischen Eingebung merkt Busch an, daß der Dichter, der Musensohn, kaum daß ihm seine Welt mißfällt, ans Werk geht und sich eine neue Welt knetet, eine, die ihm mehr gefällt – und es ist seine Mutter, wie Busch bildhaft und tiefsinnig anmerkt, die den Dichter aus wohlgenährtem Busen speist. Vgl. *Balduin Bählamm, der verhinderte Dichter*, (1883), ebd., S. 7–8. Die Rivalität unter Geschwistern ist ihm völlig vertraut; so läßt er in einem seiner Gedichte die Tante ihrem kleinen Neffen sagen, daß ihm der Storch gerade ein hübsches Brüderlein gebracht habe, worauf der Knabe erwidert, daß er sich einen dicken Stein holen und ihn an den Kopf des Brüderchens schmeißen wolle.

Kritik des Herzens (1874), ebd., Bd. 2, S. 509. Noch grundlegender freilich ist Buschs in einem Brief mitgeteilte Überzeugung, daß das Dasein des Menschen im wesentlichen Wollen sei. Busch an Maria Anderson, 6. Juli 1875, *Briefe*, Bd. 1. S. 148.

27. Busch an Hermann Levi, 13. Dezember 1880, a. a. O., Bd. 1, S. 215.

28. Vgl. «Von der doppelten Brille» sowie zwei Zeichnungen aus einem Skizzenbuch (beide undatiert), in: *Wilhelm Busch-Buch. Sammlung lustiger Bildergeschichten*, hrsg. v. Otto Nöldeke und Hermann Nöldeke [ca. 1930], S. 84, 253.

29. Vgl. Busch, *Max und Moritz* (1865), in: *Gesamtausgabe*, Bd. 1, S. 347.

30. Vgl. Busch, *Balduin Bählamm*, a. a. O., S. 46.

31. Vgl. Busch, «Sorglos», in: *Hernach* (1908), in: *Gesamtausgabe*, Bd. 4, S. 391.

32. Busch an ‹Nanda› Kessler, 14. Dezember [18]90, ebd., Bd. 2, auf S. 84. Buschs Latrinenhumor war weder neu noch besonders radikal. Schon 1843 hatte der volkstümliche Berliner Maler und Karikaturist Theodor Hosemann eine Lithographie mit dem Titel *Neujahrsgrüße* veröffentlicht, auf der ein gequält dreinblickender, Pfeife rauchender junger Mann zu sehen ist, der Dukaten in einen großen Topf scheißt, und um 1900 zeichnete Thomas Theodor Heine für die Gesellschaftsnachrichten des *Simplicissimus* eine Vorlesungsstunde für Diplomaten, in der die Aspiranten Gehorsam dadurch lernen, daß sie in das riesenhafte Modell eines Anus hineinklettern. Buschs Hang zum Analen war keineswegs anrüchig und nicht einmal despektierlich. Er hatte nur etwas sehr Deutsches.

33. Busch an Otto Bassermann, 12. Dezember [18]63, in: *Briefe*, Bd. 1, S. 29.

34. Busch an Carl Müller, 19. Februar 1871, in: *Briefe*, Bd. 1, S. 62.

35. Als 1886 ein mittelmäßiger Schreiberling und taktloser Schüler Buschs namens Eduard Daelen öffentlich die Bildergeschichte von *Pater Filuzius* zum Zentrum von Buschs Lehren und zum Gipfel seines Witzes erklärte, da beteuerte dieser, er sei grundlegend falsch beurteilt worden. Ausgenommen ein paar Dinge, die ihm der Hunger in die Feder diktiert habe, sagte er mit leicht pathetischem Ton, und jenes kleine tendenziöse, jesuitenfeindliche Stück, habe er immer nur zu seinem privaten, «rücksichtslosen Pläsir» gearbeitet. Busch an Friedrich August von Kaulbach, 16. September [18]86, ebd., Bd. 1, S. 273.

36. Busch an Hermann Levi, 13. Dezember 1880, in: *Briefe*, Bd. 1, S. 215.

37. Foto in: Friedrich Bohne, *Wilhelm Busch. Leben, Werke, Schicksal* (1958), S. 153. Buschs unbekümmerter Umgang mit seinen jüdischen Bekannten wurde auch dadurch erleichtert, daß keiner von ihnen das Gebiet, auf dem er zu Hause war, einzunehmen drohte. «Ich möchte einen Juden ... nicht als Konkurrenten haben», sagte er im Jahre 1900 zu seinem Neffen. «Aber sonst habe ich recht nette Juden gekannt, wie den Levi, den Lindau und verschiedene Frankfurter.» Glücklicherweise «strebten (sie) in eine andere Richtung als ich, und so kam ich ganz gut mit ihnen aus.» Ebd., S. 190.

38. Hier ist Schmulchen Schievelbeiner. «Kurz die Hose, lang der Rock, / Krumm die Nase und der Stock, / Augen schwarz und Seele grau, / Hut nach hinten, Miene schlau.» Busch *Plisch und Plum*, a. a. O., S. 479.

39. Busch an Franz von Lenbach, 3. Februar [18]92, in: *Briefe*, Bd. 1, S. 347; Busch an Franz von Lenbach, 7. April [18]94, a. a. O., Bd. 2, S. 26.

40. Vgl. Busch, «Der Partikularist» (1870–71), in: *Gesamtausgabe*, Bd. 2, S. 148–153.
41. Busch an Otto Bassermann, 7. August [18]72, in: *Briefe*, Bd. 1, S. 81.
42. Busch, *Eduards Traum*, a. a. O., S. 181.
43. Busch an Grete Meyer, 24. Januar 1900, in: *Briefe*, Bd. 2, S. 157.
44. Busch an Friedrich Warnecke, 26. Februar 1856, a. a. O., Bd. 1, S. 10.
45. Busch an Moritz Schauenburg, 12. August [18]70, a. a. O., Bd. 1, S. 56.
46. Busch an Maria Anderson: 27. Januar 1875, a. a. O., Bd. 1, S. 130; 11. Februar 1875, a. a. O., Bd. 1, S. 130; 16. April 1875, a. a. O., Bd. 1, S. 139; 22. März 1875, a. a. O., Bd. 1, S. 135.
47. Der ganze Traditionalismus von Buschs Denkungsart zeigt sich an seiner Befürwortung des Rohrstocks als des allerbesten Erziehers. In Buschs Geschichten werden nur die Jungen verdroschen. Aber die Mädchen sind ebenso verderbt und frech wie ihre Brüder. Selbst das bezaubernde, unschuldige kleine Julchen, die Tochter von Knopp, macht des Vaters Feder und Rasiermesser kaputt, zerbricht ihm Uhr und Pfeife, taucht das Strickzeug der Mutter in die Tinte, die es auf dem Boden verschüttet hat und schneidet von ihres Vaters Frack die Rockschöße ab. Vgl. *Tobias Knopp* (1875–77), in: *Gesamtausgabe*, Bd. 3, S. 163–170. Eine von Buschs berühmtesten Schöpfungen, die «fromme Helene», quält Tante und Onkel, in deren Haus sie lebt, mit Streichen, die denen in nichts nachstehen, die er seine Jungen ersinnen läßt. So näht sie an des Onkels Nachthemd Ärmel und Halsausschnitt zusammen, so daß er sich, als er es überstreifen will, beim blinden Herumtappen Verletzungen zuzieht und in seinem Schlafzimmer ein Durcheinander anrichtet. Und sie zieht mit einem übergroßen Angelhaken an einer langen Schnur die Decke von ihrer Vormünder Bett herunter, was zu einem Streit zwischen den beiden führt und damit endet, daß sie des Onkels großen Zeh am Haken aufspießt. Sie wird aber lediglich fortgeschickt, um ihr ruchloses Leben als nun Erwachsene fortzuführen. Vgl. *Die fromme Helene* (1872), ebd., Bd. 2, S. 207–212 und 230–241. Was immer indessen die angemessene Strafe für Jungen oder Mädchen sein mag, Busch war der Überzeugung, daß der angeborene Makel der menschlichen Natur zum Besten gesitteter Unterordnung Strenge erfordert, ja oftmals regelrecht Gewaltanwendung.

VI. Ungesicherte Herrschaft

1. In dieser Hinsicht kann Thomas Carlyle als Vorläufer der Psychoanalyse gelten: «In allen Kinderspielen und noch in mutwilliger Zerstörung und Verschandelung wird man schaffende Triebe entdecken.» *Sartor Resartus* (1833–34; hrsg. v. Kerry McSweeney und Peter Sabor, 1987), S. 71 [2. Buch, Kap. 2].
2. George Eliot, *Adam Bede* (1859; Vorwort von F. R. Leavis, 1961), S. 91 [Buch 1, Kap. 7]; Thorstein Veblen, *Theory of the Leisure Class* (1899; Ausg. von 1931), S. 15.

1. Moralische und sonstige Ersatzbildungen

1. «Lessons of the Prize Ring», in: *Saturday Review*, IX (28. April 1860), S. 526; Montague Sherman, *Athletics and Football* (1877), S. 369.

2. Political Economy Club, *Revised Report of the Proceedings at the Dinner of 31st May 1876 Held in Celebration of the Hundredth Year of Publication of the* «Wealth of Nations» (1876), S. 42–43.

3. Charles Hose, *Natural Man: A Record from Borneo* (1926), S. 148; vgl. auch W. McD[ougall], «A Savage Peace-Conference», in: *The Eagle: A Magazine Supported by the Members of St. John's College*, Bd. 21 (1900), S. 70–82. Diesen Hinweis verdanke ich Richard Tuck.

4. *Billy Budd, Foretopman*, in: *Shorter Novels of Herman Melville*, eingeleitet von Raymond Weaver (1928), S. 299.

5. William James, «The Moral Equivalent of War», in: *Memories and Studies* (1911), S. 267, 274.

6. A. a. O., S. 287–88.

7. A. a. O., S. 268, 269–71.

8. A. a. O., S. 269, 272, 275.

9. A. a. O., S. 290, 291.

10. Laut Ralph Barton Perry, *The Thought and Character of William James*, 2 Bde. (1935), Bd. 2, S. 278, wurden an die dreißigtausend Exemplare verteilt.

11. Taylor: *Notes of a Tour in the Manufacturing Districts of Lancashire* (1842), zitiert nach: Peter Bailey, *Leisure and Class in Victorian England: Rational Recreation and the Contest for Control, 1830–1885* (1978), S. 37; Slaney: *A Plea for the Working Classes* (1847), zitiert nach: ders. a. a. O., S. 35–36.

12. Y.M.C.A.: «Exeter Hall on Popular Amusements», in: *Saturday Review*, Bd. 3 (21. März 1857), S. 263; Böhmert: Jürgen Reulecke, «‹Veredelung der Volkserholung› und ‹edle Geselligkeit›. Sozialreformerische Bestrebungen zur Gestaltung der arbeitsfreien Zeit im Kaiserreich», in: Gerhard Huck (Hrsg.), *Sozialgeschichte der Freizeit: Untersuchungen zum Wandel der Alltagskultur in Deutschland* (1980), S. 143.

13. Howitt: *The Rural Life of England*, 2 Bde. (1838), zitiert nach: Hugh Cunningham, *Leisure in the Industrial Revolution, c. 1780 – c. 1880* (1980), S. 88; Parlamentsausschuß: Geoffrey Pearson, *Hooligan: A History of Respectable Fears* (1983), S. 108.

14. Karl Marx und Friedrich Engels, *Manifest der Kommunistischen Partei* (1848), in: Marx-Engels Werke (MEW), Bd. 4 (1972), S. 488–89 [Teil 3, Kap. 2].

15. Hier sind zwei Beispiele, jeweils eins für die beiden Extrempositionen. Im Jahre 1867 sprach sich ein amerikanischer Experte, der einen Überblick über das Netz der Wohlfahrtseinrichtungen in Frankreich gab, gegen unabhängige Arbeitervereine aus, denn was den Arbeitern beigebracht werden müsse, seien «die Gewöhnung an Ordnung, Sparsamkeit und Vorsorge», die ihnen offensichtlich fehlten. [William Richards Lawrence], *Charities of France in 1866: An Account of Some of the Principal Charitable Institutions in That Country* (1867), S. 164. Andere brachten mehr Verständnis für die niederen Stände auf. So betonte Karl Singer im Jahre 1904 in einer Untersuchung über die Sozialfürsorgeeinrichtungen in ganz Europa, daß keine Wohlfahrtsorganisation ar-

beiten kann, die nicht die aktive *«Zusammenarbeit* derjenigen Kreise sucht, denen es zugute kommen soll»; die Arbeiterklasse sollte demnach aufgefordert werden, sich an der Gestaltung und Leitung der eigenen Sozialhilfe zu beteiligen. *Soziale Fürsorge, der Weg zum Wohltun* (1904), S. 2, 13.

16. H. E. Meller, *Leisure and the Changing City, 1870–1914* (1976), S. 179.

17. Karl Marx, «Der Kommunismus des Rheinischen Beobachters», in: *Deutsche-Brüsseler Zeitung*, 12. September 1847, in: D. Ryazanov und V. Adoratskij (Hrsg.), *Marx-Engels Gesamtausgabe* (MEGA), Erste Abteilung, 6 Bde. (1927–32), Bd. 6, S. 278.

18. Walter Laqueur, *Religion and Respectability: Sunday Schools and Working Class Culture 1780–1850* (1976), S. 96. Laqueur bemerkt (S. 239), daß «die puritanische Ethik (...) nicht das Monopol der Kapitaleigner war; sie war die Ideologie derjenigen, die arbeiteten, gegenüber denen, die das nicht taten», und reichte über Klassengrenzen hinweg.

19. «Ruhe halten»: Yves Lequin, «Une Nouvelle Culture dans le premier vingtième siècle», in: Maurice Agulhon u. a., *Histoire de la France urbaine*, Bd. 4, *La ville de l'âge industriel, le cycle haussmannien* (1983), S. 444; «an Fußball denken»: Paul Smith, «Saturday Afternoon Fever, *«Times Literary Supplement»*, 4. April 1980, S. 379.

20. A. Magendie, *Les Effets moraux de l'exercice physique* (1893), S. 190: Martin Cobbett, «Sports and ‹Sports›», *Sporting Notions of Present Days and Past*, hrsg. v. Alice Cobbett (1908), S. 1–2.

21. «Prizefighting», in: *Saturday Review*, II (22. November 1856), S. 658.

22. «The Fight for the Championship», in: *Saturday Review*, IX (21. April 1860), S. 498.

23. Philippe Daryl [i. e. Paschal Grousset], *Renaissance physique* (1886), S. 65; Charles Edwardes, «The New Football Mania», in: *The Nineteenth Century: A Monthly Review*, Bd. 32 (1892), S. 622–23.

24. Hely Hutchison Almond, «Football as a Moral Agent», ebd., Bd. 34 (1893), S. 906; vgl. auch Richard Holt, *Sport and the British: A Modern History* (1989), S. 81.

25. Wray Vamplew, «Ungentlemanly Conduct: The Control of Soccer-Crowd Behaviour in England, 1888–1914», in: T. C. Smout (Hrsg.), *The Search for Wealth and Stability: Essays in Economic and Social History Presented to M. W. Flinn* (1974), S. 144. Die Unterlagen des organisierten englischen Fußballs zeigen, daß es zur Liga damit ernst war: zwischen 1895 und 1912 verfügte sie vierundzwanzig Vereinsschließungen und schloß eine Reihe von Mannschaften von spannenden und einträglichen Pokalspielen aus. Vgl. ebd. S. 151.

26. Diese Redensart war lange Zeit hindurch – auch im Ausland – ungeheuer beliebt. Noch am Anfang des Jahrhunderts wurde sie von Raoul Fabens zitiert, der sie dem Herzog von Wellington zuschrieb. Vgl. *Les sports pour tous* (1905), S. 21.

27. Arnold Schloenbach, «Das erste allgemeine Turn- und Jugendfest in Coburg vom 17. bis 19. Juni», in: *Die Gartenlaube*, Bd. 8 (1860), S. 430–432; vgl. auch E. Euler, «Deutsche Turnfeste», ebd., Bd. 33 (1885), S. 442–444; E. Euler, «Das siebente deutsche Turnfest in München», ebd. Bd. 37 (1889), S. 557–559.

28. «etwas von uns»: M. Zettler, «Die neue französische Jugendwehr», ebd., Bd. 30 (1882), S. 608; «Erstecht sie!», zitiert nach: Richard Holt, *Sport and Society in Modern France* (1981), S. 195.

29. «ohne Zagen»: Eugen Weber, «Gymnastics and Sports in Fin-de-Siècle France: Opium of the Classes?», in: *American Historical Review*, Bd. 76, 1 (Februar 1971), S. 72; Magendie, *Les Effets moraux*, S. 194. Jene Art von Leibesübung, die mit dem Krieg, den sie alle erwarteten, in Verbindung gebracht werden konnte, wurde flugs zum Lieblingssport der Franzosen, der athletischen wie der möchte-gern-athletischen. Mit den Namen, die sie sich gaben, und in ihren Erklärungen stellten die Vereine, die für Gewaltmärsche, Schießübungen oder stramme Körperertüchtigung schwärmten, ihre patriotische Gesinnung und ihren militärischen Nutzen heraus. So hat etwa der stellvertretende Rektor der Académie de Paris, des dortigen Hochschulverwaltungsbezirks, in einer Ansprache vor der «Union des sociétés françaises de gymnastique» des Départements Seine im Jahre 1898 daran erinnert, daß sie «nahezu alle unter dem verheerenden Eindruck unserer Schmach geboren» und nach wie vor «durchdrungen (sind) von der gleichen Pflicht». Zitiert nach: Weber, «Gymnastics and Sports…», S. 73. Er mußte seinen Zuhörern nicht erklären, worin diese Pflicht bestand, sie lag jenseits der Ostgrenzen des Landes.

30. Paul Adam, *La Morale des sports* (1907), S. 6, 12–13, 130, 133, 7. Gewiß waren diese militaristischen Einstellungen nicht nur bei Franzosen und Deutschen anzutreffen. In einem Artikel über den Ruderwettkampf Oxford-Cambridge im Jahre 1860 in der *Saturday Review* hieß es versonnen, daß man sich beim Anblick dieser Ruderer «in Sachen nationaler Verteidigung einigermaßen beruhigt fühlt». Da überall, wo es Wasser gibt, plötzlich Rudervereine ins Leben gerufen werden, «ist die halbe Arbeit, aus jedem kerngesunden Zivilisten einen Soldaten zu machen, bereits getan, bevor der Ausbildungsfeldwebel seiner Pflicht nachkommt». «The University Boat Race», in: *Saturday Review*, Bd. 9 (7. April 1860), S. 443.

31. Holt, *Sport and Society in Modern France*, S. 47.

32. «In den achtziger Jahren traten viele solchen Turngesellschaften in der Hoffnung bei, an Leibesumfang zu verlieren, oder noch einfacher, weil sie den Mitgliedern bequeme Gelegenheiten boten, sich zu treffen, den Frauen die Aussicht auf ein Schwätzchen und den Kindern die Möglichkeit, die Kühnheit ihrer Väter zu bewundern.» Weber, «Gymnastics and Sports…», S. 73.

33. 1893 gab es in Frankreich ca. 130 000 Fahrräder und fünf Jahre später fast drei Mal so viele; um 1914 hatte deren Zahl die Drei-Millionen-Grenze erreicht. Viele dieser Fahrräder dienten als Transportmittel, aber Tausende von Franzosen – und in merklicher Zahl auch Französinnen – traten Vereinen bei, um ein wenig Rennen zu fahren. So hatte die 1882 gegründete Union vélocipédique de France im Jahre 1889 bereits 10 000 Mitglieder; vier Jahre später lag die Mitgliedschaft bei 44 000.

34. Vgl. Holt, *Sport and Society in Modern France*, S. 81–103.

35. Vgl. Ludovic O'Followell, *Bicyclette et organes génitaux* (1900), passim.

36. Einleitung zu *Cricket; and How to Play It*, «By a Member of the Marylebone Club» [1871], S. VI.

37. Britische Amateurfußball- und -rugbymannschaften des ausgehenden 19. Jahrhunderts lehnten aus Prinzip eine Teilnahme an Pokalwettbewerben ab; sie ruinierten damit den Geist des Wettkampfs. In den Vereinigten Staaten erhielt dieser Gedanke Auftrieb in der Harvard-Universität, die ja die Bastion der Vornehmheit war. Dort verfügte im Jahre 1883 der Ausschuß für Körperkultur die Auflösung des Fußballvereins von Harvard, weil das Spiel «keineswegs mehr im männlichen Geiste des Fairplay ausgetragen» werde, sondern mittlerweile durchtränkt sei vom «Geiste der Falschspieler und Rabauken». Der Verein, der bereits mit Yale ein Spiel auf Polofeldern in New York vereinbart hatte, lehnte ab und bestand weiter. William C. Rhoden, «College Athletics: Winning Games, Losing Perspective», in: *New York Times*, 4. Juni 1989, News of the Week in Review, S. 6.

38. Freilich ging das zuweilen nicht ohne Haarspaltereien ab: ein Student, der zur Teilnahme an einem Turnier in einer weit entfernten Stadt eingeladen war, konnte auch dann seinen Amateurstatus behalten, wenn seine Familie oder ein väterlicher Freund für seine Auslagen aufkam. Es wurde aber vorausgesetzt, daß er für seine Leistung keine Geschenke annahm, weder in bar noch in Naturalien, auch dann – und insbesondere dann –, wenn diese sehr materiellen Verlockungen als Kostenerstattung ausgegeben wurden.

39. Ausnahmen waren so selten wie bemerkenswert; so war Spiridon Loues, der Gewinner des ersten Marathonlaufs der Neuzeit bei den Olympischen Spielen, ein griechischer Schäfer. Entscheidend ist in unserem Zusammenhang, daß Loues sämtliche Geschenke – Geld, kostenlose Mahlzeiten, goldene Uhren – großmütig zurückwies, die seine überschwenglichen Landsleute auf ihn herabregnen lassen wollten.

40. John J. MacAloon, *This Great Symbol: Pierre de Coubertin and the Origins of the Modern Olympic Games* (1981), S. 173.

41. Pierre de Coubertin, «L'Éducation anglaise», Rede vor der Société d'Économie sociale, 18. April 1887, in: *La Réforme sociale. Bulletin de la Société d'économie sociale et des Unions de la Paix sociale*, 2. Ser., Bd. 3 (Januar–Juni 1887), S. 644.

42. MacAloon, *This Great Symbol...*, S. 141.

43. Pierre de Coubertin, *Les Batailles de l'éducation physique. Une campagne de vingt-et-un ans, 188/–1908* (1909), S. 1; MacAloon, *This Great Symbol...*, S. 262.

44. Eine berühmte englische Amateurfußballmannschaft, die 1883 gegründeten «Corinthians», rekrutierte sämtliche Spieler nur unter Absolventen von Privatschulen oder der altehrwürdigen englischen Universitäten; in ihren Spielen pflegten die Corinthians jeden Vorteil aus einem ihnen zugesprochenen Elfmeter zurückzuweisen oder die Verteidigung ihres Tores einzustellen, wenn sie der Ansicht waren, einen Elfmeter verdient zu haben.

45. Der Fahrradzwischenfall bei den Olympischen Spielen: vgl. Marie Thérèse Eyquem, *Pierre de Coubertin: L'Épopée olympique* (1966), S. 153; Fairneß: vgl. Eric Dunning und Kenneth Sheard, *Barbarians, Gentlemen and Players: A Sociological Study of the Development of Rugby Football* (1979), S. 153.

46. Bis ins frühe 19. Jahrhundert hinein spielten die Bretonen *la soule*, eine blutige Vorform des heutigen Rugby, die so ausgetragen wurde, als hinge vom Siege

wortwörtlich das Leben ab. Zusammengewürfelte Mannschaften, oftmals recht groß, kämpften miteinander auf offenem Feld, um den Gegner nicht in den Besitz eines großen Balls kommen zu lassen. Dies war nach dem Urteil eines Zeitgenossen «kein gewöhnlicher Spaß, sondern ein hitziges und dramatisches Spiel, bei dem die Spieler boxen, einander würgen und sich die Köpfe einschlagen». Obgleich es ein Spiel war, «das einem gestattet, den Feind zu töten, ohne das Recht auf die Osterkommunion zu verlieren», hatten die Spieler dennoch darauf zu «achten, daß sie aus Versehen zuschlugen». Weil «Blut fließt», ergreift eine Art von «Trunkenheit die Spieler und der Instinkt wilder Bestien scheint in die Herzen der Männer einzuziehen, der Morddurst peinigt ihre Kehlen, treibt sie an und blendet sie». Émile Souvestre, *Les Derniers Bretons* (1836, 2. Aufl., 2 Bde. 1858), Bd. 1, S. 125–132.

47. Alfred Gibson und William Pickford, *Association Football and the Men Who Made It*, 4 Bde., (1906), Bd. 1, S. 36.

48. 1895 spaltete sich auch die Rugby Football Union an der Frage Amateurstatus versus Berufssport. Die «aristokratischen», weitgehend der Mittelklasse entstammenden Amateure wollten den Sport in eigenen Händen behalten, während die Gegenpartei, die sich als Rugby League organisierte, ganz offen Berufsspieler engagierte und damit das Tor für Athleten aus der Unterschicht öffnete.

49. Holt, *Sport and the British*, S. 86.

50. Pickford, «The Referee, Past, Present, and Future», in: Gibson und Pickford, *Association Football*, Bd. 3, S. 1, 3.

51. Edwardes, «The New Football Mania», S. 628. Vgl. auch Pickford, ebd., a. a. O., S. 4–6.

52. Edwardes, ebd., a. a. O., S. 629.

53. Vgl. Richard Holt, *Sport and Society in Modern France* (1891), S. 135–36. Ein englischer Satiriker hat um die Jahrhundertwende diese Stimmung eingefangen und sich für das Jahr 1950 neue Fußballregeln ausgedacht, die folgendes festlegten: «Das Spielfeld ist rundum mit Drahtnetzen oder Eisenstäben zu umzäunen», während der Schiedsrichter ein von den Vereinen zur Verfügung gestelltes «kugelsicheres Panzerhemd» tragen und «ein Automobil oder eine Flugmaschine» für ihn in ständiger Bereitschaft stehen sollte. Mehr noch, «alle Vereine haben vor dem Anpfiff eines Spiels für den Schiedsrichter eine Lebensversicherung abzuschließen». William Pickford, «The Referee, Past, Present, and Future», in: Alfred Gibson und William Pickford, *Association Football and the Men Who Made It*, 4 Bde. (1906), Bd. 3, S. 11.

2. Das Reich des Faktischen

1. Charles Babbage, *On the Economy of Machinery and Manufactures* (1832; 4. erw. Aufl. 1835), S. 358.

2. Frederic Harrison, «The Use of History» (1862), in: *The Meaning of History and Other Historical Pieces* (1894), Bd. 2, S. 11, 14.

3. Justus von Liebig, *Ueber Francis Bacon von Verulam und die Methode der Naturforschung* (1863), S. 1; Charles Darwin, *Autobiography* (1887), in: *Autobiographies of Darwin and Huxley*, hrsg. v. Gavin de Beer (1974), S. 71. Aus

Darwins Notizbüchern erhellt, daß er zumindest einige Vorstellungen hatte, die ihm von Beginn an die Richtung vorgaben.

4. Samuel Tyler, *A Discourse of the Baconian Philosophy* (1844; 2. Aufl. 1846), S. 7, 15. 1856 kam der deutsche Philosophiehistoriker Kuno Fischer in seiner fundierten, aber nicht unkritischen Würdigung von Bacons Leben und Denken zu dem Schluß, daß dessen «Philosophie der lebendigste und ganz und gar ungekünstelte Ausdruck des Realismus ist». *Franz Baco von Verulam. Die Realphilosophie und ihr Zeitalter* (1856), S. XIII.

5. Zu Whewells Äußerungen über Bacon vgl. etwa seine Bemerkung gegenüber Augustus De Morgan vom 18. Januar 1859: «Es würde mich sehr amüsieren, wenn es Ihnen gelänge, die Welt davon zu überzeugen, daß Bacon mit dem modernen Fortschritt der Wissenschaft wenig zu tun habe.» Isaac Todhunter, *William Whewell, D. D., Master of Trinity College, Cambridge*, 2 Bde. (1876), Bd. 2, S. 417; zu Bacons Standbild, vgl. ebd. Bd. 1, S. 155. Es steht noch heute in der Vorhalle der Kapelle des Trinity College in der unsterblichen Gesellschaft, neben anderen Absolventen der Universität, von Newton und Macaulay.

6. Die Philosophen begrüßten in Bacon einen Ahnherrn des kritischen Denkens, das mit den theologischen und philosophischen Ungereimtheiten aufräumen und den Weg ins Reich der Tatsachen bahnen würde. Sie waren nicht zartfühlend mit ihm; Voltaire etwa gestand durchaus zu, daß Bacon «Natur noch nicht richtig verstand». Dennoch war er «der Vater der Erfahrungsphilosophie», der sämtliche Wege «gewiesen hat, auf denen man zu ihr gelangt». *Lettres Philosophiques*, «12. Brief» (1734; hrsg. v. Gustave Lanson, 2 Bde., 1909), Bd. 1, S. 154–55. Am liebsten beschwor Voltaire jene Berufung auf Bacons philosophische Haltung: «Au fait!» Wie auch andere *philosophes* verachtete Voltaire die Metaphysiker, die imposante, aber leere Lehrgebäude errichten, und strebte statt dessen nach dem, was sein Zeitgenosse Hume die «Wissenschaft vom Menschen» nannte, eine Wissenschaft, die auf eben denselben Methoden gründen sollte, deren sich die Naturwissenschaftler mit so eindrucksvollem Erfolg bedienten. Denn die Aufklärung, die einen deutlichen Unterschied machte zwischen dem «Systemdenken» und dem «systematischen Denken», war nicht eigentlich ein unschuldiger, philosophischer Zeitvertreib. Das Wissen, das die Aufklärung postulierte, war in der Tat gleichermaßen ein friedliches Instrument und eine tödliche Waffe.

7. Francis Bacon, «Proemium», *The Great Instauration* (1620), in: *Selected Writings*, hrsg. v. Hugh G. Dick (1955), S. 424; Bacon, Aphorismus III, *Novum Organum* (1620), in: *Selected Writings*, S. 462; Bacon, *New Atlantis* (1624), in: *Selected Writings*, S. 574; Bacon, Aphorismus LXXXI, *Novum Organum*, in: *Selected Writings*, S. 499.

8. «Lord Bacon» (1837), *The Works of Lord Macaulay*, 12 Bde. (1898), Bd. 8, S. 616. Macaulay legte die Worte einem Bewunderer Bacons in den Mund. Kuno Fischer kritisierte dieses langatmige Urteil, weil es unzulässigerweise die praktische von der theoretischen Philosophie trenne. Vgl. *Franz Baco von Verulam*, S. 358–380.

9. John Clive, *Macaulay: The Shaping of the Historian* (1973), S. 486.

10. W. H. G. Armytage, *A Social History of Engineering* (1961; 4. Aufl. 1976), S. 124.

11. «Sixth Annual Report of the Council of the Statistical Society of London», in: *Journal of the Statistical Society of London*, Bd. 3 (1840), S. 1–2.

12. Anthony Hyman, *Charles Babbage: Pioneer of the Computer* (1982), S. 85.

13. Huxley an Charles Kingsley, 23. September 1860, zitiert nach: Leonard Huxley, *Life and Letters of Thomas Henry Huxley*, 2 Bde. (1900), Bd. 1, S. 218–221.

14. Die unmittelbaren Vorläufer dieser umständlichen Zählübungen gingen auf die Mitte des 18. Jahrhunderts zurück; so hatte Voltaire 1764 die Schweden in warmen Worten dazu beglückwünscht, daß sie «das nützliche Unternehmen angehen, die natürlichen Reichtümer ihres Landes gründlich in Erfahrung zu bringen». Voltaire an die *Gazette littéraire de l'Europe* [Oktober 1764], in: *Correspondance*, hrsg. v. Theodore Besterman, 16 Bde. (1963–1989), Bd. 7, S. 880.

15. Vgl. Patricia Cline Cohen, *A Calculating People: The Spread of Numeracy in Early America* (1982), Kap. 7.

16. In der Mitte des 19. Jahrhunderts hat ein eifernder, selbsternannter Experte, der französische Literat Maxime Du Camp, die Zahl der Prostituierten in Paris auf 120 000 geschätzt, während für London ein anderer, derlei Ermittlungen frönender Journalist namens Samuel Bracebridge das Schreckbild von an die 80 000 Prostituierten an die Wand malte, die durch die Straßen paradierten; nach der Jahrhundertwende allerdings nannte Hans Ostwald in einer detaillierten Untersuchung über die Prostituierten Berlins die Behauptung, daß in der Stadt jede achte Frau eine Dirne sei, in absurder Weise aufgebauscht. Vgl. Peter Gay, *Die zarte Leidenschaft*, (1987), S. 354–393, besonders S. 360.

17. Masturbation: vgl. Peter Gay, *Erziehung der Sinne. Sexualität im bürgerlichen Zeitalter* (1986), S. 304–320; sicherer Zeitraum: vgl. Carl N. Degler, *At Odds: Women and the Family from the Revolution to the Present* (1980), S. 213–215. Leser von *Erziehung der Sinne* (besonders S. 97–98) werden sich daran erinnern, wie Mabel Loomis Todd ihre Tochter Millicent empfing: in Befolgung einer selbstgestrickten Theorie der «Sicherheit» hatte sie Verkehr mit ihrem Mann in eben einer Weise, bei der sie mitnichten davor geschützt war, schwanger zu werden. Immerhin konnte sie geltend machen, daß sie auf diesem Gebiet nur ein Laie war.

18. Erwin H. Ackerknecht, *Medicine at the Paris Hospital, 1794–1848* (1967), S. 102, 104.

19. Die Regierungen, vorneweg die Frankreichs, sahen durchaus den Nutzen solcher Zusammenarbeit. Ein reiner Wissenschaftler wie Pasteur wurde ausdrücklich angewiesen, die praktischen Anwendungen seiner Arbeit nicht zu vernachlässigen. Er hatte kaum Grund, sich über diese Anweisung zu beklagen, denn wie aus seinen Akten hervorgeht, befolgte er sie aufs Wort, indem er seine Mitarbeit der französischen Wein-, Bier- und Seidenindustrie zur Verfügung stellte.

20. Ich habe diese Schilderung nach folgenden Arbeiten zusammengestellt: Ignaz Philipp Semmelweis, *An Etiology, Concept and Prophylaxis of Childhood Fever* (1860; engl. Übers. K. C. Carter, 1983); C. G. Hempel, *Philosophy of Natural Science* (1966), S. 3–8; Sherwin B. Nuland, «The Enigma of Semmelweis: An Interpretation», in: *Journal of the History of Medicine*, Bd. 34

(1979), S. 255–272; Erna Lesky, *The Vienna Medical School of the Nineteenth Century* (1965; engl. Übers. L. Williams und I. S. Levij, 1976), S. 181–192.

21. Charles Booth, «Occupations of the People of the United Kingdom, 1801–81» (Vortrag vor der Royal Statistical Society am 18. Mai 1886), in: *Journal of the Royal Statistical Society,* Bd. 49 (Juni 1886), S. 318.

22. In einigen kurzen autobiographischen Notizen zollte Huxley Darwins «Scharfsinn» und seiner «unermüdlichen Suche nach Faktenwissen, seiner Bereitschaft, eine vorgefaßte Meinung zugunsten einer als wahr erwiesenen aufzugeben» seine Hochachtung. «Speech at the Royal Society Dinner» (1894), *Notebook: «Thoughts and Doings»,* in: *Autobiographies,* hrsg. v. Gavin de Beer, S. 112. Ein halbes Jahrhundert vor Huxley schrieb ein gewisser R. John Robertson, als er sich über die Ambitionen seiner Statistikerkollegen lustig machte, die aus ihrer Arbeit jede «Meinung» ausschalten wollten: «Kein bloßer Bericht über Fakten oder deren Zusammenstellung macht schon eine Wissenschaft aus. Tatsachen», so behauptete er, «können nur im Lichte von Theorien gedeutet werden»; schließlich «sind Theorien nichts anderes als Tatsachen, so wie sie von den klügsten Köpfen gesehen werden». Zitiert nach: Theodore M. Porter, *The Rise of Statistical Thinking, 1820–1900* (1986), S. 40.

23. Aus Pasteurs Abhandlungen und Briefen atmet seine außerordentliche Passion für das Wissen. «Ich habe Dir ja schon gesagt», schrieb er 1851 an Charles Chappuis, einen Jugendfreund, «daß ich vor Geheimnissen stehe, und daß der Schleier, der sie verdeckt, dünner und dünner wird. Die Nächte scheinen mir zu lang, aber ich beklage mich nicht, denn ich bereite meine Vorlesungen mühelos vor und habe dann oftmals fünf ganze Tage in der Woche, die ich der Laborarbeit widmen kann. Ich werde oft von Madame Pasteur gescholten, die ich dann damit tröste, daß ich ihr sage, ich würde sie zum Ruhm der Nachwelt hinführen.» Zitiert nach: René Dubois, *Louis Pasteur: Free Lance of Science* (1960, Ausg. 1967), S. 40. Das Wort «Schönheit» taucht wiederholt in Pasteurs Schriften auf. Auch Freud, der seine psychoanalytischen Theorien in den späten neunziger Jahren ausarbeitete, erfuhr tiefes ästhetisches Vergnügen bei seiner wissenschaftlichen Tätigkeit. An einem seiner muterfüllteren Tage, als Einsicht auf Einsicht folgte, schrieb er seinem engsten Freund Wilhelm Fliess, dem er zu jener Zeit alles anvertraute, er konne ihm so «gar keine Vorstellung von der intellektuellen Schönheit der Arbeit» vermitteln. Freud an Fliess, 3. Oktober 1897, in: *Sigmund Freud, Briefe an Wilhelm Fliess 1887–1904,* hrsg. v. Moussaieff Masson, unter Mitarbeit von Michael Schröter und Gerhard Fichtner (1986), S. 289.

24. Zu Le Play und Riehl, vgl. Gay, *Erziehung der Sinne,* S. 418–421.

25. G. Embden, «Wie sind Enquêten zu organisieren», *Das Verfahren bei Enquêten über sociale Verhältnisse. Drei Gutachten,* in: *Schriften des Vereins für Sozialpolitik,* Bd. 13 (1877), S. 1.

26. A. Quételet, «Recherches statistiques sur le Royaume des Pays-Bas», zitierte nach: Porter, *Rise of Statistical Thinking,* S. 45.

27. Die Abhängigkeit des Menschen von allgemeinen Gesetzen war ein wesentlicher Bestandteil im Glauben der Statistiker. So teilte der Nationalökonom Nassau Senior im Jahre 1860 der Klasse für Nationalökonomie in der *British Association for the Advancement of Science* mit: «Die Wissenschaft von der

Statistik geht weit über ihren Hauptgegenstand», nämlich über die Nationalökonomie, «hinaus. Sie berührt alle Phänomene, die gezählt und zu Papier
gebracht werden können. Sie befaßt sich sowohl mit der Materie wie mit dem
Geist. Die vielleicht bemerkenswertesten Ergebnisse der Arbeit des Statistikers sind jene, die zeigen, daß die Menschen sich tatsächlich von Gesetzen
leiten lassen, die so gewiß sind wie jene, nach denen sich die Materie richtet.»
«Statistical Science» (1860), in: R. L. Smyth (Hrsg.), *Essays in Economic
Method: Selected Papers Read to Section F of the British Association for the
Advancement of Science, 1860–1913* (1962), S. 21–22.

28. «Freiheitsräume»: Adolphe Quételet, *Sur la statistique morale et les principes
qui doivent en former la base* (1848), S. 109; «Verbesserung seiner Lage»:
Quételet, *Physique sociale; ou, Essai sur le développement des facultés de
l'homme* (1835; erweiterte Aufl., 2 Bde., 1869), Bd. 1, S. 146, 46 Anm.

29. Ebd., Bd. 2, S. 316–17.

30. Francis Galton, der Vater jener fragwürdigen Humanwissenschaft der Eugenik und glänzende Statistiker, dem das Fach einige bemerkenswerte technische Neuerungen verdankt, war nur der am meisten gefeierte Erforscher des
Menschen im 19. Jahrhundert, der in Quételets Schuld stand; seine Überzeugung, daß der Bereich der Vererbung und der Handlungen des Menschen auf
Zahlen reduziert und in aufschlußreichen Kurven dargestellt werden könne,
geht weitgehend auf Quételet zurück.

31. Vgl. Anthony Oberschall, *Empirical Research in Germany, 1848–1914* (1965),
S. 3–5, 16–17.

32. «So wuchs ich heran», erinnert sich Lujo Brentano in hohem Alter, «in der
Betätigung kritiklosen Glaubens, politisch so konservativ, daß, wo ich von
dem Verlangen eines Volkes nach einer Verfassung las, mir selbst dies als
revolutionär erschien.» *Mein Leben im Kampf um die soziale Entwicklung
Deutschlands* (1931), S. 24.

33. T. S. Simey und M. B. Simey, *Charles Booth: Social Scientist* (1960), S. 48. «Es
gibt keinen Kompromiß», schrieb Booth um 1870. «Es muß zwischen dem
alten und dem neuen Denken einen Kampf bis aufs Messer geben, bis der
menschliche Geist, befreit von den Fesseln jenes vorigen Systems, wie er sich
von allen früheren Systemen der Theologie befreit hat, von diesem Kampfe
abläßt und in der bejahten Ordnung ringsum neue Nahrung für seine Fähigkeit zur Hingabe und ebenso das große Beispiel findet, das die Menschheit als
solche vom Fortschreiten im Rahmen der Ordnung bietet.» Ebd. Booths
Zeitgenossen schoben seine wiederholten Zusammenbrüche, die ihn am Ende
über Monate hin lahmlegten, ganz im Stil der Zeit, auf seine Überarbeitung.
Das bedeutet aber, das Symptom für die Ursache zu nehmen. Gewiß pflegte
er bis zur Erschöpfung zu arbeiten, blieb ganze Abende lang im Büro, begnügte sich mit wenig Schlaf, schiffte sich spontan nach den Vereinigten Staaten ein, wo er Geschäftsinteressen hatte. Die Frage ist natürlich, weshalb er es
nötig hatte, sich selbst so anzutreiben, als wäre er Sklave eines gestrengen
Herrn. Das vorhandene Material erlaubt darauf keine Antwort.

34. Asa Briggs, *The Age of Improvement, 1783–1867* (1959), S. 16.

35. 1751 wurde die Einwohnerzahl Großbritanniens auf 7,5 Millionen Menschen
geschätzt; ein halbes Jahrhundert später wurden in Anlehnung an den ersten

Zensus 3 Millionen dazugezählt; danach betrug die Zuwachsrate in jedem Jahrzehnt ungefähr 20 Prozent; der Zensus von 1831 erbrachte 14 Millionen Menschen, der von 1851 annähernd 21 Millionen.

36. Arnold Toynbee, *Lectures on the Industrial Revolution in England* (1884; Ausg. 1956), S. 117. (Der theoretisch gesonnene Historiker Arnold Toynbee war der Neffe dieses Toynbees.)

37. Vgl. ebd., S. 84.

38. «Art. XIII – *Houses in Danger from the Populace.* Von E. G. Wakefield, – London, Effingham Wilson», 1831, in: *Westminster Review,* Bd. 16 (1832), S. 219.

39. Im Jahr 1854 ließ sich H. T. Buckle, dessen *History of Civilization of England* viel gelesen wurde, beim Besuch des Crystal Palace in London gegenüber einer Freundin über «das leuchtende Versprechen einer Belohnung für den Genius des Menschen und eines anhaltenden Triumphs über die blinden Mächte der Natur» aus. In seiner Begeisterung über den Fortschritt zitierte er Hamlet: «Welch ein Meisterwerk ist der Mensch! wie edel durch Vernunft! wie unbegrenzt an Fähigkeiten!» (II, 2) Er konnte seine skeptische Freundin, eine Miss Shirreff, die diese Bemerkungen überliefert hat, nicht überzeugen; gleichwohl sprach er für viele. A. H. Huth, *The Life and Writings of H. T. Buckle,* 2 Bde. (1880), Bd. 1, S. 78.

40. In der klugen Rückschau von Booths unschätzbarer Mitarbeiterin Beatrice Potter (die besser bekannt ist unter ihrem Familiennamen Beatrice Webb) war der Wohlfahrtsdachverband C.O.S. «ein höchst typischer Abkömmling des sozialen Engagements in der Mitte der viktorianischen Ära». Diese «hochgelobte und übermäßig beanspruchte Organisation» arbeitete nach drei Prinzipien: «geduldige und beharrliche Hilfeleistung» durch die Reichen; die Übernahme «persönlicher Verantwortung» für das, was aus den Wohltätigkeitsgaben folgt; und «als einziger Weg, diese Hilfeleistung zu tätigen und dieser Verantwortung gerecht zu werden, die Anwendung der wissenschaftlichen Methode auf jeden einzelnen Fall eines zu Schaden gekommenen Körpers oder einer verlorenen Seele». Beatrice Webb, *My Apprenticeship* (1926; Ausg. 1971), S. 206, 208.

41. «Die Kirchen machen die Entdeckung», schrieb Andrew Mearns, «daß das Brodeln im Herzen unserer großen Städte, verdeckt nur durch die allerdünnste Kruste von Kultur und Anstand, eine ungeheure Ansammlung moralischer Verworfenheit, herzzerreißenden Elends und absoluter Gottesferne ist und daß kaum etwas getan worden ist, auf diesen gräßlichen Sumpf in der einzigen Form einzuwirken, die ihn reinigen oder aus dem Wege räumen könnte.» *The Bitter Cry of Outcast London* (1883), S. 1.

42. Vgl. H. M. Hyndman, *The Record of an Adventurous Life* (1911), S. 331–333; T. S. Simey und M. B. Simey, *Charles Booth; Social Scientist* (1960); S. 68–70.

43. Vgl. Wolfram Fischer, *Armut in der Geschichte: Erscheinungsformen und Lösungsversuche der ‹Sozialen Frage› in Europa seit dem Mittelalter* (1982), S. 58, 61.

44. Vgl. Wilhelm Abel, *Massenarmut und Hungerkrise im vorindustriellen Deutschland* (1972; 2. Aufl. 1977), S. 304–305.

45. Um es mit den Worten des Nationalökonomen Gustav Schmoller, eines Freundes und Waffenbruders von Brentano, zu sagen: «(...) Alle Krankheit

bringt Störung und Kosten in der Wirtschaft der Familie, umso größere, je geringer das Einkommen, je mehr es vom Geldverdienst der Eltern abhängt. Die Krankheit der Kinder ist noch erträglich, wenn die Mutter zu Hause ist; Krankheit der Mutter ist schon viel schlimmer, zumal wo nicht halb oder ganz erwachsene Kinder und Dienstboten in der Wirtschaft helfen; am härtesten ist die Krankheit des Vaters, zumal, wenn damit der Verdienst aufhört. Selbst in Familien mit gesichertem Einkommen sind die Kosten für Pflege und Kuren oft schwer aufzubringen; bei den kleinen Leuten und Arbeitern vernichten sie meist die wirtschaftliche Existenz ganz oder auf lange. Die Krankheitskosten wirken für die Familienwirtschaft wie die Kriege und Ähnliches für die Staatswirtschaft. Sie kommen unregelmäßig und unerwartet; das gewöhnliche Budget ist nicht für sie eingerichtet. Ja wenn die 5–6 Krankentage, die jährlich in Deutschland auf einen versicherten Arbeiter kommen, auf alle nach Alter und Beruf gleich verteilt wären, wenn jeder Arbeiter zweimal jährlich 3 Tage deshalb feiern müßte, dann wäre die Last nicht so schwer zu tragen. Aber die jungen Jahre, die kräftigsten Leute, die gesundesten Berufe haben lange Zeiten ohne Krankheitstage; mit höherem Alter, in bestimmten Berufen nehmen sie zu; und einzelne werden, jung oder alt, von monatelanger Krankheit und damit von Verdienstlosigkeit und großen Kosten von 100–300 und mehr Mark befallen. Die alte Sitte, daß der Brotherr, das Gesinde, die Commis, die Gesellen, die Matrosen eine Zeitlang verpflegt, den Lohn fortzahlt, ist auch heute noch nicht ganz verschwunden, aber sie ist doch in rascher Abnahme begriffen. Wo vollends tägliche Entlaßbarkeit Sitte geworden, da macht Krankheit den Arbeiter sofort brotlos, übergiebt den Kranken und seine Familien dem Hunger und der Armenkasse, wenn sie nicht versichert sind; sie bleiben sonst ohne ärztliche Pflege und Arznei, der Mann kann aus seinen laufenden Einnahmen schwer etwas für sie thun. Es ist nicht übertrieben, wenn man behauptet hat, vor der neueren Arbeiterversicherung sei in den Kulturländern für kranke Pferde und krankes Rindvieh meist besser gesorgt worden als für die kranken Arbeiter. Auf Armenkosten kamen die Leute häufig erst dann ins Spital, wenn es zu spät war. Für sehr viele Arbeiter hat eine Krankenpflege überhaupt erst mit der neueren Arbeiterversicherung begonnen.»; in: *Grundriss der allgemeinen Volkswirtschaftslehre*, 2 Bde. (1900; Ausg. 1904), Bd. 2, S. 350.

46. Vgl. Brentano, *Mein Leben...*, ebd., S. 44.

47. Ebd., S. 45–46.

48. Brentano zitierte in seiner Autobiographie einen Passus aus Bacons *Novum Organum* über den richtigen Weg wissenschaftlicher Forschung und behauptete, daß er und seine Kollegen, die «durch die Schule des Statistikers Engel gegangen» waren, Bacons Führung folgten. Ebd., S. 74.

49. Ebd., S. 79.

50. Brentano an Gustav Schmoller, 4. November 1878, zitiert nach James J. Sheehan, *The Career of Lujo Brentano: A Study of Liberalism and Social Reform in Imperial Germany* (1966), S. 83.

51. «Die Schutzzollpolitik hatte ihn (sc. den Verein für Sozialpolitik) auf dem Frankfurter Kongreß von 1879 in zwei Lager gespalten, so daß des Zusammenbleibens halber für mehr als ein Jahrzehnt handelspolitische Fragen nicht

mehr auf die Tagesordnung gesetzt werden konnten. Noch heftiger standen sich die Meinungen in Sachen des Sozialistengesetzes gegenüber.» Brentano, *Mein Leben...*, ebd., S. 122. Allerdings war nicht alles nur hoffnungslos; der Verein hatte den aufstrebenden Soziologen Max Weber um eine Untersuchung der Lebensbedingungen der Landarbeiter in den deutschen Ostprovinzen gebeten, und auf diese Weise wurde Weber nicht nur ein treues Mitglied des Vereins, sondern auch für Brentano ein lebenslanger Freund.

52. Ebd.

53. Es ist aufschlußreich, daß Beatrice Potter, die eine überaus kritische Beobachterin war, Brentano, mit dem sie über die Vorzüge und Schwächen des Sozialismus debattierte, «attraktiv und sympathisch» fand. Eintrag am 7. September 1890, *The Diary of Beatrice Webb*, hrsg. v. Norman MacKenzie und Jeanne Mac Kenzie, Bd. 1, *1873–1892, Glitter Around and Darkness Within* (1982), S. 340.

54. Webb, *My Apprenticeship*, S. 243, 257.

55. Charles Booth, «The Inhabitants of Tower Hamlets (School Board Division), Their Condition and Occupations» (Vortrag vor der Royal Statistical Society vom 17. Mai 1887), in: *Journal of the Royal Statistical Society*, Bd. 50 (Juni 1887), S. 376.

56. Vgl. Simey und Simey, *Charles Booth*, S. 77–78.

57. Charles Booth, *Life and Labour of the People in London*, Erste Serie, *Poverty* 4 Bde. (1902), Bd. 1, S. 165.

58. Die Entschuldigung war implizit; wie sich Hyndman erinnerte, hatte Booth «seinerzeit nicht die Höflichkeit, mich von den Ergebnissen seiner Untersuchung in Kenntnis zu setzen oder die mir persönlich oder der Institution, der ich angehöre, gemachten Unterstellungen zurückzunehmen. Und das hat er auch bis zum heutigen Tage nicht getan.», *The Record*, S. 333.

59. Es sei darauf hingewiesen, daß von den 30,7 Prozent unterhalb der Armutsgrenze nur ungefähr jeder vierte mittellos war; die meisten waren mehr oder weniger regelmäßig als ungelernte Arbeiter beschäftigt, die gerade das Nötigste zum Leben hatten. Verglichen sie aber ihr Los mit dem wohlhabenderer Londoner, dann sahen sie sich noch weiter im Hintertreffen.

3. Das Ende des Renaissancemenschen

1. Vgl. Theodore Zeldin, *France, 1848–1945*, Bd. 1, *Ambition, Love and Politics* (1973), S. 41–42.

2. Friedrich Schiller, *Über die aesthetische Erziehung des Menschen in einer Reihe von Briefen* (1795), in: *Sämtliche Werke*, hrsg. v. Gerhard Fricke und Herbert G. Göpfert, 5 Bde. (1960–1962), Bd. 5, S. 584.

3. Vgl. Karl Marx, «Ökonomisch-Philosophische Manuskripte», in: *Marx-Engels Werke* (MEW); Jacob Burckhardt, *Kultur der Renaissance in Italien: Ein Versuch* (1860, hrsg. v. Walter Goetz, 1925), S. 132; vgl. Peter Gay, *Style in History* (1974), S. 157.

4. Johann Wolfgang von Goethe, *Wilhelm Meisters Wanderjahre oder die Entsagenden* (1829), in: *Goethes Werke*, hrsg. v. Erich Trunz, 14 Bde. (1948–1969), Bd. 8, S. 286 [Buch 2], S. 37 [Buch 1].

5. Georg von Viebahn, *Statistik des zollvereinten und nördlichen Deutschlands*, in: *Deutsche Sozialgeschichte. Dokumente und Skizzen*, Bd. 1, *1815–1870* (1973), S. 238.

6. Charles Babbage, *On the Economy of Machinery and Manufactures* (1832; 4. erw. Aufl. 1835), S. 191 und 201. Im Anfangskapitel seines Buches *Wealth of Nations* gibt Adam Smith ein berühmt gewordenes Beispiel: eine Stecknadelmanufaktur. Auf sich gestellt konnte ein unerfahrener Arbeiter ohne Maschinen kaum damit rechnen, eine einzige Nadel pro Tag herzustellen. Mit den achtzehn besonderen Verrichtungen allerdings, die durch die Industrie eingeführt wurden, konnte eine kleine Fabrik mit nur zehn Arbeitskräften pro Tag an die 48 000 Nadeln produzieren. Vgl. *An Inquiry into the Nature and Causes of the Wealth of Nations* (1776; hrsg. v. Edwin Cannan, 1937), S. 3–5.

7. Goethe an Friedrich Schiller, 20. Juli 1799, in: *Goethes Briefe und Briefe an Goethe*, hrsg. v. Karl Robert Mandelkow, 6 Bde. (1964; 3. Aufl. 1988), Bd. 2, S. 385 (Goethe arbeitete zusammen mit Schiller und dessen Freund Johann Heinrich Meyer sogar an einem Aufsatz «Über den Dilettantismus»); Thomas Carlyle, *Sartor Resartus* (1833–1834; hrsg. v. Kerry McSweeny und Peter Saber, 1987), S. 54 [Buch 1, Kap. 10]; George Eliot, *Middlemarch* (1871–1872; hrsg. v. Bert G. Hornback, 1977), S. 132 [Kap. 19].

8. Gibbons strenges Urteil über Oxford als Heimstätte von Trägheit und Dummheit – «Ich verbrachte vierzehn Monate am Magdalen College; sie erwiesen sich als die unergiebigsten und nutzlosesten vierzehn Monate meines ganzen Lebens» – mag überzeichnet sein, aber nicht einmal sehr. *The Autobiography of Edward Gibbon* (1794; hrsg. v. Dero A. Saunders, 1961), S. 72.

9. Adolphe Quételet, «Recherches statistiques sur le Royaume des Pays-Bas», zitiert nach: Theodore M. Porter, *The Rise of Statistical Thinking, 1820–1900* (1986), S. 45.

10. Das Bild wird getrübt durch die äußerst unterschiedlichen privaten Bindungen an die Religion: Darwin zum Beispiel war ein Ungläubiger, der die Frömmler für den Widerstand verantwortlich machte, auf den seine Theorien stießen; Pasteur dagegen war ein frommer Katholik, der seine chemischen Forschungen durchaus mit aufrichtig empfundenen Kirchgängen in Einklang zu bringen verstand.

11. Unbestrittener Gründer dieses bestechenden Gedankengebäudes war der exzentrische Johann Joachim Winckelmann, ein Hungerleider und gelehrter Dilettant, der der eigentliche Erfinder der Kunstgeschichte als eigenständiger Disziplin war. Als Kenner der Kunst des alten Griechenland, ohne je dort gewesen zu sein, vermochte er seine Begeisterung für klassische Schönheit auf andere zu übertragen und fachte seine im Grunde erotische Leidenschaft durch die Betrachtung römischer Kopien von griechischen Originalen an; so gelang es ihm, mehr als eine Generation auf das neoklassische Ideal zu vereidigen. Unterstützt wurde er dabei von Johann Gottfried Herder, jenem unwiderstehlichen Kulturphilosophen, der das alte Griechenland als das Goldene Zeitalter der Menschheit pries. Zwei von Humboldts Freunden, nämlich Goethe, der aus den Stoffen des alten Griechenland die Inspiration für seine Dramen nahm, und Friedrich August Wolf, der der maßgebliche und zugleich streitbarste Homer-Kenner seiner Zeit war, vervollkommneten dessen neo-

humanistische Bildung. Und von zwei deutschen Philosophen, Kant und Fichte, lernte er, daß es die höchste Aufgabe des Menschen sei, sich zu einem autonomen Wesen zu bilden.

12. Wilhelm von Humboldt, «Bericht der Sektion des Kultus und Unterrichts an den König» (Dezember 1808), in: *Werke in fünf Bänden*, hrsg. v. Andreas Flitner und Klaus Giel (1960–1981), Bd. 4, S. 218; vgl. auch «Unmassgebliche Gedanken über den Plan zur Einrichtung des Litthauischen Stadtschulwesens» (22. September 1809), ebd., S. 189.

13. Im Jahr 1824 wiederholte einer der überzeugten Anhänger von der Überlegenheit der griechischen Kultur, der Altphilologe Karl Wilhelm Baumgarten-Crusius, die Humboldtsche Doktrin: «Es ist aber der Zweck des gelehrten Schulunterrichts Entwickelung und Ausbildung der *Menschlichkeit* (...).» Das Studium der deutschen und mehr noch der alten Sprache sollte «vor allem geistige Menschen, nicht Geld verdienende Bürger» heranbilden. Darum sollte Griechisch «für die innere Geisteswelt» und Latein «für das äußere Leben» ab der ersten Klasse unterrichtet werden. *Briefe über Bildung und Kunst in Gelehrtenschulen* (1824), S. 51, 56, 77.

14. Christopher Kent, *Brains and Numbers: Elitism, Comtism, and Democracy in Mid-Victorian England* (1978), S. 34.

15. Friedrich Paulsen, *Geschichte des gelehrten Unterrichts auf den deutschen Schulen und Universitäten vom Ausgang des Mittelalters bis zur Gegenwart. Mit besonderer Rücksicht auf den klassischen Unterricht* (1885; 2. Aufl., 2 Bde., 1896–1897), Bd. 2, S. 442.

16. Lord Acton, «German Schools of History» (1886), in: *Historial Essays and Studies*, hrsg. v. John Neville Figgis (1907), S. 370.

17. Allerdings entstanden die originellsten Arbeiten der Wissenschaftler nicht im Rahmen der Universität. Da diese die Schranken der akademischen Einteilung in Fächer erkannt hatten und eine bis dahin unübliche Zusammenarbeit auf die Beine stellten, setzte sie sich dafür ein, daß die Regierung finanziell großzügig ausgestattete, wissenschaftliche Institute gründete. So entstand im Jahre 1887 die Physikalisch-Technische Reichsanstalt, während die ungeheuer produktive Kaiser-Wilhelm-Gesellschaft, die wiederum Forschungsinstitute für spezielle Aufgaben ins Leben rief, 1911 entstand.

18. Friedrich Paulsen, *An Autobiography* (1909; hrsg. und übers. von Theodor Lorenz, 1938, erste vollständige Ausgabe), S. 425.

19. Siegfried Bernfeld, «Freud's Scientific Beginnings», in: *American Imago*, Bd. 6 (1949), S. 169–174. «(In) der wissenschaftlichen Welt», so Friedrich Paulsens Erinnerung an die Jahrhundertmitte, «(vollzogen sich) tiefgehende Wandlungen.» «Ein Durst nach Thatsachen trat an die Stelle des Durstes nach allgemeinen Gedanken. Die *naturwissenschaftliche* Forschung erhob sich und begann mächtige Erregungen in das Leben zu werfen.» *Geschichte des gelehrten Unterrichts*, Bd. 2, S. 444–45.

20. Zu diesen Personen gehörten weder Max Planck, der seine Quantentheorie bereits 1901 entwickelt hatte, den Nobelpreis jedoch erst 1918 gewann, noch Albert Einstein, der seine epochemachende spezielle Relativitätstheorie 1905 aufstellte, doch bis 1921 warten mußte, bevor er den Nobelpreis zugesprochen bekam.

21. So würdigte Thorstein Veblen in seiner glänzenden und eigenartigen Untersuchung *Imperial Germany and the Industrial Revolution* von 1915 die deutsche Wissenschaft folgendermaßen: «Eine Standardschmähung der deutschen Wissenschaftlergemeinde pflegte zu sein, sie sei zu kopflastig, mit einem Übermaß an Gelehrten. Die Nörgeleien in dieser Hinsicht haben gegen Ende des Jahrhunderts aufgehört, da die Zunft der Gelehrten als nützlich angesehen wurde und man beim Bedarf an Männern mit Kenntnissen in den Wissenschaften ganz und gar nachzog. Unterdessen hatte sich der Charakter dieses Wissens oder besser seine Richtung ein wenig verändert, wobei die Veränderung aufs Ganze gesehen in einer Umorientierung auf jene Wissenszweige bestand, die irgendeinen technischen oder kaufmännischen Wert haben.» (S. 77).

22. Alfred Heuss, *Theodor Mommsen und das 19. Jahrhundert* (1956), S. 282.

23. William Whewell, *Philosophy of the Inductive Sciences, Founded upon Their History*, 2 Bde. (1840), Bd. 1, S. 113.

24. Vgl. Burton J. Bledstein, *The Culture of Professionalism: The Middle Class and the Development of Higher Education in America* (1976), S. 85.

25. Hans-Heinz Eulner, «Das Spezialistentum in der ärztlichen Praxis», in: Walter Artelt und Walter Rüegg (Hrsg.), *Der Arzt und der Kranke in der Gesellschaft des 19. Jahrhunderts* (1967), S. 17.

26. «an der Gemeinschaft»: «Vorwort über Doktoren» (1911), *The Bodley Head Bernard Shaw: Collected Plays with Their Prefaces*, 7 Bde. (1970–1974), Bd. 3, S. 226; «um des Gewinstes willen»: Sir James Paget, zitiert nach R. Brudenell Carter, «The Medical Profession», in: E. H. Pitcairn (Hrsg.), *Unwritten Laws and Ideals of Active Careers* (1899), S. 251; «in Ausführung ihrer Arbeit»: Carter, «The Medical Profession», S. 251.

27. Ebd., S. 205.

28. Ebd.

29. Vgl. M. Jeanne Peterson, *The Medical Profession in Mid-Victorian London* (1978), S. 8 Anm.

30. Carter, «The Medical Profession», S. 206, 207.

31. Vgl. Peterson, *The Medical Profession*, S. 213–14.

32. «Es ruft ein Lächeln verächtlichen Mitleids hervor, wenn man Aufregung und Entsetzen mitansehen muß, die von einem einzigen wagemutigen und geschickten Quacksalber in diesem Land der Wissenschaft und der Lehrer ausgelöst werden kann», schrieb im Jahre 1831 mit harten Worten die *Westminster Review*, «wenn man Wichtigtuerei und Aufgeblasenheit beobachtet, mit der ein Pillendreher, wenn er nur ein Allheilmittel feilbietet, von Grafschaft zu Grafschaft gehetzt wird und gleich einem Ungeheuer von unersättlicher Raubgier – mitten unter uns, unseren Hohen Schulen der Medizin und dem Geprahle mit unserer Aufgeklärtheit – zur Strecke gebracht wird.» «Professional Morality in 1831; or, The Lawyer's Defence of Medical Quackery», *Westminster Review*, Bd. 14 (1831), S. 463.

33. Brian Harrison, «Women's Health and Women's Movement in Britain: 1840–1940», in: Charles Webster (Hrsg.), *Biology, Medicine and Society, 1840–1940* (1981), S. 33.

34. Justin McCarthy, *A History of Our Own Times from the Diamond Jubilee 1897 to the Accession of Edward VII*, 2 Bde. (1905), Bd. 2, S. 371, 375–76.

Diese Bände stellen eine Fortsetzung von McCarthys umfassender *History of Our Own Times*, 5 Bde. (1879–1897) dar.

35. Ein so vorsichtiger und unsentimentaler Erforscher der britischen Gesundheitsverhältnisse während der Zeit des Viktorianismus wie F. B. Smith kommt zu dem Schluß, daß, «wenn auch manche Maßnahmen der damaligen Gesundheitsbehörden, wie etwa das rabiate Ausräuchern, fehlgeleitet waren und andere sich als weniger erfolgreich erwiesen, als man erwartet hatte, wie etwa das Zwangsimpfen, immerhin handelten sie, und retteten so langfristig Millionen von Menschenleben.» *The People's Health, 1830–1910* (1979), S. 425.

36. Konnte ein kräftiger Bürger zur Zeit König Edwards II. mit einer Lebenszeit von ungefähr fünfzig Jahren rechnen, so erreichte sein Landsmann, wenn er der Arbeiterklasse angehörte, im Durchschnitt ein Alter von sechsunddreißig Jahren; unter den Wohlhabenden betrug die Zahl derer, die tuberkuloseanfällig waren, nur ein Viertel der Zahl bei den Armen; während lediglich vier Prozent der Säuglinge von besser situierten Eltern vor Erreichen des ersten Lebensjahres starben, waren es in den Slums mehr als dreißig Prozent der Säuglinge. Vgl. Paul Thompson, *The Edwardians: The Remaking of British Society* (1977), S. 27.

4. Ein Zeitalter der Lebenshilfe und der Neurosen

1. H. S. Pomeroy, *The Ethics of Marriage* (1888), S. 58.

2. Was im folgenden dargestellt wird, ist denn auch ein Kollektivporträt. Um den Leser davor zu bewahren, mit Beispielen aus vieler Herren Länder und etlichen Epochen überhäuft zu werden, sollen sie nahezu vollständig in den Fußnoten als laufender Beleg zu den im Text aufgestellten Thesen aufgeführt werden. Nichts wäre leichter, als eine x-beliebige Sammlung solcher Beispiele wiederholt mit anderen zu vergleichen, die ebenso beredt sind und denen die gleiche Bedeutung zukommt.

3. Als Beispiel sei eine Episode aus *Home* angeführt, einer didaktischen Erzählung, geschrieben von Catherine Maria Sedgwick, die zu Amerikas beliebtesten Schriftstellern gehörte. Mr. Barclay, ein Pfarrer, der körperliche Züchtigung verabscheut, bestraft seinen zehnjährigen Sohn, weil er in einem Wutanfall ein Kätzchen in kochendes Wasser geworfen hat; zunächst hält er ihm eine Standpauke, in Worten, die kein Mensch außer in solchen Büchern je in den Mund genommen hat: «‹Geh' auf dein Zimmer, Wallace›, sagte sein Vater. ‹Du hast dein Recht auf einen Platz in unserer Mitte verwirkt. Kreaturen, die nichts als Sklaven ihrer Leidenschaft sind, ziemt, wie den Raubtieren, nur die Absonderung.›» Sodann verbietet er Wallace, an irgend jemanden aus der Familie das Wort zu richten, wie er den Familienmitgliedern untersagt, mit ihm zu sprechen. Er verwandelt sein Haus in ein regelrechtes Gefängnis, einschließlich Redeverbot. Schließlich gibt der völlig am Boden zerstörte Knabe nach. Nach unzähligen, aufrichtigen Gebeten ist er vollkommen davon überzeugt, daß er schwer gefehlt hat und fortan seine Leidenschaften im Zaum halten muß. *Home*, (1835), 15. Aufl. (1841), S. 17.

4. Nicholas Pain Gilman, *The Laws of Daily Conduct* (1891), S. 53 Anm.

5. In einem Kapitel seiner zweibändigen Abhandlung über die Ethik, das den

Titel «Willensbildung und Zügelung der Affekte» trägt, definiert Friedrich Paulsen «Selbstbeherrschung» als die «Tugend oder Fähigkeit», die das Verhalten und Handeln durch den vernünftigen Willen bestimmt. *System der Ethik mit einem Umriss der Staats- und Gesellschaftslehre*, 2 Bde. (1900), Bd. 2, S. 10. Der hoch angesehene Pädagoge, Kosmopolit und christliche Denker Friedrich Wilhelm Foerster erklärte *Selbstbeherrschung* zur unerläßlichen Eigenschaft der Charakterbildung. In seinem Buch *Lebenskunde*, einem stattlichen, weit verbreiteten Führer für die Jugend, widmete er ihr sein längstes Kapitel. Man könne ohne die Eisenbahn und ohne elektrisches Licht leben, aber nicht ohne Selbstbeherrschung. *Lebenskunde. Ein Buch für Knaben und Mädchen* (1908; Ausg. 1912), S. 12. (Bis 1912 waren mehr als dreißig Tausend Exemplare verkauft.) *«Beherrsche Dich selbst»*, lautete auch der Rat von Charles Wagner, einem französischen Essayisten, der sich mit so erhabenen Themen wie der Gerechtigkeit und dem einfachen Leben befaßte, «Sei Herr Deiner selbst.» *L'Ami. Dialogues intérieurs* (1902; 2. Aufl. 1903), S. 202, 205. Diese Lektion der Jugend einzuschärfen, sei es nie zu früh. *«Autorität muß die Kinder in jungen Jahren anleiten»*, war auch die Meinung des französischen Arztes und Schulrats Alfred Donné; dadurch würden sie an Gehorsam gewöhnt – mit anderen Worten, man bringe ihnen bei, die Fähigkeit zu verinnerlichen, ihre übermächtigen Wünsche zu zügeln. *Mothers and Infants, Nurses and Nursing* (1846; engl. Übersetzung 1859), S. 226. Das aber war ebenso schwer wie unumgänglich. Vgl. Alexander M. Gow: «Die Gebote des Sittengesetzes widerstreiten den natürlichen Neigungen des Menschen.» *Good Morals and Gentle Manners for Schools and Families* (1873), S. 37. Mit den Worten von Sophie Bryant, einer Mathematiklehrerin an der Collegiate School for Girls im Norden Londons, «Selbstverleugnung ist das *sine qua non* der Entwicklung des Individuums». *Short Studies in Character* (1894), S. 7.

6. Ernst von Feuchtersleben, Vorwort zur zweiten Auflage, *Zur Diätetik der Seele*, (1841; 2. Aufl. 1879), S. 18.

7. Schon zu Beginn des 18. Jahrhunderts hatte Alexander Pope in seinem *Essay on Man* gemeint: «Des Menschen Natur beherrscht ein zweifach Prinzip; / Eigenliebe, ihn zu spornen, und Vernunft, ihn drauf zu zügeln.» Ohne ein gewisses Maß an Selbstbezogenheit würde der Mensch nicht tätig, Selbstbezogenheit ohne Bändigung durch Vernunft ist dagegen der sichere Untergang: «Eigenliebe, die Quelle des Antriebs, wirkt auf die Seele; / Vernunft bringt Ausgleich und lenkt das Ganze.» *Essay on Man*, 2. Epistel, Zeile 53–54, 59–60. Platos Darstellung der dreigeteilten menschlichen Seele – vernünftig, mutig, leidenschaftlich – ist in vielem der modernen Behandlung des Themas voraus.

8. Weitere detaillierte Belege bei: Peter Gay, *Erziehung der Sinne. Sexualität im bürgerlichen Zeitalter* (1986), passim.

9. George Moore, *Man and His Motives* (1848), S. 276.

10. «Die Zivilisation hat ihre Gesetze, privatrechtliche, religiöse und soziale Gesetze, die verbindlich sind für die Gemeinschaft», verkündete Mrs. Eliza Duffey, eine sehr beliebte amerikanische Sittenlehrerin. «Die Etikette kann als die Satzung der Zivilisation angesehen werden, insofern sie für jeden einzelnen in der Gemeinschaft verbindlich ist. So willkürlich einige dieser Satzungen auch erscheinen mögen, sie alle haben ihren guten und zureichenden Grund.» *The*

Ladies' and Gentlemen's Etiquette: A Complete Manual of the Manners and Dress of American Society (1877), S. 16.

11. Mrs. H. O. Ward [Mrs. Clara Sophia (Jessup) Bloomfield-Moore], *Sensible Etiquette of the Best Society, Customs, Manners, Morals and Home Culture. Compiled from the Best Authorities* (1878), S. 182.

12. Paul Paquin, *The Supreme Passions of Man; or, The Origin, Causes, and Tendencies of the Passions of the Flesh* (1891), S. 37.

13. «‹'s ist Kummer im Becher!», so beginnt ein beliebtes Abstinenz-Gedicht des 19. Jahrhunderts, und weiter: «Es ist Schande im Becher!» und «Es ist Tod im Becher!». «In the Cup», in: Miss L. Penney (Hrsg.), *The National Temperance Orator: A New and Choice Collection of Prose and Poetical Articles and Selections, for Public Readings, Addresses, and Recitations* (1877), S. 11.

14. Beecher, «Intemperance the Great Social Battle of the Age», in: Miss L. Penney (Hrsg.), *The National Temperance Orator* (1877), S. 189. Im Jahr 1899 gab die Church of the Holy Communion in New York ein schmales Büchlein mit Worten zur persönlichen Keuschheit, zur Einhaltung des Sonntags und zu weiteren drängenden Fragen heraus. In seinem Vortrag zur Mäßigung gemahnte Bischof Henry C. Potter seine jugendlichen Zuhörer daran, daß «es genauso eine Sünde ist bei sehr vielen von uns, wenn sie zuviel essen und zuviel trinken». Es sei nie zu früh, um «das Gesetz der Mäßigung auf unser haltloses Benehmen anzuwenden, auf unsere Gewohnheiten, auf unsere Vergnügungen, auf unsere Begierden». Wenn sie dieses Gesetz befolgten, würden sie zu «Männern, deren Leben einer Regel untersteht». «Temperance», in: W. W. Moir (Hrsg.), *Some Things that Trouble Young Manhood* (1899), S. 100, 106.

15. Horace Mann, *A Few Thoughts for a Young Man: A Lecture, Delivered before the Boston Mercantile Literary Association, on Its 29th Anniversary* (1850), S. 22–23. In einer Predigt des Reverend Henry Evertson Cobb am Rutgers College im Jahre 1900 lesen wir: «O ihr Menschen, seid überzeugt, daß jeder Muskel, der in gesunder Übung betätigt wird, jede Bändigung ausschweifender Begierden und zehrender Leidenschaften, jeder Triumph über die Zügellosigkeit, jeder Sieg für die Selbstbeherrschung euch ein gehärtetes Schwert gegen den tückischen Feind eurer künftigen Tage in die Hand gibt!» *Victories of Youth, the Defense of Manhood* (1900), S. 8.

16. Während der 30er und 40er Jahre des 19. Jahrhunderts bot Dr. William Alcott, der in der Regel vor Ratschlägen förmlich übersprudelte, leidgeplagt eine erschöpfende Aufstellung von Einzelpunkten auf. Trunkenheit und Freßlust sowie die «unmanierliche», ruinöse Liebe zum sogenannten «guten Essen und Trinken» sind die ernstesten Beleidigungen, die der Mensch gegen seinen geweihten Leib vorbringen kann. Abhängigkeit von Tee oder Kaffee wie auch die Sucht zum Alkohol sind eine Form von Sklaverei. Wasser, über das man sich so lustig macht, ist das beste Getränk. Alcott warnte sogar vor schlechten Eßgewohnheiten wie dem raschen Herunterschlingen großer Mengen von Nahrung, dem Versäumnis des ordentlichen Durchkauens und der «widerwärtigen Gewohnheit» des Abendessens, jener überflüssigen vierten Mahlzeit. *The Young Man's Guide* (1832; 16. rev. Aufl. 1845), S. 62–71.

17. William Alcott, *The Young Man's Guide* (1832; 16. rev. Aufl. 1845), S. 92–93.

18. Friedrich Wilhelm Förster zog im Jahre 1909 die Summe aus dem Wissen eines ganzen Jahrhunderts über den Umgang mit dem Appetit. Alles war eine Sache des Willens. Aus gesundheitlichen und sittlichen Gründen hatten Männer und Frauen zu lernen, ihren «Nahrungstrieb» zu beherrschen. Bedauerlicherweise wurde eine gute Sache durch Fanatiker, die gegen die Trunkenheit zu Felde zogen, der Lächerlichkeit preisgegeben. «Die Tropfen, die wir trinken, mögen weder uns noch unsere Nachkommen zu Idioten machen – aber sie werden dennoch alle unsere Lebensentscheidungen im Großen und im Kleinen nach der niederen Seite beeinflussen.» *Lebensführung. Ein Buch für junge Menschen* (1909; hrsg. 1910), S. 43–48 und 54–55.

19. Alexander M. Gow, *Good Morals and Gentle Manners for Schools and Families* (1873), S. 39; Alcott, *Young Man's Guide*, S. 94–95.

20. Sir John Lubbock, der spätere Lord Avebury, ein Banker, Naturwissenschaftler, Abgeordneter und unermüdlicher Streiter für die Besserung der Moral, hielt den folgenden, abgedroschenen Rat für wertvoll genug, um noch einmal aufgetischt zu werden: «Vor allem, verliere nie Deine Fassung, und falls Du es tust, hüte grundsätzlich Deine Zunge und bemühe Dich, sie nicht zu zeigen.» *The Use of Life* (1894), S. 33. Und Dr. Mary Wood-Allen vermerkte 1901 in ihrem populären Sexualhandbuch, daß «heftige geistige Erregung wie etwa ein Anfall von Ärger oder Kummer oder auch von unbändiger Freude schädliche Ergebnisse zeitigen kann». Da die Frauen mehrere Tage im Monat körperlich beeinträchtigt seien, sollten sie mit besonderer Vorsicht Zurückhaltung üben: «Das Mädchen sollte alle Zeit ein heiteres Gemüt und strikte Selbstbeherrschung an den Tag legen», zumal wenn sie die Menstruation hat. *Ideal Married Life: A Book für All Husbands and Wives* (1901), S. 117. Förster schließlich erinnerte seine jungen Leser in einem Abschnitt mit der bezeichnenden Überschrift «Der Kampf mit der eigenen Zunge» daran, daß der große Julius Caesar, in Wut versetzt, bis zwanzig gezählt haben soll, bevor er sprach – «ein glänzendes Mittel». *Lebenskunde*, a. a. O., S. 19.

21. Alcott: ebd., S. 116 und 122; Emerson: Theodore Munge, *On the Threshold* (1881), S. 78; Ruskin: ebd.

22. Charles Dickens, *The Personal History of David Copperfield* (1850; hrsg. v. Trevor Blount, 1966), S. 671 [Kap. 42].

23. Vorausdenken: vgl. Munger, *On the Threshold*, S. 82; Samuel Smiles, Vorwort zu *Duty, with Illustrations of Courage, Patience, and Endurance* (1882), S. 5.

24. Auf den letzten Seiten seiner berühmten Biographie George Washingtons erwähnt M. L. «Parson» Weems, wenn er den Charakter seines Helden würdigt, als dessen besondere Eigenschaften eine tiefe Religiosität, eine väterliche Großherzigkeit, eine noble Vaterlandsliebe und vor allem ein rastloses Tätigsein: «Von allen Tugenden, die das Leben dieses großen Mannes auszeichneten, ist keine eher unserer Nachahmung wert als sein bewunderungswürdiger Fleiß.» Schon daß er als junger Mann der Pflichterfüllung bei der Arbeit so ergeben war, hat zu Washingtons früher Beförderung geführt. «Oh! Gottgegebener Fleiß! Königinmutter all unserer Erfolge und all unserer Segnungen! Was auf dieser weiten Welt gibt es Großes und Gutes, das nicht Eurer königlichen Großmut entspringt? Und Du, teuflische Faulheit! fruchtbarer Boden all unserer Frevel und Qualen!» *The Life of George Washington; with Curious*

Anecdotes, Equally Honourable to Himself, and Exemplary to His Young Countrymen (ca. 1800; Ausg. 1849), S. 220–21, 227. Der Redakteur und Essayist J. H. Friswell führte in einem 1864 erschienenen, mit Ermahnungen gespickten Handbuch zur Einführung ins Leben einen ganzen Strauß von Autoren an, die seine These untermauerten, daß der Müßiggang von allen Erbsünden die schädlichste sei. «Heutzutage sind viele noch stolz darauf, nichts zu tun, und spreizen sich in verruchter Eitelkeit auf, wenn sie meinen, ein Gewohnheitsrecht auf Indolenz zu besitzen.» Gelangweilte Blasiertheit zersetzt den Geist ebenso wie den Körper. Das einzige, was den Übeln des Lebens beikommen kann, ist «Fleiß, der große Widersacher und Sieger» über den «geistigen Rost», den die Faulen ansetzen. *The Gentle Life: Essays in Aid of the Formation of Character* (1864, 2. u. 3. Aufl. 1864), S. 253, 257.

25. Henry Ward Beecher, *Industry and Idleness, with Twelve Causes of Dishonesty, to Which Are Added Six Warnings* (1850), S. 6, 17. Horace Mann war womöglich noch rigoroser: «Ungeachtet des Schicksals oder der Erwartungen, die ein junger Mann haben mag, er hat kein Recht, ein Leben des Müßiggangs zu führen. In einer Welt, die wie diese so voller Anregungen zur Betätigung und so voller Belohnungen für die Taten ist, ist Müßiggang die unsinnigste aller Unsinnigkeiten und die schändlichste aller Schändlichkeiten.» *A Few Thoughts for a Young Man*, S. 48–49.

26. Theodore Roosevelt, «The Strenuous Life» (gehalten 1899), *The Strenuous Life: Essays and Addresses* (1900), S. 1; Maurice de Fleury, *Le Corps et l'âme de l'enfant* (1899), S. 86; Edward Carpenter, *Marriage in a Free Society* (1894), S. 11.

27. «Wir leben in einer die Behaglichkeit liebenden und den Schmerz verabscheuenden Zeit», einer Zeit, in der die «ursprüngliche Tugenden» wie Hingabe, Hilfsbereitschaft und Selbstverleugnung «drauf und dran sind, zu leicht genommen zu werden». Sophie Bryant, *Short Studies in Character* (1894), S. 7. Für Foerster war Arbeit «Gottesdienst», wenn sie im Zeichen der Treue, Liebe, Zuverlässigkeit und Gewissenhaftigkeit stand, *Lebensführung. Ein Buch für junge Menschen* (1909; Ausg. 1910), S. 24.

28. Moore, *Man and His Motives*, S. 112, 117.

29. Vgl. Jules Clément: «Der Mensch ist für die Arbeit geschaffen, das liegt in der Ordnung der Natur. Arbeit ist die Seele von allem.» *Traité de politesse et du savoir-vivre* (1879), S. 10. Der Reverend G. S. Weaver formulierte es salbungsvoller: «Ich stehe dafür, daß Männer und Frauen für die Arbeit, für das Tätigsein, für den Beruf geschaffen sind.» Ein «Mensch ohne Beruf, ohne Arbeit, ist schwerlich ein Mensch. Das Geheimnis der Menschwerdung ist, den Menschen in Arbeit zu bringen und in Arbeit zu halten.» Verwöhnte, beschäftigungslose junge Männer seien «wandelnde Landplagen – ekelhafte Schwätzer – stinkende Luftblasen, die platzen, und aus ist es mit ihnen». *Hopes and Help for the Young of Both Sexes Relating to the Formation of Character, Choice of Avocation, Health, Amusement…* (1880), S. 122, 124, 126. «*Wann immer ein Leben in Tugend gelebt wurde, es war dies ein Leben beständiger Mühen*», schrieb Edward P. Jackson, ein amerikanischer Erzieher. «Tugend ist Kraft; Laster ist Schwäche… Tugend ist ein beharrlicher Widerstand gegen die Macht, die die Seele ins Verderben stürzen will; Laster

ist das einfache, passive Gewährenlassen dieser Macht.» Daraus ergab sich folgerichtig, daß emsige Tätigkeit «eine unabdingbare Voraussetzung wie für die Gesundheit so für das Glück ist –, und zwar stetige und regelmäßige Tätigkeit». *Character Building: A Master's Talk with His Pupils* (1891), S. 28 f. und 171.

30. Ebd., S. 272.

31. Georges Demeny, *L'Education de l'effort; Psychologie – physiologie* (1914), S. 1, 3, 223.

32. In seinem Beitrag zu der Frage, wie die deutsche Jugend zu erziehen sei, um den Forderungen der Welt gerecht zu werden, wetterte zum Beispiel Paul Güssfeldt, ein Bergsteiger, Entdecker und Freund Kaiser Wilhelms II. gegen die *«einseitige Ausbildung des Verstandes»*, eine Erziehung, die *«alle Harmonie zerreißt»*. Die Schulen sollten dem Erwachsenenleben «vor Allem *Menschen* liefern, kräftige, gesunde, urtheilsfähige, energische junge Weltbürger, die freudig und hoffnungsvoll ins Leben treten (...)». *Die Erziehung der deutschen Jugend* (1890), S. 46, 59. A. Lammers, ein anderer deutscher Erzieher, formulierte es markiger: «Wahrhaft stark ist nur der, dessen Kopf und Arm von einer edlen Seele her regiert werden», *Öffentliche Kinder-Fürsorge*, in: Volkswirthschaftliche Zeitfragen, Jg. VII (1885), S. 4.

33. Alfred Fouillée, *La France au point de vue morale* (1900), S. 203–204.

34. «Charakterbildung», so heißt es in einer Untersuchung, war an jenen Schulen das wesentliche Ziel aller pädagogischen Bemühungen; man erachtete eine «einseitige intellektuelle Ausbildung» als eine Gefahr: «Moral ist wichtiger als geistige Vollkommenheit.» Abel John Jones: *Charakterbildung in den englischen Schulen in Theorie und Praxis* (1906), S. 3, 5, 7. Diese Ansicht war nicht nur auf Gedrucktes beschränkt. Wenn etwa John Forster, ein Vertrauter von Charles Dickens, dessen Auswahl seiner Mitarbeiter beschreibt, so merkt er an, daß das, «was von einem festen und schönen Charakter zeugte, von ihm höher bewertet wurde als die geistige Leistung». *The Life of Charles Dickens* (1872–74; Ausg. J. W. T. Leys, 1928), S. 526. Als Beleg für Italien, vgl. Luigi Francesco Guerra, der ebenso die «importanza dell'educazione del carattere» betonte; in: *La filosofia della vita nel problema dell'educazione* (o. D.; 3. Aufl. 1907), S. 21.

35. «Der große Zweck unseres sterblichen Daseins», meinte Reverend Thomas M. Clark, ein Amerikaner, «ist die Bildung des Charakters». *Lectures on the Formation of Character* (1852), S. 12. In den 60er Jahren des Jahrhunderts findet sich bei einem weltlichen Landsmann von Clark, dem Journalisten Edwin P. Whipple, ein Echo auf die Äußerung seines geistlichen Bruders; Charakter, verkündete er, ist «Mittelpunkt und Herz» des Seins. Als typischer Vertreter einer Epoche, die auf der Suche nach einer Wissenschaft von der Gesellschaft war, glaubte Whipple, daß Charakter nicht nur als wissenschaftliche Anleitung für rationales Verhalten dienen, sondern selber auch wissenschaftlich untersucht werden könne: «Ob er klein oder groß, böse oder gut ist, immer ist er eine positive und beharrende Kraft und kann daher, wie andere Kräfte auch, *berechnet* und die Ergebnisse seiner Handlungen vorhergesagt werden.» *Character and Characteristics of Men* (1866), S. 3.

36. A System of Logic, in: *Collected Works of John Stuart Mill*, hrsg. v. J.M. Robertson, 25 Bde. (1963–1986), Bd. 8, S. 870 [Buch 6, Kap. 5, § 5].

37. J. H. Vincent, *Better Not: A Discussion of Certain Social Customs* (1883); Zitat auf S. 3 f.

38. John MacCunn, ein Philosophieprofessor an der Universität Liverpool, meinte dazu: «Es ist eine unmögliche Aufgabe, einen sauberen Trennungsstrich zwischen dem, was angeboren, und dem, was dem Einfluß der Umgebung geschuldet ist, zu ziehen.» *The Making of Character: Some Educational Aspects of Ethics* (1900), S. 7. Der deutsche Philosoph Bartholomäus von Carneri, der einer allgemeinen Überzeugung Ausdruck gab, fand die Aufgabe keineswegs leichter: «Daß der Charakter angeboren ist, kann jedes denkende Auge an den Kindern beobachten. Feigheit wie Standhaftigkeit, Verschmitztheit wie Geradheit, Verstocktheit wie Gutmüthigkeit, Ehrlichkeit wie Unaufrichtigkeit zeigen sich im frühesten Alter.» Dennoch gab er zu, daß ein solcher elementarer Charakter lediglich eine «Skizze» sei, die für Veränderungen durch die «Schule des Lebens» offen sei. *Der moderne Mensch. Versuch über Lebensführung* (1890; 5. Aufl. 1901), S. 122–23.

39. Samuel Smiles, *Character* (1871; Ausg. 1872), S. 165. Die gleiche These findet sich auch an anderer Stelle: «Charakter besteht in kleinen, getreulich erledigten Pflichten, in Selbstverleugnung, Aufopferung, in gefälligen Taten der Liebe und Pflicht.» *Duty*, S. 29.

40. Typisch hierfür ist Alexandre Martins dickleibiges Buch über die Erziehung des Charakters. Das Kind ist ein Triebbündel; sein drängendes Fordern zeigt den Menschen als aggressives und egozentrisches Wesen. «Moralische Schönheit ist nichts als Hoffnung»; Erziehung kann sie einzig über die Selbstbeschränkung Wirklichkeit werden lassen. Erwachsenwerden ist eine Lehre auf das Leben hin und Charakterbildung ein stetiger, nicht immer erfolgreicher Feldzug zur Unterdrückung der gemeinen und Bestärkung der gutartigen Neigungen. Da «Anstrengung untrennbar ist vom Schmerz», ist sie so wenig beliebt, wie sie notwendig ist, der Wille aber muß zu einer Verbots- und Unterdrückungsinstanz ausgebildet werden. Martin stellte jeden Wunsch in Abrede, Kinder hart anfassen zu wollen, hielt es aber für wesentlich, dem Vergnügen keinen großen Raum in ihrem Leben zu gewähren. Der Ton indessen, in dem er seiner Überzeugung von der Wirksamkeit der Anstrengung Ausdruck gibt, straft deren Inhalt Lügen. Martin setzte seiner Schwarzseherei einen Schuß Hoffnung zu; in ihrem vollmundigen, platten, keine Mühe scheuenden Optimismus ist Martins Abhandlung ein außerordentlich repräsentativer Text. *L'Éducation du caractère* (1887), S. 49, 331.

41. John MacCunn, *The Making of Character: Some Educational Aspects of Ethics* (1900), S. 33, 36, 212. «Der Konflikt zwischen gut und böse», so bekannte Edward P. Jackson, «geht immer weiter.» *Character Building: A Master's Talk with His Pupils* (1891), S. 31.

42. «Selbstbeherrschung, wie schwer sie zunächst auch sein mag, wird Schritt für Schritt leichter und zu einer immer größeren Freude», sagte etwa Sir John Lubbock. Für ihn gab es nirgend «weniger wahre Triumphe oder ergötzlichere Gefühle als darin, die vollkommene Herrschaft über sich zu erlangen». Lubbock versuchte damit, das verzerrte Bild von der Natur des Menschen zu

verscheuchen, das er selbst heraufbeschworen hatte. *The Pleasures of Life* (1887–89; Ausg. 1907), S. 20–21. Mit genau derselben Unbestimmtheit erklärte auch Nicholas Pain Gilman: «Wir können *uns selbst neu erschaffen,* in einem Ausmaß, dessen Grenzen nicht bestimmt sind, aber innerhalb der Schranken der menschlichen Natur.» *The Laws of Daily Conduct* (1891), S. 134.

43. Smiles, *Character*, S. 167.

44. George M. Beard, *American Nervousness, Its Causes and Consequences: A Supplement to Nervous Exhaustion (Neurasthenia)* (1881), S. 138. Einzelheiten zu Beard und dem Nervössein im späten 19. Jahrhundert bei Gay, *Die zarte Leidenschaft* (1987), Kap. 6, «Der Preis der Verdrängung», insbesondere S. 342–349.

45. Sitzungen vom 30. Januar und 18. Dezember 1907, *Protokolle der Wiener Psychoanalytischen Vereinigung,* hrsg. v. Hermann Nunberg und Ernst Federn, 4 Bde. (1976–1981), Bd. 1, S. 94, 256f. Vgl. auch ebd. S. 89, 92–95; Bd. 2, S. 18, 127, 240, 247 Anm.; Bd. 3, S. 36.

46. Vgl. Sigmund Freud. «Zur Ätiologie der Hysterie» (1896), in: *Gesammelte Werke,* Bd. 1, S. 456–458 und «Die Disposition zur Zwangsneurose» (1913), in: *Gesammelte Werke,* Bd. 8, S. 441–452.

47. J. W. L. [Mrs. Loudon]: Leitartikel in: *The Ladies' Companion at Home and Abroad,* Bd. 1 (16. März 1850), S. 168; von Feuchtersleben. *Zur Diätetik der Seele,* S. 21; Mark Twain: Allan Guttmann, *From Ritual to Record: The Nature of Modern Sports* (1978), S. 15. Weitere Belege bei: Peter Gay, *Die zarte Leidenschaft,* S. 331–354.

48. Vgl. Freud, «L'Hérédité et l'étiologie des névroses» (1896), in: *Gesammelte Werke,* Bd. 1, S. 411.

49. Pierre Janet, *Les Obsessions et la psychasthénie,* 2 Bde., Bd. 2 in Zusammenarbeit mit Dr. F. Raymond (1903), Bd. 1, S. 626.

50. Vgl. Max Weber, *Die Protestantische Ethik und der Geist des Kapitalismus* (1904–1905), passim, bes. Kap. 5.

51. Charlotte Brontë: *Shirley* (1849; hrsg. v. Andrew Hook und Judith Hook, 1974), S. 183 [Kap. 10]; Mill: «De Tocqueville on Democracy in America [II]» (1840), *Collected Works,* Bd. 18, *Essays on Politics and Society,* S. 194. Mills Satz entstammt einer Abhandlung von Francis Bacon.

52. In *Die zarte Leidenschaft* zitiere ich ausführlich einen Brief Freuds an seine Braut Martha Bernays, der es verdient, auch hier angeführt zu werden. Er teilt ihr darin mit, daß «das Gesindel» ungezwungen lebe, während der Mittelstand «entbehrt», um seine Integrität zu erhalten. Wir Bürger, setzt er hinzu, «sparen mit unserer Gesundheit, unserer Genußfähigkeit, unseren Erregungen», und dies beweise, daß «‹das gemeine Volk› ganz anders als wir urteilt, glaubt, hofft und arbeitet. Es gibt eine Psychologie des gemeinen Mannes, die ziemlich anders ist als unsere.» 29. August 1883, in: Sigmund Freud, *Briefe 1873–1939,* hrsg. v. Ernst L. Freud (1960), S. 49.

Epilog

1. Oron J. Hale. *The Great Illusion, 1900–1914* (1971), S. 300, 304.

2. Fritz Fischer, *Griff nach der Weltmacht. Die Kriegspolitik des kaiserlichen Deutschlands 1914/18* (1961), S. 75. Auf die Pflicht zur Mannhaftigkeit berief man sich sogar, um zu erklären, warum man für andere in den Krieg zog; am 6. August 1914 begründete Kaiser Wilhelm in einem Aufruf an das deutsche Volk die Kriegsbereitschaft Deutschlands unter anderem mit folgendem Argument: «Man will nicht dulden, daß wir in entschlossener Treue zu unserem Bundesgenossen stehen, der um sein Ansehen als Großmacht kämpft und mit dessen Erniedrigung auch unsere Macht und Ehre verloren ist.» «Aufruf an das deutsche Volk», *Reden des Kaisers*, hrsg. v. Ernst Johann (1966), S. 126.

3. «Der Anthropologe», schrieb Freud im Jahre 1915, «muß den Gegner für minderwertig und degeneriert erklären, der Psychiater die Diagnose seiner Geistes- oder Seelenstörung verkünden.» «Zeitgemäßes über Krieg und Tod» (1915), *Gesammelte Werke*, Bd. X, S. 324.

4. Rückblickend stellte Freud trocken fest, die Selbstgefälligkeit, mit der sowohl die Alliierten als auch die Mittelmächte sich darauf berufen hätten, «erwählte Lieblinge der Vorsehung zu sein», hätte «die Achtung vor Gott... nicht erhöht». Sigmund Freud, Einleitung zu Freud und William C. Bullit, *Thomas Woodrow Wilson: A Pschological Study* (1966; Aufl. 1968), S. XIII–XIV.

5. Peter Gay, *Freud. Eine Biographie für unsere Zeit* (1989), S. 393–403; Zit. auf S. 395, 402.

6. Thomas Mann, «Gedanken im Krieg», *Neue Rundschau*, XXV (November 1914), S. 1475.

7. Oliver Wendell Holmes Jr., «The Soldier's Faith», *Occasional Speeches*, zusammengestellt v. Mark DeWolfe Howe (1962), S. 80–81. Den Hinweis auf diese Passage verdanke ich James Bratt.

8. William Graham Sumner, «The Influence of Commercial Crises on Opinions about Economic Doctrines» (1879), *Essays of William Graham Sumner*, hrsg. v. Albert Galloway Keller und Maurice R. Davie, 2 Bde. (1934), II, S. 48.

9. Der sozialdemokratische Funktionär Gustav Noske erklärte später, seine Partei habe für die Kriegsanleihen gestimmt, um nicht «vor dem Brandenburger Tor totgeschlagen zu werden». A. Joseph Berlau, *The German Social Democratic Party, 1914–21* (1950), S. 73. Anzufügen bleibt, daß einige Europäer nie Haßtiraden anstimmten. Im Jahr 1915 schrieb der Engländer Graham Wallas an seinen deutschen Freund, den sozialdemokratischen Revisionisten Eduard Bernstein: «Manchmal hoffe ich, wir können uns, wenn der Friede kommt, wiedersehen und die Hand schütteln und uns gegenseitig versichern, daß wir nie etwas Unfreundliches übereinander gedacht haben, und können uns zusammensetzen, um zu überlegen, ob wir irgend etwas beitragen können, um die Wunden der Zivilisation zu heilen.» Peter Gay, *The Dilemma of Democratic Socialism: Eduard Bernstein's Challenge to Marx* (1952; dt.: *Das Dilemma des demokratischen Sozialismus. Eduard Bernsteins Auseinandersetzung mit Marx* [1954]), S. 277.

10. Ein Moment von gekränktem Nationalstolz spricht aus dem berühmten letz-

ten Kapitel von Macchiavellis Traktat *Der Fürst*, in dem er die Medici anstachelt, Italien von den «barbarischen» Eindringlingen zu befreien. Und Nationalstolz moderner chauvinistischer Prägung spricht aus William Hogarths berühmtem satirischem Bild *The Gate of Calais: O the Roast Beef of Old England*, auf dem dicke französische Mönche und abgerissene französische Wachposten zu sehen sind, die fasziniert zuschauen, wie englisches Roastbeef entladen wird – die Klerikalen mit Kennerlächeln und die Soldaten mit dem Neid Halbverhungerter. Ein kultivierter englischer Patrizier wie Horace Walpole konnte über Hogarths Karikatur der Franzosen als entweder halbverhungert oder vollgefressen die Nase rümpfen und darin nichts weiter sehen als einen Abstieg «zu gemeinen Bildern und nationalen Schmähungen», die geeignet waren, «seinen vulgären Kunden Genüge zu tun». Aber gleichgültig, ob es sich bei dem Bild um eine faire Würdigung oder um Effekthascherei handelte, Hogarth hatte voll und ganz begriffen, was für Gewinn man aus gehässigen Vergleichen zwischen den Nationen ziehen konnte, die dem Zweck dienten, die Überlegenheit der eigenen Nation herauszustellen. Frederick Antal, *Hogarth and His Place in European Art* (1962), S. 3.

11. Samuel Johnsons vielgerühmte Definition, Patriotismus sei die letzte Zuflucht eines Schurken, weist entschieden darauf hin, daß er sich des demagogischen Potentials bewußt war, das in der lauthals verkündeten Liebe zur Nation steckte. Gotthold Ephraim Lessing forderte Männer, «die über die Vorurteile der Völkerschaft hinweg wären und genau wüßten, wo Patriotismus Tugend zu sein aufhört». «Zweites Gespräch», *Ernst und Falk. Gespräche für Freimaurer* (1778), in: *Lessings Werke* in 5 Bänden (1978), 2. Bd., S. 263. Schon David Hume hatte in seiner besonnenen, vernünftigen Art geltend gemacht, die «gemeinen Leute» neigten dazu, «alle *Nationalcharaktere* auf die Spitze zu treiben, und haben sie erst zum Prinzip erhoben, daß ein bestimmtes Volk schurkisch oder feige oder dumm sei, dann dulden sie keine Ausnahme mehr, sondern unterwerfen jeden einzelnen ein und derselben Kritik». «Of National Characters» (1748), *Essays, Moral, Political, and Literary*, in: *The Philosophical Works of David Hume*, hrsg. v. T. H. Green und T. H. Grosse, 4 Bde. (1875; Aufl. 1882), I, S. 244.

12. Wer eine Ahnung davon hat, welche Bedeutung der Sprache bei der Ausbildung nationalistischer Empfindungen zukommt, versteht ohne weiteres, warum die Frage, wieviele Deutsche das künftige geeinte Deutschland umfassen sollte, jahrzehntelang Gegenstand leidenschaftlichster Dispute war. Bismarcks kleindeutsche Lösung, die einen Zusammenschluß der norddeutschen Staaten mit Preußen unter Ausschluß Österreichs vorsah, stieß bei vielen auf begeisterte Zustimmung, während er von denen abgelehnt wurde, die meinten, Deutschland müsse alle Menschen deutscher Zunge in seinen Grenzen umschließen.

13. «Un diplomate», *Essai sur les principes des nationalités* (1882), S. 1; Georg Moritz Ebers, *Die Geschichte meines Lebens* (1893), S. 297.

14. Im Jahr 1885 bemühte sich Alfred von Kremer, ein österreichischer Ägyptologe, Kulturhistoriker des Islam und Staatsbeamter – er hatte von 1880 bis 1881 das Handelsministerium geleitet –, um eine rationale Erörterung des Nationalitätsgedankens, verzweifelte aber an seiner Aufgabe; die Diskussion,

schrieb er bekümmert, werde von Parteigängern, Enthusiasten und Fanatikern der einen oder anderen Couleur beherrscht. Viele teilten seine Besorgnis. Kremer, *Die Nationalitäts-Idee und der Staat. Eine culturgeschichtliche Studie über den Einfluss der nationalen Ideen, besonders auf Staaten mit gemischter Bevölkerung* (1885), S. XI.

15. Im Jahr 1861 fragte sich *Die Gartenlaube*, ob das polnische Volk wohl imstande sein werde, sich ohne «tüchtigen Bürgerstand» als ein freier Nationalstaat zu behaupten. Miroslav Hroch, «Das Bürgertum in den nationalen Bewegungen des 19. Jahrhunderts. Ein europäischer Vergleich», in: Jürgen Kocka (Hrsg.), *Bürgertum im 19. Jahrhundert. Deutschland im europäischen Vergleich*, 3 Bde. (1988), III, S. 339 Anm.

16. In den 30er Jahren des letzten Jahrhunderts bildeten die Polen eine interessante Variante aus, deren Charakteristikum Passivität – um nicht zu sagen Masochismus – war. Der charismatische litauische Mystiker Andrzej Towianski wandte sich in seinen Predigten gegen revolutionäre Aktionen: Die Leiden, die das polnische Volk erduldete, waren gottgewollt; in den Genuß einer neuen Ordnung würden die Polen nur kommen, wenn sie Beständigkeit in ihrer Selbstaufgabe und Demutshaltung bewiesen. Unter den Polen, die aus politischen Gründen im Exil weilten, erfreute sich dieser merkwürdige Messianismus beträchtlicher Beliebtheit, manche, wie etwa der Dichter Juliusz Slowacki, trieben das Thema der Selbstaufgabe auf die Spitze, indem sie Polen mit Christus verglichen und in der Kreuzigung und Wiederauferstehung die Bestimmung der polnischen Nation sahen. Aber dieses Verlangen nach Preisgabe statt nach Kampf ist im nationalistischen Lager ein Ausnahmefall geblieben.

17. Andreas Elviken, *Die Entwicklung des norwegischen Nationalismus* (1930), S. 103.

18. Siehe Harald Beyer, *Norwegische Literatur* (1927), Verweis bezieht sich auf *A History of Norwegian Literature* (1933; Ausgabe 1952, hrsg. u. übers. v. Einar Haugen, 1956), S. 149.

19. Siehe Robert A. Kann, *A History of the Habsburg Empire, 1526–1918* (1974; verbesserte Ausgabe, 1977), S. 288, 304.

20. J. A. Hobson, *The Psychology of Jingoism* (1901), S. 1–2, 29.

Aggressionstheorien

1. Irenäus Eibl-Eibesfeld, *Liebe und Haß. Zur Naturgeschichte elementarer Verhaltensweisen* (1970; Aufl. 1976), S. 14.

2. Dennis H. Wrong, «The Oversocialized Conception of Man in Modern Sociology» (1961), *Skeptical Sociology* (1976), S. 37. Ich bin dieser Frage in *Freud für Historiker* (1994; engl. Original, 1985), Kap. 5, nachgegangen.

3. In den Worten des Psychoanalytikers Hans W. Loewald: «Säugling und Kind, die bei der Geburt nur mit bestimmten Automatismen ausgestattet sind, um im Gleichgewicht mit ihrer Umwelt zu bleiben, sehen sich in wachsendem Maß mit äußeren Bedingungen von extrem komplexer Natur konfrontiert. Diese komplexen äußeren Bedingungen ... sind nicht bloß ‹biologische› Er-

eignisfolgen, sondern auch Vorgänge auf anderen Integrationsniveaus, die wir als psychologische, kulturelle, soziale Ebenen bezeichnen.» «The Problem of Defense and the Neurotic Interpretation of Reality» (1952), *Papers on Psychoanalysis* (1980), S. 21–22.

4. «Die Triebe oder ‹Instinkte› der Psychoanalyse», schrieb Dennis Wrong in voller Übereinstimmung mit Freud, «sind keine fixen Anlagen für ein bestimmtes Verhalten; sie sind durch und durch gesellschaftlicher Kanalisierung und Veränderung unterworfen und könnten ohne soziale Formung gar nicht im Verhalten in Erscheinung treten.» Für den Psychoanalytiker ist demnach «der Mensch in der Tat ein soziales Tier», allerdings kein «vollständig sozialisiertes Tier. Seine soziale Natur ist ihrerseits Quelle von Konflikten und Widersprüchen, die einen Widerstand gegen die Sozialisierung schaffen». «Oversocialized Conception of Man», S. 45. Siehe auch Wrong, «Postscript 1975», und den dazugehörigen Beitrag «Human Nature and the Perspective of Sociology» (1963), *Skeptical Sociology*, S. 47–54, 55–70.

5. Freud an Frederic van Eeden, einen holländischen Dichter und Psychopathologen, Dezember 1914, Ernest Jones, *The Life and Work of Sigmund Freud*, Bd. II, *Years of Maturity, 1901–1919* (1955), S. 368.

6. «Response to Robert M. White's Review of Heinz L. and Rowena R. Ansbacher's *The Individual Psychology of Alfred Adler*» (1957), *The Collected Papers of David Rapaport*, hrsg. v. Morton M. Gill (1967), S. 683.

7. Leo Stone, «Reflections on the Psychoanalytic Concept of Aggression», *Psychoanalytic Quarterly*, XL (1971), S. 195, 238, 199.

8. «Lange bevor man mit eigenen analytischen Untersuchungen zur Aggression begann», schrieb Anna Freud in einem ihrer typisch klarsichtigen Artikel, «ging man ganz selbstverständlich vom aggressiven Charakter der infantilen Sexualität aus, wie ihn die kannibalistischen Neigungen und Phantasien der oralen Phase, die sadistischen, zudringlichen, manchmal tyrannischen Haltungen, die dem analen Stadium eigentümlich sind, und die von Herrschsucht und Durchsetzungswillen geprägten Eigenarten der phallischen Sexualität bezeugen». «Comments on Aggression», *International Journal of Psycho-Analysis*, LIII (1972), S. 184.

9. *The Inquirer* (London), 22. März 1862, S. 217. Diese Quelle verdanke ich R. K. Webb.

10. Ives Hendrick, «Work on the Pleasure Principle», *Psychoanalytic Quarterly* XII (1943), S. 311.

11. Ebd., S. 314.

12. Sigmund Freud, «Angst und Triebleben» (1932), *Neue Folge der Vorlesungen zur Einführung in die Psychoanalyse*, in: *Gesammelte Werke*, XV, S. 101.

13. Rapaport, «Some Metapsychological Considerations Concerning Activity and Passivity» (1961), *Collected Papers*, S. 533; siehe auch Gills editorische Bemerkung, ebd., S. 532.

14. Otto Fenichel, *The Psychoanalytic Theory of Neurosis* (1945), S. 59.

15. Joseph Sandler, in: «Panel on ‹Aggression›», unter Leitung von Martin H. Stein, *International Journal of Psycho-Analysis*, LIII (1972), S. 14.

16. Eliot an Mrs. Peter Alfred Taylor, 1. Februar 1853, *The George Eliot Letters*, hrsg. v. Gordon S. Haight, Bd. II, *1852–1858* (1954), S. 86.

17. Es gibt Zeiten, wie Voltaire vor zwei Jahrhunderten schrieb, in denen man zerstören muß, um aufbauen zu können. Anfang der dreißiger Jahre des letzten Jahrhunderts greift der englische Romanschriftsteller Edward Bulwer-Lytton diese These auf: «Das Zeitalter ist also», schrieb er, «eines der *Zerstörung:* man kann es kaschieren, wie man will, dies ist seine Bestimmung; erbärmlich wäre unser Los, wäre es nicht auch ein Zeitalter der Vorbereitung auf den Wiederaufbau.» *England and the English* (1833; hrsg. v. Standish Meacham, 1970), S. 319.

Bibliographischer Essay

Dieser bibliographische Essay enthält nur eine Literaturauswahl und beschränkt sich auf mehr oder minder wesentliche Titel, einfach deshalb, weil der Berg von Veröffentlichungen zu den Themen, die in diesem Band verhandelt werden, so riesig ist. Ich habe weit mehr Quellen – Monographien, Biographien, historische Gesamtdarstellungen, Archivmaterial – benutzt, als in diesem Essay aufgeführt; hier konzentriere ich mich auf Publikationen, die sich als besonders informativ und besonders anregend erwiesen haben – unabhängig davon, ob sie meine Zustimmung gefunden oder meinen Widerspruch herausgefordert haben. Da ich mich zu meiner Dankesschuld gegenüber psychoanalytischen Theorien schon in *Erziehung der Sinne* bekannt habe (insbesondere auf S. 497–99 und 502–03), kann ich hier darauf verzichten.

Titel von Freud habe ich in den Anmerkungen leicht gekürzt wiedergegeben: *Gesammelte Werke* steht für Sigmund Freud, *Gesammelte Werke*, hrsg. v. Anna Freud u. a., 18 Bde. (1940–68).

Mensur – die geliebte Narbe

Deutsche Texte zum Thema Mensur, die durchweg mit der Zweikampf-Mentalität sympathisieren, sind nicht unbedingt apologetisch. Die besten unter ihnen zeigen, wie die Mensur ins Studentenleben und in die studentischen Bräuche eingebunden war. Siehe vor allem Friedrich Schulze und Paul Ssymank, *Das deutsche Studententum von den ältesten Zeiten bis zur Gegenwart* (1910). Peter Krauses *«O Alte Burschenherrlichkeit». Die Studenten und ihr Brauchtum* (1979; 3. Aufl. 1980), sowie das ältere Buch von P. Seiffert, *Geschichte und Entwicklung der studentischen Verbände* (1913), sind nützlich. Vielgelesen und umfassend ist Werner Klose, *Freiheit schreibt auf eure Fahnen: 800 Jahre deutsche Studenten* (1967). Ssymanks *Bruder Studio in Karikatur und Satire* (1929) bietet amüsante und lehrreiche Einblicke in die Art, wie Zeichner und Karikaturisten die deutschen Studenten sahen. W. Fuhrmann, *Geschichte der studentischen Fechtkunst* (1901), ist eine dicht geschriebene Geschichte des studentischen Zweikampfs. Zum Thema der exklusivsten Studentenverbindungen ist Wilhelm Fabricius, *Die deutschen Corps. Eine historische Darstellung mit besonderer Berücksichtigung des Mensurwesens* (1898; Aufl. 1926), nach wie vor eine nützliche Quelle. Eine ausgezeichnete Monographie über ein äußerst exklusives Corps bildet H. Gerhardt, *Hundert Jahre Bonner Corps* (1926). Einen informativen soziohistorischen Beitrag stellt Detlev Grieswelle, «Zur Soziologie der Kösener Corps 1870–1914», in: Karsten Bahnson u. a., *Student und Hochschule im 19. Jahrhundert. Studien und Materialien* (1975), S. 346–65, dar. Siehe dort auch die Beiträge von Grieswelle zum «Antisemitismus in deutschen Studentenverbindungen des 19. Jahrhunderts», S. 366–79, und von Christian Helfer zu «Formen und Funktionen studentischen Brauchtums im 19. Jahrhundert», S. 159–72. K. Endemann, *Der deutsche Student und die sexuelle Ethik* [ca. 1900] ist ein früher Beitrag zur Erforschung des erotischen Hintergrunds des studentischen Lebens; hier bedarf es weiterer Forschungen.

Die englischsprachige Literatur zum Thema ist im allgemeinen kritischer: siehe etwa Konrad H. Jarausch, *Students, Society, and Politics in Imperial Germany: The Rise of Academic Illiberalism* (1982), passim, insbes. Kap. 5, «The Hidden Curriculum». Charles E. McClelland, *State, Society and University in Germany, 1700–1914* (1980), ortet die Universität nachdrücklich in ihrem sozialen Zusammenhang. R. G. S. Weber, *The German Student Corps in the Third Reich* (1986) bietet mehr, als der Titel verspricht: nämlich gutes Material über die Jahre davor und sehr ausführliche Anmerkungen. Siehe auch Gary D. Stark, «The Ideology of the German *Burschenschaft* Generation», *European Studies Review*, VIII, 3 (Juli 1978), S. 323–48. Jüdische schlagende Burschenschaften findet man erörtert in Adolf Asch und Johanna Philippson, «Self-Defence at the Turn of the Century: The Emergence of the K. C.», *Leo Baeck Institute Yearbook*, III (1958), S. 122–39. Die Ausführungen von Thomas Nipperdey, *Deutsche Geschichte, 1800–1866. Bürgerwelt und starker Staat* (1983), sind knapp, aber durchaus einschlägig.

Unter den Berichten über die Mensur aus dem 19. Jahrhundert ist (zu Recht) das bekannteste William Howitt, *The Student Life of Germany* (1841). Siehe auch das Tagebuch von Heines Freund Eduard Wedekind, *Studentenleben der Biedermeierzeit. Ein Tagebuch aus dem Jahre 1824*, hrsg. v. H. H. Houben [ca. 1927]. Viele oft zitierte deutsche Autobiographien berühren das Thema Mensur; die erhellendsten sind vielleicht Adolf Kussmaul, *Jugenderinnerungen eines alten Arztes* (1899); Friedrich Paulsen, *Aus meinem Leben. Jugenderinnerungen* (1909; zusammen mit anderen Denkschriften und historischen Berichten von Paulsen unter dem Titel *An Autobiography* übers. u. hrsg. v. Theordor Lorenz, 1938); Werner von Siemens, *Lebenserinnerungen* (1892); und Heinrich Laube, *Erinnerungen 1810–1840* (1909). Ebenso unerquicklich wie interessant ist F. Eichholz, *Der Paukarzt* (1886), die Erinnerungen eines Arztes, der sich auf die Behandlung von Mensur-Opfern spezialisiert hatte. Arthur Schnitzler, ein Kritiker der Mensur, der sie gründlich kannte, beschwört in *Jugend in Wien. Eine Autobiographie* (1968; Aufl. 1984) und in einigen seiner wirkungsvollsten Kurzgeschichten, vor allem in «Der Sekundant» und in «Leutnant Gustl», die damalige Atmosphäre herauf. Für meinen Text habe ich aus atmosphärischen Romanen zum Thema wie etwa Walter Bloems *Der krasse Fuchs* (1906) Nutzen gezogen. Zu Max Webers Einstellung gegenüber Duellen siehe Marianne Webers bemerkenswertes Buch *Max Weber. Ein Lebensbild* (1926). Zu untersuchen bleibt, was die deutschen Frauen eigentlich davon hielten, daß «ihre» Männer sich gegenseitig zerfetzten. Otto Julius Bierbaum, *Stilpe. Ein Roman aus der Froschperspektive* (1897), ist eine oberflächliche Satire, aber mehr auch nicht.

Die meisten Historiker, die über das Duell geforscht haben, heben zu Recht seine aristokratische Herkunft hervor, schenken aber der Tatsache, daß es im 19. Jahrhundert von der Bourgeoisie, zumal vom deutschen Bildungsbürgertum, übernommen wird, zu wenig Beachtung. Das gilt sogar für die beste moderne

Darstellung, *The Duel in European History: Honour and the Reign of Aristocracy* (1988) von V. G. Kiernan. Als Ergänzung zu der weitausgreifenden Geschichte Kiernans läßt sich ein gelehrtes Werk von François Billacois lesen, *Le Duel dans la société française des XVI–XVII siècles* (1968). Ute Frevert bietet ein ausgezeichnetes Korrektiv zu der Literatur, die den aristokratischen Anschein bereits für die ganze Wahrheit nimmt (ihre Befunde sind eine erfreuliche Bestätigung meiner Überzeugung, daß die Mensur für die Geschichte der bürgerlichen Kultur des 19. Jahrhunderts von Belang ist): «Bürgerlichkeit und Ehre. Zur Geschichte des Duells in England und Deutschland», in: Jürgen Kocka (Hrsg.), *Bürgertum im 19. Jahrhundert. Deutschland im europäischen Vergleich*, 3 Bde. (1988), III, S. 101–40; «Die Ehre der Bürger im Spiegel ihrer Duelle. Ansichten des 19. Jahrhunderts», *Historische Zeitschrift*, CCXLIX (1989), S. 545–82 (mit einem faszinierenden Bericht von Heines Duellen auf S. 554–57); schließlich ihre materialreiche, überzeugende Zusammenfassung *Ehrenmänner. Das Duell in der bürgerlichen Gesellschaft* (1991).

Zur Duell-Praxis im amerikanischen Süden vor dem Bürgerkrieg siehe Bertram Wyatt-Brown, *Southern Honor: Ethics and Behavior in the Old South* (1982), passim. Jerome K. Jeromes Autobiographie *My Life and Times* (1926), schildert ehrlich die Ambivalenz des Verfassers gegenüber Grausamkeit und Krieg und ist deshalb unentbehrlich für die Würdigung seiner Mensur-Erfahrung. Schließlich bieten die Beiträge in *The Invention of Tradition*, hrsg. v. Eric Hobshawm und Terence Ranger (1983), obwohl sie sich nicht direkt mit der Duell-Praxis beschäftigen, erhellende und oft von Galgenhumor geprägte Einblicke in die Art und Weise, wie sich «altertümliche» Rituale fabrizieren lassen.

I. Alibis

Die Literatur über Spencer läßt allmählich seiner Rolle im intellektuellen Leben der viktorianischen Zeit Gerechtigkeit widerfahren. Seine umfangreiche *Autobiography*, 2 Bde. (1904), lohnt eine nochmalige Lektüre. David Duncan, *Life and Letters of Herbert Spencer*, 2 Bde. (1908), ist ein klassisches postviktorianisches biographisches Werk. Von John W. Burrow findet sich ein gedankenreicher Beitrag über Spencer (Kap. 6) in *Evolution and Society. A Study in Victorian Social Theory* (1966). Siehe auch Jay Rumney, *Herbert Spencer's Sociology: A Study in the History of Social Theory* (1934; Ausgabe 1966), und J. D. Y. Peel, *Herbert Spencer: The Evolution of a Sociologist* (1971). Arnold M. Paul vertritt überzeugend die These, daß Spencers Einfluß, jedenfalls sein Einfluß auf das amerikanische Rechtsdenken, übertrieben worden sei: *Conservative Crisis and the Rule of Law: Attitudes of Bar and Bench, 1887–1895* (1960). Es finden sich auch einige bezeichnende Erinnerungen an Spencer und Einschätzungen seiner Person in Beatrice Webb, *My Apprenticeship* (1926; Aufl. 1971). Dank schulde ich Richard Hofstadters brillantem und bahnbrechendem Buch *Social Darwinism in American Thought, 1860–1915* (1944, Aufl. 1955), auch wenn unser Spencer-Verständnis einigermaßen differiert.

Die Literatur über Darwin und den Darwinismus ist schier nicht mehr zu bewältigen. Darwins knappe vielzitierte *Autobiography* (1887), in *Autobiogra-*

phies of Darwin and Huxley, hrsg. v. Gavin de Beer (1974) ist relativ unpersönlich abgefaßt – aufschlußreich in dem Mangel an Aufschluß, den sie gewährt. *The Correspondence of Charles Darwin* (1985–), eine unentbehrliche Quelle, wird jederzeit mit Anspruch auf Verbindlichkeit herausgegeben von Frederick Burkhardt und Sydney Smith. Als das vorliegende Buch in Druck ging, waren 7 Bände erschienen, die den Zeitraum bis 1859 umfassen. Bis diese großartige Reihe vollständig ist, wird man sich noch mit den älteren Sammlungen von Francis Darwin, *The Life and Letters of Charles Darwin, Including an Autobiographical Chapter*, 3 Bde. (1887; Aufl. 1919), und von Francis Darwin und A. C. Seward (Hrsg.), *More Letters of Charles Darwin: A Record of His Works in a Series of Hitherto Unpublished Letters*, 2 Bde. (1903), behelfen müssen. Zu den moderneren Biographien zählt Gertrude Himmelfarb, *Darwin and the Darwinian Revolution* (1959), das flüssig geschrieben, aber gegenüber seiner Wissenschaft tendenziös skeptisch ist. Gavin de Beer, *Charles Darwin: Evolution by Natural Selection* (1963), ist das Werk eines Fachmanns; Loren Eiseley, *Darwin's Century: Evolution and the Men Who Discovered It* (1958), ist äußerst verständlich geschrieben. Siehe auch das sehr gehaltvolle Buch von Peter Brent, *Charles Darwin: A Man of Enlarged Curiosity* (1981). Ronald W. Clark, *The Survival of Charles Darwin: A Biography of a Man and an Idea* (1984), macht sich moderne Forschungen zunutze und beschäftigt sich nicht nur mit dem Menschen Darwin, sondern auch mit seinem Wirken und dessen Folgen. Eine bezeichnende Folgeerscheinung des Darwinschen Wirkens, nämlich seinen Einfluß auf die Belletristik, findet man untersucht in Leo J. Henkin, *Darwinism in the English Novel, 1860–1910* (1940); Lionel Stevenson, *Darwin among the Poets* (1932); George Roppen, *Evolution and Poetic Belief: A Study in Some Victorian and Modern Writers* (1956); und vor allem in George Levine, *Darwin and the Novelists: Patterns of Science in Victorian Fiction* (1988), einem anregenden Text. Gillian Beer, *Darwin's Plots: Evolutionary Narrative in Darwin, George Eliot and Nineteenth-Century Fiction* (1983), zielt in eine ähnliche Richtung und ist ein ebenso kluges wie lohnendes Buch.

Zu den Vorläufern und der Ausbreitung der Darwinschen Ideen wie auch zum Widerstand gegen sie ist die Lektüre von *Forerunners of Darwin: 1745–1859*, hrsg. v. Bentley Glass, Owsei Tempkin und William L. Straus Jr., nützlich; das Buch umfaßt an die fünfzehn fundierte Aufsätze über den Evolutionismus von Buffon bis Schopenhauer, einschließlich dreier Beiträge vom Meister Arthur O. Lovejoy. Die gehaltvolle Anthologie *Darwin and His Critics: The Reception of Darwin's Theory of Evolution by the Scientific Community*, hrsg. v. David L. Hull, verfügt über eine ausgedehnte Einführung. D. P. Crook, *Benjamin Kidd: Portrait of a Social Darwinist* (1984) erzählt die Lebensgeschichte eines wichtigen Anhängers Darwins, bleibt aber nicht auf den bloß biographischen Kontext beschränkt. Peter J. Bowler, *The Eclipse of Darwinism: Anti-Darwinian Evolution Theories in the Decades around 1900* (1983), analysiert kritische Auseinandersetzungen mit Darwin, allerdings ohne daß eine wirkliche «Eklipse», eine Verfinsterung der Sonne des Darwinschen Denkens, erkennbar würde. Was «Darwins Bulldogge» betrifft, so lohnt die alte umfangreiche Biographie von Leonard Huxley, *Life and Letters of Thomas Henry Huxley*, 2 Bde. (1900), zwar immer noch die Lektüre, aber zur Ergänzung sollte Mario A. diGregorios informatives Buch *T. H. Huxley's Place in Natural Science* (1984) gelesen werden. *The Wider Domain of Evolutionary*

Thought, hrsg. v. David Oldroyd und Ian Langham (1983) enthält eine Reihe von nützlichen Beiträgen. Es lohnt sich, Ernst Mayers enzyklopädisches und Maßstäbe setzendes Buch *The Growth of Biological Thought: Diversity, Evolution, and Inheritance* (1982), heranzuziehen.

Der faszinierende und vielfach für Aufregung sorgende Aufstieg, den Darwinsche Ideen – oder was dafür galt – in Großbritannien und außerhalb erlebten, war Gegenstand einer Reihe von bewunderungswürdigen Forschungsbemühungen. Eine interessante frühe französische Würdigung stellt A. de Quatrefages, *Charles Darwin et ses précurseurs français: Étude sur le transformisme* (1870), dar. Zur neueren Forschung siehe Greta Jones, *Social Darwinism and English Thought: The Interaction between Biological and Social Theory* (1980); Cynthia Eagle Russett, *Darwin in America: The Intellectual Response, 1865–1912* (1976); *Evolutionary Thought in America*, hrsg. v. Stow Persons (1968); und Robert C. Bannister, *Social Darwinism: Science and Myth in Anglo-American Thought* (1979). Linda L. Clark, *Social Darwinism in France* (1984) ist hervorragend; das Buch läßt sich ergänzen durch Pietro Corsis Werk *Oltre il Mito*, das, von Jonathan Mandelbaum durchgesehen und übersetzt, unter dem Titel *The Age of Lamarck: Evolutionary Theories in France, 1790–1830* (1988) auf Englisch erschienen ist. Alfred Kelly, *The Descent of Darwin: The Popularization of Darwinism in Germany, 1860–1914* (1981) erschöpft seinen Gegenstand. Es stellt ein Korrektiv zu Wilhelm Bölsches *Ernst Haeckel. Ein Lebensbild* (1900) dar, das den Verbreiter des Darwinismus in Deutschland bis zur Unkenntlichkeit verklärt. Das oben erwähnte Buch von Hofstadter, *Social Darwinism*, ist außerordentlich erhellend.

William Graham Sumner verdient eine sorgfältigere Lektüre, als ihm bislang zuteil geworden ist; seine Vielschichtigkeit ist nach wie vor nur unzureichend erforscht. Die Seiten in Hofstadters *Social Darwinism*, die ihm gelten, sind glänzend geschrieben, aber nicht das letzte Wort. Die vier Bände mit Gelegenheitsarbeiten von Sumner, die Albert Galloway Keller zusammengetragen hat, sind nützlich: *War and Other Essays* (1911), *Earth-Hunger and Other Essays* (1913), *The Challenge of Facts and Other Essays* (1914) und *The Forgotten Man and Other Essays* (1919). Keller hat auch gemeinsam mit Maurice R. Davie eine Auswahl unter dem Titel *Selected Essays of William Graham Sumner* in zwei Bänden (1924) herausgegeben; sein Buch *Reminiscences (Mainly Personal) of William Graham Sumner* (1933) ist ebenfalls von Nutzen. Siehe dazu auch Harris E. Starr, *William Graham Sumner* (1925), und die neuere Arbeit von Maurice R. Davie, *William Graham Sumner: An Essay of Commentary and Selections* (1963). Robert Green McCloskey, *American Conservatism in the Age of Enterprise, 1865–1910* (1951) genießt berechtigte Wertschätzung, legt allerdings ein bißchen zuviel Gewicht auf Sumners Konservativismus. Clifford H. Scott bietet in *Lester Frank Ward* (1976) eine gute Darstellung von Sumners großem Gegenspieler. Israel Gerver hat mit *Lester Frank Ward* (1963) aus dem umfangreichen Material eine handliche Auswahl zusammengestellt.

Zu Walter Bagehot, dem Autor des Klassikers *Physics and Politics*, siehe Alastair Buchan, *The Spare Chancellor: The Life of Walter Bagehot* (1959), insbesondere Kap. 8. Das Buch ergänzt und ersetzt über weite Strecken das alte Standardwerk über Bagehot, *Life of Walter Bagehot* (1914), von Mrs. Russell Barrington. Lehrreich war für mich John W. Burrow, «Sense and Circumstances: Bagehot and the

Nature of Political Understanding», in: Stefan Collini, Donald Winch und John W. Burrow, *The Noble Science of Politics: A Study in Nineteenth-Century Intellectual History* (1983), S. 161–81. Zum Gefühlsleben Bagehots siehe das Kapitel «Kontrapunkt» in meinem Buch *Die zarte Leidenschaft. Liebe im bürgerlichen Zeitalter* (1987), S. 9–47. Die kritische Ausgabe, *The Collected Works of Walter Bagehot*, hrsg. v. Norman St. John-Stevas, 15 Bde. (1966–86), verdient mit ihrer Behandlung der Texte und den ausführlichen erläuternden Kommentaren Bewunderung.

John D. Rockefeller bietet uns in *Random Reminiscences of Men and Events* (1909) apologiefreie Einblicke in sein Leben und seine Ideen. Allan Nevins hat ihn in *Study in Power: John D. Rockefeller, Industrialist and Philanthropist*, 2 Bde. (1940), erschöpfend behandelt; dabei handelt es sich um eine revidierte Fassung seines *John D. Rockefeller: The Heroic Age of American Enterprise*, 2 Bde. (1940); das Buch ist materialreich, grenzt aber in seiner apologetischen Tendenz an Personenkult. Das fast ebenso gehaltvolle *Andrew Carnegie* (1970) von Joseph Frazier hält mehr Distanz. Harold C. Livesay, *Andrew Carnegie and the Rise of Big Business* (1975), vermittelt in einem knappen Überblick das Wesentliche. *The Autobiography of Andrew Carnegie* (posthum veröffentlicht, hrsg. v. John C. Van Dyke, 1920) birgt einige Kostbarkeiten. Carnegies berühmte Artikel, in denen er sein philanthropisches Glaubensbekenntnis ablegt, hat Edward C. Kirkland in *Andrew Carnegie, The Gospel of Wealth and Other Timely Essays* (1962) gut ediert. Zur Welt dieser Industriemagnaten siehe vor allem Kirkland, *Dream and Thought in the Business Community, 1860–1900* (1956); Merle Curti und Roderick Nash, *Philanthropy in the Shaping of American Higher Education* (1965); sowie Thomas C. Cochran und William Miller, *The Age of Enterprise: A Social History of Industrial America* (1942; überarb. Aufl., 1961). John A. Garraty, *The New Commonwealth, 1877–1890* (1968) bietet einen gutdurchdachten Überblick über den Zeitraum. Irvin G. Wyllie, *The Self-Made Man in America: The Myth of Rags to Riches* (1954) steuert einige faszinierende Streiflichter bei. Manche Titel, die in dem Abschnitt über Roosevelt weiter unten und in dem Abschnitt über Ratgeberliteratur in der Literaturliste zu Kapitel 6 auftauchen, sind auch für den vorliegenden Zusammenhang von Bedeutung.

Den pessimistischen Aspekt im Evolutionismus haben Koenraad Swart, *The Sense of Decadence in Nineteenth-Century France* (1964), und A. E. Carter, *The Idea of Decadence in French Literature, 1830–1900* (1985) behandelt. Über den bekanntesten Degenerations-Propheten siehe P. M. Baldwin, «Liberalism, Nationalism, and Degeneration: The Case of Max Nordau», *Central European History*, XIII, 2 (Juni 1980), S. 99–120. Zu Nordau siehe auch George Bernard Shaws schneidenden Gegenangriff: «A Degenerate's View of Nordau» (1895; in überarbeiteter Form erschienen als *The Sanity of Art*, 1908). Jean Pierrot, *Merveilleux et fantastique. Une histoire de l'imaginaire dans la prose française du romantisme à la décadence, 1830–1900* (1975), ist interessant und solide. Zu den anspruchsvollsten Titeln auf dieser Liste gehört die einfallsreiche, weit ausgreifende Untersuchung von Daniel Pick, *Faces of Degeneration: Aspects of a European Disorder, c. 1848–1918* (1989). Dieses Buch und andere sollten in einem Spannungsverhältnis zu Richard Gilman, *Decadence: The Strange Life of an Epithet* (1979), gelesen werden, wo die Décadence praktisch zu einem «freiverfügbaren Attribut» erklärt wird. Auch wenn das Buch ein nützliches Korrektiv darstellt, entkräftet es doch nicht die Überzeugung, daß sich in der Vorstellung vom Fin de Siècle in der Tat eine gewisse Angst vor dem Verfall niederschlägt, die zum Teil ihren Grund in einer besonders finster stimmenden Lektüre Darwinscher Ideen hat.

Die am leichtesten zugängliche Einführung in die Rassentheorien des 19. Jahrhunderts ist der unter dem Titel *Race: A Study in Superstition* (1937; überarb. Aufl., 1965) elegant arrangierte Zitatenschmaus von Jacques Barzun. Hugh A. MacDougall, *Racial Myth in English History: Trojans, Teutons, and Anglo-Saxons* (1982), verfolgt diese Mythen fachkundig zurück auf Autoren des Mittelalters. Aus der umfangreichen Literatur über den Rassismus des 19. Jahrhunderts ragt L. P. Curtis Jr., *Anglo-Saxons and Celts: A Study of Anti-Irish Prejudice in Victorian England* (1968), wegen seiner psychologischen Einsichten heraus, die er ohne Rückgriff auf psychoanalytische Terminologie vorträgt. Ein ebenso einsichtiger (und ebenso unanalytischer) älterer Text ist die durch den Burenkrieg inspirierte kraftvolle Polemik von J. A. Hobson, *The Psychology of Jingoism* (1901). Anregende (wenn auch kaum endgültige) psychoanalytische Spekulationen findet man in Octave Mannoni, *Psychologie de la colonisation* (1950). Eine ausführliche Untersuchung der Vielschichtigkeit von Rassenvorurteilen im frühen Amerika nebst Bemerkungen über Europa bietet Winthrop Jordan, *White over Black: American Attitudes toward the Negro, 1550–1812* (1868); das Buch ist nach wie vor eindrucksvoll. Es läßt sich in Verbindung mit Roy Harvey Pearce, *Savagism and Civilization: A Study of the Indian and American Mind* (1953; überarb. Aufl., 1988) lesen, das die Haltung der Weißen gegenüber Indianern behandelt. Siehe auch die gelehrsame Untersuchung von Philip Mason, *Prospero's Magic* (1962).

Daniel J. Kevles, *In the Name of Eugenics: Genetics and the Uses of Human Heredity* (1985) ist eine lesbare und überzeugende Abrechnung mit der «wissenschaftlichen» Arbeit von Francis Galton, Karl Pearson und ihren Nachfolgern. Nicht weniger vernichtend und nicht weniger gründlich haben das für Deutschland Peter Weingart, Jürgen Kroll und Kurt Bayertz in dem Buch *Rasse, Blut und Gene. Geschichte der Eugenik und Rassenhygiene in Deutschland* (1988) getan, das den Jahren vor 1914 breiten Raum schenkt. Stephen Jay Goulds Angriff gegen die «wissenschaftlichen» Rassenlehren, *The Mismeasure of Man* (1981), ist leicht verständlich vorgetragen, aber deshalb nicht weniger gehaltvoll; die vorliegenden Seiten sind von ihm beeinflußt. Die genannten Texte beweisen, daß moralische Entrüstung den Bemühungen um historische Objektivität nicht abträglich sein muß. Zum Kult ums Ariertum findet man bei Léon Poliakov, *Le Mythe aryen. Essai sur les sources du racisme et des nationalismes* (1971), viele wichtige Informationen. Eine der frühesten Widerlegungen dieses Mythos, die sich nach wie vor zu lesen lohnt, und das nicht nur aus historischem Interesse, bietet Salomon Reinach in *L'Origine des aryens (histoire d'une controverse)* (1892). Noch durchschlagendere Widerlegungen lieferte der große Kulturanthropologe Franz Boas. Sein wichtigster Beitrag aus der Vorkriegszeit ist zweifellos «Changes in Bodily Form of Descendants of Immigrants», *American Anthropologist, N. S. XIV* (1912), S. 530–62, das sich in *Race, Language and Culture* (1940) in handlich komprimierter Form wiederfindet. Sein spätes Werk *Anthropology and Modern Life* (1928) faßt die Arbeit eines ganzen Lebens zusammen. Eine Würdigung (sowie Hinweise auf die umfangreiche Literatur, die durch Boas angeregt wurde) bietet Alexander Lesser, «Boas, Franz», *International Encyclopedia of the Social Sciences*, hrsg. v. David L. Sills, 17 Bde. (1968), II, S. 99–110. Siehe auch F. H. Hankin, *The Racial Basis of Civilization* (1926), sowie das Buch *Race Differences* (1935) des Sozialpsychologen Otto Klineberg. Die These von Ashley Montagu, *Man's Most Dangerous Myth: The Fallacy of Race* (1945; 4. Aufl., 1964), erhellt schon aus dem Titel des Buches. Eine antirassistische Stellungnahme, die wegen ihrer Herkunft besonders interessant ist, stammt von dem kenntnisreichen britischen Verwaltungsbeamten und Autor Sydney Olivier, der auch Mitglied der sozialistischen Fabian Society war, und trägt den Titel *White Capital and Coloured Labour* (1910).

Zur Anthropologie des 19. Jahrhunderts, einer Brutstätte rassistischer Spekulationen, siehe die Sammlung maßgebender Beiträge von George W. Stocking Jr., *Race, Culture, and Evolution: Essays in the History of Anthropology* (1968); wenn ich «French Anthropology in 1800» (S. 13–41), «The Dark-Skinned Savage: The Image of Primitive Man in Evolutionary Anthropology» (S. 110–32) und die Hommage «Franz Boas and the Culture Concept in Historical Perspective» (S. 195–223) besonders erwähne, heißt das nicht, daß ich die übrigen Beiträge geringer einschätze. Stockings Zusammenfassung, *Victorian Anthropology* (1987), verdient Bewunderung. *Victorian Attitudes to Race* (1971) von Christine Bolt ist höchst brauchbar. Siehe auch die maßgebende Biographie von Francis Schiller, *Paul Broca: Founder of French Anthropology, Explorer of the Brain* (1980). Zu den verwickelten Ansichten Hippolyte Taines siehe das ausgezeichnete Kapitel in René Wellek, *A History of Modern Criticism, 1750–1950*, bislang 8 Bde. (1955–92), IV, S. 27–57.

Rassistische Ideen im Spanien des 16. Jahrhunderts, dem Land, in dem zum ersten Mal rassische «Reinheitstests» konzipiert wurden, untersucht mit Erfolg J. H. Elliott, *Imperial Spain, 1469–1716* (1963). Die Seiten in dem zu Recht berühmten Buch vom Américo Castro, *La Realidad histórica de España* (1948; dt. *Spanien. Vision und Wirklichkeit* [1957]), haben ihre Überzeugungskraft bewahrt. Die detaillierteste wissenschaftliche Untersuchung über *limpieza de sangre* ist A. A. Sicroff, *Les Controverses des statuts de ‹pureté de sang› en Espagne du XVe au XVIIe siècle* (1960). Die Fairness gebietet, anzumerken, daß im 16. Jahrhundert einige Spanier, insbesondere der gefeierte Bartolomé de Las Casas, der herrschenden Ideologie nicht erlagen. Für den Kontext ist Lewis Hanke, *The Spanish Struggle for Justice in the Conquest of America* (1949) unentbehrlich. Siehe auch Charles Gibson, *Spain in America* (1966).

Die brauchbarste, überzeugendste – und bündigste – Geschichte der Affäre Eyre ist Bernard Semmel, *Jamaican Blood and Victorian Conscience* (1963); die britische Ausgabe kam 1962 unter dem Titel *The Governor Eyre Controversy* heraus, und eine Paperback-Ausgabe 1969 unter dem Titel *Democracy versus Empire*. Geoffrey Dutton, *The Hero as Murderer: The Life of Edward John Eyre, Australian Explorer and Governor of Jamaica, 1815–1901* (1967), stellt eine gut recherchierte, aber übertrieben hitzige und in meinen Augen fehlgeleitete Verteidigung von Eyre dar, die seine Gegner als Heuchler schildert. In dem oben zitierten Buch von Bolt, *Victorian Attitudes to Race,* findet sich ein gutes Kapitel über Eyre. I. Rotberg, unter Mitarbeit von Miles F. Shore, *The Founder: Cecil Rhodes and the Pursuit of Power* (1988), ist eine das Thema erschöpfende moderne

Biographie, einschließlich einleuchtender psychoanalytischer Überlegungen. Ein schönes Pendant dazu bildet Phyllis Lewsen, *John X. Merriman: Paradoxical South African Statesman* (1982), eine Biographie über Rhodes großen Gegenspieler. Unter mehreren Biographien über den Privatbesitzer des Kongo ragt Barbara Emerson, *Leopold II of the Belgians: King of Colonialism* (1979), durch Informationsreichtum und Abgewogenheit hervor. Die nüchterne Monographie von George Dunlap Crothers, *The German Elections of 1907* (1941), wirft ein Licht auf die kolonialistische Stimmung in Deutschland und erfüllt damit ein Desiderat. Siehe auch das (unabsichtlich) aufschlußreiche Sammelwerk *Mit der Schutztruppe durch Deutsch-Afrika* (1905), dessen Verfasser das Pseudonym «Simplex Africanus» trägt; es umfaßt auch im Anhang eine parteiische Darstellung der Vernichtung der Herero durch Leutnant P. Leutwein. So skeptisch ich der Wissenschaft, die aus der ehemaligen DDR stammt, gegenüberstehe, so fundiert erscheint mir doch bei all seiner Rhetorik Horst Drechsler, *Südwestafrika unter deutscher Kolonialherrschaft. Der Kampf der Herero und Nama gegen den deutschen Imperialismus (1884–1915)* (1966; 2. Aufl., 1984). Das gleiche gilt für Ferdinand Müller, *Kolonien unter der Peitsche* (1962). Jon M. Bridgman, *The Revolt of the Hereros* (1981), ist wissenschaftlich solide, bündig abgefaßt und vernichtend – für die Deutschen.

Die ungeheuer umfangreiche Literatur zum Imperialismus beschäftigt sich zwangsläufig auch mit dem Thema Rassismus. Von den Titeln, die ich (mehr oder minder einverständig) im Laufe der Jahre gelesen habe, möchte ich die ersten drei Kapitel von Phillip Darby, *Three Faces of Imperialism: British and American Approaches to Asia and Africa, 1870–1970* (1987), besonders hervorheben wie auch Henri Brunschwig, *Mythes et réalités de l'impérialisme colonial français 1871–1914* (1960), eine knappe Darstellung, die indes ein Gefühl für psychologische Aspekte beweist. *The History and Politics of Colonialism, 1870–1914,* das den ersten Band des von L.H. Gann und Peter Duignan herausgegebenen Sammelwerks *Colonialism in Africa 1870–1960* (1969) bildet, vereinigt informationsreiche Beiträge über alle Aspekte der britischen, französischen, deutschen, belgischen und sonstigen imperialistischen Expansion. Richard Hofstadter, «Cuba, the Philippines, and Manifest Destiny» (1952), überarb. in *The Paranoid Style in American Politics and Other Essays* (1965), S. 145–87, ist (wie all seine Arbeiten) unendlich anregend. Eine sehr gehaltvolle, und auch ernüchternde, Studie des religiös-apologetischen Aspekts des Imperialismus – seines Sendungsbewußtseins – bietet Karl Hammer, *Weltmission und Kolonialismus. Sendungsideen des 19. Jahrhunderts im Konflikt* (1978). Zum Feindbild des deutschen Imperialismus liefert Hans-Ulrich Wehler in *Bismarck und der Imperialismus* (1969; 4. Aufl., 1976) einen höchst bemerkenswerten Beitrag. Zwei kluge allgemeine Untersuchungen lohnen nach wie vor die Lektüre: Richard Koebner, *Empire* (1961), und George Lichtheim, *Imperialism* (1971).

Ich glaube, ich kann C. Vann Woodwards lebendiges, bahnbrechendes Buch *The Strange Career of Jim Crow* (1955; 3. überarb. Aufl., 1974) als Klassiker bezeichnen. Meine Ausführungen zum amerikanischen Rassismus nach dem Bürgerkrieg stehen stark unter seinem Einfluß. Lewis H. Blairs erstaunliches Plädoyer für Rassengleichheit, betitelt *The Prosperity of the South Dependent upon the Elevation of the Negro* (1889), ist unter dem neuen Titel *A Southern Prophecy* in einer von C. Vann Woodward herausgegebenen modernen Ausgabe (1964) zugänglich. Siehe in diesem Zusammenhang Thomas F. Gossett, *Race: The History of an Idea in America* (1963), sowie die Spezialarbeit von Barbara Miller Solomon, *Ancestors and Immigrants: A Changing New England Tradition* (1956).

Als ich vor vielen Jahren über die Männlichkeitsvorstellung der viktorianischen Zeit Material zusammenzutragen begann, sahen die Historiker darin noch kaum ein forschungswürdiges Phänomen beziehungsweise Symptom. Seit neuestem ist das Thema groß in Mode gekommen. Man sollte deshalb aber brauchbare ältere Texte nicht übersehen. Richard Slotkins gewichtiges Buch *Regeneration Through Violence: The Mythology of the American Frontier, 1600–1860* (1973) beleuchtet interessante Aspekte der Männlichkeitsvorstellung in Amerika. *The American Man*, hrsg. v. Elizabeth H. Pleck und Joseph H. Pleck, bietet chronologisch geordnete Artikel über Themen, die von der Sodomie im Neuengland des 17. Jahrhunderts bis zum Kult der harten Linie in der Außenpolitik während der Jahre des Vietnamkriegs reichen. Mark C. Carnes, *Secret Ritual and Manhood in Victorian America* (1989), schildert im Detail die Phantasiewelt, in die Logenbrüder zwecks Aufrechterhaltung eines primitiven Männlichkeitsideals eingesponnen waren. Die Anthropologen haben die interessantesten Beiträge geliefert. Man schaue sich etwa die reichhaltige vergleichende Studie über Männlichkeit, *Manhood in the Making: Cultural Concepts of Masculinity* (1990), von David D. Gilmore an, die gleichermaßen die zu erwartenden Unterschiede und die überwältigende Allgegenwart des Männlichkeitsideals quer durch die Klassen, Berufszweige und Kulturen belegt. Für den amerikanischen Süden vor dem Bürgerkrieg ist das bereits zitierte Buch von Bertram Wyatt-Brown, *Southern Honor: Ethics and Behavior in the Old South* (1982), das maßgebende Werk. Siehe darüber hinaus auch Julian Pitt-Rivers, «Honor», *International Encyclopedia of the Social Sciences*, VI, S. 503–11; Ray Raphael, *The Men from the Boys: Rites of Passage in Male America* (1988); und Michael Herzfeld, *The Poetics of Manhood: Contest and Identity in a Cretan Mountain Village* (1985). Zwei ältere, bekannte Untersuchungen sind J. G. Peristiany, *Honour and Shame: The Values of Mediterranean Society* (1966), und John K. Campbell, *Honour, Family and Patronage: A Study of Institutions and Moral Values in a Greek Mountain Community* (1964); beide Schriften waren für diesen Teil meines Buches von großem Wert. Und siehe schließlich das eklektische Buch von Peter N. Stearns, *Be a Man! Males in Modern Society* (1979).

Für England, wo das Thema eine wichtige Rolle spielt, schulde ich besonderen Dank Stefan Collini, «Manly Fellows: Fawcett, Stephen, and the Liberal Temper» (1989), in überarbeiteter Form in *Public Moralists: Political Thought and Intellectual Life in Britain, 1850–1930* (1991), Kap. 5. Vgl. auch die einschlägigen Abschnitte in Boyd Hiltons eindrucksvollem Buch *The Age of Atonement: The Influence of Evangelicalism on Social and Economic Thought, 1795–1865* (1988), das die Männlichkeitsvorstellung mit einem folgenreichen Aspekt englischer Religiosität in Zusammenhang bringt. Man kann es gewinnbringend zusammen mit Norman Vance, *The Sinews of the Spirit: The Ideal of Christian Manliness in Victorian Literature and Religious Thought* (1985), lesen. Alle hier genannten Autoren zehren – wie ich auch – von David Newsome, *Godliness and Good*

Learning: Four Studies on a Victorian Ideal (1961), einem reizvollen und ehrlichen, wenn auch in psychologischer Hinsicht unbedarften Text.

William James berührt häufig das Thema Männlichkeitsvorstellung, sogar in *The Varieties of Religious Experience: A Study in Human Nature* (1902). An Sekundärliteratur sind zu nennen Ralph Barton Perry, *The Thought and Character of William James*, 2 Bde. (1935), das trotz seines Alters seinen Wert behält; Jacques Barzun, *A Stroll with William James* (1983), ein Buch mit gediegenen Reflexionen, die der James-Anhänger in der ihm eigenen stilvollen Weise vorträgt; sowie Gerald E. Myers, *William James: His Life and Thought* (1986), eine sehr gediegene, geradezu gemütvolle, intellektuelle Biographie. Eine Reihe von einfühlsamen psychoanalytischen Annäherungen an das Leben und Denken von James, die besondere Plausibilität vor dem Hintergrund seiner frühen depressiven Phase gewinnen, findet man vor allem bei Howard M. Feinstein, *Becoming William James* (1984), sowie in zwei Beiträgen von Cushing Strout, «William James and the Twice-Born Sick Soul», *Daedalus*, XCVII (Sommer 1968), S. 1062–82, und «The Pluralistic Identity of William James: A Psychohistorical Reading of *The Varieties of Religious Experience*», *American Quarterly*, XXIII (1971), S. 135–52.

Über den Mann, der *The Manliness of Christ* schrieb, informieren Edward C. Mack und W. H. G. Armytage, *Thomas Hughes: The Life of the Author of «Tom Brown's Schooldays»* (1952) sowie die kurze Lebensbeschreibung von George J. Worth, *Thomas Hughes* (1984). Eine Biographie, die tiefer eindränge, wäre allerdings wünschenswert. Unterdessen gibt es Boyd Hilton, «Manliness, Masculinity, and the Mid-Victorian Temperament», in Lawrence Goldman (Hrsg.), *The Blind Victorian: Henry Fawcett and British Liberalism* (1989), S. 60–70. Die Parteigänger des Mannestums in der Literatur der viktorianischen Zeit – und sogar stärker noch seine Gegner – findet man meisterhaft charakterisiert bei Mario Praz, *La Crisi dell' eroe nel romanzo vittoriano* (1981). Was die Definition von Männlichkeit und ihre Probleme betrifft, bleibt Sigmund Freud, *Drei Abhandlungen zur Sexualtheorie* (1905), in Gesammelte Werke, V, S. 27–145, ein wichtiger Text.

Zu «männlichen» Autoren in Amerika siehe James Lundquist, *Jack London: Adventures, Ideas, and Fiction* (1987); Joan D. Hedrick, *Solitary Comrade: Jack London and His Work* (1982); sowie Donald Pizer, *The Novels of Frank Norris* (1966). Alle amerikanischen Literaturgeschichten räumen ihnen Platz ein; zu den informativsten zählt Alfred Kazin, *On Native Grounds: An Interpretation of Modern American Prose Literature* (1942; Ausgabe 1956).

Andere einschlägige Titel findet man in dem Abschnitt über Sport in der Literaturliste zu Kapitel 6.

Das Material für meine Seiten über Theodore Roosevelt stammt hauptsächlich aus *The Works of Theodore Roosevelt*, hrsg. v. Hermann Hagedorn, 20 Bde. (1926), und aus *The Letters of Theodore Roosevelt*, ausgew. und hrsg. v. Elting E. Morison, in Zusammenarbeit mit John M. Blum und Alfred D. Chandler Jr., 8 Bde. (1951–54), einem großartigen Denkmal, das wissenschaftlicher Fleiß einem wortreichen Amerikaner und sich selbst gesetzt hat. Ein paar weitere Pretiosen sind überliefert in *Theodore Roosevelt's Letters to His Children*, hrsg. v. Joseph Bucklin Bishop (1919), einer reizenden Briefsammlung, und in *Selections from the*

Correspondence of Theodore Roosevelt and Henry Cabot Lodge, 1884–1918, 2 Bde. (1925). Unter den umfangreichen Schriften von Theodore Roosevelt ist *The Winning of the West*, 4 Bde. (1889–96), außerordentlich aufschlußreich im Blick auf seine Männlichkeits- und Rassevorstellungen. Siehe auch Theodore Roosevelts charakteristische Selbstdarstellung *An Autobiography* (1913).

Verständlicherweise hat Theodore Roosevelt Biographen angezogen. Unter den zahlreichen Lebensbeschreibungen macht die eigenwillige Darstellung von Henry F. Pringle, *Theodore Roosevelt: A Biography* (1931), eine bemerkenswert gute Figur. David McCullough, *Mornings on Horseback* (1981) ist eine lebendige und überzeugende Schilderung der Jugendjahre Theodore Roosevelts und der Anfangsjahre seiner politischen Karriere; es beackert zwar denselben Boden, dringt aber psychologisch tiefer ein, als das m. E. dem schönen Buch *Theodore Roosevelt: The Formative Years, 1858–1886* (1958) von Carleton Putnam gelingt. John M. Blums erhellendes und bündiges Buch *The Republican Roosevelt* (1954; 2. Aufl., 1977) ist eine fast durchgängig überzeugende Würdigung des politischen Führers Theodore Roosevelt; ich habe viel daraus gelernt, auch wenn ich mit seinem Urteil nicht übereinstimme. Ich hoffe, ich stehe nicht allzu sehr unter dem Einfluß des ätzend sarkastischen Kapitels «Theodore Roosevelt: the conservative as Progressive» in Hofstadters *The American Political Tradition and the Men Who Made It* (1948), S. 203–33. George E. Mowry, *The Era of Theodore Roosevelt, 1900–1912* (1958), bietet einen höchst nützlichen Überblick. Eine zwangsläufig spekulative, psychoanalytische Einschätzung findet man in zwei Artikeln von Glenn Davis: «The Early Years of Theodore Roosevelt: A Study in Character Formation», *History of Childhood Quarterly*, II, 4 (Frühjahr 1975), S. 461–92, und «The Maturation of Theodore Roosevelt: The Rise of an ‹Affective Leader›», *History of Childhood Quarterly*, III, 1 (Sommer 1975), S. 43–74.

II. Pathologisches

Der entscheidenden Vorstellung von Normalität, ohne die es natürlich nicht möglich ist, von Pathologischem zu reden, wird nachgegangen in Georges Canguilhem, *Le Normal et le pathologique* (1966; 2. Aufl., 1972). Biographische Aufsätze über die Gründungsväter der «Wissenschaft» der Kriminologie (die Beiträge sind im Wert ebenso unterschiedlich wie in der Länge) findet man in *Pioneers in Criminology*, hrsg. v. Hermann Mannheim (1960); das Buch enthält unter anderem Kapitel über Beccaria, Bentham und Henry Maudsley. Das lange und nützliche (wenn auch über Gebühr defensive) Kapitel zu Cesare Lombroso liest sich am besten in Verbindung mit Maurice Parmalee, *L'uomo delinquente* (1899; dt. *Die Ursachen und Bekämpfung des Verbrechens* [1902]), sowie mit Hermann Mannheim, «Lombroso and His Place in Modern Criminology», *Sociological Review*, XXVIII (1936), S. 31–49, und mit den erhellenden Seiten in dem bereits zitierten Buch *Faces of Degeneration: Aspects of a European Disorder, c. 1848–1918* (1989). Élie Halévy's Klassiker *La formation du radicalisme philosophique* (1901–4; engl. *The Growth of Philosophical Radicalism* [1928]), in dessen Umkreis die Strafvorstellungen der Utilitaristen gehören, hat nichts von seinem Glanz verloren, auch wenn uns heute sein Glaube an den Triumph des *Laissez-faire* allzu weit geht. Der

Aufsatz «Bentham» (1838) von John Stuart Mill, der sich in vielen Sammlungen findet, ist eine unverzichtbare Lektüre. Den Vorwurf, daß Bentham im Kern ein totalitärer Denker war, darf der Historiker nicht außer acht lassen; am kraftvollsten vorgetragen wird dieser Vorwurf in dem kämpferischen, parteilichen Beitrag von Gertrud Himmelfarb, «The Haunted House of Jeremy Bentham» (1965), der Aufnahme in ihr Buch *Victorian Minds: A Study of Intellectuals in Crisis of Ideologies in Transition* (1968), Kap. 2, gefunden hat. Himmelfarb bezieht sich auf Benthams Entwurf für ein Mustergefängnis, das «Panopticon». In den achtziger und neunziger Jahren des 18. Jahrhunderts vernarrte sich Bentham in diese «einfache architektonische Idee». Verurteilte Verbrecher waren demnach Aufsehern ausgeliefert, deren Vollmachten ihnen eine beispiellose Verfügungsgewalt über die Gefangenen verlieh. Wie der Name Panopticon deutlich macht, war das Gefängnis wie ein großes Rad aus Stein und Eisen konstruiert, so daß ein an der Nabe postierter Inspektor mit einem Blick überschauen konnte, was in den einzelnen Radspeichen vorging. Bentham war so begeistert von der Idee, daß er empfahl, sie auch in anderen Einrichtungen wie Arbeitshäusern, Irrenanstalten und Schulen anzuwenden – all das im Namen des Nützlichkeitsprinzips. Er brachte sich selbst zu der Überzeugung, daß sein Plan gegenüber den bestehenden Methoden, Verbrecher unterzubringen, eine ungeheure Verbesserung bedeute und außerdem preiswert sei. Glücklicherweise gelang es ihm nie, die englische oder eine andere Regierung zur Finanzierung seines Projekts zu überreden; so unterblieb der Bau eines Panopticons. Dennoch hatte der Plan gewisse Auswirkungen auf den Zuchthausbau. Das Hochsicherheitsgefängnis, das zwischen 1876 und 1881 im Berliner Bezirk Moabit errichtet wurde, scheint mit seiner Zentralhalle und den fünf Flügeln, die von dort ausstrahlen, dem Panopticon nachgebildet. Paul Lindenberg, in «Polizei und Verbrechertum der Reichshauptstadt. Moabit», *Die Gartenlaube,* XL (1892), S. 732–35; der dort abgedruckte Bericht, dem auch eine sinnträchtige Zeichnung beigefügt ist, bemüht sogar das fast unvermeidliche Klischee: «Dieses innere eiserne Gerippe des Gefängnisses erscheint wie ein riesiges Spinnengewebe, in welchem selbst die Spinne nicht fehlt...» Keine Frage, daß Benthams Rationalismus seine unheimlichen Seiten hatte, aber dieser triste Entwurf steht nicht im Zentrum des Benthamschen Denkens, das sich bei all seinem dürren Rationalismus durch einen markant menschlichen Zug auszeichnete. Über einen der einflußreichen englischen Rechtsgeschichtler informieren George Feaver, *From Status to Contract: Sir Henry Maine, 1822–1888* (1969), und R.J. Cocks, *Sir Henry Maine: A Study in Victorian Jurisprudence* (1988).

Über den Impuls zur Rache siehe (zusätzlich zu dem im Anhang angegebenen Material) zwei kurze psychoanalytische Studien: Theodor Reik, *Geständniszwang und Strafbedürfnis: Probleme der Psychoanalyse und der Kriminologie* (1925), sowie Franz Alexander und Hugo Staub, *Der Verbrecher und sein Richter: Ein psychoanalytischer Einblick in die Welt der Paragraphen* (1929). Unter dem Titel *Psychoanalyse und Justiz* (1974) sind sie erfreulicherweise zusammen veröffentlicht. Das Buch des klassischen Altertumswissenschaftlers Walter Burkert, *Homo Necans. Interpretationen altgriechischer Opferriten und Mythen* (1972), ist äußerst anregend. Für die Geschichte des Drangs, Rache zu üben, hat die alte Untersuchung von Louis Günther, *Die Idee der Wiedervergeltung in der Geschichte und Philosophie des Strafrechts. Ein Beitrag zur universalhistorischen*

Entwicklung desselben, 2 Bde. (1889–91), nach wie vor beträchtlichen Wert. Eine neuere, nicht weniger umfängliche Untersuchung stellt H. von Hentig, *Die Strafe*, 2 Bde. (1954–55), dar.

Ein Großteil der jüngsten wissenschaftlichen Literatur über die Theorie und Praxis des Gefängniswesens im 19. Jahrhundert steht unter dem Einfluß der Schriften von Michel Foucault. Mit seiner in meinen Augen kapriziösen und oft verkehrten Argumentation gibt Foucault in der Diskussion den Ton an. Sein Schlüsseltext ist *Surveiller et punir. Naissance de la prison* (1975; dt. *Überwachen und Strafen. Die Geburt des Gefängnisses* [1989]). Foucault hat in die Geschichte der Kriminalstrafkunde frischen Wind gebracht und die traditionelle optimistische Sicht der Liberalen von einem durchgängigen erfolgreichen Humanisierungsprozeß im Strafvollzug ernsthaft in Frage gestellt, wenn auch nicht jeglicher Glaubwürdigkeit beraubt. Gordon Wrights strengem Urteil schließe ich mich an. «Wie für die Marxisten handeln auch für Foucault die Reformer der Aufklärung unter dem Diktat bürgerlicher Interessen, die sich hinter humanitären Phrasen verstecken. Die Sorge der Reformer galt der wachsenden Bedrohung des Eigentums, die darin ihren Niederschlag fand, daß sich bei den Straftaten der Schwerpunkt von den Gewaltverbrechen zum Diebstahl verlagerte ... Foucaults Lesart zufolge war die Bourgeoisie auch entschlossen, rechtliche Schlupflöcher zu verstopfen, aus denen die ärmeren Schichten Vorteil zogen, und andere Schlupflöcher zu vergrößern, die für Unternehmer und Geschäftsleute von Nutzen waren. Noch grundlegender war laut Foucault das Bedürfnis der Bourgeoisie, das zu schaffen, was er die ‹disziplinäre Gesellschaft› nennt, das heißt, eine an die Erfordernisse des Industriezeitalters angepaßte Gesellschaft ... Die blendende Brillanz seines Werks hat Foucault zu einer Kultfigur werden lassen, und einen Widerhall seiner Ideen findet man in einer Reihe neuerer Monographien zum Verbrechensproblem.» Aber «Foucault gibt seine Ideen unverfroren als Tatsachen aus und unterstellt mit gleicher Unverfrorenheit den Reformern des Strafvollzugs bestimmte Motive ... In den Ideen der Aufklärung nichts weiter als eine Widerspiegelung, eine abhängige Funktion des ökonomischen Wandels zu sehen, heißt, eine Hypothese für die Tatsache zu nehmen.» *Between the Guillotine and Liberty: Two Centuries of the Crime Problem in France* (1983), S. 21–22. Für Foucault und seine Anhänger, die allesamt einem übertriebenen Rationalismus huldigen, lauert die soziale Kontrolle – der gewaltsame oder besser manipulative Einsatz von Methoden zur Befriedung, wenn schon nicht Befriedigung der Massen – hinter jeder Verlautbarung, jeder Handlung der Führungsschichten einer Gesellschaft, gleichgültig, ob diese zum Adel gehören oder Bürgerliche sind. Diese Führungsschichten sind – meint Foucault – mit der heimlichen Ausübung von Macht beschäftigt, ja geradezu davon besessen. Aber hier wird unterschätzt, welche Rolle der Zufall, die Verwickeltheit der Verhältnisse, die schiere Ängstlichkeit oder Dummheit der Machthaber spielen, ganz zu schweigen von den idealistischen Absichten der letzteren und von den Institutionen innewohnenden Tendenz, ihre eigenen Prioritäten zu setzen.

In den maßgebendsten Untersuchungen über die Gefängnisse des 19. Jahrhunderts hat die Empirie den Sieg über die Ideologie davongetragen, wenngleich auch bei ihnen der Einfluß Foucaults spürbar ist. Zu nennen ist hier Patricia O'Brien, *The Promise of Punishment: Prisons in Nineteenth-century France* (1982), eine solide argumentierende und gut fundierte Studie. Martin J. Wieners luzide und kluge Untersuchung, *Reconstructing The Criminal: Culture, Law, and Policy in England, 1830–1914* (1990), bekam ich zu spät in die Hand, um sie im Text noch berücksichtigen zu können; ich habe aber mit Genugtuung die Übereinstimmung unserer Interpretationen registriert. Klaus Dörner, *Bürger und Irre. Zur Sozialgeschichte und Wissenschaftssoziologie der Psychiatrie* (1969; überarb. Neuaufl. 1984), ist zwar nicht immun gegen Foucault, übt aber Kritik an ihm, weil er eine komplexe Geschichte übervereinfache und durch seine «abstrakte Negation auf die Aufklärung bezogen und auf eine bloße reaktive Position der Gegen-Aufklärung beschränkt» bleibe (S. 26). Eine Auseinandersetzung mit Foucault findet man in der anregenden Aufsatzsammlung *L'impossible Prison. Recherches sur le système pénitentiaire au XIXe siècle*, hrsg. v. Michelle Perrot (1980), unter anderem mit Beiträgen des Herausgebers und Stellungnahmen von Maurice Agulhon und Foucault; der lange Beitrag von Catherine Duprat, «Punir et guérir. En 1819, la prison des philanthropes», S. 64–122, ist besonders interessant.

Gustave de Beaumont und Alexis de Tocqueville, *Du système pénitentiaire aux États-Unis, et de son application en France*, 2 Bde. (1833; 2. Aufl., 1836), ist auch heute noch mehr als ein Zeitdokument. Die moderne englische Ausgabe dieses Klassikers, *On the Penitentiary System in the United States and Its Application in France* (übers. Francis Lieber, 1833; hrsg. v. Herman R. Lantz, 1964), lohnt sich heranzuziehen. Neben anderen Rebellen gegen den liberalen Optimismus ist Michael Ignatieff zu nennen, Verfasser von *A Just Measure of Pain: The Penitentiary in the Industrial Revolution, 1750–1850* (1978), einer dramatischen, von Empörung getragenen, informativen Geschichte der Entstehung moderner Gefängnisse in England, wenn auch im Hinblick auf die Machtfrage übertrieben emphatisch.

Eine kluge und knapp gehaltene Untersuchung der philosophischen Theorien bietet Ted Honderich in *Punishment: The Supposed Justifications* (1969; überarb. Aufl., 1971). Stanley E. Grupp (Hrsg.) hat in *Theories of Punishment* (1971) eine interessante Reihe von Beiträgen zur Vergeltungs-, Abschreckungs-, Rehabilitations- und «Integrations»-Funktion von Strafe zusammengestellt. Zum historischen Hintergrund für das 19. Jahrhundert siehe insbesondere die wissenschaftlich akribische Abhandlung von J. M. Beattie, *Crime and the Courts in England, 1660–1800* (1986), sowie Heinz Reif (Hrsg.), *Räuber, Volk und Obrigkeit. Studien zur Geschichte der Kriminalität in Deutschland seit dem 18. Jahrhundert* (1984); die Einzelbeiträge konzentrieren sich in der Hauptsache auf die Kriminalität in den unteren Schichten. Die Reaktionen eines aufmerksamen Beobachters des 19. Jahrhunderts in ihrem Wandel untersucht Philipp Collins' unentbehrliche Arbeit *Dickens and Crime* (1962; 2. Aufl., 1964). Siehe die ausgezeichnete Studie von James A. Colaiaco, *James Fitzjames Stephen and the Crisis of Victorian Thought* (1983), die sich mit diesem barschen Rechtshistoriker und Rechtstheoretiker beschäftigt; sie wird gut ergänzt durch K. J. M. Smith, *James Fitzjames Stephen: Portrait of a Victorian Rationalist* (1988). Stephens wichtige Abhandlung *Liberty, Equality, Fraternity* (1873; 2. Aufl., 1874) wurde vorzüglich ediert von R. J. White (1967).

Das Problem der verminderten Zurechnungsfähigkeit hat im Laufe der Jahre einen ganzen Stoß von Kommentaren ins Leben gerufen. Abraham S. Goldstein, *The Insanity Defense* (1967), stellt eine bewundernswerte Zusammenfassung dar und stützt sich auf die umfängliche juristische und die nicht minder umfängliche psychologische Literatur. Sheldon Gluecks menschliches Buch *Mental Disorder and the Criminal Law: A Study in Medico-Sociological Jurisprudence* (1925) ist immer noch von klassischer Statur. Gluecks *Law and Psychiatry: Cold War or «Entente Cordiale»?* (1962) ist eine reife Summa. Henry Weihofen, *Mental Disorder as a Criminal Defense* (1954), ist gleichfalls ein maßgebender Text, der sich durch ein anderes seiner Bücher, *The Urge to Punish: New Approaches to the Problem of Mental Irresponsibility for Crime* (1956), ergänzen läßt. Siehe auch Roger Smith, *Trial by Medicine: Insanity and Responsibility in Victorian Trials* (1981). Unter den jüngeren Historikern, die über das Verhältnis von Geisteskrankheit und Rechtspflege gearbeitet haben, genießt Foucault verständlicherweise eine gewisse Vorliebe, die aber nicht unkritisch ist. Robert A. Nye, *Crime, Madness, and Politics in Modern France: The Medical Concept of National Decline* (1984), stellt eine erschöpfende Behandlung des Themas dar, die mit revisionistischen Ansichten sympathisiert, ihnen aber nicht sklavisch folgt. Besonders über den Streit zwischen französischen Kriminologenschulen hat mir das Buch von Ruth Harris, *Murders and Madness: Medicine, Law, and Society in the «Fin de Siècle»* (1989), Kenntnisse vermittelt. Siehe auch Jan Goldstein, *Console and Classify: The French Psychiatric Profession in the Nineteenth Century* (1987); dieses Buch unterzieht das Terrain ebenfalls einer gründlichen Durchforstung. Für die USA gibt es das herausfordernde Buch von David J. Rothman *The Discovery of the Asylum: Social Order and Disorder in the New Republic* (1971). Und siehe auch U. R. Q. Henriques, «The Rise and Decline of the Separate System of Prison Discipline», *Past and Present*, Nr. 54 (Februar 1972), S. 61–93. Eine Reihe von Gefängnisdirektoren, Geistlichen und Ärzten der viktorianischen Zeit haben interessante Memoiren hinterlassen. Siehe neben vielen anderen die schwer verdaulichen, aber nicht brutalen Erinnerungen *Thirty Years' Experience of a Medical Officer in the English Convict Service* (1884) von John Campbell, der vor «fehlgeleitetem Mitleid» (S. 6) warnt.

J. Imbert, *La Peine de mort. Histoire-actualité* (1967), bietet eine brauchbare Zusammenschau der Todesstrafe im Laufe der Geschichte. Und siehe Leon Shaskolsky Sheleff, *Ultimate Penalties: Capital Punishment, Life Imprisonment, Physical Torture* (1987). Einen knappen, aber umfassenden statistischen Vergleich der Todesstrafe in der ganzen «zivilisierten» Welt (der am Ende zugunsten ihrer Beibehaltung ausfällt) findet man bei Arthur MacDonald, «Death Penalty and Homicide», *American Journal of Sociology*, XVI, 1 (Juli 1910), S. 88–116. Es existiert eine gut aufgebaute Anthologie der zahlreichen Angriffe Victor Hugos gegen die Todesstrafe unter dem Titel *Écrits de Victor Hugo sur la peine de mort*, hrsg. v. Raymond Jean (1979). In diesem Zusammenhang ist Victor Brombert, *Victor Hugo and the Visionary Novel* (1984), unentbehrlich.

Über die Bewegung für die Abschaffung der Todesstrafe in den USA siehe die materialreiche Untersuchung von Louis P. Masur, *Rites of Execution: Capital Punishment and the Transformation of American Culture, 1776–1865* (1989). Der im Zeitraum weniger umfassende Beitrag von David Brion Davis, «The Movement to Abolish Capital Punishment in America, 1787–1861», *American Historical Review*, LXIII, 1 (Oktober 1957), S. 23–46, ist ausgezeichnet. Charles E. Rosenbergs packendes Buch *The Trial of the Assassin Guiteau: Psychiatry and*

Law in the Gilded Age (1968) zeigt, wie Guiteau der Todesstrafe unrettbar verfallen war, als Präsident Garfield seinen Wunden erlag. Für Deutschland siehe Bernhard Düsing, *Die Geschichte der Abschaffung der Todesstrafe in der Bundesrepublik Deutschland* (1952), die eine lange Vorgeschichte hat. Für Frankreich gibt es das schmale, aber nicht dünne Buch *Between the Guillotine and Liberty: Two Centuries of the Crime Problem in France* (1883) von Gordon Wright. Großbritannien ist gut beackert dank Leon Radzinowicz, *A History of English Criminal Law and Its Administration from 1750*, 5 Bde., der letzte zusammen mit Roger Hood (1948–86); das Buch behandelt sein Thema ebenso erschöpfend wie beredt. Zur Debatte über die Frage, ob Verbrecher öffentlich oder geheim gehängt werden sollten, siehe das erhellende Buch von David D. Cooper, *The Lesson of the Scaffold: The Public Execution Controversy in Victorian England* (1974).

Theorie und Praxis der Erziehungsstrafe im achtzehnten Jahrhundert (1932), eine Dissertation von Heinz Lange (die umfangreicher als die meisten Arbeiten dieses typisch deutschen Genres ist), bietet viele historisch verbürgte Schauergeschichten aus der Theorie und Praxis der Körperstrafe im 18. Jahrhundert, mit deren Abschaffung das 19. Jahrhundert so schwer tat. Gustav Stephan, *Die häusliche Erziehung in Deutschland während des achtzehnten Jahrhunderts* (1891), enthält vieles, was auch heute noch von Wert ist. Walter Hävenick, ‹Schläge› *als Strafe. Ein Bestandteil der heutigen Familiensitte in volkskundlicher Sicht* (1964), ist eine volkskundliche Untersuchung der Körperstrafe im familiären Zusammenhang. Eine fesselnde Geschichte der allmählichen Abwendung von der Körperstrafe, die sich zwischen den 90er Jahren des 18. Jahrhunderts und 1848 in Preußen vollzog, bietet Reinhart Koselleck, «Exkurs I: Über die langsame Einschränkung körperlicher Züchtigung», *Preußen zwischen Reform und Revolution. Allgemeines Landrecht, Verwaltung und soziale Bewegung von 1791 bis 1848* (1967), S. 641–59. Alfons Jannisek, *Das Recht des Lehrers zur Vornahme körperlicher Züchtigung mit besonderer Rücksicht auf seine strafrechtliche Verantwortlichkeit* (1911), ist eine kurze, aber gutgegliederte Darlegung rechtlicher Erwägungen im Zusammenhang mit der Körperstrafe in Schulen. Die deutsche Sekundärliteratur zum Thema ist zwar überraschend (oder auch nicht so überraschend) umfangreich, aber auch in anderen Ländern hat sich die Forschung damit beschäftigt. Um einen Eindruck von den USA vor dem Bürgerkrieg zu bekommen, siehe Richard H. Brodhead, «Sparing the Rod: Discipline and Fiction in Antebellum America», *Representations*, XXI (Winter 1988), S. 67–96; im übertrieben eifrigen Bemühen, Beweggründe aufzuspüren, fährt der Beitrag eine Unmenge von Informationen auf. Über die Prügelstrafe als imperialistisches Zwangsinstrument siehe das bereits zitierte Buch von Robert I. Rotberg, mit Miles F. Shore, *The Founder: Cecil Rhodes and the Pursuit of Power* (1988). Dem Thema der Prügelstrafe für Schüler an englischen Privatschulen ist viel ernsthafte Aufmerksamkeit gewidmet worden. Siehe vor allem die mit Dokumenten und einer umfassenden Bibliographie versehene Darstellung *Boys Together: English Public Schools, 1800–1864* (1984) von John Chandos. Jonathan Gathorne-Hardy, *The Unnatural History of the Nanny* (1972), ein Buch, das nicht versäumt, das Prügeln von Kindern zu thematisieren, ist leger im Ton, aber informativ. In seinen beiden umfangreichen Bänden *Public Schools and British Opinion, 1780–1860. An Examination of the Relationship* between *Contemporary Ideas and the Evolution of an English Institution* (1938) und *Public Schools and British Opinion since 1860. The Relationship between Contemporary Ideas and the Evolution of an English Institution* (1941) schweigt sich Edward C. Mack über die Prügelstrafe aus und bezeugt damit eklatant, wenn auch vielleicht unfreiwillig, wie lange in der Geschichtswissenschaft vornehmes Wegsehen Trumpf war. Den führenden Vorkämpfer gegen die Prügelstrafe behandelt George Hendrick in seinem Buch *Henry Salt: Humanitarian Reformer and Man of Letters* (1977).

Von diesen pädagogischen Erwägungen zum Sadomasochismus ist nur ein kleiner Schritt. Es gibt weniger brauchbare Literatur über Sade, als man meinen könnte. Gilbert Lely, *Sade. Études sur sa vie et sur son œuvre* (1967), ist eine ausführliche, tolerante Schilderung von Sades Leben, die oft chronologisch vorgeht und Tag für Tag behandelt. Walter Lennig, *De Sade in Selbstzeugnissen und Bilddokumenten* (1965) ist eine kurze, begeisterte Verteidigung, fast schon eine Verklärung. Marquis de Sade, *Selections from His Writings,* ausgewählt von Paul Dinnage, mit einem Essay von Simone de Beauvoir, «Faust-il brûler Sade»? (1949; Sade übers. v. Paul Dinnage, Beauvoir übers. v. Annette Michelson, 1951), bietet brauchbare Auszüge – sobald allerdings der Text wirklich obszön wird, sind die anstößigen Stellen in Französisch belassen. Mario Praz beweist in dem Traktat «Im Zeichen des göttlichen Marquis», dem dritten Kapitel von *Liebe, Tod und Teufel. Die schwarze Romantik* (1930; 3. Aufl., übers. v. Lisa Rüdiger, 1970) beispielhaften Durchblick. Zu sexuellen Entgleisungen, sadistischen wie auch masochistischen, in der Zeit des Britischen Weltreichs und zu ähnlichen Untaten siehe Ronald Hyam, «Empire and Sexual Opportunity», *Journal of Imperial and Commonwealth History,* XIV, 2 (Januar 1986), S. 34–89, sowie Hyams längere Studie *Empire and Sexuality: The British Experience* (1990). Zur Hänselei, einer abgeleiteten Form des Sadismus, siehe die Erörterung eines Zeitzeugen aus der viktorianischen Ära, Frederick L. Burk, «Teasing and Bullying», *Pedagogical Seminary,* IV, 3 (April 1979), S. 336–71, sowie einen psychoanalytischen Beitrag von Margaret Brenman, «On Teasing and Being Teased; and the Problem of Moral Masochism», *Psychoanalytic Study of the Child,* VII (1952), S. 264–85. *Child Abuse: An Agenda for Action,* hrsg. v. George Gerbner, Catherine J. Ross und Edward Zigler (1980), greift ein bislang weitgehend unterdrücktes Thema auf und bietet auch historisches Material.

Mit dem Ur-Masochisten hat sich Eberhard Hasper in dem Buch *Leopold von Sacher-Masoch* (1932) ernsthaft beschäftigt; allerdings spielt er herunter, worauf es ankommt – den Masochismus. Reinhard Federmann, *Sacher-Masoch oder die Selbstvernichtung* (1932), enthält *Venus im Pelz* und zwei andere Geschichten, jeweils gefolgt von einer biographischen Analyse. Einer modernen Ausgabe von *Venus im Pelz* ist eine Studie von Gilles Deleuze beigefügt (1869; Ausgabe 1980). Ian Gibson, *The English Vice: Beating, Sex and Shame in Victorian England and After* (1978), behandelt das Bedürfnis, sich schlagen zu lassen, das im Ausland ganz ungerechtfertigterweise als englische Domäne galt, mit ebenso unverkennbarer Lust wie quellenempirischer Sorgfalt. Unter den psychoanalytischen Beiträgen war für mich der wichtigste Charles Brenner, «The Masochistic Character: Genesis and Treatment», *Journal of the American Psychoanalytic Association,* VII (1959), S. 197–226. Siehe auch Martin H. Stein, «Report of Panel on the Problem of Masochism in the Theory and Technique of Psychoanalysis», *Journal of the American Psychoanalytic Association*, IV (1956), S. 526–38. Freuds Beitrag zum Thema dient nach wie vor als Orientierung: «Das ökonomische Problem des Masochismus» (1924), *Gesammelte Werke*, XIII, S. 369–83. Zur Pornographie siehe Peter Gay, *Erziehung der Sinne. Sexualität im bürgerlichen Zeitalter* (1984; übers. v. Holger Fließbach, 1986), S. 359–380. H. Montgomery Hyde, *A History of Pornography* (1964), bietet einen allgemeinen Überblick.

Bis vor kurzem war das Thema Vergewaltigung für Historiker und andere Geisteswissenschaften praktisch tabu. Unter den Abhandlungen aus dem 19. Jahrhundert ist das ebenso inforamtionsreiche wie emotional engagierte Buch von A. Tardieu, *Étude médico-légale sur les attentats aux moeurs* (1875; 5. Aufl., 1867), zu nennen. In Deutschland wurde das Schweigen gegen Ende der viktorianischen Ära durch das *Archiv für Kriminal-Anthropologie und Kriminalistik* gebrochen, das ich weidlich genutzt habe. Die beste Analyse, auf die ich gestoßen bin, ist A. Nicholas Groth, zus. m. H. Jean Birnbaum, *Men Who Rape: The Psychology of the Offender* (1979), ein subtiles, menschliches Buch, das zwischen Vergewaltigungsgründen unterscheidet und die aggressive Motivation des Vergewaltigers betont. Susan Brownmiller, *Against Our Will: Men, Women and Rape* (1976), verdient einen Ehrenplatz unter den (zu Recht) empörten Frauen, die über das Thema geschrieben haben; Freud wird von ihr allerdings auf einzigartig unfaire Weise behandelt – wie John Forrester, «Rape, Seduction and Psychoanalysis», in Sylvana Tomaselli und Roy Porter (Hrsg.), *Rape* (1986), S. 57–83, überzeugend dargelegt hat; das Buch enthält auch noch andere lesenswerte Beiträge. Das schmale Bändchen von Anna Clark, *Women's Silence, Men's Violence: Sexual Assault in England, 1770–1845* (1987), zeigt, daß sich aus der Presse *ein bißchen* Material zu diesem vertrackten Thema doch gewinnen läßt. (Im vorliegenden Buch habe ich dasselbe am Beispiel der Londoner *Times* von der Mitte des letzten Jahrhunderts nachgewiesen. Tatsächlich waren die Zeitungen der viktorianischen Ära in Sachen Vergewaltigung weit weniger direkt als die Gelehrtenzunft.) Die wertvolle *Histoire de la violence en occident de 1800 à nos jours* (1981; überarb. Ausg. 1982) von Jean-Claude Chesnais enthält ein hilfreiches Kapitel zu diesem Thema (S. 170–95), einschließlich Statistiken, wobei allerdings das Material zum 20. Jahrhundert reichlicher ausfällt als zum 19. Jahrhundert. Die Diskussion darüber, ob Tess von den D'Urbervilles vergewaltigt wurde oder nicht, dauert an, zum Teil deshalb, weil Hardy aus Angst vor einer kritischen Öffentlichkeit den Roman immer wieder umschrieb, insbesondere diese Szene. Irving Howe verneint in *Thomas Hardy* (1966; Aufl. 1985), S. 116–17, daß Tess vergewaltigt wurde, J. T. Laird vertritt in dem Beitrag «Developments in the Printed Versions» (1975), der Teil einer kritischen Ausgabe von *Tess of the d'Urbervilles* (1891; hrsg. v. Scott Elledge, 1965; 2. Aufl., 1979) ist, die Ansicht, daß eine Vergewaltigung stattgefunden habe. Peter C. Hoffer und N. E. H. Hull, *Murdering Mothers: Infanticide in England and New England, 1558–1803* (1984), konzentriert sich auf frühere Phasen, bietet aber einschlägiges Material über Frauen, die selber Opfer sind und anderen das Leben nehmen. A. James Hammertons wichtiger Artikel «Victorian Marriage and the Law of Matrimonial Cruelty», *Victorian Studies*, XXXIII (1990), S. 269–92, bietet Material über das Verprügeln von Ehefrauen. Keine Frage, daß eine Vielzahl weiterer Forschungen nötig und möglich sind.

Die Literatur über Selbstmord wächst rapide an. Jack D. Douglas übt in *The Social Meaning of Suicide* (1967) eine herbe soziologische Kritik an den bekannten Theorien von Durkheim; das Buch enthält auch interessante Kapitel über Schüler Durkheims. Die weitgehend analytische Abhandlung von Jacques Choron, *Suicide* (1972), umfaßt eine historische Einleitung. Aus der voluminösen Literatur über Émile Durkheim ist vor allem Steven Lukes, *Émile Durkheim, His Life and Work: A Historical and Critical Study* (1972), zu nennen. *Essays on Sociology and Philosophy by Émile Durkheim with Appraisals of His Life and Thought*, hrsg. v. Kurt H. Wolff (1960), ist eine Sammlung von mehr als einem Dutzend Beiträgen zu Durkheim, zusätzlich zu einigen unbekannteren Texten des Meisters selbst. Siehe auch den langen Essay in Raymond Aron, *Les Étapes de la pensée sociologique*, Bd. II, Durkheim, Pareto, Weber (1967; dt. *Hauptströmungen des soziologischen Denkens* [1971]). Albert Bayet, *Le Suicide et la morale* (1922), eine eindrucksvolle wissenschaftliche Arbeit aus Frankreich, wird als Zeugnis für den Wandlungsprozeß in den Einstellungen gegenüber dem Selbstmord vielfach herangezogen. Unter den Texten, die in die Zeit vor Durkheim zurückreichen, behandelt Alexandre Brierre de Boismont, *Du suicide et de la folie suicide* (1856; 2. Aufl., 1865) das Thema am detailliertesten und mit den ausgefeiltesten statistischen Methoden. *Suicide in Victorian and Edwardian England* (1987) von Olive Anderson kann ich gar nicht genug loben; das Buch ist ein Musterbeispiel strenger Wissenschaftlichkeit, das Mythen zerstört und überzeugende Gegentheorien anbietet. Lisa Lieberman bin ich dankbar dafür, daß sie mir einen unveröffentlichten Aufsatz mit dem Titel «The Suicide Discourse in Nineteenth-Century France» schickte. Siehe auch ihren Beitrag «Romanticism and the Culture of Suicide in Nineteenth-Century France», *Comparative Studies in Society and History*, XXXIII, 3 (Juli 1991), S. 611–29. Und siehe auch Stanley W. Jacksons nüchterne Darstellung *Melancholia and Depression: From Hippocratic Times to Modern Times* (1987). Der faszinierende Beitrag von Patricia O'Brien, «The Kleptomania Diagnosis: Bourgeois Women and Theft in Late Nineteenth-Century France», *Journal of Social History*, XVII, 1 (1983), S. 65–77, wirft ein Schlaglicht auf seelische Erkrankungen, insbesondere depressiver Art, im französischen Mittelstand. Über Thomas Masaryk siehe *T. G. Masaryk (1850–1937)*, hrsg. v. Robert B. Pynsent (1990); das Buch behandelt eingehend Masaryks Leben und seine Ideen.

Dies ist nicht der Ort für eine ausführliche Diskussion sozialer Manipulationstheorien. Folgendes mag genügen: In ihrer Weigerung, die Erscheinung fürs Wesen zu nehmen, ähneln diese kritischen Sozialgeschichtler den Historikern, die sich die Psychoanalyse als Hilfsdisziplin zunutze machen.

Schließlich ist die Psychoanalyse eine von Mißtrauen erfüllte Wissenschaft, die nach Symptomen fahndet, um von den manifesten zu den latenten Bedeutungen vorzudringen und die verborgenen Geheimnisse der Triebe und Abwehrformen aufzudecken. Aber all ihren dem Anschein nach halsbrecherischen interpretativen Verrenkungen zum Trotz bleiben Historiker, die von den Freudschen Entdeckungen Gebrauch machen, einem wahrheitsgetreuen Umgang mit dem vorhandenen Material verpflichtet. Es gibt noch einen weiteren Unterschied zwischen psychoanalytischen Historikern und denen, die allenthalben die steuernde Hand heimlicher Manipulatoren am Werk sehen: Die ersteren suchen nach den unbewußten

Motiven für Handlungen, die letzteren sind auf bewußte Vorgehensweisen fixiert und deshalb darauf aus, verächtliche, eigennützige Triebfedern aufzudecken, die sich hinter edel klingenden Verlautbarungen und sogar edel anmutenden Handlungen verstecken. Die Welt ist für sie eine einzige große Verschwörung, eine Welt, in der bourgeoise Unternehmer, Kaufleute und Politiker bei heimlichen Diners Komplotte schmieden mit dem Ziel, durch Förderung der Religion und durch Bröckchen von Sozialgesetzgebung die arbeitenden Massen fügsam zu erhalten und jeden Gedanken an Streik oder gar an Umsturz in ihnen zu ersticken. Solch eine Analyse ist nicht völlig abwegig – wie das vorliegende Buch zeigt, waren die Cäsaren des 19. Jahrhunderts, die französischen ebenso wie die deutschen, nur allzu bereit, zur Erhaltung ihrer politischen Macht und des ökonomischen Wohlergehens ihrer Anhänger manipulative Strategien anzuwenden. Das Problem bei dieser Art von Analyse besteht nicht darin, daß sie sich weigert, manifeste Motive für bare Münze zu nehmen; wie gesagt, auch die Psychoanalyse weigert sich, das zu tun. Kein Zweifel, daß es den Gegnern der Todesstrafe ein gewisses Vergnügen bereitet, ihre Horrorgeschichten aufzutischen. Aber für die Psychoanalytiker ist dies nicht schon die ganze Wahrheit; anders als die Manipulationstheoretiker geben sie sich nicht mit Denunziation zufrieden.

III. Demagogen und Demokraten

Nach allgemeinem Dafürhalten gilt zu Recht Alexis de Tocqueville als tiefschürfendster Beobachter der politischen Entwicklung des 19. Jahrhunderts. Die beste deutschsprachige Ausgabe seines 1835 und 1840 in zwei Bänden erschienenen Meisterwerks über die Vereinigten Staaten, *De la Démocratie en Amérique,* wurde unter dem Titel *Über die Demokratie in Amerika* (1956) von J. P. Mayer besorgt und von Carl J. Burckhardt mit einem Vorwort versehen. Seine *Souvenirs* (1850 geschrieben; 1893 posthum veröffentlicht; hrsg. v. Luc Monnier, 1942; dt. *Erinnerungen,* übers. v. Dirk Forster, mit einer Einl. v. Carl J. Burckhardt) sind ebenso bewegend wie informativ. André Jardin, *Alexis de Tocqueville 1805–1859* (1984), ist ein solides und unprätentiöses Buch. Zu den interessantesten Kommentaren gehören George W. Piersons klassisches Buch *Tocqueville and Beaumont in America* (1938), und Roger Boesche, *The Strange Liberalism of Alexis de Tocqueville* (1987), das einige weitverbreitete Fehlinterpretationen zurechtrückt. *The Two Tocquevilles: Father and Son* (hrsg. u. übers. v. R. R. Palmer, 1987) enthält faszinierende Ansichten des älteren Tocqueville und seines berühmteren Sohnes über die Gründe für den Ausbruch der Französischen Revolution.

Zu allgemeinen Analysen des politischen Parteiwesens siehe die alte Untersuchung von Moisei Ia. Ostrogorskii, *Democracy and the Organization of Political Parties,* 2 Bde. (1902), die sich autoritativ mit der Parteipolitik in England und den USA beschäftigt; eine verdichtete und überarbeitete Fassung erschien 1910. Die neuere Untersuchung von Maurice Duverger, *Les Partis politiques* (1951; Aufl. 1981; dt. *Die politischen Parteien* [1959]), bleibt unverzichtbar. Robert Michels, *Zur Soziologie des Parteiwesens in der modernen Demokratie. Untersuchungen über die oligarchischen Tendenzen des Gruppenlebens* (1911; 2. Aufl., 1925; Neudruck der 2. Aufl., 1989) enthält die berühmt gewordene düstere Prognose, daß die Parteiendemokratie unausweichlich zum Untergang verurteilt sei. Ein schmales Bändchen von E. E. Schattschneider, *Party Government* (1942), verteidigt hingegen das Parteiwesen mit Nachdruck.

Über den Liberalismus im allgemeinen bleibt die alte umfassende und vergleichende Studie von Guido de Ruggiero, *Storia del liberalismo europeo* (1925; dt. *Geschichte des Liberalismus in Europa* [1930]), wegen der Gesamtschau, die sie bietet, von Wert. L. T. Hobhouse, *Liberalism* (1911), bietet eine knappe, reizvolle Stellungnahme. Und siehe Frederick Watkins, *The Political Tradition of the West: A Study in the Development of Modern Liberalism* (1948). Für Deutschland überzeugt James J. Sheehan, *German Liberalism in the Nineteenth Century* (1978). Zu Österreich-Ungarn gibt es Georg Franz, *Liberalismus. Die deutsch-liberale Bewegung in der Habsburgischen Monarchie* (ca. 1855). Peter Gay, «Liberalism and Regression», *Psychoanalytic Study of the Child*, XXXVII (1982), S. 523–45, bietet eine psychoanalytische Interpretation der weiterreichenden Implikationen dessen, was ich im Epilog als liberales Temperament bezeichne. Zu den Vorstellungen aus dem 18. Jahrhundert, die dem modernen Liberalismus zugrundeliegen, verweise ich auf meine Untersuchung *The Enlightenment: An Interpretation*, Bd. I, *The Rise of Modern Paganism* (1966), und Bd. II, *The Science of Freedom* (1969).

Zum Thema Oppositionspolitik finden sich bei Ghita Ionescu und Isabel de Madariaga in *Opposition: Past and Present of a Political Institution* (1968) kurze, aber grundlegende Ausführungen. Zu England könnte es nichts Besseres geben als Archibald S. Foord, *His Majesty's Opposition, 1714–1830* (1964). Siehe auch den wichtigen Artikel von Caroline Robbins, «‹Discordant Parties›: A Study of the Acceptance of Party by Englishmen», *Political Science Quarterly*, LXXIII (Dezember 1958), S. 509–29. Wenn man auf die nicht zu vermeidende Vorgeschichte der Parteipolitik der viktorianischen Ära zurückgeht, bietet J. H. Plumbs Überblick über die Frühzeit der Opposition in England, *The Growth of Political Stability in England, 1675–1725* (1967), eine erfrischende Lektüre; das Buch muß im Lichte der temperamentvollen Arbeit von Linda Colley, *In Defiance of Oligarchy: The Tory Party, 1714–60* (1982), gelesen werden. In lockerer Form behandelt Patrick Howarth in *Questions in the House: The History of a Unique British Institution* (1956) ein kleineres (aber keineswegs unbedeutendes) Thema. Zu Bolingbrokes Ansichten über Oppositionspolitik siehe Quentin Skinner, «The Principles and Practice of Opposition: The Case of Bolingbroke versus Walpole», in Neil McKendrick (Hrsg.), *Historical Perspectives: Studies in English Thought and Society in Honour of J. H. Plumb* (1974). Zu Hume bleibt *The Philosophy of David Hume: A Critical Study of Its Origins and Central Doctrines* (1949) von Norman Kemp Smith der maßgebende Text. Victor G. Wexler, *David Hume and the History of England* (1979), wirft ein Licht auf das politische Denken Humes; unmittelbar beschäftigen sich mit diesem Denken John B. Stewart, *The Moral and Political Philosophy of David Hume* (1963), und Duncan Forbes, *Hume's Philosophical Politics* (1976). Interpretationen zu Burke hat mir Alfred Cobban, *Edmund Burke and the Revolt against the Eighteenth Century* (1929; 2. Aufl., 1960) geliefert; das Buch stellt faszinierende Verbindungen zwischen Burke und dem romantischen Denken in England her. Stanley Ayling, *Edmund Burke: His Life and Opinions* (1988), ist eine umfassende Biographie. Richard Hofstadter, *The*

Idea of a Party System: The Rise of Legitimate Opposition in the United States, 1780–1840 (1969), reicht mit seiner für den Verfasser typischen Klarsicht auch in die englische Geschichte hinein.

Wie jedermann weiß, hat die Französische Revolution eine Vielzahl widerstreitender Bewertungen erfahren und tut das bis heute. Die Zweihundertjahresfeier von 1989 hatte einen förmlichen Sturzbach von Veröffentlichungen zur Folge, die in der Mehrzahl entschieden feindselig ausfielen – feindseliger als meiner Ansicht nach nötig. Der Angriff gegen die Ideologie französischer Fachhistoriker, von denen viele marxistisch beeinflußt waren, führte François Furet an, vor allem mit seinem Buch *Penser la Révolution française* (1978; dt. *1789 – Vom Ereignis zum Gegenstand der Geschichtswissenschaft* [1980]). Simon Schama, *Citizens: A Chronicle of the French Revolution* (1989), zeichnet sich durch den Schwung und den Sinn für die redende Anekdote aus, die dem Verfasser eigen sind; die Besessenheit allerdings, mit der er die Gewalttätigkeit der Revolutionäre ins Zentrum rückt, weckt Zweifel an seiner Interpretation. William Doyle, *The Oxford History of the French Revolution* (1989), ist, wenngleich von Wohlwollen weit entfernt, eine solide und verläßliche Darstellung, die der Revolution tragische Statur zubilligt. Siehe auch D. M. Sutherland, *France, 1789–1815: Revolution and Counter-Revolution* (1985), eine unhysterische Darstellung, die dem neuesten Forschungsstand gerecht wird. Unter den linksorientierten Büchern bleibt Georges Lefebvre, *La Révolution française* (1951), das wissenschaftlichste und abgewogenste Werk. Lefebvre, *Quatre-vingt-neuf* (1970), ist zwar nach wie vor ein Vergnügen zu lesen, sollte aber durch William Doyle, *Origins of the French Revolution* (1980; 2. Aufl., 1988) ergänzt (und auch in gewissem Maße modifiziert) werden. Unter einer Überfülle von Versuchen, sich den wichtigen Persönlichkeiten der Revolution biographisch zu nähern, nenne ich drei Bücher, die sich immer noch zu lesen lohnt, auch wenn sie ein wenig überholt sein mögen: G. G. van Deusen, *Sièyes: His Life and His Nationalism* (1932); J. M. Thompson, *Robespierre*, 2 Bde. (1935); und R. R. Palmer, *Twelve Who Ruled: The Committee of Public Safety during the Terror* (1941), eher die Biographie einer Institution als die ihrer Mitglieder.

Ein neuer Trend (der etwas von einer Modeerscheinung hat, aber dennoch für die Erforschung des 19. Jahrhunderts wichtig ist) besteht im Akzent auf der «politischen Kultur», insbesondere auf Liedern, Symbolen und Festen. Die Vorgeschichte der politischen Kultur der Französischen Revolution findet man erörtert in *The French Revolution and the Creation of Modern Political Culture*, Bd. I, hrsg. v. Keith Michael Baker, *The Political Culture of the Old Regime* (1987), gefolgt von Bd. II, hrsg. v. Colin Lucas, *The Political Culture of the French Revolution* (1987). Lynn Hunt, *Politics, Culture and Class in the French Revolution* (1984), macht neuere französische Forschungen zugänglich, wie etwa Mona Ozoufs faszinierendes Buch, *La Fête révolutionnaire 1789–1799* (1976), und die bahnbrechenden Untersuchungen von Maurice Agulhon, insbesondere *Marianne au combat. L'imagerie et la symbolique républicaines de 1789 à 1880* (1979). Emmet Kennedy, *A Cultural History of the French Revolution* (1989), bietet einen hochinteressanten Überblick über ein vielbeackertes Gebiet unter neuen Aspekten. Der Essay von Michel Vovelle, *La Mentalité révolutionnaire: Société et mentalités sous la Révolution française* (1985), ist eine Frucht des französischen Inter-

esses für «Mentalitäten», die sich durch Lesbarkeit auszeichnet. Über die unversöhnte Rechte informiert Jacques Godechot in *La Contre-Révolution. Doctrine et
action. 1789–1804* (1961) ausreichend. Zu den Jakobinern nach Robespierres Sturz
siehe das reich dokumentierte Buch von Isser Woloch, *Jacobin Legacy: The Democratic Movement under the Directory* (1970).

Alle Geschichtswerke, die sich mit dem Jahrhundert beschäftigen, kommen
zwangsläufig auf die dauerhaften Folgen der Französischen Revolution innerhalb
und außerhalb Frankreichs zu sprechen. Siehe insbesondere Geoffrey Best
(Hrsg.), *The Permanent Revolution: The French Revolution and Its Legacy,
1789–1989* (1988); neben anderen Beiträgen findet man in dem Band schöne Aufsätze von Conor Cruise O'Brien, «Nationalism and the French Revolution»
(S. 17–48), und von Eugen Weber, «The Nineteenth-Century Fallout» (S. 155–81).
Zu Deutschland, einem «Hauptnutznießer» der exportierten Revolution, siehe die
eindrucksvolle Untersuchung von Jacques Droz, *L'Allemagne et la Révolution
française* (1949), die den deutschen Nationalismus eher niedrig hängt; sie sollte in
Verbindung mit der Spezialstudie von T. C. W. Blanning, *The French Revolution
in Germany: Occupation and Resistance in the Rhineland, 1792–1802* (1983) gelesen werden. In bezug auf Großbritannien ist *The Debate on the French Revolution, 1789–1800*, hrsg. v. Alfred Cobban (1950), eine intelligent ausgewählte
Sammlung von Exzerpten.

Die beste Ausgabe von *The Federalist* hat Jacob E. Cooke (1961) besorgt. Unter
den wissenschaftlichen Arbeiten über dieses Meisterstück politischer Überredungskunst ragen einige Beiträge von Douglass Adair hervor, besonders «The
Tenth *Federalist* Revisited», *William and Mary Quarterly*, 3. Serie, VIII, 1 (Januar
1951), S. 48–67, und «'That Politics May Be Reduced to a Science': David Hume,
James Madison, and the Tenth *Federalist*», *Huntington Library Quarterly*, XX, 4
(August 1957), S. 343–60. Siehe auch Fletcher Wright, «*The Federalist* on the
Nature of Political Man», *Ethics*, LIX, 2, Teil II (Januar 1949), S. 1–31; die gut-
durchdachte Studie von Drew R. McCoy, *The last of the Fathers: James Madison
and the Republican Legacy* (1989); und meine Überlegungen zu *The Federalist* in
dem oben angeführten Buch *The Science of Freedom* auf den Seiten 555–68 und
704–5. Zur Entstehung politischer Parteien in den USA gibt es das ebenfalls oben
angeführte Buch von Hofstadter, *The Idea of a Party System*. Und siehe Joseph
Charles, *The Origins of the American Party System: Three Essays* (1956). Zur
Politik der vorrevolutionären Zeit beeindrucken die beiden Bücher *The Ideologi-
cal Origins of the American Revolution* (1967) und *The Origins of American
Politics* (1968) von Bernard Bailyn. Auch von dem unbeirrbar gesunden Verstand,
den Richard B. Morris in *The American Revolution Reconsidered* (1967) an den
Tag legt, habe ich profitiert.

Die Restauration in Frankreich ist von den Historikern eher vernachlässigt
worden; die inhaltsreichste Behandlung des Themas ist *La Restauration* (1955)
von Guillaume de Bertier de Sauvigny, eine wohldurchdachte Verteidigungs-
schrift. Eine knappe Zusammenfassung findet man in den entsprechenden Kapiteln (1–4) von André Jardin und André-Jean Tudesq, *La France des notables, 1.
L'évolution générale, 1815–1838, 2. La vie de la nation, 1815–1848* (1973). Alfred
Cobban, *A History of Modern France*, Bd. II, *From the First Empire to the Second
Empire, 1799–1871* (1961; 2. Aufl., 1965) ist aphoristisch und erfrischend. Unter

den Memoiren sind die von Charles de Rémusat, allesamt hrsg. v. Charles H. Pouthas, am vergnüglichsten und informativsten: *Mémoires de ma vie*, Bd. I, *Enfance et jeunesse. La Restauration libérale (1791–1820)* (1985), und Bd. II, *La Restauration ultra-royaliste. La Révolution de juillet (1820–1832)* (1959). Der politische Apparat *Aide-toi, le Ciel t'aidera* findet sich ausführlich und angemessen beschrieben in Pouthas, *Guizot pendant la Restauration. Préparation de l'homme d'état (1814–1830)* (1923), S. 369–79; auch der übrige Band ist außerordentlich wertvoll. Zum vielschichtigsten Liberalen der damaligen Zeit siehe vor allem Stephen Holmes, *Benjamin Constant and the Making of Modern Liberalism* (1984), sowie Biancamaria Fontana, *Benjamin Constant and the Post-Revolutionary Mind* (1991), das herausstellt, wie sehr Constant mit dem modernen Problem der Entfremdung befaßt war.

The French Revolution of 1830 (1972) von David H. Pinkney, das die gängige Ansicht in Zweifel zieht, Louis Philippe sei Haupt einer «bürgerlichen Monarchie» gewesen, ist als Informationsquelle zur Julimonarchie anregend, aber problematisch. Die Kapitel 6–9 des kurz vorher zitierten Buches *La France des notables* von Jardin und Tudesq sind wertvoll. Die Schlußkapitel in Band II von Rémusats *Mémoires* sind für das Thema der Julirevolution und ihrer unmittelbaren Folgen einschlägig; diesem Band folgen Band III, *Les Luttes parlementaires. La Question d'Orient. Le Ministère Thiers-Rémusat (1832–1841)* (1960), und Band IV, *Les Dernières Années de la monarchie. La Révolution de 1848. La Seconde République (1848–1851)* (1962). Die brauchbarsten neueren Biographien über französische Politiker sind J. P. T. Bury und R. P. Tombs, *Thiers, 1797–1877: A Political Life* (1986), und Douglas Johnson, *Guizot: Aspects of French History, 1787–1874* (1963). Eine Aufsatzreihe zum Thema, *1830 in France* (1975), hrsg. v. John M. Merriman, beschränkt sich nicht auf das im Titel genannte Datum; einer der Beiträge, Christopher H. Johnson, «The Revolution of 1830 in French Economic History» (S. 139–89), ist hervorragend. Siehe auch die wichtige Untersuchung von Alan B. Spitzer, *The French Generation of 1820* (1987).

Zu Julius Cäsars Ruhm durch die Jahrhunderte hindurch sind zwei bekannte Bücher von Friedrich Gundolf, bei denen es sich eher um rhapsodische Ergüsse als um wissenschaftliche Untersuchungen handelt, hauptsächlich wegen der Literatur nützlich, auf die sie verweisen: *Cäsar, Geschichte seines Ruhms* (1924) und *Cäsar im neunzehnten Jahrhundert* (1926); letzteres umfaßt die Zeit von Napoleon bis Nietzsche. Das frühere Buch beginnt mit einem vielbemühten Satz, der unterstreicht, warum Gundolf den Cäsarismus für relevant hält: «Heute, da das Bedürfnis nach dem starken Mann laut wird, da man der Mäkler und Schwätzer müd sich mit Feldwebeln begnügt statt der Führer», sei es nützlich, «an den großen Mann zu erinnern.» (S. 7) Weit rationaler ist Zwi Yavetz, *Cäsar in der öffentlichen Meinung* (1979). Sigmund Freud, *Massenpsychologie und Ich-Analyse* (1921), in *Gesammelte Werke*, XIII, S. 71–161, ist ein großartiger und bahnbrechender, wenngleich fragmentarischer Versuch einer psychoanalytischen Sozialpsychologie des Führertums – und seiner Gefolgschaft.

Die Geschichte des Cäsarismus im 19. Jahrhundert ist unauflöslich mit dem Wahlrecht verschränkt – mit seinem Umfang, seiner Tragweite und seiner Manipulation. Alistair Cole und Peter Campbell, *French Electoral Systems and Elec-*

tions since 1789 (1989) ist kurz und zuverlässig. Chilton Williamson, *American Suffrage from Property to Democracy, 1760–1860* (1960), gibt einen klarsichtigen Überblick über damalige Ansichten und Praktiken. Das tut auch Walter Gagel, *Die Wahlrechtsfrage in der Geschichte der liberalen deutschen Parteien 1848–1918* (1958). Siehe auch Robert J. Goldsteins umfassende Übersicht über Einschränkungen des Wahlrechts (sowie der Meinungs- und Pressefreiheit) in *Political Repression in Nineteenth Century Europe* (1983). Zur alten, aber ewig jungen Idee von der Weisheit des Volkes stellt *Vox Populi: Essays in the History of an Idea* (1969) von George Boas eine erhellende, «altmodische» ideengeschichtliche Übung dar. Frank M. Turner, «British Politics and the Demise of the Roman Republic, 1700–1939», *The Historical Journal*, XXIX,3 (1986), S. 577–99, enthält interessante Äußerungen zum Cäsarismus aus der viktorianischen Zeit in Großbritannien.

In der regelrechten Bibliothek von Biographien und Monographien, die sich um Napoleon I. drehen, wahrt *Napoleon Bonaparte: His Rise and Fall* (1953) von J. M. Thompson aufgrund seines Augenmaßes eine autoritative Stellung. Louis Bergeron, *L'Épisode napoléonien* (1972), ist eine originelle Darstellung der Gesellschaft, die Napoleon vorfand und umgestaltete. Der Titel des Buches von Jean Tulard, *Napoléon ou le mythe du sauveur* (1977), verspricht mehr, als das Buch hält. Band V des umfassenden Werks von Jacques Godechot, *Les Institutions de la France sous la Révolution et l'Empire* (1951) macht sich um die Aufarbeitung der napoleonischen Zeit höchst verdient. Die Anthologie *The Mind of Napoleon: A Selection from His Written and Spoken Words*, hrsg. u. übers. v. J. Christopher Herold (1955), erwies sich mir als Goldgrube. Unter den älteren Lebensbeschreibungen mit feindseliger Tendenz nimmt *Histoire de Napoléon I*, 5 Bde. (1876–80), von Pierre Lanfrey, das mit dem Jahr 1804 endet, eine herausragende Stellung ein. Zu den Hauptkontrahenten unter den Biographen siehe die reizvolle Studie von Pieter Geyl, *Napoléon, voor en tegen in de franse geschiedsschrijving* (1947; engl. Übers., *Napoleon, For and Against* [1949]). Napoleons Manipulation des Plebiszits von 1800, die nie ein Geheimnis war, dokumentiert eindrucksvoll Claude Langlois, «Le Plébiscite de l'an VIII; ou, le Coup d'État du 18 pluviose an VIII», *Annales historiques de la Révolution françoise*, XLVI (1972), S. 43–65, 231–46, 390–415. Zu Stendhals Ansichten über Napoleon siehe insbesondere Geoffrey Strickland, *Stendhal: The Education of a Novelist* (1974), passim, bes. 99–107. Der Napoleon-Kult findet sich gut analysiert (wenn auch vielleicht das letzte Wort darüber noch nicht gesprochen ist) bei J. Lucas-Dubreton, *Le Culte de Napoléon 1815–1848* (1960), und bei Frédéric Bluche, *Le Bonapartisme. Aux origines de la droite autoritaire (1800–1850)* (1980). Der literarischen Gefolgschaft des Kaisers spürt mit Erfolg Maurice Descotes, *La Légende de Napoléon et les écrivains français du XIXe siècle* (1967), nach. Napoleons Briefe, die von einer Kommission unter Leitung J. B. P. Vaillants in *Correspondance* (1858–69) veröffentlicht wurden, füllen 32 Bände. Einen griesgrämigen Blick aus dem 19. Jahrhundert auf die «bonapartistischen Liberalen», die allen Beteuerungen zum Trotz der «Ansteckung» durch den Cäsarismus «nicht entgingen», bietet Paul Thureau-Dagin in *Le Parti Libéral sous la Restauration* (1876).

Der Neffe ließ seine *Œuvres*, 6 Bde., von Redakteuren besorgen (die auf der Titelseite nicht erwähnt sind); auch wenn die Sammlung nicht vollständig und in den Anmerkungen von Servilität geprägt ist, hat sie doch ihren Wert. Zu dem kurzen republikanischen Zwischenspiel vor dem Zweiten Kaiserreich lese man Roger Price, *The French Second Republic: A Social History* (1972). Frederick A. de Luna steht in *The French Republic under Cavaignac 1848* (1967) dem «Schlächter vom Juni» wohlwollender gegenüber als die meisten anderen Historiker. Die Errichtung des autoritären Regimes von Napoleon III. schildert höchst zufriedenstellend John M. Merriman, *The Agony of the Republic: The Repression of the Left in Revolutionary France, 1848–1851* (1978). Über das Leben Louis Napoleons siehe vor allem J. M. Thompson, *Louis Napoleon and the Second Empire* (1955), eine sachliche, gutinformierte Arbeit; eine geeignete Ergänzung dazu ist das Buch von Theodore Zeldin, *The Political System of Napoleon III* (1958), das fast ausschließlich aus unveröffentlichten Quellen zehrt. In den beiden Bänden seiner unvollendeten Biographie, *The Rise of Louis Napoleon* (1909) und *Louis Napoleon and the Recovery of France, 1949–1856* (1922; 2. Aufl., 1930) zeigt sich F. A. Simpson gut unterrichtet, wenn auch ein bißchen zu verständnisvoll. Siehe auch William E. Echard, der es in *Napoleon III and the Concert of Europe* (1983) unternimmt, die außenpolitischen Initiativen des Kaisers zu verteidigen. Patricia Mainardi, *Art and Politics of the Second Empire: The Universal Expositions of 1855 and 1867* (1987), untersucht den einfallsreichen Gebrauch der Propaganda. Alain Plessis, *De la fête impériale au mur des fédérés, 1852–1871* (1973), ist eine lebendige und zuverlässige Informationsquelle für die Zeit. David H. Pinkney hat die «Haussmannisierung» von Paris in seiner maßgebenden Arbeit *Napoleon III and the Rebuilding of Paris* (1958) untersucht. H. Gollwitzer, «Der Cäsarismus Napoleon III. im Widerhall der öffentlichen Meinung Deutschlands», *Historische Zeitschrift*, CLXXIII (1952), S. 23–75, enthält gutes Material über den Cäsarismus des Kaisers und die Art und Weise, wie dieser Cäsarismus in Deutschland wahrgenommen wurde.

Zu Bismarck, der um den Rang des literarisch am häufigsten behandelten Deutschen mit Luther und Goethe konkurrieren dürfte, siehe die durchdachte, ausführliche Lebensbeschreibung von Lothar Gall, *Bismarck: Der weiße Revolutionär* (1980), die sich ersichtlich mit allem empirischen Material auseinandergesetzt hat. Ihr ebenbürtig, und in bezug auf Klarheit und Abstand sogar überlegen, ist das Lebenswerk von Otto Pflanze, *Bismarck and the Development of Germany*, 3 Bde. (1990; die erste Ausgabe des ersten Bandes, der den Zeitraum bis 1871 umfaßt, erschien 1963). «Bismarck's Character» – Bd. II, Kap. 2 von Pflanzes Biographie – ist ein scharfsichtiger psychoanalytischer Traktat. Zur Ergänzung hinzunehmen sollte man als drittes noch den dreibändigen Klassiker des Liberalen Erich Eyck, *Bismarck. Leben und Werk* (1941–44). Dieses in der Anti-Bismarck-Tradition stehende Monument legt den Akzent auf die anstößigeren Züge des Eisernen Kanzlers wie etwa seine Rachsucht (siehe oben, S. 315, wo ein Beispiel für diese Rachsucht angeführt wird, das sich bei Eyck und Pflanze, nicht hingegen bei Gall erwähnt findet). Eyck faßte seine Schlußfolgerungen in Vorlesungen zusammen, die er in Oxford hielt; sie erschienen unter dem Titel *Bismarck and the German Empire* 1950 in Englisch; 1955 folgte die deutsche Ausgabe, *Bismarck und das Deutsche Reich*. Das Deutsche Historische Museum, das im Jahr 1990 die große Bismarck-Ausstellung in Berlin organisierte, war auch verantwortlich für den inhaltsreichen Katalog: *Bismarck: Preußen, Deutschland und Europa*, Einführung v. Lothar Gall (1990); darin wird der Platz, den Bismarck in seiner Welt einnahm, fest umrissen. A. J. P. Taylor, *Bismarck: The Man and the Statesman* (1955), ist ein Taylor reinsten Wassers; der Verfasser nimmt kein Blatt vor den Mund, bezieht klar Stellung und äußert sich ausführlich zu Bismarcks psychischen Problemen. Unter den Erinnerungen, die von Vertrauten Bismarcks veröffentlicht wurden, waren am informativsten für mich Lucius von Ballhausen, *Bismarck-Erinnerungen* (1920), und Christoph von Tiedemann, *Aus sieben Jahrzehnten. Erinnerungen*, Bd. II, *Sechs Jahre Chef der Reichskanzlei unter dem Fürsten Bismarck* (1909). Bismarcks vielgerühmte Autobiographie, *Gedanken und Erinnerungen*, 2 Bde. (1898; erschien in vielen weiteren Ausgaben), ist eindrucksvoll, aber vom Eigeninteresse diktiert; der Verfasser enthüllt darin mehr von sich, als seine Absicht war. Bismarcks eigene Äußerungen – ausführlichere Briefe, Reden, Memoranden und Depeschen – sind unverzichtbar; sie finden sich zusammengetragen in *Gesammelte Werke*, hrsg. v. Wolfgang Windelband und Werner Frauendienst, 15 Bde. (2 Aufl., 1924–35). Gall, der die Originale studierte, wies allerdings nach, daß die Herausgeber einige allzu entlarvende Passagen aus den Briefen weggelassen haben, zum Beispiel Bemerkungen über das Verhältnis zu seiner Mutter (siehe Gall, *Bismarck*, S. 735). Michael Stürmer hat mit *Bismarck und die preußisch-deutsche Politik 1871–1890* (1970; 3. Aufl., 1978) eine gut zusammengestellte Anthologie offizieller und privater Äußerungen Bismarcks herausgegeben. Die oberste Staatsverwaltung in der Bismarck-Ära hat Rudolf Morsey, *Die oberste Reichsverwaltung unter Bismarck 1867–1890* (1957), kompetent untersucht.

Bismarcks Cäsarismus ist ein noch immer heiß umstrittenes Thema. Gall bestreitet mit Nachdruck, daß davon die Rede sein könne; siehe vor allem «Bismarck und der Bonapartismus», *Historische Zeitschrift*, CCXXIII (1976), S. 618–37. Das gleiche tut auch Pflanze in «Bismarcks Herrschaftstechnik als Problem der gegenwärtigen Historiographie», *Historische Zeitschrift*, CCXXXIV (1982), S. 561–99. In scharfem Widerspruch dazu bekräftigt Michael Stürmer den Vorwurf in «Staatsstreichgedanken im Bismarckreich», *Historische Zeitschrift*, CCIX (1969), S. 566–615, sowie in seiner eindringlichen, geradezu vernichtend scharfen Schrift *Regierung und Reichstag im Bismarckstaat 1871–1880. Cäsarismus oder Parlamentarismus* (1974). Nach Abwägung dieses Konflikts zwischen den Kapazitäten habe ich mich auf Stürmers Seite geschlagen. Die originellen, neuartigen Überlegungen zu Bismarck und seinen Deutschen, die David Blackbourn in *Populists and Patricians: Essays in Modern German History* (1987) anstellt, sind erhellend; siehe insbesondere «Bismarck: the Sorcerer's Apprentice» (S. 33–44), «The Discreet Charm of the German Bourgeoisie» (S. 67–83) und «The Politics of Demagogy in Imperial Germany» (S. 217–45). Bismarcks Sozialgesetzgebungsprogramm, das in allen wichtigeren Biographien thematisiert wird, entwickelte Vorbildfunktion für andere Länder; E. P. Hennock, *British Social Reform and German Precedents: The Case of Social Insurance, 1880–1914* (1987), weist seinen Einfluß auf Großbritannien nach.

Zur Schwäche der liberalen Opposition gegen Bismarck in den entscheidenden Tagen zu Anfang der sechziger Jahre des letzten Jahrhunderts siehe den hervorragenden Beitrag von Ludwig Dehio, «Die Taktik der Opposition während des Konflikts», *Historische Zeitschrift*, CXL (1929), S. 279–347. Hervorragend ist auch Margaret Lavinia Andersons Biographie über den Hauptgegner Bismarcks auf katholischer Seite, *Windthorst: A Political Biography* (1981). Zu einem der herausragenden Kritiker Bismarcks siehe insbesondere die Aufsatzreihe von Wolfgang Mommsen, *Max Weber und die deutsche Politik 1890–1920* (1958). Reinhard Bender bietet in *Max Weber: An Intellectual Portrait* (1960) eine klar verständliche Darstellung der Weberschen Entwicklung. Das gilt auch für die anspruchsvollen Essays von Wolfgang Schluchter, *Rationalismus der Weltbeherrschung. Studien zu Max Weber* (1980). Arthur Mitzman, *The Iron Cage: An Historical Interpretation of Max Weber* (1970), stellt eine psychohistorische Bewertung dar, die Max Weber als archetypischen Deutschen erscheinen läßt; bei aller Polemik eignet der Darstellung Überzeugungskraft. Über einen zweiten Bismarck-Kritiker gibt es die ausgezeichnete Studie von Albert Wucher, *Theodor Mommsen. Geschichtsschreibung und Politik* (1956). Alfred Heuss, *Theodor Mommsen und das 19. Jahrhundert* (1956), ist eine anregende Interpretation. Lothar Wickert, *Theodor Mommsen: Eine Biographie*, 4 Bde. (1959–80), ist eine zuverlässige, wenn auch nicht umwerfende, Arbeit.

Die zufriedenstellendste allgemeine Geschichte Englands, die Politik im weitestmöglichen Sinne faßt, findet man in den Kapiteln 3–10 von R. K. Webb, *Modern England from the Eighteenth Century to the Present* (1968; 2. Aufl., 1980). Élie Halévy, *Histoire du peuple anglais au XIXe siècle* (1913–32; engl. Übers., *A History of the English People in the Nineteenth Century* [1924–29; 2. Aufl., 1949–51]), ist ein großartiges Buch. Leider lebte Halévy nicht lange genug, um die Jahre von 1841 bis 1895, das Kernstück der viktorianischen Ära zu behandeln, aber die fünf Bände, die er fertiggestellt hat, bleiben eine Fundgrube an soliden Informationen und soliden Bewertungen. Halévys berühmte These, die er im ersten Band seines Werkes, *England in 1815*, vorträgt, daß der Methodismus England vor der Revolution bewahrt habe, wird näher untersucht in Bernhard Semmel, *The Methodist Revolution* (1973). G. M. Young, *Victorian England: Portrait of an Age* (1936; hrsg. v. G. Kitson Clark, 1977), trägt auch dem politischen Leben Rechnung; das Buch ist eigenwillig, brillant, irritierend – und wird zu Recht hoch gelobt. Viel läßt sich aus Kitson Clarks langen Essays lernen, insbesondere aus *The Making of Victorian England* (1962) und aus *An Expanding Society: Britain, 1830–1900* (1967). Noch eine weitere historische Darstellung, die den Zeitraum von den 80er Jahren des 18. bis zu den 60er Jahren des 19. Jahrhunderts umfaßt, *The Age of Improvement, 1783–1867* (1959) von Asa Briggs, verdient besonderes Lob. Harold Perkins interessantes Buch *The Origins of Modern English Society, 1780–1880* (1969), spürt der Entstehung der Klassengesellschaft nach. Das wichtige, einigermaßen stiefmütterlich behandelte Thema der Politik auf lokaler Ebene findet man näher untersucht in Derek Fraser, *Urban Politics in Victorian England: The Structure of Politics in Victorian Cities* (1976). Das nicht weniger wichtige Thema Presse wird gut und erschöpfend behandelt in Stephen Koss, *The Rise and Fall of the Political Press in Britain*, Bd. I, *The Nineteenth Century* (1981). Brian Harrison, *Peaceable Kingdom: Stability and Change in Modern Britain* (1982), ist eine Sammlung von argumentativ großartigen Essays, die das Motiv der politischen Mitte in seiner Bedeutung für das politische Leben Englands betonen.

Zum Reformgesetz von 1832 ist Michael Brock, *The Great Reform Act* (1973), eine maßgebende Quelle. Joseph Hamburger zeichnet in *James Mill and the Art of Revolution* (1963) den Kampf um das Gesetz nach. Die Politik der damaligen Zeit wird in Norman Gashs brillantem Buch *Politics in the Age of Peel: A Study in the Technique of Parliamentary Representation, 1830–1850* (1953) beleuchtet; seine große, zweibändige Biographie, *Mr. Secretary Peel: The Life of Sir Robert Peel to 1830* (1961) und *Sir Robert Peel: The Life of Sir Robert Peel after 1830* (1972), arbeitet das Thema noch weiter aus; siehe auch Gashs meisterliches Buch *Reaction and Reconstruction in English Politics, 1832–1852* (1965). J. F. C. Harrison, *The Early Victorians, 1832–51* (1971), ist energisch und ausgreifend.

Über die Jahrzehnte zwischen den Reformgesetzen von 1832 und 1867 bietet W. L. Burn, *The Age of Equipoise: A Study of the Mid-Victorian Generation* (1964) einen umfassenden Überblick. Geoffrey Best, *Mid-Victorian Britain, 1851–75* (1971), ist eine einfallsreiche, wenn auch stark komprimierte Darstellung. Dorothy Thompson, *The Chartists: Popular Politics in the Industrial Revolution* (1984), liefert einen ausführlichen Bericht von der Agitation der Radikalen in den ausgehenden 30er und den 40er Jahren des letzten Jahrhunderts. Oliver MacDonagh, *Early Victorian Government, 1830–1870* (1977), legt dar, wie sich der britische Staat in vielen Lebensbereichen zunehmend engagierte. Auch wenn das Märchen nicht totzukriegen ist – J. Barlett Brebner hat in seinem wichtigen Artikel «Laissez Faire and State Intervention in Nineteenth-Century Britain», *Journal of Economic History*, VIII (1948), schon vor vielen Jahren die Vorstellung, der Staat in Großbritannien sei Mitte des 19. Jahrhunderts ein so gut wie unsichtbarer Nachtwächterstaat gewesen, erfolgreich demontiert. Den gewaltigen Einfluß von Palmerston, dem Premierminister, der um die Mitte des Jahrhunderts die politische Szene beherrschte, hat Donald Southgate in «*The Most English Minister...*»: *The Policies and Politics of Palmerston* (1966) eingehend untersucht. Wie auch Jasper Ridleys *Lord Palmerston* (1970) wird dieses Buch abgelöst durch die Untersuchung von Kenneth Bourne, deren erster Band unter dem Titel *Palmerston: The Early Years, 1784–1841* (1982) bereits erschienen ist. Das Buch von Royston Lambert über die einflußreichen Verwaltungsreformer, betitelt *Sir John Simon, 1816–1904, and English Social Administration* (1963), ist Standardlektüre. Zum Reformgesetz von 1867 und zu der Agitation, die dazu führte, siehe das detailgenaue Buch von F. B. Smith, *The Making of the Second Reform Bill* (1966). Christopher Harvie, *The Lights of Liberalism: University Liberals and the Challenge of Democracy, 1860–86* (1976), untersucht den intellektuellen Hintergrund derjenigen, von denen die Gesetzesvorlage vor, während und nach der Debatte unterstützt wurde. Die Rhetorik der streitenden Parteien bei der Diskussion um das Gesetz wurde von mehreren Autoren untersucht, unter anderem auch von Asa Briggs in Helmut Viebrock (Hrsg.), *Robert Lowe, John Bright. Reden zur Parlamentsreform 1866/67* (1970). Einen der redegewaltigsten Gegner der Reform präsentiert D. W. Sylvester in *Robert Lowe and Education* (1974). Ein anderer unangenehm berührter Zeitgenosse war Matthew Arnold. Die verbreitetste – aber nicht eigentlich befriedigende – Ausgabe seines berühmten Buches *Culture and Anarchy* (1869; 2. Aufl., 1875), das zuerst in Form einer Artikelreihe erschien, stammt von J. Dover Wilson (1932). In gewissem Sinne war es Lionel Trillings elegante Veröffentlichung *Matthew Arnold* (1939), die den Mann für das 20. Jahrhundert wiederentdeckte. Park Honan, *Matthew Arnold: A Life* (1981), ist ebenso ausführlich wie sorgfältig recherchiert. Stefan Collini, *Arnold* (1988), kommt trotz der ihm aufgezwungenen Kürze erkennbar auf alle wesentlichen Punkte zu sprechen. Bagehots journalistische Ausführungen zu innen- und außenpolitischen Fragen sind in den Bänden V–VIII von *The Collected Works of Walter Bagehot*, hrsg. v. Norman St. John-Stevas, 15 Bde. (1966–86), zusammengetragen; auch von dieser Ausgabe war bereits die Rede. Zum dritten Reformgesetz siehe Andrew Jones, *The Politics of Reform, 1884* (1972).

Gladstone war ein Glücksfall für Kommentatoren. Wesentlich für ein Verständnis seiner Sicht, seiner Überzeugungen und seines Charakters ist das erstaunliche Tagebuch, das er Tag für Tag getreulich führte: *The Gladstone Diaries*, hrsg. v. M. R. D. Foot und H. C. G. Matthew, bislang 11 Bde. (1968–), die den Zeitraum bis Dezember 1886 umfassen. Die Anfangsseiten von Matthews «Rhetoric and Politics in Great Britain, 1860–1950», in P. J. Waller (Hrsg.), *Politics and Social Change: Essays Presented to A. F. Thompson* (1987), werfen dankenswerterweise Licht auf den Redner Gladstone. Zu diesem Thema siehe auch das Ergebnis einer zweisprachigen Zusammenarbeit, die kommentierte Ausgabe (mit den Texten in der Originalsprache) von Helmut Viebrock und Hans Jochen Schild (Hrsg.), *Rhetorik und Weltpolitik, William Ewart Gladstone, Joseph Chamberlain, Bernhard Graf von Bülow* (1974). Gladstones berühmte Wahlkampagne in Schottland ist der Nachwelt in *Political Speeches in Scotland, November and December 1879* (1879) erhalten. Über die Wahl, der die Kampagne folgte, berichtet Trevor Lloyd, *The General Election of 1880* (1968). Richard T. Shannons Buch über Gladstones Rückkehr in die Politik, nachdem er sich bereits «zur Ruhe gesetzt» hatte, *Gladstone and the Bulgarian Agitation, 1876* (1963), ist ausgezeichnet. Trotz der Vielzahl von Biographien, die es inzwischen gibt, behält die alte Lebensbeschreibung von John Morley, *The Life of William Gladstone*, 3 Bde. (1903), die mittlerweile ein Zeitzeugnis ist, eine gewisse Maßgeblichkeit. S. G. Checkland, *The Gladstones: A Family Biography, 1764–1851* (1971), läßt mit Gespür Gladstone vor dem Hintergrund seiner Familie erscheinen. Georgina Battiscombe, *Mrs. Gladstone* (1956), ist eine nützliche Ergänzung. Erich Eyck, *Gladstone* (1938), ist die Hommage eines deutschen Liberalen an einen englischen Gleichgesinnten. Peter Stanskys kurze, aber inhaltsreiche Schrift *Gladstone: A Progress in Politics* (1979) konzentriert sich auf Schlüsselmomente in Gladstones politischer Laufbahn. Die ersten Bände zweier in Arbeit befindlicher Biographien geben den neuesten Forschungsstand wieder: Richard T. Shannon, *Gladstone*, Bd. I, *1809–1865* (1982), und H. C. G. Matthew, *Gladstone, 1809–1874* (1986) – eine höchst tiefschürfende Untersuchung.

Das alte Standardwerk über Gladstones großen Rivalen von W. F. Monypenny und G. E. Buckle, *The Life of Benjamin Disraeli, Earl of Beaconsfield*, 6 Bde. (1910–20), stellt in seiner voluminösen Form einen Rückgriff auf die Biographien der viktorianischen Zeit dar. An seine Stelle ist weitgehend Robert Blakes inhaltsreiches, einbändiges Buch *Disraeli* (1967; Aufl. 1968) getreten, das mit seinem Gegenstand stark sympathisiert, sich aber um Objektivität bemüht; man kann es zusammen mit den ersten fünf Kapiteln eines anderen Buches von Blake, *The Conservative Party from Peel to Churchill* (1970), lesen. Siehe auch die ziemlich desillusionierte Analyse von Paul Smith, *Disraelian Conservatism and Social Re-*

form (1967). Zu Disraeli als Redner gibt es *Disraeli. Rede im Kristallpalast am 24. Juni 1872*, hrsg. v. Helmut Viebrock (1968).

H. J. Hanham, *Elections and Party Management: Politics in the Time of Disraeli and Gladstone* (1959; 2. Aufl., 1978), behandelt in meisterlicher Form die Politik zur Zeit der großen Rivalität. Zwei Monographien von John Vincent, *The Formation of the British Liberal Party, 1857–68* (1966), und *Pollbooks: How Victorians Voted* (1967), sind hilfreich; sie sollten zusammen mit Robert M. Stewart, *The Foundation of the Conservative Party, 1830–1867* (1978) gelesen werden. D. A. Hamer, *The Politics of Electoral Pressure: A Study in the History of Victorian Reform Agitations* (1977) zeichnet auf eindrucksvolle Weise nach, wie es den Gruppen, die sich für politische Reformen einsetzten, erging. *The Conscience of the Victorian State*, hrsg. v. Peter Marsh (1979), spürt den durchaus realen moralischen Motiven der damaligen Zeit nach; das Buch umfaßt – natürlich – ein Kapitel über Gladstone, aber auch Kapitel über die Utilitarier, die Nonkonformisten, die Tories und die Imperialisten. *Self-Help, Voluntary Associations in Nineteenth-Century Britain* (1974) von P. H. J. H. Gosden stellt eine gute Begleitlektüre dar. Über das umfangreiche Gebiet des Imperialismus informiert C. C. Eldrige, *England's Mission: The Imperial Idea in the Age of Gladstone and Disraeli 1868–1880* (1973), hervorragend. Siehe auch die eindrucksvolle, immer noch überzeugende Lektion in wissenschaftlichem Umdenken, absolviert von Ronald Robinson und John Gallagher, zusammen mit Alice Denny, *Africa and the Victorians: The Official Mind of Imperialism* (1961).

Auch wenn er schließlich scheiterte, war der Einzelgänger Joseph Chamberlain mit seiner Wandlung vom Imperialisten zum Radikalen der interessanteste englische Politiker um die Jahrhundertwende. J. L. Garvin und Julian Amery, *The Life of Joseph Chamberlain*, 6 Bde. (1932–68), ist sehr inhaltsreich, aber apologetisch. Denis Judd, *Radical Joe* (1977), ist entschieden kurzangebunden und weit weniger von Bewunderung erfüllt. Zu dem Spezialthema der Spaltung, die Chamberlain in den Reihen der Liberalen hervorrief, siehe Michael Hurst, *Joseph Chamberlain and Liberal Reunion: The Round Table Conference of 1887* (1967). H. C. G. Matthew, *The Liberal Imperialists: The Ideas and Politics of a Post-Gladstone Elite* (1973), lohnt die Lektüre in hohem Maß. Ein stark subjektiv gefärbtes, aber eindringliches Bild dieses hinreißenden Redners entwirft das Tagebuch von Beatrice Potter (wie sie mit ihrem Mädchennamen hieß): *The Diary of Beatrice Webb*, hrsg. v. Norman MacKenzie und Jeanne MacKenzie, Bd. I, *1873–1892, Glitter Around and Darkness Within* (1982). Das oben zitierte Buch *Rhetorik und Weltpolitik* enthält einen interessanten Abschnitt über Chamberlain.

IV. Das mächtige schwache Geschlecht

Seit dem Aufkommen des Feminismus, der neuen Frauenbewegung, zu Ende der 60er Jahre unseres Jahrhunderts herrschte in Arbeiten, die sich mit der Lage der Frauen in der Vergangenheit beschäftigen, oft ein Ton der Erbitterung vor. Keine Frage, daß die Frauen im 19. Jahrhundert guten Grund zur Beschwerde hatten, und keine Frage auch, daß die empörten und übertrieben tendenziösen Darstellungen derer, die ihre Chronik schrieben, etliche wertvolle Einsichten nicht ausschlossen. Aber gleichzeitig haben Wissenschaftler (darunter auch Feministinnen) weniger auftrumpfende und zuverlässigere Untersuchungen vorgelegt. In den Jahren heroischen Aufbegehrens brachten sogar solide Historikerinnen Anthologien heraus, die Titel trugen wie *Clio's Consciousness Raised: New Perspectives on the History of Women*, hrsg. v. Mary S. Hartman and Lois W. Banner (1974). Die Situation hat sich geändert. Es ist bezeichnend, daß Elizabeth K. Helsinger, Robin Lauterbach Sheets und William Veeder, die Herausgeber einer neueren Anthologie mit dem Titel *The Woman Question: Society and Literature in Britain and America, 1837–1883*, 3 Bde. (1983), verkünden, sie wollten zeigen, daß es «entgegen der landläufigen Überzeugung in der viktorianischen Zeit keine einheitliche Haltung gegenüber den Frauen gab» – genau das also, was ich in diesem Kapite¹ beweisen wollte. Zu den Forschungen, die ich aus psychoanalytischer Sicht zum Thema Frauenrechte – beziehungsweise Unrecht an Frauen – und zur Rolle der weiblichen Sexualität im praktischen Leben und in der wissenschaftlichen Theorie angestellt habe, siehe die Kapitel 2 und 3 in meinem Buch *Erziehung der Sinne. Sexualität im bürgerlichen Zeitalter.* Und zu Freuds Ansichten über die weibliche Sexualität siehe die Ausführungen in meiner ebenfalls bereits zitierten Freud-Biographie, *Freud. Eine Biographie für unsere Zeit* (1989), S. 562–87, sowie Sarah Koifman, *The Enigma of Woman: Woman in Freud's Writings* (1980; übers. v. Catherine Porter, 1985), und Zenia Odes Fliegel, «Half A Century Later: Current Status of Freud's Controversial Views on Women», *Psychoanalytic Quarterly*, LXIX (1982), S. 7–28.

Priscilla Robertson, *An Experience of Women: Pattern and Change in Nineteenth-Century Europe* (1982), bietet in durchaus abgeklärter Form einen Überblick über die Situation der Frauen der viktorianischen Ära in Frankreich, Deutschland, Großbritannien und Italien. Unter mehreren verdienstvollen Anthologien ist es das von Erna Olafson Hellerstein, Leslie Parker Hume und Karen M. Offen herausgegebene Buch *Victorian Women: A Documentary Account of Women's Lives in Nineteenth-Century England, France, and the United States* (1981), aus dem ich am meisten gelernt habe. Eine alte Studie von Moisei Ia. Ostrogorskii, *La femme du point de vue du droit publique* (unter Mitwirkung des Autors ins Englische übersetzt, *The Rights of Women: A Comparative Study in History and Legislation* [1893]), lohnt wegen ihrer Schilderung der Situation um die Jahrhundertwende nach wie vor die Lektüre. Mary S. Hartman, *Victorian Murderesses: A True History of Thirteen Respectable French and English Women Accused of Unspeakable Crimes* (1977), ist amüsant und fesselnd; ihre Überlegungen zu den Fallgeschichten nehmen viele Einsichten späterer Autoren vorweg. Emily James Putnams alte Untersuchung, *The Lady: Studies of Certain Significant Phases of Her History* (1910; Ausgabe 1960), die den Entwicklungsgang der vornehmen Frau durch die Epochen nachzeichnet, ist keinesfalls zu alt und auch nicht zu damenhaft, um unser Interesse zu verdienen. *The Psychology of Women: Ongoing Debates*, hrsg. v. Mary Roth Walsh (1987), unternimmt eine faszinierende Gegenüberstellung der Ansichten von Psychologen und Psychoanalytikern zur Mutterrolle, zur Sexualität und zu vielem anderen.

Mary P. Ryan, *Womanhood in America from Colonial Times to the Present* (1975; 2. Aufl., 1979), ist eine detaillierte Bestandsaufnahme. Frances B. Cogans

Neubewertung, *All-American Girl: The Ideal of Real Womanhood in Mid-Nineteenth-Century America* (1989), verwirft das gängige Zerrbild von der Frau der viktorianischen Ära als einem dem Kult «wahrer Weiblichkeit» sklavisch ergebenen Geschöpf und hebt ihre Gesundheit und Tatkraft hervor. Ein typisches Beispiel für die Vorstellung, gegen die sie sich wendet, sind die einflußreichen Aufsätze von Barbara Welter, *Dimity Convictions: The American Woman in the Nineteenth Century* (1976). Carl N. Degler, ein führender Historiker zum Thema Frauen, resümiert in seinem Buch *At Odds: Women and the Family in America from the Revolution to the Present* (1980) einen langen weiblichen Erfahrungsprozeß in Amerika; behandelt wird neben vorhersehbaren Themen wie Kinderaufzucht und Häuslichkeit auch das Sexualleben. Unter dem Titel *Liberty a Better Husband: Single Women in America, the Generations of 1780–1840* (1984) bietet Lee Virginia Chambers-Schiller eine eindrückliche Studie über Frauen, die sich gegen das Heiraten entschieden. Cindy Sondik Aron, *Ladies and Gentlemen of the Civil Service: Middle Class Workers in Victorian America* (1987), liefert eine nützliche Beschreibung von Arbeitsplätzen mit gemischtem Personal, amerikanischen Bundesbehörden, in denen nach dem Bürgerkrieg Angestellte beiderlei Geschlechts beschäftigt waren. In *«Doctors Wanted: No Women Need Apply»: Sexual Barriers in the Medical Profession, 1835–1975* (1975) erforscht Mary Roth Walsh ein weit weniger erfreuliches Terrain, auf dem die berufsständische Frauenfeindschaft Blüten trieb. Nancy F. Cott, *The Bonds of Womanhood: «Woman's Sphere» in New England, 1780–1835* (1977), führt zu Vergleichszwecken zurück in frühere Zeiten. Auch wenn ich mich den eher kategorischen Urteilen von Ann Douglas nicht anschließen kann, habe ich doch aus ihrem Buch *The Feminization of American Culture* (1977, Aufl. 1978) gelernt; es handelt von der Sentimentalisierung, von der Douglas soziale Verhältnisse und religiöse Überzeugungen zunehmend befallen sieht. Rosemary Radford Ruether und Rosemary Skinner Keller haben als Herausgeberinnen in *Women and Religion in America*, Bd. I, *The Nineteenth Century* (1981), einige wertvolle Beiträge versammelt. Lois W. Banner, *American Beauty* (1983), untersucht den faszinierenden (und aufschlußreichen) Wandel im weiblichen Schönheitsideal von den Anfängen der amerikanischen Republik bis zur Gegenwart. Das Buch läßt sich in Verbindung mit der außerordentlich gelungenen Studie *Hands and Hearts: A History of Courtship in America* (1984) von Ellen K. Rothman lesen sowie mit Karen Lystras Untersuchung über die romantische Liebe – ein verbreiteteres Phänomen, als man annehmen möchte –, *Searching the Heart: Women, Men, and Romantic Love in Nineteenth-Century America* (1989). John S. Haller und Robin M. Haller, *The Physician and Sexuality in Victorian America* (1974), wirft einiges Licht auf Vorstellungen hinsichtlich des Geschlechterverhältnisses.

Über einige außergewöhnliche amerikanische Frauen: Bell Gale Chevigny, *The Woman and the Myth: Margaret Fuller's Life and Writings* (1976), bietet Exzerpte aus Fullers Schriften und den Reaktionen ihrer Zeitgenossen. David M. Kennedy, *Birth Control in America: The Career of Margaret Sanger* (1970), ist eine sorgfältige Biographie, die man zusammen mit *Woman's Body, Woman's Right: A Social History of Birth Control in America* (1976) von Linda Gordon lesen sollte. Kathryn Kish Sklar, *Catharine Beecher: A Study in American Domesticity* (1973), ist ein außerordentlich scharfsinniges Buch. Die Schriften von Beecher und ihren

Schwestern findet man auszugsweise abgedruckt in *The Limits of Sisterhood: The Beecher Sisters on Women's Rights and Woman's Sphere*, hrsg. v. Jeanne Boydston, Mary Kelley und Anne Margolis (1988). *The Making of a Feminist: Early Journals and Letters of M. Carey Thomas*, hrsg. v. Marjorie Housepian Dobkin, eröffnet einen Zugang zu dem Denken eines bemerkenswerten intellektuellen und akademischen Organisators. Faye E. Dudden, *Serving Women: Household Service in Nineteenth-Century America* (1983), ein Buch über weibliche Hausangestellte, beleuchtet indirekt auch die Situation der Frauen des Mittelstandes. Das tut in noch traurigerer Weise auch Ruth Rosens bahnbrechende Arbeit *The Lost Sisterhood: Prostitution in America, 1900–1918* (1982).

Die Seiten von *Godey's Lady's Book* gewähren ab den 30er Jahren des letzten Jahrhunderts unentbehrliche Einblicke in die Hauptaktivitäten der durchschnittlichen mittelständischen Frauen in Amerika. Zu Sarah Josepha Hale, der Herausgeberin des Blattes, siehe den kurzen autobiographischen Rückblick «Fifty Years of my Literary Life» in der letzten Ausgabe, die unter ihrer Leitung entstand, XCV (Dezember 1877), S. 522–23. Isabelle Webb Entrikin, *Sarah Josepha Hale and Godey's Lady's Book* (1946), leistet, was es verspricht; Ruth E. Finley, *The Lady of Godey's: Sarah Josepha Hale* (1931), ist ebenso lustig wie mit leichter Hand geschrieben und gut illustriert. Frank Luther Mott, *A History of American Magazines*, Bd. I, *1741–1850* (1930), und Bd. II, *1850–1865* (1938), liefern das nötige Hintergrundwissen für *Godey's;* siehe insbesondere im ersten Band S. 350–51, 509–23 und 580–94. Und siehe Cynthia L. White, *Women's Magazines, 1693–1968* (1970).

Zu den Frauen im Frankreich des ausgehenden 19. Jahrhunderts ist James E. McMillan, *Housewife or Harlot: The Place of Women in French Society, 1870–1940* (1981) höchst einschlägig. M. William Oualid, *L'Évolution intellectuelle féminine. Le Développement intellectuel de la femme. La Femme dans les professions intellectuelles* (1937), quillt über von Statistiken und Vergleichsdaten. Linda L. Clark, *Schooling the Daughters of Marianne: Textbooks and the Socialization of Girls in Modern French Primary Schools* (1984), greift glücklicherweise bis in die Mitte des letzten Jahrhunderts zurück. Das Schlüsselthema der Bildung für Frauen in Frankreich vor der Durchsetzung einiger wichtiger Reformen untersucht Marie-François Lévy, *De mères en filles: L'éducation des françaises en France au XIXe siècle* (1979). Beide heben hervor, wie stark religiös die Mädchen des Mittelstandes zu Hause aufgezogen wurden. Und siehe Mona Ozouf, *L'École, l'Église et la République 1871–1914* (1963), eine kurze, solide Abhandlung. Bei Rambert George, *Chronique intime d'une famille des notables au XIXe siècle* (1981), findet man erhellende Einzelheiten. *Les filles du noce. Misère sexuelle et prostitution, XIXe et XXe siècles* (1979) von Alain Corbin ist eine eindrucksvolle Arbeit zum Thema Prostitution, wenn auch für meinen Geschmack zu sehr im Fahrwasser von Foucault.

Unter den Abhandlungen zur Geschichte der Frauen in Deutschland nimmt Ute Frevert, *Frauen-Geschichte. Zwischen bürgerlicher Verbesserung und neuer Weiblichkeit* (1986), eine herausragende Stellung ein. John C. Fout (Hrsg.), *German Women in the Nineteenth Century: A Social History* (1984), enthält nützliche Aufsätze und eine lange Einführung des Herausgebers, in der er über den derzeitigen Forschungsstand berichtet. Über Einstellungen im medizinischen Bereich siehe den schönen Beitrag von Ute Frevert «Ärzte und Frauen im späten 18. und frühen 19. Jahrhundert. Zur Sozialgeschichte eines Gewaltverhältnisses», in Annette Kuhn (Hrsg.), *Frauen in der Geschichte*, Bd. II (1982), S. 177–210. Marion Kaplan hat unser Wissen über die Situation jüdischer Frauen in Deutschland markant vergrößert, vor allem mit ihrem Buch *The Jewish Feminist Movement in Germany: The Campaigns of the Jüdische Frauenbund 1904–1938* (1979), mit ihrem glänzenden Beitrag «For Love or Money: The Marriage Strategies of Jews in Imperial Germany», *Leo Baeck Institute Yearbook*, XXVIII (1983), S. 263–300, und mit ihrer zusammenfassenden Darstellung *The Making of the Jewish Middle Class: Women, Family, and Identity in Imperial Germany* (1991). James C. Albisettis informatives Buch *Schooling German Girls and Women: Secondary and Higher Education in the Nineteenth Century* (1988) geht über das im Titel angegebene Thema hinaus. Im späten 18. Jahrhundert fingen Frauen damit an, sich journalistisch zu betätigen; siehe Sabine Schumann, «Das ‹lesende Frauenzimmer›: Frauenzeitschriften im 18. Jahrhundert», in Barbara Becker-Cantario (Hrsg.), *Die Frau von der Reformation zur Romantik* (1980), S. 138–60. Das von Karin Hausen herausgegebene Sammelwerk *Frauen suchen ihre Geschichte. Historische Studien zum 19. und 20. Jahrhundert* (1983) enthält neben anderen interessanten Beiträgen einen erhellenden Aufsatz von Gisela Bock, «Historische Frauenforschung: Fragestellung und Perspektiven» (S. 22–60), der freimütig darlegt, wie sehr die deutsche Forschung zur Geschichte der Frauen von amerikanischen Arbeiten – und Passionen – beeinflußt ist.

Unter den Anthologien mit Zeugnissen zur Situation der Frauen in England bietet Patricia Hollis (Hrsg.), *Women in Public Documents of the Victorian Women's Movement, 1850–1900* (1979), eine hervorragende Auswahl. Die umfassende Textsammlung von Janet Murray (Hrsg.), *Strong-Minded Women and Other Lost Voices from Nineteenth-Century England* (1982), ist nüchterner, als der melodramatische Titel vermuten läßt. Aus der Flut von Sammlungen ragen das pathetisch klingende *Suffer and Be Still: Women in the Victorian Age* (1972) und das viel hoffnungsfroher klingende *A Widening Sphere: Changing Roles of Victorian Women* (1977) hervor; Herausgeberin beider Sammlungen ist Martha Vicinus. Ihr offenbar zunehmender Optimismus deutet auf gewisse Fortschritte, wenn schon nicht für die Frauen, so immerhin für die Frauenforschung. Leonore Davidoff und Catherine Hall, *Family Fortunes: Men and Women of the English Middle Class, 1780–1850* (1987), kommt zu überzeugenden allgemeinen Aussagen darüber, wie begabte Männer und Frauen der bürgerlichen Klasse ihr Leben gestalteten. M. Jeanne Peterson, *Family, Love, and Work in the Lives of Victorian Gentlewomen* (1989), zeugt von einem großartigen Kenntnisstand. Siehe auch Suzanna Shonfield, *The Precariously Privileged: A Professional Family in Victorian London* (1987). Joan Perkin liefert in einer zornigen, aber instruktiven Bestandsaufnahme, *Women and Marriage in Nineteenth-Century England* (1989), jede Menge Informationen über die «von Männern gemachten, chauvinistischen» Gesetze, unter denen Frauen in England leben mußten. Eine speziellere Behandlung dieses verzwickten Themas stellt *Wives and Property: Reform of the Married Women's Property Law in Nineteenth-Century England* (1984) von Lee Holcombe dar. Judith Rowbotham, *Good Girls Make Good Wives: Guidance for Girls in Victorian Fiction* (1989), bietet einen guten Überblick über die erbauliche Literatur.

Man sollte das Buch zusammen mit der Sozialisations-Studie von Carol Dyhouse, *Girls Growing Up in Late Victorian and Edwardian England* (1981), lesen. Lee Holcombe, *Victorian Ladies at Work: Middle-Class Working Women in England and Wales, 1850–1914* (1973), nimmt sich auf bewunderungswürdige Weise eines vernachlässigten Themas an. Aber siehe auch Jean Donnison, *Midwives and Medical Men: A History of Inter-Professional Rivalries and Women's Rights* (1977); das Buch zeigt, wie die Männer im 19. Jahrhundert Frauen von einer möglichen beruflichen Laufbahn ausschlossen. Martha Vicinus, *Independent Women: Work and Community for Single Women, 1850–1920* (1985), beschäftigt sich mit Frauen, für die Heim und Familie nicht der Lebensmittelpunkt waren. F. K. Prochaska, *Women and Philanthropy in Nineteenth-Century England* (1980), ortet karitativ tätige Frauen in ihrem sozialen Milieu. John R. Gillis, *For Better, for Worse: British Marriages, 1600 to the Present* (1985), widmet der viktorianischen Zeit beträchtlichen Raum. Theresa M. McBride stellt in *The Domestic Revolution: The Modernisation of Household Service in England and France, 1820–1920* (1976) eine bündige und – dank der Vergleiche mit den Verhältnissen auf dem europäischen Kontinent – aufschlußreiche Untersuchung an. Stella Mary Newton, *Health, Art and Reason: Dress Reformers of the Nineteenth Century* (1974), zieht aus einem scheinbar sekundären Thema großen Erkenntnisgewinn. Die düsterste Seite des weiblichen Daseins in der viktorianischen Ära wird von Judith R. Walkowitz in einer eindrucksvollen Monographie mit dem Titel *Prostitution and Victorian Society: Women, Class, and the State* (1980) erforscht. Zu diesem Thema siehe auch Paul McHugh, *Prostitution and Victorian Social Reform* (1980).

Die Frauenbewegung ist wichtig genug, um eine eigene Rubrik zu verdienen. Zwei Klassiker der Frauenemanzipation, die gleichermaßen meisterliche Polemiken und literarische Kostbarkeiten sind, haben auf dieses Kapitel prägend eingewirkt. Mary Wollstonecraft, *A Vindication of the Rights of Woman, with Strictures on Political and Moral Subjects* (1792; hrsg. v. Charles W. Hagelman Jr., 1967), und natürlich Virginia Woolf, *A Room für One's Own* (1929). Mit Wollstonecraft beschäftigt sich kompetent Claire Tomalin, *The Life and Death of Mary Wollstonecraft* (1974); gute Biographien zu Woolf sind – um nur einige Titel zu nennen – Quentin Bell, *Virginia Woolf: A Biography*, 2 Bde. in einem (1972); Lyndall Gordon, *Virginia Woolf: A Writer's Life* (1984); und der waghalsige Versuch von Shirley Panken, *Virginia Woolf and the «Lust of Creation»: A Psychoanalytical Exploration* (1987).

Die Zusammenschau von Richard J. Evans, *The Feminists: Women's Emancipation Movements in Europe, America and Australasia, 1840–1920* (1977), bietet eine gute Einführung. Marianne Webers umfassende Bestandsaufnahme, *Ehefrau und Mutter in der Rechtsentwicklung* (1907), zeigt, wogegen die Frauenrechtlerinnen sich behaupten mußten. Eine länderübergreifende Betrachtung ihrer Kampagnen findet man in William L. O'Neill (Hrsg.), *The Women's Movement: Feminism in the United States and England* (1969), einer Sammlung ausgewählter Texte mit langer Einführung. Miriam Schneir (Hrsg.), *Feminism: The Essential Historical Writings* (1972), beschränkt sich hauptsächlich auf England und Amerika, enthält aber auch ein paar Texte aus Kontinentaleuropa. Nancy F. Cott, *The Grounding für Modern Feminism* (1987), beschäftigt sich mit den Jahren zu Anfang des Jahrhunderts, als der Begriff «Feminismus» aufkam.

Zur amerikanischen Frauenbewegung siehe Eleanor Flexner, *Century of Struggle: The Woman's Rights Movement in the United States* (1959; neues Vorwort, 1970), die ein äußerst wichtiges Thema vernünftig behandelt; das gilt auch für Aileen Kraditor, *The Ideas of the Woman Suffrage Movement, 1890–1920* (1965). Rosalind Rosenberg, *Beyond Separate Spheres: Intellectual Roots of Modern Feminism* (1982), beschäftigt sich mit Sozialwissenschaftlerinnen des 19. Jahrhunderts, die geheiligte Überzeugungen, das Wesen der Frau betreffend, in Frage stellten. Zur Frauenbewegung in Frankreich siehe Claire G. Moses, *French Feminism in the Nineteenth Century* (1984), die besonders kenntnisreich und mit Begeisterung über den Einfluß der Saint-Simonisten berichtet. Zum Frauenwahlrecht in Frankreich ist Steven C. Hause, zusammen mit Anne R. Kenney, *Women's Suffrage and Social Politics in the French Third Republic* (1984), höchst überzeugend; das Buch bildet einen Zusammenhang mit Hauses Studie über die führende Frauenrechtlerin Frankreichs, *Hubertine Auclert: The French Suffragette* (1987). Für Deutschland stellt Richard J. Evans, *The Feminist Movement in Germany, 1894–1933* (1976), eine verläßliche Geschichte dar. Eine Anthologie von Schriften deutscher Frauen, die vor 1848 für eine Verbesserung der Lage der Frauen kämpften, wurde unter dem Titel *Frauenemanzipation im deutschen Vormärz. Texte und Dokumente* (1978) von Renate Möhrmann herausgegeben. Zu Lebensbeschreibungen von Vorkämpferinnen der Frauenrechtsbewegung in Deutschland siehe Anna Plothow, *Die Begründerinnen der deutschen Frauenbewegung* (1907). Die Kapitel 1–4 in Werner Thoennessen, *Die Frauenemanzipation in Politik und Literatur der Deutschen Sozialdemokratie, 1863–1933* (1958), bieten einen munteren Streifzug durch ein spezielles Gebiet.

Die englische Frauenbewegung des 19. Jahrhunderts ist gut erfaßt worden. Siehe Sheila R. Herstein, *A Mid-Victorian Feminist, Barbara Leigh Smith Bodichon* (1985). Barbara Taylor, *Eve and the New Jerusalem: Socialism and Feminism in the Nineteenth Century* (1983), ist eine gediegene historische Darstellung, die auch über das verlautbarte Programm hinaus einiges zu bieten hat. Die Vorgeschichte der englischen Frauenbewegung des 19. Jahrhunderts, die für die späteren Entwicklungen alles andere als unerheblich ist, haben Hilda L. Smith, *Reason's Disciples: Seventeenth-Century English Feminists* (1982), und Katharine M. Rogers, *Feminism in Eighteenth-Century England* (1982), kompetent erforscht. In dem Anfangskapitel von Carol Dyhouse, *Feminism and the Family in England, 1880–1939* (1989) werden kluge Überlegungen zu den Belastungen angestellt, denen ideologische Vorstellungen die traditionellen Werte des Familienlebens aussetzten. Mit den Antifeministen setzt sich in reflektierter Weise Brian Harrison, *Separate Spheres: The Opposition to Women's Suffrage in Britain* (1978), auseinander. Der berühmte Schlüsseltext von John Stuart Mill, *The Subjection of Women* (1869), der zu Recht von Feministen hochgehalten wird, wurde wiederholt nachgedruckt, höchst angemessen in John Stuart Mill und Harriet Taylor Mill, *Essays on Sex Equality*, mit einer langen Einführung herausgegeben von Alice S. Rossi (1970).

Über die Schriftstellerin des 19. Jahrhunderts, die ein auffallendes kulturelles Phänomen darstellt, wird auch heute noch weidlich diskutiert. Eine Wegbereiterin für die feministische Interpretation ihrer Geschichte war Ellen Moers, *Literary Women: The Great Writers* (1976; Aufl. 1977). Aber die wahrscheinlich aggressivste (und vielleicht auch einflußreichste) neuere Streitschrift zu dem Thema ist das voluminöse Buch *The Madwoman in the Attic: The Woman Writer and the Nineteenth-Century Literary Imagination* (1979) von Sandra M. Gilbert und Susan Gubar. Es beginnt mit einem Wortspiel, das die Schriftstellerin des 19. Jahrhunderts als unterdrückte Spezies in einer patriarchalischen Gesellschaft sichtbar machen soll – die Schreibfeder (engl. *pen*) ist ein metaphorischer Penis –, und bleibt das ganze dicke Buch hindurch im großen und ganzen auf diesem Niveau. Die Rhetorik des Buches *Edging Women Out: Victorian Novelists, Publishers, and Social Change* (1989), das Gaye Tuchman zusammen mit Nina E. Fortin verfaßt hat, ist weit weniger überhitzt; aber trotz ihres großen Aufgebots an Statistiken und abstrusem sozialwissenschaftlichem Vokabular gelingt es den Autorinnen nicht, ihre These plausibel zu machen, die Männer hätten, kaum daß sie hinter das Erfolgsgeheimnis der schreibenden Frauen gekommen seien, diese ausgebootet und die Sache an sich gerissen. Vorher hatte schon Elaine Showalter in *A Literature of Their Own: British Women Novelists from Brontë to Lessing* (1977) die Ansicht vertreten, die Schriftstellerinnen in England seien damals in eine eigene Phantasiewelt abgedrängt worden. Für die herablassende Haltung (und die Eifersucht) der Männer gibt es das ganze Jahrhundert hindurch unstrittige Zeugnisse; ebenso ausgemacht ist, daß sich viele Schriftstellerinnen, die ja auch häufig Pseudonyme annahmen oder ihre Identität verbargen, getrieben fühlten, männliche Normvorstellungen zu internalisieren – für all dies liefert mein Text reichlich Belege. Aber in der Mehrzahl war die verdammte Meute schreibwütiger Frauen, wie Hawthorne sie nannte, weit vielschichtiger, als die erwähnten Schriften vermuten lassen. Eine scharfe, aber wohldurchdachte Kritik der unwissenschaftlichen Haltung, die solchen tendenziösen Erzeugnissen zugrundeliegt, und des stilistischen Fiaskos, in dem sie enden, bietet Helen Vendler, «Feminism and Literature», *New York Review of Books*, XXXVII (31. Mai 1990), S. 19–25.

Die Arbeit von Historikern, zu denen auch Feministinnen zählen, hat einige der Komplikationen, die das Bild aufweist, sichtbar werden lassen. Janet Todds lebendiges Buch *The Sign of Angellica: Women, Writing and Fiction, 1660–1800* (1989) hat zwar seinen Schwerpunkt bei den frühen Autorinnen, leistet aber auch einen wertvollen Beitrag zum Verständnis des Prozesses, der zur Ausbildung eines Berufsstandes von Schriftstellerinnen führte. Ergänzend läßt sich Eva Figes, *Sex and Subterfuge: Women Writers to 1850* (1982), hinzuziehen; wie das von Todds ist auch dieses Buch auf England konzentriert. Mit derselben Zeit und demselben Land beschäftigt sich auch Alison Adburgham, *Women in Print: Writing Women and Women's Magazines from the Restoration to the Accession on Victoria* (1972). Adburgham, *Silver Fork Society: Fashionable Life and Literature, 1814–1840* (1983), untersucht die Romane über die feine Gesellschaft, auf die sich Schriftstellerinnen damals spezialisierten. Guinevre L. Griest, *Mudie's Circulating Library and the Victorian Novel* (1970), legt überzeugend dar, welche kulturelle Macht damals Leihbibliotheken über das Leben der Leser – und der Autoren – ausübten. In *Love and the Woman Question in Victorian Literature: The Art of Self-Postponement* (1983) vertritt Kathleen Blake die These, die Schriftstellerinnen in England hätten sich gezwungen gesehen, zwischen geschlechtlicher Erfüllung und literarischer Leistung zu wählen; auch wenn ihre Argumentation nicht durchweg überzeugt, ist die These doch interessant.

Literatur über einzelne Autorinnen gibt es reichlich; allerdings ist sie manchmal tendenziös. Aber siehe R. K. Webbs sachliche Biographie, *Harriet Martineau: A Radical Victorian* (1960). Margaret Oliphant hat eine anrührende Selbstdarstellung hinterlassen, *Autobiographie and Letters of Mrs. Margaret Oliphant* (1899; hrsg. v. Mrs. Harry Coghill, 1974). Siehe auch Merryn Williams, *Margaret Oliphant: A Critical Biography* (1986). *Elizabeth Barrett Browning: The Origins of a New Poetry* (1989) von Dorothy Mermin ist gleichermaßen eine feministische Biographie und eine literaturwissenschaftliche Abhandlung. Und siehe *The Letters of Robert Browning and Elizabeth Barrett Browning, 1845–1846*, hrsg. v. Elvan Kintner, 2 Bde. (1969). Daniel Karlin hat in *The Courtship of Robert Browning and Elizabeth Browning* (1985) diese Korrespondenz gut genutzt. Zu den Brontës, als Geschwister und als Einzelpersonen, gibt es W. A. Craik, *The Brontë Novels* (1968), und Winifred Gérins Studien über die Schwestern: *Anne Brontë* (1959), *Charlotte Brontë* (1967) und *Emily Brontë* (1971). Zu Charlotte Brontë möchte ich noch einen langen wagemutigen Essay von John Maynard, *Charlotte Brontë and Sexuality* (1984), erwähnen. William S. Peterson, *Victorian Heretic: Mrs. Humphry Ward's «Robert Elsmere»* (1976), ist eine gelungene Würdigung; wenn Peterson berichtet, mit wieviel Achtung Schriftleiter und Herausgeber Mrs. Ward begegneten, so widerlegt das einmal mehr das Märchen von den aufs Abstellgleis geschobenen weiblichen Autoren. Die größte englischsprachige Schriftstellerin im 19. Jahrhundert war natürlich George Eliot. Die einzige, die Eliot das Wasser reichen konnte, war ohne Frage Jane Austen. Da sie im vorliegenden Buch nur am Rande auftaucht, werde ich mich mit der Nennung einiger Texte begnügen, die für mich am wichtigsten waren, wohl wissend, daß die Sekundärliteratur zu Austen nachgerade unüberschaubar zu werden droht. Gelernt habe ich aus Barbara Hardys kultiviertem Buch *A Reading of Jane Austen* (1975), das allerdings weit weniger Gewicht auf den geistesgeschichtlichen Zusammenhang legt als die glänzende Untersuchung von Marilyn Butler, *Jane Austen and the War of Ideas* (1975), die keinen Anstand nimmt, Austen ihren Platz in einer Welt konfligierender Überzeugungen anzuweisen. In ihrer Einführung zur Paperback-Ausgabe (1987) übt Butler temperamentvoll Kritik an den Interpreten, die nach ihrer Ansicht Austen idealisiert, gönnerhaft behandelt oder tendenziös mißverstanden haben. Ian Watt (Hrsg.), *Jane Austen: A Collection of Critical Essays* (1963), sammelt eine Reihe einflußreicher moderner Würdigungen Austens, darunter Beiträge von Virginia Woolf und Edmund Wilson sowie Lionel Trillings Essay über *Mansfield Park*. Aus dem Strom von kommentierender Literatur nenne ich einige wenige Titel. Die erste ernsthafte biographische Untersuchung stammte von Eliots Ehemann: *George Eliot's Life as Related in Her Letters and Journals*, hrsg. v. J. W. Cross, 3 Bde. (1885; überarb. einbändige Ausgabe, 1887). Die biographische Würdigung durch Leslie Stephen, *George Eliot* (1902), ist mehr als ein bloßes Zeitdokument. Zweifellos ist die maßgebende Lebensbeschreibung die von Gordon S. Haight, *George Eliot: A Biography* (1968). Haights großartige Ausgabe der Briefe, *The George Eliot Letters*, 7 Bde. (1954–55), ist unentbehrlich. Im Auszug hat er sie in *Selections from George Eliot's Letters* (1985) herausgebracht. *George Eliot: The Critical Heritage*, hrsg. v. David Carroll (1971), ist eine handliche Sammlung von Rezensionen. Von den literaturwissenschaftlichen Würdigungen haben mir am meisten Joan Bennett, *George Eliot: Her Mind and Her Art* (1948), sowie die beiden Bücher von

Barbara Hardy, *The Novels of George Eliot* (1959) und *Particularities: Readings in George Eliot* (1983), gegeben. Gillian Beers vergnüglich zu lesende *George Eliot* (1986) legt den Akzent auf die Frauenfrage. Sally Shuttleworth, *George Eliot and Nineteenth-Century Science: The Make-Believe of a Beginning* (1948), beschäftigt sich mit der Schriftstellerin aus einem ungewöhnlichen Blickwinkel. Über ihren Ruhm im Ausland informiert John Philip Couch, *George Eliot in France: A French Appraisal of George Eliot's Writings, 1858–1960* (1967).

Zu deutschen Schriftstellerinnen kann H. Spiero, *Geschichte der deutschen Frauendichtung seit 1800* (1913), als eine gedrängte Einführung dienen. Die Autobiographie einer deutschen Autorin, die sich zu ihrer Zeit großer Beliebtheit erfreute, Fanny Lewald, *Meine Lebensgeschichte* (1861–62; in gekürzter Form hrsg. v. Gisela Brinker-Gabler, 1980), ist aufschlußreich. Siehe auch von der gleichen Herausgeberin die brauchbare Anthologie *Deutsche Dichterinnen vom 16. Jahrhundert bis zur Gegenwart. Gedichte und Lebensläufe* (1978). Marieluise Steinhauer, *Fanny Lewald, die deutsche George Sand. Ein Kapitel aus der Geschichte des Frauenromans im 19. Jahrhundert* (1937), ist, bedenkt man das Erscheinungsdatum, bemerkenswert frei von nationalsozialistischen Anklängen. Zur erfolgreichsten aller kommerziellen Autorinnen in Deutschland siehe die anonyme Lebensbeschreibung «Eugenie-John Marlitt. Ihr Leben und ihre Werke», wahrscheinlich von Alfred John, in *E. Marlitts Gesammelte Romane und Novellen*, 10 Bde. (1889; 2. Aufl., 1890), Bd. X, *Thüringer Erzählungen*. Über die Zeitschrift, die Marlitt zur Berühmtheit verhalf, informiert die Anthologie *Die Gartenlaube als Dokument ihrer Zeit,* hrsg. v. Magdalene Zimmermann (1963). Gabriele Strecker, *Frauenträume, Frauentränen. Über den deutschen Frauenroman* (1969) ist in leichtem Ton geschrieben, aber informativ. Heranziehen sollte man dazu noch Gustav Sichelschmidt, *Liebe, Mord und Abenteuer. Eine Geschichte der deutschen Unterhaltungsliteratur* (1969); das Buch ortet die Schriftstellerinnen in ihrem sozialen Milieu.

Führende amerikanische Autorinnen des 19. Jahrhunderts findet man ausführlich analysiert in Mary Kelley, *Private Woman, Public Stage: Literary Domesticity in Nineteenth-Century America* (1984); davon habe ich profitiert. Zur Entstehung des Bestsellers, gleichgültig, ob von Männern oder Frauen geschrieben, ist Henry Nash Smith, *Democracy and the Novel: Popular Resistance to Classic American Writers* (1978), eine ebenso bündige wie maßgebende Quelle. Smith, «The Scribbling Women and the Cosmic Success Story», *Critical Inquiry*, I (1974), S. 47–70, war wichtig für dieses Kapitel. Ednah Dow Cheney, *Louisa May Alcott* (1889; Einführung Ann Douglas, 1980), ein von Verehrung erfülltes, aber materialreiches Buch, ist weitgehend abgelöst durch Martha Saxton, *Louisa May: A Modern Biography of Louisa May Alcott* (1977). Die wissenschaftlich sorgfältig redigierten Bände *The Selected Letters of Louisa May Alcott,* hrsg. v. Joel Myerson und Daniel Shealy (1987), und *The Journals of Louisa May Alcott,* ebenfalls hrsg. v. Myerson und Shealy (1989), sind unentbehrlich. Zu Alcotts eigentlicher literarischer Leidenschaft siehe *A Double Life: Newly Discovered Thrillers of Louisa May Alcott,* hrsg. v. Madeleine H. Stern (1989). *Little Women* zeugt davon, mit welcher Seligkeit sie sich ins Schreiben stürzte.

Mehr als andernorts, sieht man einmal von den USA ab, schlugen Frauen in Frankreich die Journalisten- und Redakteurslaufbahn ein. Die Geschichte findet man gut erzählt in Evelyn Sullerot, *Histoire de la presse féminine en France, des origines à 1848* (1966), und in Laure Adler, *A l'aube du féminisme: Les Premières Journalistes (1830–1850)* (1979). Elyane Dezon-Jones, *Les Écritures féminines* (1983), bietet einen Überblick über die Szene. Und siehe den kurzen, allgemeinen Artikel von Philip Spencer, «The French Reading Public about 1850», *Modern Language Review*, XLV (1950), S. 473–77. Über die abenteuerlustige Gräfin, die unter dem Pseudonym Daniel Stern schrieb, siehe Jacques Vier, *La Comtesse d'Agoult et son temps*, 6 Bde. (1955–63), sowie die intelligente Studie von Suzanne Gugenheim, *Madame d'Agoult et la pensée de son époque* (1937). Und über einen vormals berühmten Dichter findet man Näheres bei Charles Du Bos, *La Comtesse de Noailles et le climat du génie* (1949). Bleibt die Gigantin George Sand, die heute eher als historisches, denn als literarisches Phänomen diskutiert wird. (Es ist bezeichnend, daß Martin Turnell, *The Novel in France* [1950], in den sieben Kapiteln, die er französischen Romanciers von Madame de La Fayette bis Marcel Proust widmet, für Sand keinen Platz hat und sie nur im Vorübergehen erwähnt.) Unter den neueren englischsprachigen Biographien genügt vielleicht die von Joseph Barry, *Infamous Woman: The Life of George Sand* (1977), am meisten den Ansprüchen. Barry hat auch eine gehaltvolle Anthologie veröffentlicht, *George Sand in Her Own Words* (1979), die als Einführung in ihr umfängliches Œuvre dienen kann. Siehe auch René Wingarten, *The Double Life of George Sand: Woman and Writer* (1978), und Curtis Cate, *George Sand* (1975). Eine neuere französische Biographie verdient Erwähnung: Francine Mallet, *George Sand* (1976). Sands weitschweifige, aber aufschlußreiche *Œuvres autobiographiques* hat Georges Lubin in 2 Bänden (1970–71) herausgegeben. Sogar noch aufschlußreicher ist ihr riesiger Briefwechsel, den unter dem Titel *Correspondance* ebenfalls Lubin herausgibt; er umfaßt bis jetzt 24 Bände (1964–   ), ein selbst für das korrespondenzsüchtige viktorianische Zeitalter schier unglaublicher Ausstoß. Mit Rücksicht auf den gewaltigen Ruf, den Sand im Ausland, insbesondere in Großbritannien, genoß, lohnt es sich, Patricia Thomson, *George Sand and the Victorians: Her Influence and Reputation in Nineteenth-Century England* (1977), und Paul G. Blount, *George Sand and the Victorian World* (1978), zu lesen. Die Würdigung, die ihr Henry James unter dem Titel «George Sand» in seinem Buch *French Poets and Novelists* (1878; 2. Aufl., 1884) zuteil werden läßt, wiegt schwer.

Das Thema der Darstellung von Frauen in der Belletristik des 19. Jahrhunderts hat für reichlich Konfliktstoff gesorgt. Ein Klassiker in der Anprangerung männlicher Überheblichkeit, ein zorniges Buch, das viel Nachahmung gefunden hat, ist *La Femme victorienne. Roman et societé 1837–1867* (1972) von Françoise Basch. Hazel Mews, *Frail Vessels: Woman's Role in Women's Novels from Fanny Burney to George Eliot* (1969), ist zwar unerbittlich, läßt sich aber nicht vom Zorn fortreißen. Patricia Thomson, *The Victorian Heroine: A Changing Ideal, 1837–1873* (1953), bestärkt in der Vermutung, daß im Laufe der Jahrzehnte die Frauenfiguren in den Frauenromanen eine Art «fortschrittlichen» Wandel in der Einstellung widerspiegeln. Patricia Beer, *Reader, I Married Him: A Study of the Women Characters of Jane Austen, Charlotte Brontë, Elizabeth Gaskell and George Eliot* (1974), ist ebenso geistreich wie kurzangebunden. Siehe auch das interessante Buch von Ruth Bernard Yeazell, *Sex, Politics and Science in the Nineteenth Century Novel* (1986). In *Man and Woman: A Study of Love and the Novel,*

1740–1940 (1978) gibt A. O. J. Cockshut die zu erwartenden Einsichten zum besten. Einen erfrischenden Sichtwechsel nimmt Jane Miller in *Women Writing about Men* (1986) vor. Zu Frankreich gibt es M.-A. Martin, *La Jeune Fille française dans la littérature et la societé (1815–1914)* (o. J.); dem vielgelesenen Buch fehlen die Quellenangaben.

V. Beißender Spott

Für den Humor interessiert sich die Psychologie schon lange. Eine moderne Auswahl von psychologischen Schriften zu diesem Thema findet man in *The Psychology of Humor: Theoretical Perspectives and Empirical Issues* (1972), hrsg. v. Jeffrey H. Goldstein und Paul E. McGhee; das Buch bildet eine gehaltvolle Anthologie mit über weite Strecken stark fachspezifischem Einschlag. Ein anderes, nicht weniger interessantes Buch ist das von Antony J. Chapman und H. C. Foot herausgegebene *Humor and Laughter: Theory, Research, and Applications* (1976). Zu psychoanalytischen Ansichten – strikt orthodoxen ebenso wie eklektischen – siehe den anregenden (gleichzeitig historischen, experimentalwissenschaftlichen und theoretischen) Essay von Norman N. Holland, *Laughing: A Psychology of Humor* (1984), sowie das Buch von Jacob Levine (Hrsg.), *Motivation in Humor* (1969), das Beiträge zu den Themen Humor und Angst, Triebentladung und Humor und – für das vorliegende Kapitel besonders einschlägig! – Humor und Aggressivität enthält. Siehe auch Aver Ziv, *Personality and Sense of Humor* (1984), das einen bündigen Überblick über verschiedene Funktionen des Humors, einschließlich der aggressiven Dimension, bietet. Anton Ehrenzweigs einflußreiches Buch *The Psycho-Analysis of Artistic Vision and Hearing: An Introduction to a Theory of Artistic Perception* (1965; 2. Aufl., 1965) enthält mit Kapitel 8, «The Inarticulate (‹Baffling›) Structure of the Joke», eine einschlägige Abhandlung. Freuds klassische Schrift *Der Witz und seine Beziehung zum Unbewußten* (1905), *Gesammelte Werke*, Bd. VI, handelt nicht nur von Witzen. Ich habe mich mit Freuds Ansichten über Witze in «Serious Jests», *Reading Freud: Explorations and Entertainments* (1990), S. 133–51, beschäftigt.

Daß der Humor eine Goldgrube für Anthologien-Herausgeber ist, kann nicht überraschen. Als die für meine Zwecke brauchbarste Anthologie erwies sich Pierre Mille (Hrsg.), *Anthologie des humoristes français contemporains* (1912; Aufl. 1923), eine ausgezeichnete Sammlung von Auszügen. Siehe auch die gut edierte Sammlung von Walter Jerrold und R. M. Lenard (Hrsg.), *A Century of Parody and Imitation* (1913), deren Schwerpunkt Gedichte des 19. Jahrhunderts sind. Dwight Macdonald (Hrsg.), *Parodies: An Anthology from Chaucer to Beerbohm – and After* (1960), ist ein sehr lustiges Buch, das der viktorianischen Ära beträchtlichen Platz einräumt. Auch die Satire hat die Literaturwissenschaft auf den Plan gerufen. Ich erwähne nur James Sutherland, *English Satire* (1962), und die kurze, schön illustrierte, vergleichende Untersuchung von Matthew Hodgart, *Satire* (1969). Ann Taylor Allen, *Satire and Society in Wilhelmine Germany: «Kladderadatsch» and «Simplicissimus», 1890–1914* (1984), analysiert gekonnt das Schicksal der humoristischen politischen Aggressivität in den ersten Jahren der Herrschaft von Wilhelm II. Dorothy George, *Hogarth to Cruikshank: Social*

Change in Graphic Satire (1967), nimmt im Blick auf englische satirische Zeichnungen bis zur Mitte des 19. Jahrhunderts eine maßgebende Stellung ein.

Von den vielen Arbeiten über die großen Humoristen des 19. Jahrhunderts, von denen im Text die Rede ist, lassen sich hier nur einige wenige erwähnen. Über Heine faßt Jeffrey L. Sammons in *Heinrich Heine: A Modern Biography* (1979), kompetent die neuesten Forschungsergebnisse zusammen, seine eigenen eingeschlossen. Barker Fairley, *Heinrich Heine: An Interpretation* (1954), beeindruckt wie immer. S. S. Prawer, *Heine's Jewish Comedy: A Study of His Portraits of Jews and Judaism* (1983), ist äußerst voluminös und läßt dem Gegenstand volle Gerechtigkeit widerfahren. *Heine in Deutschland. Dokumente seiner Rezeption 1834–1956*, hrsg. v. Karl Theodor Kleinknecht (1976), bringt ein schmerzliches Thema zur Sprache: was die Deutschen von dieser unbequemen «Schmeißfliege» hielten.

Die Literatur über Georg Bernard Shaw ist uferlos. Unter den älteren Biographien bleibt Archibald Henderson, *Bernard Shaw: Playboy and Prophet* (1932), ein interessantes Buch; es wird allerdings in den Hintergrund gedrängt durch die dreibändige Lebensbeschreibung, die Michael Holroyd unter dem Titel *Bernard Shaw* veröffentlicht hat und von der die beiden ersten Bände, *1856–1898: The Search for Love* (1988) und *1898–1918: The Pursuit of Power* (1989), für unseren Zusammenhang von Belang sind. Zu den Spezialuntersuchungen, aus denen ich Nutzen gezogen habe, gehören ein lebendiger Essay von Eric Bentley, *Bernard Shaw, 1856–1950* (1947; Aufl. 1957), und das Buch von Martin Meisel, *Shaw and the Nineteenth Century Theater* (1963; Aufl. 1968).

Zu Mark Twain, dem mit Sicherheit am gründlichsten erforschten amerikanischen Humoristen, eröffnet den besten Zugang die Biographie von Justin Kaplan, *Mr. Clemens and Mark Twain: A Biography* (1966), die nichts von ihrem Glanz verloren hat. Der große Schlachtenlärm um Mark Twain, der die 20er und 30er Jahre belebte – Bernard De Votos munteres *Mark Twain's America* (1932) kontra Van Wyck Brooks bitteres *The Ordeal of Mark Twain* (1920; überarb. 1933) – ist weitgehend verklungen, nicht zuletzt dank der akribischen Forschungen von Gelehrten wie Henry Nash Smith; siehe insbesondere sein Buch *Mark Twain: The Development of a Writer* (1962). In jüngster Zeit hat sich Guy Cardwell, *The Man Who Was Mark Twain: Images and Ideologies* (1991), vorzugsweise mit den dunkleren Seiten des Privatlebens dieses Schriftstellers befaßt. Constance Rourke füllt in ihrem hoch angesehenen Buch *American Humor: A Study of the National Character* (1931) den Hintergrund aus, und das gilt auch für Walter Blair und Hamlin Hill, die in *America's Humor: From Poor Richard to Doonesbury* (1978) Mark Twain zwei Kapitel widmen.

Aus W. S. Gilberts knappem Beitrag «William Schwenck Gilbert: An Autobiography», *The Theatre*, N. S., I (Januar–Juni 1883), S. 217–23, erfährt man sehr wenig. Edith Browne, *W. S. Gilbert* (1907), ist zwar immer noch interessant, aber weitgehend durch neuere Arbeiten abgelöst. Siehe Christopher Hibbert, *Gilbert and Sullivan and their Victorian World* (1976), und Leslie Baily, *Gilbert and Sullivan: Their Lives and Times* (1973). John Bush Jones (Hrsg.), *W. S. Gilbert: A Century of Scholarship and Commentary* (1970), trägt eine ganze Menge interessanter Belege zusammen. Frederic Woodbridge Wilson, *An Introduction to the Gilbert and Sullivan Operas from the Collection of the Pierpont Morgan Library*

(1989), druckt einige aufschlußreiche Dokumente ab. Leon E. A. Berman, «The Kidnapping of W. S. Gilbert», *Journal of the American Psychoanalytic Association*, XXXIII (1985), S. 133–48, untersucht eine Episode aus Gilberts frühen Jahren, die eine Anwendung psychoanalytischer Erkenntnismethoden angebracht erscheinen läßt. Ebenfalls mit psychoanalytischen Methoden wird in Bermans Beitrag «Gilbert's First-Night Anxiety», *Psychoanalytic Quarterly*, XLV (1976), S. 110–27, und in A. Brenners Beitrag «The Fantasies of W. S. Gilbert», *Psychoanalytic Quarterly*, XXI (1952), S. 373–401, gearbeitet. Die schöne Biographie von Arthur Jacobs, *Arthur Sullivan: A Victorian Musician* (1984), wirft zwangsläufig auch ein Licht auf Sullivans bevorzugten Librettisten. Siehe auch Elwood P. Lawrence, «‹The Happy Land›: W. S. Gilbert as Political Satirist», *Victorian Studies*, XV (1971), S. 161–83, sowie James F. Stottler, «A Victorian Stage Censor: The Theory and Practice of William Bodham Donne», *Victorian Studies*, XIII (1969), S. 253–82.

Zu Christian Morgenstern gibt es die nüchterne und gründlich vergleichende Untersuchung von Ernst Kretschmer, *Die Welt der Galgenlieder. Christian Morgenstern und der viktorianische Nonsense* (1983), die diesen Autor Lewis Carroll und Edward Lear gegenüberstellt, sowie Kretschmers kurze Schrift *Christian Morgenstern* (1985). Der blendende, exzentrische (fast unübersetzbare) Bühnenautor Carl Sternheim ist außerhalb Deutschlands kaum bekannt. Hellmuth Karasek, *Sternheim* (1965) bietet eine kurze Einführung. Und siehe das «Vorwort» von Wilhelm Emrich in seiner Ausgabe von Carl Sternheims *Gesamtwerk*, 10 Bde. in 11 (1963–76), I, S. 5–19, das Sternheims Vielschichtigkeit einfängt.

Daumier geriet nie in Vergessenheit. Siehe Armand Dayot, *Les Maîtres de la caricature française au XIXe siècle* (1888), Champfleury [Jules Husson], *Histoire de la caricature moderne* (o. J.; Aufl. 1865), und Charles Holme (Hrsg.), *Daumier and Gavarni*, mit kritischen und biographischen Anmerkungen von Henri Frantz und Octave Uzanne (übers. v. Edgar Preston und Helen Chisholm, 1904). James Parton, *Caricature and Other Comic Arts in All Times and Many Lands* (1878), ist hauptsächlich von historischem Interesse. Die besten modernen Untersuchungen, auf die ich gestoßen bin, sind Jean Adhémar, *Honoré Daumier* (1954), Robert Rey, *Honoré Daumier* [ca. 1965], und Roger Passeron, *Daumier – Témoin de son temps* (1979; dt. *Honoré Daumier* [1979]). Die scharfsichtige Biographie von Oliver W. Larkins, *Daumier: Man of His Time* (1966), läßt den großen Karikaturisten in seinem französischen Milieu erscheinen. Von Ausstellungskatalogen hat mich *Honoré Daumier 1808–1879. Bildwitz und Zeitkritik*, hrsg. v. Gerhard Langemeyer u. a. (1980), am meisten überzeugt.

Einen bequemen und vergnüglichen Zugang zu *Punch* bietet *The Best of Mr. Punch: The Humorous Writings of Douglas Jerrold*, hrsg. und eingel. v. Richard M. Kelly (1970). Zum *Simplicissimus* gibt es die bereits zitierte zuverlässige Monographie von Allen, *Satire and Society in Wilhelmine Germany*, die auch einen höchst hilfreichen bibliographischen Essay umfaßt. Zum Berliner Humor vor 1848 siehe Mary Lee Townsend, *Forbidden Laughter, Popular Humor and the Limits of Repression in Nineteenth-Century Prussia* (1992).

Buschs Werke sind veröffentlicht in der *Wilhelm Busch Gesamtausgabe*, hrsg. v. Friedrich Bohne, 4 Bde. (1959). Bohne ist auch verantwortlich für eine glänzende Ausgabe der gesamten Korrespondenz von Wilhelm Busch – *Sämtliche Briefe*,

2 Bde. (1968), mit ausführlichem Anmerkungsapparat und erhellenden Illustrationen. Das *Wilhelm Busch-Buch. Sammlung lustiger Bildergeschichten*, hrsg. v. Otto Nöldecke und Hermann Nöldecke [ca. 1930], enthält nützliches unveröffentlichtes Material. Die meisten Zeichnungen Buschs hat Hugo Werner in *Das Gesamtwerk des Zeichners und Dichters*, 6 Bde. (1959), zusammengetragen. Mit Abstand den erfolgreichsten Versuch, Buschs lakonischen Humor in englische Verse zu übertragen (ein undankbares, nahezu unmögliches Geschäft), stellt *The Genius of Wilhelm Busch: Comedy of Frustration*, hrsg. und übers. v. Walter Arndt (1982), dar. Unter zahlreichen Lebensbeschreibungen ist Bohne, *Wilhelm Busch. Leben, Werk, Schicksal* (1958), auch wenn es etwas weniger andächtig sein könnte, das Standardwerk. *Wilhelm Busch in Selbstzeugnissen und Bilddokumenten* (1970) von Joseph Kraus ist eine sehr knappe, gut dokumentierte Biographie, die ihrem Gegenstand Gerechtigkeit widerfahren läßt. Das kurz nach Buschs Tod erschienene Buch *Wilhelm Busch als Dichter, Künstler, Psychologe und Philosoph* (1910) von Fritz Winther ist heute im großen und ganzen nur noch von historischem Interesse. Typische Repräsentanten jener Gruppe von Exegeten, die Busch tödlich ernst nehmen und ihn (wie schon die Titel verraten) als lachenden Weisen und Schopenhauer-Schüler behandeln, sind Roelof Deknatel, *Wilhelm Busch: Der lachende Philosoph des Pessimismus* (1940), Hans Balzer, *Nur was wir glauben, wissen wir gewiß: Der Lebensweg des lachenden Weisen* (1954), und Joseph Ehrlich, *Wilhelm Busch der Pessimist. Sein Verhältnis zu Arthur Schopenhauer* (1962). Seit ich mich Anfang der 70er Jahre mit Wilhelm Busch zu beschäftigen anfing, sind Gott sei Dank weniger ehrerbietige und zupackendere Untersuchungen erschienen. Gert Ueding, *Wilhelm Busch. Das 19. Jahrhundert en miniature* (1977), bietet eine scharfsichtige, kritische (und sogar psychoanalytisch angehauchte) Analyse; Peter Bonati, *Die Darstellung des Bösen im Werk Wilhelm Buschs* (1973), ist weniger schicksalsschwer, als der Titel anzudeuten scheint; schließlich gibt es auch noch den anregenden Essay des Psychologen Ulrich Beer, *«... gottlos und beneidenswert.» Wilhelm Busch und seine Psychologie* (1982). Siehe auch Ulrich Mihr, *Wilhelm Busch: der Protestant, der trotzdem lacht. Philosophischer Protestantismus als Grundlage des literarischen Werks* (1983). Eine solide (wenn auch in meinen Augen allzu apologetische) Lebensbeschreibung in englischer Sprache bietet Dieter P. Lotze, *Wilhelm Busch* (1979). Eine allgemeinere Darstellung liefert Wolfgang Kayser, *Das Groteske. Seine Gestaltung in Malerei und Dichtung* (1957). Mit Abstand die beste Behandlung des Themas in englischer Sprache findet man in Kapitel 11 des überdimensionalen Buchs von David Kunzle, *The History of the Comic Strip: The Nineteenth Century* (1990).

Zeitgenössische Kritik an Wilhelm Buschs Art von Humor findet man bei Friedrich Theodor Vischer, «Satyrische Zeitung» (1846), mit weiterem Material in «Neuere deutsche Karikatur» (1880), beides enthalten in *Altes und Neues* (1882), sowie in Vischers zweibändigem Buch *Kritische Gänge* (1844; 2. Aufl., 6 Bde., 1860–73). Hilfreiche Ausführungen zu dem Thema findet man in Fritz Schlawe, *Friedrich Theodor Vischer* (1959). Siehe auch Julius Dubocs ablehnende Äußerungen zu Buschs *Max und Moritz*, auszugsweise wiedergegeben in K. H. Höfele (Hrsg.), *Geist und Gesellschaft der Bismarckzeit, 1870–1890* (1967). Und zu Buschs bestem jüdischem Freund siehe Peter Gay, «Hermann Levi. Eine Studie über Unterwerfung und Selbsthaß», *Freud, Juden und andere Deutsche. Herren*

und Opfer in der modernen Kultur (1978; dt. Übers. 1986), S. 207–239, insbes.
S. 216–22. Ein anderer von Buschs jüdischen Freunden, der Schauspielkritiker
Paul Lindau, äußerte sich in seinem Monatsheft *Nord und Süd*, IV (1878),
S. 257–72, auf interessante Weise über Busch. Zu den *Katzenjammer Kids* lese man
die knappen Ausführungen von Stephen Becker, *Comic Art in America: A Social
History of the Funnies, the Political Cartoon, Magazine Humour, Sporting Car-
toons and Animated Cartoons* (1957), bes. S. 15–16.

VI. Ungesicherte Herrschaft

Zu William James siehe oben, S. 675. Das Thema Sport, das von der Fachdisziplin
lange übersehen wurde, findet plötzlich und zu Recht bei Sozialgeschichtlern
großen Anklang. Die bedeutendste Vorgabe dazu stammt von Norbert Elias. (Im
Licht der theoretischen Arbeit Elias' nimmt sich Carl Diems ehrgeizige *Weltgeschichte des Sports*, 2 Bde. [1960; Bd. II überarb., 1971], so umfassend sie ist,
regelrecht primitiv aus.) Unter den ausgezeichneten Beiträgen von Elias siehe die
Essays, die sein Schüler und Mitarbeiter Eric Dunning neben kürzeren Abhandlungen in *Quest for Excitement: Sport and Leisure in the Civilizing Process* (1986)
zusammengestellt hat. Dunning hat gemeinsam mit Kenneth Sheard *Barbarians,
Gentlemen and Players: A Sociological Study of the Development of Rugby Football* (1979) veröffentlicht, eine sozialgeschichtliche Untersuchung, die mehr betrifft als bloß eine einzelne Sportart. Siehe auch die Sammlung *The Sociology of
Sport*, hrsg. v. Dunning (1971), die für die moderne Literatur zum Thema repräsentativ ist. Abgesehen von Elias lädt am ehesten Allen Guttmann in seinem
langen Essay *From Ritual to Record: The Nature of Modern Sports* (1978) dazu
ein, ernsthaft – und historisch – über das Thema nachzudenken. Die Autoren, die
in Donald G. Kyle und Gary D. Stark (Hrsg.), *Sports* (1978), zu Wort kommen
und zu denen Guttmann selbst, Kyle, Richard D. Mandell, Steven A. Riess und
Stephen Hardy zählen, stimmen mit Guttmanns Ansichten überein, auch wenn sie
sich in einigen Punkten damit auseinandersetzen. Eine weitere komplexe Antwort
auf Guttmann stellt *Ritual and Record: Sports Records and Quantification in Pre-
Modern Societies*, hrsg. v. John Marshall Carter und Arnd Krüger (1990), dar, das
in seinem Interesse für Quantifizierungsfragen auch hinsichtlich des nächsten
Kapitelabschnitts relevant ist. Unter den allgemeinen historischen Darstellungen
ist Richard D. Mandell, *Sport: A Cultural History* (1984), in der Reichweite seines
Projekts ungeheuer ehrgeizig; das Buch ist gleichzeitig nostalgisch und vernichtend kritisch gegenüber dem heutigen Sport. Siehe auch das ähnliche Unternehmen von William J. Baker, *Sports in the Western World* (1982). Ein faszinierender
Beitrag im Blick auf ältere Zeiten ist Dennis Brailsford, *Sport and Society: Eliza-
beth to Anne* (1969). Die weitgehend verborgenen Ursprünge des Sports in der
Antike sind mit viel Gelehrsamkeit erforscht worden. Man nehme zum Beispiel
die Zusammenfassung von H. A. Harris, *Sport in Greece and Rome* (1972). David
Sansone, *Greek Athletics and the Genesis of Sport* (1988), vertritt die These von
einer weitgehenden Vergleichbarkeit zwischen antiker Athletik und modernem
Sport, und setzt sich damit in Gegensatz zu einem so gewaltigen klassischen
Altertumswissenschaftler wie Walter Burkert. Zu psychoanalytischen Überlegun-

gen (die immer noch recht selten sind) siehe vor allem A. R. Beisser, «Psycho-
dynamic Observations of a Sport», *Psychoanalytic Review*, I (1961), S. 69–76, und
Beisser (Hrsg.), *The Madness in Sports: Psychoanalytic Observations* (1967). Ri-
chard G. Spies, «War, Sports and Aggression: An Empirical Test of Two Rival
Theories», *American Anthropologist*, N. S. LXXV (1973), S. 64–86, gelangt (auf
Basis eines sehr begrenzten empirischen Materials) zu dem Schluß, das «Kultur-
muster-Modell» habe größere Überzeugungskraft als das psychoanalytische
«Triebabfuhr-Modell». Weitere Forschungen sind erforderlich.

Zum Sport in Frankreich siehe die kenntnisreiche Interpretation von Richard
Holt, *Sport and Society in Modern France* (1981); das Buch beschränkt sich nicht
auf den Lieblingssport der Franzosen, das Radfahren, und behandelt ausführlich
typische Einstellungen zum Sport, angefangen vom Patriotismus bis hin zum
Hooliganismus. Und siehe auch den ansprechenden Beitrag von Eugen Weber,
«Gymnastics and Sports in Fin-de-Siècle France: Opium of the Classes?» *American Historical Review*, LXXXVI, 1 (Februar 1971), S. 70–98. Das Buch von Richard Holt, *Sport and the British: A Modern History* (1989), komprimiert auf
bewundernswerte Weise eine große Portion Sozialgeschichte auf vergleichsweise
kleinem Raum. John Hargreaves, *Sport, Power and Culture: A Social and Historical Analysis of Popular Sports in Britain* (1986), versucht aus einem interessanten,
nicht völlig überzeugenden, radikalen Blickwinkel zwischen Sport und Macht
einen Zusammenhang herzustellen. H. A. Harris, *Sport in Britain: Its Origins and
Development* (1975), bietet einen kurzen – allzu kurzen – Überblick. Eindrucksvoller ist Tony Mason, *Association Football and English Society, 1863–1915* (1980).
Das umfängliche vierbändige Buch von Alfred Gibson und William Pickford,
Association Football and the Men Who Made It (1906), strotzt von Anekdoten
und Porträts; es vermittelt zwar Fußball-Atmosphäre, ist aber eher ein Dokument
seiner Zeit als deren Analyse. Über Gewalt im Fußball siehe den ausgezeichneten
Artikel von Wray Vamplew, «Ungentlemanly Conduct: The Control of Soccer-
Crowd Behavior in England, 1888–1914», in T. C. Smout (Hrsg.), *The Search for
Wealth and Stability: Essays in Economic and Social History Presented to M. W.
Flinn* (1979), S. 139–54. Vamplews ausgedehnte Analyse von Sportlern, die mit
ihrem Sport Geld verdienen, ist ebenso lohnend in ihrem wissenschaftlichen Er-
trag wie witzig im Titel: *Pay Up and Play the Game: Professional Sport in Britain,
1875–1914* (1988). Die ersten Beiträge in der von Richard Holt herausgegebenen
Sammlung *Sport and the Working Class in Modern Britain* (1900) sind im vorliegenden Zusammenhang relevant, insbesondere Douglas A. Reid, «Beasts and
Brutes: Popular Blood Sports, c. 1780–1860», S. 12–28. Obwohl ich an J. A. Man-
gans Versuch, den Athletenkult mit den Privatschulen und dem Imperialismus in
Verbindung zu bringen, einiges auszusetzen habe, finde ich ihn doch anregend;
siehe *Athleticism in the Victorian and Edwardian Public School: The Emergence
and Consolidation of an Educational Ideology* (1981) sowie *The Games Ethic and
Imperialism: Aspects of the Diffusion of an Ideal* (1986). Kathleen McCrone,
*Playing the Game: Sport and the Physical Emancipation of English Women,
1870–1914* (1988), wirft interessante Streiflichter auf die Rolle des Sports beim
kulturellen Wandel.

Zum Sport in Deutschland siehe die messerscharfen Ausführungen von Norbert Elias in *Studien über die Deutschen. Machtkämpfe und Habitusentwicklung*

im 19. und 20. Jahrhundert (1989). Die gehaltvollen Reflexionen von Christian Graf von Krockow, *Sport und Industriegesellschaft* (1972), stellen einen durchdachten deutschen Beitrag dar. Carl Koppehel, *Geschichte des deutschen Fußballsports* (1954), rekapituliert die Geschichte des Lieblingssports der Deutschen. Henning Eichberg, *Der Weg des Sports in die industrielle Zivilisation* (1979), ist eine gute allgemeine Darstellung.

In die Geschichte des amerikanischen Nationalsports bietet Harold Seymour mit seinem Buch *Baseball: The Early Years* (1960) eine gute Einführung; gewissenhaft erforscht findet man das Thema in Peter Levine, *A. G. Spalding and the Rise of Baseball: The Promise of American Sport* (1985). David Voigt, *American Baseball: From Gentleman's Sport to the Commissioner System* (1966), behandelt einen umfassenderen historischen Zeitraum. Ronald A. Smith beleuchtet in *Sports and Freedom: The Rise of Big-Time College Athletics* (1988) einen wesentlichen Aspekt des sportlichen Wettstreits in Amerika; Kap. 7, «The Americanization of Rugby Football: Mass Plays, Brutality, and Masculinity», ist auch für das Thema Männlichkeit einschlägig. Thomas G. Bergin, *The Game: The Harvard Football Rivalry, 1875–1983* (1984), das aus einer Yale-Perspektive geschrieben ist, geht über nostalgische Anekdoten hinaus. Eine soziologische Analyse liefern David Riesman und Reuel Denny, «Football in America: A Study in Cultural Diffusion», *American Quarterly,* III (1951), S. 309–25. Melvin L. Adelman, *A Sporting Time: New York City and the Rise of Modern Athletics, 1820–1870* (1986), ist eine brauchbare Darstellung der Entwicklung der Leichtathletik. In Robert J. Higgs, *Laurel and Thorn: The Athlete in American Literature* (1983), und sogar noch stärker in Christin K. Messenger, *Sport and the Spirit of Play in American Fiction: Hawthorne to Faulkner* (1983), weisen mit ihrer Lektüre von Romanen und Geschichten nach, was für einen hohen Stellenwert die Sport im Bewußtsein vieler Amerikaner hat. James C. Whorton, *Crusaders for Fitness: The History of American Health Reformers* (1982), ist ebenfalls einschlägig.

Dem Begründer der modernen Olympischen Spiele hat Marie-Thérèse Eyquem mit ihrer Biographie *Pierre de Coubertin: L'Épopée olympique* (1966) einen guten Dienst erwiesen. John J. MacAloon, *This Great Symbol: Pierre de Coubertin and the Origins of the Modern Olympic Games* (1981), ist weniger eine vollständige Biographie – wenngleich die Darstellung chronologischer Form hat – als eine informative Analyse der Ideologie Coubertins und seiner Erfahrungen mit den Olympischen Spielen. So umfassend die genannten Bücher sind, Eugen Weber, «Pierre de Coubertin and the Introduction of Organised Sport in France», *Journal of Contemporary History,* V (April 1970), S. 3–26, bleibt dennoch eine nützliche Lektüre. Von Coubertins eigenen zahlreichen Schriften ist zweifellos am wichtigsten *Les Batailles de l'Éducation physique. Une Campagne de vingt-et-un ans, 1887–1908* (1909). Zu den griechischen Ursprüngen der Spiele, über die imer noch leidenschaftlich gestritten wird, siehe Wendy J. Raschke (Hrsg.), *The Archaeology of the Olympics: The Olympics and Other Festivals in Antiquity* (1988).

Die meisten dieser Bücher kommen selbstverständlich auch auf das Thema Freizeit – eine weitere Neuentdeckung der Sozialgeschichtler – zu sprechen, das mit dem Thema Sport so außerordentlich eng verknüpft ist. Am meisten profitiert habe ich von H. E. Meller, *Leisure and the Changing City, 1870–1914* (1976); das Buch handelt hauptsächlich, aber nicht ausschließlich, von Bristol. Gelernt habe ich aus Peter Bailey, *Leisure and Class in Victorian England: Rational Recreation and the Contest for Control, 1830–1885* (1978), auch wenn ich den politischen Standpunkt des Verfassers nicht teile. Siehe auch Hugh Cunningham, *Leisure in the Industrial Revolution, ca. 1780–ca. 1880* (1980). In Deutschland hat man sich dem Thema vornehmlich in kurzen Beiträgen gewidmet. Siehe Gerhard Huck (Hrsg.), *Sozialgeschichte der Freizeit: Untersuchungen zum Wandel der Alltagskultur in Deutschland* (1980), dort insbes. (neben anderen faszinierenden Beiträgen) Jürgen Reulecke, «‹Veredelung und Volkserholung› und ‹edle Geselligkeit›. Sozialreformerische Bestrebungen zur Gestaltung der arbeitsfreien Zeit im Kaiserreich» (S. 141–60). Reulecke und W. Weber (Hrsg.), *Fabrik, Familie, Feierabend. Beiträge zur Sozialgeschichte des Alltags im Industriezeitalter* (1978), lohnt ebenfalls die Durchsicht. Zu Frankreich existiert eine nicht zu bewältigende Materialfülle. Eugen Weber, *France: Fin de Siècle* (1986), behandelt die Drei-Sterne-Attraktionen, die einst das Hauptthema der Kulturgeschichte waren, ein wenig von oben herab, aber seine Beobachtungen über die Freizeitgestaltung normaler Männer und Frauen – über Volksbelustigungen, Reisen, Radfahren und dergleichen – sind instruktiv und amüsant. Mehrere Kapitel in Theodore Zeldin, *France, 1848–1945*, 2 Bde. (1973–77), sind von Interesse, insbes. in Teil II des 2. Bandes, in dem der Geschmack untersucht wird. Michael B. Miller, *The Bon Marché: Bourgeois Culture and the Department Store, 1869–1920* (1981), nimmt ein berühmtes Pariser Warenhaus zum Ausgangspunkt für weiterreichende Überlegungen. Siehe auch Rosalind H. Williams, *Dream Worlds: Mass Consumption in Late Nineteenth-Century France* (1982), sowie, hauptsächlich wegen der Illustrationen, Charles Rearick, *Pleasures of the Belle Epoque: Entertainment and Festivity in Turn-of-the-Century France* (1985). Und siehe auch den schönen historischen Überblick von Maurice Agulhon u. a., *Histoire de la France urbaine*, Bd. IV, *La Ville de l'âge industriel, le cycle haussmannien* (1983).

Alle modernen Forschungen zu Francis Bacon stehen in der Schuld der siebenbändigen Biographie, die der Bacon-Herausgeber James Spedding im 19. Jahrhundert unter dem Titel *The Life and Letters of Bacon* (1861–74) herausgebracht hat. Die bündige Lebensgeschichte, die Ende des 19. Jahrhunderts R. W. Church unter dem Titel *Bacon* (1884) verfaßte, ist noch immer lesenswert. Auch wenn Isaac Todhunter, *William Whewell, D. D., Master of Trinity College, Cambridge*, 2 Bde. (1876), die erste ernsthafte Biographie über den großen Erforscher, Bewunderer und Kritiker Bacons aus der viktorianischen Ära, viel von ihrem Wert bewahrt hat, muß sie durch Menachem Fisch, *William Whewell: Philosopher of Science* (1991), ergänzt werden. Von den neueren Interpretationen sucht Charles Whitney in *Francis Bacon and Modernity* (1986) Bacon in den Kontext moderner Sensibilität einzuordnen, ohne sich (wie mir scheint) der Versuchung zu modischen Formulierungen ganz entziehen zu können. Er übernimmt zu Recht das Urteil des deutschen Philosophen Hans Blumenberg, der in *Die Legitimität der Neuzeit* (1966) Bacon als prototypischen Modernen charakterisiert. Anthony Quinton, *Francis Bacon* (1980), packt eine verblüffende Menge von Informationen und Deutungen in einen Duodez-Band. Der Essay von Anthony F. C. Wallace, *The Social Context of Innovation: Bureaucrats, Families, and Heroes in the Early Industrial Revolution As Foreseen in Bacon's «New Atlantis»* (1982), ist höchst interessant. Adolphe Quetelet, *L'Oeuvre sociologique et démographique. Choix de textes*, hrsg. v. Marc Lebrun (1974), ist mit seinen langen Exzerpten und kurzen Kommentaren brauchbar. Ein gehaltvoller Essay von Paul F. Lazarsfeld, «Notes on the History of Quantification in Sociology – Trends, Sources and Problems», *Isis*, LII, Teil 2 (Juni 1961), S. 277–333, der zu Recht häufig zitiert wird, stellt mit dankenswerter Ausführlichkeit Quetelet in den Zusammenhang der wissenschaftlichen Kultur seiner Zeit. Darüber hinaus sind neuere Forschungen auf diesem Gebiet überraschend spärlich. Eine Ausnahme bildet Charles C. Gillispie, «Intellectual Factors in the Background of Analysis by Probabilities», in A. C. Crombie (Hrsg.), *Scientific Change: Historical Studies in the Intellectual, Social, and Technical Conditions for Scientific Discovery and Technical Invention from Antiquity to the Present* (1963), S. 431–53. Anthony Hyman handelt in *Charles Babbage: Pioneer of the Computer* (1982) [dt.: *Charles Babbage, 1791–1871 (1987)]* diesen aufsehenerregenden Erfinder und Wissenschaftspolitiker erschöpfend ab. *The Rise of Statistical Thinking, 1820–1900* von Theodore M. Porter ist eine wichtige Monographie. Und siehe Michael J. Cullen, *The Statistical Movement in Early Victorian Britain: The Foundations of Empirical Social Research* (1975). In R. L. Smyth (Hrsg.), *Essays in Economic Method: Selected Papers Read to Section F of the British Association for the Advancement of Science, 1860–1913* (1962), finden sich einige glänzende Ausführungen. Zu Thomas Henry Huxley siehe oben, S. 668–69. Patricia Cline Cohen, *A Calculating People: The Spread of Numeracy in Early America* (1982), hat prägend auf diesen Abschnitt meines Buches eingewirkt.

Ignaz Semmelweis, jenem rührenden Pionier auf medizinischem Gebiet, ist das 9. Kapitel des flüssig geschriebenen, wissenschaftlich fundierten und packenden Buches von Sherwin B. Nuland, *Doctors: The Biography of Medicine* (1988), gewidmet; zusätzlich kann man Nulands Aufsatz «The Enigma of Semmelweis: An Interpretation», *Journal of the History of Medicine*, XXXIV (1979), S. 255–72, lesen. Erna Lesky, *Die Wiener medizinische Schule im 19. Jahrhundert* (1965), enthält Seiten zu Semmelweis (S. 181–92), die ihm Gerechtigkeit widerfahren lassen. Der entscheidende Text von Semmelweis selbst ist *Die Ätiologie, der Begriff und die Prophylaxe des Kindbettfiebers* (1860).

James J. Sheehan, *The Career of Lujo Brentano: A Study of Liberalism and Social Reform in Imperial Germany* (1966), konzentriert sich aufs Wesentliche. Brentanos Autobiographie, *Mein Leben im Kampf um die soziale Entwicklung Deutschlands* (1931), ist eher politisch als persönlich gehalten. Anthony Oberschall, *Empirical Social Research in Germany, 1848–1914* (1965), verfügt über interessantes Material, ist aber von nervenzermürbender Kürze. Den englischen Reformer, den ich Brentano gegenübergestellt habe, findet man gründlich abgehandelt in T. S. Simey und M. B. Simey, *Charles Booth: Social Scientist* (1960). Michael J. Cullen, «Charles Booth's Poverty Survey: Some New Approaches», S. 155–74, in dem oben zitierten Buch *The Search for Wealth and Stability*, übt eine vernünftige Kritik an den Untersuchungsmethoden von Booth. H. M. Hyndman schildert in *The Record of an Adventurous Life* (1911) seine historische Begegnung mit Booth. Beatrice Webb (damals Beatrice Potter), eine enge Mitarbeiterin von Booth, schildert ihn verständnisvoller, wenngleich ohne Sentimentalität, in *My Apprenticeship* (1926; Ausgabe 1971), und in ihrem Tagebuch, *The*

Diary of Beatrice Webb, hrsg. v. Norman MacKenzie und Jeanne MacKenzie, Bd. I, *1873–1892, Glitter Around and Darkness Within* (1982); beide Titel wurden bereits zitiert. Zu dem Problem, das sowohl Brentano als auch Booth bewegte, gibt es einen frühen Text von B. Seebohm Rowntree, *Poverty: A Study of Town Life* (1906), und später dann die Untersuchung von Wilhelm Abel, *Massenarmut und Hungerkrisen im vorindustriellen Deutschland* (1972, 2. Aufl., 1977). Wolfram Fischer, *Armut in der Geschichte: Erscheinungsformen und Lösungsversuche der ‹Sozialen Frage› in Europa seit dem Mittelalter* (1982), ist inhaltsreich, wenn auch äußerst kurz. Die berühmte provokative Analyse von Thorstein Veblen, *Imperial Germany and the Industrial Revolution* (1915), die das Auftrumpfen Deutschlands im industriellen Wettstreit dem späten Einstieg des Landes in die industrielle Entwicklung zuschreibt, sollte man nicht außer acht lassen.

Zwei Bücher von Eduard Spranger eröffnen den besten Zugang zu den neuhumanistischen Lehren in Deutschland zu Anfang des 19. Jahrhunderts: *Wilhelm von Humboldt und die Humanitätsidee* (1909) und *Wilhelm von Humboldt und die Reform des Bildungswesens* (1910). Peter Berglar, *Wilhelm von Humboldt in Selbstzeugnissen und Bilddokumenten* (1970), ist ein ebenso ehrliches wie bündiges Buch. Klaus Sochatzky, *Das neuhumanistische Gymnasium und die reinmenschliche Bildung. Zwei Schulreformversuche in ihrer weiterreichenden Bedeutung* (1937), forscht der praktischen Umsetzung des Humboldtschen Programms in einzelnen Schulen nach. Margaret Kraul, *Gymnasium und Gesellschaft im Vormärz. Neuhumanistische Einheitsschule, städtische Gesellschaft und soziale Herkunft der Schüler* (1980), informiert über den sozialen Hintergrund der Schüler; die gehaltvolle Untersuchung von Karl-Ernst Jeismann, *Das preußische Gymnasium in Staat und Gesellschaft. Die Entstehung des Gymnasiums als Schule des Staates und der Gebildeten, 1787–1817* (1974), unterrichtet über die Frühgeschichte des von Humboldt geschaffenen Systems; siehe auch vom selben Autor die schmale, aber gut zusammengestellte Anthologie *Staat und Erziehung in der preußischen Reform 1807–1819* (1969). Die ersten vier Kapitel von W. H. Bruford, *The German Tradition of Self-Cultivation: «Bildung» from Humboldt to Thomas Mann* (1975), die von Humboldt, Goethe und Schleiermacher handeln, sind nicht so tiefschürfend, wie sie sein könnten, bieten aber doch Anregungen. Zur Geschichte der Universitätsreform ist die umfangreiche, mehrfach überarbeitete Darstellung des Philosophen und Reformers Friedrich Paulsen, *Geschichte des gelehrten Unterrichts auf den deutschen Schulen und Universitäten vom Ausgang des Mittelalters bis zur Gegenwart. Mit besonderer Rücksicht auf dem klassischen Unterricht* (1885; Nachdruck der 3. erweiterten Auflage, 1965), wegen der historischen Informationen, die der Autor mit der leidenschaftlichen Parteilichkeit eines Aktivisten vermittelt, unentbehrlich. Und siehe das bereits zitierte Buch von Paulsen, *An Autobiography* (hrsg. u. übers. v. Theodor Lorenz, 1938), das nicht nur seine posthum erschienene Autobiographie, *Aus meinem Leben. Jugenderinnerungen* (1909), sondern auch Denkschriften und historische Berichte umfaßt, die auf Deutsch bis dahin noch nicht veröffentlicht waren. Eine amerikanische Sicht auf die prestigebeladene höhere Bildung in Deutschland bietet Carl Diehl, *Americans and German Scholarship, 1770–1870* (1978).

Unter den zahlreichen Monographien, die sich mit der Universitätsreform in Großbritannien Mitte des 19. Jahrhunderts beschäftigen, ist *Brains and Numbers:*

Elitism, Comtism, and Democracy in Mid-Victorian England (1978) von Christopher Kent hervorzuheben, das sich kompetent mit den einflußreichen Radikalen im Erziehungswesen auseinandersetzt. Siehe auch die umfassende historische Darstellung von W. H. G. Armytage, *Four Hundred Years of English Education* (1964), bes. die Kapitel 4–9. Eine kurze soziologische Monographie von Joseph Ben-David, *The Scientist's Role in Society: A Comparative Study* (1971), zieht Vergleiche kreuz und quer durch Europa.

Zum Thema Ärzte und Gesundheit sind wir gut versorgt. M. Jeanne Petersons Untersuchung über Ärzte in England, *The Medical Profession in Mid-Victorian London* (1978), sucht ihresgleichen. Roy Porter, *Health for Sale: Quackery in England, 1660–1850* (1989), das gleichzeitig informativ und unterhaltsam ist, macht unzweifelhaft deutlich, daß die Bemühungen des Ärztestandes um die Ausmerzung von Scharlatanen häufig von schierem Eigeninteresse diktiert waren. Das britische Gesundheitswesen ist bekanntermaßen schwer zu erforschen, aber F. B. Smith, *The People's Health, 1830–1910* (1979), gelingt es, mittels Auswertung schwer erfaßbarer Daten den Weg englischer Männer – und Frauen – vom Säuglingsalter durch die Jugend und das Erwachsenenleben bis ins hohe Alter nachzuvollziehen. Siehe auch den gehaltvollen Essay von Brian Harrison «Women's Health and the Women's Movement in Britain: 1840–1940», in Charles Webster (Hrsg.), *Biology, Medicine, and Society, 1840–1940* (1981), S. 15–71. Das herbe Bild, das Gareth Stedman Jones in *Outcast London: A Study in the Relationship between Classes in Victorian Society* (1971) von den unteren Schichten entwirft, kann als ein Korrektiv und als Schutz gegen Selbstgefälligkeit dienen.

Im Blick auf ein allgemeines Bild von der Medizin wurde Nuland, *Doctors,* oben bereits erwähnt. Die Expansion dss Psychiatrie-Berufs in Frankreich zeichnet Jan Goldstein in dem ebenfalls schon erwähnten Buch *Console and Classify: The French Psychiatric Profession in the Nineteenth Century* (1987) nach. Von den auf Frankreich bezüglichen Medizingeschichten war mir Erwin H. Ackerknecht, *Medicine at the Paris Hospital, 1794–1848* (1967), besonders hilfreich.

Zum Thema Spezialisierung ist das gleichfalls bereits erwähnte Buch von Jean Donnison, *Midwives and Medical Men: A History of Inter-Professional Rivalries and Women's Rights* (1977) ein wertvoller Beitrag. Das gilt auch für zwei Arbeiten von W. H. G. Armytage: *A Social History of Engineering* (1961; 4. Aufl., 1976), worin Armytage eine breite Schneise durch Länder und Zeitalter schlägt, und *The Rise of the Technocrats: A Social History* (1965). Den Spezialisierungsprozeß in der deutschen Medizin hat Hans-Heinz Eulner in *Die Entwicklung der medizinischen Spezialfächer an den Universitäten des deutschen Sprachgebiets* (1970) auf 720 Seiten erschöpfend traktiert; das Buch läßt nichts aus und behandelt alle Disziplinen von der Augenheilkunde über die Gynäkologie und die innere Medizin bis zur zahnärztlichen Praxis. Zu den USA siehe *The Organization of Knowledge in Modern America, 1860–1920* (1979), hrsg. v. Alexandra Oleson und John Voss. Einen ambitionierten Versuch, die Ausbildung der freien Berufe als bürgerliches Phänomen zu bestimmen, stellt die energisch vorgetragene (aber in meinen Augen nicht wirklich überzeugende) Argumentation von Burton J. Bledstein, *The Culture of Professionalism: The Middle Class and the Development of Higher Education in America* (1976), dar. W. J. Reader legt in *Professional Men: The Rise of Professional Classes in Nineteenth-Century England* (1966) mehr Besonnenheit an den Tag. Alexander Carr-Saunders und P. A. Wilson, *The Professions* (1933), ist ein bahnbrechender Bericht. Siehe auch den bereits zitierten erhellenden Essay von Stefan Collini, «Their Title to be Heard: Professionalization and Its Discontents», Kap. 6 von *Public Moralists: Political Thought and Intellectual Life in Britain, 1850–1930* (1991). Die Geschichte der Erfindungen wirft Streiflichter, die in diesem Zusammenhang von Bedeutung sind. Einen theoretischen Ansatz präsentiert H. G. Barnett in *Innovation: The Basis of Cultural Change* (1953). Zur Frühzeit siehe auch Christine MacLeod, *Inventing the Industrial Revolution: The English Patent System, 1660–1800* (1988); den zentralen Zeitraum findet man in H. I. Dutton, *The Patent System and Inventive Activity during the Industrial Revolution, 1750–1853* (1984), behandelt.

Die Bedeutung von Zeit und Quantität untersucht G. J. Whitrow in *Time in History: Views of Time from Prehistory to the Present Day* (1988), einem Essay, der anregend ist, aber nicht das letzte Wort in der Sache darstellt. Carlo M. Cipolla setzt sich in *Clocks and Culture, 1300–1700* (1967) auf bewundernswerte Weise mit der Vorgeschichte des modernen Wahrnehmens auseinander. David S. Landes, *Revolution in Time: Clocks and the Making of the Modern World* (1983), ist ein eleganter langer Essay, geschrieben von einem leidenschaftlichen Uhrenliebhaber, der zufällig auch ein angesehener Wirtschaftshistoriker ist. In dem zitierten Buch von Cohen, *A Calculating People*, findet sich ein ausgezeichnetes Kapitel (Kap. 6) über die Volkszählung von 1840.

Zur Ratgeberliteratur sind einige bereits aufgezählte Titel einschlägig – wie z. B. Irwin G. Wyllie, *The Self-Made Man in Amercia: The Myth of Rags to Riches* (1954), Judith Rowbotham, *Good Girls Make Good Wives: Guidance for Girls in Victorian Fiction* (1889), und viele der anderen Titel, die in dem Abschnitt zu Kapitel 4, «Das mächtige schwache Geschlecht», genannt werden. Einen Spezialisten in der «Vom Tellerwäscher zum Millionär»-Kunst behandeln Gary Scharnhorst und Jack Bales in *The Lost Life of Horatio Alger Jr.* (1980). Richard Weiss, *The American Myth of Success: From Horatio Alger to Norman Vincent Peale* (1969), insbes. Kap. 1–4, ist sehr informativ. Die reichhaltige Anthologie *English Popular Literature, 1819–1851* (1976) enthält einen nützlichen Abschnitt, betitelt «Admonitory» (Mahnung), und eine nicht minder nützliche Einleitung, beides vom Herausgeber, Louis James. Die von Thomas Mackay (1905) herausgegebene *Autobiography of Samuel Smiles, L. D. D.*, des größten Modellbauers von allen, sollte in Verbindung mit der aufrichtigen Würdigung von Aileen Smiles, *Samuel Smiles and His Surroundings* (1956), sowie mit dem lebendigen Kapitel 5 in Asa Briggs *Victorian People: An Assessment of Persons and Themes, 1851–67* (1955) und mit der Einführung von Thomas Parke Hughes zu seiner Ausgabe von Smiles, *Selections from Lives of the Engineers with an Account of Their Principal Works* (1966), gelesen werden. Über das *Book of Household Management*, jenen Bestseller aus den mittleren Jahren der viktorianischen Ära, informiert Sarah Freeman, *Isabella and Sam: The Story of Mrs. Beeton* (1978). Leider bin ich auf Ruth Bernard Yeazells originelles Buch *Fictions of Modesty: Women and Courtship in the English Novel* (1991) mit seinen entzückenden Passagen über die Ratgeberliteratur so spät gestoßen, daß ich ihm hier nur Beifall spenden kann.

In bezug auf Deutschland ist die Vorgeschichte bürgerlicher Lebensformen des 19. Jahrhunderts besser erfaßt als die Geschichte selbst; siehe zum Beispiel die

Sammlung von Bruchstücken aus der Zeit zwischen dem 15. und dem frühen 19. Jahrhundert, die Paul Münch unter dem Titel *Ordnung, Fleiß und Sparsamkeit. Texte und Dokumente zur Entstehung der ‹bürgerlichen Tugenden›* (1984) herausgegeben hat, sowie Wolfgang Ruppert, *Bürgerlicher Wandel. Die Geburt der modernen deutschen Gesellschaft im achtzehnten Jahrhundert* (1981; Aufl. 1983). Zu Frankreich siehe die hilfreichen Passagen in Theodore Zeldin, *France, 1848–1945*, Bd. I, *Ambition, Love and Politics* (1973), S. 285–362. Das klassische Ratgeberbuch zum Thema Liebe und Ehe war das unglaublich erfolgreiche Buch von Gustave Droz, *Monsieur, madame et bébé* (1866). Adeline Daumards maßgebender Überblick, *Les Bourgeois et la bourgeoisie en France depuis 1815* (1987), sollte unbedingt gelesen werden. Aber das Thema Ratgeberliteratur verlangt nach weiterer Bearbeitung.

Epilog: 4. August 1914

Der Ausbruch des Ersten Weltkriegs ist so intensiv erforscht worden, daß wir uns mit ein paar repräsentativen Titeln begnügen müssen. Zu dem nicht enden wollenden Streit darüber, wer eigentlich die Schuld an Armageddon trägt, kompiliert die kleine Schrift *The Outbreak of the First World War* (1958) die wichtigsten kontroversen Standpunkte. Oron J. Hale, *The Great Illusion, 1900–1914* (1978), gibt einen guten Überblick über die kritischen Jahre vor Kriegsausbruch. A. J. P. Taylors ausführliche und lebendige Geschichte der Arrangements und Rivalitäten zwischen den Großmächten, *The Struggle for Mastery in Europe, 1848–1918* (1954), lohnt sich noch immer, zu Rate zu ziehen. Walter Lacqueur und George L. Mosse (Hrsg.), *1914: The Coming of First World War* (1966), haben Artikel zur Außen- und Militärpolitik der Mächte sowie zu ihren Kriegszielen zusammengetragen. Und siehe Laurence Lafore, *The Long Fuse* (1965). Roland N. Stromberg, *Redemption by War: The Intellectuals and 1914* (1982), entwirft ein gründlich recherchiertes, niederschmetterndes Bild von Philosophen, Dichtern, Künstlern und Politikern – von rechts, von links und aus der Mitte–, die es hätten besser wissen müssen. John Williams, *The Other Battleground: The Home Fronts – Britain, France and Germany, 1914–1918* (1972), erzählt die Geschichte zufriedenstellend weiter. Über angriffslustige Stimmungen in Deutschland vor der Kriegserklärung bietet der lange Einführungsabschnitt in dem berühmten umstrittenen Buch von Fritz Fischer, *Griff nach der Weltmacht. Die Kriegspolitik des kaiserlichen Deutschlands* (1966; 2. Aufl., 1977), unentbehrliche Informationen. In *Voices Prophesying War, 1763–1984* (1966) berichtet I. F. Clarke unterhaltsam (und ein bißchen so, daß man Gänsehaut bekommt) über die beträchtliche Zahl von Vorkriegs-Veröffentlichungen, die den bevorstehenden großen Konflikt an die Wand malten. William Ashworth, *A short History of the International Economy since 1850* (1952; 2. Aufl., 1962), teilt über die Welthandelsverflechtungen alles Wesentliche mit. Man kann das Buch zusammen mit den Anfangskapiteln von W. W. Rostow, *The World Economy, History and Prospect* (1978), lesen. Und siehe den umfassenden Überblick von David S. Landes, *The Unbound Prometheus: Technological Change and Industrial Development in Western Europe from 1750 to the Present* (1969). Dem vielgeliebten französischen Pazifisten und patriotischen Sozialisten Jean Jaurès, der vor Kriegsausbruch ermordet wurde, wird in Harvey Goldberg, *The Life of Jean Jaurès* (1968), ein Denkmal gesetzt. Zum Zusammenbruch des Sozialismus im Angesicht des Nationalismus siehe vor allem James Joll, *The Second International, 1889–1914* (1955).

In der Geschichtsschreibung über den Nationalismus wird gern die Ansicht vertreten, der wissenschaftliche Umgang mit dem Thema gehe auf Carlton H. Hayes und Hans Kohn zurück. Ersterer hielt seine frühen Forschungen in den beiden Büchern *Essays on Nationalism* (1926) und *The Historical Evolution of Modern Nationalism* (1931) fest. Letzterer veröffentlichte im Jahr 1944 *The Idea of Nationalism: A Study of its Origins and Background* und im Jahr 1962 *The Age of Nationalism: The First Era of Global History*. Neben diesen Pionieren der Nationalismusforschung (die in vielerlei Hinsicht überholt sind) möchte ich *Weltbürgertum und Nationalstaat* (1908) von Friedrich Meinecke nennen, eine alte und altmodische, aber immer noch anregende Geschichte von der Entstehung nationalistischer Stimmungen in Deutschland bis zur Bismarck-Zeit. Alfred Cobban, *The Nation State and National Self-Determination* (1945; erweit. Aufl., 1969), bleibt gleichfalls lesenswert. Der gehaltvolle Überblick von Salo Wittmayer Baron, *Modern Nationalism and Religion* (1947; 2. Ausgabe, 1960), legt den Akzent auf einen einigermaßen vernachlässigten Aspekt des Themas.

Sozialstruktur und Organisation europäischer Nationalbewegungen, hrsg. v. Theodor Schieder in Zusammenarbeit mit Peter Burian (1971), enthält aufschlußreiche Erörterungen der historiographischen Probleme, die der Nationalismus aufwirft. Anthony D. Smith, *Theories of Nationalism* (1971), bemüht sich um eine historische Verankerung des Phänomens und um nähere Bestimmungen. Die knappe Darstellung von K. R. Minogue, *Nationalism* (1968), bleibt auf die moderne Welt beschränkt. Elie Kedourie, *Nationalism* (1960), ist für seinen analytischen Scharfsinn zu Recht gelobt worden. Mit gleichem Recht ist dieses Lob auch Hugh Seton-Watson, *Nations and States: An Enquiry into the Origins of Nations and the Politics of Nationalism* (1977), gezollt worden. Das Buch *Social Preconditions of National Revival in Europe: A Comparative Analysis of the Social Composition of Patriotic Groups among the Smaller European Nations* (1968; übers. v. Ben Fowkes, 1985) von Miroslav Hroch stellt einen interessanten Versuch dar, Phasen des Nationalismus zu unterscheiden. Trotz dieser Fülle von Arbeiten gelingt es Benedict Anderson in *Imagined Communities: Reflections on the Origin and Spread of Nationalism* (1983; 2. Aufl., 1991), neue, faszinierende Ideen über die kulturellen Grundlagen des Nationalismus beizusteuern. Linda Colleys wichtiger Artikel «Whose Nation? Class and National Consciousness in Britain, 1750–1830», *Past and Present*, Nr. 113 (November 1986), S. 97–117, wirft Fragen auf, die über den im Titel erklärten engen Rahmen hinausgehen.

Zu Frankreich siehe das heute bereits alte Buch von Carlton J. H. Hayes, *France: A Nation of Patriots* (1930). Eugen Weber, *The Nationalist Revival in France, 1905–1914* (1968), zeichnet das Verschwinden des liberalen Nationalismus nach. Für die Gebiete des Habsburger Reiches ist die Standardgeschichte Robert A. Kann, *A History of the Habsburg Empire, 1526–1918* (1974; korr. Ausgabe, 1977); bei der enormen Fülle verschiedenartiger Erscheinungen in dem Vielvölkerstaat fällt die Darstellung, so voluminös sie ist, nur allzu knapp aus. Eine gute Ergänzung ist die umfassende Sammlung von Beiträgen über die einzelnen – deutschen und nicht-deutschen – Nationalitäten unter habsburgischer Herrschaft, die R. John Rath u. a. unter dem Titel *The Nationality Problem in the Habsburg Monarchy in the Nineteenth Century: A Critical Appraisal,* in *Austrian History Yearbook,* III (1967), Teile 1 und 2, herausgegeben hat. Zur labilen Situation in den tschechischen Gebieten siehe die brauchbare kurze Abhandlung von Joseph Chada, *The Czech National Revival: The Age of Romanticism* (1934). Ivo Banacs eindrucksvolle Monographie *The National Question in Yugoslavia: Origins, History, Politics* (1984) reicht, besonders in den Anfangskapiteln, ins Vorkriegseuropa zurück.

Zu Norwegen siehe vor allem Andreas Elviken, *Die Entwicklung des norwegischen Nationalismus* (1930), eine kurze Monographie, die besonderes Gewicht auf die Vorgeschichte im 18. Jahrhundert legt, sowie Oscar J. Falnes, *National Romanticism in Norway* (1933), eine von mehreren Monographien, die unter der Schirmherrschaft Carlton J. H. Hayes entstanden.

Danksagung

Wie schon so häufig erfuhr ich auch beim Abfassen dieses Buches die Unterstützung von Freunden, Kollegen, Studenten, kritischen Begleitern meiner Vorlesungen und von Stiftungen, die meine Arbeit freigebig gefördert haben. Wenn ich auch nicht hoffen kann, meine Schuld abzutragen, so möchte ich sie doch hier wenigstens mit Dankbarkeit erwähnt haben. Mein aufrichtigster Dank gilt der Forschungsabteilung der National Endowment for the Humanities, einer unabhängigen Bundesbehörde, die mich zwischen 1989 und 1992 mit profunden Mitteln unterstützt hat und somit die zeitliche Freistellung wesentlich ermöglichte, die ich brauchte, um dieses Buch schreiben zu können. Ohne die wiederholte Hilfe durch die NEH wäre die Verwirklichung dieser Reihe geradezu undenkbar gewesen. Jack Censer und Frances Gouda erleichterten mir so unbürokratisch wie möglich den Weg durch den behördlichen Dschungel. Ich danke auch der Harry Frank Guggenheim Foundation für ihre besonderen Anstrengungen, einen Großteil der passenden Fonds freizugeben, die die NEH bereitgestellt hatte. Wie immer, so galt auch hier: Zeit ist Geld. Eine willkommene dreijährige Beurlaubung von meinen Lehrverpflichtungen in Yale hat die Arbeit weiter beschleunigt. Ich möchte auch nicht unerwähnt lassen, daß Verwaltungsmitarbeiter der Yale University mir mit großer Hilfsbreitschaft bei den komplizierten Antrags- und Budgetangelegenheiten ihren Rat zur Verfügung gestellt haben. Alice Oliver untersuchte mit mir geduldig und zu meinem großen Nutzen die verschiedenen Möglichkeiten; später wurde ich mit Gewinn von Suzanne Polmar und Sally Tremaine unterstützt.

Ich hatte das Glück, daß ich wiederholt dazu eingeladen wurde, meine Überlegungen über die Aggression in Vorlesungen zu erproben – dieses Buch hat somit eine lange Entstehungszeit. Bereits 1976 las ich am Dartmouth College über Wilhelm Busch, und 1978 wiederholte ich den Vortrag in einer überarbeiteten Version an der Colgate University. Die erste Gelegenheit, das Thema Aggression umfassend zu erörtern, erhielt ich an der Syracuse University im Jahre 1980. Ich veröffentlichte den Aufsatz «Aggression and Culture: A Psychoanalytic Perspective» in der Herbst-1981-Ausgabe des *Syracuse Scholar*. Die vier Vorlesungen über Freud, die ich 1981 mit Unterstützung der Western New England Society for Psychoanalysis und des Whitney Humanities Center an der Yale University hielt, enthalten Material, das auch Eingang in dieses Buch fand. Im Mai 1981, auf der Frühjahrstagung der American Psychoanalytic Association in San Juan, Puerto Rico, hielt ich einen (für mich) wichtigen Vortrag unter dem Titel: «Liberalism and Regression»; er erschien im nächsten Jahr im *Psychoanalytic Study of the Child* und untersuchte die enge Verknüpfung von Kultur und aggressivem Verhalten. Anschließend folgte eine Zeit, in der ich meine Aufmerksamkeit den ersten beiden Bänden dieser Reihe und meiner Freud-Biographie widmete, um schließlich 1988 wieder den Gegenstand Aggression aufzugreifen. Im Mai referierte ich auf einer Konferenz in Osterbeek, Niederlande, über das Aggressive im Humor, noch im selben Monat kam Wilhelm Busch an die Reihe, und zwar im Wellcome Institute in London. Kurz danach las ich vor der Historischen Fakultät der Cambridge University über Männlichkeit, und im folgenden Monat über die Aggression und den Historiker am Psychoanalytic Institute of New England, East in Boston. Aggression war ein weiteres Mal im Januar 1989 das Thema am Chicago Psychoanalytic Institute, während ich im März desselben Jahres auf einer öffentlichen Vorlesung in Amherst, Massachusetts, eine überarbeitete Version des Vortrags über die Aggression und den Historiker vorstellte. Im folgenden Monat sprach ich an der Butler University in Indianapolis zu dem allgemeinen Thema «Viktorianismus: Mythos und Realität». Das Tempo nahm 1990 zu: Im Januar hielt ich vor meinen Kollegen an der Western New England Society for Psychoanalysis einen Vortrag über Wilhelm Busch, eine Veranstaltung, die Ernst Prelinger durch seinen brillanten Kommentar für mich unvergeßlich machte. Im April wagte ich es, meine (unkonventionellen) Gedanken über «kritzelnde Frauen» im Geschichts- und Literaturprogramm von Harvard zur Diskussion zu stellen. Im selben Monat nahm ich an einer Konferenz über Aggression teil, die von der Toronto Psychoanalytic Society finanziell gefördert wurde. Dort steuerte ich einen Beitrag mit dem Titel «The Cultivation of Hatred» bei. Im Juni hielt ich einen Vortrag auf deutsch über die Aggression und den Historiker vor der Deutschen Psychoanalytischen Gesellschaft in Berlin. Des weiteren sprach ich im Oktober an der Universität Amsterdam über Aggression und – anläßlich der Entgegennahme des ersten Amsterdamer Historikerpreises – vor der Holländischen Akademie der Künste und Wissenschaften zum Thema Kulturgeschichte, in einer Ansprache, die auch die von mir verwandte Methodik in dieser Buchreihe berührte. Im November, vor der American Philosophical Society in Philadelphia, war mein Thema «Humor, der Biß des Witzes», und im darauffolgenden Monat referierte ich auf der Wintertagung der American Psychoanalytic Association in New York, bei einer Plenarsitzung über die Mensur. Schließlich sprach ich Ende desselben Monats vor der American Historical Association, ebenfalls in New York, auf einer Sitzung, die R. K. Webb gewidmet war, über Thomas Hughes und die Männlichkeit. Diese Begegnungen waren sowohl in ihrer formalen wie auch ihrer zwanglosen Art für meine Forschungen gewinnbringend. Es ist mir ein Vergnügen, meine Dankbarkeit den Amsterdamer Historikern Maarten Brands, Herman Beliën und Willem Melching zum Ausdruck zu bringen, die mich dazu einluden, an ihrer Universität über mein Kapitel zum Thema Humor zu lesen und begleitende Seminare abzuhalten. Sie ließen meinen dortigen Aufenthalt im Mai und Juni 1992 geradezu denkwürdig werden.

Ich möchte an dieser Stelle wiederholen, was ich bereits in einem der früheren Bände gesagt habe: Ein Buch wie dieses spiegelt gedanklichen Austausch und Zusammenarbeit wider. Lassen Sie mich hier meinen Gesprächspartnern und Mitarbeitern – und ich hoffe, niemanden vergessen zu haben – meine dankbare Anerkennung aussprechen. Ich bin ihnen allen verpflichtet, auch wenn ich nicht immer ihren guten Rat angenommen habe. Walter Arndt, jener einzigartige Übersetzer von Wilhelm Busch, sprach mit mir am Dartmouth College über Busch; Jeff Auerbach stellte mir einen unveröffentlichten Aufsatz über Frauenzeitschriften zur Verfügung; Ivo Banac machte mir Äußerungen heftiger rassistischer Ausbrüche aus Serbien zugänglich und half so, meine Begriffsbildung über den Nationalismus zu klären; Jacques Barzun machte freundlicherweise einige schwer nachzuweisende Zitate zum Rassismus ausfindig; John Blum half bei Theodore Roosevelt, und ich hoffe zuversichtlich, daß er die Seiten über T. R. gut aufnehmen wird; James Bratt machte im Rahmen seiner wissenschaftlichen Arbeit wertvolles Material über Oliver Wendell Holmes Jr. zugänglich; Richard Brodhead machte interessante Bemerkungen zur körperlichen Züchtigung; Bill Cronon sprach mit mir über westliche, und Nancy Cott über Viktorianische Frauen; David Brion Davis gab mir seine Artikel über die Todesstrafe; John Demos steuerte mich zu Catherine Sedgwicks *Home* und gab mir über die Jahre sein Wissen über Psychoanalyse und Geschichte weiter; Robert Dietle ging mit mir bei vielen angenehmen Lunches meine Beweisführung hilfreich durch; John A. Gable von der Theodore Roosevelt Association beantwortete meine Fragen über T. R.; Hank Gibbons und ich tauschten uns über Jahre zu meinem großen Nutzen aus; Sir Ernst Gombrich versah mich mit Erläuterungen zu Wilhelm Busch; Bob Herbert führte mich zu Charles Blanc; Juri Hwag hatte in ihrem älteren Aufsatz eine schöne Textstelle von Eliza Lynn Linton; Carter Jefferson nahm sich Zeit, um mich mit französischen Originalen von Zitaten aus seinem Buch über Anatole France zu versehen; Jim Jordan von W. W. Norton half mit Ethologie; Fred Kaplan übersandte mir einen faszinierenden Essay von Carlyle; David Large lieferte interessante Sonderdrucke; Lisa Liebermann lieh mir unveröffentlichtes Material über Selbstmord in Ergänzung zu ihrer Dissertation; Colin Matthew verbrachte einen herrlichen Tag mit mir in Oxford, an dem wir über Gladstone sprachen; Mark Micale diskutierte mit mir geduldig meine Ideen zu der von der Psychoanalyse beeinflußten Geschichtsschreibung; Shep Nuland und ich führten Mittagsgespräche über Ärzte – Semmelweis und andere; Denis Paz gab mir Material über volkstümliche Gewalt; Otto Pflanze löste einige komplizierte Aufgaben zu Bismarck; Michèle Plott half zum Thema Frauen in Frankreich; Ernst Prelinger belehrte mich über die psychoanalytischen Verwicklungen bei Wilhelm Busch und über vieles mehr; Ferrel Rose versah mich mit Einzelheiten über Marie von Ebner-Eschenbach; Lisa Tiersten ließ mich gewinnbringend an den Erkenntnisfortschritten ihrer Dissertation teilhaben; Mary Lee Townsend, früher Schülerin und nun eine gute Freundin, schickte mir einschlägige (und heitere) Dokumente über den Berliner Humor; Richard Tuck machte mich auf moralische Entsprechungen in der Südsee aufmerksam; Frank M. Turner fand unter anderem eine schöne Textstelle bei Thomas De Quincey; Hans-Ulrich Wehler bedachte mich jahrelang mit Sonderdrucken seiner gedanklich herausfordernden Arbeiten; Richard Weiss schickte mir dankenswerterweise sein Buch über den amerikanischen Mythos des Erfolgs; Meike Werner gab mir Unterlagen über das Frauenstudium in Deutschland und über die Mensur; Fredric Woodbridge Wilson führte mich durch die Schriften von W. S. Gilberg in der Pierpont Morgan Library.

Nicht unerwähnt bleiben soll auch der anregende Austausch mit Geoffrey Best, David Bromwich, Peter Brooks, Gilda Buchbinder, Linda Colley, Peter Demetz, Judy Forrest, Jack Garraty, Debbie Glassman, Ingeborg Glier, Tom Greene, Charles Hanly, Geoffrey Hartman, Paul Kennedy, Jeff Merrick, Jerry Meyer, Hillis Miller, Arthur und Marleen Mitzman, Elting Morison, Lynn Whisnant Reiser, Reinhard Rürup, Jean Strouse und Henry Turner.

Während der Arbeiten an diesem Buch zeigten mir Janet Malcolm und Gardner Botsford, Gladys Topkis und Vann Woodward immer wieder, was Freundschaft heißen kann; ich kann ihnen nur danken.

Meine wissenschaftlichen Hilfskräfte Becky Haltzel, Mario Koshon und Christina Erickson haben Wissen und Befähigung in überdurchschnittlicher Weise an den Tag gelegt; sie spürten nicht nur Fußnoten nach und fanden Bücher, sondern sie halfen auch bei meinen eigentlichen Forschungen.

Die Mitarbeiter von W. W. Norton zeichneten sich auch diesmal wieder durch ihre verbindliche Hilfsbereitschaft aus. Vor allem möchte ich Esther Jacobson für ihr geduldiges und aufmerksames Lektorat danken, für das sie mit Recht berühmt ist, Toni Krass für die Verbesserungen im Design und Amy Cherry und Jenniver Di Toro dafür, daß sie mir das Leben leichter gemacht haben.

Schließlich möchte ich hervorheben, daß mir mein außerordentliches Glück mit den Korrektur-Lesern auch dieses Mal treu geblieben ist. Weit über ihre Aufgabe hinaus haben auch sie sich stets am inhaltlichen Diskurs beteiligt. David Cannadine, Stefan Collini, John Merriman und Bob Webb lasen das Manuskript sorgfältig und engagiert, sie bewahrten mich vor Fehlern und brachten Verbesserungsvorschläge. Einer meiner Leser, Don Lamm, Verleger, Herausgeber und Freund war in allen diesen Rollen ein überragender Berater. Meine Frau Ruth, meine schärfste Korrektorin, griff meine Prosa mindestens zweimal im wohlverstandenen Sinne an und präzisierte meine Formulierungen. Mein aufrichtiger Dank gilt ihr ebensosehr wie allen anderen.

Peter Gay

Personenregister